acht

– *die Zahlen von acht bis zwölf; acht Millionen; im Jahre acht; die Linie acht*
– *er ist über acht [Jahre]; Kinder von acht [bis zehn] Jahren; mit acht [Jahren]*
– *es ist acht [Uhr]; um acht [Uhr]; es schlägt eben acht; [ein] Viertel auf, vor acht; halb acht; drei viertel acht; Punkt, Schlag acht*
– *wir sind zu acht*
– *diese acht [Leute]; die ersten, letzten acht*
– *das macht acht fünfzig* (ugs. für *8,50 €*)
– *acht und eins macht, ist* (nicht: *machen, sind*) *neun; acht mal zwei (8 mal 2); acht zu vier (8 : 4), acht Komma fünf (8,5)*

Vgl. *[1]Acht, [2]Acht*

Infokasten zu orthografisch schwierigen oder grammatisch besonderen Wörtern

ad|di̲e|ren (zusammenzählen); **Ad|di|ti|o̲n,** die; -, -en; **ad|di|ti̲v** (*fachspr. für* hinzufügend)

Adresse
Wie im Französischen, aus dem das Wort entlehnt wurde, schreibt man *Adresse* nur mit einem *d.*

Wörter, die häufig nicht am richtigen Ort gesucht werden, z. B. *Adresse* bei *Add...*

Ade̲, das; -s, -s; Ade *od.* ade sagen

Zi|geu̲|ner, der; -s, -; **Zi|geu̲|ne|rin**

Zigeuner
Die Bezeichnungen *Zigeuner, Zigeunerin* werden vom Zentralrat Deutscher Sinti und Roma als diskriminierend abgelehnt. Deshalb sollte die Menschengruppe lieber als *Sinti und Roma* bezeichnet werden.

Hinweis auf negativ besetzte Wörter

Der kleine Duden
Bearbeitet von der Dudenredaktion

Rechtschreibung
Das handliche Nachschlagewerk

Der passende Ausdruck
Ein Synonymwörterbuch für die Wortwahl

Deutsche Grammatik
Für Beruf, Studium, Fortbildung und Alltag

Fremdwörter
Das Wörterbuch für jeden Tag

Samuel
Hilterhaus

Der kleine
Rechtschreib

Der kleine Duden

Rechtschreibung

9., aktualisierte und erweiterte Auflage

Auf der Grundlage der amtlichen Rechtschreibregeln

Bearbeitet von der Dudenredaktion

Dudenverlag
Berlin

Redaktionelle Bearbeitung Dr. Ilka Pescheck (Projektleitung), Dr. Ralf Osterwinter, André Zimmermann
Abschnitt zu Kommaregeln von Christian Stang
Herstellung Ursula Fürst

Die **Duden-Sprachberatung** beantwortet Ihre Fragen zu Rechtschreibung, Zeichensetzung, Grammatik u. Ä. montags bis freitags zwischen 09:00 und 17:00 Uhr.
Aus Deutschland: **09001 870098** (1,99 € pro Minute aus dem Festnetz)
Aus Österreich: **0900 844144** (1,80 € pro Minute aus dem Festnetz)
Aus der Schweiz: **0900 383360** (3.13 CHF pro Minute aus dem Festnetz)
Die Tarife für Anrufe aus den Mobilfunknetzen können davon abweichen.
Den kostenlosen Newsletter der Duden-Sprachberatung können Sie unter www.duden.de/newsletter abonnieren.

Bibliografische Information der Deutschen Nationalbibliothek
Die Deutsche Nationalbibliothek verzeichnet diese Publikation in der Deutschen Nationalbibliografie; detaillierte bibliografische Daten sind im Internet über http://dnb.dnb.de abrufbar.

Bibliographisches Institut GmbH, Mecklenburgische Straße 53, 14197 Berlin
Umschlaggestaltung Tom Leifer Design, Hamburg
Typografisches Konzept Farnschläder & Mahlstedt, Hamburg
Satz Sagittarius-A GmbH, Hirschberg
Druck und Bindung CPI books GmbH, Birkstraße 10, 25917 Leck
Printed in Germany
ISBN 978-3-411-04669-0
www.duden.de

Inhalt

Vorwort

Mit 50 000 Wörtern und Beispielen enthält der kleine Duden »Rechtschreibung« den Grundstock des deutschen Wortschatzes einschließlich der wichtigsten Fach- und Fremdwörter. Für die vorliegende 9. Auflage wurde der gesamte verzeichnete Wortschatz aktualisiert und erweitert. Dabei wurde der Entwicklung des deutschen Wortschatzes durch die Aufnahme zahlreicher neuer Wörter entsprochen. Neu hinzugekommen sind zum Beispiel *Hybrid*, *Stevia*, *Dating-App*, *Impulsreferat* und *Postdemokratie*.

Der kleine Duden »Rechtschreibung« präsentiert den zentralen deutschen Wortschatz besonders benutzerfreundlich aufbereitet: Viele Wörter sind zusätzlich in Beispiele eingebettet, damit jeder möglichst »seinen« Fall finden kann. Rund 80 Übersichtskästen zeigen rechtschreiblich besonders schwierige Wörter. Von Wörtern, die häufig unter einer falschen Schreibung gesucht werden, wird von dieser Stelle aus auf die richtige Form verwiesen (zum Beispiel findet man *Akquise* auch unter *Aq…*, nicht nur unter *Akq…*). Wo die Rechtschreibregeln mehrere Schreibungen zulassen, stehen beide Formen durch Komma abgetrennt nebeneinander. Für alle, die sich nicht selbst zwischen den Schreibvarianten entscheiden möchten, sind die Varianten, die im Dudenverlag selbst bevorzugt verwendet werden, gelb hinterlegt.

Der kleine Duden »Rechtschreibung« ist alles in allem ein handliches, übersichtliches und zuverlässiges Nachschlagewerk zur Lösung rechtschreiblicher Schwierigkeiten im Alltag.

Berlin, im Februar 2018
Die Dudenredaktion

Zur Wörterbuchbenutzung

I. Zeichen von besonderer Bedeutung

. Ein untergesetzter Punkt kennzeichnet die kurze betonte Silbe, z. B. Referẹnt.

_ Ein untergesetzter Strich kennzeichnet die lange betonte Silbe, z. B. Fassa̲de.

| Der senkrechte Strich dient zur Angabe der möglichen Worttrennungen am Zeilenende, z. B. Mor|ta|del|la, mü|he|voll.

® Das Zeichen ® macht als Marken geschützte Wörter (Bezeichnungen, Namen) kenntlich. Sollte dieses Zeichen einmal fehlen, so ist das keine Gewähr dafür, dass das Wort als Handelsname frei verwendet werden darf.

\- Der waagerechte Strich vertritt das unveränderte Stichwort bei den Beugungsangaben des Stichworts, z. B. Insel, die; -, -n (die/eine Insel, der/einer Insel, die/viele Inseln).

... Drei Punkte stehen bei Auslassung von Teilen eines Wortes, z. B. Eindruck, der; -[e]s, ...drücke; oder: Anabolikum, das; -s, ...ka.

[] Die eckigen Klammern schließen Aussprachebezeichnungen, Zusätze zu Erklärungen in runden Klammern und beliebige Auslassungen (Buchstaben und Silben, wie z. B. in anteil[s]mäßig) ein.

() Die runden Klammern schließen Erklärungen und Hinweise zum heutigen Sprachgebrauch ein, z. B. orakeln (in dunklen Andeutungen sprechen). Sie enthalten außerdem stilistische Bewertungen, fachsprachliche Zuordnungen und Angaben zur räumlichen und zeitlichen Verbreitung des Stichwortes.

II. Auswahl der Stichwörter

Der kleine Duden »Rechtschreibung« erfasst den für die Allgemeinheit bedeutsamen Kernwortschatz der deutschen Sprache.
Es enthält Erbwörter, Lehnwörter und Fremdwörter der Hochsprache, auch umgangssprachliche Ausdrücke und landschaftlich verbreitetes Wortgut, ferner einige Wörter aus Fachsprachen sowie aus Gruppen- und Sondersprachen, z. B. aus

der Medizin, der Jagd oder aus dem Sport. Es verzeichnet darüber hinaus eine begrenzte Anzahl von geografischen Namen sowie allgemein gebräuchliche Abkürzungen.
Die Grundlage für die Wortschatzerfassung bildet eine umfassende, elektronisch aufbereitete Textzusammenstellung aus Zeitungsjahrgängen, Zeitschriften und Büchern (Dudenkorpus) im Umfang von derzeit rund 4 Milliarden laufenden Wortformen.
Für die Auswahl waren neben der allgemeinen Gebräuchlichkeit hauptsächlich rechtschreibliche und grammatische Gründe maßgebend. Aus dem Fehlen eines Wortes darf also nicht geschlossen werden, dass es vollkommen ungebräuchlich oder nicht korrekt ist. Besonders im Bereich der zusammengesetzten Wörter können aus Platzgründen oft nur ausgewählte Beispiele gezeigt werden.

III. Anordnung und Behandlung der Stichwörter

1. Allgemeines

a) Die Stichwörter sind **halbfett** gedruckt.

b) Wo die Rechtschreibregeln mehrere Schreibungen zulassen, stehen beide Formen durch Komma getrennt nebeneinander. Das bedeutet, dass nach geltender Rechtschreibung beide Schreibungen gleichberechtigt sind (vgl. auch Abschnitt c).

   Beispiel: Geograf, Geograph

   Eine Ausnahme bilden stilistische, regionale oder als fachsprachlich markierte Schreibungen. Diese werden mit der entsprechenden Angabe versehen an die Hauptform angeschlossen.

   Beispiel: Zellulose, *fachspr.* Cellulose

   Bei der Anordnung der gleichberechtigten Schreibungen werden [im Haupteintrag] die von der Dudenredaktion empfohlenen Schreibungen in der Regel zuerst angeführt (s. dazu Abschnitt c).

   Beispiel: Countdown, Count-down

c) Für alle, die sich nicht selbst zwischen den erlaubten Schreibvarianten entscheiden möchten, sind die Varianten, die im Dudenverlag selbst bevorzugt verwendet werden, hellgelb unterlegt.

d) Die geltenden Regeln zur Worttrennung lassen – besonders bei Fremdwörtern – häufig mehrere unterschiedliche Trennmöglichkeiten zu. Der kleine

Duden »Rechtschreibung« kennzeichnet bei jedem Stichwort alle Trennmöglichkeiten durch senkrechte Striche.

Beispiel: Chi|r|ur|gie

e) Die Anordnung der Stichwörter ist alphabetisch. Die Umlaute ä, ö, ü, äu werden wie die nicht umgelauteten Vokale (Selbstlaute) a, o, u, au behandelt. Kleinbuchstaben werden vor Großbuchstaben eingeordnet, Ziffern folgen nach dem letzten Buchstaben des Alphabets. Einträge aus mehreren Wörtern werden wie einfache Einträge behandelt.
Abweichend von der alphabetischen Ordnung gibt es an manchen Stellen Infokästen mit Wörtern, die wegen ihrer ungewöhnlichen Schreibung häufig nicht am richtigen Ort gesucht werden.

f) Stichwörter, die sprachlich (etymologisch) verwandt sind, werden aus Platzgründen gelegentlich zu kurzen, überschaubaren Wortgruppen zusammengefasst, soweit die alphabetische Ordnung das zulässt.

g) Gleich geschriebene Stichwörter werden durch hochgestellte Zahlen (Indizes) unterschieden.

Beispiel: ^{1}Elf (Naturgeist)
^{2}Elf (Zahl)

2. Substantive (Hauptwörter)

a) Bei einfachen Substantiven sind mit Ausnahme der Fälle unter c der Artikel (das Geschlechtswort), der Genitiv Singular (Wesfall der Einzahl) und, soweit gebräuchlich, der Nominativ Plural (Werfall der Mehrzahl) angeführt.

Beispiel: Knabe, der; -n, -n (das bedeutet: der Knabe, des Knaben, die Knaben)

Substantive, die nur im Plural (Mehrzahl) vorkommen, werden durch ein nachgestelltes *Plur.* gekennzeichnet.

Beispiel: Ferien *Plur.*

b) Bei zusammengesetzten Substantiven und bei Substantiven, die zu zusammengesetzten Verben oder zu solchen mit Vorsilbe gebildet sind, fehlen im Allgemeinen Artikel und Beugungsendungen. In diesen Fällen ist beim Grundwort oder bei dem zum einfachen Verb gebildeten Substantiv nachzusehen.

Beispiele: Eisenbahn bei Bahn, Fruchtsaft bei Saft.

c) Die Angabe des Artikels und der Beugung fehlt gewöhnlich bei abgeleiteten Substantiven, die mit folgenden Silben gebildet sind:

-chen:	Mädchen	das; -s, -
-lein:	Brüderlein	das; -s, -
-ei:	Bäckerei	die; -, -en
-er:	Lehrer	der; -s, -
-heit:	Keckheit	die; -, -en
-in:	Lehrerin	die; -, -nen
-keit:	Ähnlichkeit	die; -, -en
-ling:	Jüngling	der; -s, -e
-schaft:	Landschaft	die; -, -en
-tum:	Besitztum	das; -s, ...tümer
-ung:	Prüfung	die; -, -en

3. Verben (Tätigkeitswörter)

a) Bei den schwachen Verben werden im Allgemeinen keine Beugungsformen angegeben, da sie regelmäßig im Präteritum (erste Vergangenheit) auf -te und im Partizip II (2. Mittelwort) auf -t ausgehen, z. B. wandern, wanderte, gewandert.

b) Bei den starken und unregelmäßigen Verben werden in der Regel die 3. Person Singular (Einzahl) im Indikativ des Präteritums (Wirklichkeitsform der ersten Vergangenheit) und das Partizip II angegeben.

Beispiel: bringen, brachte, gebracht

Bei einigen schwierigen Fällen werden die 2. Person Singular im Indikativ des Präsens (Wirklichkeitsform der Gegenwart), die 2. Person Singular im Indikativ des Präteritums, die (umgelautete) 2. Person Singular im Konjunktiv des Präteritums (Möglichkeitsform der ersten Vergangenheit), das Partizip II sowie der Singular des Imperativs (Befehlsform) angegeben.

Beispiel: bergen, du birgst, du bargst, du bärgest (Konjunktiv des Präteritums), geborgen, birg! (Imperativ)

c) Gelegentlich werden weitere Besonderheiten angegeben. Für zusammengesetzte oder mit einer Vorsilbe gebildete Verben sind die grammatischen Hinweise beim einfachen Verb nachzuschlagen, z. B. vorziehen bei ziehen, dranbleiben bei bleiben.

4. Adjektive (Eigenschaftswörter)

Bei Adjektiven sind vor allem Besonderheiten und Schwankungen in der Bildung der Steigerungsformen vermerkt, z. B. glatt, glatter (auch glätter), glatteste (auch glätteste).

IV. Bedeutungserklärungen

Der kleine Duden »Rechtschreibung« enthält keine ausführlichen Bedeutungsangaben, da es ein Rechtschreibwörterbuch ist. Nur wo es für das Verständnis eines Wortes erforderlich ist, werden kurze Hinweise zur Bedeutung gegeben, etwa bei schwierigen Fremdwörtern, Fachtermini, umgangssprachlichen, landschaftlichen und veralteten Ausdrücken.
Solche Erklärungen stehen in runden Klammern. Zusätze, die nicht notwendig zu den Erklärungen gehören, stehen innerhalb der runden Klammern in eckigen Klammern.

Beispiele: Akteur (Handelnder; Spieler; Schauspieler), Amortisation ([allmähliche] Tilgung), Melange (Mischung; *österr. für* Milchkaffee)

V. Aussprache

Ausspracheebezeichnungen stehen in eckigen Klammern hinter Fremdwörtern und einigen deutschen Wörtern, deren Aussprache von der sonst üblichen abweicht. Die verwendete Lautschrift folgt dem Zeichensystem der International Phonetic Association (IPA).
Die übliche Aussprache wurde nicht angegeben bei

c	[k]	vor a, o, u (*wie in* Café)
c	[ts]	vor e, i, ä, ae [ɛ(:)], ö, ü, y (*wie in* Celsius)
i	[i̯]	vor Vokal in Fremdwörtern (*wie in* Union)
sp	[ʃp]	im Stammsilbenanlaut deutscher und im Wortanlaut eingedeutschter Wörter (*wie in* Spiel, Spedition)
sp	[sp]	im Wortinlaut (*wie in* Knospe, Prospekt)
st	[ʃt]	im Stammsilbenanlaut deutscher und im Wortanlaut eingedeutschter Wörter (*wie in* Bestand, Strapaze)
st	[st]	im Wortin- und -auslaut (*wie in* Fenster, Existenz, Ast)
ti	[tsi̯]	vor Vokal in Fremdwörtern (*wie in* Aktion, Patient)
v	[f]	vor Vokal im Anlaut (*wie in* Vater)

Zeichen der Lautschrift, Beispiele und Umschreibung

[a]	Butler ['bat...]	[õ]	Bonmot [bõ'mo:]
[a:]	H-Milch ['ha:...]	[õ:]	Chanson [ʃã'sõ:]
[ɐ]	Bulldozer [...do̯ʊzɐ]	[ø:]	Friseurin [...'zø:rɪn]
[ɐ̯]	Friseur [...'zø:ɐ̯]	[œ]	Portefeuille [...'fœj]
[ã]	Centime [sã'ti:m]	[œ̃:]	Verdun [...'dœ̃:]
[ã:]	Franc [frã:]	[o̯a]	chamois [ʃa'mo̯a]
[aɪ̯]	live [laɪ̯f]	[oʊ̯]	Soap [soʊ̯p]
[aʊ̯]	Browning ['braʊ̯...]	[ɔɪ̯]	Boykott [bɔɪ̯...]
[ç]	Bronchie [...çi̯ə]	[s]	City ['sɪti]
[dʒ]	Gin [dʒɪn]	[ʃ]	Charme [ʃarm]
[e]	Descartes [de'kart]	[ts]	Peanuts ['pi:nats]
[e:]	Attaché [...'ʃe:]	[tʃ]	Match [mɛtʃ]
[ɛ]	Handicap ['hɛndikɛp]	[u]	Routine [ru...]
[ɛ:]	fair [fɛ:ɐ̯]	[u:]	Route ['ru:...]
[ɛ̃]	Interieur [ɛ̃te'riø:ɐ̯]	[u̯]	Louis-quatorze [lu̯ika'tɔrs]
[ɛ̃:]	Timbre ['tɛ̃:brə]		
[ɛɪ̯]	Rating ['rɛɪ̯tɪŋ]	[ʊ]	Joghurt ['jo:gʊrt]
[ə]	Bulgarien [...i̯ən]	[v]	Cover ['kavɐ]
[i]	Party [...ti]	[w]	Walking ['wɔ:kɪŋ]
[i:]	E-Mail ['i:mɛɪ̯l]	[x]	Chuzpe [x...]
[i̯]	Linie [...i̯ə]	[y]	Budget [by'dʒe:]
[ɪ]	City ['sɪti]	[y:]	Avenue [avə'ny:]
[l̩]	Shuttle ['ʃatl̩]	[y̆]	Habitué [(h)abi'ty̆e:]
[n̩]	Action ['ɛkʃn̩]	[ʏ]	de luxe [- 'lʏks]
[ŋ]	Rating ['rɛɪ̯tɪŋ]	[z]	Bulldozer [...do̯ʊzɐ]
[o]	Logis [lo'ʒi:]	[ʒ]	Genie [ʒe...]
[o:]	Plateau [...'to:]	[θ]	Thread [θrɛt]
[ɔ]	Cognac [kɔn'jak]	[ð]	Smoothie ['smu:ði]
[ɔ:]	Firewall ['faɪ̯ɐwɔ:l]	[ʔ]	Disagio [...'ʔa:dʒo]

Das zuletzt aufgeführte Zeichen [ʔ] stellt den Stimmritzenverschluss dar.
Zwei kleine Dreiecke nach dem Vokal bezeichnen dessen Länge, z. B. Plateau [...'to:].
Der Hauptakzent ['] steht vor der betonten Silbe, z. B. Azubi [a'tsu...].
Die beim ersten Stichwort stehende Ausspracheangabe ist im Allgemeinen für alle nachfolgenden Wortformen eines Stichwortartikels oder einer Wortgruppe gültig, sofern diese nicht eine neue Angabe erfordern.

VI. Infokästen

In den Infokästen werden zum einen orthografisch besonders schwierige Stichwörter behandelt, oft mit ausführlichen und übersichtlich gegliederten Beispielen. Zum anderen gibt es Kästen mit grammatischen Besonderheiten oder mit Warnhinweisen, wenn Wörter als diskriminierend empfunden werden können.

VII. Variantenempfehlungen

Die Empfehlungen der Dudenredaktion sollen all denen eine richtige und einheitliche Rechtschreibung ermöglichen, die dies wünschen und keine eigenen Entscheidungen bei der Variantenauswahl treffen möchten. Es geht dabei ausschließlich um Schreibungen. Wo unterschiedliche Wortformen wie »gern« und »gerne« oder »Verdopplung« und »Verdoppelung« nebeneinander gebräuchlich sind, geben wir keine Empfehlungen. Auch wenn fachsprachliche oder regionale Schreibvarianten angeführt werden, wird keine Bevorzugung angezeigt, da man sich hier in der Schreibung am besten nach dem jeweiligen Textzusammenhang richtet.
Bei der Auswahl der Varianten hat sich die Dudenredaktion an folgenden drei Kriterien orientiert:

Erstens soll nach Möglichkeit der tatsächliche Schreibgebrauch, wie ihn die Dudenredaktion beobachtet, berücksichtigt werden.

Zweitens wollen wir den Bedürfnissen der Lesenden nach optimaler Erfassbarkeit der Texte möglichst umfassend gerecht werden.

Und drittens sollen auch die Bedürfnisse der Schreibenden nach einfacher Handhabbarkeit der Rechtschreibung weitgehend befriedigt werden.

Im Wörterverzeichnis verwendete Abkürzungen

Abkürzungen, bei denen nur -isch zu ergänzen ist, sind nicht aufgeführt, z. B. griech. = griechisch. Das Wortbildungselement -lich wird gelegentlich mit ...l. abgekürzt, z. B. pflanzl. = pflanzlich.

Abk.	Abkürzung
afrik.	afrikanisch
Akk.	Akkusativ
allg.	allgemein
amerik.	amerikanisch
Amtsspr.	Amtssprache
Anat.	Anatomie
Archit.	Architektur
astron.	astronomisch
Astron.	Astronomie
A. T.	Altes Testament
Ausspr.	Aussprache
Bankw.	Bankwesen
Bauw.	Bauwesen
Bergmannsspr.	Bergmannssprache
Berufsbez.	Berufsbezeichnung
bes.	besonders
Bez.	Bezeichnung
Biol.	Biologie
Börsenw.	Börsenwesen
Bot.	Botanik
Buchw.	Buchwesen
chin.	chinesisch
Dat.	Dativ
Druckw.	Druckwesen
dt.	deutsch
EDV	elektronische Datenverarbeitung u. -übermittlung
ehem.	ehemals, ehemalig
Eigenn.	Eigenname
Elektrot.	Elektrotechnik
etw.	etwas
europ.	europäisch
ev.	evangelisch
fachspr.	fachsprachlich
Fachspr.	Fachsprache
fam.	familiär
Finanzw.	Finanzwesen
Fliegerspr.	Fliegersprache
Flugw.	Flugwesen
Fotogr.	Fotografie
franz.	französisch
Gastron.	Gastronomie
Gaunerspr.	Gaunersprache
gebr.	gebräuchlich
geh.	gehoben
Gen.	Genitiv
Geogr.	Geografie
Geol.	Geologie
germ.	germanisch
Ggs.	Gegensatz
hist.	historisch
hl.	heilig
Hüttenw.	Hüttenwesen
ital.	italienisch
Jägerspr.	Jägersprache
jap.	japanisch
Jh.	Jahrhundert
jmd., jmdm., jmdn., jmds.	jemand, jemandem, jemanden, jemandes
Jugendspr.	Jugendsprache
kath.	katholisch
Kaufmannsspr.	Kaufmannssprache

Kinderspr.	Kindersprache
Konj.	Konjunktion
Kunstwiss.	Kunstwissenschaft
Kurzw.	Kurzwort
landsch.	landschaftlich
Landwirtsch.	Landwirtschaft
Literaturwiss.	Literaturwissenschaft
m.	männlich
MA.	Mittelalter
math.	mathematisch
Math.	Mathematik
md.	mitteldeutsch
med.	medizinisch
Med.	Medizin
Münzw.	Münzwesen
Mythol.	Mythologie
nationalsoz.	nationalsozialistisch
niederl.	niederländisch
Nom.	Nominativ
nordamerik.	nordamerikanisch
nordd.	norddeutsch
N. T.	Neues Testament
o. ä.	oder ähnlich
o. Ä.	oder Ähnliche[s]
od.	oder
ostd.	ostdeutsch
österr.	österreichisch
Österr.	Österreich
Päd.	Pädagogik
Pharm.	Pharmazie
philos.	philosophisch
Philos.	Philosophie
Physiol.	Physiologie
Plur.	Plural
Postw.	Postwesen
Präp.	Präposition
Psychol.	Psychologie
Rechtsspr.	Rechtssprache
Rechtswiss.	Rechtswissenschaft
Rel.	Religion
Rhet.	Rhetorik
scherzh.	scherzhaft
Schülerspr.	Schülersprache
Schulw.	Schulwesen
schweiz.	schweizerisch
Seemannsspr.	Seemannssprache
Seew.	Seewesen
Sing.	Singular
skand.	skandinavisch
Soldatenspr.	Soldatensprache
Soziol.	Soziologie
Sprachwiss.	Sprachwissenschaft
Steuerw.	Steuerwesen
stud.	studentisch
südamerik.	südamerikanisch
südd.	süddeutsch
südwestd.	südwestdeutsch
svw.	so viel wie
Textilind.	Textilindustrie
Theol.	Theologie
u.	und
u. a.	und andere
u. ä.	und ähnlich
u. Ä.	und Ähnliche[s]
übertr.	übertragen
ugs.	umgangssprachlich
urspr.	ursprünglich
Verbindungsw.	Verbindungswesen
Verkehrsw.	Verkehrswesen
Versicherungsw.	Versicherungswesen
vgl. [d.]	vergleiche [dort]
Vorn.	Vorname
w.	weiblich
Werbespr.	Werbesprache
westd.	westdeutsch
westmitteld.	westmitteldeutsch
Wirtsch.	Wirtschaft
Zool.	Zoologie
Zus.	Zusammensetzung

A a

a, A, das; -n, - (Tonbezeichnung)
à [a] (*bes. Kaufmannsspr.* zu [je]); 3 Stück à 20 Euro, *dafür besser* … zu [je] 20 Euro
A (Buchstabe); das A; des A, die A, *aber* das a in Land; der Buchstabe A, a; von A bis Z (*ugs. für* alles, von Anfang bis Ende); das A und [das] O (das Wesentliche)
Aa, das; -[s] (*Kinderspr.* Kot); Aa machen
Aal, der; -[e]s, -e; *vgl. aber* Älchen; **aa|len,** sich (*ugs. für* behaglich ausgestreckt sich ausruhen); **aal|glatt**
Aas, das; -es, *Plur.* -e *u.* (*nur als* Schimpfwort:) Äser; **aa|sen** (*ugs. für* verschwenderisch umgehen); **Aas|gei|er**
ab; *Adverb:* ab und an (von Zeit zu Zeit); ab und zu (gelegentlich); *Präp. mit Dat.:* ab Bremen; ab [unserem] Werk; *bei Zeitangaben, Mengenangaben o. Ä. auch mit Akk.:* ab erstem, *auch* ersten März; Jugendliche ab vierzehn Jahren, *auch* Jahre
AB, der; -[s], -s = Anrufbeantworter
ab|än|dern; Ab|än|de|rung
ab|ar|bei|ten
Ab|art; ab|ar|tig
Ab|bau, der; -[e]s, *Plur.* (*Bergmannsspr. für* Abbaustellen:) Abbaue *u.* (*landsch. für* abseits gelegene Anwesen, einzelne Gehöfte:) Abbauten; **ab|bau|en**
ab|bei|ßen; ab|be|kom|men
ab|be|ru|fen; Ab|be|ru|fung
ab|be|stel|len; Ab|be|stel|lung
ab|bie|gen; Ab|bie|gung
Ab|bild; ab|bil|den; Ab|bil|dung (*Abk.* Abb.)
ab|bin|den
Ab|bit|te; Abbitte leisten, tun
ab|bla|sen
ab|blen|den; Ab|blend|licht *Plur.* …lichter
ab|blit|zen (*ugs. für* abgewiesen werden)
ab|blo|cken (*Sport* abwehren)
ab|bre|chen
ab|brem|sen; Ab|brem|sung
ab|bren|nen
ab|brin|gen
ab|brö|ckeln
Ab|bruch, der; -[e]s, …brüche; der Sache [keinen] Abbruch tun; **ab|bruch|reif**
Ab|bu|chung
Abc, Abe|ce, das; -[s], -[s]
ab|che|cken (*ugs. für* überprüfen)
Abc-Schüt|ze, Abe|ce|schüt|ze; **Abc-Schüt|zin,** Abe|ce|schüt|zin
ab|dan|ken; Ab|dan|kung
ab|de|cken; Ab|de|ckung
ab|dich|ten; Ab|dich|tung
ab|drän|gen; jmdn. abdrängen
ab|dre|hen
ab|drif|ten
Ab|druck, der; -[e]s, *Plur.* (in Gips u. a.:) …drücke *u.* (*für* Drucksachen:) …drucke
ab|dru|cken; ein Buch abdrucken
ab|drü|cken
Abe|ce usw. *vgl.* Abc usw.
Abend, der; -s, -e; am Abend; [zu] Abend essen; wir wollen nur Guten, *auch:* guten Abend sagen; gestern, heute Abend
Abend|brot; Abend|es|sen; abend|fül|lend; Abend|kas|se; Abend|kleid; Abend|land, das; -[e]s; **abend|län|disch; abend|lich; Abend|mahl** *Plur.* …mahle; **Abend|rot,** das; -s, **Abend|rö|te,** die; -
abends; von morgens bis abends; abends spät, *aber* spätabends; [um] 8 Uhr abends; dienstagabends *od.* dienstags abends
Abend|stun|de; Abend|zei|tung
Aben|teu|er, das; -s, -; **Aben|teu|er|film; Aben|teu|e|rin,** die; -, -nen; **aben|teu|er|lich; aben|teu|er|lus|tig; Aben|teu|er|spiel|platz; Aben|teu|rer; Aben|teu|re|rin,** die; -, -nen
aber; *Konj.* sie ist streng, aber gerecht; *Adverb in veralteten Fügungen wie* aber und abermals (wieder und wiederum); tausend und aber[mals] tausend; **Aber,** das; -[s], -[s]; viele Wenn und Aber
Aber|glau|be, *seltener* **Aberglauben**
aber|gläu|bisch

A

aber|hun|dert; aberhundert *od.* Aberhundert Sterne; aberhunderte *od.* Aberhunderte kleiner Vögel
ab|er|ken|nen; ich erkenne ab, *selten* ich aberkenne; ich erkannte ab, *selten* ich aberkannte; **Ab|er|ken|nung**
aber|mals
aber|tau|send *vgl.* aberhundert
aber|wit|zig
ab|fah|ren; Ab|fahrt; Ab|fahrts|lauf
Ab|fall, der; **Ab|fall|ei|mer**
ab|fal|len
ab|fäl|lig
Ab|fall|pro|dukt; Ab|fall|wirt|schaft
ab|fäl|schen *(Ballspiele, Eishockey)*
ab|fan|gen
ab|fär|ben
ab|fas|sen (verfassen; *ugs. für* abfangen)
ab|fe|dern; Ab|fe|de|rung
ab|fer|ti|gen; Ab|fer|ti|gung; Ab|fer|ti|gungs|schal|ter
ab|feu|ern
ab|fin|den; Ab|fin|dung
ab|flau|en (schwächer werden)
ab|flie|gen
ab|flie|ßen
Ab|flug; Ab|flug|zeit
Ab|fluss; Ab|fluss|rohr
Ab|fol|ge
ab|for|dern
Ab|fra|ge *(bes. EDV);* **ab|fra|gen**
Ab|fuhr, die; -, -en
ab|füh|ren; Ab|führ|mit|tel, das
ab|fül|len; Ab|fül|lung
Ab|ga|be; Ab|ga|ben|last
Ab|gang, der; **Ab|gangs|zeug|nis**
Ab|gas; ab|gas|arm; Ab|gas|un|ter|su|chung (*Abk.* AU)
ab|ge|ar|bei|tet
ab|ge|ben
ab|ge|brannt (*ugs. auch für* ohne Geld)
ab|ge|brüht (*ugs. für* [sittlich] abgestumpft, unempfindlich); **Ab|ge|brüht|heit**
ab|ge|dro|schen; abgedroschene Sprüche
ab|ge|fah|ren (*ugs. auch für* begeisternd)
ab|ge|hackt
ab|ge|hen
ab|ge|hetzt
ab|ge|kämpft
ab|ge|kar|tet *(ugs.);* eine abgekartete Sache
ab|ge|klärt
ab|ge|lau|fen; abgelaufene Schuhe; ein abgelaufenes Verfallsdatum
ab|ge|le|gen
ab|gel|ten; Ab|gel|tung (*österr., schweiz. auch für* Vergütung)
ab|ge|macht *(ugs.)*
ab|ge|neigt
ab|ge|nutzt
ab|ge|ord|net; Ab|ge|ord|ne|te, der *u.* die; -n, -n (*Abk.* Abg.); **Ab|ge|ord|ne|ten|haus**
ab|ge|ris|sen; abgerissene Kleider
Ab|ge|sand|te, der *u.* die; -n, -n
Ab|ge|sang
ab|ge|schie|den (*geh. für* einsam [gelegen]; verstorben); **Ab|ge|schie|den|heit,** die; -
ab|ge|schlafft *(ugs.)*
ab|ge|schla|gen
ab|ge|schlos|sen
ab|ge|schmackt (geistlos, platt)
ab|ge|schnit|ten
ab|ge|se|hen; abgesehen von …; abgesehen davon, dass …
ab|ge|spannt (müde, erschöpft)
ab|ge|stan|den
ab|ge|stor|ben
ab|ge|stumpft
ab|ge|tö|tet
ab|ge|tra|gen
ab|ge|win|nen
ab|ge|wöh|nen
ab|gie|ßen
Ab|gleich, der; -[e]s, -e; **ab|glei|chen**
ab|glei|ten
Ab|gott, der; -[e]s, Abgötter; **ab|göt|tisch**
ab|gra|ben; jmdm. das Wasser abgraben
ab|gren|zen; Ab|gren|zung
Ab|grund; ab|grün|dig; ab|grund|tief
ab|gu|cken, ab|ku|cken *(ugs.);* [von *od.* bei] jmdm. etwas abgucken *od.* abkucken
Ab|guss
ab|ha|cken

ab|ha|ken
ab|hal|ten
ab|han|deln
ab|han|den|kom|men; das Buch kam uns abhanden, ist uns abhandengekommen
Ab|hand|lung
Ab|hang
[1]**ab|hän|gen;** das hing von ihm ab, hat von ihm abgehangen; *vgl.* [1]hängen
[2]**ab|hän|gen** (*ugs. auch für* abschütteln); er hängte das Bild ab; sie hat alle Konkurrenten abgehängt; *vgl.* [2]hängen
ab|hän|gig; Ab|hän|gig|keit
ab|här|ten; Ab|här|tung
ab|hau|en (*ugs. auch für* davonlaufen); ich hieb den Ast ab; wir hauten ab
ab|he|ben
ab|hef|ten
ab|hel|fen; Ab|hil|fe
ab|ho|len; Ab|ho|lung
ab|hol|zen; Ab|hol|zung
ab|hö|ren; jmdn. *od.* jmdm. etwas abhören
Abi, das; -s, -s (*ugs.; kurz für* Abitur)
Ab|i|tur, das; -s, -e *Plur. selten* (Reifeprüfung)
Ab|i|tu|ri|ent, der; -en, -en (Reifeprüfling); **Ab|i|tu|ri|en|tin**
ab|ja|gen
ab|kan|zeln (*ugs. für* scharf tadeln)
ab|kap|seln; ich kaps[e]le ab
ab|kas|sie|ren
Ab|kauf; ab|kau|fen
Ab|kehr, die; -; **ab|keh|ren**
ab|klä|ren; Ab|klä|rung
Ab|klatsch
ab|klin|gen
ab|klop|fen
ab|knut|schen *(ugs.)*
ab|ko|chen
ab|kom|men; Ab|kom|men, das; -s, -
ab|kömm|lich; Ab|kömm|ling
ab|kop|peln
ab|ku|cken (*nordd. für* abgucken *[vgl. d.]*)
ab|küh|len; Ab|küh|lung
ab|kür|zen; Ab|kür|zung (*Abk.* Abk.)
ab|la|den; *vgl.* [1]laden
Ab|la|ge; ab|la|gern; Ab|la|ge|rung
Ab|lass, der; -es, Ablässe *(kath. Kirche)*
ab|las|sen
Ab|lauf; ab|lau|fen
ab|le|ben (*geh. für* sterben); **Ab|le|ben**
ab|le|cken
ab|le|gen; Ab|le|ger (Pflanzentrieb)
ab|leh|nen; Ab|leh|nung
ab|leis|ten
ab|lei|ten; Ab|lei|tung
ab|len|ken; Ab|len|kung; Ab|len|kungs|ma|nö|ver
ab|le|sen; Ab|le|ser; Ab|le|se|rin
ab|lich|ten; Ab|lich|tung
ab|lie|fern; Ab|lie|fe|rung
Ab|lö|se, die; -, -n (*kurz für* Ablösesumme)
ab|lö|sen; Ab|lö|se|sum|me; Ab|lö|sung
ab|luch|sen (*ugs. für* ablisten)
ABM, die; -, -[s] = Arbeitsbeschaffungsmaßnahme
ab|ma|chen; Ab|ma|chung
ab|ma|gern; ich magere ab; **Ab|ma|ge|rung; Ab|ma|ge|rungs|kur**
ab|mah|nen; Ab|mah|nung
ab|ma|len; ein Bild abmalen
ab|mel|den; Ab|mel|dung
ab|mes|sen; Ab|mes|sung
ab|mil|dern
ab|mon|tie|ren
ABM-Stel|le *vgl.* ABM
ab|mü|hen, sich
Ab|nah|me, die; -, -n *Plur. selten*
ab|neh|men; Ab|neh|mer; Ab|neh|me|rin
Ab|nei|gung
ab|ni|cken (*ugs. für* genehmigen); ich nicke ab
ab|norm (von der Norm abweichend, regelwidrig; krankhaft); **Ab|nor|mi|tät**
ab|nut|zen, *bes. südd., österr.* **ab|nüt|zen**
Ab|nut|zung, *bes. südd., österr.* **Abnützung**
Abo, das; -s, -s (*kurz für* Abonnement)
Abon|ne|ment [...'mã:, *schweiz.* ...ə'mɛnt, *auch* abɔn'mã:], das; -s, *Plur.* -s *u.* (bei deutscher Aussprache:) -e (Dauerbezug von Zeitungen u. Ä.; Dauermiete für Theater u. Ä.); **Abon|nent,** der;

A

-en, -en (Inhaber eines Abonnements); **Abon|nen|tin; abon|nie|ren;** auf etwas abonniert sein

ab|ord|nen; Ab|ord|nung

[1]**Ab|ort,** der; -[e]s, -e (Toilette)

[2]**Ab|ort,** der; -s, -e (*Med.* Fehlgeburt)

ab|pfei|fen *(Sport);* **Ab|pfiff**

ab|pral|len; von etwas abprallen

ab|ra|ckern, sich (*ugs. für* sich abmühen)

ab|ra|ten

ab|räu|men

ab|re|agie|ren; sich abreagieren

ab|rech|nen; Ab|rech|nung

Ab|re|de; etwas in Abrede stellen

ab|rei|ben; Ab|rei|bung

Ab|rei|se *Plur. selten;* **ab|rei|sen**

ab|rei|ßen *vgl.* abgerissen

Ab|reiß|ka|len|der

ab|rich|ten

ab|rie|geln

ab|rin|gen; jmdm. etwas abringen

Ab|riss, der; -es, -e

ab|rü|cken

Ab|ruf *Plur. selten;* auf Abruf; **ab|ruf|bar; ab|ru|fen**

ab|run|den; eine Zahl [nach unten] abrunden

ab|rupt (zusammenhanglos, plötzlich)

ab|rüs|ten; Ab|rüs|tung

ab|rut|schen

ABS, das; - = **A**nti**b**lockier**s**ystem

ab|sa|cken (*ugs. für* [ab]sinken)

Ab|sa|ge, die; -, -n; **ab|sa|gen**

Ab|satz, der; -es, Absätze (*Abk.* Abs. [*für* Textabschnitt]); **Ab|satz|markt**

ab|sau|gen

ab|schaf|fen; Ab|schaf|fung

ab|schal|ten; Ab|schal|tung

ab|schät|zen; ab|schät|zig

ab|schau|en *(bes. südd., österr., schweiz.)*

Ab|scheu, der; -s *u.* die; -; eine abscheuerregende, *auch* Abscheu erregende Tat; *aber nur* eine großen Abscheu erregende Tat, eine äußerst abscheuerregende, noch abscheuerregendere Tat; **ab|scheu|lich; Ab|scheu|lich|keit**

ab|schi|cken

Ab|schie|be|haft, die; -; **ab|schie|ben; Ab|schie|bung**

Ab|schied, der; -[e]s, -e; **Ab|schieds|brief; Ab|schieds|fei|er**

ab|schie|ßen

ab|schir|men; Ab|schir|mung

ab|schlach|ten

ab|schlaf|fen *(ugs.)*

Ab|schlag; auf Abschlag kaufen; **ab|schla|gen**

ab|schlä|gig; jmdn. *od.* etwas abschlägig bescheiden (etwas nicht genehmigen)

Ab|schlepp|dienst; ab|schlep|pen; Ab|schlepp|wa|gen

ab|schlie|ßen; ab|schlie|ßend

Ab|schluss; Ab|schluss|be|richt; Ab|schluss|prü|fung; Ab|schluss|zeug|nis

ab|schme|cken

ab|schmet|tern *(ugs.)*

ab|schnei|den

Ab|schnitt (*Abk.* Abschn.)

ab|schnitts|wei|se, abschnittweise

ab|schöp|fen

ab|schot|ten; Ab|schot|tung

ab|schre|cken *vgl.* schrecken; **ab|schre|ckend; Ab|schre|ckung**

ab|schrei|ben; Ab|schrei|bung; Ab|schrift

ab|schrub|ben *(ugs.)*

Ab|schuss; ab|schüs|sig; Ab|schuss|lis|te

ab|schüt|teln

ab|schwä|chen; Ab|schwä|chung

ab|schwei|fen; Ab|schwei|fung

ab|schwö|ren

Ab|schwung

ab|seg|nen (*ugs. für* genehmigen)

ab|seh|bar; in absehbarer Zeit; **ab|se|hen**

ab|sei|tig

ab|seits; *Präp. mit Gen.:* abseits des Weges; *Adverb:* der Stürmer war abseits (*Sport* stand im Abseits); **Ab|seits,** das; -, - *(Sport);* Abseits pfeifen, im Abseits stehen

ab|seits|ste|hen; *aber* im Abseits stehen; die abseitsstehenden Kinder, *aber* die ein Stück abseits [der Straße] stehenden Kinder; eine abseitsstehende Stürmerin

ab|sen|den; Ab|sen|der (*Abk.* Abs.); **Ab|sen|de|rin**
ab|sen|ken; Ab|sen|kung
ab|setz|bar; ab|set|zen; sich absetzen
ab|si|chern; Ab|si|che|rung
Ab|sicht, die; -, -en; **ab|sicht|lich** [*auch* ...'zɪçt...]; **Ab|sichts|er|klä|rung**
ab|sin|ken
ab|sit|zen
ab|so|lut (völlig; ganz u. gar; uneingeschränkt); **Ab|so|lut|heit,** die; -
Ab|so|lu|ti|on, die; -, -en (Los-, Freisprechung, bes. Sündenvergebung)
Ab|so|lu|tis|mus, der; - (uneingeschränkte Herrschaft eines Monarchen, Willkürherrschaft); **ab|so|lu|tis|tisch**
Ab|sol|vent, der; -en, -en (Schulabgänger mit Abschlussprüfung); **Ab|sol|ven|tin**
ab|sol|vie|ren (ableisten)
ab|son|der|lich; Ab|son|der|lich|keit
ab|son|dern; Ab|son|de|rung
ab|sor|bie|ren (aufsaugen; [gänzlich] beanspruchen); **Ab|sorp|ti|on,** die; -, -en
ab|spal|ten; Ab|spal|tung
ab|span|nen
ab|spe|cken (*ugs. für* [gezielt] abnehmen)
ab|spei|chern *(EDV)*
ab|spei|sen; Ab|spei|sung
ab|spens|tig; jmdm. jmdn. *od.* etwas abspenstig machen
ab|sper|ren; Ab|sper|rung
ab|spie|len
Ab|spra|che; ab|spre|chen
ab|sprin|gen; Ab|sprung
ab|spü|len; Geschirr abspülen
ab|stam|men; Ab|stam|mung
Ab|stand; von etwas Abstand nehmen
ab|stat|ten; jmdm. einen Besuch abstatten *(geh.)*
ab|stau|ben (*ugs. auch für* unbemerkt mitnehmen; *Sport* ein Tor mühelos erzielen)
Ab|ste|cher; einen Abstecher machen
ab|ste|cken *vgl.* [2]stecken
ab|ste|hend
ab|stei|gen; Ab|stei|ger *(Sport);* **Ab|stei|ge|rin**
ab|stel|len; Ab|stell|gleis; Ab|stell|raum
ab|stem|peln
ab|ster|ben
Ab|stieg, der; -[e]s, -e; **Ab|stiegs|kampf** *(Sport);* **Ab|stiegs|kan|di|dat** *(Sport);* **Ab|stiegs|kan|di|da|tin**
ab|stim|men; Ab|stim|mung; Ab|stim|mungs|er|geb|nis
ab|s|ti|nent (enthaltsam, alkoholische Getränke meidend); **Ab|s|ti|nenz,** die; -
Ab|stoß; ab|sto|ßen; ab|sto|ßend
ab|stra|fen; Ab|stra|fung
ab|s|tra|hie|ren (verallgemeinern); **ab|s|trakt** (begrifflich, nur gedacht); abstrakte Kunst; **Ab|s|trak|ti|on,** die; -, -en
ab|strei|fen
ab|strei|ten
Ab|strich
ab|s|t|rus (verworren, schwer verständlich)
ab|stu|fen; Ab|stu|fung
ab|stump|fen
Ab|sturz; ab|stür|zen
ab|stüt|zen; sich abstützen
ab|su|chen
ab|surd (sinnwidrig, sinnlos); **Ab|sur|di|tät,** die; -, -en
Ab|s|zess, der, *österr. auch* das; -es, -e (*Med.* eitrige Geschwulst)
Ab|s|zis|se, die; -, -n (*Math.* auf der Abszissenachse abgetragene erste Koordinate eines Punktes)
Abt, der; -[e]s, Äbte (Klostervorsteher)
ab|tas|ten
ab|tau|chen
Ab|tei (Kloster)
Ab|teil [*schweiz.* 'a...], das; -[e]s, -e
[1]**Ab|tei|lung,** die; - (Abtrennung)
[2]**Ab|tei|lung** [*schweiz.* 'a...] (abgeteilter Raum; Teil eines Unternehmens, einer Behörde o. Ä.; *Abk.* Abt.); **Ab|tei|lungs|lei|ter; Ab|tei|lungs|lei|te|rin**
Äb|tis|sin (Kloster-, Stiftsvorsteherin)
ab|tö|ten; Ab|tö|tung
ab|tra|gen; ab|träg|lich (schädlich); jmdm. *od.* einer Sache abträglich sein *(geh.)*
Ab|trans|port; ab|trans|por|tie|ren

A

ab|trei|ben; Ab|trei|bung
ab|tren|nen; Ab|tren|nung
ab|tre|ten; Ab|tre|tung
ab|trock|nen
ab|trop|fen
ab|trot|zen; jmdm. etwas abtrotzen
ab|trün|nig
ab|tun; etwas als Scherz abtun
ab|ver|kau|fen; ab|ver|lan|gen
ab|wä|gen; wägte *od.* wog ab; abgewogen *od.* abgewägt; **Ab|wä|gung**
Ab|wahl; ab|wäh|len
ab|wäl|zen
ab|wan|deln
ab|wan|dern; Ab|wan|de|rung
Ab|wand|lung
ab|war|ten
ab|wärts; sich abwärts entwickeln; wir wollen abwärts gehen, nicht fahren
ab|wärts|ge|hen; wir sind zwei Stunden lang nur abwärtsgegangen
Ab|wärts|trend
ab|wasch|bar; ab|wa|schen
Ab|was|ser *Plur.* Abwässer, *auch* Abwasser
ab|wech|seln; sich abwechseln; **ab|wechselnd; Ab|wech|se|lung, Ab|wechs|lung; ab|wechs|lungs|reich**
Ab|weg *meist Plur.;* **ab|we|gig**
Ab|wehr, die; -; **ab|weh|ren; Ab|wehr|spieler** *(Sport);* **Ab|wehr|spie|le|rin**
[1]**ab|wei|chen;** ein Etikett abweichen; *vgl.* [1]weichen
[2]**ab|wei|chen;** vom Kurs abweichen; *vgl.* [2]weichen; **Ab|weich|ler** (jmd., der von der politischen Linie einer Partei abweicht); **Ab|weich|le|rin; Ab|wei|chung**
ab|wei|sen; Ab|wei|sung
ab|wen|den; Ab|wen|dung
ab|wer|ben; Ab|wer|bung
ab|wer|fen
ab|wer|ten; Ab|wer|tung
ab|we|send; Ab|we|sen|de, der *u.* die; -n, -n; **Ab|we|sen|heit**
ab|wi|ckeln; Ab|wi|cke|lung, Ab|wick|lung
ab|wie|geln
ab|wie|gen *vgl.* [1]wiegen
ab|wim|meln (*ugs. für* abweisen)
ab|win|ken; er hat abgewinkt (*häufig auch* abgewunken); bis zum Abwinken *(ugs.)*
ab|wi|schen
ab|wra|cken (verschrotten)
Ab|wurf
ab|wür|gen
ab|zah|len
ab|zäh|len; Ab|zähl|reim
Ab|zah|lung
Ab|zei|chen
ab|zeich|nen; sich abzeichnen
Ab|zieh|bild; ab|zie|hen *vgl.* abgezogen
ab|zie|len; auf etw. abzielen
ab|zo|cken (*ugs. für* jmdn. [auf betrügerische Art] um sein Geld bringen)
Ab|zug; ab|züg|lich *(Kaufmannsspr.); Präp. mit Gen.:* abzüglich des gewährten Rabatts; *aber* abzüglich Rabatt; **ab|zugs|fä|hig** *(Steuerw.)*
ab|zwei|gen; Ab|zwei|gung
Açai|bee|re, Acai|bee|re [asa'(ʔ)iː...] (eine essbare Frucht)
Ac|ces|soire [aksɛ'so̯aːɐ̯], das; -s, -s *meist Plur.* (modisches Zubehör, z. B. Schmuck)
Ac|count [ə'kau̯nt], der *od.* das; -s, -s (Zugangsberechtigung z. B. zum Internet)
ach!; ach so!; ach ja!; ach je!; **Ach,** das; -s, -[s]; mit Ach und Krach; mit Ach und Weh; Ach und Weh *od.* ach und weh schreien
Achat, der; -[e]s, -e (ein Schmuckstein)
Achill, Achil|les (Held der griech. Sage)
Achil|les|fer|se (verwundbare Stelle)
Ach|se, die; -, -n
Ach|sel, die; -, -n; **Ach|sel|zu|cken,** das; -s; **ach|sel|zu|ckend**
acht *s. Kasten*
[1]**Acht,** die; -, -en (Ziffer, Zahl); die Zahl Acht, die Ziffer Acht; eine arabische, römische Acht; eine Acht schreiben; mit den Rollschuhen eine Acht fahren; mit der Acht (*ugs. für* [Straßenbahn]linie 8) fahren
[2]**Acht,** die; - (*veraltet für* Aufmerksamkeit; Fürsorge); [auf jmdn., etwas] achtgeben *od.* Acht geben; gib acht! *od.* gib Acht!; *aber nur* sehr, gut, genau achtgeben; gib

ạcht

– *die Zahlen von acht bis zwölf; acht Millionen; im Jahre acht; die Linie acht*
– *er ist über acht [Jahre]; Kinder von acht [bis zehn] Jahren; mit acht [Jahren]*
– *es ist acht [Uhr]; um acht [Uhr]; es schlägt eben acht; [ein] Viertel auf, vor acht; halb acht; drei viertel acht; Punkt, Schlag acht*
– *wir sind zu acht*
– *diese acht [Leute]; die ersten, letzten acht*
– *das macht acht fünfzig* (ugs. für *8,50 €*)
– *acht und eins macht, ist* (nicht: *machen, sind*) *neun; acht mal zwei (8 mal 2); acht zu vier (8 : 4), acht Komma fünf (8,5)*

Vgl. [1]*Acht,* [2]*Acht*

gut acht!; große, allergrößte Acht geben; auf etwas achthaben *od.* Acht haben; habt acht! *od.* habt Acht!; *aber nur* habt gut acht!; sich in Acht nehmen; etwas [ganz] außer Acht lassen; etwas außer aller Acht lassen; das Außerachtlassen

[3]**Ạcht,** die; - (*früher für* Ächtung)

ạcht|bar

ạch|te; das achte Gebot; das achte Weltwunder; der achte Mai, am achten Januar; *aber* der Achte, den ich treffe; sie wurde Achte im Weitsprung; jeder Achte; am Achten [des Monats]; am achten Achten (8. August); Heinrich der Achte

Ạcht|eck; ạcht|eckig

ạch|tel; ein achtel Zentner, drei achtel Liter, *aber* (Maß): ein Ạchtelliter

Ạch|tel, das, *schweiz. auch* der; -s, - ; ein Achtel Rotwein; drei Achtel des Ganzen, *aber* im Dreiạchteltakt; *mit Ziffern* im $^{3}/_{8}$-Takt; **Ạch|tel|fi|na|le; Ạch|tel|li|ter** (*vgl.* achtel); **Ạch|tel|no|te**

ạch|ten

ạ̈ch|ten

ạch|tens

Ạch|ter (Ziffer 8; Form einer 8; ein Boot für acht Ruderer); **Ạch|ter|bahn**

ạcht|fach (*mit Ziffer* 8-fach *od.* 8fach); die achtfache Menge; **Ạcht|fa|che** (*mit Ziffer* 8-Fache *od.* 8fache), das; -n; [um] ein Achtfaches; um das Achtfache

ạcht|ge|ben, ạcht|ha|ben *vgl.* [2]Acht

ạcht|hụn|dert

ạcht|jäh|rig (*mit Ziffer* 8-jährig)

Ạcht|jäh|ri|ge, der *u.* die; -n, -n (*mit Ziffer* 8-Jährige); die unter Achtjährigen

ạcht|köp|fig (*mit Ziffer* 8-köpfig)

ạcht|los; Ạcht|lo|sig|keit

ạcht|mal (*mit Ziffer* 8-mal); *bei besonderer Betonung auch* acht Mal (8 Mal); *aber* acht mal zwei (*mit Ziffern* 8 mal 2) ist (*nicht:* sind) sechzehn; achtmal so groß wie (*seltener* als) ...; acht- bis neunmal

ạcht|tau|send; ạcht|und|zwạn|zig

Ạch|tung, die; -; **Ạ̈ch|tung**

ạcht|zehn; im Jahre achtzehn; *vgl.* acht

ạcht|zig

– *er ist, wird achtzig, achtzig Jahre alt*
– *die achtzig erreichen; mit achtzig ist sie immer noch sehr rüstig; der Mensch über achtzig [Jahre]; er ist schon um die achtzig; die beiden sind Mitte achtzig*
– *Tempo achtzig; mit achtzig [Sachen]* (ugs. für *mit achtzig Stundenkilometern*) *fahren*

Ạcht|zig, die; -, -en (Zahl); *vgl.* [1]Acht

ạcht|zi|ger (*mit Ziffern* 80er); die Achtzigerjahre *od.* achtziger Jahre [des vorigen Jahrhunderts] (*mit Ziffern* 80er-Jahre *od.* 80er Jahre); in den Achtzigern (über achtzig Jahre alt) sein; Mitte der Achtziger

Ạcht|zi|ger (jmd., der [über] 80 Jahre ist; *österr. auch für* 80. Geburtstag); **Ạcht|zi|ge|rin** (Frau, die über 80 Jahre alt ist)

Ạcht|zy|lin|der|mo|tor (*mit Ziffer* 8-Zylinder-Motor)

ạ̈ch|zen; du ächzt

A

Ac̣ker, der; -s, Äcker; 30 Acker Land; **Ac̣ker|bau,** der; -[e]s; **Ac̣ker|land,** das; -[e]s
ac̣kern; ich ackere
Ac|ry̲l, das; -s (eine Chemiefaser); **Ac|ry̲l|amid,** das; -[e]s, -e (krebserregende Substanz)
Act [ɛkt], der; -s, -s (*ugs. für* Popgruppe; Auftritt; *auch für* großer Aufwand)
Ac|tion ['ɛkʃn̩], die; - (spannende [Film]handlung; lebhafter Betrieb); *vgl. aber* Aktion; **Ac|tion|film**
ada̲|gio [...dʒo] (*Musik* langsam, ruhig); **Ada̲|gio,** das; -s, -s (Musikstück in langsamem Tempo)
Ad|ạp|ter, der; -s, - (*Technik* Verbindungsstück)
ad|äqua̲t (angemessen)
Ad|blo|cker ['ɛt...], der; -s, - (*EDV* Werbeblocker)
ad|di̲e|ren (zusammenzählen); **Ad|di|ti|o̲n,** die; -, -en; **ad|di|ti̲v** (*fachspr. für* hinzufügend)

Adresse
Wie im Französischen, aus dem das Wort entlehnt wurde, schreibt man *Adresse* nur mit einem *d.*

Ade̲, das; -s, -s; Ade *od.* ade sagen
A̲del, der; -s; **ade|lig,** a̲d|lig; **a̲deln**
A̲der, die; -, -n; **A̲der|lass,** der; -es, ...lässe
Ad|hä|si|o̲n, die; -, -en (*fachspr. für* Aneinanderhaften von Stoffen od. Körpern)
adi|eu! [a'di̯ø:] (*landsch., sonst veraltend für* lebe [lebt] wohl!); **Adi|eu,** das; -s, -s (Lebewohl); jmdm. Adieu *od.* adieu sagen
Ạd|jek|tiv, das; -s, -e (*Sprachwiss.* Eigenschaftswort, z. B. »schön«); **ạd|jek|ti|visch**
Ad|ju|tạnt, der; -en, -en (beigeordneter Offizier); **Ad|ju|tạn|tin**
A̲d|ler, der; -s, -
a̲d|lig, a̲de|lig; **A̲d|li|ge,** der *u.* die; -n, -n
Ad|mi|nis|t|ra|ti|o̲n, die; -, -en (das Verwalten; Verwaltung; verwaltende Behörde); **ad|mi|nis|t|ra|ti̲v** (zur Verwaltung gehörend); **Ad|mi|nis|t|ra̲|tor,** der; -s, ...o̲ren (Verwalter); **Ad|mi|nis|t|ra|to̲|rin**
Ad|mi|ra̲l, der; -s, *Plur.* -e, *seltener* ...räle (Marineoffizier im Generalsrang; ein Schmetterling); **Ad|mi|ra̲|lin**
ad|op|ti̲e|ren; ein Kind adoptieren; **Ad|op|ti|o̲n,** die; -, -en; **Ad|op|ti̲v|el|tern; Ad|op|ti̲v|kind**
Ad|re|na|li̲n, das; -s (*Med.* ein Hormon des Nebennierenmarks); **Ad|re|na|li̲n|spie|gel**
Ad|res|sa̲t, der; -en, -en (Empfänger; [bei Wechseln:] Bezogener); **Ad|res|sa̲|tin**
Ad|rẹss|buch; Ad|rẹs|se, die; -, -n (*Abk.* Adr.); **ad|res|si̲e|ren**
ad|rẹtt (nett, hübsch, ordentlich, sauber)
ADS, das; - *(Med., Psychol.)* = Aufmerksamkeitsdefizitsyndrom
A̲-Dur [*auch* 'a:'du:ɐ̯], das; -[s] (Tonart; *Zeichen* A); **A-Dur-Ton|lei|ter**
Ad|van|tage [ɛt'va:ntɪtʃ], der; -s, -s (*Sport* der erste gewonnene Punkt nach dem Einstand beim Tennis)
Ad|vẹnt [at'vɛnt], der; -[e]s, -e *Plur. selten* (Zeit vor Weihnachten); **Ad|vẹnts|ka|len|der; Ad|vẹnts|kranz; Ad|vẹnts|zeit**
Ad|vẹrb, das; -s, -ien (Umstandswort); **ad|ver|bi|a̲l;** adverbiale Bestimmung
Ad|ver|ti|sing ['ɛtvɛta̯ɪzɪŋ], das; -s, -s (*fachspr. für* Werbung)
Ad|vo|ka̲t, der; -en, -en (*geh. für* [Rechts]anwalt); **Ad|vo|ka̲|tin**
Ae|ro|bic [ɛ'ro:bɪk], das; -s, *auch* die; - *meist ohne Artikel* (Fitnesstraining mit tänzerischen u. gymnast. Übungen)
Ae|ro|dy|na̲|mik (*Physik* Lehre von der Bewegung gasförmiger Körper)
Af|fä̲|re, die; -, -n (Angelegenheit; [unangenehmer] Vorfall; Liebschaft)
Ạff|chen; Af|fe, der; -n, -n
Af|fẹkt, der; -[e]s, -e ([heftige] Gemütsbewegung); **af|fek|ti̲ert** (geziert, gekünstelt)
Ạf|fen|the|a|ter *(ugs.);* **ạf|fig** (*ugs. abwertend für* eitel); **Ạ̈f|fin,** die; -, -nen
Af|fi|ni|tä̲t, die; -, -en (Verwandtschaft; Ähnlichkeit)

Af|front [a'frõ:, *auch* a'frɔnt], der; -s, *Plur.* -s [a'frõ:s] *u.* -e [a'frɔntə] (Beleidigung)

Af|gha|ne […'ga:…], der; -n, -n (Angehöriger eines vorderasiat. Volkes; *auch* eine Hunderasse); **Af|gha|nin; af|ghanisch; Af|gha|ni|s|tan** (Staat in Vorderasien)

Af|ro|ame|ri|ka|ner ['a(:)f…] (Amerikaner schwarzafrikanischer Abstammung); **Af|roame|ri|ka|ne|rin; af|ro|ame|ri|ka|nisch**

Af|ter, der; -s, -

Af|ter|shave […ʃeɪf], das; -[s], -s (*kurz für* Aftershave-Lotion); **Af|ter|shave-Lo|tion, Af|ter|shave|lo|ti|on** (Rasierwasser zum Gebrauch nach der Rasur)

Af|ter-Work-Par|ty, Af|ter|work|par|ty […(')vœ:ɐ̯k…] (Party, die [unmittelbar] nach Arbeitsende beginnt)

Aga|ve, die; -, -n ([sub]trop. Pflanze)

Agen|da, die; -, …den (Merkbuch, Terminkalender; Liste von Gesprächspunkten)

Agent, der; -en, -en (Spion; Vermittler von Engagements); **Agen|tin; Agen|tur,** die; -, -en (Geschäftsstelle; Nachrichten-, Vermittlungsbüro); **Agen|tur|mel|dung**

Ag|glo|me|ra|ti|on, die; -, -en (*fachspr. für* Zusammenballung; Ballungsraum)

Ag|gre|gat, das; -[e]s, -e (Maschinensatz); **Ag|gre|gat|zu|stand** (*Chemie, Physik* Erscheinungsform eines Stoffes)

Ag|gres|si|on, die; -, -en (Angriff[sverhalten], Überfall); **ag|gres|siv** (angriffslustig); **Ag|gres|si|vi|tät,** die; -, -en

Ägi|de, die; - (Schutz, Obhut); unter der Ägide von …

agie|ren (handeln)

agil (flink, wendig, beweglich)

Agi|ta|ti|on, die; -, -en (politische Hetze; intensive politische Aufklärungstätigkeit); **Agi|ta|tor,** der; -s, …oren (jmd., der Agitation betreibt); **Agi|ta|to|rin; agi|tie|ren**

Ago|nie, die; -, …ien (Todeskampf)

Ag|ra|ri|er (Großgrundbesitzer, Landwirt); **Ag|ra|ri|e|rin; ag|ra|risch; Ag|rar|po|litik; Ag|rar|pro|dukt; Ag|rar|wirt|schaft**

Ag|ree|ment [ə'gri:mənt], das; -s, -s (Abmachung; *Politik* formlose Übereinkunft im zwischenstaatlichen Verkehr)

Ägyp|ten (Staat in Nordostafrika)

ah!; ah so!; ah was!; ah ja!

aha! [*od.* a'ha:]

Ah|le, die; -, -n (nadelartiges Werkzeug)

Ahn, der; *Gen.* -[e]s *u.* -en, *Plur.* -en (Stammvater, Vorfahr)

ahn|den (*geh. für* strafen); **Ahn|dung**

äh|neln; ich ähn[e]le

ah|nen

Ah|nen|kult; Ah|nin

ähn|lich; einander, sich, jmdm. ähnlich sehen (*vgl. aber* ähnlichsehen); Ähnliches und Verschiedenes; ich habe Ähnliches erlebt; etwas, viel, nichts Ähnliches; oder Ähnliche[s] (*Abk.* o. Ä.); und Ähnliche[s] (*Abk.* u. Ä.); **Ähn|lich|keit; ähn|lich|sehen** (von jmdm. nicht anders zu erwarten sein); es sieht ihm ähnlich, hat ihm ähnlichgesehen, uns nicht zu informieren; *aber* einander ähnlich sehen; *vgl.* ähnlich

Ah|nung; ah|nungs|los; Ah|nungs|lo|sigkeit, die; -

Ahorn, der; -s, -e (ein Laubbaum)

Äh|re, die; -, -n

Ai, das; -s, -s (ein Dreizehenfaultier)

Aids [eɪ̯ts], das; - *meist ohne Artikel* (erworbenes Immunschwächesyndrom, eine gefährliche Infektionskrankheit); **aidskrank; Aids|kran|ke; Aids|test**

Air [ɛ:ɐ̯], das; -s, -s *Plur. selten* (Aussehen, Haltung; Fluidum)

Air|bag ['ɛ:ɐ̯bɛk], der; -s, -s (Luftkissen im Auto, das sich bei einem Aufprall automatisch aufbläst)

Air|bnb® ['ɛ:ɐ̯bi:ən'bi:] -s *ohne Artikel* (Internetdienst, der Privatunterkünfte vermittelt)

Air|bus® ['ɛ:ɐ̯…], der; -ses (*auch* -), -se (ein Großraumflugzeug)

Air|con|di|tion, Air-Con|di|tion […kɔndɪʃn̩], die; -, -s (Klimaanlage)

Air|line ['ɛ:ɐ̯laɪ̯n], die; -, -s (*engl. Bez. für* Fluggesellschaft); **Air|port** ['ɛ:ɐ̯…], der; -s, -s (*engl. Bez. für* Flughafen)

A

Aja|to̩l|lah, Aya|to̩l|lah, der; -[s], -s (schiitischer Ehrentitel)

Aka|de|mi̲e, die; -, ...i̲en (wissenschaftliche Gesellschaft; [Fach]hochschule); **Aka|de̲|mi|ker** (Person mit Hochschulausbildung); **Aka|de̲|mi|ke|rin; aka|de̲|misch;** das akademische Viertel

Aka̲|zie, die; -, -n (ein tropischer Laubbaum od. Strauch)

Ake|le̲i, die; -, -en (eine Zier- u. Wiesenpflanze)

ak|kli|ma|ti|si̲e|ren, sich (sich an ein verändertes Klima, an veränderte Verhältnisse anpassen)

Ak|ko̩rd, der; -[e]s, -e (*Musik* Zusammenklang; *Wirtsch.* Bezahlung nach Stückzahl); **Ak|ko̩rd|ar|beit; Ak|ko̩r|de|on,** das; -s, -s

ak|kre|di|ti̲e|ren (*Politik* beglaubigen; bevollmächtigen); **Ak|kre|di|ti̲e|rung; Akkre|di|ti̲e|rungs|ver|fah|ren**

A̩k|ku, der; -s, -s (*Kurzw. für* Akkumulator)

Ak|ku|mu|la̲|tor, der; -s, ...o̲ren (ein Stromspeicher; *Kurzw.* Akku); **ak|ku|mu|li̲e|ren** (anhäufen; sammeln, speichern)

ak|ku|ra̲t (sorgfältig, ordentlich)

A̩k|ku|sa|tiv, der; -s, -e (*Sprachwiss.* Wenfall, 4. Fall; *Abk.* Akk.)

A̩k|ne, die; -, -n (*Med.* Hautausschlag)

ak|qui|ri̲e|ren [akvi...] (anschaffen; *Wirtsch.* Kunden werben); **Ak|qui̲|se,** die; -, -n (Akquisition); **Ak|qui|si|ti|o̲n,** die; -, -en (Anschaffung; *Wirtsch.* Kundenwerbung)

Ak|ri|bi̲e, die; - (höchste Genauigkeit); **ak|ri̲|bisch**

Ak|ro|ba̲t, der; -en, -en; **Ak|ro|ba̲|tik,** die; - (große körperliche Gewandtheit, Körperbeherrschung); **Ak|ro|ba̲|tin; ak|ro|ba̲|tisch**

Ak|ro̲|po|lis, die; -, ...po̲len (altgriech. Stadtburg [von Athen])

A̩kt, der; -[e]s, -e (Aufzug eines Theaterstückes; Handlung, Vorgang; künstler. Darstellung des nackten Körpers); *vgl.* Akte

A̩k|te, die; -, -n, *bes. österr. auch* A̩kt, der; -[e]s, *Plur.* -e, *österr.* -en; zu den Akten (erledigt; *Abk.* z. d. A.); **a̩k|ten|kun|dig; A̩k|ten|ord|ner; A̩k|ten|ta|sche; A̩k|ten|zei|chen** (*Abk.* AZ *od.* Az.)

Ak|teur [...ˈtøːɐ̯], der; -s, -e (Handelnder; Spieler; Schauspieler); **Ak|teu|rin**

A̩k|tie, die; -, -n (Anteil[schein]); **A̩k|ti|enge|sell|schaft** (AG); **A̩k|ti|en|in|dex** (*Finanzw.* Kennziffer für die Kursentwicklung am Aktienmarkt); **A̩k|ti|en|kurs; A̩k|ti|en|markt; A̩k|ti|en|pa|ket**

Ak|ti|o̲n, die; -, -en (Handlung, Unternehmung; *schweiz. auch für* Sonderangebot)

Ak|ti|o|nä̲r, der; -s, -e (Aktienbesitzer); **Ak|ti|o|nä̲|rin; Ak|ti|o|nä̲rs|ver|samm|lung**

Ak|ti|o|ni̩s|mus, der; - (Bestreben, durch [provozierende, künstlerische] Aktionen die Gesellschaft zu verändern; übertriebener Tätigkeitsdrang); **Ak|ti|o̲ns|bünd|nis; Ak|ti|o̲ns|pro|gramm; Ak|ti|o̲ns|tag**

ak|ti̲v [*auch* ˈa...] (tätig; wirksam; im Dienst); aktives Wahlrecht; aktiv werden

A̩k|tiv, das; -s, -e *Plur. selten* (*Sprachwiss.* Tatform, Tätigkeitsform); **ak|ti|vi̲e|ren** (in Tätigkeit setzen; Vermögensteile in die Bilanz einsetzen); **Ak|ti|vi̲e|rung**

Ak|ti|vi̩st, der; -en, -en (zielbewusst Handelnder; *in der DDR* jmd., der für vorbildliche Leistungen ausgezeichnet wurde); **Ak|ti|vi̩s|tin; Ak|ti|vi|tä̲t,** die; -, -en (Tätigkeit[sdrang]; Wirksamkeit)

ak|tu|a|li|si̲e|ren; Ak|tu|a|li|si̲e|rung; Ak|tu|a|li|tä̲t, die; -, -en (Gegenwartsbezogenheit, Zeitnähe); **ak|tu|e̩ll** (gegenwartsnah, zeitgemäß); die Aktuelle *od.* aktuelle Stunde (im Parlament)

Aku|punk|tu̲r, die; -, -en (*Med.* Heilbehandlung durch Einstiche von feinen Nadeln)

Aku̩s|tik, die; -, -en (Lehre vom Schall, von den Tönen; Klangwirkung); **aku̩s|tisch**

aku̲t; akutes (dringendes) Problem; akute (unvermittelt auftretende, heftig verlaufende) Krankheit; akut werden

AKW, das; -[s], -[s] = Atomkraftwerk; **AKW-Geg|ner; AKW-Geg|ne|rin**

Ak|ze̩nt, der; -[e]s, -e (Betonung[szeichen]; Tonfall, Aussprache; Nachdruck); **ak|ze̩ntfrei; ak|zen|tu|i̲e|ren** (betonen)

ak|zep|ta|bel (annehmbar); ...a|b|le Bedingungen; **Ak|zep|tanz,** die; -, -en (Bereitschaft, etwas zu akzeptieren); **ak|zep|tie|ren** (annehmen; hinnehmen)

à la [a la] (im Stil, nach Art von)

alaaf! (Karnevalsruf); Kölle alaaf!

Ala|bas|ter, der; -s, - *Plur. selten* (eine Gipsart)

à la carte [- - 'kart] (nach der Speisekarte); à la carte essen

Alarm, der; -[e]s, -e; **Alarm|an|la|ge; Alarm|be|reit|schaft; Alarm|glo|cke**

alar|mie|ren; Alarm|si|g|nal; Alarm|stu|fe; Alarmstufe Rot

¹**Alb,** der; -[e]s, -en (Naturgeist; *auch für* gespenstisches Wesen; Albdrücken)

²**Alb,** die; - (Gebirge); Schwäbische Alb

Al|ba|t|ros, der; -, -se (ein Sturmvogel)

Alb|drü|cken, Alp|drü|cken, das; -s

¹**al|bern;** ich albere

²**al|bern;** alberne Witze; **Al|bern|heit**

Al|bi|no, der; -s, -s (Mensch, Tier od. Pflanze mit fehlender Farbstoffbildung)

Alb|traum, Alp|traum

Al|bum, das; -s, ...ben (Gedenk-, Sammelbuch; *auch für* Tonträger mit mehreren Musikstücken)

Äl|chen (kleiner Aal; *Zool.* Fadenwurm)

Al|co|pop, Al|ko|pop, das *od.* der; -[s], -s (alkoholhaltiges Limonadenmischgetränk)

al den|te (*Gastron.* bissfest)

Ale [eːl], das; -s, -s (engl. Bier)

Alert [ə'lœːɐ̯t], der *od.* das; -s, -s (Internetdienst, der bestimmte Neuigkeiten meldet)

Al|ge, die; -, -n

Al|ge|b|ra [*österr.* ...'geː...], die; -, *Plur.* (*für* algebraische Strukturen:) ...e̲bren (Lehre von den mathematischen Gleichungen); **al|ge|b|ra|isch;** algebraische Gleichungen

Al|go|rith|mus, der; -, ...men (Schema, nach dem ein Rechenvorgang abläuft)

ali|as (anders; sonst, auch ... genannt)

Ali|bi, das; -s, -s ([Nachweis der] Abwesenheit vom Tatort des Verbrechens)

Ali|en ['ɛɪli̯ən], der *od.* das; -s, -s (außerirdisches Lebewesen)

Ali|men|te *Plur.* (*ugs. für* Unterhaltsbeiträge, bes. für nicht eheliche Kinder)

Al|ka|li [*auch* 'a...], das; -s, ...a̲lien *meist Plur.* (*Chemie* eine stark basische Verbindung); **al|ka|lisch** (basisch; laugenhaft)

Al|ko|hol [*auch* ...'hoːl], der; -s, -e; **al|ko|hol|ab|hän|gig; al|ko|hol|frei; Al|ko|ho|li|ker; Al|ko|ho|li|ke|rin; al|ko|ho|lisch; al|ko|ho|li|sie|ren** (mit Alkohol versetzen; *scherzh. für* unter Alkohol setzen); **al|ko|ho|li|siert** (betrunken); **Al|ko|ho|lis|mus,** der; -; **Al|ko|hol|kon|sum** [*auch* ...'hoːl]; **Al|ko|hol|miss|brauch,** der; -[e]s; **Al|ko|hol|ver|gif|tung**

Al|ko|pop *vgl.* Alcopop

all; alle, alles; alle beide; sie kamen alle; in, vor, bei allem; nach, trotz allem; das, was, wer alles; all[es] das, dies[es]; für, um alles; diese alle; alle Anwesenden; alles Gute; all[e] die Mühe; alles und jedes; alles oder nichts; alles in allem; alles andere; mein Ein und [mein] Alles

All, das; -s (Weltall)

all|abend|lich

all|dem, al|le|dem; bei all[e]dem; *aber* sie sagte nichts von all dem, was sie wusste

al|le *vgl.* all; **al|le|dem** *vgl.* alldem

Al|lee, die; -, Alleen

Al|le|go|rie, die; -, ...ien (Sinnbild; Gleichnis); **al|le|go|risch**

al|le|g|ro (*Musik* lebhaft); **Al|le|g|ro,** das; -s, *Plur.* -s *u.* ...gri

al|lein; von allein[e] *(ugs.);* allein sein, bleiben; die Kinder allein erziehen; jmdn. allein lassen (ohne Gesellschaft), *aber* jmdn. alleinlassen (im Stich lassen); eine alleinerziehende *od.* allein erziehende Mutter;; **al|lei|ne** (*ugs. für* allein)

al|lein|er|zie|hend, al|lein er|zie|hend *vgl.* allein; **Al|lein|er|zie|hen|de,** der *u.* die; -n, -n, **al|lein Er|zie|hen|de,** der *u.* die; - -n, - -n

Al|lein|gang, der; **al|lei|nig**

al|lein|las|sen (im Stich lassen); *aber* allein lassen (ohne Gesellschaft lassen)

Al|lein|sein, das; -s

A

al|lein|ste|hend; ein alleinstehender Mann; **Al|lein|ste|hen|de,** der *u.* die; -n, -n

Al|lein|un|ter|hal|ter; Al|lein|un|ter|hal|te|rin

al|le|mal (*ugs. für* natürlich, in jedem Fall); das kann sie allemal besser; *aber* ein für alle Mal, ein für alle Male

al|len|falls; al|lent|hal|ben

al|ler|bes|te; das kann sie am allerbesten; *aber* es ist das Allerbeste, dass …; *vgl.* beste; **al|ler|dings**

Al|l|er|gie, die; -, …ien (*Med.* Überempfindlichkeit); **Al|l|er|gi|ker** *(Med.);* **Al|l|er|gi|ke|rin; al|l|er|gisch** (überempfindlich)

al|ler|hand *(ugs.);* allerhand Neues; allerhand Streiche; das ist ja allerhand

Al|ler|hei|li|gen, das; -, *österr. Plur.* (kath. Fest zu Ehren aller Heiligen); **Al|ler|hei|ligs|te,** das; -n

al|ler|lei; allerlei Wichtiges; **Al|ler|lei,** das; -s, -s; Leipziger Allerlei (Mischgemüse)

al|ler|letz|te; im allerletzten Moment; das ist ja das Allerletzte!; zuallerletzt; *vgl.* letzte

al|ler|meis|te; die allermeisten *od.* Allermeisten glauben …

al|ler|or|ten *(geh.)*

Al|ler|see|len, das; - (kath. Gedächtnistag für die Verstorbenen)

al|ler|seits, all|seits

al|ler|we|nigs|te; das allerwenigste *od.* Allerwenigste, was …; am allerwenigsten; allerwenigstens

Al|ler|wer|tes|te, der; -n, -n (*ugs. scherzh. für* Gesäß)

al|les *vgl.* all

al|le|samt *(ugs.)*

Al|les|fres|ser; Al|les|fres|se|rin

all|ge|gen|wär|tig

all|ge|mein; die allgemeine Schulpflicht; allgemeine Geschäftsbedingungen (*Abk.* AGB); im Allgemeinen (*Abk.* i. A.); die allgemeingültigen *od.* allgemein gültigen Bestimmungen; ein allgemein verständlicher *od.* allgemeinverständlicher Text

All|ge|mein|be|fin|den

all|ge|mein|bil|dend, **all|ge|mein bil|dend; All|ge|mein|bil|dung,** die; -

all|ge|mein|gül|tig, **all|ge|mein gül|tig** *vgl.* allgemein; **All|ge|mein|gül|tig|keit**

All|ge|mein|gut; All|ge|mein|heit

All|ge|mein|me|di|zin, die; -; **All|ge|mein|me|di|zi|ner; All|ge|mein|me|di|zi|ne|rin**

All|ge|mein|platz (abgegriffene Redensart)

all|ge|mein ver|ständ|lich, **all|ge|mein|ver|ständ|lich** *vgl.* allgemein

All|ge|mein|wis|sen; All|ge|mein|wohl

All|heil|mit|tel, das

Al|li|anz, die; -, -en ([Staaten]bündnis); die Heilige Allianz

Al|li|ga|tor, der; -s, …oren (eine Panzerechse)

Al|li|ier|te, der *u.* die; -n, -n

all-in|clu|sive ['ɔ:l(ʔ)ɪn'klu:zɪf] (alles [im Preis] enthaltend); eine Woche all-inclusive; **All-in|clu|sive-Ur|laub**

all|jähr|lich

All|macht, die; - *(geh.);* **all|mäch|tig; All|mäch|ti|ge,** der; -n (Gott); Allmächtiger!

all|mäh|lich

all|mo|nat|lich; all|mor|gend|lich

Al|lo|t|ria *Plur., heute meist* das; -[s] (Unfug)

All|rad|an|trieb

All|roun|der [ɔ:l'raʊndɐ], der; -s, - (jmd., der viele Bereiche beherrscht); **All|roun|de|rin**

all|seits, al|ler|seits

All|tag *Plur. selten;* **all|täg|lich** ['a… (= alltags), al'tɛ:… (= üblich, gewöhnlich)]; **alltags;** *aber* des Alltags; alltags wie feiertags; **all|tags|taug|lich; All|tags|trott**

all|über|all *(geh.);* **all|um|fas|send**

Al|lü|re, die; -, -n *meist Plur.* (*meist abwertend für* eigenwilliges Benehmen)

all|wis|send; Doktor Allwissend (Märchengestalt); **All|wis|sen|heit,** die; -

all|wö|chent|lich

all|zu; allzu bald, allzu oft, allzu sehr, allzu selten usw. *immer getrennt, aber* allzumal

All|zweck|waf|fe

Alm, die; -, -en (Bergweide)

Al|ma|nach, der; -s, -e (Kalender, Jahrbuch)

Al|mo|sen, das; -s, - (kleine Gabe, Spende)
Aloe [...loe], die; -, -n [...loən] (eine Zier- u. Heilpflanze)
Aloe ve|ra, die; - -, - -s (Pflanze, aus der Hautpflegemittel gewonnen werden)
Alp, die; -, -en (*landsch., bes. schweiz. für* Alm)
Al|pa|ka, das; -s, -s (südamerik. Lamaart)
Alp|drü|cken, **Alb|drü|cken**, das; -s
al|pen|län|disch; Al|pen|re|pu|b|lik (*ugs. scherzh. für* Österreich [*im Plur. für* Österreich u. die Schweiz]); **Al|pen|ro|se; Al|pen|veil|chen; Al|pen|vor|land,** das; -[e]s, *Plur.* ...lande *od.* ...länder
Al|pha, das; -[s], -s (griechischer Buchstabe: *A, α*); **Al|pha|bet,** das; -[e]s, -e (Abc); **al|pha|be|tisch**
Alp|horn *Plur.* ...hörner
al|pin (die Alpen, das Hochgebirge betreffend); alpine Kombination *(Skisport);* **Al|pi|nis|mus,** der; - (sportl. Bergsteigen); **Al|pi|nist,** der; -en, -en; **Al|pi|nis|tin**
Alp|traum, **Alb|traum**
al-Qai|da [...k...] *vgl.* El Kaida
als; als ob; sie ist klüger als ihr Freund, *aber* (bei Gleichheit): sie ist so klug wie ihre Freundin; **als|bald; als|dann**
als dass; es ist zu schön, als dass es wahr sein könnte
al|so
alt; äl|ter, äl|tes|te; alt aussehen; alt werden; alte Sprachen; etwas Altes; der Alte (Greis), die Alte (Greisin); er ist immer noch der Alte (derselbe); es bleibt alles beim Alten; aus Alt wird Neu *od.* aus alt wird neu; der Konflikt zwischen Alt und Jung; mein Ältester (ältester Sohn), *aber* er ist der älteste meiner Söhne; das Alte Testament (*Abk.* A. T.)
Alt, der; -s, -e (tiefe Frauen- od. Knabenstimme; Sängerin mit dieser Stimme)
Al|tar, der; -[e]s, ...täre; **Al|tar|bild; Al|tar[s]|sa|k|ra|ment,** das; -[e]s
alt|ba|cken (*auch für* altmodisch, überholt)
Alt|bau, der; -[e]s, -ten; **Alt|bau|woh|nung**
alt|be|kannt; alt|be|währt
Alt|bun|des|kanz|ler
Alt|bun|des|prä|si|dent
alt|deutsch
Al|te, der *u.* die; -n, -n
alt|ehr|wür|dig *(geh.);* **alt|ein|ge|ses|sen**
Alt|ei|sen, das; -s
Al|ten|heim; Al|ten|pfle|ge; Al|ten|pfle|ger; Al|ten|pfle|ge|rin; Al|ten|teil, das
Al|ter, das; -s, -; eine Frau mittleren Alters, *aber* seit alters *(geh.),* von alters her *(geh.)*
al|tern; ich altere; **Al|tern,** das; -s
al|ter|na|tiv (zwischen zwei Möglichkeiten die Wahl lassend; eine menschlichere u. umweltfreundlichere Lebensweise vertretend); alternative Energien
¹**Al|ter|na|ti|ve,** die; -, -n (eine von zwei od. mehr Möglichkeiten); ²**Al|ter|na|ti|ve,** der *u.* die; -n, -n (jmd., der einer alternativen Bewegung angehört); **al|ter|na|tiv|los**
al|ters *vgl.* Alter
Al|ters|ar|mut; al|ters|be|dingt; Al|ters|di|a|be|tes; Al|ters|fleck; al|ters|ge|recht; Al|ters|gren|ze; Al|ters|grup|pe; Al|ters|heim; Al|ters|ren|te; al|ters|schwach; Al|ters|si|che|rung; Al|ters|teil|zeit; Al|ters|ver|sor|gung; Al|ters|vor|sor|ge
Al|ter|tum, das; -s; das klassische Altertum; **al|ter|tüm|lich**
Al|te|rung (*auch für* Reifung; Veränderung durch Altern)
Äl|tes|te, der *u.* die; -n, -n; **Äl|tes|ten|rat**
alt|ge|dient
Alt|glas, das; -es; **Alt|glas|con|tai|ner**
alt|her|ge|bracht
alt|hoch|deutsch
alt|jüng|fer|lich
Alt|kanz|ler; Alt|kanz|le|rin
Alt|kleid *meist Plur.;* **Alt|klei|der|con|tai|ner**
alt|klug; alt|klu|ger, alt|klugs|te
Alt|last *meist Plur.*
ält|lich
alt ma|chen, **alt|ma|chen;** Kleider, die alt machen *od.* altmachen; **Alt|ma|te|ri|al**
Alt|meis|ter ([als Vorbild geltender] altbewährter Meister in einem Fachgebiet); **Alt-**

A

meis|te|rin; **Alt|me|tall; alt|mo|disch; Alt|pa|pier,** das; -s
alt|ro|sa
Al|t|ru|is|mus, der; - (Selbstlosigkeit); **al|t-ru|is|tisch**
Alt|stadt; Alt|stadt|sa|nie|rung
Alt|stim|me
alt|tes|ta|men|ta|risch; alt|über|lie|fert
alt|vä|te|risch (altmodisch); **alt|vä|ter|lich** (ehrwürdig)
Alt|wei|ber|som|mer (warme Nachsommertage; vom Wind getragene Spinnweben)
Alu, das; -s (*kurz für* Aluminium); **Alu|fo|lie**
Alu|mi|ni|um, das; -s (chemisches Element, Leichtmetall; *Zeichen* Al)
Alum|nus, der; -, ...ni (ehemaliger Student einer Hochschule)
Alz|hei|mer|krank|heit, Alz|hei-mer-Krank|heit, die; - (mit Gedächtnisverlust verbundene Gehirnkrankheit)
am (an dem; *Abk.* a. *[bei Ortsnamen]; vgl.* an); am Sonntag, dem (*od.* den) 27. März
Amal|gam, das; -s, -e (Quecksilberlegierung); **Amal|gam|fül|lung**
Ama|ryl|lis, die; -, ...llen (eine Zierpflanze)
Ama|teur [...'tøːɐ̯], der; -s, -e ([Kunst-, Sport]liebhaber; Nichtfachmann); **amateur|haft; Ama|teu|rin**
Ama|zo|ne, die; -, -n (Angehörige eines kriegerischen Frauenvolkes der griech. Sage; *auch für* Turnierreiterin)
Am|bi|en|te, das; - (Umwelt, Atmosphäre)
Am|bi|ti|on, die; -, -en (Ehrgeiz); **am|bi|ti|oniert** (ehrgeizig, strebsam)
am|bi|va|lent (doppeldeutig)
Am|bi|va|lenz, die; -, -en (Doppelwertigkeit)
Am|boss, der; -es, -e
am|bu|lant (*Med.* nicht stationär); ambulante Behandlung; **Am|bu|lanz,** die; -, -en (*Med.* Krankentransportwagen; Klinikabteilung für ambulante Behandlung)
Amei|se, die; -, -n; **Amei|sen|hau|fen**
amen; in Ewigkeit, amen!
Amen, das; -s, - *Plur. selten* (feierliche Bekräftigung); zu allem Ja und Amen *od.* ja und amen sagen *(ugs.)*

Ame|ri|ka; ame|ri|ka|nisch; *vgl.* deutsch/Deutsch
Ame|thyst, der; -[e]s, -e (ein Schmuckstein)
Ami, der; -s, -s *(ugs.)*
Ami|no|säu|re (Eiweißbaustein)
Am|mann, der; -[e]s, Ammänner *(schweiz.)*
Am|me, die; -, -n; **Am|men|mär|chen**
Am|mer, die; -, -n, *fachspr. auch* der; -s, -n (ein Singvogel)
Am|mo|ni|ak [*auch* 'a..., *österr.* a'moː...], das; -s (*Chemie* stechend riechendes Gas aus Stickstoff u. Wasserstoff)
Am|ne|sie, die; -, ...ien (*Med.* Gedächtnisschwund)
Am|nes|tie, die; -, ...ien (Begnadigung, Straferlass); **am|nes|tie|ren**
Amö|be, die; -, -n (*Zool.* ein Einzeller)
Amok, der; -[s]; Amok laufen ([in einem Anfall von Paranoia] umherlaufen und blindwütig töten); **Amok|lauf; Amok|läufer; Amok|läu|fe|rin**
a-Moll ['aːmɔl], das; -[s] (Tonart; *Zeichen* a); **a-Moll-Ton|lei|ter**
amo|ra|lisch (sich über die Moral hinwegsetzend); **Amo|ra|li|tät,** die; -
amorph (gestaltlos)
Amor|ti|sa|ti|on, die; -, -en ([allmähliche] Tilgung; Abschreibung, Abtragung [einer Schuld]); **amor|ti|sie|ren**
Am|pel, die; -, -n; **Am|pel|ko|a|li|ti|on** (Koalition aus SPD, FDP u. Grünen)
Am|pere [...'peːɐ̯], das; -[s], - (Einheit der elektr. Stromstärke; *Zeichen* A)
Amp|fer, der; -s, - (eine Pflanze)
Am|phe|t|a|min, das; -s, -e (*Chemie, Med.* als Weckamin gebrauchte chemische Verbindung)
Am|phi|bie, die; -, -n *meist Plur.* (sowohl im Wasser als auch auf dem Land lebendes Wirbeltier; Lurch); **Am|phi|bi|en|fahr|zeug** (Land-Wasser-Fahrzeug)
Am|phi|the|a|ter (meist dachloses Gebäude mit stufenweise aufsteigenden Sitzen)
Am|pho|ra, Am|pho|re, die; -, ...oren (zweihenkliges Gefäß der Antike)

Am|p|li|tu|de, die; -, -n (*Physik* Schwingungsweite, Ausschlag)
Am|pul|le, die; -, -n (Glasröhrchen)
Am|pu|ta|ti|on, die; -, -en (operative Abtrennung eines Körperteils); **am|pu|tie|ren**
Am|sel, die; -, -n
Amt, das; -[e]s, Ämter; von Amts wegen; ein Amt bekleiden; **Amt|frau; am|tie|ren; amt|lich; Amt|mann** *Plur.* ...männer *u.* ...leute
Amts|an|tritt; amts|ärzt|lich; Amts|ein|füh|rung; Amts|ent|he|bung; Amts|ge|richt (*Abk.* AG); **Amts|hand|lung; Amts|in|ha|ber; Amts|in|ha|be|rin; Amts|miss|brauch; Amts|rich|ter; Amts|rich|te|rin; Amts|sitz; Amts|spra|che; Amts|stu|be; Amts|trä|ger; Amts|trä|ge|rin; Amts|über|nah|me; Amts|zeit**
Amu|lett, das; -[e]s, -e (Gegenstand, dem Unheil abwehrende Kraft zugeschrieben wird)
amü|sant (unterhaltend; vergnüglich); **amü|sie|ren;** sich amüsieren
an; *Adverb:* Gemeinden von an [die] 1 000 Einwohnern; an sein (*ugs. für* eingeschaltet sein); *Präp. mit Dat. (zur Angabe einer Position) od. Akk. (zur Angabe einer Richtung):* an dem Zaun stehen, *aber* an den Zaun stellen; an [und für] sich (eigentlich)
Ana|bo|li|kum, das; -s, ...ka (*Pharm.* muskelbildendes Präparat)
Ana|chro|nis|mus [...k...], der; -, ...men (falsche zeitliche Einordnung; veraltete, überholte Einrichtung); **ana|chro|nis|tisch**
Ana|kon|da, die; -, -s (eine Riesenschlange)
anal (*Med.* den After betreffend)
ana|log (entsprechend; *EDV* stufenlos, kontinuierlich); analoge Technik; analog [zu] diesem Fall; **Ana|lo|gie,** die; -, ...ien
An|al|pha|bet [*auch* 'a...], der; -en, -en (jmd., der nicht lesen u. schreiben gelernt hat); **An|al|pha|be|tin**
Anal|ver|kehr (Variante des Geschlechtsverkehrs)
Ana|ly|se, die; -, -n (Zergliederung, Untersuchung); **ana|ly|sie|ren; Ana|ly|sis,** die; - (Gebiet der Mathematik); **Ana|lyst,** der; -en, -en (Fachmann, der das Geschehen an der Börse, auf den Finanzmärkten u. a. beobachtet u. analysiert); **Ana|lys|tin**
Ana|ly|ti|ker; Ana|ly|ti|ke|rin; ana|ly|tisch
An|ä|mie, die; -, ...ien (*Med.* Blutarmut); **an|ä|misch** *(Med.)*
Ana|nas, die; -, *Plur.* - *u.* -se
An|ar|chie, die; -, ...ien (Herrschafts-, Gesetzlosigkeit; Chaos); **an|ar|chisch; An|ar|chist,** der; -en, -en; **An|ar|chis|tin; an|ar|chis|tisch**
An|äs|the|sie, die; -, ...ien (*Med.* Schmerzunempfindlichkeit; Schmerzbetäubung); **An|äs|the|sist,** der; -en, -en (*Med.* Narkosefacharzt); **An|äs|the|sis|tin**
Ana|to|mie, die; -, ...ien (Lehre von Form u. Körperbau der [menschlichen] Lebewesen; anatomisches Institut); **ana|to|misch**
an|bag|gern (*ugs. für* [herausfordernd] ansprechen u. sein Interesse zeigen)
an|bah|nen; An|bah|nung
an|bän|deln *(ugs.)*
An|bau, der; -[e]s, -ten; **an|bau|en; An|bau|flä|che; An|bau|ge|biet**
An|be|ginn, der; -[e]s *(geh.);* seit Anbeginn, von Anbeginn [an]
an|be|hal|ten *(ugs.)*
an|bei [*auch* 'a...] *(Amtsspr.)*
an|bei|ßen; zum Anbeißen sein (*ugs. für* reizend anzusehen sein)
an|[be]|lan|gen; was mich an[be]langt, ...
an|be|rau|men; ich beraum[t]e an, *selten* ich anberaum[t]e; anberaumt; anzuberaumen
an|be|ten
An|be|tracht; in Anbetracht dessen, dass ...
an|be|tref|fen; *nur in* was jmdn., etw. anbetrifft
An|be|tung
an|bie|dern, sich *(abwertend);* ich biedere mich an; **An|bie|de|rung**
an|bie|ten; An|bie|ter; An|bie|te|rin
an|bin|den; An|bin|dung
An|blick; an|bli|cken

A

an|de|re, and|re

Im Allgemeinen wird »andere, andre« kleingeschrieben:

- *der, die, das and[e]re*
- *die, keine, alle and[e]ren, andern*
- *ein, kein, etwas, allerlei, nichts and[e]res*
- *der eine, der and[e]re*
- *die einen und die and[e]ren*
- *einer, eins nach dem and[e]ren*
- *und and[e]re, und and[e]res* (Abk. *u. a.*)
- *und and[e]re mehr, und and[e]res mehr* (Abk. *u. a. m.*)
- *von etwas and[e]rem, anderm sprechen*
- *unter and[e]rem, anderm* (Abk. *u. a.*)
- *zum einen ..., zum and[e]ren*
- *sich eines and[e]ren, andern besinnen*

Bei Substantivierung ist auch Großschreibung möglich, beispielsweise:

- *der, die, das and[e]re* od. *And[e]re*
- *eine, keine, alles and[e]re* od. *And[e]re*
- *ein, etwas, nichts and[e]res* od. *And[e]res*
- *die einen und die anderen* od. *die Einen und die And[e]ren*
- *die Suche nach dem and[e]ren* od. *And[e]ren (nach einer neuen Welt)*

an|bra|ten; das Fleisch anbraten
an|bre|chen; der Tag bricht an *(geh.)*
an|bren|nen
an|brin|gen; etwas am Haus[e] anbringen
An|bruch, der; -[e]s (*geh. für* Beginn)
an|brül|len
An|cho|vis [...ˈʃoː...], die; -, - ([gesalzene] kleine Sardelle)
An|dacht, die; -, *Plur.* (*für* Gebetsstunden:) -en; **an|däch|tig; an|dachts|voll** *(geh.)*
an|dan|te (*Musik* mäßig langsam); **An|dan|te,** das; -[s], -s; Musikstück
an|dau|ern; an|dau|ernd
an|den|ken; es ist angedacht, aufzustocken
An|den|ken, das; -s, -
an|de|re, and|re *s. Kasten*
an|de|ren|falls, an|dern|falls; **an|de|ren|orts,** an|der[n]|orts; **an|de|ren|tags,** an|dern|tags; **an|de|ren|teils,** an|dern|teils; einesteils ..., ander[e]nteils
an|de|rer|seits, an|der|seits, and|rer|seits; einerseits macht es Spaß, andererseits Angst
an|der|mal; ein andermal, *aber* ein and[e]res Mal
än|dern; ich ändere
an|dern|falls usw. *vgl.* anderenfalls usw.
an|der[n]|orts, an|de|ren|orts
an|ders; jemand, niemand, wer anders (*bes. südd., österr. auch* and[e]rer); mit jemand, niemand anders (*bes. südd., österr. auch* and[e]rem, anderm) reden; ich sehe jemand, niemand anders (*bes. südd., österr. auch* and[e]ren, andern); irgendwo anders (irgendwo sonst), wo anders? (wo sonst?; woanders); anders als ... (*nicht:* anders wie ...); anders sein, denken
an|ders|ar|tig
an|ders|den|kend, an|ders den|kend; An|ders|den|ken|de, der *u.* die; -n, -n, **an|ders Den|ken|de,** der *u.* die; - -n, - -n
an|der|seits, an|de|rer|seits, and|rer|seits
an|ders|ge|ar|tet, an|ders ge|ar|tet
an|ders ge|sinnt
an|ders|gläu|big; An|ders|gläu|bi|ge, der *u.* die; -n, -n
an|ders|he|r|um
an|ders|lau|tend, an|ders lau|tend; An|ders|lau|ten|de, das; -n, **an|ders Lau|ten|de,** das; - -n
an|ders|rum *(ugs.)*
An|ders|sein
an|ders|wo; an|ders|wo|her; an|ders|wo|hin
an|dert|halb; in anderthalb Stunden; anderthalb Pfund; **an|dert|halb|fach; an|dert|halb|mal;** anderthalbmal so groß wie (*seltener* als) sie; *vgl.* Mal
Än|de|rung; Än|de|rungs|an|trag
an|der|wär|tig; an|der|wärts

an|der|weit, an|der|wei|tig
an|deu|ten; An|deu|tung; an|deu|tungs|wei|se
an|die|nen (*Kaufmannsspr.* anbieten)
an|do|cken (ein Raumfahrzeug ankoppeln)
An|drang, der; -[e]s
an|dre|hen; jmdm. etwas andrehen (*ugs. für* aufschwatzen)
and|rer|seits, an|de|rer|seits, an|der|seits
an|dro|hen; An|dro|hung
An|d|ro|id® ['ɛndrɔɪ̯t, *auch* andro'(ʔ)iːt], das; -[s] *meist ohne Artikel* (*EDV* freies Betriebssystem für mobile Geräte)
an|ecken (an etwas anstoßen; *ugs. auch für* Anstoß erregen)
an|eig|nen, sich; ich eigne mir Kenntnisse an; **An|eig|nung**

an|ei|n|an|der

Man schreibt »aneinander« mit dem folgenden Verb in der Regel zusammen, wenn es den gemeinsamen Hauptakzent trägt:

– *aneinanderfügen, aneinandergeraten, aneinanderlegen usw.*

Aber:

– *aneinander denken, sich aneinander freuen, aneinander vorbeigehen usw.*

an|ei|n|an|der|fü|gen; er hat die Teile aneinandergefügt; **an|ei|n|an|der|ge|ra|ten;** sie waren heftig aneinandergeraten; **an|ei|n|an|der|rei|hen; an|ei|n|an|der|sto|ßen**
An|ek|do|te, die; -, -n (kurze, jmdn. od. etwas [humorvoll] charakterisierende Geschichte); **an|ek|do|ten|haft; an|ek|do|tisch**
Ane|mo|ne, die; -, -n (Windröschen)
an|er|kannt; an|er|kann|ter|ma|ßen
an|er|ken|nen; ich erkenne (erkannte) an, *seltener* ich anerkenne (anerkannte); anerkannt; anzuerkennen; **an|er|ken|nens|wert; An|er|ken|nung**
an|fa|chen; er facht die Glut an
an|fah|ren (*auch für* heftig anreden); **An|fahrt; An|fahrts|skiz|ze; An|fahrts|weg**
An|fall, der; **an|fal|len**
an|fäl|lig; An|fäl|lig|keit
An|fang, der; -[e]s, ...fänge; *vgl.* anfangs; im Anfang; von Anfang an; zu Anfang
an|fan|gen; sie fing an; **An|fän|ger; An|fän|ge|rin; an|fäng|lich; an|fangs**
An|fangs|buch|sta|be; An|fangs|pha|se; An|fangs|sta|di|um; An|fangs|ver|dacht
an|fas|sen *vgl.* fassen
an|fecht|bar; an|fech|ten; das ficht mich nicht an; **An|fech|tung**
an|fein|den; An|fein|dung
an|fer|ti|gen; An|fer|ti|gung
an|feu|ern; An|feu|e|rung
an|fle|hen
an|flie|gen; An|flug
an|for|dern; An|for|de|rung; An|for|de|rungs|pro|fil (Eigenschaften, Fähigkeiten, die ein Stellenbewerber haben soll)
An|fra|ge; die Kleine *od.* kleine Anfrage, die Große *od.* große Anfrage [im Parlament]; **an|fra|gen;** bei jmdm. anfragen
an|freun|den, sich
an|fü|gen
an|füh|len; der Stoff fühlt sich weich an
an|füh|ren; An|füh|rer; An|füh|re|rin; An|füh|rung; An|füh|rungs|zei|chen
An|ga|be (*auch [nur Sing.] ugs. für* Prahlerei, Übertreibung); **an|ge|ben; An|ge|ber** *(ugs.);* **An|ge|be|rin; an|ge|be|risch**
an|geb|lich
an|ge|bo|ren
An|ge|bot; An|ge|bots|pa|let|te *(Werbespr.);* **An|ge|bots|preis** *(Wirtsch.)*
an|ge|bracht; an|ge|bun|den; kurz angebunden (*ugs. für* abweisend) sein
an|ge|dei|hen; *nur in* jmdm. etwas angedeihen lassen
an|ge|führt; am angeführten Ort (*Abk.* a. a. O.)
an|ge|ge|ben; am angegebenen Ort (*Abk.* a. a. O.)
an|ge|gos|sen; wie angegossen sitzen (*ugs. für* genau passen)
an|ge|grif|fen (*auch für* geschwächt)
an|ge|hei|ra|tet

A

an|ge|hen; das geht nicht an (ist nicht vertretbar, erlaubt); es geht mich [nichts] an
an|ge|hend (künftig)
an|ge|hö|ren; einem Volk[e] angehören; **an|ge|hö|rig; An|ge|hö|ri|ge,** der *u.* die; -n, -n
An|ge|klag|te, der *u.* die; -n, -n
an|ge|kün|digt
An|gel, die; -, -n
an|ge|le|gen; ich lasse mir etwas angelegen sein (*geh. für* ich kümmere mich darum)
An|ge|le|gen|heit
an|ge|legt; gut angelegtes Geld
An|gel|ha|ken; an|geln; ich ang[e]le; **An|gel|punkt** (Hauptsache)
an|ge|mes|sen; An|ge|mes|sen|heit, die; -
an|ge|nehm; etwas Angenehmes erleben
an|ge|nom|men; angenommen[,] dass ...
an|ge|passt
an|ge|regt
an|ge|sagt (*ugs. für* in Mode, sehr gefragt); ein angesagtes Lokal
an|ge|säu|selt (*ugs. für* leicht betrunken)
an|ge|schla|gen (*ugs. für* erschöpft; beschädigt)
an|ge|se|hen (geachtet)
An|ge|sicht *Plur.* Angesichter *u.* Angesichte *(geh.);* **an|ge|sichts;** *Präp. mit Gen.:* angesichts des Todes
an|ge|spannt
an|ge|stammt; angestammte Rechte
an|ge|staubt
An|ge|stell|te, der *u.* die; -n, -n
an|ge|stie|felt *(ugs.);* angestiefelt kommen
an|ge|strebt; die angestrebte Position
an|ge|strengt
an|ge|tan; sie war sehr angetan (begeistert) von der Reise
an|ge|trun|ken (leicht betrunken)
an|ge|wandt; angewandte Kunst; angewandte Mathematik; *vgl.* anwenden
an|ge|wie|sen; auf eine Person oder eine Sache angewiesen sein
an|ge|wöh|nen; ich gewöhne mir etwas an; **An|ge|wohn|heit; An|ge|wöh|nung**
an|ge|wur|zelt; wie angewurzelt stehen bleiben

An|gi|na, die; -, ...nen (*Med.* Mandelentzündung); **An|gi|na Pec|to|ris,** die; - - (*Med.* Herzkrampf)
an|glei|chen; An|glei|chung
Ang|ler; Ang|le|rin
an|glie|dern; An|glie|de|rung
an|g|li|ka|nisch; anglikanische Kirche (engl. Staatskirche)
An|g|lis|tik, die; - (engl. Sprach- u. Literaturwissenschaft); **An|g|li|zis|mus,** der; -, ...men (engl. Spracheigentümlichkeit in einer anderen Sprache)
An|g|lo|ame|ri|ka|ner (aus England stammender Amerikaner; *auch* Sammelname für Engländer u. Amerikaner); **An|g|loame|ri|ka|ne|rin**
An|go|ra|kat|ze; An|go|ra|wol|le (feine, seidige Wolle)
an|greif|bar; an|grei|fen *vgl.* angegriffen; **An|grei|fer; An|grei|fe|rin**
an|gren|zen
An|griff, der; -[e]s, -e; etwas in Angriff nehmen; **An|griffs|krieg; an|griffs|lus|tig**
Angst, die; -, Ängste; in Angst, in [tausend] Ängsten sein; Angst haben; jmdm. Angst [und Bange] machen; *aber* mir ist, wird angst [und bange]
angst|er|füllt; *aber* von Angst erfüllt
angst|er|re|gend, Angst er|re|gend; ein angsterregender *od.* Angst erregender Vorfall; *aber nur* ein große Angst erregender Vorfall; ein besonders angsterregender, noch angsterregenderer Vorfall
Angst|ha|se *(ugs.)*
ängs|ti|gen; ängst|lich; Ängst|lich|keit
Angst|schweiß
an|gu|cken *(ugs.);* **an|gur|ten;** sich angurten
an|ha|ben; ..., dass er nichts anhat, angehabt hat *(ugs.);* er kann mir nichts anhaben
an|haf|ten
An|halt (Anhaltspunkt); **an|hal|ten; an|hal|tend; An|hal|ter** *(ugs.);* per Anhalter fahren; **An|hal|te|rin; An|halts|punkt**
an|hand; *Präp. mit Gen.:* anhand des Buches; anhand von Unterlagen; *vgl.* Hand
An|hang, der; -[e]s, Anhänge

[1]**an|hän|gen;** er hing einer Sekte an; *vgl.* [1]hängen

[2]**an|hän|gen;** sie hängte den Zettel [an die Tür] an; *vgl.* [2]hängen

An|hän|ger; An|hän|ge|rin; An|hän|gerschaft

an|hän|gig (*Rechtsspr.* beim Gericht zur Entscheidung liegend); eine Klage anhängig machen (Klage erheben)

an|häng|lich (treu); **An|häng|lich|keit,** die; -; **An|häng|sel,** das; -s, -

an|hau|en (*ugs. auch für* formlos ansprechen, um etwas bitten)

an|häu|fen; An|häu|fung

an|he|ben (*auch geh. für* anfangen); sie hob (*veraltet* hub) an[,] zu singen; **Anhe|bung**

an|hef|ten

an|heim|fal|len (*geh. für* zufallen, zum Opfer fallen); **an|heim|ge|ben** (*geh. für* anvertrauen, übergeben); **an|heim|stel|len** (*geh. für* überlassen); ich stelle Ihnen das anheim

an|hei|schig; *nur in* sich anheischig machen (*geh. für* sich verpflichten, sich anbieten)

an|hei|zen

an|heu|ern; auf einem Schiff anheuern

An|hieb; *nur in* auf Anhieb (sofort)

an|him|meln *(ugs.)*

an|hin; bis anhin (*schweiz.* bis jetzt)

An|hö|he

an|hö|ren; An|hö|rung (*für* Hearing)

ani|ma|lisch (tierisch; tierhaft; triebhaft)

Ani|ma|teur [...'tøːɐ̯], der; -s, -e (jmd., der beruflich in einem Freizeitzentrum, auf einer Reise o. Ä. die Gäste unterhält); **Anima|teu|rin; Ani|ma|ti|on,** die; -, -en (organisierte Sport- u. Freizeitaktivitäten für Urlauber; Belebung, Bewegung der Figuren im Trickfilm); **Ani|ma|ti|ons|film**

ani|mie|ren (beleben, anregen, ermuntern)

Ani|mo|si|tät, die; -, -en (Feindseligkeit)

An|ion, das; -s, -en (*Physik* negativ geladenes elektrisches Teilchen)

Anis [*auch* 'aː...], der; -[es], -e (eine Gewürz- u. Heilpflanze)

an|kämp|fen

An|kauf; an|kau|fen

An|ker, der; -s, -; vor Anker gehen, liegen; **an|kern; An|ker|platz**

an|ket|ten

An|kla|ge; An|kla|ge|bank *Plur.* ...bänke

an|kla|gen; An|kla|ge|punkt; An|klä|ger; An|klä|ge|rin; An|kla|ge|schrift

an|klam|mern; sich anklammern

An|klang; Anklang finden

an|kle|ben

An|klei|de|ka|bi|ne; an|klei|den; sich ankleiden

an|kli|cken

an|klin|gen

an|klop|fen

an|knip|sen *(ugs.)*

an|knüp|fen; An|knüp|fungs|punkt

an|knur|ren

an|kom|men; es kommt mir nicht darauf an; **An|kömm|ling**

an|kot|zen (*derb für* anwidern)

an|krei|den; jmdm. etwas ankreiden (*ugs. für* zur Last legen)

an|kreu|zen

an|kün|di|gen; An|kün|di|gung

An|kunft, die; -, Ankünfte *Plur. selten;* **Ankunfts|zeit**

an|kur|beln; An|kur|be|lung

An|la|ge; etwas als *od.* in der Anlage übersenden; **An|la|ge|be|ra|ter** *(Wirtsch.);* **Anla|ge|be|ra|te|rin; An|la|ge|ver|mö|gen**

an|lan|gen; wir waren am Ziel angelangt; *vgl.* an[be]langen

An|lass, der; -es, Anlässe; Anlass geben, haben; **an|las|sen; An|las|ser** *(Technik)*

an|läss|lich *(Amtsspr.); Präp. mit Gen.:* anlässlich des Festes

an|las|ten (zur Last legen)

An|lauf; an|lau|fen; An|lauf|stel|le

An|laut (erster Laut eines Wortes, einer Silbe)

an|le|gen; An|le|ge|platz; An|le|ger (jmd., der Kapital anlegt); **An|le|ge|rin**

an|leh|nen; ich lehne mich an die Wand an; **An|leh|nung; an|leh|nungs|be|dürf|tig**

A

An|lei|he
an|lei|nen; den Hund anleinen
an|lei|ten; An|lei|tung
an|ler|nen
an|lie|fern; An|lie|fe|rung
an|lie|gen; eng am Körper anliegen; *vgl.* angelegen; **An|lie|gen,** das; -s, - (Wunsch); **an|lie|gend** *(Kaufmannsspr.);* anliegend (anbei) der Bericht
An|lie|ger (Anwohner); **An|lie|ge|rin**
an|lo|cken
an|lü|gen
an|ma|chen (*ugs. auch für* belästigen)
an|mah|nen
an|ma|len
An|marsch, der
an|ma|ßen, sich; du maßt dir etwas an; **an|ma|ßend; An|ma|ßung**
An|mel|de|for|mu|lar; an|mel|den; An|mel|de|schluss; An|mel|dung
an|mer|ken; ich ließ mir nichts anmerken; **An|mer|kung** (*Abk.* Anm.)
an|mes|sen; jmdm. einen Anzug anmessen
an|mie|ten; An|mie|tung
An|mut, die; -; **an|mu|ten;** es mutet mich seltsam an (wirkt seltsam auf mich); **an|mu|tig; An|mu|tung** (Eindruck)
an|nä|hen
an|nä|hern; sich annähern; **an|nä|hernd;** annähernd gleich groß; **An|nä|he|rung; an|nä|he|rungs|wei|se**
An|nah|me, die; -, -n; **An|nah|me|stel|le**
An|na|len *Plur.* ([geschichtliche] Jahrbücher)
an|nehm|bar; an|neh|men *vgl.* angenommen; **An|nehm|lich|keit** *meist Plur.*
an|nek|tie|ren (sich [gewaltsam] aneignen); **An|ne|xi|on,** die; -, -en (Aneignung)
an|no (*geh. für* im Jahre; *Abk.* a.); anno elf; anno 1648; anno dazumal; **An|no Do|mi|ni** (im Jahre des Herrn; *Abk.* A. D.)
An|non|ce [a'nõ:sə, *österr.* a'nõ:s], die; -, -n (Zeitungsanzeige); **an|non|cie|ren**
an|nul|lie|ren (für ungültig erklären); **An|nul|lie|rung**
Ano|de, die; -, -n (*Physik* positive Elektrode)
an|öden (*ugs. für* langweilen)
an|o|mal [*od.* ...'ma:l] (unregelmäßig, regelwidrig); **An|o|ma|lie,** die; -, ...ien
an|o|nym (ohne Nennung des Namens, ungenannt); ein anonymer Anrufer
An|o|ny|mi|tät, die; -
Ano|rak, der; -s, -s (Windbluse mit Kapuze)
an|ord|nen; An|ord|nung
an|or|ga|nisch (unbelebt); anorganische Chemie
anor|mal (regelwidrig, krankhaft)
an|pa|cken
an|pas|sen; An|pas|sung; an|pas|sungs|fä|hig
an|pei|len
an|pfei|fen (*ugs. auch für* tadeln); **An|pfiff**
an|pflan|zen; An|pflan|zung
an|pflau|men (*ugs. für* necken, verspotten; heftig zurechtweisen)
an|pö|beln (*ugs. abwertend für* in grober Weise belästigen)
An|prall, der; -[e]s; **an|pral|len**
an|pran|gern; An|pran|ge|rung
an|prei|sen; An|prei|sung
An|pro|be; an|pro|bie|ren
an|pum|pen *(ugs.)*
an|quat|schen (*ugs. für* ungeniert ansprechen)
An|rai|ner (*Rechtsspr., bes. österr. für* Anlieger, Grenznachbar); **An|rai|ner|staat**
an|ra|ten; An|ra|ten, das; -s; auf Anraten des Arztes
an|rau|en; angeraut
an|rech|nen; das rechne ich dir hoch an
An|recht
An|re|de; an|re|den; jmdn. mit Sie, Du anreden
an|re|gen; an|re|gend; An|re|gung; An|re|gungs|mit|tel
an|rei|chern; An|rei|che|rung
An|rei|se; an|rei|sen; An|rei|se|tag
An|reiz
an|rem|peln *(ugs.)*
An|rich|te, die; -, -n; **an|rich|ten**
an|rol|len; angerollt kommen
an|rü|chig; An|rü|chig|keit

an|rü|cken ([in einer Formation] näher kommen)

An|ruf; An|ruf|be|ant|wor|ter; an|ru|fen; An|ru|fer; An|ru|fe|rin; An|ru|fung

an|rüh|ren

ans (an das); bis ans Ende

An|sa|ge, die; -, -n; **an|sa|gen**

An|sa|ger (*kurz für* Rundfunk-, Fernsehansager); **An|sa|ge|rin**

an|sam|meln; An|samm|lung

an|säs|sig

An|satz; An|satz|punkt; an|satz|wei|se

an|schaf|fen; schaffte an, hat angeschafft; **An|schaf|fung; An|schaf|fungs|kos|ten** *Plur.*

an|schal|ten

an|schau|en; an|schau|lich; An|schau|lich|keit; An|schau|ung

An|schein, der; -[e]s; allem, dem Anschein nach; **an|schei|nend**

an|schei|ßen (*derb für* heftig tadeln)

an|schi|cken, sich

an|schie|ben

an|schie|ßen

An|schiss, der; -es, -e (*derb für* heftiger Tadel)

An|schlag; An|schlag|brett; an|schla|gen

[1]**an|schlei|fen;** sie hat das Messer angeschliffen (ein wenig scharf geschliffen); *vgl.* [1]schleifen

[2]**an|schlei|fen** *(ugs.);* er hat den Sack angeschleift (*ugs. für* schleifend herangezogen); *vgl.* [2]schleifen

an|schlie|ßen; an|schlie|ßend

An|schluss; An|schluss|stel|le, An|schluss-Stel|le; An|schluss|tref|fer; An|schluss|zug

an|schmie|gen; sich an jmdn. anschmiegen; **an|schmieg|sam**

an|schmie|ren (*ugs. auch für* betrügen)

an|schnal|len; sich anschnallen; **An|schnall|pflicht,** die; -

an|schnau|zen (*ugs. für* grob tadeln)

an|schnei|den; An|schnitt

an|schrei|ben; An|schrei|ben

an|schrei|en

An|schrift

an|schul|di|gen; An|schul|di|gung

an|schwär|zen (*ugs. auch für* verleumden)

[1]**an|schwel|len;** der Strom schwillt an, war angeschwollen; *vgl.* [1]schwellen

[2]**an|schwel|len;** der Regen hat die Flüsse angeschwellt; *vgl.* [2]schwellen

An|schwel|lung

an|schwem|men; An|schwem|mung

an|schwin|deln *(ugs.)*

an|se|hen; ich sehe mir das an; *vgl.* angesehen; **An|se|hen,** das; -s; ohne Ansehen der Person (ganz gleich, um wen es sich handelt); **an|sehn|lich**

an sein *vgl.* an

an|set|zen

[1]**an sich** (eigentlich)

[2]**an sich;** etw. an sich haben, bringen

An|sicht, die; -, -en; meiner Ansicht nach (*Abk.* m. A. n.); **An|sichts|kar|te; An|sichts|sa|che**

an|sie|deln; An|sie|de|lung, An|sied|lung

An|sin|nen, das; -s, -; ein Ansinnen an jmdn. stellen

an|sons|ten (*ugs. für* im Übrigen, anderenfalls)

an|span|nen; An|span|nung

an|spa|ren

An|spiel, das; -[e]s, -e *(Ballspiele, Eishockey);* **an|spie|len**

An|spie|lung (versteckter Hinweis)

An|sporn, der; -[e]s; **an|spor|nen**

An|spra|che; an|sprech|bar; an|spre|chen; auf etw. ansprechen (reagieren); **an|spre|chend;** am ansprechendsten

An|sprech|part|ner; An|sprech|part|ne|rin; An|sprech|per|son

an|sprin|gen

An|spruch; etwas in Anspruch nehmen; **an|spruchs|los; An|spruchs|lo|sig|keit; an|spruchs|voll**

an|sta|cheln

An|stalt, die; -, -en; keine Anstalten zu etw. machen (nicht beginnen [wollen])

An|stand, der; -[e]s, ...stände; keinen

A

Anstand an dem Vorhaben nehmen (*geh.* *für* keine Bedenken haben)

an|stän|dig; An|stän|dig|keit

an|stands|hal|ber; an|stands|los

an|star|ren

an|statt; anstatt dass; *vgl.* statt

an|ste|chen; ein Fass anstechen (anzapfen)

an|ste|cken *vgl.* ²stecken; **an|ste|ckend**

An|ste|ckung; An|ste|ckungs|ge|fahr

an|ste|hen; ich stehe nicht an (habe keine Bedenken); **an|ste|hend;** die anstehenden (bevorstehenden) Wahlen

an|stei|gen

an|stel|le, an Stel|le; *Präp. mit Gen.:* anstelle *od.* an Stelle des Vaters, *aber* an die Stelle des Vaters ist der Vormund getreten

an|stel|len; sich anstellen; **an|stel|lig** (geschickt); **An|stel|lung**

an|steu|ern

An|stich (eines Fasses [Bier])

An|stieg, der; -[e]s, -e

an|stif|ten; An|stif|ter; An|stif|te|rin; An-stif|tung

an|stim|men; ein Lied anstimmen

An|stoß; an etwas Anstoß nehmen; **an|sto-ßen; an|stö|ßig; An|stö|ßig|keit**

an|strah|len; An|strah|lung

an|stre|ben; an|stre|bens|wert

an|strei|chen; An|strei|cher; An|strei|che-rin

an|stren|gen; sich anstrengen; **an|stren-gend; An|stren|gung**

An|strich

An|sturm, der; -[e]s, ...stürme

an|su|chen; um etwas ansuchen (*Amtsspr.* um etwas bitten); **An|su|chen,** das; -s, - (förmliche Bitte; Gesuch); auf Ansuchen

An|t|a|go|nis|mus, der; -, ...men (Widerstreit; Gegensatz)

An|t|a|go|nist, der; -en, -en (Gegner); **An|t-a|go|nis|tin; an|t|a|go|nis|tisch**

an|tas|ten

An|teil, der; -[e]s, -e; **an|tei|lig; An|teil-nah|me,** die; -, -n; **an|teil[s]|mä|ßig**

An|ten|ne, die; -, -n

An|tho|lo|gie, die; -, ...ien ([Gedicht]sammlung; Auswahl)

an|th|ra|zit (schwarzgrau); **An|th|ra|zit,** der; -s, -e *Plur. selten* (hochwertige Steinkohle)

An|th|ro|po|lo|ge, der; -n, -n; **An|th|ro|po-lo|gie,** die; -, ...ien (Wissenschaft vom Menschen u. seiner Entwicklung); **An|th-ro|po|lo|gin; an|th|ro|po|lo|gisch**

An|th|ro|po|so|phie, die; - (von R. Steiner begründete Weltanschauungslehre); **an|th-ro|po|so|phisch**

An|ti|al|ko|ho|li|ker [*auch* 'an...] (Alkoholgegner); **An|ti|al|ko|ho|li|ke|rin**

an|ti|ame|ri|ka|nisch [*auch* 'an...] (gegen die USA gerichtet); **An|ti|ame|ri|ka|nis-mus,** der; -

an|ti|au|to|ri|tär [*auch* 'an...] (autoritäre Normen ablehnend)

An|ti|ba|by|pil|le [...'be:...] *(ugs.)*

An|ti|bio|ti|ka|re|sis|tenz, die; -, -en *(Med.)*

An|ti|bio|ti|kum, das; -s, ...ka (*Pharm.* Wirkstoff gegen Krankheitserreger)

An|ti|blo|ckier|sys|tem (*Abk.* ABS)

An|ti|christ, der; -[s] (*Rel.* der Widerchrist, Teufel) *u.* der; -en, -en (Gegner des Christentums); **an|ti|christ|lich**

An|ti|de|pres|si|vum, das; -s, ...va *meist Plur.* (*Pharm.* Mittel gegen Depressionen)

An|ti|fa|schis|mus [*auch* 'an...] (Gegnerschaft gegen Faschismus u. Nationalsozialismus); **an|ti|fa|schis|tisch** [*auch* 'an...]

An|ti|gen, das; -s, -e (*Med., Biol.* artfremder Eiweißstoff, der im Körper die Bildung von Abwehrstoffen bewirkt)

an|tik (altertümlich; dem klass. Altertum angehörend); **¹An|ti|ke,** die; - (das klass. Altertum u. seine Kultur); **²An|ti|ke,** die; -, -n *meist Plur.* (antikes Kunstwerk)

An|ti|kör|per *meist Plur.* (*Med.* Abwehrstoff im Blut gegen artfremde Eiweiße)

An|ti|lo|pe, die; -, -n (ein Huftier)

An|ti|ma|te|rie [*auch* ...'te:...] (*Kernphysik* Materie aus Antiteilchen)

An|ti|pa|thie [*auch* 'an...], die; -, ...ien (Abneigung; Widerwille)

An|ti|po|de, der; -n, -n (*Geogr.* auf dem

gegenüberliegenden Punkt der Erde wohnender Mensch; *übertr. für* Gegner); **An|ti|po|din**

An|ti|quar, der; -s, -e (jmd., der mit alten Büchern handelt); **An|ti|qua|ri|at,** das; -[e]s, -e (Geschäft, in dem alte Bücher ge- u. verkauft werden; *nur Sing.:* Handel mit alten Büchern); **An|ti|qua|rin; an|ti|qua|risch; an|ti|quiert** (veraltet; altertümlich)

An|ti|qui|tät, die; -, -en *meist Plur.* (altertümliches Kunstwerk, Möbel u. a.); **An|ti|qui|tä|ten|händ|ler; An|ti|qui|tä|ten|händ|le|rin**

An|ti|se|mit, der; -en, -en; **An|ti|se|mi|tin; an|ti|se|mi|tisch; An|ti|se|mi|tis|mus,** der; -, ...men (Abneigung od. Feindschaft gegenüber Juden)

an|ti|sep|tisch (*Med.* keimtötend)

An|ti|ter|ror|krieg

An|ti|the|se [*auch* 'an...] (entgegengesetzte Behauptung); **an|ti|the|tisch**

an|ti|zy|k|lisch [*auch* 'an...] (*Wirtsch.* einem Konjunkturzustand entgegenwirkend)

Ant|litz, das; -es, -e *(geh.)*

an|tör|nen (*ugs. für* in gute Stimmung bringen; berauschen)

An|trag, der; -[e]s, ...träge; einen Antrag auf etwas stellen; **an|tra|gen** *(geh.);* jmdm. ein Amt antragen

An|trags|for|mu|lar; an|trags|ge|mäß; An|trag|stel|ler; An|trag|stel|le|rin

an|tref|fen

an|trei|ben

an|tre|ten; er tritt eine Reise an

An|trieb; An|triebs|kraft

An|tritt, der; -[e]s, -e *Plur. selten;* **An|tritts|be|such; An|tritts|re|de**

an|trock|nen

an|tun; sich, jmdm. etwas antun

an|tur|nen [...tœːɐ̯...]; *vgl.* antörnen

Ant|wort, die; -, -en (*Abk.* Antw.); um [*od.* Um] Antwort wird gebeten (*Abk.* u. [*od.* U.] A. w. g.); **ant|wor|ten**

an|ver|trau|en; jmdm. einen Brief anvertrauen; sich jmdm. anvertrauen; ich vertrau[t]e an, *seltener* ich anvertrau[t]e; anvertraut; anzuvertrauen

An|ver|wand|te, der *u.* die; -n, -n *(geh.)*

an|vi|sie|ren

an|wach|sen

an|wäh|len

An|walt, der; -[e]s, ...wälte; **An|wäl|tin; an|walt|lich; An|walts|kanz|lei**

an|wan|deln; An|wand|lung

An|wär|ter; An|wär|te|rin; An|wart|schaft, die; -, -en

an|wei|sen *vgl.* angewiesen; **An|wei|sung**

an|wend|bar; An|wend|bar|keit

an|wen|den; ich wandte *od.* wendete die Regel an, habe angewandt *od.* angewendet; die angewandte *od.* angewendete Regel; *vgl.* angewandt; **An|wen|der; an|wen|der|freund|lich; An|wen|de|rin; An|wen|dung; An|wen|dungs|be|reich**

an|wer|ben; An|wer|bung

an|wer|fen

An|we|sen (Grundstück)

an|we|send; An|we|sen|de, der *u.* die; -n, -n; **An|we|sen|heit,** die; -; **An|we|sen|heits|lis|te**

an|wi|dern; es widert mich an

an|win|keln; ich wink[e]le an

An|woh|ner; An|woh|ne|rin

An|wurf; An|zahl, die; -

an|zah|len; An|zah|lung

an|zap|fen

An|zei|chen; an|zeich|nen

An|zei|ge, die; -, -n; **an|zei|gen; An|zei|gen|teil; an|zei|ge|pflich|tig;** anzeigepflichtige Krankheit; **An|zei|ger; An|zei|ge|ta|fel**

an|zet|teln *(abwertend);* ich zett[e]le an

an|zie|hen; sich anziehen

an|zie|hend (reizvoll); **An|zie|hung; An|zie|hungs|kraft; An|zie|hungs|punkt**

An|zug, der; -[e]s, ...züge (*schweiz. auch für* [Bett]bezug); es ist Gefahr im Anzug

an|züg|lich (zweideutig; anstößig); **An|züg|lich|keit**

an|zün|den; An|zün|der

A

an|zwei|feln; An|zwei|fe|lung, An|zweif|lung

Aor|ta, die; -, ...ten (*Med.* Hauptschlagader)

Apa|che [...tʃə], der; -n, -n (Angehöriger eines Indianerstammes); **Apa|chin**

apart (geschmackvoll, reizvoll)

Apart|heid, die; - (*früher* Trennung zwischen Weißen u. Farbigen in der Republik Südafrika)

Apart|ment, das; -s, -s (kleinere Wohnung); *vgl.* Appartement

Apa|thie, die; -, ...ien *Plur. selten* (Teilnahmslosigkeit); **apa|thisch**

Ape|ri|tif, der; -s, *Plur.* -s, *auch* -e (appetitanregendes alkohol. Getränk)

Ape|rol®, der; -[s], - (ein ital. Likör)

Ap|fel, der; -s, Äpfel; **Ap|fel|baum**

Äp|fel|chen

Ap|fel|saft; Ap|fel|saft|schor|le

Ap|fel|si|ne, die; -, -n

Apho|ris|mus, der; -, ...men (geistreicher, knapp formulierter Gedanke); **apho|ris|tisch**

Aph|ro|di|si|a|kum, das; -s, ...ka (*Pharm.* den Geschlechtstrieb anregendes Mittel); **aph|ro|di|sisch**

Ap|noe [aˈpnoːə, aˈpnøː], die; -, -n (*Med.* Atemlähmung)

APO, Apo, die; - = außerparlamentarische Opposition [in den 1960er-Jahren]

apo|dik|tisch (sicher; keinen Widerspruch duldend)

Apo|ka|lyp|se, die; -, -n (*Rel.* Schrift über das Weltende); **apo|ka|lyp|tisch;** die apokalyptischen Reiter

apo|li|tisch (unpolitisch)

Apol|lo, der; -s, -s (schöner [junger] Mann)

Apo|s|tel, der; -s, -; **Apo|s|tel|ge|schich|te**

apo|s|to|lisch (nach Art der Apostel); die apostolischen Väter; *aber* das Apostolische Glaubensbekenntnis

Apo|s|t|roph [*schweiz.* ˈapo...], der; -s, -e (Auslassungszeichen, z. B. in »wen'ge«)

Apo|the|ke, die; -, -n; **Apo|the|ker; Apo|the|ke|rin**

App [ɛp], die; -, -s, *selten* das; -s, -s (zusätzliches Anwendungsprogramm, das auf bestimmte Mobiltelefone heruntergeladen werden kann)

Ap|pa|rat, der; -[e]s, -e; **Ap|pa|ra|tur,** die; -, -en (Gesamtanlage von Apparaten)

Ap|par|te|ment [...ˈmãː, *schweiz. auch* ...ˈmɛnt], das; -s, *Plur.* -s *u.* (bei schweiz. Aussprache:) -e (Zimmerflucht in einem Hotel); *vgl.* Apartment

Ap|peal [ɛˈpiːl], der; -s (Anziehungskraft)

Ap|pell, der; -s, -e (Aufruf, Mahnruf)

ap|pel|lie|ren (sich mahnend, beschwörend an jmdn. wenden)

[1]**Ap|pen|dix,** der; -, *Gen. auch* -es, *Plur.* ...dizes, *auch* -e (Anhängsel; *fachspr. auch* Anhang); [2]**Ap|pen|dix,** die; -, ...dices [...tseːs], *alltagssprachlich auch* der; -, ...dizes [...tseːs] (*Med.* Wurmfortsatz)

Ap|pe|tit, der; -[e]s, -e *Plur. selten;* **ap|pe|tit|an|re|gend; ap|pe|tit|lich; ap|pe|tit|los; Ap|pe|tit|lo|sig|keit,** die; -; **Ap|pe|tit|züg|ler**

ap|plau|die|ren (Beifall klatschen); jmdm. applaudieren

Ap|plaus, der; -es, -e *Plur. selten* (Beifall)

Ap|pli|ka|ti|on, die; -, -en (Anwendung; aufgenähte Verzierung)

Ap|po|si|ti|on, die; -, -en (*Sprachwiss.* substantivische Beifügung, z. B. Adenauer, der erste deutsche Bundeskanzler, ...)

Ap|pre|tur, die; -, -en ([Gewebe]zurichtung, -veredelung)

Ap|pro|ba|ti|on, die; -, -en (staatl. Zulassung als Arzt/Ärztin od. Apotheker[in]); **ap|pro|bie|ren;** approbierter Arzt

Ap|rès-Ski [aprɛˈʃiː], das; - (Vergnügung nach dem Skilaufen); **Ap|rès-Ski-Klei|dung**

Ap|ri|ko|se, die; -, -n; **Ap|ri|ko|sen|mar|me|la|de**

Ap|ril, der; -[s], -e; **Ap|ril|scherz; Ap|ril|wet|ter**

ap|ro|pos [...ˈpoː] (nebenbei bemerkt; übrigens)

Ap|sis, die; -, ...siden (*Archit.* halbrunde Nische als Abschluss eines Kirchenraums)

Aquä|dukt, der, *auch* das; -[e]s, -e (über eine Brücke geführte antike Wasserleitung)

Aqua|jog|ging (Wassergymnastik)

Aqua|pla|ning, das; -[s] (das Rutschen der Reifen bei regennasser Straße)

Aqua|rell, das; -s, -e (mit Wasserfarben gemaltes Bild); in Aquarell (Wasserfarben) malen; **Aqua|rell|far|be; aqua|rel|lie|ren**

Aqua|ri|um, das; -s, ...ien (Behälter zur Pflege u. Züchtung von Wassertieren u. -pflanzen; Gebäude für diese Zwecke)

Äqua|tor, der; -s (größter Breitenkreis)

Akquise

Das aus dem Lateinischen stammende Wort weist die im Deutschen ungewöhnliche Schreibweise *-kqu-* auf. Ebenso *akquirieren, Akquisiteur, Akquisiteurin, Akquisition, Akquisitor, akquisitorisch.*

äqui|va|lent (gleichwertig); **Äqui|va|lent,** das; -[e]s, -e (Gegenwert; Ausgleich)

Ar, das, *österr. nur so, auch* der; -s, -e (ein Flächenmaß; *Zeichen* a); drei Ar

Ära, die; -, Ären *Plur. selten* (Zeitalter, Epoche)

Ara|ber [*auch* 'a..., *österr. u. schweiz. auch* a'ra:...], der; -s, -; **Ara|be|rin**

Ara|bes|ke, die; -, -n (Pflanzenornament)

ara|bisch; arabische Ziffern; *aber* Arabische Liga; der Arabische Frühling

Ara|lie, die; -, -n (Zierpflanze)

Ar|beit, die; -, -en; Arbeit suchende *od.* arbeitsuchende Menschen; die Arbeitsuchenden *od.* Arbeit Suchenden

ar|bei|ten

Ar|bei|ter; Ar|bei|ter|be|we|gung; Ar|bei|te|rin; Ar|bei|ter|kam|mer (gesetzliche Interessenvertretung der Arbeitnehmer in Österreich); **Ar|bei|ter|klas|se; Ar|bei|ter|par|tei; Ar|bei|ter|wohl|fahrt**

Ar|beit|ge|ber; Ar|beit|ge|be|rin; Ar|beit|ge|ber|sei|te, die; -; **Ar|beit|ge|ber|ver|band; Ar|beit|neh|mer; Ar|beit|neh|me|rin; Ar|beit|neh|mer|sei|te,** die; -; **Ar|beits|agen|tur; Ar|beits|all|tag; ar|beit|sam; Ar|beits|amt** (*jetzt* Arbeitsagentur)

Ar|beits|auf|wand; Ar|beits|be|las|tung; Ar|beits|be|reich; Ar|beits|be|schaf|fungs|maß|nah|me (*Abk.* ABM); **Ar|beits|ent|gelt; Ar|beits|er|laub|nis**

ar|beits|fä|hig; Ar|beits|fä|hig|keit, die; -

Ar|beits|feld; Ar|beits|ge|biet; Ar|beits|ge|mein|schaft; Ar|beits|ge|richt; Ar|beits|grup|pe; ar|beits|in|ten|siv

Ar|beits|kampf; Ar|beits|kol|le|ge; Ar|beits|kol|le|gin; Ar|beits|kos|ten *Plur.;* **Ar|beits|kraft; Ar|beits|kreis; Ar|beits|la|ger; Ar|beits|le|ben; Ar|beits|lohn**

ar|beits|los; Ar|beits|lo|se, der *u.* die; -n, -n; **Ar|beits|lo|sen|geld; Ar|beits|lo|sen|hil|fe; Ar|beits|lo|sen|quo|te; Ar|beits|lo|sen|ver|si|che|rung; Ar|beits|lo|sig|keit,** die; -

Ar|beits|markt; Ar|beits|markt|po|li|tik; Ar|beits|markt|ser|vice (*österr. für* Arbeitsagentur); **Ar|beits|mi|nis|ter; Ar|beits|mi|nis|te|rin; Ar|beits|mi|nis|te|ri|um; Ar|beits|nie|der|le|gung; Ar|beits|or|ga|ni|sa|ti|on; Ar|beits|platz; Ar|beits|platz|ab|bau; Ar|beits|platz|ver|lust; Ar|beits|pro|zess**

Ar|beits|recht; ar|beits|recht|lich

Ar|beits|schritt; Ar|beits|schutz, der; -es

Ar|beits|spei|cher *(EDV);* **Ar|beits|stät|te; Ar|beits|stel|le; ar|beits|su|chend; Ar|beits|su|chen|de,** der *u.* die; -n, -n

Ar|beits|tag; Ar|beits|tei|lung

Ar|beits|ti|tel (vorläufiger Titel eines geplanten Buchs, Theaterstücks o. Ä.)

Ar|beit su|chend, ar|beit|su|chend; Ar|beit|su|chen|de, der *u.* die; -n, -n, **Ar|beit Su|chen|de,** der *u.* die; - -n, - -n

ar|beits|un|fä|hig; Ar|beits|un|fä|hig|keit; Ar|beits|un|fall; Ar|beits|ver|hält|nis; Ar|beits|ver|trag; Ar|beits|wei|se; Ar|beits|welt; Ar|beits|zeit; Ar|beits|zim|mer

ar|cha|isch (aus sehr früher Zeit [stammend], altertümlich); **ar|cha|i|sie|ren**

Ar|chäo|lo|ge, der; -n, -n; **Ar|chäo|lo|gie,**

A

die; - (Altertumskunde, -wissenschaft); **Ar|chäo|lo|gin; ar|chäo|lo|gisch**

Ar|chä|o|p|te|ryx, der; -, *Plur.* -e *u.* ...te|ryges (Urvogel)

Ar|che, die; -, -n (schiffähnlicher Kasten); Arche Noah

Ar|chi|pel, der; -s, -e (Inselmeer, -gruppe)

Ar|chi|tekt, der; -en, -en; **Ar|chi|tek|tin; ar|chi|tek|to|nisch** (baulich; baukünstlerisch); **Ar|chi|tek|tur,** die; -, -en (Baukunst; Baustil); **Ar|chi|tek|tur|bü|ro**

Ar|chiv, das; -s, -e (Akten-, Urkundensammlung); **ar|chi|va|lisch** (urkundlich); **Ar|chi|var,** der; -s, -e (Archivbeamter); **Ar|chi|va|rin; ar|chi|vie|ren** (in ein Archiv aufnehmen); **Ar|chi|vie|rung; Ar|chiv|ma|te|ri|al**

Are, die; -, -n (*schweiz. für* Ar)

Are|al, das; -s, -e ([Boden]fläche, Gelände)

Are|na, die; -, ...nen ([sandbestreuter] Kampfplatz; Sportplatz; Manege im Zirkus)

arg; är|ger, ärgs|te; ein arger Bösewicht, *aber* im Argen liegen; zum Ärgsten kommen; das Ärgste befürchten

Arg, das; -s *(geh.);* ohne Arg; kein Arg an einer Sache finden; es ist kein Arg an ihm

Är|ger, der; -s; **är|ger|lich; är|gern;** ich ärgere; sich über etwas ärgern; **Är|ger|nis,** das; -ses, -se

Arg|list, die; -; **arg|lis|tig**

arg|los; Arg|lo|sig|keit

Ar|gu|ment, das; -[e]s, -e (Beweis[mittel, -grund]); **Ar|gu|men|ta|ti|on,** die; -, -en (Beweisführung); **ar|gu|men|ta|tiv** (mit Argumenten); **ar|gu|men|tie|ren**

Ar|gus|au|gen *Plur.* (wachsame Augen)

Arg|wohn, der; -[e]s *(geh.)*

arg|wöh|nen; ich argwöhne; geargwöhnt; zu argwöhnen; **arg|wöh|nisch**

Arie, die; -, -n (Sologesangsstück mit Instrumentalbegleitung)

Ari|er, der; -s, - (Angehöriger eines der frühgeschichtl. Völker mit idg. Sprache; *nationalsoz.* Angehöriger der sogenannten »nordischen Rasse«); **Ari|e|rin; arisch; ari|sie|ren** (*nationalsoz.* jüdisches Eigentum in den Besitz sogenannter Arier überführen)

Aris|to|krat, der; -en, -en (Angehöriger des Adels; vornehmer Mensch); **Aris|to|kra|tie,** die; -, ...ien; **Aris|to|kra|tin; aris|to|kra|tisch**

Arith|me|tik, die; -, -en (Zahlenlehre, -rechnen); **arith|me|tisch** (auf die Arithmetik bezogen); arithmetisches Mittel

Ar|ka|de, die; -, -n (*Archit.* Bogen auf zwei Pfeilern od. Säulen; *meist Plur.* Bogenreihe)

Ark|tis, die; - (Gebiet um den Nordpol); **ark|tisch;** arktische Kälte

arm; är|mer, ärms|te; arme *od.* Arme Ritter (eine Süßspeise); Arm und Reich (*veraltet für* jedermann); ein Konflikt zwischen Arm und Reich (armen u. reichen Menschen); Arme und Reiche; der Arme und der Reiche

Arm, der; -[e]s, -e; ein Armvoll *od.* Arm voll Reisig

Ar|ma|da, die; -, *Plur.* ...den *u.* -s ([mächtige] Kriegsflotte)

Ar|ma|tur, die; -, -en; **Ar|ma|tu|ren|brett**

Arm|band, das; *Plur.* ...bänder; **Arm|band|uhr; Arm|bin|de; Arm|brust,** die; -, *Plur.* ...brüste, *selten* -e

Ärm|chen

Ar|me, der *u.* die; -n, -n; *vgl.* arm

Ar|mee, die; -, ...meen (Heer); **Ar|mee-Ein|heit, Ar|mee|ein|heit; Ar|mee|füh|rung**

Är|mel, der; -s, -; **är|mel|los**

Ar|men|haus; Ar|men|vier|tel

arm|lang; ein armlanger Stiel, *aber* einen Arm lang; **Arm|län|ge; Arm|leh|ne**

ärm|lich; Ärm|lich|keit; arm ma|chen, arm|ma|chen; ihre Spielleidenschaft hat sie arm gemacht *od.* armgemacht

Arm|reif, der; -[e]s, -e

arm|se|lig; Arm|se|lig|keit

Ar|mut, die; -

Ar|muts|ge|fähr|dung *Plur. selten;* **Ar|muts|gren|ze; Ar|muts|zeug|nis**

Arm|voll, Arm voll; *vgl.* Arm

Ar|ni|ka, die; -, -s (eine Heilpflanze)

Arom, das; -s, -e (*geh. für* Aroma)

Aro|ma, das; -s, *Plur.* ...men, -s *u. älter* -ta; **aro|ma|tisch; aro|ma|ti|sie|ren**

Ar|rak, der; -s, *Plur.* -e *u.* -s (Branntwein aus Reis od. Melasse)
Ar|ran|ge|ment [arãʒəˈmãː], das; -s, -s (Anordnung; Übereinkunft; Einrichtung eines Musikstücks); **ar|ran|gie|ren**
Ar|rest, der; -[e]s, -e (Beschlagnahme; Haft); **Ar|rest|zel|le; ar|re|tie|ren** (*Technik* anhalten; sperren; *veraltet für* verhaften)
ar|ri|vie|ren (in der Karriere vorwärtskommen); **ar|ri|viert** (anerkannt, erfolgreich); **Ar|ri|vier|te,** der *u.* die; -n, -n
ar|ro|gant (anmaßend); **Ar|ro|ganz,** die; -
Arsch, der; -[e]s, Ärsche *(derb);* **Arsch|krie|cher** (*derb für* Schmeichler); **Arsch|krie|che|rin; Arsch|loch** *(derb)*
Ar|sen, das; -s (chem. Element; *Zeichen* As)
Ar|se|nal, das; -s, -e (Geräte-, Waffenlager)
Art, die; -, -en; ein Mann [von] der Art (solcher Art); *aber* dieser Mann hat mich derart (so) beleidigt, dass ...
Ar|te|fakt, das; -[e]s, -e (*Archäol.* von Menschen geformter vorgeschichtlicher Gegenstand; *geh. für* Kunstwerk)
ar|ten; nach jmdm. arten
Ar|ten|reich|tum, der; -s; **Ar|ten|schutz,** der; -es; **Ar|ten|viel|falt**
Ar|te|rie, die; -, -n (*Med.* Schlagader); **ar|te|ri|ell; Ar|te|ri|en|ver|kal|kung; Ar|te|rio|skle|ro|se** (*Med.* Arterienverkalkung)
art|fremd *(bes. Biol.);* artfremdes Gewebe
Art|ge|nos|se; Art|ge|nos|sin
art|ge|recht; artgerechte Tierhaltung
Ar|thri|tis, die; -, ...itiden (Gelenkentzündung); **ar|th|ri|tisch; Ar|th|ro|se,** die; -, -n (*Med.* chronische Gelenkerkrankung)
ar|ti|fi|zi|ell (künstlich)
ar|tig (gesittet; folgsam); **Ar|tig|keit**
Ar|ti|kel [*auch* ...ˈtɪ...], der; -s, - (Geschlechtswort; Abschnitt eines Gesetzes u. Ä. [*Abk.* Art.]; Ware; Aufsatz)
Ar|ti|ku|la|ti|on, die; -, -en (*Sprachwiss.* Lautbildung; [deutliche] Aussprache); **ar|ti|ku|lie|ren** ([deutlich] aussprechen)
Ar|til|le|rie [*auch* ˈar...], die; -, ...ien
Ar|ti|scho|cke, die; -, -n (eine Zier- u. Gemüsepflanze)
Ar|tist, der; -en, -en; **Ar|tis|tin; ar|tis|tisch**
art|ver|wandt
Arz|nei; Arz|nei|mit|tel, das
Arzt, der; -es, Ärzte; **Ärz|te|kam|mer; Ärz|te|man|gel,** der; -s; **Ärz|te|schaft,** die; -
Arzt|hel|fer; Arzt|hel|fe|rin
Ärz|tin; ärzt|lich
Arzt|pra|xis; Arzt|ter|min
A-Sai|te (z. B. bei der Geige)
As|best, der, *auch* das; -[e]s, -e (feuerfeste mineralische Faser)
asch|blond
Asche, die; -, -n
Äsche, die; -, -n (ein Fisch); *vgl. aber* Esche
Aschen|bahn; Aschen|be|cher; Aschen|brö|del, das; -s, - (eine Märchengestalt); **Aschen|put|tel,** das; -s, -; *vgl.* Aschenbrödel; **Ascher** (*ugs. für* Aschenbecher); **Ascher|mitt|woch** (Mittwoch nach Fastnacht); **asch|fahl; asch|grau**
As|cor|bin|säu|re, *veraltend* As|kor|bin|säure (Vitamin C)
äsen; das Rotwild äst (weidet)
Asep|sis, die; - (Keimfreiheit); **asep|tisch**
Äser *vgl.* Aas
asi|a|tisch; die asiatische Grippe; **Asi|en**
As|ke|se, die; - (enthaltsame Lebensweise); **As|ket,** der; -en, -en; **As|ke|tin; as|ke|tisch**
As|kor|bin|säu|re *vgl.* Ascorbinsäure
Äs|ku|lap|stab [*auch* ˈɛ...]
aso|zi|al (unfähig zum Leben in der Gemeinschaft; am Rand der Gesellschaft lebend); **Aso|zi|a|le,** der *u.* die
As|pekt, der; -[e]s, -e (Gesichtspunkt)
As|phalt [*auch* ˈas...], der; -[e]s, -e; **as|phal|tie|ren; As|phalt|stra|ße**
As|pik [*auch* ...ˈpɪk, ˈas...], der, *auch* das; -s, -e (Gallert aus Gelatine od. Kalbsknochen)
As|pi|rant, der; -en, -en (Bewerber; Anwärter; *schweiz. auch für* Offiziersschüler); **As|pi|ran|tin**
As|pi|rin®, das; -s, *Plur.* -, *selten* -e (ein Schmerzmittel)

A

Ass, das; -es, -e (Eins [auf Karten]; das od. der Beste [z. B. im Sport]; *Tennis* für den Gegner unerreichbarer Aufschlagball)

As|se|ku|ranz, die; -, -en (*fachspr. für* Versicherung, Versicherungsgesellschaft)

As|sel, die; -, -n (ein Krebstier)

As|sess|ment-Cen|ter, As|sess|ment|center [əˈsɛsməntsɛntɐ], das; -s, - (ein psycholog. Eignungstest; *Abk.* AC)

As|ses|sor, der; -s, ...oren (Anwärter der höheren Beamtenlaufbahn; *Abk.* Ass.); **Asses|so|rin**

As|set [ˈɛsɛt], das; -s, -s (*Wirtsch.* Vermögenswert eines Unternehmens; *EDV* Ergänzung zu einem Multimediaprogramm)

As|si|mi|la|ti|on, die; -, -en (Angleichung); **as|si|mi|lie|ren; As|si|mi|lie|rung**

As|sist [ɛˈsɪst], der; -s, -s (*Eishockey, Basketball* Zuspiel, das zum Tor od. Korb führt)

As|sis|tent, der; -en, -en (Gehilfe, Mitarbeiter [an Hochschulen]); **As|sis|ten|tin**

As|sis|tenz, die; -, -en (Beistand)

As|sis|tenz|arzt; As|sis|tenz|ärz|tin

as|sis|tie|ren (helfen, mitwirken)

As|so|zi|a|ti|on, die; -, -en (Vereinigung; *Psychol.* Vorstellungsverknüpfung); **as|so|zi|a|tiv** (durch Vorstellungsverknüpfung bewirkt); **as|so|zi|ie|ren** (verknüpfen); sich assoziieren (sich zusammenschließen)

Ast, der; -[e]s, Äste; **Äst|chen**

As|ter, die; -, -n (eine Gartenblume)

As|te|ro|id, der; -en, -en (Planetoid)

As|the|ni|ker (*Med.* schmaler, schmächtiger Mensch); **As|the|ni|ke|rin; as|the|nisch**

Äs|thet, der; -en, -en (Mensch mit ausgeprägtem Schönheitssinn); **Äs|the|tik,** die; -, -en *Plur. selten* (Wissenschaft von den Gesetzen der Kunst, bes. vom Schönen; das Schöne, Schönheit); **Äs|the|tin; äs|the|tisch** (*auch für* überfeinert)

Asth|ma, das; -s (anfallsweise auftretende Atemnot); **Asth|ma|an|fall; Asth|ma|ti|ker; Asth|ma|ti|ke|rin; asth|ma|tisch**

ast|rein (*ugs. auch für* völlig in Ordnung, sehr schön)

As|t|ro|lo|ge, der; -n, -n (Sterndeuter); **As|t|ro|lo|gie,** die; - (Sterndeutung); **As|t|ro|lo|gin; as|t|ro|lo|gisch**

As|t|ro|naut, der; -en, -en (Weltraumfahrer); **As|t|ro|nau|tin; as|t|ro|nau|tisch**

As|t|ro|nom, der; -en, -en (Stern-, Himmelsforscher); **As|t|ro|no|mie,** die; - (wissenschaftliche Stern-, Himmelskunde); **As|t|ro|no|min; as|t|ro|no|misch**

Asyl, das; -s, -e (Zufluchtsort); **Asy|lant,** der; -en, -en (*gelegentlich als diskriminierend empfunden* Bewerber um Asylrecht); **Asy|lan|tin; Asyl|an|trag; Asyl|be|wer|ber; Asyl|be|wer|be|rin; Asyl|recht; Asyl su|chend, asyl|su|chend; Asyl|su|chen|de,** der *u.* die; -n, -n, **Asyl Su|chen|de,** der *u.* die; - -n, - -n; **Asyl|ver|fah|ren**

Asym|me|t|rie [*auch* ...ˈtriː], die; -, ...ien (Mangel an Symmetrie); **asym|me|t|risch** [*auch* ...ˈmeː...]

Asym|p|to|te, die; -, -n (*Math.* Gerade, der sich eine ins Unendliche verlaufende Kurve beliebig nähert, ohne sie zu erreichen)

asyn|chron [*auch* ...ˈkroːn] (ungleichzeitig)

As|zen|dent, der; -en, -en (Vorfahr; *Astron.* Aufgangspunkt eines Gestirns)

Ate|li|er [atəˈli̯eː], das; -s, -s (Werkstatt eines Künstlers, Fotografen o. Ä.)

Atem, der; -s; Atem holen; außer Atem sein; **atem|be|rau|bend; atem|los; Atem|not,** die; -; **Atem|pau|se; Atem|zug**

Ätha|nol (*veraltend für* Ethanol)

Athe|is|mus, der; - (Weltanschauung, die die Existenz eines Gottes verneint); **Athe|ist,** der; -en, -en; **Athe|is|tin; athe|is|tisch**

[1]**Äther,** der; -s (feiner Urstoff in der griech. Philosophie; *geh. für* Himmel)

[2]**Äther, Ether,** der; -s, - (chem. Verbindung; Betäubungs-, Lösungsmittel)

[1]**äthe|risch** (vergeistigt, zart)

[2]**äthe|risch** (ätherartig); ätherische *od.* etherische Öle

Ath|let, der; -en, -en (muskulöser Mann; Wettkämpfer im Sport); **Ath|le|tin; ath|letisch**

At|lan|tik, der; -s; **at|lan|tisch;** ein atlantisches Tief; der Atlantische Ozean; die Atlantische *od.* atlantische Allianz

[1]**At|las,** der; *Gen.* - *u.* ...lasses, *Plur.* ...lasse *u.* ...lanten (Sammlung geografischer Karten [als Buch]; Bildtafelwerk)

[2]**At|las,** der; *Gen.* - *u.* ...lasses, *Plur.* ...lasse (ein Seidengewebe)

at|men

At|mo|sphä|re, die; -, -n (Lufthülle; *als Druckeinheit früher für* Pascal; Stimmung, Milieu, Umwelt); **at|mo|sphä|risch**

At|mung, die; -; **at|mungs|ak|tiv**

Atoll, das; -s, -e (ringförmige Koralleninsel)

Atom, das; -s, -e (kleinste Einheit eines chem. Elements); **ato|mar** (das Atom, die Kernenergie betreffend; mit Atomwaffen [versehen])

Atom|aus|stieg; Atom|bom|be (*kurz* A-Bombe); **Atom|ener|gie,** die; -; **Ato|mi|seur** [...'zøːɐ̯], der; -s, -e (Zerstäuber); **Atom|kern; Atom|kraft,** die; -; **Atom|kraft|geg|ner; Atom|kraft|geg|ne|rin; Atom|kraft|werk** (AKW); **Atom|krieg; Atom|macht** (Staat, der über Atomwaffen verfügt); **Atom|mei|ler; Atom|müll; Atom|re|ak|tor; Atom|strom; Atom|test; Atom-U-Boot; Atom|waf|fe** *meist Plur.;* **atom|waf|fen|frei;** atomwaffenfreie Zone

ato|nal (*Musik* an keine Tonart gebunden)

At|ri|um, das; -s, ...ien (*Archit.* nach oben offener [Haupt]raum des altrömischen Hauses; Innenhof)

At|ta|ché [...'ʃeː], der; -s, -s (Anwärter des diplomatischen Dienstes; einer Auslandsvertretung zugeteilter Berater); **At|ta|chée,** die; -, -n [...'ʃeːən]

At|ta|cke, die; -, -n; **at|ta|ckie|ren** (angreifen)

At|ten|tat [*auch* ...'taːt], das; -[e]s, -e ([Mord]anschlag)

At|ten|tä|ter; At|ten|tä|te|rin

At|test, das; -[e]s, -e (ärztliche Bescheinigung); **at|tes|tie|ren** (bescheinigen)

At|ti|tü|de, die; -, -n ([innere] Einstellung; [leere] Pose; *Ballett* eine [Schluss]figur)

At|trak|ti|on, die; -, -en (etwas, was große Anziehungskraft hat); **at|trak|tiv** (anziehend); **At|trak|ti|vi|tät,** die; -

At|trap|pe, die; -, -n ([täuschend ähnliche] Nachbildung; Schau-, Blindpackung)

At|tri|but, das; -[e]s, -e (charakteristische Eigenschaft; *Sprachwiss.* Beifügung); **at|tri|bu|tiv** [*auch* 'a...] (beifügend)

aty|pisch (nicht typisch)

At-Zei|chen ['ɛt...] (das Zeichen @)

ät|zen (mit Säure, Lauge o. Ä. bearbeiten); du ätzt; **ät|zend** (*ugs. auch für* schlecht)

Au *(südd., österr. nur so),* **Aue,** die; -, Auen (*landsch. od. geh. für* flaches Wiesengelände)

AU, die; - = Abgasuntersuchung

Au|ber|gi|ne [...nə], die; -, -n (eine Gemüsepflanze)

auch; wenn auch; auch wenn

Au|di|enz, die; -, -en (feierlicher Empfang; Zulassung zu einer Unterredung)

Au|di|max, das; - (*stud. Kurzw. für* Auditorium maximum)

Au|dio, das; -s, -s *meist ohne Artikel* (*ugs. kurz für* akustisches Element, Programm usw.); **Au|dio|book** [...bʊk], das; -s, -s (gesprochener Text auf Kassette od. CD; Hörbuch); **Au|dio|da|tei** (*EDV* digitale Datei, die Musik, gesprochenen Text, Geräusche u. Ä. enthält); **Au|dio|kom|men|tar**

au|dio|vi|su|ell (zugleich hör- u. sichtbar, Hören u. Sehen ansprechend); audiovisueller Unterricht

Au|dit [*auch* 'ɔːdɪt], das, auch: der; -s, -s (Prüfung betrieblicher Qualitätsmerkmale)

Au|di|to|ri|um, das; -s, ...ien (ein Hörsaal [der Hochschule]; Zuhörerschaft)

Au|er|hahn; Au|er|och|se

auf; *Präp. mit Akk. od. Dat.:* auf den Tisch legen *aber* auf dem Tisch liegen; auf einmal; aufs; aufs, auf das Beste *od.* beste (sehr gut) informiert sein; aufgrund *od.* auf Grund; aufseiten *od.* auf Seiten; *Adverb:* auf und ab; auf und nieder; auf und davon; auf sein (*ugs. für* geöffnet

A

sein; nicht mehr im Bett sein); das Auf und Ab; das Auf und Nieder
auf|ar|bei|ten; Auf|ar|bei|tung
auf|at|men
auf|ba|cken
auf|bah|ren; Auf|bah|rung
Auf|bau, der; -[e]s, *Plur.* (*für* Gebäude-, Schiffsteil:) -ten; **Auf|bau|ar|beit**
auf|bau|en; eine Theorie auf einer Annahme aufbauen
auf|bäu|men, sich
auf|bau|schen (*auch für* übertreiben)
Auf|bau|stu|di|um
auf|be|geh|ren
auf|be|hal|ten; den Hut aufbehalten
auf|be|kom|men
auf|be|rei|ten; Auf|be|rei|tung
auf|bes|sern; Auf|bes|se|rung
auf|be|wah|ren; Auf|be|wah|rung
auf|bie|ten; Auf|bie|tung; unter Aufbietung aller Kräfte
auf|bin|den; jmdm. etwas aufbinden (*ugs. für* weismachen)
auf|blä|hen *vgl.* aufgebläht; **Auf|blä|hung**
auf|blas|bar; auf|bla|sen
auf|blei|ben *(ugs.)*
auf|bli|cken
auf|blit|zen
auf|blü|hen
auf|brau|chen (verbrauchen)
auf|brau|sen; auf|brau|send
auf|bre|chen
auf|bre|zeln, sich (*ugs. für* sich auffällig schminken u. kleiden)
auf|brin|gen (*auch für* kapern)
Auf|bruch, der; -[e]s, …brüche; **Auf|bruch[s]|stim|mung**
auf|brum|men (*ugs. für* auferlegen); eine Strafe aufbrummen
auf|bür|den *(geh.)*
auf dass (*veraltend für* damit)
auf|de|cken; Auf|de|ckung
auf|don|nern, sich (*ugs. für* sich auffällig schminken u. kleiden)
auf|drän|gen; jmdm. etwas aufdrängen; sich jmdm. aufdrängen
auf|dre|hen
auf|dring|lich; Auf|dring|lich|keit
Auf|druck, der; -[e]s, -e; **auf|dru|cken**
auf|drü|cken
auf|ei|n|an|der; aufeinander achten; aufeinander aufpassen; sich aufeinander beziehen; aufeinander hören
auf|ei|n|an|der|fol|gen, auf|ei|n|an|der fol|gen; an mehreren aufeinanderfolgenden *od.* aufeinander folgenden Tagen
auf|ei|n|an|der|le|gen; zwei aufeinandergelegte Kissen; **auf|ei|n|an|der|pral|len; auf|ei|n|an|der|sto|ßen; auf|ei|n|an|der-tref|fen**
Auf|ent|halt, der; -[e]s, -e; **Auf|ent|halts-er|laub|nis; Auf|ent|halts|ge|neh|mi-gung; Auf|ent|halts|ort,** der; -[e]s, -e
auf|er|le|gen; ich erlege ihm etwas auf, *seltener* ich auferlege; auferlegt; aufzuerlegen
auf|er|ste|hen; er ersteht auf *od.* er aufersteht; wenn er auferstünde; er ist auferstanden; **Auf|er|ste|hung**
auf|es|sen
auf|fah|ren; Auf|fahrt, die; -, -en; **Auf-fahr|un|fall**
auf|fal|len; damit es nicht auffällt; *aber* auf fällt, dass …; **auf|fal|lend; auf|fäl|lig; Auf|fäl|lig|keit**
auf|fan|gen
auf|fas|sen; Auf|fas|sung; Auf|fas|sungs-ga|be
auf|find|bar; auf|fin|den
auf|flam|men
auf|flie|gen (*ugs. auch für* entdeckt werden)
auf|for|dern; Auf|for|de|rung
auf|fres|sen
auf|fri|schen; der Wind frischt auf; **Auf|fri-schung**
auf|füh|ren; Auf|füh|rung
auf|fül|len; Auf|fül|lung
Auf|ga|be; Auf|ga|ben|be|reich; Auf|ga-ben|ge|biet; Auf|ga|ben|stel|lung
Auf|gang, der
auf|ge|ben

auf|ge|bläht
auf|ge|bla|sen; ein aufgeblasener Kerl
Auf|ge|bot
auf|ge|bracht (*auch für* erzürnt)
auf|ge|don|nert *vgl.* aufdonnern
auf|ge|dreht (*ugs. für* angeregt)
auf|ge|dun|sen
auf|ge|hen
auf|ge|klärt
auf|ge|kratzt; in aufgekratzter (*ugs. für* froher) Stimmung sein
Auf|geld
auf|ge|legt (*auch für* zu etwas bereit, gelaunt; *österr. ugs. auch für* offensichtlich); zum Spazierengehen aufgelegt sein
auf|ge|löst (*auch für* außer Fassung)
auf|ge|passt!
auf|ge|räumt (*auch für* heiter)
auf|ge|raut; ein aufgerauter Stoff
auf|ge|regt; Auf|ge|regt|heit
auf|ge|schlos|sen; Auf|ge|schlos|sen|heit
auf|ge|schmis|sen; aufgeschmissen (*ugs. für* hilflos) sein
auf|ge|setzt (unnatürlich, übertrieben)
auf|ge|ta|kelt (*ugs. für* auffällig, geschmacklos gekleidet)
auf|ge|weckt; ein aufgeweckter (kluger) Junge; **Auf|ge|weckt|heit,** die; -
auf|gie|ßen
auf|glie|dern; Auf|glie|de|rung
auf|grei|fen
auf|grund, auf Grund; *Präp. mit Gen.:* aufgrund *od.* auf Grund des Wetters; aufgrund *od.* auf Grund dessen
Auf|guss; Auf|guss|beu|tel
auf|ha|ben *(ugs.);* es ist schön, einen Hut aufzuhaben; für die Schule viel aufhaben; ein Laden, der mittags aufhat
auf|hal|sen (*ugs. für* aufbürden)
auf|hal|ten
auf|hän|gen; *vgl.* ²hängen; **Auf|hän|ger**
auf|häu|fen
auf|he|beln; ich heb[e]le auf
auf|he|ben; Auf|he|ben, das; -s; [ein] großes Aufheben, viel Aufheben[s] von dem Buch machen; **Auf|he|bung**
auf|hei|tern; Auf|hei|te|rung
auf|hei|zen
auf|hel|len; Auf|hel|lung
auf|het|zen; Auf|het|zung
auf|ho|len; Auf|hol|jagd
auf|hor|chen
auf|hö|ren
Auf|kauf; auf|kau|fen
auf|kla|ren (klar werden [vom Wetter])
auf|klä|ren (Klarheit in etwas Ungeklärtes bringen; belehren; sich aufhellen); der Himmel klärt sich auf; **Auf|klä|rer; Auf|klä|re|rin; auf|klä|re|risch; Auf|klä|rung; Auf|klä|rungs|ar|beit**
auf|kle|ben; Auf|kle|ber
auf|kna|cken
auf|knöp|fen
auf|ko|chen
auf|kom|men; Auf|kom|men, das; -s, - (Summe der [Steuer]einnahmen)
auf|kreu|zen *(ugs.)*
auf|kün|di|gen; Auf|kün|di|gung
auf|la|den; *vgl.* ¹laden
Auf|la|ge (*Abk.* Aufl.); **Auf|la|ge[n]|hö|he; auf|la|gen|stark**
auf|las|sen (aufsteigen lassen; *ugs. für* geöffnet lassen)
auf|lau|ern; jmdm. auflauern
Auf|lauf (Ansammlung; Überbackenes)
auf|lau|fen (anwachsen [von Schulden]; *Sport* zum Spielbeginn aufs Feld laufen)
auf|le|ben
auf|le|gen; *vgl. auch* aufgelegt
auf|leh|nen, sich; **Auf|leh|nung**
auf|leuch|ten; auf|lie|gen
auf|lis|ten; Auf|lis|tung
auf|lo|ckern; Auf|lo|cke|rung
auf|lo|dern
auf|lö|sen; Auf|lö|sung
aufm, auf'm (*ugs. für* auf dem, auf einem)
auf|ma|chen; auf- und zumachen; sich aufmachen (sich auf den Weg machen); **Auf|ma|cher** (wirkungsvoller Titel; eingängige Schlagzeile); **Auf|ma|chung**
Auf|marsch, der; **auf|mar|schie|ren**
auf|mer|ken

A

auf|merk|sam; jmdn. auf etwas aufmerksam machen; **Auf|merk|sam|keit**
auf|mi|schen (*ugs. auch für* verprügeln)
auf|mö|beln (*ugs. für* aufmuntern; erneuern); ich möb[e]le auf
auf|mu|cken (*ugs.*)
auf|mun|tern; Auf|mun|te|rung
auf|müp|fig (*landsch. für* aufsässig, trotzig)
aufn, auf'n (*ugs. für* auf den, auf einen)
Auf|nah|me, die; -, -n; **auf|nah|me|fä|hig; Auf|nah|me|prü|fung; auf|neh|men**
auf|ok|t|ro|y|ie|ren (aufzwingen)
auf|op|fern; sich [für jmdn.] aufopfern; **Auf|op|fe|rung; auf|op|fe|rungs|voll**
auf|päp|peln (*ugs.*)
auf|pas|sen; Auf|pas|ser; Auf|pas|se|rin
auf|pep|pen (*ugs.*)
auf|plus|tern; sich aufplustern
auf|po|lie|ren
Auf|prall, der; -[e]s, -e *Plur. selten;* **auf|pral|len**
Auf|preis (Mehrpreis)
auf|put|schen; Auf|putsch|mit|tel
auf|raf|fen; sich aufraffen; **auf|rap|peln** (*ugs. für* sich aufraffen)
auf|rau|en; du raust den Stoff auf
Auf|räum|ar|beit; auf|räu|men *vgl.* aufgeräumt
auf|rech|nen; Auf|rech|nung
auf|recht; aufrecht halten, stehen, stellen; er kann sich nicht aufrecht halten
auf|recht|er|hal|ten (weiterhin bestehen lassen, nicht aufgeben); um einen Anspruch aufrechtzuerhalten; **Auf|recht|er|hal|tung**
auf|re|gen; auf|re|gend; Auf|re|gung
auf|rei|ben; auf|rei|bend
auf|rei|hen; sich aufreihen
auf|rei|ßen (*auch für* im Überblick darstellen; *ugs. auch für* mit jmdm. eine [sexuelle] Beziehung anzuknüpfen versuchen)
auf|rei|zen; auf|rei|zend
auf|rich|ten; sich aufrichten
auf|rich|tig; Auf|rich|tig|keit
Auf|riss (Bauzeichnung)
auf|rol|len
auf|rü|cken
Auf|ruf; auf|ru|fen
Auf|ruhr, der; -[e]s, -e *Plur. selten;* **auf|rüh|ren; Auf|rüh|rer; Auf|rüh|re|rin; auf|rüh|re|risch**
auf|run|den; Auf|run|dung
auf|rüs|ten; Auf|rüs|tung
auf|rüt|teln
aufs (auf das)
auf|sa|gen
auf|säs|sig; Auf|säs|sig|keit, die; -
Auf|satz; Auf|satz|the|ma
auf|sau|gen
auf|schei|nen (*österr. für* erscheinen)
auf|scheu|chen
auf|schie|ben; Auf|schie|bung
Auf|schlag; auf|schla|gen
auf|schlie|ßen *vgl.* aufgeschlossen
Auf|schluss; auf|schlüs|seln; Auf|schlüs|se|lung, Auf|schlüss|lung
auf|schluss|reich
auf|schnap|pen
auf|schnei|den (*ugs. auch für* prahlen); **Auf|schnei|der; Auf|schnei|de|rin**
Auf|schnitt, der; -[e]s
[1]**auf|schre|cken;** sie schrak *od.* schreckte auf; sie war aufgeschreckt; *vgl.* [2]schrecken
[2]**auf|schre|cken;** ich schreckte ihn auf; sie hatte ihn aufgeschreckt; *vgl.* [1]schrecken
Auf|schrei
auf|schrei|ben; ich schreibe mir etwas auf
auf|schrei|en
Auf|schrift
Auf|schub
auf|schwat|zen, auf|schwät|zen (*ugs.*)
[1]**auf|schwel|len;** der Leib schwoll auf, ist aufgeschwollen; *vgl.* [1]schwellen
[2]**auf|schwel|len;** der Exkurs schwellte das Buch auf, hat das Buch aufgeschwellt; *vgl.* [2]schwellen
auf|schwem|men
auf|schwin|gen; Auf|schwung
auf|se|hen; zu jmdm. aufsehen
Auf|se|hen, das; -s; Aufsehen erregen
auf|se|hen|er|re|gend, Auf|se|hen er|re|gend; ein aufsehenerregender *od.* Auf-

sehen erregender Fall; *aber nur* ein großes Aufsehen erregender Fall, ein äußerst aufsehenerregender Fall, ein noch aufsehenerregenderer Fall; etwas Aufsehenerregendes *od.* Aufsehen Erregendes
Auf|se|her; Auf|se|he|rin
auf sein *vgl.* auf
auf|sei|ten, **auf Sei|ten;** *Präp. mit Gen.:* aufseiten *od.* auf Seiten der Regierung
auf|set|zen; Auf|set|zer *(Sport)*
Auf|sicht, die; -, -en
Auf|sicht füh|rend, **auf|sicht|füh|rend; Auf|sicht|füh|ren|de**, der *u.* die; -n, -n, **Auf|sicht Füh|ren|de,** der *u.* die; - -n, - -n
Auf|sichts|be|am|te; Auf|sichts|be|am|tin; Auf|sichts|pflicht; Auf|sichts|rat *Plur.* ...räte; **Auf|sichts|rats|sit|zung**
auf|sit|zen; jmdm. aufsitzen (auf jmdn. hereinfallen)
auf|spal|ten; Auf|spal|tung
auf|spie|len; sich aufspielen
auf|spie|ßen
auf|split|tern; Auf|split|te|rung
auf|spren|gen; auf|sprin|gen
auf|spü|ren; Auf|spü|rung
auf|sta|cheln
Auf|stand; auf|stän|disch; Auf|stän|di|sche, der *u.* die; -n, -n; **auf|ste|hen**
auf|stei|gen; Auf|stei|ger; Auf|stei|ge|rin
auf|stel|len; Auf|stel|lung
Auf|stieg, der; -[e]s, -e; **Auf|stiegs|chan|ce; Auf|stiegs|mög|lich|keit**
auf|stö|bern
auf|sto|cken (erhöhen); **Auf|sto|ckung**
auf|sto|ßen; mir stößt etwas auf
auf|stre|ben; auf|stre|bend
auf|strei|chen; Auf|strich
auf|su|chen
Auf|takt, der; -[e]s, -e
auf|tan|ken
auf|tau|chen
auf|tau|en
auf|tei|len; Auf|tei|lung
auf|ti|schen ([Speisen] auftragen; *ugs. für* vorbringen)
Auf|trag, der; -[e]s, ...träge; im -[e] (*Abk.* i. A. *od.* I. A. *[vgl. d.]*); **auf|tra|gen; Auf|trag|ge|ber; Auf|trag|ge|be|rin**
Auf|trags|ar|beit; Auf|trags|buch; Auf|trags|ein|gang; auf|trags|ge|mäß; Auf|trags|la|ge *(Wirtsch.);* **Auf|trags|mord**
auf|trei|ben
auf|tre|ten; Auf|tre|ten, das; -s
Auf|trieb; Auf|triebs|kraft
Auf|tritt; Auf|tritts|ver|bot
auf|trump|fen
auf|tun; sich auftun
auf|tür|men; sich auftürmen
auf und ab; auf und ab gehen (ohne bestimmtes Ziel), *aber in Zus.:* auf- und absteigen (aufsteigen und absteigen); **Auf und Ab,** das; - - -[s]
auf und da|von; sich auf und davon machen *(ugs.)*
auf|wa|chen
auf|wach|sen
Auf|wand, der; -[e]s, Aufwände
auf|wän|dig *vgl.* aufwendig
Auf|wands|ent|schä|di|gung
auf|wär|men
auf|war|ten (anbieten, zu bieten haben)

auf|wärts

– *auf- und abwärts*

Man schreibt »aufwärts« als Verbzusatz mit dem folgenden Verb zusammen:

– *aufwärtsfahren, aufwärtsschieben, aufwärtssteigen*
– *wir sind zwei Stunden lang nur aufwärtsgegangen; mit ihrer Gesundheit ist es stetig aufwärtsgegangen*

Aber:

– *aufwärts davonfliegen*
– *aufwärts ging es langsamer als abwärts*
– *wir wollten aufwärts gehen, nicht fahren*

Auf|wärts|be|we|gung; Auf|wärts|ent|wick|lung; auf|wärts|ge|hen *vgl.* aufwärts; **Auf|wärts|trend**
Auf|war|tung

A

Auf|wasch, der; -[e]s
auf|we|cken; *vgl. auch* aufgeweckt
auf|wei|chen *vgl.* ¹weichen; **Auf|wei|chung**
auf|wei|sen
auf|wen|den; ich wandte *od.* wendete viel Zeit auf, habe aufgewandt *od.* aufgewendet; aufgewandte *od.* aufgewendete Zeit
auf|wen|dig, **auf|wän|dig; Auf|wen|dung**
auf|wer|fen
auf|wer|ten; Auf|wer|tung
auf|wi|ckeln
auf|wie|geln
auf|wie|gen
Auf|wieg|ler; Auf|wieg|le|rin; auf|wieg|le|risch
auf|wir|beln
auf|wi|schen; Auf|wisch|lap|pen
auf|wüh|len
auf|zäh|len; Auf|zäh|lung
auf|zäu|men; das Pferd am *od.* beim Schwanz aufzäumen (*ugs. für* etwas verkehrt beginnen)
auf|zeh|ren
auf|zeich|nen; Auf|zeich|nung
auf|zei|gen (dartun, darlegen)
auf Zeit (*Abk.* a. Z.)
auf|zie|hen; Auf|zucht
Auf|zug; Auf|zug[s]|schacht
auf|zwin|gen
Aug|ap|fel; Au|ge, das; -s, -n; Auge um Auge; **Äu|gel|chen; äu|gen** ([angespannt] blicken); **Au|gen|arzt; Au|gen|ärz|tin**
Au|gen|blick [*auch* ...ˈblɪk]; **au|gen|blick|lich** [*auch* ...ˈblɪk...]; **Au|gen|braue; au|gen|fäl|lig; Au|gen|far|be**
Au|gen|hö|he; auf [gleicher] Augenhöhe (*übertr. für* gleichberechtigt); **Au|gen|lid**
Au|gen|maß, das; **Au|gen|merk,** das; -[e]s
Au|gen|schein, der; -[e]s; **au|gen|schein|lich** [*auch* ...ˈʃaɪ̯...]; **Au|gen|wei|de,** die; -; **Au|gen|win|kel; Au|gen|wi|sche|rei; Au|gen|zeu|ge; Au|gen|zeu|gen|be|richt; Au|gen|zeu|gin; Au|gen|zwin|kern,** das; -s; **au|gen|zwin|kernd**
Au|gi|as|stall [ˈaʊ̯...] (*übertr. auch für* korrupte Verhältnisse)
Äug|lein
Au|gust, der; *Gen.* -[e]s *u.* -, *Plur.* -e (achter Monat im Jahr, Erntemonat; *Abk.* Aug.)
Auk|ti|on, die; -, -en (Versteigerung); **Auk|ti|o|na|tor,** der; -s, ...oren (Versteigerer); **Auk|ti|o|na|to|rin; Auk|ti|ons|haus**
Au|la, die; -, *Plur.* ...len *u.* -s (Fest-, Versammlungssaal in [Hoch]schulen)
au pair [o ˈpɛːɐ̯] (ohne Bezahlung, nur gegen Unterkunft u. Verpflegung); **Au-pair-Jun|ge; Au-pair-Mäd|chen**
Au|ra, die; -, Auren (Ausstrahlung)
Au|re|o|le, die; -, -n (Heiligenschein; Hof [um Sonne u. Mond])
aus; *Präp. mit Dat.:* aus dem Haus[e]; aus aller Herren Länder[n]; *Adverb:* aus sein (*ugs. für* zu Ende, erloschen, ausgeschaltet sein); auf etwas aus sein (*ugs. für* etw. haben, erreichen wollen); weder aus noch ein wissen; aus und ein gehen (verkehren)
Aus, das; -, -; der Ball ist im Aus
aus|ar|bei|ten; Aus|ar|bei|tung
aus|ar|ten
aus|at|men; Aus|at|mung
aus|ba|den; etwas ausbaden müssen *(ugs.)*
aus|ba|lan|cie|ren
aus|bal|do|wern (*ugs. für* auskundschaften)
Aus|bau, der; -[e]s, *Plur.* (*für* Gebäudeteile:) ...bauten; **aus|bau|en; aus|bau|fä|hig**
aus|bes|sern; Aus|bes|se|rung
Aus|beu|te, die; -, -n; **aus|beu|ten; Aus|beu|ter; Aus|beu|te|rin; Aus|beu|tung**
aus|be|zah|len
aus|bil|den; Aus|bil|den|de, der *u.* die; -n, -n; **Aus|bil|der; Aus|bil|de|rin; Aus|bil|dung; Aus|bil|dungs|be|ruf; Aus|bil|dungs|gang; Aus|bil|dungs|platz; Aus|bil|dungs|stät|te; Aus|bil|dungs|ver|trag**
aus|bit|ten; ich bitte mir Ruhe aus
aus|bla|sen; aus|blei|ben
¹**aus|blei|chen** (bleich machen); du bleichtest aus; ausgebleicht; *vgl.* ¹bleichen
²**aus|blei|chen** (bleich werden); es blich aus; ausgeblichen (*auch* ausgebleicht); *vgl.* ²bleichen
aus|blen|den

Aus|blick; aus|bli|cken
aus|blu|ten
aus|bor|gen; ich borge mir ein Buch aus
aus|bre|chen; Aus|bre|cher; Aus|bre|che-rin
aus|brei|ten; Aus|brei|tung
aus|brem|sen
aus|bren|nen
aus|brin|gen; einen Trinkspruch ausbringen
Aus|bruch, der; -[e]s, ...brüche; **Aus-bruchs|ver|such**
aus|bu|chen (*Kaufmannsspr.* aus dem Rechnungsbuch streichen); *vgl.* ausgebucht
aus|bud|deln *(ugs.)*
aus|bü|geln (*ugs. auch für* bereinigen)
aus|bu|hen *(ugs.)*
Aus|bund, der; -[e]s
aus|bür|gern; Aus|bür|ge|rung
aus|che|cken
Aus|dau|er; aus|dau|ernd
aus|deh|nen; sich ausdehnen; **Aus|deh-nung**
aus|den|ken; denke dir etwas aus
aus|die|nen *vgl.* ausgedient
Aus|druck, der; -[e]s, *Plur.* ...drücke *u.* *(Druckw.)* ...drucke; **aus|dru|cken**
aus|drü|cken; sich ausdrücken; **aus|drück-lich** [*auch* ...ˈdrʏk...]
aus|drucks|los; aus|drucks|stark
Aus|drucks|wei|se
aus|dün|nen
aus|duns|ten, *häufiger* **aus|düns|ten**
aus|ei|n|an|der; auseinander sein (sich getrennt haben); auseinander hervorgehen, sich auseinander ergeben
aus|ei|n|an|der|bre|chen; aus|ei|n|an|der-di|vi|die|ren; aus|ei|n|an|der|fal|len; aus|ei|n|an|der|ge|hen; aus|ei|n|an|der-hal|ten; aus|ei|n|an|der|le|ben, sich
aus|ei|n|an|der|set|zen; wir setzten uns mit dem Problem auseinander; **Aus|ei|n|an-der|set|zung**
aus|er|ko|ren *(geh.)*
aus|er|le|sen; auserlesene Speisen
aus|er|wäh|len; aus|er|wählt; Aus|er-wähl|te, der *u.* die; -n, -n

aus|fahr|bar; aus|fah|ren; Aus|fahrt
Aus|fall, der; **aus|fal|len**
aus|fal|lend, aus|fäl|lig (beleidigend)
Aus|fall|tag
aus|fech|ten
aus|fer|ti|gen; Aus|fer|ti|gung
aus|fin|dig; ausfindig machen
aus|flie|gen; jmdn. aus der Gefahrenzone ausfliegen
aus|flip|pen (*ugs. für* sich aus der Realität zurückziehen; außer sich geraten)
Aus|flucht, die; -, ...flüchte *meist Plur.*
Aus|flug; Aus|flüg|ler; Aus|flüg|le|rin; Aus|flugs|ziel
Aus|fluss
aus|fra|gen; Aus|fra|ge|rei *(ugs. abwertend)*
aus|fran|sen *vgl.* ausgefranst
aus|fres|sen; etwas ausgefressen (*ugs. für* verbrochen) haben
Aus|fuhr, die; -, -en
aus|führ|bar; aus|füh|ren
aus|führ|lich [*auch* ...ˈfyːɐ̯...]; **Aus|führ-lich|keit**
Aus|füh|rung
Aus|fuhr|ver|bot
aus|fül|len; Aus|fül|lung
Aus|ga|be; Aus|ga|be|kurs (*Bankw.* Kurs, zu dem ein Wertpapier erstmals in den Handel gebracht wird); **Aus|ga|ben|po|li|tik**
Aus|gang; Aus|gangs|ba|sis; Aus|gangs-la|ge; Aus|gangs|po|si|ti|on; Aus|gangs-punkt; Aus|gangs|si|tu|a|ti|on; Aus-gangs|sper|re
aus|ge|ben; Geld ausgeben
aus|ge|bil|det
aus|ge|bleicht *vgl.* [1]ausbleichen; **aus|ge-bli|chen** *vgl.* [2]ausbleichen
aus|ge|brannt
aus|ge|bucht; ein ausgebuchtes Hotel
Aus|ge|burt *(geh. abwertend)*
aus|ge|dehnt
aus|ge|dient; ausgedient haben
aus|ge|fal|len
aus|ge|feilt
aus|ge|flippt *vgl.* ausflippen

A

aus|ge|franst; ausgefranste Jeans
aus|ge|fuchst (*ugs. für* durchtrieben)
aus|ge|gli|chen; Aus|ge|gli|chen|heit, die; -
aus|ge|hen; Aus|geh|ver|bot; Aus|geh-vier|tel
aus|ge|klü|gelt
aus|ge|kocht (*ugs. auch für* durchtrieben)
aus|ge|las|sen (*auch für* übermütig); **Aus-ge|las|sen|heit,** die; -
aus|ge|laugt; aus|ge|lei|ert
aus|ge|lernt; ein ausgelernter Schlosser; **Aus|ge|lern|te,** der *u.* die; -n, -n
aus|ge|macht (feststehend); ein ausgemachter (*ugs. für* großer) Schwindel
aus|ge|mer|gelt
aus|ge|nom|men; alle waren zugegen, er ausgenommen (*od.* ausgenommen er); der Tadel galt allen, ausgenommen ihm (*od.* ihn ausgenommen)
aus|ge|po|w|ert *vgl.* auspowern
aus|ge|prägt
aus|ge|rech|net (eben, gerade)
aus|ge|reift; aus|ge|reif|ter; am aus|ge|reif-tes|ten
aus|ge|schla|fen (*ugs. auch für* gewitzt)
aus|ge|schlos|sen
aus|ge|spro|chen (entschieden, sehr groß); eine ausgesprochene Abneigung
aus|ge|stal|ten; Aus|ge|stal|tung
aus|ge|stellt; ein ausgestellter (nach unten erweiterter) Rock
aus|ge|stor|ben
aus|ge|sucht; ausgesuchte Früchte
aus|ge|tre|ten; ausgetretene Pfade
aus|ge|wach|sen (voll ausgereift)
aus|ge|wählt
aus|ge|wie|sen; ein ausgewiesener Fachmann
aus|ge|wo|gen; Aus|ge|wo|gen|heit, die; -
aus|ge|zeich|net
aus|gie|big (reichlich)
aus|gie|ßen
Aus|gleich, der; -[e]s, -e; **aus|glei|chen**
Aus|gleichs|sport; Aus|gleichs|tref|fer
aus|glie|dern; Aus|glie|de|rung

aus|gra|ben; Aus|gra|bung
aus|gren|zen; Aus|gren|zung
aus|grün|den (*Wirtsch.* einen Teil eines Betriebes getrennt als selbstständiges Unternehmen weiterführen)
Aus|guck, der; -[e]s, -e; **Aus|guss**
aus|ha|ben *(ugs.);* Schule aushaben
aus|hal|ten; es ist nicht zum Aushalten
aus|han|deln
aus|hän|di|gen; Aus|hän|di|gung
Aus|hang; [1]aus|hän|gen; die Verordnung hat ausgehangen; *vgl.* [1]hängen
[2]aus|hän|gen; ich habe die Tür ausgehängt; *vgl.* [2]hängen; **Aus|hän|ge|schild,** das
aus|har|ren
aus|he|beln; ich heb[e]le aus
aus|he|ben (herausheben, zum Heeresdienst einberufen)
aus|he|cken (*ugs. für* mit List ersinnen)
aus|hel|fen; Aus|hil|fe; Aus|hilfs|kraft; aus|hilfs|wei|se
aus|höh|len; Aus|höh|lung
aus|ho|len
aus|hor|chen
aus|hun|gern *vgl.* ausgehungert
aus|ixen (*ugs. für* ungültig machen; mit dem Buchstaben x übertippen); du ixt aus
aus|käm|men
aus|ken|nen, sich
aus|kip|pen
aus|klam|mern; Aus|klam|me|rung
Aus|klang
aus|klei|den; Aus|klei|dung
aus|klin|gen
aus|klop|fen
aus|kom|men; Aus|kom|men, das; -s
aus|kömm|lich
aus|kos|ten
aus|kot|zen *(derb);* sich auskotzen
aus|kund|schaf|ten
Aus|kunft, die; -, ...künfte
aus|ku|rie|ren
aus|la|chen
[1]aus|la|den; Waren ausladen; *vgl.* [1]laden
[2]aus|la|den (eine Einladung zurücknehmen); *vgl.* [2]laden

aus|la|dend (weit ausgreifend)
Aus|la|dung
Aus|la|ge
aus|la|gern; Aus|la|ge|rung
Aus|land, das; -[e]s
Aus|län|der; Aus|län|der|be|auf|trag|te; aus|län|der|feind|lich; Aus|län|der|feind|lich|keit; Aus|län|de|rin; Aus|län|der|po|li|tik; aus|län|disch
Aus|lands|auf|ent|halt; Aus|lands|ein|satz; Aus|lands|ge|spräch; Aus|lands|in|ves|ti|ti|on *(Wirtsch.);* **Aus|lands|rei|se**
aus|las|sen; sich [über jmdn. *od.* etw.] auslassen; *vgl.* ausgelassen; **Aus|las|sung; Aus|las|sungs|zei|chen** (*für* Apostroph)
aus|las|ten; Aus|las|tung
Aus|lauf; aus|lau|fen
Aus|läu|fer; der Ausläufer eines Tiefs
Aus|lauf|mo|dell
Aus|laut; aus|lau|ten
aus|le|ben; sich ausleben
aus|lee|ren; Aus|lee|rung
aus|le|gen; Aus|le|gung
Aus|lei|he; aus|lei|hen; ich leihe mir bei ihm ein Buch aus; **Aus|lei|hung**
aus|ler|nen *vgl.* ausgelernt
Aus|le|se; aus|le|sen; Aus|le|se|pro|zess
aus|leuch|ten
aus|lie|fern; Aus|lie|fe|rung
aus|lo|ben (*Rechtsspr.* als Belohnung aussetzen)
aus|log|gen; sich ausloggen
aus|lö|schen; er löschte das Licht aus, hat es ausgelöscht; *vgl.* [1]löschen; **Aus|lö|schung**
aus|lo|sen *vgl.* [1]losen
aus|lö|sen; Aus|lö|ser
Aus|lo|sung (durch das Los getroffene Wahl)
aus|lo|ten
ausm, **aus'm** (*ugs. für* aus dem, aus einem)
aus|ma|chen *vgl.* ausgemacht
aus|ma|len; ein Bild ausmalen
Aus|maß, das
aus|mer|zen (radikal beseitigen); du merzt aus; **Aus|mer|zung**
aus|mes|sen; Aus|mes|sung
aus|mis|ten
aus|mus|tern; Aus|mus|te|rung
Aus|nah|me, die; -, -n; **Aus|nah|me|fall,** der; **Aus|nah|me|ge|neh|mi|gung; Aus|nah|me|re|ge|lung; Aus|nah|me|si|tu|a|ti|on; Aus|nah|me|zu|stand**
aus|nahms|los; aus|nahms|wei|se
aus|neh|men; sich gut ausnehmen (gut wirken); *vgl.* ausgenommen
aus|nüch|tern; Aus|nüch|te|rung; Aus|nüch|te|rungs|zel|le
aus|nut|zen, *südd., österr. u. schweiz. meist* **aus|nüt|zen; Aus|nut|zung,** *südd., österr. u. schweiz. meist* **Aus|nüt|zung**
aus|pa|cken
aus|pfei|fen; er wurde ausgepfiffen
aus|plün|dern; Aus|plün|de|rung
aus|po|sau|nen (*ugs. für* überall erzählen)
aus|po|w|ern [...pau̯...] (*ugs. für* seine Kräfte vollständig aufbrauchen)
aus|prä|gen *vgl.* ausgeprägt; **Aus|prä|gung**
aus|pro|bie|ren
Aus|puff, der; -[e]s, -e; **Aus|puff|flam|me**, **Aus|puff-Flam|me**
aus|pum|pen
aus|quar|tie|ren; Aus|quar|tie|rung
aus|quat|schen *(ugs.);* sich ausquatschen
aus|quet|schen
aus|ra|die|ren
aus|ran|gie|ren (*ugs. für* aussondern)
aus|ras|ten (*ugs. auch für* zornig werden); sich ausrasten (*südd., österr. für* ausruhen)
aus|rau|ben
aus|räu|men
aus|rech|nen; Aus|rech|nung
Aus|re|de; aus|re|den; jmdm. etwas auszureden versuchen
aus|rei|chen; aus|rei|chend; er hat mit [der Note] »ausreichend« bestanden; er hat nur ein [knappes] Ausreichend bekommen
aus|rei|fen
Aus|rei|se; Aus|rei|se|ge|neh|mi|gung; aus|rei|sen; Aus|rei|se|ver|bot; aus|rei|se|wil|lig
aus|rei|ßen; Aus|rei|ßer; Aus|rei|ße|rin
aus|rei|zen; die Karten ausreizen
aus|ren|ken; Aus|ren|kung

aus|rich|ten; etwas ausrichten; **Aus|rich|ter; Aus|rich|te|rin; Aus|rich|tung**
aus|rol|len
aus|rot|ten; Aus|rot|tung
aus|rü|cken (*ugs. auch für* fliehen)
Aus|ruf; aus|ru|fen; Aus|ru|fe|zei|chen; Aus|ru|fung
aus|ru|hen; sich ausruhen
aus|rüs|ten; Aus|rüs|ter; Aus|rüs|te|rin; Aus|rüs|tung
aus|rut|schen; Aus|rut|scher
Aus|saat; aus|sä|en
Aus|sa|ge, die; -, -n; **Aus|sa|ge|kraft,** die; -; **aus|sa|ge|kräf|tig; aus|sa|gen**
Aus|satz, der; -es (eine Krankheit); **aus|sät|zig; Aus|sät|zi|ge,** der *u.* die; -n, -n
aus|scha|ben; Aus|scha|bung
aus|schal|ten; Aus|schal|tung
Aus|schank
Aus|schau, die; -; Ausschau halten
aus|schau|en (*südd., österr. auch für* aussehen)
aus|schei|den; Aus|schei|dung; Aus|schei|dungs|kampf
aus|schen|ken (Bier, Wein usw.)
aus|sche|ren (die Linie, Spur verlassen); der Wagen scherte aus, ist ausgeschert
aus|schil|dern; Aus|schil|de|rung
aus|schimp|fen; aus|schlach|ten
aus|schla|fen; sich ausschlafen
Aus|schlag; aus|schla|gen; aus|schlag|gebend; *aber* das Ausschlaggebende
aus|schlie|ßen; aus|schließ|lich [*auch* ...'ʃli:...]; ausschließlich der Verpackung; ausschließlich des genannten Betrages; ausschließlich Porto; ausschließlich Getränken; *vgl.* einschließlich; **Aus|schließ|lichkeit,** die; -; **Aus|schlie|ßung; Aus|schluss**
aus|schmü|cken; Aus|schmü|ckung
aus|schnei|den; Aus|schnitt
aus|schöp|fen
aus|schrei|ben; Aus|schrei|bung
aus|schrei|ten; Aus|schrei|tung *meist Plur.*
Aus|schuss; Aus|schuss|mit|glied; Aus|schuss|sit|zung, Aus|schuss-Sit|zung
aus|schüt|ten; Aus|schüt|tung
aus|schwei|fen; aus|schwei|fend
aus|se|hen; Aus|se|hen, das; -s
aus sein *vgl.* aus
au|ßen; von außen [her]; nach innen und außen; nach außen [hin]; Farbe für außen und innen; außen vor lassen (*nordd. für* unberücksichtigt lassen); er spielt außen (augenblickliche Position eines Spielers), *vgl. aber* Außen; die außen liegenden *od.* außenliegenden Kabinen; eine außen gelegene *od.* außengelegene Treppe; **Au|ßen,** der; -, - (*Sport* Außenspieler); er spielt Außen (als Außenspieler)
aus|sen|den
Au|ßen|dienst
au|ßen ge|le|gen, au|ßen|ge|le|gen
Au|ßen|han|del, der; -s
au|ßen lie|gend, au|ßen|lie|gend *vgl.* außen
Au|ßen|mi|nis|ter; Au|ßen|mi|nis|te|rin; Au|ßen|mi|nis|te|ri|um
Au|ßen|po|li|tik; au|ßen|po|li|tisch
Au|ßen|sei|te; Au|ßen|sei|ter; Au|ßen|sei|te|rin
au|ßen|ste|hend, au|ßen ste|hend (unbeteiligt); ein außenstehender *od.* außen stehender Beobachter; **Au|ßen|ste|hen|de,** der *u.* die; -n, -n, **au|ßen Ste|hen|de,** der *u.* die; - -n, - -n
Au|ßen|stel|le; Au|ßen|tem|pe|ra|tur; Au|ßen|wand; Au|ßen|welt
au|ßer; *Präp. mit Dat.:* niemand kann es lesen außer ihm selbst; außer [dem] Haus[e]; außer allem Zweifel; außer Dienst (*Abk.* a. D.); ich bin außer mir (empört); außer Acht lassen; außerstande *od.* außer Stande sein; außerstand *od.* außer Stand setzen; *aber nur* außer Frage stehen; *Präp. mit Akk.:* außer allen Zweifel setzen; *Präp. mit Dat. oder Akk.:* ich gerate außer mir *od.* mich vor Freude; *Präp. mit Gen. nur in:* außer Landes gehen, sein; *Konj.:* außer dass/wenn/wo; wir fahren in die Ferien, außer [wenn] es regnet
Au|ßer|acht|las|sung
au|ßer|be|ruf|lich

au|ßer|dem [*auch* ...'de:m]
au|ßer|dienst|lich
äu|ße|re; Äu|ße|re, das; ...r[e]n; im Äußer[e]n; sein Äußeres; ein erschreckendes Äußere[s]; Minister des Äußeren
au|ßer|ehe|lich; au|ßer|eu|ro|pä|isch; au|ßer|ge|richt|lich; au|ßer|ge|wöhn|lich
au|ßer|halb; außerhalb von München; *als Präp. mit Gen.:* außerhalb Münchens
au|ßer|ir|disch
Au|ßer|kraft|set|zung
äu|ßer|lich; Äu|ßer|lich|keit
äu|ßern; ich äußere; sich äußern
au|ßer|or|dent|lich [*auch* 'au̯...]
au|ßer|par|la|men|ta|risch; die außerparlamentarische Opposition (*Abk.* APO, *auch* Apo)
au|ßer|plan|mä|ßig (*Abk.* apl.)
au|ßer|schu|lisch
äu|ßerst; mit äußerster Konzentration, *aber* das Äußerste befürchten; 20 Euro sind *od.* ist das Äußerste; bis zum Äußersten gehen; auf das, aufs Äußerste *od.* auf das, aufs äußerste (sehr) erschrocken sein
au|ßer|stand [*auch* 'au̯...], **au|ßer Stand** *vgl.* außer
au|ßer|stan|de, au|ßer Stan|de *vgl.* außer
äu|ßers|ten|falls
Äu|ße|rung
au|ßer|uni|ver|si|tär
aus|set|zen; Aus|set|zer (*ugs. auch für* Geistesabwesenheit); **Aus|set|zung**
Aus|sicht, die; -, -en
aus|sichts|los; Aus|sichts|lo|sig|keit
aus|sichts|reich; Aus|sichts|turm
aus|sie|deln; Aus|sie|de|lung, Aus|siedlung; **Aus|sied|ler; Aus|sied|le|rin; Aus|sied|lung** *vgl.* Aussiedelung
aus|sit|zen (*ugs. auch für* in der Hoffnung, dass sich etwas von allein erledigt, untätig bleiben)
aus|söh|nen; sich aussöhnen; **Aus|söh|nung**
aus|son|dern; Aus|son|de|rung
aus|sor|tie|ren
aus|spä|hen
aus|span|nen
aus|spa|ren; Aus|spa|rung
aus|sper|ren; Aus|sper|rung
aus|spie|len
aus|spi|o|nie|ren
Aus|spra|che; aus|spre|chen; sich aussprechen; **Aus|spruch**
aus|spu|cken
aus|staf|fie|ren (ausstatten)
Aus|stand; in den Ausstand treten (streiken)
aus|stat|ten; Aus|stat|tung
aus|ste|chen
aus|ste|hen; jmdn. nicht ausstehen können
aus|stei|gen; Aus|stei|ger; Aus|stei|ge|rin
aus|stel|len; Aus|stel|ler; Aus|stel|le|rin; Aus|stel|lung; Aus|stel|lungs|er|öff|nung; Aus|stel|lungs|flä|che; Aus|stel|lungs|raum; Aus|stel|lungs|stück
aus|ster|ben
Aus|steu|er, die; -, -n *Plur. selten* (Brautausstattung); **aus|steu|ern; Aus|steu|e|rung**
Aus|stieg, der; -[e]s, -e
Aus|stoß, der; -es, Ausstöße *Plur. selten* (z. B. von Bier); **aus|sto|ßen; Aus|sto|ßung**
aus|strah|len; Aus|strah|lung
aus|stre|cken
aus|su|chen; ich suche es mir aus
Aus|tausch; aus|tausch|bar; aus|tau|schen
Aus|tausch|jahr; Aus|tausch|mo|tor; Aus|tausch|schü|ler; Aus|tausch|schü|le|rin
aus|tei|len; Aus|tei|lung
Aus|ter, die; -, -n (essbare Meeresmuschel)
Aus|te|ri|tät, die; - (*bildungsspr. für* Strenge, Sparsamkeit)
aus|to|ben; sich austoben
aus|tra|gen; Aus|trä|ger; Aus|trä|ge|rin
Aus|tra|gung; Aus|tra|gungs|ort
aus|t|ra|lisch; *aber* die Australischen Alpen
aus|trei|ben; Aus|trei|bung
aus|tre|ten
aus|trick|sen *(auch Sport)*
aus|trin|ken
Aus|tritt; Aus|tritts|er|klä|rung
aus|trock|nen; Aus|trock|nung
aus|tüf|teln
aus|üben; Aus|übung

A

aus|ufern (über die Ufer treten; das Maß überschreiten)

Aus|ver|kauf; aus|ver|kau|fen; aus|ver|kauft

aus|wach|sen; es ist zum Auswachsen *(ugs.); vgl.* ausgewachsen

Aus|wahl; aus|wäh|len; Aus|wahl|ver|fah|ren

Aus|wan|de|rer; Aus|wan|de|rin

aus|wan|dern; Aus|wan|de|rung

aus|wär|tig; auswärtiger Dienst, *aber* das Auswärtige Amt (*Abk.* AA); Minister des Auswärtigen

aus|wärts; von auswärts kommen; auswärts (im Restaurant) essen; **aus|wärts|ge|hen** (mit auswärtsgerichteten Füßen gehen)

Aus|wärts|spiel *(Sport)*

aus|wa|schen; Aus|wa|schung

aus|wech|seln; Aus|wech|se|lung, Aus|wechs|lung

Aus|weg; aus|weg|los; Aus|weg|lo|sig|keit, die; -

aus|wei|chen *vgl.* [2]weichen; **aus|wei|chend; Aus|weich|mög|lich|keit**

Aus|weis, der; -es, -e; **aus|wei|sen;** sich ausweisen; **Aus|weis|kon|t|rol|le**

Aus|wei|sung

aus|wei|ten; Aus|wei|tung

aus|wen|dig; etwas auswendig lernen, wissen; auswendig gelernte *od.* auswendiggelernte Formeln; **Aus|wen|dig|ler|nen,** das; -s

aus|wer|ten; Aus|wer|tung

aus|wie|gen *vgl.* ausgewogen

aus|wir|ken, sich; **Aus|wir|kung**

aus|wi|schen; jmdm. eins auswischen (*ugs. für* schaden)

aus|wrin|gen

Aus|wuchs, der; -es, ...wüchse

aus|zah|len; das zahlt sich nicht aus (*ugs. für* lohnt sich nicht)

aus|zäh|len

Aus|zah|lung; Aus|zäh|lung

aus|zeich|nen; sich auszeichnen; **Aus|zeich|nung**

Aus|zeit (*Sport* Spielunterbrechung)

aus|zie|hen; sich ausziehen

Aus|zu|bil|den|de, der *u.* die; -n, -n; *Kurzw.* Azubi

Aus|zug (*südd., österr. auch für* Altenteil); **aus|zugs|wei|se**

au|t|ark ([wirtschaftlich] unabhängig, selbstständig); **Au|t|ar|kie,** die; -, ...ien (wirtschaftl. Unabhängigkeit vom Ausland)

au|then|tisch (im Wortlaut verbürgt; echt); **au|then|ti|sie|ren** (*geh. für* glaubwürdig, rechtsgültig machen); **Au|then|ti|sie|rung; Au|then|ti|zi|tät,** die; - (Echtheit; Rechtsgültigkeit)

Au|tis|mus, der; - (*Med.* psych. Störung, die sich in Kontaktunfähigkeit u. Ä. ausdrückt); **Au|tist,** der; -en, -en *(Med., Psychol.);* **Au|tis|tin; au|tis|tisch** *(Med., Psychol.)*

Au|to, das; -s, -s (*kurz für* Automobil); Auto fahren; ich bin Auto gefahren; **Au|to|bahn** (*Zeichen* A, z. B. A 14); **Au|to|bahn|kreuz; Au|to|bahn|rast|stät|te; Au|to|bau|er** (*ugs. für* Firma, die Autos herstellt)

Au|to|bio|gra|fie, Au|to|bio|gra|phie, die; -, ...ien (literarische Darstellung des eigenen Lebens); **au|to|bio|gra|fisch, au|to|bio|gra|phisch**

Au|to|bom|be; Au|to|bus

Au|to|di|dakt, der; -en, -en (jmd., der sich sein Wissen durch Selbstunterricht angeeignet hat); **Au|to|di|dak|tin; au|to|di|dak|tisch**

Au|to|fäh|re; Au|to|fah|ren, das; -s; **Au|to|fah|rer; Au|to|fah|re|rin; Au|to|fahrt; au|to|frei;** autofreier Sonntag

au|to|gen (ursprünglich; selbsttätig); autogenes *od.* Autogenes Training (*Med.* eine Methode der Selbstentspannung)

Au|to|gramm, das; -s, -e (eigenhändig geschriebener Name)

Au|to|händ|ler; Au|to|händ|le|rin; Au|to|in|dus|t|rie; Au|to|ki|no; Au|to|kon|zern (*kurz für* Automobilkonzern)

Au|to|krat, der; -en, -en; **Au|to|kra|tie,** die; -, ...ien (unumschränkte [Allein]herrschaft); **Au|to|kra|tin; au|to|kra|tisch**

Au|to|mar|ke

Au|to|mat, der; -en, -en; **Au|to|ma|tik,** die; -, -en (Vorrichtung, die einen techn. Vorgang steuert u. regelt); **Au|to|ma|ti|on,** die; -, -en (vollautomatische Fabrikation); **au|to|ma|tisch** (selbsttätig; zwangsläufig); **au|to|ma|ti|sie|ren** (auf vollautomatische Fabrikation umstellen); **Au|to|ma|ti|sie|rung; Au|to|ma|tis|mus,** der; -, ...men (sich selbst steuernder, unbewusster Ablauf)

Au|to|mo|bil, das; -s, -e; **Au|to|mo|bil|in|dus|t|rie; Au|to|mo|bi|list,** der; -en, -en (*bes. schweiz. für* Autofahrer); **Au|to|mo|bi|lis|tin; Au|to|mo|bil|kon|zern**

au|to|nom (selbstständig, unabhängig); **Au|to|no|me,** der *u.* die; -n, -n; **Au|to|no|mie,** die; -, ...ien

Au|to|pi|lot (automatische Steuerung von Flugzeugen u. Ä.)

Au|t|op|sie, die; -, ...ien (*Med.* Leichenöffnung)

Au|tor, der; -s, ...oren (Verfasser)

Au|to|ra|dio; Au|to|rei|fen; Au|to|ren|nen

Au|to|rin, die; -, -nen

au|to|ri|sie|ren; au|to|ri|siert ([einzig] berechtigt; ermächtigt)

au|to|ri|tär (unbedingten Gehorsam fordernd; diktatorisch); **Au|to|ri|tät,** die; -, -en (Einfluss u. Ansehen; bedeutende[r] Vertreter[in] eines Faches)

Au|to|schlüs|sel; Au|to|skoo|ter; Au|to|strich (*ugs. für* Prostitution an Autostraßen); **Au|to|un|fall; Au|to|werk|statt**

au|weh!; au|wei!; au|weia!

Avan|ce [aˈvãːsə], die; -, -n (*veraltet für* Vorteil; Vorschuss); jmdm. Avancen machen (jmdm. entgegenkommen, um ihn für sich zu gewinnen); **avan|cie|ren** (befördert werden)

Avant|gar|de [avã...], die; -, -n (die Vorkämpfer für eine Idee); **avant|gar|dis|tisch**

avan|ti! (*ugs. für* vorwärts!)

Ave, das; -[s], -[s] (*kurz für* Ave-Maria); **Ave-Ma|ria,** das; -[s], -[s] (kath. Gebet)

Ave|nue [avəˈnyː], die; -, ...uen [...ˈnyːən] (Prachtstraße)

Aver|si|on, die; -, -en (Abneigung, Widerwille)

Avo|ca|do, die; -, -s (eine Frucht)

Axi|om, das; -s, -e (keines Beweises bedürfender Grundsatz)

Axt, die; -, Äxte

Ayur|ve|da, Ayur|we|da [ajʊr...], der; -[s] (Sammlung der wichtigsten Lehrbücher der altindischen Medizin); **ayur|ve|disch, ayur|we|disch**

Aza|lee, *seltener* **Aza|lie,** die; -, -n (eine Zierpflanze)

Az|te|ke, der; -n, -n (Angehöriger eines Indianerstammes in Mexiko); **Az|te|kin**

Azu|bi [*auch* aˈtsuː...], der; -s, -s *u.* die; -, -s (*ugs. für* Auszubildende[r])

Azur, der; -s (*geh. für* Himmelsblau)

Az|zur|ri, Az|zur|ris *Plur.* (*Bez. für* ital. Sportmannschaften)

B b

b, B, das; -, - (Tonbezeichnung)

B (Buchstabe); das B; des B, die B, *aber* das b in Abend; der Buchstabe B, b

bab|beln (*landsch. für* schwatzen)

Ba|by [ˈbeːbi], das; -s, -s (Säugling, Kleinkind); **Ba|by|bauch; Ba|by|boom** (Anstieg der Geburtenzahlen); **Ba|by|fon®, Ba|by|phon,** das; -s, -e (telefonähnliches Gerät, das Geräusche aus dem Kinderzimmer überträgt); **Ba|by|klap|pe** (anonyme Abgabestelle für Säuglinge)

ba|by|lo|nisch; babylonische Kunst; *aber* die Babylonische Gefangenschaft

Ba|by|nah|rung [ˈbeːbi...]; **Ba|by|pau|se** (Unterbrechung der Erwerbstätigkeit durch die Geburt eines Kindes); **Ba|by|phon** *vgl.* Babyfon; **ba|by|sit|ten** *(ugs.);* sie babysittet, hat babygesittet *od.* gebabysittet; **Ba|by|sit|ter,** der; -s, - (jmd., der Kleinkinder bei Abwesenheit der Eltern

B

beaufsichtigt); **Ba|by|sit|te|rin; Ba|by-speck**

Bach, der; -[e]s, Bäche

Ba|che|lor ['bɛtʃəlɐ], der; -[s], -s (akadem. Grad, bes. in englischsprachigen Ländern; *Abk.* B.; *vgl.* Bakkalaureus)

Bach®-Blü|ten, Bach|blü|ten; Bach®-Blü-ten-The|ra|pie, Bach|blü|ten|the|ra|pie®

Back|bord, das; -[e]s, -e (linke Schiffsseite [von hinten gesehen])

Bäck|chen; Ba|cke, die; -, -n, *landsch.* Ba-cken, der; -s, -

ba|cken; du bäckst *od.* backst; er/sie bäckt *od.* backt; du backtest (*älter* buk[e]st); du backtest (*älter* bükest); gebacken; back[e]!; *in der Bedeutung »kleben« wird nur regelmäßig gebeugt:* der Schnee backt, backte, hat gebackt

Ba|cken *vgl.* Backe; **Ba|cken|zahn**

Bä|cker; Bä|cke|rei; Bä|cke|rin

Back|gam|mon [bɛk'gɛmən], das; -[s] (ein Würfelspiel)

Back|ground ['bɛkgraʊ̯nt], der; -s, -s (Hin-tergrund; *übertr. für* [Lebens]erfahrung)

Back|obst; Back|ofen

Back|pa|cker ['bɛkpɛkɐ], der; -s, - (Ruck-sacktourist); **Back|pa|cke|rin**

Back|pfei|fe (*landsch. für* Ohrfeige)

Back|pflau|me; Back|pul|ver

back|stage ['bɛkstɛɪ̯dʒ] (hinter der Bühne, den Kulissen)

Back|stein; Back|stein|bau *Plur.* ...bauten

Back|stu|be

Back-up, Back|up ['bɛkʔap], das *od.* der; -s, -s (*EDV* Sicherungskopie)

Back|wa|re *meist Plur.*

Bad, das; -[e]s, Bäder; **Ba|de|an|zug; Ba-de|gast; Ba|de|ho|se; Ba|de|man|tel; Ba-de|meis|ter; Ba|de|meis|te|rin; Ba|de-müt|ze**

ba|den; baden gehen (*ugs. auch für* schei-tern); **Ba|de|ort,** der; -[e]s, -e; **Ba|de-strand; Ba|de|tuch** *Plur.* ...tücher; **Ba|de-wan|ne; Ba|de|zim|mer**

Bad|min|ton ['bɛtmɪntn̩], das; - (Federball-spiel)

baff (*ugs. für* verblüfft); baff sein

BAföG, Ba|fög, das; -[s] = Bundesausbil-dungsförderungsgesetz (auch für Geldzah-lungen nach diesem Gesetz)

Ba|ga|ge [...ʒə, *österr.* ...ʒ], die; -, -n *Plur. selten* (*veraltet für* Gepäck; *ugs. für* Gesin-del)

Ba|ga|tel|le, die; -, -n (unbedeutende Klei-nigkeit); **ba|ga|tel|li|sie|ren** (als unbedeu-tende Kleinigkeit behandeln)

Bag|ger, der; -s, -; **Bag|ger|füh|rer; Bag-ger|füh|re|rin; bag|gern;** ich baggere; **Bag|ger|see**

Ba|guette [...'gɛt], das; -s, -s, *auch* die; -, -s (franz. Stangenweißbrot)

Bahn, die; -, -en; Bahn fahren; ich breche mir Bahn; eine sich Bahn brechende Ent-wicklung; **bahn|bre|chend;** eine bahnbre-chende Erfindung; *vgl. aber* Bahn

Bahn|card® [...ka:ɐ̯t] (Kundenkarte der Deutschen Bahn AG)

bah|nen; ich bahne mir einen Weg

Bahn|hof (*Abk.* Bf., Bhf.); **Bahn|li|nie; Bahn|rei|sen|de; Bahn|steig; Bahn|steig-kan|te; Bahn|stre|cke; Bahn|über|gang; Bahn|ver|bin|dung**

Bah|re, die; -, -n

Bai, die; -, -en (Bucht)

Bai|ser [bɛ'ze:], das; -s, -s (Schaumgebäck)

Bais|se ['bɛ:s(ə)], die; -, -n ([starkes] Fallen der Börsenkurse od. Preise)

Ba|jaz|zo, der; -s, -s (Possenreißer; *auch* Titel einer Oper)

Ba|jo|nett, das; -[e]s, -e (Seitengewehr)

Ba|ke, die; -, -n (festes Orientierungszeichen für Seefahrt, Luftfahrt, Straßenverkehr; Vorsignal auf Bahnstrecken)

Bak|schisch, das; -[(e)s], -e (Almosen)

Bak|te|rie, die; -, -n *meist Plur.* (einzelliges Kleinstlebewesen); **bak|te|ri|ell** *(Biol., Med.);* **Bak|te|ri|en|kul|tur; Bak|te|rio|lo-ge,** der; -n, -n; **Bak|te|rio|lo|gie,** die; - (Lehre von den Bakterien); **Bak|te|rio|lo-gin**

Ba|la|lai|ka, die; -, *Plur.* -s *u.* ...ken (russ. Saiteninstrument)

Ba|lan|ce […ˈlã:s(ə)], die; -, -n (Gleichgewicht); **Ba|lan|ce|akt**

ba|lan|cie|ren (das Gleichgewicht halten); **Ba|lan|cier|stan|ge**

bald; *Steigerung* eher, am ehesten; möglichst bald; so bald wie, *auch* als möglich

Bal|da|chin, der; -s, -e (Trag-, Betthimmel)

Bäl|de; *nur in* in Bälde (*Amtsspr. für* bald); **bal|dig; bal|digst** (schnellstens)

Bal|d|ri|an, der; -s, -e (eine Heilpflanze); **Bal|d|ri|an|tee; Bal|d|ri|an|trop|fen** *Plur.*

¹**Balg,** der; -[e]s, Bälge (Tierhaut; Luftsack; ausgestopfter Körper einer Puppe)

²**Balg,** der *od.* das; -[e]s, Bälger (*ugs. für* unartiges Kind)

bal|gen, sich (*ugs. für* raufen)

Bal|kan|halb|in|sel, **Bal|kan-Halb|in|sel**

Bal|ken, der; -s, -

Bal|kon […ˈkɔŋ, …ˈkõ:, *auch, südd., österr. u. schweiz. nur* …ˈko:n], der; -s, *u.* -[e]s, -e […ˈko:nə]; **Bal|kon|mö|bel**

¹**Ball,** der; -[e]s, Bälle; Ball spielen, *aber* das Ballspielen

²**Ball,** der; -[e]s, Bälle (Tanzfest)

Bal|la|de, die; -, -n (episch-dramatisches Gedicht); **bal|la|den|haft; bal|la|desk**

Bal|last [*auch, österr. u. schweiz. nur* …ˈla…], der; -[e]s, -e *Plur. selten* (tote Last; Bürde); **Bal|last|stoff** *meist Plur.* (Nahrungsbestandteil, den der Körper nicht verwertet); **bal|last|stoff|reich**

bal|len; sich ballen; **Bal|len,** der; -s, -

Bal|le|rei (*ugs. für* lautes Schießen)

Bal|le|ri|na, die; -, …nen (Balletttänzerin)

bal|lern (*ugs. für* knallen, schießen)

Bal|lett, das; -[e]s, -e (Bühnentanz[gruppe]; Ballettmusik); **Bal|lett|schu|le; Bal|lett|tän|zer**, **Bal|lett-Tän|zer; Bal|lett|tän|ze|rin**, **Bal|lett-Tän|ze|rin**

Bal|lis|tik, die; - (Lehre von der Bewegung geschleuderter od. geschossener Körper); **bal|lis|tisch;** ballistische Kurve (Flugbahn)

Bal|lon […ˈlõ:, *auch, südd., österr. u. schweiz. nur* …ˈlo:n], der; -s, *Plur.* -s *u.* -e […ˈlo:nə] (*auch für* Korbflasche)

Ball|saal

ball|si|cher *(Sport);* **Ball|spiel**

Bal|lung; Bal|lungs|ge|biet; Bal|lungs|raum; Bal|lungs|zen|t|rum

Bal|sa|holz (sehr leichtes Nutzholz)

Bal|sam, der; -s, …same *Plur. selten* ([lindernde] Salbe); **Bal|sam|es|sig** (eine dunkle, süße Essigsorte)

Bal|sa|mi|co, der; -s (*svw.* Balsamessig)

bal|sa|mie|ren (einsalben); **Bal|sa|mie|rung**

bal|sa|misch (würzig; lindernd)

Ba|lus|t|ra|de, die; -, -n (Geländer)

Balz, die; -, -en (Paarungsspiel u. -zeit bestimmter Vögel); **bal|zen** (werben [von bestimmten Vögeln]); **Balz|zeit**

Bam|bus, der; *Gen.* - *u.* -ses, *Plur.* -se (trop. baumartige Graspflanze); **Bam|bus|spross** *meist Plur.*

BAMF, **Bamf,** das; -[s] = **B**undes**am**t für **M**igration und **F**lüchtlinge

Bam|mel, der; -s (*ugs. für* Angst)

ba|nal (alltäglich, fade, flach); **ba|na|li|sie|ren; Ba|na|li|tät,** die; -, -en

Ba|na|ne, die; -, -n; **Ba|na|nen|scha|le**

Ba|nau|se, der; -n, -n (unkultivierter Mensch); **Ba|nau|sen|tum,** das; -s; **Ba|nau|sin; ba|nau|sisch**

band *vgl.* binden

¹**Band,** das; -[e]s, Bänder ([Gewebe]streifen; Gelenkband); auf Band spielen, sprechen; am laufenden Band

²**Band,** der; -[e]s, Bände (Buch; *Abk. Sing.:* Bd., *Plur.:* Bde.)

³**Band** [bɛnt, *engl.* bænd], die; -, -s (Gruppe von Musikern, bes. Jazz- u. Rockband)

⁴**Band,** das; -[e]s, -e *meist Plur.* (*geh. für* Bindung; Fessel); außer Rand und Band

Ban|da|ge […ʒə], die; -, -n (Stütz- od. Schutzverband); **ban|da|gie|ren**

Band|brei|te; Bänd|chen

¹**Ban|de,** die; -, -n (Einfassung, z. B. Billardbande)

²**Ban|de,** die; -, -n (organisierte Gruppe von Verbrechern; *abwertend od. scherzh. für* Gruppe von Jugendlichen)

B

B

Bän|del, der *(schweiz. nur so) od.* das; -s, - *(bes. südd., schweiz. für* [schmales] Band, Schnur)
Ban|den|chef; Ban|den|che|fin
Ban|de|ro|le, die; -, -n (Verschlussband [mit Steuervermerk])
Bän|der|riss *(Med.* Riss in den [1]Bändern)
bän|di|gen; Bän|di|gung
Ban|dit, der; -en, -en ([Straßen]räuber); **Ban|di|tin**
Band|lea|der ['bɛntli:dɐ], der; -s, - (Leiter einer Jazz- od. Rockgruppe); **Band|lea|de|rin**
Band|nu|del; Band|schei|be *(Med.);* **Band|schei|ben|vor|fall** *(Med.);* **Band|wurm**
bang, ban|ge; ban|ger *u.* bän|ger; am bangs|ten *u.* am bängs|ten; mir ist angst und bang[e]; ihm wird ganz bang; *aber* er hat keine Bange; nur keine Bange!; jmdm. Angst und Bange machen; Bangemachen *od.* Bange machen gilt nicht
Ban|ge, die; - *(landsch. für* Angst); *vgl.* bang; **ban|gen; Ban|gig|keit,** die; -
Ban|jo [*auch* 'bɛndʒo], das; -s, -s (ein Musikinstrument)
[1]**Bank,** die; -, Bänke (Sitzgelegenheit)
[2]**Bank,** die; -, -en (Geldinstitut); **Bank|au|to|mat**
Bän|kel|sän|ger; Bän|kel|sän|ge|rin
Ban|ken|ret|tung *(Politik, Wirtsch.)*
Ban|ker [*auch* 'bɛŋkɐ] *(ugs. für* Bankier, Bankfachmann); **Ban|ke|rin**
Ban|kett, das; -[e]s, -e, *selten* -s (Festmahl)
Bank|ge|heim|nis; Bank|ge|schäft; Bank|gut|ha|ben; Bank|haus
Ban|ki|er [...'ki̯e:], der; -s, -s (Inhaber einer [2]Bank); **Ban|ki|e|rin**
Bank|kauf|frau; Bank|kauf|mann; Bank|kon|to; Bank|kre|dit; Bank|kun|de; Bank|kun|din; Bank|leit|zahl *(Abk.* BLZ)
Bank|raub; Bank|räu|ber; Bank|räu|be|rin
ban|k|rott (zahlungsunfähig; *auch übertr. für* am Ende, erledigt); bankrott sein, werden; **Ban|k|rott,** der; -[e]s, -e; Bankrott machen; **ban|k|rott|ge|hen** *(ugs. für* Bankrott machen); die Firma ging bankrott

Bank|über|fall; Bank|ver|bin|dung
Bann, der; -[e]s, -e (Ausschluss [aus einer Gemeinschaft]); **Bann|bul|le,** die *(kath. Kirche);* **ban|nen**
Ban|ner, das; -s, - (Fahne; *auch für* Werbung im Internet)
Bann|kreis; Bann|mei|le (Bezirk, in dem Versammlungsverbot herrscht)
Bap|tis|mus, der; - (Lehre ev. Freikirchen, die als Bedingung für die Taufe ein persönliches Bekenntnis voraussetzt); **Bap|tist,** der; -en, -en (Anhänger des Baptismus); **Bap|tis|te|ri|um,** das; -s, ...ien (Taufbecken; Taufkirche, -kapelle); **Bap|tis|tin**
bar; aller Ehre[n] bar; bares Geld; bar zahlen; in bar; gegen bar; barer Unsinn
[1]**Bar,** das; -s, -s (veraltende Maßeinheit des [Luft]druckes; *Zeichen* bar); 5 Bar
[2]**Bar,** die; -, -s (kleines [Nacht]lokal; Theke)
Bär, der; -en, -en (ein Raubtier)
Ba|ra|cke, die; -, -n (leichtes, meist eingeschossiges Behelfshaus)
Bar|bar, der; -en, -en (ungesitteter, wilder Mensch); **Bar|ba|rei** (Rohheit); **Bar|ba|rin; bar|ba|risch**
Bar|be|cue [...bɪkju], das; -[s], -s (Gartenfest mit Spießbraten; Grill[fleisch])
bär|bei|ßig (grimmig; verdrießlich)
Bar|bie®, die; -, -s; **Bar|bie|pup|pe, Bar|bie-Pup|pe**
Bar|bier, der; -s, -e *(veraltet für* Herrenfriseur)
bar|bu|sig (mit nacktem Busen)
Bär|chen
Bar|da|me
Bar|de, der; -n, -n (Sänger u. Dichter)
Bä|ren|dienst (schlechter Dienst); **Bä|ren|hun|ger** *(ugs. für* großer Hunger); **bä|ren|stark** *(ugs. für* sehr stark; hervorragend)
Ba|rett, das; -[e]s, *Plur.* -e, *selten* -s (flache, randlose Kopfbedeckung, auch als Teil einer Amtstracht)
bar|fuß; barfuß gehen, laufen; **bar|fü|ßig**
Bar|geld, das; -[e]s; **bar|geld|los;** bargeldloser Zahlungsverkehr

Ba|ri|ton ['ba(:)...], der; -s, -e (Männerstimme zwischen Tenor u. Bass; *auch* Sänger mit dieser Stimme)

Ba|ri|um, das; -s (chem. Element, Metall; *Zeichen* Ba)

Bar|ka|ro|le, die; -, -n (Gondellied)

Bar|kas|se, die; -, -n (Motorboot; größtes Beiboot auf Kriegsschiffen)

Bar|ke, die; -, -n (kleines Boot)

Bar|kee|per, der; -s, - (jmd., der in einer [2]Bar Getränke mixt u. ausschenkt); **Bar|kee|pe|rin**

Bär|lauch (nach Knoblauch riechende Pflanze)

barm|her|zig; Barm|her|zig|keit, die; -

Bar|mit|tel *Plur.* (verfügbares Bargeld)

ba|rock (im Stil des Barocks; verschnörkelt, überladen); **Ba|rock,** das *od.* der; *Gen.* -s, *fachspr. auch* - ([Kunst]stil des 17. u. 18. Jh.s); **Ba|rock|kir|che; Ba|rock|mu|sik**

Ba|ro|me|ter, das, *österr. u. schweiz. auch* der; -s, - (Luftdruckmesser)

Ba|ron, der; -s, -e (*svw.* Freiherr); **Ba|ro|ness,** die; -, -en, **Ba|ro|nes|se,** die; -, -n (*svw.* Freifräulein); **Ba|ro|nin** (*svw.* Freifrau)

Bar|ras, der; - (*Soldatenspr.* Heerwesen; Militär)

Bar|rel ['bɛ...], das; -s, -s (in Großbritannien u. in den USA verwendetes Hohlmaß unterschiedl. Größe); drei Barrel[s] Weizen

Bar|ren, der; -s, - (Turngerät; Handelsform der Edelmetalle)

Bar|ri|e|re, die; -, -n (Schranke; Sperre); **bar|ri|e|re|arm**

Bar|ri|ka|de ([Straßen]sperre, Hindernis)

barsch (unfreundlich, rau)

Barsch, der; -[e]s, -e (ein Raubfisch)

Bar|schaft; Bar|scheck (in bar einzulösender Scheck)

Bart, der; -[e]s, Bärte; **Bärt|chen; Bart|haar; bär|tig; bart|los; Bart|wuchs**

Bar|zah|lung

Ba|salt, der; -[e]s, -e (vulkanisches Gestein)

Ba|sar, Ba|zar [...'zaːɐ̯], der; -s, -e (orientalisches Händlerviertel; Verkauf von Waren für wohltätige Zwecke)

[1]**Ba|se,** die; -, -n (*südd., sonst veraltet für* Cousine)

[2]**Ba|se,** die; -, -n (*Chemie* Verbindung, die mit Säuren Salze bildet)

Base|ball ['beɪ̯sbɔːl], der; -s (amerik. Schlagballspiel); **Base|ball|kap|pe; Base|ball|schlä|ger**

ba|sie|ren (beruhen); etwas basiert auf der Tatsache (gründet sich auf die Tatsache)

Ba|si|li|ka, die; -, ...ken (Kirchenbauform mit überhöhtem Mittelschiff); **Ba|si|li|kum,** das; -s, *Plur.* -s *u.* ...ken (ein Kraut)

Ba|sis, die; -, Basen (Grundlage, Unterbau)

ba|sisch (sich wie eine [2]Base verhaltend)

Ba|sis|de|mo|kra|tie; ba|sis|de|mo|kra|tisch; Ba|sis|ta|rif (Grundpreis, -prämie o. Ä.); **Ba|sis|wis|sen** (Grundwissen)

Bas|ken|müt|ze

Bas|ket|ball; Bas|ket|bal|ler; Bas|ket|bal|le|rin

bass (*veraltet, noch scherzh. für* sehr); er war bass erstaunt

Bass, der; Basses, Bässe (tiefe Männerstimme; Sänger; Bassgitarre); **Bass|gei|ge**

Bas|sin [...'sɛ̃ː], das; -s, -s (künstliches Wasserbecken)

Bas|sist, der; -en, -en (Basssänger; Kontrabassspieler); **Bas|sis|tin**

Bass|schlüs|sel, **Bass-Schlüs|sel**

Bass|stim|me, **Bass-Stim|me**

Bast, der; -[e]s, -e (eine Pflanzenfaser)

bas|ta (*ugs. für* genug!); [und] damit basta!

Bas|tard, der; -[e]s, -e (*Biol.* Pflanze od. Tier als Ergebnis von Kreuzungen; *veraltet für* nicht eheliches Kind)

Bas|tel|ar|beit; bas|teln

bas|ten (aus Bast)

Bas|til|le [...'tiːjə], die; -, -n (befestigtes Schloss, bes. das 1789 erstürmte Staatsgefängnis in Paris)

Bas|ti|on, die; -, -en (Bollwerk)

Bast|ler; Bast|le|rin

Ba|tail|lon […tal'jo:n], das; -s, -e (Truppenabteilung; *Abk.* Bat., Btl.)

Ba|tik, die; -, -en, *seltener* der; -s, -en (Textilfärbeverfahren unter Verwendung von Wachs *[nur Sing.]*; derart gemustertes Gewebe); **ba|ti|ken;** gebatikt

Ba|tist, der; -[e]s, -e (feines Gewebe)

Bat|te|rie, die; -, …ien (*Militär* Einheit der Artillerie [*Abk.* Batt(r).]; *Technik* Stromspeicher); **bat|te|rie|be|trie|ben**

Bat|zen, der; -s, - (*ugs. für* Klumpen; frühere Münze)

Bau, der; -[e]s, *Plur.* (für »Bauwerk, Gebäude«) -ten *u.* (für »Höhle« *u.* »Stollen« *[Bergmannsspr.]*) -e; sich im *od.* in Bau befinden; **Bau|ab|schnitt; Bau|amt; Bau|an|trag; Bau|ar|bei|ter; Bau|ar|bei|te|rin; Bau|art; Bau|be|ginn; Bau|be|hör|de; Bau|boom**

Bauch, der; -[e]s, Bäuche; **Bauch|fell; Bauch|höh|le; bau|chig; Bauch|lan|dung; Bäuch|lein; bäuch|lings; Bauch|na|bel; bauch|re|den** *meist nur im Infinitiv gebr.;* **Bauch|red|ner; Bauch|red|ne|rin; Bauch|schmerz; Bauch|spei|chel|drü|se; Bauch|tanz; Bauch|tän|ze|rin; Bauch|weh,** das; -s *(ugs.)*

Bau|denk|mal, das; -[e]s, *Plur.* …mäler, *geh. auch* …male; **Bau|ele|ment; bau|en**

[1]**Bau|er,** der; -s, - (Be-, Erbauer)

[2]**Bau|er,** der; *Gen.* -n, *selten* -s, *Plur.* -n (Landwirt; eine Schachfigur; eine Spielkarte)

[3]**Bau|er,** das, *auch* der; -s, - (Vogelkäfig)

Bäu|er|chen; [ein] Bäuerchen machen (*ugs. für* aufstoßen)

Bäu|e|rin; bäu|er|lich; Bau|ern|fän|ger *(abwertend);* **Bau|ern|früh|stück** (Bratkartoffeln mit Rührei u. Speck); **Bau|ern|haus; Bau|ern|hof; Bau|ern|krieg; Bau|ern|op|fer** (*Schach* Preisgabe eines Bauern; *auch* Opfer, das dem Erhalt der eigenen Position dient); **bau|ern|schlau; Bau|ern|schläue; Bau|ern|ver|band**

bau|fäl|lig; Bau|fäl|lig|keit, die; -

Bau|fir|ma; Bau|form; Bau|ge|neh|mi|gung; Bau|ge|wer|be; bau|gleich (von gleicher Bauart); **Bau|herr,** der; -[e]n, -[e]n; **Bau|her|rin; Bau|in|dus|t|rie; Bau|in|ge|ni|eur; Bau|in|ge|ni|eu|rin; Bau|jahr; Bau|kas|ten; Bau|kas|ten|sys|tem** *(Technik);* **Bau|kon|junk|tur; Bau|kon|zern; Bau|kos|ten; Bau|kunst; Bau|land,** das; -[e]s; **Bau|lei|ter; Bau|lei|te|rin; bau|lich**

Baum, der; -[e]s, Bäume

Bau|markt; Bau|ma|schi|ne; Bau|maß|nah|me; Bau|ma|te|ri|al

Baum|be|stand; Bäum|chen

Bau|meis|ter; Bau|meis|te|rin

bau|meln; ich baum[e]le

Baum|gren|ze; Baum|kro|nen|pfad (Waldlehrpfad auf Höhe der Baumkronen); **Baum|schu|le; Baum|stamm**

Baum|wol|le; baum|wol|len

Bau|ord|nung; Bau|plan *vgl.* [2]Plan; **Bau|pro|jekt; Bau|recht; Bau|rei|he**

bäu|risch, bäu|e|risch

Bausch, der; -[e]s, *Plur.* -e *u.* Bäusche; in Bausch und Bogen (ganz und gar)

bau|schen; du bauschst; sich bauschen; **bau|schig**

bau|spa|ren; Bau|spa|rer; Bau|spa|re|rin; Bau|spar|kas|se; Bau|spar|ver|trag; Bau|stein; Bau|stel|le; Bau|stoff; Bau|stopp; Bau|sub|s|tanz; Bau|tä|tig|keit; Bau|teil, der (Gebäudeteil) *od.* das (Bauelement); **Bau|trä|ger; Bau|trä|ge|rin; Bau|un|ter|neh|men; Bau|un|ter|neh|mer; Bau|un|ter|neh|me|rin; Bau|vor|ha|ben; Bau|wa|gen; Bau|wei|se; Bau|werk; Bau|we|sen,** das; -s; **Bau|wirt|schaft,** die; -

Bau|xit, der; -s, -e (ein Mineral)

Bau|zaun; Bau|zeit

bay|e|risch, bay|risch

Ba|zar […'za:ɐ̯] *vgl.* Basar

Ba|zil|len|trä|ger; Ba|zil|lus, der; -, …llen (*Biol.; Med.* Sporen bildender Spaltpilz)

be|ab|sich|ti|gen

Beach|par|ty ['bi:tʃ…] (Strandparty)

be|ach|ten; be|ach|tens|wert; be|acht|lich; Be|ach|tung

Beach|vol|ley|ball, **Beach-Vol|ley|ball** ['bi:tʃ...] (Strandvolleyball)
be|ackern ([den Acker] bestellen; *ugs. auch für* gründlich bearbeiten)
bea|men ['bi:mən] (bis zur Unsichtbarkeit auflösen u. an einem anderen Ort wieder Gestalt annehmen lassen [in Filmen]; mit einem Beamer wiedergeben); gebeamt; **Bea|mer**, der; -s, - (Gerät zur Projektion von Daten auf eine Leinwand)
Be|am|te, der; -n, -n; **Be|am|ten|be|lei|di|gung; be|am|tet; Be|am|tin**
be|ängs|ti|gend
be|an|spru|chen; Be|an|spru|chung
be|an|stan|den; Be|an|stan|dung
be|an|tra|gen; beantragt; **Be|an|tra|gung**
be|ant|wor|ten; Be|ant|wor|tung
be|ar|bei|ten; Be|ar|bei|tung
Beat [bi:t], der; -[s], -s (*Musik* Schlagrhythmus; betonter Taktteil; *kurz für* Beatmusik)
be|at|men *(Med.);* **Be|at|mung**
Beat|mu|sik ['bi:t...], die; - ([Tanz]musik mit betontem Schlagrhythmus)
Beau [bo:], der; -[s], -s (*spöttisch für* schöner Mann)
be|auf|sich|ti|gen; Be|auf|sich|ti|gung
be|auf|tra|gen; beauftragt; **Be|auf|trag|te**, der *u.* die; -n, -n; **Be|auf|tra|gung**
be|äu|gen; beäugt
Beau|ty|farm, **Beau|ty-Farm** ['bju:ti...], die; -, -en (Schönheitsfarm)
be|bau|en; Be|bau|ung; Be|bau|ungs|plan
be|ben; Be|ben, das; -s, -
be|bil|dern; Be|bil|de|rung
Bé|cha|mel|so|ße, **Béchamelsauce** [beʃa'mɛlzo:sə]
Be|cher, der; -s, -; **be|chern** (*ugs. scherzh. für* tüchtig trinken)
be|cir|cen *vgl.* bezirzen
Be|cken, das; -s, -
Bec|que|rel [bɛkə...], das; -s, - (Maßeinheit für die Aktivität ionisierender Strahlung; *Zeichen* Bq)
be|da|chen (*Handwerk* mit einem Dach versehen); **be|dacht;** auf eine Sache bedacht sein; **Be|dacht**, der; -[e]s; mit Bedacht; auf etwas Bedacht nehmen *(Amtsspr.)*
be|däch|tig; Be|däch|tig|keit, die; -
be|dan|ken, sich
Be|darf, der; -[e]s, *Plur. (fachspr.)* -e; nach Bedarf; der Bedarf an etwas; bei Bedarf; **Be|darfs|fall**, der; im Bedarfsfall[e]; **be|darfs|ge|recht**
be|dau|er|lich; be|dau|er|li|cher|wei|se
be|dau|ern; Be|dau|ern, das; -s; **be|dau|erns|wert**
be|de|cken; be|deckt; bedeckter Himmel; **Be|de|ckung**
be|den|ken; bedacht *(vgl. d.);* sich eines Besser[e]n bedenken; **Be|den|ken**, das; -s, -; **be|den|ken|los; be|denk|lich; Be|denk|lich|keit; Be|denk|zeit**, die; -
be|deu|ten; be|deu|tend; am bedeutendsten; *aber* das Bedeutendste
be|deut|sam; Be|deut|sam|keit
Be|deu|tung; be|deu|tungs|los; Be|deu|tungs|lo|sig|keit; be|deu|tungs|voll
be|dien|bar; leicht bedienbare Armaturen
be|die|nen; sich eines Kompasses bedienen *(geh.);* bedient sein (*ugs. für* genug haben)
be|diens|tet (in Dienst stehend); **Be|diens|te|te**, der *u.* die; -n, -n
Be|die|nung; Be|die|nungs|an|lei|tung
[1]**be|din|gen** (voraussetzen; zur Folge haben); sich gegenseitig bedingen; *vgl.* bedingt
[2]**be|din|gen** (*älter für* ausbedingen); du bedangst; bedungen; der bedungene Lohn
be|dingt (eingeschränkt, an Bedingungen geknüpft); **Be|din|gung; be|din|gungs|los**
be|drän|gen; Be|dräng|nis, die; -, -se; **Be|dräng|te**, der *u.* die; -n, -n; **Be|drän|gung**
be|dro|hen; be|droh|lich; Be|dro|hung
be|dru|cken
be|drü|cken; be|drückt; Be|drückt|heit; Be|drü|ckung
Be|du|i|ne, der; -n, -n (arab. Nomade); **Be|du|i|nin**
be|dun|gen *vgl.* [2]bedingen
be|dür|fen *(geh.); mit Gen.:* des Trostes bedürfen; **Be|dürf|nis**, das; -ses, -se; **be|dürf|nis|los; be|dürf|tig;** *mit Gen.:* der

Hilfe bedürftig; **Be|dürf|ti|ge,** der *u.* die; -n, -n; **Be|dürf|tig|keit**

Beef|steak [...steɪk], das; -s, -s (Rinds[lenden]stück); deutsches Beefsteak

be|ei|den (mit einem Eid bekräftigen)

be|ei|len, sich; **Be|ei|lung,** die; - *(meist als Aufforderung)*

be|ein|dru|cken; eine beeindruckende Tat

be|ein|fluss|bar; Be|ein|fluss|bar|keit, die; -; **be|ein|flus|sen;** du beeinflusst; **Be|ein|flus|sung**

be|ein|träch|ti|gen; Be|ein|träch|ti|gung

be|en|den; beendet; **be|en|di|gen; Be|en|di|gung; Be|en|dung**

be|er|ben; jmdn. beerben

be|er|di|gen; Be|er|di|gung; Be|er|di|gungs|in|s|ti|tut

Bee|re, die; -, -n; **Bee|ren|obst**

Beet, das; -[e]s, -e

Bee|te *vgl.* Bete

be|fä|hi|gen; ein befähigter Mensch; **Be|fä|hi|gung; Be|fä|hi|gungs|nach|weis**

be|fahr|bar; Be|fahr|bar|keit, die; -; **be|fah|ren;** eine Straße befahren

Be|fall, der; -[e]s; **be|fal|len**

be|fan|gen (schüchtern; voreingenommen); **Be|fan|gen|heit**

be|fas|sen; befasst; sich mit etwas befassen; jmdn. mit etwas befassen *(Amtsspr.)*

Be|fehl, der; -[e]s, -e; **be|feh|len;** du befiehlst; du befahlst; du befählest, *älter* beföhlest; befohlen; befiehl!; **be|feh|li|gen; Be|fehls|ha|ber; Be|fehls|ha|be|rin; Be|fehls|ver|wei|ge|rung**

be|fes|ti|gen; Be|fes|ti|gung

be|feuch|ten; Be|feuch|tung

be|feu|ern

Beff|chen (Halsbinde mit zwei Leinenstreifen vorn am Halsausschnitt von Amtstrachten)

be|fin|den; befunden; etwas für gut befinden; sich befinden; **Be|fin|den,** das; -s

be|find|lich; der im Kasten befindliche Schmuck

Be|find|lich|keit (seel. Zustand)

be|flis|sen (eifrig bemüht); um Anerkennung beflissen; **Be|flis|sen|heit,** die; -

be|flü|geln *(geh.)*

be|fol|gen; Be|fol|gung

be|för|dern; Be|för|de|rung

be|fra|gen; auf Befragen; **Be|fra|gung**

be|frei|en; sich befreien; **Be|frei|er; Be|frei|e|rin; Be|frei|ung; Be|frei|ungs|be|we|gung; Be|frei|ungs|schlag**

be|frem|den; es befremdet [mich]; **Be|frem|den,** das; -s; **be|fremd|lich**

be|freun|den, sich; **be|freun|det**

be|frie|den (Frieden bringen; *geh. für* einhegen); befriedet

be|frie|di|gen (zufriedenstellen); **be|frie|di|gend** *vgl.* ausreichend; **Be|frie|di|gung**

Be|frie|dung

be|fris|ten; be|fris|tet; ein befristetes Arbeitsverhältnis; **Be|fris|tung**

be|fruch|ten; Be|fruch|tung

be|fu|gen; Be|fug|nis, die; -, -se; **be|fugt;** befugt sein

Be|fund, der; -[e]s, -e (Feststellung); nach Befund; ohne Befund *(Med.; Abk.* o. B.)

be|fürch|ten; Be|fürch|tung

be|für|wor|ten; Be|für|wor|ter; Be|für|wor|te|rin; Be|für|wor|tung

be|ga|ben *(geh. für* mit etw. ausstatten); **be|gabt; Be|gab|te,** der *u.* die; -n, -n; **Be|ga|bung**

be|gan|gen

be|gat|ten; Be|gat|tung

be|ge|ben, sich (irgendwohin gehen; sich ereignen; verzichten); **Be|ge|ben|heit**

be|geg|nen; jmdm. begegnen; **Be|geg|nung; Be|geg|nungs|stät|te**

be|geh|bar; be|ge|hen; ein Unrecht begehen; die begangenen Straftaten

be|geh|ren; Be|geh|ren, das; -s, - *Plur. selten;* **be|geh|rens|wert; be|gehr|lich; Be|gehr|lich|keit; be|gehrt**

Be|ge|hung

be|geis|tern; ich begeistere; sich begeistern; **be|geis|tert; Be|geis|te|rung; be|geis|te|rungs|fä|hig; Be|geis|te|rungs|sturm**

Be|gier *(geh.);* **Be|gier|de,** die; -, -n; **be|gie|rig**

be|gie|ßen

Be|ginn, der; -[e]s, -e *Plur. selten;* von Beginn an; zu Beginn; **be|gin|nen;** begann; begonnen; **Be|gin|nen,** das; -s (Vorhaben)
be|glau|bi|gen; beglaubigte Abschrift; **Be|glau|bi|gung**
be|glei|chen; eine Rechnung begleichen; **Be|glei|chung**
be|glei|ten (mitgehen); begleitet; **Be|glei|ter; Be|glei|te|rin; Be|gleit|er|schei|nung; Be|gleit|schrei|ben; Be|glei|tung**
be|glü|cken
be|glück|wün|schen; beglückwünscht
be|gna|det (hochbegabt); **be|gna|di|gen** (jmdm. seine Strafe erlassen); **Be|gna|di|gung**
be|gnü|gen, sich
Be|go|nie, die; -, -n (eine Zierpflanze)
be|gon|nen *vgl.* beginnen
be|gra|ben; Be|gräb|nis, das; -ses, -se
be|gra|di|gen ([einen ungeraden Weg od. Wasserlauf] gerade legen); **Be|gra|di|gung**
be|grei|fen *vgl.* begriffen; **be|greif|lich; be|greif|li|cher|wei|se**
be|gren|zen; be|grenzt; Be|grenzt|heit; Be|gren|zung
Be|griff, der; -[e]s, -e; im Begriff sein; **be|grif|fen;** diese Tierart ist im Aussterben begriffen; **be|griff|lich; be|griffs|stut|zig**
be|grün|den; Be|grün|der; Be|grün|de|rin
be|grün|det; Be|grün|dung
be|grü|nen; Be|grü|nung
be|grü|ßen; be|grü|ßens|wert; Be|grü|ßung; Be|grü|ßungs|an|spra|che
be|güns|ti|gen; Be|güns|ti|gung
be|gut|ach|ten; Be|gut|ach|tung
be|gü|tert
be|haart; Be|haa|rung
be|hä|big; Be|hä|big|keit
be|haf|tet; mit etwas behaftet sein
be|ha|gen; Be|ha|gen, das; -s
be|hag|lich; Be|hag|lich|keit
be|hal|ten
Be|häl|ter; Be|hält|nis, das; -ses, -se
be|hän|de; mit behänden Schritten
be|han|deln
Be|hän|dig|keit, die; -
Be|hand|lung; Be|hand|lungs|me|tho|de
be|han|gen; der Baum ist mit Äpfeln behangen; **be|hän|gen** *vgl.* ²hängen
be|har|ren; be|harr|lich; Be|harr|lich|keit, die; -; **Be|har|rungs|ver|mö|gen**
be|haup|ten; sich behaupten; **Be|haup|tung**
Be|hau|sung
be|he|ben; Be|he|bung
be|hei|ma|tet
be|hei|zen; Be|hei|zung, die; -
Be|helf, der; -[e]s, -e; **be|hel|fen,** sich; ich behelfe mich, *auch* mir; **be|helfs|mä|ßig; Be|helfs|un|ter|kunft**
be|hel|li|gen (belästigen)
be|her|ber|gen; Be|her|ber|gung
be|herrsch|bar; be|herr|schen; sich beherrschen; **be|herrscht; Be|herrsch|te,** der *u.* die; -n, -n; **Be|herrscht|heit; Be|herr|schung,** die; -
be|her|zi|gen; Be|her|zi|gung; be|herzt (entschlossen); **Be|herzt|heit,** die; -
be|hilf|lich
be|hin|dern; be|hin|dert; geistig behindert; **Be|hin|der|te,** der *u.* die; -n, -n; die körperlich Behinderten; **be|hin|der|ten|ge|recht; Be|hin|de|rung**
Be|hör|de, die; -, -n; **be|hörd|lich**
be|hü|ten; behüt' dich Gott!
be|hut|sam; Be|hut|sam|keit
bei (*Abk.* b.); *Präp. mit Dat.:* beim *(vgl. d.);* bei jmdm. stehen; bei Weitem *od.* weitem
bei|be|hal|ten; Bei|be|hal|tung
bei|brin|gen; jmdm. etwas beibringen (lehren); jmdm. eine Wunde beibringen
Beich|te, die; -, -n; **beich|ten; Beicht|ge|heim|nis; Beicht|stuhl; Beicht|va|ter**
bei|de; die beiden, diese beiden; dies beides, [dieses] beides; alles beides; alle beide; einer von beiden; wir beide, *seltener* wir beiden; ihr beiden, *auch* ihr beide; wir, ihr beiden jungen Leute; sie beide (*als Anrede* Sie beide); beide Mal, beide Male
bei|der|lei; Personen beiderlei Geschlecht[e]s; **bei|der|sei|tig;** in beiderseitigem Einverständnis; **bei|der-**

B

B

seits; *Präp. mit Gen.:* beiderseits des Flusses

beid|sei|tig; beidseitig furniert

bei|ei|n|an|der; sich beieinander ausweinen; beieinander sein (zusammen sein); gut beieinander sein (gesund sein)

bei|ei|n|an|der|ha|ben; wir müssten alles beieinanderhaben; **bei|ei|n|an|der|sit|zen; bei|ei|n|an|der|ste|hen**

Bei|fah|rer; Bei|fah|re|rin; Bei|fah|rer|sitz

Bei|fall, der; -[e]s; **Bei|fall hei|schend, bei|fall|hei|schend;** ein Beifall heischender *od.* beifallheischender Blick

bei|fäl|lig; Bei|fall[s]|klat|schen, das; -s

bei|fü|gen; Bei|fü|gung (*auch für* Attribut)

Bei|fuß, der; -es (eine Gewürzpflanze)

Bei|ga|be (Zugabe)

beige [beːʃ, bɛːʃ] (sandfarben); ein beige[farbenes], beiges Kleid; *vgl.* blau; **Beige,** das; -, *Plur.* -, *ugs.* -s

bei|ge|ben (*auch für* sich fügen); klein beigeben

Bei|ge|schmack, der; -[e]s

bei|hef|ten

Bei|hil|fe; Beihilfe beantragen

bei|kom|men; ihm ist nicht beizukommen (er ist nicht zu fassen, zu besiegen)

Beil, das; -[e]s, -e

Bei|la|ge

bei|läu|fig; Bei|läu|fig|keit

bei|le|gen; Bei|le|gung

bei|lei|be; beileibe nicht (auf keinen Fall)

Bei|leid; Bei|leids|be|zei|gung, Bei|leids|be|zeu|gung

bei|lie|gen; bei|lie|gend (*Abk.* beil.)

beim (bei dem; *Abk.* b.); beim Singen

bei|mes|sen

bei|mi|schen; Bei|mi|schung

Bein, das; -[e]s, -e

bei|nah [*auch* ...ˈnaː], **bei|na|he** [*auch* ...ˈnaːə]

Bei|na|me

bein|am|pu|tiert

Bein|ar|beit *(Sport);* **Bein|bruch,** der

be|in|hal|ten (enthalten, bedeuten); es beinhaltete; beinhaltet

bein|hart (*ugs. für* sehr hart)

Bei|pack|zet|tel

bei|pflich|ten

Bei|rat *Plur.* ...räte

be|ir|ren; sich nicht beirren lassen

bei|sam|men; beisammen sein (einer bei dem andern sein; *auch für* in guter körperlicher u. geistiger Verfassung sein); wir sind lange beisammen gewesen; die damals noch alle beisammen gewesenen *od.* beisammengewesenen Familienmitglieder; **bei|sam|men|blei|ben; bei|sam|men|ha|ben; Bei|sam|men|sein,** das; -s; **bei|sam|men|sit|zen; bei|sam|men|ste|hen**

Bei|schlaf (*geh., Rechtsspr.* Geschlechtsverkehr)

Bei|sein, das; -s; in ihrem Beisein

bei|sei|te; Spaß, Scherz beiseite!

bei|sei|te|las|sen; bei|sei|te|le|gen; bei|sei|te|neh|men; jmdn. beiseitenehmen (mit jmdm. unter vier Augen sprechen); **bei|sei|te|schaf|fen**

bei|set|zen; Bei|set|zung

Bei|sit|zer; Bei|sit|ze|rin

Bei|spiel, das; -[e]s, -e; zum Beispiel (*Abk.* z. B.); **bei|spiel|haft; bei|spiel|los; bei|spiels|hal|ber; bei|spiels|wei|se;** (*Abk.* bspw.)

bei|ßen; du beißt; ich biss, du bissest; gebissen; beiß[e]; der Hund beißt ihn (*auch* ihm) ins Bein; sich beißen ([von Farben] nicht harmonieren)

beiß|wü|tig; Beiß|zan|ge

Bei|stand, der; -[e]s, Beistände; **Bei|stän|din**

Bei|stands|pakt

bei|ste|hen

bei|steu|ern

Bei|strich (*bes. österr. für* Komma)

Bei|trag, der; -[e]s, ...träge; **bei|tra|gen;** er hat das Seine *od.* seine, sie hat das Ihre *od.* ihre dazu beigetragen; **Bei|trags|satz; Bei|trags|zah|ler; Bei|trags|zah|le|rin**

bei|tre|ten; Bei|tritt; Bei|tritts|er|klä|rung; Bei|tritts|land *(Politik);* **Bei|tritts|ver|hand|lung** *meist Plur.*

Bei|wa|gen
Bei|werk, das; -[e]s (Unwichtiges)
bei|woh|nen *(geh.);* einem Staatsakt beiwohnen; **Bei|woh|nung**
Bei|ze, die; -, -n (chem. Flüssigkeit zum Färben, Gerben u. Ä.)
bei|zei|ten
bei|zen; du beizt
be|ja|hen; Be|ja|hung
be|jam|mern; be|jam|merns|wert
be|ju|beln
be|kämp|fen; Be|kämp|fung
be|kannt; bekannt sein; eine Verfügung bekannt geben *od.* bekanntgeben; er soll mich mit ihm bekannt machen *od.* bekanntmachen; das Gesetz wurde bekannt gemacht *od.* bekanntgemacht (veröffentlicht); der Wortlaut ist bekannt geworden *od.* bekanntgeworden; ich bin bald mit ihm bekannt geworden *od.* bekanntgeworden; jmd., etw. Bekanntes
Be|kann|te, der *u.* die; -n, -n; liebe Bekannte; **Be|kann|ten|kreis; be|kann|ter|ma|ßen; Be|kannt|ga|be; be|kannt ge|ben, be|kannt|ge|ben** *vgl.* bekannt; **Be|kannt|heit; Be|kannt|heits|grad,** der; -[e]s; **be|kannt|lich; be|kannt ma|chen, be|kannt|ma|chen** *vgl.* bekannt; **Be|kannt|ma|chung; Be|kannt|schaft; be|kannt wer|den, be|kannt|wer|den** *vgl.* bekannt
be|keh|ren; sich bekehren; **Be|kehr|te,** der *u.* die; -n, -n; **Be|keh|rung**
be|ken|nen; sich bekennen; **Be|ken|ner|schrei|ben** (Schreiben, in dem sich jmd. zu einem [politischen] Verbrechen bekennt); **Be|kennt|nis,** das; -ses, -se
be|kla|gen; sich beklagen; **be|kla|gens|wert; Be|klag|te,** der *u.* die; -n, -n (*Rechtswiss.* jmd., gegen den eine [Zivil]klage erhoben wird)
be|klat|schen
be|klau|en (*ugs. für* bestehlen)
be|kle|ben
be|kle|ckern (*ugs. für* beklecksen); sich bekleckern
be|klei|den; ein Amt bekleiden; **Be|klei|dung; Be|klei|dungs|in|dus|t|rie**
be|klem|mend; Be|klem|mung
be|klom|men (bedrückt, ängstlich); **Be|klom|men|heit,** die; -
be|kloppt (*ugs. für* dumm; unerfreulich)
be|kni|en; jmdn. beknien (*ugs. für* jmdn. dringend bitten)
be|ko|chen; jmdn. bekochen (*ugs. für* für jmdn. kochen)
be|kom|men; ich habe es bekommen; es ist mir gut bekommen
be|kömm|lich; ein leicht bekömmliches *od.* leichtbekömmliches Essen; *aber nur* ein leichter bekömmliches, ein besonders leicht bekömmliches Essen
be|kräf|ti|gen; Be|kräf|ti|gung
be|krän|zen
be|kreu|zi|gen, sich
be|krie|gen
be|küm|mern; das bekümmert ihn; sich um jmdn. *od.* etwas bekümmern; **Be|küm|mer|nis,** die; -, -se; **be|küm|mert**
be|kun|den *(geh.);* **Be|kun|dung**
be|lä|cheln
be|la|den *vgl.* ¹laden; **Be|la|dung**
Be|lag, der; -[e]s, ...läge
Be|la|ge|rer; Be|la|ge|rin; be|la|gern; Be|la|ge|rung; Be|la|ge|rungs|zu|stand
be|läm|mert (*ugs. für* betreten; übel)
Be|lang, der; -[e]s, -e; von Belang sein
be|lan|gen; jmdn. belangen (zur Rechenschaft ziehen; verklagen)
be|lang|los; Be|lang|lo|sig|keit
be|las|sen
be|last|bar; Be|last|bar|keit; be|las|ten; be|las|tend
be|läs|ti|gen; Be|läs|ti|gung
Be|las|tung; Be|las|tungs-EKG *(Med.);* **Be|las|tungs|gren|ze**
be|lau|fen; sich belaufen; die Kosten haben sich auf … belaufen; **be|lau|schen**
be|le|ben; be|lebt; Be|le|bung
Be|leg, der; -[e]s, -e; **be|le|gen; Be|leg|ex|em|p|lar; Be|leg|schaft**
be|legt; belegte Brötchen

B

Be|le|gung *Plur. selten*
be|leh|ren; eines and[e]ren *od.* andern belehren, *aber* eines Besser[e]n *od.* Bessren belehren; **Be|leh|rung**
be|leibt; Be|leibt|heit
be|lei|di|gen; be|lei|digt; Be|lei|di|gung
be|leuch|ten; Be|leuch|tung; Be|leuch|tungs|tech|nik
be|leum|det, be|leu|mun|det; sie ist gut, übel beleumdet
be|lich|ten; Be|lich|tung
be|lie|ben (*geh. für* wünschen); es beliebt (gefällt) mir *(oft iron.);* **Be|lie|ben,** das; -s; nach Belieben; es steht in ihrem Belieben; **be|lie|big;** jeder Beliebige; alle Beliebigen
be|liebt; Be|liebt|heit, die; -
be|lie|fern; Be|lie|fe|rung
bel|len
Bel|le|t|ris|tik, die; - (Unterhaltungsliteratur); **bel|le|t|ris|tisch**
Belle|vue, das; -[s], -s (*Bez. für* Schloss, Gaststätte mit schöner Aussicht)
be|lo|bi|gen; Be|lo|bi|gung
be|loh|nen; Be|loh|nung
be|lüf|ten; Be|lüf|tung
be|lü|gen
be|lus|ti|gen; sich belustigen; **Be|lus|ti|gung**
Bel|ve|de|re, das; -[s], -s (Aussichtspunkt; *Bez. für* Schloss mit schöner Aussicht)
be|mäch|ti|gen, sich; sich des Geldes bemächtigen; **Be|mäch|ti|gung**
be|ma|len; Be|ma|lung
be|män|geln; ich bemäng[e]le
be|mannt; die bemannte Raumfahrt
be|män|teln (beschönigen); ich bemänt[e]le
be|merk|bar; sich bemerkbar machen; **be|mer|ken; Be|mer|ken,** das; -s; mit dem Bemerken; **be|mer|kens|wert; Be|mer|kung** (*Abk.* Bem.)
be|mes|sen; sich bemessen; **Be|mes|sung; Be|mes|sungs|grund|la|ge** *(Fachspr.)*
be|mit|lei|den
be|mü|hen; sich bemühen; er ist um sie bemüht; **be|müht** (angestrengt, eifrig); **Be|mü|hung**
be|mü|ßigt; ich sehe mich bemüßigt (*geh. für* veranlasst, genötigt)
be|mut|tern; Be|mut|te|rung
be|nach|bart
be|nach|rich|ti|gen; Be|nach|rich|ti|gung
be|nach|tei|li|gen; Be|nach|tei|li|gung
be|nannt
Bench|mark ['bɛntʃmark], die; -, -s *u.* der; -s, -s (*Wirtsch.* Maßstab für Leistungsvergleiche)
be|ne|beln (verwirren, den Verstand trüben); **be|ne|belt** (*ugs. für* [durch Alkohol] geistig verwirrt)
Be|ne|dik|ti|ner (Mönch des Benediktinerordens; *auch* Likörsorte); **Be|ne|dik|ti|ne|rin**
Be|ne|fiz|kon|zert (Wohltätigkeitskonzert); **Be|ne|fiz|tur|nier**
be|neh|men *vgl.* benommen
Be|neh|men, das; -s; sich mit jmdm. ins Benehmen setzen
be|nei|den; be|nei|dens|wert
Be|ne|lux|staa|ten, **Be|ne|lux-Staa|ten** *Plur.* (die in einer Wirtschaftsunion vereinigten Länder Belgien, Niederlande u. Luxemburg)
be|nen|nen; Be|nen|nung
be|net|zen *(geh.)*
ben|ga|lisch; bengalisches Feuer (Buntfeuer)
Ben|ga|lo, der; -s, -s (bengalisches Feuer)
Ben|gel, der; -s, *Plur.* -, *ugs.* -s ([ungezogener] Junge; *veraltet für* Stock, Prügelholz)
be|nom|men (fast betäubt); **Be|nom|men|heit**
be|no|ten
be|nö|ti|gen
Be|no|tung
be|nutz|bar, *südd., österr. meist, schweiz. auch* **be|nütz|bar; be|nut|zen,** *südd., österr. meist, schweiz. auch* **be|nüt|zen; Be|nut|zer,** *südd., österr. meist, schweiz. auch* **Be|nüt|zer**
be|nut|zer|freund|lich; Be|nut|zer|freund|lich|keit; Be|nut|ze|rin, *südd., österr. meist, schweiz. auch* **Be|nüt|ze|rin; Be|nut|zer|na|me** *(bes. EDV);* **Be|nut|zer|ober|flä|che** (*EDV* Darstellung

eines Programms auf einem Computerbildschirm)

Be|nụt|zung, *südd., österr. meist, schweiz. auch* **Be|nụ̈t|zung; Be|nụt|zungs|ge|bühr,** *südd., österr. meist, schweiz. auch* **Be|nụ̈t|zungs|ge|bühr**

Ben|zin, das; -s, -e; **Ben|zi|ner** (*ugs. für* Auto mit Benzinmotor); **Ben|zin|ka|nis|ter; Ben|zin|mo|tor; Ben|zin|preis**

Ben|zol, das; -s, -e (Teerdestillat aus Steinkohle; Lösungsmittel)

be|ob|ach|ten; Be|ob|ach|ter; Be|ob|ach|te|rin; Be|ob|ach|tung; Be|ob|ach|tungs|ga|be

be|ọr|dern; ich beordere

be|pạ|cken

be|pflạn|zen; Be|pflạn|zung

be|quạt|schen (*ugs. für* bereden)

be|quem; be|que|men, sich; **Be|quem|lich|keit**

be|rạp|pen (*ugs. für* bezahlen)

be|ra|ten; beratende Ingenieurin; **Be|ra|ter; Be|ra|te|rin; Be|ra|ter|ver|trag** *(Wirtsch.)*

be|rat|schla|gen; du beratschlagtest; beratschlagt; **Be|rat|schla|gung**

Be|ra|tung; Be|ra|tungs|aus|schuss; Be|ra|tungs|ge|spräch; Be|ra|tungs|stel|le

be|rau|ben; Be|rau|bung

be|rau|schen; sich berauschen; **be|rau|schend**

Ber|be|rit|ze, die; -, -n (Sauerdorn, ein Zierstrauch)

be|re|chen|bar; be|rẹch|nen; be|rẹch|nend; Be|rẹch|nung

be|rẹch|ti|gen; be|rẹch|tigt; Be|rẹch|tig|te, der *u.* die; -n, -n; **be|rẹch|tig|ter|wei|se; Be|rẹch|ti|gung**

be|re|den; be|red|sam; Be|red|sam|keit, die; -; **be|redt; Be|redt|heit,** die; -

be|reg|nen; Be|reg|nungs|an|la|ge

Be|reich, der, *selten* das; -[e]s, -e

be|rei|chern; ich bereichere mich; **Be|rei|che|rung**

be|reichs|über|grei|fend

be|rei|fen (mit Reifen versehen); das Auto ist neu bereift; **be|reift** (mit Reif bedeckt)

Be|rei|fung

be|rei|ni|gen; Be|rei|ni|gung

be|rei|sen; ein Land bereisen

be|reit; [zu allem] bereit sein; sich zu etw. bereit machen *od.* bereitmachen; sich zu etw. bereit erklären *od.* bereiterklären

be|rei|ten (zubereiten); bereitet

be|reit er|klä|ren, be|reit|er|klä|ren *vgl.* bereit; **be|reit|fin|den;** ich habe mich zu diesem Schritt bereitgefunden; **be|reit|ha|ben;** wir werden alles rechtzeitig bereithaben; **be|reit|hal|ten;** ich habe das Geld bereitgehalten; wir werden uns bereithalten; **be|reit|le|gen;** ich habe das Buch bereitgelegt; **be|reit|lie|gen;** die Bücher werden bereitliegen; **be|reit ma|chen, be|reit|ma|chen** *vgl.* bereit; **be|reits**

Be|reit|schaft; Be|reit|schafts|dienst

be|reit|ste|hen; das Essen hat bereitgestanden; **be|reit|stel|len; Be|reit|stel|lung**

be|reit|wil|lig; Be|reit|wil|lig|keit

be|reu|en

Bẹrg, der; -[e]s, -e; zu Berg[e] fahren

berg|ạb; bergab gehen

Ber|ga|mọt|te, die; -, -n (eine Birnensorte; eine Zitrusfrucht); **Ber|ga|mọtt|öl**

berg|ạn; bergan gehen; **Bẹrg|ar|bei|ter; Bẹrg|ar|bei|te|rin; berg|auf;** bergauf steigen; **Bẹrg|bahn; Bẹrg|bau,** der; -[e]s

bẹr|gen; [etwas in sich] bergen; du birgst; du bargst; du bärgest; geborgen; birg!

bẹr|ge|wei|se *(ugs.);* **Bẹrg|fahrt** (Fahrt den Strom, den Berg hinauf; *Ggs.* Talfahrt); **Bẹrg|fried,** der; -[e]s, -e (Hauptturm auf Burgen; Wehrturm); **Bẹrg|füh|rer; Bẹrg|füh|re|rin; Bẹrg|hang**

bẹr|gig

Bẹrg|kris|tall, der; -s, -e (ein Mineral); **Bẹrg|mann** *Plur.* ...leute, *seltener* ...männer; **Bẹrg|pre|digt,** die; - *(N. T.)*

bẹrg|stei|gen *meist im Infinitiv gebr.; seltener* ich bergsteige, bin berggestiegen; **Bẹrg|stei|gen,** das; -s; **Bẹrg|stei|ger; Bẹrg|stei|ge|rin**

Bẹrg-und-Tal-Fahrt

Bẹr|gung; Bẹr|gungs|mann|schaft

B

B

Berg|wacht; berg|wan|dern *nur im Infinitiv gebr.; oft als Substantivierung:* das Bergwandern; **Berg|wan|de|rung; Berg|werk**
Be|richt, der; -[e]s, -e; Bericht erstatten
be|rich|ten; Be|richt|er|stat|ter; Be|richt|er|stat|te|rin; Be|richt|er|stat|tung
be|rich|ti|gen; Be|rich|ti|gung
Be|richts|jahr; Be|richts|zeit|raum
be|rie|chen; sich beriechen (*ugs. für* vorsichtig Kontakte herstellen)
be|rie|seln; Be|rie|se|lung, Be|ries|lung; **Be|rie|se|lungs|an|la|ge**
be|rit|ten; berittene Polizei
Ber|li|ner (*auch kurz für* Berliner Pfannkuchen); ein Berliner Kind; Berliner Republik; **Ber|li|ne|rin; ber|li|ne|risch; ber|li|nisch**
Ber|mu|da|shorts, Ber|mu|da-Shorts *Plur.* (fast knielange Shorts od. Badehose)
Bern|har|di|ner, der; -s, - (eine Hunderasse)
Bern|stein ([als Schmuckstein verarbeitetes] fossiles Harz); **bern|stei|ne[r]n**
Ber|ser|ker [*oder* ...ˈzɛr...], der; -s, - (wilder Krieger; *auch für* blindwütig tobender Mensch); **Ber|ser|ke|rin**
bers|ten; es birst; es barst; geborsten
be|rüch|tigt
be|rück|sich|ti|gen; Be|rück|sich|ti|gung
Be|ruf, der; -[e]s, -e
be|ru|fen; sich auf jmdn. *od.* etwas berufen
be|ruf|lich; Be|rufs|aka|de|mie
Be|rufs|an|fän|ger; Be|rufs|an|fän|ge|rin; Be|rufs|aus|bil|dung; Be|rufs|aus|sich|ten *Plur.;* **be|rufs|be|glei|tend;** berufsbegleitendes Studium; **Be|rufs|be|ra|tung; Be|rufs|bild; be|rufs|bil|dend;** berufsbildende Schulen; **Be|rufs|ein|stei|ger; Be|rufs|ein|stei|ge|rin; Be|rufs|er|fah|rung; Be|rufs|feu|er|wehr; Be|rufs|ge|nos|sen|schaft; Be|rufs|grup|pe; Be|rufs|le|ben,** das; -s; **Be|rufs|schu|le; Be|rufs|sol|dat; Be|rufs|sol|da|tin; Be|rufs|stand; be|rufs|tä|tig; Be|rufs|tä|ti|ge,** der *u.* die; -n, -n; **Be|rufs|tä|tig|keit; Be|rufs|un|fä|hig|keit; Be|rufs|ver|bot; Be|rufs|ver|kehr,** der; -[e]s; **Be|rufs|wahl,** die; -
Be|ru|fung; Be|ru|fungs|ge|richt; Be|ru|fungs|in|s|tanz; Be|ru|fungs|ver|fah|ren
be|ru|hen; auf einem Irrtum beruhen; die Sache auf sich beruhen lassen
be|ru|hi|gen; sich beruhigen; ein beruhigender Kräutertee; **Be|ru|hi|gung; Be|ru|hi|gungs|mit|tel,** das
be|rühmt; be|rühmt-be|rüch|tigt
Be|rühmt|heit
be|rüh|ren; Be|rüh|rung; Be|rüh|rungs|angst *(Psychol.);* **Be|rüh|rungs|punkt**
Be|ryll, der; -s, -e (ein Edelstein)
be|sa|gen; das besagt nichts; **be|sagt** (*Amtsspr.* erwähnt)
be|sai|ten; zart besaitet; *vgl.* zart; **Be|sai|tung**
be|sa|men; Be|sa|mung
be|sänf|ti|gen; Be|sänf|ti|gung
Be|satz, der; -es, Besätze
Be|sat|zer, der; -s, - (*ugs. abwertend für* Angehöriger einer Besatzungsmacht); **Be|sat|ze|rin; Be|sat|zung; Be|sat|zungs|macht; Be|sat|zungs|zo|ne**
be|sau|fen, sich (*derb für* sich betrinken); besoffen; **Be|säuf|nis,** das; -ses, -se *od.* die; -, -se (*ugs. für* ausgiebiges Zechen)
be|schä|di|gen; Be|schä|di|gung
[1]**be|schaf|fen** (besorgen); sie beschaffte, hat beschafft
[2]**be|schaf|fen** (geartet); mit etwas ist es gut, schlecht beschaffen; **Be|schaf|fen|heit**
Be|schaf|fung; Be|schaf|fungs|kri|mi|na|li|tät (kriminelle Handlungen zur Beschaffung von [Geld für] Drogen)
be|schäf|ti|gen; sich [mit etw.] beschäftigen; beschäftigt sein; **Be|schäf|tig|te,** der *u.* die; -n, -n
Be|schäf|ti|gung; Be|schäf|ti|gungs|po|li|tik; Be|schäf|ti|gungs|ver|hält|nis
be|schal|len (starken Schall eindringen lassen; *Technik u. Med.* mit Ultraschall behandeln, untersuchen); **Be|schal|lung**
be|schä|men; be|schä|mend; Be|schä|mung
be|schat|ten; Be|schat|tung

be|schau|lich; Be|schau|lich|keit
Be|scheid, der; -[e]s, -e; Bescheid geben, sagen, tun, wissen
[1]**be|schei|den;** eine bescheidene Frau
[2]**be|schei|den;** beschied; beschieden; ein Gesuch abschlägig bescheiden (*Amtsspr.* ablehnen); sich bescheiden (sich zufriedengeben); **Be|schei|den|heit**
be|schei|ni|gen; Be|schei|ni|gung
be|schei|ßen (*derb für* betrügen); beschissen
be|schen|ken
[1]**be|sche|ren** (beschneiden); beschoren; *vgl.* [1]scheren
[2]**be|sche|ren** (schenken; zuteilwerden lassen; *auch für* beschenken); jmdm. [etwas] bescheren; die Kinder wurden [reich] beschert; **Be|sche|rung**
be|scheu|ert (*derb für* nicht bei Verstand; ärgerlich, lästig)
be|schich|ten; Be|schich|tung
be|schie|ßen; Be|schie|ßung
be|schil|dern; Be|schil|de|rung
be|schimp|fen; Be|schimp|fung
Be|schiss, der; -es (*derb für* Betrug); **be|schis|sen** (*derb für* sehr schlecht)
Be|schlag, der; -[e]s, Beschläge; in Beschlag nehmen, halten
[1]**be|schla|gen;** gut beschlagen (bewandert; kenntnisreich) sein
[2]**be|schla|gen;** Pferde beschlagen; die Fenster sind beschlagen; die Glasscheibe beschlägt [sich] (läuft an)
Be|schlag|nah|me, die; -, -n; **be|schlag|nah|men;** beschlagnahmt; **Be|schlag|nah|mung**
be|schlei|chen
be|schleu|ni|gen; be|schleu|nigt (schnell); **Be|schleu|ni|gung**
be|schlie|ßen; be|schlos|sen
Be|schluss; be|schluss|fä|hig; Be|schluss|fä|hig|keit, die; -; **Be|schluss|fas|sung**
be|schmie|ren
be|schmut|zen; Be|schmut|zung
be|schnei|den; Be|schnei|dung
beschnuppern
be|schö|ni|gen; Be|schö|ni|gung
be|schrän|ken; sich beschränken; **be|schränkt** (beengt); **Be|schränkt|heit; Be|schrän|kung**
be|schrei|ben; Be|schrei|bung
be|schrei|ten (*geh.*)
be|schrif|ten; Be|schrif|tung
be|schul|di|gen; jmdn. eines Verbrechens beschuldigen; **Be|schul|dig|te,** der *u.* die; -n, -n; **Be|schul|di|gung**
be|schum|meln (*ugs.*)
Be|schuss, der; -es
be|schüt|zen; Be|schüt|zer; Be|schüt|ze|rin
be|schwat|zen (*ugs.*)
Be|schwer|de, die; -, -n; Beschwerde führen; **be|schwer|de|frei; Be|schwer|de|füh|rer** (*Rechtswiss.*); **Be|schwer|de|füh|re|rin**
be|schwe|ren; sich beschweren
be|schwer|lich; Be|schwer|lich|keit
Be|schwe|rung
be|schwich|ti|gen; Be|schwich|ti|gung
be|schwin|gen (in Schwung bringen); **be|schwingt; Be|schwingt|heit,** die; -
be|schwipst (*ugs. für* leicht betrunken)
be|schwö|ren; beschwor, beschworen; **Be|schwö|rung; Be|schwö|rungs|for|mel**
be|see|len (*geh. für* beleben; mit Seele erfüllen); **be|seelt**
be|se|hen; bei Licht besehen
be|sei|ti|gen; Be|sei|ti|gung
Be|sen, der; -s, -; **be|sen|rein; Be|sen|stiel**
be|ses|sen; von einer Idee besessen; **Be|ses|sen|heit,** die; -
be|set|zen; Be|set|zer; Be|set|ze|rin
be|setzt; die Leitung ist besetzt; **Be|setzt|zei|chen; Be|set|zung**
be|sich|ti|gen; Be|sich|ti|gung
be|sie|deln; Be|sie|de|lung, Be|sied|lung
be|sie|geln
be|sie|gen; Be|sieg|te, der *u.* die; -n, -n
be|sin|gen
be|sin|nen, sich
be|sinn|lich; Be|sinn|lich|keit
Be|sin|nung; be|sin|nungs|los
Be|sitz, der; -es, -e; **Be|sitz|an|spruch**

B

be|sit|zen; Be|sit|zer; be|sitz|er|grei|fend; er war ihr zu eifersüchtig und besitzergreifend; **Be|sit|ze|rin; Be|sit|zer|stolz; Be|sit|zer|wech|sel; be|sitz|los; Be|sitz|lo|se,** der *u.* die; -n, -n
Be|sitz|nah|me; Be|sitz|stand; Be|sitz|tum
be|sof|fen (*derb für* betrunken); **Be|sof|fen|heit,** die; -
be|soh|len; Be|soh|lung
Be|sol|dung; Be|sol|dungs|grup|pe
be|son|de|re; zur besonderen Verwendung (*Abk.* z. b. V.); das Besond[e]re; etwas, nichts Besond[e]res; im Besonder[e]n, im Besondren; **Be|son|der|heit**
be|son|ders (*Abk.* bes.); besonders[,] wenn
be|son|nen (überlegt, umsichtig); **Be|son|nen|heit,** die; -
be|sor|gen
Be|sorg|nis, die; -, -se; Besorgnis erregen
be|sorg|nis|er|re|gend, Be|sorg|nis er|re|gend; ein besorgniserregender *od.* Besorgnis erregender Zustand, *aber nur* ein große Besorgnis erregender Zustand, ein äußerst besorgniserregender Zustand, ein noch besorgniserregenderer Zustand
be|sorgt; Be|sorgt|heit
Be|sor|gung
be|spie|len; eine DVD bespielen
be|spit|zeln; Be|spit|ze|lung, *selten* **Be|spitz|lung**
be|spre|chen; Be|spre|chung; Be|spre|chungs|zim|mer
be|sprin|gen (begatten [von Tieren])
be|sprit|zen; be|sprü|hen; be|spu|cken
bes|ser; es ist besser, wenn ..., *aber* es ist das Bess[e]re, wenn ...; jmdn. eines Besser[e]n *od.* Bessren belehren; eine Wendung zum Besser[e]n *od.* Bessren; du musst immer alles besser wissen!; mit den neuen Schuhen wirst du besser gehen können; dem Kranken wird es bald besser gehen *od.* bessergehen; besser verdienende *od.* besserverdienende Angestellte
bes|ser ge|hen, bes|ser|ge|hen *vgl.* besser
Bes|ser|ge|stell|te, der *u.* die; -n, -n, **besser Ge|stell|te,** der *u.* die; - -n, - -n
bes|sern; ich bessere, *auch* bess|re; sich bessern; **Bes|se|rung, Bess|rung**
bes|ser ver|die|nend, bes|ser|ver|die|nend *vgl.* besser; **Bes|ser|ver|die|nen|de,** der *u.* die; -n, -n, **bes|ser Ver|die|nen|de,** der *u.* die; - -n, - -n; *vgl.* besser
Bes|ser|wis|ser *(abwertend);* **Bes|ser|wis|se|rei; Bes|ser|wis|se|rin; bes|ser|wis|se|risch**
Bess|rung *vgl.* Besserung
Be|stand, der; -[e]s, Bestände; Bestand haben; von Bestand sein
be|stan|den (bewachsen)
be|stän|dig; Be|stän|dig|keit
Be|stands|auf|nah|me; Be|stands|mie|te (Miethöhe eines älteren Mietvertrages)
Be|stand|teil, der
be|stär|ken; Be|stär|kung
be|stä|ti|gen; Be|stä|ti|gung
be|stat|ten; Be|stat|tung; Be|stat|tungs|in|s|ti|tut
be|stäu|ben *(Bot.);* **Be|stäu|bung**
be|stau|nen
best|be|zahlt
bes|te *s. Kasten*
be|ste|chen; be|ste|chend
be|stech|lich; Be|stech|lich|keit *Plur. selten*
Be|ste|chung; Be|ste|chungs|geld
Be|steck, das; -[e]s, *Plur.* -e, *ugs.* -s
be|ste|hen; auf etwas bestehen; ich bestehe auf meiner (*heute selten* meine) Forderung; die Verbindung soll bestehen bleiben; **Be|ste|hen,** das; -s; seit Bestehen der Firma
be|steh|len
be|stei|gen; Be|stei|gung
be|stel|len; Be|stel|ler; Be|stel|le|rin; Be|stell|lis|te, Be|stell-Lis|te; Be|stell|num|mer; Be|stel|lung
bes|ten|falls
bes|tens
be|steu|ern; Be|steu|e|rung
Best|form, die; - *(Sport);* **best|ge|hü|tet**
bes|ti|a|lisch (unmenschlich, grausam); **Bes|ti|a|li|tät,** die; -, -en (Unmenschlichkeit, grausames Verhalten); **Bes|tie,** die; -, -n (wildes Tier; Unmensch)

B

bes|te

Kleinschreibung:

– *das beste [Buch] ihrer Bücher*
– *dieser Wein ist der beste*
– *sie konnte am besten von allen rechnen*
– *wir fangen am besten gleich an*
– *es ist am besten, wenn ...*

Großschreibung der Substantivierung:

– *ich halte es für das Beste, wenn ...*
– *er ist der Beste in der Klasse; er ist unser Bester,* aber *er ist unser bester Schüler*
– *sie hat ihr Bestes getan*
– *aus etwas das Beste machen*
– *mit ihrer Gesundheit steht es nicht zum Besten (nicht gut)*
– *etwas zum Besten geben*
– *jmdn. zum Besten haben, halten*
– *es ist nur zu deinem Besten*
– *ich will nicht das erste Beste*

Groß- oder Kleinschreibung:

– *wir arbeiten auf das, aufs Beste* od. *beste zusammen;* aber nur *seine Wahl ist auf das, aufs Beste gefallen*

be|stim|men; be|stimmt; bestimmter Artikel (Sprachwiss.); **Be|stimmt|heit,** die; -
Be|stim|mung; be|stim|mungs|ge|mäß; Be|stim|mungs|ort
Best|leis|tung; Best|mar|ke (*Sport* Rekord)
best|mög|lich; *falsch:* bestmöglichst
be|stra|fen; Be|stra|fung
be|strah|len; Be|strah|lung
be|stre|ben, sich; **Be|stre|ben,** das; -s; **be|strebt;** bestrebt sein; **Be|stre|bung**
be|strei|chen; Be|strei|chung
be|strei|ken; Be|strei|kung
be|strei|ten; Be|strei|tung
be|streu|en; Be|streu|ung
Best|sel|ler, der; -s, - (Ware [bes. Buch] mit bes. hohen Verkaufszahlen); **Best|sel|ler|au|tor; Best|sel|ler|au|to|rin; Best|sel|ler|lis|te**
be|stü|cken (ausstatten, ausrüsten); **Be|stü|ckung**
be|stuh|len; Be|stuh|lung
be|stür|men; Be|stür|mung
be|stür|zen; be|stür|zend; be|stürzt; bestürzt sein; **Be|stürzt|heit,** die; -; **Be|stür|zung,** die; -
Best|wert; Best|zeit *(Sport)*
Be|such, der; -[e]s, -e; auf, zu Besuch sein
be|su|chen; Be|su|cher; Be|su|che|rin; Be|su|cher|strom; Be|su|cher|zahl; Be|suchs|er|laub|nis
be|su|deln; Be|su|de|lung, Be|sud|lung
Be|ta, das; -[s], -s (griech. Buchstabe: *Β, β*)
be|tagt (*geh. für* alt); *vgl.* hochbetagt
be|tas|ten
be|tä|ti|gen; sich betätigen; **Be|tä|ti|gung; Be|tä|ti|gungs|feld**
be|tat|schen (*ugs. für* betasten)
be|täu|ben; Be|täu|bung; Be|täu|bungs|mit|tel; Be|täu|bungs|mit|tel|ge|setz
Be|te, Bee|te, die; -, -n (Wurzelgemüse; Futterpflanze); Rote Bete *od.* Beete
be|tei|li|gen; sich an einem Vorhaben beteiligen; **Be|tei|lig|te,** der *u.* die; -n, -n; **Be|tei|ligt|sein,** das; -s; **Be|tei|li|gung**
be|ten; Be|ter; Be|te|rin
be|teu|ern; ich beteuere; **Be|teu|e|rung**
be|ti|teln
Be|ton [be'tõ:, *auch, bes. südd., österr.* be'to:n], der; -s, *Plur. (Sorten):* -s, *auch, bes. südd., österr.* -e [...'to:nə] (Baustoff); **Be|ton|block** *Plur.* ...blöcke
be|to|nen
be|to|nie|ren (*auch übertr. für* festlegen, unveränderlich machen); **Be|to|nie|rung**
Be|ton|kopf (*abwertend für* uneinsichtiger Mensch); **Be|ton|misch|ma|schi|ne**
be|tont; Be|to|nung
be|tö|ren *(geh.);* **be|tö|rend; Be|tö|rung**
Be|tracht, der; *nur noch in Fügungen wie* in Betracht kommen, ziehen; außer Betracht bleiben; **be|trach|ten;** sich betrachten; **Be|trach|ter; Be|trach|te|rin**

be|träch|lich; eine beträchtliche Summe, *aber* um ein Beträchtliches höher
Be|trach|tung; Be|trach|tungs|wei|se, die
Be|trag, der; -[e]s, Beträge; **be|tra|gen;** sich betragen; **Be|tra|gen,** das; -s
be|trau|en; mit etwas betraut sein
be|trau|ern
Be|trau|ung
Be|treff, der; -[e]s, -e (*Amtsspr.; Abk.* Betr.); in Betreff, *aber* betreffs *(vgl. d.)* des Neubaus; **be|tref|fen;** was mich betrifft ...; **be|tref|fend** (zuständig; sich auf jmdn., etwas beziehend; *Abk.* betr.); die betreffende Behörde; den Neubau betreffend; **Be|tref|fen|de,** der *u.* die; -n, -n; **be|treffs** (*Amtsspr.; Abk.* betr.); *Präp. mit Gen.:* betreffs des Neubaus (*besser:* wegen)
be|trei|ben; Be|trei|ben, das; -s; auf mein Betreiben; **Be|trei|ber; Be|trei|ber|ge|sell|schaft; Be|trei|be|rin; Be|trei|bung**
[1]**be|tre|ten** (verlegen)
[2]**be|tre|ten;** einen Raum betreten; **Be|tre|ten,** das; -s
be|treu|en; betreutes Wohnen; **Be|treu|er; Be|treu|e|rin; Be|treu|ung**
Be|treu|ungs|schlüs|sel (Personalschlüssel für Betreuende)
Be|trieb, der; -[e]s, -e; eine Maschine in Betrieb setzen; die Maschine ist in Betrieb (läuft); **be|trieb|lich;** betriebliche Altersvorsorge; **be|trieb|sam; Be|trieb|sam|keit; Be|triebs|an|lei|tung; Be|triebs|aus|flug; be|triebs|be|dingt;** betriebsbedingte Kündigungen; **be|triebs|be|reit; be|triebs|ei|gen; Be|triebs|fe|ri|en** *Plur.;* **be|triebs|in|tern; Be|triebs|kli|ma,** das; -s; **Be|triebs|kos|ten** *Plur.;* **Be|triebs|lei|ter; Be|triebs|lei|te|rin; Be|triebs|rat** *Plur.* ...räte; **Be|triebs|rä|tin; Be|triebs|ren|te; Be|triebs|sys|tem** *(EDV);* **Be|triebs|un|fall; Be|triebs|ver|ein|ba|rung; Be|triebs|ver|samm|lung**
Be|triebs|wirt; Be|triebs|wir|tin; Be|triebs|wirt|schaft; be|triebs|wirt|schaft|lich; Be|triebs|wirt|schafts|leh|re (*Abk.* BWL)
be|trin|ken, sich; betrunken
be|trof|fen; betroffen sein; **Be|trof|fe|ne,** der *u.* die; -n, -n; **Be|trof|fen|heit**
be|trü|ben; be|trübt
Be|trug, der; -[e]s; **be|trü|gen; Be|trü|ger; Be|trü|ge|rin; be|trü|ge|risch**
be|trun|ken; Be|trun|ke|ne, der *u.* die; -n, -n; **Be|trun|ken|heit,** die; -
Bett, das; -[e]s, -en; zu Bett gehen
Bet|tag *vgl.* Buß- und Bettag
Bett|de|cke
bet|tel|arm; bet|teln
bet|ten; sich betten; **Bet|ten|ma|chen,** das; -s; **Bett|ge|stell; bett|lä|ge|rig**
Bett|ler; Bett|le|rin
Bett|ru|he; Bett|tuch *Plur.* ...tücher, **Bett-Tuch** *Plur.* ...-Tücher (Bettlaken)
Bet|tuch *Plur.* ...tücher (beim jüdischen Gottesdienst)
Bett|vor|le|ger; Bett|wä|sche
be|tucht (*ugs. für* vermögend, wohlhabend)
be|tu|lich; Be|tu|lich|keit
beu|gen (*auch für* flektieren, deklinieren, konjugieren); sich beugen; **Beu|gung**
Beu|le, die; -, -n
be|un|ru|hi|gen; sich beunruhigen
be|un|ru|hi|gend; Be|un|ru|hi|gung
be|ur|kun|den; Be|ur|kun|dung
be|ur|lau|ben; Be|ur|lau|bung
be|ur|tei|len; Be|ur|tei|lung
Beu|te, die; -, -n *Plur. selten* (Erbeutetes); **Beu|te|gut**
Beu|tel, der; -s, -; **beu|teln;** das Kleid beutelt [sich]; **Beu|tel|tier**
be|völ|kern; Be|völ|ke|rung; Be|völ|ke|rungs|dich|te; Be|völ|ke|rungs|grup|pe; Be|völ|ke|rungs|py|ra|mi|de (grafisch dargestellte Zusammensetzung der Bevölkerung nach Alter u. Geschlecht); **be|völ|ke|rungs|reich; Be|völ|ke|rungs|schicht; Be|völ|ke|rungs|wachs|tum**
be|voll|mäch|ti|gen; Be|voll|mäch|tig|te, der *u.* die; -n, -n
be|vor
be|vor|mun|den; Be|vor|mun|dung
be|vor|ste|hen; die bevorstehenden Wahlen
be|vor|zu|gen; Be|vor|zu|gung

be|wa|chen; Be|wa|cher; Be|wa|che|rin
be|wach|sen
Be|wa|chung
be|waff|nen; be|waff|net; bewaffneter Raubüberfall; **Be|waff|nung**
be|wah|ren ([be]hüten); Gott bewahre uns davor!, *aber* gottbewahre! *(ugs.)*
be|wäh|ren, sich
be|wahr|hei|ten, sich
be|währt
Be|wah|rung (Schutz; Aufbewahrung)
Be|wäh|rung (Erprobung); **Be|wäh|rungs|frist; Be|wäh|rungs|hel|fer; Be|wäh|rungs|hel|fe|rin; Be|wäh|rungs|pro|be; Be|wäh|rungs|stra|fe**
be|wal|den; be|wal|det
be|wäl|ti|gen; Be|wäl|ti|gung
be|wan|dert (erfahren; unterrichtet)
Be|wandt|nis, die; -, -se
be|wäs|sern; Be|wäs|se|rung
[1]**be|we|gen** (Lage ändern); du bewegst; du bewegtest; bewegt; beweg[e]!; sich bewegen
[2]**be|we|gen** (veranlassen); du bewegst; du bewogst; du bewögest; bewogen; beweg[e]!
be|we|gend; Be|weg|grund; be|weg|lich; Be|weg|lich|keit; be|wegt
Be|we|gung; Be|we|gungs|ab|lauf; Be|we|gungs|ap|pa|rat *(Anat.);* **Be|we|gungs|frei|heit; be|we|gungs|los; be|we|gungs|un|fä|hig**
be|weih|räu|chern (*auch abwertend für* übertrieben loben)
be|wei|nen
Be|weis, der; -es, -e; etwas unter Beweis stellen *(Amtsspr.);* **Be|weis|auf|nah|me; be|wei|sen;** bewiesen; **Be|weis|füh|rung; be|weis|kräf|tig; Be|weis|la|ge** *(bes. Rechtsspr.);* **Be|weis|last; Be|weis|ma|te|ri|al; Be|weis|mit|tel,** das; **Be|weis|stück**
be|wen|den; *nur in* es bei etw. bewenden lassen; **Be|wen|den,** das; -s; es hat dabei sein Bewenden (es bleibt dabei)
be|wer|ben, sich; **Be|wer|ber; Be|wer|be|rin; Be|wer|bung; Be|wer|bungs|ge|spräch; Be|wer|bungs|schrei|ben; Be|wer|bungs|un|ter|la|ge** *meist Plur.*
be|wer|fen
be|werk|stel|li|gen
be|wer|ten; Be|wer|tung
be|wil|li|gen; Be|wil|li|gung
be|wir|ken
be|wir|ten
be|wirt|schaf|ten; Be|wirt|schaf|tung
Be|wir|tung
be|wohn|bar; be|woh|nen; Be|woh|ner; Be|woh|ne|rin
be|wöl|ken, sich; **be|wölkt; Be|wöl|kung**
Be|wun|de|rer; Be|wun|de|rin; be|wun|dern; be|wun|derns|wert; be|wun|derns|wür|dig; Be|wun|de|rung *Plur. selten*
be|wusst; *mit Gen.:* ich bin mir keines Vergehens bewusst; sich eines Versäumnisses bewusst werden *od.* bewusstwerden; er hat den Fehler bewusst (mit Absicht) gemacht; *aber* sie hat mir den Zusammenhang bewusst gemacht *od.* bewusstgemacht; **Be|wusst|heit,** die; -
be|wusst|los; Be|wusst|lo|sig|keit, die; -
be|wusst ma|chen, be|wusst|ma|chen *vgl.* bewusst; **Be|wusst|sein,** das; -s
be|wusst wer|den, be|wusst|wer|den *vgl.* bewusst; **Be|wusst|wer|dung,** die; -
be|zahl|bar; be|zah|len; eine gut bezahlte *od.* gutbezahlte Stellung
Be|zahl|schran|ke (*EDV* Zugangssperre für best. Internetangebote)
be|zahlt (*Abk.* bez., bez, bz); sich bezahlt machen (lohnen); **Be|zah|lung**
be|zau|bern; be|zau|bernd
be|zeich|nen; be|zeich|nend; be|zeich|nen|der|wei|se; Be|zeich|nung (*Abk.* Bez.)
be|zeu|gen (Zeugnis ablegen; bekunden); **Be|zeu|gung**
be|zich|ti|gen; jmdn. eines Verbrechens bezichtigen; **Be|zich|ti|gung**
be|zie|hen; sich auf eine Sache beziehen
Be|zie|her; Be|zie|he|rin; Be|zie|hung
Be|zie|hungs|sta|tus *Plur. selten* (bes. in sozialen Netzwerken)

B

be|zie|hungs|wei|se (*Abk.* bzw.)
be|zif|fern; ich beziffere; sich beziffern auf
Be|zirk, der; -[e]s, -e (*Abk.* Bez. *od.* Bz.)
Be|zirks|amt; Be|zirks|aus|schuss; Be|zirks|lei|ter; Be|zirks|lei|te|rin; Be|zirks|li|ga *(Sport);* **Be|zirks|ver|band**
be|zir|zen, be|cir|cen (*ugs. für* verführen, verzaubern); du bezirzt *od.* becirct; er wurde bezirzt *od.* becirct
Be|zug, der; -[e]s, Bezüge (*österr. auch für* Gehalt); in Bezug auf; mit Bezug auf; auf etwas Bezug haben, nehmen (sich auf etwas beziehen)
Be|zü|ge *Plur.* (Einkünfte)
be|züg|lich; bezügliches Fürwort (*für* Relativpronomen); *Präp. mit Gen.* (*Amtsspr.; Abk.* bez.): bezüglich Ihres Briefes; *mit Dat., wenn der Gen. nicht erkennbar ist:* bezüglich Bewerbern
Be|zug|nah|me, die; -, -n
Be|zug neh|mend, be|zug|neh|mend
be|zugs|fer|tig; eine bezugsfertige Wohnung; **Be|zugs|per|son; Be|zugs|punkt; Be|zugs|quel|le; Be|zugs|recht**
be|zu|schus|sen *(Amtsspr.);* du bezuschusst; **Be|zu|schus|sung**
be|zwe|cken
be|zwei|feln
be|zwin|gen; Be|zwin|gung
BGB, das; - = Bürgerliches Gesetzbuch
BH [beːˈhaː], der; -[s], -[s] (*ugs. für* Büstenhalter)
Bi|ath|let, der; -en, -en; **Bi|ath|le|tin; Bi|ath|lon,** der *u.* das; -s, -s (Kombination aus Skilanglauf u. Scheibenschießen)
bib|bern (*ugs. für* zittern); ich bibbere
Bi|bel, die; -, -n; **bi|bel|fest; Bi|bel|stun|de**
¹**Bi|ber,** der; -s, - (ein Nagetier)
²**Bi|ber®,** der *od.* das; -s (Rohflanell)
Bi|b|lio|gra|fie, Bi|b|lio|gra|phie, die; -, ...ien (Bücherkunde, Bücherverzeichnis); **bi|b|lio|gra|fie|ren,** bi|b|lio|gra|phie|ren (den Titel einer Schrift bibliografisch verzeichnen); **bi|b|lio|gra|fisch,** bi|b|lio|graphisch (bücherkundlich)
Bi|b|lio|gra|phie usw. *vgl.* Bibliografie usw.
bi|b|lio|phil (schöne od. seltene Bücher liebend); **Bi|b|lio|phi|le,** der *u.* die; -n, -n (Bücherliebhaber[in])
Bi|b|lio|thek, die; -, -en ([wissenschaftliche] Bücherei); Deutsche Bibliothek (in Frankfurt); **Bi|b|lio|the|kar,** der; -s, -e (Verwalter einer Bibliothek); **Bi|b|lio|the|ka|rin**
bi|b|lisch; eine biblische Geschichte
Bick|bee|re (*nordd. für* Heidelbeere)
Bi|det [...ˈdeː], das; -s, -s (längliches Sitzbecken für Spülungen)
bie|der; Bie|der|keit; Bie|der|mann *Plur.* ...männer; **Bie|der|mei|er,** das; *Gen.* -s, *fachspr. auch* - ([Kunst]stil in der Zeit des Vormärz [1815 bis 1848])
bie|gen; bog; gebogen; auf Biegen oder Brechen *(ugs.);* **bieg|sam; Bie|gung**
Bie|ne, die; -, -n; **Bie|nen|ho|nig; Bie|nen|kö|ni|gin; Bie|nen|korb; Bie|nen|stich; Bie|nen|stock** *Plur.* ...stöcke; **Bie|nen|volk; Bie|nen|wachs**
Bi|en|na|le, die; -, -n (zweijährliche Veranstaltung, bes. in der bildenden Kunst u. im Film)
Bier, das; -[e]s, -e; 5 Liter helles Bier; 3 [Glas] Bier; **Bier|de|ckel; Bier|do|se; Bier|fass; Bier|fla|sche; Bier|gar|ten; Bier|glas; Bier|zelt**
Biest, das; -[e]s, -er (Schimpfwort)
bie|ten; bot; geboten; **bie|ten las|sen, bie|ten|las|sen;** sich etwas nicht bieten lassen *od.* bietenlassen; **Bie|ter; Bie|te|rin**
Bi|ga|mie, die; -, ...ien (Doppelehe); **Bi|ga|mist,** der; -en, -en; **Bi|ga|mis|tin**
Big Band, die; - -, - -s, **Big|band,** die; -, -s (großes Jazz- od. Tanzorchester)
Big Bro|ther [- ˈbraðɐ], der; - -s, - -s *meist ohne Artikel* (Beobachter, Überwacher)
Big Da|ta [bɪg ˈdeɪ̯tə] - -s *ohne Artikel* (*EDV* riesige Datenmengen; Technologien zu deren Verarbeitung u. Auswertung)
bi|gott (engherzig fromm; scheinheilig); **Bi|got|te|rie,** die; -, ...ien
Bike [baɪ̯k], das; -s, -s (Motorrad; Fahrrad); **Bi|ker** [ˈbaɪ̯kɐ], der; -s, -; **Bi|ke|rin**
Bi|ki|ni, der (*schweiz.:* das); -s, -s (knapper, zweiteiliger Badeanzug)

Bi|lanz, die; -, -en (*Wirtsch.* Gegenüberstellung von Vermögen und Schulden für ein Geschäftsjahr; Ergebnis); **bi|lan|zi|ell** *(Wirtsch.);* **bi|lan|zie|ren** (*Wirtsch.* sich ausgleichen; eine Bilanz abschließen); **Bi|lan|zie|rung; Bi|lanz|sum|me**

bi|la|te|ral [*auch* ...'ra:l] (zweiseitig); bilaterale Verträge

Bild, das; -[e]s, -er; im Bilde sein; **Bild|band,** der; **Bild|be|schrei|bung; Bild|da|tei** *(EDV)*

bil|den; sich bilden; die bildenden *od.* Bildenden Künste

Bil|der|bo|gen; Bil|der|buch; Bil|der|ge|schich|te; Bil|der|rah|men; Bil|der|rät|sel

Bild|flä|che; bild|haft; Bild|hau|er; Bild|hau|e|rei; Bild|hau|e|rin; bild|hübsch; bild|lich; Bild|ma|te|ri|al; bild|ne|risch; Bild|nis, das; -ses, -se; **Bild|punkt; Bild|qua|li|tät; Bild|re|por|ta|ge; Bild|schirm; Bild|schirm|scho|ner** *(EDV);* **bild|schön**

bild|stark; ein bildstarker Film

Bil|dung; Bil|dungs|an|ge|bot; Bil|dungs|ein|rich|tung; bil|dungs|fern; Bil|dungs|lü|cke; Bil|dungs|mi|nis|ter; Bil|dungs|mi|nis|te|rin; Bil|dungs|po|li|tik; bil|dungs|po|li|tisch; Bil|dungs|rei|se; Bil|dungs|sys|tem; Bil|dungs|ur|laub; Bil|dungs|weg; Bil|dungs|we|sen, das; -s

Bil|lard ['bɪljart, *österr. auch* bi'ja:ɐ̯, bɪl'ja:ɐ̯], das; -s, *Plur.* -e, *österr.* -s (Kugelspiel)

Bil|lett [bɪl'jɛt, *österr. meist* bi'je:, *auch* bɪ'lɛt], das; -[e]s, *Plur.* -s *u.* -e (*veraltet für* Zettel, kurzes Briefchen; *bes. österr. für* Briefkarte; *schweiz. für* Einlasskarte, Fahrkarte)

Bil|li|ar|de, die; -, -n (10^{15}; tausend Billionen)

bil|lig; das ist nur recht und billig; ein Produkt billig herstellen; ein Produkt billig machen *od.* billigmachen (verbilligen); *aber nur* ein Produkt billiger machen, zu billig machen

Bil|lig|an|bie|ter

bil|li|gen (für gut halten)

Bil|lig|flie|ger (*ugs. für* Billigfluglinie); **Bil|lig|lohn|land** *Plur.* ...länder (Land, in dem vergleichsweise niedrige Löhne gezahlt werden); **bil|lig ma|chen, bil|lig|ma|chen** *vgl.* billig

Bil|li|gung, die; -

Bil|li|on, die; -, -en (10^{12}; eine Million Millionen *od.* tausend Milliarden)

Bim|mel, die; -, -n (*ugs. für* Glocke); **Bim|mel|bahn** *(ugs. scherzh.);* **bim|meln** *(ugs.)*

Bims|stein

bi|nar, bi|när, bi|na|risch (*fachspr. für* aus zwei Einheiten bestehend, Zweistoff...)

bi|na|ti|o|nal (zwei Nationen gemeinsam betreffend)

Bin|de, die; -, -n; **Bin|de|ge|we|be; Bin|de|glied; Bin|de|haut; Bin|de|haut|ent|zün|dung; Bin|de|mit|tel**

bin|den; band; gebunden

Bin|de|strich; Bind|fa|den; Bin|dung

bin|nen; *Präp. mit Dat.:* binnen einem Jahr (*geh. auch mit Gen.:* binnen eines Jahres); binnen Kurzem *od.* kurzem

Bin|nen|ha|fen; Bin|nen|han|del

Bin|nen-I, das (Großbuchstabe zur Darstellung des m. und w. Plurals in demselben Wort); *z. B. in* SchülerInnen; **Bin|nen|land** *Plur.* ...länder; **Bin|nen|markt; Bin|nen|meer; Bin|nen|nach|fra|ge** *(Wirtsch.);* **Bin|nen|schif|fer; Bin|nen|schif|fe|rin; Bin|nen|schiff|fahrt; Bin|nen|see**

Bin|se, die; -, -n; in die Binsen gehen (*ugs. für* verloren gehen)

Bin|sen|wahr|heit (*svw.* Binsenweisheit); **Bin|sen|weis|heit** (allgemein bekannte Tatsache)

bio... (leben[s]...); **Bio...** (Leben[s]...)

Bio|bau|er; Bio|bäu|e|rin; Bio|che|mie [*auch* 'bi:o...] (Lehre von den chemischen Vorgängen in Lebewesen); **Bio|che|mi|ker; Bio|che|mi|ke|rin; bio|che|misch; Bio|die|sel; Bio|gas** (Faulgas als Energiequelle)

Bio|graf, Bio|graph, der; -en, -en (Verfasser einer Biografie); **Bio|gra|fie,** Bio|gra|phie, die; -, ...ien (Lebensbeschreibung); **Bio-**

B

gra|fin, Bio|gra|phin; **bio|gra|fisch**, bio|gra|phisch
Bio|kost; Bio|kraft|stoff (vorwiegend aus nachwachsenden Rohstoffen erzeugter Kraftstoff); **Bio|la|den; Bio|lo|ge**, der; -n, -n; **Bio|lo|gie**, die; - (Lehre von der belebten Natur); **Bio|lo|gin; bio|lo|gisch**
Bio|mas|se (Gesamtheit aller Organismen einschließlich der von ihnen produzierten organischen Substanz an einem Ort)
Bio|me|t|rie, die; - ([Lehre von der] Zählung u. [Körper]messung an Lebewesen); **bio|me|t|risch; Bio|müll** (organische Abfälle); **Bio|sprit** (*ugs. für* Biokraftstoff); **Bio|tech|no|lo|gie** [*auch* ...'gi:] (Wissenschaft von den Verfahren zur Nutzbarmachung biologischer Vorgänge); **bio|tech|no|lo|gisch** [*auch* ...'lo:...]; **Bio|ton|ne**
Bio|top, der *u.* das; -s, -e (*Biol.* durch bestimmte Lebewesen od. eine bestimmte Art gekennzeichneter Lebensraum)
BIP, das; -[s] = Bruttoinlandsprodukt
Bir|cher|mües|li
Bir|ke, die; -, -n (ein Laubbaum)
Birn|baum; Bir|ne, die; -, -n; **bir|nen|för|mig**
bis; bis [nach] Berlin; bis hierher; bis nächsten Montag; bis auf wenige Ausnahmen; bis zu 50 %; bis auf **Weiteres** *od.* weiteres; vier- bis fünfmal, *mit Ziffern* 4- bis 5-mal; Gemeinden bis zu 10 000 Einwohnern
Bi|sam, der; -s, *Plur.* -e *u.* -s (Moschus *[nur Sing.]*; Pelz); **Bi|sam|rat|te**
Bi|schof, der; -s, Bischöfe (kirchl. Würdenträger); **Bi|schö|fin**, die; -, -nen; **bi|schöf|lich; Bi|schofs|kon|fe|renz; Bi|schofs|sitz; Bi|schofs|stab**
bi|se|xu|ell [*auch* ...ksu'ɛl] (sowohl hetero- sexuell als auch homosexuell)
bis|her (bis jetzt); **bis|he|rig**; der bisherige Außenminister; das Bisherige; Bisheriges
Bis|kuit [...'kvi:t, *auch* ...'kvɪt], das, *auch* der; -[e]s, *Plur.* -s, *auch* -e (feines Gebäck aus Eierschaum); **Bis|kuit|teig**
bis|lang (bis jetzt)
Bis|marck|he|ring
Bi|son, der; -s, -s (nordamerik. Wildrind)
biss *vgl.* beißen; **Biss**, der; Bisses, Bisse
biss|chen; das bisschen; dieses kleine bisschen; ein bisschen (ein wenig); ein klein bisschen; mit ein bisschen Geduld
Biss|chen (kleiner Bissen); **Bis|sen**, der; -s, -; **biss|fest**
bis|sig; Bis|sig|keit
Bis|t|ro [*auch* ...'tro:], das; -s, -s (Lokal)
Bis|tum, das; -s, ...tümer (Amtsbezirk eines kath. Bischofs)
bis|wei|len (manchmal)
Bit, das; -[s], -s; *aber* eine Million Bits *od.* Bit (*EDV* Informationseinheit; *Zeichen* bit)
[1]**Bit|coin**® ['bɪtkɔɪ̯n], -[s], *ohne Artikel* (*Finanzw.* ein Zahlungssystem im Internet)
[2]**Bit|coin** ['bɪtkɔɪ̯n], der; -s, -s *od.* die; -, -s (Einheit der digitalen Währung von [1]Bitcoin)
bit|te; bitte schön!; bitte wenden! (*Abk.* b. w.); du musst **Bitte** *od.* bitte sagen; **Bit|te**, die; -, -n; **bit|ten**; bat; gebeten; **Bit|ten**, das; -s
bit|ter; er hat es bitter nötig; **bit|ter|bö|se**
bit|ter|ernst; bit|ter|kalt; es ist bitterkalt; ein bitterkalter Wintertag; **Bit|ter|keit**
Bit|ter Le|mon, das; - -[s], - -, **Bit|ter|le|mon**, das; -[s], - [- 'lɛmən, *auch* ...lɛmən] (ein Erfrischungsgetränk)
bit|ter|lich; bit|ter|süß
Bitt|ge|such; Bitt|stel|ler; Bitt|stel|le|rin
Bi|tu|men, das; -s, *Plur.* -, *auch* ...mina (teerartige [Abdichtungs- u. Isolier]masse)
Bi|wak, das; -s, *Plur.* -s *u.* -e (behelfsmäßiges Nachtlager im Freien); **bi|wa|kie|ren**
bi|zarr (wunderlich; seltsam)
Bi|zeps, der; -[es], -e (Oberarmmuskel)
Bla|bla, das; -[s] (*ugs. für* Gerede)
Black|box, die; -, -es, **Black Box**, die; - -, - -es ['blɛk..., *auch* - 'bɔks] (Flugschreiber)
Black|out, **Black-out** [blɛk'ʔaʊ̯t], der *u.* das; -[s], -s (Erinnerungslücke; totaler Stromausfall)
bla|den ['bleɪ̯dn̩] (mit Inlineskates fahren)
blaf|fen, bläf|fen (*ugs. für* bellen)
blä|hen; sich blähen; **Blä|hung**
bla|ma|bel (beschämend); ...a|b|le

B

blau

blau|er, blau|es|te, blaus|te

Kleinschreibung:
– *blau sein* (auch ugs. für *betrunken sein)*
– *blau in blau*
– **blauer** od. *Blauer Brief* (ugs. für *Mahnschreiben der Schule an die Eltern,* auch *Kündigungsschreiben)*
– *blauer Fleck* (ugs. für *Bluterguss)*
– *blauer Montag, sein blaues Wunder erleben* (ugs. für *staunen)*
– *Aal blau*

Großschreibung der Substantivierung:
– *die Farbe Blau*
– *ins Blaue reden, Fahrt ins Blaue*
– *die Farbe der Fahne ist* **Blau** od. *blau*

In Namen und bestimmten namenähnlichen Fügungen:
– *das Blaue Wunder (Brücke in Dresden)*
– *die Blaue Grotte (von Capri)*
– *der* **Blaue** od. *blaue Planet (die Erde)*
Vgl. auch *Blau, Blaue*

Zusammensetzungen von »blau« mit einer anderen Farbbezeichnung:
– *blaugrün, blaurot usw.*

Getrennt- und Zusammenschreibung:
– *ein* **blau gestreifter** od. *blaugestreifter Stoff*

Wenn »blau« das Ergebnis der mit einem folgenden einfachen Verb bezeichneten Tätigkeit angibt, kann ebenfalls getrennt oder zusammengeschrieben werden:
– *etwas* **blau färben** od. *blaufärben*

Aber nur:
– *etwas hellblau färben, blau einfärben*

Vgl. auch *blaumachen, matt, metallic*

Geschichte; **Bla|ma|ge** […ʒə], die; -, -n (Schande; Bloßstellung); **bla|mie|ren**

blank (rein, bloß); blan|ker, blanks|te; Kabel sollten nicht blank liegen; **blank liegende** *od.* blankliegende Kabel; die Drähte **blank legen** *od.* blanklegen; etw. **blank reiben** *od.* blankreiben; die Nerven haben **blank gelegen** *od.* blankgelegen

Blank [blɛŋk], der *od.* das; -s, -s (*EDV* [Wort]zwischenraum, Leerstelle)

blank le|gen, **blank|le|gen** *vgl.* blank

blank lie|gen, **blank|lie|gen** *vgl.* blank

blan|ko (leer, unausgefüllt); **Blan|ko|voll|macht** (unbeschränkte Vollmacht)

blank po|lie|ren, **blank|po|lie|ren**; ein **blank polierter** *od.* blankpolierter Stiefel

blank rei|ben, **blank|rei|ben** *vgl.* blank

Bla|se, die; -, -n

Bla|se|balg *Plur.* …bälge

bla|sen; blies; geblasen; **Blä|ser**; **Blä|se|rin**

bla|siert (dünkelhaft-herablassend); **Bla|siert|heit**

Blas|in|s|t|ru|ment; **Blas|ka|pel|le**; **Blas|mu|sik**

Blas|phe|mie, die; -, …ien (Gotteslästerung); **blas|phe|misch**

blass; blas|ser (*auch* bläs|ser), blas|ses|te (*auch* bläs|ses|te); blass sein; blass werden; **blass|blau**; **Bläs|se**, die; - (Blassheit)

Bläss|huhn, **Bless|huhn**

bläss|lich

Blatt, das; -[e]s, Blätter (*Abk.* Bl. [Papier]); 5 Blatt Papier; **blät|te|rig** *vgl.* blättrig; **blät|tern**; **Blät|ter|teig**; **Blatt|gold**; **Blatt|grün**, das; -s; **Blatt|laus**; **blätt|rig**, blät|te|rig; **Blatt|trieb**, **Blatt-Trieb**

blau *s. Kasten*

Blau, das; -[s], -[s] (blaue Farbe); in Blau gekleidet; mit Blau bemalt; Stoffe in Blau; das Blau des Himmels; **blau|äu|gig**

B

Blau|bee|re (Heidelbeere)
Blaue, das; -n; das Blaue vom Himmel [herunter]reden; Fahrt ins Blaue; **Bläue,** die; - (Himmel[sblau])
[1]**bläu|en** (blau machen, färben)
[2]**bläu|en** (*veraltend für* schlagen)
blau fär|ben, blau|fär|ben; ein blau gefärbtes *od.* blaugefärbtes Kleid; *vgl.* blau; **blau ge|streift, blau|ge|streift** *vgl.* blau; **blau|grau**
Blau|helm (UN-Soldat); **Blau|kraut,** das; -[e]s (*landsch. u. österr. für* Rotkohl); **bläu|lich;** bläulich grün; **Blau|licht** *Plur.* …lichter; **blau|ma|chen** (*ugs. für* nicht zur Arbeit o. Ä. gehen); **Blau|mei|se; Blau|pau|se** (Lichtpause auf bläulichem Papier); **Blau|säu|re,** die; -; **Blau|tan|ne; Blau|wal**
Bla|zer ['ble:zɐ], der; -s, - (sportl. Jackett)
Blech, das; -[e]s, -e; **Blech|do|se**
ble|chen (*ugs. für* zahlen)
ble|chern (aus Blech); **Blech|scha|den**
ble|cken; die Zähne blecken
Blei, das; -[e]s, -e (chemisches Element, Metall; *Zeichen* Pb)
Blei|be, die; -, -n *Plur. selten* (Unterkunft)
blei|ben; blieb; geblieben; sie hat es bleiben lassen (*seltener* bleiben gelassen) *od.* bleibenlassen (*seltener* bleibengelassen); *aber nur* du kannst die Kinder noch ein bisschen bei uns bleiben lassen; **blei|bend;** bleibende Schäden davontragen; **blei|ben las|sen, blei|ben|las|sen** (unterlassen)
Blei|be|recht (Aufenthaltsrecht von Ausländern im Inland)
bleich
[1]**blei|chen** (bleich machen); bleichte; gebleicht; die Sonne bleicht das Haar
[2]**blei|chen** (bleich werden); bleichte; gebleicht; der Teppich bleicht in der Sonne
Bleich|ge|sicht *Plur.* …gesichter
blei|ern (aus Blei); **blei|frei;** bleifrei (mit bleifreiem Benzin) fahren; **Blei|frei,** das; -s *meist ohne Artikel;* Bleifrei (bleifreies Benzin) tanken; **Blei|kris|tall; Blei|stift,** der
Blen|de, die; -, -n (*Fotogr.* Einrichtung zur Belichtungsregulierung); **blen|den**
blen|dend; ein blendend weißes Kleid
Bles|se, die; -, -n (weißer Stirnfleck od. -streifen; Tier mit weißem Stirnfleck)
Bless|huhn, Bläss|huhn
Bles|sur, die; -, -en (*geh. für* Verwundung)
bleu [blø:] (blassblau)
Blick, der; -[e]s, -e; **blick|dicht;** blickdichte Strumpfhosen; **bli|cken; Blick|fang; Blick|feld; Blick|kon|takt; Blick|win|kel**
blind; blinder Alarm; blinder Passagier; blind sein, werden; sich blind stellen; ein blind geborenes *od.* blindgeborenes Kind
Blind|darm; Blind|darm|ent|zün|dung
Blin|de, der *u.* die; -n, -n
Blin|de|kuh *ohne Artikel;* Blindekuh spielen
Blin|den|schrift
Blind|flug; Blind|gän|ger
blind ge|bo|ren, blind|ge|bo|ren *vgl.* blind
Blind|heit, die; -; **blind|lings; Blind|schlei|che,** die; -, -n; **blind|schrei|ben** (ohne auf die Tastatur zu schauen); **blind|wü|tig**
blink; blink und blank
blin|ken; Blin|ker; Blink|feu|er (Seezeichen); **Blink|licht** *Plur.* …lichter
blin|zeln; ich blinz[e]le
Blitz, der; -es, -e; **Blitz|ab|lei|ter; blitz|ar|tig; blitz|blank**
blit|zen (*ugs. auch für* mit Blitzlicht fotografieren)
blitz|ge|scheit; Blitz|licht *Plur.* …lichter; **Blitz|schlag; blitz|schnell**
Bliz|zard […zɐt], der; -s, -s (Schneesturm)
Block, der; -[e]s, (für Beton-, Eis-, Felsblock usw.) *Plur.* Blö|cke, (für Abreiß-, Notiz-, Wohnblock usw.) *Plur.* Blocks oder Blö|cke, *österr. u. schweiz. nur* Blöcke, (für Macht-, Militärblock usw.) *Plur.* Blö|cke, *selten* Blocks
Blo|cka|de, die; -, -n ([See]sperre, Einschließung)
Block|bus|ter ['blɔkbastɐ], der; -s, - (sehr erfolgreiches Produkt, bes. ein Kinofilm)
blo|cken (*südd. auch für* bohnern)
Block|flö|te; Block|haus

B

blo|ckie|ren
Block|scho|ko|la|de; Block|schrift
blöd, blö|de (*ugs. für* dumm); sich blöd stellen; *aber*: so etwas Blödes!; **blö|deln** *(ugs.)*; **Blöd|heit; Blö|di|an,** der; -[e]s, -e (*ugs. abwertend für* Dummkopf); **Blöd|sinn,** der; -[e]s *(ugs.)*; **blöd|sin|nig** *(ugs.)*
Blog, das, *auch* der; -s, -s (*kurz für* Weblog); **blog|gen** (an einem Blog schreiben); sie bloggt; er hat gebloggt; **Blog|ger** (jmd., der an einem Blog schreibt); **Blog|ge|rin**
blö|ken; das Schaf blökte
blond; blond gefärbtes *od.* blondgefärbtes Haar; **blond ge|färbt, blond|ge|färbt** *vgl.* blond; **blon|die|ren** (blond färben); **Blon|di|ne,** die; -, -n (blonde Frau)
[1]**bloß** (nur)
[2]**bloß** (entblößt); wenn die Nerven bloß liegen *od.* bloßliegen; Mauern bloß legen *od.* bloßlegen; *aber nur* sich bloß strampeln; das Kind hat sich bloß gestrampelt
Blö|ße, die; -, -n
bloß le|gen, [2]**bloß|le|gen** *vgl.* [2]bloß
[1]**bloß|le|gen** (enthüllen); Hintergründe bloßlegen; **bloß lie|gen, bloß|lie|gen** *vgl.* [2]bloß; **bloß|stel|len** (blamieren)
Blou|son [bluˈzõː], das, *auch* der; -[s], -s (an den Hüften eng anliegende Jacke mit Bund)
Blue|jeans [ˈbluːdʒiːns] (blaue [Arbeits]hose aus geköpertem Baumwollgewebe)
Blues [bluːs], der; -, - (Volkslied der nordamerik. Schwarzen; langsamer Tanz)
Bluff [*auch* blœf], der; -s, -s (Täuschung); **bluf|fen**
blü|hen
Blüm|chen; Blu|me, die; -, -n; **Blu|men|kohl; Blu|men|strauß** *Plur.* ...sträuße; **Blu|men|topf; Blu|men|va|se**
blü|me|rant (*ugs. für* übel, flau)
blu|mig
Blu|se, die; -, -n; **blu|sig**
Blut, das; -[e]s, *Plur. (Med. fachspr.)* -e
blut|arm (arm an Blut); **Blut|ar|mut**
Blut|bad; Blut|bahn; Blut|bank *Plur.* ...banken (Sammelstelle für Blutkonserven); **blut|be|schmiert; Blut|bild; blut|bil|dend, Blut bil|dend;** ein blutbildendes *od.* Blut bildendes Medikament; **Blut|druck** *Plur.* ...drücke *u.* ...drucke; **blut|druck|sen|kend**
Blü|te, die; -, -n
blu|ten
Blü|ten|stand; Blü|ten|staub; blü|ten|weiß; blütenweiße Wäsche
Blu|ter (jmd., der an der Bluterkrankheit leidet); **Blut|er|guss; Blu|te|rin**
Blü|te|zeit
Blut|ge|fäß; Blut|ge|rinn|sel; Blut|grup|pe; Blut|hoch|druck, der; -[e]s
blu|tig
blut|jung (*ugs. für* sehr jung); **Blut|kon|ser|ve** (konserviertes Blut); **Blut|kör|per|chen; Blut|kreis|lauf; Blut|plas|ma; Blut|plätt|chen** *(Med.)*; **Blut|pro|be; Blut|ra|che; blut|rei|ni|gend, Blut rei|ni|gend;** blutreinigender *od.* Blut reinigender Tee
blut|rot; blut|rüns|tig
blut|sau|gend, Blut sau|gend; ein blutsaugender *od.* Blut saugender Vampir
Blut|spen|de; Blut|spen|der; Blut|spen|de|rin; Blut|spur; blut|stil|lend, Blut stil|lend; blutstillende *od.* Blut stillende Watte
bluts|ver|wandt
Blut|tat; Blut|trans|fu|si|on; Blu|tung; Blut|ver|gie|ßen, das; -s; **Blut|ver|gif|tung; Blut|wä|sche; Blut|wurst**
BLZ, die; - = Bankleitzahl
BMI, der; - = Body-Mass-Index
Bö, Böe, die; -, Böen (heftiger Windstoß)
Boa, die; -, -s (eine Riesenschlange; langer, schmaler Schal aus Pelz od. Federn)
[1]**Board** [bɔːɐ̯t], das; -s, -s (*kurz für* Kickboard, Skateboard, Snowboard u. Ä.)
[2]**Board** [bɔːɐ̯t], das, *auch* der; -s, -s (*Wirtsch.* für die Leitung u. Kontrolle eines Unternehmens zuständiges Gremium)
Bob, der; -s, -s (Rennschlitten); **Bob|bahn**
Boc|cia [...tʃa], das *od.* die; -, -s (ital. Kugelspiel)
Bock, der; -[e]s, Böcke; **bock|bei|nig** (*ugs.* *für* widerspenstig); **Bock|bier**

B

bo|ckig
Bocks|horn *Plur.* ...hörner
Bock|sprin|gen, das; -s; **Bock|wurst**
Bod|den, der; -s, - (Strandsee, [Ostsee]bucht)
Bo|de|ga, die; -, -s (span. Weinkeller)
Bo|den, der; -s, Böden; **Bo|den|be|lag; Bo|den|frost; Bo|den|haf|tung; bo|den|los;** ins Bodenlose fallen; **Bo|den|per|so|nal; Bo|den|schät|ze** *Plur.;* **bo|den|stän|dig**
Bo|dy [...di], der; -s, -s (*engl. Bez. für* Körper; *kurz für* Bodysuit); **Bo|dy|buil|der** [...bɪldɐ], der; -s, - (jmd., der Bodybuilding betreibt); **Bo|dy|buil|de|rin; Bo|dy|buil|ding,** das; -s (gezieltes Muskeltraining mit besonderen Geräten); **Bo|dy|cam** [...kɛm], die; -, -s (an der Schulter befestigte Kamera); **Bo|dy|guard** [...ga:ɐ̯t], der; -s, -s (Leibwächter); **Bo|dy|lo|ti|on** (Körperlotion)
Bo|dy-Mass-In|dex [...mæs...] (*Med.* Verhältnis von Körpergröße u. -gewicht; *Abk.* BMI)
Böe *vgl.* Bö
Boe|ing® ['bo:ɪŋ], die; -, -s (Flugzeugtyp)
Bo|fist [*auch* bo'fɪst], Bo|vist ['bo:vɪst, *auch* bo'vɪst], der; -[e]s, -e (ein Pilz)
Bo|gen, der; -s, *Plur.* - *u. (bes. südd., österr. u. schweiz.)* Bögen
Bo|gen|schie|ßen, das; -s
Bo|heme [bo'ɛ:m, *auch* bo'hɛ:m], die; - (unkonventionelles Künstlermilieu); **Bo|he|mi|en** [boe'mi̯ɛ̃:, *auch* bohe...], der; -s, -s (Angehöriger der Boheme)
Boh|le, die; -, -n (starkes Brett)
böh|misch (*auch ugs. für* unverständlich); das sind für mich böhmische Dörfer
Boh|ne, die; -, -n; **Boh|nen|kaf|fee; Boh|nen|kraut; Boh|nen|stan|ge**
boh|nern; Boh|ner|wachs
boh|ren; Boh|rer; Bohr|in|sel; Bohr|loch; Boh|rung
bö|ig; böiger Wind
Boi|ler, der; -s, - (Warmwasserbereiter)
Bo|je, die; -, -n (*Seemannsspr.* schwimmendes Seezeichen)
Bo|le|ro, der; -s, -s (Tanz; kurze Jacke)
Böl|ler (Feuerwerkskörper); **böl|lern**
Boll|werk
Bol|sche|wik, der; -en, *Plur.* -i *u. (abwertend)* -en (*hist. Bez. für* Mitglied der kommunistischen Partei Russlands bzw. der Sowjetunion); **Bol|sche|wi|kin**
Bol|sche|wis|mus, der; -; **Bol|sche|wist,** der; -en, -en; **Bol|sche|wis|tin**
bol|zen (*Fußball* derb, systemlos spielen); du bolzt; **Bol|zen,** der; -s, -; **Bolz|platz**
Bom|bar|de|ment [...'mã:, *österr.* ...bard'mã:, *schweiz.* bɔmbardə'mɛnt], das; -s, *Plur.* -s *u.* (bei schweiz. Aussprache:) -e (Beschießung; Abwurf von Bomben); **bom|bar|die|ren; Bom|bar|die|rung**
bom|bas|tisch
Bom|be, die; -, -n (mit Sprengstoff angefüllter Hohlkörper; *ugs.* wuchtiger Schuss aufs [Fußball]tor); **bom|ben; Bom|ben|an|griff; Bom|ben|an|schlag; Bom|ben|at|ten|tat; Bom|ben|dro|hung**
Bom|ben|er|folg (*ugs. für* großer Erfolg)
[1]**bom|ben|si|cher;** ein bombensicherer Keller
[2]**bom|ben|si|cher** *(ugs.);* sie weiß es bombensicher
Bom|ber
Bom|mel, die; -, -n *u.* der; -s, - (*landsch. für* Quaste); **Bom|mel|müt|ze**
Bon [bɔŋ, *auch* bõ:], der; -s, -s (Gutschein; Kassenzettel)
Bon|bon [bõ'bõ:], der *od. (österr. nur)* das; -s, -s (Süßigkeit zum Lutschen); **Bon|bon|ni|e|re, Bon|bo|ni|e|re,** die; -, -n (gut ausgestattete Pralinenpackung)
Bond, der; -s, -s (*Bankw.* Schuldverschreibung mit fester Verzinsung)
Bo|ni|tät, die; -, -en (*Kaufmannsspr.* guter Ruf einer Person oder Firma in Bezug auf ihre Zahlungsfähigkeit)
Bon|mot [bõ'mo:], das; -s, -s (geistreiche Wendung)
Bon|sai, der; -[s], -[s] (jap. Zwergbaum)
Bo|nus, der; *Gen.* - *u.* Bonusses, *Plur.* - *u.* Boni, *auch* Bonusse (Vergütung; Rabatt); **Bo|nus|zah|lung**

Bon|ze, der; -n, -n (*abwertend für* dem Volk entfremdeter höherer Funktionär)

Boo|gie-Woo|gie ['bʊgi'vʊgi], der; -[s], -s (Jazzart; ein Tanz)

Book|let ['bʊklɪt], das; -s, -s (kleines Beiheft)

Boom [bu:m], der; -s, -s ([plötzlicher] Wirtschaftsaufschwung); **boo|men** (*ugs. für* einen Boom erleben)

[1]**Boot,** das; -[e]s, *Plur.* -e, *landsch. auch* Böte; Boot fahren

[2]**Boot** [bu:t], der; -s, -s *meist Plur.* (bis über den Knöchel reichender [Wildleder]schuh)

boo|ten ['bu:tn̩] (*EDV* einen Computer neu starten); ich boote, ich habe gebootet

Bor, das; -s (chemisches Element, Nichtmetall; *Zeichen* B)

[1]**Bord,** das; -[e]s, -e ([Bücher-, Wand]brett)

[2]**Bord,** der; -[e]s, -e ([Schiffs]rand, -deck, -seite; *übertr. auch für* Schiff, Luftfahrzeug); an Bord gehen; Mann über Bord!

Bord|com|pu|ter

Bör|de, die; -, -n (fruchtbare Ebene); Magdeburger Börde

Bor|dell, das; -s, -e

Bord|stein

Bor|dü|re, die; -, -n (Einfassung, Besatz)

bor|gen

Bor|ke, die; -, -n (Rinde); **Bor|ken|kä|fer**

bor|niert (engstirnig); **Bor|niert|heit**

Bor|retsch, der; -[e]s (ein Küchenkraut)

Bör|se, die; -, -n (*Wirtsch.* Markt für Wertpapiere; *veraltend für* Portemonnaie); **Bör|sen|auf|sicht** (staatliche Überwachung der Börse auf Einhaltung der gesetzlichen Vorschriften); **Bör|sen|be|richt; Bör|sen|gang; Bör|sen|kurs; Bör|sen|mak|ler; Bör|sen|mak|le|rin; bör|sen|no|tiert** *(Wirtsch.);* ein börse[n]notiertes Unternehmen; **Bör|sen|schluss; Bör|sen|wert** (*Wirtsch.* an der Börse gehandeltes Wertpapier); **Bör|si|a|ner** (*ugs. für* Börsenmakler, -spekulant); **Bör|si|a|ne|rin**

Bors|te, die; -, -n; **bors|tig**

Bor|te, die; -, -n (gemustertes Band als Besatz)

bös *vgl.* böse; **bös|ar|tig**

Bö|schung

bö|se, bös; böser Blick; jenseits von Gut und Böse; im Bösen auseinandergehen; sich zum Bösen wenden; im Guten wie im Bösen; **Bö|se,** der; -n, -n *(auch für* Teufel *[nur Sing.]);* **Bö|se|wicht,** der; -[e]s, -e[r]; **bos|haft; Bos|haf|tig|keit; Bos|heit**

Bos|kop, Bos|koop, der; -s, - (eine Apfelsorte)

Boss, der; -es, -e (Chef; Vorgesetzter); **Bos|sin**

bös|wil|lig

Bot, der; -s, -s (*EDV* automatisiertes [Schad]programm)

Bo|ta|nik, die; - (Pflanzenkunde); **Bo|ta|ni|ker; Bo|ta|ni|ke|rin; bo|ta|nisch**

Böt|chen (kleines Boot)

Bo|te, der; -n, -n; **Bo|ten|stoff** (*Med., Physiol.* Überträgerstoff); **Bo|tin**

Bot|net, das; -s, -s (*EDV* zahlreiche vernetzte Bots)

Bot|schaft (diplomatische Vertretung); **Bot|schaf|ter; Bot|schaf|te|rin**

Bött|cher (Bottichmacher); **Bött|che|rin; Bot|tich,** der; -[e]s, -e

Bou|c|lé, Bu|k|lee [bu'kle:], das; -s, -s (Garn mit Knoten u. Schlingen)

Bouil|lon [bʊl'jõ:, *österr.* bu'jõ:], die; -, -s (Kraft-, Fleischbrühe)

boul|dern ['bɔʊ̯l...] (*Sport* ungesichert über Felsblöcke od. an Kletterwänden klettern); ich bouldere

Boule [bu:l], das; -[s], *auch* die; - (franz. Kugelspiel)

Bou|le|vard [bulə'va:ɐ̯, *österr.* bʊl'va:ɐ̯], der; -s, -s (breite [Ring]straße); **Bou|le|vard|pres|se,** die; - *(oft abwertend)*

Bou|quet [bu'ke:], das; -s, -s, Bu|kett, das; -[e]s, *Plur.* -s *u.* -e ([Blumen]strauß; Duft [des Weines])

bour|geois [bʊr'ʒo̯a] (der Bourgeoisie angehörend, entsprechend); bourgeoises [...'ʒo̯a:zəs] Verhalten; **Bour|geois,** der; -, - (*abwertend für* wohlhabender, selbstzufriedener Bürger); **Bour|geoi|sie**

B

[…ʒo̯aˈziː], die; -, …ien (Bürgerstand; *marx.* herrschende Klasse im Kapitalismus)
Bou|tique [buˈtiːk, *österr.* buˈtɪk], die; -, -n (kleiner Laden für meist modische Artikel)
Bo|vist [ˈboːvɪst, *auch* boˈvɪst] *vgl.* Bofist
Bow|le [ˈboː…], die; -, -n (Getränk aus Wein, Zucker u. Früchten; Gefäß dafür)
Bow|ling [ˈboː…], das; -s, -s (amerik. Art des Kegelspiels; engl. Kugelspiel); **Bow|ling|cen|ter** […s…], das; -s, -
Box, die; -, -en (Pferdestand; Unterstellraum; Montageplatz bei Autorennen; *kurz für* Lautsprecherbox)
Box|calf, Box|kalf […kaːf], das; -s, -s (Kalbsleder)
bo|xen; du boxt; er boxte ihn (*auch* ihm) in den Magen; **Bo|xer,** der; -s, - (*bes. südd., österr. auch* Faustschlag; eine Hunderasse); **Bo|xe|rin; Box|hand|schuh**
Box|kalf […kaːf] *vgl.* Boxcalf
Box|kampf
Box|spring|bett […sprɪŋ…] (amerik. Bett)
Boy [bɔɪ̯], der; -s, -s (Junge; [Hotel]diener)
Boy|band [ˈbɔɪ̯bɛnt], die (Boygroup)
Boy|group […gruːp], die; -, -s (Popgruppe aus jungen attraktiven Männern)
Boy|kott [bɔɪ̯…], der; -[e]s, *Plur.* -s, *auch* -e (politische, wirtschaftliche od. soziale Ächtung; Nichtbeachten); **boy|kot|tie|ren**
brab|beln (*ugs. für* undeutlich vor sich hin reden); ich brabb[e]le
[1]**brach** *vgl.* brechen
[2]**brach** (unbestellt; unbebaut); brach liegen; brachliegende *od.* brach liegende Felder; *vgl.* brachliegen
Bra|che, die; -, -n (Brachfeld)
Bra|chi|al|ge|walt, die; - (rohe Gewalt)
brach|lie|gen (nicht genutzt werden); Fähigkeiten, die brachliegen; *aber* Äcker, die brach liegen; *vgl.* [2]brach
bra|ckig (schwach salzig u. daher ungenießbar); **Brack|was|ser,** das; -s, …wasser (Gemisch aus Salz- u. Süßwasser)
Brain|stor|ming [ˈbrɛɪ̯nstɔːɐ̯mɪŋ], das; -s, -s (Verfahren, durch Sammeln spontaner Einfälle eine Lösung für ein Problem zu finden)
Bran|che [ˈbrãːʃə, *österr.* brãːʃ], die; -, -n (Wirtschafts-, Geschäftszweig; *ugs. für* Fachgebiet); **Bran|chen|füh|rer; Bran|chen|füh|re|rin; Bran|chen|pri|mus** (*ugs. für* größtes, erfolgreichstes Unternehmen in einer Branche); **bran|chen|über|grei|fend; bran|chen|üb|lich; Bran|chen|ver|zeich|nis**
[1]**Brand,** der; -[e]s, Brände (*fachspr. auch kurz für* Wein-, Obstbrand); in Brand stecken
[2]**Brand** [brænd], der, *auch* das; -[s], -s, *selten* die; -, -s (*Wirtsch.* Marke, Markenartikel, Markenfirma)
brand|ak|tu|ell; Brand|an|schlag; Brand|bla|se; brand|ei|lig (*ugs. für* sehr eilig)
bran|den; das Meer brandet gegen die Felsen
Brand|herd; Brand|ka|ta|s|t|ro|phe; brand|mar|ken; gebrandmarkt; **Brand|mau|er; brand|neu; Brand|sal|be; Brand|satz** (leicht entzündliches Gemisch [bes. als Füllung von Brandbomben]); **Brand|schutz**
Brand|stif|ter; Brand|stif|te|rin; Brand|stif|tung
Bran|dung
Brand|ur|sa|che; Brand|wun|de
Brannt|wein
Bra|sil, die; -, -[s] (Zigarre)
Brät, das; -s (fein gehacktes [Bratwurst]-fleisch)
Brat|ap|fel
bra|ten; du brätst, er brät; du brietst; du brietest; gebraten; brat[e]!; **Bra|ten,** der; -s, -; **Bra|ten|so|ße**, **Bra|ten|sau|ce**
Brat|hendl, das; -s, -n (*südd., österr. für* Brathähnchen); **Brat|he|ring; Brat|kar|tof|fel** *meist Plur.;* **Brat|ling** (gebratener Kloß aus Gemüse, Getreide); **Brat|pfan|ne**
Brat|sche, die; -, -n (ein Streichinstrument); **Brat|schist,** der; -en, -en; **Brat|schis|tin**
Brat|wurst
Brauch, der; -[e]s, Bräuche
brauch|bar; brau|chen
Brauch|tum, das; -s, …tümer *Plur. selten*
Braue, die; -, -n

breit

– *ein 3 cm breiter Saum, ein breites Lachen*
– *die breite Masse (die meisten)*
– *weit und breit*

Großschreibung der Substantivierung:

– *des Langen und Breiten (umständlich) darlegen, des Breiter[e]n darlegen*
– *ins Breite fließen*

Getrennt- und Zusammenschreibung:
Wenn »breit« das Ergebnis der mit dem folgenden einfachen Verb bezeichneten Tätigkeit angibt, kann getrennt oder zusammengeschrieben werden:

– *die Schuhe breit treten* od. *breittreten*
– *einen Nagel breit schlagen* od. *breitschlagen*

Schreibung mit Partizipien:

– *ein breit gefächertes* od. *breitgefächertes Warenangebot*

Wenn Adjektiv und Verb eine neue Gesamtbedeutung bilden, schreibt man zusammen:

– *das Gerücht wurde in der Presse breitgetreten (weiterverbreitet)*
– *sie ließ sich breitschlagen (überreden), uns zu treffen*
– *es hatte sich eine allgemeine Müdigkeit breitgemacht (ausgebreitet)*

brau|en; Brau|er; Brau|e|rei; Brau|e|rin; Brau|haus

braun; eine braun gebrannte *od.* braungebrannte Frau; die Sonne hat uns braun gebrannt *od.* braungebrannt; *vgl.* blau; **Braun,** das; -[s], -[s] (braune Farbe); *vgl.* Blau; **Braun|bär; Bräu|ne,** die; - (braune Färbung); **bräu|nen; braun ge|brannt, braun|ge|brannt** *vgl.* braun; **Braun|kohle; bräun|lich;** bräunlich gelb

Brau|se, die; -, -n

brau|sen; Brau|sen, das; -s

Brau|se|ta|b|let|te

Braut, die; -, Bräute; **Bräu|ti|gam,** der; -s, -e; **Braut|jung|fer; Braut|kleid; bräutlich; Braut|paar; Braut|strauß**

brav (tüchtig; artig, ordentlich)

bra|vo! (gut!); *vgl.* Bravo; **Bra|vo,** das; -s, -s (Beifallsruf); Bravo *od.* bravo rufen

Bra|vour [...'vu:ɐ̯], die; - (Tapferkeit; meisterhafte Technik)

bra|vou|rös (meisterhaft)

Break [breɪ̯k], der *od.* das; -s, -s (*Sport* unerwarteter Durchbruch; *Tennis* Durchbrechen des gegnerischen Aufschlags); **Breakdance** [...dɛ:ns], der; - (tänzerisch-akrobatische Darbietung zu Popmusik); **Breakdan|cer,** der; -s, -; **Break|dan|ce|rin**

Brech|ei|sen; bre|chen; brach; gebrochen; auf Biegen oder Brechen *(ugs.)*

Brech|mit|tel; Brech|reiz

Brech|stan|ge

Bre|douil|le [...'dʊljə], die; -, -n (*ugs. für* Verlegenheit, Bedrängnis); in der Bredouille sein; in die Bredouille kommen

Brei, der; -[e]s, -e; **brei|ig**

breit *s. Kasten*

breit|ban|dig *(Fachspr.)*

Brei|te, die; -, -n; nördliche Breite (*Abk.* n. Br.); südliche Breite (*Abk.* s. Br.); in die Breite gehen (*ugs. für* dick werden)

brei|ten; ein Tuch über den Tisch breiten

Brei|ten|grad *(Geogr.);* **Brei|ten|kreis** *(Geogr.);* **Brei|ten|sport,** der; -[e]s

breit ge|fä|chert, breit|ge|fä|chert *vgl.* breit; **breit|ma|chen,** sich (viel Platz beanspruchen; sich ausbreiten); *vgl.* breit; **breit|schla|gen** (*ugs. für* überreden); sich breitschlagen lassen; *vgl.* breit; **breit|treten** (*ugs. für* weitschweifig darlegen); ein Thema breittreten; *vgl.* breit

[1]**Brem|se,** die; -, -n (Hemmvorrichtung)

[2]**Brem|se,** die; -, -n (ein Insekt)

brem|sen; Brem|ser; Brem|se|rin; Bremspe|dal; Brems|spur; Brems|weg

brenn|bar; Brenn|bar|keit, die; -

Brenn|ele|ment *(Kernphysik)*
bren|nen; brannte; gebrannt; **Bren|ne|rei**
Brenn|holz, das; -es; **Brenn|ma|te|ri|al; Brenn|nes|sel, Brenn-Nes|sel,** die; **Brenn|punkt; Brenn|stab** *(Kernphysik);* **Brenn|stoff; Brenn|stoff|zel|le** *(Chemie, Technik);* **Brenn|wei|te** *(Optik)*
brenz|lig; eine brenzlige Situation
Bre|sche, die; -, -n (*veraltend für* große Lücke)
Brett, das; -[e]s, -er; **Bret|ter|bu|de; bret|tern** (aus Brettern bestehend); **Brett|spiel**
Bre|vier, das; -s, -e (Gebetbuch der kath. Geistlichen; Stundengebet)
Bre|xit, der; -s (*bes. Politikjargon* Austritt Großbritanniens aus der EU)
Bre|zel, die; -, -n, *österr. auch* das; -s, - (salziges od. süßes Gebäck)
Bridge [brɪtʃ], das; - (ein Kartenspiel)
Brief, der; -[e]s, -e; **Brief|be|schwe|rer,** der; -s, -; **Brief|bo|gen; Brief|bom|be; Brief|freund; Brief|freun|din; Brief|ge|heim|nis,** das; -ses; **Brief|kas|ten; brief|lich; Brief|mar|ke; Brief|pa|pier; Brief|ta|sche; Brief|tau|be; Brief|trä|ger; Brief|trä|ge|rin; Brief|um|schlag; Brief|wahl; Brief|wech|sel**
Bri|ga|de, die; -, -n (größere Truppenabteilung); **Bri|ga|di|er** [...ˈdi̯e:], der; -s, -s (Befehlshaber einer Brigade)
Bri|kett, das; -s, *Plur.* -s, *selten* -e (in Form gepresste Braun- od. Steinkohle)
bril|lant [brɪlˈjant] (glänzend; fein); **Bril|lant,** der; -en, -en (geschliffener Diamant)
Bril|lanz, die; - (Glanz; Virtuosität)
Bril|le, die; -, -n; **Bril|len|ge|stell; Bril|len|glas** *Plur.* ...gläser; **Bril|len|schlan|ge** (*ugs. scherzh. auch für* Brillenträger[in])
bril|lie|ren [brɪlˈji:..., *auch, bes. österr.* brɪˈli:...] (glänzen; sich hervortun)
Brim|bo|ri|um, das; -s (*ugs. für* Gerede; Umschweife)
brin|gen; brachte; gebracht
bri|sant (hochexplosiv; sehr aktuell); **Bri|sanz,** die; -, -en (Sprengkraft; *nur Sing.:* brennende Aktualität)

Bri|se, die; -, -n
Broc|co|li *vgl.* Brokkoli
brö|cke|lig, bröck|lig; brö|ckeln
Bro|cken, der; -s, -
bro|deln (dampfend aufsteigen, aufwallen)
Broi|ler, der; -s, - (*regional für* Hähnchen zum Grillen)
Bro|kat, der; -[e]s, -e (kostbares [Seiden]gewebe); **bro|ka|ten** *(geh.)*
Bro|ker [*auch* ˈbrɔu̯kɐ], der; -s, - (*engl. Bez. für* Börsenmakler); **Bro|ke|rin**
Brok|ko|li, Broc|co|li, der; -[s], -[s] (Spargelkohl)
Brom|bee|re; Brom|beer|strauch
bron|chi|al; Bron|chie [...çi̯ə], die; -, -n *meist Plur.* (*Med.* Luftröhrenast); **Bron|chi|tis,** die; -, ...itiden (*Med.* Bronchialkatarrh)
Bron|ze [ˈbrõ:sə, *österr.* brõ:s], die; -, -n (Metallmischung; Kunstgegenstand aus Bronze; *nur Sing.:* Farbe); **Bron|ze|me|dail|le; bron|zen** (aus Bronze); **Bron|ze|zeit,** die; - (vorgeschichtliche Kulturzeit)
Bro|sa|me, die; -, -n *meist Plur.*
Bro|sche, die; -, -n
Bro|schü|re, die; -, -n (leicht geheftetes Druckwerk)
Brö|sel, der, *bayr., österr.* das; -s, - *meist Plur.* (Bröckchen); **brö|seln** (bröckeln)
Brot, das; -[e]s, -e; **Brot|auf|strich**
Bröt|chen; Bröt|chen|ge|ber (*scherzh. für* Arbeitgeber)
Brot|korb; Brot|krus|te; Brot|laib; brot|los; brotlose Kunst; **Brot|mes|ser; Brot|zeit** (*landsch. für* Zwischenmahlzeit)
Brow|nie [ˈbrau̯ni], der; -s, -s (ein Schokoladengebäck)
Brow|ser [ˈbrau̯zɐ], der; -s, - (Software zum Verwalten, Finden u. Ansehen von Dateien)
[1]**Bruch,** der; -[e]s, Brüche (*ugs. auch für* Einbruch); zu Bruch, in die Brüche gehen
[2]**Bruch** [*auch* bru:x], der *u.* das; -[e]s, *Plur.* Brüche, *landsch.* Brücher (Sumpfland)
Bruch|bu|de (*ugs. abwertend für* schlechtes, baufälliges Haus); **brü|chig; Brü|chig|keit,** die; -; **Bruch|lan|dung**

bruch|rech|nen *nur im Infinitiv üblich;* **Bruch|rech|nung**

Bruch|stück; Bruch|teil, der; **Bruch|zahl**

Brü|cke, die; -, -n; **Brü|cken|bau** *Plur.* ...bauten; **Brü|cken|bo|gen; Brü|cken|kopf** *(Militär);* **Brü|cken|schlag** (Herstellung einer Verbindung)

Brü|cken|tech|no|lo|gie (unvollkommene, nur übergangsweise genutzte Technologie)

Bru|der, der; -s, Brüder; **brü|der|lich; Brü|der|lich|keit,** die; -; **Bru|der|schaft** ([rel.] Vereinigung); **Brü|der|schaft** (brüderliches Verhältnis); Brüderschaft trinken

Brü|he, die; -, -n; **brü|hen**

brüh|warm *(ugs.)*

brül|len

brum|me|lig; brum|meln *(ugs.)*

brum|men; Brum|mer *(ugs.);* **brum|mig**

Brunch [brantʃ], der; -[e]s, *Plur.* -[e]s *u.* -e (ausgedehntes u. reichhaltiges, das Mittagessen ersetzendes Frühstück)

brü|nett (braunhaarig, -häutig)

Brunft, die; -, Brünfte (*Jägerspr.* Brunst beim Wild)

Brun|nen, der; -s, -; **Brun|nen|kres|se** (Salatpflanze)

Brunst, die; -, Brünste (Periode der geschlechtl. Erregung u. Paarungsbereitschaft bei einigen Tieren); **bruns|tig**

Brus|chet|ta [brʊsˈkɛta, bruˈskɛta], die; -, -s *u.* ...tte [...ˈkɛte] (geröstetes Weißbrot mit Tomaten)

brüsk; brüskes|te (schroff); **brüs|kie|ren** (schroff behandeln); **Brüs|kie|rung**

Brust, die; -, Brüste; **Brust|bein; brüs|ten,** sich; **Brust|korb; Brust|krebs**

brust|schwim|men, Brust schwim|men; *aber nur:* er schwimmt Brust; **Brust|schwim|men,** das; -s

Brüs|tung

Brust|war|ze

brut [brʏt] (*von Schaumweinen* sehr trocken)

Brut, die; -, -en *Plur. selten;* **bru|tal** (roh; gewalttätig); **Bru|ta|li|tät,** die; -, -en

brü|ten; brü|tend; brütende Hitze; ein brütend heißer Tag; **Brü|ter** (*Kernphysik* Brutreaktor); schneller Brüter

Brut|kas|ten; Brut|stät|te

brut|to (mit Verpackung; ohne Abzug der [Un]kosten; *Abk.* btto.); brutto für netto (*Abk.* bfn.); **Brut|to|ein|kom|men; Brut|to|ge|wicht; Brut|to|in|lands|pro|dukt** (*Wirtsch. Abk.* BIP); **Brut|to|lohn; Brut|to|so|zi|al|pro|dukt** (*Wirtsch. älter für* Bruttonationaleinkommen; *Abk.* BSP)

brut|zeln *(ugs.);* ich brutz[e]le

Bub, der; -en, -en (*südd., österr., schweiz. für* Junge); **Büb|chen; Bu|be,** der; -n, -n (*veraltend für* niederträchtiger Mensch; Spielkartenbezeichnung); **Bu|bi,** der; -s, -s (*Koseform von* Bub); **Bu|bi|kopf** (Damenfrisur; Topfpflanze); **bü|bisch**

Buch, das; -[e]s, Bücher; Buch führen; die Buch führende *od.* buchführende Geschäftsstelle; zu Buche schlagen

Buch|bin|der; Buch|bin|de|rei; Buch|bin|de|rin

Bu|che, die; -, -n; **Buch|ecker**

[1]**bu|chen** (aus Buchenholz)

[2]**bu|chen** (in ein Rechnungsbuch eintragen; reservieren lassen)

Bu|chen|wald

Bü|che|rei; Bü|cher|re|gal; Bü|cher|schrank; Bü|cher|wurm, der *(scherzh.);* **Buch|fink; Buch füh|rend, buch|füh|rend** *vgl.* Buch; **Buch|füh|rung; Buch|hal|ter; Buch|hal|te|rin; Buch|hal|tung**

Buch|han|del *vgl.* Handel; **Buch|händ|ler; Buch|händ|le|rin; Buch|hand|lung; Buch|la|den; Büch|lein; Buch|ma|cher; Buch|ma|che|rin; Buch|markt; Buch|mes|se**

Buchs|baum

Büch|se, die; -, -n (zylindrisches Gefäß mit Deckel; Feuerwaffe); **Büch|sen|öff|ner**

Buch|sta|be, der; *Gen.* -ns, *selten* -n, *Plur.* -n

buch|sta|bie|ren; buch|stäb|lich (genau nach dem Wortlaut)

Bucht, die; -, -en

Buch|ti|tel

Bu|chung

B

Buch|wei|zen (eine Nutzpflanze)

Bu|ckel, der; -s, -; **bu|cke|lig,** buck|lig; **bu|ckeln** (*ugs. für* einen Buckel machen; auf dem Buckel tragen; *abwertend für* sich unterwürfig verhalten)

bü|cken, sich

buck|lig *vgl.* buckelig; **Bück|ling** (*scherzh., auch abwertend für* Verbeugung)

bud|deln (*ugs. für* [im Sand] graben); ich budd[e]le

Bud|dha, der; -s, -s (Abbild, Statue Buddhas); **Bud|dhis|mus,** der; - (Lehre Buddhas); **Bud|dhist,** der; -en, -en; **Bud|dhis|tin; bud|dhis|tisch**

Bu|de, die; -, -n

Bud|get [by'dʒe:], das; -s, -s ([Staats]haushaltsplan, Voranschlag); **bud|ge|tie|ren** (ein Budget aufstellen); **Bud|ge|tie|rung**

Bu|do, das; -[s] (Sammelbegriff für Kampfsportarten)

Bü|fett, das; -[e]s, *Plur.* -s *u.* -e, *bes. österr. u. schweiz.* Buf|fet [bʏ'fe:, *bes. schweiz.* 'bʏfe], das; -s, -s (Anrichte; Geschirrschrank; zur Selbstbedienung angerichtete Speisen)

Büf|fel, der; -s, - (wild lebende Rinderart); **Büf|fel|le|der**

büf|feln (*ugs. für* angestrengt lernen)

Buf|fet [bʏ'fe:, *bes. schweiz.* 'bʏfe] *vgl.* Büfett

Buf|fo, der; -s, *Plur.* -s *u.* Buffi (Sänger komischer Rollen)

[1]**Bug,** der; -[e]s, *Plur.* (*für* Schiffsvorderteil:) -e *u.* (*für* Schulterstück [des Pferdes u. des Rindes]:) Büge

[2]**Bug** [bak], der; -s, -s (*EDV* Fehler in Hard- od. Software)

Bü|gel, der; -s, -; **Bü|gel|ei|sen; Bü|gel|fal|te; bü|gel|frei; bü|geln**

Bug|gy ['bagi], der; -s, -s (zusammenklappbarer Kinderwagen)

bug|sie|ren ([ein Schiff] schleppen; *ugs. für* mühsam an einen Ort befördern)

Buh, das; -s, -s *(ugs.);* es gab viele Buhs; **buhen** (*ugs. für* durch Buhrufe sein Missfallen ausdrücken)

buh|len *(veraltet);* um jmds. Gunst buhlen *(geh.)*

Buh|mann *Plur.* ...männer (*ugs. für* Schreckgespenst, Prügelknabe)

Buh|ne, die; -, -n (künstlicher Damm zum Uferschutz)

Büh|ne, die; -, -n (*südd., schweiz. auch für* Dachboden); **Büh|nen|bild; Büh|nen|bild|ner; Büh|nen|bild|ne|rin**

Buh|ruf; Buh|ru|fer; Buh|ru|fe|rin

Bu|kett, das; -[e]s, *Plur.* -s *u.* -e ([Blumen]strauß; Duft [des Weines])

Bu|k|lee *vgl.* Bouclé

Bu|let|te, die; -, -n (*landsch. für* Frikadelle)

Bu|li|mie, die; - (*Med.* Ess-Brech-Sucht)

Bull|au|ge (rundes Schiffsfenster)

Bull|dog|ge (eine Hunderasse)

Bull|do|zer [...dɔu̯zɐ], der; -s, - (Planierraupe)

[1]**Bul|le,** der; -n, -n (Stier, männliches Zuchtrind; *ugs. oft abwertend für* Polizist)

[2]**Bul|le,** die; -, -n (mittelalterliche Urkunde; päpstlicher Erlass); die Goldene Bulle

Bul|le|tin [bʏl'tɛ̃:], das; -s, -s (amtliche Bekanntmachung; Krankenbericht)

bul|lig (gedrungen; [unerträglich] heiß)

Bu|me|rang [*auch* 'bʊ...], der; -s, *Plur.* -s *od.* -e (gekrümmtes Wurfholz)

Bum|mel, der; -s, - (*ugs. für* Spaziergang); **Bum|me|lant,** der; -en, -en *(ugs.);* **Bum|me|lan|tin; bum|meln** *(ugs.);* **Bum|mel|streik; Bum|mel|zug** *(ugs.)*

bums!; bum|sen (*ugs. für* dröhnend aufschlagen; koitieren); du bumst

[1]**Bund,** der; -[e]s, Bünde (Vereinigung; oberer Rand an Rock od. Hose)

[2]**Bund,** das; -[e]s, -e, *österr.* der; -[e]s, -e *od.* Bünde (Gebinde); vier Bund Stroh

Bün|del, das; -s, -; **bün|deln; Bün|de|lung**

Bun|des|agen|tur für Ar|beit (*Abk.* BA); **Bun|des|amt; Bun|des|ar|beits|mi|nis|ter; Bun|des|ar|beits|mi|nis|te|rin; Bun|des|ar|beits|mi|nis|te|ri|um; Bun|des|aus|bil|dungs|för|de|rungs|ge|setz,** das; -es (*Abk.* BAföG); **Bun|des|au|ßen|mi|nis|ter; Bun|des|au|ßen|mi|nis-**

te|rin; Bụn|des|bank, die; -; **Bụn|des|be|hör|de**

Bụn|des|bür|ger; Bụn|des|bür|ge|rin

bụn|des|deutsch; Bụn|des|ebe|ne, die; -; auf Bundesebene; **bụn|des|ei|gen; Bụn|des|fi|nạnz|mi|nis|ter; Bụn|des|fi|nạnz|mi|nis|te|rin; Bụn|des|fi|nạnz|mi|nis|te|ri|um; Bụn|des|ge|biet,** das; -[e]s; **Bụn|des|ge|richt; Bụn|des|ge|rịchts|hof,** der; -[e]s; **Bụn|des|haupt|stadt; Bụn|des|haus|halt; Bụn|des|heer** *(österr.);* **Bụn|des|in|nen|mi|nis|ter; Bụn|des|in|nen|mi|nis|te|rin; Bụn|des|in|nen|mi|nis|te|ri|um; Bụn|des|ka|bi|nett; Bụn|des|kanz|ler; Bụn|des|kạnz|ler|amt; Bụn|des|kanz|le|rin**

Bụn|des|la|de *(jüd. Rel.);* **Bụn|des|land** *Plur.* ...länder; **Bụn|des|li|ga** (höchste deutsche Spielklasse in verschiedenen Sportarten); die Erste, Zweite Bundesliga; **Bụn|des|li|ga|spiel; Bụn|des|li|gist,** der; -en, -en; **Bụn|des|mi|nis|ter; Bụn|des|mi|nis|te|rin; Bụn|des|mi|nis|te|ri|um**

Bụn|des|nach|rich|ten|dienst (*Abk.* BND); **Bụn|des|par|tei|tag; Bụn|des|po|li|tik; bụn|des|po|li|tisch; Bụn|des|po|li|zei** (*Abk.* BPOL); **Bụn|des|prä|si|dent; Bụn|des|prä|si|den|tin**

Bụn|des|rat; Bụn|des|rä|tin (in Österreich u. der Schweiz); **Bụn|des|re|gie|rung**

Bụn|des|re|pu|b|lik; bụn|des|re|pu|b|li|ka|nisch; Bụn|des|staat *Plur.* ...staaten; **Bụn|des|stra|ße** (*Zeichen* B, z. B. B 38)

Bụn|des|tag; Bụn|des|tags|man|dat; Bụn|des|tags|prä|si|dent; Bụn|des|tags|prä|si|den|tin; Bụn|des|tags|wahl

Bụn|des|trai|ner; Bụn|des|trai|ne|rin

Bụn|des|ver|band; Bụn|des|ver|dienst|kreuz; Bụn|des|ver|ei|ni|gung; Bụn|des|ver|fạs|sungs|ge|richt, das; -[e]s; **Bụn|des|ver|samm|lung; Bụn|des|ver|wal|tungs|ge|richt; Bụn|des|wehr,** die; -; **Bụn|des|wehr|ein|satz**

bụn|des|weit; Bụn|des|wirt|schafts|mi|nis|ter; Bụn|des|wirt|schafts|mi|nis|te|rin; Bụn|des|wirt|schafts|mi|nis|te|ri|um

bụ̈n|dig (bindend; *Bauw.* in gleicher Fläche liegend); kurz und bündig

Bụ̈nd|nis, das; -ses, -se; Bündnis 90 / Die Grünen (*Kurzform* die Grünen, *auch* Bündnisgrünen); **bụ̈nd|nis|grün; Bụ̈nd|nis|part|ner; Bụ̈nd|nis|part|ne|rin**

Bun|ga|low [...lo], der; -s, -s

Bun|gee-Jum|ping, **Bun|gee|jum|ping** ['bandʒidʒa...], das; -s (Springen aus großer Höhe mit Sicherung durch ein starkes Gummiseil)

Bụn|ker, der; -s, - (Behälter für Massengut [Kohle, Erz]; Betonunterstand; *Golf* Sandloch); **bụn|kern** (in den Bunker füllen; *ugs. für* horten)

Bun|sen|bren|ner

bunt; die buntes|ten Farben; ein bunter Abend; bekannt wie ein bunter Hund; ein Kleid bunt färben *od.* buntfärben; Ostereier bunt bemalen; ein bunt gestreifter *od.* buntgestreifter Pullover

bunt fär|ben, **bụnt|fär|ben** *vgl.* bunt

bunt ge|fie|dert, **bụnt|ge|fie|dert**

bunt ge|mischt, **bụnt|ge|mischt**

bunt ge|streift, **bụnt|ge|streift** *vgl.* bunt

Bụnt|pa|pier; Bụnt|sand|stein (Gestein; *nur Sing.: Geol.* unterste Stufe der Trias)

bụnt|sche|ckig; Bụnt|specht; Bụnt|stift

Bụ̈r|de, die; -, -n

Bụrg, die; -, -en

Bụ̈r|ge, der; -n, -n; **bụ̈r|gen**

Bur|ger ['bœːɐ̯gɐ], der; -s, - (*ugs. kurz für* Hamburger)

Bụ̈r|ger; Bụ̈r|ger|be|geh|ren, das; -s, -; **Bụ̈r|ger|be|we|gung; Bụ̈r|ger|ent|scheid; Bụ̈r|ger|fo|rum; Bụ̈r|ge|rin; Bụ̈r|ger|in|i|ti|a|ti|ve** (*Abk.* BI); **Bụ̈r|ger|krieg**

bụ̈r|ger|lich; bürgerliche (einfache) Küche, *aber* das Bürgerliche Gesetzbuch (*Abk.* BGB)

Bụ̈r|ger|meis|ter [*auch* ...'maɪ̯...]; **Bụ̈r|ger|meis|te|rin; Bụ̈r|ger|nä|he; Bụ̈r|ger|recht|ler; Bụ̈r|ger|recht|le|rin; Bụ̈r|ger|rechts|be|we|gung; Bụ̈r|ger|schaft; bụ̈r|ger|schaft|lich; Bụ̈r|ger|sprech|stun|de; Bụ̈r|ger|steig; Bụ̈r|ger|tum,** das; -s

Bür|gin; Bürg|schaft
Bur|ka, die; -, -s (Kopf u. Körper bedeckender Umhang); **Bur|ki|ni,** der; -s, -s (islam. Vorschriften entsprechender Badeanzug)
bur|lesk (possenhaft); **Bur|les|ke,** die; -, -n (Posse, Schwank)
Burn-out, Burn|out ['bœ:ɐ̯nʔaʊ̯t], das *od.* der; -[s], -s (*kurz für* Burn-out-Syndrom); **Burn-out-Syn|drom, Burn|out-Syndrom, Burn|out|syn|drom** (*Med.* Syndrom der völligen seelischen u. körperlichen Erschöpfung)
Bü|ro, das; -s, -s; **Bü|ro|flä|che; Bü|ro|gebäu|de; Bü|ro|haus; Bü|ro|krat,** der; -en, -en; **Bü|ro|kra|tie,** die; -, ...i̱en; **Bü|ro|kratin; bü|ro|kra|tisch; Bü|ro|raum**
Bürsch|chen; Bur|sche, der; -n, -n; **burschi|kos** ([betont] ungezwungen; formlos)
Bürs|te, die; -, -n; **bürs|ten**
Bür|zel, der; -s, - (Schwanz[wurzel], bes. von Vögeln)
Bus, der; Busses, Busse (*kurz für* Autobus, Omnibus); **Bus|bahn|hof**
Busch, der; -[e]s, Büsche
Bü|schel, das; -s, -; **bu|schig**
Bu|sen, der; -s, -; **bu|sen|frei; Bu|senfreund; Bu|sen|freun|din**
Bus|fah|rer; Bus|fah|re|rin
Bus|hal|te|stel|le
Busi|ness ['bɪsnɛs, *auch* 'bɪznɪs], das; - (Geschäft[sleben]); **Busi|ness|class, Business-Class** [...kla:s], die; - (bes. für Geschäftsreisende eingerichtete Reiseklasse im Flugverkehr); **Busi|ness|plan** (Geschäfts-, Unternehmensplan)
Bus|li|nie
Buß|an|dacht *(kath. Kirche)*
Bus|sard, der; -s, -e (ein Greifvogel)
Bu|ße, die; -, -n (*auch für* Geldstrafe); **büßen** (*schweiz. auch für* jmdn. mit einer Geldstrafe belegen); **Buß|geld; Buß|geldbe|scheid; Buß|tag; Buß- und Bet|tag**
Büs|te [*auch* 'by:...], die; -, -n; **Büs|ten|halter** (*Abk.* BH)
bu|sy ['bɪzi] (*ugs. für* sehr beschäftigt; geschäftig)
But|ler ['bat...], der; -s, - (Diener in vornehmen [engl.] Häusern)
Butt, der; -[e]s, -e (Flunder)
Bütt, die; -, -en (*landsch. für* fassförmiges Vortragspult für Karnevalsredner); in die Bütt steigen; **Büt|ten|re|de**
But|ter, die; -; **But|ter|blu|me; But|terbrot; But|ter|creme, But|ter|crème**
But|ter|fly ['batɐflaɪ̯], der; -[s] (*Schwimmsport* Schmetterlingsstil)
But|ter|milch; but|tern; but|ter|weich
But|ton ['batn̩], der; -s, -s (Ansteckplakette)
bye! [baɪ̯] (auf Wiedersehen!)
By|pass ['baɪ̯...], der; -es, ...pässe (*Med.* Überbrückung eines krankhaft veränderten Abschnittes der Blutgefäße)
By|pass|ope|ra|ti|on
Byte [baɪ̯t], das; -[s], -s ‹*aber*: eine Million Bytes *od.* Byte› (*EDV* Einheit von acht Bits)

Cc

c, C, das; -, - (Tonbezeichnung); das hohe C
C (Buchstabe); das C; des C, die C, *aber* das c in Tacitus
Ca|ba|ret [...'re:, *auch* 'kabare] *vgl.* Kabarett
Ca|b|rio, das; -[s], -s (*kurz für* Cabriolet)
Ca|b|ri|o|let [*auch, österr. nur* ...'le:], das; -s, -s (Auto mit aufklappbarem Verdeck)
Cache [kɛʃ, *auch* kaʃ], der; -, -s (*EDV* Zwischenspeicher für Dateien; zu suchendes Objekt beim *vgl.* Geocaching); **ca|chen** ['kɛʃn̩] (im Cache ablegen; Geocaching spielen)
Cad|mi|um *vgl.* Kadmium
Ca|fé, das; -s, -s (Kaffeehaus, -stube); **Café au Lait** [kafeo'lɛ], der; - - -, -s - - (Milchkaffee)
Ca|fe|te|ria, die; -, *Plur.* -s *u.* ...i̱en
Caf|fè Lat|te ['kafe -], der; - -, - - (Milchkaffee)

Cai|pi|rin|ha [kaipi'rinja], der; -s, -s *u.* die; -, -s (ein Mixgetränk)
Cal|ci|um *vgl.* Kalzium
Cal|la, Kal|la, die; -, -s (eine Zierpflanze)
Cal|la|ne|tics® [kɛlə'nɛ...], das; - *meist ohne Artikel* (ein Fitnesstraining)
Call|boy ['kɔ:l...], der; -s, -s (*vgl.* Callgirl)
Call-by-Call ['kɔ:lbaɪ'kɔ:l], das; -s *meist ohne Artikel* (Auswahl einer bestimmten Telefongesellschaft per Vorwahl)
Call|cen|ter, Call-Cen|ter ['kɔ:lsɛntɐ], das; -s, - (Büro für telefonische Dienstleistungen); **Call|girl** ['kɔ:lgœ:ɐ̯l], das; -s, -s (Prostituierte, die auf telefonischen Anruf hin kommt od. jmdn. empfängt)
Call-in [kɔ:l'ʔɪn], das; -[s], -s (Anrufsendung)
Cam|cor|der *vgl.* Kamerarekorder
Ca|mem|bert [...be:ɐ̯, *auch* ...mã'bɛ:ɐ̯], der; -s, -s (ein Weichkäse)
Camp [kɛmp], das; -s, -s ([Feld-, Gefangenen]lager)
cam|pen ['kɛ...]; **Cam|per; Cam|pe|rin**
Cam|ping ['kɛ...], das; -s (Leben auf Zeltplätzen im Zelt od. Wohnwagen); **Cam|ping|aus|rüs|tung; Cam|ping|platz**
Cam|pus, der; -, *Plur.* - *u.* -se (Universitätsgelände)
Ca|nas|ta, das; -s (ein Kartenspiel)
Can|can [kã'kã:], der; -[s], -s (ein Tanz)
Can|na|bis, der *u.* das; - (Hanf; *auch für* Haschisch)
Cap [kɛp], die; -, -s, *auch* der *od.* das; -s, -s (Baseballmütze)
Cape [ke:p], das; -s, -s (ärmelloser Umhang)
Cap|puc|ci|no [...'tʃi:...], der; -[s], -[s] *u.* ...ccini (Kaffeegetränk)
Cap|tain ['kɛptn̩], der; -s, -s (*schweiz. für* Mannschaftsführer, -sprecher)
Ca|ra|bi|ni|e|re, Ka|ra|bi|ni|e|re, der; -[s], ...ri (Angehöriger einer italienischen Polizeitruppe)
Ca|ra|van ['ka(:)..., *auch* ...'va:n, 'kɛrəvɛn], der; -s, -s (Wohnwagen)
Car|bid *vgl.* Karbid
Car|bo|nat *vgl.* Karbonat
Car|di|gan [*auch* 'kɑ:dɪgən], der; -s, -s (lange Strickweste)
care of ['kɛ:ɐ̯ ɔf] (*in Briefanschriften usw.* wohnhaft bei ...; per Adresse; *Abk.* c/o)
Car|go, der; -s, -s (*Verkehrsw.* Fracht)
Ca|ro|tin *vgl.* Karotin
Car|port, der; -s, -s (überdachter Abstellplatz für Autos)
Car|toon [...'tu:n], der *od.* das; -[s], -s (Karikatur, Witzzeichnung; kurzer Comicstrip)
Car|too|nist, der; -en, -en; **Car|too|nis|tin**
car|ven (mit Skiern od. Snowboard auf der Kante fahren, ohne zu rutschen); wir sind ohne Stöcke gecarvt; **Car|ving,** das; -[s]; **Car|ving|ski, Car|ving-Ski**
Ca|sa|no|va, der; -[s], -s (*ugs. für* Frauenheld, -verführer)
cash [kɛʃ] (bar); **Cash,** das; - (*Wirtsch.* Kasse, Bargeld, Barzahlung)
Cash|flow ['kɛʃflɔʊ̯], der; -s, -s (*Wirtsch.* Überschuss nach Abzug aller Unkosten)
Ca|si|no, Ka|si|no, das; -s, -s (Speiseraum [für Offiziere]; *kurz für* Spielkasino)
cas|ten (*Film* [von jmdm.] Probeaufnahmen machen); gecastet
Cas|ting, das; -s, -s (Rollenbesetzung); **Cas|ting|show, Cas|ting-Show; cat|chen** ['kɛtʃn̩] (*Sport* Freistilringen betreiben); **Cat|cher; Cat|che|rin**
Ca|te|rer ['ke:tərɐ], der; -s, - (auf Catering spezialisiertes Unternehmen); **Ca|te|ring** ['ke:tərɪŋ], das; -[s] (Verpflegung)
Ca|yenne|pfef|fer [ka'jɛn...], der; -s (ein scharfes Gewürz)
CD, die; -, -s (Datenträger in Form einer runden, silbrigen Scheibe); **CD-Bren|ner** (Gerät zum Beschreiben von CDs); **CD-Lauf|werk; CD-Play|er** (CD-Spieler)
CD-ROM, die; -, -[s] (CD, deren Inhalt nicht gelöscht od. überschrieben werden kann)
C-Dur ['tse:du:ɐ̯, *auch* 'tse:'du:ɐ̯] (Tonart; *Zeichen* C); **C-Dur-Ton|lei|ter**
Cel|list [tʃ...], der; -en, -en (Cellospieler); **Cel|lis|tin; Cel|lo,** das; -s, *Plur.* -s, *auch* ...lli (*kurz für* Violoncello)
Cel|lo|phan®, das; -s; *vgl.* Zellophan

C

Cel|lu|li|te, die; -, -n (Degeneration des Zellgewebes); **Cel|lu|li|tis**, Zel|lu|li|tis, die; -, ...itiden; *vgl.* Cellulite

Cel|lu|loid *vgl.* Zelluloid

Cel|si|us (Gradeinheit auf der Celsiusskala; *Zeichen* C; *fachspr.* °C); 5 Grad C *od.* 5° C *od.* 5 °C *(fachspr. nur so)*

Cem|ba|lo [tʃ...], das; -s, *Plur.* -s *u.* ...li (ein Tasteninstrument)

Cent [s..., ts...], der; -[s], -[s] (Untereinheit von Euro, Dollar u. anderen Währungen [*Abk.* c, ct]); 5 Cent

Cen|ter [s...], das; -s, - (Geschäftszentrum; Großeinkaufsanlage)

Cen|tre-Court, **Cen|tre|court** ['sɛntɐ...], der; -s, -s (Hauptplatz großer Tennisanlagen)

Cer|be|rus *vgl.* Zerberus

CETA ['tse:ta] -, *ohne Artikel* (europ.-kanadisches Freihandelsabkommen)

Ce|vap|ci|ci, **Če|vap|či|ći** [tʃe'vaptʃitʃi] *Plur.* (gegrillte Hackfleischröllchen)

Cha-Cha-Cha ['tʃa'tʃa'tʃa], der; -[s], -s (ein Tanz)

Cha|mä|le|on [ka...], das; -s, -s (eine Echse)

Cham|pa|g|ner [ʃam'panjɐ], der; -s, - (ein Schaumwein)

Cham|pi|g|non ['ʃampɪnjɔŋ], der; -s, -s (ein Edelpilz)

Cham|pi|on ['tʃɛmpi̯ən, *auch* ʃã'pi̯õ:], der; -s, -s (Meister in einer Sportart); **Cham|pi|o|nat** [ʃa...], das; -[e]s, -e (Meisterschaft)

Cham|pi|ons League ®, **Cham|pi|ons|league** ['tʃɛmpi̯ənsli:g], die; - - (*Sport* Wettbewerb für europ. Spitzenmannschaften)

Chan|ce ['ʃã:s(ə), *auch* 'ʃaŋsə], die; -, -n; **Chan|cen|gleich|heit,** die; -; **chan|cen|los**

Chan|cen|lo|sig|keit, die; -; **chan|cen|ori|en|tiert**

Change [tʃɛi̯n(t)ʃ], der; - (*engl. Bez. für* [Geld]wechsel)

chan|gie|ren [ʃã'ʒi:...] (schillern)

Chan|nel ['tʃɛnl̩], der; -s, -s (*EDV* Gesprächsgruppe beim Chat im Internet)

Chan|son [ʃã'sõ:], das; -s, -s ([Kabarett]lied); **Chan|son|ni|er**, **Chan|so|ni|er** [...'ni̯e:], der; -s, -s (Chansonsänger, -dichter); **Chan|son|ni|è|re**, **Chan|so|ni|e|re** [...'ni̯e:rə], die; -, -n (Chansonsängerin, -dichterin)

Cha|os [k...], das; -; **Cha|ot,** der; -en, -en (jmd., der die bestehende Gesellschaftsordnung durch Gewaltaktionen zu zerstören versucht; *ugs. für* sprunghafter Mensch, Wirrkopf); **Cha|o|tin; cha|o|tisch**

Cha|rak|ter [k...], der; -s, ...ere; **Cha|rak|ter|ei|gen|schaft; Cha|rak|ter|feh|ler**

cha|rak|ter|fest; cha|rak|te|ri|sie|ren; Cha|rak|te|ri|sie|rung; Cha|rak|te|ris|tik, die; -, -en; **cha|rak|te|ris|tisch; cha|rak|ter|lich; cha|rak|ter|los; Cha|rak|ter|zug**

Char|ge ['ʃarʒə], die; -, -n (Amt; Rang; *Pharm.* eine bestimmte Serie von Arzneimitteln; *Technik* Ladung, Beschickung)

Cha|ris|ma ['ça(:)... *od.* 'ka(:)..., *auch* ...'rɪs...], das; -s, *Plur.* ...rismen *u.* ...rismata (Ausstrahlung); **cha|ris|ma|tisch**

Cha|ri|té [ʃ...], die; -, -s (Name von Krankenhäusern)

Charles|ton ['tʃa:ɐ̯lstn̩], der; -, -s (ein Tanz)

char|mant [ʃ...] (liebenswürdig); **Charme** [ʃarm], der; -s (liebenswürdig-gewinnende Wesensart); **Char|meur** [...'mø:ɐ̯], der; -s, *Plur.* -s *od.* -e (charmanter Plauderer); **Char|meu|rin** *(seltener)*

Chart [tʃ...], der *od.* das; -s, -s (grafische Darstellung von Zahlenreihen); *vgl.* Charts

Char|ta [k...], die; -, -s ([Verfassungs]urkunde)

Char|ter|flug ['tʃartɐ...]; **Char|ter|ge|sell|schaft; Char|ter|ma|schi|ne**

char|tern (ein Schiff od. Flugzeug mieten); ich chartere; gechartert

Charts [tʃ...] *Plur.* (*svw.* Hitliste[n])

Chas|sis [ʃa'si:], das; -, - (Fahrgestell von Kraftfahrzeugen; Montagerahmen)

Chat [tʃɛt], der; -s, -s ([zwanglose] Kommunikation im Internet); **Chat|group**, **Chat-Group** ['tʃɛtgru:p], die; -, -s (Gruppe, die miteinander chattet); **Chat|room**, **Chat-**

Room ['tʃɛtru:m], der; -s, -s (Internetdienst, der das Chatten ermöglicht)
chat|ten ['tʃɛtn̩] (sich [meist unter einem Decknamen] im Internet mit anderen austauschen); gechattet
Chauf|feur [ʃɔ'fø:ɐ̯], der; -s, -e (Fahrer); **Chauf|feu|rin; chauf|fie|ren**
Chaus|see [ʃɔ...], die; -, ...sseen (*veraltend für* Landstraße)
Chau|vi|nis|mus [ʃovi...], der; - (übersteigertes Nationalbewusstsein; übertriebenes männliches Selbstwertgefühl); **Chau|vi|nist,** der; -en, -en; *ugs. auch kurz* Chauvi, der; -s, -s; **Chau|vi|nis|tin**
[1]**Check** [ʃɛk] *vgl.* [1]Scheck
[2]**Check** [tʃ...], der; -s, -s (Prüfung, Kontrolle; *Eishockey* Behinderung, Rempeln)
che|cken (*Eishockey* behindern, [an]rempeln; *bes. Technik* kontrollieren; *ugs. auch für* begreifen)
Check|lis|te (Kontrollliste); **Check|point,** der; -s, -s (Kontrollpunkt an Grenzübergängen); **Check-up** ['tʃɛkʔap, *auch* ...'ʔap], der *od.* das; -[s], -s (med. Vorsorgeuntersuchung; Überprüfung)
Cheese|bur|ger ['tʃi:sbœ:ɐ̯...], der; -s, - (Hamburger mit Käse)
Chef [ʃ..., *österr.* ʃe:f], der; -s, -s; **Chef|arzt; Chef|ärz|tin; Chef|coach; Chef|eta|ge; Che|fin; Chef|re|dak|teur; Chef|re|dak|teu|rin; Chef|re|dak|ti|on; Chef|sa|che**
Che|mie [çe'mi:, *südd., österr.* k...]; **Che|mie|kon|zern; Che|mi|ka|lie,** die; -, -n; **Che|mi|ker; Che|mi|ke|rin**
che|misch; chemische Reinigung; chemisches Element
Che|mo|the|ra|pie (*Med.* Heilbehandlung mit chemischen Mitteln)
Cheque [ʃɛk] *vgl.* [1]Scheck
Chi [tʃi:] *vgl.* Qi
Chi|an|ti [k...], der; -[s], -s (ein ital. Rotwein)
chic [ʃɪk], schick; das Abendkleid ist chic *od.* schick; *in den gebeugten Formen nur* sie trägt ein schickes Abendkleid; **Chic,** der; -s, Schick, der; -[e]s ([modische] Feinheit); die Dame hat Chic *od.* Schick

Chi|co|rée [ʃ...re, *auch* ...'re:], der; -s, *auch* die; - (ein Gemüse)
Chif|fon ['ʃɪfõ, *österr.* ʃi'fo:n], der; -s, *Plur.* -s, *österr.* -e (feines Gewebe)
Chif|f|re ['ʃɪfrə, *auch* 'ʃɪfɐ], die; -, -n (Ziffer; Geheimzeichen; Kennwort); **chif|f|rie|ren** (in Geheimschrift abfassen)
Chi|li [tʃ...], der; -s, -s (ein scharfes Gewürz); **Chi|li con Car|ne,** das; -[s] - - (mex. Rinderragout mit Bohnen)
chil|len [tʃ...] (*ugs. für* sich entspannen); **chil|lig** (*ugs. für* erholsam; entspannt)
Chi|mä|re usw. *vgl.* Schimäre usw.
Chi|na|kohl, der; -[e]s
Chi|nin [ç..., *südd., österr.* k...], das; -s (*Pharm.* ein Fiebermittel)
Chip [tʃ...], der; -s, -s (Spielmarke; Plättchen mit elektronischen Schaltelementen); **Chip|kar|te** (Plastikkarte mit einem elektronischen Chip)
Chip|pen|dale ['tʃɪpn̩dɛɪ̯l], das; -[s] ([Möbel]stil)
Chi|ro|prak|tik, die; - (*Med.* manuelle Behandlung von Funktionsstörungen am menschlichen Bewegungsapparat)
Chi|r|urg [ç...], der; -en, -en *(Med.);* **Chi|r|ur|gie,** die; -, ...ien *(Med.);* **Chi|r|ur|gin; chi|r|ur|gisch** *(Med.)*
Chi|tin|pan|zer (stabile Körperhülle von Insekten, Krebsen u. a.)
Chlor [k...], das; -s (chemisches Element; *Zeichen* Cl); **chlo|ren** (mit Chlor behandeln); **Chlo|ro|form,** das; -s (Betäubungs-, Lösungsmittel); **chlo|ro|for|mie|ren** (mit Chloroform betäuben)
Chlo|ro|phyll, das; -s (*Bot.* Blattgrün)
Cho|le|ra [k...], die; - (*Med.* eine Infektionskrankheit)
Cho|le|ri|ker (leicht erregbarer, jähzorniger Mensch); **Cho|le|ri|ke|rin; cho|le|risch**
Cho|les|te|rin [k..., *auch* ç...], das; -s, -e (*Med.* fettähnlicher Stoff im menschlichen und tierischen Körper); **Cho|les|te|rin|spie|gel**
Chor [k...], der; -[e]s, Chöre (Singgruppe; Kirchenraum mit Altar); gemischter Chor;

C

C

Cho|ral, der; -s, ...räle (Kirchengesang, -lied)

Cho|reo|graf, Cho|reo|graph [k...], der; -en, -en; **Cho|reo|gra|fie, Cho|reo|gra|phie,** die; -, ...ien (Gestaltung, Einstudierung eines Balletts); **cho|reo|gra|fie|ren, cho|reo|gra|phie|ren; Cho|reo|gra|fin, Cho|reo|gra|phin; cho|reo|gra|fisch, cho|reo|gra|phisch**

Chor|lei|ter, der; **Chor|lei|te|rin; Chor|pro|be**

Cho|se [ʃ...], die; -, -n *Plur. selten* (*ugs. für* Sache, Angelegenheit)

Christ, der; -en, -en (Anhänger des Christentums); **Christ|baum** (*landsch. für* Weihnachtsbaum); **Chris|ten|heit,** die; -; **Chris|ten|tum,** das; -s; **Chris|ten|ver|fol|gung; Chris|tin; Christ|kind; christ|lich;** christliche Seefahrt, *aber* die Christlich Demokratische Union [Deutschlands] (*Abk.* CDU); **christ|so|zi|al** (christlich-sozial)

Chrom [k...], das; -s (chemisches Element, Metall; *Zeichen* Cr)

Chro|mo|som, das; -s, -en *meist Plur.* (*Biol.* das Erbgut tragendes Gebilde im Zellkern); **Chro|mo|so|men|zahl**

Chro|nik [k...], die; -, -en (Aufzeichnung geschichtl. Ereignisse nach ihrer Zeitfolge); **chro|nisch** (*Med.* langwierig; *ugs. für* dauernd); **Chro|nist,** der; -en, -en (Verfasser einer Chronik); **Chro|nis|tin; Chro|no|lo|gie,** die; -, -n (*nur Sing.:* Wissenschaft von der Zeit[messung]; Zeitrechnung; zeitliche Folge); **chro|no|lo|gisch**

Chry|s|an|the|me [k...], die; -, -n (Zierpflanze mit großen strahligen Blüten)

Chuz|pe [x...], die; - (*ugs. für* Dreistigkeit)

Cia|bat|ta [tʃa...], die; -, ...te, *auch* das; -s, -s (ital. Weißbrot)

ciao! *vgl.* tschau!

Ci|d|re [s...], der; -[s], -s (franz. Apfelwein)

Ci|ne|ast [s...], der; -en, -en (Filmfachmann; Filmfan); **Ci|ne|as|tin; ci|ne|as|tisch**

cir|ca, zir|ka (ungefähr, etwa; *Abk.* ca.)

Cir|cus usw. *vgl.* Zirkus usw.

Ci|ty ['sɪti], die; -, -s (Innenstadt); **Ci|ty|maut** (beim Befahren des Innenstadtbereichs zu entrichtende Maut)

Claim [kleɪm], der *u.* das; -s, -s (Anspruch; Werbeslogan)

Clan [kla:n, *engl.* klɛn], Klan, der; -s, *Plur.* -e, *bei engl. Ausspr.* -s ([schott.] Lehns-, Stammesverband)

clean [kli:n] (*ugs. für* nicht mehr [drogen]abhängig)

Cle|ma|tis (*fachspr. für* Klematis)

Cle|men|ti|ne, Kle|men|ti|ne, die; -, -n (kernlose Sorte der Mandarine)

cle|ver (klug, gewitzt); **Cle|ver|ness,** die; -

Cli|ent ['klaɪ̯ənt], der; -s, -s (*EDV* Rechner, der vom Server Dienste abruft)

Clinch [...ntʃ], der; -[e]s (Umklammerung des Gegners im Boxkampf); mit jmdm. im Clinch liegen (*ugs. für* Streit haben)

Clip, Klipp, der; -s, -s (Klemme; Schmuckstück [am Ohr]); *vgl.* Videoclip

Clips *vgl.* Klips

Cli|que ['klɪkə, *auch* 'kli:...], die; -, -n (Freundeskreis [junger Leute]; Klüngel)

Clo|chard [...'ʃa:ɐ̯], der; -[s], -s (*franz. Bez. für* Stadt- od. Landstreicher)

Clog, der; -s, -s *meist Plur.* (Holzpantoffel mit dicker Sohle)

Clou [klu:], der; -s, -s (Glanzpunkt)

Cloud [klaʊ̯t], die; -, -s (*EDV* Netzwerk des Cloud-Computings); **Cloud-Com|pu|ting, Cloud|com|pu|ting** [...kɔmpju:...], das; -s (Nutzung mehrerer verteilter Rechner über ein Netzwerk, z. B. das Internet)

Clown [klaʊ̯n, *seltener auch* klo:n], der; -s, -s (Spaßmacher)

Club usw. *vgl.* Klub usw.

Coach [kɔʊ̯tʃ], der; -[e]s, -[e]s (Trainer; beratender Betreuer); **coa|chen** (trainieren, betreuen); sie coacht die Mannschaft; sie hat ihn gecoacht; **Coa|chin; Coa|ching,** das; -[s], -s

Co|balt *vgl.* Kobalt

Co|ca, das; -[s], -s *od.* die; -, -s (*ugs. kurz für* Coca-Cola); **Co|ca-Co|la**®, das; -[s] *od.* die; - (Erfrischungsgetränk); 5 [Flaschen] Coca-Cola

Co|cker|spa|ni|el, der; -s, -s (engl. Jagdhundeart)
Cock|pit, das; -s, -s (Pilotenkabine in Flugzeugen; Fahrersitz in einem Rennwagen; vertiefter Sitzraum für die Besatzung von Jachten u. Ä.)
Cock|tail [...tɛɪ̯l], der; -s, -s (alkohol. Mischgetränk); **Cock|tail|par|ty**
Code, Kode [koːt], der; -s, -s (System verabredeter Zeichen; Schlüssel zum Dechiffrieren); **Code|num|mer**, Kode|num|mer
Co|dex *vgl.* Kodex
co|die|ren, ko|die|ren (durch einen Code verschlüsseln); **Co|die|rung**, Ko|dierung
Cœur [køːɐ̯], das; -[s], -[s] (Herz im Kartenspiel)
Cof|fe|in *vgl.* Koffein
co|g|nac [ˈkɔnjak] (goldbraun); ein cognac Hemd; in Cognac; **Co|g|nac**® [ˈkɔnjak], der; -s, -s (Weinbrand); *vgl. aber* Kognak
Coif|feur [ko̯aˈføːɐ̯] (*schweiz., sonst geh. für* Friseur); **Coif|feu|se** [ko̯aˈføː...], die; -, -n
Co|i|tus *vgl.* Koitus
Co|la, das; -[s], -s *od.* die; -, -s (*ugs. kurz für* koffeinhaltiges Erfrischungsgetränk)
Col|la|ge [...ʒə, *österr.* ...ʃ], die; -, -n (aus Papier od. anderem Material geklebtes Bild)
Col|lege [...lɪtʃ], das; -[s], -s (Schule in England od. den USA)
Col|lie [...li], der; -s, -s (schottischer Schäferhund)
Col|li|er [...ˈli̯eː], das; -s, -s (ein Halsschmuck)
Co|lo|nel [...ˈnɛl, ˈkœːɐ̯nl̩], der; -s, -s (Oberst)
Colt®, der; -s, -s (Revolver)
Com|bo, die; -, -s (kleines Jazz- od. Tanzmusikensemble)
Come|back, **Come-back** [kamˈbɛk], das; -[s], -s (erfolgreiches Wiederauftreten eines bekannten Künstlers, Sportlers, Politikers nach längerer Pause)
Co|me|di|an [kɔˈmiːdi̯ən], der; -s, -s (humoristischer Unterhaltungskünstler)
Co|me|dy [ˈkɔmədi], die; -, -s ([oft als Serie produzierte] humoristische Sendung)
Co|mic [...mɪk], der, *auch* das; -[s], -s (*kurz für* Comicstrip); **Co|mic|heft; Co|mic|strip,** der; -s, -s (Bildgeschichte [mit Sprechblasen])
Com|mu|ni|ty [kɔˈmjuːniti], die; -, -s (Gruppe von Menschen mit gleichen Interessen o. Ä.; bes. die Nutzer des Internets)
Com|pact Disc, **Com|pact Disk** [ˈkɔmpɛkt ˈdɪsk], die; - -, - -s (*Abk.* CD *[vgl. d.]*)
Com|pa|g|nie [...panˈjiː] *vgl.* Kompanie
Com|pu|ter [...ˈpjuː...], der; -s, -; **Com|pu|ter|ani|ma|ti|on** (durch Computer erzeugte bewegte Bilder); **com|pu|ter|ge|steu|ert; com|pu|ter|ge|stützt; Com|pu|ter|pro|gramm; Com|pu|ter|si|mu|la|ti|on; Com|pu|ter|spiel; Com|pu|ter|vi|rus,** der, *auch* das; -, ...ren
Con|nec|tion [kɔˈnɛkʃn̩], die; -, -s (*ugs. für* Beziehung, Verbindung)
Con|sul|tant [kənˈsaltənt], der; -s, -s (*Wirtsch.* [Unternehmens]berater); **Con|sul|ting** [kənˈsal...], das; -s (*Wirtsch.* Beratung; Beratertätigkeit)
Con|tai|ner [...ˈteː...], der; -s, - ([genormter] Großbehälter); **Con|tai|ner|schiff**
Con|tent, der; -s, -s (*EDV* Informationsgehalt)
Con|test, der; -[s], -s (*Jargon* Wettbewerb)
con|t|ra *vgl.* kontra
Con|t|rol|ler [kɔnˈtro̯ʊ̯lɐ], der; -s, - (*Wirtsch.* Fachmann für Kostenrechnung u. -planung in einem Betrieb); **Con|t|rol|le|rin; Con|t|rol|ling,** das; -s
cool [kuːl] (*ugs. für* überlegen, gelassen; hervorragend); **Cool|ness,** die; -
Cool|pack [ˈkuːlpɛk], das; -, -s *od.* der; -, -s (Kühlelement, -akku)
Co-Pi|lot, **Co|pi|lot,** Ko-Pi|lot, Ko|pi|lot (zweiter Flugzeugführer; zweiter Fahrer); **Co-Pi|lo|tin**, **Co|pi|lo|tin,** Ko-Pi|lo|tin, Ko|pi|lo|tin
Co|py|right [...pirai̯t], das; -s, -s (Urheberrecht; *Zeichen* ©)

Cord, Kord, der; -[e]s, *Plur.* -e *u.* -s (geripptes Gewebe); **Cord|ho|se**, Kord|ho|se

Cor|don bleu [...'dõ:'blø:], das; - -, -s -s [- -] (mit Käse u. gekochtem Schinken gefülltes [Kalbs]schnitzel)

Cor|ned Beef, das; - -, **Cor|ned|beef**, das; - ['kɔrn(ə)t 'bi:f, 'kɔ:ɐ̯n(ə)t 'bi:f, *auch* 'k...] (gepökeltes [Büchsen]rindfleisch)

Corn|flakes [...fleɪ̯ks, *auch* 'kɔ:ɐ̯n...] *Plur.* (geröstete Maisflocken)

Corps [ko:ɐ̯] *vgl.* Korps

Cor|pus *vgl.* Korpus; **Cor|pus De|lic|ti**, das; - -, ...pora - (Gegenstand od. Werkzeug eines Verbrechens; Beweisstück)

Cor|ti|son *vgl.* Kortison

Co|si|nus *vgl.* Kosinus

Co|tan|gens *vgl.* Kotangens

Cot|ton [...tn̩], der *od.* das; -s (engl. Bez. für Baumwolle, Kattun); *vgl.* Koton usw.

Couch [kaʊ̯tʃ], die; -, *Plur.* -[e]s, *auch* -en, *schweiz. auch* der; -s, -[e]s (Liegesofa)

Couch|sur|fing® ['kaʊ̯tʃsœ:ɐ̯fɪŋ] ([Internetnetzwerk für] kostenloses Übernachten in Wohnungen anderer Mitglieder)

Cou|leur [ku'lø:ɐ̯], die; -, -s (*nur Sing.:* bestimmte Eigenart, Prägung; *Verbindungsw.* Band u. Mütze einer Verbindung)

Cou|lomb [ku'lõ:, *auch* ...'lɔmp] (Maßeinheit für die Elektrizitätsmenge; *Zeichen* C)

Count|down, **Count-down** ['kaʊ̯nt'daʊ̯n], der, *selten* das; -[s], -s (bis zum [Start]zeitpunkt null rückwärts schreitende Zeitzählung)

Coun|t|ry|mu|sic ['kantrimju:zɪk], die; - (Volksmusik [der Südstaaten in den USA])

Coup [ku:], der; -s, -s (Schlag; [Hand]streich)

Cou|pé, das; -s, -s (Auto mit sportlicher Karosserie; *veraltet für* [Wagen]abteil)

Cou|pon [ku'põ:, *österr.* ...'po:n], Ku|pon, der; -s, -s (abtrennbarer Zettel; [Stoff]abschnitt; Zinsschein)

Cou|ra|ge [ku...ʒə], die; - (Mut); **cou|ra|giert** (beherzt)

Court [kɔ:ɐ̯t], der; -s, -s (Tennisplatz)

Cou|sin [ku'zɛ̃:], der; -s, -s (Vetter); **Cou|si|ne** [ku...], Ku|si|ne, die; -, -n ([1]Base)

Co|ver ['kavɐ], das; -s, -[s] (Titelbild; Hülle von Tonträgern u. Büchern); **Co|ver|girl**, das; -s, -s (auf der Titelseite einer Illustrierten abgebildete junge Frau)

Cow|boy ['kaʊ̯...], der; -s, -s (berittener amerik. Rinderhirt); **Cow|girl**

Co|yo|te *vgl.* Kojote

CO_2-Ab|ga|be (*bes. schweiz. für* Abgabe auf fossile Brennstoffe); **CO_2-Aus|stoß**

[1]**Crack** [krɛk], der; -s, -s (*Sport* aussichtsreicher Spitzensportler)

[2]**Crack** [krɛk], das; -s (Kokain enthaltendes synthetisches Rauschgift)

Cra|cker ['krɛkɐ], der; -s, -[s], Krä|cker, der; -s, - (sprödes Kleingebäck)

Cran|ber|ry ['krɛnbɛri], die; -, -s (der Preiselbeere ähnliche Beere)

Crash [krɛʃ], der; -s, -s (Zusammenstoß; Zusammenbruch); **Crash|kurs** (Lehrgang, in dem der Unterrichtsstoff besonders komprimiert vermittelt wird); **Crash|test** (Test, mit dem das Unfallverhalten von Kraftfahrzeugen ermittelt wird)

Crawl [kraʊ̯l, krɔ:l], **craw|len** usw. *vgl.* Kraul, [1]kraulen usw.

Cre|do, Kre|do, das; -s, -s (Glaubensbekenntnis)

creme [kre:m, *auch* krɛ:m] (mattgelb); ein creme Kleid; in Creme; **Creme**, **Crème**, die; -, *Plur.* -s, *schweiz. u. österr. auch* -n ['krɛ:mən] (Salbe zur Hautpflege; Süßspeise); **creme|far|ben**, **crème|far|ben**; **creme|far|big**, **crème|far|big**

cre|men; die Haut cremen; **cre|mig**

[1]**Crêpe** [krɛp] *vgl.* [1]Krepp

[2]**Crêpe** [krɛp], [2]Krepp, die; -, -s *u.* der; -[s], -s (dünner Eierkuchen)

Cre|vet|te *vgl.* Krevette

Crew [kru:], die; -, -s (Mannschaft)

Crois|sant [kro̯a'sã:], das; -s, -s (Blätterteighörnchen)

Cro|m|ar|gan®, das; -s (rostfreier Chrom-Nickel-Stahl)

Crou|pi|er [kru'pie:], der; -s, -s (Angestellter einer Spielbank); **Crou|pi|è|re** [...'pie:rə], die; -, -n

Crux *vgl.* Krux
Csar|das, **Csár|dás** ['tʃardaʃ], der; -, - (ungarischer Nationaltanz)
Cup [kap], der; -s, -s (Pokal; Pokalwettbewerb; Schale des Büstenhalters)
cur|len ['kœ:ɐ̯...] (Curling spielen; mit Gewichten die Armmuskulatur trainieren); **Cur|ling** ['kœ:ɐ̯...], das; -s (schott. Eisspiel)
Cur|ri|cu|lum, das; -s, ...la (*Päd.* Theorie des Lehr- u. Lernablaufs; Lehrplan)
Cur|ry ['kœri, 'ka...], der, *auch* das; -s (Gewürzpulver; indisches Gericht); **Cur|rywurst**
Cur|sor ['kœ:ɐ̯zɐ], der; -s, -[s] (*EDV* Bildschirmzeiger)
Cut [kat, *auch* kœt], der; -s, -s (Filmschnitt); **Cut|ter,** der; -s, - (*Film, Rundfunk, Fernsehen* Schnittmeister; sehr scharfes Messer); **Cut|te|rin**
Cy|ber|at|ta|cke ['sai̯bɐ...] (Angriff über das Internet); **Cy|ber|crime** [...krai̯m], das; -[s], -s *od.* die; -, -s *oft ohne Artikel* (Kriminalität im Internet)
Cy|ber|space ['sai̯bɐspɛi̯s], der; -, -s (*EDV* virtueller Raum)
cy|c|lisch *vgl.* zyklisch

D*d*

d, D, das; -, - (Tonbezeichnung)
D (Buchstabe); das D; des D, die D, *aber* das d in Bude; der Buchstabe D, d
da; hier und da; da und dort; da sein; es ist alles schon da gewesen; noch nie da gewesene *od.* dagewesene Ereignisse; etwas noch nie Dagewesenes *od.* da Gewesenes
da|bei [*hinweisend* 'da:bai̯]; sie ist sehr schön und dabei (trotzdem) nicht eitel; wenn er dabei (bei der Behauptung) bleibt; falls es dabei (bei den Gegebenheiten) bleibt; du solltest dabei (bei dieser Tätigkeit) stehen; dabei sein; wir sind dabei gewesen
da|bei|blei|ben (bei einer Tätigkeit bleiben); **da|bei|ha|ben** (*ugs. für* bei sich haben; teilnehmen lassen); ..., weil er nichts dabeihatte; sie wollten ihn gern dabeihaben; **da|bei sein** *vgl.* dabei; **da|bei|sit|zen** (sitzend zugegen sein); er hat nur schweigend dabeigesessen; **da|bei|ste|hen** (stehend zugegen sein); *vgl. aber* dabei
da|blei|ben (nicht fortgehen); er ist den ganzen Tag dageblieben; *aber* er ist da geblieben, wo er war
da ca|po (*Musik* noch einmal von Anfang an; *Abk.* d. c.)
Dach, das; -[e]s, Dächer; **Dach|bo|den; Dach|de|cker; Dach|de|cke|rin; Dach|geschoss** (*Abk.* DG); **Dach|kam|mer; Dachor|ga|ni|sa|ti|on; Dach|rin|ne**
Dachs, der; -es, -e
Dach|stuhl; Dach|ter|ras|se; Dach|verband; Dach|zie|gel
Da|ckel, der; -s, - (Dachshund, Teckel)
Dad [dɛd], der; -[s], -s (*svw.* Daddy); **Dad|dy** ['dɛdi], der; -s, -s (*engl. ugs. Bez. für* Vater)
da|durch [*auch* 'da:...]; dadurch, dass sie zu spät kam
da|für [*auch* 'da:...]; das Auto ist gebraucht, dafür aber billig; ich kann nicht dafür sein (kann nicht zustimmen)
da|für|kön|nen, da|für kön|nen; sie behauptet, dass sie nichts dafürkann *od.* dafür kann; *aber nur* dafür kann sie nichts
da|für sein *vgl.* dafür
da|für|spre|chen, da|für spre|chen; weil viel dafürspricht *od.* dafür spricht, *aber nur* dafür spricht die Zeugenaussage
da|ge|gen [*auch* 'da:...]; eure Arbeit war gut, seine dagegen schlecht; dagegen sein; etwas, nichts dagegen haben
da|ge|gen ha|ben *vgl.* dagegen; **da|ge|gen|hal|ten** (*auch für* einwenden, erwidern); **da|ge|gen sein** *vgl.* dagegen; **da|ge|gen|spre|chen, da|ge|gen spre|chen;** weil nichts dagegenspricht *od.* dagegen spricht, *aber nur* dagegen spricht wirklich nichts

D

D

da|heim; daheim sein; von daheim kommen; **Da|heim,** das; -s; **da|heim|blei|ben;** er ist daheimgeblieben; **Da|heim|ge|blie|be|ne,** der *u.* die; -n, -n; **da|heim|sit|zen;** sie hatte lange genug daheimgesessen

da|her [*auch* 'da:...]; daher (von da) bin ich; daher, dass *u.* daher, weil; von daher (aus diesem Grund) geht das nicht

da|her|ge|lau|fen; ein dahergelaufener Kerl

da|her|kom|men; man sah ihn daherkommen; *aber* es wird daher kommen, dass ...; **da|her|re|den;** dumm daherreden

da|hin [*hinweisend* 'da:...]; wie weit ist es [bis] dahin?; dann wird das Geld dahin sein (*ugs. für* verloren, aufgebraucht sein); dahin (an das bezeichnete Ziel) fahren, gehen, kommen; er äußerte sich dahin gehend *od.* dahingehend

da|hi|n|aus [*auch* 'da:...]

da|hin|däm|mern; ich dämmere dahin

da|hi|n|ein [*auch* 'da:...]

da|hin|ge|hen *(geh.);* wie schnell sind die Tage dahingegangen

da|hin ge|hend, **da|hin|ge|hend** *vgl.* dahin

da|hin|ge|stellt; dahingestellt bleiben, sein; dahingestellt sein lassen; **da|hin|le|ben; da|hin|plät|schern; da|hin|raf|fen; da|hin|sie|chen;** elend dahinsiechen; **da|hin|ste|hen** (nicht sicher, noch fraglich sein)

da|hin|ten [*auch* 'da:...]; dahinten auf der Bank

da|hin|ter [*auch* 'da:...]; ein Haus mit einem Garten dahinter; was mag wohl dahinter sein?; **da|hin|ter|kni|en,** sich (*ugs. für* sich anstrengen); **da|hin|ter|kom|men** (*ugs. für* herausfinden); wir werden schon noch dahinterkommen; **da|hin|ter|ste|cken;** du kannst einen Zettel dahinterstecken; ich möchte wissen, was dahintersteckt (*ugs. für* was es zu bedeuten hat); **da|hin|ter|ste|hen** (*ugs. für* unterstützen)

Dah|lie, die; -, -n (Zierpflanze)

da|las|sen; sie hat uns etwas Geld dagelassen; *aber* wenn man das Bild genau da (dort) lässt, wo es sich befindet ...

da|lie|gen; er hat wie tot dagelegen; *aber* lass es da (dort) liegen, wo es liegt

dä|ma|lig; da|mals

Da|mast, der; -[e]s, -e (ein Gewebe)

Da|me, die; -, -n (*ohne Artikel kurz für* Damespiel); **da|men|haft; Da|men|ober|be|klei|dung; Da|men|wahl** (beim Tanz)

Dam|hirsch

[1]**da|mit** [*auch* 'da:...]; was soll ich damit tun?

[2]**da|mit;** sie sprach langsam, damit es alle verstanden

däm|lich (*ugs. für* dumm, albern)

Damm, der; -[e]s, Dämme; **Damm|bruch,** der; -[e]s, ...brüche

däm|men (*auch für* isolieren)

däm|me|rig, dämm|rig; **Däm|mer|licht,** das; -[e]s; **däm|mern;** es dämmert; **Däm|me|rung; dämm|rig,** däm|me|rig

Damm|riss *(Med.)*

Däm|mung

Dä|mon, der; -s, ...onen; **dä|mo|nisch**

Dampf, der; -[e]s, Dämpfe; **Dampf|bad; damp|fen**

dämp|fen; ich dämpfe das Gemüse, den Ton usw., gedämpft

Damp|fer

Dämp|fer; einen Dämpfer bekommen (*ugs. für* eine Rüge einstecken müssen)

Dampf|koch|topf; Dampf|lo|ko|mo|ti|ve; Dampf|ma|schi|ne; Dampf|nu|del

Dämp|fung

Dampf|wal|ze

Dam|wild

da|nach [*auch* 'da:...]; sich danach richten

Dan|cing [...sɪŋ], das; -s, -s (Tanz[veranstaltung])

Dan|dy ['dɛndi], der; -s, -s (sich übertrieben modisch kleidender Mann)

da|ne|ben [*auch* 'da:...]; das Haus ist direkt daneben; sein Aufzug war total daneben (*ugs. für* unpassend)

da|ne|ben|be|neh|men, sich (*ugs. für* sich unpassend benehmen); **da|ne|ben|ge|hen** (*auch ugs. für* misslingen); **da|ne|ben|grei|fen** (*auch für* einen Fehlgriff tun); **da|ne|ben|hau|en** (*auch ugs. für* sich irren);

da|ne|ben|lie|gen (*ugs. auch für* sich irren); **da|ne|ben|stel|len**

da|nie|der *(geh.);* **da|nie|der|lie|gen**

dank; *Präp. mit Gen. od. Dat., im Plur. meist mit Gen.:* dank meinem Fleiße; dank eures guten Willens; dank raffinierter Verfahren

Dank, der; -[e]s; Gott sei Dank!; vielen, tausend Dank!; hab[t] Dank!; jmdm. Dank sagen (*vgl.* danksagen), schulden; mit Dank [zurück]

dank|bar; Dank|bar|keit, die; -

dan|ke!; du musst Danke *od.* danke sagen; danke schön!; ich möchte ihr Danke schön *od.* danke schön sagen; er sagte: »Danke schön!«, *vgl. aber* Dankeschön; **dan|ken; dan|kens|wert; Dan|ke|schön,** das; -s; sie sagte ein herzliches Dankeschön; **Dan|kes|wor|te** *Plur.;* **Dank|ge|bet**

dank|sa|gen, Dank sa|gen; du danksagtest *u.* du sagtest Dank; dankgesagt *u.* Dank gesagt; dankzusagen *u.* Dank zu sagen; *aber* ich sage vielen Dank; **Dank|sa|gung**

Dank|schrei|ben

dann; dann und wann

da|r|an [*auch* 'da:...], *ugs.* dran; daran denken, glauben; es könnte etwas daran sein (*ugs. für* es könnte teilweise zutreffen); sie ist nahe daran gewesen, alles aufzugeben

da|r|an|ge|hen; er ist endlich darangegangen, die Garage aufzuräumen; **da|r|an|ma|chen;** wir werden uns daranmachen[,] die Kartoffeln zu schälen; *aber* was kann ich denn daran machen (ändern)?; **da|r|an|set|zen;** sie hat alles darangesetzt, um ihr Ziel zu erreichen

da|r|auf [*auch* 'da:...], *ugs.* drauf; darauf vertrauen, dass ...; alles, was darauf folgen wird; am darauf folgenden *od.* darauffolgenden Tag; **da|r|auf fol|gend, da|r|auf|fol|gend** *vgl.* darauf; **da|r|auf|hin** [*auch* 'da:...] (demzufolge, danach, darauf, unter diesem Gesichtspunkt); wir haben alles daraufhin überprüft, ob ...

da|r|auf|le|gen; ein Tuch darauflegen

da|r|auf|los *vgl.* drauflos

da|r|auf|set|zen; sich vorsichtig daraufsetzen; **da|r|auf|stel|len;** du kannst dich ruhig daraufstellen

da|r|aus [*auch* 'da:...], *ugs.* draus; sich nichts daraus machen; es wird nichts daraus werden

dar|ben (*geh. für* Not, Hunger leiden)

dar|bie|ten *(geh.);* **Dar|bie|tung**

dar|brin|gen; Dar|brin|gung

da|r|ein [*auch* 'da:...], *(ugs.:)* drein; **da|r|ein|fin|den,** drein|fin|den, sich; sie hat sich dareingefunden

da|r|in [*auch* 'da:...], *ugs.* drin; wir können alle darin (im Wagen) sitzen; der Schlüssel bleibt darin (im Schloss) stecken; **da|r|in|nen** [*auch* 'da:...] (*geh. für* drinnen)

Dark|net, das; -s, **Dark Net,** das; - -s ['da:ɐ̯knɛt] (schwer zugänglicher [illegaler] Bereich des Internets)

dar|le|gen; Dar|le|gung

Dar|le|hen, Dar|lehn, das; -s, -; **Dar|le|hens|ver|trag,** Dar|lehns|ver|trag; **Dar|lehns|ver|trag** *vgl.* Darlehensvertrag

Dar|ling, der; -s, -s (*svw.* Liebling)

Darm, der; -[e]s, Därme; **Darm|flo|ra** *Plur. selten* (*Med.* Gesamtheit der im Darm lebenden Bakterien); **Darm|ka|tarrh; Darm|krebs; Darm|ver|schluss**

dar|rei|chen *(geh.);* **Dar|rei|chung**

dar|stel|len; Dar|stel|ler; Dar|stel|le|rin; dar|stel|le|risch; Dar|stel|lung

Darts, das; - (ein Wurfpfeilspiel)

da|r|ü|ber [*auch* 'da:...], *ugs.* drü|ber; sie ist darüber sehr böse; darüber hinaus habe ich keine Fragen; wir müssen darüber reden

da|r|ü|ber|fah|ren; mit der Hand darüberfahren; **da|r|ü|ber|le|gen;** eine Decke darüberlegen; **da|r|ü|ber|ste|hen** (darüber erhaben sein); die Vorwürfe stören uns nicht, weil wir darüberstehen

da|r|um [*auch* 'da:...], *ugs.* drum; darum herum; nicht darum herumkommen; er hat nur darum herumgeredet

da|r|um|kom|men (nicht bekommen); er ist darumgekommen; *aber* weil sie nur darum (aus diesem Grunde) kommt; **da|r|um|le|gen** (um etwas legen)

D

D

da|r|un|ter [*auch* 'da:...], *ugs.* drun|ter; es sollen auch kleine Kinder darunter sein
da|r|un|ter|fal|len (dazugehören, betroffen sein); **da|r|un|ter|le|gen;** du kannst eine Decke darunterlegen; **da|r|un|ter|lie|gen;** die Schätzungen haben daruntergelegen (waren niedriger)
das / dass *s. Kasten*
da sein *vgl.* da; **Da|sein,** das; -s
Da|seins|be|rech|ti|gung; Da|seins|kampf, der; -[e]s; **Da|seins|vor|sor|ge**
das heißt (*Abk.* d. h.)
da|sit|zen; wenn ihr so dasitzt ...; *aber* er soll da (dort) sitzen
das|je|ni|ge; *Gen.* desjenigen, *Plur.* diejenigen
dass; sodass *od.* so dass
das|sel|be; *Gen.* desselben, *Plur.* dieselben; es ist alles ein und dasselbe
dass-Satz, Dass|satz
da|ste|hen; fassungslos, steif dastehen; die Firma hat glänzend dagestanden (war wirtschaftlich gesund)
Date [deɪt], das; -s, -s (*ugs. für* Verabredung)
Da|tei (Beleg- u. Dokumentensammlung, bes. in der EDV); **Da|tei|na|me**
Da|ten (*Plur. von* Datum; Zahlenwerte; Angaben); **Da|ten|au|to|bahn** (*EDV* Telekommunikationsnetz zur schnellen Übertragung großer Datenmengen); **Da|ten|bank** *Plur.* ...banken; **Da|ten|men|ge; Da|ten|schutz,** der; -es; **Da|ten|schüt|zer; Da|ten|schüt|ze|rin; Da|ten|si|cher|heit; Da|ten|trä|ger; Da|ten|über|tra|gung**
Da|ten ver|ar|bei|tend, da|ten|ver|ar|bei|tend; Da|ten|ver|ar|bei|tung (*Abk.* DV); elektronische Datenverarbeitung (*Abk.* EDV)
Da|ten|vo|lu|men (Datenmenge)
da|tie|ren ([Briefe usw.] mit einer Zeitangabe versehen); einen Brief datieren; der Brief datiert (trägt das Datum) vom 1. Oktober
Da|ting-App ['deɪtɪŋ...] (App zur Anbahnung von Partnerschaften)
Da|tiv, der; -s, -e (*Sprachwiss.* Wemfall, 3. Fall; *Abk.* Dat.); das Dativ-e; **Da|tiv|ob|jekt**
Dat|scha, die; -, *Plur.* -s *od.* ...schen (russ. Holzhaus, Wochenendhaus); **Dat|sche,** die; -, -n (*regional für* bebautes Wochenendgrundstück)
Dat|tel, die; -, -n; **Dat|tel|pal|me**
Da|tum, das; -s, ...ten; *vgl.* Daten; **Da|tums|an|ga|be**
Dau|er, die; -, *Plur. fachspr. gelegentlich* -n; **Dau|er|auf|trag; Dau|er|aus|stel|lung; Dau|er|be|schäf|ti|gung; Dau|er|bren|ner; Dau|er|frost; dau|er|haft; Dau|er|kar|te; Dau|er|lauf**
[1]**dau|ern;** es dauert nicht lange
[2]**dau|ern** (*geh. für* leidtun); es dauert mich
dau|ernd; Dau|er|re|gen; Dau|er|schlei|fe; Dau|er|wel|le; Dau|er|zu|stand
Dau|men, der; -s, -; **Dau|men|ab|druck; dau|men|breit;** ein daumenbreiter Abstand, *aber* der Abstand ist zwei Daumen breit
Dau|ne, die; -, -n (Flaumfeder); **Dau|nen|bett; Dau|nen|de|cke; Dau|nen|fe|der**
da|von [*auch* 'da:...]; er will etwas, viel, nichts davon haben; es ist davon gekommen, dass ...; **da|von|blei|ben** (sich entfernt halten); **da|von|ge|hen** (weggehen); **da|von|kom|men** (glücklich entrinnen); er ist noch einmal davongekommen; **da|von|lau|fen** (weglaufen); wenn sie davonläuft; es ist zum Davonlaufen; *aber* auf und davon laufen; **da|von|ma|chen,** sich (*ugs. für* davonlaufen); **da|von|tra|gen** (wegtragen); weil er den Sack davontrug; er hat den Sieg davongetragen (errungen)
da|vor [*auch* 'da:...]; ich fürchte mich davor; davor war alles gut; **da|vor|schie|ben;** einen Riegel davorschieben; **da|vor|ste|hen;** sie haben davorgestanden
DAX®, Dax, der; - (Kennzahl für die Wertentwicklung der 30 wichtigsten deutschen Aktien)

das / dass	
Mit nur einem s schreibt man das bezügliche Fürwort (Relativpronomen) »das«: – *Er betrachtete ein Bild, das an der Wand hing.* »Das« bezieht sich auf ein Substantiv im vorangegangenen (Haupt)satz und lässt sich meist durch »welches« ersetzen. Ebenfalls mit nur einem s schreibt man das Demonstrativpronomen »das«: – *Das habe ich nicht gewollt.* Hier lässt sich »das« meist durch »dieses« ersetzen. Schließlich wird auch der sächliche Artikel mit nur einem s geschrieben: – *Sie hoffte, das Auto kaufen zu können.* Auch hier lässt sich »das« meist durch »dieses« ersetzen.	In allen anderen Fällen handelt es sich um die mit zwei s zu schreibende Konjunktion (das Bindewort) »dass«: – *Ich weiß, dass es schon ziemlich spät ist.* – *Dass es schon ziemlich spät ist, weiß ich.* Die Konjunktion »dass« verbindet Nebensätze meist mit Hauptsätzen, in denen Verben wie »behaupten, bestätigen, denken, glauben, hoffen, meinen, sagen, versprechen, wissen« usw. vorkommen. Sie kann nicht durch »dieses« oder »welches« ersetzt werden.

da|zu [*auch* 'da:...]; er war nicht dazu gekommen, zu antworten; weil viel Mut dazu gehört

da|zu|ge|ben (hinzutun); du musst noch etwas Mehl dazugeben; **da|zu|ge|hö|ren** (zu jmdm. od. etw. gehören); er wünscht sich[,] dazuzugehören; **da|zu|ge|hö|rig; da|zu|kom|men** (hinzukommen); es sind noch Gäste dazugekommen; *aber* dazu kommt, dass ...; **da|zu|ler|nen** (neu lernen)

da|zu|mal; anno dazumal

da|zu|tun (hinzutun); er hat einen Apfel dazugetan; *aber* was kann ich noch dazu tun?; **Da|zu|tun,** das (Hilfe, Unterstützung); ohne mein Dazutun

da|zu|ver|die|nen (zusätzlich verdienen)

da|zwi|schen [*auch* 'da:...]; genau dazwischen sein; **da|zwi|schen|fah|ren** (sich in etwas einmischen, Ordnung schaffen); **da|zwi|schen|kom|men** (*auch übertr. für* sich in etwas einmischen); **da|zwi|schen|ru|fen; da|zwi|schen|tre|ten** (*auch übertr. für* schlichten)

DDR, die; - = Deutsche Demokratische Republik (1949–1990)

de|ak|ti|vie|ren (in einen nicht aktiven Zustand versetzen)

Deal [di:l], der; -s, -s (*ugs. für* Handel, Geschäft); **dea|len** (illegal mit Rauschgift handeln); **Dea|ler,** der; -s, - (Rauschgifthändler); **Dea|le|rin**

De|ba|kel, das; -s, - (Zusammenbruch)

De|bat|te, die; -, -n (Erörterung [im Parlament]); **de|bat|tie|ren**

de|bil (*Med.* an Debilität leidend); **De|bi|li|tät,** die; - (*Med. veraltet für* leichte geistige Behinderung)

De|bi|tor, der; -s, ...oren *meist Plur.* (Schuldner, der Waren auf Kredit bezogen hat); **De|bi|to|rin**

De|büt [...'by:], das; -s, -s (erstes Auftreten); **De|bü|tant,** der; -en, -en (erstmalig Auftretender); **De|bü|tan|tin; de|bü|tie|ren**

de|chif|f|rie|ren [deʃ...] (entziffern; entschlüsseln); **De|chif|f|rie|rung**

Deck, das; -[e]s, *Plur.* -s, *selten* -e; **Deck|bett; Deck|blatt**

De|cke, die; -, -n
De|ckel, der; -s, -; **de|ckeln** (*ugs. auch für* rügen; [Ausgaben] begrenzen)
de|cken; De|cken|ge|mäl|de; De|cken|ma|le|rei
Deck|far|be; Deck|man|tel; Deck|na|me
De|ckung; de|ckungs|gleich (kongruent)
Deck|weiß
De|co|der (*Elektronik* Datenentschlüssler); **de|co|die|ren,** de|ko|die|ren (eine Nachricht entschlüsseln); **De|co|die|rung,** De|ko|die|rung
De|di|ka|ti|on, die; -, -en (Widmung; Geschenk); **de|di|zie|ren**
de fac|to (tatsächlich [bestehend]); **De-fac|to-An|er|ken|nung**
De|fä|tis|mus, *schweiz. auch* **De|fai|tis|mus** [...fɛ...], der; - (Schwarzseherei); **de|fä|tis|tisch,** *schweiz. auch* **de|fai|tis|tisch** [...fɛ...]
De|fault [dɪˈfɔːlt], das *od.* der; -s, -s (*EDV* Voreinstellung, Standardeinstellung)
de|fekt (schadhaft); **De|fekt,** der; -[e]s, -e
de|fen|siv [*auch* ˈdeː...] (verteidigend); **De|fen|si|ve,** die; -, -n *Plur. selten* (Verteidigung); **De|fen|siv|spiel** (*Sport*)
De|fi|lee [ˈde...], das; -s, *Plur.* -s, *schweiz. nur so, sonst auch* ...leen ([parademäßiger] Vorbeimarsch); **de|fi|lie|ren** (parademäßig od. feierlich vorbeiziehen)
de|fi|nier|bar; de|fi|nie|ren (einen Begriff bestimmen); **De|fi|ni|ti|on,** die; -, -en; **de|fi|ni|tiv** [*auch* ˈdeː...] (endgültig)
De|fi|zit, das; -s, -e (Fehlbetrag; Mangel); **de|fi|zi|tär**
De|fla|ti|on, die; -, -en (*Wirtsch.* allgemeiner Rückgang des Preisniveaus); **de|fla|ti|o|när** (eine Deflation betreffend, bewirkend)
De|flo|ra|ti|on, die; -, -en (Zerstörung des Hymens beim ersten Geschlechtsverkehr)
De|for|ma|ti|on, die; -, -en (Formänderung; Verunstaltung); **de|for|mie|ren**
def|tig (derb, saftig; tüchtig, sehr)
De|gen, der; -s, - (eine Stichwaffe)
De|ge|ne|ra|ti|on, die; -, -en (Entartung; Rückbildung); **de|ge|ne|rie|ren**
De|gen|fech|ten, das; -s
de|gra|die|ren; De|gra|die|rung
de|gres|siv (abnehmend)
dehn|bar; Dehn|bar|keit
deh|nen; Dehn|übung; Deh|nung
Deich, der; -[e]s, -e (Damm)
Deich|sel, die; -, -n (Wagenteil); **deich|seln** (*ugs. für* geschickt bewerkstelligen)
dein; dein Buch; Mein und Dein verwechseln; *in Briefen kann »dein« groß- od. kleingeschrieben werden:* Liebe Leni, vielen Dank für Deinen *od.* deinen Brief
de|in|dus|t|ri|a|li|sie|ren (Industrie abbauen); deindustrialisierte Landschaften; **De|in|dus|t|ri|a|li|sie|rung**
dei|ner|seits
dei|nes|glei|chen
dei|net|we|gen; dei|net|wil|len; um deinetwillen
De|ka, das; -[s], - (*österr.; kurz für* Dekagramm; *Abk.* dag); **De|ka|de,** die; -, -n (zehn Stück; Zeitraum von zehn Tagen, Wochen, Monaten od. Jahren)
de|ka|dent (im Verfall begriffen); **De|ka|denz,** die; - (Verfall, Niedergang)
De|ka|gramm [*auch* ˈdɛ...] (10 g; *Zeichen* dag); *vgl.* Deka
De|kan, der; -s, -e (Vorsteher einer Fakultät; Amtsbezeichnung für Geistliche); **De|ka|nat,** das; -[e]s, -e (Amt, Bezirk eines Dekans); **De|ka|nin**
De|kla|ma|ti|on, die; -, -en (der kunstgerechte Vortrag); **de|kla|mie|ren**
De|kla|ra|ti|on, die; -, -en ([öffentl.] Erklärung; Steuer-, Zollerklärung; Inhalts-, Wertangabe); **de|kla|rie|ren; De|kla|rie|rung**
de|klas|sie|ren (herabsetzen); **De|klas|sie|rung**
De|kli|na|ti|on, die; -, -en (*Sprachwiss.* Beugung der Substantive, Adjektive, Pronomen u. Numeralien); **de|kli|nier|bar; de|kli|nie|ren** (*Sprachwiss.* beugen)
de|ko|die|ren usw. *vgl.* decodieren usw.

De|kolle|té, De|kolle|tee [...kɔl'te:], das; -s, -s (tiefer [Kleid]ausschnitt); **de|kolle|tiert**

de|kon|so|li|die|ren (*Wirtsch.* ein Unternehmen aus dem Konzernabschluss herauslösen); **De|kon|so|li|die|rung**

De|kor, der *od.* das; -s, *Plur.* -s *u.* -e ([farbige] Verzierung, Vergoldung; Muster)

De|ko|ra|teur [...'tø:ɐ̯], der; -s, -e; **De|ko|ra|teu|rin; De|ko|ra|ti|on,** die; -, -en; **de|ko|ra|tiv; de|ko|rie|ren** (ausschmücken); **De|ko|rie|rung**

De|kret, das; -[e]s, -e (Beschluss; Verfügung); **de|kre|tie|ren**

De|le|ga|ti|on, die; -, -en (Abordnung); **De|le|ga|ti|ons|mit|glied; de|le|gie|ren; De|le|gier|te,** der *u.* die; -n, -n (Abgesandte[r], Mitglied einer Delegation); **De|le|gier|ten|ver|samm|lung; De|le|gie|rung**

Del|fin, Del|phin, der; -s, -e (ein Zahnwal)

del|fin|schwim|men, del|phin|schwim|men, **Del|fin schwim|men,** Del|phin schwimmen; *aber nur:* sie schwimmt Delfin *od.* Delphin; **Del|fin|schwim|men,** Del|phin-schwim|men, das; -s

De|li, das, *auch* der; -[s], -s (Schnellrestaurant [mit jüdischer Küche], oft mit Feinkostladen)

de|li|kat (lecker; *auch für* heikel); **De|li|ka|tes|se,** die; -, -n (Leckerbissen; Feinkost; *nur Sing.:* Zartgefühl); **De|li|ka|tes|sen|ge|schäft, De|li|ka|tess|ge|schäft**

De|li|ka|tess|senf, De|li|ka|tess-Senf

De|likt, das; -[e]s, -e (Vergehen; Straftat)

de|lin|quent (straffällig); **De|lin|quent,** der; -en, -en (Übeltäter); **De|lin|quen|tin**

De|li|ri|um, das; -s, ...ien (Form der Psychose mit Bewusstseinsstörungen)

de|li|zi|ös (*geh. für* köstlich)

Del|le, die; -, -n (*landsch. für* [leichte] Vertiefung; Beule)

de|lo|gie|ren [...'ʒi:...] (*bes. österr. für* jmdn. zum Auszug aus einer Wohnung veranlassen od. zwingen)

Del|phin usw. *vgl.* Delfin usw.

¹Del|ta, das; -[s], -s (griech. Buchstabe: Δ, δ)

²Del|ta, das; -s, *Plur.* -s *u.* ...ten (fächerförmiges Gebiet im Bereich einer mehrarmigen Flussmündung)

de luxe [də'lʏks] (aufs Beste ausgestattet, mit allem Luxus); **De-luxe-Aus|stat|tung**

dem *vgl.* der

De|m|a|go|ge, der; -n, -n (Volksverführer, -aufwiegler); **De|m|a|go|gin; de|m|a|go|gisch;** demagogische Reden

De|mar|ka|ti|on, die; -, -en (Abgrenzung)

de|mas|kie|ren (entlarven); sich demaskieren (die Maske abnehmen)

De|men|ti, das; -s, -s (offizieller Widerruf; Berichtigung); **de|men|tie|ren** (widerrufen; für unwahr erklären)

dem|ent|spre|chend; er war müde und dementsprechend ungehalten; *aber* eine dem [Gesagten] entsprechende Antwort

De|menz, die; -, -en (*Med.* krankheitsbedingter Abbau der Leistungsfähigkeit des Gehirns); **de|menz|er|krankt; De|menz|er|krank|te,** der *u.* die; -n, -n; **de|menz|krank**

De|me|ter®, -s *ohne Artikel* (Handelsmarke für Bioprodukte)

dem|ge|gen|über (andererseits); *aber* dem [Mann] gegenüber saß ...; **dem|ge|mäß**

de|mi-sec [...'sɛk] (halbtrocken [von Schaumweinen])

De|mis|si|on (Rücktritt eines Ministers od. einer Regierung); **de|mis|si|o|nie|ren**

dem|nach; dem|nächst [*auch* ...'nɛ:...]

De|mo [*auch* 'dɛ...], die; -, -s (*ugs.; kurz für* Demonstration)

De|mo|graf, De|mo|graph, der; -en, -en (jmd., der berufsmäßig Demografie betreibt); **De|mo|gra|fie, De|mo|gra|phie,** die; -, ...ien (Bevölkerungsstatistik, -wissenschaft); **De|mo|gra|fin, De|mo|gra|phin; de|mo|gra|fisch, de|mo|gra|phisch;** demografische *od.* demographische Entwicklung

De|mo|krat, der; -en, -en; **De|mo|kra|tie,** die; -, ...ien (Staatsform; Herrschaft durch

D

vom Volk gewählte Vertreter); **De|mo|kra|tin; de|mo|kra|tisch; de|mo|kra|ti|sie|ren; De|mo|kra|ti|sie|rung**

de|mo|lie|ren (gewaltsam beschädigen)

De|mons|t|rant, der; -en, -en; **De|mons|t|ran|tin; De|mons|t|ra|ti|on,** die; -, -en (Protestkundgebung; Veranschaulichung); **De|mons|t|ra|ti|ons|recht; De|mons|t|ra|ti|ons|ver|bot; De|mons|t|ra|ti|ons|zug**

de|mons|t|ra|tiv; De|mons|t|ra|tiv|pro|no|men (*Sprachwiss.* hinweisendes Fürwort, z. B. »dieser, diese, dieses«); **de|mons|t|rie|ren** (beweisen, eine Demonstration veranstalten, daran teilnehmen)

De|mon|ta|ge [...ʒə, *auch* ...mõ...], die; -, -n (Abbau, Abbruch); **de|mon|tie|ren**

de|mo|ra|li|sie|ren (jmds. Moral schwächen; entmutigen); **De|mo|ra|li|sie|rung**

De|mo|s|kop, der; -en, -en (Meinungsforscher); **De|mo|s|ko|pie,** die; -, ...ien (Meinungsumfrage, Meinungsforschung); **De|mo|s|ko|pin; de|mo|s|ko|pisch**

de|mo|ti|vie|ren (jmds. Motivation schwächen); **de|mo|ti|viert**

De|mut, die; -; **de|mü|tig; de|mü|ti|gen; De|mü|ti|gung; de|mut[s]|voll**

dem|zu|fol|ge (demnach); demzufolge ist die Angelegenheit geklärt, *aber* das Vertragswerk, dem zufolge die Staaten sich verpflichten ...

den *vgl.* der

De|ni|er [de'nie:], das; -[s], - (Einheit für die Fadenstärke bei Seide u. Chemiefasern; *Abk.* den)

Denk|an|stoß; Denk|auf|ga|be; denk|bar; die denkbar günstigsten Bedingungen; **den|ken;** dachte; gedacht; **Den|ken,** das; -s; **Den|ker; Den|ke|rin; denk|faul**

Denk|mal *Plur.* ...mäler, *auch* ...male; **denk|mal|ge|schützt; Denk|mal[s]|pfle|ge; Denk|mal[s]|schutz,** der; -es

Denk|mus|ter; Denk|pau|se; Denk|schrift; Denk|sport; Denk|wei|se; denk|wür|dig; Denk|zet|tel

denn; es sei denn, dass ...; mehr denn je

den|noch

den|tal (*Med.* die Zähne betreffend; *Sprachwiss.* mithilfe der Zähne gebildet)

De|nun|zi|ant, der; -en, -en (jmd., der einen anderen denunziert); **De|nun|zi|an|tin; De|nun|zi|a|ti|on,** die; -, -en; **de|nun|zie|ren** (aus persönlichen, niedrigen Beweggründen anzeigen)

Deo, das; -s, -s (*kurz für* Deodorant); **De|o|do|rant,** das; -s, *Plur.* -s, *auch* -e (Mittel gegen Körpergeruch); **de|o|do|rie|ren** ([Körper]geruch hemmen); **Deo|rol|ler; Deo|spray**

De|par|te|ment [...tə'mã:, *österr.* ...part'mã:, *schweiz.* ...tə'mɛnt], das; -s, -s *u.* (bei schweiz. Aussprache:) -[e]s, -e (Verwaltungsbezirk in Frankreich; Ministerium beim Bund u. in einigen Kantonen der Schweiz)

De|part|ment [di...], das; -s, -s (*engl. Form von* Departement)

De|pen|dance [depã'dã:s], **Dé|pen|dance** ['depãdã:s], die; -, -n (Zweigstelle; Nebengebäude [eines Hotels])

De|pe|sche, die; -, -n (Telegramm)

de|pla|ciert [...'si:gt] (*veraltet für* deplatziert); **de|plat|ziert** (fehl am Platz)

De|po|nie, die; -, ...ien (zentraler Müllabladeplatz); **de|po|nie|ren**

De|por|ta|ti|on, die; -, -en (zwangsweise Verschickung); **de|por|tie|ren**

De|pot [...'po:], das; -s, -s (Aufbewahrungsort; Hinterlegtes; Sammelstelle, Lager; *schweiz. auch für* Pfand)

Depp, der; *Gen.* -en, *auch* -s, *Plur.* -en, *auch* -e (*bes. südd., österr. ugs. für* ungeschickter, einfältiger Mensch)

De|pres|si|on, die; -, -en (Niedergeschlagenheit; Senkung; wirtschaftlicher Rückgang; *Meteorol.* Tief); **de|pres|siv** (niedergeschlagen); **de|pri|mie|ren** (niederdrücken; entmutigen); **de|pri|miert** (entmutigt, niedergeschlagen, schwermütig)

De|pu|tat, das; -[e]s, -e (Anzahl der Pflichtstunden, die eine Lehrkraft zu geben hat); **De|pu|ta|ti|on,** die; -, -en (Abordnung); **de|pu|tie|ren** (abordnen); **De|pu|tier|te,** der *u.* die; -n, -n

der, die *(vgl. d.),* das *(vgl. d.);* des *u.* dessen *(vgl. d.),* dem, den; Plur. die, der, deren *u.* derer *(vgl. d.),* den *u.* denen, die

de|ran|giert [derã'ʒi:ɐ̯t] (verwirrt, zerzaust)

der|art (so); *vgl.* Art; **der|ar|tig;** derartige Überlegungen; etwas derartig Schönes; wir haben Derartiges noch nie erlebt

derb; Derb|heit

Der|by [...bi], das; -s, -s (Pferderennen; Spiel zwischen Mannschaften aus der gleichen Region)

De|re|gu|lie|rung (Abbau von Vorschriften)

der|einst

de|ren; de|rent|we|gen; de|rent|wil|len; um derentwillen; **de|rer**

der|ge|stalt (so)

der|glei|chen (*Abk.* dgl.); und dergleichen [mehr] (*Abk.* u. dgl. [m.])

De|ri|vat, das; -[e]s, -e (*Chemie* chem. Verbindung, die aus einer anderen entstanden ist; *Wirtsch. [meist Plur.]* von Aktien, Anleihen u. Ä. abgeleitete Finanzprodukte)

der|je|ni|ge *Gen.* desjenigen, *Plur.* diejenigen

der|lei (dergleichen)

der|ma|ßen (so)

Der|ma|to|lo|ge, der; -n, -n (*Med.* Hautarzt); **Der|ma|to|lo|gie,** die; - (*Med.* Lehre von den Hautkrankheiten); **Der|ma|to|lo|gin**

der|sel|be *Gen.* desselben, *Plur.* dieselben; ein und derselbe; mit ein[em] und demselben; es war derselbe Hund

der|weil, der|wei|le[n]

Der|wisch, der; -[e]s, -e (Mitglied eines islamischen religiösen Ordens)

der|zeit (augenblicklich, gegenwärtig; *Abk.* dz.); **der|zei|tig**

des; *auch ältere Form für* dessen *(vgl. d.);* des (dessen) bin ich sicher; des ungeachtet

De|sas|ter, das; -s, - (schweres Missgeschick; Zusammenbruch); **de|sas|t|rös**

de|s|a|vou|ie|ren [...vu...] (bloßstellen)

De|ser|teur [...'tø:ɐ̯], der; -s, -e (Fahnenflüchtiger, Überläufer); **De|ser|teu|rin; de|ser|tie|ren; De|ser|ti|on,** die; -, -en (Fahnenflucht)

des|glei|chen (*Abk.* desgl.)

des|halb

De|sign [di'zai̯n], das; -s, -s (Gestalt, Muster)

de|si|g|nen [di'zai̯nən] (das Design von Gebrauchs- u. Verbrauchsgütern entwerfen); designt; **De|si|g|ner** [di'zai̯nɐ], der; -s, -; **De|si|g|ner|dro|ge; De|si|g|ne|rin; De|si|g|ner|mö|bel; De|si|g|ner|mo|de; De|si|g|ner-Out|let, De|si|g|ner|out|let** [...ʔau̯tlɛt], das; -s, -s (Direktverkaufsstelle einer od. mehrerer Designerfirmen)

de|si|g|nie|ren (für ein Amt vorsehen)

Des|il|lu|si|on [*auch* 'dɛs...], die; -, -en (Enttäuschung; Ernüchterung); **des|il|lu|si|o|nie|ren**

Des|in|fek|ti|on, die; -, -en (Vernichtung von Krankheitserregern; Entkeimung); **des|in|fi|zie|ren; Des|in|fi|zie|rung**

Des|in|te|r|es|se, das; -s (Uninteressiertheit, Gleichgültigkeit); **des|in|te|r|es|siert**

de|skrip|tiv (beschreibend)

Desk|top, der; -s, -s (*EDV* sichtbarer Hintergrund des Fenster- u. Symbolsystems bei Betriebssystemen mit grafischer Benutzeroberfläche; *kurz für* Desktop-PC)

de|so|lat (trostlos, traurig)

des|ori|en|tiert (verwirrt)

de|s|pek|tier|lich (*geh. für* geringschätzig; respektlos)

De|s|pe|ra|do, der; -s, -s (zu jeder Verzweiflungstat entschlossener [politischer] Abenteurer; Bandit); **de|s|pe|rat** (verzweifelt)

Des|pot, der; -en, -en (Gewaltherrscher; herrische Person); **Des|po|tie,** die; -, ...ien; **Des|po|tin; des|po|tisch**

des|sel|ben

des|sen; dessen ungeachtet; **des|sent|we|gen; des|sent|wil|len;** um des[sent]willen

Des|sert [dɛ'se:ɐ̯, *auch* dɛ'sɛrt, dɛ'sɛ:ɐ̯, 'dɛsɛ:r], das; -s, -s (Nachtisch)

Des|sin [...'sɛ̃:], das; -s, -s (Zeichnung; Muster)

Des|sous [...'su:], das; -, - *meist Plur.* (Damenunterwäsche)

de|sta|bi|li|sie|ren (aus dem Gleichgewicht bringen); **De|sta|bi|li|sie|rung**

D

D

de|s|til|lie|ren; destilliertes (chemisch reines) Wasser

De|s|ti|na|ti|on, die; -, -en (Reiseziel; *veraltet für* Bestimmung, Endzweck)

des|to; desto besser, größer, mehr, weniger; *aber* nichtsdestoweniger

de|s|t|ruk|tiv [*auch* 'de:...] (zerstörend)

des un|ge|ach|tet [*auch* - ...'a...]; **des|we|gen; des Wei|te|ren** *vgl.* weiter

De|tail [de'taɪ̯], das; -s, -s (Einzelheit, Einzelteil); *vgl.* en détail; **De|tail|fra|ge; de|tail|ge|treu; De|tail|kennt|nis; de|tail|liert** (in allen Einzelheiten); **de|tail|reich**

De|tek|tei (Detektivbüro); **De|tek|tiv,** der; -s, -e; dem, den Detektiv; **De|tek|tiv|ge|schich|te; De|tek|ti|vin**

De|to|na|ti|on, die; -, -en (Knall, Explosion); **de|to|nie|ren** (explodieren)

Deut, der (*veraltet für* kleine Münze); keinen Deut (*ugs. für* gar nicht[s])

deu|ten; deut|lich; auf das, aufs Deutlichste *od.* auf das, aufs deutlichs|te; etwas deutlich machen; **Deut|lich|keit**

deutsch / Deutsch *s. Kasten*

[1]**Deut|sche,** der *u.* die; -n, -n; wir Deutschen (*auch* wir Deutsche); drei Deutsche; alle Deutschen

[2]**Deut|sche,** das; des -n, dem -n (die deutsche Sprache allgemein); das Deutsche (z. B. im Ggs. zum Französischen); im Deutschen (z. B. im Ggs. zum Italienischen); aus dem Deutschen, ins Deutsche übersetzen

deutsch|feind|lich; Deutsch|land; des vereinigten Deutschland[s]; **Deutsch|land|lied,** das; -[e]s; **deutsch|land|weit**

Deutsch|schwei|zer (Schweizer deutscher Muttersprache); **Deutsch|schwei|ze|rin**

deutsch|spra|chig (die deutsche Sprache sprechend, in ihr abgefasst, vorgetragen); deutschsprachige Bevölkerung; **deutsch|sprach|lich** (die deutsche Sprache betreffend); deutschsprachlicher Unterricht

deutsch spre|chend, deutsch|spre|chend *vgl.* deutsch / Deutsch; **Deutsch spre|chend, deutsch|spre|chend**

deutsch|stäm|mig; Deutsch|tür|ke (Deutscher mit türkischer Abstammung; in Deutschland lebender Türke); **Deutsch|tür|kin; Deutsch|un|ter|richt**

Deu|tung; Deu|tungs|ver|such

De|vi|se, die; -, -n (Wahlspruch); **De|vi|sen** *Plur.* (Zahlungsmittel in ausländischer Währung); **De|vi|sen|han|del** *vgl.* Handel; **De|vi|sen|markt; De|vi|sen|re|ser|ve**

de|vot (unterwürfig)

De|zem|ber, der; -[s], - (*Abk.* Dez.)

de|zent (taktvoll; unaufdringlich)

de|zen|t|ral [*auch* 'de:...] (vom Mittelpunkt entfernt)

De|zen|t|ra|li|sie|rung, die; -, -en (Auseinanderlegung von Verwaltungen usw.)

De|zer|nat, das; -[e]s, -e (Geschäftsbereich eines Dezernenten; Sachgebiet); **De|zer|nent,** der; -en, -en (Sachbearbeiter mit Entscheidungsbefugnis [bei Behörden]; Leiter eines Dezernats); **De|zer|nen|tin**

De|zi... (Zehntel...; ein Zehntel einer Einheit [z. B. Dezimeter = $^1/_{10}$ Meter]; *Zeichen* d)

De|zi|bel, das; -s, - ($^1/_{10}$ Bel; bes. Maß der relativen Lautstärke; *Zeichen* dB)

de|zi|diert (entschieden, energisch)

de|zi|mal (auf die Grundzahl 10 bezogen); **De|zi|mal|bruch,** der (Bruch, dessen Nenner mit [einer Potenz von] 10 gebildet wird); **De|zi|mal|sys|tem,** das; -s; **De|zi|mal|zahl**

De|zi|me|ter, der; -s, - ($^1/_{10}$ m; *Zeichen* dm)

de|zi|mie|ren (stark vermindern)

Dia, das; -s, -s (*kurz für* Diapositiv)

Di|a|be|tes, der; - (*Med.* Harnruhr); Diabetes mellitus (*Med.* Zuckerkrankheit); **Di|a|be|ti|ker; Di|a|be|ti|ke|rin; di|a|be|tisch**

di|a|bo|lisch (teuflisch)

Di|a|dem, das; -s, -e (kostbarer [Stirn]reif)

Di|a|g|no|se, die; -, -n ([Krankheits]erkennung); **Di|a|g|nos|tik,** die; -, -en (*Med.* Fähigkeit u. Lehre, Krankheiten usw. zu erkennen); **di|a|g|nos|tisch; di|a|g|nos|ti|zie|ren**

dia|go|nal (schräg laufend); **Dia|go|na|le,** die; -, -n (Gerade, die zwei nicht benach-

deutsch / Deutsch

deutsch (*Abk.* **dt.**)

I. Kleinschreibung

a) Da das Adjektiv »deutsch« nur in echten Namen und Nominalisierungen großgeschrieben wird, gilt z. B. in den folgenden Fällen Kleinschreibung:

– *das deutsche Volk*
– *die deutsche Einheit*

b) Klein schreibt man das Wort »deutsch« auch, wenn es in Verbindung mit Verben mit »wie?« erfragt werden kann:

– *der Redner hat deutsch (nicht englisch) gesprochen; sich deutsch unterhalten*
– *deutsch mit jmdm. reden* (umgangssprachlich auch für: *jmdm. unverblümt die Wahrheit sagen)*

II. Großschreibung

a) Großgeschrieben wird das Wort »deutsch«, wenn ihm eine Präposition vorangeht oder wenn es im Sinne von »deutsche Sprache« verwendet wird:

– *etwas auf Deutsch sagen*
– *das heißt auf gut Deutsch …*

b) Auch in Namen und Titeln wird »deutsch« großgeschrieben:

– *die Deutsche Bundesbank*
– *der Deutsche Fußball-Bund (Abkürzung: DFB)*
– *Deutsche Demokratische Republik (1949–1990)*
– *die Deutsche Mark (frühere Währung)*
– *der Deutsche Schäferhund*
– *der Tag der Deutschen Einheit (3. Oktober)*
– *Anita Müller, Deutsche Meisterin (als Titel);* aber: *sie ist deutsche Meisterin [im Eiskunstlauf]*

Deutsch, das

(die deutsche Sprache, besonders als Sprache eines Einzelnen oder einer Gruppe)

– *des Deutschs* od. *Deutsch, dem Deutsch*
– *mein, dein, sein Deutsch ist gut*
– *sie kann, lernt, schreibt, spricht, versteht (kein, nicht, gut, schlecht) Deutsch*
– *das ist gutes Deutsch*
– *eine Deutsch sprechende oder deutschsprechende Ausländerin*
– *sie kann kein Wort Deutsch*
– *sie hat eine Eins in Deutsch*

barte Ecken eines Vielecks miteinander verbindet); drei Diagonale[n]

Dia|gramm, das; -s, -e (zeichnerische Darstellung errechneter Zahlenwerte)

Di|a|kon [*österr.* 'di:…], der; *Gen.* -s *u.* -en, *Plur.* -e[n] (kath., anglikan. od. orthodoxer Geistlicher; karitativ od. seelsorgerisch tätiger Angestellter in ev. Kirchen); **Di|a|ko|nie**®, die; -, …ien ([berufsmäßige] Sozialtätigkeit [Krankenpflege, Gemeindedienst] in der ev. Kirche); **Di|a|ko|nin; di|a|ko|nisch; Di|a|ko|nis|se,** die; -, -n, **Di|a|ko|nis|sin,** die; -, -nen (ev. Kranken- u. Gemeindeschwester)

Di|a|lekt, der; -[e]s, -e (Mundart)

Di|a|lek|tik, die; -, -en (Erforschung der Wahrheit durch Aufweisung u. Überwindung von Widersprüchen); **di|a|lek|tisch** (die Dialektik betreffend)

Di|a|ler ['daɪ̯ələ], der; -s, - (*EDV* Computerprogramm, das eine Telefonverbindung [zum Internet] herstellt)

Di|a|log, der; -[e]s, -e (Zwiegespräch; Wechselrede); **di|a|lo|gisch**

Dia|ly|se, die; -, -n (*Med.* chem. Trennungsmethode; *Med.* Blutwäsche)

Di|a|mant, der; -en, -en (ein Edelstein); **di|a|man|ten;** diamantene *od.* Diamantene Hochzeit (60. Hochzeitstag)

Di|a|mant|hoch|zeit

dia|me|t|ral (entgegengesetzt)

Dia|po|si|tiv [*auch* …'ti:f], das; -s, -e (durchscheinendes fotografisches Bild)

Di|ar|rhö, die; -, -en (*Med.* Durchfall)

D

Di|a|s|po|ra, die; - (*Rel.* Gebiet, in dem die Anhänger einer Konfession in der Minderheit sind; religiöse od. nationale Minderheit)

Di|ät, die; -, *Plur. (Arten:)* -en (Schonkost; spezielle Ernährungsweise); Diät leben; Diät halten, kochen; jmdn. auf Diät setzen; **Di|ät|as|sis|tent; Di|ät|as|sis|ten|tin**

Di|ä|ten *Plur.* (Tagegelder; Aufwandsentschädigung u. a. [bes. von Parlamentariern])

Di|ät|kost; Di|ät|plan

Dia|vor|trag

dich *(kann in Briefen groß- oder kleingeschrieben werden); vgl.* du

dicht

– *dicht an dicht*
– *dicht neben dem Haus*

Wenn »dicht« das Ergebnis der mit einem folgenden einfachen Verb bezeichneten Tätigkeit angibt, kann getrennt oder zusammengeschrieben werden:

– *ein Fass dicht machen* od. *dichtmachen*
– Aber: *das Gelände wurde zu dicht bebaut; das Glas muss dicht schließen*

Bei übertragener Bedeutung gilt Zusammenschreibung; vgl. dichthalten, dichtmachen
In Verbindung mit adjektivisch gebrauchten Partizipien kann bei nicht übertragener Bedeutung getrennt oder zusammengeschrieben werden:

– *eine dicht behaarte* od. *dichtbehaarte Brust; eine dicht bevölkerte* od. *dichtbevölkerte Region*

dicht be|baut, dicht|be|baut

dicht be|haart, dicht|be|haart *vgl.* dicht

dicht be|völ|kert, dicht|be|völ|kert *vgl.* dicht

Dich|te, die; -, -n *Plur. selten*

[1]**dich|ten** (dicht machen)

[2]**dich|ten** (Verse schreiben)

Dich|ter; Dich|te|rin; dich|te|risch

dicht|hal|ten (*ugs. für* nichts verraten); sie hat [absolut] dichtgehalten, *aber* der Verschluss hat dicht gehalten

Dicht|kunst, die; -

dicht|ma|chen (*ugs. für* schließen); sie haben die Fabrik dichtgemacht; *aber* das Fass wurde dicht gemacht *od.* dichtgemacht; *vgl.* dicht

[1]**Dich|tung** (Gedicht)

[2]**Dich|tung** (Vorrichtung zum Dichtmachen); **Dich|tungs|ring**

dick; durch dick und dünn; dick auftragen; dick machen *od.* dickmachen; **Dick|darm**

di|cke; *nur in* jmdn., eine Sache dicke haben (*ugs. für* jmds., einer Sache überdrüssig sein)

[1]**Di|cke,** die; -, -n (*nur Sing.:* Dicksein; *[in Verbindung mit Maßangaben]* Abstand von einer Seite zur anderen); Bretter von 2 mm Dicke, von verschiedenen Dicken

[2]**Di|cke,** der *u.* die; -n, -n

di|cken (zähflüssig machen, werden)

di|cke|tun (*ugs. für* sich wichtigmachen); ich tue mich dick[e]; dick[e]getan; dick[e]zutun

dick|fel|lig *(ugs. abwertend);* **dick|flüs|sig; Dick|häu|ter; Di|ckicht,** das; -s, -e; **Dick|kopf** *(ugs.);* **dick|köp|fig** *(ugs.);* **dick|lich; Dick|schä|del** *(ugs.);* **dick|tun** *vgl.* dicketun; **Dick|wanst** *(ugs. abwertend)*

Di|dak|tik, die; -, -en (Unterrichtslehre); **di|dak|tisch** (unterrichtskundlich; lehrhaft)

die; der *u.* deren *(vgl. d.); Plur. vgl.* der

Dieb, der; -[e]s, -e; **Die|bes|gut; Die|bin; die|bisch; Dieb|stahl,** der; -[e]s, ...stähle

die|je|ni|ge; *Gen.* derjenigen, *Plur.* diejenigen

Die|le, die; -, -n

die|nen; Die|ner; Die|ne|rin; die|nern; dien|lich; sein Verhalten war der Sache [wenig] dienlich

Dienst, der; -[e]s, -e; *auch* zu Diensten stehen; außer Dienst (*Abk.* a. D.); die diensttuende *od.* Dienst tuende Ärztin; dienstleistende *od.* Dienst leistende Tätigkeiten; im öffentlichen *od.* Öffentlichen Dienst

Diens|tag, der; -[e]s, -e; ich werde euch [am] Dienstag besuchen; alle Dienstage
Diens|tag|abend [*auch* 'di:...'ʔa:...]; meine Dienstagabende sind schon alle belegt; er ist für diesen Dienstagabend bestellt; am, jeden Dienstagabend; *aber* sie kommt Dienstag [am] Abend; eines schönen Dienstagabends; *aber* dienstagabends *od.* dienstags abends spielen wir Skat; **Diens|tag|mor|gen** [*auch* 'di:...'mɔr...] *vgl.* Dienstagabend; **Diens|tag|nach|mit|tag** [*auch* 'di:...'na:...] *vgl.* Dienstagabend
diens|tags; dienstags (jeden Dienstag) um fünf; immer dienstags; dienstags abends
Dienst|al|ter; Dienst|äl|tes|te; Dienst|an|tritt; dienst|be|reit; dienst|eif|rig; Dienst|ge|heim|nis; Dienst|grad
dienst|ha|bend, **Dienst ha|bend; Dienst|ha|ben|de,** der *u.* die; -n, -n
Dienst|herr; Dienst|her|rin; Dienst|jahr
dienst|leis|tend, **Dienst leis|tend** *vgl.* Dienst; **Dienst|leis|ter; Dienst|leis|te|rin; Dienst|leis|tung; Dienst|leis|tungs|ge|sell|schaft; Dienst|leis|tungs|sek|tor; Dienst|leis|tungs|un|ter|neh|men**
dienst|lich; Dienst|plan; Dienst|rei|se; Dienst|schluss, der; ...schlusses; **Dienst|stel|le; Dienst|ver|hält|nis; Dienst|waf|fe; Dienst|wa|gen; Dienst|zeit**
dies; *Gen.* dieses
dies|be|züg|lich (zu diesem Punkt)
Die|sel, der; -[s], - (*kurz für* Dieselkraftstoff; [Auto mit] Dieselmotor)
die|sel|be; *Gen.* derselben; *Plur.* dieselben; ein[e] und dieselbe
Die|sel|fahr|zeug; Die|sel|mo|tor
die|ser, diese, dieses (dies); *Gen.* dieses, dieser, dieses; *Plur.* diese; **die|ses** *vgl.* dies
dies|falls *(bes. österr., schweiz.);* diesfalls (in diesem Fall) etwas unternehmen
die|sig (dunstig, trübe u. feucht)
dies|jäh|rig
dies|mal; *aber* dieses Mal
dies|seits; *Präp. mit Gen.:* diesseits des Flusses; **Dies|seits,** das; -; im Diesseits
Diet|rich, der; -s, -e (Nachschlüssel)

dif|fa|mie|ren ([übel] verleumden); **Dif|fa|mie|rung**
dif|fe|rent (verschieden)
Dif|fe|ren|ti|al *vgl.* Differenzial
Dif|fe|renz, die; -, -en (Unterschied); **Dif|fe|ren|zi|al**, Dif|fe|ren|ti|al, das; -s, -e (*Math.* unendlich kleine Differenz); **dif|fe|ren|zie|ren** (unterscheiden); **Dif|fe|ren|zie|rung**
dif|fe|rie|ren (voneinander abweichen)
dif|fi|zil (schwierig, kompliziert)
dif|fus (zerstreut; verschwommen)
di|gi|tal [digi...] (*Med.* mit dem Finger; *Technik* ziffernmäßig; *EDV* in Stufen erfolgend)
Di|gi|tal|fern|se|hen; Di|gi|tal|fo|to
di|gi|ta|li|sie|ren (*Technik* mit Ziffern darstellen; in ein digitales Signal umwandeln); **Di|gi|ta|li|sie|rung**
Di|gi|tal|ka|me|ra; Di|gi|tal|uhr
Dik|tat, das; -[e]s, -e
Dik|ta|tor, der; -s, ...oren; **Dik|ta|to|rin; dik|ta|to|risch; Dik|ta|tur,** die; -, -en
dik|tie|ren; Dik|tier|ge|rät; Dik|ti|on, die; -, -en (Schreibart; Ausdrucksweise)
Di|lem|ma, das; -s, *Plur.* -s, *auch* -ta (Zwangslage)
Di|let|tant, der; -en, -en (*geh. für* [Kunst]liebhaber; Nichtfachmann; Stümper); **di|let|tan|ten|haft; Di|let|tan|tin; di|let|tan|tisch; Di|let|tan|tis|mus,** der; -
Dill, der; -s, -e (eine Gewürzpflanze)
Di|men|si|on, die; -, -en (Ausdehnung; [Aus]maß; Bereich)
Dim|mer, der; -s, - (stufenloser Helligkeitsregler)
Di|ner [...'ne:], das; -s, -s (*geh. für* [festliches] Abend- od. Mittagessen mit mehreren Gängen)
Ding, das; -[e]s, *Plur.* -e, *ugs.* -er (Sache)
ding|fest; *nur in* jmdn. dingfest machen (verhaften)
di|nie|ren (*geh. für* [in festlichem Rahmen] essen, speisen); **Din|ner,** das; -s, -[s]; Hauptmahlzeit [am Abend] in England
Di|no|sau|ri|er, der; -s, - (ausgestorbene Riesenechse; *ugs. Kurzform* Dino, der; -s, -s)
Di|op|t|rie, die; -, ...ien (*Optik* Maßeinheit

für den Brechwert von Linsen; *Abk.* dpt, dptr., Dptr.)

Di|oxin, das; -s, -e (hochgiftige Verbindung von Chlor u. Kohlenwasserstoff)

Di|ö|ze|se, die; -, -n (Amtsgebiet eines kath. Bischofs)

Diph|the|rie, die; -, ...ien (*Med.* eine Infektionskrankheit)

Di|ph|thong, der; -[e]s, -e (*Sprachwiss.* Doppellaut, z. B. ei, au; *Ggs.* Monophthong)

Di|p|lom; Di|p|lom|ar|beit

Di|p|lo|mat, der; -en, -en (beglaubigter Vertreter eines Landes bei einem fremden Staat); **Di|p|lo|ma|ten|kof|fer; Di|p|lo|ma|tie,** die; - (Regeln u. Methoden für die Führung außenpolit. Verhandlungen; Gesamtheit der Diplomaten; Geschicktheit im Umgang); **Di|p|lo|ma|tin; di|p|lo|ma|tisch** (die Diplomatie betreffend; klug u. geschickt im Umgang)

dir *(kann in Briefen groß- oder kleingeschrieben werden); vgl.* du

di|rekt; Di|rekt|bank *Plur.* ...banken (Kreditinstitut ohne Filialen); **Di|rekt|flug; Di|rekt|heit; Di|rek|ti|on,** die; -, -en; **Di|rek|ti|ve,** die; -, -n (Weisung; Verhaltensregel); **Di|rekt|man|dat**

Di|rek|tor, der; -s, ...oren (*Abk.* Dir.); **Di|rek|to|rin; Di|rek|to|ri|um,** das; -s, ...ien; **Di|rek|t|ri|ce** [...sə, *österr., schweiz.* ...s], die; -, -n (leitende Angestellte)

Di|rekt|spiel; Di|rekt|über|tra|gung; Di|rekt|wahl

Di|rex, der; -, -e (*Schülerspr.* Direktor)

Di|ri|gent, der; -en, -en; **Di|ri|gen|ten|pult; Di|ri|gen|tin; di|ri|gie|ren** ([ein Orchester] leiten; lenken); **Di|ri|gis|mus** (staatl. Lenkung der Wirtschaft); **di|ri|gis|tisch**

Dirndl, das; -s, -[n] (*bayr., österr. für* junges Mädchen; Dirndlkleid)

Dir|ne (Prostituierte; *mundartl. für* junges Mädchen)

Disc, Disk, die; -, -s (*EDV; kurz für* Diskette; *auch für* CD *od.* DVD); **Disc|jo|ckey**, Disk|jo|ckey, der; -s, -s (jmd., der Musiktitel präsentiert)

Dis|co, Dis|ko, die; -, -s (Tanzlokal u. -veranstaltung mit CD- od. Schallplattenmusik); **Dis|co|fox**, Dis|ko|fox (Form des Foxtrotts)

Dis|count [dɪsˈkaʊ̯nt], der; -s, -s (Preisnachlass; Discounter); **Dis|coun|ter** [...ˈkaʊ̯n...], der; -s, - (Geschäft, in dem Waren besonders preisgünstig verkauft werden); **Dis|count|ge|schäft**

Disk *vgl.* Disc; **Dis|ket|te,** die; -, -n (als Datenspeicher dienende Magnetplatte)

Disk|jo|ckey *vgl.* Discjockey

Dis|ko *vgl.* Disco; **Dis|ko|fox** *vgl.* Discofox

Dis|kont, der; -s, -e (*Bankw.* Zinsvergütung bei noch nicht fälligen Zahlungen); **Dis|kont|satz** (*Bankw.* Zinssatz)

Dis|ko|thek, die; -, -en (Schallplattensammlung; *auch svw.* Disco)

dis|kre|di|tie|ren (in Verruf bringen)

Dis|kre|panz, die; -, -en (Missverhältnis)

dis|kret (taktvoll; unauffällig; vertraulich); **Dis|kre|ti|on,** die; -, -en

dis|kri|mi|nie|ren; dis|kri|mi|nie|rend; Dis|kri|mi|nie|rung (unterschiedliche Behandlung; Herabsetzung)

Dis|kurs, der; -es, -e ([eifrige] Erörterung; methodisch aufgebaute Abhandlung)

Dis|kus, der; *Gen.* - *u.* -ses, *Plur.* ...ken *u.* -se (Wurfscheibe)

Dis|kus|si|on, die; -, -en (Erörterung; Meinungsaustausch); **Dis|kus|si|ons|bei|trag; dis|kus|si|ons|freu|dig; Dis|kus|si|ons|stoff; dis|kus|si|ons|wür|dig**

dis|ku|ta|bel (erwägenswert; strittig); **dis|ku|tie|ren**

dis|pa|rat (ungleichartig; unvereinbar)

Dis|pens, der; -es, -e *u. (österr. u. im kath. Kirchenrecht nur)* die; -, -en (Ausnahme[bewilligung]); **dis|pen|sie|ren**

Dis|play [*auch* ...ˈplɛɪ̯], das; -s, -s (*EDV* optische Datenanzeige)

Dis|po, der; -s, -s (*ugs.; kurz für* Dispositionskredit); **dis|po|nie|ren** (verfügen, planen); **dis|po|niert; Dis|po|si|ti|on,** die; -, -en (Anordnung, Gliederung; Verfügung; Anlage; Empfänglichkeit [für Krankheiten]); **Dis|po|si|ti|o̲ns|kre|dit** (*Bankw.* Überziehungskredit)

Dis|pu̲t, der; -[e]s, -e (Wortwechsel; Streitgespräch); **dis|pu|ti̲e̲|ren**

Dis|qua|li|fi|ka|ti|o̲n, die; -, -en; **dis|qua|li|fi|zi̲e̲|ren** (vom sportl. Wettbewerb ausschließen; für untauglich erklären)

di̲s|sen (*Jugendspr.* verächtlich machen, schmähen); du disst; **Dis|se̲ns,** der; -es, -e (Meinungsverschiedenheit)

Dis|ser|ta|ti|o̲n, die; -, -en (wissenschaftl. Abhandlung zur Erlangung der Doktorwürde; *Abk.* Diss.)

Dis|si|de̲nt, der; -en, -en (jmd., der von einer offiziellen [politischen, religiösen] Ideologie abweicht); **Dis|si|de̲n|tin**

Dis|so|na̲nz, die; -, -en (Missklang)

Di|s|ta̲nz, die; -, -en (Entfernung; Abstand)

di|s|tan|zi̲e̲|ren ([im Wettkampf] überbieten, hinter sich lassen); sich distanzieren (von jmdm. od. etwas abrücken)

di|s|tan|zi̲e̲rt; Di|s|tan|zi̲e̲|rung

Di̲s|tel, die; -, -n; **Di̲s|tel|fink** (ein Vogel)

di|s|tin|guiert [...'gi:e̯t] (*geh. für* betont vornehm)

Dis|tri|bu|ti|o̲n, die; -, -en (Verteilung)

Di|s|t|ri̲kt, der; -[e]s, -e (Bezirk, Bereich)

Dis|zi|p|li̲n, die; -, -en (*nur Sing.:* Zucht, Ordnung; Fach einer Wissenschaft; Teilbereich des Sports); **dis|zi|p|li|na̲|risch** (die Disziplin, Dienstordnung betreffend; mit gebotener Strenge); **Dis|zi|p|li|na̲r|ver|fah|ren; dis|zi|p|li|ni̲e̲|ren** (zur Ordnung erziehen); **dis|zi|p|li|ni̲e̲rt; dis|zi|p|li̲n|los**

di̲|to (dasselbe, ebenso; *Abk.* do. *od.* dto.)

Di̲|va, die; -, *Plur.* -s *u.* ...ven (erste Sängerin, gefeierte Schauspielerin)

Di|ver|ge̲nz, die; -, -en (das Auseinandergehen); **di|ver|gi̲e̲|ren**

di|ve̲rs (verschieden; *im Plur. auch* mehrere)

Di|ver|si|fi|ka|ti|o̲n, die; -, -en (Abwechslung, Mannigfaltigkeit); **di|ver|si|fi|zi̲e̲|ren; Di|ver|si|fi|zi̲e̲|rung** (*svw.* Diversifikation)

Di|ver|ti|me̲n|to, das; -s, *Plur.* -s *u.* ...ti (*Musik* heiteres Instrumentalstück)

Di|vi|de̲nd, der; -en, -en (*Math.* zu teilende Zahl; Zähler eines Bruchs)

Di|vi|de̲n|de, die; -, -n (*Wirtsch.* der auf eine Aktie entfallende Gewinnanteil); **Di|vi|de̲n|den|ren|di|te**

di|vi|di̲e̲|ren (*Math.* teilen)

Di|vi|si|o̲n, die; -, -en (*Math.* Teilung; Heeresabteilung); **Di|vi̲|sor,** der; -s, ...o̲ren (*Math.* teilende Zahl; Nenner)

Di̲|wan, der; -s, -e (*veraltend für* niedriges Liegesofa)

DJ ['di:dʒɛɪ̯], der; -[s], -s = Discjockey; **DJane** [di:'dʒɛɪ̯n], die; -, -s

Dji|ha̲d [dʒi...], der; - (*bes. österr. neben* Dschihad)

Do̲|ber|mann, der; -s, ...männer (eine Hunderasse)

do̲ch; ja doch!; nicht doch!

Do̲cht, der; -[e]s, -e

Do̲ck, das; -s, *Plur.* -s, *selten* -e (Anlage zum Ausbessern von Schiffen)

Do|cu|tain|ment [dɔkju'tɛɪ̯n...], Do̲|ku|tain|ment [...tɛɪ̯n...], das; -s (der Unterhaltung dienende Dokumentarfilme, -sendungen)

Do̲|ge [...ʒə, *auch* ...dʒə], der; -n, -n (*früher für* Titel des Staatsoberhauptes in Venedig u. Genua); **Do̲|gen|pa|last**

Do̲g|ge, die; -, -n (eine Hunderasse)

Do̲g|ma, das; -s, ...men (Kirchenlehre; [Glaubens]satz; Lehrmeinung); **dog|ma̲|tisch** (die [Glaubens]lehre betreffend; lehrhaft; streng [an Lehrsätze] gebunden)

Dog|ma|ti̲s|mus, der; - (*oft abwertend für* starres Festhalten an Lehrmeinungen)

Do̲h|le, die; -, -n (ein Rabenvogel)

Do̲k|tor, der; -s, ...o̲ren (höchster akademischer Grad; *ugs. auch für* Arzt; *Abk.* Dr. *[im Plur.* Dres., *wenn mehrere Personen, nicht mehrere Titel einer Person gemeint sind]*); **Dok|to|ra̲nd,** der; -en, -en (Student, der sich auf die Doktorprüfung vorbereitet; *Abk.* Dd.); **Dok|to|ra̲n|din; Do̲k|tor|arbeit; Do̲k|tor|grad; Dok|to̲|rin** [*auch* 'dɔ...]; **Do̲k|tor|mut|ter; Do̲k|tor|ti|tel; Do̲k|tor|va|ter; Do̲k|tor|wür|de**

Dok|t|ri̲n, die; -, -en (Grundsatz; Lehrmei-

D

nung); **dok|t|ri|när** (*abwertend für* an einer Lehrmeinung starr festhaltend)
Do|ku, die; -, -s (*ugs.; kurz für* Dokumentation, Dokumentarfilm o. Ä.); **Do|ku|ment,** das; -[e]s, -e (amtl. Schriftstück; Beweis)
Do|ku|men|tar|film; do|ku|men|ta|risch
Do|ku|men|ta|ti|on, die; -, -en (Zusammenstellung u. Nutzbarmachung von Dokumenten u. Materialien jeder Art; *EDV* Gebrauchsanleitung); **Do|ku|men|ta|ti|ons|zen|t|rum**
do|ku|men|tie|ren (zeigen; beweisen)
Do|ku|soap, Do|ku-Soap, die; -, -s (*Fernsehen* Dokumentarserie mit teilweise inszeniertem Ablauf)
Do|ku|tain|ment [...tɛɪn...] *vgl.* Docutainment
dol|ce [...tʃə] (*Musik* sanft, lieblich, weich)
Dolch, der; -[e]s, -e
Dol|de, die; -, -n (schirmähnlicher Blütenstand); **Dol|den|ge|wächs**
doll (*ugs. für* toll)
Dol|lar, der; -[s], -s (Währungseinheit in den USA [*Währungscode* USD], in Kanada [CAD], Australien [AUD], Neuseeland [NZD] u. anderen Staaten; *Zeichen* $); 30 Dollar
dol|met|schen; Dol|met|scher, der; -s, - (jmd., der [berufsmäßig] mündlich übersetzt); **Dol|met|sche|rin**
Dom, der; -[e]s, -e (Bischofs-, Hauptkirche)
Do|main [do'mɛɪn], die; -, -s (Internetadresse)
Do|mä|ne, die; -, -n (Staatsgut, -besitz; Spezialgebiet)
Do|mes|ti|ka|ti|on, die; -, -en (Umzüchtung wilder Tiere zu Haustieren); **do|mes|ti|zie|ren**
do|mi|nant (vorherrschend; bestimmend; überdeckend); **Do|mi|nanz,** die; -, -en; **do|mi|nie|ren** ([vor]herrschen; beherrschen)
Do|mi|ni|ka|ner, der; -s, - (Angehöriger des vom hl. Dominikus gegründeten Ordens); **Do|mi|ni|ka|ne|rin**
[1]**Do|mi|no,** der; -s, -s (Maskenkostüm)
[2]**Do|mi|no,** das; -s, -s (Spiel); **Do|mi|no|stein**
Do|mi|zil, das; -s, -e (Wohnsitz, Wohnung)
Domp|teur [...'tøːɐ̯], der; -s, -e (Tierbändiger); **Domp|teu|rin; Domp|teu|se** [...'tøː...], die; -, -n
Dö|ner, der; -s, - (*kurz für* Döner Kebab)
Dö|ner Ke|bab, Dö|ner Ke|bap [*auch* - 'keː...], der; - -[s], - -s, **Dö|ner|ke|bab, Dö|ner|ke|bap,** der; -[s], -s (Kebab aus an einem Drehspieß gebratenem Fleisch)
Don Ju|an [- 'xu̯an], der; - -s, - -s (span. Sagengestalt; Verführer; Frauenheld)
Don|ner, der; -s, -; **don|nern**
Don|ners|tag, der; -[e]s, -e (*Abk.* Do.); *vgl.* Dienstag; **Don|ners|tag|abend** usw. *vgl.* Dienstagabend usw.; **don|ners|tags;** *vgl.* Dienstag
Don|ner|wet|ter; Donnerwetter!
Do|nut, Dough|nut ['doːnat], der; -s, -s (ringförmiges Hefegebäck)
doof (*ugs.*); **Doof|heit**
Dope [doːp], das; -s (*ugs. für* Rauschgift)
do|pen (*Sport* durch [verbotene] Substanzen zu Höchstleistungen zu bringen versuchen); gedopt; **Do|ping,** das; -s, -s; **Do|ping|kon|t|rol|le**
Dop|pel, das; -s, - (zweite Ausfertigung; *Tennis, Tischtennis* Zwei-gegen-zwei-Spiel); **Dop|pel|axel** (*Eiskunstlauf*); **Dop|pel|be|las|tung; Dop|pel|bett; dop|pel|bö|dig** (hintergründig); **Dop|pel|de|cker** (ein Flugzeugtyp; *ugs. für* Omnibus mit Oberdeck); **dop|pel|deu|tig; Dop|pel|gän|ger; Dop|pel|gän|ge|rin; Dop|pel|kinn; Dop|pel|klick** (*EDV* zweimaliges Betätigen der Maustaste); **Dop|pel|kopf** (Kartenspiel); **Dop|pel|le|ben,** das; -s; **Dop|pel|mo|ral; Dop|pel|mord; Dop|pel|pack,** der; -s, -s; **Dop|pel|pass; Dop|pel|punkt; Dop|pel|sieg** (*bes. Sport*); **Dop|pel|stun|de**
dop|pelt; doppelte Buchführung; doppelt gemoppelt *od.* doppeltgemoppelt (*ugs. für* unnötigerweise zweimal); er ist doppelt so reich wie (*selten* als) ich; um das, ums Doppelte größer
Dop|pel|ver|die|ner; Dop|pel|ver|die|ne|rin; Dop|pel|zent|ner (100 kg; *Zeichen* dz,

österr. u. schweiz. q); **Dop|pel|zim|mer; dop|pel|zün|gig** *(abwertend)*
Do|ra|do *vgl.* Eldorado
Dorf, das; -[e]s, Dörfer; **Dorf|be|woh|ner; Dorf|be|woh|ne|rin; Dörf|chen; dörf|lich; Dorf|schen|ke, Dorf|schän|ke**
Dorn, der; -[e]s, *Plur.* -en, *ugs. auch* Dörner, *in der Technik* -e; **Dor|nen|kro|ne; dor|nen|reich; dor|nig; Dorn|rös|chen|schlaf**
dör|ren (dürr machen); **Dörr|fleisch; Dörr|obst**
Dorsch, der; -[e]s, -e (junger Kabeljau)
dort; dort drüben; von dort aus; sich dort auskennen; **dort|be|hal|ten;** man hat ihn einige Zeit dortbehalten; **dort|blei|ben;** sie sind gleich dortgeblieben
dort|her [*auch* 'dɔ...]; von dorther
dort|hin [*auch* 'dɔ...]
dor|tig; die dortigen Verhältnisse
Do|se, die; -, -n (kleine Büchse; *selten für* Dosis); **Do|sen** (*Plur. von* Dose *u.* Dosis)
dö|sen *(ugs.)*
Do|sen|bier; do|sen|fer|tig; Do|sen|fleisch; Do|sen|milch; Do|sen|öff|ner; Do|sen|pfand, das; -[e]s
do|sie|ren (ab-, zumessen); **Do|sie|rung**
Do|sis, die; -, Dosen (zugemessene [Arznei]gabe, kleine Menge)
Dos|si|er [...'si̯e:], das; -s, -s (Akte od. ähnliche Zusammenstellung von Dokumenten u. Texten zu einem Thema, einem Vorgang)
do|tie|ren (mit einer bestimmten Geldsumme ausstatten; bezahlen); **Do|tie|rung**
Dot|ter, der *u.* das; -s, - (Eigelb); **dot|ter|gelb**
dou|beln ['du:...] (*Film* als Double spielen); **Dou|ble** ['du:bl̩], das; -s, -s (*Film* Ersatzspieler[in] ähnlichen Aussehens)
Dough|nut ['do:nat] *vgl.* Donut
down [dau̯n]; down sein (*ugs. für* bedrückt, abgespannt sein)
Down|link ['dau̯n...], der; -s, -s (*EDV* Datenverbindung vom Provider zum Endgerät)
Down|load ['dau̯nlɔu̯d, 'dau̯nlɔu̯t], der *u.* das; -s, -s (*EDV* das Herunterladen); **down|load|bar; Down|load|code, Down|load-Code; down|loa|den** [...lɔu̯dn̩] (*EDV* Daten von einem Computer, aus dem Internet herunterladen); ich downloade, ich habe downgeloadet
Down|town ['dau̯ntau̯n], die; -, -s (*amerik. Bez. für* Innenstadt)
Do|zent, der; -en, -en (Lehrer [an einer Universität od. Hochschule]; *Abk.* Doz.); **Do|zen|tin; Do|zen|tur,** die; -, -en; **do|zie|ren**
Dra|che, der; -n, -n (ein Fabeltier)
Dra|chen, der; -s, - (Fluggerät; Segelboot); **Dra|chen|flie|gen,** das; -s *(Sport)*
Dra|gee, Dra|gée [...'ʒe:], das; -s, -s (mit Zucker od. Schokolade überzogene Süßigkeit; Arzneipille)
Dra|go|ner, der; -s, - (*früher für* leichter Reiter; *ugs. für* resolute Frau)
Draht, der; -[e]s, Drähte; **Draht|esel** (*ugs. scherzh. für* Fahrrad); **Draht|ge|flecht; drah|tig; draht|los; Draht|seil|bahn; Draht|zaun; Draht|zie|her** (*auch für* jmd., der im Verborgenen andere für seine [polit.] Ziele einsetzt); **Draht|zie|he|rin**
Drai|na|ge, Drä|na|ge [drɛ'na:ʒə, ...ʃ], die; -, -n (*Med.* Ableitung von Wundabsonderungen)
Drai|si|ne [drai̯..., drɛ...], die; -, -n (Vorläufer des Fahrrades; Eisenbahnfahrzeug zur Streckenkontrolle)
dra|ko|nisch (sehr streng)
drall (derb, stramm)
Drall, der; -[e]s, -e ([Geschoss]drehung; Drehung bei Garn u. Zwirn)
Dra|ma, das; -s, ...men (Schauspiel; erregendes od. trauriges Geschehen); **Dra|ma|tik,** die; - (dramatische Dichtkunst; erregende Spannung); **Dra|ma|ti|ker** (Dramendichter); **Dra|ma|ti|ke|rin; dra|ma|tisch** (in Dramenform; auf das Drama bezüglich; aufregend u. spannend; drastisch)
dra|ma|ti|sie|ren (als Schauspiel für die Bühne bearbeiten; als besonders aufregend, schlimm darstellen); **Dra|ma|ti|sie|rung**
Dra|ma|turg, der; -en, -en (literarisch-künstlerischer Berater bei Theater, Film u. Fern-

D

D

sehen); **Dra|ma|tur|gie,** die; -, ...ien (Gestaltung, Bearbeitung eines Dramas; Lehre vom Drama); **Dra|ma|tur|gin; dra|ma|tur|gisch**

dran (*ugs. für* daran); dran sein (*ugs. für* an der Reihe sein); dran glauben müssen (*ugs. für* vom Schicksal ereilt werden); das Drum und Dran

Drä|na|ge [drɛˈnaːʒə, ...ʃ] *vgl.* Drainage

dran|blei|ben (*ugs. für* an jmdm., etwas bleiben); am Gegner dranbleiben

drang *vgl.* dringen

Drang, der; -[e]s, Dränge *Plur. selten*

dran|ge|hen (*ugs. für* darangehen *[vgl. d.]*)

Drän|ge|lei; drän|geln; ich dräng[e]le

drän|gen

Drang|sal, die; -, -e, *veraltet* das; -[e]s, -e *(geh.);* **drang|sa|lie|ren** (quälen, peinigen)

dran|kom|men (*ugs. für* an die Reihe kommen); **dran|krie|gen** *(ugs.);* jmdn. drankriegen; **dran|ma|chen** (*ugs. für vgl.* daranmachen); **dran|neh|men** (*ugs. für* abfertigen; aufrufen)

dra|pie|ren ([mit Stoff] behängen, [aus]schmücken; raffen; in Falten legen)

dras|tisch (sehr deutlich; derb)

drauf (*ugs. für* darauf); drauf und dran (*ugs. für* nahe daran) sein, etwas zu tun; [gut/schlecht] drauf sein (*ugs. für* [gut/schlecht] gelaunt sein)

Drauf|ga|be (Handgeld beim Vertrags- od. Kaufabschluss; *österr. auch für* Zugabe des Künstlers)

Drauf|gän|ger; Drauf|gän|ge|rin; drauf|gän|ge|risch; drauf|ge|hen (*ugs. auch für* verbraucht werden; sterben)

drauf|le|gen (*ugs. für* zusätzlich bezahlen)

drauf|los, da|r|auf|los; immer drauflos!; **drauf|los|re|den**

drauf sein *vgl.* drauf

drauf|set|zen; eins, einen draufsetzen (*ugs. für* eine Situation durch eine Äußerung od. Handlung weiter verschärfen)

drauf|zah|len (*svw.* drauflegen)

draus (*ugs. für* daraus)

drau|ßen; Hunde müssen draußen bleiben

Dream-Team, Dream|team [ˈdriːmtiːm], das; -s, -s (*bes. Sport* ideal besetzte Mannschaft)

drech|seln; Drechs|ler; Drechs|ler|ar|beit; Drechs|le|rin

Dreck, der; -[e]s *(ugs.);* **Dreck|ar|beit** *(ugs.);* **Dreck|fink,** der; *Gen.* -en, *auch* -s, *Plur.* -en *(ugs.);* **dre|ckig; Drecks|ar|beit** *(ugs. abwertend);* **Dreck|sau** *(derb abwertend);* **Dreck|spatz** *(ugs.)*

Dreh, der; -[e]s, *Plur.* -s *od.* -e (*ugs. für* Einfall, Kunstgriff); **Dreh|ar|beit,** die; -, -en *meist Plur. (Film);* **Dreh|bank** *Plur.* ...bänke; **dreh|bar**

Dreh|buch; Dreh|buch|au|tor; Dreh|buch|au|to|rin

Dreh|büh|ne

dre|hen

Dreh|kreuz; Dreh|mo|ment, das *(Physik);* **Dreh|or|gel; Dreh|ort** *(Film);* **Dreh|schei|be; Dreh|stuhl; Dre|hung**

drei; *Gen.* dreier, *Dat.* dreien, drei; wir sind zu dreien *od.* zu dritt; herzliche Grüße von uns dreien; alle drei; der Junge ist schon drei [Jahre]; sie kommt um drei [Uhr]; der Saal war erst drei viertel voll; es ist drei viertel acht, *aber* drei Viertel der Bevölkerung; *vgl.* acht *u.* Viertel; **Drei,** die; -, -en; eine Drei würfeln; er schrieb in Latein eine Drei; die Note »Drei«; *vgl.* [1]Acht *u.* Eins

drei|ar|mig; drei|bän|dig; drei|di|men|si|o|nal

Drei|eck; drei|eckig

drei|ein|halb, drei|und|ein|halb; **Drei|ei|nig|keit,** die; - *(christl. Rel.);* **Drei|er** *vgl.* Achter; **drei|er|lei; drei|fach; Drei|fal|tig|keit,** die; - (*svw.* Dreieinigkeit); **drei|far|big**

drei|hun|dert; drei|jäh|rig *vgl.* achtjährig

Drei|kä|se|hoch, der; -s, -[s]; **Drei|klang; Drei|kö|ni|ge** *ohne Artikel* (Dreikönigsfest); an, auf, nach, vor, zu Dreikönige; **Drei|kö|nigs|fest** (6. Jan.); **drei|köp|fig; drei|mal; drei|ma|lig; Drei|mas|ter; drei|mas|tig; Drei|me|ter|brett; drei|mo|na|tig** *vgl.* achtmonatig

drein (*ugs. für* darein)
drein|bli|cken (in bestimmter Weise blicken); finster dreinblicken; **drein|fin|den,** sich (*ugs. für* dareinfinden, sich)
Drei|rad; Drei|satz; Drei|sprung
drei|ßig *vgl.* achtzig; **drei|ßi|ger** *vgl.* achtziger; **Drei|ßi|ger** *vgl.* Achtziger; **drei|ßig|jäh|rig;** der Dreißigjährige Krieg
dreist
drei|stel|lig; dreistellige Zahl
Dreis|tig|keit
drei|stö|ckig; drei|stün|dig (drei Stunden dauernd); **drei|tä|gig** *mit Ziffer:* 3-tägig (drei Tage dauernd); **drei|tau|send**
drei|tei|len; drei|tei|lig
drei|und|ein|halb, drei|ein|halb
drei vier|tel *vgl.* drei, Viertel; **Drei|vier|tel|stun|de; Drei|vier|tel|takt** [...'fɪ...] (*mit Ziffern* 3/4-Takt)
drei|wö|chig (*mit Ziffer* 3-wöchig; drei Wochen dauernd); **drei|zehn;** *vgl.* acht
Drei|zim|mer|woh|nung (*mit Ziffer* 3-Zimmer-Wohnung)
Dre|sche, die; - (*ugs. für* Prügel); **dre|schen;** drosch, gedroschen; **Dresch|ma|schi|ne**
Dress, der; *Gen.* - *u.* Dresses, *Plur.* Dresse, *österr. auch* die; -, Dressen *Plur. selten* ([Sport]kleidung); **Dress|code** (*engl. für* Kleidervorschrift)
Dres|seur [...'søːɐ̯], der; -s, -e (jmd., der Tiere abrichtet); **Dres|seu|rin** [...'søː...]; **dres|sie|ren**
Dres|sing, das; -s, -s (Salatsoße)
Dress|man [...mɛn], der; -s, ...men [...mɛn] (männliches Mannequin)
Dres|sur, die; -, -en
Dres|sur|rei|ten, das; -s
drib|beln (*Sport* den Ball durch kurze Stöße vortreiben); **Dribb|ling,** das; -s, -s
Drift, die; -, -en (Strömung an der Meeresoberfläche); **drif|ten** (*Seemannsspr.* treiben)
Drill, der; -[e]s (harte [militär.] Ausbildung); **dril|len** ([militär.] hart ausbilden)
Dril|lich, der; -s, -e (ein festes Gewebe)
Dril|ling
drin (*ugs. für* darin); drin sein (*ugs. auch für* möglich sein); **drin|blei|ben** *(ugs.)*
drin|gen; drang, gedrungen
drin|gend; auf das, aufs Dringendste *od.* auf das, aufs dringendste
dring|lich; Dring|lich|keit; Dring|lich|keits|an|trag
Drink, der; -s, -s (meist alkohol. Getränk)
drin|nen; ich möchte lieber drinnen arbeiten
drin sein *vgl.* drin; **drin|sit|zen** (*ugs. für* in der Patsche sitzen); **drin|ste|cken** (*ugs. für* viel Arbeit, Schwierigkeiten haben)
drit|te; der dritte *od.* Dritte Stand (Bürgerstand); er ist der Dritte im Bunde; ein Dritter (Unbeteiligter); sie wurde Dritte; jeder Dritte; zum Dritten wäre noch dies zu erwähnen; die Dritten (*ugs. für* die dritten Zähne); Friedrich der Dritte; der Dritte Oktober (Tag der Deutschen Einheit); die Dritte Welt (die Entwicklungsländer)
drit|tel *vgl.* achtel; **Drit|tel,** das, *schweiz. meist* der; -s, -; zwei Drittel; *vgl.* Achtel; **drit|teln** (in drei Teile teilen)
drit|tens
Drit|te-Welt-La|den (Laden mit Erzeugnissen aus Entwicklungsländern); *vgl.* dritte
dritt|klas|sig; Dritt|land *Plur.* ...länder; **dritt|letz|te** *vgl.* letzte; **Dritt|mit|tel** *Plur.*
Drive [draɪ̯f], der; -s, -s (Schwung; Tendenz, Neigung; Treibschlag beim Golf u. Tennis)
Drive-in-Re|s|tau|rant [draɪ̯f'ʔɪn...] (Schnellgaststätte für Autofahrer mit Bedienung am Fahrzeug)
dro|ben (*geh.; südd. u. österr. für* da oben)
dro|ben|blei|ben *(südd., österr.)*
Dro|ge, die; -, -n (Rauschgift)
drö|ge (*nordd. für* trocken; langweilig)
dro|gen|ab|hän|gig; Dro|gen|be|ra|tungs|stel|le; Dro|gen|dea|ler (Rauschgifthändler); **Dro|gen|dea|le|rin; Dro|gen|han|del; Dro|gen|händ|ler; Dro|gen|händ|le|rin; Dro|gen|kon|sum; Dro|gen|miss|brauch; Dro|gen|sucht; dro|gen|süch|tig**
Dro|ge|rie, die; -, ...ien; **Dro|ge|rie|markt; Dro|gist,** der; -en, -en; **Dro|gis|tin**
Droh|brief; dro|hen; Droh|ge|bär|de

D

Dro̲h|ne, die; -, -n (Bienenmännchen; *Militär* unbemanntes Aufklärungs- u. Kampfflugzeug)
drö̲h|nen (*ugs. auch für* Rauschgift nehmen)
Dro̲|hung
drọl|lig; Drọl|lig|keit
Dro|me|da̲r [*auch* 'dro:...], das; -s, -e (einhöckeriges Kamel)
[1]**Drọp|box**® *ohne Artikel* (ein Dienst für Webhosting)
[2]**Drọp|box**®, die; -, *Plur.* -en *od.* -es (bei [1]Dropbox angelegtes Dateiverzeichnis)
Drọps, der, *auch, österr., bayr. nur* das; -, - *meist Plur.* (Fruchtbonbon)
Drọsch|ke, die; -, -n
Drọs|sel, die; -, -n (ein Singvogel)
drọs|seln; Drọs|se|lung, Drọss|lung
drü̲|ben (auf der anderen Seite); **drü̲|ben|blei|ben**
drü̲|ber (*ugs. für* darüber *[vgl. d.]*); es geht drunter und drüber
[1]**Drụck,** der; -[e]s, *Plur. (Technik:)* Drücke, *seltener* -e
[2]**Drụck,** der; -[e]s, *Plur. (Druckw.:)* Drucke *u. (Textilind.* bedruckte Stoffe:) -s
Drụck|buch|sta|be
Drü̲|cke|ber|ger; Drü̲|cke|ber|ge|rin
drụck|emp|find|lich; drụ|cken
drü̲|cken; drü̲|ckend; drückend heißes Wetter; es war drückend heiß
Drụ|cker; Dru|cke|re̲i; Drụ|cke|rin
Drụ|cker|schwär|ze
Drụck-Er|zeug|nis, Drụck|er|zeug|nis; Drụck|feh|ler; drụck|frisch; Drụck|gra|fik, Drụck|gra|phik; Drụck|mit|tel, das; **drụck|reif; Drụck|schrift**
drụck|sen (*ugs. für* zögerlich antworten)
drụck|voll (kraftvoll)
drụm (*ugs. für* darum); drum herum
Drum [dram], die; -, -s (*engl. Bez. für* Trommel)
Drum|he|r|ụm, das; -s *(ugs.)*
Drum|mer ['dra...], der; -s, - (Schlagzeuger in einer [3]Band); **Drum|me|rin**
Drụm und Drạn
drụn|ten (da unten)
drụn|ter (*ugs. für* darunter *[vgl. d.]*); es geht drunter und drüber; **drụn|ter|stel|len**
Drü̲|se, die; -, -n; **Drü̲|sen|schwel|lung**
dry [draɪ̯] ([von alkohol. Getränken] herb)
Dschi|ha̲d, Ji|ha̲d [dʒi...], der; - (»Heiliger Krieg« der Muslime zur Verteidigung u. Ausbreitung des Islams); **Dschi|ha|dịst,** der; -en, -en; **Dschi|ha|dịs|tin,** die; -, -nen; **dschi|ha|dịs|tisch**
Dschụn|gel, der, *selten* das; -s, -
Dschụn|ke, die; -, -n (chin. Segelschiff)
DSL = **d**igital **s**ubscriber **l**ine (*EDV* Technik, mit der Daten in hoher Bandbreite digital übertragbar sind)
du̲ *s. Kasten*
du|a̲l (eine Zweiheit bildend); **Du|a̲l|sys|tem,** das; -s *(Math.)*
Dü̲|bel, der; -s, - (Zapfen zum Verankern von Schrauben u. a.); **dü̲|beln**
du|bi|o̲s (zweifelhaft; unsicher)
Du|b|lẹt|te, die; -, -n (doppelt vorhandenes Stück)
Dub|step ['dapstɛp], der; -[s] (ein Musikstil)
du̲|cken; sich ducken
Dụck|mäu|ser (*ugs. für* verängstigter, feiger Mensch); **dụck|mäu|se|risch**
du̲|deln; ich dud[e]le; **Du̲|del|sack**
Du|ẹll, das; -s, -e (Zweikampf); **Du|el|lạnt,** der; -en, -en; **Du|el|lạn|tin; du|el|li̲e̲|ren,** sich; **Du|ẹtt,** das; -[e]s, -e (Zwiegesang)
Duf|f|le|coat ['dafl̩...], der; -s, -s (kurzer, sportl. Mantel)
Dụft, der; -[e]s, Düfte
dụf|te (*ugs. veraltend für* gut, fein)
dụf|ten; dụf|tig; Dụft|stoff; Dụft|was|ser *Plur.* ...wässer; **Dụft|wol|ke**
Du|ka̲|ten, der; -s, - (frühere Goldmünze); **Du|ka̲|ten|esel** (*ugs. für* unerschöpfliche Geldquelle)
Dụk|tus, der; - (charakteristische Art, Linienführung)
dụl|den; Dụl|der; Dụl|de|rin; dụld|sam; Dụl|dung

du

Kleinschreibung:	Großschreibung:
– *du Glücklicher!* – *Leute wie du und ich* – *jmdn. du nennen* In Briefen kann »du« groß- oder kleingeschrieben werden: – *Liebe Maria, wie* Du od. *du bestimmt schon gemerkt hast ...*	– *das vertraute Du* – *jmdm. das Du anbieten* – *jmdn. mit Du anreden* – *mit jmdm. auf Du und Du stehen* – Du od. *du zueinander sagen* – *mit jmdm. per* Du od. *per du sein*

D

dumm; düm|mer, dümms|te; sich dumm stellen; **dumm|dreist; Dum|me|jun|gen|streich**, der; des Dumme[n]jungenstreich[e]s, die Dumme[n]jungenstreiche, **Dum|me-Jun|gen-Streich;** *aber* ein Dummer-Jungen-Streich; **Dum|mer|chen** *(ugs.);* **Dum|mer|jan**, der; -s, -e (*ugs. für* dummer Kerl); **dum|mer|wei|se; Dumm|heit; Dumm|kopf** *(abwertend);* **dümm|lich**

Dum|my ['dami], der; -s, -s (Puppe für Unfalltests)

düm|peln (*Seemannsspr.* leicht schlingern)

dumpf; Dumpf|ba|cke (*ugs. abwertend für* einfältiger Mensch); **Dumpf|heit**, die; -

Dum|ping ['da...], das; -s, -s (*Wirtsch.* Unterbieten der Preise); **Dum|ping|preis** (Preis einer Ware, der deutlich unter ihrem Wert liegt)

Dü|ne, die; -, -n; **Dü|nen|sand**

Dung, der; -[e]s; **Dün|ge|mit|tel**, das; **dün|gen; Dün|ger**, der; -s, -; **Dün|gung**

dun|kel; seine Spuren verloren sich im Dunkeln; sie hat uns über ihre Absichten im Dunkeln gelassen; im Dunkeln tappen; **Dun|kel**, das; -s

Dün|kel, der; -s (*geh. abwertend für* Eingebildetheit, Hochmut)

dun|kel|äu|gig; dun|kel|blau; dun|kel|blond; dun|kel fär|ben, **dun|kel|fär|ben; dun|kel|grün; dun|kel|haa|rig**

dün|kel|haft *(geh. abwertend)*

dun|kel|häu|tig; Dun|kel|heit; Dun|kel|mann *Plur.* ...männer

dun|keln

dun|kel|rot; Dun|kel|zif|fer (unbekannte Anzahl)

dün|ken; mich *od.* mir dünkt

dünn; durch dick und dünn; eine dünn besiedelte *od.* dünnbesiedelte, dünn bevölkerte *od.* dünnbevölkerte Gegend; sich ganz dünn machen (*ugs. für* wenig Platz einnehmen); *vgl. aber* dünnmachen

Dünn|darm; dünn|flüs|sig; dünn ge|sät, **dünn|ge|sät** (selten vorhanden); **dünn|häu|tig**

dünn|ma|chen, sich (*ugs. für* weglaufen); er hat sich dünngemacht; *vgl. aber* dünn

Dunst, der; -[e]s, Dünste; **düns|ten** (durch Dampf gar machen); **Dunst|glo|cke; duns|tig; Dunst|kreis; Dunst|schlei|er**

Dü|nung (Seegang)

Duo, das; -s, -s (Musikstück für zwei Instrumente; *auch für* die zwei Ausführenden)

dü|pie|ren (täuschen, überlisten)

Du|pli|kat, das; -[e]s, -e (Ab-, Zweitschrift); **du|pli|zie|ren** (verdoppeln)

Dur, das; -[s] (*Musik* Tongeschlecht mit großer Terz); in A-Dur

durch; *Präp. mit Akk.:* durch mich, sie, ihn; durch und durch; die ganze Nacht [hin]durch; es muss bald elf Uhr durch sein (*ugs. für* nach elf Uhr sein); bei jmdm. unten durch sein (*ugs. für* jmds. Wohlwollen verscherzt haben)

durch|ar|bei|ten; eine durcharbeitete Nacht; **durch|ar|bei|ten;** der Teig ist gut durchgearbeitet; er hat die Nacht durchgearbeitet

D

durch|at|men; sie hat tief durchgeatmet
durch|aus [*auch* ˈdʊ...]
durch|bei|ßen; sie hat den Faden durchgebissen; sich durchbeißen *(ugs.)*
durch|blät|tern, durch|blät|tern; sie hat das Buch durchgeblättert *od.* durchblättert
Durch|blick; durch|bli|cken; sie hat [durch das Glas] durchgeblickt
Durch|blu|tung; Durch|blu|tungs|stö|rung
durch|boh|ren; er hat ein Loch durchgebohrt; der Wurm hat sich durchgebohrt; **durch|boh|ren;** eine Kugel hat die Tür durchbohrt; von Blicken durchbohrt
durch|bo|xen (*ugs. für* durchsetzen)
durch|bra|ten; das Fleisch war gut durchgebraten
durch|bre|chen; er ist [durch das Eis] durchgebrochen; er hat den Stock durchgebrochen; **durch|bre|chen;** er hat die Schranken, die Schallmauer durchbrochen
durch|bren|nen (*ugs. auch für* sich heimlich davonmachen); der Faden ist durchgebrannt
durch|brin|gen; er hat die ganze Erbschaft durchgebracht (verschwendet)
Durch|bruch, der; -[e]s, ...brüche
durch|den|ken; ein fein durchdachter Plan; **durch|den|ken;** ich habe die Sache noch einmal durchgedacht
durch|dre|hen; das Fleisch [durch den Wolf] durchdrehen; ich bin völlig durchgedreht (*ugs. für* verwirrt)
durch|drin|gen; sie hat das Urwaldgebiet durchdrungen; sie war von der Idee ganz durchdrungen; **durch|drin|gen;** die Sonne ist kaum durchgedrungen
durch|drin|gend; Durch|drin|gung
durch|drü|cken; er hat die Änderung doch noch durchgedrückt (*ugs. für* durchgesetzt)
durch|ei|n|an|der; durcheinander (verwirrt) sein; **Durch|ei|n|an|der** [*auch* ˈdʊ...], das; -s; **durch|ei|n|an|der|brin|gen; durch|ei|n|an|der|es|sen;** alles durcheinanderessen und -trinken; **durch|ei|n|an|der|re|den; durch|ei|n|an|der|wer|fen**
durch|fah|ren; er hat das ganze Land durchfahren; ein Schreck durchfuhr sie; **durch|fah|ren;** ich bin die ganze Nacht durchgefahren; **Durch|fahrt; Durch|fahrts|stra|ße, Durch|fahrt|stra|ße**
Durch|fall, der; -[e]s, ...fälle; **durch|fal|len;** die kleinen Steine sind [durch den Rost] durchgefallen; er ist durchgefallen (*ugs. für* hat nicht bestanden)
durch|fei|ern; manche Nacht wurde durchfeiert; **durch|fei|ern;** sie haben die Nacht durchgefeiert
durch|fors|ten (den Wald ausholzen; etw. [kritisch] durchsehen); durchforstet
durch|führ|bar; durch|füh|ren; Durch|füh|rung; Durch|gang; durch|gän|gig; Durch|gangs|ver|kehr
durch|ge|hen; ich bin [durch alle Räume] durchgegangen; das Pferd ist durchgegangen; wir sind den Plan durchgegangen; **durch|ge|hend**
durch|ge|knallt (*ugs. für* überspannt)
durch|grei|fen; sie greift energisch durch
durch|hal|ten; er hat bis zuletzt durchgehalten; **Durch|hal|te|ver|mö|gen,** das; -s
durch|hau|en; er hat den Knoten mit einem Schlag durchhauen; **durch|hau|en;** er hieb den Ast mit der Axt durch, hat ihn durchgehauen; er haute den Jungen durch, hat ihn durchgehauen
durch|käm|men; das Haar wurde durchgekämmt; **durch|käm|men;** die Polizei hat den Wald durchkämmt
durch|knal|len *(ugs.);* die Sicherung ist durchgeknallt; *vgl.* durchgeknallt
durch|kom|men; er ist noch einmal durchgekommen
durch|kreu|zen (kreuzweise durchstreichen); sie hat den Brief durchgekreuzt; **durch|kreu|zen** (*auch für* vereiteln); man hat ihren Plan durchkreuzt
durch|las|sen; sie wurde durchgelassen; **durch|läs|sig; Durch|läs|sig|keit**
Durch|laucht [*auch* ...ˈlaʊ̯...], die; -, -en
durch|lau|fen; er ist die ganze Nacht durchgelaufen; das Wasser ist durchgelaufen; **durch|lau|fen;** das Projekt hat viele Sta-

dien durchlaufen; **Durch|lauf|er|hit|zer** (ein Gas- od. Elektrogerät)
durch|le|sen; er hat den Brief durchgelesen
durch|leuch|ten; das Licht hat [durch die Vorhänge] durchgeleuchtet; **durch|leuch|ten** (mit Licht, mit Röntgenstrahlen durchdringen); die Brust des Kranken wurde durchleuchtet; **Durch|leuch|tung**
durch|ma|chen *(ugs.);* die Familie hat viel durchgemacht
Durch|marsch, der; **durch|mar|schie|ren**
Durch|mes|ser, der (*Zeichen d od.* ∅)
durch|näs|sen; sie war völlig durchnässt
durch|neh|men; die Klasse hat den Stoff durchgenommen
durch|num|me|rie|ren; Durch|num|me|rie|rung
durch|que|ren; sie hat das Land zu Fuß durchquert
durch|rech|nen; er hat die Aufgabe zweimal durchgerechnet
Durch|rei|che, die; -, -n (Öffnung zum Durchreichen von Speisen)
Durch|rei|se; durch|rei|sen; er hat das Land durchreist; **durch|rei|sen;** ich bin oft durchgereist
Durch|rei|sen|de, der *u.* die; -n, -n
durch|rin|gen, sich; sie hat sich zu dieser Überzeugung durchgerungen
durchs (durch das)
Durch|sa|ge, die; -, -n
durch|schau|bar; durch|schau|en; ich habe ihn durchschaut; **durch|schau|en;** er hat [durch das Fernrohr] durchgeschaut
durch|schei|nen; vom Tageslicht durchschienen; **durch|schei|nen;** die Sonne hat durchgeschienen
durch|schla|gen; sie hat die Suppe [durch das Sieb] durchgeschlagen; **durch|schla|gen;** die Kugel hat den Panzer durchschlagen; **durch|schla|gend;** ein durchschlagender Erfolg; **Durch|schlag|pa|pier; Durch|schlags|kraft,** die; -
durch|schnei|den; er hat das Tuch durchgeschnitten; **durch|schnei|den;** die Landschaft ist von Kanälen durchschnitten
Durch|schnitt; im Durchschnitt; **durch|schnitt|lich; Durch|schnitts|al|ter; Durch|schnitts|ein|kom|men; Durch|schnitts|wert**
durch|schrei|ten; sie haben den Fluss durchschritten
durch sein *vgl.* durch
durch|setz|bar; durch|set|zen; das Gestein ist mit Erzen durchsetzt; **durch|set|zen** (erreichen); ich habe es durchgesetzt
Durch|set|zung, die; -; **Durch|set|zungs|ver|mö|gen,** das; -s
Durch|sicht; durch|sich|tig
durch|si|ckern; die Nachricht ist durchgesickert; **durch|spie|len;** sie hat alle Möglichkeiten durchgespielt; **durch|star|ten;** der Pilot hat die Maschine durchgestartet; **durch|ste|hen;** sie hat viel durchgestanden; er hat den Skisprung durchgestanden; **durch|strei|chen;** das Wort ist durchgestrichen
durch|strei|fen; sie haben das Land durchstreift
durch|su|chen; alle Koffer wurden durchsucht; **durch|su|chen;** sie hat schon das ganze Adressbuch durchgesucht; **Durch|su|chung; Durch|su|chungs|be|fehl** *(ugs.)*
durch|trai|nie|ren; mein Körper ist durchtrainiert
durch|tren|nen, durch|tren|nen; er hat das Kabel durchgetrennt *od.* durchtrennt
durch|trie|ben (gerissen, verschlagen)
durch|wach|sen; [mit Speck, Fett] durchwachsenes Fleisch; die Stimmung, das Wetter ist durchwachsen (*ugs. für* nicht besonders gut)
Durch|wahl; durch|wäh|len
durch|weg [*auch* ...ˈvɛk]; **durch|wegs** [*auch* ...ˈveː...] (*österr. u. schweiz. nur so, sonst ugs. neben* durchweg)
durch|wüh|len; die Maus hat sich durchgewühlt; **durch|wüh|len;** die Diebe haben alles durchwühlt
durch|zäh|len; sie hat durchgezählt
durch|ze|chen; er hat ganze Nächte durch-

zecht; **durch|ze|chen;** er hat die Nacht durchgezecht

durch|zie|hen; ich habe den Faden durchgezogen; **durch|zie|hen;** wir haben das Land durchzogen; **Durch|zug**

durch|zwän|gen; durchgezwängt

dür|fen; du darfst, sie darf; du durftest; du dürftest; du hast [es] nicht gedurft, *aber* das hättest du nicht tun dürfen

dürf|tig

dürr; Dür|re, die; -, -n

Durst, der; -[e]s; **dürs|ten;** mich dürstet, ich dürste; **durs|tig**

Durst|stre|cke (Zeit der Entbehrung)

Du|sche [*auch* 'du:...], die; -, -n; **du|schen; Dusch|gel**

Dü|se, die; -, -n

Du|sel, der; -s (*ugs. für* unverdientes Glück)

du|seln (*ugs. für* im Halbschlaf sein); ich dus[e]le

dü|sen (*ugs. für* sausen); **Dü|sen|an|trieb; Dü|sen|flug|zeug; Dü|sen|jä|ger**

Dus|sel, der; -s, - (*ugs. für* Dummkopf); **dus|se|lig, duss|lig; Duss|lig|keit**

düs|ter; düs|t[e|]rer, düs|ters|te

Dutt, der; -[e]s, *Plur.* -s *od.* -e (*landsch. für* Haarknoten)

Du|ty-free-Shop ['dju:ti'fri:...] (Laden, in dem zollfreie Waren verkauft werden)

Dut|zend, das; -s, -e; ein halbes, zwei Dutzend Mal[e]; es gab Dutzende *od.* dutzende von Reklamationen; [einige, viele] Dutzend[e] *od.* dutzend[e] Mal[e]; **dut|zend|fach; dut|zend|wei|se**

du|zen; du duzt; **Duz|freund; Duz|freun|din**

DVD [de:faʊ̯'de:], die; -, -s (einer CD ähnlicher Datenträger mit mehr Speicherplatz); **DVD-Lauf|werk; DVD-Play|er** (Gerät zum Abspielen von DVDs); **DVD-Re|kor|der, DVD-Re|cor|der**

Dy|na|mik, die; -, -en (Lehre von den Kräften; Schwung, Triebkraft); **dy|na|misch** (voll innerer Kraft); **dy|na|mi|sie|ren; Dy|na|mi|sie|rung**

Dy|na|mit, das; -s (Sprengstoff)

Dy|na|mo|ma|schi|ne [*auch* 'dy:...] (Stromerzeuger; *Kurzform* Dynamo, der, -s, -s)

Dy|nas|tie, die; -, ...ien (Herrschergeschlecht); **dy|nas|tisch**

D-Zug® ['de:...] (Schnellzug)

E e

e, E, das; -, - (Tonbezeichnung)

E, das; -, - (Buchstabe); das E; des E, die E, *aber* das e in Berg; der Buchstabe E, e

ea|sy ['i:zi] (*ugs. für* leicht)

Eau de Co|lo|g|ne ['o: də ...'lɔnjə, *österr.* ...'lɔn], das, *seltener* die; - - -, Eaux - - [- - -] (Kölnischwasser)

Eb|be, die; -, -n

eben (flach); **Eben|bild; eben|bür|tig; eben|da** [*auch* ...'da:] (*Abk.* ebd.); **Ebe|ne,** die; -, -n; **eben|falls; Eben|holz**

Eben|maß, das; -es; **eben|mä|ßig**

eben|so; wir können ihn ebenso gut auch schnell anrufen; wir können ihn ebenso gut leiden wie ihr; ich habe den Film ebenso oft gesehen wie du; wir freuen uns ebenso sehr wie die anderen; ebenso viel sonnige Tage; sie aß ebenso wenig wie ich

Eber, der; -s, - (m. Schwein)

Eber|esche (ein Laubbaum)

E-Bike ['i:...], das; -s, -s (Elektrofahrrad)

eb|nen; sie ebnet den Weg

E-Book ['i:bʊk], das; -[s], -s (digitalisierter Inhalt eines Buches, der mithilfe eines E-Book-Readers gelesen werden kann); **E-Book-Rea|der** [...ri:dɐ], der; -s, - (digitales Lesegerät [in Buchformat], mit dem E-Books gelesen werden können)

echauf|fie|ren [eʃɔ...], sich (*geh. für* sich erhitzen; sich aufregen)

Echo, das; -s, -s (Widerhall)

Ech|se, die; -, -n (ein Kriechtier)

echt; echt|gol|den, echt gol|den; ein echtgoldener *od.* echt goldener Ring

Echt|heit, die; -
echt|sil|bern, **echt sil|bern**
EC-Kar|te, ec-Kar|te [eːˈtseː…] (Eurochequekarte)
Eck|ball *(Sport);* **Eck|da|ten** *Plur.* (Richtwerte); **Ecke,** die; -, -n; **Eck|haus; eckig; Eck|pfei|ler; Eck|punkt; Eck|stein; Eckstoß** *(Fußball);* **Eck|wert; Eck|zahn**
Ec|lair [eˈklɛːɐ̯], das; -s, -s (ein Gebäck)
E-Com|merce [ˈiːkɔmœːɐ̯s], der; -; (*kurz für* Electronic Commerce)
Eco|no|my [iˈkɔnəmi], die; - (*Kurzw. für* Economyclass); Economy fliegen; **Eco|no|myclass**, **Eco|no|my-Class, Eco|no|my|klasse,** die; - (Tarifklasse im Flugverkehr)
Ec|s|ta|sy [ˈɛkstəzi], die; -, -s *od.* das; -[s], -s (eine Droge)
edel; ein ed|les Pferd; **Edel|me|tall; Edelmut,** der; **Edel|stahl; Edel|stein; Edelweiß,** das; -[es], -[e] (eine Gebirgspflanze)
Eden, das; -s (Paradies im A. T.); der Garten Eden
Edikt, das; -[e]s, -e (Verordnung)
edi|tie|ren (*EDV* Daten in ein Terminal eingeben, löschen, verändern)
Edi|ti|on, die; -, -en (Ausgabe; *Abk.* Ed.)
EDV, die; - = elektronische Datenverarbeitung; **EDV-Pro|gramm**
EEG, das; -s, -s = Elektroenzephalogramm
EEG, das; -s = Erneuerbare-Energien-Gesetz
Efeu, der, *auch* das; -s
Eff|eff; etwas aus dem Effeff (*ugs. für* gründlich) verstehen
Ef|fekt, der; -[e]s, -e (Wirkung, Erfolg; Ergebnis); **ef|fek|tiv** (tatsächlich; wirksam; greifbar); **Ef|fek|ti|vi|tät,** die; - (Wirkungskraft); **ef|fekt|voll** (wirkungsvoll)
Ef|fet [ɛˈfeː], der, *selten* das; -s, -s (Drall einer [Billard]kugel, eines Balles)
ef|fi|zi|ent (wirksam; wirtschaftlich); **Ef|fi|zienz,** die; -, -en; **Ef|fi|zi|enz|stei|ge|rung**
egal (*ugs. für* gleichgültig); egal[,] wer kommt
ega|li|sie|ren (gleichmachen, ausgleichen)
ega|li|tär (auf Gleichheit gerichtet)
Egel, der; -s, - (ein Wurm)
Eg|ge, die; -, -n (ein Ackergerät); **eg|gen**
Ego, das; -[s], -s (*Philos., Psychol.* das Ich); **Ego|is|mus,** der; -, …men (Selbstsucht; *Ggs.* Altruismus); **Ego|ist,** der; -en, -en; **Ego|is|tin; ego|is|tisch; Ego|zen|t|rik,** die; - (Ichbezogenheit); **ego|zen|t|risch**
[1]**eh** (sowieso)
[2]**eh, ehe;** ehe (eh) ich das nicht weiß, …; seit eh und je
Ehe, die; -, -n; **Ehe|be|ra|tung; Ehe|bett**
ehe|bre|chen *nur im Infinitiv u. Partizip I gebr.;* muss man gleich ehebrechen?; der ehebrechende Partner; **Ehe|bre|cher; Ehebre|che|rin; Ehe|bruch**
ehe|dem (*geh. für* vormals)
Ehe|frau; Ehe|gat|te *(bes. Amtsspr.);* **Ehegat|ten|split|ting** *vgl.* Splitting; **Ehekrach** *(ugs.);* **Ehe|leu|te** *Plur.;* **ehe|lich; ehe|li|chen** *(veraltend, noch scherzh.)*
ehe|ma|lig; ehe|mals
Ehe|mann *Plur.* …männer; **Ehe|paar; Ehepart|ner; Ehe|part|ne|rin**
eher; je eher (früher), je lieber; je eher (früher), desto besser; er wird es umso eher (lieber) tun, als …
Ehe|ring
ehern; ehernes (unveränderliches) Gesetz
Ehe|schlie|ßung; Ehe|stand; Ehe|streit; Ehe|ver|spre|chen; Ehe|ver|trag
ehr|bar *(geh.);* **Eh|re,** die; -, -n; **eh|ren**
Eh|ren|amt; eh|ren|amt|lich; Eh|ren|bürger; Eh|ren|bür|ge|rin; Eh|ren|dok|tor; Eh|ren|gast; eh|ren|haft; Eh|ren|kodex, Eh|ren|co|dex; **Eh|ren|mal** *Plur.* …male *u.* …mäler; **Eh|ren|mann** *Plur.* …männer; **Eh|ren|mit|glied; Eh|ren|nadel; Eh|ren|ret|tung; eh|ren|rüh|rig; Ehren|sa|che; Eh|ren|ti|tel; Eh|ren|ur|kunde; eh|ren|voll; eh|ren|wert; Eh|renwort** *Plur.* …worte
ehr|er|bie|tig *(geh.);* **Ehr|er|bie|tung**
Ehr|furcht; Ehrfurcht gebieten; **Ehr|furcht ge|bie|tend**, **ehr|furcht|ge|bie|tend;** ein Ehrfurcht gebietendes *od.* ehrfurchtgebietendes Schauspiel, *aber nur* ein große Ehr-

furcht gebietendes Schauspiel, ein äußerst ehrfurchtgebietendes Schauspiel; **ehr|fürch|tig; Ehr|ge|fühl**
Ehr|geiz; ehr|gei|zig
ehr|lich; Ehr|lich|keit, die; -
ehr|los; Ehr|lo|sig|keit
Eh|rung; ehr|wür|dig

E

Ei, das; -[e]s, -er
Ei|be, die; -, -n (ein Nadelbaum)
Ei|che, die; -, -n (ein Baum)
Ei|chel, die; -, -n; **Ei|chel|hä|her** (ein Vogel)
[1]**ei|chen** (aus Eichenholz)
[2]**ei|chen** (das gesetzliche Maß geben; prüfen)
Ei|chen|holz; Eich|hörn|chen
Eid, der; -[e]s, -e; an Eides statt erklären
Ei|dech|se, die; -, -n
ei|des|statt|lich
Eid|ge|nos|se; Eid|ge|nos|sin, Eid|ge|nös|sin; eid|ge|nös|sisch (*Abk.* eidg.)
Ei|dot|ter (das Gelbe im Ei); **Ei|er|be|cher; Ei|er|li|kör; Ei|er|löf|fel; ei|ern** (*ugs. für* ungleichmäßig rotieren; wackelnd gehen); das Rad eiert; ich eiere; **Ei|er|scha|le; Ei|er|schnee,** Ei|schnee; **Ei|er|stock** *Plur.* ...stöcke *(Med.)*; **Ei|er|uhr**
Ei|fer, der; -s; **Ei|fe|rer; Ei|fe|rin; ei|fern**
Ei|fer|sucht, die; -, ...süchte *Plur. selten;* **ei|fer|süch|tig**
eif|rig
Ei|gelb, das; -s, -e; 3 Eigelb
ei|gen; eig[e]ne; das ist ihr eigen (für sie charakteristisch); sich etwas zu eigen machen; etwas Eigenes besitzen
Ei|gen, das; -s; etwas sein Eigen nennen
Ei|gen|art; ei|gen|ar|tig; Ei|gen|be|darf; Ei|gen|bröt|ler (Sonderling); **Ei|gen|bröt|le|rin; ei|gen|bröt|le|risch; Ei|gen|dy|na|mik; ei|gen|hän|dig** (*Abk. österr.* e. h.); **Ei|gen|heim; Ei|gen|heim|zu|la|ge; Ei|gen|heit; Ei|gen|in|i|ti|a|ti|ve; Ei|gen|in|te|r|es|se; Ei|gen|ka|pi|tal; Ei|gen|le|ben; Ei|gen|leis|tung; Ei|gen|lob; ei|gen|mäch|tig; Ei|gen|mit|tel** *Plur.;* **Ei|gen|na|me; Ei|gen|nutz,** der; -es; **ei|gen|nüt|zig; Ei|gen|re|gie;** etwas in Eigenregie organisieren

ei|gens *(geh.);* ich habe es eigens erwähnt
Ei|gen|schaft; Ei|gen|schafts|wort *Plur.* ...wörter (*für* Adjektiv)
Ei|gen|sinn, der; -[e]s; **ei|gen|sin|nig**
ei|gen|stän|dig; Ei|gen|stän|dig|keit, die; -
ei|gent|lich (*Abk.* eigtl.)
Ei|gen|tor, das *(Sport);* **Ei|gen|tum,** das; -s, *Plur.* (*für* Wohnungseigentum u. Ä.:) ...tume; **Ei|gen|tü|mer; Ei|gen|tü|me|rin; ei|gen|tüm|lich; Ei|gen|tums|ver|hält|nis** *meist Plur.;* **Ei|gen|tums|woh|nung**
ei|gen|ver|ant|wort|lich; Ei|gen|ver|ant|wor|tung
Ei|gen|wil|le; ei|gen|wil|lig
eig|nen; etwas eignet ihm (*geh. für* ist ihm eigen); sich eignen (geeignet sein)
Eig|ner ([Schiffs]eigentümer); **Eig|ne|rin**
Eig|nung (Befähigung); **Eig|nungs|test**
Ei|land, das; -[e]s, -e (*geh. für* Insel)
Eil|bo|te; Eil|bo|tin; Eil|brief; Ei|le, die; -
Ei|lei|ter, der *(Med.)*
ei|len; ei|lends; eil|fer|tig; ei|lig; Eil|tem|po; Eil|ver|fah|ren *(Rechtsspr.)*
Ei|mer, der; -s, -; im Eimer sein (*ugs. für* entzwei, verdorben sein); **ei|mer|wei|se**
[1]**ein;** es war ein Mann, nicht eine Frau; der/die/das eine; ein[e]s fehlt ihm: Geduld; sie ist eine von uns; einer für alle und alle für einen; einer nach dem anderen; zum einen ..., zum anderen ...; der ein[e] oder andere; ein und dieselbe Sache; sie ist sein Ein und [sein] Alles; die einen *od.* Einen sagen dies, die anderen *od.* Anderen das
[2]**ein;** nicht ein noch aus wissen (ratlos sein); wer bei dir ein und aus geht (verkehrt), *aber (in Zus.):* ein- und aussteigen (einsteigen und aussteigen)
ei|n|an|der *(meist geh.); vgl.* aneinander, auseinander usw.
ein|ar|bei|ten; Ein|ar|bei|tung
ein|ar|mig
ein|äschern; eingeäschert (*Zeichen* ▢)
ein|at|men
ein|äu|gig; Ein|äu|gi|ge, der *u.* die; -n, -n

Ein|bahn|stra|ße
ein|bal|sa|mie|ren
Ein|band, der; -[e]s, ...bände
ein|bän|dig
Ein|bau, der; -[e]s, *Plur.* (*für* eingebauter Teil:) -ten; **ein|bau|en; Ein|bau|kü|che**
Ein|baum (Boot aus einem ausgehöhlten Baumstamm)
ein|be|grif|fen, in|be|grif|fen (*österr. u. schweiz. nur so*); in dem *od.* den Preis [mit] einbegriffen
ein|be|hal|ten
ein|be|ru|fen; Ein|be|ru|fung
ein|bet|ten; Ein|bet|tung
ein|be|zie|hen; Ein|be|zie|hung; Ein|be|zug, der; -[e]s (*bes. schweiz. für* Einbeziehung)
ein|bie|gen; Ein|bie|gung
ein|bil|den, sich; **Ein|bil|dung; Ein|bil|dungs|kraft,** die; -
ein|bin|den; Ein|bin|dung
ein|bläu|en (blau machen; *auch ugs. für* mit Nachdruck einprägen, einschärfen)
ein|blen|den (*Rundfunk, Fernsehen*)
Ein|blick; Einblick bekommen
ein|bre|chen; in ein[em] Haus einbrechen; **Ein|bre|cher; Ein|bre|che|rin**
ein|bren|nen
ein|brin|gen; sich einbringen
ein|bro|cken; sich, jmdm. etw. einbrocken (*ugs.*)
Ein|bruch, der; -[e]s, ...brüche; **ein|bruch[s]|si|cher**
ein|bür|gern; Ein|bür|ge|rung; Ein|bür|ge|rungs|test (Prüfung, die bestehen muss, wer eingebürgert werden möchte)
Ein|bu|ße; ein|bü|ßen
Ein|cent|stück, Ein-Cent-Stück
ein|che|cken (sich [am Flughafen] abfertigen lassen)
ein|cre|men
ein|däm|men; Ein|däm|mung
ein|de|cken; sich mit Obst eindecken
ein|deu|tig; Ein|deu|tig|keit
ein|deut|schen
ein|di|men|si|o|nal
ein|dö|sen (*ugs.*)
ein|drin|gen; ein|dring|lich; auf das, aufs Eindringlichste *od.* eindringlichste
Ein|dring|ling
Ein|druck, der; -[e]s, ...drücke
ein|drü|cken
ein|drück|lich (*bes. schweiz. für* eindrucksvoll); **ein|drucks|voll**
ei|ne *vgl.* [1]ein
Ein|ehe (*für* Monogamie)
ein|ei|ig; eineiige Zwillinge
ein|ein|halb, ein|und|ein|halb; eineinhalb Tage, *aber* ein und ein halber Tag; ein[und]einhalbmal so viel
ei|nen (*geh. für* einigen)
ein|en|gen; Ein|en|gung
ei|ner *vgl.* ein
Ei|ner (einsitziges Sportboot)
ei|ner|lei; Ei|ner|lei, das; -s
ei|ner|seits; einerseits ..., ander[er]seits, andrerseits
ei|nes *vgl.* [1]ein
ei|nes|teils; einesteils ... ander[e]nteils
Ein-Eu|ro-Job, Ein|eu|ro|job (*mit Ziffer* 1-Euro-Job; Beschäftigung für einen geringen Stundenlohn zusätzlich zum Arbeitslosengeld); **Ein|eu|ro|stück, Ein-Euro-Stück** (*mit Ziffer* 1-Euro-Stück)
ein|fach; einfache Fahrt; am einfachs|ten; *aber* das Einfachs|te ist, wenn ...
Ein|fach|heit, die; -; der Einfachheit halber; **ein|fach|heits|hal|ber**
ein|fä|deln (*Verkehrsw.*)
ein|fah|ren; Ein|fahrt
Ein|fall, der; **ein|fal|len; ein|falls|los; ein|falls|reich; Ein|fall|win|kel**
Ein|falt, die; -; **ein|fäl|tig; Ein|falts|pin|sel** (*ugs. abwertend*)
Ein|fa|mi|li|en|haus
ein|fan|gen
ein|fär|ben
ein|fas|sen; Ein|fas|sung
ein|fin|den, sich
ein|flie|gen
ein|flie|ßen
ein|flö|ßen

E

Ein|flug|schnei|se *(Flugw.)*
Ein|fluss; Ein|fluss|be|reich, der; **Ein|fluss|nah|me,** die; -, -n *Plur. selten;* **ein|fluss|reich**
ein|for|dern
ein|för|mig; Ein|för|mig|keit
ein|frie|ren; Ein|frie|rung
ein|fü|gen; Ein|fü|gung
ein|füh|len, sich; **ein|fühl|sam; Ein|füh|lungs|ver|mö|gen,** das; -s
Ein|fuhr, die; -, -en; **ein|füh|ren; Ein|füh|rung; Ein|fuhr|zoll**
Ein|ga|be *(auch EDV)*
Ein|gang; ein|gän|gig
ein|gangs *(Amtsspr.); mit Gen.:* eingangs des Briefes; **Ein|gangs|da|tum; Ein|gangs|hal|le; Ein|gangs|tür**
ein|ge|ben
ein|ge|bet|tet; eingebettet in die *od.* in der Landschaft
ein|ge|bil|det; eingebildet sein
Ein|ge|bo|re|ne, Ein|ge|bor|ne, der *u.* die; -n, -n *(veraltend)*
Ein|ge|bung
ein|ge|denk *(geh.); Präp. mit Gen.:* eingedenk des Verdienstes
ein|ge|fleischt; eingefleischter Junggeselle
ein|ge|hen; ein|ge|hend; auf das, aufs Eingehendste *od.* eingehendste
Ein|ge|mach|te, das; -n
ein|ge|mein|den
ein|ge|sandt
ein|ge|schlos|sen; eingeschlossen im, *auch* in den Preis
ein|ge|schnappt
ein|ge|schränkt; eingeschränktes Halteverbot
ein|ge|ses|sen (einheimisch)
ein|ge|spielt; sie sind aufeinander eingespielt
Ein|ge|ständ|nis; ein|ge|ste|hen
Ein|ge|wei|de, das; -s, - *meist Plur.*
Ein|ge|weih|te, der *u.* die; -n, -n
ein|ge|wöh|nen; sich eingewöhnen
ein|glie|dern; Ein|glie|de|rung
ein|gra|ben
ein|grei|fen; Ein|greif|trup|pe (Sondereinsatztruppe in militärischen Krisengebieten)
ein|gren|zen; Ein|gren|zung
Ein|griff
Ein|halt, der; -[e]s; Einhalt gebieten; **ein|hal|ten; Ein|hal|tung**
ein|han|deln
ein|hau|chen *(geh.)*
ein|hef|ten
ein|hei|misch; Ein|hei|mi|sche, der *u.* die; -n, -n
ein|heim|sen *(ugs.);* du heimst ein
Ein|hei|rat; ein|hei|ra|ten
Ein|heit; die deutsche Einheit; der Tag der Deutschen Einheit (3. Oktober)
ein|heit|lich; Ein|heit|lich|keit, die; -
Ein|heits|preis; Ein|heits|wäh|rung
ein|hel|lig
ein|her|ge|hen; die Grippe war mit Fieber einhergegangen
ein|ho|len
Ein|horn *Plur.* ...hörner (Fabeltier)
ein|hun|dert
ei|nig; [sich] einig sein, werden
ei|ni|ge; einige Mal, einige Male; von einigen wird behauptet ...; sie wusste einiges
ein|igeln, sich; ich ig[e]le mich ein
ei|ni|gen
ei|ni|ger|ma|ßen
ei|ni|ges *vgl.* einige
ei|nig|ge|hen (sich einig sein); wir gehen darin einig, dass ...; **Ei|nig|keit,** die; -
Ei|ni|gung; Ei|ni|gungs|ver|trag
ein|imp|fen
ein|ja|gen; jmdm. einen Schreck einjagen
ein|jäh|rig *vgl.* achtjährig; **Ein|jäh|ri|ge,** der *od.* die; -n, -n
ein|kal|ku|lie|ren (einplanen)
Ein|kauf; ein|kau|fen; Ein|käu|fer; Ein|käu|fe|rin; Ein|kaufs|bum|mel; Ein|kaufs|mei|le; Ein|kaufs|mög|lich|keit; Ein|kaufs|preis; Ein|kaufs|zen|t|rum
Ein|kehr, die; -; **ein|keh|ren**

ein|kes|seln *(bes. Militär)*
ein|kla|gen; einen Rechnungsbetrag einklagen
ein|klam|mern; Ein|klam|me|rung
Ein|klang; mit etwas im *od.* in Einklang stehen
ein|kle|ben
ein|klei|den; Ein|klei|dung
ein|klem|men; du hast dir die Finger eingeklemmt
ein|klin|ken
ein|kni|cken
ein|ko|chen
Ein|kom|men, das; -s, -; **Ein|kom|mens|gren|ze; ein|kom|mens|schwach; Ein|kom|men[s]|steu|er,** die
ein|krei|sen; Ein|krei|sung
Ein|künf|te *Plur.*
[1]**ein|la|den;** Waren einladen; *vgl.* [1]laden
[2]**ein|la|den;** zum Essen einladen; *vgl.* [2]laden; **ein|la|dend; Ein|la|dung**
Ein|la|ge; ein|la|gern; Ein|la|ge|rung
Ein|lass, der; -es, Einlässe; **ein|las|sen; Ein|las|sung** *(bes. Rechtsspr.)*
Ein|lauf; ein|lau|fen; sich einlaufen
ein|läu|ten; den Sonntag einläuten
ein|le|ben, sich
ein|le|gen; eine Pause einlegen
ein|lei|ten; Ein|lei|tung; Ein|lei|tungs|ka|pi|tel
ein|len|ken; er hat bei den Verhandlungen eingelenkt
ein|le|sen; sich einlesen
ein|leuch|ten; ein|leuch|tend
ein|lie|fern; Ein|lie|fe|rung
Ein|lie|ger|woh|nung
ein|log|gen *(EDV);* ich habe mich eingeloggt
ein|lö|sen; Ein|lö|sung
ein|ma|chen
ein|mal; auf einmal; noch einmal; nicht einmal; ein- bis zweimal (*mit Ziffern* 1- bis 2-mal); **Ein|mal|eins,** das; -; **ein|ma|lig**
Ein|mal|zah|lung; Ein|mann|be|trieb
Ein|marsch, der; **ein|mar|schie|ren**
Ein|mas|ter, der; -s, -
ein|mei|ßeln
ein|mi|schen, sich; **Ein|mi|schung**
ein|mot|ten
ein|mün|den; Ein|mün|dung
ein|mü|tig; Ein|mü|tig|keit, die; -
Ein|nah|me, die; -, -n; **Ein|nah|me|aus|fall; Ein|nah|me|quel|le; ein|neh|men**
ein|ni|cken (*ugs. für* [für kurze Zeit] einschlafen)
ein|nis|ten, sich
Ein|öde; Ein|öd|hof
ein|ölen; sich einölen
ein|ord|nen; sich links, rechts einordnen; **Ein|ord|nung**
ein|pa|cken
ein|par|ken
ein|pas|sen; Ein|pas|sung
ein|pen|deln, sich
ein|pflan|zen; Ein|pflan|zung
ein|pla|nen; Ein|pla|nung
ein|prä|gen; sich einprägen; **ein|präg|sam**
ein|quar|tie|ren; Ein|quar|tie|rung
ein|rah|men; ein Bild einrahmen
ein|ram|men; Pfähle einrammen
ein|räu|men; Ein|räu|mung
ein|rech|nen
ein|re|den
ein|rei|ben; Ein|rei|bung
ein|rei|chen; Ein|rei|chung
ein|rei|hen; sich einreihen; **Ein|rei|her** *(Textilind.);* **ein|rei|hig**
Ein|rei|se; Ein|rei|se|er|laub|nis; ein|rei|sen
ein|rei|ßen
ein|ren|nen *(ugs.)*
ein|rich|ten; sich einrichten; **Ein|rich|tung; Ein|rich|tungs|ge|gen|stand**
ein|rol|len
ein|ros|ten
ein|rü|cken
eins; eins und zwei macht, ist drei; eins Komma fünf; sie ist eins achtzig groß *(ugs.);* es ist, schlägt eins (ein Uhr); halb eins; gegen eins; ein Viertel vor eins; Nummer, Absatz eins; eins (einig) sein, werden; es ist mir alles eins (gleichgültig); **Eins,** die; -, -en; sie hat mit der Note »Eins«

E

bestanden; er würfelt drei Einsen; er hat in Latein eine Eins geschrieben; *vgl.* [1]Acht
ein|sam; Ein|sam|keit *Plur. selten*
ein|sam|meln
Ein|satz, der; -es, Einsätze; **Ein|satz|be|fehl; ein|satz|be|reit; Ein|satz|be|reit|schaft,** die; -; **ein|satz|fä|hig; Ein|satz|ge|biet; Ein|satz|kraft** *meist Plur.*
ein|sau|gen
ein|schal|ten; sich einschalten; **Ein|schalt|quo|te; Ein|schal|tung**
ein|schär|fen
ein|schät|zen; Ein|schät|zung
ein|schen|ken; Wein einschenken
ein|sche|ren *(Verkehrsw.);* scherte ein; eingeschert; **ein|schi|cken**
ein|schie|ben; Ein|schie|bung
ein|schie|ßen; sich einschießen
ein|schif|fen; sich einschiffen
ein|schla|fen
ein|schlä|fern; Ein|schlä|fe|rung
Ein|schlag; ein|schla|gen
ein|schlä|gig (zu etwas gehörend)
ein|schlei|chen, sich
ein|schlep|pen
ein|schleu|sen
ein|schlie|ßen; ein|schließ|lich; *Präp. mit Gen.:* einschließlich des Kaufpreises; *aber* einschließlich Porto; einschließlich Getränken; **Ein|schlie|ßung; Ein|schluss**
ein|schmei|cheln, sich; **ein|schmel|zen**
ein|schmie|ren; sich einschmieren; **ein|schnap|pen** *(ugs. auch für* gekränkt sein)
ein|schnei|den; ein|schnei|dend
Ein|schnitt
ein|schnü|ren; Ein|schnü|rung
ein|schrän|ken; Ein|schrän|kung
Ein|schreib|brief, Ein|schrei|be|brief; ein|schrei|ben; Ein|schrei|ben, das; -s, - (eingeschriebene Postsendung)
Ein|schrei|bung
ein|schrei|ten
Ein|schub, der; -[e]s, Einschübe
ein|schüch|tern; Ein|schüch|te|rung
ein|schu|len; Ein|schu|lung
Ein|schuss|stel|le, Ein|schuss-Stel|le

ein|schwei|ßen
ein|schwen|ken (einen Richtungswechsel vollziehen); **ein|schwö|ren**
ein|seg|nen; Ein|seg|nung
ein|seh|bar; ein|se|hen; Ein|se|hen, das; -s; ein Einsehen haben
ein|sei|fen
ein|sei|tig; Ein|sei|tig|keit
ein|sen|den; Ein|sen|de|schluss; Ein|sen|dung
ein|setz|bar; ein|set|zen; Ein|set|zung
Ein|sicht, die; -, -en; **ein|sich|tig; Ein|sich|tig|keit,** die; -; **Ein|sicht|nah|me,** die; -, -n *(Amtsspr.)*
Ein|sie|de|lei; Ein|sied|ler; Ein|sied|le|rin; ein|sied|le|risch
ein|sil|big; Ein|sil|big|keit, die; -
ein|sin|ken
ein|sit|zen (*Rechtsspr.* im Gefängnis sitzen)
Ein|sit|zer; ein|sit|zig
ein|sor|tie|ren
ein|span|nen (arbeiten lassen)
ein|spa|ren; Ein|spar|po|ten|zi|al, Ein|spar|po|ten|ti|al; Ein|spa|rung
ein|spei|sen (*Technik* zuführen, eingeben)
ein|sper|ren
ein|spie|len; Ein|spie|lung
ein|spra|chig
ein|sprin|gen
Ein|spruch; Einspruch erheben
ein|spu|rig
einst (*geh. für* vor langer Zeit; später einmal)
ein|stamp|fen
Ein|stand, der; -[e]s, Einstände
ein|ste|chen
ein|ste|cken *vgl.* [2]stecken
ein|ste|hen (bürgen)
ein|stei|gen; Ein|stei|ger *(ugs.);* **Ein|stei|ge|rin**
ein|stell|bar; ein|stel|len; sich einstellen
ein|stel|lig; eine einstellige Zahl
Ein|stel|lung; Ein|stel|lungs|stopp
Ein|stich; Ein|stich|stel|le
Ein|stieg, der; -[e]s, -e; **Ein|stiegs|dro|ge**
eins|tig (ehemalig, früher)

ein|stim|men; sich einstimmen
ein|stim|mig; Ein|stim|mig|keit, die; -
Ein|stim|mung
ein|stö|ckig
ein|strei|chen; er strich das Geld ein (*ugs. für* nahm es an sich)
ein|stu|die|ren
ein|stu|fen; Ein|stu|fung
ein|stün|dig (eine Stunde dauernd)
Ein|sturz *Plur.* ...stürze; **ein|stür|zen; Ein|sturz|ge|fahr,** die; -
einst|wei|len; einst|wei|lig *(Amtsspr.);* einstweilige Verfügung
ein|tä|gig (einen Tag dauernd); **Ein|tags|flie|ge**
ein|tau|chen
ein|tau|schen
ein|tau|send; eintausend Jahre
ein|tei|len; Ein|tei|lung
ein|tip|pen; den Betrag eintippen
ein|tö|nig; Ein|tö|nig|keit, die; -
Ein|topf; Ein|topf|ge|richt
Ein|tracht, die; -; **ein|träch|tig**
Ein|trag, der; -[e]s, ...träge; **ein|tra|gen**
ein|träg|lich (lohnend)
Ein|tra|gung
ein|träu|feln
ein|tref|fen
ein|trei|ben; Ein|trei|bung
ein|tre|ten; in ein Zimmer, eine Verhandlung eintreten
ein|trich|tern (*ugs. für* einprägen)
Ein|tritt; Ein|tritts|kar|te; Ein|tritts|preis
ein|trock|nen
ein|trü|ben; sich eintrüben; **Ein|trü|bung**
ein|tru|deln (*ugs. für* langsam eintreffen)
ein|üben; Ein|übung
ein|und|ein|halb, ein|ein|halb; ein[und]einhalbmal so viel
ein|ver|lei|ben; Ein|ver|lei|bung
Ein|ver|nah|me, die; -, -n (*bes. österr., schweiz. für* Verhör); **ein|ver|neh|men**
Ein|ver|neh|men, das; -s *(geh.);* mit jmdm. in gutem Einvernehmen stehen; sich ins Einvernehmen setzen; **ein|ver|nehm|lich**
ein|ver|stan|den; Ein|ver|ständ|nis
Ein|waa|ge *Plur. selten* (Gewicht des Inhalts einer Konservendose, Packung usw.)
ein|wach|sen; ein eingewachsener Fußnagel
ein|wäh|len, sich (über eine Telefonleitung Zugang zum Internet herstellen)
Ein|wand, der; -[e]s, ...wände
Ein|wan|de|rer; Ein|wan|de|rin; ein|wan|dern; Ein|wan|de|rung; Ein|wan|de|rungs|land
ein|wand|frei
ein|wärts; ein|wärts|ge|hen (mit einwärtsgerichteten Füßen gehen)
ein|wech|seln; Ein|wechs|lung
Ein|weg|fla|sche (Flasche zum einmaligen Gebrauch)
ein|wei|chen; Ein|wei|chung
ein|wei|hen; Ein|wei|hung
ein|wei|sen; Ein|wei|sung
ein|wen|den; ich wandte *od.* wendete ein, habe eingewandt *od.* eingewendet
ein|wer|ben; Gelder, Spenden einwerben
ein|wer|fen
ein|wi|ckeln
ein|wil|li|gen; Ein|wil|li|gung
ein|wir|ken; Ein|wir|kung
ein|wö|chig (eine Woche dauernd)
Ein|woh|ner; Ein|woh|ne|rin; Ein|woh|ner|mel|de|amt; Ein|woh|ner|zahl
Ein|wurf
Ein|zahl, die; -, -en *Plur. selten* (*für* Singular)
ein|zah|len; Ein|zah|lung
ein|zäu|nen; Ein|zäu|nung
ein|zei|lig (*mit Ziffer* 1-zei|lig)
Ein|zel, das; -s, - *(Sport);* **Ein|zel|fall; Ein|zel|gän|ger; Ein|zel|gän|ge|rin; Ein|zel|ge|spräch; Ein|zel|haft; Ein|zel|han|del** *vgl.* Handel; **Ein|zel|händ|ler; Ein|zel|händ|le|rin; Ein|zel|heit; Ein|zel|kämp|fer; Ein|zel|kämp|fe|rin; Ein|zel|kind**
Ein|zel|ler (*Biol.* einzelliges Lebewesen); **ein|zel|lig**
ein|zeln; ein einzeln stehendes *od.* einzelnstehendes Haus; der, die, das Einzelne; ich als Einzelner; jeder Einzelne ist verant-

wortlich; Einzelne werden sich fragen, ob ...; bis ins Einzelne geregelt sein; Einzelnes blieb ungeklärt; im Einzelnen

Ein|zel|per|son; Ein|zel|schick|sal; Ein|zel|stück; Ein|zel|zim|mer

ein|zie|hen; Ein|zie|hung

ein|zig; der, die, das Einzige; sie als Einzige

ein|zig|ar|tig; das Einzigartige ist, dass ...

Ein|zim|mer|woh|nung

Ein|zug; Ein|zugs|be|reich; Ein|zugs|ge|biet

ei|rund

Eis, das; -es; [drei] Eis essen; **Eis|bär; Eis|be|cher; Eis|bein** (eine Speise); **Eis|berg**

Ei|schnee, Ei|er|schnee

Eis|creme, Eis|crème; Eis|die|le

Ei|sen, das; -s, - (*nur Sing.:* chemisches Element, Metall; *Zeichen* Fe)

Ei|sen|bahn; Ei|sen|bah|ner *(ugs.);* **Ei|sen|bah|ne|rin; Ei|sen|stan|ge; Ei|sen ver|ar|bei|tend, ei|sen|ver|ar|bei|tend; Ei|sen|zeit,** die; - (frühgeschichtl. Kulturzeit)

ei|sern; die eiserne Ration; die eiserne *od.* Eiserne Hochzeit (65. Hochzeitstag)

Ei|ses|käl|te

Eis|flä|che; eis|ge|kühlt; Eis|hei|li|gen *Plur.* (Maifröste); **Eis|ho|ckey; ei|sig;** eisig kalte Tage; es war eisig kalt; **eis|kalt**

Eis|krat|zer (ein Autozubehör); **Eis|kunst|lauf,** der; -[e]s; **Eis|lauf,** der; -[e]s; **eis|lau|fen;** ich laufe eis, bin eisgelaufen

Ei|sprung (*Med.* Follikelsprung)

Eis|schnell|lauf, der; -[e]s; **Eis|schol|le; Eis|schrank; Eis|sta|di|on; Eis|tanz; Eis|tee; Eis|vo|gel; Eis|wür|fel; Eis|zap|fen; Eis|zeit; eis|zeit|lich**

ei|tel; ein eitler Mensch; **Ei|tel|keit**

Ei|ter, der; -s; **ei|tern; eit|rig,** ei|te|rig

Ei|weiß, das; -es, -e; 2 Eiweiß; **ei|weiß|arm**

Ei|zel|le

Eja|ku|la|ti|on, die; -, -en (Samenerguss); **eja|ku|lie|ren**

[1]**Ekel,** der; -s

[2]**Ekel,** das; -s, - (*ugs. für* widerlicher Mensch)

ekel|er|re|gend, Ekel er|re|gend; eine ekelerregende *od.* Ekel erregende Brühe, *aber nur* eine großen Ekel erregende Brühe, eine äußerst ekelerregende Brühe, eine noch ekelerregendere Brühe

ekel|haft; eke|lig, ek|lig

ekeln; es ekelt mich *od.* mir; sich ekeln

EKG, das; -s, -s = Elektrokardiogramm

Ek|lat [e'kla(:)], der; -s, -s (Skandal)

ek|la|tant (offensichtlich, auffällig)

ek|lig, eke|lig

Ek|s|ta|se, die; -, -n ([religiöse] Verzückung; höchste Begeisterung); **ek|s|ta|tisch**

Ek|zem, das; -s, -e (*Med.* eine Entzündung der Haut)

Elan, der; -s (Schwung; Begeisterung)

elas|tisch (biegsam, dehnbar); **Elas|ti|zi|tät,** die; - (Federkraft; Spannkraft)

Elch, der; -[e]s, -e (Hirschart); **Elch|test** (Test, mit dem die Sicherheit eines Autos bei Ausweichmanövern erprobt wird)

El|do|ra|do, Do|ra|do, das; -[s], -s (sagenhaftes Goldland in Südamerika; *übertr. für* Paradies)

E-Lear|ning ['iːlœːɐ̯nɪŋ], das; -[s] (computergestütztes Lernen)

Ele|fant, der; -en, -en

ele|gant; Ele|ganz, die; -

Ele|gie, die; -, ...ien (eine Gedichtform; Klagelied); **ele|gisch**

elek|t|ri|fi|zie|ren (auf elektrischen Betrieb umstellen); **Elek|t|ri|fi|zie|rung**

Elek|t|ri|ker; Elek|t|ri|ke|rin; elek|t|risch; elektrische Lokomotive (*Abk.* E-Lok); **elek|t|ri|sie|ren; Elek|t|ri|zi|tät,** die; -

Elek|t|ro|de, die; -, -n (den Stromübergang vermittelnder Leiter)

Elek|t|ro|en|ze|pha|lo|gramm (*Med.* Aufzeichnung der Hirnströme; *Abk.* EEG)

Elek|t|ro|ge|rät; Elek|t|ro|gi|tar|re; Elek|t|ro|herd; Elek|t|ro|in|ge|ni|eur; Elek|t|ro|in|ge|ni|eu|rin; Elek|t|ro|kar|dio|gramm (*Med.* Aufzeichnung der Aktionsströme des Herzens; *Abk.* EKG); **Elek|t|ro|ma|g|net** [*auch* e'lɛk...]; **elek|t|ro|ma|g|ne|tisch** [*auch* e'lɛk...]; **Elek|t|ro|mo|tor**

Elek|t|ron [*auch* e'lɛ..., ...'tro:n], das; -s, ...onen (*Kernphysik* negativ geladenes Elementarteilchen)
Elek|t|ro|nen|mi|k|ro|s|kop
Elek|t|ro|nik, die; -, -en (Gesamtheit der elektronischen Bauteile einer Anlage); **elek|t|ro|nisch;** elektronische Datenverarbeitung (*Abk.* EDV)
Elek|t|ro|smog (von elektrischen Geräten o. Ä. ausgehende elektromagnetische Strahlung); **Elek|t|ro|tech|nik; Elek|t|ro|tech|ni|ker; Elek|t|ro|tech|ni|ke|rin**
Ele|ment, das; -[e]s, -e ([chem.] Grundstoff; Naturgewalt); er ist, fühlt sich in seinem Element; **ele|men|tar;** elementare Begriffe; **Ele|men|tar|teil|chen**
elend; ihm war elend [zumute]; **Elend**, das; -[e]s; **elen|dig** [*bayr., österr.* e'lɛ...] *(österr., sonst landsch.);* **Elends|vier|tel**
Ele|ve, der; -n, -n (Schauspiel-, Ballettschüler; Land- u. Forstwirt während der prakt. Ausbildung); **Ele|vin**
elf; wir sind zu elfen *od.* zu elft; *vgl.* acht
[1]**Elf**, der; -en, -en (m. Naturgeist)
[2]**Elf**, die; -, -en (Zahl; [Fußball]mannschaft); *vgl.* [1]Acht
El|fe, die; -, -n (w. Naturgeist)
El|fen|bein, das; -[e]s, -e *Plur. selten;* **el|fen|bei|nern** (aus Elfenbein); **El|fen|bein|turm**
El|fer (*ugs. für* Elfmeter); **elf|jäh|rig** *vgl.* achtjährig; **elf|mal** *vgl.* achtmal
Elf|me|ter, der; -s, - (Strafstoß beim Fußball); **Elf|me|ter|schie|ßen**
elft *vgl.* elf; **elf|tau|send; elf|te; elf|tel** *vgl.* achtel; **Elf|tel**, das, *schweiz. meist* der; -s, -; *vgl.* Achtel; **elf|tens**
eli|mi|nie|ren (beseitigen); **Eli|mi|nie|rung**
eli|tär (auserlesen); **Eli|te**, die; -, -n (Auslese der Besten); **Eli|te|uni|ver|si|tät**
Eli|xier, das; -s, -e (Heil-, Zaubertrank)
El Kai|da [*auch* - 'ka:ida] (eine Terrororganisation)
Ell|bo|gen, El|len|bo|gen, der; -s, ...bogen; **El|le**, die; -, -n (ein Unterarmknochen; alte Längeneinheit); drei Ellen Tuch
el|len|lang (*ugs. für* übermäßig lang)
El|lip|se, die; -, -n (*Math.* Kegelschnitt); **el|lip|tisch** (in Form einer Ellipse; unvollständig); elliptische Sätze
elo|quent (beredt)
Els|ter, die; -, -n (ein Vogel)
El|ter, das *u.* der; -s, -n (*fachspr. für* ein Elternteil); **el|ter|lich;** elterliche Gewalt; **El|tern** *Plur.;* **El|tern|abend; El|tern|geld** (*svw.* Erziehungsgeld); **El|tern|haus; El|tern|teil**, der; **El|tern|zeit** (berufliche Freistellung nach der Geburt eines Kindes)
EM, die; -, -[s] = Europameisterschaft
Email [e'maɪ̯, e'maɪ̯l], das; -s, -s, **Email|le** [e'maljə, *auch* e'maɪ̯], die; -, -n (Schmelzüberzug)
E-Mail ['i:mɛɪ̯l], die; -, -s, *auch (bes. südd., österr., schweiz.)* das; -s, -s; **E-Mail-Ad|res|se; e-mail|len**, **email|len;** geemailt
Email|le [e'maljə, *auch* e'maɪ̯] *vgl.* Email; **email|lie|ren** [ema(l)'ji:..., emaɪ̯'li:...]
E-Mail-Pro|gramm
Eman|ze, die; -, -n (*ugs. abwertend für* emanzipierte Frau); **Eman|zi|pa|ti|on**, die; -, -en (Befreiung von Abhängigkeit; Gleichstellung); **eman|zi|pa|to|risch; eman|zi|pie|ren;** sich emanzipieren; **eman|zi|piert**
Em|bar|go, das; -s, -s (Ausfuhrverbot)
Em|b|lem [*auch* ã...], das; -s, -e (Kennzeichen, Hoheitszeichen; Sinnbild)
Em|bo|lie, die; -, ...ien (*Med.* Verstopfung eines Blutgefäßes)
Em|b|ryo, der, *österr. auch* das; -s, *Plur.* -s *u.* ...onen (noch nicht geborenes Lebewesen); **em|b|ry|o|nal** (im Anfangsstadium der Entwicklung); **Em|b|ryo|zel|le** (embryonale Stammzelle)
emer|gent (*Fachspr.* durch Zusammenwirken mehrerer Faktoren [unerwartet] neu auftretend)
eme|ri|tie|ren (in den Ruhestand versetzen); **eme|ri|tiert** (*Abk.* em.); **Eme|ri|tie|rung**
Emi|g|rant, der; -en, -en (Auswanderer); **Emi|g|ran|tin; Emi|g|ra|ti|on**, die; -, -en; **emi|g|rie|ren**
emi|nent (hervorragend; außerordentlich);

E

Emi|nenz, die; -, -en (früherer Titel der Kardinäle)
Emir [*auch* e'mi:ɐ̯], der; -s, -e (arab. Fürst)
Emi|rat, das; -[e]s, -e (arab. Fürstentum)
Emis|si|on, die; -, -en (*Physik* Ausstrahlung); **Emis|si|ons|han|del** (Handel mit CO_2-Emissionsrechten)
Emit|tent, der; -en, -en (*Bankw.* Ausgeber von Wertpapieren); **Emit|ten|tin; emit|tie|ren;** Wertpapiere emittieren (ausgeben); Schadstoffe emittieren (aussenden)
Em|men|ta|ler, der; -s, - (ein Käse)
E-Mo|bi|li|tät (auf elektrischem Antrieb beruhende Fortbewegung)
Emo|ji [...dʒi], das; -s, -s (*EDV* auf Gefühle o. Ä. verweisendes Piktogramm)
Emo|ti|con, das; -s, -s ([in E-Mails, SMS o. Ä.] Zeichenkombination zur Wiedergabe eines Gefühls)
Emo|ti|on, die; -, -en (Gemütsbewegung); **emo|ti|o|nal** (gefühlsmäßig); **Emo|ti|o|na|li|tät,** die; -; **emo|ti|ons|los**
Em|pa|thie, die; -, ...ien *Plur. selten* (*Psychol.* Fähigkeit, sich in andere hineinzuversetzen); **Em|pa|thi|ker; Em|pa|thi|ke|rin; em|pa|thisch**
Emp|fang, der; -[e]s, ...fänge; **emp|fan|gen; Emp|fän|ger; Emp|fän|ge|rin; emp|fäng|lich; Emp|fäng|nis,** die; -, -se; **emp|fäng|nis|ver|hü|tend;** ein empfängnisverhütendes Mittel; **Emp|fäng|nis|ver|hü|tung; emp|fangs|be|rech|tigt**
emp|feh|len; empfahl, empfohlen; **emp|feh|lens|wert; Emp|feh|lung; Emp|feh|lungs|schrei|ben**
emp|fin|den; empfand, empfunden; **Emp|fin|den,** das; -s; **emp|find|lich; Emp|find|lich|keit; emp|find|sam; Emp|fin|dung**
emp|foh|len *vgl.* empfehlen
Em|pha|se, die; -, -n (Nachdruck [im Reden]); **em|pha|tisch** (mit Nachdruck)
[1]**Em|pire** [ã'pi:ɐ̯], das; *Gen.* -s, *fachspr. auch* - (Kunststil der Zeit Napoleons I.)
[2]**Em|pi|re** [...paɪ̯ɐ], das; -[s] (das frühere britische Weltreich)
Empirie, die; - (Erfahrung, Erfahrungswissen[schaft]); **em|pi|risch**
em|por
Em|po|re, die; -, -n (erhöhter Sitzraum)
em|pö|ren; sich empören; **em|pö|rend** (unerhört)
em|por|kom|men; Em|por|kömm|ling *(abwertend);* **em|por|stei|gen**
em|pört; Em|pö|rung
em|sig; Em|sig|keit, die; -
Emu, der; -s, -s (ein Laufvogel)
Emul|si|on, die; -, -en (feinste Verteilung einer Flüssigkeit in einer anderen)
E-Mu|sik, die; - (*kurz für* ernste Musik)
En|de, das; -s, -n; am Ende; zu Ende sein, bringen, führen, gehen, kommen; Ende Januar; letzten Endes
End|ef|fekt; im Endeffekt
en|den; nicht enden wollender Beifall
End|er|geb|nis
en dé|tail [ã de'taɪ̯] (im Kleinen; einzeln; im Einzelverkauf; *Ggs.* en gros); *vgl.* Detail
End|ge|rät (*EDV* Eingabe- od. Ausgabegerät)
end|gül|tig; End|gül|tig|keit
En|di|vie, die; -, -n (Salatpflanze)
End|kampf; End|kun|de, der; **End|kun|din; End|la|ger; end|la|gern** *meist im Inf. u. Partizip II gebr.;* **End|la|ge|rung; End|lauf**
end|lich; end|los; End|los|schlei|fe *(EDV)*
En|do|som, das; -s, -en (*Biol.* ein Zellbestandteil)
End|pha|se; End|pro|dukt; End|punkt; End|spiel; End|spurt; End|stand; End|sta|ti|on; En|dung; End|ver|brau|cher; End|ver|brau|che|rin; End|zif|fer
ener|ge|tisch (die Energie betreffend)
Ener|gie, die; -, ...ien; **Ener|gie|be|darf; ener|gie|ef|fi|zi|ent; Ener|gie|ein|spa|rung; Ener|gie|er|zeu|gung; Ener|gie|ge|win|nung; ener|gie|in|ten|siv; Ener|gie|kos|ten; Ener|gie|pass** (Dokumentation über den Energieverbrauch eines Gebäudes); **Ener|gie|po|li|tik; Ener|gie|quel|le**
ener|gie|spa|rend, Ener|gie spa|rend
Ener|gie|spar|lam|pe; Ener|gie|ver|brauch; Ener|gie|ver|sor|gung

ener|gisch; ener|gi|scher, am ener|gischs|ten

Ener|gy|drink, **Ener|gy-Drink** ['ɛnədʒi...] (Energie spendendes Getränk)

En|fant ter|ri|ble [ãˈfã ...bl̩], das; - -, -s -s [- -] (jmd., der seine Umgebung durch sein Verhalten schockiert)

eng; ein eng anliegendes *od.* enganliegendes Kleid; sie saßen eng umschlungen *od.* engumschlungen auf dem Sofa; aufs Engste oder auf das, aufs engste

En|ga|ge|ment [ãgaʒ(ə)'mã:], das; -s, -s ([An]stellung, bes. eines Künstlers; persönlicher Einsatz); **en|ga|gie|ren** [ãga'ʒ...] (verpflichten, binden); sich engagieren (sich einsetzen); **en|ga|giert**

eng an|lie|gend, **eng|an|lie|gend** *vgl.* eng

eng be|freun|det, **eng|be|freun|det**

En|ge, die; -, -n

En|gel, der; -s, -; **En|gel|chen; en|gel|haft; En|gels|ge|duld; En|gels|zun|gen;** *nur in* mit [Menschen- und mit] Engelszungen (sehr eindringlich) reden

En|ger|ling (Maikäferlarve)

eng|her|zig (kleinlich, pedantisch, nicht großzügig)

eng|lisch *vgl.* deutsch / Deutsch; **Eng|lisch,** das; -[s] (Sprache); *vgl.* deutsch / Deutsch; **Eng|li|sche,** das; -n; *vgl.* [2]Deutsche; **eng|lisch|spra|chig**

eng|ma|schig; Eng|pass

en gros [ã 'gro:] (im Großen; *Ggs.* en détail)

eng|stir|nig *(abwertend)*

En|kel, der; -s, - (Kindeskind); **En|ke|lin; En|kel|kind**

En|kla|ve, die; -, -n (ein fremdstaatl. Gebiet im eigenen Staatsgebiet)

en masse [ã 'mas] *(ugs. für* massenhaft)

en mi|ni|a|ture [ã ...'ty:ɐ̯] (im Kleinen)

enorm (außerordentlich; sehr)

en pas|sant [ã ...'sã:] (beiläufig)

En|sem|ble [ã'sã:bl̩], das; -s, -s (ein zusammengehörendes Ganzes; Künstlergruppe)

ent|ar|ten; ent|ar|tet; entartete Kunst *(Nationalsoz.);* **Ent|ar|tung**

ent|beh|ren; ein Buch entbehren; des Trostes entbehren; **ent|behr|lich; Ent|beh|rung; ent|beh|rungs|reich**

ent|bie|ten *(geh.);* Grüße entbieten

ent|bin|den; Ent|bin|dung; Ent|bin|dungs|sta|ti|on

ent|blö|ßen; sich entblößen; **Ent|blö|ßung**

ent|bren|nen *(geh.)*

ent|de|cken; Ent|de|cker; Ent|de|cke|rin

Ent|de|ckung; Ent|de|ckungs|rei|se

En|te, die; -, -n; kalte *od.* Kalte Ente (ein Getränk)

ent|eh|ren; Ent|eh|rung

ent|eig|nen; Ent|eig|nung

ent|ei|sen (von Eis befreien)

ent|ei|se|nen (von Eisen befreien); enteisentes Mineralwasser

En|tente [ã'tã:t], die; -, -n (Bündnis zwischen Staaten)

ent|er|ben; Ent|er|bung

En|te|rich, der; -s, -e (m. Ente)

en|tern; ein Schiff entern (erobern)

En|ter|tai|ner [...tɛɪ̯...], der; -s, - ([berufsmäßiger] Unterhalter); **En|ter|tai|ne|rin; En|ter|tain|ment** [...'tɛɪ̯n...], das; -s

ent|fa|chen *(geh.);* **Ent|fa|chung**

ent|fah|ren; ein Fluch entfuhr ihm

ent|fal|len

ent|fal|ten; sich entfalten; **Ent|fal|tung**

ent|fer|nen; sich entfernen; **ent|fernt;** entfernt verwandt; nicht im Entferntesten

Ent|fer|nung; Ent|fer|nungs|pau|scha|le

ent|fes|seln; Ent|fes|se|lung

ent|flamm|bar; ent|flam|men *(geh.)*

ent|flie|hen

ent|frem|den; sich entfremden; **Ent|frem|dung**

ent|füh|ren; Ent|füh|rer; Ent|füh|re|rin; Ent|füh|rung

ent|ge|gen; entgegen meinem Vorschlag *od. seltener* meinem Vorschlag entgegen

ent|ge|gen|brin|gen; das entgegengebrachte Vertrauen; **ent|ge|gen|ge|hen; ent|ge|gen|ge|setzt;** die entgegengesetzte Richtung; **ent|ge|gen|hal|ten; ent|ge|gen|kom|men; Ent|ge|gen|kom|men,** das; -s; **ent|ge|gen|kom|mend; Ent|ge-**

E

gen|nah|me, die; -, -n; **ent|ge|gen|neh|men; ent|ge|gen|se|hen; ent|ge|gen|set|zen; ent|ge|gen|stel|len; ent|ge|gen|tre|ten**
ent|geg|nen (erwidern); **Ent|geg|nung**
ent|ge|hen; ich lasse mir nichts entgehen

E

Entgelt
Das Wort bezeichnet eine als Gegenleistung für geleistete Arbeit gewährte Bezahlung. Es ist vom Verb *entgelten* abgeleitet und wird deshalb auch am Ende mit *t* geschrieben.

Ent|gelt, das; -[e]s, -e; gegen, ohne Entgelt; **ent|gel|ten** *(geh.)*
ent|glei|sen; Ent|glei|sung
ent|glei|ten
ent|grä|ten; entgräteter Fisch
ent|haa|ren; Ent|haa|rung
ent|hal|ten; sich enthalten; **ent|halt|sam; Ent|halt|sam|keit**, die; -; **Ent|hal|tung**
ent|haup|ten; Ent|haup|tung
ent|he|ben *(geh.);* jmdn. seines Amtes entheben; **Ent|he|bung**
ent|hül|len; Ent|hül|lung
En|thu|si|as|mus, der; - (Begeisterung; Leidenschaftlichkeit); **en|thu|si|as|tisch**
ent|jung|fern
ent|kal|ken; Ent|kal|kung
ent|ker|nen; Ent|ker|nung
ent|klei|den
ent|kof|fe|i|nie|ren; entkoffeinierter Kaffee
ent|kom|men; Ent|kom|men, das; -s
ent|kor|ken
ent|kräf|ten; Ent|kräf|tung
ent|la|den; sich entladen; *vgl.* [1]laden; **Ent|la|dung**
ent|lang; den Wald, *selten* dem Wald entlang; entlang des Flusses, *seltener* dem Fluss; **ent|lang|lau|fen**
ent|lar|ven [...f...]; **Ent|lar|vung**
ent|las|sen; Ent|las|sung
ent|las|ten; Ent|las|tung; Ent|las|tungs|zeu|ge; Ent|las|tungs|zeu|gin
ent|lau|fen
ent|lau|sen; Ent|lau|sung
ent|le|di|gen; sich der Aufgabe entledigen
ent|lee|ren; Ent|lee|rung
ent|le|gen; die entlegenen Gebirgsdörfer
ent|leh|nen; aus dem Lateinischen entlehnte Wörter
ent|lei|hen (für sich leihen)
ent|lo|ben, sich (eine Verlobung lösen); wir haben uns entlobt; **Ent|lo|bung**
ent|lo|cken
ent|loh|nen, *schweiz.* **ent|löh|nen; Ent|loh|nung**, *schweiz.* **Ent|löh|nung**
ent|lüf|ten; Ent|lüf|ter; Ent|lüf|tung
ent|mach|ten; Ent|mach|tung
ent|man|nen; Ent|man|nung
ent|mi|li|ta|ri|sie|ren
ent|mün|di|gen; Ent|mün|di|gung
ent|mu|ti|gen; Ent|mu|ti|gung
Ent|nah|me, die; -, -n
ent|neh|men; [aus] den Worten entnehmen
ent|ner|ven; ent|nervt
En|tou|ra|ge [ãtuˈraːʒə], die; -, -n (persönliches Umfeld, Gefolge)
ent|pup|pen, sich
ent|rah|men; entrahmte Milch
ent|rau|chen *(bes. Fachspr.);* **Ent|rau|chung**
En|t|re|cote [ãtrəˈkoːt], das; -[s], -s (Rippenstück vom Rind)
En|t|ree, **En|t|rée** [ãˈtreː], das; -s, -s (Eingang; Vorspeise)
ent|rei|ßen
En|t|re|pre|neur [ãtrəprəˈnøːɐ̯], der; -s, -e (*Wirtsch.* Unternehmer, Firmengründer); **En|t|re|pre|neu|rin**
ent|rich|ten; Ent|rich|tung
ent|rin|nen *(geh.);* **Ent|rin|nen**, das; -s
ent|rüm|peln; Ent|rüm|pe|lung, Ent|rümp|lung
ent|rüs|ten; sich entrüsten; **Ent|rüs|tung**
ent|saf|ten; Ent|saf|ter
ent|sa|gen *(geh.);* dem Vorhaben entsagen
ent|schä|di|gen; Ent|schä|di|gung
ent|schär|fen; Ent|schär|fung
Ent|scheid, der; -[e]s, -e; **ent|schei|den;** sich für od. gegen etwas entscheiden; **ent-**

schei|dend; Ent|schei|der; Ent|schei|de|rin; Ent|schei|dung; Ent|schei|dungs|fin|dung; Ent|schei|dungs|pro|zess
ent|schie|den; auf das, aufs Entschiedens|te *od.* auf das, aufs entschiedens|te
ent|schla|cken; Ent|schla|ckung
ent|schla|fen (*geh., verhüllend für* sterben)
ent|schlie|ßen, sich; **Ent|schlie|ßung**
ent|schlos|sen; Ent|schlos|sen|heit, die; -
ent|schlüp|fen
Ent|schluss
ent|schlüs|seln; Ent|schlüs|se|lung
ent|schuld|bar
ent|schul|di|gen; sich wegen *od.* für etwas entschuldigen; **Ent|schul|di|gung**
ent|schwin|den (*geh.*)
ent|sen|den; Ent|sen|dung
ent|set|zen; sich entsetzen; **Ent|set|zen,** das; -s; Entsetzen erregen; **ent|set|zen|er|re|gend, Ent|set|zen er|re|gend;** ein entsetzenerregender *od.* Entsetzen erregender Anblick, *aber nur* ein äußerstes Entsetzen erregender Anblick, ein äußerst entsetzenerregender Anblick
ent|setz|lich; ent|setzt
ent|si|chern; das Gewehr entsichern
ent|sin|nen, sich; ich habe mich deiner entsonnen
ent|sor|gen; Ent|sor|gung (Beseitigung von Müll u. Ä.)
ent|span|nen, sich entspannen; **ent|spannt; Ent|span|nung**
ent|spie|geln; Ent|spie|ge|lung, Ent|spieg|lung
ent|spin|nen, sich
ent|spre|chen; ent|spre|chend; entsprechend seinem Vorschlag *od.* seinem Vorschlag entsprechend; Entsprechendes, das Entsprechende gilt für ...; **Ent|spre|chung**
ent|sprin|gen
ent|stam|men
ent|ste|hen; Ent|ste|hung; Ent|ste|hungs|ge|schich|te
ent|stei|gen (*geh.*)
ent|stei|nen; Kirschen entsteinen
ent|stel|len; Ent|stel|lung
ent|tar|nen; Ent|tar|nung
ent|täu|schen; ent|täu|schend; ent|täuscht; Ent|täu|schung
ent|thro|nen; Ent|thro|nung
ent|wach|sen
ent|waff|nen; Ent|waff|nung
ent|war|nen; Ent|war|nung
ent|wäs|sern; Ent|wäs|se|rung
ent|we|der [*auch* ...'veː...] (*Abk.* entw.)
Ent|we|der-oder, das; -, -
ent|wei|chen *vgl.* ²weichen
ent|wei|hen; Ent|wei|hung
ent|wen|den; Ent|wen|dung
ent|wer|fen; Pläne entwerfen
ent|wer|ten; Ent|wer|tung
ent|wi|ckeln; sich entwickeln; **Ent|wick|ler; Ent|wick|le|rin; Ent|wick|lung; Ent|wick|lungs|hel|fer; Ent|wick|lungs|hel|fe|rin; Ent|wick|lungs|hil|fe; Ent|wick|lungs|kos|ten** *Plur.;* **Ent|wick|lungs|land** *Plur.* ...länder
ent|wir|ren; Ent|wir|rung
ent|wi|schen (*ugs. für* entkommen)
ent|wöh|nen; Ent|wöh|nung
ent|wür|di|gen; ent|wür|di|gend
Ent|wurf, der; -[e]s, Entwürfe
ent|wur|zeln; Ent|wur|ze|lung, Ent|wurz|lung
ent|zau|bern; Ent|zau|be|rung
ent|zer|ren; Ent|zer|rung
ent|zie|hen; sich entziehen
Ent|zie|hung; Ent|zie|hungs|kur
ent|zif|fer|bar; ent|zif|fern
Ent|zü|cken, das; -s (*geh.*); **ent|zü|ckend**
Ent|zug, der; -[e]s, ...züge; **Ent|zugs|er|schei|nung**
ent|zünd|bar; ent|zün|den; sich entzünden; **ent|zünd|lich;** ein leicht entzündliches *od.* leichtentzündliches Gemisch
Ent|zün|dung; ent|zün|dungs|hem|mend
ent|zwei; entzwei sein; **ent|zwei|bre|chen; ent|zwei|en;** sich entzweien; **ent|zwei|ge|hen; Ent|zwei|ung**
en vogue [ã 'voːk] (beliebt; modisch)
En|zi|an, der; -s, -e (eine Alpenpflanze; ein alkohol. Getränk); **en|zi|an|blau**

E

En|zy|k|li|ka, die; -, ...ken (päpstl. Rundschreiben)
En|zy|k|lo|pä|die, die; -, ...ien (Nachschlagewerk); **en|zy|k|lo|pä|disch** (umfassend)
En|zym, das; -s, -e (*Biochemie* den Stoffwechsel regulierende Verbindung)
Epau|let|te [epo...], die; -, -n (Schulterstück auf Uniformen)

E

Epen (*Plur. von* Epos)
Epi|de|mie, die; -, ...ien (Seuche, Massenerkrankung); **epi|de|misch**
Epi|go|ne, der; -n, -n (Nachahmer ohne Schöpferkraft); **Epi|go|nin**
Epik, die; - (erzählende Dichtkunst)
Epi|lep|sie, die; -, ...ien (Erkrankung mit plötzlich eintretenden Krämpfen u. kurzer Bewusstlosigkeit); **Epi|lep|ti|ker; Epi|lep|ti|ke|rin; epi|lep|tisch** *(Med.)*
Epi|log, der; -s, -e (Nachwort; Nachspiel)
Epi|pha|ni|as, das; - (Dreikönigsfest)
episch (erzählend; das Epos betreffend); episches Theater
epi|s|ko|pal (bischöflich); **Epi|s|ko|pat,** das, *Theol.* der; -[e]s, -e (Gesamtheit der Bischöfe [eines Landes]; Bischofswürde)
Epi|so|de, die; -, -n (vorübergehendes Ereignis; einzelne Folge einer Fernsehserie)
Epi|s|tel, die; -, -n (Apostelbrief; gottesdienstl. Lesung; *ugs. für* Brief, Strafpredigt)
Epi|zen|t|rum (senkrecht über dem Erdbebenherd liegender Erdoberflächenpunkt)
epo|chal (für einen Zeitabschnitt geltend; bedeutend)
Epo|che, die; -, -n (Zeitabschnitt); Epoche machen; **epo|che|ma|chend, Epo|che ma|chend**
Epos, das; -, Epen (erzählende Versdichtung)
Equi|pe [e'ki:p, *auch* e'kıp, e'ki:pə], die; -, -n ([Reiter]mannschaft)
Equip|ment [ı...], das; -s, -s (Ausrüstung)
er; er kommt; er trägt in diesem Sommer gedeckte Farben; **Er,** der; -, -[s] (*ugs. für* Mensch od. Tier m. Geschlechts); es ist ein Er; ein Er und eine Sie
er|ach|ten; jmdn. als *od.* für geeignet erachten; **Er|ach|ten,** das; -s; meinem Erachten nach, meines Erachtens (*Abk.* m. E.); (*nicht:* meines Erachtens nach)
er|ah|nen
er|ar|bei|ten; Er|ar|bei|tung
Erb|an|la|ge; Erb|an|spruch
er|bar|men, sich erbarmen; **Er|bar|men,** das; -s; **er|bärm|lich; Er|bärm|lich|keit,** die; -; **er|bar|mungs|los**
er|bau|en; sich erbauen (*geh. für* sich erfreuen); **Er|bau|er; Er|bau|e|rin; er|bau|lich; Er|bau|ung**
erb|be|rech|tigt
[1]**Er|be,** der; -n, -n; gesetzlicher Erbe
[2]**Er|be,** das; -s; kulturelles Erbe
er|be|ben
er|ben; Er|ben|ge|mein|schaft
er|be|ten; ein erbetener Gast
er|beu|ten; Er|beu|tung
Erb|fall (*Rechtsspr.* Todesfall, der jmdn. zum Erben macht); **Erb|fol|ge,** die; -; **Erb|gut**
er|bie|ten, sich *(geh.)*
Er|bin
er|bit|ten; jmds. Rat erbitten
er|bit|tern; es erbittert mich; erbitterter Widerstand; **er|bit|tert;** ein erbitterter Streit; **Er|bit|te|rung,** die; -
Erb|krank|heit
er|blas|sen (*geh. für* bleich werden)
er|blei|chen (bleich werden)
erb|lich; Erb|lich|keit, die; -
er|bli|cken; er|blin|den; Er|blin|dung
er|blü|hen
Erb|mas|se
er|bo|sen (erzürnen)
er|bre|chen, sich erbrechen; **Er|bre|chen,** das; -s; bis zum Erbrechen (*ugs. für* bis zum Überdruss)
Erb|recht
er|brin|gen; den Nachweis erbringen
Erb|schaft; Erb|schafts|steu|er, *fachspr. auch* **Erb|schaft|steu|er,** die
Erb|se, die; -, -n; **Erb|sen|sup|pe**
Erb|stück; Erb|sün|de
Erb|teil, das, *im BGB* der
Erd|ach|se, die; -; **Erd|an|zie|hung,** die; -; **Erd|ball,** der; -[e]s; **Erd|be|ben**

Erd|bee|re
Erd|bo|den; Er|de, die; -, -n *Plur. selten*
er|den (*Elektrot.* Verbindung zwischen einem elektr. Gerät u. der Erde herstellen)
er|den|ken (ausdenken, ersinnen); **er|denk|lich**
Erd|er|wär|mung; Erd|gas; Erd|geist; Erd|ge|schoss (*Abk.* EG, Erdg.)
er|dich|ten ([als Ausrede] erfinden)
er|dig; Erd|kreis; Erd|ku|gel; Erd|kun|de, die; -; **Erd|nuss; Erd|ober|flä|che,** die; -
Erd|öl; Erdöl fördernde *od.* erdölfördernde, **Erdöl exportierende** *od.* erdölexportierende Länder
er|dol|chen *(geh.)*
Erd|reich
er|dreis|ten, sich *(geh.)*
er|dros|seln
er|drü|cken; er|drü|ckend
Erd|rutsch; Erd|stoß; Erd|teil, der
er|dul|den
Erd|um|krei|sung; Er|dung; Erd|zeit|al|ter
er|ei|fern, sich; **Er|ei|fe|rung**
er|eig|nen, sich; **Er|eig|nis,** das; -ses, -se; **er|eig|nis|los; er|eig|nis|reich**
er|ei|len *(geh.);* das Schicksal ereilte ihn
Erek|ti|on, die; -, -en (Aufrichtung, Anschwellung [des Penis])
Ere|mit, der; -en, -en (Einsiedler); **Ere|mi|tin**
er|fahr|bar (sich erkennen, erfahren lassend); ein sinnlich erfahrbares Erlebnis
[1]**er|fah|ren;** etwas Wichtiges erfahren
[2]**er|fah|ren;** erfahrene Fachkräfte
Er|fah|rung; Er|fah|rungs|aus|tausch; Er|fah|rungs|be|richt; er|fah|rungs|ge|mäß; Er|fah|rungs|wert
er|fas|sen; erfasst; **Er|fas|sung**
er|fin|den; Er|fin|der; Er|fin|de|rin; er|fin|de|risch; Er|fin|dung
Er|folg, der; -[e]s, -e; Maßnahmen, die Erfolg versprechen
er|fol|gen
er|folg|los; Er|folg|lo|sig|keit; er|folg|reich
Er|folgs|aus|sicht *meist Plur.;* **Er|folgs|chan|ce; Er|folgs|er|leb|nis; Er|folgs|ge|schich|te; Er|folgs|kurs; Er|folgs|mo|dell; Er|folgs|re|zept; Er|folgs|se|rie; Er|folgs|sto|ry; er|folgs|ver|wöhnt**
Er|folg ver|spre|chend, er|folg|ver|spre|chend; Erfolg versprechende *od.* erfolgversprechende Maßnahmen; *aber nur* großen Erfolg versprechende Maßnahmen, noch erfolgversprechendere Maßnahmen
er|for|der|lich; er|for|dern; Er|for|der|nis, das; -ses, -se
er|for|schen; Er|for|schung
er|fra|gen; Er|fra|gung
er|freu|en, sich erfreuen
er|freu|lich; er|freu|li|cher|wei|se
er|frie|ren; Er|frie|rung
er|fri|schen, sich erfrischen; **er|fri|schend; Er|fri|schung**
er|füll|bar; er|fül|len, sich erfüllen; **Er|fül|lung**
er|gän|zen; Er|gän|zung
er|gat|tern (*ugs. für* sich verschaffen)
er|gau|nern (*ugs. für* sich durch Betrug verschaffen); ich ergaunere
[1]**er|ge|ben;** die Zählung hat ergeben, dass ...; sich ins Unvermeidliche ergeben
[2]**er|ge|ben;** ergebener Diener; jmdm. treu ergeben sein; **Er|ge|ben|heit**
Er|geb|nis, das; -ses, -se; **er|geb|nis|los**
er|ge|hen; wie ist es dir ergangen?; er hat es über sich ergehen lassen
er|gie|big; Er|gie|big|keit, die; -
er|gie|ßen; sich ergießen
er|go (folglich, also)
Er|go|no|mie, Er|go|no|mik, die; - (Erforschung der Leistungsmöglichkeiten u. optimalen Arbeitsbedingungen des Menschen); **er|go|no|misch**
er|göt|zen *(geh.);* sich ergötzen
er|grau|en; ergraut
er|grei|fen; er|grei|fend; Er|grei|fung *Plur. selten;* **er|grif|fen; Er|grif|fen|heit,** die; -
er|grün|den; Er|grün|dung
Er|guss; Er|guss|ge|stein
er|ha|ben; Er|ha|ben|heit
Er|halt, der; -[e]s *(Amtsspr.);* **er|hal|ten;**

E

E

erhalten bleiben; **er|hält|lich; Er|hal|tung,** die; -
er|hän|gen; sich erhängen; *vgl.* ²hängen
er|här|ten; Er|här|tung
er|ha|schen
er|he|ben, sich erheben; **er|he|bend**
er|heb|lich
Er|he|bung
er|hei|tern; Er|hei|te|rung
¹**er|hel|len;** sich erhellen (hell, heiter werden)
²**er|hel|len;** daraus erhellt (wird klar), dass …
Er|hel|lung
er|hit|zen; du erhitzt; sich erhitzen
er|hof|fen
er|hö|hen; erhöhter Blutdruck; **Er|hö|hung**
er|ho|len, sich; **er|hol|sam**
Er|ho|lung, die; -; Erholung suchen; **er|ho|lungs|be|dürf|tig; Er|ho|lung su|chend, er|ho|lung|su|chend**
er|hö|ren
eri|gie|ren (*Med.* sich aufrichten)
er|in|ner|lich; er|in|nern; Er|in|ne|rung; Er|in|ne|rungs|lü|cke; Er|in|ne|rungs|stück
er|kal|ten; erkaltet
er|käl|ten, sich; erkältet; **Er|käl|tung**
er|kämp|fen
er|kau|fen
er|kenn|bar; Er|kenn|bar|keit; er|ken|nen; sich zu erkennen geben; ein nicht erkannter Fehler; **er|kennt|lich;** sich erkenntlich zeigen; **Er|kennt|nis,** die; -, -se
Er|ken|nung, die; -; **Er|ken|nungs|zei|chen**
Er|ker, der; -s, -; **Er|ker|fens|ter**
er|klär|bar; er|klä|ren; sich erklären
er|klärt (entschieden); ein erklärter Nichtraucher, der erklärte Publikumsliebling
er|klär|ter|ma|ßen; Er|klä|rung
er|kleck|lich (*geh. für* beträchtlich)
er|klim|men *(geh.)*
er|klin|gen
er|kran|ken; Er|kran|kung
er|kun|den; er|kun|di|gen, sich; **Er|kun|di|gung; Er|kun|dung**
er|lah|men; Er|lah|mung, die; -
er|lan|gen; Er|lan|gung, die; - *(Amtsspr.)*
Er|lass, der; -es, *Plur.* Erlasse, *österr.* Erlässe; **er|las|sen**
er|lau|ben; Er|laub|nis, die; -, -se *Plur. selten*
er|läu|tern; Er|läu|te|rung
Er|le, die; -, -n (ein Laubbaum)
er|leb|bar; er|le|ben; Er|leb|nis, das; -ses, -se; **er|lebt;** erlebte Rede *(Sprachwiss.)*
er|le|di|gen; er|le|digt (*ugs. für* völlig erschöpft); **Er|le|di|gung**
er|le|gen; Er|le|gung
er|leich|tern; ich erleichtere [mich]; **er|leich|tert; Er|leich|te|rung**
er|lei|den
er|lern|bar; er|ler|nen; Er|ler|nung
er|le|sen; erlesene Weine
er|leuch|ten; Er|leuch|tung
er|lie|gen; zum Erliegen kommen
er|lo|gen *vgl.* erlügen
Er|lös, der; -es, -e
er|lö|schen *vgl.* ²löschen
er|lö|sen; erlöst; **Er|lö|ser; Er|lö|se|rin; Er|lö|sung** *Plur. selten*
er|lü|gen; erstunken und erlogen
er|mäch|ti|gen; Er|mäch|ti|gung
er|mah|nen; Er|mah|nung
Er|man|ge|lung, die; -; in Ermangelung, Ermanglung eines Besser[e]n *(geh.)*
er|mä|ßi|gen; Er|mä|ßi|gung
er|mat|ten; Er|mat|tung, die; -
er|mes|sen; Er|mes|sen, das; -s; nach meinem Ermessen; **Er|mes|sens|spiel|raum**
er|mit|teln; Er|mitt|ler; Er|mitt|le|rin; Er|mitt|lung; Er|mitt|lungs|be|hör|de; Er|mitt|lungs|ver|fah|ren
er|mög|li|chen; Er|mög|li|chung
er|mor|den; Er|mor|dung
er|mü|den; Er|mü|dung *Plur. selten;* **Er|mü|dungs|er|schei|nung**
er|mun|tern; Er|mun|te|rung
er|mu|ti|gen; Er|mu|ti|gung
er|näh|ren; Er|näh|rer; Er|näh|re|rin; Er|näh|rung
er|nen|nen; Er|nen|nung
er|neu|en (*seltener für* erneuern); **er|neu|er|bar;** erneuerbare Energien

Er|neu|er|ba|re-Ener|gi|en-Ge|setz, das; -s (*Abk.* EEG)
er|neu|ern; sich erneuern; **Er|neu|e|rung; er|neut**
er|nied|ri|gen; sich erniedrigen; **er|nied|ri|gend; Er|nied|ri|gung**
ernst; ernst sein, werden; die Lage wird ernst; jmdn., eine Sache [sehr] ernst nehmen; um ihn soll es sehr ernst stehen; ein ernst gemeinter *od.* ernstgemeinter Rat
Ernst, der; -es; im Ernst; Ernst machen; es ist mir Ernst damit; es wurde Ernst [aus dem Spiel]; allen Ernstes
Ernst|fall, der; **ernst ge|meint, ernst|ge|meint** *vgl.* ernst; **ernst|haft; Ernst|haf|tig|keit,** die; -; **ernst|lich; ernst zu neh|mend, ernst|zu|neh|mend**
Ern|te, die; -, -n; **Ern|te|dank|fest; ern|ten**
er|nüch|tern; Er|nüch|te|rung
Er|obe|rer; Er|obe|rin; er|obern
Er|obe|rung; Er|obe|rungs|krieg
er|öff|nen; Er|öff|nung; Er|öff|nungs|fei|er; Er|öff|nungs|spiel *(Sport)*
er|ör|tern; Er|ör|te|rung
Eros [*auch* 'ɛrɔs], der; - (sinnliche Liebe); **Eros|cen|ter** (*verhüllend für* Bordell)
Ero|si|on, die; -, -en (*Geol.* Erdabtragung durch Wasser, Eis od. Wind)
Ero|tik, die; - (sinnliche Liebe; Sexualität); **ero|tisch** (sinnlich, sexuell)
Er|pel, der; -s, - (Enterich)
er|picht (begierig, versessen); sie ist darauf erpicht
er|pres|sen; Er|pres|ser; Er|pres|ser|brief; Er|pres|se|rin; er|pres|se|risch; Er|pres|sung
er|pro|ben; er|probt; Er|pro|bung
er|quick|lich *(geh.);* **Er|qui|ckung** *(geh.)*
er|ra|ten
er|rech|nen
er|reg|bar; er|re|gen; Er|re|ger; Er|re|gung
er|reich|bar; Er|reich|bar|keit; er|rei|chen
er|ret|ten *(geh.);* jmdn. von *od.* vor etwas erretten
er|rich|ten; Er|rich|tung
er|rin|gen; Er|rin|gung, die; -
er|rö|ten; Er|rö|ten, das; -s
Er|run|gen|schaft
Er|satz, der; -es; **Er|satz|bank** *Plur.* ...bänke *(Sport);* **Er|satz|dro|ge**
er|satz|los; Er|satz|spie|ler *(Sport);* **Er|satz|spie|le|rin; Er|satz|teil,** das, *seltener* der; **er|satz|wei|se**
er|sau|fen (*ugs. für* ertrinken); ersoffen
er|säu|fen (ertränken); ersäuft
er|schaf|fen *vgl.* schaffen; **Er|schaf|fung,** die; -
er|schal|len; es erscholl *od.* erschallte; erschollen *od.* erschallt
er|schei|nen; Er|schei|nung; Er|schei|nungs|bild; Er|schei|nungs|form
er|schie|ßen; Er|schie|ßung
er|schlaf|fen; Er|schlaf|fung
er|schla|gen
er|schlei|chen (durch List erringen)
er|schlie|ßen; Er|schlie|ßung
er|schöp|fen; sich erschöpfen; **er|schöpft; Er|schöp|fung**
[1]**er|schre|cken;** er erschrickt; ich erschrak; ich bin darüber erschrocken; *vgl.* [1]schrecken
[2]**er|schre|cken;** sein Aussehen hat mich erschreckt; *vgl.* [2]schrecken
[3]**er|schre|cken,** sich *(ugs.);* ich habe mich erschreckt, erschrocken; **er|schre|ckend**
er|schüt|tern; er|schüt|ternd; Er|schüt|te|rung
er|schwe|ren
Er|schwer|nis, die; -, -se; **Er|schwe|rung**
er|schwin|deln
er|schwing|lich (finanziell zu bewältigen)
er|setz|bar; er|set|zen
er|sicht|lich
er|sin|nen
er|spä|hen *(geh.)*
er|spa|ren; Er|spar|nis, die; -, -se
erst; erst recht; erst mal *od.* erstmal (*ugs. für* erst einmal)
er|star|ken; Er|star|kung
er|star|ren; Er|star|rung
er|stat|ten; Er|stat|tung

Erst|auf|füh|rung
er|stau|nen; Er|stau|nen, das; -s; **er|staun|lich; er|staun|li|cher|wei|se; er|staunt**
Erst|aus|ga|be; Erst|aus|strah|lung
erst|bes|te; die erstbeste Gelegenheit, *aber* wir nehmen nicht gleich den Erstbesten, den ersten Besten

E

Erst|be|stei|gung
ers|te *s. Kasten*
er|ste|chen
er|ste|hen
Ers|te-Hil|fe-Kurs
er|stei|gen
er|stei|gern; Er|stei|ge|rung
Er|stei|gung
er|stel|len; Er|stel|lung
ers|te Mal *vgl.* erste; **ers|tens; ers|ter** *vgl.* erste; **ers|te|re;** Erstere *od.* die Erstere kommt nicht in Betracht; Ersteres muss noch geprüft werden
Ers|te[r]-Klas|se-Ab|teil; Erst|ge|bo|re|ne, Erst|ge|bor|ne, der, die, das; -n, -n
Erst|hel|fer (jmd., der einem Unfallopfer als Erster Hilfe leistet); **Erst|hel|fe|rin**
er|sti|cken; Er|sti|ckungs|ge|fahr
erst|in|s|tanz|lich *(Rechtsspr.);* **erst|klas|sig; Erst|kläss|ler; Erst|kläss|le|rin; Erst|kom|mu|ni|kant; Erst|kom|mu|ni|kan|tin; Erst|kom|mu|ni|on; Erst|li|gist,** der; -en, -en (*Sport* Verein in der ersten Liga)
Erst|ling; Erst|lings|werk
erst mal, **erst|mal** *vgl.* erst
erst|ma|lig; erst|mals
er|strah|len
er|stre|ben *(geh.);* **er|stre|bens|wert**
er|stre|cken, sich; **Er|stre|ckung**
er|strei|ten *(geh.)*
Erst|se|mes|ter; Erst|spra|che *(bes. Fachspr.);* **Erst|tags|stem|pel**
er|stun|ken (*derb für* erdichtet)
er|stür|men; Er|stür|mung
er|su|chen; Er|su|chen, das; -s, -; auf Ersuchen
er|tap|pen; sich dabei ertappen
er|tei|len; Er|tei|lung
er|tö|nen
Er|trag, der; -[e]s, Erträge; **er|trag|bar; er|tra|gen; er|träg|lich; er|trag|reich**
er|trän|ken; Er|trän|kung
er|träu|men; ich erträume es mir
er|trin|ken; ertrunken; **Er|trin|ken,** das; -s; **Er|trin|ken|de,** der *u.* die; -n, -n; **Er|trun|ke|ne,** der *u.* die; -n, -n
er|tüch|ti|gen; Er|tüch|ti|gung
er|üb|ri|gen; es erübrigt sich
eru|ie|ren (herausbringen; ermitteln)
Erup|ti|on, die; -, -en ([vulkan.] Ausbruch)
er|wa|chen; Er|wa|chen, das; -s
er|wach|sen; Er|wach|se|ne, der *u.* die; -n, -n; **Er|wach|se|nen|bil|dung**
er|wä|gen; Er|wä|gung; in Erwägung ziehen
er|wäh|nen; er|wäh|nens|wert; Er|wäh|nung
er|wär|men (warm machen); sich für etwas erwärmen (begeistern); **Er|wär|mung**
er|war|ten; Er|war|ten, das; -s; wider Erwarten
Er|war|tung; er|war|tungs|ge|mäß; Er|war|tungs|hal|tung; er|war|tungs|voll
er|we|cken; Er|we|ckung
er|weh|ren, sich (jmdn., etw. abwehren, fernhalten); ich konnte mich seiner kaum erwehren
er|wei|chen; Er|wei|chung
er|wei|sen; sich erweisen
er|wei|ter|bar; er|wei|tern; Er|wei|te|rung; Er|wei|te|rungs|bau *Plur.* ...bauten
Er|werb, der; -[e]s, -e; **er|wer|ben; Er|wer|ber; Er|wer|be|rin**
Er|werbs|be|tei|li|gung *Plur. selten*
er|werbs|fä|hig; Er|werbs|fä|hig|keit, die; -; **Er|werbs|le|ben;** im Erwerbsleben stehen; **er|werbs|los; er|werbs|tä|tig; Er|werbs|tä|ti|ge,** der *u.* die; -n, -n; **Er|werbs|tä|tig|keit; er|werbs|un|fä|hig; Er|wer|bung**
er|wi|dern; Er|wi|de|rung
er|wie|sen; er|wie|se|ner|ma|ßen
er|wir|ken; Er|wir|kung
er|wirt|schaf|ten; Gewinn erwirtschaften
er|wi|schen (*ugs. für* ertappen; fassen)

ers|te

Kleinschreibung:

- *der erste (1.) April*
- *das erste Mal; beim, zum ersten Mal*
- *der erste Rang; die erste Geige*
- *erster Klasse fahren*
- *das Erste* od. *erste Staatsexamen*

Großschreibung der Substantivierung:

- *der Erste, der kam*
- *als Erster, Erste durchs Ziel gehen*
- *als Erstes; fürs Erste; zum Ersten*
- *mein Erstes war, ein Heft zu kaufen (zuerst kaufte ich ...)*
- *die Ersten werden die Letzten sein*
- *der Erste des Monats*
- *vom nächsten Ersten an*

Großschreibung in Namen und bestimmten namenähnlichen Fügungen:

- *Otto der Erste (Otto I.)*
- *der Erste Weltkrieg*
- *der erste* od. *Erste Vorsitzende (Funktionsbezeichnung)*
- *der Erste Mai (Feiertag)*
- *Verdienstkreuz Erster Klasse*
- *die Erste Bundesliga (oberste Spielklasse)*
- *das Erste Deutsche Fernsehen* (für *ARD*)
- *die Erste* od. *erste Hilfe (bei Unfällen)*

Man sollte unterscheiden:

- *die ersten beiden (das erste und das zweite Glied, das erste Paar einer Gruppe)*
- *die beiden Ersten (von zwei Gruppen das jeweils erste Glied)*

Vgl. auch *achte, erstbeste, erstere*

er|wor|ben; erworbene Rechte
er|wünscht
er|wür|gen; Er|wür|gung
Erz [*auch* ɛrts], das; -es, -e
er|zäh|len; Er|zäh|ler; Er|zäh|le|rin; er|zäh|le|risch; Er|zäh|lung
Erz|bi|schof; erz|bi|schöf|lich
Erz|bis|tum; Erz|di|ö|ze|se
er|zen [*auch* ˈɛrtsn̩] (aus Erz)
Erz|en|gel
er|zeu|gen; Er|zeu|ger; Er|zeu|ge|rin; Er|zeug|nis, das; -ses, -se; **Er|zeu|gung**
Erz|feind; Erz|fein|din; Erz|her|zog; Erz|her|zo|gin; Erz|her|zog|tum
er|zie|hen; Er|zie|her; Er|zie|he|rin; er|zie|he|risch; Er|zie|hung, die; -; **Er|zie|hungs|be|rech|tig|te; Er|zie|hungs|geld; Er|zie|hungs|ur|laub** *(ugs., sonst veraltend)*
er|zie|len
er|zit|tern
erz|kon|ser|va|tiv; Erz|ri|va|le; Erz|ri|va|lin
er|zür|nen; Er|zür|nung
er|zwin|gen; Er|zwin|gung, die; -
er|zwun|ge|ner|ma|ßen

[1]**es;** es sei denn, dass; er ists *od.* ist's; er sprachs *od.* sprach's; 's war einmal
[2]**es;** ich habe *od.* ich bin es satt
Esche, die; -, -n (ein Laubbaum)
Esel, der; -s, -; **Ese|lei; Ese|lin; Esels|brü|cke** *(ugs.)*; **Esels|ohr**
Es|ka|la|ti|on, die; -, -en (stufenweise Steigerung, Verschärfung); **es|ka|lie|ren**
Es|ka|pa|de, die; -, -n (*Reiten* Sprung zur Seite; *geh. für* mutwilliger Streich)
Es|ki|mo, der; -[s], -[s] (Angehöriger eines arktischen Volkes); *vgl.* Inuk
Es|kor|te, die; -, -n (Geleit; Begleitmannschaft); **es|kor|tie|ren**
Eso|te|rik, die; - (Geheimlehre; Grenzwissenschaft); **eso|te|risch**
Es|pe, die; -, -n (Zitterpappel); **Es|pen|laub**
Es|pe|ran|to, das; -[s] (eine künstl. Weltsprache)
Es|pres|so, der; -[s], *Plur.* -s *od.* ...ssi (starkes Kaffeegetränk); **Es|pres|so|ma|schi|ne; Es|pres|so|pad** [...pɛd] (mit Espressopulver gefüllter Beutel)
Es|p|rit [...ˈpri:], der; -s (Geist, Witz)

E

Es|say ['ɛse, *auch* ɛ'se:], der *od.* das; -s, -s (kürzere Abhandlung); **Es|say|ist,** der; -en, -en (Verfasser von Essays); **Es|say|is|tin**
ess|bar; Ess|bar|keit; Ess|be|steck
Es|se, die; -, -n (Schmiedeherd; *bes. ostmd. für* Schornstein)
es|sen; aß, gegessen; zu Mittag essen; [griechisch] essen gehen; **Es|sen,** das; -s, -; **Es|sen|mar|ke, Es|sens|mar|ke; Es|sens|zeit**
Es|sen|tial [ɪ'sɛnʃəl], das; -s, -s *meist Plur.* (wesentlicher Punkt, unentbehrliche Sache)
Es|sen|ti|a|lis|mus usw. *vgl.* Essenzialismus usw.
es|sen|ti|ell *vgl.* essenziell
Es|senz, die; -, -en (*nur Sing.:* Wesen, Kern)
Es|sen|zi|a|lis|mus, Es|sen|ti|a|lis|mus (*Philos.* Lehre vom Vorrang des Wesens gegenüber der Existenz); **es|sen|zi|a|lis|tisch**, es|sen|ti|a|lis|tisch
es|sen|zi|ell, es|sen|ti|ell (*Philos.* wesentlich; *Biol., Chemie* lebensnotwendig)
Es|ser; Es|se|rin
Es|sig, der; -s, -e; **Es|sig|es|senz; Es|sig|gur|ke; es|sig|sau|er;** essigsaure Tonerde
Ess|löf|fel; Ess|stö|rung, **Ess-Stö|rung; Ess|tisch; Ess|zim|mer**
Es|ta|b|lish|ment [ɪs'tɛblɪʃmənt], das; -s, -s (Schicht der Einflussreichen u. Etablierten)
Es|t|ra|gon, der; -s (eine Gewürzpflanze)
Est|rich, der; -s, -e (fugenloser Fußboden; *schweiz. für* Dachboden, -raum)
Es|zett, das; -, - (Buchstabe: »ß«)
eta|b|lie|ren (festsetzen); sich etablieren (sich niederlassen; festen Bestand erlangen); **eta|b|liert** (fest gegründet); **Eta|b|lie|rung**
Eta|b|lis|se|ment [...'mã:, *schweiz. auch* ...blisə'mɛnt], das; -s, -s *u. (bei schweiz. Aussprache:)* -e (Betrieb; *auch für* [Nacht]lokal, Bordell)
Eta|ge [...ʒə], die; -, -n (Stock[werk], [Ober]geschoss); **Eta|gen|woh|nung**
Etap|pe, die; -, -n ([Teil]strecke, Abschnitt; Stufe); **Etap|pen|sieg**
Etat [e'ta:], der; -s, -s ([Staats]haushalt)
et ce|te|ra (und so weiter; *Abk.* etc.)
ete|pe|te|te (*ugs. für* geziert; zimperlich)
Ethan, das; -s (*Chemie* gasförmiger Kohlenwasserstoff); **Etha|nol,** das; -s (*Chemie* eine organische Verbindung; Weingeist)
Ether *vgl.* ²Äther
Ethik, die; -, -en *Plur. selten* (Sittenlehre; Gesamtheit der sittlichen u. moralischen Grundsätze); **ethisch** (sittlich)
Eth|nie, die; -, ...ien (*Völkerkunde* Volk, Stamm); **eth|nisch** (die [einheitliche] Kultur- u. Lebensgemeinschaft einer Volksgruppe betreffend)
Eth|no|lo|ge, der; -n, -n; **Eth|no|lo|gie,** die; -, ...ien (Völkerkunde); **Eth|no|lo|gin; eth|no|lo|gisch**
Ethos, das; - (die sittlich-moralische Gesamthaltung)
Eti|kett, das; -[e]s, *Plur.* -e[n], *auch* -s (Zettel mit [Preis]aufschrift); **¹Eti|ket|te,** die; -, -n (*österr., schweiz. für* Etikett)
²Eti|ket|te, die; -, -n (Gesamtheit der gesellschaftlichen Umgangsformen)
Eti|ket|ten|schwin|del (*ugs. für* irreführende Benennung)
eti|ket|tie|ren (mit einem Etikett versehen)
et|li|che; etliche Tage sind vergangen; ich weiß etliches darüber zu erzählen
Etü|de, die; -, -n (*Musik* Übungsstück)
Etui [ɛt'vi:], das; -s, -s ([Schutz]hülle)
et|wa; in etwa (ungefähr); **et|wa|ig;** etwaige weitere Kosten; **et|was;** etwas Auffälliges, Derartiges, Passendes usw., *aber* etwas anderes *od.* Anderes
Et|was, das; -, -; ein gewisses Etwas
Ety|mo|lo|gie, die; -, ...ien (*Sprachwiss.* [Lehre von] Ursprung u. Geschichte der Wörter); **ety|mo|lo|gisch**
EU, die; - = Europäische Union
euch; *kann in Briefen klein- od. großgeschrieben werden; vgl.* du
Eu|cha|ris|tie, die; -, ...ien (*kath. Kirche* Abendmahl, Altarsakrament)
¹eu|er; eu|e|re, eu|re; euer Tisch; *kann in Briefen klein- od. großgeschrieben werden*
²eu|er *Gen. von »ihr«;* euer (*nicht* eurer) sind drei, sind nur wenige; ich gedenke, ich erinnere mich euer (*nicht* eurer)

eu[|e]|re, eu|ri|ge; unser Bauplatz ist dicht bei dem eur[ig]en; *aber* grüße die Euern, Euren, Eurigen *od.* die euern, euren, eurigen; ihr müsst das Eu[e]re, Eurige *od.* eu[e]re, eurige tun

eu|er|seits, eu|rer|seits; **eu|ert|we|gen,** eu|ret|we|gen; **eu|ert|wil|len,** eu|ret|wil|len; um euertwillen, um euretwillen

EU-Gip|fel (europ. Gipfeltreffen)

Eu|ka|lyp|tus, der; -, *Plur.* ...ten *u.* - (ein Baum)

Eu|le, die; -, -n

Eu|nuch, der; -en, -en, **Eu|nu|che,** der; -n, -n (Kastrat [als Haremswächter])

Eu|pho|rie, die; - (Zustand gesteigerten Hochgefühls); **eu|pho|risch**

eu|rer|seits, eu|er|seits; **eu|ri|ge** *vgl.* eu[e]re

Eu|ro, der; -[s], -s (europ. Währungseinheit; *Zeichen* €; *Währungscode* EUR); 30 Euro; **Eu|ro|land,** -s, *auch* das; -[e]s (an der Europäischen Währungsunion teilnehmende Staatengruppe, *auch* einer dieser Staaten [*Plur.* ...länder])

Eu|ro|pa; Eu|ro|pa|cup

Eu|ro|pä|er, der; -s, -; **Eu|ro|pä|e|rin**

eu|ro|pä|isch; der europäische Binnenmarkt, *aber* die Europäische Union (*Abk.* EU); die Europäische Zentralbank (*Abk.* EZB)

Eu|ro|pa League ®, die; - -, **Eu|ro|pa|league,** die; - [...li:g] (*Fußball* ein europäischer Pokalwettbewerb)

Eu|ro|pa|li|ga *(Sport);* **Eu|ro|pa|meis|ter** *(Sport);* **Eu|ro|pa|meis|te|rin; Eu|ro|pa|meis|ter|schaft; Eu|ro|pa|par|la|ment,** das; -[e]s; **Eu|ro|pa|po|kal; Eu|ro|pa|rat,** der; -[e]s; **Eu|ro|pa|wahl; eu|ro|pa|weit**

eu|ro|skep|tisch (gegenüber der Europäischen Union eher zurückhaltend eingestellt); **Eu|ro|vi|si|on,** die; - (europäische Organisation zur gemeinsamen Veranstaltung von Fernsehsendungen); **Eu|ro|zo|ne,** die; - (Euroland)

Eu|ter, das, *landsch. auch* der; -s, -

Eu|tha|na|sie, die; - (*Med.* Erleichterung des Sterbens; Herbeiführung des Todes)

EU-weit

eva|ku|ie|ren (vorübergehend aussiedeln); **Eva|ku|ie|rung**

Eva|lu|a|ti|on, die; -, -en (Bewertung; Beurteilung); **eva|lu|ie|ren; Eva|lu|ie|rung**

evan|ge|lisch (das Evangelium betreffend; protestantisch); die evangelische Kirche, *aber* die Evangelische Kirche in Deutschland (*Abk.* EKD); **evan|ge|lisch-lu|the|risch** [*auch* ...'te:...] (*Abk.* ev.-luth.)

Evan|ge|list, der; -en, -en (Verfasser eines der vier Evangelien; Titel in evangelischen Freikirchen); **Evan|ge|li|um,** das; -s, *Plur.* (*für* die vier ersten Bücher im N. T.:) ...ien (Heilsbotschaft Christi; *Abk.* Ev.)

Event [iv...], das *od.* der; -s, -s (Veranstaltung)

Even|tu|a|li|tät, die; -, -en (Möglichkeit, möglicher Fall); **even|tu|ell** (möglicherweise eintretend; *Abk.* evtl.)

Ever|green [...gri:n], der, *auch* das; -s, -s (populär gebliebener Schlager usw.)

evi|dent (offenbar; einleuchtend); **Evi|denz,** die; - (Deutlichkeit, völlige Klarheit)

Evo|lu|ti|on, die; -, -en ([fortschreitende] Entwicklung); **evo|lu|ti|o|när; Evo|lu|ti|ons|the|o|rie**

evo|zie|ren (hervorrufen)

ewig; auf ewig; für immer und ewig; das ewige Leben; das ewige *od.* Ewige Licht; die Ewige Stadt (Rom); **Ewig|keit**

ex (*ugs. für* aus; tot); ex trinken

Ex... (ehemalig, z. B. Ex-Freundin, Ex-Minister)

ex|akt (genau; pünktlich); **Ex|akt|heit,** die; -

Ex|a|men, das; -s, *Plur.* -, *seltener* ...mina ([Abschluss]prüfung); **Ex|a|mens|ar|beit; ex|a|mi|nie|ren** ([im Rahmen eines Examens] prüfen, befragen); eine examinierte Krankenschwester

Ex|change [ɪks'tʃeɪn(t)ʃ], die; -, -n [...dʒn̩] *od.* -s (*Bankw.* Tausch, Kurs)

ex|e|ku|tie|ren (vollstrecken); **Ex|e|ku|ti|on,** die; -, -en (Vollstreckung [eines Urteils]; Hinrichtung; *österr. auch für* Pfändung)

ex|e|ku|tiv (ausführend); **Ex|e|ku|ti|ve,** die; -, -n (vollziehende Gewalt [im Staat])

Ex|em|pel, das; -s, - ([warnendes] Beispiel; Aufgabe)

Ex|em|p|lar, das; -s, -e ([einzelnes] Stück; *Abk.* Expl.)

E

ex|em|p|la|risch (beispielhaft; warnend)
ex|er|zie|ren ([von Truppen] üben)
Ex-Frau, **Ex|frau**
Ex|hi|bi|ti|on, die; -, -en (*Med.* Zurschaustellung); **Ex|hi|bi|ti|o|nist,** der; -en, -en; **Ex|hi|bi|ti|o|nis|tin**
ex|hu|mie|ren ([einen Leichnam] wieder ausgraben)
Exil, das; -s, -e (Verbannung[sort]); **Exi|lant,** der; -en, -en (im Exil Lebender); **Exi|lan|tin; Exil|li|te|ra|tur; Exil|re|gie|rung**
exis|tent (wirklich, vorhanden); **exis|ten|ti|ell** *vgl.* existenziell
Exis|tenz, die; -, -en (Dasein; Lebensgrundlage); **exis|tenz|be|dro|hend; Exis|tenz|be|rech|ti|gung,** die; -; **exis|tenz|ge|fähr|det; Exis|tenz|grün|der; Exis|tenz|grün|de|rin; Exis|tenz|grün|dung; exis|ten|zi|ell**, exis|ten|ti|ell (das Dasein wesentlich betreffend; lebenswichtig); **Exis|tenz|mi|ni|mum**
exis|tie|ren (vorhanden sein)
Ex|i|tus, der; - (*Med.* Tod)
Ex|kla|ve, die; -, -n (ein eigenstaatl. Gebiet in fremdem Staatsgebiet)
ex|klu|siv (ausschließlich einem bestimmten Personenkreis vorbehalten); **ex|klu|si|ve;** *Präp. mit Gen.:* exklusive Porto
Ex|klu|si|vi|tät, die; - (Ausschließlichkeit)
Ex|kom|mu|ni|ka|ti|on, die; -, -en (*kath. Kirche* Ausschluss aus der Kirchengemeinschaft); **ex|kom|mu|ni|zie|ren**
Ex|kre|ment, das; -[e]s, -e *meist Plur.* (Ausscheidungsprodukt, z. B. Kot)
Ex|kurs, der; -es, -e (Erörterung in Form einer Abschweifung); **Ex|kur|si|on,** die; -, -en (Lehrfahrt; Streifzug)
Ex-Mann, **Ex|mann** *Plur.* ...männer
Ex|o|dus, der; - (das 2. Buch Mosis; *auch für* Auszug aus einem Gebiet)
ex|or|bi|tant (übertrieben; gewaltig)
Ex|or|zis|mus, der; -, ...men (Beschwörung böser Geister); **Ex|or|zist,** der; -en, -en; **Ex|or|zis|tin**
Exo|tik, die; - (Anziehungskraft, die vom Fremdländischen ausgeht); **exo|tisch**
ex|pan|die|ren ([sich] ausdehnen); **Ex|pan|si|on,** die; -, -en (Ausdehnung)
ex|pan|siv ([sich] ausdehnend)
Ex|pe|di|ti|on, die; -, -en (Forschungsreise; Versandabteilung, Abfertigungsabteilung)
Ex|pe|ri|ment, das; -[e]s, -e ([wissenschaftlicher] Versuch); **ex|pe|ri|men|tell** (auf Experimenten beruhend); **ex|pe|ri|men|tie|ren; ex|pe|ri|men|tier|freu|dig**
Ex|per|te, der; -n, -n (Sachverständiger, Gutachter); **Ex|per|ten|kom|mis|si|on; Ex|per|ten|tum,** das; -s; **Ex|per|tin**
Ex|per|ti|se, die; -, -n (Gutachten; Fachwissen)
ex|pli|zit (deutlich; ausführlich dargestellt)
ex|plo|die|ren (krachend [zer]bersten)
Ex|plo|ra|ti|on, die; -, -en (Erforschung)
Ex|plo|si|on, die; -, -en; **ex|plo|si|ons|ar|tig; Ex|plo|si|ons|ge|fahr; ex|plo|siv** (leicht explodierend, explosionsartig)
Ex|po|nat, das; -[e]s, -e (Ausstellungs-, Museumsstück); **Ex|po|nent,** der; -en, -en (Hochzahl, bes. in der Wurzel- u. Potenzrechnung; herausgehobener Vertreter)
ex|po|niert (gefährdet; [Angriffen] ausgesetzt; herausgehoben)
Ex|port, der; -[e]s, -e (Ausfuhr); **Ex|port|ar|ti|kel; Ex|por|teur** [...'tøːɐ̯], der; -s, -e (Ausfuhrhändler od. -firma); **Ex|por|teu|rin; Ex|port|ge|schäft; ex|por|tie|ren; Ex|port|schla|ger; Ex|port|wirt|schaft**
Ex|po|sé, **Ex|po|see,** das; -s, -s (Denkschrift, Bericht, Zusammenfassung; Skizze)
Ex|po|si|ti|on, die; -, -en (Ausstellung)
ex|press (*veraltet, noch ugs. für* eilig, Eil...)
Ex|pres|si|o|nis|mus, der; - (Kunstrichtung im frühen 20. Jh., Ausdruckskunst); **ex|pres|si|o|nis|tisch**
ex|pres|siv (ausdrucksvoll)
ex|qui|sit (ausgesucht, erlesen)

Ekstase
Das aus dem Griechischen stammende Wort wird nicht mit *Ex-*, sondern mit *Eks-* geschrieben, obwohl die erste Silbe ebenso wie z. B. bei *Export, extra, extrem* gesprochen wird.

[1]Ex|ten|si|on, die; -, -en (Ausdehnung)
[2]Ex|ten|si|on [ɪksˈtɛnʃn̩], die; -, -s *meist Plur.* (Haarverlängerung)
ex|ten|siv (der Ausdehnung nach); extensive Landwirtschaft
ex|tern (draußen befindlich; auswärtig)
ex|ter|nal (*Psychol.* äußerlich)
ex|t|ra (außerdem, besonders, eigens); **Ex|t|ra,** das; -s, -s (Sonderleistung, zusätzliches Zubehör)
ex|tra|hie|ren (einen Auszug machen)
Ex|trakt, der, *auch* das; -[e]s, -e (Auszug [aus Büchern, Stoffen]; Hauptinhalt, Kern)
ex|t|ra|va|gant [*auch* ˈɛ...] (verstiegen, überspannt); **Ex|t|ra|va|ganz,** die; -, -en
Ex|t|ra|wurst (*ugs.; österr. auch für* eine Wurstsorte); jmdm. eine Extrawurst braten
ex|t|rem (bis an die äußerste Grenze gehend); **Ex|t|rem,** das; -s, -e (höchster Grad; äußerster Standpunkt)
Ex|t|rem|fall, der; im Extremfall
Ex|t|re|mis|mus, der; -, ...men (übersteigert radikale Haltung); **Ex|t|re|mist,** der; -en, -en; **Ex|t|re|mis|tin; ex|t|re|mis|tisch**
Ex|t|re|mi|tät, die; -, -en (äußerstes Ende; *nur Plur.:* Gliedmaßen)
Ex|t|rem|sport (mit höchster körperlicher Beanspruchung od. mit bes. Gefahren verbundener Sport)
ex|zel|lent (hervorragend); **Ex|zel|lenz,** die; -, -en (ein Titel; *Abk.* Exz.; herausragende Qualität)
ex|zen|t|risch (*Math., Astron.* außerhalb des Mittelpunktes; *geh. für* überspannt)
Ex|zess, der; -es, -e (Ausschreitung; Ausschweifung); **ex|zes|siv** (ausschweifend)
Eye|li|ner [ˈai̯lai̯...], der; -s, - (flüssiges Kosmetikum zum Ziehen des Lidstriches)
Eye|tra|cker, **Eye-Tra|cker** [ˈai̯trɛkɐ], der; -s, - (elektron. Gerät zum Registrieren von Augenbewegungen); **Eye|tra|cking**, **Eye-Tra|cking,** das; -[s]
E-Zi|ga|ret|te (einer Zigarette ähnliches elektron. Gerät zum Inhalieren)

F f

f, F, das; -, - (Tonbezeichnung)
F, das; -, - (Buchstabe); das F, des F, die F, *aber* das f in Haft; der Buchstabe F, f
Fa|bel, die; -, -n (erdichtete [lehrhafte] Erzählung; Handlung einer Dichtung); **fa|bel|haft; Fa|bel|tier; Fa|bel|we|sen**
Fa|b|rik [*auch* ...ˈbrɪ...], die; -, -en; **Fa|b|ri|kant,** der; -en, -en (Fabrikbesitzer; Hersteller); **Fa|b|ri|kan|tin; Fa|b|rik|ar|bei|ter; Fa|b|rik|ar|bei|te|rin; Fa|b|ri|kat,** das; -[e]s, -e; **Fa|b|ri|ka|ti|on,** die; -, -en; **fa|b|rik|mä|ßig; fa|b|rik|neu**
fa|b|ri|zie|ren ([fabrikmäßig] herstellen)
fa|bu|lie|ren (fantasievoll erzählen)
Face|book® [ˈfɛi̯sbʊk], das; -[s] *meist ohne Artikel*; **face|boo|ken** (*ugs.*)
Fa|cet|te [...ˈsɛ...], die; -, -n (Teilaspekt); **fa|cet|ten|reich** (vielfältig)
Fach, das; -[e]s, Fächer
...fach; z. B. vierfach [*mit Ziffer* 4-fach *od.* 4fach]; *mit Einzelbuchstabe* n-fach
Fach|ab|i|tur (Fachhochschulreife); **Fach|ar|bei|ter; Fach|ar|bei|te|rin; Fach|arzt; Fach|ärz|tin; Fach|aus|druck** *Plur.* ...drücke; **Fach|be|griff; Fach|be|reich**
fä|cheln
Fä|cher, der; -s, -; **fä|chern**
fä|cher|über|grei|fend
Fach|frau; Fach|ge|biet; fach|ge|recht; Fach|han|del *vgl.* Handel; **Fach|hoch|schu|le** (*Abk.* FH); **Fach|jar|gon; Fach|kom|pe|tenz; Fach|kraft; Fach|kreis;** in Fachkreisen; **fach|kun|dig** (Fachkenntnisse habend); **Fach|leh|rer; Fach|leh|re|rin; Fach|leu|te; fach|lich; Fach|li|te|ra|tur** *Plur. selten;* **Fach|mann** *Plur.* ...leute, *selten* ...männer; **fach|män|nisch**
Fach|mes|se; Fach|pu|b|li|kum; Fach|rich|tung; Fach|schu|le; fach|sim|peln (*ugs. für* [ausgiebige] Fachgespräche führen); ich fachsimp[e]le; gefachsimpelt; zu fachsim-

peln; **Fach|spra|che; Fach|ver|band; Fach|welt; Fach|werk|haus; Fach|wis|sen; Fach|wort** *Plur.* ...wörter; **Fach|zeit|schrift**

Fa|ci|li|ty [fəˈsɪlɪti], die; -, -s (*Wirtsch.* [technische] Ausstattung, Infrastruktur eines Unternehmens od. Gebäudes)

Fa|ckel, die; -, -n; **fa|ckeln; Fa|ckel|zug**

Fact [fɛkt], der; -s, -s *meist Plur.* (Tatsache)

F

Fac|to|ry-Out|let, Fac|to|ry|out|let [ˈfɛktəriʔaʊ̯tlɛt], das; -s, -s (Direktverkaufsstelle einer Firma)

fad, fa|de (schlecht gewürzt; langweilig)

Fa|den, der; -s, *Plur.* Fäden *u. (als Längenmaß:) - (Seemannsspr.);* 4 Faden tief

Fa|den|kreuz; fa|den|schei|nig (*auch für* nicht sehr glaubhaft)

Fa|gott, das; -[e]s, -e (Holzblasinstrument)

fä|hig; *mit Gen.:* eines Betruges fähig; *od. mit »zu«:* zu allem fähig; **Fä|hig|keit**

fahl; fahl|gelb

Fähn|chen (*ugs. auch für* leichtes Kleid)

fahn|den; Fahn|der; Fahn|de|rin; Fahndung; Fahn|dungs|fo|to

Fah|ne, die; -, -n; **Fah|nen|flucht,** die; -, -en; *vgl.* ²Flucht; **fah|nen|flüch|tig; Fahnen|stan|ge**

Fähn|rich, der; -s, -e (Offiziersanwärter)

Fahr|aus|weis (Fahrkarte, -schein; *schweiz. auch für* Führerschein); **Fahr|bahn; fahrbar; fahr|be|reit; Fahr|dienst**

Fäh|re, die; -, -n

fah|ren; fuhr, gefahren; Auto fahren; Rad fahren; spazieren fahren; sie hat ihn fahren lassen (ihm erlaubt zu fahren); wir hatten alle Hoffnung fahren lassen *od.* fahrenlassen (*seltener* fahren gelassen *od.* fahrengelassen) (aufgegeben); **fah|rend;** fahrende Leute

Fah|ren|heit (Einheit der Grade beim 180-teiligen Thermometer; *Zeichen* F, *fachspr.* °F); 5 °F

fah|ren las|sen, fah|ren|las|sen *vgl.* fahren

Fah|rer

Fah|rer|as|sis|tenz|sys|tem *(Kfz-Technik);* **Fah|rer|flucht,** die; -; **Fah|re|rin; Fahr|erlaub|nis; Fah|rer|sitz**

Fahr|gast *Plur.* ...gäste; **Fahr|geld; Fahrge|stell; fah|rig** (zerstreut); **Fahr|kar|te; Fahr|kar|ten|au|to|mat; Fahr|kos|ten; fahr|läs|sig;** fahrlässige Tötung; **Fahr|läs|sig|keit; Fahr|leh|rer; Fahr|leh|re|rin**

Fähr|mann *Plur.* ...männer *u.* ...leute

Fahr|plan *vgl.* ²Plan; **fahr|plan|mä|ßig; Fahr|preis; Fahr|prü|fung**

Fahr|rad; Fahrrad fahren; **Fahr|rad|fah|rer; Fahr|rad|fah|re|rin; Fahr|rad|helm; Fahrrad|weg**

Fahr|schein; Fahr|schu|le; Fahr|spur; Fahrstrei|fen; Fahr|stuhl; Fahr|stun|de; Fahrt, die; -, -en; Fahrt ins Blaue

Fähr|te, die; -, -n (Spur)

Fahr|ten|buch (Kontrollbuch eines Kfz; Tagebuch einer Wandergruppe)

Fahrt|kos|ten; Fahrt|rich|tung

Fahr|tüch|tig|keit; Fahr|ver|bot; Fahr|verhal|ten; Fahr|was|ser; Fahr|wei|se; Fahr|werk; Fahr|zeit; Fahr|zeug

Fai|ble [ˈfɛːbl̩], das; -s, -s (Schwäche; Neigung, Vorliebe); ein Faible für etwas haben

fair [fɛːɐ̯] (einwandfrei; anständig); **Fairness** [ˈfɛːɐ̯...], die; -; **Fair Play,** das; - -[s], **Fair|play,** das; -[s] [ˈfɛːɐ̯ ˈpleɪ̯, *auch* ˈf...] (anständiges Spiel [im Sport])

Fair|trade® [ˈfɛːɐ̯(ˈ)trɛɪ̯t] *ohne Artikel* (Organisation, die fairen Handel fördert)

fä|kal (*Med.* kotig); **Fä|ka|li|en** *Plur.* (*Med.* Kot)

Fake News, Fake-News, Fake|news [ˈfɛɪ̯k(ˈ)njuːs] *Plur.* (in manipulativer Absicht verbreitete Falschmeldungen)

Fa|kir [*österr.* faˈkiːɐ̯], der; -s, -e ([indischer] Büßer, Asket; Zauberkünstler)

Fak|si|mi|le [...le], das; -s, -s (originalgetreue Nachbildung [einer Handschrift])

Fakt, der, *auch* das; -[e]s, *Plur.* -en, *auch* -s (*svw.* Faktum); das ist [der] Fakt

Fak|ten|check

fak|tisch (tatsächlich)

Fak|tor, der; -s, ...oren (Grund, Umstand; *Math.* Vervielfältigungszahl)

Fak|to|tum, das; -s, *Plur.* -s *u.* …ten (jmd., der alle anfallenden Arbeiten erledigt)

Fak|tum, das; -s, *Plur.* …ten, *veraltend auch* …ta ([nachweisbare] Tatsache)

Fak|tur, die; -, -en ([Waren]rechnung); **fak|tu|rie|ren** ([Waren] berechnen)

Fa|kul|tät, die; -, -en (Abteilung einer Hochschule)

Fal|ke, der; -n, -n; **Falk|ner** (Falkenabrichter); **Falk|ne|rin**

Fall, der; -[e]s, Fälle; für den Fall, dass …; gesetzt den Fall, dass …; im Fall[e], dass …; von Fall zu Fall; zu Fall bringen; erster (1.) Fall (Nominativ); **Fall|beil** (Gerät zur Hinrichtung durch Enthaupten); **Fall|beispiel; Fal|le,** die; -, -n

fal|len; fiel, gefallen; ich habe den Teller fallen lassen (losgelassen); er hat eine Bemerkung fallen lassen *od.* fallenlassen (*seltener* fallen gelassen *od.* fallengelassen)

fäl|len; fal|len las|sen, fal|len|las|sen *vgl.* fallen; **Fall|gru|be** *(Jägerspr.)*

fäl|lig; ein fällig gewordener *od.* fälliggewordener Wechsel; **Fäl|lig|keit**

Fall|obst; Fall|rück|zie|her *(Fußball)*

falls; komme doch[,] falls möglich[,] schon um 17 Uhr

Fall|schirm; Fall|strick; Fall|stu|die

falsch; falsch sein; ein Wort falsch schreiben; eine Melodie falsch spielen, *vgl. aber* falschspielen; falsch (an der falschen Seite) liegen, *vgl. aber* falschliegen; Falsch und Richtig nicht unterscheiden können

Falsch|aus|sa|ge

fäl|schen; Fäl|scher; Fäl|sche|rin

Falsch|geld; Falsch|heit

fälsch|lich; fälsch|li|cher|wei|se

falsch|lie|gen (*ugs. für* sich irren); mit einer Schätzung [ganz] falschliegen; *vgl. aber* falsch; **Falsch|mel|dung; falsch|spie|len** (beim Spiel betrügen); beim Skat falschspielen; *vgl. aber* falsch

Fäl|schung; fäl|schungs|si|cher

Falt|blatt; Falt|boot; Fal|te, die; -, -n; **fal|ten;** gefaltet; **fal|ten|los; Fal|ten|rock**

Fal|ter, der; -s, - (Schmetterling); **fal|tig** (Falten habend)

…fäl|tig (z. B. vielfältig)

Falz, der; -es, -e *u.* Fälze; **fal|zen**

fa|mi|li|är (die Familie betreffend; vertraut)

Fa|mi|lie, die; -, -n; **Fa|mi|li|en|be|trieb; Fa|mi|li|en|fest; fa|mi|li|en|freund|lich; Fa|mi|li|en|kreis; Fa|mi|li|en|mit|glied; Fa|mi|li|en|na|me; Fa|mi|li|en|pla|nung; Fa|mi|li|en|stand,** der; -[e]s; **Fa|mi|li|en|un|ter|neh|men; Fa|mi|li|en|va|ter**

fa|mos (*ugs. für* großartig)

Fan [fɛn], der; -s, -s (begeisterter Anhänger)

Fa|nal, das; -s, -e (Zeichen, das Veränderungen ankündigt)

Fan|ar|ti|kel ['fɛn…]

Fa|na|ti|ker (blinder, rücksichtsloser Eiferer); **Fa|na|ti|ke|rin; fa|na|tisch; Fa|na|tis|mus,** der; -, …men

Fan|club ['fɛn…] *vgl.* Fanklub

Fan|fa|re, die; -, -n (Trompetensignal)

Fang, der; -[e]s, Fänge; **Fang|arm** *(Zool.)*

Fan|ge|mein|de ['fɛn…]

fan|gen; fing, gefangen; **Fan|gen,** das; -s; Fangen spielen; **Fang|fra|ge** (geschickte Frage, durch die der Befragte etw. ungewollt preisgeben soll); **Fang|netz**

Fan|go ['faŋgo], der; -s (heilkräftiger Mineralschlamm); **Fan|go|pa|ckung**

Fan|klub, Fan|club ['fɛn…]; **Fan|mei|le** (breite Straße, auf der viele Sportfans zusammenkommen, bes. um Liveübertragungen von Sportereignissen auf Großleinwänden anzusehen); **Fan|post**

Fan|ta|sie, Phan|ta|sie, die; -, …ien (Vorstellung[skraft]; Trugbild); **fan|ta|sie|ren,** phan|ta|sie|ren (sich in der Fantasie ausmalen; wirr reden); **fan|ta|sie|voll,** phan|ta|sie|voll; **Fan|tast,** Phan|tast, der; -en, -en (Träumer, Schwärmer); **Fan|tas|tin,** Phan|tas|tin; **fan|tas|tisch,** phan|tas|tisch (schwärmerisch; überspannt; unwirklich; *ugs. für* großartig)

Fan|ta|sy ['fɛntəzi], die; - (Roman-, Filmgattung, die märchen- u. mythenhafte Traumwelten darstellt); **Fan|ta|sy|ro|man**

F

FAQ [*auch* fak, ɛfʔɛɪ̯ˈki̯uː], die; -, -[s] (Informationen zu häufig gestellten Fragen)
Far|be, die; -, -n; eine blaue Farbe; die Farbe Blau; **farb|echt; ...far|ben,** ...far|big (z. B. cremefarben, cremefarbig)
fär|ben
far|ben|blind; far|ben|froh; far|ben|präch|tig; Fär|ber; Fär|be|rin
Farb|fern|se|hen; Farb|fern|se|her; Farb|fo|to; Farb|ge|bung, die; -, -en (*für* Kolorit); **far|big; Far|bi|ge,** der *u.* die; -n, -n (Angehörige[r] einer nicht weißen Bevölkerungsgruppe); **Far|big|keit; farb|lich; farb|los; Farb|lo|sig|keit,** die; -; **Farb|stoff; Farb|ton** *Plur.* ...töne; **Fär|bung**
Far|ce [...sə, *österr.* ...s], die; -, -n (Posse; Verhöhnung, Karikatur eines Geschehens)
Farm, die; -, -en; **Far|mer,** der; -s, -; **Far|me|rin**
Farn, der; -[e]s, -e (eine Sporenpflanze)
Fa|san, der; -[e]s, -e[n]
fa|schie|ren (*österr. für* Fleisch durch den Fleischwolf drehen); **Fa|schier|te,** das; -n (*österr. für* Hackfleisch)
Fa|sching, der; -s, *Plur.* -e *u.* -s; **Fa|schings|kos|tüm**
Fa|schis|mus, der; - (antidemokratische, nationalistische Staatsauffassung od. Herrschaftsform); **Fa|schist,** der; -en, -en; **Fa|schis|tin; fa|schis|tisch**
Fa|se|lei; fa|seln (törichtes Zeug reden)
Fa|ser, die; -, -n; **fa|se|rig** *vgl.* fasrig; **fa|sern;** er meint, das Papier fasere
Fa|shion [ˈfɛʃn̩], die; - (Mode)
Fas|nacht, die; -, -en (*landsch. u. schweiz. für* Fastnacht)
fas|rig, fa|se|rig
Fass, das; -es, Fässer; zwei Fass Bier
Fas|sa|de, die; -, -n (Vorderseite; Ansicht)
fass|bar; Fass|bar|keit, die; -
Fass|bier
Fass|brau|se (eine Limonade)
Fäss|chen
fas|sen; fasste, gefasst; **Fass|lich|keit,** die; -
Fas|son [...ˈsõː, *südd., österr. u. schweiz. meist* ...ˈsoːn], die; -, *Plur.* -s, *südd., österr., schweiz. meist* -en [...ˈsoːnən] (Form; Muster; Art; Zuschnitt); aus der Fasson geraten
Fas|sung; fas|sungs|los
Fas|sungs|ver|mö|gen, das; -s
fast (beinahe)
fas|ten; [1]Fas|ten, das; -s
[2]Fas|ten *Plur.* (Fasttage); **Fas|ten|zeit**
Fast Food, das; - -[s], **Fast|food,** das; -[s] [...fuːt] (schnell verzehrbare Gerichte)
Fast|nacht, die; -, -en
Fas|zi|en|trai|ning (Trainieren des Bindegewebes im Bewegungsapparat)
Fas|zi|na|ti|on, die; -, -en (fesselnde Wirkung); **fas|zi|nie|ren; fas|zi|nie|rend**
fa|tal (verhängnisvoll; peinlich); **Fa|ta|lis|mus,** der; - (Glaube an Vorherbestimmung)
Fa|ta Mor|ga|na, die; - -, *Plur.* - ...nen *u.* - -s (durch Luftspiegelung verursachte Sinnestäuschung)
fau|chen
faul; Fäu|le, die; -; **fau|len**
fau|len|zen; Fau|len|zer; Fau|len|ze|rin
Faul|heit, die; -; **fau|lig; Fäul|nis,** die; -
Faul|pelz (*ugs. für* fauler Mensch); **Faul|tier**
Faun, der; -[e]s, -e (Waldgeist; lüsterner Mensch)
Fau|na, die; -, ...nen (Tierwelt)
Faust, die; -, Fäuste; **Faust|ball; Fäust|chen; faust|dick;** er hat es faustdick hinter den Ohren; **Faust|hand|schuh; Fäust|ling** (Fausthandschuh); **Faust|pfand; Faust|recht,** das; -[e]s ([gewaltsame] Selbsthilfe); **Faust|re|gel; Faust|schlag**
Faux|pas [foˈpa], der; -, - (Taktlosigkeit; Verstoß gegen die Umgangsformen)
fa|vo|ri|sie|ren (begünstigen; *Sport* als Sieger erwarten); **Fa|vo|rit,** der; -en, -en (Günstling; *Sport* voraussichtlicher Sieger); **Fa|vo|ri|ten|rol|le; Fa|vo|ri|tin**
Fax, das, *schweiz. meist* der; -, -e (*kurz für* Telefax); **Fax|an|schluss**
Fa|xe, die; -, -n *meist Plur.* (Grimasse)
fa|xen (ein Fax, als Fax schicken); **Fax|ge|rät**
Fa|zit, das; -s, *Plur.* -e *u.* -s (Ergebnis; Schlussfolgerung)

Fea|ture ['fiːtʃɐ], das; -s, -s, *auch* die; -, -s (Dokumentarbericht bes. für Funk od. Fernsehen; Besonderheit, typ. Merkmal)

fea|turen ['fiːtʃn̩] (*Jargon* unterstützen, für etw. werben; jmdn. beteiligen)

Fe|b|ru|ar, der; -[s], -e (*Abk.* Febr.)

fech|ten; focht, gefochten; **Fech|ter; Fech|te|rin; Fecht|mas|ke; Fecht|sport**

Fe|der, die; -, -n; **Fe|der|ball; Fe|der|ball|spiel; Fe|der|bett**

fe|der|füh|rend (die wichtigste Rolle spielend); **Fe|der|füh|rung**

Fe|der|ge|wicht (Körpergewichtsklasse in der Schwerathletik); **Fe|der|hal|ter; fe|der|leicht; Fe|der|le|sen,** das; -s; nicht viel Federlesen[s] (Umstände) machen; **fe|dern; Fe|de|rung; Fe|der|vieh** (*ugs. für* Geflügel); **Fe|der|wei|ße,** der; -n, -n (gärender Weinmost); **Fe|der|zeich|nung**

Fee, die; -, Fe|en (eine w. Märchengestalt)

Feed|back, Feed-back ['fiːtbɛk], das; -s, -s (*bes. fachspr. für* Rückmeldung; Reaktion)

Fee|ling ['fiː...], das; -s, -s (Gefühl)

fe|en|haft

Fe|ge|feu|er *Plur. selten*

fe|gen; feg *od.* fege den Hof!

Feh|de, die; -, -n (Streit; kriegerische Auseinandersetzung); **Feh|de|hand|schuh**

fehl; fehl am Platz; **Fehl,** der; *nur noch in* ohne Fehl [und Tadel]; **Fehl|an|zei|ge**

fehl|bar (*schweiz. für* [einer Übertretung] schuldig); **fehl|be|set|zen; Fehl|be|trag; Fehl|bil|dung; Fehl|ein|schät|zung; feh|len; Fehl|ent|schei|dung**

Feh|ler; feh|ler|frei; feh|ler|haft; feh|ler|los; Feh|ler|mel|dung; Feh|ler|quel|le; Feh|ler|quo|te

Fehl|ge|burt; fehl|ge|hen; Fehl|leis|tung; Fehl|pass *(Sport);* **Fehl|schlag,** der; -[e]s, ...schläge; **fehl|schla|gen; Fehl|start** *(Sport);* **Fehl|tritt; Fehl|ver|hal|ten**

fei|en (*geh. für* [durch vermeintliche Zaubermittel] schützen); gefeit (geschützt)

Fei|er, die; -, -n; **Fei|er|abend; fei|er|lich; Fei|er|lich|keit; fei|ern; Fei|er|stun|de; Fei|er|tag;** des Feiertags, *aber* feiertags, sonn- u. feiertags; **fei|er|tags** *vgl.* Feiertag

feig, fei|ge

Fei|ge, die; -, -n; **Fei|gen|blatt; Fei|gen|kak|tus**

Feig|heit, die; -; **Feig|ling**

feil|bie|ten; er bietet feil; feilzubieten

Fei|le, die; -, -n; **fei|len**

feil|schen; du feilschst um den Preis

fein; das hast du fein (sehr gut) gemacht; fein säuberlich; sich fein machen *od.* feinmachen (sich schön anziehen); fein gemahlenes *od.* feingemahlenes Mehl; das Feinste vom Feinen; vom Feinsten

feind *(veraltend);* jmdm., einer Sache feind (feindlich gesinnt) sein, werden, bleiben

Feind, der; -[e]s, -e; jmds. Feind sein, werden, bleiben; **Feind|bild; Fein|din; feind|lich;** feindlich gesinnte Menschen; **Feind|schaft; feind|se|lig; Feind|se|lig|keit**

fein|füh|lig; Fein|ge|fühl, das; -[e]s

fein ge|mah|len, fein|ge|mah|len *vgl.* fein; **Fein|heit; fein|kör|nig; Fein|kost; fein ma|chen, fein|ma|chen** *vgl.* fein; **Fein|me|cha|ni|ker; Fein|me|cha|ni|ke|rin**

Fein|schme|cker; Fein|schme|cke|rin; fein|sin|nig; Fein|staub; Fein|staub|be|las|tung; Fein|staub|pla|ket|te (Aufkleber, der ein Kfz mit einem bestimmten [geringen] Ausstoß von Feinstaub kennzeichnet)

feist (wohlgenährt, fett)

fei|xen (*ugs. für* grinsend lachen); du feixt

Feld, das; -[e]s, -er; elektrisches Feld; Feld- u. Gartenfrüchte; **Feld|ar|beit; Feld|frucht** *meist Plur.;* **Feld|herr; Feld|jä|ger** *(Militär);* **Feld|mar|schall** *(früher);* **Feld|maus; Feld|sa|lat; Feld|spie|ler** *(Sport);* **Feld|spie|le|rin; Feld|ste|cher** (Fernglas); **Feld|ver|such** (Versuch unter realen Bedingungen); **Feld|ver|weis** *(Sport);* **Feld|we|bel,** der; -s, -; **Feld|weg; Feld|zug**

Felg|auf|schwung (Reckübung); **Fel|ge,** die; -, -n (Radkranz; eine Reckübung)

Fell, das; -[e]s, -e

[1]**Fels,** der; -es (hartes Gestein); auf Fels stoßen

F

F

[2]**Fels,** der; *Gen.* -ens, *älter* -en, *Plur.* -en (*geh. für* Felsen, Felsblock); ein Fels in der Brandung

Fels|block *Plur.* ...blöcke; **Fels|bro|cken; Fel|sen,** der; -s, - (Gesteinsmasse, Felsblock); **fel|sen|fest; fel|sig; Fels|wand**

Fe|me, die; -, -n (Freigericht); **Fe|me|mord**

fe|mi|nin [*auch* ...'ni:n] (weiblich; weibisch); **Fe|mi|ni|num,** das; -s, ...na (*Sprachwiss.* weibliches Substantiv, z. B. »die Erde«)

Fe|mi|nis|mus, der; -, ...men (Bewegung, die für die Gleichberechtigung der Frau kämpft); **Fe|mi|nist; Fe|mi|nis|tin; fe|mi|nis|tisch**

Fen|chel, der; -s (eine Heil- u. Gemüsepflanze); **Fen|chel|tee**

Feng-Shui, Feng|shui, das; - (chinesische Kunst der Lebens- u. Wohnraumgestaltung)

Fens|ter, das; -s, -; **Fens|ter|bank** *Plur.* ...bänke; **Fens|ter|la|den** *Plur.:* ...läden, *selten* ...laden; **fens|terln** (*südd., österr., schweiz. für* die Geliebte nachts [am od. durchs Fenster] besuchen); **fens|ter|los; Fens|ter|put|zer; Fens|ter|put|ze|rin; Fens|ter|rah|men; Fens|ter|schei|be**

Fe|ri|en *Plur.;* die großen Ferien; **Fe|ri|en|haus; Fe|ri|en|la|ger; Fe|ri|en|ort,** der; -[e]s, -e; **Fe|ri|en|woh|nung; Fe|ri|en|zeit**

Fer|kel, das; -s, -; **Fer|ke|lei; fer|keln**

Fer|ment, das; -s, -e (*veraltet für* Enzym); **fer|men|tie|ren** (durch Fermentation veredeln)

fern; von nah und fern; von fern [her]; der Ferne Osten (Ostasien); **fern|ab** *(geh.)*

Fern|be|die|nung; Fern|be|zie|hung (Liebesbeziehung zwischen Menschen, die an verschiedenen Orten wohnen); **fern|blei|ben;** er bleibt fern, ist ferngeblieben

fer|ne *(geh.);* von ferne [her]; **Fer|ne,** die; -, -n; in weiter Ferne

fer|ner; er rangiert unter »ferner liefen«; *aber* des Ferner[e]n darlegen *(Amtsspr.)*

Fern|fah|rer; Fern|fah|re|rin; fern|ge|lenkt; Fern|ge|spräch; fern|ge|steu|ert; Fern|glas *Plur.* ...gläser; **fern|hal|ten;** wir hielten uns fern, haben uns ferngehalten; **Fern|hei|zung; Fern|kurs; Fern|licht**

fern|lie|gen; das sind Gedanken, die uns [völlig] fernliegen; **Fern|mel|de|amt; fern|öst|lich; Fern|rei|se; Fern|rohr**

Fern|seh|an|stalt; Fern|seh|an|ten|ne; Fern|seh|ap|pa|rat; Fern|seh|bild; fern|se|hen; Fern|se|hen, das; -s; **Fern|se|her** *(ugs.);* **Fern|seh|film; Fern|seh|ge|rät; Fern|seh|in|ter|view; Fern|seh|ka|me|ra; Fern|seh|pro|gramm; Fern|seh|sen|der; Fern|seh|se|rie; Fern|seh|show; Fern|seh|stu|dio; Fern|seh|turm; Fern|seh|zu|schau|er; Fern|seh|zu|schau|e|rin**

Fern|spre|cher (*Amtsspr. veraltend für* Telefon); **fern|ste|hen** (*geh. für* keine innere Beziehung haben); der Kirche fernstehende Personen; **fern|steu|ern; Fern|stu|di|um; Fern|ver|kehr** *Plur. selten;* **Fern|wär|me; Fern|weh,** das; -s; **Fern|ziel**

Fer|se, die; -, -n (*vgl.* [1]Hacke); **Fer|sen|geld;** Fersengeld geben (*scherzh. für* fliehen)

fer|tig

– *fertig sein; etwas fertig abliefern*

Wenn »fertig« das Ergebnis der mit einem folgenden einfachen Verb bezeichneten Tätigkeit angibt, kann getrennt oder zusammengeschrieben werden:

– *eine Arbeit fertigbringen* od. *fertig bringen*
– *eine Arbeit fertigstellen* od. *fertig stellen*
– *mit der Arbeit fertig werden* od. *fertigwerden*
– *eine Arbeit fertig machen* od. *fertigmachen*
– *die Suppe fertig kochen* od. *fertigkochen*

Bei übertragener Bedeutung gilt Zusammenschreibung; vgl. *fertigbekommen, fertigbringen, fertigmachen, fertigwerden*

Fer|tig|bau *Plur.* ...bauten; **Fer|tig|bau|wei|se; fer|tig|be|kom|men;** sie hat es fertigbekommen, sich mit allen zu überwerfen; *vgl. auch* fertig; **fer|tig|brin|gen** (vollbringen); ich habe das nicht fertiggebracht; fertigzubringen; *vgl. auch* fertig

fer|ti|gen; Fer|tig|ge|richt; Fer|tig|haus; Fer|tig|keit; fer|tig|ma|chen (*ugs. für* zermürben, besiegen); *vgl. auch* fertig; **fer|tig|stel|len, fer|tig stel|len** *vgl.* fertig; **Fer|tig|stel|lung; Fer|ti|gung; fer|tig|wer|den;** mit einem Problem fertigwerden (es lösen können); *vgl. auch* fertig

Fes, der; -[es], -[e] (rote Filzkappe)

fesch [*österr.* fe:ʃ] (*ugs. für* flott, schneidig)

[1]**Fes|sel,** die; -, -n (Teil des Beines)

[2]**Fes|sel,** die; -, -n (Band, Kette); **fes|seln; fes|selnd**

fest; feste Kosten; fester Wohnsitz; jmdn. fest anstellen; fest angestellte *od.* festangestellte Mitarbeiter; fest stehen (festen Stand haben); ein fest stehendes *od.* feststehendes Rednerpult

Fest, das; -[e]s, -e; **Fest|akt**

fest an|ge|stellt, fest|an|ge|stellt *vgl.* fest; **fest|bei|ßen,** sich; wir haben uns an dem Problem festgebissen

Fest|be|leuch|tung

fest be|sol|det, fest|be|sol|det; Fest|be|trag (feststehender Betrag); **fest|bin|den** (anbinden); die Kuh ist festgebunden, *aber* die Schuhe [ganz] fest binden; **fest|blei|ben** (nicht nachgeben); **fest|dre|hen;** eine Schraube festdrehen, *aber* fest [an der Schraube] drehen

Fest|es|sen

fest|fah|ren; sich festfahren; **Fest|geld** (*Bankw.* Einlage mit fester Laufzeit); **fest|ge|legt;** auf etwas festgelegt sein (gebunden, verpflichtet sein); *vgl. auch* festlegen

Fest|got|tes|dienst; Fest|hal|le

fest|hal|ten; die Aussage wurde [schriftlich] festgehalten; man hat sie zwei Stunden auf der Wache festgehalten; sich [am Geländer] festhalten; *aber* das Kind [ganz] fest [in den Armen] halten

fes|ti|gen; Fes|tig|keit, die; -; **Fes|ti|gung**

Fes|ti|val [...vl̩, *auch* ...val], das; -s, -s (Musikfest, Festspiel)

fest|klam|mern; sich festklammern; **fest|kle|ben; fest|ko|chend;** festkochende Kartoffeln; **Fest|land** *Plur. selten;* **fest|län|disch; fest|le|gen** (*auch für* anordnen); sie hat die Hausordnung festgelegt; sich festlegen (sich binden); sie hat sich mit dieser Äußerung festgelegt; **Fest|le|gung**

fest|lich; Fest|lich|keit

fest|ma|chen (*auch für* vereinbaren); um die Taue festzumachen

Fest|mahl

fest|na|geln (*ugs. auch für* jmdn. auf etwas festlegen); **fest|nä|hen; Fest|nah|me,** die; -, -n; **fest|neh|men** (verhaften); **Fest|netz** (fest verlegte Telefonleitungen); **Fest|plat|te** *(EDV);* **Fest|preis**

Fest|re|de; Fest|red|ner; Fest|red|ne|rin; Fest|saal

fest|sau|gen, sich; **fest|schrau|ben; fest|schrei|ben;** dieser Punkt wurde im Vertrag festgeschrieben; **fest|set|zen** (*auch für* gefangen setzen); **Fest|set|zung; fest|sit|zen** (*ugs. für* nicht weiterkommen)

Fest|spiel; Fest|spiel|haus

fest|ste|hen; fest steht, dass ...; *vgl.* fest; **fest|ste|hend** (festgelegt; sicher, gewiss)

fest|stel|len (ermitteln, [be]merken, nachdrücklich aussprechen); **Fest|stel|lung**

Fest|tag; des Festtags, *aber* festtags, sonn- und festtags; **fest|täg|lich; fest|tags** *vgl.* Festtag; **Fest|tags|klei|dung**

Fes|tung

fest|ver|zins|lich; festverzinsliche Anlagen

Fest|wo|che; Fest|zelt

fest|zie|hen

Fe|te [*auch* 'fɛ:...], die; -, -n (*ugs. für* Fest)

Fe|tisch, der; -[e]s, -e (magischer Gegenstand; Götzenbild); **Fe|ti|schist,** der; -en, -en; **Fe|ti|schis|tin**

fett; fetter Boden; eine Schlagzeile fett drucken; eine fett gedruckte *od.* fettgedruckte Schlagzeile; **Fett,** das; -[e]s, -e; **fett|arm; Fett|au|ge; Fett|creme, Fett|crème; fet|ten; Fett|fleck; fett ge|druckt, fett|ge|druckt** *vgl.* fett; **fet|tig; Fett|lei|big|keit,** die; -; **Fett|näpf|chen;** bei jmdm. ins Fettnäpfchen treten (jmds. Unwillen erregen); **Fett|säu|re; Fett|schicht; Fett|sucht,** die; -; **fett|trie|fend**

F

F

Fe|tus, Fö|tus, der; *Gen.* - *u.* -ses, *Plur.* -se *u.* ...ten (*Med.* Leibesfrucht ab dem vierten Monat)

fet|zen; sich fetzen (sich heftig streiten); **Fet|zen,** der; -s, -

fet|zig (*ugs. für* toll, mitreißend)

feucht; feucht werden; **Feucht|bio|top; feucht|fröh|lich** (fröhlich beim Zechen); **Feuch|tig|keit,** die; -; **feucht|kalt; feucht|warm**

feu|dal (das Lehnswesen betreffend; vornehm; *abwertend für* reaktionär); **Feu|dal|herr|schaft; Feu|da|lis|mus,** der; - (den Adel privilegierende Gesellschafts- u. Wirtschaftsordnung [im MA.])

Feu|del, der; -s, - (*nordd. für* Scheuerlappen)

Feu|er, das; -s, -; **feu|er|be|stän|dig; Feu|er|be|stat|tung; feu|er|fest; Feu|er|gefecht; Feu|er|herd; Feu|er|lei|ter,** die; **Feu|er|lö|scher; Feu|er|mel|der**

feu|ern; Feu|er|pau|se *(Militär);* **feu|er|rot; Feu|ers|brunst; Feu|er spei|end, feu|er|spei|end;** ein Feuer speiender *od.* feuerspeiender Vulkan; **Feu|er|stuhl** (*ugs. für* Motorrad); **Feu|er|waf|fe; Feu|er|wehr; Feu|er|wehr|frau; Feu|er|wehr|mann** *Plur.* ...männer *u.* ...leute; **Feu|er|werk; Feu|er|werks|kör|per; Feu|er|zeug**

Feuil|le|ton ['fœjətõ, *auch* fœjə'tõ:], das; -s, -s (Kulturteil einer Zeitung; Aufsatz im Plauderton); **feuil|le|to|nis|tisch**

feu|rig; ein feuriger (anregender) Wein

Fez, der; -es (*ugs. für* Spaß, Unsinn)

Fez [fe:ts, fe:s] (*vgl.* Fes)

Fi|a|ker, der; -s, - (*österr. für* Pferdedroschke; Kutscher)

Fi|as|ko, das; -s, -s (Misserfolg)

Fi|bel, die; -, -n (Elementarlehrbuch)

Fi|ber, die; -, -n (Faser)

Fich|te, die; -, -n (ein Nadelbaum)

fi|cken (*derb für* koitieren)

fi|del (*ugs. für* lustig, heiter)

Fi|del, die; -, -n (der Geige ähnliches Streichinstrument [des Mittelalters]); *vgl.* Fiedel

Fi|di|bus, der; *Gen.* - *u.* -ses, *Plur.* - *u.* -se (Papierstreifen als [Pfeifen]anzünder)

Fie|ber, das; -s, - *Plur. selten;* **Fie|ber|anfall; fie|ber|frei; fie|ber|haft; fie|be|rig** *vgl.* fiebrig; **fie|bern; fie|ber|sen|kend; Fie|ber|ther|mo|me|ter; fieb|rig,** fie|be-rig

Fie|del, die; -, -n (*scherzh., sonst veraltet für* Geige); **fie|deln; Fied|ler; Fied|le|rin**

fie|pen (einen hohen Ton von sich geben)

fies (*ugs. für* ekelhaft, widerwärtig)

Fi|es|ta, die; -, -s ([span.] Volksfest)

FIFA, Fi|fa, die; - (Internationaler Fußballverband)

fif|ty-fif|ty [...ti...ti] (zu gleichen Teilen)

Fi|ga|ro, der; -[s], -s (Lustspiel- u. Opernfigur; *auch scherzhaft für* Friseur)

Fight [fait], der; -s, -s (Kampf); **figh|ten** (verbissen kämpfen); fightete, gefightet

Fi|gur, die; -, -en; **Fi|gür|chen; fi|gür|lich**

Fik|ti|on, die; -, -en (Erdachtes; falsche Annahme); **fik|ti|o|nal** (auf einer Fiktion beruhend); **fik|tiv** (nur angenommen)

File [fail], das, *auch* der; -s, -s (*EDV* Datei)

Fi|let [...'le:], das; -s, -s (Netzstoff; Lendenstück); **fi|le|tie|ren** (Filets herausschneiden); **Fi|let|stück**

Fi|li|a|le, die; -, -n (Zweiggeschäft, -stelle); **Fi|li|al|lei|ter,** der; **Fi|li|al|lei|te|rin**

fi|li|g|ran (sehr feingliedrig)

Film, der; -[e]s, -e; **Film|ar|chiv; Film|bran|che; Fil|me|ma|cher; Fil|me|ma|che|rin; fil|men; Film|fes|ti|val; Film|fest|spie|le; fil|misch; Film|ka|me|ra; Film|mu|sik**

Film noir [... 'noa:ɐ̯], der; - -, -s -s (düsterer amerik. Kriminalfilm der 1940er- u. 1950er-Jahre); **Film|pro|duk|ti|on; Film|pro|du|zent; Film|pro|du|zen|tin; Film|re|gis|seur; Film|re|gis|seu|rin; Film|schau|spie|ler; Film|schau|spie|le|rin; Film|star** *Plur.* ...stars; **Film|stu|dio; Film|sze|ne**

Fil|ter, der, *Technik meist* das; -s, -; **fil|tern; Fil|ter|pa|pier; Fil|ter|zi|ga|ret|te**

Filz, der; -es, -e; **fil|zen** (*ugs. auch für* nach

[verbotenen] Gegenständen durchsuchen); **Filz|hut; fil|zig; Filz|laus; Filz|stift**
Fim|mel, der; -s, - (*ugs. für* Tick)
fi|nal (den Schluss bildend); **Fi|nal,** der; -s, -s (*schweiz. für* Finale *[Sport]);* **Fi|na|le,** das; -s, *Plur.* -, *im Sport auch* Finals (Schlussteil; *Musik* Schlussstück, -satz; *Sport* Endrunde, Endspiel); **Fi|na|list,** der; -en, -en (Endrundenteilnehmer); **Fi|na|lis|tin**
Fi|nanz, die; - (Geldwesen; Gesamtheit der Geld- u. Bankfachleute); **Fi|nanz|amt; Fi|nanz|be|am|te; Fi|nanz|be|am|tin; Fi|nanz|be|hör|de; Fi|nanz|de|ri|vat** (*Wirtsch., Börsenw.* Derivat); **Fi|nan|zen** *Plur.;* Geldmittel; **Fi|nanz|ge|schäft**
fi|nan|zi|ell; Fi|nan|zi|er [...ˈtsi̯eː], der; -s, -s (kapitalkräftiger Geldgeber); **fi|nan|zier|bar; fi|nan|zie|ren; Fi|nan|zie|rung; Fi|nan|zie|rungs|kos|ten** *Plur.;* **Fi|nan|zie|rungs|lü|cke**
Fi|nanz|kraft; fi|nanz|kräf|tig; Fi|nanz|kri|se; Fi|nanz|la|ge; Fi|nanz|markt; Fi|nanz|mi|nis|te|ri|um; Fi|nanz|platz (Ort od. Region mit bedeutendem Finanzmarkt, vielen Banken o. Ä.); **Fi|nanz|po|li|tik; fi|nanz|po|li|tisch; fi|nanz|schwach; fi|nanz|stark; Fi|nanz|sys|tem**
Fin|del|kind
fin|den; fand, gefunden
Fin|der; Fin|de|rin; Fin|der|lohn
fin|dig; ein findiger Kopf (einfallsreicher Mensch)
Find|ling (durch Gletscher transportierter einzelner großer Stein; *seltener* Findelkind)
Fi|nes|se, die; -, -n (Feinheit; Kniff)
Fin|ger, der; -s, -; der kleine Finger; jmdn. um den kleinen Finger wickeln *(ugs.);* **Fin|ger|ab|druck** *Plur.* ...drücke
fin|ger|breit; ein fingerbreiter Spalt, *aber* der Spalt ist keinen Finger breit, 3 Finger breit (*vgl. aber* Fingerbreit); **Fin|ger|breit,** der; -, -, **Fin|ger breit,** der; - -, - -; keinen Fingerbreit *od.* Finger breit nachgeben
fin|ger|dick; Fin|ger|fer|tig|keit; Fin|ger|food, Fin|ger-Food, das; -[s], -s [ˈfɪŋ(g)ɐfuːt] (ohne Besteck zu essende Speisen)
fin|ger|ge|steu|ert *(bes. EDV)*
Fin|ger|hut; Fin|ger|kup|pe (Fingerspitze); **fin|gern; Fin|ger|na|gel; Fin|ger|ring; Fin|ger|spit|ze; Fin|ger|spit|zen|ge|fühl,** das; -[e]s; **Fin|ger|zeig,** der; -[e]s, -e
fin|gie|ren (vortäuschen, erdichten)
Fi|nish [...ɪʃ], das; -s, -[e]s (letzter Schliff; Vollendung; *Sport* Endspurt, Endkampf)
Fink, der; -en, -en (ein Singvogel)
Fin|ne, die; -, -n (Rückenflosse von Hai u. Wal; zugespitzte Seite des Hammers)
fins|ter; es wurde immer finst[e]rer; im Finstern tappen; **Fins|ter|nis,** die; -, -se
Fin|te, die; -, -n ([Täuschungs]manöver)
Fire|wall [ˈfai̯ɐwɔːl], die; -, -s *u.* der; -s, -s (*EDV* Programmsystem, das [Computer]netzwerke vor ungewolltem Zugriff schützt)
Fir|le|fanz, der; -es (*ugs. für* Unsinn)
firm; in etw. firm (erfahren, beschlagen) sein
Fir|ma, die; -, ...men (*Abk.* Fa.)
Fir|ma|ment, das; -[e]s *(geh.)*
fir|men (jmdm. die Firmung erteilen)
fir|men|ei|gen; Fir|men|grün|der; Fir|men|grün|de|rin; fir|men|in|tern; Fir|men|kun|de; Fir|men|kun|din; Fir|men|na|me; Fir|men|sitz; Fir|men|wert
fir|mie|ren (einen bestimmten Namen führen)
Firm|ling (der *od.* die zu Firmende); **Fir|mung** (kath. Sakrament)
Firn, der; -[e]s, *Plur.* -e, *auch* -en (Altschnee)
Fir|nis, der; -ses, -se (schnell trocknender Schutzanstrich); **fir|nis|sen**
First, der; -[e]s, -e
first class [ˈfœːɐ̯st -] (erstklassig, von gehobenem Standard); **First-Class-Ho|tel**
Fisch, der; -[e]s, -e; faule Fische (*ugs. für* Ausreden); kleine Fische (*ugs. für* Kleinigkeiten); **fi|schen; Fi|scher; Fi|scher|boot; Fi|scher|dorf; Fi|sche|rei; Fi|sche|rin; Fisch|fang; Fisch|ge|richt; Fisch|grä|ten|mus|ter; fi|schig; Fisch|kut|ter; Fisch-**

F

markt; **Fisch|ot|ter,** der; **Fisch ver|ar|bei|tend, fisch|ver|ar|bei|tend**

Fi|si|ma|ten|ten *Plur.* (*ugs. für* leere Ausflüchte); mach keine Fisimatenten!

fis|ka|lisch (dem Fiskus gehörend; staatlich); **Fis|kus,** der; -, *Plur.* ...ken *u.* -se *Plur. selten* (der Staat als Eigentümer des Staatsvermögens; Staatskasse)

Fis|tel, die; -, -n (*Med.* krankhafter od. operativ angelegter Kanal, der ein Organ mit der Körperoberfläche od. einem anderen Organ verbindet)

F

fit (leistungsfähig); fit sein; sich fit halten; ein fitter Bursche; **Fit|ness,** die; - (gute körperliche Verfassung); **Fit|ness|cen|ter; Fit|ness|stu|dio, Fit|ness-Stu|dio**

Fit|tich, der; -[e]s, -e (*geh. für* Flügel)

Fitz|chen (Kleinigkeit); **Fit|zel|chen** *(ugs.)*

fix (sicher, fest; *ugs. für* schnell); fixe Idee (Zwangsvorstellung); fixer (fester) Preis; fixe Kosten; fix und fertig

fi|xen (*ugs. für* sich Drogen spritzen); **Fi|xer** *(ugs.)*; **Fi|xe|rin**

fi|xie|ren; Fi|xie|rung

Fix|kos|ten *Plur.*; **Fix|punkt** (Festpunkt); **Fix|stern** (scheinbar unbeweglicher Stern)

Fjord, der; -[e]s, -e (schmale Meeresbucht)

FKK, die *od.* das; - = Freikörperkultur; **FKK-Strand**

flach; auf dem flachen Land[e] (außerhalb) wohnen; flach atmen; einen Hut **flach drücken** *od.* flachdrücken; ein Schnitzel **flach klopfen** *od.* flachklopfen; den Ball **flach halten** *od.* flachhalten (*ugs. auch für* sich zurückhalten); flach auf dem Boden liegen; *vgl.* flachlegen, flachliegen; **Flach|bild|schirm; Flach|dach; Flä|che,** die; -, -n; **Flä|chen|brand; flä|chen|de|ckend**

flach|fal|len (*ugs. für* nicht stattfinden)

flä|chig

Flach|land *Plur.* ...länder

flach|le|gen (*ugs. für* sich schlafen legen; jmdn. niederschlagen; mit jmdm. koitieren); **flach|lie|gen** (*ugs. für* krank sein)

Flachs, der; -es (Faserpflanze); **flachs|blond**

flach|sen (*ugs. für* spotten, scherzen)

fla|ckern

Fla|den, der; -s, - (flacher Kuchen; breiige Masse; *kurz für* Kuhfladen); **Fla|den|brot**

Flag|ge, die; -, -n; **flag|gen; Flagg|schiff**

Flair [flɛːɐ̯], das; -s (Atmosphäre, Stimmung)

Flak, die; -, *Plur.* -, *auch* -s (*Kurzw. für* Flugzeugabwehrkanone)

Fla|kon [...ˈkõː], der *od.* das; -s, -s (Fläschchen)

flam|bie|ren ([Speisen] mit Alkohol übergießen u. anzünden)

Fla|men|co, der; -[s], -s (andalus. [Tanz]lied)

Fla|min|go, der; -s, -s (ein Wasservogel)

Flämm|chen; Flam|me, die; -, -n; **flam|men; flam|mend** (*auch für* leidenschaftlich); **Flam|men|meer; Flam|men|tod**

Flam|me|ri, der; -[s], -s (kalte Süßspeise)

Flamm|ku|chen (Kuchen aus Brotteig, z. B. mit Rahm u. Speck)

Fla|nell, der; -s, -e (gerautes Gewebe); **Fla|nell|an|zug**

Fla|neur [...ˈnøːɐ̯], der; -s, -e (müßig Umherschlendernder); **Fla|neu|rin; fla|nie|ren**

Flan|ke, die; -, -n; **flan|ken** *(Sport)*; **flan|kie|ren** (begleiten)

Flansch, der; -[e]s, -e (Verbindungsansatz an Rohren, Maschinenteilen usw.)

flap|sig *(ugs.)*

Fläsch|chen; Fla|sche, die; -, -n (*ugs. auch für* Versager); **Fla|schen|bier; Fla|schen|bürs|te; Fla|schen|geist** *Plur.* ...geister (Märchenfigur); **fla|schen|grün; Fla|schen|hals** (*ugs. auch für* Engpass); **Fla|schen|öff|ner; Fla|schen|post; Fla|schen|zug**

Flash|mob [ˈflɛʃmɔp], der; -s, -s ([spontane] Aktion vieler Menschen, die sich mithilfe des Internets dazu verabredet haben)

Flash|spei|cher, Flash-Spei|cher [ˈflɛʃ...] (*EDV* schneller Speicher zum Lesen u. Schreiben)

Flat|rate, die; -, -s, **Flat Rate,** die; - -, - -s [ˈflɛtrɛɪ̯t] ([günstiger] Pauschalpreis für die Nutzung von Internet und/oder Telefon)

flat|ter|haft; Flat|ter|haf|tig|keit; flat|te|rig, flatt|rig; **flat|tern; flatt|rig,** flat|te|rig

flau (*ugs. für* schlecht, übel)
Flaum, der; -[e]s (weiche Bauchfedern; erster Bartwuchs); **flau|mig; flaum|weich**
Flausch, der; -[e]s, -e (weiches Wollgewebe); **flau|schig**
Flau|se, die; -, -n *meist Plur.* (*ugs. für* Ausflucht; törichter Einfall)
Flau|te, die; -, -n (Windstille; *übertr. für* Unbelebtheit [z. B. im Geschäftsleben])
flä|zen, sich (*ugs. für* nachlässig sitzen)
Flech|te, die; -, -n (Pflanze; Hautausschlag); **flech|ten;** flocht, geflochten; **Flecht|werk**
Fleck, der; -[e]s, -e; der blinde Fleck (im Auge); **Fle|cken,** der; -s, - (*svw.* Fleck; größeres Dorf); **fle|cken|los; Fle|ckerl,** das; -s, -[n] (*österr. für* quadratisch geschnittenes Nudelteigstück als Suppeneinlage); **Fleck|fie|ber,** das; -s; **fle|ckig**
Fle|der|maus
Fleece [fli:s], das; - ([synthetischer] Flausch); **Fleece|pul|l|o|ver**
Fleet, das; -[e]s, -e (Kanal in Küstenstädten)
Fle|gel, der; -s, -; **Fle|ge|lei; fle|gel|haft; Fle|gel|jah|re** *Plur.*; **fle|geln,** sich
fle|hen; fle|hent|lich
Fleisch, das; -[e]s
Fleisch|brü|he; Flei|scher; Flei|sche|rei; Flei|sche|rin; Flei|scher|meis|ter; Flei|scher|meis|te|rin; Flei|sches|lust; fleisch|far|ben, fleisch|far|big; fleisch|fres|send, Fleisch fres|send; **Fleisch|ge|richt; flei|schig; Fleisch|klöß|chen; fleisch|lich; fleisch|los; Fleisch|sa|lat; Fleisch|wa|ren** *Plur.*; **Fleisch|wolf; Fleisch|wun|de; Fleisch|wurst**
Fleiß, der; -es; **Fleiß|ar|beit; flei|ßig;** *aber* das Fleißige Lieschen (eine Zierpflanze)
flen|nen (*ugs. abwertend für* weinen)
flet|schen (die Zähne zeigen)
Flex®, die; -, - (elektr. Winkelschleifer)
fle|xi|bel (biegsam, elastisch; sehr anpassungsfähig; *Sprachwiss.* beugbar); fle|xi|ble Wörter; **Fle|xi|bi|li|sie|rung; Fle|xi|bi|li|tät,** die; - (Biegsamkeit; Anpassungsfähigkeit); **Fle|xi|on,** die; -, -en (*Med.* Beugung; *Sprachwiss.* Deklination od. Konjugation)

Fle|xi|ta|ri|er, der; -s, - (jmd., der sehr selten Fleisch od. Fisch isst); **Fle|xi|ta|ri|e|rin,** die; -, -nen
fli|cken; Fli|cken, der; -s, -
Flick|flack, der; -s, -s (*Turnen* schneller Handstandüberschlag)
Flick|werk, das; -[e]s
Flie|der, der; -s, - (Zierstrauch; *landsch. für* Holunder); **flie|der|far|ben, flie|der|farbig; Flie|der|strauch**
Flie|ge, die; -, -n; **flie|gen;** flog, geflogen; fliegende Blätter; Fliegende Fische *(Zool.)*
Flie|gen|fän|ger; Flie|gen|ge|wicht (Körpergewichtsklasse im Sport); **Flie|gen|pilz**
Flie|ger (*auch ugs. für* Flugzeug); **Flie|geralarm; Flie|ge|rin; flie|ge|risch**
flie|hen; floh, geflohen; **flie|hend** (schräg nach hinten verlaufend)
Flieh|kraft (*für* Zentrifugalkraft)
Flie|se, die; -, -n; **flie|sen** (mit Fliesen versehen); **Flie|sen|le|ger; Flie|sen|le|ge|rin**
Fließ|band, das; *Plur.* ...bänder; **flie|ßen;** floss, geflossen; **flie|ßend** (ohne Stocken)
Flim|mer|kis|te (*ugs. für* Fernsehgerät); **flim|mern**
flink; Flink|heit, die; -
Flin|te, die; -, -n (Schrotgewehr)
Flip|chart, Flip-Chart, das *od.* der; -s, -s *od.* die; -, -s (Gestell mit einem darauf befestigten großen Papierblock)
Flip|per, der; -s, - (Spielautomat)
flip|pern (am Flipper spielen); ich flippere
Flirt [flœːɐ̯t], der; -s, -s (Liebelei); **flir|ten**
Flitt|chen (*ugs. abwertend für* leichtlebige junge Frau)
Flit|ter, der; -s, -; **Flit|ter|wo|chen**
flit|zen (*ugs. für* sausen, eilen); **Flit|zer** (*ugs. für* kleines, schnelles Fahrzeug)
floa|ten ['flɔʊ̯...] (*Wirtsch.* den Wechselkurs freigeben); **Floa|ting,** das; -s
Flo|cke, die; -, -n; **flo|cken; flo|ckig**
floh *vgl.* fliehen
Floh, der; -[e]s, Flöhe; **Floh|markt** (Trödelmarkt)
Floor, der; -s, -s (Discotanzboden)
Flop, der; -s, -s (Misserfolg); **flop|pen** *(ugs.)*

F

F

Flop|py Disk, Flop|py Disc, die; - -, - -s *(EDV)*
Flor, der; -s, -e, *selten* Flöre (dünnes Gewebe; samtartige Oberfläche eines Gewebes)
Flo|ra, die; -, Floren (Pflanzenwelt)
Flo|rett, das; -s, -e (leichte Stoßwaffe)
flo|rie|ren (blühen, gedeihen)
Flo|rist, der; -en, -en (Erforscher einer Flora; Blumenbinder); **Flo|ris|tin; flo|ris|tisch**
Flos|kel, die; -, -n ([inhaltsarme] Redensart); **flos|kel|haft**
Floß, das; -es, Flöße
Flos|se, die; -, -n
flö|ßen; Flö|ßer; Flö|ße|rin
Flö|te, die; -, -n; Flöte spielen, *aber* beim Flötespielen; [1]**flö|ten** (Flöte spielen)
[2]**flö|ten;** *nur in* flöten gehen (*ugs. für* verloren gehen)
Flö|tist, der; -en, -en (Flötenbläser); **Flö|tis|tin**
flott (rasch, flink); flott machen (*ugs. für* sich beeilen); *vgl. aber* flottmachen
Flot|te, die; -, -n; **flott|ma|chen** (*Seemannsspr.* zum Schwimmen bringen; *ugs. für* fahrbereit machen; finanziell unterstützen); *vgl.* flott; **flott|weg** (*ugs. für* zügig)
Flöz, das, *auch* der; -es, -e (abbaubare [Kohle]schicht)
Fluch, der; -[e]s, Flüche; **flu|chen**
[1]**Flucht,** die; -, -en (Fluchtlinie, Gerade)
[2]**Flucht,** die; -, -en (das Flüchten)
flucht|ar|tig; flüch|ten; sich flüchten
Flucht|ge|fahr; Flucht|hel|fer; Flucht|hel|fe|rin; flüch|tig; Flüch|tig|keits|feh|ler
Flücht|ling; Flücht|lings|la|ger; Flücht|lings|strom
Flucht|li|nie; Flucht|ver|such; Flucht|weg
Flug, der; -[e]s, Flüge; die Zeit vergeht im Flug[e]; **Flug|ab|wehr; Flug|be|glei|ter** (Steward); **Flug|be|glei|te|rin** (Stewardess); **flug|be|reit; Flug|be|trieb; Flug|blatt**
Flü|gel, der; -s, -; **Flü|gel|al|tar; flü|gel|lahm; Flü|gel|schlag; Flü|gel|tür**
Flug|gast
flüg|ge; flügge werden
Flug|ge|rät; Flug|ge|sell|schaft; Flug|ha|fen *vgl.* Hafen; **Flug|lärm; Flug|li|nie; Flug|lot|se; Flug|lot|sin; Flug|plan** *vgl.* [2]Plan; **Flug|platz; Flug|rei|se**
flugs (*veraltend für* schnell, sogleich)
Flug|schrei|ber (Gerät, das die technischen Daten eines Fluges aufzeichnet); **Flug|ti|cket; Flug|ver|kehr; Flug|zeug,** das; -[e]s, -e; **Flug|zeug|ab|sturz; Flug|zeug|bau,** der; -[e]s; **Flug|zeug|trä|ger**
Flu|i|dum, das; -s, ...da (*geh. für* von einer Person od. Sache ausströmende Wirkung)
Fluk|tu|a|ti|on, die; -, -en (Schwanken, Wechsel); **fluk|tu|ie|ren**
Flun|der, die; -, -n (ein Fisch)
Flun|ke|rei; flun|kern (*ugs. für* schwindeln)
Flunsch, der; -[e]s, -e *u.* die; -, -en (*ugs. für* verzogener Mund)
Flu|or, das; -s (chem. Element; *Zeichen* F); **Flu|o|res|zenz,** die; - (Aufleuchten unter Strahleneinwirkung); **flu|o|res|zie|ren;** fluoreszierender Stoff (Leuchtstoff)
[1]**Flur,** die; -, -en (nutzbare Landfläche; Feldflur)
[2]**Flur,** der; -[e]s, -e (Gang, Hausflur)
Flur|be|rei|ni|gung; Flur|buch (Kataster); **Flur|scha|den**
Fluss, der; -es, Flüsse; **fluss|ab|wärts;** flussabwärts fahren; **fluss|auf|wärts; Fluss|bett**
flüs|sig; flüssige (verfügbare) Gelder; flüssig schreiben, sprechen; Wachs flüssig machen; *vgl. aber* flüssigmachen
Flüs|sig|keit; flüs|sig|ma|chen ([Geld] verfügbar machen); wir mussten 1 000 Euro flüssigmachen; *vgl.* flüssig
Fluss|lauf; Fluss|pferd; Fluss|schiff|fahrt, Fluss-Schiff|fahrt; Fluss|ufer
flüs|tern; Flüs|ter|pro|pa|gan|da
Flut, die; -, -en; **flu|ten**
Flut|gra|ben; Flut|ka|ta|s|t|ro|phe; Flut|licht; Flut|op|fer
flut|schen (*ugs. für* gut vorankommen, -gehen); es flutscht
Flut|war|nung; Flut|wel|le

Fly|er ['flaɪ̯ɐ], der; -s, - (Informationszettel)
fö|de|ral (föderativ); **Fö|de|ra|lis|mus,** der; - ([Streben nach] Selbstständigkeit der einzelnen Länder innerhalb eines Staatsganzen); **fö|de|ra|lis|tisch; Fö|de|ra|ti|on,** die; -, -en (loser [Staaten]bund); **fö|de|ra|tiv** (bundesmäßig); **fö|de|riert** (verbündet)
foh|len (ein Fohlen zur Welt bringen); **Foh|len,** das; -s, -
Föhn, der; -[e]s, -e ([warmer] trockener Fallwind; *auch für* Haartrockner [als ®: Fön]); **föh|nen** (mit dem Föhn trocknen)
Fo|kus, der; -, -se (*Physik* Brennpunkt; *Med.* Krankheitsherd); **fo|kus|sie|ren** (scharf stellen; konzentrieren); **Fo|kus|sie|rung**
Fol|ge, die; -, -n; Folge leisten; zur Folge haben; in der Folge; *aber* demzufolge *(vgl. d.)*; infolge; zufolge; infolgedessen
Fol|ge|jahr; Fol|ge|kos|ten *Plur.*; **fol|gen;** er ist mir gefolgt (nachgekommen); er hat mir gefolgt (Gehorsam geleistet); der Text wird wie folgt (folgendermaßen) geändert
fol|gend; folgende [Seite] (*Abk.* f.); folgende [Seiten] (*Abk.* ff.); wir möchten Ihnen Folgendes mitteilen; das Folgende (das später Erwähnte; dieses); im Folgenden (später Erwähnten; diesem); mit Folgendem (hiermit) teilen wir Ihnen mit, …
fol|gen|der|ma|ßen
fol|gen|los; fol|gen|reich; fol|gen|schwer
fol|ge|rich|tig; fol|gern; Fol|ge|rung; Fol|ge|zeit; folg|lich; folg|sam
Fo|lie, die; -, -n (dünnes [Metall]blatt)
Folk [fɔʊ̯k], der; -[s] (an englischsprachige Volksmusik anknüpfende, populäre Musik); **Folk|band** […bɛnt], die
Fol|k|lo|re, die; - (volkstüml. Überlieferung; Volksmusik); **fol|k|lo|ris|tisch**
Fol|lo|w|er ['fɔlɔʊ̯ɐ], der; -s, -[s] (regelmäßiger Empfänger einer Nachricht beim Twittern); **Fol|lo|w|e|rin**
Fol|ter, die; -, -n; **Fol|ter|bank** *Plur.* …bänke; **Fol|te|rer; Fol|te|rin; Fol|ter|in|s|t|ru|ment; Fol|ter|kam|mer; fol|tern; Fol|te|rung**

Fon usw. *vgl.* Phon usw.
Fön® *vgl.* Föhn
Fond [fõ:], der; -s, -s (Hintergrund; Rücksitz im Wagen; Fleischsaft); *vgl. aber* Fonds
Fon|dant [fõ'dã:], der, *auch, österr. nur* das; -s, -s ([Konfekt aus] Zuckermasse)
Fonds [fõ:], der; -, - (Geldmittel, -vorrat, Bestand; *Plur. auch für* Anleihen); *vgl. aber* Fond; **fonds|ge|bun|den; Fonds|ma|na|ger; Fonds|ma|na|ge|rin**
Fon|due [fõ'dy:, *schweiz. auch* 'fõdy:], das; -s, -s *od.* die; -, -s (schweiz. Käsegericht; bei Tisch gegartes Fleischgericht)
Font, der; -s, -s (*EDV* Zeichensatz)
Fon|tä|ne, die; -, -n ([Spring]brunnen)
Fon|ta|nel|le, die; -, -n (*Med.* Knochenlücke am Schädel Neugeborener)
fop|pen (im Scherz irreführen); sie foppt dich nur; **Fop|pe|rei**
for|cie|ren (erzwingen); **for|ciert**
För|de, die; -, -n (*nordd. für* schmale, lange Meeresbucht)
För|der|band, das; *Plur.* …bänder; **För|de|rer; För|de|rin; För|der|kreis** (eines Museums u. Ä.); **För|der|kurs; för|der|lich; För|der|maß|nah|me; För|der|mit|tel** *Plur.*
for|dern
för|dern; För|der|pro|gramm; För|der|schu|le; För|der|stu|fe
For|de|rung
För|de|rung
For|de|rungs|ka|ta|log
För|der|ver|ein
Fo|rel|le, die; -, -n (ein Fisch)
fo|ren|sisch (gerichtlich)
For|ke, die; -, -n (*nordd. für* Heugabel)
Form, die; -, -en; in Form sein; in Form von; **for|mal** ([nur] der Form nach)
Form|al|de|hyd […'hy:t], der *od.* das; -s, -e (ein Gas als Desinfektionsmittel)
For|ma|lie […i̯ə], die; -, -n *meist Plur.* (formale Einzelheit); **For|ma|lis|mus,** der; -, …men (Überbetonung der Form, des rein Formalen); **for|ma|lis|tisch; For|ma|li|tät,** die; -, -en (Formsache; Vorschrift);

F

F

for|ma|li|ter (förmlich); **for|mal|ju|ris|tisch**
For|mat, das; -[e]s, -e; **for|ma|tie|ren** (*EDV* Daten anordnen; [einen Datenträger] zur Datenaufnahme vorbereiten)
For|ma|ti|on, die; -, -en (Anordnung; Gruppe, Verband; *Geol.* Zeitabschnitt, Folge von Gesteinsschichten)
form|bar; Form|bar|keit, die; -; **form|be|stän|dig; Form|blatt**
For|mel, die; -, -n; **for|mel|haft; for|mell** (förmlich, äußerlich); **For|mel-1-Wa|gen** [...'ʔaɪ̯ns...] (ein Rennwagen)
for|men; For|men|leh|re (Teil der Sprachlehre u. der Musiklehre); **for|men|reich**
Form|feh|ler; Form|fra|ge; Form|ge|bung
for|mi|da|bel (*veraltend für* furchtbar; *auch für* großartig); ...a|b|le Erscheinung
for|mie|ren; sich formieren
Form|kri|se *(Sport);* **förm|lich; Förm|lich|keit; form|los; Form|sa|che; form|schön**
For|mu|lar, das; -s, -e; **for|mu|lie|ren; For|mu|lie|rung; For|mung; form|voll|en|det**
forsch; for|scher; am for|sches|ten
for|schen; For|scher; For|sche|rin; For|scher|team; For|schung; For|schungs|ar|beit; For|schungs|be|richt; For|schungs|er|geb|nis; For|schungs|grup|pe; For|schungs|in|s|ti|tut; For|schungs|la|bor; For|schungs|pro|jekt; For|schungs|rei|se; For|schungs|zen|t|rum; For|schungs|zweck; zu Forschungszwecken
Forst, der; -[e]s, -e[n]; **Forst|amt**
Förs|ter; Förs|te|rin
Forst|haus; forst|lich; Forst|wirt|schaft
For|sy|thie [...tsi̯ə, ...ti̯ə, *österr. u. schweiz.* ...'ziːtsi̯ə], die; -, -n (ein Zierstrauch)
fort; fort sein; in einem fort
Fort [foːɐ̯], das; -s, -s (Festungswerk)
fort|an; er lebte fortan allein
Fort|be|stand, der; -[e]s; **fort|be|ste|hen**
fort|be|we|gen; sich fortbewegen; *vgl.* [1]bewegen; **Fort|be|we|gung**
fort|bil|den; Fort|bil|dung
fort|blei|ben; fort|brin|gen
Fort|dau|er; fort|dau|ern; fort|dau|ernd
for|te (*Musik* stark, laut; *Abk.* f); **For|te,** das; -s, *Plur.* -s *u.* ...ti
fort|ent|wi|ckeln; sich fortentwickeln; **Fort|ent|wick|lung**
For|te|pi|a|no, das; -s, *Plur.* -s *u.* ...ni (*alte Bez. für* Pianoforte)
fort|fah|ren
Fort|fall, der; -[e]s; **fort|fal|len**
fort|flie|gen
fort|füh|ren; Fort|füh|rung
Fort|gang, der; -[e]s; **fort|ge|hen**
fort|ge|schrit|ten; Fort|ge|schrit|te|ne, der *u.* die; -n, -n; **fort|ge|setzt**
for|tis|si|mo (*Musik* sehr stark, laut; *Abk.* ff); **For|tis|si|mo,** das; -s, *Plur.* -s *u.* ...mi
fort|ja|gen
fort|kom|men; Fort|kom|men, das
fort|lau|fen; fort|lau|fend
fort|pflan|zen; sich fortpflanzen; **Fort|pflan|zung,** die; -
fort|rei|ßen; fort|ren|nen; fort|schaf|fen; fort|schi|cken
fort|schrei|ben ([eine Statistik] fortlaufend ergänzen); **Fort|schrei|bung**
fort|schrei|ten; fort|schrei|tend
Fort|schritt; fort|schritt|lich; Fort|schritt|lich|keit, die; -; **fort|schritts|gläu|big**
fort|set|zen; Fort|set|zung; Fort|set|zungs|ro|man
fort|steh|len, sich
For|tune [...'tyːn], die; - (Glück, Erfolg); keine Fortune haben
fort|wäh|rend (andauernd)
fort|wer|fen; fort|zie|hen
Fo|rum, das; -s, *Plur.* ...ren *u.* ...ra (altröm. Marktplatz; öffentliche Diskussion)
Fos|bu|ry|flop, Fos|bu|ry-Flop [...bəri...], der; -s, -s (ein Hochsprungstil *[nur Sing.];* einzelner Sprung in diesem Stil)
fos|sil (versteinert; vorweltlich); fossile Brennstoffe (z. B. Kohle, Erdöl)
Fos|sil, das; -s, -ien ([versteinerter] Überrest von Tieren od. Pflanzen)
[1]**Fo|to,** das; -s, -s, *schweiz. auch* die; -, -s

(*kurz für* Fotografie); ²**Fo|to,** der; -s, -s (*ugs.; kurz für* Fotoapparat)

Fo|to|al|bum; Fo|to|ap|pa|rat; fo|to|gen, pho|to|gen (zum Fotografieren od. Filmen geeignet); **Fo|to|graf,** Pho|to|graph, der; -en, -en; **Fo|to|gra|fie,** Pho|to|gra|phie, die; -, ...ien; **fo|to|gra|fie|ren; Fo|to|gra|fin,** Pho|to|gra|phin; **fo|to|gra|fisch,** pho|to|gra|phisch; **Fo|to|han|dy; Fo|to|ko|pie; fo|to|ko|pie|ren; Fo|to|mo|dell; Fo|to|mon|ta|ge** (Zusammenstellung verschiedener Bildausschnitte zu einem Gesamtbild)

Fo|ton [*auch* fo'to:n] *vgl.* Photon

Fo|to|syn|the|se, Pho|to|syn|the|se [*auch* 'fo:...], die; -; **Fo|to|vol|ta|ik,** Pho|to|vol|ta|ik, die; - (Teilgebiet der Elektronik)

Fö|tus *vgl.* Fetus

foul [faʊ̯l] (*Sport* regelwidrig); **Foul,** das; -s, -s (Regelverstoß); **fou|len** *(Sport)*

Fox, der; -[es], -e (*kurz für* Foxterrier, Foxtrott); **Fox|ter|ri|er** (eine Hunderasse)

Fox|trott, der; -[e]s, *Plur.* -e *u.* -s (ein Tanz)

Fo|y|er [fo̯a'je:], das; -s, -s (Wandelhalle)

Fracht, die; -, -en; **Fracht|brief; Frach|ter** (Frachtschiff); **Fracht|gut; Fracht|schiff**

Frack, der; -[e]s, *Plur.* Fräcke, *seltener* -s

Fra|ge, die; -, -n; außer Frage stehen; etwas infrage *od.* in Frage stellen; **Fra|ge|bo|gen; fra|gen;** fragte, gefragt; **Fra|ge|rei** *(abwertend);* **Fra|ge|satz; Fra|ge|stel|lung; Fra|ge|stun|de** (im Parlament); **Fra|ge-und-Ant|wort-Spiel; Fra|ge|zei|chen**

fra|gil (zerbrechlich; zart)

frag|lich; frag|los

Frag|ment, das; -[e]s, -e (Bruchstück; unvollendetes Werk); **frag|men|ta|risch**

frag|wür|dig; Frag|wür|dig|keit

frais [frɛ:s], **frai|se** ['frɛ:zə] (erdbeerfarben)

Frak|ti|on, die; -, -en (organisatorischer Zusammenschluss [im Parlament]); **Frak|ti|ons|chef; Frak|ti|ons|che|fin; Frak|ti|ons|sit|zung; Frak|ti|ons|zwang**

Frak|tur, die; -, -en (*Med.* Knochenbruch; *nur Sing.:* dt. Schrift, Bruchschrift)

Franc [frã:], der; -, -s [frã:] (Währungseinheit einiger afrikanischer Staaten; frühere Währungseinheit in Belgien, Frankreich u. Luxemburg; *vgl.* Franken)

Fran|chise ['frɛntʃaɪ̯s], das; - (*Wirtsch.* Vertrieb aufgrund von Lizenzverträgen)

frank (frei, offen); frank und frei

Fran|ken, der; -s, - (schweiz. Währungseinheit [*Währungscode* CHF; *Abk.* Fr., sFr.; *im dt. Bankwesen* sfr, *Plur.* sfrs]); *vgl.* Franc

fran|kie|ren *(Postw.);* **Fran|kier|ma|schi|ne**

fran|ko|fon, fran|ko|phon (französischsprachig); **fran|ko|phil** (frankreichfreundlich)

Fran|se, die; -, -n; **fran|sen; fran|sig**

Franz|brannt|wein

Fran|zis|ka|ner, der; -s, - (Angehöriger eines Mönchsordens); **Fran|zis|ka|ne|rin** (Angehörige des Ordens der Franziskanerinnen); **Fran|zis|ka|ner|or|den,** der; -s; **fran|zis|ka|nisch**

fran|zö|sisch; die französische Schweiz *aber* die Französische Revolution; *vgl.* deutsch / Deutsch; **fran|zö|sisch|spra|chig** *vgl.* deutschsprachig

frap|pant (auffallend); **frap|pie|ren** (überraschen, Wein u. Sekt in Eis kühlen)

Frä|se, die; -, -n; **frä|sen; Fräs|ma|schi|ne**

Fraß, der; -es, -e

Fra|ter, der; -s, Fra|t|res ([Ordens]bruder); **fra|ter|ni|sie|ren** (sich verbrüdern); **Fra|t|res** (*Plur. von* Frater)

Fratz, der; *Gen.* -es, *österr.* -en, *Plur.* -e, *österr.* -en (ungezogenes Kind; schelmisches Mädchen); **Frat|ze,** die; -, -n (verzerrtes Gesicht; Grimasse); **frat|zen|haft**

frau (*bes. im feministischen Sprachgebrauch für* ¹man); **Frau,** die; -, -en (*Abk.* Fr.)

Frau|chen; Frau|en|arzt; Frau|en|ärz|tin; Frau|en|be|auf|trag|te

Frau|en|be|auf|trag|ter; Frau|en|be|we|gung; Frau|en|chor; frau|en|feind|lich; Frau|en|fuß|ball; Frau|en|haus (für Frauen, die von Männern misshandelt werden); **Frau|en|heil|kun|de,** die (*für* Gynäkologie); **Frau|en|held; Frau|en|lei|den; Frau|en|quo|te** (Anteil der Frauen [in Betrieben, Verwaltungen, Führungspositio-

F

nen]); **Frau|en|recht|le|rin; Frau|en|schuh** (*auch* eine Orchideenart); **Frau|en|zeit-schrift**

Fräulein
Heute ist es üblich, erwachsene weibliche Personen mit *Frau* anzusprechen, und zwar unabhängig von Alter und Familienstand.

F

Fräu|lein, das; -s, *Plur.* -, *ugs. auch* -s (*Abk.* Frl.)

frau|lich

Freak [fri:k], der; -s, -s (jmd., der sich [übertriebener stark] für etwas begeistert)

frech; Frech|dachs (*ugs. scherzh. für* freches Kind); **Frech|heit**

Free|clim|bing, das; -s, **Free Clim|bing**, das; - -s ['fri:klaɪmɪŋ] (Klettern ohne technische Hilfsmittel)

Free|mi|um ['fri:miəm], das; -s, -s (Software, deren Grundversion kostenlos angeboten wird)

Free|sie, die; -, -n (eine Zierpflanze)

Free|style, der; -[s], -s, **Free Style**, der; - -[s], - -s ['fri:staɪl] (freier Stil, freie [im Ggs. zu vorgeschriebener] Ausführungsart)

Free-TV, das; -[s], **Free TV**, das; - -[s] ['fri:tivi:, *auch* - ...'vi:] (gebührenfrei empfangbares Fernsehprogramm)

Fre|gat|te, die; -, -n (Kriegsschiff)

frei *s. Kasten*

Frei|bad; frei|be|kom|men, frei be|kommen *vgl.* frei; **Frei|be|ruf|ler; Frei|be|ruf|le|rin; frei|be|ruf|lich; Frei|be|trag; Frei|bier; frei blei|ben** *vgl.* frei; **Frei|den|ker; Frei|den|ke|rin; frei|den|ke|risch**

frei|en (*veraltet für* heiraten; um eine Frau werben); **Frei|er; Frei|ers|fü|ße** *Plur.; nur in* auf Freiersfüßen gehen *(scherzh.)*

Frei|ex|em|p|lar; Frei|flä|che; Frei|frau

Frei|ga|be; frei|ge|ben; es wurden neue Frequenzen für den Funk freigegeben *od.* frei gegeben; jmdm. den Nachmittag freigeben *od.* frei geben; *vgl.* frei

frei|ge|big; Frei|ge|big|keit, die; -

Frei|geist *Plur.* ...geister; **Frei|ge|län|de**

frei|gie|big (*svw.* freigebig)

frei|ha|ben, frei ha|ben (Urlaub, keinen Dienst haben); *vgl.* frei; **frei|hal|ten;** ich werde dich freihalten (für dich bezahlen); *aber* eine Rede frei (ohne Manuskript) halten; die Ausfahrt frei halten; **Frei|han|del**, der; -s; **Frei|han|dels|zo|ne; frei|hän|dig**

Frei|heit; frei|heit|lich; Frei|heits|be|raubung; Frei|heits|kämp|fer; Frei|heits|kämp|fe|rin; Frei|heits|krieg; frei|heits|lie|bend; Frei|heits|stra|fe

frei|he|r|aus; Frei|herr (*Abk.* Frhr.); **Frei|in** (Freifräulein); **Frei|kar|te; frei|kau|fen** (durch Zahlung eines Lösegeldes befreien); **Frei|kir|che;** eine protestantische Freikirche; **frei|kom|men** (loskommen); **Frei|kör|per|kul|tur**, die; - (*Abk.* FKK)

frei|las|sen, frei las|sen; die Gefangenen wurden freigelassen *od.* frei gelassen; **Frei|las|sung; Frei|lauf** *(Technik);* **frei|lau|fen**, sich *(Sport); aber* frei (ohne Leine, ohne Stütze) laufen; **frei le|bend, frei|le|bend** *vgl.* frei; **frei|le|gen, frei le|gen** (eine deckende Schicht entfernen)

frei|lich

Frei|licht|büh|ne; Frei|licht|mu|se|um

frei|ma|chen; einen Brief freimachen *(Postw.); aber* ein paar Tage freimachen *od.* frei machen (Urlaub machen); den Oberkörper frei machen *od.* freimachen; sich von Vorurteilen frei machen *od.* freimachen; *vgl.* frei

Frei|mau|rer; frei|mü|tig; frei|neh|men, frei neh|men; zwei Tage freinehmen *od.* frei nehmen; **frei|pres|sen** (durch Erpressung jmds. Freilassung erzwingen)

Frei|raum; frei|schaf|fend; ein freischaffender Künstler; **frei|schal|ten;** die Leitung wurde freigeschaltet; *aber* sie konnte ganz frei schalten (nach Belieben verfahren)

frei|set|zen (aus einer Bindung lösen); Kräfte freisetzen; **Frei|set|zung; frei|sin|nig; Frei|sprech|an|la|ge** (Einrichtung für Handy od. Telefon, die freihändiges Telefonieren ermöglicht); **frei|spre|chen** (für nicht schuldig erklären; *Handwerk* zum

frei

– *Bahn frei!; ich bin so frei!; frei nach Goethe*

I. Kleinschreibung:

– *der freie Fall; freie Wahlen; freier Eintritt; freier Journalist; freie Mitarbeiterin; die freie Liebe; die freie (nicht staatlich gelenkte) Marktwirtschaft; das Signal steht auf »frei«*

II. Großschreibung

a) der Substantivierung:

– *das Freie, im Freien, ins Freie; etwas Freies und Ungezwungenes*

b) in Namen und namenähnlichen Verbindungen:

– *Freie Deutsche Jugend* (in der DDR; Abk. *FDJ*); *Freie und Hansestadt Hamburg; die Freie Reichsstadt Nürnberg,* aber *Frankfurt war lange Zeit eine freie Reichsstadt*

– *Freier Architekt* (im Titel, sonst *[er ist ein] freier Architekt*)

III. Schreibung in Verbindung mit Verben u. Partizipien

a) Getrennt- u. Zusammenschreibung:

– *frei sein, frei werden, frei bleiben*

– *frei (für sich) stehen; ein frei stehendes* od. *freistehendes Haus*

– *frei (ohne Manuskript) sprechen* (vgl. aber *freisprechen*)

– *frei (ohne Stütze, ohne Leine) laufen; Eier von frei laufenden* od. *freilaufenden Hühnern (von Hühnern, die Auslauf haben)*

– *frei lebende* od. *freilebende Tiere*

– *die Ausfahrt frei halten, geben, lassen*

– *eine Rede frei halten* (vgl. aber *freihalten*)

– *den Oberkörper frei machen* od. *freimachen; sich von Vorurteilen frei machen* od. *freimachen;* (vgl. aber *freimachen*)

b) Zusammenschreibung, wenn eine idiomatisierte Gesamtbedeutung vorliegt:

– *freikaufen; freikommen; [jmdn.] freihalten; einen Brief freimachen; sich freischwimmen; jmdn. [von Schuld] freisprechen; [jmdm.] freistehen; jmdm. etwas [völlig] freistellen*

– *freischaffend, freitragend*

c) Wenn nicht eindeutig ist, ob eine idiomatisierte Gesamtbedeutung vorliegt, dann gilt Getrennt- oder Zusammenschreibung:

– *ein paar Tage freihaben* od. *frei haben*

– *den Tag freibekommen* od. *frei bekommen*

– *jmdm. freigeben* od. *frei geben*

– *Geiseln freibekommen* od. *frei bekommen*

– *jmdm. den Rücken freihalten* od. *frei halten*

Gesellen erklären); *aber* frei (ohne Manuskript) sprechen; **Frei|spruch**

Frei|staat *Plur.* ...staaten; **frei|ste|hen;** das soll dir freistehen (gestattet sein); *aber* die Wohnung hat lange frei gestanden *od.* freigestanden; ein frei stehendes *od.* freistehendes Haus; **frei|stel|len** (jmdm. etwas freistellen); **Frei|stel|lung; Frei|stil,** der; -s *(Sport);* **Frei|stoß** *(Fußball)*

Frei|tag, der; -[e]s, -e (*Abk.* Fr.); *vgl.* Dienstag; **frei|tags** *vgl.* Dienstag

Frei|tod (Selbstmord); **frei|tra|gend** *(Bauw.);* freitragende Treppen; **Frei|trep|pe; Frei|wild; frei|wil|lig;** die freiwillige Feuerwehr; *aber* die Freiwillige Feuerwehr Nassau; **Frei|zei|chen**

Frei|zeit; Frei|zeit|an|ge|bot; Frei|zeit|be|schäf|ti|gung; Frei|zeit|ge|stal|tung; Frei|zeit|klei|dung; Frei|zeit|park

frei|zü|gig; Frei|zü|gig|keit, die; -

fremd; fremd|ar|tig

[1]**Frem|de,** der *u.* die; -n, -n

[2]**Frem|de,** die; - (Ausland); in der Fremde

frem|den|feind|lich; Frem|den|feind|lich|keit; Frem|den|füh|rer; Frem|den|füh|re|rin; Frem|den|le|gi|on, die; -; **Frem|den-**

F

ver|kehr, der; -[e]s; **Frem|den|ver|kehrs|amt**
fremd|ge|hen (*ugs. für* in einer Partnerschaft untreu sein); **Fremd|heit,** die; - (das Fremdsein); **Fremd|herr|schaft** *Plur. selten;* **Fremd|ka|pi|tal; Fremd|kör|per; fremd|län|disch; Fremd|ling** *(geh. od. scherzh.);* **Fremd|spra|che; fremd|spra|chig** (eine Fremdsprache sprechend; in einer fremden Sprache geschrieben, gehalten); **fremd|sprach|lich** (eine fremde Sprache betreffend); **Fremd|wort** *Plur.* ...wörter; **Fremd|wör|ter|buch**
fre|ne|tisch (rasend)
fre|quen|tie|ren (*geh. für* häufig besuchen); **Fre|quenz,** die; -, -en (Schwingungszahl)
Fres|ke, die; -, -n (Wandmalerei auf feuchtem Kalkputz); **Fres|ko,** das; -s, ...ken
Fres|sa|li|en *Plur.* (*ugs. scherzh. für* Esswaren); **Fres|se,** die; -, -n (*derb für* Mund); **fres|sen;** fraß, gefressen; **Fres|ser; Fres|se|rei; Fres|se|rin; Fress|sack, Fress-Sack** (*ugs. für* gefräßiger Mensch)
Frett|chen, das; -s, - (Iltisart)
Freu|de, die; -, -n; [in] Freud und Leid; **Freu|den|fest; Freu|den|haus** (*verhüllend für* Bordell); **Freu|den|tanz; Freu|den|trä|ne**
freu|de|strah|lend; freu|dig; freud|los
freu|en; sich freuen
freund *(veraltend);* jmdm. freund (freundlich gesinnt) sein, bleiben, werden; **Freund,** der; -[e]s, -e; jmds. Freund bleiben, sein, werden; gut Freund [mit jmdm.] sein; **Freund|chen** *(meist [scherzh.] drohend als Anrede);* **Freun|des|kreis; Freun|din**
freund|lich (*Abk.* frdl.); **Freund|lich|keit**
Freund|schaft; freund|schaft|lich; Freund|schafts|spiel *(Sport)*
Fre|vel, der; -s, - (Verbrechen); **fre|vel|haft; Frev|ler; Frev|le|rin; frev|le|risch**
Frie|de, der; -ns, -n (*seltener für* Frieden)
Frie|den, der; -s, -; **Frie|dens|ab|kom|men; Frie|dens|be|we|gung; Frie|dens|ge|spräch; Frie|dens|kon|fe|renz; Frie|dens|no|bel|preis; Frie|dens|pfei|fe; Frie|dens|preis; Frie|dens|pro|zess; Frie|dens|schluss; Frie|den[s]|stif|ter; Frie|den[s]|stif|te|rin; Frie|dens|ver|hand|lung** *meist Plur.;* **Frie|dens|ver|trag**
fried|fer|tig; Fried|hof; Fried|hofs|ka|pel|le; fried|lich; fried|lie|bend; fried|voll
frie|ren; fror, gefroren; ich friere an den Füßen; mich friert an den Füßen
Fries, der; -es, -e (Gesimsstreifen)
fri|gid, fri|gi|de (*Med. veraltend od. abwertend für* sexuell nicht erregbar, nicht zum Orgasmus fähig); **Fri|gi|di|tät,** die; -
Fri|ka|del|le, die; -, -n
Fri|kas|see, das; -s, -s (Gericht aus klein geschnittenem Fleisch)
Fris|bee® [...bi], das; -[s], -s (Wurfscheibe)
frisch; etw. frisch halten; sich frisch machen *od.* frischmachen; die Tür wurde frisch gestrichen; das frisch gebackene *od.* frischgebackene Brot; *vgl. aber* frischgebacken; **frisch|auf!** *(veraltend)*
Fri|sche, die; -; **frisch-fröh|lich**
frisch|ge|ba|cken; ein frischgebackenes (gerade erst getrautes) Ehepaar; *vgl.* frisch; **frisch ge|stri|chen, frisch|ge|stri|chen; Frisch|hal|te|pa|ckung**
Frisch|ling (junges Wildschwein)
frisch|weg (munter; ohne Hemmungen); frischweg erzählen
Fri|seur [...'zøːɐ̯], Fri|sör, der; -s, -e; **Fri|seu|rin** [...'zøː...], Fri|sö|rin; **Fri|seur|sa|lon,** Fri|sör|sa|lon; **Fri|seu|se** [...'zøːzə], die; -, -n (*ugs., sonst veraltet für* Friseurin); **fri|sie|ren; Fri|sör** usw. *vgl.* Friseur usw.
Frist, die; -, -en; **fris|ten; frist|ge|mäß; frist|ge|recht; frist|los**
Fri|sur, die; -, -en
Frit|te, die; -, -n (Schmelzgemenge; *Plur. ugs. auch für* Pommes frites); **Frit|ten|bu|de** (*ugs. für* Imbissstube)
Frit|teu|se [...'tøː...], die; -, -n (elektr. Gerät zum Frittieren); **frit|tie|ren** (in schwimmendem Fett braten)
fri|vol (schlüpfrig); **Fri|vo|li|tät,** die; -, -en
froh; froh gelaunt *od.* frohgelaunt; frohes Ereignis, *aber* die Frohe Botschaft (Evangelium); **froh|ge|mut**

fröh|lich; Fröh|lich|keit, die; -
froh|lo|cken; sie hat frohlockt; **Froh|na|tur; Froh|sinn,** der; -[e]s
fromm; fröm|mer *od.* from|mer, frömms|te *od.* fromms|te; **Fröm|me|lei; fröm|meln** (sich [übertrieben] fromm zeigen); **Fröm|mig|keit,** die; -; **frömm|le|risch**
Fron, die; -, -en (dem Lehnsherrn zu leistende Arbeit); **Fron|ar|beit** (*schweiz. auch für* unbezahlte Gemeinschaftsarbeit für Gemeinde, Verein o. Ä.); **Fron|dienst; fronen** (Frondienste leisten)
frö|nen (sich einer Neigung, Leidenschaft o. Ä. hingeben)
Fron|leich|nam, der; -s *(meist ohne Artikel)* (kath. Fest)
Front, die; -, -en; Front machen
fron|tal; Fron|tal|zu|sam|men|stoß
Front|an|trieb
Fron|tex, die; - *meist ohne Artikel* (EU-Grenzschutzbehörde)
Front|li|nie; Front|mann *Plur.* ...männer, *seltener* ...leute (Musiker im Vordergrund einer Gruppe)
Frosch, der; -[e]s, Frösche; **Frosch|laich; Frosch|per|s|pek|ti|ve; Frosch|schen|kel**
Frost, der; -[e]s, Fröste; **Frost|beu|le; frösteln; Fros|ter,** der; -s, - (Tiefkühlteil einer Kühlvorrichtung); **frost|frei; fros|tig; Frost|scha|den; Frost|schutz**
Frot|tee ['frɔte, *österr.* ...'te:], das *od.* der; -[s], -s ([Kleider]stoff aus gekräuseltem Zwirn; *auch für* Frottiergewebe); **frot|tieren; Frot|tier|tuch** *Plur.* ...tücher
Frot|ze|lei; frot|zeln (*ugs. für* necken)
Frucht, die; -, Früchte; **frucht|bar; Fruchtbar|keit,** die; -; **Frucht|bla|se; fruchtbrin|gend, Frucht brin|gend;** fruchtbringende *od.* Frucht bringende Gespräche
Frücht|chen (*ugs. auch für* kleiner Taugenichts); **Früch|te|brot; fruch|ten;** es fruchtet nichts; **Frucht|fleisch; fruch|tig** (z. B. vom Wein); **Frucht|jo|ghurt, Frucht|jogurt; Frucht|kno|ten** *(Bot.);* **frucht|los** (nutzlos); **Frucht|pres|se; Frucht|saft; Frucht|was|ser,** das; -s; **Frucht|zu|cker**

fru|gal (mäßig; einfach; bescheiden)
früh; von früh bis spät; von morgens früh bis abends spät; ich muss immer morgens früh aufstehen (*aber* frühmorgens hat es noch geregnet); morgen früh, *bes. österr. auch* morgen Früh schlafe ich aus; von früh auf
Früh, die; - (*südd., österr. für* Frühe)
Früh|auf|ste|her; Früh|auf|ste|he|rin
Früh|chen (Frühgeborenes); **Frü|he,** die; -; in der Frühe; in aller Frühe; bis in die Früh; **frü|her; Früh|er|ken|nung,** die; - *(bes. Med.);* **frü|hes|tens,** frühs|tens; **frü|hest|mög|lich; Früh|ge|burt**
Früh|jahr; Früh|jahrs|mü|dig|keit
früh|kind|lich
Früh|ling, der; -s, -e; **Früh|lings|an|fang; früh|ling[s]|haft**
früh|mor|gens; früh|reif; Früh|rent|ner; Früh|rent|ne|rin; Früh|schop|pen; Früh|som|mer; Früh|sport, der; -[e]s; **frühstens,** frü|hes|tens
Früh|stück; früh|stü|cken; Früh|stückspau|se; Früh|stücks|tisch
früh|ver|ren|ten *(Amtsspr.)*
früh ver|stor|ben, früh|ver|stor|ben
Früh|warn|sys|tem *(Militär);* **Früh|werk; Früh|zeit; früh|zei|tig**
Frust, der; -[e]s (*ugs. für* Frustration); **Frus|t|ra|ti|on,** die; -, -en (*Psychol.* Enttäuschung durch Verzicht auf od. Versagung von Befriedigung); **frus|t|rie|ren** *(Psychol.);* **frus|t|riert**
FSJ, das; -[s], -[s] = Freiwilliges Soziales *od.* freiwilliges soziales Jahr
Fuchs, der; -es, Füchse; **Fuchs|bau** *Plur.* ...baue; **fuch|sen** (*ugs. für* [sich] ärgern)
Fuch|sie, die; -, -n (eine Zierpflanze)
fuch|sig (fuchsrot; fuchswild); **Füch|sin; Fuchs|jagd; Fuchs|pelz; fuchs|rot; Fuchs|schwanz; fuchs|[teu|fels|]wild**
Fuch|tel (*früher für* breiter Degen; strenge Zucht); unter jmds. Fuchtel stehen; **fuchteln**
Fu|der, das; -s, - (Fuhre; Hohlmaß für Wein)
Fuff|zi|ger, der; -s, - (*landsch. für* Münze od.

F

Schein mit dem Wert 50); ein falscher Fuffziger (*ugs. für* unaufrichtiger Mensch)
Fug, der; *in* mit Fug und Recht
[1]**Fu|ge,** die; -, -n (schmaler Zwischenraum; Verbindungsstelle)
[2]**Fu|ge,** die; -, -n (Musikstück)
fü|gen; sich fügen
Fu|gen-s, das; -, -; *z. B. in* Lebenszeichen
füg|sam; Füg|sam|keit, die; -; **Fü|gung**
fühl|bar; füh|len; Füh|ler
Fuh|re, die; -, -n
füh|ren; Buch führen; jmdn. spazieren führen; **füh|rend; Füh|rer; Füh|re|rin; Füh|rer|schein**
Fuhr|mann *Plur.* ...männer *u.* ...leute; **Fuhr|park**
Füh|rung; Füh|rungs|ebe|ne; Füh|rungs|kraft; Füh|rungs|po|si|ti|on; Füh|rungs|rie|ge; Füh|rungs|rol|le; Füh|rungs|spit|ze; Füh|rungs|stil; Füh|rungs|tref|fer *(Sport);* **Füh|rungs|zeug|nis**
Fuhr|werk; fuhr|wer|ken
Fül|le, die; -; **fül|len; Fül|ler; Füll|[fe|der|]hal|ter**
Full HD, das; - -[s] *meist ohne Artikel,* **Full-HD,** das; -[s] *meist ohne Artikel* ['fʊl-haː(')deː] (bes. hochauflösendes HDTV)
fül|lig; Füll|sel, das; -s, -
Full|time-Job, Full|time|job [...taɪm...] (Ganztagsarbeit)
Fül|lung
ful|mi|nant (glänzend, prächtig)
Fum|me|lei; fum|meln (*ugs. für* sich an etwas zu schaffen machen)
Fun [fan], der; -s (Vergnügen)
Fund, der; -[e]s, -e
Fun|da|ment, das; -[e]s, -e; **fun|da|men|tal** (grundlegend; schwerwiegend); **Fun|da|men|ta|lis|mus,** der; -; **Fun|da|men|ta|list,** der; -en, -en (jmd., der kompromisslos an seinen Grundsätzen festhält); **Fun|da|men|ta|lis|tin; fun|da|men|ta|lis|tisch**
Fund|amt *(bes. österr.);* **Fund|bü|ro; Fund|gru|be**
fun|die|ren (gründen; mit Mitteln versehen); **fun|diert** (begründet)
fün|dig (*Bergmannsspr.* ergiebig, reich); fündig werden (etwas entdecken); **Fund|ort**
Fund|rai|sing, Fund-Rai|sing ['fantreɪzɪŋ], das; -[s], -s (Spendensammeln)
Fund|sa|che; Fund|stel|le; Fund|stück
Fun|dus, der; -, - (Grund u. Boden; Grundlage; Bestand an Kostümen, Kulissen usw.)
fünf; die fünf Sinne; die Fünf *od.* fünf Weisen (Sachverständigenrat); wir sind heute zu fünfen *od.* zu fünft; fünf gerade sein lassen (*ugs. für* nicht so genau nehmen)
Fünf, die; -, -en (Zahl); eine Fünf würfeln, schreiben; *vgl.* [1]Acht *u.* Eins
Fünf|cent|stück (*mit Ziffer* 5-Cent-Stück); **Fünf|eck; Fün|fer** (*ugs. auch für* Münze od. Schein mit dem Wert 5); *vgl.* Achter; **fün|fer|lei; Fün|fer|rei|he;** in Fünferreihen; **Fünf|eu|ro|schein** (*mit Ziffer* 5-Euro-Schein); **fünf|fach; fünf|hun|dert** (*als röm. Zahlzeichen* D); **fünf|jäh|rig** *vgl.* achtjährig; **Fünf|kampf; Fünf|ling; fünf|mal** *vgl.* achtmal; **fünf|stel|lig; fünft** *vgl.* fünf; **Fünf|ta|ge|wo|che; fünf|tä|gig** *vgl.* -tägig; **fünf|tau|send**
fünf|te; der Fünfte Kontinent (Australien); *vgl.* achte; **fünf|tel** *vgl.* achtel; **Fünf|tel,** das, *schweiz. meist* der; -s, -; *vgl.* Achtel; **fünf|tens**
fünf|und|zwan|zig; fünf|zehn *vgl.* acht
fünf|zig usw. *vgl.* achtzig usw.; **Fünf|zig|cent|stück** (*mit Ziffern* 50-Cent-Stück)
Fünf|zi|ger, der; -s, - (*ugs. auch für* Münze od. Schein mit dem Wert 50); *vgl.* Fuffziger
Fünf|zig|eu|ro|schein (*mit Ziffern* 50-Euro-Schein); **fünf|zig|jäh|rig** *vgl.* achtjährig
fun|gie|ren (eine bestimmte Funktion ausüben); er hat als Zeuge fungiert
Funk, der; -s; **Funk|aus|stel|lung**
Fünk|chen; Fun|ke, Fun|ken, der; ...kens, ...ken; eine Funken sprühende *od.* funkensprühende Leitung
fun|keln; fun|kel|na|gel|neu *(ugs.)*
fun|ken (durch Funk übermitteln)
Fun|ken *vgl.* Funke; **Fun|ken sprü|hend, fun|ken|sprü|hend** *vgl.* Funke
Fun|ker; Fun|ke|rin; Funk|ge|rät; Funk-

haus; Funk|kol|leg; Funk|si|g|nal; Funk|spruch; Funk|stil|le; Funk|stö|rung; Funk|strei|fe; Funk|ta|xi; Funk|tech|nik
Funk|ti|on, die; -, -en (Tätigkeit; Aufgabe; Wirkungsweise; *Math.* abhängige Größe)
funk|ti|o|nal (funktionell); **Funk|ti|o|na|li|tät,** die; -, -en; **Funk|ti|o|när,** der; -s, -e; **Funk|ti|o|nä|rin; funk|ti|o|nell** (eine Funktion erfüllend); **funk|ti|o|nie|ren; funk|ti|ons|fä|hig; Funk|ti|ons|fä|hig|keit; funk|ti|ons|tüch|tig; Funk|ti|ons|wei|se**
Funk|turm; Funk|ver|bin|dung
Fun|zel, die; -, -n (*ugs. für* schlecht brennende Lampe)
für (*Abk.* f.); *Präp. mit Akk.:* für ihn; ein für alle Mal; für und wider, *aber* das Für und [das] Wider; *vgl.* fürs
Für|bit|te
Fur|che, die; -, -n; **fur|chig**
Furcht, die; -; jmdm. Furcht einflößen; Furcht erregen; **furcht|bar; Furcht ein|flö|ßend, furcht|ein|flö|ßend;** eine Furcht einflößende *od.* furchteinflößende Gestalt, *aber nur* eine große Furcht einflößende Gestalt, eine noch furchteinflößendere Gestalt; **fürch|ten; fürch|ter|lich**
furcht|er|re|gend, Furcht er|re|gend; ein furchterregender *od.* Furcht erregender Auftritt, *aber nur* ein große Furcht erregender Auftritt, ein noch furchterregenderer Auftritt; **furcht|los; Furcht|lo|sig|keit,** die; -; **furcht|sam; Furcht|sam|keit,** die; -
für|ei|n|an|der; füreinander da sein, leben
Fu|rie [...riə], die; -, -n (Rachegöttin; wütende Frau)
Fur|nier, das; -s, -e (dünnes Deckblatt aus wertvollem Holz)
Fu|ro|re, die; -, *seltener* das; -s; Furore machen ([durch Erfolg] Aufsehen erregen)
fürs (für das); fürs Erste
Für|sor|ge, die; -; **Für|sor|ge|pflicht; für|sorg|lich** (pfleglich, liebevoll); **Für|spra|che; Für|spre|cher; Für|spre|che|rin**
Fürst, der; -en, -en; **Fürs|ten|tum; Fürs|tin; fürst|lich**
Furt, die; -, -en
Fu|run|kel, der, *auch* das; -s, - (Geschwür)
für|wahr (*geh. veraltend*)
Für|wort, das; -[e]s, ...wörter (*für* Pronomen)
Furz, der; -es, Fürze (*derb für* abgehende Blähung)
Fu|sel, der; -s, - (*ugs. für* schlechter Branntwein)
Fu|si|on, die; -, -en (Verschmelzung, Zusammenschluss); **fu|si|o|nie|ren**
Fuß, der; -es, Füße; drei Fuß lang; zu Fuß gehen; zu Füßen fallen; Fuß fassen; das Regal ist einen Fuß breit; der Weg ist kaum fußbreit; *vgl.* Fußbreit
Fuß|ball; Fußball spielen, *aber* das Fußballspielen; **Fuß|ball|club** *vgl.* Fußballklub; **Fuß|bal|ler; Fuß|bal|le|rin; fuß|bal|le|risch; Fuß|ball|fan; Fuß|ball|klub,** Fußball|club; **Fuß|ball-Län|der|spiel, Fuß|ball|län|der|spiel; Fuß|ball|mann|schaft; Fuß|ball|platz; Fuß|ball|pro|fi; Fuß|ball|spie|ler; Fuß|ball|spie|le|rin; Fuß|ball|sta|di|on; Fuß|ball|star** *vgl.* [2]Star; **Fuß|ball|trai|ner; Fuß|ball|trai|ne|rin; Fuß|ball|tur|nier; Fuß|ball|ver|ein; Fuß|ball|welt|meis|ter|schaft;** *Abk.:* Fußball-WM
Fuß|bo|den; fuß|breit; eine fußbreite Rinne; *vgl.* Fuß
Fuß|breit, der; -, - (Maß); keinen Fußbreit *od.* Fuß breit weichen; *vgl.* Fuß; **Füß|chen**
Fus|sel, die; -, -n, *auch* der; -s, -[n] (Faserstückchen); **fus|se|lig,** fuss|lig; sich den Mund fusselig *od.* fusslig reden; **fus|seln**
fu|ßen; auf einem Vertrag fußen
Fuß|en|de; Fuß|fall, der; **Fuß|gän|ger; Fuß|gän|ge|rin; Fuß|gän|ger|über|weg; Fuß|gän|ger|zo|ne; fuß|hoch;** das Wasser steht fußhoch; *vgl.* Fuß
...fü|ßig (z. B. vierfüßig)
fuss|lig *vgl.* fusselig
Fuß|marsch, der; **Fuß|no|te; Fuß|pilz; Fuß|soh|le; Fuß|stap|fe,** die; -, -n, **Fuß|stap|fen,** der; -s, -; **fuß|tief;** fußtiefe Löcher; *vgl.* Fuß; **Fuß|tritt; Fuß|volk; Fuß|weg**
Fu|ton, der; -s, -s (jap. Matratze)

F

fụtsch (*ugs. für* weg, verloren)
[1]**Fụt|ter,** das; -s, - *Plur. selten* (Nahrung [der Tiere])
[2]**Fụt|ter,** das; -s, - (innere Stoffschicht der Oberbekleidung)
Fut|te|ra̱l, das; -s, -e (Hülle; Behälter)
Fụt|ter|mit|tel, das; **fụt|tern** (*ugs. scherzh. für* essen); ich futtere; [1]**fụ̈t|tern;** den Hund füttern; ich füttere; [2]**fụ̈t|tern** ([2]Futter einlegen); **Fụt|ter|trog; Fụ̈t|te|rung**
Fu|tu̱r, das; -s, -e *Plur. selten* (*Sprachwiss.* Zukunft); **Fu|tu|rị|s|mus,** der; - (Kunstrichtung des 20. Jh.s); **fu|tu|rị|s|tisch**
Fụz|zi, der; -s, -s (*ugs. für* nicht ganz ernst zu nehmender Mensch)

G g

g, G, das; -, - (Tonbezeichnung)
G (Buchstabe); das G; des G, die G, *aber* das g in Lage; der Buchstabe G, g
Ga̱|bar|di|ne [...di:n, *auch* ...'di:n], der; -s, *auch* [...'di:nə], die; - (ein Gewebe)
Ga̱|be, die; -, -n
Ga̱|bel, die; -, -n; **Gä̱|bel|chen; ga̱|beln; Ga̱|bel|stap|ler; Ga̱|be|lung, Ga̱b|lung**
ga̱|ckern
ga̱f|fen *(abwertend);* **Ga̱f|fer; Ga̱f|fe|rin**
Gag [gɛk], der; -s, -s (witziger Einfall)
ga̱|ga (*ugs. für* nicht recht bei Verstand)
Ga̱|ge [...ʒə], die; -, -n (Künstlerhonorar)
gäh|nen; Gäh|ne|re̱i
Ga̱|la [*auch* 'gala], die; -, -s (Festkleid; festliche Veranstaltung); **Ga̱|la|emp|fang**
ga|lạk|tisch (zur Galaxis gehörend)
ga|lạnt (betont höflich); **Ga|lan|te|ri̱e,** die; -, ...ri̱en (Höflichkeit [gegenüber Frauen])
Ga|la|xi̱e, die; -, ...xi̱en (*Astron.* großes Sternsystem); **Ga|la̱|xis,** die; -, ...xi̱en (die Milchstraße *[nur Sing.]; selten für* Galaxie)
Ga|lee̱|re, die; -, -n (Ruderkriegsschiff)
Ga|le|ri̱e, die; -, ...i̱en; **Ga|le|rị|st,** der; -en, -en (Leiter einer Galerie); **Ga|le|rị|s|tin**
Gạl|gen, der; -s, -; **Gạl|gen|frist; Gạl|gen|hu|mor**
Ga|li|o̱ns|fi|gur
Gạl|le, die; -, -n; **gạl|le[n]|bị|t|ter; Gạl|len|bla|se; Gạl|len|ko|lik; Gạl|len|stein**
Gạl|lert [*auch* ...'lɛ...], das; -[e]s, -e (durchsichtige, steife Masse); **gal|lert|ar|tig; Gal|lẹr|te,** die; -, -n (*svw.* Gallert)
gạl|lig (gallebitter; verbittert)
Ga|lọpp, der; -s, *Plur.* -s *u.* -e; **ga|lop|pi̱e|ren; Ga|lọpp|renn|bahn**
gal|va|ni|si̱e|ren (durch Elektrolyse mit Metall überziehen)
Ga|ma̱|sche, die; -, -n (über den Schuh gezogener Strumpf)
Gạm|be, die; -, -n (ein Streichinstrument)
Game|boy® ['gɛi̯mbɔi̯], der; -[s], -s (eine Spielkonsole)
Gạm|ma, das; -[s], -s (griech. Buchstabe; *Γ, γ*); **Gạm|ma|strah|len, γ-Strah|len** ['gama...] *Plur.* (*Physik, Med.* radioaktive Strahlen, kurzwellige Röntgenstrahlen)
Gạm|mel|fleisch (*ugs. für* verdorbenes Fleisch); **gạm|me|lig,** gạmm|lig (*ugs. für* verkommen; verdorben, faulig); **gạm|meln** *(ugs.);* **Gạmm|ler; Gạmm|le|rin**
Gạms, die; -, -[en] *od.* der; -[en], -[en], *Jägerspr. u. landsch.* das; -[en], -[en] (*bes. Jägerspr. u. landsch. für* Gämse); **Gạms|bart, Gä̱ms|bart; Gạms|bock, Gạ̈ms|bock; Gạ̈m|se,** die; -, -n
gạng; *nur noch in* gang und gäbe sein (allgemein üblich sein)
[1]**Gạng,** der; -[e]s, Gänge; im Gang[e] sein; in Gang bringen, halten, setzen
[2]**Gang** [gɛŋ], die; -, -s ([Verbrecher]bande)
Gạng|art; gạng|bar
Gạ̈n|gel|band, das; -[e]s, ...bänder; **gạ̈n|geln** (dauernd bevormunden); ich gäng[e]le
gạ̈n|gig; eine gängige Methode
Gan|g|li|en|zel|le ['gaŋ(g)liən...] (*Biol.* Nervenzelle)
Gạng|schal|tung

Gangs|ter ['gɛ...], der; -s, - ([Schwer]verbrecher); **Gangs|ter|boss; Gangs|te|rin**
Gang|way ['gɛŋvɛɪ̯], die; -, -s (Laufgang zum Besteigen eines Schiffes od. Flugzeuges)
Ga|no|ve, der; -n, -n (*ugs. abwertend für* Gauner, Betrüger); **Ga|no|vin**
Gans, die; -, Gänse; **Gäns|chen; Gän|se|blüm|chen; Gän|se|bra|ten; Gän|se|füß|chen** (*ugs. für* Anführungsstrich); **Gän|se|haut; Gän|se|marsch,** der; -[e]s, ...märsche *Plur. selten;* **Gän|se|rich,** der; -s, -e
ganz; ganz und gar; ganze Zahlen *(Math.);* in ganz Berlin; etw. wieder ganz machen *od.* ganzmachen (*ugs. für* reparieren); das [große] Ganze; als Ganzes; ums Ganze; aufs Ganze gehen; im Ganzen [gesehen]; im großen Ganzen; im Großen und Ganzen; **Gän|ze;** *nur in Wendungen wie* zur Gänze (ganz, vollständig)
Ganz|heit, die; -; **ganz|heit|lich; ganz|jäh|rig; ganz|lei|nen** (aus reinem Leinen); **gänz|lich; ganz ma|chen, ganz|ma|chen** *vgl.* ganz; **ganz|sei|tig;** eine ganzseitige Anzeige; **ganz|tä|gig; Ganz|tags|schu|le**
[1]**gar** (fertig gekocht; *südd., österr. ugs. für* zu Ende); das Fleisch ist noch nicht ganz gar; das Fleisch gar kochen *od.* garkochen
[2]**gar** (überhaupt; *stets getrennt geschrieben*); ganz und gar, gar kein, gar nicht, gar nichts; gar sehr
Ga|ra|ge [...ʒə], die; -, -n; **ga|ra|gie|ren** (*österr. für* [Wagen] einstellen)
Ga|rant, der; -en, -en; **Ga|ran|tie,** die; -, ...ien; **ga|ran|tie|ren; ga|ran|tiert; Ga|ran|tie|schein; Ga|ran|tin**
Ga|r|aus, der; *nur in* jmdm. den Garaus machen (jmdn. töten)
Gar|be, die; -, -n (Getreidebündel)
Gar|de, die; -, -n (*Militär* Elitetruppe); **Gar|de|re|gi|ment**
Gar|de|ro|be, die; -, -n; **Gar|de|ro|bi|er** [...'bi̯e:], der; -s, -s (*Theater* jmd., der Künstler[innen] u. ihre Kostüme betreut); **Gar|de|ro|bi|e|re,** die; -, -n
Gar|di|ne, die; -, -n; **Gar|di|nen|pre|digt** *(ugs.);* **Gar|di|nen|stan|ge**
Gar|dist, der; -en, -en (Soldat der Garde); **Gar|dis|tin**
ga|ren (gar kochen)
gä|ren; es gor (*auch, bes. in übertr. Bedeutung* gärte); gegoren (*auch* gegärt)
gar ge|kocht, gar|ge|kocht
Garn, das; -[e]s, -e
Gar|ne|le, die; -, -n (ein Krebstier)
gar nicht; gar nichts *vgl.* [2]gar
gar|nie|ren (schmücken, verzieren); **Gar|nie|rung**
Gar|ni|son, die; -, -en
Gar|ni|tur, die; -, -en
gars|tig; Gars|tig|keit
Gär|stoff
Gar|ten, der; -s, Gärten; **Gar|ten|ar|beit; Gar|ten|bank** *Plur.* ...bänke; **Gar|ten|bau,** der; -[e]s; **Gar|ten|haus; Gar|ten|schau; Gar|ten|schlauch; Gar|ten|zaun; Gar|ten|zwerg; Gärt|ner; Gärt|ne|rei; Gärt|ne|rin; gärt|ne|risch; gärt|nern**
Gä|rung; Gä|rungs|pro|zess
Gar|zeit
Gas, das; -es, -e; Gas geben; **gas|för|mig; Gas|hahn; Gas|hei|zung; Gas|herd; Gas|lei|tung; Gas|mas|ke; Ga|so|me|ter,** der; -s, - (*veraltend für* großer Gasbehälter); **Gas|pe|dal; Gas|pis|to|le**
Gäss|chen; Gas|se, die; -, -n (enge, schmale Straße; *österr. in bestimmten Verwendungen auch für* Straße)
Gas|si; *nur in* Gassi gehen (*ugs. für* den Hund ausführen)
Gast, der; -[e]s, *Plur.* Gäste *u.* (*Seemannsspr. für* bestimmte Matrosen:) -en; **Gast|ar|bei|ter** *(veraltend);* **Gast|ar|bei|te|rin; Gäs|te|buch; Gäs|te|haus; Gäs|te-WC; Gäs|te|zim|mer; Gast|fa|mi|lie; gast|freund|lich; Gast|freund|schaft; Gast|ge|ber; Gast|ge|be|rin; Gast|haus; Gast|hof; gas|tie|ren** *(Theater);* **gast|lich**
Gas|t|ri|tis, die; -, ...iti̱den (*Med.* Magenschleimhautentzündung)
Gas|t|ro|nom, der; -en, -en (Gastwirt); **Gas|t|ro|no|mie,** die; - (Gaststättengewerbe); **Gas|t|ro|no|min; gas|t|ro|no|misch**

G

G

Gast|spiel; Gast|stät|te; Gast|stu|be
Gast|wirt; Gast|wir|tin; Gast|wirt|schaft
Gas|ver|gif|tung; Gas|zäh|ler
Gate [gɛɪ̯t], das; -s, -s (Flugsteig)
Gat|te, der; -n, -n
Gat|ter, das; -s, - (Gitter, [Holz]zaun)
Gat|tin
Gat|tung
Gau, der, *landsch.* das; -[e]s, -e
GAU, der; -s, -s = **g**rößter **a**nzunehmender **U**nfall
Gau|cho [...tʃo], der; -[s], -s (südamerik. Viehhirt)
Gau|di, die; -, *österr. nur so, auch* das; -s (*ugs. für* Gaudium)
gau|keln *(veraltend);* **Gauk|ler; Gauk|le|rin**
Gaul, der; -[e]s, Gäule
Gau|men, der; -s, -
Gau|ner, der; -s, -; **Gau|ner|ban|de; Gau|ne|rei; Gau|ne|rin; gau|ne|risch; gau|nern; Gau|ner|spra|che**
gay [gɛɪ̯] (*ugs. für* homosexuell); **Gay,** der; -[s], -s (*ugs. für* Homosexueller)
Ga|ze [...zə], die; -, -n (durchsichtiges Gewebe; Verbandmull)
Ga|zel|le, die; -, -n (Antilopenart)
Ga|zet|te [*auch* ...ˈzɛt(ə)], die; -, -n (*veraltet, noch abwertend für* Zeitung)
ge|ach|tet
Ge|äch|ze, das; -s *(oft abwertend)*
ge|ar|tet; die Sache ist so geartet, dass ...
Ge|äst, das; -[e]s (Astwerk)
Ge|bäck, das; -[e]s, -e; **ge|ba|cken**
Ge|bälk, das; -[e]s, -e *Plur. selten*
ge|ballt
Ge|bär|de, die; -, -n; **ge|bär|den,** sich; **Ge|bär|den|spra|che**
ge|ba|ren, sich (*veraltet für* sich gebärden)
ge|bä|ren; gebar, geboren; **Ge|ba|ren,** das; -s ([auffälliges] Benehmen); **Ge|bär|mut|ter,** die; -, ...mütter
ge|bauch|pin|selt (*ugs. für* geschmeichelt)
Ge|bäu|de, das; -s, -; **Ge|bäu|de|kom|plex; Ge|bäu|de|teil,** der
ge|baut; ein gut gebauter *od.* gutgebauter Sportler

Ge|bein, das; -[e]s, -e
Ge|bell, das; -[e]s, **Ge|bel|le,** das; -s
ge|ben; gab, gegeben; Geben *od.* geben ist seliger denn Nehmen *od.* nehmen; **Ge|ber; Ge|be|rin; Ge|ber|land; Ge|ber|lau|ne;** in Geberlaune sein
Ge|bet, das; -[e]s, -e; **Ge|bet|buch; Ge|bets|tep|pich**
ge|beu|telt; vom Schicksal gebeutelt
Ge|biet, das; -[e]s, -e; **ge|bie|ten;** geboten; **Ge|bie|ter; Ge|bie|te|rin; ge|bie|te|risch; Ge|biets|an|spruch**
Ge|bil|de, das; -s, -
ge|bil|det
Ge|bin|de, das; -s, -
Ge|bir|ge, das; -s, -; **ge|bir|gig; Ge|birgs|bach**
Ge|biss, das; -es, -e
Ge|blä|se, das; -s, - *(Technik)*
ge|blümt (mit Blumenmuster)
Ge|blüt, das; -[e]s *(geh.)*
ge|bo|gen *vgl.* biegen
ge|bo|ren (*Abk.* geb.; *Zeichen* *); sie ist eine geborene Maier
ge|bor|gen; sich geborgen fühlen; **Ge|bor|gen|heit,** die; -
Ge|bot, das; -[e]s, -e; zu Gebot[e] stehen; die Zehn Gebote; [1]**ge|bo|ten** *vgl.* bieten; [2]**ge|bo|ten** *vgl.* gebieten
ge|bracht *vgl.* bringen
ge|brannt; gebrannter Kalk
Ge|brauch, der; -[e]s, *Plur.* (*für* Sitte, Verfahrensweise:) Gebräuche; von etwas Gebrauch machen; **ge|brau|chen** (benutzen); **ge|bräuch|lich; Ge|brauchs|an|wei|sung; ge|brauchs|fer|tig; Ge|brauchs|ge|gen|stand; ge|braucht; Ge|braucht|wa|gen**
ge|bre|chen (*geh. für* fehlen); es gebricht mir an der nötigen Ausdauer; **Ge|bre|chen,** das; -s, - (*geh. für* Körperschaden); **ge|brech|lich; Ge|brech|lich|keit,** die; -
ge|bro|chen; gebrochene Farben
Ge|brü|der *Plur.* (*Abk.* Gebr.)
Ge|brüll, das; -[e]s
Ge|brumm, das; -[e]s, **Ge|brum|me,** das; -s

Ge|bühr, die; -, -en; nach, über Gebühr; **ge|büh|ren;** etwas gebührt ihr (kommt ihr zu); es gebührt sich nicht, dies zu tun; **ge|büh|rend; Ge|büh|ren|er|hö|hung; ge|büh|ren|frei; ge|büh|ren|pflich|tig**

ge|bun|den (*Abk. [bei Büchern]* geb.)

Ge|burt, die; -, -en; **Ge|bur|ten|kon|t|rol|le; Ge|bur|ten|ra|te; Ge|bur|ten|re|ge|lung; ge|bur|ten|schwach; ge|bur|ten|stark**

ge|bür|tig; er ist gebürtiger Bonner; **Ge|burts|an|zei|ge; Ge|burts|da|tum; Ge|burts|haus; Ge|burts|hel|fer; Ge|burts|hel|fe|rin; Ge|burts|jahr; Ge|burts|na|me; Ge|burts|ort** *Plur.* ...orte; **Ge|burts|stadt; Ge|burts|stun|de; Ge|burts|tag; Ge|burts|tags|fei|er; Ge|burts|tags|ge|schenk; Ge|burts|tags|par|ty**

Ge|büsch, das; -[e]s, -e

Geck, der; -en, -en; **ge|cken|haft**

ge|dacht; ich habe seiner gedacht

Ge|dächt|nis, das; -ses, -se; **Ge|dächt|nis|fei|er; Ge|dächt|nis|schwund**

Ge|dan|ke, der; ...kens, ...ken; **Ge|dan|ken|aus|tausch; Ge|dan|ken|gang,** der; **ge|dan|ken|los; Ge|dan|ken|lo|sig|keit; Ge|dan|ken|spiel; Ge|dan|ken|strich; ge|dan|ken|voll; ge|dank|lich**

Ge|därm, das; -[e]s, -e, **Ge|där|me,** das; -s, -

Ge|deck, das; -[e]s, -e; **ge|deckt**

Ge|deih, der; *nur in* auf Gedeih und Verderb; **ge|dei|hen;** gedieh, gediehen

ge|den|ken; *mit Gen.:* gedenket unser!; **Ge|den|ken,** das; -s; **Ge|denk|fei|er; Ge|denk|stät|te; Ge|denk|ta|fel; Ge|denk|tag**

Ge|dicht, das; -[e]s, -e; **Ge|dicht|band,** der

ge|die|gen; Ge|die|gen|heit, die; -

Ge|döns, das; -es (*landsch. für* Getue)

Ge|drän|ge, das; -s; **Ge|drän|gel,** das; -s *(ugs.);* **ge|drängt**

ge|drückt; gedrückte Stimmung

ge|drun|gen (untersetzt)

Ge|duld, die; -; **ge|dul|den,** sich; **ge|dul|dig; Ge|dulds|fa|den;** *nur in* jmdm. reißt der Geduldsfaden; **Ge|dulds|pro|be**

ge|dun|sen; ein gedunsenes Gesicht

ge|eig|net

Geest, die; -, -en (hoch gelegenes, sandiges Land im Küstengebiet)

Ge|fahr, die; -, -en; Gefahr laufen; Gefahr bringend *od.* gefahrbringend, *aber nur* große Gefahr bringend, äußerst gefahrbringend; **ge|fähr|den; ge|fähr|det;** gefährdete Tierarten; **Ge|fähr|dung**

Ge|fah|ren|ab|wehr, die; -

ge|fähr|lich; gefährliche Körperverletzung *(Rechtsspr.);* **Ge|fähr|lich|keit,** die; -

ge|fahr|los

Ge|fährt, das; -[e]s, -e (Wagen)

Ge|fähr|te, der; -n, -n (Begleiter); **Ge|fähr|tin**

ge|fahr|voll

Ge|fäl|le, das; -s, -

[1]**ge|fal|len;** es hat mir gefallen; sich etwas gefallen lassen

[2]**ge|fal|len;** er ist gefallen (*Abk.* gef.; *Zeichen* ⚔)

[1]**Ge|fal|len,** der; -s, -; jmdm. einen Gefallen tun; jmdm. etwas zu Gefallen tun

[2]**Ge|fal|len,** das; -s; Gefallen an etwas finden

Ge|fal|le|ne, der *u.* die; -n, -n

ge|fäl|lig (*Abk.* gefl.); **Ge|fäl|lig|keit**

ge|fäl|ligst (*Abk.* gefl.)

Ge|fall|sucht, die; -; **ge|fall|süch|tig**

ge|fälscht; gefälschte Dokumente

ge|fan|gen; gefangen halten, nehmen, setzen; **Ge|fan|ge|ne,** der *u.* die; -n, -n; **Ge|fan|ge|nen|la|ger; ge|fan|gen ge|nom|men, ge|fan|gen|ge|nom|men;** der gefangen genommene *od.* gefangengenommene Spion; **ge|fan|gen hal|ten; Ge|fan|gen|nah|me,** die; -, -n; **ge|fan|gen neh|men; Ge|fan|gen|schaft,** die; -, -en

Ge|fäng|nis, das; -ses, -se; **Ge|fäng|nis|stra|fe**

ge|färbt; blau gefärbt *od.* blaugefärbt; *vgl.* blau

Ge|fa|sel, das; -s *(ugs. abwertend)*

Ge|fäß, das; -es, -e

ge|fasst; auf alles gefasst sein

Ge|fecht, das; -[e]s, -e

G

G

ge|fei|ert (geehrt, umjubelt)
ge|feit (sicher, geschützt); sie ist gegen böse Einflüsse gefeit
ge|fes|tigt; gefestigte Meinungen
Ge|fie|der, das; -s, -; **ge|fie|dert**
Ge|fil|de, das; -s, - (*geh. für* Landschaft)
Ge|flecht, das; -[e]s, -e
ge|flis|sent|lich
ge|flo|hen *vgl.* fliehen
Ge|flü|gel, das; -s; **ge|flü|gelt;** geflügelte Worte (häufig gebrauchte Zitate)
Ge|fol|ge, das; -s, - *Plur. selten;* im Gefolge von ...; **Ge|folg|schaft**
ge|fragt
ge|frä|ßig; Ge|frä|ßig|keit, die; -
Ge|frei|te, der *u.* die; -n, -n (*Abk.* Gefr.)
ge|frie|ren; Ge|frier|fleisch; ge|frier|ge|trock|net; Ge|frier|punkt; Ge|frier|tru|he; ge|fro|ren *vgl.* frieren
ge|frus|tet (*ugs. für* frustriert)
Ge|fü|ge, das; -s, -; **ge|fü|gig**
Ge|fühl, das; -[e]s, -e; **ge|fühl|los; ge|fühls|arm; ge|fühls|be|tont; Ge|fühls|du|se|lei** *(ugs. abwertend);* **ge|fühls|mä|ßig; Ge|fühls|sa|che; ge|fühlt** (nach dem Gefühl geschätzt; gefühlsmäßig); eine gefühlte Wärme von 30 Grad; **ge|fühl|voll**
ge|führt; geführte Wanderungen
ge|fun|den *vgl.* finden
ge|fürch|tet
ge|gan|gen *vgl.* gehen
ge|ge|ben; aus gegebenem Anlass; etw. als gegeben voraussetzen; es ist das Gegebene, jetzt zu handeln; **ge|ge|be|nen|falls** (*Abk.* ggf.); **Ge|ge|ben|heit**
ge|gelt; gegelte Haare
ge|gen; *Präp. mit Akk.:* er rannte gegen das Tor; *Adverb:* gegen 20 Leute kamen
Ge|gen|an|griff; Ge|gen|ar|gu|ment; Ge|gen|be|we|gung; Ge|gen|be|weis
Ge|gend, die; -, -en
Ge|gen|dar|stel|lung *(bes. Zeitungsw.)*
ge|gen|ei|n|an|der; gegeneinander sein; gegeneinander antreten
ge|gen|ei|n|an|der|drü|cken; ge|gen|ei|n|an|der|pral|len; ge|gen|ei|n|an|der|stel|len; ge|gen|ei|n|an|der|sto|ßen
Ge|gen|ent|wurf; Ge|gen|fahr|bahn; Ge|gen|fi|nan|zie|rung; Ge|gen|fra|ge; Ge|gen|ge|wicht; ge|gen|läu|fig; Ge|gen|leis|tung; ge|gen|len|ken (beim Autofahren); **Ge|gen|lie|be; Ge|gen|mit|tel; Ge|gen|pol; Ge|gen|rich|tung; Ge|gen|satz; ge|gen|sätz|lich; Ge|gen|sätz|lich|keit; Ge|gen|schlag; Ge|gen|sei|te; ge|gen|sei|tig; Ge|gen|sei|tig|keit; Ge|gen|spie|ler; Ge|gen|spie|le|rin**
Ge|gen|stand; ge|gen|ständ|lich; ge|gen|stands|los
ge|gen|steu|ern; einer bedrohlichen Entwicklung gegensteuern
Ge|gen|stim|me; Ge|gen|stück; Ge|gen|teil, das; -[e]s, -e; im Gegenteil; ins Gegenteil umschlagen; **ge|gen|tei|lig; Ge|gen|tor; Ge|gen|tref|fer** *(Sport)*
ge|gen|über; *Präp. mit Dat.:* gegenüber dem Rathaus, *auch* dem Rathaus gegenüber; *in Verbindung mit Verben:* gegenüber (dort drüben, auf der anderen Seite) stehen zwei Häuser; *vgl. aber* gegenüberliegen usw.
Ge|gen|über, das; -s, -; **ge|gen|über|lie|gen;** sie haben sich gegenübergelegen; **ge|gen|über|sit|zen;** um sich gegenüberzusitzen; **ge|gen|über|ste|hen;** sie haben sich gegenübergestanden; **ge|gen|über|stel|len; Ge|gen|über|stel|lung; ge|gen|über|tre|ten**
Ge|gen|ver|kehr; Ge|gen|vor|schlag
Ge|gen|wart, die; -; **ge|gen|wär|tig** [*auch* ...'vɛr...]
Ge|gen|wehr; Ge|gen|welt; Ge|gen|wert; Ge|gen|wind; ge|gen|zeich|nen ([als Zweiter] mit unterschreiben); **Ge|gen|zug**
Geg|ner; Geg|ne|rin; geg|ne|risch; Geg|ner|schaft, die; -
ge|go|ren; der Saft ist gegoren
ge|grün|det (*Abk.* gegr.)
Ge|ha|be, das; -s (Ziererei); **ge|ha|ben,** sich; gehab[e] dich wohl!; **Ge|ha|ben,** das; -s
Ge|hack|te, das; -n (Hackfleisch)
[1]**Ge|halt,** das; -[e]s, Gehälter (Lohn)

[2]**Ge|halt,** der; -[e]s, -e (Inhalt; Wert)
ge|hal|ten; die Teilnehmer sind gehalten (verpflichtet) …
ge|halt|los
Ge|halts|er|hö|hung
ge|halt|voll
ge|han|di|capt, **ge|han|di|kapt** [gə'hɛndikɛpt] (behindert, benachteiligt)
ge|har|nischt; geharnischter Protest
ge|häs|sig; Ge|häs|sig|keit
Ge|häu|se, das; -s, -
geh|be|hin|dert
Ge|he|ge, das; -s, -
ge|heim; geheime Wahlen; im Geheimen; etw. muss geheim bleiben; etw. geheim halten; **Ge|heim|bund,** der; **Ge|heim|dienst; Ge|heim|fach; ge|heim hal|ten** *vgl.* geheim; **Ge|heim|hal|tung,** die; -
Ge|heim|nis, das; -ses, -se; **Ge|heim|nis|krä|me|rei; Ge|heim|nis|tu|e|rei,** die; -; **ge|heim|nis|voll**
Ge|heim|po|li|zei; Ge|heim|sen|der; Ge|heim|tipp; ge|heim|tun (geheimnisvoll tun)
Ge|heiß, das; -es, -e; auf Geheiß des …
ge|hemmt
ge|hen; ging, gegangen; vor sich gehen; baden gehen, essen gehen, schlafen gehen; sie haben ihn [nach Hause] gehen lassen, *seltener* gelassen; den Teig gehen lassen (aufgehen lassen); du sollst die Kleine gehen lassen *od.* gehenlassen (in Ruhe lassen); sich gehen lassen *od.* gehenlassen (sich undiszipliniert verhalten); **Ge|hen,** das; -s (Sportart); 20-km-Gehen; **Ge|her** *(Sport);* **Ge|he|rin**
Ge|het|ze, das; -s
ge|heu|er; jmdm. nicht geheuer sein
Ge|hil|fe, der; -n, -n; **Ge|hil|fin**
Ge|hirn, das; -[e]s, -e; **Ge|hirn|er|schüt|te|rung; Ge|hirn|wä|sche** (gewaltsame Manipulation eines Menschen)
[1]**ge|ho|ben;** gehobene Sprache
[2]**ge|ho|ben** *vgl.* heben
Ge|höft [*auch* …'hœ…], das; -[e]s, -e
Ge|hölz, das; -es, -e

Ge|hör, das; -[e]s; Gehör finden, schenken
ge|hor|chen; du musst ihr gehorchen; der Not gehorchend
ge|hö|ren; Ge|hör|gang, der; **ge|hö|rig;** gehörigen Ortes *(Amtsspr.);* **ge|hör|los**
ge|hörnt; der gehörnte Ehemann
ge|hor|sam; Ge|hor|sam, der; -s; **Ge|hor|sam|keit,** die; -; **Ge|hor|sams|ver|wei|ge|rung**
Ge|hör|sinn, der; -[e]s
Geh|steig; Geh|weg
Gei|er, der; -s, -
Gei|fer, der; -s (ausfließender Speichel); **gei|fern**
Gei|ge, die; -, -n; die erste Geige spielen; **gei|gen; Gei|ger; Gei|ge|rin**
Gei|ger|zäh|ler, **Gei|ger-Zäh|ler** (Gerät zum Nachweis radioaktiver Strahlen)
geil (*ugs. auch für* großartig, toll); **Geil|heit,** die; -
Gei|sel, die; -, -n; Geiseln freilassen; **Gei|sel|dra|ma; Gei|sel|haft; Gei|sel|nah|me,** die; -, -n
Gei|sha ['ge:ʃa], die; -, -s (jap. Gesellschafterin)
Geiß, die; -, -en (*südd., österr., schweiz. für* Ziege); **Geiß|bock**
Gei|ßel, die; -, -n (*landsch. auch für* Peitsche; *übertr. für* Plage); **gei|ßeln**
Geiß|lein (junge Geiß)
Geist, der; -[e]s, *Plur.* (*für* Gespenst, kluger Mensch:) -er *u.* (*für* Weingeist usw.:) -e
Geis|ter|bahn; Geis|ter|fah|rer (jmd., der auf der Autobahn auf der falschen Seite fährt; Falschfahrer); **Geis|ter|fah|re|rin; geis|ter|haft; Geis|ter|hand;** wie von Geisterhand
geis|tern; es geistert; **Geis|ter|stun|de**
geis|tes|ab|we|send; Geis|tes|blitz; geis|tes|ge|gen|wär|tig; geis|tes|ge|stört *(ugs. veraltend, oft abwertend);* **geis|tes|krank** *(Med., Psychol. veraltet, noch ugs.);* **Geis|tes|krank|heit** (geistige Behinderung); **Geis|tes|wis|sen|schaft** *meist Plur.;* **Geis|tes|wis|sen|schaft|ler; Geis|tes|wis|sen|schaft|le|rin**

geis|tig; geistiges Eigentum; geistig behindert sein; die geistig Behinderten; **geis|tig-see|lisch**
geist|lich; Geist|li|che, der *u.* die; -n, -n; **Geist|lich|keit,** die; -
geist|los; geist|reich; geist|voll
Geiz, der; -es, -e; **gei|zen**
Geiz|hals (geiziger Mensch); **gei|zig; Geiz|kra|gen** (Geizhals)
Ge|jam|mer, das; -s
ge|kannt *vgl.* kennen
G
Ge|ki|cher, das; -s
Ge|kläff, das; -[e]s, **Ge|kläf|fe,** das; -s
Ge|klim|per, das; -s
Ge|klirr, das; -[e]s, **Ge|klir|re,** das; -s
ge|knickt (*ugs. auch für* bedrückt)
ge|kom|men *vgl.* kommen
ge|konnt; ihr Spiel wirkte sehr gekonnt
Ge|kräch|ze, das; -s
Ge|kreisch, das; -[e]s, **Ge|krei|sche,** das; -s
Ge|kreu|zig|te, der; -n, -n
Ge|krit|zel, das; -s
ge|küns|telt
Gel, das; -s, -e *u.* -s (gallertartige Substanz)
Ge|la|ber, das; -s (*ugs. für* Gerede)
Ge|läch|ter, das; -s, -
ge|lack|mei|ert (*ugs. für* angeführt); **Ge|lack|mei|er|te,** der *u.* die; -n, -n
ge|la|den; das Gewehr ist geladen; geladen (*ugs. auch für* zornig, wütend) sein
Ge|la|ge, das; -s, -
ge|lähmt; Ge|lähm|te, der *u.* die; -n, -n
Ge|län|de, das; -s, -; **ge|län|de|gän|gig**
Ge|län|der, das; -s, -
Ge|län|de|spiel; Ge|län|de|wa|gen
ge|lan|gen; in jmds. Hände gelangen
ge|lang|weilt
ge|las|sen; etw. gelassen hinnehmen; gelassen sein; **Ge|las|sen|heit,** die; -
Ge|la|ti|ne [ʒ...], die; -
ge|lau|fen *vgl.* laufen
ge|läu|fig; dieses Wort ist sehr geläufig
ge|launt; der Chef ist gut gelaunt; *vgl.* gut
Ge|läut, das; -[e]s, -e (Glocken einer Kirche); **Ge|läu|te,** das; -s (anhaltendes Läuten)

gelb; sich gelb und grün ärgern; jetzt ist [es] gelb (an der Ampel); der Gelbe *od.* gelbe Sack, das Gelbe *od.* gelbe Trikot (des Spitzenreiters im Radsport), die Gelbe *od.* gelbe Karte *(bes. Fußball);* Gelbe Rüben (Möhren); Gelbe Seiten® (Branchentelefonbuch); *vgl.* blau; **Gelb,** das; -[s], -[s] (gelbe Farbe); bei Gelb; die Ampel steht auf Gelb; *vgl.* Blau
gelb|braun *vgl.* blau; **gelb|lich;** gelblich grün; **gelb|rot;** der Spieler sah Gelb-Rot *od.* Gelbrot; **Gelb|sucht,** die; -
Geld, das; -[e]s, -er; **Geld|an|la|ge; Geld|au|to|mat; Geld|be|trag; Geld|beu|tel; Geld|bör|se; Geld|bu|ße; Geld|ge|ber; Geld|ge|be|rin; geld|gie|rig; Geld|hahn;** *meist in* jmdm. den Geldhahn zudrehen (*ugs. für* jmdm. kein Geld mehr geben); **Geld|in|s|ti|tut; Geld|markt; Geld|men|ge; Geld|mit|tel** *Plur.;* **Geld|not;** in Geldnot sein, geraten; **Geld|schein; Geld|schrank; Geld|se|gen** *(ugs. scherzh.);* **Geld|stra|fe; Geld|stück; Geld|wä|sche** (*ugs. für* Umtausch von illegal erworbenem Geld in solches von unverdächtiger Herkunft); **geld|wert** *(Finanzw.);* geldwerter Vorteil
ge|leckt; der Raum sieht aus wie geleckt (*ugs. für* sehr sauber)
Ge|lee [ʒ...], das, *auch* der; -s, -s
Ge|le|ge, das; -s, -
ge|le|gen; das kommt mir sehr gelegen
Ge|le|gen|heit; Ge|le|gen|heits|ar|beit
ge|le|gent|lich (manchmal)
ge|leh|rig; Ge|leh|rig|keit, die; -
ge|lehr|sam; Ge|lehr|sam|keit, die; -
ge|lehrt; Ge|lehr|te, der *u.* die; -n, -n
Ge|leit, das; -[e]s, -e; **ge|lei|ten; Ge|leit|schutz,** der; -es
gel|len; er gelt die Haare; gegelt
Ge|lenk, das; -[e]s, -e; **Ge|lenk|ent|zün|dung; ge|len|kig; Ge|len|kig|keit,** die; -
ge|lernt; ein gelernter Maurer
Ge|lieb|te, der *u.* die; -n, -n
ge|lie|fert (*ugs. für* verloren, ruiniert)
ge|lie|ren [ʒ...] (zu Gelee werden)

ge|lind, ge|lin|de; gelinde (vorsichtig) gesagt

ge|lin|gen; gelang, gelungen; **Ge|lin|gen,** das; -s

gell?, gel|le? (*landsch. für* gelt?)

gel|len; es gellt; es gellte; gegellt

ge|lo|ben; jmdm. etwas geloben (versprechen); das Gelobte Land *(bibl.)*

Ge|löb|nis, das; -ses, -se

ge|lockt

ge|löst; Ge|löst|heit, die; -

gelt? (*bes. südd. u. österr. für* nicht wahr?)

gel|ten; galt, gegolten; gelten lassen; geltend machen; **Gel|tend|ma|chung** *(Amtsspr.);* **Gel|tung,** die; -; **Gel|tungs|be|dürf|nis; Gel|tungs|be|reich,** der

Ge|lüb|de, das; -s, -

ge|lun|gen; eine gelungene Aufführung

Ge|lüst, das; -[e]s, -e, **Ge|lüs|te,** das; -s, - *(geh.);* **ge|lüs|ten;** es gelüstet mich

ge|mach; gemach, gemach! (langsam)

Ge|mach, das; -[e]s, *Plur.* ...mächer, *veraltet* -e

ge|mäch|lich [*auch* ...'mɛç...]

ge|macht; ein gemachter (*ugs. für* erfolgreicher) Mann

Ge|mahl, der; -[e]s, -e (*geh. für* Ehemann); **Ge|mah|lin**

ge|mah|nen (*geh. für* erinnern)

Ge|mäl|de, das; -s, -; **Ge|mäl|de|ga|le|rie**

Ge|mar|kung (Fläche einer Gemeinde)

ge|ma|sert; gemasertes Holz

ge|mäß; dem Befehl gemäß (*seltener* gemäß dem Befehl; *nicht:* gemäß des Befehls)

ge|mä|ßigt; gemäßigte Zone *(Meteorol.)*

Ge|mäu|er, das; -s, -

ge|mein; Ge|mein|be|sitz, der; -es

Ge|mein|de, die; -, -n; **ge|mein|de|ei|gen; Ge|mein|de|haus; Ge|mein|de|mit|glied; Ge|mein|de|ord|nung; Ge|mein|de|rat** *Plur.* ...räte; **Ge|mein|de|rä|tin; Ge|mein|de|saal; Ge|mein|de|ver|wal|tung; Ge|mein|de|zen|t|rum; ge|meind|lich**

Ge|mein|ei|gen|tum; ge|mein|ge|fähr|lich; Ge|mein|gut; Ge|mein|heit; ge|mein|hin; ge|mein|nüt|zig; Ge|mein|nüt|zig|keit, die; -; **Ge|mein|platz** (*svw.* Phrase)

ge|mein|sam; Ge|mein|sam|keit

Ge|mein|schaft; ge|mein|schaft|lich; Ge|mein|schafts|kun|de, die; - (ein Schulfach); **Ge|mein|schafts|wäh|rung**

ge|meint; ein gut gemeinter *od.* gutgemeinter Vorschlag

ge|mein|ver|ständ|lich; Ge|mein|wohl

Ge|men|ge, das; -s, -; **Ge|men|ge|la|ge,** die; - (*übertr. für* Mischung)

ge|mes|sen; gemessenen Schritts

Ge|met|zel, das; -s, -

Ge|misch, das; -[e]s, -e; **ge|mischt;** gemischtes Doppel *(Sport)*

Ge|mur|mel, das; -s

Ge|mü|se, das; -s, -; **Ge|mü|se|an|bau,** der; -[e]s; **Ge|mü|se|beet; Ge|mü|se|händ|ler; Ge|mü|se|händ|le|rin**

ge|mus|tert

Ge|müt, das; -[e]s, -er; zu Gemüte führen

ge|müt|lich; Ge|müt|lich|keit

Ge|müts|art; Ge|müts|be|we|gung; ge|müts|krank; Ge|müts|mensch; Ge|müts|ver|fas|sung; Ge|müts|zu|stand

Gen, das; -s, -e (Träger der Erbanlage)

gen (*veraltend für* in Richtung); gen Himmel

ge|nannt (*Abk.* gen.)

ge|narbt; genarbtes Leder

ge|nau; genau[e]stens; wir wissen nichts Genaues; auf das, aufs Genau[e]ste *od.* genau[e]ste; etw. genau nehmen; sie hat[,] genau genommen[,] nicht gelogen

Ge|nau|ig|keit, die; -

ge|nau|so (ebenso); genauso viele Freunde; du kannst genauso gut die Bahn nehmen; das dauert genauso lang[e]; das stört mich genauso wenig

Gen|darm [ʒan..., *auch* ʒã...], der; -en, -en (*veraltet, noch österr. für* Polizist); **Gen|dar|me|rie,** die; -, ...ien (Polizei)

Gen|der|gap, Gen|der-Gap ['dʒɛndɐgɛp], der; -[s], -s (*Soziol., Wirtsch.* Ungleichhheit zw. sozialen Geschlechtern; *Sprachwiss.* Lücke mit Unterstrich zur Darstellung der

m. und w. Form in demselben Wort); *z. B. in* Lehrer_in

Gen|der-Main|strea|ming ['dʒɛndemeɪnstri:mɪŋ], das; -s (Verwirklichung der Gleichstellung von Mann u. Frau); **gendern** ['dʒɛnden] (Gender-Mainstreaming anwenden); die Behörde wurde gegendert

ge|nehm *(geh.);* jmdm. genehm sein

ge|neh|mi|gen; Ge|neh|mi|gung; ge|nehmi|gungs|pflich|tig

G

ge|neigt; er ist geneigt[,] zuzustimmen

Ge|ne|ral, der; -s, *Plur.* -e *u.* ...räle; **Ge|neral|be|voll|mäch|tig|te; Ge|ne|ral|di|rektor; Ge|ne|ral|di|rek|to|rin; Ge|ne|ralfeld|mar|schall; Ge|ne|ra|lin; ge|ne|ra|lisie|ren** (verallgemeinern); **Ge|ne|ral|konsu|lat; Ge|ne|ral|pro|be; Ge|ne|ral|sekre|tär; Ge|ne|ral|se|kre|tä|rin; Ge|neral|stab; Ge|ne|ral|streik; ge|ne|ralüber|ho|len;** *nur im Infinitiv u. Partizip II gebr.:* das Auto wurde generalüberholt

Ge|ne|ra|ti|on, die; -, -en; **Ge|ne|ra|ti|onen|ver|trag; Ge|ne|ra|ti|o|nen|wech|sel; Ge|ne|ra|ti|ons|wech|sel**

Ge|ne|ra|tor, der; -s, ...oren (Maschine, die Strom erzeugt)

ge|ne|rell (allgemein [gültig])

ge|ne|rie|ren (hervorbringen)

Ge|ne|ri|kum, das; -s, ...ka (pharmazeut. Präparat mit den gleichen Wirkstoffen wie ein Markenarzneimittel)

ge|ne|risch (das Geschlecht od. die Gattung betreffend, Gattungs...)

ge|ne|rös [ʒ...] (groß-, edelmütig; freigebig)

Ge|ne|se, die; -, -n (Entstehung)

ge|ne|sen; genas, genesen; **Ge|ne|sen|de,** der *u.* die; -n, -n; **Ge|ne|sung**

Ge|ne|tik, die; - (Vererbungslehre); **ge|netisch** (erblich bedingt); **Gen|for|schung**

ge|ni|al (schöpferisch begabt; großartig); **ge|ni|a|lisch** (nach Art eines Genies); **Geni|a|li|tät,** die; -

Ge|nick, das; -[e]s, -e; **Ge|nick|schuss; Genick|star|re**

Ge|nie [ʒe...], das; -s, -s

ge|nie|ren [ʒ...]; sich genieren

ge|nieß|bar; Ge|nieß|bar|keit, die; -; **genie|ßen;** genoss, genossen; **Ge|nie|ßer; Ge|nie|ße|rin; ge|nie|ße|risch**

Ge|nie|streich

Ge|ni|ta|li|en *Plur.* (Geschlechtsorgane)

Ge|ni|tiv, der; -s, -e (*Sprachwiss.* Wesfall, 2. Fall; *Abk.* Gen.); **Ge|ni|tiv|ob|jekt**

Ge|ni|us, der; -, ...ien (*geh. für* Genie)

Gen|mais (*ugs. für* gentechnisch veränderter Mais); **gen|ma|ni|pu|liert**

Ge|nom, das; -s, -e (*Genetik* die im Chromosomensatz vorhandenen Erbanlagen)

Ge|nos|se, der; -n, -n (*Abk.* Gen.); **Ge|nossen|schaft** (*Abk.* Gen.); *vgl.* eG; **ge|nossen|schaft|lich; Ge|nos|sen|schafts|bank** *Plur.* ...banken; **Ge|nos|sin**

Ge|no|zid, der, *auch* das; -[e]s, *Plur.* -e *u.* -ien (Völkermord)

Gen|re ['ʒã:...], das; -s, -s (Art, Gattung)

Gen|tech|nik *Plur. selten* (Technik der Erforschung u. Manipulation der Gene); **gentech|nik|frei;** gentechnikfreies Essen; **gen|tech|nisch; Gen|tech|no|lo|gie**

Gen|tech|pflan|ze (gentechnisch veränderte Pflanze)

Gen|test; Gen|the|ra|pie *(Med.)*

Gen|t|le|man ['dʒɛntl̩mɛn], der; -s, ...men [...mən] (Mann von Lebensart u. Charakter [mit tadellosen Umgangsformen])

ge|nug; genug u. übergenug; genug Gutes, Gutes genug; genug des Guten; von etw. genug haben; genug getan haben

Ge|nü|ge, die; -; Genüge tun, leisten; zur Genüge; **ge|nü|gen; ge|nü|gend**

ge|nüg|sam (anspruchslos); **Ge|nüg|samkeit,** die; -

Ge|nug|tu|ung *Plur. selten*

ge|nu|in (echt; *Med.* angeboren, erblich)

Ge|nus [*auch* 'ge:...], das; -, Genera (Gattung, Art; *Sprachwiss.* grammatisches Geschlecht)

Ge|nuss, der; Genusses, Genüsse; **ge|nüsslich; Ge|nuss|mit|tel,** das; **Ge|nusssucht, Ge|nuss-Sucht,** die; -; **ge|nusssüch|tig; ge|nuss|voll**

ge|ra|de

(*ugs. häufig:*) gra|de

– *eine gerade Zahl*
– *fünf gerade sein lassen* (ugs.)
– *gerade darum*
– *der Weg ist gerade (ändert die Richtung nicht)*
– *er wohnt mir gerade (direkt) gegenüber*
– *sie fuhr gerade so langsam, dass er mitkam;* vgl. aber *geradeso*
– *sie kommt gerade (soeben) heraus;* vgl. aber *geradeheraus*
– *da er gerade sitzt, steht (sich soeben hingesetzt hat, soeben aufgestanden ist)*
– *er ist gerade mal 40*
– *sich gerade halten; das Besteck gerade hinlegen; sie sollen gerade sitzen, stehen*

Wenn »gerade« das Ergebnis der mit einem folgenden einfachen Verb bezeichneten Tätigkeit angibt, kann getrennt oder zusammengeschrieben werden:

– *die Stäbe gerade biegen* od. *geradebiegen*
– *den Tisch gerade rücken* od. *geraderücken*

Bei übertragener Bedeutung gilt Zusammenschreibung; vgl. *geradebiegen, geradestehen*

G

Geo|ca|ching [...kɛʃɪŋ], das; -s (ein Suchspiel mit GPS)

Geo|graf, **Geo|graph**, der; -en, -en; **Geo|gra|fie**, **Geo|gra|phie**, die; -, -n; **Geo|gra|fin**, **Geo|gra|phin**; **geo|gra|fisch**, **geo|gra|phisch**

Geo|lo|ge, der; -n, -n; **Geo|lo|gie**, die; - (Wissenschaft von Aufbau, Entstehung u. Entwicklung der Erde); **Geo|lo|gin**; **geo|lo|gisch**

Geo|ma|g|ne|tis|mus (Magnetismus der Erde od. anderer Himmelskörper)

Geo|me|t|rie, die; -, ...ien (ein Zweig der Mathematik); **geo|me|t|risch**; geometrisches Mittel

Geo|po|li|tik, die; -; **geo|po|li|tisch**

ge|ord|net; geordnete Verhältnisse; eine gut geordnete *od.* gutgeordnete Bibliothek; die Bibliothek ist gut geordnet

Ge|päck, das; -[e]s; **Ge|päck|ab|fer|ti|gung**; **Ge|päck|schal|ter**; **Ge|päck|stück**; **Ge|päck|trä|ger**; **Ge|päck|trä|ge|rin**

Ge|pard [*auch* ge'part], der; *Gen.* -s, *auch* -en, *Plur.* -e, *auch* -en (ein Raubtier)

ge|pflegt; ein gut gepflegter *od.* gutgepflegter Rasen; *aber nur* der Rasen ist gut gepflegt; **Ge|pflegt|heit**, die; -

Ge|pflo|gen|heit (Gewohnheit)

Ge|plän|kel, das; -s, -

ge|punk|tet; gepunkteter Stoff; blau gepunkteter *od.* blaugepunkteter Stoff

ge|ra|de *s. Kasten*

Ge|ra|de, die; -n, -n (gerade Linie); vier Gerade[n]; **ge|ra|de|aus**; geradeaus gehen; **ge|ra|de|bie|gen** (*ugs. für* in Ordnung bringen); um die Sache wieder geradezubiegen; *vgl. aber* gerade; **ge|ra|de|he|r|aus** (freimütig, direkt); etwas geradeheraus sagen; *vgl. aber* gerade

ge|ra|den|wegs *vgl.* geradewegs

ge|ra|de rich|ten, **ge|ra|de|rich|ten** *vgl.* gerade; **ge|ra|de|so** (ebenso); das kann ich geradeso gut wie du

ge|ra|de|ste|hen; für etwas geradestehen (die Folgen auf sich nehmen); *vgl. aber* gerade; **ge|ra|de stel|len**, **ge|ra|de|stel|len** *vgl.* gerade; **ge|ra|de|wegs**, ge|ra|den|wegs

ge|ra|de|zu [*auch* ...'tsu:]; das ist geradezu absurd!

ge|rad|li|nig; **Ge|rad|li|nig|keit**, die; -

ge|ram|melt; gerammelt voll (*ugs. für* übervoll)

Ge|ran|gel, das; -s

Ge|ra|nie, die; -, -n (*svw.* Pelargonie)

Ge|rät, das; -[e]s, -e

ge|ra|ten; es gerät [mir]; geriet; geraten; ich gerate außer mir *od.* mich vor Freude

G

Ge|rä|te|schup|pen; Ge|rä|te|tur|nen
Ge|ra|te|wohl [*auch* ...'ra:...], das; *nur in* aufs Geratewohl (auf gut Glück)
Ge|rät|schaft, die; -, -en *meist Plur.*
Ge|räu|cher|te, das; -n
ge|raum *(geh.);* geraume Zeit
ge|räu|mig; Ge|räu|mig|keit, die; -
Ge|räusch, das; -[e]s, -e; **ge|räusch|arm; ge|räusch|emp|find|lich; Ge|räusch|ku|lis|se; ge|räusch|los; ge|räusch|voll**
ger|ben; Leder gerben
Ger|be|ra, die; -, -[s] (eine Schnittblume)
Ger|be|rei; Gerb|stoff; Ger|bung
ge|recht; jmdm., einer Aufgabe gerecht werden; **Ge|rech|te,** der *u.* die; -n, -n
ge|recht|fer|tigt; Ge|rech|tig|keit; Ge|rech|tig|keits|sinn, der; -[e]s
Ge|re|de, das; -s
ge|re|gelt; geregelte Arbeit
ge|rei|chen *(geh.);* es gereicht ihr zur Ehre
ge|reizt; Ge|reizt|heit, die; -
Ge|ren|ne, das; -s
Ge|r|i|a|t|rie, die; - (*Med.* Altersheilkunde)
Ge|richt, das; -[e]s, -e; **ge|richt|lich;** gerichtliche Medizin; **Ge|richts|be|schluss; Ge|richts|ent|schei|dung; Ge|richts|hof;** der Oberste Gerichtshof; **Ge|richts|me|di|zin,** die; -; **Ge|richts|saal; Ge|richts|ur|teil; Ge|richts|ver|fah|ren; Ge|richts|ver|hand|lung; Ge|richts|voll|zie|her; Ge|richts|voll|zie|he|rin**
ge|rie|ren, sich (*geh. für* sich benehmen, auftreten als ...)
ge|ring; ein Geringes tun; um ein Geringes erhöhen; es geht Sie nicht das Geringste an; es stört mich nicht im Geringsten; keine Geringere als sie
ge|ring ach|ten, ge|ring|ach|ten; ge|ring|fü|gig; geringfügig Beschäftigte *(Arbeitsrecht);* **Ge|ring|fü|gig|keit; ge|ring schät|zen, ge|ring|schät|zen; ge|ring|schät|zig; Ge|ring|schät|zung,** die; -; **Ge|ring|ver|die|ner; Ge|ring|ver|die|ne|rin**
ge|rin|nen; Ge|rinn|sel, das; -s, -
Ge|rip|pe, das; -s, -; **ge|rippt**
ge|ris|sen (durchtrieben, schlau); **Ge|ris|sen|heit,** die; -
ger|ma|nisch; germanische Kunst; **ger|ma|ni|sie|ren** (eindeutschen)
Ger|ma|nist, der; -en, -en; **Ger|ma|nis|tik,** die; - (deutsche Sprach- u. Literaturwissenschaft); **Ger|ma|nis|tin; ger|ma|nis|tisch**
gern, ger|ne; lie|ber, am liebs|ten; jmdn. gern mögen; etwas gern tun; gar zu gern; allzu gern; besonders gern
gern ge|se|hen, gern|ge|se|hen; ein gern gesehener *od.* gerngesehener Gast; **gern|ha|ben** (mögen); weil sie uns gernhat; *aber* das Buch würde ich auch gern haben
Ge|röll, das; -[e]s, -e; **Ge|röll|hal|de**
Ge|ron|to|lo|gie, die; - (Alternsforschung)
Gers|te, die; -, *Plur. (Sorten:)* -n; **Gers|ten|korn,** das; *Plur.* ...körner (*auch* Vereiterung einer Drüse am Augenlid); **Gers|ten|saft** (*scherzh. für* Bier)
Ger|te, die; -, -n; **ger|ten|schlank**
Ge|ruch, der; -[e]s, Gerüche; **ge|ruch|frei,** ge|ruchs|frei; **ge|ruch|los; Ge|ruchs|or|gan; Ge|ruchs|sinn,** der; -[e]s
Ge|rücht, das; -[e]s, -e; **Ge|rüch|te|kü|che** *(ugs.);* **ge|rüch|te|wei|se**
ge|ru|hen (*veraltend, noch iron. für* sich bereitfinden)
ge|ruh|sam; Ge|ruh|sam|keit, die; -
Ge|rüm|pel, das; -s
Ge|rüst, das; -[e]s, -e; **Ge|rüst|bau** *Plur.* -ten
ge|rüt|telt; ein gerüttelt Maß; gerüttelt voll
ge|sal|zen; gesalzene Preise; *vgl.* salzen
ge|sam|melt; gesammelte Aufmerksamkeit
ge|samt; im Gesamten (*veraltend für* insgesamt); **Ge|samt,** das; -s; im Gesamt
Ge|samt|aus|ga|be; Ge|samt|be|trag; ge|samt|deutsch; gesamtdeutsche Fragen; **Ge|samt|ein|druck; Ge|samt|er|geb|nis; Ge|samt|ge|wicht; Ge|samt|heit,** die; -; **Ge|samt|klas|se|ment** *(Sport);* **Ge|samt|kos|ten** *Plur.;* **Ge|samt|kunst|werk; Ge|samt|schu|le;**

Ge|samt|sum|me; Ge|samt|werk; Ge|samt|wert; Ge|samt|wer|tung; ge|samt|wirt|schaft|lich

Ge|sand|te, der *u.* die; -n, -n; **Ge|sand|tin; Ge|sandt|schaft**

Ge|sang, der; -[e]s, Gesänge; **Ge|sang|buch; ge|sang|lich; Ge|sang[s]|un|ter|richt; Ge|sang[s]|ver|ein**

Ge|säß, das; -es, -e

ge|sät|tigt; gesättigte Kohlenwasserstoffe *(Chemie)*

Ge|säu|sel, das; -s

Ge|schä|dig|te, der *u.* die; -n, -n

Ge|schäft, das; -[e]s, -e; geschäftehalber, *aber* dringender Geschäfte halber; **Ge|schäf|te|ma|che|rei**

ge|schäf|tig; Ge|schäf|tig|keit *Plur. selten*

ge|schäft|lich

Ge|schäfts|ab|schluss; Ge|schäfts|be|reich; Ge|schäfts|be|richt; Ge|schäfts|be|zie|hung; Ge|schäfts|brief; ge|schäfts|fä|hig; Ge|schäfts|feld; Ge|schäfts|frau; Ge|schäfts|freund; Ge|schäfts|freun|din; ge|schäfts|füh|rend; der geschäftsführende Vorstand; **Ge|schäfts|füh|rer; Ge|schäfts|füh|re|rin; Ge|schäfts|füh|rung; Ge|schäfts|in|ha|ber; Ge|schäfts|in|ha|be|rin; Ge|schäfts|jahr; Ge|schäfts|le|ben; Ge|schäfts|lei|ter; Ge|schäfts|lei|te|rin; Ge|schäfts|lei|tung; Ge|schäfts|leu|te** *Plur.;* **Ge|schäfts|mann** *Plur.* ...leute, *selten* ...männer; **ge|schäfts|mä|ßig; Ge|schäfts|ord|nung; Ge|schäfts|part|ner; Ge|schäfts|part|ne|rin; Ge|schäfts|rei|se; Ge|schäfts|schluss; Ge|schäfts|stel|le; ge|schäfts|tüch|tig; Ge|schäfts|zeit; Ge|schäfts|zweig**

ge|schätzt; geschätzte Kollegen

ge|scheckt; ein geschecktes Pferd

ge|sche|hen; geschah, geschehen; **Ge|sche|hen,** das; -s, -; **Ge|scheh|nis,** das; -ses, -se

ge|scheit; Ge|scheit|heit

Ge|schenk, das; -[e]s, -e; **Ge|schenk|ar|ti|kel; Ge|schenk|pa|pier**

Ge|schich|te, die; -, -n; **Ge|schich|ten|buch** (Buch mit Erzählungen); **ge|schicht|lich; Ge|schichts|buch; ge|schichts|träch|tig; Ge|schichts|wis|sen|schaft**

Ge|schick, das; -[e]s, *Plur.* (*für* Schicksal:) -e

Ge|schick|lich|keit, die; -; **Ge|schick|lich|keits|par|cours; Ge|schick|lich|keits|spiel**

ge|schickt

ge|schie|den (*Abk.* gesch.; *Zeichen* ⚮); **Ge|schie|de|ne,** der *u.* die; -n, -n

Ge|schimp|fe, das; -s

Ge|schirr, das; -[e]s, -e; **Ge|schirr|rei|ni|ger, Ge|schirr-Rei|ni|ger; Ge|schirr|spül|ma|schi|ne; Ge|schirr|tuch**

ge|schla|gen; eine geschlagene Stunde; sich geschlagen geben

Ge|schlecht, das; -[e]s, -er; das andere Geschlecht; **Ge|schlech|ter|fol|ge**

ge|schlech|ter|ge|recht

ge|schlecht|lich; geschlechtliche Fortpflanzung; **Ge|schlecht|lich|keit,** die; -

Ge|schlechts|akt; Ge|schlechts|krank|heit; Ge|schlechts|or|gan; ge|schlechts|reif; Ge|schlechts|rei|fe; ge|schlechts|spe|zi|fisch; Ge|schlechts|teil, das, *auch* der; **Ge|schlechts|trieb,** der; -[e]s; **Ge|schlechts|ver|kehr,** der; -[e]s; **Ge|schlechts|wort** *Plur.* ...wörter

ge|schlif|fen *vgl.* schleifen

ge|schlos|sen; geschlossene Gesellschaft; **Ge|schlos|sen|heit,** die; -

Ge|schmack, der; -[e]s, *Plur.* Geschmäcke, *scherzh.* Geschmäcker; **ge|schmack|lich; ge|schmack|los; Ge|schmack|lo|sig|keit; Ge|schmack[s]|sa|che; Ge|schmacks|ver|ir|rung; ge|schmack|voll**

Ge|schmei|de, das; -s, -; **ge|schmei|dig; Ge|schmei|dig|keit,** die; -

Ge|schnat|ter, das; -s

Ge|schnet|zel|te, das; -n

ge|schnie|gelt; *meist in* geschniegelt und gebügelt *(ugs. scherzh.)*

Ge|schöpf, das; -[e]s, -e

Ge|schoss, das; -es, -e

ge|schraubt; geschraubter Stil *(abwertend)*

Ge|schrei, das; -s
ge|schult; geschulte (geübte) Augen
Ge|schütz, das; -es, -e
Ge|schwa|der, das; -s, - (Verband von Kriegsschiffen od. Kampfflugzeugen)
Ge|schwa|fel, das; -s *(ugs.)*
Ge|schwätz, das; -es; **ge|schwät|zig; Ge|schwät|zig|keit,** die; -
ge|schweift; geschweifte Klammern
ge|schwei|ge [denn] (noch viel weniger)
ge|schwind; Ge|schwin|dig|keit; Ge|schwin|dig|keits|be|schrän|kung
Ge|schwis|ter, das; -s, - (*im allg. Sprachgebrauch nur Plur.; Sing. fachspr. für* ein Geschwisterteil); **ge|schwis|ter|lich; Ge|schwis|ter|paar**
ge|schwol|len; ein geschwollener Stil
Ge|schwo|re|ne, der *u.* die; -n, -n; **Ge|schwo|re|nen|ge|richt**
Ge|schwulst, die; -, *auch* das; -[e]s, *Plur.* Geschwülste, *seltener* Geschwulste
ge|schwun|gen; eine geschwungene Linie
Ge|schwür, das; -[e]s, -e
ge|seg|net; gesegnete Mahlzeit!
Ge|selch|te, das; -n (*bayr., österr. für* Rauchfleisch)
Ge|sel|le, der; -n, -n
ge|sel|len, sich; **ge|sel|lig; Ge|sel|lig|keit**
Ge|sel|lin
Ge|sell|schaft; Gesellschaft mit beschränkter Haftung (*Abk.* GmbH); **Ge|sell|schaf|ter; Ge|sell|schaf|te|rin; ge|sell|schaft|lich; ge|sell|schafts|fä|hig; ge|sell|schafts|kri|tisch; Ge|sell|schafts|ord|nung; ge|sell|schafts|po|li|tisch; Ge|sell|schafts|spiel**
Ge|setz, das; -es, -e; **Ge|setz|buch; Ge|setz|ent|wurf; Ge|set|zes|än|de|rung; Ge|set|zes|ent|wurf; Ge|set|zes|kraft,** die; -; **Ge|set|zes|text; Ge|set|zes|vor|la|ge; ge|setz|ge|bend;** gesetzgebende Gewalt; **Ge|setz|ge|ber; Ge|setz|ge|be|rin; ge|setz|ge|be|risch; Ge|setz|ge|bung; ge|setz|lich;** gesetzliche Krankenversicherung (*Abk.* GKV); **Ge|setz|lich|keit; ge|setz|los; Ge|setz|lo|sig|keit; ge|setz|mä|ßig; Ge|setz|mä|ßig|keit**
ge|setzt; gesetzt[,] dass …; gesetzt den Fall, [dass] …
ge|setz|wid|rig
Ge|sicht, das; -[e]s, -er; sein Gesicht wahren; **Ge|sichts|aus|druck; Ge|sichts|far|be; Ge|sichts|feld; ge|sichts|los; Ge|sichts|punkt; Ge|sichts|zug** *meist Plur.*
Ge|sims, das; -es, -e
Ge|sin|de, das; -s, - (*früher für* Gesamtheit der Knechte u. Mägde)
Ge|sin|del, das; -s *(abwertend)*
ge|sinnt (von bestimmter Gesinnung); ein übel gesinnter *od.* übelgesinnter Mensch
Ge|sin|nung; Ge|sin|nungs|ge|nos|se; Ge|sin|nungs|ge|nos|sin; ge|sin|nungs|los; Ge|sin|nungs|wan|del
ge|sit|tet; Ge|sit|tung, die; -
Ge|socks, das; -[es] (*derb für* Gesindel)
Ge|söff, das; -[e]s, -e (*ugs. für* schlechtes Getränk)
ge|son|dert; gesondert verpacken
ge|son|nen; gesonnen sein[,] etwas zu tun
ge|sot|ten *vgl.* sieden
Ge|spann, das; -[e]s, -e
ge|spannt; Ge|spannt|heit, die; -
Ge|spenst, das; -[e]s, -er; **ge|spens|ter|haft; Ge|spens|ter|stun|de**
ge|spens|tig, ge|spens|tisch
ge|spielt; gespielte Empörung
Ge|spinst, das; -[e]s, -e
Ge|spött, das; -[e]s
Ge|spräch, das; -[e]s, -e; **ge|sprä|chig; Ge|sprä|chig|keit,** die; -; **ge|sprächs|be|reit; Ge|sprächs|be|reit|schaft; Ge|sprächs|part|ner; Ge|sprächs|part|ne|rin; Ge|sprächs|run|de; Ge|sprächs|stoff; Ge|sprächs|the|ma; ge|sprächs|wei|se**
ge|spreizt (*abwertend für* geziert)
ge|spren|kelt; gesprenkeltes Fell
Ge|spritz|te, der; -n, -n (*südd., österr. für* Weinschorle)
Ge|spür, das; -s

Ge|stalt, die; -, -en; **ge|stalt|bar; ge|stal|ten; Ge|stal|ter; Ge|stal|te|rin; ge|stal|te|risch; ge|stalt|los; Ge|stal|tung**

Ge|stam|mel, das; -s

ge|stan|den; eine gestandene Bergsteigerin

ge|stän|dig; Ge|ständ|nis, das; -ses, -se

Ge|stank, der; -[e]s

Ge|sta|po, die; - *(nationalsoz.)* = Geheime Staatspolizei

ge|stat|ten

Ges|te [*auch* 'gɛstə], die; -, -n (Gebärde)

ge|ste|hen; gestanden

ge|stei|gert; [kein] gesteigertes Interesse an etwas haben

Ge|stein, das; -[e]s, -e; **Ge|steins|schicht**

Ge|stell, das; -[e]s, -e

ges|tern; seit gestern; die Mode von gestern; ich bin nicht von gestern (*ugs. für* rückständig); gestern Abend, Mittag, Morgen; gestern früh, *bes. österr. auch* Früh; **Ges|tern,** das; - (das Vergangene)

ge|stie|felt; *aber* der Gestiefelte Kater

Ges|tik [*auch* 'gɛs...], die; - (Gesamtheit der Gesten); **ges|ti|ku|lie|ren**

Ge|stirn, das; -[e]s, -e

ge|sto|chen; gestochen scharf

ge|stoh|len; du kannst mir gestohlen bleiben! *(ugs.); vgl.* stehlen

Ge|stöhn, das; -[e]s, **Ge|stöh|ne,** das; -s

ge|stor|ben (*Abk.* gest.; *Zeichen* †); *vgl.* sterben

ge|stört

ge|streckt; gestreckter Galopp

ge|streift; rot gestreift *od.* rotgestreift

ge|streng *(veraltend);* die Gestrengen Herren (Eisheiligen)

ge|stresst; gestresste Eltern

gest|rig; mein gestriger Brief

Ge|strüpp, das; -[e]s, -e

Ge|stüt, das; -[e]s, -e

ge|stylt; kunstvoll gestylte Frisuren

Ge|such, das; -[e]s, -e

ge|sucht; eine gesuchte Ausdrucksweise

ge|sund; ge|sün|der, *seltener* ge|sun|der, ge|sün|des|te, *seltener* ge|sun|des|te; gesund sein, werden, bleiben, leben; jmdn. gesund pflegen *od.* gesundpflegen; *vgl. aber* gesundschreiben, gesundschrumpfen

ge|sun|den *(geh.)*

Ge|sund|heit, die; -; **ge|sund|heit|lich**

Ge|sund|heits|amt; Ge|sund|heits|fonds (Einrichtung zur Finanzierung der gesetzlichen Krankenversicherung); **ge|sund|heits|för|dernd; ge|sund|heits|ge|fähr|dend; Ge|sund|heits|mi|nis|ter; Ge|sund|heits|mi|nis|te|rin; Ge|sund|heits|mi|nis|te|ri|um; Ge|sund|heits|re|form; ge|sund|heits|schä|di|gend; ge|sund|heits|schäd|lich; Ge|sund|heits|sys|tem; Ge|sund|heits|vor|sor|ge; Ge|sund|heits|we|sen,** das; -s; **Ge|sund|heits|zu|stand**

ge|sund ma|chen, ge|sund|ma|chen; ge|sund|schrei|ben; der Arzt hat sie gesundgeschrieben; **ge|sund|schrump|fen** (*ugs. für* durch Verkleinerung wieder rentabel machen); **Ge|sun|dung,** die; -

ge|tä|felt; ein Raum mit getäfelter Decke

ge|tauft (*Abk.* get.; *Zeichen* ≈)

Ge|tier, das; -[e]s

ge|ti|gert (geflammt)

Ge|tö|se, das; -s

ge|tra|gen; getragene Redeweise

Ge|tram|pel, das; -s

Ge|tränk, das; -[e]s, -e; **Ge|trän|ke|au|to|mat; Ge|trän|ke|do|se**

ge|trau|en, sich; ich getraue mich (*seltener* mir)[,] das zu tun

Ge|trei|de, das; -s, -; **Ge|trei|de|an|bau,** der; -[e]s; **Ge|trei|de|ern|te**

ge|trennt; getrennt sein, werden; getrennt schreiben; ein getrennt geschriebenes *od.* getrenntgeschriebenes Wort; getrennt leben; ein getrennt lebendes *od.* getrenntlebendes Paar; **Ge|trennt|schrei|bung**

ge|treu; Ge|treue, der *u.* die; -n, -n

Ge|trie|be, das; -s, -; **Ge|trie|be|scha|den**

ge|trock|net; getrocknete Tomaten

ge|trost

Get|to, Ghet|to [g...], das; -s, -s (abgesondertes [jüdisches] Wohnviertel); **Get|to|blas|ter,** Ghet|to|blas|ter [...bla:stɐ], der; -s, - (großer tragbarer Radiorekorder)

G

Ge|tue, das; -s
Ge|tüm|mel, das; -s, -
ge|tüp|felt, ge|tupft
Ge|tu|schel, das; -s
ge|übt; Ge|übt|heit, die; -
Ge|viert, das; -[e]s, -e (Viereck, Quadrat); **ge|vier|teilt**
Ge|wächs, das; -es, -e; **ge|wach|sen;** jmdm., einer Sache gewachsen sein; **Ge-wächs|haus**

G

ge|wachst (mit Wachs behandelt)
ge|wagt; Ge|wagt|heit
ge|wählt; sich gewählt ausdrücken
ge|wahr; eine[r] Sache gewahr werden
Ge|währ, die; - (Bürgschaft, Sicherheit)
ge|wah|ren (*geh. für* bemerken, erkennen)
ge|wäh|ren (bewilligen)
ge|währ|leis|ten; der Veranstalter gewährleistet die Sicherheit der Gäste; *Getrenntschreibung beim Anschluss mit »für«:* der Veranstalter tut alles, um für die Sicherheit der Gäste Gewähr zu leisten; **Ge|währ-leis|tung**
Ge|wahr|sam, der; -s (Haft, Obhut)
Ge|währs|frau; Ge|währs|mann *Plur.* ...leute, *selten* ...männer
Ge|walt, die; -, -en; **Ge|walt|akt; Ge|walt-an|wen|dung; ge|walt|be|reit; Ge|walt-be|reit|schaft; Ge|wal|ten|tei|lung,** die; -; **ge|walt|frei; Ge|walt|herr|schaft**
ge|wal|tig; ge|walt|los; Ge|walt|lo|sig-keit, die; -
Ge|walt|marsch, der; **ge|walt|sam; Ge-walt|tat; Ge|walt|tä|ter; Ge|walt|tä|te-rin; ge|walt|tä|tig; Ge|walt|tä|tig|keit; Ge|walt|ver|bre|chen; Ge|walt|ver|zicht**
Ge|wand, das; -[e]s, ...wänder
ge|wandt; Ge|wandt|heit, die; -
ge|wär|tig; einer Sache gewärtig sein
Ge|wäsch, das; -[e]s (*ugs. für* Gerede)
Ge|wäs|ser, das; -s, -
Ge|we|be, das; -s, -; **Ge|we|be|flüs|sig|keit**
Ge|wehr, das; -[e]s, -e
Ge|weih, das; -[e]s, -e
Ge|wer|be, das; -s, -; **Ge|wer|be|auf|sicht,** die; -; **Ge|wer|be|frei|heit; Ge|wer|be-ge|biet; Ge|wer|be|ord|nung** (*Abk.* GewO); **Ge|wer|be|schu|le; Ge|wer|be-steu|er,** die; **ge|wer|be|trei|bend; Ge-wer|be|trei|ben|de,** der *u.* die; -n, -n; **ge-werb|lich; ge|werbs|mä|ßig**
Ge|werk|schaft; Ge|werk|schaf|ter, Gewerk|schaft|ler; **Ge|werk|schaf|te|rin,** Gewerk|schaft|le|rin; **ge|werk|schaft|lich; Ge|werk|schafts|bund,** der; -es, ...bünde *Plur. selten;* **Ge|werk|schafts|funk|ti|o-när; Ge|werk|schafts|funk|ti|o|nä|rin; Ge|werk|schafts|mit|glied**
Ge|wicht, das; -[e]s, -e
ge|wich|ten (Schwerpunkte setzen)
Ge|wicht|he|ben, das; -s (Sportart); **Ge-wicht|he|ber; Ge|wicht|he|be|rin**
ge|wich|tig; Ge|wich|tig|keit, die; -
Ge|wichts|klas|se *(Sport);* **Ge|wichts|kon|t-rol|le; Ge|wichts|ver|lust; Ge|wich|tung**
ge|wieft (*ugs. für* schlau, gerissen)
ge|willt; gewillt (bereit) sein[,] etw. zu tun
Ge|wim|mel, das; -s
Ge|wim|mer, das; -s
Ge|win|de, das; -s, -
Ge|winn, der; -[e]s, -e; [großen] Gewinn bringen; **Ge|winn|be|tei|li|gung; ge-winn|brin|gend, Ge|winn brin|gend;** eine gewinnbringende *od.* Gewinn bringende Investition; *aber nur* eine großen Gewinn bringende Investition; eine noch gewinnbringendere Investition
Ge|winn|chan|ce; ge|win|nen; gewann, gewonnen; **ge|win|nend; Ge|win|ner; Ge|win|ne|rin; Ge|winn|er|war|tung** *(Wirtsch.);* **Ge|winn|klas|se; Ge|winn-spiel; Ge|winn|sucht,** die; -; **ge|winn-süch|tig; Ge|win|nung; Ge|winn|war-nung** (*Börsenw.* Ankündigung, dass erwartete Gewinne voraussichtlich nicht erzielt werden können); **Ge|winn|zahl**
Ge|win|sel, das; -s
ge|wirkt; gewirkter Stoff
Ge|wirr, das; -[e]s
ge|wiss; nichts Gewisses; ein gewisses Etwas
Ge|wis|sen, das; -s, -; **ge|wis|sen|haft; Ge-**

wis|sen|haf|tig|keit, die; -; **ge|wis|sen|los; Ge|wis|sen|lo|sig|keit,** die; -; **Ge|wis|sens|biss** *meist Plur.;* **Ge|wis|sens|fra|ge; Ge|wis|sens|kon|flikt**
ge|wis|ser|ma|ßen
Ge|wiss|heit
Ge|wit|ter, das; -s, -; **ge|wit|te|rig** *vgl.* gewittrig; **ge|wit|tern;** es gewittert; **Ge|wit|ter|re|gen; Ge|wit|ter|wol|ke; ge|witt|rig,** ge|wit|te|rig
ge|witzt; Ge|witzt|heit, die; -
ge|wo|gen (zugetan); sie ist mir gewogen
ge|wöh|nen; sich an etw. *od.* jmdn. gewöhnen; **Ge|wohn|heit; ge|wohn|heits|mä|ßig; Ge|wohn|heits|recht**
ge|wöhn|lich; für gewöhnlich (meist)
ge|wohnt; ich bin es gewohnt, bin schwere Arbeit gewohnt; die gewohnte Arbeit
ge|wöhnt (*Partizip II von* gewöhnen); ich habe mich an diese Arbeit gewöhnt
Ge|wöh|nung, die; -; **ge|wöh|nungs|be|dürf|tig**
Ge|wöl|be, das; -s, -; **Ge|wöl|be|bo|gen**
Ge|wölk, das; -[e]s *Plur. selten*
ge|wollt (unnatürlich, gekünstelt)
Ge|wühl, das; -[e]s
ge|wünscht; der gewünschte Effekt
ge|wür|felt; gewürfelte Stoffe
Ge|würz, das; -es, -e; **Ge|würz|gur|ke; Ge|würz|nel|ke; ge|würzt**
Gey|sir, der; -s, -e (eine Wasserfontänen ausstoßende heiße Quelle)
ge|zahnt, ge|zähnt; ein gezahntes *od.* gezähntes Blatt
Ge|zänk, das; -[e]s, -e
ge|zeich|net (*Abk.* gez.)
Ge|zei|ten *Plur.*
Ge|zer|re, das; -s
ge|zielt; gezielt fragen
ge|zie|men, sich *(veraltend);* es geziemt sich für ihn; **ge|zie|mend**
ge|ziert; Ge|ziert|heit
Ge|zisch, das; -[e]s, **Ge|zi|sche,** das; -s
Ge|zwit|scher, das; -s
ge|zwun|ge|ner|ma|ßen
Ghet|to [g...] usw. *vgl.* Getto usw.
Ghost|wri|ter [ˈgɔʊ̯straɪ̯tɐ], der; -s, - (für eine andere Person Schreibende[r], nicht genannte[r] Autor[in]); **Ghost|wri|te|rin**
Gib|bon, der; -s, -s (ein Affe)
Gicht, die; -; **Gicht|an|fall; gicht|krank**
Gie|bel, der; -s, -; **Gie|bel|dach; Gie|bel|fens|ter**
Gier, die; -; **gie|ren** (gierig sein); **gie|rig**
gie|ßen; goss, gegossen; **Gie|ßer; Gie|ße|rei; Gie|ße|rin; Gieß|kan|ne**
Gift, das; -[e]s, -e; **gif|ten** (*ugs. für* gehässig reden); **gift|frei; Gift|gas; gift|grün; gif|tig; Gif|tig|keit,** die; -; **Gift|mord; Gift|müll; Gift|pflan|ze; Gift|pilz; Gift|schlan|ge; Gift|schrank; Gift|stoff**
Gi|ga... (das Milliardenfache einer Einheit, z. B. Gigameter = 10^9 Meter; *Zeichen* G); **Gi|ga|byte** [...baɪ̯t] (*EDV* 2^{30} Byte; *Zeichen* GB, GByte)
Gi|gant, der; -en, -en (Riese); **Gi|gan|tin; gi|gan|tisch**
Gi|go|lo [ˈʒiː..., *auch* ˈʒɪ...], der; -s, -s (*ugs. für* Mann, der sich aushalten lässt)
Gil|de, die; -, -n; **Gil|de|haus**
Gin [dʒɪn], der; -s, -s (ein Wacholderbranntwein)
Gink|go [ˈgɪŋko], **Gin|ko,** der; -s, -s (ein asiatischer Baum)
Gin|seng [*auch* ʒ...], der; -s, -s (ostasiatische Pflanze mit heilkräftiger Wurzel)
Gins|ter, der; -s, - (ein Strauch)
Gip|fel, der; -s, - (*schweiz. auch für* Hörnchen); **Gip|fel|kon|fe|renz; Gip|fel|kreuz; gip|feln; Gip|fel|punkt; Gip|fel|tref|fen**
Gips, der; -es, -e; **Gips|ab|druck** *Plur.* ...abdrücke; **gip|sen; Gips|ver|band**
Gi|raf|fe [*südd., österr.* ʒ...], die; -, -n
Girl [gœːɐ̯l], das; -s, -s (*scherzh. für* Mädchen; w. Mitglied einer Tanztruppe)
Gir|lan|de, die; -, -n (Gewinde aus Laub, Blumen, buntem Papier o. Ä.)
Gir|lie [ˈgœːɐ̯li], das; -s, -s (selbstbewusstfreche, auffällig gekleidete junge Frau)
Gi|ro [ʒ...], das; -s, *Plur.* -s, *österr. auch* Giri (bargeldlose Überweisung); **Gi|ro|kon|to**

G

gir|ren; die Taube girrt
Gischt, die; -, -en *u., bes. fachspr.,* der; -[e]s, -e *Plur. selten* (aufschäumende See)
Gi|tar|re, die; -, -n; **Gi|tar|rist,** der; -en, -en; **Gi|tar|ris|tin**
Git|ter, das; -s, -; **Git|ter|fens|ter**
Glace [gla(:)s, *schweiz.* glasə], die; -, *Plur.* -s [gla(:)s], *schweiz.* -n ['glasn̩] (Zuckerglasur; Gelee aus Fleischsaft; *schweiz.* Speiseeis)
Gla|cé, **Gla|cee** [gla'se:], der; -[s], -s (ein glänzendes Gewebe); **Gla|cé|hand|schuh**, **Gla|cee|hand|schuh**
gla|cie|ren (mit Glace überziehen)
Gla|di|a|tor, der; -s, ...oren (altrömischer Schwertkämpfer bei Zirkusspielen)
Gla|di|o|le, die; -, -n (ein Schwertliliengewächs)
Gla|mour ['glɛmɐ], der *u.* das; -s (Glanz, betörende Aufmachung); **gla|mou|rös** [glamu...]
Glam|ping ['glɛm...], das; -s (luxuriöser Campingurlaub)
Glanz, der; -es, *Plur. (fachspr.)* -e; **glän|zen; glän|zend;** glänzend schwarze Haare; seine Augen waren glänzend schwarz; **Glanz|leis|tung; Glanz|licht** *Plur.* ...lichter; **glanz|los; Glanz|punkt** (Höhepunkt); **Glanz|stück; glanz|voll; Glanz|zeit**
¹**Glas,** das; -es, Gläser; zwei Glas Bier; ein Glas voll; Glas blasen
²**Glas,** das; -es, -en (*Seemannsspr.* halbe Stunde)
Glas|au|ge; Gläs|chen; Glas|dach; Gla|ser; Gla|se|rei; Gla|se|rin; glä|sern (aus Glas); **Glas|fa|ser; Glas|haus**
gla|sie|ren (mit Glasur versehen)
gla|sig; glas|klar; Glas|kör|per (*Med.* gallertiger Teil des Auges)
Glas|nost, die; - ([polit.] Offenheit)
Glas|schei|be; Glas|split|ter; Glas|tür
Gla|sur, die; -, -en (glasiger Überzug, Schmelz; Zucker-, Schokoladenguss); **Glas|wol|le**
glatt; glat|ter, *auch* glät|ter; glat|tes|te, *auch* glät|tes|te; die Bluse glatt bügeln *od.* glattbügeln; das Tischtuch glatt machen *od.* glattmachen; **glatt|bü|geln** (*ugs. für* in Ordnung bringen); *vgl. aber* glatt
Glät|te, die; -; **Glatt|eis; glät|ten** (*landsch. u. schweiz. auch für* bügeln)
glatt|ge|hen (*ugs. für* ohne Komplikationen ablaufen); **glatt ho|beln**, **glatt|ho|beln; glatt|ma|chen** (*ugs. für* bezahlen); *vgl. aber* glatt; **glatt rüh|ren**, **glatt|rüh|ren; glatt strei|chen**, **glatt|strei|chen**
glatt|weg (kurzerhand)
glatt zie|hen, **glatt|zie|hen**
Glat|ze, die; -, -n; **Glatz|kopf; glatz|köp|fig**
Glau|be, der; -ns, -n Plur. selten; **glau|ben;** er wollte mich glauben machen, dass ...
Glau|ben, der; -s, - (*seltener für* Glaube); **Glau|bens|be|kennt|nis; Glau|bens|fra|ge; Glau|bens|frei|heit; Glau|bens|ge|mein|schaft; Glau|bens|krieg**
glaub|haft; Glaub|haf|tig|keit, die; -; **gläu|big; Gläu|bi|ge,** der *u.* die; -n, -n; **Gläu|bi|ger,** der; -s, - (jmd., der berechtigt ist, von einem Schuldner Geld zu fordern); **Gläu|bi|ge|rin; Gläu|bi|ger|schutz,** der; -es; **Gläu|big|keit** *Plur. selten;* **glaub|wür|dig; Glaub|wür|dig|keit,** die; -
Glau|kom, das; -s, -e (*Med.* grüner Star [Augenkrankheit])
gleich *s. Kasten*
gleich|alt|rig, gleich|al|te|rig; **gleich|ar|tig; Gleich|ar|tig|keit,** die; -; **gleich|auf;** gleichauf liegen; **gleich|be|deu|tend** (das Gleiche bedeutend); gleichbedeutende Wörter, *aber* gleich bedeutende (gleichermaßen angesehene) Gelehrte; **Gleich|be|hand|lung; gleich|be|rech|tigt; Gleich|be|rech|ti|gung,** die; -; **gleich|blei|bend**, **gleich blei|bend** *vgl.* gleich; **gleich|den|kend**, **gleich den|kend** *vgl.* gleich
glei|chen (gleich sein); glich, geglichen
glei|cher|ma|ßen; gleich|falls; gleich|far|big; gleich|för|mig; gleich|ge|ar|tet, **gleich ge|ar|tet** *vgl.* gleich; **gleich ge|la|gert**, **gleich|ge|la|gert** *vgl.* gleich; **gleich|ge|schlecht|lich;** gleichgeschlecht-

gleich

- *der gleiche Hut; die gleichen Rechte*
- *alle Menschen sind gleich*
- *die Sonne ging gleich einem roten Ball unter* (geh.)
- *er soll gleich (sofort) kommen*

Großschreibung:

- *das Gleiche (dasselbe) tun*
- *es kommt aufs Gleiche hinaus*
- *Gleiches mit Gleichem vergelten*
- *es kann uns Gleiches begegnen*
- *ein Gleiches tun*
- *Gleicher unter Gleichen*
- *Gleich und Gleich gesellt sich gern*

Schreibung in Verbindung mit Adjektiven, Verben und Partizipien:

- *gleich alt, gleich groß, gleich gut, gleich lang, gleich schnell, gleich verteilt usw.*
- *zwei gleich große Kinder; die Kinder waren gleich groß*
- *gleich sein, gleich werden; gleich denken, gleich klingen, gleich lauten*
- *die Wörter werden gleich geschrieben*
- *gleich bedeutende Gelehrte,* aber *gleichbedeutende (das Gleiche bedeutende) Wörter*
- *sie sind einander [völlig] gleich geblieben*
- *sie ist gleichbleibend* od. *gleich bleibend freundlich*
- *gleichdenkende* od. *gleich denkende Menschen; gleichgeartete* od. *gleich geartete Verhältnisse*
- *ein nicht nur ähnlich, sondern gleich gelagerter* od. *gleichgelagerter Fall*
- *gleich gesinnte* od. *gleichgesinnte Freunde*
- *gleichlautende* od. *gleich lautende Wörter*

Vgl. aber *gleichkommen, gleichmachen, gleichschalten, gleichsehen, gleichsetzen, gleichstehen, gleichstellen, gleichtun*

liche Partnerschaft; **gleich ge|sinnt**, **gleich|ge|sinnt** *vgl.* gleich; **gleich gestimmt**, **gleich|ge|stimmt** *vgl.* gleich
Gleich|ge|wicht, das; -[e]s, -e; **Gleich|gewichts|sinn; Gleich|ge|wichts|stö|rung**
gleich|gül|tig; Gleich|gül|tig|keit
Gleich|heit; Gleich|heits|prin|zip
gleich|kom|men (entsprechen); das war einer Kampfansage gleichgekommen, *aber* wir sind gleich (sofort) gekommen; **gleichlau|tend**, **gleich lau|tend** *vgl.* gleich; **gleich|ma|chen** (angleichen); dem Erdboden gleichmachen; *vgl.* gleich; **Gleich|mache|rei; gleich|mä|ßig; Gleich|mut**, der; -[e]s, *selten* die; -; **gleich|mü|tig; gleichna|mig; Gleich|nis**, das; -ses, -se
gleich|ran|gig; gleich|sam; gleich|schalten (auf eine einheitliche Linie bringen); **gleich|schen|ke|lig, gleich|schenk|lig; Gleich|schritt**, der; -[e]s; **gleich|se|hen** (ähneln); **gleich|sei|tig; gleich|set|zen;** etwas mit einer Sache gleichsetzen; *vgl.* gleich; **Gleich|set|zung**
Gleich|stand, der; -[e]s; **gleich|ste|hen** (gleich sein); **gleich|stel|len** (auf die gleiche Stufe stellen); gleichgestellt sein; *vgl.* gleich; **Gleich|stel|lung; Gleich|strom**
gleich|tun (nacheifern); es jemandem gleichtun; *aber*: etwas gleich (sofort) tun
Glei|chung
gleich|viel; gleichviel[,] ob/wann/wo, *aber* wir haben gleich viel
gleich|wer|tig
gleich|wie *(geh.)*
gleich|win|ke|lig, gleich|wink|lig
gleich|wohl; *aber* wir fühlen uns alle gleich (in gleicher Weise) wohl
gleich|zei|tig; Gleich|zei|tig|keit
gleich|zie|hen (auf den gleichen Leistungsstand kommen)
Gleis, das; -es, -e
glei|ßen (glänzen, glitzern)
Gleit|boot; glei|ten; glitt, geglitten; **Gleitflug; Gleit|schutz; gleit|si|cher**
Glet|scher, der; -s, -; **Glet|scher|spal|te**
Glied, das; -[e]s, -er; **glie|dern**

G

Glie|der|pup|pe; Glie|der|schmerz
Glie|de|rung
Glied|ma|ße, die; -, -n *meist Plur.*
glim|men; es glomm, *auch* glimmte; geglommen, *auch* geglimmt; **glim|mern; Glimm|stän|gel** (*scherzh. für* Zigarette)
glimpf|lich; glit|schig
glit|zern; ich glitzere
glo|bal (weltumspannend; allgemein)
glo|ba|li|sie|ren (weltweit ausrichten); **Glo|ba|li|sie|rung; Glo|ba|li|sie|rungs|kri|ti|ker; Glo|ba|li|sie|rungs|kri|ti|ke|rin**
Glo|bal Play|er [ˈglɔʊbl̩ -], der; - -s, - -[s] (Unternehmen, Unternehmer o. Ä. mit weltweitem Wirkungskreis)
Glo|be|trot|ter, der; -s, - (Weltenbummler); **Glo|be|trot|te|rin,** die; -, -nen
Glo|bus, der; *Gen.* - *u.* -ses, *Plur.* ...ben *u.* -se (kugelförmiges Modell der Erde)
Glöck|chen; Glo|cke, die; -, -n; **Glo|cken|blu|me; glo|cken|för|mig; Glo|cken|klang; Glo|cken|spiel; Glo|cken|turm; glo|ckig; Glöck|ner; Glöck|ne|rin**
[1]**Glo|ria,** das; -s *u.* die; - (*meist iron. für* Ruhm); mit Glanz und Gloria
[2]**Gloria,** das; -s (Lobgesang in der kath. Messe)
Glo|rie, die; -, -n (*geh. für* Ruhm, Glanz); **Glo|ri|en|schein; glo|ri|fi|zie|ren; Glo|ri|fi|zie|rung; Glo|ri|o|le,** die; -, -n (Heiligenschein); **glor|reich**
Glos|sar, das; -s, -e (Glossensammlung; Wörterverzeichnis [mit Erklärungen]); **Glos|se** [*fachspr. auch* ˈglo:sə], die; -, -n (Randbemerkung; Kommentar); **glos|sie|ren**
Glot|ze, die; -, -n (*ugs. für* Fernsehgerät); **glot|zen** (*ugs.*)
Glück, das; -[e]s, -e *Plur. selten;* jmdm. Glück wünschen; ein Glück bringendes *od.* glückbringendes Amulett; ein Glück verheißendes *od.* glückverheißendes Vorzeichen; **Glück auf!** (Bergmannsgruß); **Glück brin|gend, glück|brin|gend** *vgl.* Glück
Glu|cke, die; -, -n; **glu|cken**
glü|cken
glu|ckern; ich gluckere
glück|lich; glück|li|cher|wei|se; glück|los
Glücks|brin|ger; Glücks|brin|ge|rin
glück|se|lig; Glück|se|lig|keit
gluck|sen
Glücks|fall, der; **Glücks|ge|fühl; Glücks|kind; Glücks|pilz; Glücks|rad; Glücks|sa|che,** die; -; **Glücks|spiel; Glücks|stern; glück|strah|lend; Glücks|zahl; Glück ver|hei|ßend, glück|ver|hei|ßend; Glück|wunsch**
Glu|co|se *vgl.* Glukose
Glüh|bir|ne; glü|hen
glü|hend; ein glühend heißes Eisen; das Eisen ist glühend heiß
Glüh|lam|pe; Glüh|wein; Glüh|würm|chen
Glu|ko|se, *fachspr.* Glu|co|se, die; - (Traubenzucker)
Glut, die; -, -en; **Glut|hit|ze**
Gly|pho|sat, das; -s (ein Unkrautvernichtungsmittel)
Gly|ze|rin, Gly|ce|rin, das; -s, -e (dreiwertiger Alkohol)
GmbH, die; -, -s = Gesellschaft mit beschränkter Haftung
Gna|de, die; -, -n; **Gna|den|frist; Gna|den|ge|such; gna|den|los; gnä|dig**
Gneis, der; -es, -e (ein Gestein)
Gnoc|chi [ˈnjɔki] *Plur.* (Klößchen aus einem Teig mit Kartoffeln u. Mehl)
Gnom, der; *Gen.* -en, *auch* -s, *Plur.* -en, *auch* -e (Kobold; Zwerg); **gno|men|haft**
Gnu, das; -s, -s (ein Steppenhuftier)
Goal [*bes. österr.* gɔʊl, *bes. schweiz.* go:l], das; -s, -s (*österr. u. schweiz. für* Tor [beim Fußball]); **Goa|lie,** *selten* **Goa|li** [...li], der; -s, -s (*bes. österr., schweiz. für* Torwart)
Go|be|lin [...bəˈlɛ̃:], der; -s, -s (Wandteppich mit eingewirkten Bildern)
Go|ckel, der; -s, - (*bes. südd. für* Hahn)
goe|thesch, goethisch; goethesche *od.* Goethe'sche *od.* goethische Dramen
Go-go-Girl [*auch* ˈgɔʊgɔʊ...], das; -s, -s (Vortänzerin in Tanzlokalen)

Go|kart, der *od.* das; -[s], -s (niedriger, unverkleideter kleiner Sportrennwagen)

Gold, das; -[e]s (chemisches Element, Edelmetall; *Zeichen* Au); etwas ist Gold wert; **Gold|bar|ren; Gold|barsch; gold|blond; gol|den;** goldene *od.* Goldene Hochzeit (50. Hochzeitstag); **gold|far|ben, gold|far|big; Gold|fisch; gold|gelb; Gold|grä|ber; Gold|grä|be|rin; Gold|gru|be; Gold|hams|ter; gol|dig; Gold|klum|pen; Gold|me|dail|le; Gold|mi|ne; Gold|mün|ze; Gold|preis; Gold|rausch; Gold|re|gen** (ein Strauch, Baum); **Gold|re|ser|ve; gold|rich|tig** *(ugs.);* **Gold|schmied; Gold|schmie|din; Gold|stück; Gold|zahn**

[1]**Golf,** der; -[e]s, -e (größere Meeresbucht)

[2]**Golf,** das; -s (ein Rasenspiel); Golf spielen

Golf|club *vgl.* Golfklub; **gol|fen** (*ugs. für* Golf spielen); **Gol|fer,** der; -s, - (Golfspieler); **Gol|fe|rin; Golf|klub,** Golf|club; **Golf|platz; Golf|schlä|ger; Golf|spiel**

Go|li|ath, der; -s, -s (Riese)

Go-live [gɔʊ̯'laɪ̯f], das, *auch* der; -[s], -s (*EDV, Wirtsch.* Start des Regelbetriebs einer Software, Website o. Ä.)

Gon|del, die; -, -n (venezianisches Ruderboot; Kabine an einer Seilbahn); **gon|deln** (*ugs. für* [gemächlich] fahren); **Gon|do|li|e|re,** der; -, ...ri (Gondelführer)

Gong, der, *selten* das; -s, -s; **gon|gen;** es gongt; **Gong|schlag**

gön|nen; Gön|ner; gön|ner|haft; Gön|ne|rin

Go|nor|rhö, die; -, -en (Tripper)

good|bye! [gʊt'baɪ̯]

Good|will ['gʊt'vɪl], der; -[s] (Wohlwollen)

goo|geln ['gu:gl̩n] (mit Google im Internet suchen); **Goo|gle**® ['gu:gl̩], das; -[s] *meist ohne Artikel* (Internetsuchmaschine)

Gör, das; -[e]s, -en, **Gö|re,** die; -, -n (*nordd. für* [kleines] Kind; ungezogenes Mädchen)

Go|ril|la, der; -s, -s

Gos|pel, das *od.* der; -s, -s (religiöses Lied der Afroamerikaner); **Gos|pel|song**

Gos|se, die; -, -n

Go|tik, die; - (Kunststil vom 12. bis 15. Jh.; Zeit des gotischen Stils); **go|tisch**

Gott, der; *Gen.* -es, Götter; um Gottes willen; Gott sei Dank!; weiß Gott!; Gott[,] der Herr[,] hat ...; grüß [dich] Gott!; **Gott|er|bar|men; Göt|ter|bild; Göt|ter|däm|me|rung** (Zustand vor dem Anbruch eines neuen Zeitalters); **gott|er|ge|ben; Got|tes|an|be|te|rin** (eine Heuschreckenart); **Got|tes|dienst; got|tes|fürch|tig; Got|tes|haus; Got|tes|krie|ger** (Taliban- u. El-Kaida-Kämpfer); **Got|tes|krie|ge|rin; got|tes|läs|ter|lich; Got|tes|läs|te|rung; Got|tes|sohn,** der; -[e]s; **Got|tes|staat; Got|tes|ur|teil; gott|ge|wollt; Gott|heit; Göt|tin**

gött|lich; Gött|lich|keit, die; -

gott|lob!; gott|los; Gott|lo|se, der *u.* die; -n, -n; **Gott|lo|sig|keit; gotts|er|bärm|lich** *(ugs.);* **Gott|va|ter,** der; -s *meist ohne Artikel;* **gott|ver|las|sen; Gott|ver|trau|en**

Göt|ze, der; -n, -n (Abgott); **Göt|zen|bild**

Gou|da ['gaʊ̯...], der; -s, -s (ein Käse)

Gour|met [...'me:], der; -s, -s (Feinschmecker[in])

gou|tie|ren [gu...] (Geschmack an etwas finden)

Gou|ver|nan|te [gu...], die; -, -n (*veraltet für* Erzieherin); **Gou|ver|neur** [...'nø:ɐ̯], der; -s, -e (Statthalter); **Gou|ver|neu|rin**

GPS, das; - (ein satellitengestütztes Navigationssystem)

Grab, das; -[e]s, Gräber

gra|ben; grub, gegraben; **Gra|ben,** der; -s, Gräben; **Gra|ben|kampf** (*Militär; auch übertr. für* heftige Auseinandersetzung)

Gra|bes|stil|le; Grab|mal *Plur.* ...mäler, *geh.* ...male

grab|schen *vgl.* grapschen

Grab|stät|te; Grab|stein; Gra|bung

Gracht, die; -, -en (Kanal[straße] in niederl. Städten)

Grad, der (*für Temperatureinheit meist:* das); -[e]s, -e (Temperatureinheit; Einheit für [ebene] Winkel [1° = 90. Teil eines rechten Winkels]; *Zeichen* °); 3 Grad C *od.* 3° C *od.* 3 °C *(fachspr. nur so);* der 30. Grad (*nicht:* 30. °); es ist heute um einige Grad wärmer; ein Winkel von 30°

gra|de (*ugs. für* gerade); **grad|li|nig; Grad|li|nig|keit**

Grad|mes|ser, der; **gra|du|ell** (stufenweise)

Gra|du|ier|te, der *u.* die; -n, -n (jmd., der einen akademischen Grad besitzt); **Gra|du|ie|rung**

G

Gratwanderung

Der *Grat* in *Gratwanderung* ist die Bezeichnung für die oberste Kante eines Bergrückens und wird mit *t* geschrieben. Er ist nicht zu verwechseln mit der Temperatur- und Winkeleinheit *Grad.*

[1]**Graf** *vgl.* Graph

[2]**Graf,** der; -en, -en; **Gra|fen|ti|tel**

Graf|fi|to, der *u.* das; -[s], ...ti (Wandkritzelei; auf Mauern, Fassaden o. Ä. gesprühte oder gemalte Parole.)

Gra|fik, Gra|phik, die; -, -en (Schaubild); **Gra|fi|ker**, Gra|phi|ker; **Gra|fi|ke|rin**, Gra|phi|ke|rin

Gra|fik|trei|ber, Gra|phik|trei|ber *(EDV)*

Grä|fin

gra|fisch, gra|phisch

Gra|fit, Gra|phit, der; -s, -e (ein Mineral); **gra|fit|grau**, gra|phit|grau

Gra|fo|lo|gie, Gra|pho|lo|gie, die; - (Lehre von der Deutung der Handschrift)

Graf|schaft

gram; jmdm. gram sein; **Gram,** der; -[e]s; **grä|men;** sich grämen; **gram|er|füllt**

Gramm, das; -s, -e (*Zeichen* g); 2 Gramm

Gram|ma|tik, die; -, -en (Sprachlehre); **gram|ma|ti|ka|lisch** *(seltener);* **gram|ma|tisch**

Gram|mo|fon, Gram|mo|phon®, das; -s, -e (Plattenspieler)

gram|voll

Gra|nat, der; -[e]s, -e, *österr.* der; -en, -en (ein Edelstein)

Gra|nat|ap|fel (Frucht einer subtropischen Pflanze)

Gra|na|te, die; -, -n; **Gra|nat|split|ter**

Grand [grãː], der; -s, -s (höchstes Spiel im Skat); **Grand|ho|tel** ['grãː...]

gran|di|os (großartig)

Grand Prix ['grãː 'priː], der; - -, -s - ['grãː -]; **Grand|sei|g|neur** [grãsɛn'jøːe̯], der; -s, *Plur.* -s *u.* -e (vornehmer, weltgewandter Mann)

Gra|nit, der; -s, -e (ein Gestein); **Gra|nit|block** *Plur.* ...blöcke; **gra|ni|ten** (aus Granit)

gran|tig (*südd., österr. ugs. für* mürrisch)

Gra|nu|lat, das; -[e]s, -e (Substanz in Körnchenform)

Grape|fruit ['grɛɪ̯pfruːt], die; -, -s (eine Zitrusfrucht)

Graph, [1]Graf, der; -en, -en (*Math.* grafische Darstellung)

Gra|phic No|vel ['grɛfɪk 'nɔvl̩], die; - -, - -s (Comicroman); **Gra|phik** usw. *vgl.* Grafik usw.

Gra|phit *vgl.* Grafit

Gra|pho|lo|gie *vgl.* Grafologie

grap|schen, grab|schen *(ugs.)*

Gras, das; -es, Gräser; **gra|sen; Gras|flä|che; gras|grün; Gras|halm; Gras|hüp|fer; Gras|mü|cke,** die; -, -n (ein Singvogel)

gras|sie|ren (um sich greifen)

gräss|lich; Gräss|lich|keit

Grat, der; -[e]s, -e (Kante; Bergkamm[linie])

Grä|te, die; -, -n (Fischgräte); **grä|ten|los**

Gra|ti|fi|ka|ti|on, die; -, -en ([freiwillige] [Sonder]zuwendung)

Gra|tin [...'tɛ̃ː], das; -s, -s (überbackenes Gericht); **gra|ti|nie|ren** (mit einer Kruste überbacken)

gra|tis (unentgeltlich)

Grät|sche, die; -, -n (eine Turnübung); **grät|schen** ([die Beine] seitwärts abspreizen)

Gra|tu|lant, der; -en, -en; **Gra|tu|lan|tin; Gra|tu|la|ti|on,** die; -, -en; **gra|tu|lie|ren**

Grat|wan|de|rung

grau; grau in grau malen; grauer *od.* Grauer Star (Augenkrankheit); grau sein, werden;

grau färben *od.* graufärben; grau melierte *od.* graumelierte Haare; **Grau,** das; -[s], -[s]; in Grau; *vgl.* Blau; **grau|blau**

Gräu|el, der; -s, -; **Gräu|el|tat**

[1]**grau|en** (Furcht haben); mir, *seltener* mich graut [es] vor dir

[2]**grau|en** (dämmern); der Morgen graut

Grau|en, das; -s, -; es überkommt ihn ein Grauen (Furcht, Schauder); die Grauen (Schrecken) des Atomkrieges; **grau|en|er|re|gend, Grau|en er|re|gend;** ein grauenerregender *od.* Grauen erregender Vorfall; *aber nur* ein höchstes Grauen erregender Vorfall; ein noch grauenerregenderer Vorfall; **grau|en|haft; grau|en|voll**

grau fär|ben, grau|fär|ben; grau|haa|rig

[1]**gräu|lich** (Grauen erregend)

[2]**gräu|lich, grau|lich** (leicht grau getönt)

grau me|liert, grau|me|liert *vgl.* grau

Grau|pe, die; -, -n *meist Plur.* (Korn)

Grau|pel, die; -, -n *meist Plur.* (Hagelkorn); **grau|peln; Grau|pel|schau|er**

Graus, der; -es (*veraltet für* Schrecken); o *od.* oh Graus!; **grau|sam; Grau|sam|keit; grau|sen** (sich fürchten); mir *od.* mich grauste; sich grausen; **Grau|sen,** das; -s; **grau|sig** (grauenerregend)

Grau|zo|ne (Übergangszone)

Gra|veur [...ˈvøːɐ̯], der; -s, -e (Metall-, Steinschneider); **Gra|veu|rin; gra|vie|ren** ([in Metall, Stein, Glas o. Ä.] [ein]schneiden)

gra|vie|rend (schwerwiegend; belastend)

Gra|vi|ta|ti|on, die; - (Schwerkraft, Anziehungskraft)

gra|vi|tä|tisch (würdevoll)

Gra|vur, die; -, -en (eingravierte Schrift)

[1]**Gra|zie,** die; - (Anmut)

[2]**Gra|zie,** die; -, -n (eine der drei röm. Göttinnen der Anmut)

gra|zil (schlank, geschmeidig, zierlich)

gra|zi|ös (anmutig)

Green|card, die; -, -s, **Green Card,** die; - -, - -s [ˈgriːn...] ([un]befristete Arbeits- u. Aufenthaltserlaubnis)

Green|horn [ˈgriːn...], das; -s, -s (Anfänger, Neuling)

gre|go|ri|a|nisch; der gregorianische Kalender

Greif, der; *Gen.* -[e]s *u.* -en, *Plur.* -e[n] (Fabeltier [Vogel]; *auch für* Greifvogel)

greif|bar; grei|fen; griff, gegriffen; um sich greifen; zum Greifen nahe; **Greif|vo|gel**

grei|nen (*ugs. für* weinen)

Greis, der; -es, -e; **grei|sen|haft; Grei|sin**

grell; die grell beleuchtete *od.* grellbeleuchtete Bühne; **grell|rot**

Gre|mi|um, das; -s, ...ien (Ausschuss)

Gre|na|dier, der; -s, -e (Infanterist); **Gre|na|die|rin**

Grenz|be|reich; Gren|ze, die; -, -n; **gren|zen; gren|zen|los; Grenz|fall; Grenz|gän|ger; Grenz|gän|ge|rin; Grenz|ge|biet; Grenz|kon|t|rol|le; Grenz|li|nie; Grenz|über|gang; grenz|über|schrei|tend; Grenz|wert; Grenz|zie|hung**

Gre|xit, der; -s (Austritt Griechenlands aus der Eurozone)

Grie|be, die; -, -n (ausgebratener Speckwürfel); **Grie|ben|wurst**

grie|chisch; grie|chisch-or|tho|dox

grie|nen (*ugs. für* grinsen)

Gries|gram, der; -[e]s, -e; **gries|grä|mig**

Grieß, der; -es, -e; **Grieß|brei**

Griff, der; -[e]s, -e; **griff|be|reit**

Grif|fel, der; -s, -

griff|fest; grif|fig

Grill, der; -s, -s (Bratrost)

Gril|le, die; -, -n (ein Insekt; *auch für* Laune)

gril|len (auf dem Grill braten); **Grill|fest**

Gri|mas|se, die; -, -n

Grimm, der; -[e]s *(veraltend);* **grim|mig**

Grind, der; -[e]s, -e (Schorf); **grin|dig**

grin|sen

grip|pal *vgl.* grippös; **Grip|pe,** die; -, -n (eine Infektionskrankheit); **Grip|pe|epi|de|mie; grip|pe|krank; Grip|pe|vi|rus; Grip|pe|wel|le; grip|pös** (*Med.* grippeartig)

Grips, der; -es (*ugs. für* Verstand)

Grizz|ly|bär [ˈgrɪsli...] (großer nordamerik. Braunbär)

G

grob; grö|ber, gröbs|te; grob fahrlässig handeln; Korn grob mahlen *od.* grobmahlen; grob gemahlenes *od.* grobgemahlenes Korn; jmdn. aufs Gröbste *od.* gröbste beleidigen; aus dem Gröbsten heraus sein

grob ge|mah|len, grob|ge|mah|len *vgl.* grob; **grob ge|strickt, grob|ge|strickt**

Gro|bi|an, der; -[e]s, -e (grober Mensch)

grob|schläch|tig (von grober Art)

Grog, der; -s, -s (heißes alkohol. Getränk)

G

grog|gy [...gi] (schwer angeschlagen; *ugs. auch für* zerschlagen)

grö|len *(ugs.);* **Groll,** der; -[e]s; **grol|len**

Groove [gru:v], der; -s, -s (rhythmisches Grundmuster [im Jazz]; Gefühl für Rhythmus u. Tempo); **groo|vig**

Gros [gro:], das; -, - (überwiegender Teil); *vgl.* en gros

Gro|schen, der; -s, - (Untereinheit des Schillings; *früher ugs. für* Zehnpfennigstück)

groß *s. Kasten*

Groß|ak|ti|o|när; Groß|ak|ti|o|nä|rin

groß an|ge|legt, groß|an|ge|legt *vgl.* groß

groß|ar|tig; Groß|auf|ge|bot; Groß|auf|nah|me; Groß|auf|trag; Groß|bau|stel|le; Groß|be|trieb; Groß|brand; Groß|buch|sta|be; groß|bür|ger|lich

Grö|ße, die; -, -n; **Groß|ein|satz; Groß|el|tern** *Plur.;* **Grö|ßen|ord|nung; Grö|ßen|wahn; grö|ßen|wahn|sin|nig**

grö|ßer *vgl.* groß

Groß|er|eig|nis; Groß|fa|mi|lie; groß|flä|chig; groß|for|ma|tig; groß ge|wach|sen, groß|ge|wach|sen *vgl.* groß; **Groß|grund|be|sit|zer; Groß|grund|be|sit|ze|rin; Groß|han|del; Groß|händ|ler; Groß|händ|le|rin; Groß|her|zog; Groß|her|zo|gin; Groß|hirn; Groß|in|dus|t|rie; Groß|in|dus|t|ri|el|le**

Gros|sist, der; -en, -en (Großhändler); **Gros|sis|tin**

groß ka|riert, groß|ka|riert *vgl.* groß

Groß|kon|zern; Groß|lein|wand; Groß|macht; Groß|markt; Groß|mut, die; -; **groß|mü|tig; Groß|mut|ter** *Plur.* ...müt|ter; **groß|po|rig; Groß|raum; groß|räu|mig; Groß|rei|ne|ma|chen,** das; -s

groß|schrei|ben (mit großem Anfangsbuchstaben schreiben; *ugs. für* wichtig nehmen); Substantive großschreiben; Teamarbeit wird bei uns [sehr] großgeschrieben; *vgl.* groß; **Groß|schrei|bung**

groß|spu|rig; Groß|spu|rig|keit, die; -

Groß|stadt; Groß|städ|ter; Groß|städ|te|rin; groß|städ|tisch

größ|te *vgl.* groß

Groß|teil, der; **groß|teils; größ|ten|teils**

größt|mög|lich *(falsch:* größtmöglichst)

groß|tun (prahlen); er soll nicht so großtun

Groß|va|ter; Groß|ver|an|stal|tung; groß|zie|hen (aufziehen); **groß|zü|gig; Groß|zü|gig|keit**

gro|tesk (wunderlich; überspannt); **Gro|tes|ke,** die; -, -n (fantastische Erzählung)

Grot|te, die; -, -n ([künstl.] Felsenhöhle)

grot|ten|schlecht *(ugs. für* sehr schlecht)

Grou|pie ['gru:pi], das; -s, -s (w. Fan, der engen Kontakt mit seinem Idol sucht)

Grüb|chen; Gru|be, die; -, -n

Grü|be|lei; grü|beln

Gru|ben|un|glück

Grüb|ler; Grüb|le|rin; grüb|le|risch

Gruft, die; -, Grüfte; **Gruf|ti,** der; -s, -s *(ugs. für* älterer Mensch; Jugendlicher mit einer Vorliebe für schwarze Kleidung, Friedhöfe u. Todessymbole)

grün; er ist mir nicht grün *(ugs. für* gewogen); am grünen *od.* Grünen Tisch; der grüne *od.* Grüne Star (Augenkrankheit); das Grüne *od.* grüne Trikot *(Radsport);* der Grüne *od.* grüne Punkt; die Grüne Insel (Irland); **Grün,** das; -[s], -[s] (grüne Farbe); das erste Grün; die Ampel steht auf, zeigt Grün; in Grün; das ist dasselbe in Grün *(ugs. für* [fast] ganz dasselbe); *vgl.* Blau; **Grün|an|la|ge**

Grund, der; -[e]s, Gründe; im Grunde; von Grund auf; aufgrund *od.* auf Grund [dessen, von]; auf Grund laufen; im Grunde genommen; zugrunde *od.* zu Grunde

groß

grö|ßer, größ|te

– *groß[en]teils, größer[e]nteils, größtenteils*

I. Kleinschreibung:

a) *ihr Haus war am größten*
b) *die großen Ferien*
– *auf große Fahrt gehen*
– *das große Einmaleins*
– *das große Los; die große Pause*
– *auf großem Fuß* (ugs. für *verschwenderisch*) *leben*
– *etwas an die große Glocke hängen* (ugs. für *überall erzählen*)
– *im großen Ganzen*

II. Großschreibung:

a) *etwas, nichts, viel, wenig Großes*
– *Groß und Klein* (auch für *jedermann*)
– *Große und Kleine, die Großen und die Kleinen; im Großen und Ganzen*
– *im Großen (en gros) einkaufen*
– *vom Kleinen auf das Große schließen*
– *im Großen wie im Kleinen treu sein*
– *ein gutes Fußballspiel ist für ihn das Größte*
– *er ist der Größte* (ugs. für *unübertroffen*)
b) *Otto der Große* (Abk. *d. Gr.*), Gen.: *Ottos des Großen*
– *der Große Teich* (ugs. für *Atlantischer Ozean*); *der Große Belt (eine Meerenge)*
– *der Große Wagen, der Große Bär (Sternbilder); die Große Mauer (in China)*

c) *das große* od. *Große Latinum*
der Große od. *große Lauschangriff*
– *die Große* od. *große Anfrage (im Parlament); die Große* od. *große Koalition*
– *die Große* od. *große Kreisstadt*

III. Schreibung in Verbindung mit Verben:

– *groß herauskommen*
– *groß schreiben (in großer Schrift schreiben)*
– aber *großschreiben (mit großem Anfangsbuchstaben schreiben; sehr wichtig nehmen)*
– *großtun (prahlen)*
– *Kinder großziehen (aufziehen)*
– *groß klicken* od. *großklicken* (EDV *durch Anklicken vergrößern*)

IV. Getrennt- oder Zusammenschreibung bei nicht übertragener Bedeutung in Verbindung mit adjektivisch gebrauchten Partizipien:

– *ein groß angelegter* od. *großangelegter Plan*
– *ein groß gemusterter* od. *großgemusterter Stoff; ein groß karierter* od. *großkarierter Mantel*
– *ein groß gewachsener* od. *großgewachsener Junge*

gehen, legen, liegen, richten; **grund|an|stän|dig; Grund|aus|bil|dung; Grund|aus|stat|tung; Grund|be|sitz; Grund|buch; Grund|ei|gen|tum; Grund|eis**
grün|den; gegründet (*Abk.* gegr.); **Grün|der; Grün|de|rin; Grün|der|va|ter** *meist Plur.;* **Grün|der|zeit,** die; -
grund|falsch; Grund|flä|che; Grund|ge|bühr; Grund|ge|setz (Statut); Grundgesetz für die Bundesrepublik Deutschland vom 23. Mai 1949 (*Abk.* GG)
grund|haft (*meist Bauw.* von Grund auf)
Grund|hal|tung; grun|die|ren; Grund|kennt|nis *meist Plur.;* **Grund|la|ge; Grund|la|gen|for|schung; grund|le|gend**
gründ|lich; Gründ|lich|keit, die; -
grund|los
Grund|nah|rungs|mit|tel
Grün|don|ners|tag
Grund|preis; Grund|prin|zip; Grund|recht; Grund|re|gel; Grund|riss; Grund|satz; grund|sätz|lich; Grund|satz|pro|gramm;

G

Grund|schu|le; Grund|schü|ler; Grund|schü|le|rin; Grund|stein; Grund|stein|le|gung; Grund|steu|er, die; **Grund|stock** *Plur.* ...stöcke; **Grund|stoff; Grund|stück; Grund und Bo|den,** der; - - -s
Grün|dung; Grün|dungs|mit|glied
Grund|vo|r|aus|set|zung; Grund|was|ser *Plur.* ...wasser *u.* ...wässer (*Ggs.* Oberflächenwasser); **Grund|wert; Grund|zahl** (Kardinalzahl); **Grund|zug**

G

[1]**Grü|ne,** das; -n; Fahrt ins Grüne
[2]**Grü|ne,** der *u.* die; -n, -n (Mitglied der Partei Bündnis 90 / Die Grünen)
grü|nen (grün werden, sein); **Grün|flä|che; Grün|kern,** der; -[e]s; **Grün|kohl; grün|lich;** grünlich gelb; **Grün|schna|bel** (*ugs. für* unerfahrener, vorlauter Mensch); **Grün|span,** der; -[e]s (grüner Belag auf Kupfer od. Messing); **Grün|strei|fen**
grun|zen
Grün|zeug, das; -[e]s *(ugs.)*
Grüpp|chen; Grup|pe, die; -, -n; **Grup|pen|ar|beit; Grup|pen|bild; Grup|pen|sex; Grup|pen|the|ra|pie; grup|pen|wei|se**
grup|pie|ren; Grup|pie|rung
gru|se|lig, grus|lig (schaurig); **Gru|sel|mär|chen; gru|seln;** ich grus[e]le mich, mir *od.* mich gruselt es; **grus|lig** *vgl.* gruselig
Gruß, der; -es, Grüße; **grü|ßen; gruß|los; Gruß|wort** *Plur.* ...worte
Grüt|ze, die; -, -n
gu|cken, ku|cken *(ugs.);* **Guck|in|die|luft,** der; -; Hans Guckindieluft; **Guck|loch**
[1]**Gue|ril|la** [geˈrɪlja], die; -, -s (*kurz für* Guerillakrieg); [2]**Gue|ril|la,** der; -[s], -s *meist Plur.* (Angehöriger einer Einheit, die einen Guerillakrieg führt); **Gue|ril|la|kämp|fer; Gue|ril|la|kämp|fe|rin; Gue|ril|la|krieg**
Gu|gel|hupf, der; -[e]s, -e (*südd., österr. für* Napfkuchen)
Guide [gai̯d], der; -s, -s (Reiseführer [als Buch])
Guil|lo|ti|ne [gɪljo..., gijo...], die; -, -n (Fallbeil)
Guin|ness|buch, Guin|ness-Buch [ˈgɪ...] (Buch, das Rekorde u. Ä. verzeichnet)
Gu|lasch [*auch* ˈgʊ...], das, *auch* der; -[e]s, -e *u.* -s, *österr. nur* das; -[e]s, -e; **Gu|lasch|ka|no|ne** (*scherzh. für* Feldküche)
Gul|den, der; -s, - (frühere niederl. Währungseinheit)
Gül|le, die; - (*Landwirtsch.* flüssiger Stalldünger; *südwestd. u. schweiz. für* Jauche)
Gul|ly [...li], der, *auch* das; -s, -s (Einlaufschacht für Straßenabwässer)
gül|tig; Gül|tig|keit
[1]**Gum|mi,** der *(österr. nur so) u.* das; -s, -[s] (elastisches Kautschukprodukt)
[2]**Gum|mi,** das, *auch* der; -s, -s (*kurz für* Gummiband)
[3]**Gum|mi,** der *u.* das; -s, -s (*kurz für* Radiergummi; *ugs. für* Präservativ)
Gum|mi|band, das; *Plur.* ...bänder; **Gum|mi|bär|chen; Gum|mi|baum; Gum|mi|soh|le; Gum|mi|stie|fel**
Gunst, die; -; zu seinen Gunsten, *aber* zugunsten *od.* zu Gunsten; zuungunsten *od.* zu Ungunsten der Armen
güns|tig; güns|tigs|ten|falls
Günst|ling
Gur|gel, die; -, -n; **gur|geln**
Gur|ke, die; -, -n; **gur|ken** (*ugs. für* fahren); durch die Gegend gurken; **Gur|ken|sa|lat**
gur|ren; die Taube gurrt
Gurt, der; -[e]s, *Plur.* -e, *landsch. u. fachspr.* -en
Gür|tel, der; -s, -; **Gür|tel|li|nie; Gür|tel|rei|fen; gür|ten**
Gu|ru, der; -s, -s (religiöser Lehrer des Hinduismus)
Guss, der; -es, Güsse; **Guss|ei|sen,** das; -s; **guss|ei|sern; Guss|stahl, Guss-Stahl**
Gus|to, der; -s, -s (Appetit; Neigung)
gut *s. Kasten*
Gut, das; -[e]s, Güter; sein Hab und Gut
gut|ach|ten; *meist im Infinitiv u. Partizip I;* er gutachtet; um zu gutachten; sie hat gegutachtet; **Gut|ach|ten,** das; -s, -; **Gut|ach|ter; Gut|ach|te|rin**
gut|ar|tig; gut aus|se|hend, gut|aus|se|hend *vgl.* gut; **gut be|zahlt, gut|be|zahlt**

gut

bes|ser, bes|te

I. Kleinschreibung:

– *einen guten Morgen wünschen*
– *auf gut Glück; ein gut Teil*
– *guten Mutes; die guten Sitten*
– *gut und gern*
– *so gut wie; so weit, so gut*
– *es gut sein lassen*

II. Großschreibung:

a) *jmdm. etwas im Guten sagen*
– *im Guten wie im Bösen (allezeit)*
– *Gut und Böse unterscheiden können*
– *jenseits von Gut und Böse sein*
– *Gutes und Böses; vom Guten das Beste*
– *ein Guter; sie gehören zu den Guten*
– *sein Gutes haben; des Guten zu viel tun*
– *alles zum Guten lenken, wenden*
– *etwas, nichts, viel, wenig Gutes*
– *wir wünschen alles Gute*
b) *der Gute Hirte (Christus)*
– *das Kap der Guten Hoffnung*

III. Groß- oder Kleinschreibung:

– *[jmdm.] Guten* od. *guten Morgen sagen*

IV. Schreibung in Verbindung mit Verben:

– *das hast du gut gemacht!*
– *es mit jmdm. gut meinen*
– *es bei jmdm. gut haben*
– *sie kann gut schreiben*
– *es wird alles gut werden*
– *in diesen Schuhen kann ich gut gehen*
Aber:
– *im Urlaub lassen wir es uns gut gehen* od. *gutgehen*
– *es ist alles noch einmal gut gegangen* od. *gutgegangen*
– *die Bücher werden gut gehen* od. *gutgehen*
Vgl. auch *guthaben, gutheißen, gutmachen, gutschreiben, guttun*

V. Getrennt- oder Zusammenschreibung bei nicht übertragener Bedeutung in Verbindung mit adjektivisch gebrauchten Partizipien:

– *eine gut bezahlte* od. *gutbezahlte Kraft*
– *ein gut gemeinter* od. *gutgemeinter Rat*
– *gut gehende* od. *gutgehende Geschäfte*
– *gut unterrichtete* od. *gutunterrichtete Kreise*

vgl. gut; **gut|bür|ger|lich; Gut|dün|ken,** das; -s; nach [seinem] Gutdünken

Gü|te, die; -

Gu|te|nacht|ge|schich|te

Gü|ter|bahn|hof; Gü|ter|ver|kehr; Gü|ter|zug

Gü|te|sie|gel (Zeichen, das die Qualität einer Ware bestätigt)

gut ge|hen, gut|ge|hen *vgl.* gut; **gut ge|launt, gut|ge|launt** *vgl.* gut; **gut ge|meint, gut|ge|meint** *vgl.* gut; **gut|gläu|big; gut|ha|ben** (*Kaufmannsspr.* zu fordern haben); du hast bei mir noch 10 € gut; **Gut|ha|ben,** das; -s, -; **gut|hei|ßen** (billigen); gutgeheißen; **gut|her|zig**

gü|tig; ein gütiger Mensch

güt|lich; sich gütlich tun

gut|ma|chen (in Ordnung bringen; erwerben, Vorteil erringen); er hat etwas gutgemacht; **Gut|mensch,** der (*oft abwertend für* jmd., der sich besonders für Political Correctness engagiert); **gut|mü|tig; Gut|mü|tig|keit,** die; -; **Gut|schein; gut|schrei|ben** (anrechnen); sie versprach, den Betrag gutzuschreiben; **Gut|schrift** (eingetragenes Guthaben); **gut sein** *vgl.* gut

Guts|herr; Guts|her|rin; Guts|hof

Gut|teil, das *u.* der; -[e]s (ein großer Teil)

gut|tun; die Kur hat ihm gutgetan; *aber* er wird gut daran tun, …; **gut un|ter|rich-**

tet, **gut|un|ter|rich|tet** *vgl.* gut; **gut werden** *vgl.* gut; **gut|wil|lig**

gym|na|si|al; der gymnasiale Deutschunterricht; **Gym|na|si|al|leh|rer; Gym|na|si|alleh|re|rin; Gym|na|si|ast,** der; -en, -en (Schüler eines Gymnasiums); **Gym|na|sias|tin; Gym|na|si|um,** das; -s, ...ien (eine Form der höheren Schule in Deutschland, Österreich u. der Schweiz)

Gym|nas|tik, die; -, -en *Plur. selten;* **gymnas|tisch**

Gy|nä|ko|lo|ge, der; -n, -n; **Gy|nä|ko|lo|gie,** die; - (Frauenheilkunde); **Gy|nä|ko|lo|gin; gy|nä|ko|lo|gisch**

Gy|ros, das; -, - (griech. Gericht aus am Drehspieß gebratenem Fleisch)

G-7-Staat, **G7-Staat** *meist Plur.* (Staat der Vereinigung der sieben wichtigsten westl. Wirtschaftsnationen)

G-8-Staat, **G8-Staat** *meist Plur.* (*vgl.* G-7-Staat, mit Russland)

G-20-Staat, **G20-Staat** *meist Plur.* (Staat einer Gruppe von zwanzig wirtschaftl. starken Staaten)

H *h*

H (Buchstabe); das H; des H, die H, *aber* das h in Bahn; der Buchstabe H, h

Haar, das; -[e]s, -e; *aber* Härchen, Härlein; **Haar|aus|fall; haa|ren;** der Hund haart [sich]; **Haa|res|brei|te;** *nur in* um Haaresbreite, *aber* um eines Haares Breite; **Haarfar|be; haar|ge|nau; haa|rig** (*ugs. auch für* heikel); **haar|scharf; Haar|schnitt; Haar|spal|te|rei; haar|sträu|bend; Haarwuchs**

Ha|be *vgl.* Hab und Gut

ha|ben; hatte, gehabt; ich habe auf dem Tisch Blumen stehen (*nicht:* ... zu stehen); **Ha|ben,** das; -s, -; [das] Soll und [das] Haben; **Ha|be|nichts,** der; *Gen.* - *u.* -es, *Plur.* -e; **Ha|ben|sei|te** (eines Kontos)

Hab|gier, die; -; **hab|gie|rig**

hab|haft; des Diebes habhaft werden (ihn festnehmen)

Ha|bicht, der; -s, -e (ein Greifvogel)

Ha|bi|li|ta|ti|on, die; -, -en (Erwerb der Lehrberechtigung an Hochschulen); **ha|bi|li|tieren** (die Lehrberechtigung an Hochschulen erlangen bzw. verleihen)

Ha|bi|tus, der; - (Erscheinung, Benehmen)

Hab|se|lig|keit, die; -, -en *meist Plur.* (Besitztum)

Hab|sucht, die; -; **hab|süch|tig**

Hab und Gut, das; - - -[e]s

Hach|se, *südd.* Ha|xe, die; -, -n (unterer Teil des Beines von Kalb od. Schwein)

Hack, das; -s (*kurz für* Hackfleisch)

Hack|beil; Hack|bra|ten

1**Ha|cke,** die; -, -n, Ha|cken, der; -s, - (Ferse)

2**Ha|cke,** die; -, -n (ein Werkzeug)

1**ha|cken** (hauen; mit dem Beil spalten)

2**ha|cken** [*auch* 'hɛkn̩] (sich als Hacker betätigen)

Ha|cken *vgl.* 1Hacke

Ha|cker [*auch* 'hɛkɐ], der; -s, - (jmd., der sich unberechtigt Zugang zu fremden Computersystemen zu verschaffen sucht); **Hacke|rin**

Hack|fleisch

Häck|sel, das *od.* der; -s (Schnittstroh)

Ha|der, der; -s (*geh. für* Zank, Streit); **hadern** (*geh. für* unzufrieden sein); er hadert mit seinem Schicksal

Ha|des, der; - (Unterwelt)

Ha|fen, der; -s, Häfen (Lande-, Ruheplatz); **Ha|fen|ar|bei|ter; Ha|fen|ar|bei|te|rin; Ha|fen|stadt**

Ha|fer, der; -s, *Plur. (Sorten:)* -; **Ha|fer|brei; Ha|fer|flo|cken** *Plur.*

Haff, das; -[e]s, *Plur.* -s *od.* -e (durch Nehrungen vom Meer abgetrennte Küstenbucht)

Haft, die; - (Gewahrsam); **haft|bar;** jmdn. für etwas haftbar machen; **Haft|be|fehl**

haf|ten; haften bleiben (festhängen); weil

der Dreck an den Schuhen haften bleibt; *aber* die Erinnerung daran wird noch lang in ihrem Gedächtnis haften bleiben *od.* haftenbleiben; **haf|ten blei|ben**, **haf|ten|blei|ben** *vgl.* haften

Haft|ent|las|sung; haft|fä|hig; Häft|ling; Haft|pflicht; Haft|pflicht|ver|si|che|rung; Haft|rich|ter; Haft|rich|te|rin; Haft|stra|fe; Haf|tung, die; -; *vgl.* GmbH

Ha|ge|but|te, die; -, -n

Ha|gel, der; -s; **ha|geln;** es hagelt

ha|ger; Ha|ger|keit, die; -

Hahn, der; *Gen.* -[e]s, *schweiz. auch* -en, *Plur.* Hähne, *landsch., schweiz. u. fachspr.* (*für* techn. Vorrichtungen:) -en; **Hähn|chen; Hah|nen|fuß,** der; -es (eine Wiesenblume)

Hai, der; -[e]s, -e (ein Raubfisch); **Hai|fisch**

Hain, der; -[e]s, -e (*geh. für* kleiner Wald)

Häk|chen

hä|keln; ich häk[e]le; **Hä|kel|na|del**

ha|ken; Ha|ken, der; -s, -; **Ha|ken|na|se**

halb *s. Kasten Seite 193*

halb|amt|lich; eine halbamtliche Nachricht, *aber* etwas geschieht halb amtlich, halb privat; **halb au|to|ma|tisch**, **halb|au|to|ma|tisch** *vgl.* halb; **halb|bit|ter;** halbbittere Schokolade; *vgl.* halb; **Halb|bru|der; halb|dun|kel;** es war halbdunkel, *aber* die Plätzchen waren halb dunkel, halb hell; **Halb|dun|kel; Hal|be,** der, die, das; -n, -n; eine Halbe (*bayr., österr. für* ein halber Liter) Bier; **hal|be-hal|be;** halbe-halbe machen (*ugs. für* teilen)

hal|ber; *Präp. mit Gen.:* der Ehre halber; gewisser Umstände halber; *aber* ehrenhalber, umständehalber, beispielshalber

halb fer|tig, **halb|fer|tig;** halb fertige *od.* halbfertige Fabrikate

Halb|fi|na|le *(Sport)*

halb gar, **halb|gar;** halb gares *od.* halbgares Fleisch; **halb|her|zig; halb|hoch;** ein halbhoher Zaun; *vgl.* halb

hal|bie|ren; Hal|bie|rung

Halb|in|sel; Halb|jahr; halb|jäh|rig (ein halbes Jahr alt, ein halbes Jahr dauernd); **halb|jähr|lich** (jedes Halbjahr wiederkehrend, alle halben Jahre); **Halb|kreis; Halb|ku|gel**

halb leer, **halb|leer** *vgl.* halb; **Halb|lei|ter,** der (*Elektrot.* Stoff, der bei Zimmertemperatur elektrisch leitet u. bei tieferen Temperaturen isoliert); **halb links**, **halb|links** *vgl.* halb

Halb|ma|ra|thon (Laufwettbewerb über 21,0975 km)

halb|mast (als Zeichen der Trauer); [eine Flagge] halbmast hissen; auf halbmast setzen, stehen; **Halb|mond; halb nackt**, **halb|nackt** *vgl.* halb; **halb of|fen**, **halb|of|fen** *vgl.* halb

Halb|pen|si|on, die; - (Unterkunft mit Frühstück u. einer warmen Mahlzeit); **halb rechts**, **halb|rechts;** sich halb rechts *od.* halbrechts halten; **halb|rund** (halbkreisförmig); *aber* die Formen waren halb rund, halb eckig; **Halb|rund;** die Steine bilden ein Halbrund

Halb|schlaf; Halb|schuh; halb|sei|tig; halb|staat|lich; ein halbstaatlicher Betrieb *(DDR), aber* der Betrieb ist halb staatlich, halb privat; **Halb|star|ke,** der *u.* die; -n, -n; **halb|stün|dig** (eine halbe Stunde dauernd); **halb|stünd|lich** (jede halbe Stunde [stattfindend]); **halb|tags**

Halb|ton *Plur.* ...töne; **halb|tro|cken;** halbtrockener Wein; **halb ver|hun|gert**, **halb|ver|hun|gert** *vgl.* halb; **halb ver|welkt**, **halb|ver|welkt** *vgl.* halb; **halb voll**, **halb|voll** *vgl.* halb; **Halb|wahr|heit; Halb|wai|se; halb|wegs; Halb|werts|zeit** (*Kernphysik* Zeit, nach der die Hälfte einer Anzahl radioaktiver Atome zerfallen ist); **Halb|wis|sen; Halb|wüch|si|ge,** der *u.* die; -n, -n; **Halb|zeit; Halb|zeit|pau|se**

Hal|de, die; -, -n

Hälf|te, die; -, -n; meine bessere Hälfte (*scherzh. für* meine Ehefrau, mein Ehemann); zur Hälfte

[1]**Half|ter,** das *od.* der; -s, -, *schweiz. auch* die; -, -n (Zaum ohne Gebiss)

[2]**Half|ter,** das; -s, -, *auch* die; -, -n (Pistolentasche)

Hall, der; -[e]s, -e

Hal|le, die; -, -n

hal|le|lu|ja!; Hal|le|lu|ja, das; -s, -s (liturgischer Freudengesang)

hal|len (schallen)

Hal|len|bad; Hal|len|fuß|ball

Hal|lig, die; -, -en (bei Sturmflut überflutete Insel im nordfries. Wattenmeer)

Hal|li|gal|li, Hul|ly-Gul|ly, das, *selten:* der; -[s] (*ugs. für* fröhliches Treiben)

hal|lo! [*auch* ...'lo:]; **Hal|lo,** das; -s, -s; mit großem Hallo; Hallo *od.* hallo rufen

Hal|lou|mi [...'lu:...], der; -[s], -[s] (halbfester zyprischer Käse)

Hal|lo|w|een [hɛlo'vi:n], das; -[s], -s ([bes. in den USA gefeierter] Tag vor Allerheiligen)

Hal|lu|zi|na|ti|on, die; -, -en (Sinnestäuschung)

Halm, der; -[e]s, -e

Ha|lo|gen, das; -s, -e (Salz bildendes chem. Element); **Ha|lo|gen|lam|pe; Ha|lo|genschein|wer|fer**

Hals, der; -es, Hälse; **Hals|ab|schnei|der; Hals|ab|schnei|de|rin; hals|bre|che|risch; Hals|ket|te; Hals-Na|sen-Oh|ren-Arzt** (*Abk.* HNO-Arzt); **Hals-Na|sen-Ohren-Ärz|tin** (*Abk.* HNO-Ärztin); **Halsschlag|ader; Hals|schmerz** *meist Plur.*

hals|star|rig

hältst

Die 2. Person Singular von *halten* lautet im Indikativ Präsens *[du] hältst.* Das *t* nach dem *l* darf nicht weggelassen werden, da es zum Wortstamm gehört und deshalb in allen Formen des Verbs erhalten bleibt.

Hals|tuch *Plur.* ...tücher; **Hals- und Beinbruch!** *(ugs.);* **Hals|weh,** das; -s

[1]**halt** (*landsch. u. schweiz. für* eben, wohl, ja, schon)

[2]**halt!;** Halt! Wer da?

Halt, der; -[e]s, *Plur.* -e *u.* -s; [laut] Halt *od.* halt rufen; Halt finden; haltmachen *od.* Halt machen; ich mache halt *od.* Halt; ohne haltzumachen *od.* Halt zu machen

halt|bar; Halt|bar|keit, die; -

hal|ten; du hältst; er hielt, er hat gehalten; an sich halten; **Hal|te|punkt; Hal|ter; Halte|rin; Hal|te|stel|le; Hal|te|ver|bot** (*amtl.* Haltverbot); **halt|los; Halt|lo|sigkeit,** die; -; **halt|ma|chen** *vgl.* Halt; **Haltung; Halt|ver|bot** *vgl.* Halteverbot

Ha|lun|ke, der; -n, -n (*abwertend für* Schuft)

Ha|mam, der; -[s], -s (türkisches Bad)

Ham|bur|ger [*auch* 'hɛmbœ:ɐ̯gɐ], der; -s, *Plur.* -, -s (Brötchen mit gebratenem Rinderhackfleisch)

Hä|me, die; - (Gehässigkeit); **hä|misch;** sein hämisches Grinsen

Ham|mel, der; -s, -; **Ham|mel|bein;** *meist in* jmdm. die Hammelbeine lang ziehen *od.* langziehen (*ugs. für* jmdn. heftig tadeln)

Ham|mer, der; -s, Hämmer; **häm|mern; Ham|mer|wer|fen,** das; -s *(Sport)*

Ham|mond|or|gel ['hɛmənt...] (elektroakustische Orgel)

Hä|mo|glo|bin, das; -s (*Med.* roter Blutfarbstoff; *Zeichen* Hb)

Hä|mor|rho|i|de, Hä|mor|ri|de, die; -, -n *meist Plur.* ([leicht blutender] Venenknoten des Mastdarms)

Ham|pel|mann *Plur.* ...männer; **ham|peln** (zappeln); ich hamp[e]le

Hams|ter, der; -s, - (ein Nagetier); **hamstern** (übermäßigen Vorrat anlegen); die Leute hamsterten Lebensmittel

Hand, die; -, Hände; linker Hand, rechter Hand; letzter Hand; etw. unter der Hand (heimlich, im Stillen) regeln; [an etw.] Hand anlegen; etw. an, bei der Hand haben; eine Handvoll *od.* Hand voll Kirschen essen; **Hand|ar|beit; hand|ar|beiten;** gehandarbeitet; *vgl. aber* handgearbeitet; **Hand|ball; Hand|bal|ler** (*ugs. für* Handballspieler); **Hand|bal|le|rin**

hand|breit; ein handbreiter Saum, *aber* der Streifen ist eine Hand breit; **Hand|breit**, die; -, -, **Hand breit,** die; - -, - -; eine,

halb

I. Groß- oder Kleinschreibung

a) Kleinschreibung:

– *es ist, es schlägt halb eins*
– *eine viertel und eine halbe Stunde*
– *eine halbe und eine Dreiviertelstunde*
– *der Zeiger steht auf halb*
– *[um] voll und halb jeder Stunde*
– *ein halbes Dutzend Mal*

b) Großschreibung:

– *ein Halbes, einen Halben bestellen*
– *eine Halbe* (bayr. für *halbe Maß*)
– *nichts Halbes und nichts Ganzes*

II. Schreibung in Verbindung mit Adjektiven, Partizipien und Verben:

– *ich habe ihn nur halb verstanden*
– *sie war halb krank vor Angst*
– *den Eimer halb voll machen*
– *wir haben uns halb totgelacht*
– *er lief halb bekleidet* od. *halbbekleidet herum*
– *eine halb automatische* od. *halbautomatische Fertigung*
– *sich halb links* od. *halblinks einordnen*
– *ein halb leeres* od. *halbleeres Glas*
– *halb verwelkte* od. *halbverwelkte Blumen*

III. Getrenntschreibung, wenn »halb« die Bedeutung »teils« hat:

– *sie machte ein halb freundliches, halb ernstes Gesicht*
– *ein halb seidenes, halb wollenes Gewebe*

Vgl. auch *halbamtlich, halbbitter, halbhoch usw.*

zwei, keine Handbreit *od.* Hand breit, *aber* ein zwei Hand breiter Saum

Hand|brem|se; Hand|buch

Händ|chen; ein Händchen haltendes *od.* händchenhaltendes Paar; **Händ|chen hal|tend, händ|chen|hal|tend**

Hand|creme, Hand|crème

Hän|de|druck *Plur.* ...drücke

Han|del, der; -s (Kaufgeschäft); Handel treiben; Handel treibende *od.* handeltreibende Völker; **han|del|bar** ([bes. von Wertpapieren] im Handel erhältlich)

[1]**han|deln;** ich hand[e]le; es handelt sich um ...

[2]**han|deln** ['hɛn...] (handhaben, gebrauchen); ich hand[e]le ['hɛnd[ə]lə]; gehandelt

Han|deln, das; -s

Han|dels|ab|kom|men; Han|dels|be|zie|hung *meist Plur.;* **Han|dels|bi|lanz; han|dels|ei|nig; Han|dels|ge|sell|schaft; Han|dels|kam|mer; Han|dels|ket|te; Han|dels|mi|nis|te|ri|um; Han|dels|part|ner; Han|dels|part|ne|rin; Han|dels|platz; Han|dels|re|gis|ter; Han|dels|schu|le; han|dels|üb|lich; Han|dels|ver|tre|ter; Han|dels|ver|tre|te|rin; Han|dels|vo|lu|men; Han|del trei|bend, han|del|trei|bend** *vgl.* Handel

hän|de|rin|gend (verzweifelt)

hand|fest; Hand|feu|er|waf|fe; Hand|flä|che; hand|ge|ar|bei|tet; handgearbeitete Möbel; *vgl. aber* handarbeiten; **Hand|ge|lenk; Hand|ge|men|ge; Hand|ge|päck; hand|ge|schrie|ben; Hand|gra|na|te; hand|greif|lich; Hand|griff; Hand|ha|be,** die; -, -n; **hand|ha|ben;** das ist schwer zu handhaben; **Hand|ha|bung**

Hand|held ['hɛnthɛlt], der *od.* das; -s, -s (Taschencomputer)

Han|di|cap, Han|di|kap ['hɛndikɛp], das; -s, -s (Nachteil, Behinderung; *Sport* Ausgleichsvorgabe); **han|di|ca|pen,** han|di|ka|pen ['hɛndikɛpn̩]; **gehandicapt,** gehandikapt

Hand-in-Hand-Ar|bei|ten, das; -s; **Hand|kuss; Hand|lan|ger; Hand|lan|ge|rin; Hand|lauf** (an Treppengeländern); **Händ|ler; Händ|le|rin; hand|lich**

H

Hand|ling ['hɛ...], das; -[s] (Handhabung, Gebrauch)
Hand|lung; Hand|lungs|be|darf; Hand|lungs|be|voll|mäch|tig|te; hand|lungs|fä|hig; Hand|lungs|fä|hig|keit, die; -; **Hand|lungs|rei|sen|de; Hand|lungs|spiel|raum; Hand|lungs|wei|se,** die
Hands [hɛnts], das; -, - (*österr., schweiz. für* Handspiel)
Hand|schel|le *meist Plur.;* **Hand|schlag; Hand|schrift; hand|schrift|lich; Hand|schuh;** ein Paar Handschuhe; **Hand|spie|gel; Hand|stand; Hand|streich; Hand|ta|sche; Hand|tuch** *Plur.* ...tücher; **Hand|um|dre|hen,** das; -s; *meist in:* im Handumdrehen; **hand|ver|le|sen** (*auch für* sorgfältig ausgewählt); **Hand|voll,** die; -, -, **Hand voll,** die; - -, - -; *vgl.* Hand
Hand|werk; Hand|wer|ker; Hand|wer|ke|rin; hand|werk|lich; Hand|werks|be|trieb; Hand|werks|kam|mer; Hand|werks|zeug, das; -[e]s, -e
Han|dy ['hɛndi], das; -s, -s (handliches schnurloses Funktelefon); **Han|dy|dis|play; Han|dy|emp|fang,** der; -[e]s; **Han|dy|ta|rif**
Hand|zei|chen; Hand|zet|tel
ha|ne|bü|chen (*veraltend für* unerhört)
Hanf, der; -[e]s (eine Faserpflanze)
Hänf|ling (eine Finkenart; Mensch von schwächlicher Statur)
Hang, der; -[e]s, Hänge
Han|gar [*auch* ...'ga:ɐ̯], der; -s, -s (Flugzeughalle)
Hän|ge|bauch; Hän|ge|bauch|schwein
han|geln *(Turnen);* ich hang[e]le am Reck, am Seil
Hän|ge|mat|te
[1]**hän|gen;** hing, gehangen; das Bild hing an der Wand; mit Hängen und Würgen (*ugs. für* mit Müh und Not); das Bild kann hier hängen bleiben; an einem Nagel hängen bleiben *od.* hängenbleiben; von dem Gelernten ist wenig hängen geblieben *od.* hängengeblieben; du kannst das Bild da hängen lassen; seinen Mantel im Restaurant hängen lassen *od.* hängenlassen (vergessen); jmdn. hängen lassen *od.* hängenlassen (*ugs. für* im Stich lassen)
[2]**hän|gen;** hängte, gehängt; ich hängte das Bild an die Wand
hän|gen blei|ben, hän|gen|blei|ben *vgl.* [1]hängen; **hän|gen las|sen, hän|gen|las|sen** *vgl.* [1]hängen
Han|se, die; - (mittelalterl. nordd. Kaufmanns- u. Städtebund); **Han|se|at,** der; -en, -en (Hansestädter); **Han|se|a|tin; han|se|a|tisch**
Hän|se|lei; hän|seln (necken)
Han|se|stadt; han|se|städ|tisch
Hans|wurst ['ha...], der; -[e]s, *Plur.* -e, *scherzh. auch* ...würste (derbkomische Figur; dummer Mensch)
Han|tel, die; -, -n (ein Sportgerät)
han|tie|ren (handhaben; umgehen mit ...)
ha|pern; es hapert (fehlt [an])
Häpp|chen; Hap|pen, der; -s, -
Hap|pe|ning ['hɛ...], das; -s, -s ([öffentliche] Veranstaltung von Künstlern mit Einbeziehung des Publikums)
hap|pig (*ugs. für* zu stark, übertrieben)
hap|py ['hɛpi] (*ugs. für* glücklich, zufrieden); **Hap|py End,** das; - -[s], - -s, **Hap|py|end,** das; -[s], -s ['hɛpi 'ɛnt, *auch* 'hɛpiʔɛnt]
Här|chen (kurzes, feines Haar)
Hard|core [...kɔ:ɐ̯], der; -s, -s (aggressive Richtung der Rockmusik); **Hard|co|ver** [...ka...], das; -s, -s (Buch mit festem Einband); **Hard|li|ner** [...laɪ̯...], der; -s, - (Vertreter eines harten [politischen] Kurses); **Hard|li|ne|rin; Hard|rock,** der; -[s], **Hard Rock,** der; - -[s] ([laute] Rockmusik mit einfachen Rhythmen); **Hard|ware** [...vɛ:ɐ̯], die; -, -s (*EDV* Gesamtheit der techn.-physikal. Teile einer Datenverarbeitungsanlage; *Ggs.* Software)
Ha|rem, der; -s, -s (von Frauen bewohnter Teil des islam. Hauses; die Frauen darin)
Har|fe, die; -, -n; **Har|fen|spiel**
Har|ke, die; -, -n (*nordd. für* Rechen); **har|ken** (rechen)

Har|le|kin, der; -s, -e (Narrengestalt)
Harm, der; -[e]s (*veraltend für* Kummer, Leid); **här|men,** sich (*geh. für* sich sorgen)
harm|los; Harm|lo|sig|keit
Har|mo|nie, die; -, ...ien; **har|mo|nie|ren**
Har|mo|ni|ka, die; -, *Plur.* -s *u.* ...ken; **harmo|nisch; har|mo|ni|sie|ren** (in Einklang bringen); **Har|mo|ni|um,** das; -s, *Plur.* ...ien *od.* -s (ein Tasteninstrument)
Harn, der; -[e]s, -e; **Harn|bla|se**
Har|nisch, der; -[e]s, -e ([Brust]panzer); jmdn. in Harnisch (in Wut) bringen
harn|trei|bend; harntreibender Tee
Har|pu|ne, die; -, -n (Wurfspeer od. pfeilartiges Geschoss für den Fischfang)
har|ren (*geh. für* warten)
harsch (*geh. für* unfreundlich)
Harsch, der; -[e]s (hart gefrorener Schnee)
hart; här|ter, här|tes|te; hart sein, werden; wenn es hart auf hart geht; hart kochen *od.* hartkochen; ein hart gekochtes *od.* hartgekochtes Ei
Här|te, die; -, -n; **Här|te|fall; här|ten; Här|te|test**
hart ge|fro|ren, hart|ge|fro|ren; hart gekocht, hart|ge|kocht *vgl.* hart; **Hart|geld,** das; -[e]s; **hart|ge|sot|ten;** die hartgesottens|ten Sünder; **hart|her|zig; Hart|her|zig|keit; Hart|kä|se**
hart|nä|ckig; Hart|nä|ckig|keit, die; -
Har|tung, der; -s, -e (*alte Bez. für* Januar)
Hartz, das; - (ein Arbeitsmarktprogramm); Hartz IV (dessen vierte Stufe); **Hartz-IV-Emp|fän|ger; Hartz-IV-Emp|fän|ge|rin**
Harz, das; -es, -e (klebrige Absonderung aus dem Holz von Nadelbäumen); **har|zen** (Harz ausscheiden); **har|zig**
Hasch, das; -s (*ugs. für* Haschisch)
Häs|chen
Ha|schisch, das, *auch* der; -[s] (ein Rauschgift)
Ha|se, der; -n, -n; falscher *od.* Falscher Hase (Hackbraten)
Ha|sel, die; -, -n (ein Strauch); **Ha|sel|nuss; Ha|sel|nuss|strauch, Ha|sel-nuss-Strauch**
Ha|sen|fuß (*scherzh. für* überängstlicher Mensch); **Ha|sen|klein,** das; -s (ein Gericht)
Hash|funk|ti|on ['hɛʃ...] (*Math., EDV* Streuwertfunktion); **Hash|tag** ['hɛʃtɛk], das; -s, -s (*EDV* mit dem Zeichen # markiertes Schlagwort); **Hä|sin**
Hass, der; -es; **has|sen; hass|er|füllt**
häss|lich; Häss|lich|keit
Hass|lie|be; Hass|pre|digt
Hast, die; -; **has|ten; has|tig**
hät|scheln [*auch* 'hɛ:...]
Hat|trick ['hɛtrɪk], der; -s, -s (*Fußball* dreimaliger Torerfolg hintereinander in einer Halbzeit durch denselben Spieler)
Häub|chen; Hau|be, die; -, -n
Hau|bit|ze, die; -, -n (ein Geschütz)
Hauch, der; -[e]s, -e; **hauch|dünn; hauchen; hauch|zart**
Hau|de|gen (Krieger; Draufgänger)
Haue, die; - (*ugs. für* Schläge); Haue kriegen; **hau|en;** du hautest (*für* »mit dem Schwert schlagen« *u. geh.* du hiebest); gehauen (*landsch.* gehaut); sie hat ihm (*auch* ihn) ins Gesicht gehauen
Häuf|chen; ein Häufchen Elend; **Hau|fen,** der; -s, -; zuhauf; **häu|fen;** sich häufen; **hau|fen|wei|se**
häu|fig; Häu|fig|keit
Häuf|lein
Häu|fung
Haupt, das; -[e]s, Häupter *(geh.)*
haupt|amt|lich; Haupt|at|trak|ti|on; Haupt|auf|ga|be; Haupt|au|gen|merk; Haupt|aus|schuss; Haupt|bahn|hof (*Abk.* Hbf.); **Haupt|be|ruf; haupt|be|ruf|lich**
Haupt|dar|stel|ler; Haupt|dar|stel|le|rin; Haupt|ein|gang; Haupt|fach; Haupt|figur; Haupt|ge|bäu|de; Haupt|ge|richt; Haupt|ge|winn; Haupt|grund
Häupt|ling
Haupt|mann *Plur.* ...leute; **Haupt|per|son; Haupt|preis; Haupt|pro|b|lem; Hauptquar|tier; Haupt|rol|le; Haupt|sa|che;**

H

haupt|säch|lich; Haupt|satz; Haupt|schu|le; Haupt|sitz; Haupt|stadt; Haupt|stra|ße; Haupt|teil, der; **Haupt|the|ma; Haupt|ur|sa|che; Haupt|ver|kehrs|stra|ße; Haupt|ver|samm|lung; Haupt|wort** *Plur.* ...wörter (Substantiv)

hau ruck!; Hau|ruck, das; -s; mit einem kräftigen Hauruck

Haus, das; -es, Häuser; Haus halten *od.* haushalten; *vgl.* haushalten; Lieferung frei Haus; außer Haus[e]; im Haus[e] (*Abk.* i. H.); von Haus[e] aus; nach Haus[e] *od.* nachhause[e]; zu Haus[e] *od.* zuhause[e]; von zu Haus[e] *od.* von zuhaus[e]

Haus|an|ge|stell|te; Haus|ar|beit; Haus|ar|rest; Haus|arzt; Haus|ärz|tin; Haus|auf|ga|be; haus|ba|cken (bieder); **Haus|bau** *Plur.* ...bauten; **Haus|be|set|zer; Haus|be|set|ze|rin; Haus|be|sit|zer; Haus|be|sit|ze|rin; Haus|be|such**

Häus|chen, das; -s, -; **Haus|ei|gen|tü|mer; Haus|ei|gen|tü|me|rin; Haus|ein|gang; hau|sen; Häu|ser|block** *Plur.* -s, *selten* ...blöcke; **Häu|ser|meer; Haus|flur,** der; **Haus|frau; haus|ge|macht**

Haus|halt, der; -[e]s, -e; **haus|hal|ten;** sie haushaltet, haushaltete; ich habe gehaushaltet; um zu haushalten; **Haus hal|ten;** du hältst, hieltest Haus; du hast Haus gehalten; um Haus zu halten; **Haus|häl|te|rin; Haus|halt[s]|de|fi|zit; Haus|halt[s]|ge|rät; Haus|halt[s]|hil|fe; Haus|halt[s]|kas|se; Haus|halt[s]|plan; Haus|halt[s]|po|li|tik; haus|halts|po|li|tisch; Haus|halt[s]|sper|re; Haus|halts|wa|ren** *Plur.*

Haus|herr; haus|hoch; haushohe Wellen

hau|sie|ren; mit etw. hausieren gehen (etw. überall erzählen); **Hau|sie|rer; Hau|sie|re|rin**

häus|lich; häusliche Pflichten

Haus|ma|cher|art, die; -; nach Hausmacherart; **Haus|mann** *Plur.* ...männer; **Haus|manns|kost; Haus|meis|ter; Haus|meis|te|rin; Haus|num|mer; Haus|ord|nung; Haus|putz,** der; -es; **Haus|rat,** der; -[e]s; **Haus|schuh**

Haus|se ['ho:s(ə), *auch* o:s], die; -, -n ([starkes] Steigen der Börsenkurse; allg. Aufschwung der Wirtschaft)

Haus|tier; Haus|tür; Haus|ver|bot; Haus|ver|wal|tung; Haus|wand

Haut, die; -, Häute; zum Aus-der-Haut-Fahren; **Haut|arzt; Haut|ärz|tin; Haut|aus|schlag; Häut|chen; Haut|creme, Haut|crème**

häu|ten; sich häuten

haut|eng; Haut|far|be; Haut|krank|heit; Haut|krebs; haut|nah; Haut|trans|plan|ta|ti|on

Häu|tung

Ha|va|rie, die; -, ...ien (Unfall von Schiffen od. Flugzeugen; schwere Betriebsstörung)

Ha|xe *vgl.* Hachse

Ha|zi|en|da, die; -, *Plur.* -s, *auch* ...den (südamerik. Farm)

HDTV, das; -[s] (hochauflösendes Fernsehen)

Head|hun|ter ['hɛt...], der; -s, - (jmd., der Führungskräfte abwirbt); **Head|hun|te|rin**

Head|set ['hɛt...], das; -[s], -s (am Kopf getragene Kombination von Mikrofon u. Kopfhörer)

Hea|ring ['hi:...], das; -[s], -s (Anhörung)

Hea|vy Me|tal ['hɛvi 'mɛtl̩], das; - -[s] (aggressivere Variante des Hardrocks)

Heb|am|me, die; -, -n

He|bel, der; -s, -; **he|beln**

he|ben; hob, gehoben

he|b|rä|isch *vgl.* deutsch / Deutsch

he|cheln; ich hech[e]le

Hecht, der; -[e]s, -e; **hech|ten** (*ugs. für* einen Hechtsprung machen); **Hecht|rol|le** (eine Bodenturnübung); **Hecht|sprung**

Heck, das; -[e]s, *Plur.* -e *od.* -s (hinterster Teil eines Schiffes, Flugzeugs, Autos)

He|cke, die; -, -n (Umzäunung aus Sträuchern); **He|cken|ro|se**

Heck|mo|tor

Hedge|fonds, Hedge-Fonds ['hɛdʒfõ:] (*Wirtsch.* besondere Form des Investmentfonds)

Heer, das; -[e]s, -e; **Hee|res|lei|tung; Heer|la|ger; Heer|schar**

hei|lig

(*Abk.* hl., *für den Plural* hll.)

I. Kleinschreibung:

- *in heiligem Zorn; mit heiligem Ernst*
- *heilige Einfalt! (Ausruf der Verwunderung über jmds. Naivität)*
- *der heilige Paulus, die heilige Theresia*
- *das heilige Abendmahl, die heilige Messe*
- *das heilige Pfingstfest usw.*
- *die erste heilige* od. *Erste Heilige Kommunion*

II. Großschreibung:

- *der Heilige Christ; die Heilige Dreifaltigkeit; der Heilige Geist; die Heilige Jungfrau*
- *der Heilige Abend; heute ist Heiliger Abend (24. Dez.)*
- *die Heiligen Drei Könige; heute ist Heilige Drei Könige (6. Jan.)*
- *die Heilige Nacht; das Heilige Grab; der Heilige Gral; das Heilige Land*
- *die Heilige Schrift*
- *die Heilige Stadt (Jerusalem)*
- *der Heilige Stuhl (Amt des Papstes)*
- *der Heilige Vater (der Papst)*
- *der Heilige* od. *heilige Krieg (Dschihad)*

III. Getrennt- und Zusammenschreibung:

- *jemanden für heilig halten*
- *den Sonntag heilighalten (feiern)*
- *einen Menschen heiligsprechen (zum oder zur Heiligen erklären)*

Vgl. *heilighalten, heiligsprechen*

He|fe, die; -, -n; **He|fe|ku|chen; He|fe|teig**

Heft, das; -[e]s, -e

hef|ten; geheftet (*Abk.* geh.); **Hef|ter** (Mappe zum Abheften, Gerät zum Heften)

hef|tig; Hef|tig|keit

Heft|klam|mer; Heft|pflas|ter

He|ge, die; - (Pflege u. Schutz des Wildes)

He|ge|mo|nie, die; -, ...ien ([staatliche] Vorherrschaft)

he|gen; hegen und pflegen

Hehl, der *u.* das; *nur in* keinen, *auch* kein Hehl daraus machen (es nicht verheimlichen); **Heh|ler; Heh|le|rei; Heh|le|rin**

hehr (*geh. für* erhaben; heilig)

[1]**Hei|de,** der; -n, -n (*veraltend für* Nichtchrist; *auch für* Ungetaufter, Religionsloser)

[2]**Hei|de,** die; -, -n (sandiges, unbebautes Land; *nur Sing.:* Heidekraut); **Hei|de|kraut,** das

Hei|del|bee|re

Hei|den|lärm

Hei|din; heid|nisch

Heid|schnu|cke, die; -, -n (eine Schafrasse)

hei|kel (schwierig; *landsch. auch für* wählerisch [beim Essen]); eine heik|le Sache

heil; eine heile Welt; **Heil,** das; -[e]s; Berg Heil!; Ski Heil!; *vgl. auch* Heil bringend; **Hei|land,** der; -[e]s, -e (*geh. für* Retter, Erlöser); **heil|bar; Heil|butt** (ein Fisch); **hei|len; Hei|ler**

Heil|er|de (pulverisierte [Moor]erde als Heilmittel); **Hei|le|rin; heil|froh**

hei|lig *s. Kasten*

Hei|lig|abend; Hei|li|ge, der *u.* die; -n, -n; **hei|li|gen; Hei|li|gen|schein; hei|lig|hal|ten;** sie hielten die Gebote heilig; **Hei|lig|keit;** Seine Heiligkeit (der Papst); **hei|lig|spre|chen; Hei|lig|tum**

Heil|kun|de, die *Plur. selten;* **heil|kun|dig**

heil|los; ein heilloses Durcheinander

Heil|mit|tel, das; **Heil|pflan|ze; Heil|prak|ti|ker; Heil|prak|ti|ke|rin; heil|sam**

Heils|ar|mee, die; -

Hei|lung; Hei|lungs|pro|zess

Heim, das; -[e]s, -e; **Heim|ar|beit**

Hei|mat, die; -, -en; **Hei|mat|film; Hei|mat|land** *Plur.* ...länder; **hei|mat|lich; hei|mat|los; Hei|mat|mu|se|um; Hei|mat|stadt; Hei|mat|ver|trie|be|ne**

heim|be|ge|ben, sich; **heim|be|glei|ten**

Heim|be|woh|ner; Heim|be|woh|ne|rin

H

heim|brin|gen
hei|me|lig (anheimelnd)
heim|fah|ren; Heim|fahrt; heim|füh|ren; heim|ge|hen; heim|ho|len; hei|misch; Heim|kehr, die; -; **heim|keh|ren; Heim|keh|rer; Heim|keh|re|rin; heim|kom|men**
Heim|lei|ter, der; **Heim|lei|te|rin**
heim|leuch|ten; dem haben sie heimgeleuchtet (*ugs. für* ihn derb abgefertigt)
heim|lich; er hat es heimlich getan; *vgl. aber* heimlichtun; **heim|lich|tun** (geheimnisvoll tun); sie hat damit sehr heimlichgetan; *vgl. aber* heimlich
Heim|mann|schaft *(Sport);* **Heim|markt** (*schweiz. für* Binnenmarkt); **Heim|nie|der|la|ge** *(Sport);* **Heim|platz; Heim|rei|se; heim|rei|sen; Heim|sieg** *(Sport);* **Heim|spiel** *(Sport);* **Heim|statt**
heim|su|chen; er wurde schwer heimgesucht; **Heim|su|chung**
Heim|tü|cke *Plur. selten* (Hinterlist); **heim|tü|ckisch**
Heim|vor|teil *(Sport);* **heim|wärts;** heimwärts gehen; **Heim|weg**
Heim|weh, das; -s; **heim|weh|krank**
Heim|wer|ker (jmd., der handwerkliche Arbeiten zu Hause selbst macht; Bastler); **Heim|wer|ke|rin**
heim|zah|len; jmdm. etwas heimzahlen
Hein|zel|männ|chen (hilfreicher Hausgeist)
Hei|rat, die; -, -en; **hei|ra|ten; Hei|rats|an|trag; Hei|rats|an|zei|ge; Hei|rats|schwind|ler; Hei|rats|schwind|le|rin; Hei|rats|ur|kun|de**
hei|ser; Hei|ser|keit
heiß; hei|ßer; am hei|ßes|ten; ein heißes Eisen (*ugs. für* eine heikle Sache); heißer Draht ([telefonische] Direktverbindung für schnelle Entscheidungen); das Wasser heiß machen *od.* heißmachen; *vgl. aber* heißmachen; jmdn., etw. heiß begehren, lieben; der Motor hatte sich heiß gelaufen; eine heiß begehrte *od.* heißbegehrte Auszeichnung; ein heiß geliebtes *od.* heißgeliebtes Kind; ein heiß gelaufener *od.* heißgelaufener Motor; ein heiß umstrittenes *od.* heißumstrittenes Thema
hei|ßa!, hei|sa!
heiß be|gehrt, heiß|be|gehrt *vgl.* heiß
heiß|blü|tig
hei|ßen (einen Namen tragen; nennen); du heißt, sie hieß, er hat geheißen
heiß er|sehnt, heiß|er|sehnt *vgl.* heiß; **heiß ge|liebt, heiß|ge|liebt** *vgl.* heiß; **Heiß|hun|ger; heiß|hung|rig; heiß|ma|chen;** jmdm. die Hölle heißmachen (*ugs. für* jmdm. heftig zusetzen); was ich nicht weiß, kann mich nicht heißmachen; *vgl. aber* heiß; **heiß|re|den;** sich die Köpfe heißreden (sehr lebhaft diskutieren); **heiß um|strit|ten, heiß|um|strit|ten** *vgl.* heiß
hei|ter; Hei|ter|keit, die; -
hei|zen; Hei|zer; Hei|ze|rin; Heiz|kis|sen; Heiz|kör|per; Heiz|kos|ten *Plur.;* **Heiz|öl; Hei|zung**
Hek|t|ar [*auch* ...'ta:ɐ̯], das, *auch* der; -s, -e (100 a; *Zeichen* ha)
Hek|tik, die; - (fieberhafte Aufregung, nervöses Getriebe); **Hek|ti|ker; Hek|ti|ke|rin; hek|tisch** (fieberhaft, aufgeregt)
Hek|to|li|ter (100 l; *Zeichen* hl)
he|lau! (Karnevalsruf)
Held, der; -en, -en; **hel|den|haft; Hel|den|tat; Hel|den|tum,** das; -s; **Hel|din**
hel|fen; half, geholfen; sich zu helfen wissen; **Hel|fer; Hel|fe|rin; Hel|fers|hel|fer** (Mittäter); **Hel|fers|hel|fe|rin**
he|li|kal, he|li|cal (*fachspr. für* wie eine Helix geformt)
He|li|ko|p|ter, der; -s, - (Hubschrauber)
He|li|um, das; -s (chemisches Element, Edelgas; *Zeichen* He)
He|lix, die; -, ...ices (*Chemie* spiralige Molekülstruktur)
hell; hell scheinen, strahlen; ein hell leuchtender, hell strahlender *od.* hellleuchtender, hellstrahlender Stern; eine hell lodernde *od.* helllodernde Flamme

hẹll|auf; hellauf begeistert sein; **hẹll|blau; hẹll|blond**

Hẹl|le, die; - (Helligkeit)

Hẹl|ler, der; -s, - (ehem. dt. Münze); auf Heller u. Pfennig

hẹll|hö|rig (schalldurchlässig); hellhörig (stutzig) werden

Hẹl|lig|keit, die; -, *Plur. (fachspr.)* -en

hẹll leuch|tend, **hẹll|leuch|tend** *vgl.* hell; **hẹll|licht**; es ist helllichter Tag; **hẹll|li|la; hẹll lo|dernd**, **hẹll|lo|dernd** *vgl.* hell; **hẹll|se|hen;** *nur im Infinitiv gebräuchlich;* **Hẹll|se|her; Hẹll|se|he|rin; hẹll strah|lend**, **hẹll|strah|lend** *vgl.* hell; **hẹll|wach**

Hẹlm, der; -[e]s, -e (Kopfschutz)

Hẹmd, das; -[e]s, -en; **Hẹmd|blu|se; Hẹm|den|knopf, Hẹmd|knopf**

Hẹmds|är|mel *meist Plur.;* **hẹmds|är|me|lig**

He|mi|sphä|re, die; -, -n ([Erd- od. Himmels]halbkugel)

hẹm|men; Hẹmm|nis, das; -ses, -se; **Hẹmm|schuh; Hẹmm|schwel|le** *(bes. Psychol.);* **Hẹm|mung; hẹm|mungs|los**

Hẹngst, der; -[e]s, -e

Hẹn|kel, der; -s, -; **Hẹn|kel|krug**

hẹn|ken (*veraltend für* durch den Strang hinrichten); **Hẹn|ker; Hẹn|ke|rin**

Hẹn|kers|mahl|zeit

Hẹn|na, die; - *od.* das; -[s] (rotgelber Farbstoff)

Hẹn|ne, die; -, -n

He|pa|ti|tis, die; -, ...titiden (Leberentzündung)

her; her zu mir!; hin und her; von früher her; das muss schon lange her sein; obwohl es schon drei Jahre her gewesen ist; hinter jmdm. her sein *(ugs.)*

he|r|ạb; he|r|ạb|hän|gen; he|r|ạb|las|sen; he|r|ạb|las|send; he|r|ạb|se|hen; auf jmdn. herabsehen; **he|r|ạb|set|zen; He|r|ạb|set|zung; he|r|ạb|stu|fen; He|r|ạb|stu|fung; he|r|ạb|wür|di|gen**

he|r|ạn; heran sein; sobald er heran ist; **he|r|ạn|fah|ren; he|r|ạn|füh|ren; he|r|ạn|ge|hen; He|r|ạn|ge|hens|wei|se; he|r|ạn|kom|men; he|r|ạn|ma|chen** (*ugs. für* sich [mit einer bestimmten Absicht] nähern; beginnen); **he|r|ạn|rei|chen; he|r|ạn|tas|ten,** sich; **he|r|ạn|tre|ten**

he|r|ạn|wach|sen; He|r|ạn|wach|sen|de, der *u.* die; -n, -n

he|r|auf; he|r|auf|be|schwö|ren; he|r|auf|set|zen; he|r|auf|zie|hen

he|r|aus; heraus sein; sobald es heraus war; **he|r|aus|ar|bei|ten; he|r|aus|be|kom|men; he|r|aus|bil|den,** sich; **he|r|aus|brin|gen; he|r|aus|fal|len; he|r|aus|fil|tern; he|r|aus|fin|den; he|r|aus|flie|gen**

He|r|aus|for|de|rer; He|r|aus|for|de|rin; he|r|aus|for|dern; he|r|aus|for|dernd; He|r|aus|for|de|rung

He|r|aus|ga|be; he|r|aus|ge|ben; He|r|aus|ge|ber (*Abk.* Hg. *u.* Hrsg.); **He|r|aus|ge|be|rin** (*Abk.* Hg. *u.* Hrsg.); **he|r|aus|ge|ge|ben** (*Abk.* hg. *u.* hrsg.)

he|r|aus|ge|hen; du musst mehr aus dir herausgehen (weniger befangen sein); **he|r|aus|grei|fen; he|r|aus|ha|ben** (*ugs. auch für* etw. begriffen, gelöst haben); **he|r|aus|hal|ten,** sich; **he|r|aus|ho|len; he|r|aus|hö|ren; he|r|aus|kom|men;** es wird nichts dabei herauskommen *(ugs.)*

he|r|aus|las|sen; he|r|aus|le|sen; he|r|aus|lö|sen; he|r|aus|neh|men; sich etwas herausnehmen (*ugs. für* sich dreist erlauben); **he|r|aus|put|zen; he|r|aus|ra|gen;** eine herausragende Leistung; **he|r|aus|rei|ßen** (*ugs. auch für* befreien; retten); **he|r|aus|rü|cken;** mit der Sprache herausrücken *(ugs.);* **he|r|aus|schmei|ßen** *(ugs.);* **he|r|aus|schnei|den; he|r|aus sein** *vgl.* heraus; **he|r|aus|sprin|gen** (*auch für* sich als Gewinn, als Vorteil ergeben); **he|r|aus|stel|len;** es hat sich herausgestellt, dass ...; **he|r|aus|strei|chen** (*auch für* hervorheben); **he|r|aus|su|chen; he|r|aus|tre|ten; he|r|aus|wer|fen; he|r|aus|zie|hen**

H

herb; herbe Kritik
her|bei; her|bei|füh|ren; her|bei|schaf|fen; her|bei|zi|tie|ren
Her|ber|ge, die; -, -n; **Her|bergs|mut|ter; Her|bergs|va|ter**
her|bit|ten; sie hat ihn hergebeten
her|brin|gen
Herbst, der; -[e]s, -e; **Herbst|an|fang; Herbst|fe|ri|en** *Plur.;* **herbst|lich;** herbstlich gelbes Laub; **Herbst|sturm; Herbst|tag; Herbst|zeit|lo|se,** die; -, -n
Herd, der; -[e]s, -e
Her|de, die; -, -n; **Her|den|trieb,** der; -[e]s
Herd|feu|er; Herd|plat|te
he|r|ein; »Herein!« rufen
he|r|ein|bre|chen; he|r|ein|brin|gen; he|r|ein|fah|ren; he|r|ein|fal|len; auf etw. hereinfallen *(ugs.);* **he|r|ein|ho|len; he|r|ein|kom|men; he|r|ein|las|sen; he|r|ein|le|gen;** jmdn. hereinlegen (*ugs. für* betrügen); **he|r|ein|plat|zen; he|r|ein|schnei|en** (*ugs. für* unvermutet eintreten); **he|r|ein|spa|zie|ren** *(ugs.);* hereinspaziert!
her|fah|ren; Her|fahrt
her|fal|len; über jmdn. herfallen
Her|gang, der; -[e]s, ...gänge
her|ge|ben; sich [für *od.* zu etwas] hergeben
her|ge|hen; hinter jmdm. hergehen; hoch hergehen (*ugs. für* laut, toll zugehen)
her|ge|lau|fen; Her|ge|lau|fe|ne, der *u.* die; -n, -n
her|hal|ten; er musste dafür herhalten
her|ho|len; das ist weit hergeholt (ist kein naheliegender Gedanke); *aber* diesen Wein haben wir von weither geholt
her|hö|ren; alle mal herhören!
He|ring, der; -s, -e (ein Fisch; Zeltpflock); **He|rings|fi|let; He|rings|sa|lat**
her|kom|men; er ist hinter mir hergekommen; *aber* er ist von der Tür her gekommen; **her|kömm|lich**
Her|kunft, die; -, ...künfte; **Her|kunfts|land** *Plur.* ...länder
her|lau|fen; hinter ihr herlaufen
her|lei|ten; sich herleiten
her|ma|chen *(ugs.);* sich über etwas hermachen
[1]**Her|me|lin,** das; -s, -e (großes Wiesel)
[2]**Her|me|lin,** der; -s, -e (ein Pelz)
her|me|tisch ([luft- u. wasser]dicht)
He|ro|in, das; -s (ein Rauschgift)
he|ro|isch (heldenhaft); **He|ro|is|mus,** der; -
Herr, der; -n, -en; **Herr|chen**
Her|rei|se
Her|ren|aus|stat|ter; Her|ren|ein|zel *(Sport);* **Her|ren|haus; her|ren|los**
Herr|gott, der; -s; **Herr|gotts|frü|he;** *nur in* in aller Herrgottsfrühe
her|rich|ten; etwas herrichten lassen
Her|rin; her|risch
herr|je!, herr|je|mi|ne!
herr|lich; Herr|lich|keit
Herr|schaft; herr|schaft|lich; herr|schen; herr|schend; Herr|scher; Herr|sche|rin; Herrsch|sucht, die; -; **herrsch|süch|tig**
her|rüh|ren; das rührt von ihrem Leichtsinn her
her|schie|ben; etwas vor sich herschieben
her sein *vgl.* her
her|stel|len; Her|stel|ler; Her|stel|ler|fir|ma; Her|stel|le|rin; Her|stel|lung; Her|stel|lungs|kos|ten *Plur.*
Hertz, das; -, - (Maßeinheit der Frequenz; *Zeichen* Hz); 440 Hertz
he|r|ü|ber; he|r|ü|ber|brin|gen; he|r|ü|ber|kom|men; he|r|ü|ber|rei|chen
he|r|um; herum sein; sobald die Zeit herum war; **he|r|um|är|gern,** sich *(ugs.);* **he|r|um|drü|cken,** sich *(ugs.);* **he|r|um|fah|ren; he|r|um|kom|men;** nicht darum herumkommen *(ugs.);* **he|r|um|lau|fen; he|r|um|lie|gen; he|r|um|lun|gern** *(ugs.);* **he|r|um|rei|ßen;** das Steuer herumreißen; **he|r|um|schla|gen,** sich *(ugs.);* **he|r|um|sit|zen** *(ugs.);* **he|r|um|spre|chen;** etwas spricht sich herum; **he|r|um|ste|hen; he|r|um|tra|gen** *(ugs.);* **he|r|um|trei|ben,** sich *(ugs.)*
he|r|un|ter; herunter sein (*ugs. für* abgearbeitet, elend sein); **he|r|un|ter|fah|ren;**

he|r|un|ter|fal|len; he|r|un|ter|ge|hen; he|r|un|ter|ge|kom|men (*ugs. für* in schlechtem Zustand); **he|r|un|ter|hän|gen;** der Vorhang hing herunter; *vgl.* ¹hängen; **he|r|un|ter|kom|men; he|r|un|ter|la|den** *(EDV);* **he|r|un|ter|las|sen; he|r|un|ter-ma|chen** (*ugs. für* abwerten; ausschimpfen); **he|r|un|ter|rei|ßen; he|r|un|ter sein** *vgl.* herunter; **he|r|un|ter|spie|len** (*ugs. für* nicht so wichtig nehmen)

her|vor; her|vor|brin|gen; her|vor|ge|hen; her|vor|he|ben; her|vor|ho|len; her|vor-keh|ren; her|vor|ra|gend; her|vor|ru|fen; her|vor|tre|ten; her|vor|tun, sich

Herz, das; -ens, *Dat.* -en, *Plur.* -en (*Med. auch starke Beugung* des Herzes, am Herz, die Herze); von Herzen kommen; zu Herzen gehen, nehmen; **herz|al|ler|liebst; Herz-ass, Herz-Ass** [*auch* 'hɛrts...]; **Herz|blut,** das; -[e]s; **Herz|chen; Herz|druck|mas|sa-ge** *(Med.)*

her|zen; du herzt

Her|zens|bre|cher; Her|zens|bre|che|rin; her|zens|gut; Her|zens|lust; *nur in* nach Herzenslust; **Her|zens|wunsch**

herz|er|grei|fend (sehr anrührend); eine herzergreifende Geschichte; **Herz|feh|ler; herz|för|mig; herz|haft**

her|zie|hen; ... weil ich den Sack hinter mir herzog; er ist, hat über sie hergezogen (*ugs. für* hat schlecht von ihr gesprochen);

her|zig; ein herziges (niedliches, reizendes) Kind

Herz|in|farkt; Herz|kam|mer; Herz|klop-fen, das; -s; **herz|krank; Herz|krank|heit; Herz|kranz|ge|fäß; Herz-Kreis|lauf-Er-kran|kung**

herz|lich; aufs, auf das Herzlichste *od.* herzlichste; **Herz|lich|keit**

herz|los; Herz|lo|sig|keit; Herz|mus|kel

Her|zog, der; -[e]s, *Plur.* ...zöge, *auch* -e; **Her|zo|gin; Her|zog|tum**

Herz|schlag; Herz|schritt|ma|cher; Herz-schwä|che; herz|stär|kend; Herz|still-stand; Herz|stück; Herz|trans|plan|ta|ti-on; Herz|ver|sa|gen; herz|zer|rei|ßend

he|te|ro|gen (ungleichartig)

he|te|ro|se|xu|ell (zum anderen Geschlecht hinneigend)

Het|ze, die; -, -n; **het|zen; Hetz|jagd**

Heu, das; -[e]s; **Heu|bo|den**

Heu|che|lei; heu|cheln; Heuch|ler; Heuch-le|rin; heuch|le|risch

heu|er (*südd., österr., schweiz. für* in diesem Jahr); **Heu|er,** die; -, -n (Lohn der Seeleute)

Heu|ern|te; Heu|ga|bel

heu|len; das ist [ja] zum Heulen

Heu|ler; Heul|krampf

Heu|schnup|fen; Heu|schre|cke, die; -, -n

heu|te; bis heute; für heute; seit heute; von heute an; von heute auf morgen; die Frau von heute; heute Nacht, Morgen, Mittag, Abend; **Heu|te,** das; - (die Gegenwart); **heu|tig; heut|zu|ta|ge**

He|xe, die; -, -n; **he|xen; He|xen|jagd; He-xen|kes|sel; He|xen|schuss; He|xen|ver-bren|nung; He|xe|rei**

hey! [hɛɪ̯] *(ugs.);* hey, wie gehts?

hi! [haɪ̯] *vgl.* hey!

Hi|bis|kus, der; -, ...ken (Eibisch)

Hieb, der; -[e]s, -e; **hieb|fest;** *meist in* hieb- und stichfest

hier; hier und da; von hier aus; hier sein (zugegen sein); du sollst genau hier (an genau dieser Stelle) bleiben

hie|r|an [*auch* 'hi:r...]

Hi|e|r|ar|chie [hir..., *selten* hi̯er...], die; -, ...i̯en (Rangordnung); **hi|e|r|ar|chisch**

hie|r|auf [*auch* 'hi:r...]

hie|r|aus [*auch* 'hi:r...]

hier|be|hal|ten

hier|bei [*auch* ...'baɪ̯]

hier|blei|ben *vgl.* hier

hier|durch [*auch* ...'dʊrç]

hier|für

hier|her [*auch* 'hi:ɐ̯...]; hierher gehörend *od.* hierhergehörend; hierher gehörig; **hier|her|kom|men**

hier|hin [*auch* 'hi:ɐ̯...]; hierhin laufen

hie|r|in [*auch* 'hi:...]; hierin gebe ich dir recht

hier|las|sen

H

hier|mit [*auch* 'hi:ɐ̯...]
hier|nach
Hi|e|ro|gly|phe [hiro..., *selten* hiero...], die; -, -n (Bilderschriftzeichen; *nur Plur.: scherzh. für* schwer entzifferbare Schriftzeichen)
hier sein *vgl.* hier; **Hier|sein,** das; -s
hie|r|ü|ber
hie[r] und da
hier|von
hier|zu [*auch* 'hi:ɐ̯...]
hier|zu|lan|de, hier zu Lan|de
hie|sig; Hie|si|ge, der *u.* die; -n, -n
hie|ven [...f..., *auch* ...v...] (*ugs. für* heben)
Hi-Fi ['haɪ̯fi, *auch* 'haɪ̯faɪ̯] = High Fidelity; **Hi-Fi-An|la|ge**
high [haɪ̯] (*ugs. für* in gehobener Stimmung [nach dem Genuss von Rauschgift])
High Fi|de|li|ty ['haɪ̯ fi'dɛlɪti], die; - - (originalgetreue Wiedergabe bei Tonträgern u. elektroakustischen Geräten; *Abk.* Hi-Fi)
High|light ['haɪ̯laɪ̯t], das; -[s], -s (Höhepunkt)
High|school ['haɪ̯sku:l], die; -, -s (*amerik. Bez. für* höhere Schule)
High So|ci|e|ty ['haɪ̯ sə'saɪ̯əti], die; - - (die vornehme Gesellschaft)
High|tech ['haɪ̯tɛk], das; -[s], *auch* die; - (Spitzentechnologie); **High|way** ['haɪ̯wɛɪ̯], der; -s, -s (*amerik. Bez. für* Fernstraße)
Hil|fe, die; -, -n; die Erste *od.* erste Hilfe (bei Verletzungen usw.); Hilfe leisten, suchen; zu Hilfe kommen, eilen, nehmen; sich Hilfe suchend *od.* hilfesuchend umschauen
hil|fe|be|dürf|tig; Hil|fe|be|dürf|ti|ge; Hil|fe|be|dürf|tig|keit
Hil|fe|leis|tung; Hil|fe|ruf; Hil|fe|stel|lung; Hil|fe su|chend, hil|fe|su|chend *vgl.* Hilfe; **hilf|los; Hilf|lo|sig|keit,** die; -; **hilf|reich; Hilfs|ak|ti|on; Hilfs|ar|bei|ter; Hilfs|ar|bei|te|rin**
hilfs|be|dürf|tig; Hilfs|be|dürf|ti|ge; Hilfs|be|dürf|tig|keit; hilfs|be|reit; Hilfs|be|reit|schaft, die; -; **Hilfs|dienst; Hilfs|gut** *meist Plur.;* **Hilfs|kraft,** die; **Hilfs|maß|nah|me** *meist Plur.;* **Hilfs|mit|tel,** das; **Hilfs|or|ga|ni|sa|ti|on; Hilfs|verb**
Him|bee|re; Him|beer|saft
Him|mel, der; -s, -; um [des] Himmels willen; **him|mel|blau; Him|mel|don|ner|wet|ter!; Him|mel|fahrt** *(christl. Kirche);* **him|mel|hoch; Him|mel|reich; him|mel|schrei|end;** ein himmelschreiendes Unrecht; **Him|mels|kör|per; Him|mels|rich|tung; himm|lisch**
hin (beschreibt meist eine Bewegung vom Sprechenden weg); bis zur Mauer hin; hin sein (*ugs. für* kaputt, tot sein; hingerissen sein)
hi|n|ab; hi|n|ab|ge|hen; hi|n|ab|stei|gen; hi|n|ab|stür|zen
hin|ar|bei|ten; auf eine Sache hinarbeiten
hi|n|auf; den Rhein hinauf; **hi|n|auf|ge|hen; hi|n|auf|klet|tern; hi|n|auf|stei|gen**
hi|n|aus; über ein bestimmtes Alter hinaus sein; **hi|n|aus|fah|ren; hi|n|aus|ge|hen;** alles darüber Hinausgehende; **hi|n|aus|kom|men; hi|n|aus|kom|pli|men|tie|ren; hi|n|aus|lau|fen;** aufs Gleiche hinauslaufen; **hi|n|aus|schmei|ßen** *(ugs.);* **hi|n|aus sein** *vgl.* hinaus; **hi|n|aus|wach|sen;** über sich selbst hinauswachsen; **hi|n|aus|wer|fen; hi|n|aus|wol|len;** [zu] hoch hinauswollen; **hi|n|aus|zö|gern**
hin|be|kom|men *(ugs.)*
hin|blät|tern *(ugs.);* Geldscheine hinblättern
Hin|blick; *nur in* im Hinblick auf, *seltener* in Hinblick auf
hin|brin|gen
hin|der|lich; hin|dern; Hin|der|nis, das; -ses, -se; **Hin|der|nis|lauf; Hin|de|rung**
hin|deu|ten
Hin|du|is|mus, der; - (indische Volksreligion); **hin|du|is|tisch**
hin|durch; hin|durch|ge|hen
hi|n|ein; hi|n|ein|fal|len; hi|n|ein|ge|hen; hi|n|ein|ge|ra|ten; in etwas hineingeraten; **hi|n|ein|plat|zen; hi|n|ein|schlit-**

tern; hi|n|ein|stei|gern, sich; **hi|n|ein|ver|set|zen;** sich hineinversetzen; **hi|n|ein|zie|hen**
hin|fah|ren; Hin|fahrt
hin|fal|len
hin|fäl|lig; Hin|fäl|lig|keit, die; -
Hin|flug; Hin- und Rückflug
Hin|ga|be, die; -
hin|ge|ben; sich hingeben; **Hin|ge|bung,** die; -; **hin|ge|bungs|voll**
hin|ge|gen (dagegen, im Gegensatz dazu)
hin|ge|hen
hin|ge|hö|ren
hin|ge|ris|sen (begeistert)
hin|ge|zo|gen; sich hingezogen fühlen
hin|hal|ten; er hat das Buch hingehalten; mit der Rückgabe des Buches hat er sie lange hingehalten
hin|hän|gen *vgl.* ²hängen
hin|hö|ren
Hin|kel|stein (größerer [kultischer] Stein)
hin|ken
hin|kom|men
hin|krie|gen (*ugs. für* zustande bringen)
hin|läng|lich (*bildungsspr. für* aus-, hinreichend)
hin|le|gen; sich hinlegen
hin|nehm|bar; hin|neh|men
hin|rei|chend
Hin|rei|se; hin|rei|sen
hin|rei|ßen; sich hinreißen lassen; hin- und hergerissen sein; **hin|rei|ßend**
hin|rich|ten; Hin|rich|tung
Hin|run|de (*Sport; Ggs.* Rückrunde)
hin|schau|en
hin|schi|cken
hin|schlep|pen; sich hinschleppen
hin|schmei|ßen *(ugs.);* sich hinschmeißen
hin|se|hen
hin sein *vgl.* hin
hin|set|zen; sich hinsetzen
Hin|sicht, die; -, -en; in Hinsicht auf …
hin|sicht|lich; *Präp. mit Gen.:* hinsichtlich des Briefes
Hin|spiel *(Sport)*
hin|stel|len; sich hinstellen
hint|an|stel|len
hin|ten; hin|ten|drauf *(ugs.);* **hin|ten|he|rum**
hin|ter; *Präp. mit Dat. u. Akk.:* hinter dem Zaun stehen, *aber* hinter den Zaun stellen
Hin|ter|ach|se; Hin|ter|aus|gang; Hin|ter|blie|be|ne, der *u.* die; -n, -n
hin|ter|brin|gen (heimlich melden)
hin|ter|drein|lau|fen
hin|ter|ei|n|an|der; sich hintereinander aufstellen; **hin|ter|ei|n|an|der|schal|ten**
Hin|ter|ein|gang
hin|ter|fot|zig (*derb für* hinterlistig)
hin|ter|fra|gen (nach den Hintergründen von etw. fragen)
Hin|ter|ge|dan|ke
hin|ter|ge|hen (täuschen, betrügen); hintergangen; **hin|ter|ge|hen** (*ugs. für* nach hinten gehen); hintergegangen
Hin|ter|grund; hin|ter|grün|dig; Hin|ter|grund|in|for|ma|ti|on
Hin|ter|halt, der; -[e]s, -e; **hin|ter|häl|tig; Hin|ter|häl|tig|keit**
Hin|ter|hand, die; -
Hin|ter|haus
hin|ter|her [*auch* 'hı…]; **hin|ter|her|lau|fen**
Hin|ter|hof
Hin|ter|kopf
Hin|ter|land, das; -[e]s
hin|ter|las|sen (zurücklassen; vererben); **Hin|ter|las|sen|schaft**
hin|ter|le|gen (als Pfand usw.)
Hin|ter|list, die; -; **hin|ter|lis|tig**
Hin|ter|mann *Plur.* …männer, *auch* …leute
Hin|tern, der; -s, - (*ugs. für* Gesäß)
Hin|ter|rad
hin|ter|rücks
Hin|ter|sinn, der; -[e]s (geheime Nebenbedeutung); **hin|ter|sin|nig**
Hin|ter|teil (Gesäß)
Hin|ter|tref|fen; *nur in Wendungen wie* ins Hintertreffen kommen, geraten
hin|ter|trei|ben (vereiteln)
Hin|ter|tür

Hin|ter|wäld|ler (rückständiger Mensch); **Hin|ter|wäld|le|rin**

hin|ter|zie|hen (unterschlagen)

Hin|ter|zim|mer

hin|tre|ten; vor jmdn. hintreten

hi|n|ü|ber; hi|n|ü|ber|ge|hen; hi|n|ü|ber sein *(ugs.)*

Hin und Her, das; - - -[s]; **Hin-und-her-Fahren,** das; -s; **Hin- und Her|fahrt; Hin- und Her|rei|se; Hin- und Her|weg**

hi|n|un|ter; hi|n|un|ter|ge|hen; hi|n|un|ter|schlu|cken

hin|weg *(geh.)*

Hin|weg; Hin- und Herweg

hin|weg|ge|hen; hin|weg|se|hen; hin|weg|set|zen; sich darüber hinwegsetzen; **hin|weg|täu|schen**

Hin|weis, der; -es, -e; **hin|wei|sen; Hin|weis|schild,** das

hin|wen|den; sich hinwenden; **Hin|wen|dung**

hin|wer|fen; sich hinwerfen

hin|wir|ken; darauf hinwirken, dass …

hin|zie|hen (*auch für* verzögern)

hin|zu; hin|zu|fü|gen; hin|zu|kom|men; hin|zu|rech|nen; hin|zu|zie|hen

Hi|obs|bot|schaft (Unglücksbotschaft); lauter Hiobsbotschaften

hip (modern, zeitgemäß); hippe, hippere Klamotten; das hip[p]ste Lokal der Stadt

Hip-Hop, Hip|hop, der; -s (auf dem Rap basierende Richtung der Popmusik)

Hip|pie […pi], der; -s, -s (Anhänger[in] einer antibürgerlichen, pazifistischen, naturnahen Lebensform; Blumenkind)

Hirn, das; -[e]s, -e; **Hirn|ge|spinst; hirn|ris|sig** (*ugs. abwertend für* verrückt)

Hirsch, der; -[e]s, -e, *österr. auch:* -en, -en; **Hirsch|ge|weih; Hirsch|kuh**

Hir|se, die; -, *Plur. (Sorten:)* -n

Hirt, der; -en, -en; **Hir|te,** der; -n, -n; **Hir|tin**

[1]**His|bol|lah,** die; - (Gruppe radikaler schiitischer Moslems); [2]**His|bol|lah,** der; -s, -s (Anhänger der [1]Hisbollah)

his|sen ([Flagge, Segel] hochziehen)

His|to|rie […i̯ə], die; -, -n (*nur Sing.: veraltend für* [Welt]geschichte; *veraltet für* Bericht); **His|to|ri|ker; His|to|ri|ke|rin; his|to|risch**

Hit, der; -s, -s (*ugs. für* [musikalischer] Verkaufsschlager); **Hit|lis|te; Hit|pa|ra|de**

Hit|ze, die; -; **hit|ze|be|stän|dig; hit|ze|frei; Hit|ze|frei,** das; -; Hitzefrei *od.* hitzefrei haben, bekommen; *aber nur groß:* Hitzefrei geben; kein Hitzefrei bekommen; **Hit|ze|wel|le; hit|zig; Hitz|kopf; hitz|köp|fig; Hitz|schlag**

HIV [ha:ʔi:ˈfau̯], das; -[s], -[s] *Plur. selten* = **h**uman **i**mmunodeficiency **v**irus ‹engl.› (ein Aidsauslöser); **HIV-In|fek|ti|on; HIV-in|fi|ziert; HIV-ne|ga|tiv** *(Med.);* **HIV-po|si|tiv** *(Med.)*

H-Milch [ˈha:…] (*kurz für* haltbare Milch)

HNO-Arzt [ha:ʔɛnˈʔo:…] = Hals-Nasen-Ohren-Arzt; **HNO-Ärz|tin**

Hob|by […bi], das; -s, -s (Steckenpferd)

Ho|bel, der; -s, -; **Ho|bel|bank** *Plur.* …bänke; **ho|beln**

hoch *s. Kasten*

Hoch, das; -s, -s (Hochruf; *Meteorol.* Gebiet hohen Luftdrucks); **hoch ach|ten, hoch|ach|ten** *vgl.* hoch; **Hoch|ach|tung,** die; -; **hoch|ach|tungs|voll; Hoch|adel; hoch|ak|tu|ell; hoch|al|pin; Hoch|al|tar; Hoch|amt; hoch|an|stän|dig; hoch|ar|bei|ten,** sich; **hoch|auf|lö|send** *(bes. Fachspr.)*

Hoch|bau *Plur.* …bauten; **hoch|be|gabt, hoch be|gabt;** hochbegabte *od.* hoch begabte Schülerinnen; **hoch|be|tagt; Hoch|be|trieb,** der; -[e]s; **hoch be|zahlt, hoch|be|zahlt** *vgl.* hoch; **Hoch|burg**

hoch|deutsch; auf Hochdeutsch; *vgl.* deutsch / Deutsch; **Hoch|druck,** der; -[e]s, *Plur.* (*für* Erzeugnis im Hochdruckverfahren:) …drucke; **Hoch|ebe|ne; hoch ent|wi|ckelt, hoch|ent|wi|ckelt** *vgl.* hoch; **hoch|er|freut; hoch|ex|plo|siv**

hoch|fah|ren; hoch|flie|gend; eine hochfliegende Idee; **Hoch|form,** die; - *(Sport)*

hoch

hö|her, höchst

I. Schreibung in Verbindung mit Verben

a) Getrenntschreibung:

– *hoch sein*
– *es wird [sehr] hoch hergehen*
– *sie kann [sehr] hoch springen, sie kann höher springen als ihr Bruder*
– *hoch (weit oben) fliegen, hoch (weit hinauf) steigen usw.*
– *jmdn. hoch achten* od. *hochachten, hoch schätzen* od. *hochschätzen*

b) Zusammenschreibung, wenn »hoch« Verbzusatz ist (besonders, wenn »hoch« als Richtungsangabe gebraucht wird):

– *Zahlen statistisch hochrechnen*
– *hochspringen (Hochsprung betreiben)*
– *hochstapeln (etwas vortäuschen)*
– *die Haare hochbinden, hochstecken*
– *[vor Schreck] hochfahren*
– *sich [zum Direktor] hocharbeiten*
– *Späne, die hochfliegen (nach oben fliegen)*
– *die Ärmel hochkrempeln*
– *an der Mauer hochspringen*
– *die Treppe hochsteigen*
– *die Preise, den Klavierhocker hochschrauben,* aber ... *zu hoch schrauben*

II. Schreibung in Verbindung mit adjektivisch gebrauchten Partizipien

a) Getrennt- und Zusammenschreibung:

– *hochgesteckte Ziele*
– *eine hochgestellte Persönlichkeit*
– *ein hochgeschlossenes Kleid*
– *ein hoch kompliziertes* od. *hochkompliziertes Verfahren*
– *ein hoch bezahlter* od. *hochbezahlter Job*
– *hoch dotierte* od. *hochdotierte Architektinnen; hoch qualifizierte* od. *hochqualifizierte Akademiker*

b) Zusammenschreibung, wenn »hoch« rein intensivierend gebraucht wird:

– *hocherfreut (sehr erfreut), hochglänzend usw.*
– das gilt auch bei Adjektiven: *hochanständig, hochberühmt usw.*

c) Zusammenschreibung, wenn das zugrunde liegende Verb zusammengeschrieben wird:

– *hochgesteckte Haare*
– *mit hochgekrempelten Ärmeln*
– *die hochgeladene Datei*

d) Zusammenschreibung bei übertragener Bedeutung:

– *hochtrabende, hochfliegende Pläne*
– *hochgestochen reden*

Vgl. auch *hohe*

hoch|ge|bil|det; Hoch|ge|bir|ge; hoch|ge|ehrt, hoch ge|ehrt; Hoch|ge|fühl; hoch|ge|hen (*ugs. auch für* aufbrausen); **hoch|ge|lobt, hoch ge|lobt; Hoch|genuss; hoch|ge|schätzt, hoch geschätzt; hoch|ge|schlos|sen;** ein hochgeschlossenes Kleid; **Hoch|ge|schwin|dig|keits|zug**

hoch|ge|steckt; hochgesteckte Haare; hochgesteckte Ziele; **hoch|ge|stellt;** hochgestellte Zahlen (Indizes); hochgestellte Persönlichkeiten; **hoch|ge|stochen** (*ugs. für* eingebildet); **hoch|ge|wach|sen;** eine hochgewachsene Frau; **hoch|gif|tig; Hoch|glanz; hoch|gradig**

hoch|ha|ckig; hoch|hal|ten; ein Kind hochhalten (nach oben halten); Traditionen hochhalten; *aber* etwas so hoch halten, dass alle es sehen können; **Hoch|haus; hoch|he|ben; hoch|herr|schaft|lich**

H

H

hoch|in|tel|li|gent; hoch|in|te|r|es|sant
hoch|kant; hochkant stellen; jmdn. hochkant rauswerfen *(ugs.);* **hoch|ka|rä|tig; hoch|klas|sig** *(bes. Sport)*
hoch|klet|tern
hoch|kom|plex; hoch kom|pli|ziert, hoch|kom|pli|ziert; Hoch|kon|junk|tur; hoch kon|zen|t|riert, hoch|kon|zen|t|riert; hoch|krem|peln; Hoch|kul|tur; hoch|kur|beln; das Fenster hochkurbeln
Hoch|land *Plur.* …länder, *auch* …lande; **hoch|le|ben;** wir haben sie hochleben lassen; er lebe hoch!; **hoch|le|gen;** um die Füße hochzulegen; **Hoch|leis|tung; Hoch|leis|tungs|sport,** der; -[e]s; **hoch|mo|dern; hoch mo|ti|viert, hoch|mo|ti|viert; Hoch|mut; hoch|mü|tig**
hoch|nä|sig (*ugs. für* hochmütig)
hoch|neh|men; jmdn. hochnehmen (*ugs. für* übervorteilen; necken)
Hoch|ofen; Hoch|par|ter|re; hoch|prei|sig; hoch|pro|zen|tig; hoch qua|li|fi|ziert, hoch|qua|li|fi|ziert *vgl.* hoch
hoch|ran|gig; ein hochrangiger Politiker
hoch|rech|nen *(Statistik);* **Hoch|rech|nung**
hoch|rot; Hoch|sai|son; hoch schät|zen, hoch|schät|zen; Hoch|schät|zung, die; -
hoch|schla|gen; um den Kragen hochzuschlagen; *aber nur* den Ball hoch, [noch] höher schlagen; **hoch|schrau|ben** *vgl.* hoch
Hoch|schul|ab|schluss; Hoch|schu|le; Hoch|schul|leh|rer; Hoch|schul|leh|re|rin; Hoch|schul|rei|fe
hoch|schwan|ger; Hoch|see|fi|sche|rei; Hoch|sitz *(Jägerspr.);* **Hoch|som|mer; Hoch|span|nung; Hoch|span|nungs|lei|tung; hoch spe|zi|a|li|siert, hoch|spe|zi|a|li|siert; hoch|spie|len; hoch|sprach|lich; hoch|sprin|gen** (aufspringen; in die Höhe springen; Hochsprung betreiben); *aber* sie kann sehr hoch, viel höher springen; **Hoch|sprung** *(Sport)*
höchst; höchs|tens; am höchs|ten; sie war auf das/aufs Höchste *od.* auf das/aufs höchste erfreut; das höchste der Gefühle
Hoch|sta|pe|lei; hoch|sta|peln; Hoch|stap|ler; Hoch|stap|le|rin
Höchst|be|trag; Höchst|bie|ten|de, der *u.* die; -n, -n
hoch|ste|cken; die Haare, seine Ziele hochstecken; **hoch|ste|hend** *vgl.* hoch; **hoch|stei|gen;** um die Treppe hochzusteigen; **hoch|stel|len;** Stühle hochstellen
höchs|tens; Höchst|fall; *nur in* im Höchstfall; **Höchst|form** *(bes. Sport);* **Höchst|ge|schwin|dig|keit; Höchst|gren|ze**
Hoch|stim|mung, die; -
Höchst|leis|tung; Höchst|maß; höchst|mög|lich; die höchstmögliche (*falsch:* höchstmöglichste) Leistung; **höchst|per|sön|lich; Höchst|preis**
Hoch|stra|ße
höchst|rich|ter|lich; Höchst|stand; Höchst|stra|fe; höchst|wahr|schein|lich; Höchst|wert
hoch tech|ni|siert, hoch|tech|ni|siert; Hoch|tour; hoch|tou|rig; hoch|tra|bend; hoch|trei|ben
hoch|ver|dient; hoch|ver|ehrt; Hoch|ver|rat; hoch ver|schul|det, hoch|ver|schul|det
hoch ver|zinst, hoch|ver|zinst; *vgl.* hoch; **Hoch|was|ser** *Plur.* …wasser; **hoch|wer|fen; hoch|wer|tig; hoch|wirk|sam;** eine hochwirksame Medizin
Hoch|wür|den; Eure, Euer (*Abk.* Ew.) Hochwürden
[1]**Hoch|zeit** (Fest der Eheschließung); die silberne *od.* Silberne, goldene *od.* Goldene Hochzeit
[2]**Hoch|zeit** (glänzender Höhepunkt)
Hoch|zeits|fei|er; Hoch|zeits|ge|schenk; Hoch|zeits|rei|se; Hoch|zeits|tag
hoch|zie|hen
Ho|cke, die; -, -n (eine Turnübung); **ho|cken**
Ho|cker, der; -s, - (Schemel)

Hö|cker, der; -s, - (Buckel)
Ho|ckey [...ke, *auch* ...ki], das; -s (eine Sportart); **Ho|ckey|schlä|ger**
Ho|de, der; -n, -n *od.* die; -, -n (*selten für* Hoden); **Ho|den,** der; -s, - (männliche Keimdrüse)
Hof, der; -[e]s, Höfe; Hof halten; er hält Hof
hof|fen
hof|fent|lich
Hoff|nung; hoff|nungs|los; Hoff|nungs|lo|sig|keit, die; -; **Hoff|nungs|schim|mer; Hoff|nungs|trä|ger; Hoff|nungs|trä|ge|rin; hoff|nungs|voll**
Hof hal|ten *vgl.* Hof
ho|fie|ren (den Hof machen)
hö|fisch
höf|lich; Höf|lich|keit
Hof|narr; Hof|staat, der; -[e]s; **Hof|tor**
ho|he; die Hohe *od.* hohe Schule *(Reiten);* die Hohe Tatra; **Hö|he,** die; -, -n
Ho|heit; *vgl.* euer, Ew., ihr *u.* [1]sein; **ho|heit|lich; Ho|heits|ge|biet**
Hö|hen|an|ga|be; Hö|hen|flug; Hö|hen|la|ge; Hö|hen|luft, die; -; **Hö|hen|son|ne** (*als* ®: Ultraviolettlampe)
Ho|he|pries|ter, Ho|he Pries|ter; des Hohepriesters, dem Hohepriester, den Hohepriester; *bei Beugung des ersten Bestandteils nur getrennt geschrieben:* Hoher Priester, des Hohen Priesters usw.
Hö|he|punkt
hö|her; höhere Gewalt; höhere *od.* Höhere Schule; **hö|her|ge|stellt; hö|her|schrau|ben**
hohl
Höh|le, die; -, -n; **Höh|len|ma|le|rei**
Hohl|kör|per; Hohl|maß, das; **Hohl|raum; Hohl|saum; Hohl|spie|gel; hohl|wan|gig; Hohl|weg**
Hohn, der; -[e]s; Hohn lachen, hohnlachen; ich lache Hohn *od.* hohnlache; Hohn sprechen *od.* hohnsprechen; ich spreche Hohn; **höh|nen; höh|nisch; hohn|la|chen;** ich hohnlache; *vgl.* Hohn; **hohn|spre|chen;** *vgl.* Hohn
Ho|kus|po|kus, der; -
hold; hol|der; am hol|des|ten
Hol|ding ['hoʊldɪŋ], die; -, -s (*kurz für* Holdinggesellschaft); **Hol|ding|ge|sell|schaft** (*Wirtsch.* Gesellschaft, die nicht selbst produziert, aber Aktien anderer Gesellschaften besitzt)
ho|len; etwas holen lassen
Ho|li, das; -, *meist ohne Artikel* (*Rel.* hinduistisches Frühlingsfest); **Ho|li-Fest, Ho|li|fest**
Höl|le, die; -, -n; **Höl|len|qual; höl|lisch**
Holm, der; -[e]s, -e (Griffstange des Barrens, Längsstange der Leiter)
Ho|lo|caust [*engl.* 'hɔləkɔ:st], der; *Gen.* -[e]s *u.* -, *Plur.* -s (Tötung einer großen Zahl von Menschen, bes. der Juden während des Nationalsozialismus); **Ho|lo|caust|mahn|mal**
hol|pe|rig; hol|pern; holp|rig
Ho|lun|der, der; -s, - (ein Strauch); **Ho|lun|der|bee|re**
Holz, das; -es, Hölzer; Holz verarbeitendes *od.* holzverarbeitendes Gewerbe; **Holz|bank; Holz|bein; Holz|blas|in|s|t|ru|ment**
hol|zen; du holzt
höl|zern (aus Holz)
Holz|fäl|ler; Holz|fäl|le|rin; Holz|ham|mer|me|tho|de (plumpe Art u. Weise); **Holz|haus; Holz|klotz; Holz|koh|le; Holz|scheit; holz|schnitt|ar|tig; Holz|tisch; Holz ver|ar|bei|tend, holz|ver|ar|bei|tend** *vgl.* Holz; **Holz|weg; Holz|wol|le**
Home|page [...peɪtʃ], die; -, -s [...dʒɪs] (im Internet abrufbare Darstellung von Informationen, Angeboten usw.)
Hom|mage [ɔ'ma:ʃ], die; -, -n [...ʒn̩] (Veranstaltung, Werk als Huldigung für einen Menschen); Hommage à (für) Miró
Ho|mo, der; -s, -s (*ugs., meist abwertend für* Homosexueller); **Ho|mo-Ehe, Ho|mo|ehe** *(ugs.)*
ho|mo|gen (gleichartig, gleichmäßig zusammengesetzt); **Ho|mo|ge|ni|tät,** die; -
Ho|möo|path, der; -en, -en; **Ho|möo|pa-**

H

thie, die; - (ein Heilverfahren); **Ho|möo|pa|thin; ho|möo|pa|thisch**

ho|mo|phil (*vgl.* homosexuell); **Ho|mo|phi|lie,** die; -

Ho|mo sa|pi|ens, der; - - (wissenschaftl. Bezeichnung für den Menschen)

Ho|mo|se|xu|a|li|tät, die; - (gleichgeschlechtliche Liebe); **ho|mo|se|xu|ell**

Ho|nig, der; -s, *Plur.* (*für* Sorten:) -e; **Ho|nig|bie|ne; Ho|nig|ku|chen; ho|nig|süß**

Ho|no|rar, das; -s, -e (Vergütung); **ho|no|rie|ren** (vergüten)

Hoo|die ['hʊdi], der *od.* das; -s, -s (Sweatshirt o. Ä. mit Kapuze)

Hoo|li|gan ['hu:lign̩], der; -s, -s (Randalierer, bes. bei Massenveranstaltungen)

Hop|fen, der; -s, - (eine Kletterpflanze; Bierzusatz); **Hop|fen|stan|ge**

hopp!; hop|peln; hopp|hopp!; hopp|la!

hop|sen; Hop|ser; hops|ge|hen (*ugs. für* verloren gehen; umkommen)

hör|bar

Hör|buch (gesprochener Text auf Kassette, CD o. Ä.)

hor|chen; horch *od.* horche!

[1]**Hor|de,** die; -, -n (Lattengestell; Rost)

[2]**Hor|de,** die; -, -n (Bande, Schar)

hö|ren; uns ist Hören und Sehen *od.* hören und sehen vergangen *(ugs.)*

Hö|ren|sa|gen, das; -s; *meist in* etw. nur vom Hörensagen wissen; **Hö|rer; Hö|re|rin; Hör|feh|ler; Hör|funk** (Rundfunk im Ggs. zum Fernsehen); **Hör|funk|pro|gramm; Hör|ge|rät**

hö|rig (abhängig); **Hö|rig|keit,** die; -

Ho|ri|zont, der; -[e]s, -e; **ho|ri|zon|tal** (waagerecht); **Ho|ri|zon|ta|le,** die; -, -n; drei -[n]

Hor|mon, das; -s, -e (ein körpereigener Wirkstoff); **hor|mo|nal,** hor|mo|nell; **Hor|mon|be|hand|lung; hor|mo|nell,** hor|mo|nal; **Hor|mon|prä|pa|rat**

Horn, das; -[e]s, *Plur.* Hörner *u.* (*für* Hornarten:) -e; **Hörn|chen; Horn|haut**

Hor|nis|se [*auch* 'hɔr...], die; -, -n (eine Wespenart)

Ho|ro|s|kop, das; -s, -e

hor|rend (erschreckend; übermäßig)

Hör|rohr

Hor|ror, der; -s (Schauder, Abscheu); **Hor|ror|film; Hor|ror|sze|na|rio** (*ugs. für* Vorstellung, die vom Schlimmsten ausgeht)

Hör|saal

Hors|d'œu|v|re [ɔr'dø:vrə, *auch* ...dœ:...], das; -[s], -s (appetitanregende Vorspeise)

Hör|spiel

Horst, der; -[e]s, -e (Greifvogelnest)

Hör|sturz (*Med.* plötzlich auftretende Schwerhörigkeit od. Taubheit)

Hort, der; -[e]s, -e (Schatz; Ort, Stätte; *kurz für* Kinderhort)

hor|ten ([Geld usw.] aufhäufen)

Hor|ten|sie, die; -, -n (ein Zierstrauch)

Hör|wei|te; in Hörweite

Hös|chen

Ho|se, die; -, -n; **Ho|sen|an|zug; Ho|sen|bein; Ho|sen|ta|sche; Ho|sen|trä|ger**

ho|si|an|na! (Gebets- u. Freudenruf)

Hos|pi|tal, das; -s, *Plur.* -e *u.* ...täler (Krankenhaus)

hos|pi|tie|ren (als Gast zuhören)

Hos|piz, das; -es, -e (Einrichtung zur Pflege u. Betreuung Sterbender)

Hos|tess [*auch* 'hɔ...], die; -, -en ([sprachkundige] Begleiterin, Betreuerin [auf Messen, in Hotels o. Ä.])

Hos|tie, die; -, -n (Abendmahlsbrot)

Hot|dog, der *od.* das; -s, -s, **Hot Dog,** der *od.* das; - -s, - -s (heißes Würstchen in einem Brötchen)

Ho|tel, das; -s, -s; **Ho|tel gar|ni,** das; - -, -s -s [- -] (Hotel, das nur Frühstück anbietet); **Ho|tel|gast; Ho|te|li|er** [...'li̯e:], der; -s, -s (Hotelbesitzer); **Ho|te|li|e|rin; Ho|tel|ket|te; Ho|tel|le|rie,** die; - (Gast-, Hotelgewerbe); **Ho|tel|zim|mer**

Hot|line [...laɪ̯n], die; -, -s (Telefonanschluss für rasche Serviceleistungen)

Hot|list, die; -, -s *Plur. selten* (jährlich gewählte Liste der zehn besten deutschsprachigen Bücher kleiner Verlage)

Hub, der; -[e]s, Hübe (Weglänge eines Kolbens usw.)
hü|ben; hüben und drüben
Hub|raum (bei Kolbenmaschinen Volumen des Zylinderraums zw. oberem u. unterem Totpunkt des Kolbens / der Kolben)
hübsch
Hub|schrau|ber
hu|cke|pack; huckepack (*ugs. für* auf dem Rücken) tragen, huckepack nehmen
Hu|de|lei; hu|deln (*südd., österr. für* hastig, schlampig arbeiten)
Huf, der; -[e]s, -e; **Huf|ei|sen; huf|ei|sen|för|mig; Huf|lat|tich** (Wildkraut u. Heilpflanze); **Huf|schmied; Huf|schmie|din**
Hüf|te, die; -, -n; **Hüft|ge|lenk; Hüft|hal|ter; Hüft|ho|se; Hüft|kno|chen**
Hü|gel, der; -s, -; **hü|ge|lig**, hüg|lig; **Hü|gel|land** *Plur.* ...länder; **hüg|lig**, hü|ge|lig
Huhn, das; -[e]s, Hühner; **Hühn|chen**
Hüh|ner|au|ge; Hüh|ner|brü|he; Hüh|ner|ei; Hüh|ner|fri|kas|see
hui!; im Hui, in einem Hui
hul|di|gen; Hul|di|gung
Hül|le, die; -, -n; **hül|len;** sich in etwas hüllen; **hül|len|los**
Hul|ly-Gul|ly ['hali'gali], der; -[s], -s (Modetanz der Sechzigerjahre; *ugs. auch für* fröhliches Treiben)
Hül|se, die; -, -n (Kapsel[frucht]); **Hül|sen|frucht**
hu|man (menschlich; menschenfreundlich)
Hu|ma|nis|mus, der; - (auf das Bildungsideal der griechisch-römischen Antike gegründetes Denken u. Handeln; geistige Strömung zur Zeit der Renaissance); **Hu|ma|nist**, der; -en, -en (Vertreter des Humanismus; Kenner der alten Sprachen); **Hu|ma|nis|tin; hu|ma|nis|tisch**
hu|ma|ni|tär (menschenfreundlich; wohltätig); **Hu|ma|ni|tät**, die; - (Menschlichkeit)
Hum|bug, der; -s (*ugs. für* Unsinn)
Hum|mel, die; -, -n
Hum|mer, der; -s, -
Hu|mor, der; -s, -e *Plur. selten* (heitere Gelassenheit, Wesensart); **hu|mo|rig** (launig, mit Humor); **Hu|mo|rist**, der; -en, -en; **Hu|mo|ris|tin; hu|mo|ris|tisch; hu|mor|los; Hu|mor|lo|sig|keit**, die; -; **hu|mor|voll**
hum|peln
Hum|pen, der; -s, -
Hu|mus, der; - (fruchtbarer Bodenbestandteil); **Hu|mus|bo|den**
Hund, der; -[e]s, -e (*Bergmannsspr. auch* Förderwagen); **Hun|de|be|sit|zer; Hun|de|be|sit|ze|rin; hun|de|elend** (*ugs. für* sehr elend); **Hun|de|hal|ter** *(Amtsspr.)*; **Hun|de|hal|te|rin; Hun|de|hüt|te; hun|de|mü|de**, hunds|mü|de (*ugs. für* sehr müde)
hun|dert; hundert Millionen; bis hundert zählen; Tempo hundert (*für* hundert Stundenkilometer); ein paar Hundert *od.* hundert [Menschen]; einige, viele Hundert *od.* hundert Büroklammern; Hunderte *od.* hunderte von Menschen; sie strömten zu Hunderten *od.* hunderten herein
[1]**Hun|dert**, das; -s, -e; [vier] vom Hundert (*Abk.* v. H., p. c.; *Zeichen* %); *vgl.* hundert
[2]**Hun|dert** *vgl.* [1]Acht; **hun|dert|ein[s]**, hundert|und|ein[s] *vgl.* hundert
Hun|der|ter, der; -s, - (*ugs. auch für* Schein mit dem Wert 100); *vgl.* Achter; **hun|der|ter|lei;** auf hunderterlei Weise
Hun|dert|eu|ro|schein, **Hun|dert-Eu|ro-Schein** (*mit Ziffern* 100-Euro-Schein)
hun|dert|fach; Hun|dert|fa|che, das; -n; *vgl.* Achtfache
hun|dert|jäh|rig; die hundertjährige Frau
hun|dert|mal; einhundertmal; *bei besonderer Betonung* hundert Mal, einhundert Mal; viele Hundert *od.* hundert Mal[e]; viel Hundert *od.* hundert Male; ein halbes Hundert Mal; **Hun|dert|me|ter|lauf**, **Hun|dert-Me|ter-Lauf** (*mit Ziffern* 100-Meter-Lauf, 100-m-Lauf); **hun|dert|pro|zen|tig** (*mit Ziffern* 100-prozentig, 100%ig)
Hun|dert|schaft
hun|derts|te; die hundertste Folge; der Hun-

H

dertste; vom Hundertsten ins Tausendste kommen
hun|derts|tel *vgl.* achtel; **Hun|derts|tel,** das, *schweiz. meist* der; -s, -; *vgl.* Achtel
hun|dert|tau|send; mehrere Hunderttausend *od.* hunderttausend Euro; Hunderttausende *od.* hunderttausende Besucher *od.* von Besuchern; **hun|dert|und|ein[s]** *vgl.* hundertein[s]
Hun|de|steu|er, die
Hün|din; hün|disch; hündischer Gehorsam
hunds|ge|mein *(ugs.);* **hunds|mi|se|ra|bel** *(ugs.);* **hunds|mü|de** *vgl.* hundemüde

H

Hü|ne, der; -n, -n; **Hü|nen|grab; hü|nen|haft**
Hun|ger, der; -s; vor Hunger sterben; hungers sterben; **Hun|ger|lohn; hun|gern; Hun|gers|not; Hun|ger|streik; hung|rig**
Hü|nin; *zu* Hüne
Hu|pe, die; -, -n; **hu|pen**
Hüpf|burg (aufblasbares Spielgerät [in Form einer Burg]); **hüp|fen; Hüp|fer,** der; -s, - (kleiner Sprung)
Hup|kon|zert *(ugs.)*
Hür|de, die; -, -n; **Hür|den|lauf** *(Leichtathletik);* **Hür|den|läu|fer; Hür|den|läu|fe|rin**
Hu|re, die; -, -n; **hu|ren;** er hat gesoffen und gehurt; sie hurte mit den Besatzungsoffizieren
hur|ra!; Hur|ra [*auch* 'hʊr...], das; -s, -s; viele Hurras; Hurra *od.* hurra schreien
Hur|ri|kan [*auch* 'harikn̩], der; -s, *Plur.* -e, *bei engl. Ausspr.* -s (trop. Wirbelsturm)
hur|tig (flink)
husch!; husch, husch!; **hu|schen**
Hus|ky ['haski], der; -s, -s (Polarhund)
hüs|teln; ich hüst[e]le
hus|ten; Hus|ten, der; -s, - *Plur. selten;* **Hus|ten|an|fall; Hus|ten|bon|bon; Hus|ten|reiz,** der; -es; **Hus|ten|saft**
[1]**Hut,** der; -[e]s, Hüte (Kopfbedeckung)
[2]**Hut,** die; - (*geh. für* Schutz, Aufsicht); auf der Hut sein
hü|ten; sich hüten; **Hü|ter; Hü|te|rin**
Hut|krem|pe; Hut|schach|tel
Hüt|te, die; -, -n; **Hüt|ten|schuh**
Hy|ä|ne, die; -, -n (ein Raubtier)
Hy|a|zin|the, die; -, -n (eine Zwiebelpflanze)
hy|b|rid (von zweierlei Herkunft; zwitterhaft); **Hy|b|rid,** das od. der; -[e]s, -e (*bes. Fachspr.* Mischung; Hybridantrieb); **Hy|b|rid|an|trieb** (*Kfz-Technik* Kombination aus zwei Antriebsarten)
Hy|d|ra, die; -, ...dren (ein Süßwasserpolyp)
Hy|d|rant, der; -en, -en (Zapfstelle zur Wasserentnahme)
Hy|d|rau|lik, die; -, -en (Lehre von der Bewegung der Flüssigkeiten; deren technische Anwendung); **hy|d|rau|lisch** (mit Flüssigkeitsdruck arbeitend); hydraulische Bremse
Hy|d|ro|kul|tur (Wasserkultur; Pflanzenzucht in Nährlösungen ohne Erde)
Hy|gi|e|ne, die; - (Gesundheitslehre, -fürsorge, -pflege); **hy|gi|e|nisch**
Hym|ne, die; -, -n (Festgesang); **hym|nisch**
Hype [haɪ̯p], der; -s, -s (aggressive Werbung; Welle oberflächlicher Begeisterung)
hy|per|ak|tiv (*bes. Med., Psychol., Päd.* übersteigerten Bewegungsdrang zeigend); hyperaktive Kinder
Hy|per|bel, die; -, -n (*Math.* Kegelschnitt)
hy|per|kor|rekt (überkorrekt); **hy|per|mo|dern** (übermodern, übertrieben neuzeitlich); **hy|per|sen|si|bel**
Hy|per|to|nie, die; -, ...ien (*Med.* Bluthochdruck; gesteigerte Muskelspannung)
Hyp|no|se, die; -, -n ([durch Suggestion herbeigeführter] schlafähnlicher Bewusstseinszustand); **hyp|no|ti|sie|ren** (in Hypnose versetzen)
Hy|po|thek, die; -, -en (im Grundbuch eingetragenes Pfandrecht an einer Immobilie)
Hy|po|the|se, die; -, -n ([unbewiesene] Annahme; Vorentwurf für eine Theorie); **hy|po|the|tisch**
Hy|po|to|nie, die; -, ...ien (*Med.* zu niedriger Blutdruck; herabgesetzte Muskelspannung)
Hys|te|rie, die; -, ...ien (eine psychisch bedingte körperliche Störung); **hys|te|risch**

I i

I (Buchstabe); das I, des I, die I, *aber* das i in Bild; der Buchstabe I, i; der Punkt auf dem i

i. A.

= im Auftrag
Die Abkürzung wird im ersten Bestandteil kleingeschrieben (i. A.), wenn sie unmittelbar der Grußformel oder der Bezeichnung einer Behörde, Firma u. dgl. folgt, z. B.

Die Oberbürgermeisterin
i. A. Schmidt

Die Abkürzung wird dagegen im ersten Bestandteil großgeschrieben (I. A.), wenn sie nach einem abgeschlossenen Text allein vor einer Unterschrift steht, z. B.

Ihre Unterlagen erhalten Sie mit gleicher Post zurück.
I. A. Schmidt

ICE®, der; -[s], -[s] = **I**nter**c**ity**e**xpress[zug]

ich; Ich, das; -[s], -[s]; mein anderes Ich

ich|be|zo|gen; Ich|form, *fachspr. auch* **Ich-Form**, die; -; **Ich|sucht**, die; -; **ich-süch|tig**

Icon ['aɪkn̩], das; -s, -s (*EDV* grafisches Sinnbild)

ide|al (nur in der Vorstellung existierend; der Idee entsprechend; vollkommen); **Ide|al**, das; -s, -e (dem Geiste vorschwebendes Muster der Vollkommenheit; als ein höchster Wert erkanntes Ziel); **Ide|al|bild**

ide|a|ler|wei|se

Ide|al|fall, der; im Idealfall

ide|a|li|sie|ren (der Idee od. dem Ideal annähern; verklären)

Ide|a|lis|mus, der; - (Überordnung der Gedanken-, Vorstellungswelt über die wirkliche; Streben nach Verwirklichung von Idealen)

Ide|a|list, der; -en, -en; **Ide|a|lis|tin; ide|a|lis-tisch**

Idee, die; -, Ide|en (Grundgedanke, Einfall, Plan); eine Idee (*ugs. auch für* eine Kleinigkeit); **ide|ell** (nur gedacht; geistig)

ide|en|los; ide|en|reich

Ide|en|schmie|de (*ugs.*); **Ide|en|wett|be-werb**

Iden|ti|fi|ka|ti|on, die; -, -en (Gleichsetzung; Feststellung der Identität); **Iden|ti|fi|ka|ti-ons|fi|gur; iden|ti|fi|zier|bar; iden|ti|fi-zie|ren** (miteinander gleichsetzen; genau wiedererkennen); sich identifizieren; **Iden-ti|fi|zie|rung; iden|tisch** (übereinstimmend; völlig gleich)

Iden|ti|tät, die; -, -en (völlige Gleichheit, Übereinstimmung); **iden|ti|täts|stif-tend**

Ideo|lo|ge, der; -n, -n (Lehrer od. Anhänger einer Ideologie); **Ideo|lo|gie**, die; -, ...ien (System von Weltanschauungen, [politischen] Grundeinstellungen u. Wertungen); **Ideo|lo|gin; ideo|lo|gisch**

Idi|ot, der; -en, -en (*ugs. abwertend für* Dummkopf); **idi|o|ten|si|cher** (*ugs. für* so beschaffen, dass niemand etwas falsch machen kann); **Idi|o|tin; idi|o|tisch**

Idol, das; -s, -e (Publikumsliebling, Schwarm; Götzenbild, Abgott)

Idyll, das; -s, -e (Bereich, Zustand eines friedlichen u. einfachen [Land]lebens); **Idyl|le**, die; -, -n (Schilderung eines Idylls in Literatur u. bildender Kunst; *auch svw.* Idyll); **idyl|lisch** (das Idyll, die Idylle betreffend; friedlich; beschaulich)

Igel, der; -s, -

igitt!, igit|ti|gitt!

Ig|lu, der *od.* das; -s, -s (runde Schneehütte)

ig|no|rant (von Unwissenheit zeugend); **Ig|no|rant**, der; -en, -en (Dummkopf); **Ig|no|ran|tin; Ig|no|ranz**, die; - (Unwissenheit, Dummheit); **ig|no|rie|ren** (nicht wissen [wollen], absichtlich nicht beachten)

ihm; ihn; ih|nen; er folgte ihnen; *Großschreibung entsprechend »Sie«:* ich wäre Ihnen dankbar, wenn Sie ...

I

ihr

I. Possessivpronomen:
- *der Bruder ihres Vaters*
- *sie kam mit ihrem Sohn, ihrer Tochter*

II. Großschreibung in Titeln und in der Anrede (entsprechend »Sie«):
- *Ihre Majestät* (Abk. *I. M.*) *die Königin*
- *Ihre Exzellenz*
- *geben Sie mir bitte Ihre Adresse*

Vgl. auch *dein*

III. Anredepronomen (entsprechend »du«):
- *ihr seid dran, kommt ihr uns besuchen?*

Das Anredepronomen »ihr« kann in Briefen groß- oder kleingeschrieben werden:
- *Lieber Hans, liebe Elke, wann besucht Ihr* od. *ihr uns einmal?*

ih|rer|seits; *Großschreibung entsprechend »Sie«:* seien Sie Ihrerseits gegrüßt

ih|res|glei|chen; *Großschreibung entsprechend »Sie«:* dort werden Sie Ihresgleichen treffen

ih|ret|we|gen; *Großschreibung entsprechend »Sie«:* wussten Sie, dass wir Ihretwegen gekommen sind?; **ih|ret|wil|len;** um ihretwillen; *Großschreibung entsprechend »Sie«:* wussten Sie, dass wir um Ihretwillen gekommen sind?

Iko|ne, die; -, -n (Kultbild der Ostkirche; *übertr. für* Idol); eine Ikone des Pop

il|le|gal [*auch* ...'ga:l] (gesetzwidrig); **Il|le|ga|li|tät** [*auch* 'ɪ...], die; -, -en

il|le|gi|tim [*auch* ...'ti:m] (unrechtmäßig; unehelich); **Il|le|gi|ti|mi|tät** [*auch* 'ɪ...], die; -

il|lo|y|al ['ɪloaja:l, *auch* ...'ja:l] (unredlich, untreu; Vereinbarungen nicht einhaltend); **Il|lo|ya|li|tät** [*auch* 'ɪl...], die; -, -en

Il|lu|mi|na|ti|on, die; -, -en (Festbeleuchtung); **il|lu|mi|nie|ren** (festlich erleuchten)

Il|lu|si|on, die; -, -en (Wunschvorstellung, Sinnestäuschung); **il|lu|si|ons|los; il|lu|so|risch** (nur in der Illusion bestehend)

il|lus|ter (glänzend, vornehm); il|lus|t|re Gesellschaft

Il|lus|t|ra|ti|on, die; -, -en (Erläuterung, Bildbeigabe); **Il|lus|t|ra|tor,** der; -s, ...oren (Künstler, der ein Buch mit Bildern schmückt); **Il|lus|t|ra|to|rin; il|lus|t|rie|ren** ([durch Bilder] erläutern; [ein Buch] mit Bildern schmücken); **il|lus|t|riert** (*Abk.* ill.); **Il|lus|t|rier|te,** die; -n, -n

Il|tis, der; Iltisses, Iltisse (kleines Raubtier)

im (in dem; *Abk.* i. [*bei Ortsnamen,* z. B. Königshofen i. Grabfeld]); im Auftrag[e] *(Abk.* i. A. *od.* I. A. *[vgl. d.]*; im Grunde [genommen]; im Haus[e] (*Abk.* i. H.); im Allgemeinen (*Abk.* i. Allg.); im Besonderen; *vgl. auch* einzeln, ganz usw.

IM, der; -[s], -[s] = inoffizieller Mitarbeiter (des Staatssicherheitsdienstes der DDR)

Image [...ɪtʃ], das; -[s], -s (Vorstellung, Bild von jmdm. od. etw. [in der öffentlichen Meinung]); **Image|film; Image|kam|pa|g|ne** *(bes. Werbespr.)*

ima|gi|när (vorgestellt); **Ima|gi|na|ti|on,** die; -, -en (Einbildungskraft)

im All|ge|mei|nen (*Abk.* i. Allg.)

Imam, der; -[s], *Plur.* -s *u.* -e (Vorbeter in der Moschee)

im Auf|trag, im Auf|tra|ge (*Abk.* i. A. *od.* I. A.); *vgl. Kasten Seite 211*

im Be|griff, im Be|grif|fe; im Begriff[e] sein

im Be|son|de|ren; sie mag dunkle Farben, im Besonderen Ockertöne

Im|biss, der; Imbisses, Imbisse; **Im|biss|bu|de; Im|biss|stand, Im|biss-Stand; Im|biss|stu|be, Im|biss-Stu|be**

Inbus®

Mit einem *n* und nicht mit einem *m* schreibt sich der Name des gebogenen Sechskantschlüssels: *Inbus* ist die Abkürzung für **In**nensechskantschlüssel [der Firma] **B**auer **u**nd **S**chaurte.

im Ein|zel|nen; das ist im Einzelnen noch zu klären
im Fall/Fal|le[,] dass
Imi|ta|ti|on, die; -, -en (Nachahmung); **imi|tie|ren; imi|tiert** (unecht)
Im|ker, der; -s, - (Bienenzüchter); **Im|ke|rin**
im|ma|nent (in etwas enthalten)
Im|ma|t|ri|ku|la|ti|on, die; -, -en (Einschreibung an einer Hochschule; *schweiz. auch für* amtliche Zulassung eines Kraftfahrzeugs); **im|ma|t|ri|ku|lie|ren**
im|mens (unermesslich [groß])
im|mer; immer[,] wenn …; immer wieder; immer mehr; für immer; die immer gleichen *od.* immergleichen Argumente; der immerwährende *od.* immer während e Kalender; **im|mer|fort; im|mer gleich, im|mer|gleich** *vgl.* immer; **im|mer|grün; Im|mer|grün,** das; -s, -e (eine Pflanze); **im|mer|hin; im|mer|wäh|rend, im|mer wäh|rend** *vgl.* immer; **im|mer|zu**
Im|mi|g|rant, der; -en, -en (Einwanderer); **Im|mi|g|ran|tin; Im|mi|g|ra|ti|on,** die; -, -en; **im|mi|g|rie|ren**
Im|mis|si|on, die; -, -en (Einwirkung von Verunreinigungen, Lärm o. Ä. auf Lebewesen); **Im|mis|si|ons|schutz**
Im|mo|bi|lie, die; -, -n (unbeweglicher Besitz, z. B. Grundstücke, Gebäude); **Im|mo|bi|li|en|mak|ler; Im|mo|bi|li|en|mak|le|rin; Im|mo|bi|li|en|markt**
im|mun (unempfänglich [für Krankheit]; unter Rechtsschutz stehend; unempfindlich)
im|mu|ni|sie|ren (unempfänglich machen [für Krankheiten]); **Im|mu|ni|sie|rung**
Im|mu|ni|tät, die; - (Unempfindlichkeit gegenüber Krankheitserregern; Schutz [der Abgeordneten] vor Strafverfolgung)
Im|mun|schwä|che; Im|mun|sys|tem *(Med.)*
im Nach|hi|n|ein
Im|pe|ra|tiv [*auch* …'ti:f], der; -s, -e (*Sprachwiss.* Befehlsform)
Im|per|fekt, das; -s, -e (*Sprachwiss.* Präteritum)
Im|pe|ri|a|lis|mus, der; - (das Streben von Großmächten nach wirtschaftlicher, politischer u. militärischer Vorherrschaft); **Im|pe|ri|a|list,** der; -en, -en; **Im|pe|ri|a|lis|tin; im|pe|ri|a|lis|tisch**
Im|pe|ri|um, das; -s, …ien ([römisches] Kaiserreich; Weltreich)
im|per|ti|nent (frech, unverschämt)
impf|fen
Impf|geg|ner; Impf|geg|ne|rin; Impf|kom|mis|si|on; Impf|pass; Impf|stoff; Imp|fung
Im|plan|tat, das; -[e]s, -e (*Med.* dem Körper eingepflanztes Material); **Im|plan|ta|ti|on,** die; -, -en (Einpflanzung von Gewebe o. Ä. in den Körper); **im|plan|tie|ren** *(Med.)*
Im|ple|men|ta|ti|on *(EDV);* **im|ple|men|tie|ren** (einsetzen, einbauen); Software implementieren *(EDV);* **Im|ple|men|tie|rung**
Im|pli|ka|ti|on, die; -, -en (das Einbeziehen; etwas Mitgemeintes); **im|pli|zie|ren** (einschließen); **im|pli|zit** (inbegriffen, mitgemeint; *Ggs.* explizit)
im|po|nie|ren (Achtung einflößen, Eindruck machen); **im|po|nie|rend**
Im|port, der; -[e]s, -e (Einfuhr); **Im|por|teur** […'tø:ɐ̯], der; -s, -e ([Groß]händler, der Waren einführt); **Im|por|teu|rin; Im|port|ge|schäft; Im|port|han|del** *vgl.* Handel; **im|por|tie|ren; Im|port|ver|bot**
im|po|sant (eindrucksvoll; großartig)
im|po|tent (zum Koitus, zur Zeugung nicht fähig); **Im|po|tenz,** die; -, -en
im|prä|g|nie|ren (mit einem Schutzmittel [gegen Feuchtigkeit, Zerfall] durchtränken); **Im|prä|g|nie|rung**
Im|pres|si|on, die; -, -en (Eindruck; Empfindung; Sinneswahrnehmung); **Im|pres|si|o|nis|mus,** der; - (Kunstrichtung des 19. Jh.s); **Im|pres|si|o|nist,** der; -en, -en; **Im|pres|si|o|nis|tin; im|pres|si|o|nis|tisch**
Im|pres|sum, das; -s, …ssen (*Buchw.*

Erscheinungsvermerk; Angabe über Verleger, Drucker usw. in Druck-Erzeugnissen)

Im|pro|vi|sa|ti|on, die; -, -en (unvorbereitetes Handeln; Stegreifdichtung, -rede, -musizieren); **im|pro|vi|sie|ren**

Im|puls, der; -es, -e (Antrieb; Anregung; [An]stoß); **im|pul|siv** (inneren Impulsen sogleich folgend)

Im|puls|re|fe|rat (kurze Darstellung wesentlicher Fakten)

im|stan|de, im Stan|de; imstande *od.* im Stande sein; *vgl.* Stand

im Üb|ri|gen

im Vo|r|aus [*auch* - ...'raus]

I

[1]**in** (*Abk.* i. [*bei Ortsnamen,* z. B. Weißenburg i. Bay.]); *Präp. mit Dat. u. Akk.:* ich gehe in dem (im) Garten auf und ab, *aber* ich gehe in den Garten; im (in dem); ins (in das)

[2]**in** *(ugs.);* in sein (*ugs. für* dazugehören; zeitgemäß, modern sein)

in|ak|tiv [*auch* ...'ti:f] (untätig; ruhend)

in|ak|zep|ta|bel [*auch* ...'ta:...] (unannehmbar); ...a|b|le Bedingungen

In|an|griff|nah|me, die; -, -n

In|an|spruch|nah|me, die; -, -n

in bar; etwas in bar bezahlen

In|be|griff, der; -[e]s, -e (absolute Verkörperung); **in|be|grif|fen** *vgl.* einbegriffen

In|be|sitz|nah|me, die; -, -n

In|be|trieb|nah|me, die; -, -n

in Be|zug *vgl.* Bezug

In|brunst, die; -; **in|brüns|tig**

In|bus®, der; -ses, -se (*Kurzw. für* **In**nensechskantschlüssel [der Firma] **B**auer **u**nd **S**chaurte); **In|bus|schlüs|sel**

In|cen|tive [...'sɛntɪf], das; -s, -s ([wirtschaftl.] Anreiz; Gratifikation)

in|dem; er bedankte sich, indem (damit, dass) er Blumen schickte

in|des, in|des|sen

In|dex, der; -[es], *Plur.* -e *u.* ...dizes, *auch* ...dices (alphabetisches Namen-, Sachverzeichnis; Liste verbotener Bücher)

In|di|a|ner, der; -s, - (Ureinwohner Amerikas); **In|di|a|ne|rin; in|di|a|nisch**

In|di|ces (*Plur. von* Index); *vgl.* Indizes

in|dif|fe|rent [*auch* ...'rɛ...] (gleichgültig, teilnahmslos; wirkungslos); **In|dif|fe|renz** [*auch* ...'rɛ...], die; -, -en

In|di|go, der *od.* das; -s, *Plur.* (*für* Indigoarten:) -s (ein blauer Farbstoff)

In|di|ka|ti|on, die; -, -en (Merkmal; *Med.* Heilanzeige)

In|di|ka|tiv, der; -s, -e (*Sprachwiss.* Wirklichkeitsform; *Abk.* Ind.)

In|di|ka|tor, der; -s, ...oren (Merkmal, das etwas anzeigt)

in|di|rekt [*auch* ...'rɛ...] (mittelbar; auf Umwegen); indirekte Wahl; indirekte Rede

in|dis|kret [*auch* ...'kre:t] (nicht verschwiegen; taktlos; zudringlich); **In|dis|kre|ti|on** [*auch* 'ɪ...], die; -, -en (Vertrauensbruch)

in|dis|ku|ta|bel [*auch* ...'ta:...] (nicht der Erörterung wert); ...a|b|le Forderung

In|di|vi|du|a|lis|mus, der; - (Anschauung, die dem Individuum den Vorrang vor der Gemeinschaft gibt); **In|di|vi|du|a|list,** der; -en, -en (Vertreter des Individualismus; Einzelgänger); **In|di|vi|du|a|lis|tin; in|di|vi|du|a|lis|tisch; In|di|vi|du|a|li|tät,** die; -, -en (*nur Sing.:* Einzigartigkeit der Persönlichkeit; Eigenart; Persönlichkeit)

in|di|vi|du|ell (vereinzelt; besonders geartet)

In|di|vi|du|um, das; -s, ...duen (Einzelwesen, einzelne Person; *abwertend für* Lump)

In|diz, das; -es, -ien (Anzeichen; verdächtiger Umstand)

In|di|zes, In|di|ces (*Plur. von* Index)

In|di|zi|en|be|weis (auf zwingenden Verdachtsmomenten beruhender Beweis); **In|di|zi|en|pro|zess**

in|di|zie|ren (auf den Index setzen; anzeigen; *Med.* als angezeigt erscheinen lassen)

In|dok|t|ri|na|ti|on, die; -, -en (massive Beeinflussung); **in|dok|t|ri|nie|ren**

in|dus|t|ri|a|li|sie|ren (Industrie ansiedeln, einführen); **In|dus|t|ri|a|li|sie|rung**

In|dus|t|rie, die; -, ...ien; **In|dus|t|rie|an|la|ge; In|dus|t|rie|be|trieb; In|dus|t|rie|ge|biet; In|dus|t|rie|ge|sell|schaft** *(Soziol.);* **In|dus|t|rie|ge|werk|schaft** (*Abk.* IG); **In|dus|t|rie|kauf|frau; In|dus|t|rie|kauf|mann** *Plur.* ...leute; **In|dus|t|rie|kon|zern; In|dus|t|rie|land**

in|dus|t|ri|ell; die industrielle Revolution; **In|dus|t|ri|el|le,** der *u.* die; -n, -n (Eigentümer[in] eines Industriebetriebes); **In|dus|t|rie|ma|g|nat; In|dus|t|rie|na|ti|on; In|dus|t|rie|staat; In|dus|t|rie|stadt; In|dus|t|rie|un|ter|neh|men; In|dus|t|rie|zweig**

in|ef|fi|zi|ent [*auch* ...'tsi̯ɛnt] (unwirksam; unwirtschaftlich)

in|ei|n|an|der; sich ineinander verkeilen, ineinander verschachteln; **in|ei|n|an|der|grei|fen; in|ei|n|an|der|ste|cken**

in eins; in eins setzen (gleichsetzen)

in|fam (niederträchtig); **In|fa|mie,** die; -, ...ien

In|fan|te|rie [...ri, *auch* ...'ri:], die; -, ...ien (*Militär* Fußtruppe); **In|fan|te|rie|re|gi|ment** (*Abk.* IR.); **In|fan|te|rist** [*auch* ...'rɪ...] (Fußsoldat); **In|fan|te|ris|tin**

in|fan|til (kindlich; unentwickelt, unreif); **In|fan|ti|li|tät,** die; -

In|farkt, der; -[e]s, -e (*Med.* Absterben eines Gewebeteils infolge Gefäßverschlusses)

In|fekt, der; -[e]s, -e (*Med.* Infektionskrankheit; *kurz für* Infektion); grippaler Infekt

In|fek|ti|on, die; -, -en (Ansteckung durch Krankheitserreger); **In|fek|ti|ons|ge|fahr; In|fek|ti|ons|herd; In|fek|ti|ons|krank|heit**

in|fer|na|lisch (höllisch; teuflisch); **In|fer|no,** das; -s, -s (entsetzliches Geschehen)

in|fil|t|rie|ren (eindringen)

In|fi|ni|tiv [*auch* ...'ti:f], der; -s, -e (*Sprachwiss.* Grundform [des Verbs], z. B. »schwimmen«)

in|fi|zie|ren (anstecken)

in fla|g|ran|ti (auf frischer Tat); in flagranti ertappen

In|fla|ti|on, die; -, -en (Geldentwertung); **in|fla|ti|o|när** (Inflation bewirkend); **In|fla|ti|ons|ge|fahr; In|fla|ti|ons|ra|te**

In|flu|en|za, die; - (*veraltet für* Grippe)

[1]**In|fo,** das; -s, -s (*ugs. kurz für* Informationsblatt)

[2]**In|fo,** die; -, -s (*ugs. kurz für* Information)

in|fol|ge; *mit Gen. oder mit* »von«: infolge des schlechten Wetters; infolge von Krieg, *aber* sie hat drei Mal in Folge (hintereinander) gewonnen

in|fol|ge|des|sen; die Straßen waren überflutet und infolgedessen (deshalb) unpassierbar, *aber* das Hochwasser, infolge dessen die Straßen unpassierbar waren

In|fo|post (in größeren Mengen verschickte Postsendungen)

In|for|mand, der; -en, -en (eine Person, die informiert wird); **In|for|man|din; In|for|mant,** der; -en, -en (jmd., der [geheime] Informationen liefert); **In|for|man|tin**

In|for|ma|tik, die; - (Wissenschaft von der [elektronischen] Informationsverarbeitung); **In|for|ma|ti|ker; In|for|ma|ti|ke|rin**

In|for|ma|ti|on, die; -, -en (Auskunft, Nachricht); **in|for|ma|ti|o|nell; In|for|ma|ti|ons|blatt; In|for|ma|ti|ons|fluss; In|for|ma|ti|ons|ma|te|ri|al; In|for|ma|ti|ons|pflicht; In|for|ma|ti|ons|quel|le; In|for|ma|ti|ons|stand; In|for|ma|ti|ons|sys|tem; In|for|ma|ti|ons|tech|nik; In|for|ma|ti|ons|tech|no|lo|gie** (*Abk.* IT); **In|for|ma|ti|ons|ver|an|stal|tung; In|for|ma|ti|ons|zen|t|rum; in|for|ma|tiv** (Auskunft gebend; aufschlussreich)

[1]**in|for|mell** (informierend)

[2]**in|for|mell** [*auch* ...'mɛl] (nicht förmlich; auf Formen verzichtend)

in|for|mie|ren (Auskunft geben; benachrichtigen); sich informieren (Auskünfte, Erkundigungen einziehen); **In|for|miert|heit,** die; -

In|fo|stand; In|fo|tain|ment [...'te̯ɪn...], das; -s (unterhaltende Darbietung von Informationen)

in|fra|ge, in Fra|ge; infrage, in Frage kom-

I

men, stehen, stellen; das kommt nicht infrage *od.* in Frage; die infrage *od.* in Frage kommende Person; die infrage *od.* in Frage gestellten Regeln, *aber* das Infragestellen

in|f|ra|rot (zum Infrarot gehörend); **In|f|ra|rot** (unsichtbare Wärmestrahlen); **In|f|ra|rot|lam|pe**

In|f|ra|struk|tur (wirtschaftlich-organisatorischer Unterbau einer arbeitsteiligen Wirtschaft)

In|fu|si|on, die; -, -en (Zufuhr von Flüssigkeit in den Körper mittels einer Hohlnadel)

In|gang|hal|tung, die; -; **In|gang|set|zung**

In|ge|ni|eur […ʒeˈni̯øːɐ̯], der; -s, -e (*Abk.* Ing.); **In|ge|ni|eu|rin** (*Abk.* Ing.); **In|ge|ni|eur|wis|sen|schaft** *meist Plur.*

In|gre|di|ens, das; -, …enzien *meist Plur.*, **In|gre|di|enz,** die; -, -en *meist Plur.* (Zutat; Bestandteil)

Ing|wer, der; -s, - (eine Gewürzpflanze; ein Likör; *nur Sing.:* ein Gewürz)

In|ha|ber; In|ha|be|rin

in|haf|tie|ren (in Haft nehmen); **In|haf|tie|rung**

in|ha|lie|ren (*auch für* [beim Zigarettenrauchen] den Rauch einziehen)

In|halt, der; -[e]s, -e; **in|halt|lich; In|halts|an|ga|be; in|halts|los; in|halts|reich; In|halts|stoff; In|halts|ver|zeich|nis**

in|hu|man [*auch* …ˈmaːn] (unmenschlich)

In|i|ti|a|le, die; -, -n (großer [meist verzierter] Anfangsbuchstabe)

In|i|ti|al|zün|dung (Zündung eines schwer entzündlichen Sprengstoffs durch einen leicht entzündlichen)

in|i|ti|a|tiv (Initiative ergreifend, besitzend); initiativ werden; **In|i|ti|a|ti|ve,** die; -, -n (Entschlusskraft; Anstoß zum Handeln); die Initiative ergreifen; **In|i|ti|a|tor,** der; -s, …oren (Urheber; Anstifter); **In|i|ti|a|to|rin**

in|i|ti|ie|ren (den Anstoß geben; einleiten)

In|jek|ti|on, die; -, -en (*Med.* Einspritzung); **in|ji|zie|ren** (einspritzen)

In|kar|na|ti|on, die; -, -en (Verkörperung)

In|kauf|nah|me, die; -

in|klu|si|ve (einschließlich; *Abk.* inkl.); *Präp. mit Gen.:* inklusive des Portos *aber* inklusive Porto, inklusive Getränken

in|ko|g|ni|to (unter fremdem Namen); inkognito reisen; **In|ko|g|ni|to,** das; -s, -s

in|kom|pa|ti|bel [*auch* …ˈtiː…] (unverträglich; miteinander unvereinbar)

in|kom|pe|tent [*auch* …ˈtɛ…] (nicht sachverständig; nicht befugt); **In|kom|pe|tenz** [*auch* …ˈtɛ…], die; -, -en

in|kon|se|quent [*auch* …ˈkvɛ…] (nicht folgerichtig; widersprüchlich); **In|kon|se|quenz** [*auch* …ˈkvɛ…], die; -, -en

in|kon|ti|nent [*auch* …ˈnɛ…] (*Med.* nicht in der Lage, Harn od. Stuhl zurückzuhalten); **In|kon|ti|nenz** [*auch* …ˈnɛ…], die; -, -en

in|kor|rekt [*auch* …ˈrɛ…] ([sprachlich] ungenau, fehlerhaft); **In|kor|rekt|heit**

in Kraft *vgl.* Kraft; **In|kraft|set|zung** *(Amtsspr.);* **In|kraft|tre|ten,** das; -s (eines Gesetzes)

In|ku|ba|ti|ons|zeit (*Med.* Zeit von der Infektion bis zum Ausbruch einer Krankheit)

In|land, das; -[e]s; **In|län|der,** der; **In|län|de|rin; in|län|disch; In|lands|nach|fra|ge; In|lands|por|to; In|lands|preis**

In|lay [ˈɪnlɛɪ̯], das; -s, -s (aus Metall od. Porzellan gegossene Zahnfüllung)

In|lett, das; -[e]s, *Plur.* -e *od.* -s (Baumwollstoff [für Federbetten u. -kissen])

In|li|ner […laɪ̯…], der; -s, - (*kurz für* Inlineskate); **in|li|nern;** wir inlinerten, sind *od.* haben geinlinert

In|line|skate [ˈɪnlaɪ̯nskɛɪ̯t], der; -s, -s *meist Plur.* (Rollschuh mit schmalen, hintereinander aufgereihten Rädchen); **in|line|ska|ten;** wir inlineskateten, sind *od.* haben inlinegeskatet; **In|line|ska|ter,** der; -s, -; **In|line|ska|te|rin**

in|mit|ten *(geh.); als Präp. mit Gen.:* inmitten des Sees

in|ne|ha|ben; sie hatte das Amt inne; sie hat den Posten innegehabt; **in|ne|hal|ten;** er hielt plötzlich inne

in|nen; von, nach innen; innen und außen

In|nen|ar|chi|tekt; In|nen|ar|chi|tek|tin; In|nen|aus|schuss *(Politik);* **In|nen|aus|stat|tung; In|nen|ein|rich|tung; In|nen|hof; In|nen|le|ben,** das; -s; **In|nen|mi|nis|ter; In|nen|mi|nis|te|rin; In|nen|mi|nis|te|ri|um; In|nen|po|li|tik; in|nen|po|li|tisch; In|nen|raum; In|nen|sei|te; In|nen|stadt; In|nen|ver|tei|di|ger; In|nen|ver|tei|di|ge|rin**

in|ner|be|trieb|lich; in|ner|deutsch

in|ne|re; inners|te; zuinnerst; die innere, *fachspr. auch* Innere Medizin; innere, *fachspr. auch* Innere Sicherheit [eines Staates]; **In|ne|re,** das; ...r[e]n; das Ministerium des Innern; im Inner[e]n

In|ne|rei *meist Plur.* (z. B. Leber, Herz, Darm von Schlachttieren)

in|ner|halb; *Präp. mit Gen.:* innerhalb eines Jahres

in|ner|lich; In|ner|lich|keit

in|ner|orts (*bes. schweiz. für* innerhalb des Ortes); **in|ner|par|tei|lich; in|ner|staat|lich; in|ner|städ|tisch**

In|ners|te, das; -n; im Innersten

in|ne|woh|nen *(geh.);* auch diesen alten Methoden hat Gutes innegewohnt

in|nig; In|nig|keit *Plur. selten;* **in|nig|lich; in|nigst;** aufs Innigste *od.* innigste verbunden

In|no|va|ti|on, die; -, -en ([Er]neuerung); **In|no|va|ti|ons|kraft; in|no|va|tiv** (Innovationen betreffend, schaffend)

In|nung (Verband selbstständiger Handwerker); **In|nungs|meis|ter; In|nungs|meis|te|rin**

in|of|fi|zi|ell [*auch* ...'tsi̯ɛl] (nicht amtlich; vertraulich; nicht förmlich)

in pet|to; etwas in petto (*ugs. für* bereit) haben

in punc|to (hinsichtlich)

In|put, der, *auch* das; -s, -s (*Wirtsch.* von außen bezogene u. im Betrieb eingesetzte Produktionsmittel; *EDV* Eingabe)

In|qui|si|ti|on, die; -, -en (*nur Sing.:* mittelalterliches katholisches Ketzergericht; Untersuchung); **In|qui|si|tor,** der; -s, ...oren; **in|qui|si|to|risch**

ins (in das)

In|sas|se, der; -n, -n; **In|sas|sin**

ins|be|son|de|re, ins|be|sond|re

In|schrift

In|sekt, das; -[e]s, -en (Kerbtier); **In|sek|ten|be|kämp|fung; in|sek|ten|fres|send, In|sek|ten fres|send;** insektenfressende *od.* Insekten fressende Pflanzen, Tiere; **In|sek|ten|stich; In|sek|ti|zid,** das; -s, -e (Insekten tötendes Mittel)

In|sel, die; -, -n; **In|sel|be|woh|ner; In|sel|be|woh|ne|rin; In|sel|grup|pe; In|sel|staat** *Plur.* ...staaten

In|se|rat, das; -[e]s, -e (Anzeige [in Zeitungen usw.]); **In|se|rent,** der; -en, -en (jmd., der ein Inserat aufgibt); **In|se|ren|tin; in|se|rie|ren** (ein Inserat aufgeben)

ins|ge|heim [*auch* 'ɪ...]

ins|ge|samt [*auch* 'ɪ...]

In|si|der [...sai̯...], der; -s, - (jmd., der interne Kenntnisse von etw. besitzt); **In|si|der|han|del,** der (illegale Form des Handels mit Aktien); **In|si|de|rin; In|si|der|tipp**

In|si|g|ne, das; -s, ...nien *meist Plur.* (Abzeichen, Symbol der Macht u. Würde)

in|sis|tie|ren (auf etwas bestehen)

in|so|fern [*auch* ...'fɛrn, *österr., schweiz. nur* 'ɪ...]

in|sol|vent [*auch* 'ɪ...] (*Wirtsch.* zahlungsunfähig); **In|sol|venz** [*auch* 'ɪ...], die; -, -en (*Wirtsch.* Zahlungsunfähigkeit); **In|sol|venz|ver|fah|ren** *(Wirtsch.)*

in|so|weit [*auch* ...'vai̯t, *österr. nur* 'ɪ...]

in spe (zukünftig); sein Schwager in spe

In|s|pek|ti|on, die; -, -en (Besichtigung; Wartung [eines Kraftfahrzeugs]; Dienststelle); **In|s|pek|tor,** der; -s, ...oren (jmd., der etwas inspiziert); **In|s|pek|to|rin**

In|s|pi|ra|ti|on, die; -, -en (Eingebung; Erleuchtung); **in|s|pi|rie|ren**

in|s|pi|zie|ren (prüfen); **In|s|pi|zie|rung**

in|sta|bil [*auch* ...'bi:l] (nicht konstant bleibend; unbeständig); **In|sta|bi|li|tät** [*auch* 'ɪ...], die; -, -en *Plur. selten*
In|s|ta|gram® [*meist* ...stəgrɛm], das; -[s] *meist ohne Artikel* (Onlinedienst zum Bearbeiten u. gemeinsamen Nutzen von Fotos, Videos)
In|s|tal|la|teur [...'tø:ɐ̯], der; -s, -e (Handwerker für Installationen); **In|s|tal|la|teu|rin; In|s|tal|la|ti|on,** die; -, -en (Einrichtung, Einbau, Anlage, Anschluss von technischen Anlagen); **in|s|tal|lie|ren**
in|stand, in Stand; etwas instand *od.* in Stand halten, setzen (*schweiz.:* stellen); die instand gesetzten *od.* in Stand gesetzten *od.* instandgesetzten Gebäude; ein Haus instand *od.* in Stand besetzen (*ugs. für* widerrechtlich besetzen und wieder bewohnbar machen)
in|stand hal|ten *vgl.* instand; **In|stand|hal|tung; In|stand|hal|tungs|kos|ten** *Plur.*
in|stän|dig (eindringlich; flehentlich)
in|stand set|zen *vgl.* instand; **In|stand|set|zung**
in|s|tant [*auch* ...tənt] (sofort löslich); *nur als nachgestellte Beifügung,* z. B. Haferflocken instant
In|stant Mes|sa|ging ['ɪnstn̩t 'mɛsɪdʒɪŋ], das; - -s (*EDV* sofortige Nachrichtenübermittlung)
In|s|tanz, die; -, -en (zuständige Stelle bei Behörden od. Gerichten)
In|s|tinkt, der; -[e]s, -e (angeborene Verhaltensweise; *auch für* sicheres Gefühl); **In|s|tinkt|hand|lung; in|s|tink|tiv** (trieb-, gefühlsmäßig); **in|s|tinkt|los**
In|s|ti|tut, das; -[e]s, -e (Unternehmen; Bildungs-, Forschungsanstalt)
In|s|ti|tu|ti|on, die; -, -en (öffentliche Einrichtung); **in|s|ti|tu|ti|o|nell** (die Institution betreffend)
In|s|ti|tuts|lei|ter, der; **In|s|ti|tuts|lei|te|rin**
in|s|t|ru|ie|ren (unterweisen; anleiten); **In|s|t|ruk|ti|on,** die; -, -en (Anleitung; Anweisung); **in|s|t|ruk|tiv** (lehrreich)
In|s|t|ru|ment, das; -[e]s, -e; **in|s|t|ru|men|tal** (Musikinstrumente verwendend)
in|s|t|ru|men|ta|li|sie|ren (als Mittel für die eigenen Zwecke nutzen)
In|s|t|ru|men|ta|ri|um, das; -s, ...ien (Gesamtheit der zur Verfügung stehenden Instrumente)
In|su|la|ner (Inselbewohner); **In|su|la|ne|rin**
In|su|lin, das; -s (ein Hormon; ® ein Arzneimittel)
in|sze|nie|ren (für die Bühnenaufführung gestalten); **In|sze|nie|rung**
in|takt (unversehrt; funktionsfähig); **In|takt|heit,** die; -; **In|takt|sein,** das; -s
in|te|ger (unbescholten); eine integre Politikerin
in|te|g|ral (ein Ganzes ausmachend; vollständig; für sich bestehend); **In|te|g|ral,** das; -s, -e (*Math.; Zeichen* ∫); **In|te|g|ral|rech|nung**
In|te|g|ra|ti|on, die; -, -en (Eingliederung); **In|te|g|ra|ti|ons|be|auf|trag|te** (mit der Integration von ausländischen Mitbürger[inne]n beauftragte Person); **In|te|g|ra|ti|ons|po|li|tik; In|te|g|ra|ti|ons|pro|zess; in|te|g|ra|tiv** (eingliedernd); **in|te|g|rie|ren** (eingliedern); **in|te|g|riert;** integrierte Gesamtschule
In|te|g|ri|tät, die; - (Unbestechlichkeit)
In|tel|lekt, der; -[e]s (Verstand; Erkenntnis-, Denkvermögen); **in|tel|lek|tu|ell** ([einseitig] verstandesmäßig; geistig); **In|tel|lek|tu|el|le,** der *u.* die; -n, -n; **in|tel|li|gent** (verständig; klug, begabt); **In|tel|li|genz,** die; -, -en (besondere geistige Fähigkeit, Klugheit; *meist Plur.:* Vernunftwesen; *nur Sing.:* Schicht der Intellektuellen)
In|tel|li|genz|grad; In|tel|li|genz|quo|ti|ent (Maß für die intellektuelle Leistungsfähigkeit; *Abk.* IQ); **In|tel|li|genz|test**
In|ten|dant, der; -en, -en (Leiter eines Theaters, eines Rundfunk- od. Fernsehsenders); **In|ten|dan|tin; In|ten|danz,** die; -, -en (Amt, Büro eines Intendanten)

In|ten|si|tät, die; -, -en *Plur. selten* (Stärke, Kraft; Wirksamkeit)
in|ten|siv (eindringlich; kräftig; gründlich)
in|ten|si|vie|ren (verstärken, steigern); **In|ten|si|vie|rung**
In|ten|siv|sta|ti|on
In|ten|ti|on, die; -, -en (Absicht; Vorhaben); **in|ten|ti|o|nal** (zielgerichtet)
In|ter|ak|ti|on, die; -, -en (*Psychol., Soziol.* Wechselbeziehung zwischen Personen u. Gruppen); **in|ter|ak|ti|o|nal; in|ter|ak|tiv; In|ter|ak|ti|vi|tät,** die; -, -en (*bes. EDV* Dialog zwischen Computer u. Benutzer)
In|ter|ci|ty® [...'sɪti], der; -[s], -s; **In|ter|ci|ty|ex|press**® (Hochgeschwindigkeitszug der Deutschen Bahn; *Abk.* ICE®)
in|ter|dis|zi|p|li|när [*auch* 'ɪ...] (mehrere Disziplinen betreffend)
in|te|r|es|sant; in|te|r|es|san|ter|wei|se
In|te|r|es|se, das; -s, -n; Interesse an, für etwas haben; **in|te|r|es|se|hal|ber; in|te|r|es|se|los**
In|te|r|es|sen|aus|gleich; In|te|r|es|sen|ge|biet; In|te|r|es|sen|ge|mein|schaft (Zweckverband); **In|te|r|es|sen|kon|flikt; In|te|r|es|sen|la|ge; In|te|r|es|sent,** der; -en, -en; **In|te|r|es|sen|tin; In|te|r|es|sen|ver|band; In|te|r|es|sen|ver|tre|ter; In|te|r|es|sen|ver|tre|te|rin; In|te|r|es|sen|ver|tre|tung**
in|te|r|es|sie|ren (Teilnahme erwecken); sich interessieren (Interesse zeigen) für ...; **in|te|r|es|siert** (Anteil nehmend)
In|ter|face [...fɛɪ̯s], das; -, -s (*EDV svw.* Schnittstelle)
In|te|ri|eur [ɛ̃te'ri̯øːɐ̯], das; -s, *Plur.* -s *u.* -e (Ausstattung eines Innenraumes)
In|te|rim, das; -s, -s (Zwischenzeit, -zustand; vorläufige Regelung); **In|te|rims|lö|sung; In|te|rims|re|ge|lung**
In|ter|jek|ti|on, die; -, -en (*Sprachwiss.* Ausrufe-, Empfindungswort, z. B. »au«, »bäh«)
in|ter|kon|ti|nen|tal (Erdteile verbindend); **In|ter|kon|ti|nen|tal|ra|ke|te** (*Militär* Rakete mit sehr großer Reichweite)
in|ter|kul|tu|rell (verschiedene Kulturen verbindend, umfassend)
In|ter|mez|zo, das; -s, *Plur.* -s *u.* ...zzi (Zwischenspiel, -fall)
in|tern (nur die inneren Verhältnisse angehend; vertraulich; *Med.* innerlich)
In|ter|na (*Plur. von* Internum)
In|ter|nat, das; -[e]s, -e (eine Schule mit Wohnheim)
in|ter|na|ti|o|nal; internationale Vereinbarungen; *aber* Internationales Rotes Kreuz (*Abk.* IRK); Internationales Olympisches Komitee (*Abk.* IOK); **In|ter|na|ti|o|na|le,** die; -, -n; **In|ter|na|ti|o|na|li|sie|rung; In|ter|na|ti|o|na|li|tät,** die; -
In|ter|nats|schu|le (Schule mit angeschlossenem Wohnheim)
In|ter|net, das; -s ([internationales] Computernetzwerk); **In|ter|net|ad|res|se; In|ter|net|an|schluss; In|ter|net|auf|tritt; In|ter|net|ca|fé; In|ter|net|dienst; in|ter|net|fä|hig; In|ter|net|por|tal; In|ter|net|sei|te; In|ter|net|zu|gang**
in|ter|nie|ren (in staatlichen Gewahrsam, in Haft nehmen; [Kranke] isolieren); **In|ter|nier|te,** der *u.* die; -n, -n; **In|ter|nie|rung; In|ter|nie|rungs|la|ger**
In|ter|nist, der; -en, -en (Facharzt für innere Krankheiten); **In|ter|nis|tin**
In|ter|num, das; -s, ...na *meist Plur.* (nicht für Außenstehende bestimmte Angelegenheit)
In|ter|pol, die; - (*Kurzw. für* Internationale Kriminalpolizeiliche Organisation; Zentralstelle zur internationalen Koordination der Verbrechensbekämpfung)
In|ter|pret, der; -en, -en (jmd., der etw. interpretiert; reproduzierender Künstler); **In|ter|pre|ta|ti|on,** die; -, -en; **in|ter|pre|tie|ren** (auslegen, deuten; künstlerisch wiedergeben); **In|ter|pre|tin**
In|ter|punk|ti|on, die; -, -en *Plur. selten* (Zeichensetzung); **In|ter|punk|ti|ons|re|gel; In|ter|punk|ti|ons|zei|chen**
In|ter|vall, das; -s, -e (Zeitspanne, Abstand)

I

in|ter|ve|nie|ren (vermitteln; *Politik* eingreifen); **In|ter|ven|ti|on,** die; -, -en

In|ter|view [...vju:, *auch* ...'vju:], das; -s, -s (Unterredung [von Reportern] mit Persönlichkeiten; Befragung); **in|ter|vie|wen** [...'vju:..., *auch* 'ɪ...]; er interviewte Passanten; **In|ter|vie|w|er; In|ter|vie|we|rin**

In|thro|ni|sa|ti|on, die; -, -en (Thronerhebung, feierliche Einsetzung); **in|thro|ni|sie|ren; In|thro|ni|sie|rung**

In|ti|fa|da, die; - (palästinensischer Widerstand in den von Israel besetzten Gebieten)

I

in|tim (sehr nahe u. vertraut; sexuell; verborgen); **In|tim|be|reich; In|tim|hy|gi|e|ne; In|ti|mi|tät,** die; -, -en (Vertrautheit; intime Atmosphäre; erotische Handlung); **In|tim|sphä|re** (vertraut-persönlicher Bereich)

in|to|le|rant [*auch* ...'ra...] (unduldsam); **In|to|le|ranz** [*auch* ...'ra...], die; -, -en

In|to|na|ti|on, die; -, -en (*Musik* das An-, Abstimmen); **in|to|nie|ren** (anstimmen)

In|t|ra|net, das; -s, -s (unternehmensinternes Computernetz)

in|tran|si|tiv (*Sprachwiss.* nicht zum persönlichen Passiv fähig; nicht zielend)

in|t|ra|ve|nös (im Innern, ins Innere der Vene)

in|t|ri|gant (auf Intrigen sinnend; hinterhältig); **In|t|ri|gant,** der; -en, -en; **In|t|ri|gan|tin; In|t|ri|ge,** die; -, -n (hinterhältige Machenschaften, Ränke[spiel]); **In|t|ri|gen|spiel; in|t|ri|gie|ren**

in|t|ro|ver|tiert (nach innen gewandt)

In|tu|i|ti|on, die; -, -en (unmittelbares Erfassen; Eingebung); **in|tu|i|tiv**

in|tus; *nur in* etwas intus haben (*ugs. für* etwas im Magen haben; etwas begriffen haben)

Inuk, der; -s, Inuit (Selbstbezeichnung der Eskimos)

in|va|lid, in|va|li|de ([durch Verwundung od. Unfall] dienst-, arbeitsunfähig); **In|va|li|de,** der *u.* die; -n, -n; **In|va|li|di|tät,** die; -, -en (Erwerbs-, Dienst-, Arbeitsunfähigkeit)

In|va|si|on, die; -, -en (feindlicher Einfall)

In|ven|tar, das; -s, -e (Einrichtungsgegenstände [eines Unternehmens]; Vermögens-, Nachlassverzeichnis)

in|ven|ta|ri|sie|ren; In|ven|ta|ri|sie|rung

In|ven|tur, die; -, -en (*Wirtsch.* Bestandsaufnahme)

in|ves|tie|ren ([Kapital] anlegen; in ein [geistliches] Amt einweisen); **In|ves|tie|rung**

in|ves|ti|ga|tiv (nachforschend, enthüllend)

In|ves|ti|ti|on, die; -, -en (langfristige [Kapital]anlage); **In|ves|ti|ti|ons|gut** *meist Plur.* (Gut, das der Produktion dient); **In|ves|ti|ti|ons|kos|ten** *Plur.;* **In|ves|ti|ti|ons|vo|lu|men**

In|vest|ment, das; -s, -s (*engl. Bez. für* Investition); **In|vest|ment|bank** *Plur.* ...banken; **In|vest|ment|ban|ker** [*auch* ...bɛŋke]; **In|vest|ment|ban|ke|rin; In|vest|ment|fonds** (Effektenbestand einer Kapitalanlagegesellschaft)

In|ves|tor, der; -s, ...oren (Kapitalanleger); **In|ves|to|rin**

In-vi|t|ro-Fer|ti|li|sa|ti|on, die; -, -en (*Med.* Befruchtung außerhalb des Körpers)

in|vol|vie|ren (einschließen; in etwas verwickeln)

in|wen|dig; in- und auswendig

in|wie|fern; inwiefern hat sich die Situation verändert?

in|wie|weit; inwieweit sind die Angaben zuverlässig?

In|zah|lung|nah|me, die; -, -n

In|zest, der; -[e]s, -e (Geschlechtsverkehr zwischen engsten Blutsverwandten); **in|zes|tu|ös**

In|zucht, die; -, -en *Plur. selten*

in|zwi|schen

Ion, das; -s, -en (elektr. geladenes Teilchen)

Io|ta *vgl.* Jota

i-Punkt, der; -[e]s, -e
IQ, der; -[s], -[s] = Intelligenzquotient
ir|den (aus gebranntem Ton)
ir|disch; den Weg alles Irdischen gehen
ir|gend; wenn du irgend kannst, so ...; wenn irgend möglich; irgend so ein Gerät, irgend so etwas; **ir|gend|ein;** irgendeine, irgendeiner; *aber* irgend so ein; **ir|gend|et|was;** *aber* irgend so etwas; **ir|gend|je|mand; ir|gend|wann; ir|gend|was** *(ugs.); aber* irgend so was; **ir|gend|welch;** irgendwelche Fragen; irgendwelches dumme[s] Zeug; **ir|gend|wer; ir|gend|wie; ir|gend|wo;** irgendwo anders, irgendwo sonst; sonst irgendwo; **ir|gend|wo|hin**
[1]**Iris,** die; -, *Plur.* -, *auch* Iriden (Regenbogenhaut im Auge)
[2]**Iris,** die; -, - (Schwertlilie; Regenbogen)
iri|sie|ren (in Regenbogenfarben schillern); **iri|sie|rend**
Iro|nie, die; -, ...ien ([versteckter, feiner] Spott); **iro|nisch**
Iron|man® ['aɪ̯ənmɛn], der; -s (bes. harter Triathlonwettkampf)
irr *vgl.* irre
ir|ra|ti|o|nal [*auch* ...'na:l] (verstandesmäßig nicht fassbar; vernunftwidrig); **Ir|ra|ti|o|na|li|tät,** die; - (das Irrationale)
ir|re, irr; irr[e] sein; irreführen, irregehen, irreleiten, irremachen, irrereden
[1]**Ir|re,** die; -; in die Irre gehen
[2]**Ir|re,** der *u.* die; -n, -n *(ugs. veraltend)*
ir|re|al [*auch* ...'a:l] (unwirklich); **Ir|re|a|li|tät** [*auch* 'ɪ...], die; - (Unwirklichkeit)
ir|re|füh|ren; Ir|re|füh|rung
ir|re|ge|hen; er ist irregegangen
ir|re|gu|lär [*auch* ...'lɛ:ɐ̯] (unregelmäßig, ungesetzmäßig)
ir|re|lei|ten; er hat die Polizei irregeleitet
ir|re|le|vant [*auch* ...'va...] (unerheblich); **Ir|re|le|vanz** [*auch* ...'va...], die; -, -en
ir|re|ma|chen; sie hat mich irregemacht
ir|ren; sich irren; Irren *od.* irren ist menschlich
Ir|ren|haus *(veraltet; ugs.)*
ir|re|pa|ra|bel [*auch* ...'ra:...] (unersetzlich, nicht wiederherstellbar)
ir|re|re|den; ir|re sein *vgl.* irre
ir|re|ver|si|bel [*auch* ...'zi:...] (nicht umkehrbar); ...i|b|le Prozesse
ir|re|wer|den, irr|wer|den; wenn man irrewird, irrwird; sie ist irregeworden, irrgeworden
Irr|fahrt; Irr|gar|ten; Irr|glau|be[n]
ir|rig; eine irrige (auf einem Irrtum beruhende) Annahme
Ir|ri|ta|ti|on, die; -, -en (Reiz, Erregung); **ir|ri|tie|ren** ([auf]reizen, verwirren, stören)
Irr|leh|re; Irr|licht *Plur.* ...lichter; **Irr|sinn,** der; -[e]s; **irr|sin|nig; Irr|tum,** der; -s, ...tümer; **irr|tüm|lich; irr|tüm|li|cher|wei|se; Irr|weg; irr|wer|den** *vgl.* irrewerden; **irr|wit|zig**
IS [i:'ʔɛs], der, *bes. österr. auch* die; - (die Terrororganisation Islamischer Staat)
Is|chi|as ['ɪʃi̯..., *auch* 'ɪsçi̯...], der, *selten* das, *fachspr. auch* die; - (Hüftschmerz); **Is|chi|as|nerv**
IS-Kämp|fer; IS-Kämp|fe|rin
Is|lam, der; -[s] (im Koran verkündete Religion); **is|la|misch;** islamische Religion; *aber* Islamischer Staat (eine Terrororganisation; *Abkürzung* IS); **Is|la|mis|mus,** der; - (islamischer Fundamentalismus); **Is|la|mist,** der; -en, -en; **Is|la|mis|tin; is|la|mis|tisch**
is|la|mo|phob; Is|la|mo|pho|bie, die; - *(bildungsspr. für* Abneigung gegen den Islam u. Muslime)
Iso|la|ti|on, die; -, -en ([politische u. a.] Absonderung; Getrennthaltung; [Ab]dämmung); **Iso|lier|band,** das; *Plur.* ...bänder; **iso|lie|ren** (absondern; getrennt halten; [ab]dichten; durch entsprechendes Material schützen); **Iso|lier|ma|te|ri|al; Iso|lier|schicht; iso|liert** (*auch für* vereinsamt); **Iso|liert|heit,** die; -; **Iso|lie|rung**
Ist|zu|stand, Ist-Zu|stand
IT [aɪ̯'ti:] = information technology (Informationstechnologie)

ita|li|e|nisch; die italienische Schweiz; ita**lienischer** *od.* Italienischer Salat
i-Tüp|fel|chen

i. V.

= in Vertretung; in Vollmacht
Die Abkürzung wird mit kleinem i geschrieben, wenn sie unmittelbar der Grußformel oder der Bezeichnung einer Behörde, Firma u. dgl. folgt:

Der Oberbürgermeister
i. V. Meyer

Die Abkürzung wird mit großem I geschrieben, wenn sie nach einem abgeschlossenen Text allein vor einer Unterschrift steht:

Herr Direktor Müller wird Sie nach seiner Rückkehr sofort anrufen.
I. V. Meyer

J j

J [jɔt, *österr.* je:] (Buchstabe); das J; des J, die J, *aber* das j in Boje; der Buchstabe J, j
ja; jawohl; jaja, *auch* ja, ja!; mit [einem] Ja antworten; mit Ja oder [mit] Nein stimmen; Ja *od.* ja sagen; Ja und Amen *od.* ja und amen sagen
Jacht, Yacht [j...], die; -, -en (Schiff für Sport- u. Vergnügungsfahrten, *auch* Segelboot); **Jacht|ha|fen**, Yacht|ha|fen
Ja|cke, die; -, -n; **Ja|cken|ta|sche**
Ja|cket|kro|ne ['dʒɛkɪt...] (Zahnkronenersatz)
Ja|ckett [ʒa...], das; -s, *Plur.* -s, *selten* -e (gefütterte Stoffjacke von Herrenanzügen); **Ja|ckett|ta|sche**, **Ja|ckett-Ta|sche**
Jack|pot ['dʒɛkpɔt], der; -s, -s (bes. hoher Gewinn bei einem Glücksspiel)
Ja|de, der; -[s] *u.* die; - (blassgrüner Schmuckstein); **ja|de|grün**
Jagd, die; -, -en; **Jagd|fie|ber**; **Jagd|flug|zeug**; **Jagd|ge|wehr**; **Jagd|grün|de** *Plur.*; die ewigen Jagdgründe; **Jagd|hund**; **Jagd|hüt|te**; **Jagd|re|vier**; **Jagd|schein**; **Jagd|schloss**
ja|gen; er, sie jagt; gejagt
Jä|ger; **Jä|ge|rei**, die; - (Jagdwesen; Jägerschaft); **Jä|ge|rin**; **Jä|ger|la|tein**, das; -s; **Jä|ger|spra|che**, die; -
Ja|gu|ar, der; -s, -e (ein Raubtier)
jäh (plötzlich; steil); ein jähes Ende; ein jäher Anstieg; **Jäh|heit**, die; -; **jäh|lings**
Jahr, das; -[e]s, -e; im Jahr[e]; zwei, viele Jahre lang; **jahr|aus**; *nur in* jahraus, jahrein *od.* jahrein, jahraus; **Jahr|buch** (*Abk.* Jb.); **Jähr|chen**; **jahr|ein** *vgl.* jahraus
jah|re|lang; *aber* viele Jahre lang
jäh|ren, sich
Jah|res|ab|schluss; **Jah|res|an|fang**; **Jah|res|be|ginn**; **Jah|res|bei|trag**; **Jah|res|be|richt**; **Jah|res|ein|kom|men**; **Jah|res|en|de**; **Jah|res|frist**; innerhalb Jahresfrist; **Jah|res|ge|halt**, das; **Jah|res|hälf|te**; **Jah|res|ring** *meist Plur.*; **Jah|res|rück|blick**; **Jah|res|tag**; **Jah|res|ur|laub**; **Jah|res|wech|sel**; **Jah|res|wen|de**; **Jah|res|zahl**; **Jah|res|zeit**; **jah|res|zeit|lich**
Jahr|gang, der; *Plur.* ...gänge (*Abk.* Jg., *Plur.* Jgg.)
Jahr|hun|dert, das; -s, -e (*Abk.* Jh.); **jahr|hun|der|te|alt**; *aber* zwei, viele Jahrhunderte alt; **jahr|hun|der|te|lang**; **Jahr|hun|dert|fei|er**; **Jahr|hun|dert|wen|de**
...jäh|rig (z. B. vierjährig [vier Jahre dauernd, vier Jahre alt], *mit Ziffer* 4-jährig)
jähr|lich (jedes Jahr wiederkehrend)
...jähr|lich (z. B. alljährlich, vierteljährlich)
Jahr|markt; **Jahr|markts|bu|de**
Jahr|tau|send, das; -s, -e; **Jahr|tau|send|wen|de**; **Jahr|zehnt**, das; -[e]s, -e; **jahr|zehn|te|alt**; **jahr|zehn|te|lang**
Jäh|zorn; **jäh|zor|nig**
Ja|kobs|weg (ein Netz europ., nach Santiago de Compostela führender Pilgerwege)
Ja|lou|sie, die; -, ...ien ([hölzerner] Fensterschutz, Rollladen)

Jam|mer, der; -s; **Jam|mer|lap|pen** *(ugs.);* **jäm|mer|lich; Jäm|mer|lich|keit; jam|mern; jam|mer|scha|de; jam|mer|voll**
Jän|ner, der; -[s] (*österr., seltener auch südd., schweiz. für* Januar)
Ja|nu|ar, der; -[s], -e (*Abk.* Jan.)
jap|sen (*ugs. für* nach Luft schnappen); du japst; **Jap|ser**
Jar|gon [ʒarˈgõː], der; -s, -s ([saloppe] Sondersprache einer Berufsgruppe od. Gesellschaftsschicht)
Ja|sa|ger; Ja|sa|ge|rin
Jas|min, der; -s, -e (ein Zierstrauch)
Ja|stim|me
jä|ten; du jätest Unkraut; gejätete Beete
Jau|che, die; -, -n; **jau|chen; Jau|che[n]|gru|be**
jauch|zen; du jauchzt; **Jauch|zer**
jau|len (klagend winseln, heulen)
Jau|se, die; -, -n (*österr. für* Zwischenmahlzeit)
ja|wohl
Ja|wort *Plur.* ...worte
Jazz [dʒɛs, *auch* jats], der; - (Musikstil, der sich aus der Volksmusik der schwarzen Bevölkerung Amerikas entwickelt hat); **Jazz|band** [...bɛnt], die; **jaz|zen** [ˈdʒɛsn̩, *auch* ˈjatsn̩]; **Jaz|zer,** der; -s, - (Jazzmusiker); **Jaz|ze|rin; Jazz|fes|ti|val; jaz|zig** (*ugs. für* wie Jazz wirkend); **Jazz|kel|ler; Jazz|mu|si|ker; Jazz|mu|si|ke|rin**
[1]**je;** seit je; je drei
[2]**je;** ach je!; je nun (*veraltend für* nun ja)
Jeans [dʒiːns] *Plur. od.* die; -, - ([saloppe] Hose im Stil der Bluejeans)
jeck (*rhein. für* närrisch, verrückt); **Jeck,** der; -en, -en (*rhein. für* [Fastnachts]narr)
je|den|falls
je|der; jede, jedes; jedes Mal; jeder Beliebige; jeder Einzelne; alles und jedes (alles ohne Ausnahme); das weiß ein jeder; jedem kann geholfen werden
je|der|art; je|der|lei; je|der|mann; je|der|zeit (immer); *aber* zu jeder Zeit
je|doch
Jeep® [dʒiːp], der; -s, -s ([amerik.] Geländewagen)
jeg|li|cher; ein jeglicher; jegliches; jeglichen Geschlechts; jeglicher Angestellte
je|her; von, seit jeher
Je|län|ger|je|lie|ber, das; -s, - (Geißblatt)
je|mals
je|mand; *Gen.* jemand[e]s, *Dat.* jemandem, *auch* jemand, *Akk.* jemanden, *auch* jemand; sonst jemand; *aber* irgendjemand; jemand anders; mit, von jemand anders, *auch* anderem; jemand Fremdes; *aber* ein gewisser Jemand; *vgl.* irgend
je|mi|ne! *(veraltend)*
Jen *vgl.* Yen
je nach|dem; je nachdem[,] ob/wie
je|ner; jene, jenes; ich erinnere mich jenes Tages; da kam jener; jene war es, die ...
jen|sei|tig [*auch* ˈjɛn...]; **jen|seits** [*auch* ˈjɛn...]; *Präp. mit Gen.:* jenseits des Flusses; jenseits von Gut und Böse; **Jen|seits,** das; -
[1]**Jer|sey** [ˈdʒœrzi], der; -[s], -s (eine Stoffart)
[2]**Jer|sey** [ˈdʒœrzi], das; -s, -s (Trikot des Sportlers)
Je|si|de, Je|zi|de [...z...], der; -n, -n (Angehöriger einer kurdischsprachigen ethnisch-religiösen Minderheit); **Je|si|din,** Je|zi|din
Je|su|it, der; -en, -en (Mitglied des Jesuitenordens); **je|su|i|tisch**
Jet [dʒɛt], der; -[s], -s (*ugs. für* Düsenflugzeug); **Jet|lag** [ˈdʒɛtlɛk], der; -s, -s (Beschwerden nach schnellem Überfliegen mehrerer Zeitzonen)
Je|ton [ʒəˈtõː], der; -s, -s (Spielmarke)
Jet|set [ˈdʒɛtsɛt], der; -[s], -s (Gruppe reicher, den Tagesmoden folgender Menschen)
jet|ten (mit dem Jet fliegen); gejettet
jet|zig; jetzt; bis jetzt; von jetzt an; **Jetzt,** das; - (Gegenwart); **Jetzt|zeit,** die; -
je|wei|lig; je|weils
Je|zi|de [...z...] usw. *vgl.* Jeside usw.
jid|disch; Jid|disch, das; -[s] (von den Juden in Osteuropa gesprochenes Deutsch)

J

Ji|had [dʒi...] usw. *vgl.* Dschihad usw.
Jiu-Jit|su ['dʒi:u'dʒɪtsu], das; -[s] (*älter für* Ju-Jutsu)
Job [dʒɔp], der; -s, -s ([Gelegenheits]arbeit, Stelle, Beruf)
job|ben (*ugs. für* einen Job ausüben); gejobbt
Job|bör|se; Job|cen|ter, Job-Cen|ter (Zusammenschluss von Arbeitsagenturen u. Sozialämtern); **Job|sha|ring,** das; -[s] (Aufteilung eines Arbeitsplatzes unter mehrere Personen); **Job|su|che; Job|wech|sel**
Joch, das; -[e]s, -e; **Joch|bein**
Jo|ckey ['dʒɔke, 'dʒɔki, *auch* 'dʒɔkaɪ̯, 'jɔkaɪ̯], der; -s, -s (Berufsrennreiter[in])

J

Jod, das; -[e]s (chemisches Element, Nichtmetall; *Zeichen* J, *auch* I)
jo|deln; ich jod[e]le
jod|hal|tig
Jod|ler; Jod|le|rin
Jod|tink|tur (*früher* [Wund]desinfektionsmittel)
jog|gen ['dʒɔ...] (Jogging betreiben); sie joggt, ist/hat gejoggt
Jog|ger; Jog|ge|rin
Jog|ging, das; -s (Laufen in mäßigem Tempo [als Fitnesstraining]); **Jog|ging|an|zug**
Jo|ghurt ['jo:gʊrt], Jo|gurt, der *u.*, *bes. österr. u. schweiz.*, das; -[s], -[s], *bes. ostösterr. auch* die; -, -[s] (säuerliche Dickmilch)
Jo|gurt *vgl.* Joghurt
Jo|han|nis|bee|re; Rote, Schwarze Johannisbeere; **Jo|han|nis|tag** (am 24. Juni)
Jo|han|ni|ter, der; -s, - (Angehöriger des Johanniterordens); **Jo|han|ni|ter|or|den,** der; -s
joh|len
Joint [dʒ...], der; -s, -s (Haschisch od. Marihuana enthaltende Zigarette)
Joint Ven|ture ['dʒɔɪ̯nt 'vɛntʃɐ], das; - -[s], - -s (*Wirtsch.* Zusammenschluss von Unternehmen, Gemeinschaftsunternehmen)
Jo-Jo, Yo-Yo [jo'jo:, *auch* 'jo:jo], das; -s, -s (ein Geschicklichkeitsspiel); **Jo-Jo-Ef|fekt,** Yo-Yo-Ef|fekt (Gewichtsab- *u.* -wiederzunahme bei Diäten)
Jo|ker ['dʒo:...], der; -s, - (eine Spielkarte; zusätzliche Chance in einem Quiz)
Jol|le, die; -, -n (kleines [einmastiges] Boot)
Jon|g|leur [ʒɔŋ(g)'lø:ɐ̯], der; -s, -e (Geschicklichkeitskünstler); **Jon|g|leu|rin; jon|g|lie|ren**
Jop|pe, die; -, -n (Jacke)
Jot, das; -, - (Buchstabe)
Jo|ta, Io|ta, das; -[s], -s (griech. Buchstabe: Ι, ι); kein Jota *od.* Iota (nicht das Geringste)
Joule [dʒu:l], das; -[s], - (*Physik* Maßeinheit für die Energie; *Zeichen* J)
Jour|nail|le [ʒʊr'naljə, *auch* ...'naɪ̯..., *österr.* ...'naɪ̯jə], die; - (gewissenlos u. hetzerisch arbeitende Tagespresse)
Jour|nal [ʒʊr...], das; -s, -e (Tagebuch in der Buchhaltung; [Mode]zeitschrift; *veraltet für* Zeitung)
Jour|na|lis|mus, der; - (Berichterstattung in den Massenmedien; Pressewesen)
Jour|na|list, der; -en, -en (jmd., der beruflich für die Presse, den Rundfunk, das Fernsehen schreibt, publizistisch tätig ist); **Jour|na|lis|tin; jour|na|lis|tisch**
jo|vi|al [*österr. u. schweiz. meist* ʒo...] (leutselig, gönnerhaft); **Jo|vi|a|li|tät,** die; -
Joy|stick ['dʒɔɪ̯stɪk], der; -s, -s (Steuerhebel für Computer[spiele])
Ju|bel, der; -s; **Ju|bel|fei|er; Ju|bel|jahr;** alle Jubeljahre (*ugs. für* ganz selten); **ju|beln; Ju|bi|lar,** der; -s, -e; **Ju|bi|la|rin**
Ju|bi|lä|um, das; -s, ...äen
Ju|bi|lä|ums|aus|ga|be; Ju|bi|lä|ums|fei|er; Ju|bi|lä|ums|jahr
ju|bi|lie|ren (*geh. für* jubeln; *auch* ein Jubiläum feiern)
juch|he!; juch|hei|sa!; juch|hei|ßa!
Juch|ten, der *od.* das; -s (feines, wasserdichtes Leder); **Juch|ten|le|der**

juch|zen (jauchzen); **Juch|zer**

ju|cken; es juckt mich [am Arm]; die Hand juckt mir, *auch* mich; es juckt mir, *auch* mich in den Fingern (*ugs. für* es drängt mich), ...; **Juck|reiz**

Ju|de, der; -n, -n; **Ju|den|tum,** das; -s; **Jü|din; jü|disch**

Ju|do [*österr. meist* dʒ...], das; -[s] (sportliche Ausübung des Ju-Jutsu); **Ju|do|ka,** der; -[s], -[s] *u.* die; -, -[s] (Judosportler[in])

Ju|gend, die; -; **Ju|gend|amt; Ju|gend|ar|beit; Ju|gend|ar|beits|lo|sig|keit; Ju|gend|buch; ju|gend|frei** (Prädikat für Filme); **Ju|gend|freund; Ju|gend|freun|din; ju|gend|ge|fähr|dend; Ju|gend|grup|pe; Ju|gend|her|ber|ge; Ju|gend|kri|mi|na|li|tät**

ju|gend|lich; Ju|gend|li|che, der *u.* die; -n, -n; **Ju|gend|lich|keit,** die; -

Ju|gend|li|te|ra|tur; Ju|gend|or|ga|ni|sa|ti|on; Ju|gend|rich|ter; Ju|gend|rich|te|rin; Ju|gend|schutz, der; -es; **Ju|gend|stil,** der; -[e]s; **Ju|gend|stra|fe** *(Rechtswiss.);* **Ju|gend|sün|de; Ju|gend|the|a|ter; Ju|gend|zeit; Ju|gend|zen|t|rum**

Juice [dʒu:s], der *od.* das; -, -s (Obst- od. Gemüsesaft)

Ju-Jut|su, das; -[s] (Technik der Selbstverteidigung ohne Waffen)

Juke|box ['dʒu:k...], die; - *Plur.* -es *u.* -en (*svw.* Musikbox)

Ju|li, der; -[s], -s

Jum|bo, der; -s, -s (*kurz für* Jumbojet); **Jum|bo|jet, Jum|bo-Jet** ['dʒʊmbodʒɛt] (Großraumflugzeug)

jum|pen ['dʒa...] (springen); gejumpt

Jum|per ['dʒa..., *bes. südd., österr.* 'dʒɛ...], der; -s, - (blusen- od. pulloverähnliches Kleidungsstück)

jung; der jüngste meiner Söhne; von jung auf; Jung und Alt (jedermann); Junge und Alte; meine Jüngste; er ist nicht mehr der Jüngste; ein Fest für jung gebliebene *od.* junggebliebene Menschen

Jung|brun|nen

[1]**Jun|ge,** der; -n, *Plur.* -n, *ugs. auch* Jungs *u.* -ns

[2]**Jun|ge,** das; -n, -n (Nachwuchs; Kleines)

jun|gen|haft; Jun|gen|haf|tig|keit, die; -; **Jun|gen|schu|le**

Jün|ger, der; -s, -; **Jün|ge|rin**

Jung|fer, die; -, -n *(veraltet);* **jüng|fer|lich; Jung|fern|fahrt** (erste Fahrt [eines Schiffes]); **Jung|fern|häut|chen**

Jung|frau; jung|fräu|lich; Jung|fräu|lich|keit, die; -

Jung|ge|sel|le; Jung|ge|sel|len|ab|schied; Jung|ge|sel|lin

Jung|leh|rer; Jung|leh|re|rin

Jüng|ling

Jung|so|zi|a|list (Angehöriger einer Nachwuchsorganisation der SPD; *Kurzw.* Juso); **Jung|so|zi|a|lis|tin**

jüngs|te; das Jüngste Gericht, der Jüngste Tag

Jung|tier; Jung|un|ter|neh|mer; Jung|un|ter|neh|me|rin; Jung|ver|hei|ra|te|te; Jung|vo|gel; Jung|wäh|ler; Jung|wäh|le|rin

Ju|ni, der; -[s], -s (Brachmonat); **Ju|ni|kä|fer**

ju|ni|or (*hinter Namen* der, *selten auch* die Jüngere; *Abk.* jr. *u.* jun.); Karl Meyer junior; Lisa Müller junior; **Ju|ni|or,** der; -s, ...oren (Sohn [im Verhältnis zum Vater]; *Mode* Jugendlicher; *Sport* Sportler zwischen 18 u. 23 Jahren); **Ju|ni|or|chef; Ju|ni|or|che|fin; Ju|ni|o|ren|meis|ter|schaft** *(Sport);* **Ju|ni|o|rin; Ju|ni|or|part|ner; Ju|ni|or|part|ne|rin**

Jun|ker, der; -s, - (*früher für* junger Edelmann; adliger Großgrundbesitzer)

Junk|food, Junk-Food ['dʒaŋkfu:t], das; -[s] (minderwertige Nahrung)

Jun|kie ['dʒaŋki], der; -s, -s (*Jargon* Drogenabhängige[r])

Junk|tim, das; -s, -s (Verbindung mehrerer [parlamentarischer] Anträge zur gleichzeitigen Erledigung)

Ju|no, der; -[s], -s (*verdeutlichende Sprechform von* Juni)

J

Jun|ta [x..., *auch* j...], die; -, ...ten (Regierungsausschuss, bes. in Südamerika; *kurz für* Militärjunta)

Ju|ra (*Plur. von* [1]Jus)

Ju|rist, der; -en, -en (Rechtskundiger); **Ju|ris|ten|deutsch; Ju|ris|te|rei,** die; - (*scherzh. für* Rechtswissenschaft, Rechtsprechung); **Ju|ris|tin; ju|ris|tisch**

Ju|ror, der; -s, ...oren (Mitglied einer Jury); **Ju|ro|rin**

Ju|ry [ʒy'ri:, *auch* 'ʒy:...], die; -, -s (Preis- bzw. Kampfgericht)

[1]**Jus** [*österr.* jʊs], das; - (*österr., schweiz., sonst veraltend für* Recht, Rechtswissenschaft); Jus studieren

[2]**Jus** [ʒy:], die; -, *südd. auch* das; -, *schweiz. meist* der; - (konzentrierter, eingedickter Fleischsaft; Bratensaft; *schweiz. auch für* Fruchtsaft)

Ju|so, der; -s, -s *u.* die; -, -s (*Kurzw. für* Jungsozialist[in])

just (*veraltend für* eben, gerade; recht)

jus|tie|ren (genau einstellen, ausrichten)

Jus|ti|ti|ar usw. *vgl.* Justiziar usw.

Jus|tiz, die; - (Gerechtigkeit; Rechtspflege); **Jus|tiz|be|am|te; Jus|tiz|be|am|tin; Jus|tiz|be|hör|de**

Jus|ti|zi|ar, Jus|ti|ti|ar, der; -s, -e (Rechtsbeistand, Syndikus); **Jus|ti|zi|a|rin**, Jus|ti|ti|a|rin

Jus|tiz|irr|tum; Jus|tiz|mi|nis|ter; Jus|tiz|mi|nis|te|rin; Jus|tiz|mi|nis|te|ri|um; Jus|tiz|voll|zugs|an|stalt (*Abk.* JVA)

Ju|te, die; - (eine Faserpflanze; deren Faser)

[1]**Ju|wel,** das, *auch* der; -s, -en *meist Plur.* (Edelstein; Schmuckstück)

[2]**Ju|wel,** das; -s, -e (Person od. Sache, die von jmdm. besonders geschätzt wird)

Ju|we|lier, der; -s, -e (Schmuckhändler; Goldschmied); **Ju|we|lier|ge|schäft; Ju|we|lie|rin**

Jux, der; -es, -e *Plur. selten* (*ugs. für* Scherz, Spaß); aus lauter Jux und Tollerei (aus Übermut); **ju|xen** *(ugs.)*

K *k*

K (Buchstabe); das K; des K, die K, *aber* das k in Haken; der Buchstabe K, k

Ka|a|ba, die; - (Hauptheiligtum des Islams in Mekka)

Ka|ba|le, die; -, -n (*veraltet für* Intrige, Ränke)

Ka|ba|rett [*auch* 'ka...], das; -s, *Plur.* -s *u.* -e, *auch [österr. nur so]* das; -s, -s, *bes. österr.* Ca|ba|ret [...'re:, *auch* 'kabare] (Kleinkunst[bühne]; Speiseplatte mit Fächern); **Ka|ba|ret|tist,** der; -en, -en (Künstler an einer Kleinkunstbühne); **Ka|ba|ret|tis|tin; ka|ba|ret|tis|tisch**

Kab|be|lei (*bes. nordd. für* Zankerei, Streit); **kab|beln**

Ka|bel, das; -s, -; **Ka|bel|an|schluss; Ka|bel|fern|se|hen**

Ka|bel|jau, der; -s, *Plur.* -e *u.* -s (ein Fisch)

ka|bel|los; kabellose Telefone; **Ka|bel|netz**

Ka|bi|ne, die; -, -n

Ka|bi|nett, das; -s, -e (Gesamtheit der Minister); **Ka|bi|netts|be|schluss; Ka|bi|netts|bil|dung; Ka|bi|netts|mit|glied; Ka|bi|netts|sit|zung**

Ka|b|ri|o|lett [*auch, österr. nur* ...'le:], das; -s, -s (*veraltet für* leichter, zweirädriger Einspänner)

Ka|chel, die; -, -n; **ka|cheln; Ka|chel|ofen**

Ka|cke, die; - (*derb für* Kot); **ka|cken** *(derb)*

Ka|da|ver, der; -s, - (toter [Tier]körper, Aas)

Ka|der, der, *schweiz.* das; -s, - (Stamm von Führungskräften in Wirtschaft, Staat u. Ä.)

Ka|dett, der; -en, -en (*früher für* Zögling einer militärischen Erziehungsanstalt); **Ka|det|ten|schu|le**

Ka|di, der; -s, -s (*ugs. für* Richter)

Kad|mi|um, *chem. fachspr.* Cad|mi|um, das; -s (chemisches Element; *Zeichen* Cd)

Kä|fer, der; -s, - (*ugs. auch für* Volkswagen)

Kaff, das; -s, *Plur.* -s, -e *u.* Käffer (*ugs. für* Dorf, langweilige Ortschaft)

Kaf|fee [*auch, österr. nur,* ...'fe:], der; -s, -s (Kaffeestrauch, Kaffeebohnen; Getränk); 3 [Tassen] Kaffee; **Kaf|fee|boh|ne; Kaf-fee-Ern|te, Kaf|fee|ern|te; Kaf|fee|kan-ne; Kaf|fee|kränz|chen; Kaf|fee|ma|schi-ne; Kaf|fee|müh|le; Kaf|fee|satz; Kaf-fee|ser|vice,** das; **Kaf|fee|tas|se**

Kä|fig, der; -s, -e; **Kä|fig|hal|tung**

kahl; kahl sein, werden; den Kopf kahl sche-ren *od.* kahlscheren; einen Wald kahl schlagen *od.* kahlschlagen; **kahl fres|sen, kahl|fres|sen; Kahl|kopf; kahl|köp|fig; kahl sche|ren, kahl|sche|ren** *vgl.* kahl; **Kahl|schlag** (abgeholztes Waldstück); **kahl schla|gen, kahl|schla|gen**

Kahn, der; -[e]s, Kähne; **Kahn|fahrt**

Kai, der *od.* das; -s, -s (befestigtes Hafen-ufer); **Kai|mau|er**

Kai|ser, der; -s, -; **Kai|se|rin; kai|ser|lich; Kai|ser|reich**

Kai|ser|schmar|ren (*österr., auch südd. für* in kleine Stücke gerissener Eierkuchen)

Kai|ser|schnitt (Entbindung durch Bauch-schnitt)

Kai|ser|tum, das; -s, ...tümer

Ka|jak, das, *auch* der; -s, -s (einsitziges Boot der Eskimos; Sportpaddelboot)

Ka|jal, das; -[s] (Kosmetikfarbe zum Umran-den der Augen); **Ka|jal|stift**

Ka|jü|te, die; -, -n (Wohn-, Aufenthaltsraum auf Schiffen)

Ka|ka|du [*österr.* ...'du:], der; -s, -s (ein Papagei)

Ka|kao [...'kau̯, *auch* ...'ka:o], der; -s, *Plur. (Sorten:)* -s (eine tropische Frucht; ein Getränk); **Ka|kao|boh|ne; Ka|kao|pul|ver**

Ka|ker|lak, der; *Gen.* -s *u.* -en, *Plur.* -en, **Ka-ker|la|ke,** die; -, -n (Küchenschabe)

Ka|ki, Kha|ki, der; -[s] (ein gelbbrauner Stoff); **ka|ki|far|ben, kha|ki|far|ben**

Kak|tee, die; -, -n (*svw.* Kaktus); **Kak|tus,** der; *Gen.* -, *ugs. auch* -ses, *Plur.* ...teen, *ugs. auch* -se (eine [sub]tropische Pflanze)

Ka|la|mi|tät, die; -, -en (missliche Lage)

Ka|lasch|ni|kow, die; -, -s (eine Schuss-waffe)

Ka|lau|er, der; -s, - (nicht sehr geistreicher [Wort]witz)

Kalb, das; -[e]s, Kälber

kal|ben (ein Kalb werfen)

Kalb|fleisch; Kalbs|bra|ten; Kalbs|brust; Kalbs|schnit|zel

Ka|lei|do|s|kop, das; -s, -e (optisches Spiel-zeug; lebendig-bunte [Bilder]folge)

ka|len|da|risch (nach dem Kalender)

Ka|len|da|ri|um, das; -s, ...ien (Kalender; Verzeichnis kirchlicher Fest- u. Gedenk-tage)

Ka|len|der, der; -s, -; **Ka|len|der|blatt; Ka-len|der|jahr; Ka|len|der|wo|che**

Ka|li, das; -s (Kalisalze, Kalidünger)

Ka|li|ber, das; -s, - (lichte Weite von Roh-ren; innerer Durchmesser; *ugs. übertr. für* Art)

Ka|lif, der; -en, -en (ehemaliger Titel orienta-lischer Herrscher)

Ka|li|um, das; -s (chemisches Element, Metall; *Zeichen* K)

Kalk, der; -[e]s, *Plur. (Sorten:)* -e; **Kalk|bo-den; kalk|hal|tig**

kal|kig; kalkiges Wasser

Kalk|man|gel, der; -s; **Kalk|stein**

Kal|kül, das, *auch* der; -s, -e (Berechnung, Schätzung)

Kal|ku|la|ti|on, die; -, -en ([Kosten]voran-schlag); **kal|ku|lier|bar; kal|ku|lie|ren** ([be]rechnen)

Kal|la *vgl.* Calla

Kal|li|gra|fie, Kal|li|gra|phie, die; -, ...ien (Schönschreibkunst)

Ka|lo|rie, die; -, ...ien (Maßeinheit für den Energiewert von Lebensmitteln; *Zeichen* cal)

ka|lo|ri|en|arm; ka|lo|ri|en|be|wusst; ka-lo|ri|en|re|du|ziert

kalt; kalte *od.* Kalte Ente (ein Getränk); ein kalter (nicht mit Waffen geführter) Krieg, aber der Kalte Krieg (als historische Epo-che); etwas Kaltes (ein kaltes Getränk) zu sich nehmen; kalt bleiben; den Pudding

K

kalt stellen *od.* kaltstellen; *vgl. aber* kaltstellen; den Kühlschrank kälter stellen
Kalt|blü|ter *(Zool.)*; **kalt|blü|tig; Kalt|blü|tig|keit,** die; -
Käl|te, die; -; **Käl|te|ein|bruch; käl|te|emp|find|lich; Käl|te|wel|le**
Kalt|front *(Meteorol.)*; **kalt|her|zig; kalt|las|sen** (*ugs. für* nicht berühren); seine Vorwürfe haben mich [völlig] kaltgelassen; **Kalt|luft** *(Meteorol.)*; **kalt|ma|chen** (*ugs. für* ermorden); er hat ihn kaltgemacht; **Kalt|scha|le** (kalte süße Suppe); **kalt|schnäu|zig** *(ugs.)*; **Kalt|schnäu|zig|keit,** die; - *(ugs.)*; **kalt|stel|len** (*ugs. für* [politisch] einflusslos machen); *vgl. aber* kalt
Kal|zi|um, das; -s, *chem. fachspr.* Cal|ci|um (chemisches Element, Metall; *Zeichen* Ca)

K

Ka|mel, das; -[e]s, -e; **Ka|mel|haar; Ka|mel|haar|man|tel**
Ka|me|lie, die; -, -n (eine Zierpflanze)
Ka|mel|len *Plur.*; olle Kamellen (*ugs. für* Altbekanntes)
Ka|me|ra, die; -, -s
Ka|me|rad, der; -en, -en; **Ka|me|ra|de|rie,** die; - (*meist abwertend für* Kameradschaft); **Ka|me|ra|din; Ka|me|rad|schaft; ka|me|rad|schaft|lich**
Ka|me|ra|ein|stel|lung; Ka|me|ra|leu|te *Plur.*; **Ka|me|ra|mann** *Plur.* ...männer *u.* ...leute; **Ka|me|ra|re|kor|der, Ka|me|ra|re|cor|der; Ka|me|ra|team**
Ka|mil|le, die; -, -n (eine Heilpflanze); **Ka|mil|len|tee**
Ka|min, der, *schweiz. meist* das; -s, -e (offene Feuerstelle mit Rauchabzug); **Ka|min|fe|ger** *(landsch., schweiz.)*; **Ka|min|fe|ge|rin; Ka|min|feu|er**
Kamm, der; -[e]s, Kämme; **käm|men**
Kam|mer, die; -, -n
Käm|me|rer (Finanzverwalter einer Gemeinde); **Käm|me|rin**
Kam|mer|jä|ger; Kam|mer|jä|ge|rin; Kam|mer|mu|sik; Kam|mer|or|ches|ter; Kam|mer|sän|ger; Kam|mer|sän|ge|rin; Kam|mer|spiel (in einem kleinen Theater aufgeführtes Stück mit wenigen Rollen)
Kam|pa|g|ne [...'panjə], die; -, -n (polit. Aktion; *Wirtsch.* Hauptbetriebszeit; *veraltet für* militär. Feldzug)
Kam|pa|ni|le, der; -[s], -[s] (frei stehender Glockenturm [in Italien])
Kampf, der; -[e]s, Kämpfe; **Kampf|ab|stim|mung; Kampf|an|sa|ge; kampf|be|reit**
kämp|fen
Kamp|fer, der; -s (harzartige Masse)
Kämp|fer (Kämpfender); **Kämp|fe|rin; kämp|fe|risch; Kämp|fer|na|tur**
kampf|fä|hig; Kampf|flug|zeug; Kampf|geist, der; -[e]s; **Kampf|hand|lung; Kampf|hund; Kampf|jet; Kampf|kraft; kampf|los; Kampf|rich|ter; Kampf|rich|te|rin; Kampf|stoff; kampf|un|fä|hig**
kam|pie|ren ([im Freien] lagern)
Ka|na|di|er (Bewohner von Kanada; *auch* offenes Sportboot); **Ka|na|di|e|rin**
Ka|nal, der; -s, ...näle (*Sing. auch für* Ärmelkanal); **Ka|na|li|sa|ti|on,** die; -, -en (Anlage zur Ableitung der Abwässer); **ka|na|li|sie|ren** (eine Kanalisation bauen; *übertr. für* lenken); **Ka|na|li|sie|rung**
Ka|na|ri|en|vo|gel
Kan|da|re, die; -, -n (Gebissstange des Pferdes); jmdn. an die Kandare nehmen (streng behandeln)
Kan|de|la|ber, der; -s, - (Ständer für Kerzen od. Lampen)
Kan|di|dat, der; -en, -en (in der Prüfung Stehender; [Amts]bewerber, Anwärter; *Abk.* cand.); **Kan|di|da|ten|lis|te; Kan|di|da|tin; Kan|di|da|tur,** die; -, -en (Bewerbung [um ein Amt o. Ä.]); **kan|di|die|ren** (sich [um ein Amt o. Ä.] bewerben)
kan|die|ren (mit Zuckerlösung überziehen)
Kan|dis, der; - (an Fäden auskristallisierter Zucker); **Kan|dis|zu|cker**
Kän|gu|ru, das; -s, -s (ein Beuteltier)
Ka|nin|chen
Ka|nis|ter, der; -s, -
Kann|be|stim|mung, Kann-Be|stim|mung
Kan|ne, die; -, -n; **kan|nen|wei|se**
Kan|ni|ba|le, der; -n, -n (Menschenfresser); **Kan|ni|ba|lin; kan|ni|ba|lisch; Kan|ni|ba-**

lis|mus, der; - (Menschenfresserei; *Zool.* das Auffressen von Artgenossen)
Ka|non, der; -s, -s (Richtschnur; Regel; mehrstimmiges Lied)
Ka|no|na|de, die; -, -n (Geschützfeuer)
Ka|no|ne, die; -, -n (Geschütz; *ugs. für* Pistole, Revolver; Könner); **Ka|no|nen|ku|gel; Ka|no|nen|schuss**
Ka|no|nier, der; -s, -e (Soldat, der ein Geschütz bedient); **Ka|no|nie|rin**
Kan|ta|te, die; -, -n (mehrteiliges, von Instrumenten begleitetes Gesangsstück für eine Solostimme od. Solo- u. Chorstimmen)
Kan|te, die; -, -n; etw. auf die hohe Kante legen (sparen)
kan|ten (rechtwinklig behauen; auf die Kante stellen)
Kant|holz; kan|tig
Kan|ti|ne, die; -, -n (Speisesaal in Betrieben, Kasernen o. Ä.); **Kan|ti|nen|es|sen**
Kan|ton, der; -s, -e (Bundesland der Schweiz [*Abk.* Kt.]; Bezirk, Kreis in Frankreich u. Belgien); **kan|to|nal** (den Kanton betreffend); **Kan|tons|ge|richt; Kan|tons|po|li|zei; Kan|tons|rat** *Plur.* ...räte; **Kan|tons|re|gie|rung; Kan|tons|schu|le** (kantonale höhere Schule); **Kan|tons|spi|tal**
Kan|tor, der; -s, ...oren (Leiter des Kirchenchores, Organist); **Kan|to|rei** (ev. Kirchenchor); **Kan|to|rin**
Ka|nu [*österr.* ...'nu:], das; -s, -s (leichtes Boot der Indianer; Einbaum; *zusammenfassende Bez. für* Kajak *u.* Kanadier)
Ka|nü|le, die; -, -n (Röhrchen; Hohlnadel)
Ka|nu|te, der; -n, -n (*Sport* Kanufahrer); **Ka|nu|tin**
Kan|zel, die; -, -n
Kanz|lei (Büro eines Anwalts od. einer Behörde); **Kanz|lei|spra|che**
Kanz|ler; Kanz|ler|amt; Kanz|le|rin; Kanz|ler|kan|di|dat; Kanz|ler|kan|di|da|tin; Kanz|ler|kan|di|da|tur; Kanz|ler|schaft, die; -
Kap, das; -s, -s (Vorgebirge)
Ka|pa|zi|tät, die; -, -en (Aufnahmefähigkeit, Fassungsvermögen; hervorragender Fachmann); **Ka|pa|zi|täts|aus|las|tung**
Ka|pel|le, die; -, -n (kleiner kirchl. Raum; Orchester)
Ka|pell|meis|ter; Ka|pell|meis|te|rin
Ka|per, die; -, -n *meist Plur.* ([eingelegte] Blütenknospe des Kapernstrauches)
ka|pern; Ka|pe|rung
ka|pie|ren (*ugs. für* verstehen)
ka|pi|tal (sehr groß); ein kapitaler Hirsch
Ka|pi|tal, das; -s, *Plur.* -e *u., österr. nur,* -ien (Vermögen; Geldsumme); **Ka|pi|tal|an|la|ge; Ka|pi|tal|er|trag; Ka|pi|tal|flucht,** die; -; **ka|pi|tal|ge|deckt;** kapitalgedeckte Rente; **ka|pi|ta|li|sie|ren** (in eine Geldsumme umwandeln); **Ka|pi|ta|li|sie|rung; Ka|pi|ta|lis|mus,** der; - (Wirtschafts- u. Gesellschaftsordnung, deren treibende Kraft das Gewinnstreben Einzelner ist); **Ka|pi|ta|list,** der; -en, -en (*oft abwertend für* Vertreter des Kapitalismus); **Ka|pi|ta|lis|tin; ka|pi|ta|lis|tisch**
ka|pi|tal|kräf|tig; Ka|pi|tal|markt
Ka|pi|tal|ver|bre|chen (schweres Verbrechen); **Ka|pi|tal|zins** *Plur.* ...zinsen
Ka|pi|tän, der; -s, -e; **Ka|pi|tä|nin; Ka|pi|täns|pa|tent**
Ka|pi|tel, das; -s, - ([Haupt]stück, Abschnitt [*Abk.* Kap.]; geistl. Körperschaft)
Ka|pi|tell, das; -s, -e (*Archit.* oberer Säulen-, Pfeilerabschluss)
Ka|pi|tel|über|schrift
Ka|pi|tu|la|ti|on, die; -, -en (Übergabe [einer Truppe od. einer Festung], Aufgabe); **ka|pi|tu|lie|ren** (sich ergeben)
Ka|p|lan, der; -s, ...pläne (kath. Hilfsgeistlicher)
Kap|pa, das; -[s], -s (griech. Buchstabe: Κ, κ)
Kap|pe, die; -, -n
kap|pen (abschneiden; abhauen)
Kap|pen|abend (eine Faschingsveranstaltung)
Käp|pi, das; -s, -s (kleine, längliche Mütze)
Ka|p|ri|o|le, die; -, -n (Streich; Luftsprung)
ka|p|ri|zi|ös (launenhaft, eigenwillig)

Kap|sel, die; -, -n

ka|putt; kaputt sein; **ka|putt|ge|hen;** kaputtgegangen; **ka|putt|la|chen,** sich; wir haben uns kaputtgelacht; **ka|putt ma-chen**, **ka|putt|ma|chen; ka|putt schla-gen**, **ka|putt|schla|gen**

Ka|pu|ze, die; -, -n (an einen Mantel od. eine Jacke angearbeitete Kopfbedeckung)

Ka|pu|zi|ner, der; -s, - (Angehöriger eines kath. Ordens; *österr. auch für* Kaffee mit wenig Milch)

Ka|pu|zi|ner|af|fe (eine Affenart)

Ka|pu|zi|ne|rin; Ka|pu|zi|ner|kres|se; Ka-pu|zi|ner|or|den, der; -s

Kar, das; -[e]s, -e (Mulde [an vergletscherten Hängen])

Ka|ra|bi|ner, der; -s, - (ein kurzes Gewehr)

K

Ka|ra|bi|ner|ha|ken (federnder Verschluss-haken)

Ka|ra|bi|ni|e|re *vgl.* Carabiniere

Ka|ra|cho [...xo], das; -s (*ugs. für* große Geschwindigkeit, Tempo); mit Karacho

Ka|raf|fe, die; -, -n ([geschliffene] bauchige Glasflasche [mit Glasstöpsel])

Ka|ram|bo|la|ge [...ʒə], die; -, -n (*ugs. für* Zusammenstoß; *Billard* Treffer [durch Karambolieren]); **ka|ram|bo|lie|ren** (*ugs. für* zusammenstoßen; *Billard* mit dem Spielball die beiden anderen Bälle treffen)

Ka|ra|mell, der, *schweiz. auch* das; -s (gebrannter Zucker); **Ka|ra|mell|bon|bon; Ka|ra|mel|le,** die; -, -n *meist Plur.* (Bonbon mit Zusatz aus Milch[produkten]); **ka|ra-mel|li|sie|ren** (Zucker[lösungen] trocken erhitzen); **Ka|ra|mell|pud|ding**

Ka|ra|o|ke, das; -[s] (Veranstaltung, bei der Laien zur Instrumentalmusik [eines Schla-gers] den Text singen)

Ka|rat, das; -[e]s, -e (Gewichtseinheit von Edelsteinen; Maß der Feinheit einer Goldle-gierung); 24 Karat

Ka|ra|te, das; -[s] (sportliche Methode der waffenlosen Selbstverteidigung); **Ka|ra|te-kämp|fer; Ka|ra|te|kämp|fe|rin**

...ka|rä|tig (z. B. zehnkarätig; *mit Ziffern* 10-karätig)

Ka|ra|wa|ne, die; -, -n (durch Wüsten u. Ä. ziehende Gruppe von Reisenden); **Ka|ra-wan|se|rei** (Unterkunft für Karawanen)

Kar|bid, *chem. fachspr.* Car|bid, das; -[e]s, -e (Verbindung aus Kohlenstoff u. einem Metall od. Bor od. Silicium)

Kar|bon, das; -s (*Geol.* Steinkohlenforma-tion); **Kar|bo|nat,** Car|bo|nat, das; -[e]s, -e (Salz der Kohlensäure)

Kar|da|mom, der *od.* das; -s, -e[n] (ein scharfes Gewürz)

Kar|di|nal, der; -s, ...näle (Titel der höchsten katholischen Würdenträger nach dem Papst); **Kar|di|nal|feh|ler; Kar|di|nal|fra-ge; Kar|di|nal|pro|b|lem; Kar|di|nals|kol-le|gi|um; Kar|di|nal|tu|gend; Kar|di|nal-zahl** (Grundzahl, z. B. eins, zwei)

Kar|dio|lo|ge, der; -n, -n (*Med.* Facharzt für Kardiologie); **Kar|dio|lo|gin**

Ka|renz, die; -, -en (Wartezeit, Sperrfrist; Verzicht; *österr. auch für* unbezahlter Urlaub, Elternzeit); **Ka|renz|zeit**

Kar|frei|tag (Freitag vor Ostern)

Kar|fun|kel, der; -s, - (*volkstüml. für* roter Granat)

karg; kar|ger (*auch* kär|ger), kargs|te (*auch* kärgs|te); **Karg|heit,** die; -; **kärg|lich**

ka|riert (gewürfelt, gekästelt); rot karierter *od.* rotkarierter Stoff

Ka|ri|es, die; - (*Med.* Zerstörung der harten Zahnsubstanz bzw. von Knochengewebe)

Ka|ri|ka|tur, die; -, -en (Zerr-, Spottbild, kri-tische od. satirische Darstellung); **Ka|ri|ka-tu|rist,** der; -en, -en; **Ka|ri|ka|tu|ris|tin; ka|ri|ka|tu|ris|tisch; ka|ri|kie|ren**

Ka|ri|tas, die; - (Nächstenliebe; Wohltätig-keit); *vgl.* Caritas; **ka|ri|ta|tiv** (wohltätig)

Kar|me|sin (*svw.* Karmin); **kar|me|sin|rot** (*svw.* karminrot)

Kar|min, das; -s (ein roter Farbstoff); **kar-min|rot**

Kar|ne|val, der; -s, *Plur.* -e *u.* -s (Fast-nacht[szeit], Fasching); **Kar|ne|va|list,** der; -en, -en; **Kar|ne|va|lis|tin; kar|ne|va|lis-tisch; Kar|ne|vals|ge|sell|schaft; Kar|ne-vals|zug**

Kar|ni|ckel, das; -s, - (*landsch. für* Kaninchen)
Ka|ro, das; -s, -s (auf der Spitze stehendes Viereck)
Ka|ros|se, die; -, -n (Prunkwagen; *kurz für* Staatskarosse; *ugs. für* Karosserie); **Ka|ros|se|rie,** die; -, ...ien (Wagenoberbau, -aufbau [von Kraftfahrzeugen])
Ka|ro|tin, *fachspr.* Ca|ro|tin, das; -s, -e (ein gelbroter Farbstoff in Pflanzenzellen)
Ka|rot|te, die; -, -n (eine Mohrrübenart)
Karp|fen, der; -s, - (ein Fisch)
Kar|re, die; -, -n, *auch u. österr. nur* Kar|ren, der; -s, -
Kar|ree, das; -s, -s (Viereck; *bes. österr. für* Rippenstück)
kar|ren (mit einer Karre befördern); **Kar|ren** *vgl.* Karre
Kar|ri|e|re, die; -, -n ([erfolgreiche] Laufbahn); **Kar|ri|e|re|frau** *(auch abwertend);* **Kar|ri|e|re|lei|ter,** die; die Karriereleiter erklimmen; **Kar|ri|e|rist,** der; -en, -en *(abwertend);* **Kar|ri|e|ris|tin**
Karst, der; -[e]s, -e (*Geol.* durch Wasser ausgelaugte, meist kahle Gebirgslandschaft aus Kalkstein od. Gips); **kars|tig;** karstige Höhenzüge mit zahlreichen Höhlen
Kar|täu|ser (Angehöriger eines kath. Einsiedlerordens; ein Kräuterlikör)
Kärt|chen; Kar|te, die; -, -n; die Gelbe *od.* gelbe Karte, die Rote *od.* rote Karte *(Sport);* Karten spielen
Kar|tei (Zettelkasten); **Kar|tei|kar|te**
Kar|tell, das; -s, -e (Interessenvereinigung in der Industrie); **Kar|tell|amt; Kar|tell|recht; kar|tell|recht|lich**
Kar|ten|le|ge|rin
Kar|ten|slot (*EDV* Slot für eine [Speicher]karte); **Kar|ten|spiel; Kar|ten|te|le|fon; Kar|ten|[vor|]ver|kauf**
Kar|tof|fel, die; -, -n; **Kar|töf|fel|chen; Kar|tof|fel|pü|ree; Kar|tof|fel|sa|lat**
Kar|to|graf, **Kar|to|graph,** der; -en, -en (Landkartenzeichner; wissenschaftl. Bearbeiter einer Karte); **Kar|to|gra|fin**, **Kar|to|gra|phin; kar|to|gra|fisch**, **kar|to|gra|phisch**
Kar|ton [...'tõ:, *auch, bes. südd., österr.* ...'to:n], der; -s, *Plur.* -s, *seltener* -e [...'to:nə] (*auch Kunstwiss.* Vorzeichnung zu einem [Wand]gemälde); 5 Karton[s] Seife
Kar|to|na|ge [...ʒə], die; -, -n (Pappverpackung; Einbandart)
kar|to|niert (*Abk.* kart.)
Kar|tu|sche, die; -, -n (Behälter für Toner u. Ä.)
Ka|rus|sell, das; -s, *Plur.* -s *u.* -e
Kar|wo|che (Woche vor Ostern)
Kar|zer, der; -s, - (*früher für* [Hoch]schulgefängnis; *nur Sing.:* verschärfter Arrest)
Kar|zi|nom, das; -s, -e (*Med.* Krebs[geschwulst]; *Abk.* Ca. [*für* Carcinoma])
Ka|sa|t|schok, der; -s, -s (russ. Volkstanz)
Ka|schem|me, die; -, -n (Lokal mit schlechtem Ruf)
ka|schie|ren (verdecken, verbergen)
Kasch|mir, der; -s, -e (ein Gewebe)
Kä|se, der; -s, -; **Kä|se|blatt** (*ugs. abwertend für* niveaulose [Provinz]zeitung); **Kä|se|glo|cke**
Kä|se|rei ([Betrieb für] Käseherstellung)
Ka|ser|ne, die; -, -n; **Ka|ser|nen|hof**
Ka|si|no *vgl.* Casino
Kas|ka|de, die; -, -n ([künstlicher] stufenförmiger Wasserfall; *Artistik* Sturzsprung); **kas|ko|ver|si|chert;** das Auto ist kaskoversichert
Kas|ko|ver|si|che|rung (Versicherung gegen Schäden an Fahrzeugen)
Kas|per, der; -s, - (*auch ugs. für* alberner Kerl); **Kas|per|le,** das *od.* der; -s, -; **Kas|per|le|the|a|ter; kas|pern** (*ugs. für* sich wie ein Kasper benehmen)
Kas|san|d|ra|ruf (Unheil verheißende Warnung)
Kas|se, die; -, -n (Geldkasten, -vorrat; Zahlraum, -schalter; Bargeld); **Kas|sen|arzt; Kas|sen|ärz|tin; kas|sen|ärzt|lich; Kas|sen|bon; Kas|sen|pa|ti|ent; Kas|sen|pa|ti|en|tin; Kas|sen|schla|ger; Kas|sen-**

K

sturz (Feststellung des Kassenbestandes); **Kas|sen|wart; Kas|sen|war|tin**
Kas|se|rol|le, die; -, -n (Schmortopf)
Kas|set|te, die; -, -n (Kästchen; Behälter; Kunststoffgehäuse mit abspulbarem Magnetband; *Archit.* vertieftes Feld); **Kas|set|ten|re|kor|der, Kas|set|ten|re|cor|der**
Kas|si|ber, der; -s, - (*Gaunerspr.* heimliches Schreiben zwischen Gefangenen)
kas|sie|ren (Geld einnehmen; *ugs. für* wegnehmen; verhaften); **Kas|sie|rer; Kas|sie|re|rin**
Kas|ta|g|net|te [...taˈnjɛ...], die; -, -n *meist Plur.* (kleines Rhythmusinstrument aus zwei Holzschälchen, die mit einer Hand aneinandergeschlagen werden)
Kas|ta|nie, die; -, -n (ein Baum, dessen Frucht); **kas|ta|ni|en|braun**

K

Käst|chen
Kas|te, die; -, -n (Gruppe in der hinduist. Gesellschaftsordnung; sich streng abschließende Gesellschaftsschicht)
kas|tei|en, sich (sich Bußübungen, Entbehrungen auferlegen); kasteie dich nicht selbst; **Kas|tei|ung**
Kas|tell, das; -s, -e (fester Platz, Burg, Schloss [bes. in Südeuropa])
Kas|ten, der; -s, *Plur.* Kästen, *selten* - (*südd., österr., schweiz. auch für* Schrank)
Kas|t|rat, der; -en, -en (kastrierter Mann)
Kas|t|ra|ti|on, die; -, -en (Entfernung od. Ausschaltung der männlichen Keimdrüsen)
kas|t|rie|ren; Kas|t|rie|rung
Ka|sus, der; -, - [...zuːs] (grammatischer Fall; Vorkommnis)
Kat, der; -[s], -s (*kurz für* Katalysator)
Ka|ta|falk, der; -s, -e (schwarz verhängtes Gerüst für den Sarg bei Trauerfeiern)
Ka|ta|kom|be, die; -, -n *meist Plur.* (unterird. Begräbnisstätte)
Ka|ta|log, der; -[e]s, -e (Verzeichnis [von Bildern, Büchern, Waren usw.]); **ka|ta|lo|gi|sie|ren** (in einen Katalog aufnehmen)
Ka|ta|ly|sa|tor, der; -s, ...oren (*Kfz-Technik* Gerät zur Abgasreinigung); **ka|ta|ly|sie|ren**
Ka|ta|ma|ran [*auch* ...ˈtaː...], der; -s, -e (offenes Segelboot mit Doppelrumpf)
Ka|ta|pult, das, *auch* der; -[e]s, -e (Wurf-, Schleudermaschine); **ka|ta|pul|tie|ren**
Ka|ta|rakt, der; -[e]s, -e (Wasserfall; Stromschnelle)
Ka|tarrh, der; -s, -e (*Med.* Schleimhautentzündung)
Ka|ta|s|ter, der *(österr. nur so) od.* das; -s, - (amtl. Grundstücksverzeichnis); **Ka|ta|s|ter|amt**
ka|ta|s|t|ro|phal (entsetzlich); **Ka|ta|s|t|ro|phe,** die; -, -n (Unglück großen Ausmaßes); **Ka|ta|s|t|ro|phen|alarm; Ka|ta|s|t|ro|phen|ge|biet; Ka|ta|s|t|ro|phen|schutz,** der; -es
Ka|te, die; -, -n (*nordd. oft abwertend für* kleines, ärmliches Bauernhaus)
Ka|te|chet, der; -en, -en (Religionslehrer, insbes. außerhalb der Schule); **Ka|te|che|tin; Ka|te|chis|mus,** der; -, ...men (Lehrbuch des christl. Glaubens)
Ka|te|go|rie, die; -, ...ien (Klasse; Gattung; Begriffsform)
ka|te|go|risch (nachdrücklich, entschieden; unbedingt gültig)
Ka|ter, der; -s, - (*ugs. auch für* Folge übermäßigen Alkoholgenusses); **Ka|ter|früh|stück** *(ugs.);* **Ka|ter|stim|mung** *(ugs.)*
Ka|the|der, das *od.* der *(österr. nur so);* -s, - ([Lehrer]pult, Podium)
Ka|the|d|ra|le, die; -, -n (bischöfl. Hauptkirche)
Ka|the|te, die; -, -n (*Math.* eine der beiden Seiten im rechtwinkligen Dreieck, die die Schenkel des rechten Winkels bilden)
Ka|the|ter, der; -s, - (*Med.* röhrenförmiges Instrument)
Ka|tho|de, *fachspr. auch* Ka|to|de, die; -, -n (*Physik* negative Elektrode; Minuspol)
Ka|tho|lik, der; -en, -en (Anhänger der kath. Kirche u. Glaubenslehre); **Ka|tho|li|kin; ka|tho|lisch** (Abk. kath.); die katholische Kirche; **Ka|tho|li|zis|mus,** der; - (Geist u. Lehre des kath. Glaubens)
Ka|to|de *vgl.* Kathode

Kat|tun, der; -s, -e (feinfädiges Gewebe aus Baumwolle od. Chemiefasern); **kat|tu|nen**

Kätz|chen; Kat|ze, die; -, -n; für die Katz (*ugs. für* umsonst); **Kat|zen|au|ge** (*auch* ein Mineral; *ugs.* Rückstrahler am Fahrrad); **Kat|zen|jam|mer** *(ugs.);* **Kat|zen|sprung** *(ugs.);* **Kat|zen|wä|sche** *(ugs.);* **Katz-und-Maus-Spiel** (Verhalten, bei dem jmd. hingehalten u. bewusst im Unklaren gelassen wird)

Kau|der|welsch, das; -[s]; ein Kauderwelsch sprechen

kau|en; kau *od.* kaue gut!

kau|ern (hocken); ich kau[e]re

Kauf, der; -[e]s, Käufe; in Kauf nehmen; **kau|fen; kau|fens|wert; Käu|fer; Käu|fe|rin; Kauf|frau** (*Abk.* Kffr., Kfr.); **Kauf|haus; Kauf|kraft; käuf|lich; Käuf|lich|keit**, die; -; **Kauf|lust; Kauf|mann** *Plur.* ...leute; *Abk.* Kfm.; **kauf|män|nisch; Kauf|preis; Kauf|rausch; kauf|stark; Kauf|ver|trag**

Kau|gum|mi, der, *auch* das; -s, -s

Kaul|quap|pe (Froschlarve)

kaum

kau|sal (ursächlich zusammenhängend; begründend); **Kau|sa|li|tät**, die; -, -en (Ursächlichkeit); **Kau|sal|ket|te**

Kau|ta|bak

Kau|tel, die; -, -en (*Rechtsspr.* Vorsichtsmaßregel; Vorbehalt)

Kau|ti|on, die; -, -en (Geldsumme als Bürgschaft, Sicherheit)

Kau|t|schuk, der; -s, -e (Saft des Kautschukbaumes zur Gummiherstellung)

Kau|werk|zeu|ge *Plur.*

Kauz, der; -es, Käuze; **Käuz|chen; kau|zig**

Ka|va|lier, der; -s, -e; **Ka|va|liers|de|likt**

Ka|val|le|rie [...ri:, *auch* ...'ri:], die; -, ...ien (*Militär früher für* Reiterei; Reitertruppe); **Ka|val|le|rist**, der; -en, -en

Ka|vi|ar, der; -s, -e (Rogen des Störs)

Ke|bab [*auch* 'ke:...] (am Spieß gebratene [Hammel]fleischstückchen); **Ke|bap** [*auch* 'ke:...] (*türkische Schreibung von* Kebab)

keck; Keck|heit

Kee|per ['ki:pɐ], der; -s, - (*Sport* Torhüter); **Kee|pe|rin**

Ke|fir, der; -s (Getränk aus gegorener Milch)

Ke|gel, der; -s, -; mit Kind und Kegel; Kegel schieben; **Ke|gel|bahn; ke|gel|för|mig; ke|geln; Ke|gel schie|ben** *vgl.* Kegel; **Keg|ler; Keg|le|rin**

Keh|le, die; -, -n; **keh|lig; Kehl|kopf**

Kehr|aus, der; -; **Kehr|be|sen**

Keh|re, die; -, -n (Wendekurve; Turnübung)

[1]**keh|ren** (umwenden); sich nicht an etwas kehren (*ugs. für* sich nicht um etwas kümmern)

[2]**keh|ren** (*bes. südd. für* fegen); **Keh|richt**, der, *auch* das; -s; **Kehr|ma|schi|ne**

Kehr|reim

Kehr|sei|te

kehrt|ma|chen (umkehren); **Kehrt|wen|de**

Kehr|wert (*für* reziproker Wert)

kei|fen; Kei|fe|rei

Keil, der; -[e]s, -e; **Kei|le**, die; - (*ugs. für* Prügel); Keile kriegen; **kei|len** (*ugs. für* stoßen); sich keilen (*ugs. für* sich prügeln)

Kei|ler (*Jägerspr.* m. Wildschwein)

Keil|rie|men *(Technik);* **Keil|schrift**

Keim, der; -[e]s, -e; **kei|men; keim|frei; Keim|ling; keim|tö|tend; Keim|zel|le**

kein, -e, -, *Plur.* -e; kein and[e]rer; in keinem Falle, auf keinen Fall; keiner, keine, kein[e]s von beiden

kei|ner|lei (überhaupt kein[e])

kei|nes|falls; kei|nes|wegs

kein|mal; *bei besonderer Betonung auch* kein Mal; *aber nur getrennt* kein einziges Mal

Keks, der *od.* das; *Gen.* - *u.* -es, *Plur.* - *u.* -e, *österr.* das; -[es], -[e]

Kelch, der; -[e]s, -e

Kel|le, die; -, -n

Kel|ler, der; -s, -; **Kel|ler|as|sel; Kel|le|rei; Kel|ler|ge|schoss**, *südd., österr. auch* **Kel|ler|ge|schoß** [...ʃo:s]; **Kel|ler|raum**

Kell|ner, der; -s, -; **Kell|ne|rin**

Kel|te, der; -n, -n (Angehöriger eines idg. Volkes)

Kel|ter, die; -, -n (Weinpresse); **Kel|te|rei; kel|tern**

Kel|tin; kel|tisch

Ke|me|na|te, die; -, -n ([Frauen]gemach einer Burg)

ken|nen; kannte, gekannt; **ken|nen|ler|nen, ken|nen ler|nen;** es freut mich, Sie kennenzulernen *od.* kennen zu lernen

Ken|ner; Ken|ner|blick; Ken|ne|rin; Ken|ner|mie|ne

Kenn|num|mer, Kenn-Num|mer; kennt|lich; kenntlich machen

Kennt|nis, die; -, -se; von etwas Kenntnis nehmen; in Kenntnis setzen; zur Kenntnis nehmen; **Kennt|nis|nah|me,** die; -; **kennt|nis|reich; Kennt|nis|stand,** der; -[e]s

Ken|nung (charakteristisches Merkmal)

Kenn|wort *Plur.* ...wörter; **Kenn|zahl; Kenn|zei|chen; kenn|zeich|nen; Kenn|zeich|nung; Kenn|zif|fer**

K

Ken|taur *vgl.* Zentaur

ken|tern (umkippen [von Schiffen]); ich kentere

Ke|ra|mik, die; -, *Plur.* (*für* Erzeugnisse:) -en ([Erzeugnis der] [Kunst]töpferei)

Ker|be, die; -, -n (Einschnitt)

Ker|bel, der; -s (eine Gewürzpflanze)

Kerb|holz; etwas auf dem Kerbholz haben (*ugs. für* etwas auf dem Gewissen haben)

Ker|ker, der; -s, - (*früher für* sehr festes Gefängnis; *österr. früher für* schwere Freiheitsstrafe)

Kerl, der; -s, *Plur.* -e, *landsch., bes. nordd.* -s; **Kerl|chen**

Kern, der; -[e]s, -e; **Kern|be|reich; Kern|ener|gie** (*svw.* Atomenergie); **Kern|fra|ge; Kern|ge|häu|se; Kern|ge|schäft; kern|ge|sund; ker|nig; Kern|kom|pe|tenz; Kern|kraft** (*svw.* Atomenergie; *Physik nur Plur.* Kräfte, die den Atomkern zusammenhalten); **Kern|kraft|werk; kern|los; Kern|obst; Kern|phy|sik** (Lehre von den Kernreaktionen); **Kern|re|ak|tor; Kern|sei|fe; Kern|spal|tung**

Kern|spin|to|mo|graf, Kern|spin|to|mo|graph, der; -en, -en (ein bildgebendes Gerät); **Kern|spin|to|mo|gra|fie, Kern|spin|to|mo|gra|phie** *(Med.)*

Kern|stück; Kern|waf|fe *meist Plur.*

Ke|ro|sin, das; -s, -e (ein Treibstoff)

Ker|ze, die; -, -n; **ker|zen|ge|ra|de, ker|zen|gra|de; Ker|zen|licht** *Plur.* ...lichter; **Ker|zen|stän|der**

kess (*ugs. für* frech; schneidig; flott)

Kes|sel, der; -s, -

Ket|ch|up [...tʃap], der *od.* das; -[s], -s (pikante [Tomaten]soße)

Ket|te, die; -, -n; Kette rauchen *(ugs.)*; **ket|ten; Ket|ten|rau|cher; Ket|ten|rau|che|rin; Ket|ten|re|ak|ti|on; Ket|ten|sä|ge**

Ket|zer; Ket|ze|rei; Ket|ze|rin; ket|ze|risch

keu|chen; Keuch|hus|ten

Keu|le, die; -, -n; **keu|len|för|mig**

keusch; Keusch|heit, die; -; **Keusch|heits|ge|lüb|de; Keusch|heits|gür|tel** *(früher)*

Key|board ['kiːbɔːɐ̯t], das; -s, -s (elektronisches Tasteninstrument)

Key|log|ger ['kiːlɔgɐ], der; -s, - (*EDV* Tastatureingaben aufzeichnende Soft- od. Hardware)

Keyne|s|i|a|ner [keːnz..., kɛɪ̯nz...], der; -s, - (*Wirtsch.* Anhänger des Keynesianismus); **Keyne|si|a|ne|rin; keyne|si|a|nisch; Keyne|si|a|nis|mus** (eine Form der Wirtschaftspolitik)

Key|ser|ver ['kiːsœːɐ̯vɐ] (*EDV* Server für öffentliche Schlüssel)

Kfz [kaːʔɛf'tsɛt], das; -, - = Kraftfahrzeug; **Kfz-Steu|er,** die; **Kfz-Ver|si|che|rung**

Kha|ki usw. *vgl.* Kaki usw.

Khan [k...], **Chan** [k..., x...], der; -s, -e (mongol.-türk. Herrschertitel)

Kib|buz, der; -, *Plur.* ...uzim *od.* -e (Gemeinschaftssiedlung in Israel); **Kib|buz|nik,** der; -s, -s (Angehöriger eines Kibbuz)

Ki|cher|erb|se

ki|chern; ich kichere

Kick, der; -s, -s (*ugs. für* Tritt, Stoß [beim Fußball]; *auch für* Nervenkitzel)

Kick|board [...bɔːɐ̯t], das; -s, -s (eine Art Tretroller)

ki|cken (*ugs. für* Fußball spielen); **Ki|cker,**

der; -s, -[s] (*ugs. für* Fußballspieler; Standfußballspiel); **Ki|cke|rin**

Kid, das; -s, -s ([Handschuh aus] Kalb-, Ziegen-, Schafleder; *Plur.: ugs. für* Jugendliche, Kinder)

kid|nap|pen [...nɛpn̩] (entführen); gekidnappt; **Kid|nap|per,** der; -s, -; **Kid|nap|pe|rin**

Kie|bitz, der; -es, -e (ein Vogel)

kie|bit|zen (*ugs. für* beim [Karten-, Schach]spiel zuschauen)

[1]**Kie|fer,** die; -, -n (ein Nadelbaum)

[2]**Kie|fer,** der, *bayr., österr. ugs. auch* das; -s, - (ein Schädelknochen); **Kie|fer|höh|le**

Kie|fern|holz

Kie|ker (*Seemannsspr. u. landsch. für* Fernglas); jmdn. auf dem Kieker haben (*ugs. für* jmdn. misstrauisch beobachten)

Kiel, der; -[e]s, -e (Grundbalken der Wasserfahrzeuge); **Kiel|was|ser** *Plur.* ...wasser (Wasserspur hinter einem fahrenden Schiff)

Kie|me, die; -, -n *meist Plur.* (Atmungsorgan im Wasser lebender Tiere)

Kien|span

Kies, der; -es, *Plur.* (*für* Kiesarten:) -e (*ugs. auch für* Geld); **Kie|sel,** der; -s, -; **Kie|sel|stein; Kies|gru|be; Kies|weg**

Kiez, der; -es, -e (*bes. berlin. für* Ort, Stadtteil; *bes. hamburg.* Vergnügungsviertel)

kif|fen (*Jargon* Haschisch od. Marihuana rauchen); **Kif|fer; Kif|fe|rin**

kil|len (*ugs. für* töten); **Kil|ler** *(ugs.);* **Kil|le|rin**

Ki|lo, das, *österr. ugs. auch* der; -s, -[s] (*kurz für* Kilogramm); **Ki|lo|byte** [...bai̯t] (*EDV* Einheit von 1 024 Byte; *Zeichen* kByte, KByte, kB, KB); **Ki|lo|gramm** (1 000 Gramm; Maßeinheit für Masse; *Zeichen* kg); 3 Kilogramm; **Ki|lo|me|ter** [*auch* ˈkiː...], der; -s, - (1 000 m; *Zeichen* km); 80 Kilometer je Stunde (*Abk.* km/h); **ki|lo|me|ter|lang;** *aber* 3 Kilometer lang; **ki|lo|me|ter|weit** *vgl.* kilometerlang; **Ki|lo|watt** (1 000 Watt; *Zeichen* kW); **Ki|lo|watt|stun|de** [*auch* ...ˈvat...] (1 000 Wattstunden; *Zeichen* kWh)

Kilt (zur schott. Männertracht gehörender karierter Faltenrock)

Kim|me, die; -, -n (Einschnitt; Kerbe)

Ki|mo|no [*auch* ˈkɪ... *od.* kiˈmoːno], der; -s, -s (weitärmeliges Gewand)

Kind, das; -[e]s, -er; an Kindes statt; von Kind auf; sich bei jmdm. lieb Kind machen (einschmeicheln); **Kind|bett,** das; -[e]s (*veraltend für* Wochenbett); **Kind|chen**

Kin|der|ar|beit; Kin|der|ar|mut; Kin|der|arzt; Kin|der|ärz|tin; Kin|der|be|treu|ung; Kin|der|buch; Kin|der|chor; Kin|der|er|zie|hung; Kin|der|frei|be|trag *(Steuerw.);* **kin|der|freund|lich; Kin|der|gar|ten; Kin|der|gar|ten|platz; Kin|der|gärt|ner; Kin|der|gärt|ne|rin; Kin|der|geld; Kin|der|heim; Kin|der|hort**

Kin|der|kli|nik; Kin|der|krank|heit; Kin|der|krip|pe; Kin|der|läh|mung; kin|der|leicht; kin|der|lieb; kin|der|los; Kin|der|lo|sig|keit, die; -; **Kin|der|mäd|chen; kin|der|reich; Kin|der|schän|der; Kin|der|schän|de|rin; Kin|der|sitz; Kin|der|spiel; Kin|der|ta|ges|stät|te; Kin|der|wa|gen; Kin|der|wunsch; Kin|der|zim|mer**

Kin|des|al|ter; Kin|des|miss|brauch

kind|ge|mäß; kind|ge|recht; Kind|heit, die; -; **Kind|heits|er|in|ne|rung; kin|disch; kind|lich; Kinds|kopf** *(ugs. abwertend)*

Ki|ne|tik, die; - (*Physik* Bewegungslehre); **ki|ne|tisch**

King, der; -[s], -s (*engl. für* König; *ugs. für* Anführer)

Kin|ker|litz|chen *Plur.* (*ugs. für* Nichtigkeiten)

Kinn, das; -[e]s, -e; **Kinn|ha|ken; Kinn|la|de**

Ki|no, das; -s, -s (Lichtspieltheater); **Ki|no|film; Ki|no|pro|gramm; Ki|no|saal**

Ki|osk [*auch* ki̯ɔsk], der; -[e]s, -e (Verkaufshäuschen; oriental. Gartenhaus)

Kip|pa, Ki|pa, **Kip|pah,** die; -, ...pot (kleine, flache Kopfbedeckung der jüdischen Männer)

Kip|pe, die; -, -n (Spitze, Kante; eine Turnübung; *ugs. für* Zigarettenstummel)

K

kip|pen; Kipp|fens|ter; Kipp|schal|ter
Kir|che, die; -, -n; **Kir|chen|asyl; Kir|chen|chor; Kir|chen|ge|mein|de; Kir|chen|jahr; Kir|chen|mu|sik; Kir|chen|steu|er,** die; **Kir|chen|tag;** z. B. Deutscher Evangelischer Kirchentag; **Kirch|gän|ger; Kirch|gän|ge|rin; Kirch|hof; kirch|lich; Kirch|turm; Kirch|weih,** die; -, -en
Kir|mes, die; -, ...messen (*bes. mittel- und nordd. für* Kirchweih)
kir|re (*ugs. für* zutraulich, zahm; nervös); jmdn. kirre machen *od.* kirremachen
Kirsch, der; -[e]s, -e (ein Branntwein); zwei Kirsch bestellen; **Kirsch|baum; Kirsch|blü|te; Kir|sche,** die; -, -n; **kirsch|rot; Kirsch|was|ser** (ein Branntwein)
Kis|sen, das; -s, -; **Kis|sen|schlacht**
Kis|te, die; -, -n; **kis|ten|wei|se**

K

Ki|ta, die; -, -s (*kurz für* Kindertagesstätte)
Kitsch, der; -[e]s (als geschmacklos empfundenes Produkt); **kit|schig**
Kitt, der; -[e]s, -e
Kitt|chen, das; -s, - (*ugs. für* Gefängnis)
Kit|tel, der; -s, -; **Kit|tel|schür|ze**
kit|ten ([mit Kitt] kleben, wieder verbinden, an etwas befestigen)
Kitz, das; -es, -e, **Kit|ze,** die; -, -n (Junges von Reh, Gämse, Ziege)
Kit|zel, der; -s, -; **kit|ze|lig,** kitz|lig; **kit|zeln**
Kitz|ler (*für* Klitoris)
kitz|lig *vgl.* kitzelig
[1]**Ki|wi,** der; -s, -s (neuseeländischer Laufvogel)
[2]**Ki|wi,** die; -, -s (eine exotische Frucht)
KKW, das; -[s], -[s] = Kernkraftwerk
Kla|bau|ter|mann *Plur.* ...männer (ein Schiffskobold)
kla|cken (klack machen)
Klacks, der; -es, -e (*ugs. für* kleine Menge)
klaf|fen; eine klaffende Wunde
kläf|fen; Kläf|fer *(ugs. abwertend)*
Klaf|ter, der *od.* das; -s, -, *selten* die; -, -n (altes Längen-, Raummaß); 5 Klafter Holz
Kla|ge, die; -, -n; **kla|gen**
Klä|ger; Klä|ge|rin; Kla|ge|schrift
kläg|lich (erbärmlich)
klag|los
Kla|mauk, der; -s (*ugs. für* Lärm; Ulk)
klamm (feucht; steif [vor Kälte])
Klam|mer, die; -, -n; **Klam|mer|af|fe** (*auch für* @); **klam|mern;** die Wunde wurde geklammert; klammere dich nicht an mich
klamm|heim|lich *(ugs.)*
Kla|mot|te, die; -, -n (*ugs. für* schlechtes [Theater]stück; *meist Plur. ugs. für:* Kleidung)
Klamp|fe, die; -, -n (*volkstüml.* Gitarre)
Klan, Clan [*engl.* klɛn], der; -s, *Plur.* -e, *bei engl. Ausspr.* -s ([schott.] Lehns-, Stammesverband; Gruppe von Personen, die jmd. um sich schart)
Klang, der; -[e]s, Klänge; **Klang|far|be; Klang|kör|per; klang|lich; Klang|scha|le; klang|voll**
Klapp|bett
Klap|pe, die; -, -n (*österr. auch für* Nebenstelle eines Telefonanschlusses, *svw.* Apparat)
klap|pen
Klap|per, die; -, -n; **klap|pe|rig,** klapp|rig; **klap|pern; Klap|per|schlan|ge**
Klapp|mes|ser, das
klapp|rig *vgl.* klapperig
Klaps, der; -es, -e; **Kläps|chen**
Klaps|müh|le (*ugs., auch diskriminierend für* psychiatrische Klinik)
klar; ich bin mir darüber im Klaren; wieder klar (deutlich) sehen können; klar sein, klar werden; mir ist Verschiedenes klar geworden *od.* klargeworden
Klär|an|la|ge; Klär|be|cken; klä|ren
klar|ge|hen (*ugs. für* reibungslos ablaufen)
Klar|heit *Plur. selten*
Kla|ri|net|te, die; -, -n (ein Holzblasinstrument); **Kla|ri|net|tist,** der; -en, -en; **Kla|ri|net|tis|tin**
klar|kom|men (*ugs. für* zurechtkommen); **klar|le|gen** (erklären); **klar|ma|chen** (erklären; [Schiffe] fahrbereit machen); **klar|se|hen** (verstehen, Bescheid wissen); *vgl. aber* klar; **Klar|sicht|fo|lie; klar|stel|len** (Irrtümer beseitigen); **Klar|stel|lung**

Klar|text, der (entzifferter [dechiffrierter] Text); Klartext reden/sprechen (offen seine Meinung sagen), im Klartext (*auch für* verständlich)
Klä|rung; Klä|rungs|be|darf
klar wer|den, klar|wer|den *vgl.* klar
klas|se (*ugs. für* großartig); ein klasse Auto; sie hat klasse gespielt; die neue Lehrerin ist klasse; das finde ich klasse
Klas|se, die; -, -n (*Abk.* Kl.); jmd. *od.* etwas hat Klasse; das ist große Klasse (*ugs. für* großartig); **Klas|sen|ar|beit; Klas|sen|er|halt** *(Sport);* **Klas|sen|fahrt; Klas|sen|ka|me|rad; Klas|sen|ka|me|ra|din; Klas|sen|kampf; Klas|sen|leh|rer; Klas|sen|leh|re|rin; klas|sen|los;** die klassenlose Gesellschaft; **Klas|sen|lot|te|rie; Klas|sen|spre|cher; Klas|sen|spre|che|rin; Klas|sen|zim|mer**
Klas|si|fi|ka|ti|on *vgl.* Klassifizierung; **klas|si|fi|zie|ren** (*österr. auch für* mit Noten beurteilen); **Klas|si|fi|zie|rung** (Einteilung, Einordnung)
Klas|sik, die; -; -en *Plur. selten* (Epoche kultureller Höchstleistungen u. ihre Werke); **Klas|si|ker** (maßgebender Künstler od. Schriftsteller [bes. der antiken u. der dt. Klassik]); **Klas|si|ke|rin**
klas|sisch (mustergültig; die Klassik betreffend; traditionell)
Klas|si|zis|mus, der; - (die Klassik nachahmende Stilrichtung, bes. der Stil um 1800); **klas|si|zis|tisch**
klatsch!; klitsch, klatsch!; **Klatsch,** der; -[e]s, -e (*ugs. auch für* Rederei); **Klatsch|ba|se** *(ugs. abwertend);* **klat|schen**
Klatsch|mohn, der; -[e]s
klatsch|nass (*ugs. für* durchnässt)
klau|ben (sondern; mit Mühe heraussuchen; *österr. für* pflücken, sammeln)
Klaue, die; -, -n
klau|en (*ugs. für* stehlen)
Klau|en|seu|che; Maul- u. Klauenseuche
Klau|se, die; -, -n (Klosterzelle; Talenge)
Klau|sel, die; -, -n (Nebenbestimmung)
Klau|sur, die; -, -en (abgeschlossener Gebäudeteil [im Kloster]; *svw.* Klausurarbeit); **Klau|sur|ar|beit** (Prüfungsarbeit); **Klau|sur|ta|gung** (geschlossene Tagung)
Kla|vi|a|tur, die; -, -en (Tasten, Tastbrett)
Kla|vier, das; -s, -e; Klavier spielen
Kla|vier|kon|zert
Kla|vier|spie|ler; Kla|vier|spie|le|rin
Kle|be|band, das *Plur.* ...bänder; **kle|ben;** an der Wand kleben bleiben; *aber* sie ist in der dritten Klasse kleben geblieben *od.* klebengeblieben (*ugs. für* nicht versetzt worden); **Kle|ber; kleb|rig; Kleb|stoff**
kle|ckern *(ugs.);* du hast gekleckert; kleckere nicht!
Klecks, der; -es, -e; **kleck|sen**
Klee, der; -s; **Klee|blatt**
Kleid, das; -[e]s, -er; **klei|den,** sich kleiden; es kleidet mich gut usw.; **Klei|der|bü|gel; Klei|der|schrank; kleid|sam**
Klei|dung *Plur. selten;* **Klei|dungs|stück**
Kleie, die; -, -n (Abfallprodukt beim Mahlen von Getreide)
klein *s. Kasten Seite 238*
Klein, das; -s (*kurz für* Gänseklein o. Ä.)
klein bei|ge|ben (kleinlaut nachgeben); **klein|be|kom|men** (*svw.* kleinkriegen); **Klein|be|trieb; klein|bür|ger|lich; Klein|bus; Klei|ne,** der, die, das; -n, -n; **Klein|fa|mi|lie; klein|for|ma|tig; Klein|gar|ten**
klein ge|druckt, klein|ge|druckt *vgl.* klein; **Klein|ge|druck|te,** das; -n, **klein Ge|druck|te,** das; - -n; **Klein|geld; klein ge|mus|tert, klein|ge|mus|tert** *vgl.* klein; **klein ha|cken, klein|ha|cken** *vgl.* klein
Klei|nig|keit
klein|ka|riert (engherzig, engstirnig); ein kleinkarierter Mensch; *aber* klein kariertes *od.* kleinkariertes Papier; *vgl. auch* klein
Klein|kind; Klein|kram, der; -[e]s; **Klein|krieg; klein|krie|gen** (*ugs. für* gefügig machen; aufbrauchen; zerstören); ich kriege den Kerl schon klein; **klein|kri|mi|nell; Klein|kunst,** die; -; **klein|laut**
klein|lich; kleinlich denkende *od.* kleinlichdenkende Menschen; **Klein|lich|keit**

K

klein

– *kleiner als* (Math.; Zeichen <)
– *kleiner[e]nteils*

I. Kleinschreibung:

a) *am kleins|ten*
– *von klein auf; ein klein wenig*
– *die Flamme auf klein drehen, stellen*
b) *das sind kleine Fische* (ugs. für *Kleinigkeiten*)
– *er ist kleiner Leute Kind*
– *das Auto für den kleinen Mann*
das kleine od. *Kleine Latinum*

II. Großschreibung
a) der Substantivierungen:

– *etwas, nichts, viel, wenig Kleines*
– *Groß und Klein* (auch für *jedermann*); *Kleine und Große; die Kleinen und die Großen; die Kleinen* (für *Kinder*); *die Kleine* (für *junges Mädchen*); *meine Kleine* (ugs.)
– *einen Kleinen sitzen haben* (ugs. für *leicht betrunken sein*)
– *die Gemeinde ist ein Staat im Kleinen*
– *das ist dasselbe in Klein* (für *im Kleinen*)
– *vom Kleinen auf das Große schließen*
– *bis ins Kleins|te (sehr eingehend)*

b) in Namen und bestimmten namensähnlichen Fügungen:

– *Klein Dora, Klein Udo*
– *der Kleine Bär (Sternbild)*
– *die Kleine Strafkammer; die Kleine* od. *kleine Anfrage (im Parlament)*
– *Kleiner Belt (eine Meerenge)*

III. Schreibung in Verbindung mit Verben
a) In vielen Fällen wird getrennt geschrieben:

– *klein anfangen (ohne Vermögen beginnen)*
– *klein beigeben (kleinlaut nachgeben)*
– *klein schreiben (in kleiner Schrift)*

Aber:
– *kleinschreiben (mit kleinem Anfangsbuchstaben)*
– *Rücksichtnahme wird bei diesen Leuten kleingeschrieben* (ugs. für *nicht wichtig genommen*)

b) Wenn »klein« das Ergebnis der mit einem folgenden einfachen Verb bezeichneten Tätigkeit angibt, kann getrennt oder zusammengeschrieben werden:

– *klein schneiden* od. *kleinschneiden*
– *klein hacken* od. *kleinhacken*

c) Bei übertragener Bedeutung gilt Zusammenschreibung; vgl. kleinbekommen, kleinkriegen

IV. In Verbindung mit einem adjektivisch gebrauchten Partizip kann bei nicht übertragener Bedeutung getrennt oder zusammengeschrieben werden:

– *klein gemusterte* od. *kleingemusterte Stoffe; ein klein kariertes* od. *kleinkariertes Muster*
– *ein klein gedruckter* od. *kleingedruckter Text; ein klein geschnittenes* od. *kleingeschnittenes Papier*
– *das Kleingedruckte* od. *klein Gedruckte lesen*
Vgl. aber *kleinkariert*

V. In Straßennamen gilt Getrennt- u. Großschreibung:

– *Kleine Bockenheimer Straße*
– *Kleine Riedgasse*

klein|ma|chen; sich kleinmachen (unterwürfig sein); einen Fünfzigeuroschein kleinmachen (wechseln); *vgl. aber* klein

klein mah|len, **klein|mah|len** *vgl.* klein

klein|mü|tig

Klein|od, das; -[e]s, *Plur.* (*für* Kostbarkeit:) -e, (*für* Schmuckstück:) ...odien

klein|rech|nen; die Kosten kleinrechnen

klein schnei|den, **klein|schnei|den** *vgl.* klein; **klein|schrei|ben** (mit kleinem Anfangsbuchstaben schreiben; nicht wichtig nehmen); das Wort wird kleingeschrieben; Rücksichtnahme wird hier kleingeschrieben; *vgl. aber* klein; **Klein|schrei|bung**

Klein|staat *Plur.* ...staaten; **Klein|stadt; klein|städ|tisch**

kleinst|mög|lich; *dafür besser:* möglichst klein; *nicht:* kleinstmöglichst

klein|tei|lig

Klein|wa|gen

Kleis|ter, der; -s, -; **kleis|tern;** Tapete an die Wand kleistern; sie kleistert sich zu viel Schminke ins Gesicht

Kle|ma|tis [*auch* ...'ma:...], die; -, - (Waldrebe, eine Kletterpflanze)

Kle|men|ti|ne *vgl.* Clementine

Klem|me, die; -, -n; **klem|men**

Klemp|ner (Blechschmied); **Klemp|ne|rei; Klemp|ne|rin; klemp|nern**

Klep|per (*ugs. für* altes, entkräftetes Pferd)

Klep|to|ma|ne, der; -n, -n *(Psychol.)*; **Klep|to|ma|nie,** die; - (krankhafter Trieb zum Stehlen); **Klep|to|ma|nin; klep|to|ma|nisch** *(Psychol.)*

kle|ri|kal (die Geistlichkeit betreffend; kirchlich); **Kle|ri|ker** (kath. Geistlicher); **Kle|rus,** der; - (kath. Geistlichkeit, Priesterschaft)

Klet|te, die; -, -n

Klet|te|rei; Klet|te|rer; Klet|te|rin; klet|tern; Klet|ter|pflan|ze; Klet|ter|stan|ge

Klett|ver|schluss

klick!; Klick, der; -s, -s *meist Plur.*; **kli|cken**

Kli|ent, der; -en, -en (Auftraggeber [eines Anwaltes]); **Kli|en|tel,** die; -, -en (Auftraggeberkreis [eines Anwaltes]); **Kli|en|tin**

Kliff, das; -[e]s, -e (*bes. nordd. für* steiler Abfall einer [felsigen] Küste)

Kli|ma, das; -s, *Plur.* -ta, *selten* -s, *fachspr.* ...mate (meteorolog. Erscheinungen in einem bestimmten Gebiet); **Kli|ma|an|la|ge; Kli|ma|ka|ta|s|t|ro|phe**

Kli|mak|te|ri|um, das; -s (*Med.* Wechseljahre der Frau)

Kli|ma|po|li|tik; Kli|ma|schutz, der; -es

kli|ma|tisch; kli|ma|ti|sie|ren (Temperatur u. Luftfeuchtigkeit in geschlossenen Räumen automatisch regeln)

Kli|ma|ver|än|de|rung; Kli|ma|wan|del

klim|men (klettern); du klommst (*auch* klimmtest); geklommen (*auch* geklimmt)

Klimm|zug (eine Turnübung)

klim|pern (klingen lassen; *ugs. für* [schlecht] auf dem Klavier o. Ä. spielen)

Klin|ge, die; -, -n

Klin|gel, die; -, -n; **klin|geln**

Klin|gel|ton *Plur.* ...töne

klin|gen; klang, geklungen; **klin|gend**

Kli|nik, die; -, -en

Kli|ni|kum, das; -s, *Plur.* ...ka *u.* ...ken

kli|nisch *(Med.)*

Klin|ke, die; -, -n; **klin|ken**

Klin|ker, der; -s, - (hart gebrannter Ziegel)

klipp; *nur in* klipp und klar (*ugs. für* ganz deutlich); **Klipp** *vgl.* Clip

Klip|pe, die; -, -n

Klips, Clips, der; -es, -e; *vgl.* Clip

klir|ren; klirrende (eisige) Kälte

Kli|schee, das; -s, -s (Druckstock; Abklatsch; eingefahrene Vorstellung); **kli|schee|haft; Kli|schee|vor|stel|lung**

Klis|tier, das; -s, -e (Einlauf)

Kli|to|ris, die; -, *Plur.* - *u.* ...orides (*Med.* Teil der w. Geschlechtsorgane)

Klit|sche, die; -, -n (*ugs. für* kleiner Betrieb)

klit|schig (*landsch. für* feucht u. klebrig)

klitsch|nass *(ugs.)*

klit|ze|klein (*ugs. für* sehr klein)

Klo, das; -s, -s (*ugs.; kurz für* Klosett)

Klo|a|ke, die; -, -n ([unterirdischer] Abwasserkanal; Senkgrube)

K

Klo|ben, der; -s, - (gespaltenes Holzstück; *auch für* ungehobelter Mensch); **klo|big**

Klon, der; -s, -e (durch Klonen entstandenes Lebewesen); **klo|nen** (durch ungeschlechtliche Vermehrung genetisch identische Kopien von Lebewesen herstellen)

klö|nen (*nordd. für* gemütlich plaudern)

klop|fen; Klop|fer

Klöp|pel, der; -s, -; **klöp|peln;** ich klöpp[e]le Spitzendeckchen

klop|pen (*nordd., md. für* schlagen)

Klöpp|ler; Klöpp|le|rin

Klops, der; -es, -e, (auch:) Klöpse (Fleischkloß; *ugs. für* Fehler)

Klo|sett, das; -s, *Plur.* -s, *auch* -e (*veraltend für* Toilettenraum, -becken)

Kloß, der; -es, Klöße; **Klöß|chen**

K

Klos|ter, das; -s, Klöster; **Klos|ter|bru|der; Klos|ter|kir|che**

klös|ter|lich

Klotz, der; -es, *Plur.* Klötze, *ugs.* Klötzer; **Klötz|chen; klot|zen;** klotzen, nicht kleckern (*ugs. für* ordentlich zupacken, statt sich mit Kleinigkeiten abzugeben)

Klub, Club, der; -s, -s (Vereinigung, auch deren Räume); **Klub|haus**, Club|haus

[1]**Kluft,** die; -, -en (*ugs. für* [alte] Kleidung; Uniform)

[2]**Kluft,** die; -, Klüfte (Spalte)

klug; klü|ger, klügs|te; der/die Klügere gibt nach; es ist das Klügste[,] nachzugeben; es ist am klügsten[,] nachzugeben; **klu|gerwei|se;** *aber* in kluger Weise

Klug|heit; klug|re|den (alles besser wissen wollen); weil er dauernd klugredet; **Klugschwät|zer; Klug|schwät|ze|rin**

Klümp|chen; klum|pen; der Pudding klumpt; **Klum|pen,** der; -s, -; **Klump|fuß; klum|pig**

Klün|gel, der; -s, - (*abwertend für* Gruppe, die Vetternwirtschaft betreibt; Clique)

Klün|ge|lei (Vetternwirtschaft); **klün|geln**

Klun|ker, die; -, -n *od.* der; -s, - (*ugs. für* Schmuckstein, Juwel)

knab|bern; ich knabbere

Kna|be, der; -n, -n; **Kna|ben|chor; kna|benhaft; Knäb|lein**

knack!; Knack, der; -[e]s, -e (kurzer, harter, heller Ton); **Knack|arsch** (*ugs.*)

Knä|cke|brot

kna|cken; kna|ckig

Knack|punkt (problematischer Punkt)

Knacks, der; -es, -e (*svw.* Knack; *ugs. auch für* Riss, Schaden)

Knack|wurst

Knall, der; -[e]s, -e; Knall und/auf Fall (*ugs. für* plötzlich, sofort); **Knall|ef|fekt** (*ugs. für* große Überraschung)

knal|len; Knal|ler, der; -s, - (*ugs.*)

Knall|erb|se; Knall|frosch; knall|hart (*ugs. für* sehr hart)

knal|lig (*ugs. für* grell); **knall|rot**

knapp; knapps|te; knapp sein, werden, schneiden usw.; ein knapp sitzender *od.* knappsitzender Anzug; eine knapp gehaltene *od.* knappgehaltene Beschreibung; *vgl.* knapphalten

Knap|pe, der; -n, -n (Bergmann; *früher* noch nicht zum Ritter geschlagener Adliger)

knapp|hal|ten (*ugs. für* wenig [Geld] geben); er hat seine Kinder immer knappgehalten; *vgl.* knapp; **Knappheit,** die; -

knap|sen (*ugs. für* geizen)

Knar|re, die; -, -n (*ugs. für* Gewehr)

knar|ren; die Tür knarrt

Knast, der; -[e]s, *Plur.* Knäste, *auch* -e (*ugs. für* Gefängnis)

knat|tern

Knäu|el, der *od.* das; -s, -

Knauf, der; -[e]s, Knäufe

knau|se|rig, knaus|rig (geizig); **knau|sern**

knaut|schen (knittern); **Knautsch|zo|ne** (*Kfz-Technik*)

Kne|bel, der; -s, -; **kne|beln; Kne|be|lung**

Knecht, der; -[e]s, -e; **knech|ten**

Knecht Ru|p|recht, der; - -[e]s, - -e

Knecht|schaft, die; -; **Knech|tung**

knei|fen; kniff, gekniffen; **Kneif|zan|ge**

Knei|pe, die; -, -n (*ugs. für* [einfaches] Lokal mit Alkoholausschank)

kneip|pen (eine Wasserkur nach Kneipp machen); **Kneipp|kur**
Kne|te, die; - (*ugs. für* Knetmasse; *auch für* Geld); **kne|ten; Knet|mas|se**
Knick, der; -[e]s, -e (scharfer Falz, scharfe Krümmung, Bruch); **kni|cken**
Kni|cker|bo|cker, *engl.* **Kni|cker|bo|ckers** ['nɪ...] *Plur.* (halblange Pumphose)
kni|cke|rig, knick|rig *(ugs. abwertend);* **kni|ckern** (*ugs. für* geizig sein)
Knicks, der; -es, -e; **knick|sen**
Knie, das; -s, - ['kniːə, *auch* kniː]; auf den Knien liegen; auf die Knie!; **Knie|beu|ge; Knie|fall,** der; **knie|frei; knie|hoch;** der Schnee liegt kniehoch; **Knie|keh|le; kni|en** [kniːn, *auch* 'kniːən]; kniete, gekniet; **Knie|strumpf; Knie|ver|let|zung**
Kniff, der; -[e]s, -e; **knif|fe|lig, kniff|lig**
Knig|ge, der; -[s], -[s] (Buch über Umgangsformen)
knips!; knips, knaps!; **knip|sen** *(ugs.)*
Knirps, der; -es, -e (kleiner Junge od. Mann)
knir|schen
knis|tern; ich knistere; es hat geknistert
Knit|tel|vers (vierhebiger, unregelmäßiger Reimvers)
Knit|ter, der; -s, -; **knit|ter|fest; knit|ter|frei; knit|tern;** die Bluse knittert
kno|beln (losen; würfeln; nachdenken)
Knob|lauch [*auch* 'knɔp...], der; -[e]s; **Knob|lauch|but|ter; Knob|lauch|ze|he**
Knö|chel, der; -s, -; **Knö|chel|chen; knö|chel|lang; knö|chel|tief**
Kno|chen, der; -s, -; **Kno|chen|bau,** der; -[e]s; **Kno|chen|bruch,** der; **Kno|chen|mark; Kno|chen|mark[s]|trans|plan|ta|ti|on** *(Med.);* **kno|chen|tro|cken** (*ugs. für* sehr trocken)
knö|chern (aus Knochen)
kno|chig (mit starken Knochen)
knock-out, knock|out [nɔk'ʔaʊ̯t] (*Boxen* niedergeschlagen, kampfunfähig; *Abk.* k. o. [kaː'ʔoː]); jmdn. k. o. schlagen; **Knock-out, Knock|out,** der; -[s], -s (Niederschlag; *übertr. für* völlige Vernichtung; *Abk.* K. o.)
Knö|del, der; -s, - (*bes. südd., österr. für* Kloß)
Knöll|chen; Knol|le, die; -, -n; **Knol|len|blät|ter|pilz** (ein Giftpilz); **knol|len|för|mig; Knol|len|frucht; knol|lig**
Knopf, der; -[e]s, Knöpfe (*österr. ugs. auch für* Knoten); **Knöpf|chen; Knopf|druck** *Plur.* ...drücke; ein Knopfdruck genügt; **knöp|fen; Knopf|loch**
Knor|pel, der; -s, -; **knor|pe|lig, knorp|lig**
knor|rig
Knösp|chen; Knos|pe, die; -, -n; **knos|pen**
Knöt|chen; kno|ten; Kno|ten, der; -s, - (*auch* Marke an der Logleine, Seemeile je Stunde [*Zeichen* kn]); **Kno|ten|punkt**
Know-how, Know|how [nɔʊ̯'haʊ̯, *auch* 'nɔʊ̯...], das; -[s] (Wissen, wie man eine Sache praktisch verwirklicht)
Knuff, der; -[e]s, Knüffe (*ugs. für* Puff, Stoß); **knuf|fen** *(ugs.)*
knül|len (zerknittern)
Knül|ler (*ugs. für* Sensation)
knüp|fen; sie hat Kontakte geknüpft
Knüp|pel, der; -s, -; **knüp|pel|dick** (*ugs. für* sehr schlimm); **knüp|peln** (mit einem Knüppel schlagen)
knur|ren; knur|rig; ein knurriger Mensch
Knus|per|häus|chen; knus|pern; ich knuspere; **knusp|rig,** knus|pe|rig
Knu|te, die; -, -n (Lederpeitsche)
knut|schen (*ugs. für* heftig küssen); **Knut|sche|rei** *(ugs.);* **Knutsch|fleck** *(ugs.)*
k. o. = knock-out; k. o. schlagen
K. o. = Knock-out; K.-o.-Niederlage
Ko|a|la, der; -s, -s (austral. Beutelbär)
ko|a|lie|ren (verbinden; sich verbünden)
Ko|a|li|ti|on, die; -, -en (Vereinigung, Bündnis; Zusammenschluss [von Staaten]); die Kleine *od.* kleine Koalition, die Große *od.* große Koalition; **Ko|a|li|ti|o|när,** der; -s, -e *meist Plur.* (Koalitionspartner); **Ko|a|li|ti|o|nä|rin; Ko|a|li|ti|ons|par|tei; Ko|a|li|ti|ons|part|ner; Ko|a|li|ti|ons|part|ne|rin; Ko|a|li|ti|ons|ver|hand|lung** *meist Plur.;* **Ko|a|li|ti|ons|ver|trag**

K

Ko|balt, Co|balt, das; -s (chemisches Element, Metall; *Zeichen* Co); **ko|balt|blau**
Ko|bold, der; -[e]s, -e (neckischer Geist)
Ko|b|ra, die; -, -s (Brillenschlange)
Koch, der; -[e]s, Köche; **Koch|buch**
kö|cheln (leicht kochen)
ko|chen; kochend heißes Wasser; das Wasser ist kochend heiß
Kö|cher, der; -s, - (Behälter für Pfeile)
Kö|chin; Koch|kunst; Koch|kurs; Koch|nische; Koch|salz, das; -es; **Koch|topf**
Kode [ko:t] usw. *vgl.* Code usw.
Kö|der, der; -s, - (Lockmittel); **kö|dern**
Ko|dex, der; *Gen.* -es *u.* -, *Plur.* -e *u.* ...dizes, Co|dex, der; -, ...dices (Handschriftensammlung; Gesetzbuch)
ko|die|ren *vgl.* codieren; **Ko|die|rung** *vgl.* Codierung
Ko|edu|ka|ti|on [*auch* ...'tsi̯o:n], die; - (gemeinsamer Schulunterricht für Mädchen u. Jungen)
Ko|exis|tenz [*auch* ...'tɛnts], die; - (gleichzeitiges Vorhandensein unterschiedlicher Dinge); **ko|exis|tie|ren** [...'ti:...]
Kof|fe|in, Cof|fe|in, das; -s (Wirkstoff von Kaffee u. Tee); **kof|fe|in|frei**
Kof|fer, der; -s, -; **Köf|fer|chen**
Kof|fer|ra|dio; Kof|fer|raum
Ko|g|nak ['kɔnjak], der; -s, -s (*ugs. für* Weinbrand); drei Kognak
ko|g|ni|tiv (*bes. Psychol.* die Erkenntnis betreffend)
ko|hä|rent (*Psychol., Päd.* zusammenhängend); **Ko|hä|renz,** die; -
Kohl, der; -[e]s, *Plur.* *(Sorten:)* -e (ein Gemüse)
Kohl|dampf, der; -[e]s (*ugs. für* Hunger); Kohldampf schieben
Koh|le, die; -, -n; **Koh|le|kraft|werk**
[1]**koh|len** (nicht mit voller Flamme brennen)
[2]**koh|len** (*ugs. für* aufschneiden, schwindeln)
Koh|len|di|oxid, Koh|len|di|oxyd *vgl.* Oxid; **Koh|len|hy|d|rat** (zucker- od. stärkeartige chem. Verbindung); **Koh|len|säu|re; Koh|len|stoff** (chemisches Element; *Zeichen* C); **Koh|len|was|ser|stoff; Koh|le|pa|pier**
Köh|ler; Köh|le|rin
Kohl|mei|se (ein Singvogel); **kohl|ra|ben|schwarz**
Kohl|ra|bi, der; -[s], -[s] (ein Gemüse); **Kohl|rü|be; kohl|schwarz**
Kohl|weiß|ling (ein Schmetterling)
Ko|in|zi|denz, die; -, -en (*bildungsspr. für* Zusammentreffen von Ereignissen)
ko|i|tie|ren (*Med.* den Koitus vollziehen); **Ko|i|tus,** Co|i|tus, der; -, *Plur.* - *u.* -se (*Med.* Geschlechtsakt)
Ko|je, die; -, -n (Schlafstelle auf Schiffen)
Ko|jo|te, der; -n, -n, Co|yo|te (nordamerik. Präriewolf; Schimpfwort)
Ko|ka|in, das; -s (ein Betäubungsmittel; eine Droge)
ko|ken ([1]Koks herstellen); **Ko|ke|rei** (Kokswerk; *nur Sing.:* Koksgewinnung)
ko|kett (eitel, gefallsüchtig); **ko|ket|tie|ren**
Ko|ko|lo|res, der; - (*ugs. für* Unsinn)
Ko|kon [...'kõ:, *österr.* ko'ko:n], der; -s, -s (Hülle der Insektenpuppen)
Ko|kos|nuss; Ko|kos|pal|me
[1]**Koks,** der; -es, -e (ein Brennstoff aus Kohle; *nur Sing.: ugs. scherzh. für* Geld)
[2]**Koks,** der, *auch* das; -es (*ugs. für* Kokain)
Koks|ofen
Kol|ben, der; -s, -
Kol|chos, der; -, ...ose, **Kol|cho|se,** die; -, -n (landwirtschaftl. Produktionsgenossenschaft in der ehem. Sowjetunion)
Ko|li|b|ri, der; -s, -s (kleiner Vogel)
Ko|lik [*auch* ...'li:k], die; -, -en (Anfall von krampfartigen Leibschmerzen)
kol|la|bie|ren (*Med.* einen Kollaps erleiden)
Kol|la|bo|ra|teur [...'tø:ɐ̯], der; -s, -e (jmd., der kollaboriert); **Kol|la|bo|ra|teu|rin; Kol|la|bo|ra|ti|on,** die; -, -en; **kol|la|bo|rie|ren** (mit dem Feind zusammenarbeiten)
Kol|laps [*auch* ...'laps], der; -es, -e (Zusammenbruch)
Kol|la|te|ral|scha|den (*militär. verhüllend für* in Kauf genommener schwerer Schaden, bes. Tod von Zivilisten)

K

Kol|leg, das; -s, *Plur.* -s *u.* -ien (akadem. Vorlesung; Bildungseinrichtung)

Kol|le|ge, der; -n, -n (*Abk.* Koll.)

kol|le|gi|al; Kol|le|gi|a|li|tät, die; -

Kol|le|gin (*Abk.* Koll.); **Kol|le|gi|um,** das; -s, ...ien (Gruppe von Personen mit gleichem Amt od. Beruf; Lehrkörper)

Kol|lek|te, die; -, -n (Sammlung von Geldspenden in der Kirche)

Kol|lek|ti|on, die; -, -en ([Muster]sammlung [von Waren], Auswahl)

kol|lek|tiv (gemeinschaftlich, gruppenweise, umfassend); **Kol|lek|tiv,** das; -s, *Plur.* -e, *auch* -s (Team, Gruppe; Arbeits- u. Produktionsgemeinschaft, bes. in der sozialist. Wirtschaft)

Kol|ler, der; -s, - (eine Pferdekrankheit; *ugs. für* Wutausbruch)

kol|li|die|ren (zusammenstoßen; sich überschneiden)

Kol|li|si|on, die; -, -en (Zusammenstoß)

Kol|lo|qui|um [*auch* ...'lo:...], das; -s, ...ien (wissenschaftl. Gespräch; *bes. österr.* kleinere Universitätsprüfung)

Köl|nisch|was|ser, das; -s

ko|lo|ni|al (die Kolonie[n] betreffend; zu Kolonien gehörend; aus Kolonien stammend); **Ko|lo|ni|al|herr; Ko|lo|ni|a|lis|mus,** der; - (auf Erwerb von Kolonien ausgerichtete Politik eines Staates); **Ko|lo|ni|al|macht; Ko|lo|ni|al|zeit; Ko|lo|nie,** die; -, ...ien (*auch für* Siedlung); **Ko|lo|ni|sa|ti|on,** die; -, -en; **ko|lo|ni|sie|ren**

Ko|lon|na|de, die; -, -n (Säulengang, -halle)

Ko|lon|ne, die; -, -n

Ko|lo|ra|tur, die; -, -en (virtuose gesangliche Verzierung); **ko|lo|rie|ren** (färben; aus-, bemalen)

Ko|lo|rit, das; -[e]s, *Plur.* -e, *auch* -s (Farbgebung, -wirkung; Klangfarbe)

Ko|loss [*auch* 'kɔ...], der; -es, -e (Riese, Ungetüm); **ko|los|sal** (riesig, übergroß)

Kol|por|ta|ge [...ʒə], die; -, -n (Verbreitung von Gerüchten); **Kol|por|teur** [...'tø:ɐ̯], der; -s, -e; **Kol|por|teu|rin; kol|por|tie|ren** (ungesicherte Informationen verbreiten)

Kölsch, das; -[s] (ein obergäriges Bier; Kölner Mundart)

Ko|lum|ne, die; -, -n ([Druck]spalte; regelmäßig veröffentlichter Meinungsbeitrag); **Ko|lum|nist,** der; -en, -en (Journalist, dem eine bestimmte Spalte einer Zeitung zur Verfügung steht); **Ko|lum|nis|tin**

Ko|ma, das; -s, *Plur.* -s *u.* -ta (*Med.* tiefe Bewusstlosigkeit); **Ko|ma|trin|ken,** das; -s (*ugs. für* gemeinsames Trinken von Alkohol bis zur Bewusstlosigkeit)

[1]**Kom|bi,** der; -[s], -s (*kurz für* kombinierter Liefer- u. Personenwagen)

[2]**Kom|bi,** die; -, -s (*vgl.* Kombination)

Kom|bi|lohn (staatlich bezuschusster Lohn zur Verminderung von Arbeitslosigkeit)

Kom|bi|na|ti|on, die; -, -en (berechnende Verbindung; Folgerung; Zusammenstellung; *Sport* gutes Zusammenspiel); **kom|bi|nie|ren** (zusammenstellen; vermuten; gut zusammenspielen)

Kom|bü|se, die; -, -n (*Seemannsspr.* Schiffsküche)

Ko|met, der; -en, -en (Schweifstern)

Kom|fort [...'fo:ɐ̯], der; -s; **kom|for|ta|bel;** komfortablere Wohnungen

Kom|fort|zo|ne (*oft leicht abwertend für* von Bequemlichkeit geprägter [privater, gesellschaftlicher] Bereich)

Ko|mik, die; - (erheiternde, Lachen erregende Wirkung); **Ko|mi|ker; Ko|mi|ke|rin; ko|misch** (belustigend; sonderbar)

Ko|mi|tee, das; -s, -s (leitender Ausschuss)

Kom|ma, das; -s, *Plur.* -s, *auch* -ta (Beistrich)

Kom|man|dant, der; -en, -en (Befehlshaber einer Festung, eines Schiffes usw.); **Kom|man|dan|tin; Kom|man|dan|tur,** die; -, -en (Dienstgebäude eines Kommandanten; Amt des Befehlshabers)

Kom|man|deur [...'dø:ɐ̯], der; -s, -e (Befehlshaber eines größeren Truppenteils); **Kom|man|deu|rin; kom|man|die|ren**

Kom|man|dit|ge|sell|schaft (eine Form der Handelsgesellschaft; *Abk.* KG)
Kom|man|do, das; -s, *Plur.* -s, *österr. auch* ...den (Befehl[sgewalt]; *Militär* Einheit)
Kom|ma|ta (*Plur. von* Komma)
kom|men; kam, gekommen; einen Arzt kommen lassen; den Gegner kommen lassen *od.* kommenlassen (angreifen lassen); die Kupplung kommen lassen *od.* kommenlassen (einkuppeln); **Kom|men,** das; -s; das Kommen und Gehen; **kom|mend;** kommende Woche; **kom|men las|sen, kom|men|las|sen** *vgl.* kommen
Kom|men|tar, der; -s, -e (Erläuterung, kritische Stellungnahme; *ugs. für* Bemerkung)
Kom|men|tar|funk|ti|on (auf Internetseiten)
kom|men|tar|los; Kom|men|ta|tor, der; -s, ...oren (Verfasser eines Kommentars); **Kom|men|ta|to|rin; kom|men|tie|ren**
Kom|merz, der; -es (Handel u. Geschäftsverkehr); **kom|mer|zi|a|li|sie|ren** (kommerziellen Interessen unterordnen); **Kom|mer|zi|a|li|sie|rung; kom|mer|zi|ell**
Kom|mi|li|to|ne, der; -n, -n (Studienkollege); **Kom|mi|li|to|nin**
Kom|miss, der; -es (*ugs. für* Militär[dienst]); beim Kommiss
Kom|mis|sar, der; -s, -e ([vom Staat] Beauftragter; Amtsbez., z. B. Polizeikommissar); **Kom|mis|sa|ri|at,** das; -[e]s, -e (Amt[szimmer] eines Kommissars; *österr. für* Polizeidienststelle); **Kom|mis|sa|rin; kom|mis|sa|risch** (auftragsweise, vorübergehend)
Kom|mis|si|on, die; -, -en (Ausschuss [von Beauftragten]; *Wirtsch.* Handel für fremde Rechnung); **Kom|mis|si|ons|mit|glied**
Kom|mo|de, die; -, -n
kom|mu|nal (die Gemeinde[n] betreffend, Gemeinde...); kommunale Angelegenheiten; **Kom|mu|nal|po|li|tik; kom|mu|nal|po|li|tisch; Kom|mu|nal|wahl**
Kom|mu|ne, die; -, -n (politische Gemeinde; Wohn- u. Wirtschaftsgemeinschaft)
Kom|mu|ni|kant, der; -en, -en (Teilnehmer am Abendmahl); **Kom|mu|ni|kan|tin**
Kom|mu|ni|ka|ti|on, die; -, -en (Verständigung; Verbindung); **Kom|mu|ni|ka|ti|ons|mit|tel,** das; **Kom|mu|ni|ka|ti|ons|tech|no|lo|gie; kom|mu|ni|ka|tiv** (mitteilsam; die Kommunikation betreffend)
Kom|mu|ni|on, die; -, -en (*kath. Kirche* [Teilnahme am] Abendmahl)
Kom|mu|ni|qué [...myni'ke:, ...mu...], das; -s, -s (Denkschrift; [regierungs]amtliche Mitteilung)
Kom|mu|nis|mus, der; -; **Kom|mu|nist,** der; -en, -en; **Kom|mu|nis|tin; kom|mu|nis|tisch;** *aber* das Kommunistische Manifest
kom|mu|ni|zie|ren (in Verbindung stehen; miteinander sprechen; mitteilen)
Ko|mö|di|ant, der; -en, -en (Schauspieler; *auch für* jmd., der sich verstellt); **Ko|mö|di|an|tin; ko|mö|di|an|tisch**
Ko|mö|die, die; -, -n (Lustspiel; *auch für* Vortäuschung)
Kom|pa|g|non [...panjõ, *auch* ...n'jõ:], der; -s, -s (*Kaufmannsspr.* [Geschäfts]teilhaber)
kom|pakt (gedrungen; dicht; fest); **Kom|pakt|heit,** die; -
Kom|pa|nie, die; -, ...ien (militärische Einheit [*Abk.* Komp., *schweiz.* Kp]; *Kaufmannsspr. veraltet für* [Handels]gesellschaft; *Abk.* Co. *od.* Co, *seltener* Cie.)
Kom|pa|ra|tiv, der; -s, -e (*Sprachwiss.* erste Steigerungsstufe, z. B. »schöner«)
Kom|par|se, der; -n, -n (Statist, stumme Person [bei Bühne u. Film]); **Kom|par|sin**
Kom|pass, der; -es, -e (Gerät zur Bestimmung der Himmelsrichtung); **Kom|pass|na|del**
kom|pa|ti|bel (vereinbar, zusammenpassend); **Kom|pa|ti|bi|li|tät,** die; -, -en
Kom|pen|di|um, das; -s, ...ien (Abriss, kurzes Lehrbuch)
Kom|pen|sa|ti|on, die; -, -en (Ausgleich); **kom|pen|sie|ren** (ausgleichen)
kom|pe|tent (sachverständig; zuständig); **Kom|pe|tenz,** die; -, -en (Sachverstand; Zuständigkeit); **Kom|pe|tenz|zen|t|rum**
kom|ple|men|tär (ergänzend); **Kom|ple|men|tär|far|be** (*Optik* Ergänzungsfarbe)

kom|plett (vollständig, abgeschlossen); **kom|plet|tie|ren** (vervollständigen)

kom|plex (umfassend; vielfältig verflochten); **Kom|plex,** der; -es, -e (zusammengefasster Bereich; [Sach-, Gebäude]gruppe; *Psychol.* negative Vorstellung [in Bezug auf sich selbst]); **Kom|ple|xi|tät,** die; -

Kom|pli|ka|ti|on, die; -, -en (Verwicklung; Erschwerung)

Kom|pli|ment, das; -[e]s, -e (lobende, schmeichelhafte Äußerung)

Kom|pli|ze, der; -n, -n (*abwertend für* Mitschuldiger; Mittäter); **Kom|pli|zen|schaft**

kom|pli|zie|ren (verwickeln; erschweren); **kom|pli|ziert** (verwickelt, schwierig)

Kom|pli|zin *(abwertend)*

Kom|plott, das, *ugs. auch* der; -[e]s, -e (heimlicher Anschlag, Verschwörung)

Kom|po|nen|te, die; -, -n (Bestandteil eines Ganzen)

kom|po|nie|ren (*Musik* [eine Komposition] schaffen; *geh. für* [kunstvoll] gestalten); **Kom|po|nist,** der; -en, -en; **Kom|po|nis|tin; Kom|po|si|ti|on,** die; -, -en (Zusammensetzung, Aufbau *u.* Gestaltung eines Kunstwerkes); **kom|po|si|to|risch**

Kom|po|si|tum, das; -s, *Plur.* ...ta, *selten* ...siten (*Sprachwiss.* [Wort]zusammensetzung, z. B. »Haustür«)

Kom|post [*auch* 'kɔm...], der; -[e]s, -e (natürl. Mischdünger); **Kom|post|hau|fen; kom|pos|tier|bar; kom|pos|tie|ren** (zu Kompost verarbeiten)

Kom|pott, das; -[e]s, -e (gekochtes Obst)

Kom|pres|se, die; -, -n (*Med.* feuchter Umschlag; Mullstück); **Kom|pres|si|on,** die; -, -en (*Technik* Zusammenpressung; Verdichtung); **Kom|pres|sor,** der; -s, ...oren (*Technik* Verdichter); **kom|pri|mie|ren** (verdichten); **kom|pri|miert**

Kom|pro|miss, der, *selten* das; -es, -e (Übereinkunft; Ausgleich); **kom|pro|miss|be|reit; Kom|pro|miss|be|reit|schaft; kom|pro|miss|los; Kom|pro|miss|vor|schlag; kom|pro|mit|tie|ren** (bloßstellen)

Kon|den|sat, das; -[e]s, -e (Niederschlag[swasser]); **Kon|den|sa|ti|on,** die; -, -en (Verdichtung; Verflüssigung)

Kon|den|sa|tor, der; -s, ...oren (Gerät zum Speichern von Elektrizität od. zum Verflüssigen von Dämpfen)

kon|den|sie|ren (verdichten; verflüssigen)

Kon|dens|milch; Kon|dens|strei|fen; Kon|dens|was|ser, das; -s

Kon|di|ti|on, die; -, -en (Bedingung; *nur Sing.:* körperlicher Zustand); **Kon|di|ti|ons|schwä|che; Kon|di|ti|ons|trai|ning**

Kon|di|tor, der; -s, ...oren; **Kon|di|to|rei; Kon|di|to|rin** [*auch* ...'di:...]

Kon|do|lenz, die; -, -en (Beileid[sbezeigung]); **Kon|do|lenz|schrei|ben**

kon|do|lie|ren; jmdm. kondolieren

Kon|dom, das *od.* der; -s, *Plur.* -e, *selten* -s (Präservativ)

Kon|dor, der; -s, -e (südamerik. Geier)

Kon|fekt, das; -[e]s, -e (Pralinen; *südd., schweiz., österr. auch für* Teegebäck)

Kon|fek|ti|on, die; -, -en *Plur. selten* (industrielle Anfertigung von Kleidung; industriell angefertigte Kleidung; Bekleidungsindustrie); **Kon|fek|ti|ons|grö|ße**

Kon|fe|renz, die; -, -en; **Kon|fe|renz|raum; Kon|fe|renz|schal|tung** *(Fernmeldet.)*

kon|fe|rie|ren (eine Konferenz abhalten)

Kon|fes|si|on, die; -, -en ([Glaubens]bekenntnis; [christl.] Bekenntnisgruppe); **kon|fes|si|o|nell** (zu einer Konfession gehörend); **Kon|fes|si|ons|schu|le**

Kon|fet|ti, das; -[s] (bunte Papierblättchen)

Kon|fi|gu|ra|ti|on, die; -, -en (*Astron., Astrol. EDV* Zusammenstellung eines Systems); **kon|fi|gu|rie|ren** *(EDV)*

Kon|fir|mand, der; -en, -en; **Kon|fir|man|din**

Kon|fir|ma|ti|on, die; -, -en (Aufnahme jugendl. ev. Christen in die Erwachsenengemeinde); **kon|fir|mie|ren**

kon|fis|zie|ren (beschlagnahmen)

Kon|fi|tü|re, die; -, -n (Marmelade mit Früchten od. Fruchtstücken)

Kon|flikt, der; -[e]s, -e (Zwiespalt,

[Wider]streit); **Kon|flikt|lö|sung; kon|flikt|scheu; Kon|flikt|si|tu|a|ti|on**

Kon|fö|de|ra|ti|on, die; -, -en ([Staaten]-bund)

kon|form (einig, übereinstimmend); konform sein (übereinstimmen); **kon|form ge|hen, kon|form|ge|hen** (übereinstimmen)

Kon|for|mis|mus, der; - (*abwertend für* [Geistes]haltung, die [stets] um Anpassung bemüht ist); **Kon|for|mi|tät,** die; - (Übereinstimmung)

Kon|fron|ta|ti|on, die; -, -en (Gegenüberstellung; Auseinandersetzung); **Kon|fron|ta|ti|ons|kurs; kon|fron|tie|ren;** mit jmdm., mit etwas konfrontiert werden

kon|fus (verwirrt, verworren); **Kon|fu|si|on,** die; -, -en (Verwirrung, Durcheinander)

K

kon|ge|ni|al [*auch* 'kɔ...] (geistig ebenbürtig); **Kon|ge|ni|a|li|tät** [*auch* 'kɔ...], die; -

Kon|glo|me|rat, das; -[e]s, -e (Zusammenballung, Gemisch; *Geol.* Sedimentgestein)

Kon|gre|ga|ti|on, die; -, -en ([kath.] Vereinigung)

Kon|gress, der; -es, -e (fachl. od. polit. Versammlung; *nur Sing.:* Parlament in den USA); **Kon|gress|saal, Kon|gress-Saal; Kon|gress|zen|t|rum**

kon|gru|ent (übereinstimmend; *Math.* deckungsgleich); **Kon|gru|enz,** die; -, -en *Plur. selten* (Übereinstimmung)

Kö|nig [...nɪç], der; -s, -e; **Kö|ni|gin; kö|nig|lich** [...nɪklɪç] (*Abk.* kgl.); Königliche Hoheit (Anrede eines Fürsten od. Prinzen); **Kö|nig|reich** [...nɪk...]; **Kö|nigs|haus; Kö|nigs|klas|se** (*Sport* höchste Klasse); **Kö|nigs|weg** (bester Weg); **Kö|nig|tum**

Kon|ju|ga|ti|on, die; -, -en (*Sprachwiss.* Beugung des Verbs); **kon|ju|gie|ren** ([Verben] beugen)

Kon|junk|ti|on, die; -, -en (*Sprachwiss.* Bindewort; *Astron.* Stellung zweier Gestirne im gleichen Längengrad)

Kon|junk|tiv, der; -s, -e (*Sprachwiss.* Möglichkeitsform; *Abk.* Konj.)

Kon|junk|tur, die; -, -en (wirtschaftl. Gesamtlage von bestimmter Entwicklungstendenz; wirtschaftl. Aufschwung); **Kon|junk|tur|auf|schwung; Kon|junk|tur|aus|sicht** *meist Plur.;* **kon|junk|tu|rell** (der Konjunktur gemäß); **Kon|junk|tur|ent|wick|lung; Kon|junk|tur|flau|te; Kon|junk|tur|pro|gramm; Kon|junk|tur|schwä|che; Kon|junk|tur|zy|k|lus**

kon|kav (*Optik* hohl, nach innen gewölbt)

Kon|kla|ve, das; -s, -n (Versammlung[sort] der Kardinäle zur Papstwahl)

Kon|kor|danz, die; -, -en (*Biol., auch schweiz. für* Übereinstimmung); **Kon|kor|dat,** das; -[e]s, -e (Vertrag zwischen Staat u. kath. Kirche; *schweiz. für* Vertrag zwischen Kantonen)

kon|kret (gegenständlich, anschaubar)

kon|kre|ti|sie|ren (verdeutlichen; [im Einzelnen] ausführen); **Kon|kre|ti|sie|rung**

Kon|ku|bi|nat, das; -[e]s, -e (*Rechtsspr.* eheähnliche Gemeinschaft ohne Eheschließung); **Kon|ku|bi|ne,** die; -, -n (*veraltet für* im Konkubinat lebende Frau; *veraltet abwertend für* Geliebte)

Kon|kur|rent, der; -en, -en (Mitbewerber, [geschäftl.] Rivale); **Kon|kur|ren|tin**

Kon|kur|renz, die; -, -en (Wettbewerb; Zusammentreffen zweier Tatbestände od. Möglichkeiten; *nur Sing.:* Konkurrent, Gesamtheit der Konkurrenten); **Kon|kur|renz|druck,** der; -[e]s; **kon|kur|renz|fä|hig; Kon|kur|renz|fä|hig|keit** *Plur. selten;* **Kon|kur|renz|kampf; kon|kur|renz|los**

kon|kur|rie|ren (wetteifern; zusammentreffen [von mehreren strafrechtl. Tatbeständen])

Kon|kurs, der; -es, -e (*früher für* Insolvenz, Zahlungsunfähigkeit); in Konkurs gehen

kön|nen; konnte, gekonnt; **Kön|nen,** das; -s; **Kön|ner; Kön|ne|rin**

Kon|rek|tor, der; -s, ...oren (Vertreter des Rektors einer Schule); **Kon|rek|to|rin**

Kon|sens, der; -es, -e (Meinungsübereinstimmung; *veraltend für* Genehmigung)

kon|se|quent (folgerichtig; beharrlich, zielbewusst); **kon|se|quen|ter|wei|se; Kon-**

se|quenz, die; -, -en (Folgerichtigkeit; Beharrlichkeit; Folge[rung])

Kon|ser|va|tis|mus; kon|ser|va|tiv [*auch* 'kɔ...]; **Kon|ser|va|ti|ve,** der *u.* die; -n, -n

Kon|ser|va|to|ri|um, das; -s, ...ien (Musik[hoch]schule)

Kon|ser|ve, die; -, -n (haltbar gemachtes Lebensmittel; Konservenbüchse, -glas mit Inhalt); **Kon|ser|ven|do|se**

kon|ser|vie|ren (einmachen; haltbar machen; beibehalten); **Kon|ser|vie|rung**

kon|sis|tent (fest, zäh zusammenhaltend; dickflüssig); **Kon|sis|tenz,** die; - ([stofflicher] Zusammenhalt; [gedanklicher] Zusammenhang; Widerspruchslosigkeit)

Kon|so|le, die; -, -n (Wandbrett; *EDV* Gerät für elektronische Spiele)

kon|so|li|die|ren (in seinem Bestand sichern, festigen); **Kon|so|li|die|rung**

Kon|so|nant, der; -en, -en (*Sprachwiss.* Mitlaut, z. B. p, t, k)

Kon|sor|te, der; -n, -n (*Wirtsch.* Mitglied eines Konsortiums; *nur Plur.: abwertend für* Mittäter); **Kon|sor|ti|um,** das; -s, ...ien (Genossenschaft; vorübergehende Vereinigung von Unternehmen, bes. von Banken, für größere Finanzierungsaufgaben)

Kon|s|pi|ra|ti|on, die; -, -en (Verschwörung); **kon|s|pi|ra|tiv; kon|s|pi|rie|ren**

kon|s|tant (unveränderlich, stetig); **Kon|s|tan|te,** die; -[n], *Plur.* -n, *ohne Artikel fachspr. auch* - (eine mathematische Größe, deren Wert sich nicht ändert; *Ggs.* Veränderliche, Variable); zwei Konstante[n]; **Kon|s|tanz,** die; - (Beharrlichkeit; Stetigkeit)

kon|s|ta|tie|ren (feststellen)

Kon|s|tel|la|ti|on, die; -, -en (Zusammentreffen von Umständen; Lage)

kon|s|ter|niert (bestürzt, betroffen)

kon|s|ti|tu|ie|ren (einsetzen, festsetzen, gründen); sich konstituieren (zusammentreten [zur Beschlussfassung])

Kon|s|ti|tu|ti|on, die; -, -en (allgemeine, bes. körperliche Verfassung; *Med.* Körperbau; *Politik* Verfassung, Satzung)

kon|s|ti|tu|ti|o|nell (verfassungsmäßig; *Med.* auf die Körperbeschaffenheit bezüglich; anlagebedingt); konstitutionelle Monarchie

kon|s|ti|tu|tiv (das Wesen einer Sache bestimmend)

kon|s|t|ru|ie|ren (gestalten; zeichnen; bilden; [künstlich] herstellen); **Kon|s|t|rukt,** das; -[e]s, *Plur.* -e *u.* -s (Arbeitshypothese); **Kon|s|t|ruk|teur** [...'tøːɐ̯], der; -s, -e (Erbauer, Erfinder, Gestalter); **Kon|s|t|ruk|teu|rin; Kon|s|t|ruk|ti|on,** die; -, -en

kon|s|t|ruk|tiv [*auch* 'kɔ...] (die Konstruktion betreffend; folgerichtig; aufbauend)

Kon|sul, der; -s, -n (höchster Beamter der röm. Republik; *Diplomatie* Vertreter eines Staates im Ausland); **kon|su|la|risch; Kon|su|lat,** das; -[e]s, -e (Amt[sgebäude] eines Konsuls); **Kon|su|lin**

K

Kon|sul|ta|ti|on, die; -, -en (Befragung, bes. eines Arztes; Beratung von Regierungen); **kon|sul|tie|ren** ([einen Arzt] befragen)

Kon|sum, der; -s (Verbrauch, Verzehr); **Kon|su|ment,** der; -en, -en (Verbraucher; Käufer); **Kon|su|men|tin; Kon|sum|gut** *meist Plur. (Wirtsch.);* **kon|su|mie|ren** (verbrauchen; verzehren); **Kon|sum|ver|hal|ten**

Kon|takt, der; -[e]s, -e (Berührung, Verbindung); **Kon|takt|ad|res|se; kon|takt|arm; Kon|takt|auf|nah|me; kon|takt|freu|dig; kon|tak|tie|ren; Kon|takt|lin|se; Kon|takt|per|son; kon|takt|scheu**

Kon|ta|mi|na|ti|on, die; -, -en (*fachspr. für* [radioaktive] Verunreinigung, Verseuchung); **kon|ta|mi|nie|ren**

Kon|ter, der; -s, - (*Sport* schneller Gegenangriff); **Kon|ter|fei** [*auch* ...'fai̯], das; -s, *Plur.* -s *od.* -e (*scherzh., sonst veraltet für* [Ab]bild, Bildnis)

kon|ter|ka|rie|ren (hintertreiben)

kon|tern (schlagfertig erwidern; abwehren)

Kon|ter|re|vo|lu|ti|on (Gegenrevolution)

Kon|text [*auch* ...'tɛ...], der; -[e]s, -e (umgebender Text; Zusammenhang; Inhalt); **kon|tex|tu|a|li|sie|ren** (*geh., auch fachspr. für*

im Kontext betrachten); **Kon|tex|tu|a|li|sie|rung**
Kon|ti (*Plur. von* Konto)
Kon|ti|nent [*auch* kɔnti'nɛnt], der; -[e]s, -e (Festland; Erdteil); **kon|ti|nen|tal**
Kon|tin|gent, das; -[e]s, -e (anteilig zu erbringende Menge, Leistung); **kon|tin|gen|tie|ren** (einen Anteil festsetzen)
kon|ti|nu|ier|lich (stetig, fortdauernd); **Kon|ti|nu|i|tät,** die; -, -en (Stetigkeit)
Kon|to, das; -s, *Plur.* ...ten, *selten* -s *u.* ...ti (fortlaufende Gegenüberstellung u. Verrechnung der Forderungen u. Schulden im privaten od. geschäftlichen Zahlungsverkehr); **Kon|to|aus|zug; Kon|to|num|mer**
Kon|tor, das; -s, -e (Handelsniederlassung im Ausland)
Kon|to|stand
K **kon|t|ra**, con|t|ra (gegen, entgegengesetzt); **Kon|t|ra,** das; -s, -s (*Kartenspiele* Gegenansage); jmdm. Kontra geben
Kon|t|ra|bass (Bassgeige)
Kon|tra|hent, der; -en, -en (*Rechtsspr.* Vertragspartner; Gegner); **Kon|tra|hen|tin**
Kon|t|ra|in|di|ka|ti|on, die; -, -en (*Med.* Umstand, der die Anwendung einer Arznei o. Ä. verbietet)
Kon|trakt, der; -[e]s, -e (Vertrag)
Kon|trak|ti|on, die; -, -en (Zusammenziehung)
kon|t|ra|pro|duk|tiv (negativ, entgegenwirkend)
Kon|t|ra|punkt, der; -[e]s, -e (*Musik* Führung mehrerer selbstständiger Stimmen im Tonsatz)
kon|t|rär (gegensätzlich; widrig)
Kon|t|rast, der; -[e]s, -e ([starker] Gegensatz; auffallender [Farb]unterschied); **kon|t|ras|tie|ren** (sich unterscheiden, einen [starken] Gegensatz bilden); **Kon|t|rast|mit|tel,** das *(Med.)*; **Kon|t|rast|pro|gramm; kon|t|rast|reich**
Kon|t|rol|le, die; -, -n; **Kon|t|rol|leur** [...'løːɐ̯], der; -s, -e (Aufsichtsbeamter, Prüfer); **Kon|t|rol|leu|rin; kon|t|rol|lier|bar; kon|t|rol|lie|ren; kon|t|rol|liert**
Kon|t|roll|me|cha|nis|mus
kon|t|ro|vers (entgegengesetzt; strittig; umstritten); **Kon|t|ro|ver|se,** die; -, -n (Meinungsverschiedenheit; Streit[frage])
Kon|tur, die; -, -en *meist Plur.* (Umriss; andeutende Linie[nführung]); **kon|tu|rie|ren** (in Umrissen zeichnen)
Kon|vent, der; -[e]s, -e (*kath. Kirche* Versammlung der Mönche; *ev. Kirche* Zusammenkunft der Geistlichen zur Beratung)
Kon|ven|ti|on, die; -, -en (Abkommen, [völkerrechtl.] Vertrag; *meist Plur.:* Herkommen, Brauch, Förmlichkeit); **kon|ven|ti|o|nell** (herkömmlich, üblich; förmlich)
kon|ver|gent (sich zuneigend, zusammenlaufend; übereinstimmend); **Kon|ver|genz,** die; -, -en (Annäherung, Übereinstimmung)
Kon|ver|sa|ti|on, die; -, -en (gesellige Unterhaltung, Plauderei)
kon|ver|tie|ren (*Rel.* den Glauben, die Konfession wechseln); **Kon|ver|tit,** der; -en, -en (*Rel.* zu anderem Glauben od. anderer Konfession Übergetretener); **Kon|ver|ti|tin**
kon|vex (*Optik* nach außen gewölbt)
Kon|voi [*auch* 'kɔn...], der; -s, -s (*bes. Militär* Geleitzug; Fahrzeugkolonne)
Kon|vo|lut, das; -[e]s, -e (*Buchw.* Bündel [von Schriftstücken]; Sammelband)
Kon|zen|t|rat, das; -[e]s, -e (angereicherter Stoff, hochprozentige Lösung)
Kon|zen|t|ra|ti|on, die; -, -en (Zusammenziehung [von Truppen]; [geistige] Sammlung; *Chemie* Gehalt einer Lösung)
Kon|zen|t|ra|ti|ons|la|ger, das; -s, ...lager (*Abk.* KZ); **Kon|zen|t|ra|ti|ons|schwä|che**
kon|zen|t|rie|ren ([Truppen] zusammenziehen, vereinigen; *Chemie* anreichern, gehaltreich machen); sich konzentrieren (sich [geistig] sammeln); **kon|zen|t|riert** (*Chemie* angereichert, gehaltreich; *übertr. für* gesammelt, aufmerksam); **kon|zen|t|risch** (mit gemeinsamem Mittelpunkt)
Kon|zept, das; -[e]s, -e (Entwurf; Plan)
Kon|zep|ti|on, die; -, -en (Entwurf eines Werkes; *Med.* Empfängnis)

kon|zep|ti|o|nell; kon|zep|tu|ell (auf ein Konzept bezogen)

Kon|zern, der; -[e]s, -e (Zusammenschluss wirtschaftl. Unternehmen); **Kon|zern|lei|tung; Kon|zern|mut|ter** (*Wirtsch.* Muttergesellschaft eines Konzerns); **Kon|zern|spit|ze; Kon|zern|toch|ter** (Tochtergesellschaft eines Konzerns); **Kon|zern|um|satz**

Kon|zert, das; -[e]s, -e; **Kon|zert|abend; Kon|zert|haus**

kon|zer|tiert; eine konzertierte Aktion (*Wirtsch.* gemeinsam zwischen Partnern abgestimmtes Handeln)

Kon|zert|saal

Kon|zes|si|on, die; -, -en (behördl. Genehmigung; *meist Plur.:* Zugeständnis)

Kon|zil, das; -s, *Plur.* -e *u.* -ien (Versammlung kath. Würdenträger; Universitätsgremium)

kon|zi|li|ant (versöhnlich, umgänglich)

kon|zi|pie|ren (verfassen, entwerfen)

Ko|ope|ra|ti|on, die; -, -en (Zusammenarbeit); **Ko|ope|ra|ti|ons|be|reit|schaft**

ko|ope|ra|tiv; Ko|ope|ra|tiv, das; -s, *Plur.* -e, *auch* -s (Arbeitsgemeinschaft, Genossenschaft)

ko|ope|rie|ren (zusammenarbeiten)

Ko|or|di|na|ti|on, die; -, -en; **ko|or|di|nie|ren** (in ein Gefüge einbauen; aufeinander abstimmen); **Ko|or|di|nie|rung**

Kopf, der; -[e]s, Köpfe; Kopf hoch!; von Kopf bis Fuß; jmdm. zu Kopf steigen; einen Ball über Kopf *od.* überkopf schlagen; *aber nur* die Schmerzen strahlten über Kopf und Nacken bis in beide Schultern; auf dem Kopf stehen; das Bild, der Turner steht auf dem Kopf; *vgl. aber* kopfstehen

Kopf-an-Kopf-Ren|nen; Kopf|bahn|hof; Kopf|ball; Kopf|be|de|ckung; Köpf|chen; köp|fen; Kopf|haut; Kopf|hö|rer; Kopf|ki|no (in der Fantasie ablaufende Vorgänge); **Kopf|kis|sen; kopf|los; Kopf|pau|scha|le** (einkommensunabhängige pauschale Krankenversicherungsprämie); **kopf|rech|nen** *nur im Infinitiv gebr.;* **Kopf|rech|nen,** das; -s; **Kopf|schmerz** *meist Plur.;* **Kopf|schuss; kopf|schüt|telnd; Kopf|sprung**

kopf|ste|hen; ich stehe kopf, habe kopfgestanden, um kopfzustehen; *aber* auf dem Kopf stehen

Kopf|stein|pflas|ter; Kopf|tuch *Plur.* ...tücher; **kopf|über; Kopf|ver|let|zung; Kopf|weh,** das; -s; **Kopf|zer|bre|chen,** das; -s

Ko|pie [*österr. auch* 'ko:pi̯ə], die; -, ...i̯en [*österr. auch* 'ko:pi̯ən] (Abschrift; Abdruck; Nachbildung; *Film* Abzug); **ko|pie|ren** (eine Kopie machen); **Ko|pie|rer** (*ugs. für* Kopiergerät); **Ko|pier|ge|rät; Ko|pier|schutz,** der; -es *(EDV)*

Ko|pi|lot usw. *vgl.* Co-Pilot usw.; **Ko|pi|lo|tin** usw. *vgl.* Co-Pilotin usw.

[1]**Kop|pel,** die; -, -n (eingezäunte Weide; Riemen; durch Riemen verbundene Tiere)

[2]**Kop|pel,** das; -s, -, *österr.* die; -, -n (Gürtel)

kop|peln (verbinden); **Kop|pe|lung, Kopp|lung**

Ko|pro|duk|ti|on, die; -, -en (Gemeinschaftsherstellung); **ko|pro|du|zie|ren**

Ko|pu|la|ti|on, die; -, -en (*Biol.* Begattung); **ko|pu|lie|ren**

Ko|ral|le, die; -, -n (ein Nesseltier; aus seinem Skelett gewonnener Schmuckstein); **Ko|ral|len|in|sel; Ko|ral|len|riff**

Ko|ran, der; -[s], -e (das heilige Buch des Islams)

Korb, der; -[e]s, Körbe; **Korb|blüt|ler**

Körb|chen

Kord usw. *vgl.* Cord usw.

Kor|del, die; -, -n (gedrehte Schnur)

Ko|ri|an|der, der; -s, - *Plur. selten* (Gewürzpflanze u. deren Samen)

Ko|rin|the, die; -, -n *meist Plur.* (kleine Rosine)

Kork, der; -[e]s, -e (Rinde der Korkeiche; Korken); **Kor|ken,** der; -s, - (Stöpsel aus Kork)

[1]**kor|ken** (*selten für* zukorken)

[2]**kor|ken** (aus Kork); **Kor|ken|zie|her**

Kor|mo|ran [*österr.* 'kɔr...], der; -s, -e (ein Schwimmvogel)

K

[1]**Korn,** der; -[e]s (*ugs. für* Kornbranntwein)
[2]**Korn,** das; -[e]s, *Plur.* Körner *u.* (*für* Getreidearten:) -e; **Korn|blu|me; Körn|chen**
Kor|nel|kir|sche (ein [Zier]strauch mit essbaren Früchten)
Kor|nett, das; -[e]s, *Plur.* -e *u.* -s (ein Blechblasinstrument)
kör|nig
Ko|ro|na, die; -, ...nen (*Kunstwiss.* Heiligenschein; *Astron.* Strahlenkranz [um die Sonne])
Kör|per, der; -s, -; **Kör|per|bau,** der; -[e]s; **kör|per|be|hin|dert; kör|per|ei|gen;** körpereigene Abwehrstoffe; **Kör|per|ge|wicht; Kör|per|grö|ße; Kör|per|hal|tung; kör|per|lich; Kör|per|lich|keit; Kör|per|pfle|ge; Kör|per|schaft; Kör|per|spra|che; Kör|per|teil,** der; **Kör|per|ver|let|zung**
Kor|po|ra|ti|on, die; -, -en (Körperschaft; Studentenverbindung)
Korps, Corps [ko:ɐ̯], das; -, - (Heeresabteilung; [schlagende] stud. Verbindung)
kor|pu|lent (beleibt); **Kor|pu|lenz,** die; - (Beleibtheit)
Kor|pus, Cor|pus, das; -, ...pora (einer wissenschaftl. Untersuchung zugrunde liegende Textsammlung; *Musik [meist* der; *nur Sing.]* Klangkörper eines Instruments)
kor|rekt; kor|rek|ter|wei|se; Kor|rekt|heit
Kor|rek|tur, die; -, -en (Berichtigung, Verbesserung); Korrektur lesen
Kor|re|la|ti|on, die; -, -en (Wechselbeziehung); **kor|re|lie|ren**
kor|re|pe|tie|ren (*Musik* eine Gesangs-, Instrumental- od. Tanzpartie mit Klavierbegleitung einüben); **Kor|re|pe|ti|tor; Kor|re|pe|ti|to|rin**
Kor|re|s|pon|dent, der; -en, -en (Berichterstatter im Ausland); **Kor|re|s|pon|den|tin; Kor|re|s|pon|denz,** die; -, -en (Briefwechsel); **kor|re|s|pon|die|ren** (im Briefverkehr stehen; übereinstimmen)
Kor|ri|dor, der; -s, -e ([Wohnungs]flur, Gang; schmaler Gebietsstreifen)
kor|ri|gie|ren (berichtigen; verbessern)
Kor|ro|si|on, die; -, -en (Zersetzung, Zerstörung); **kor|ro|si|ons|be|stän|dig**
kor|rum|pie|ren ([charakterlich] verderben; bestechen)
kor|rupt ([moralisch] verdorben; bestechlich); **Kor|rup|ti|on,** die; -, -en (Bestechlichkeit; Bestechung; [Sitten]verfall, -verderbnis); **Kor|rup|ti|ons|af|fä|re**
Kor|sett, das; -s, *Plur.* -s, *auch* -e (Mieder; *Med.* Stützvorrichtung für die Wirbelsäule)
Kor|so, der; -s, -s (Schaufahrt; Umzug; Straße [für das Schaufahren])
Kor|ti|son, *fachspr.* Cor|ti|son, das; -s (*Pharm.* ein Hormonpräparat)
Kor|vet|te, die; -, -n (leichtes Kriegsschiff)
Ko|ry|phäe, die; -, -n (bedeutende Persönlichkeit, hervorragender Gelehrter usw.)
ko|scher (den jüd. Speisegesetzen gemäß [erlaubt]; *ugs. für* einwandfrei)
K.-o.-Schlag (*Boxen* Niederschlag)
ko|sen; Ko|se|na|me
Ko|si|nus, Co|si|nus, der; -, *Plur.* - *u.* -se *Plur. selten* (*Math.* eine Winkelfunktion im rechtwinkligen Dreieck; *Zeichen* cos)
Kos|me|tik, die; - (Körper- u. Schönheitspflege); **Kos|me|ti|ker; Kos|me|ti|ke|rin; Kos|me|tik|sa|lon**
Kos|me|ti|kum, das; -s, ...ka *meist Plur.* (Mittel zur Schönheitspflege); **kos|me|tisch**
kos|misch (im Kosmos; das Weltall betreffend; All...)
Kos|mo|lo|gie, die; -, ...ien (Lehre von der Entstehung u. Entwicklung des Weltalls)
Kos|mo|naut, der; -en, -en (Weltraumfahrer); **Kos|mo|nau|tin**
Kos|mo|po|lit, der; -en, -en (Weltbürger); **Kos|mo|po|li|tin; kos|mo|po|li|tisch**
Kos|mos, der; - (Weltall, Weltraum)
Kost, die; -; er hat freie Kost *(braucht für das Essen nicht zu bezahlen)*
kost|bar; Kost|bar|keit
[1]**kos|ten** (schmecken)
[2]**kos|ten** (wert sein); **Kos|ten** *Plur.;* Kosten senken, sparen; kostensenkende *od.* Kosten senkende Maßnahmen; eine kosten-

sparende od. Kosten sparende Lösung, aber nur eine kostensparendere, die kostensparends|te Lösung; **kos|ten|de-ckend**, **Kos|ten de|ckend**; kostende-ckende od. Kosten deckende Gebühren

Kos|ten|ein|spa|rung; Kos|ten|fak|tor; kos|ten|frei; kos|ten|güns|tig; kos|ten-in|ten|siv; kos|ten|los; kos|ten|pflich-tig; Kos|ten|punkt; kos|ten|sen|kend, Kos|ten sen|kend *vgl.* Kosten; **Kos|ten-sen|kung; kos|ten|spa|rend, Kos|ten spa|rend** *vgl.* Kosten

köst|lich; Köst|lich|keit

Kost|pro|be

kost|spie|lig

Kos|tüm, das; -s, -e; **Kos|tüm|fest; kos|tü-mie|ren**; sich kostümieren ([ver]kleiden)

Kot, der; -[e]s, -e *Plur. selten*

Ko|tan|gens, *bes. fachspr.* Co|tan|gens, der; -, - *Plur. selten* (*Math.* eine Winkelfunktion im Dreieck; *Zeichen* cot)

Ko|tau, der; -s, -s (demütige Ehrerweisung); Kotau machen

Ko|te|lett [kɔt'lɛt, *auch* 'kɔt...], das; -s, -s (Rippenstück)

Ko|te|let|ten *Plur.* (Backenbart)

Kö|ter, der; -s, - (*abwertend für* Hund)

Kot|flü|gel (am Auto)

ko|tig (mit, voller Kot)

Kot|ze, die; - (*derb für* Erbrochenes); **kot-zen** (*derb für* sich übergeben)

Krab|be, die; -, -n (ein Krebs)

krab|beln; ich krabb[e]le

krach!; Krach, der; -[e]s, Kräche (*nur Sing.:* Lärm; *ugs. für* Streit; Zusammenbruch); mit Ach und Krach (mit Müh und Not); Krach schlagen

kra|chen; es mal richtig krachen lassen *od.* krachenlassen (*ugs. für* ausgelassen fei-ern); **Kra|cher** (*ugs. für* Knallkörper)

Krach|le|der|ne, die; -n, -n (*bayr. für* kurze Lederhose)

kräch|zen; Kräch|zer

Krä|cker *vgl.* Cracker

kraft; *Präp. mit Gen.:* kraft meines Amtes

Kraft, die; -, Kräfte; [viel] Kraft rauben; kraftraubende *od.* Kraft raubende, kraft-sparende *od.* Kraft sparende Methoden; in Kraft treten, sein; das Inkrafttreten; etwas außer Kraft setzen

Kraft|akt; Kraft|an|stren|gung

Kräf|te|mes|sen, das; -s; **Kräf|te|ver|hält-nis; kräf|te|zeh|rend**

Kraft|fah|rer; Kraft|fah|re|rin; Kraft|fahr-zeug (*Abk.* Kfz)

kräf|tig; kräf|ti|gen; Kräf|ti|gung

kraft|los; saft- und kraftlos; **Kraft|mei|e|rei** *(ugs. abwertend);* **Kraft|pro|be**

kraft|rau|bend, Kraft rau|bend; eine kraftraubende *od.* Kraft raubende Arbeit, *aber nur* eine viel Kraft raubende Arbeit, eine äußerst kraftraubende, noch kraftrau-bendere Arbeit; **kraft|spa|rend, Kraft spa|rend**; eine kraftsparende *od.* Kraft sparende Technik, *aber nur* eine viel Kraft sparende Technik, eine äußerst kraftspa-rende, noch kraftsparendere Technik

Kraft|sport; Kraft|stoff; kraft|voll; Kraft-Wär|me-Kopp|lung; Kraft|werk

Krä|gel|chen; Kra|gen, der; -s, *Plur.* -, *südd., österr. u. schweiz. auch* Krägen

Krä|he, die; -, -n; **krä|hen; Krä|hen|fü|ße** *Plur.* (*ugs. für* Fältchen in den Augenwin-keln; unleserlich gekritzelte Schrift)

Kra|kau|er, die; -, - (eine Art Knackwurst)

Kra|ke, der; -n, -n, *ugs. auch* die; -, -n (Rie-sentintenfisch)

Kra|keel, der; -s (*ugs. für* Lärm u. Streit; Unruhe); **kra|kee|len** *(ugs.);* er hat krakeelt

Kra|kel, der; -s, - (*ugs. für* schwer leserliches Schriftzeichen); **Kra|ke|lei** *(ugs.);* **kra|ke-lig** *(ugs.);* **kra|keln** *(ugs.);* **Kra|kel|schrift** *(ugs.);* **krak|lig** *(ugs.)*

Kral, der; -s, *Plur.* -e, *auch* -s (Runddorf afrik. Stämme)

Kral|le, die; -, -n; **kral|len** (*ugs.* unerlaubt wegnehmen)

Kram, der; -[e]s; **kra|men** (*ugs. für* herum-wühlen u. nach etw. suchen)

Krä|mer (*veraltet, aber noch landsch. für* Kleinhändler); **Krä|me|rin**

Kram|pe, die; -, -n (Metallhaken)

K

Krampf, der; -[e]s, Krämpfe; **Krampf|ader; krampf|fen;** sich krampfen; **krampf|haft**
Kran, der; -[e]s, *Plur.* Kräne *u. (fachspr.)* Krane (Hebevorrichtung); **Kran|füh|rer; Kran|füh|re|rin**
Kra|nich, der; -s, -e (ein Stelzvogel)
krank; krän|ker, kränks|te; krank sein, werden, liegen; weil die Belastungen uns krank machen *od.* krankmachen; *vgl. aber* krankmachen; **krank|är|gern,** sich (*ugs. für* sich sehr ärgern)
Kran|ke, der *u.* die; -n, -n; die chronisch Kranken
krän|keln; ich kränk[e]le
kran|ken; an etwas kranken (durch etwas beeinträchtigt sein)
krän|ken (beleidigen)
Kran|ken|bett; Kran|ken|geld; Kran|ken|gym|nas|tik
Kran|ken|haus; Kran|ken|haus|keim *meist Plur.* (multiresistenter, im Krankenhaus übertragener Infektionserreger)
Kran|ken|kas|se; Kran|ken|kas|sen|bei|trag; Kran|ken|pfle|ge; Kran|ken|pfle|ger; Kran|ken|pfle|ge|rin; Kran|ken|schein; Kran|ken|schwes|ter; Kran|ken|stand (Anteil der Krankheitstage einer Arbeitnehmerschaft in einem bestimmten Zeitraum); **kran|ken|ver|si|chert; Kran|ken|ver|si|che|rung; Kran|ken|wa|gen**
krank|fei|ern (*ugs. für* der Arbeit fernbleiben, ohne ernstlich krank zu sein); er hat gestern krankgefeiert; **krank|haft**
Krank|heit; krank|heits|be|dingt; Krank|heits|er|re|ger; Krank|heits|fall; im Krankheitsfall
krank|la|chen, sich (*ugs. für* heftig lachen); ich habe mich krankgelacht; **kränk|lich; krank|ma|chen** (*svw.* krankfeiern); sie hat krankgemacht; *vgl. aber* krank; **krank|mel|den;** er hat sich krankgemeldet; **Krank|mel|dung; krank|schrei|ben;** sie wurde [für] eine Woche krankgeschrieben
Krän|kung
Kranz, der; -es, Kränze; **Kränz|chen; Kranz|nie|der|le|gung**
Krap|fen, der; -s, - (ein Gebäck)
krass (extrem; grell); **Krass|heit**
Kra|ter, der; -s, - (Vulkanöffnung; Abgrund); **Kra|ter|land|schaft**
kratz|bürs|tig (widerspenstig)
Krät|ze, die; - (Hautkrankheit)
krat|zen; Krat|zer (*ugs. für* Schramme); **krat|zig**
Kraul, das; -[s] *meist ohne Artikel* (ein Schwimmstil)
[1]**krau|len** (im Kraulstil schwimmen)
[2]**krau|len** (zart krauen)
Kraul|schwim|men, das; -s
kraus; Krau|se, die; -, -n
kräu|seln; ich kräus[e]le; das Haar kräuselt sich
Kraus|haar; kraus|haa|rig
Kraut, das; -[e]s, Kräuter (*südd., österr. Sing. auch für* Kohl); **Kräu|ter** *Plur.* (Gewürz- u. Heilpflanzen); **Kräu|ter|tee**
Kra|wall, der; -s, -e (Aufruhr; *nur Sing.: ugs. für* Lärm)
Kra|wat|te, die; -, -n ([Hals]binde, Schlips)
kra|xeln (*ugs. für* klettern)
Kre|a|ti|on, die; -, -en (Modeschöpfung; *veraltend für* Erschaffung)
kre|a|tiv (schöpferisch); **Kre|a|ti|vi|tät,** die; - (schöpferische Kraft)
Kre|a|tur, die; -, -en (Geschöpf, Lebewesen); **kre|a|tür|lich**
Krebs, der; -es, -e (Krebstier; bösartige Geschwulst; *nur Sing.:* Sternbild); Krebs erregen; **Krebs|er|kran|kung; krebs|er|re|gend, Krebs er|re|gend;** eine krebserregende *od.* Krebs erregende (karzinogene) Chemikalie, *aber nur* eine äußerst krebserregende Chemikalie; **krebs|krank; Krebs|lei|den; Krebs|pa|ti|ent; Krebs|pa|ti|en|tin; krebs|rot; Krebs|zel|le**
kre|den|zen (*geh. für* feierlich anbieten)
Kre|dit [*auch* ...ˈdɪt], der; -[e]s, -e (befristet zur Verfügung gestellter Geldbetrag; *übertr. für* Glaubwürdigkeit)
Kre|dit|an|stalt; Kre|dit|auf|nah|me; Kre|dit|ge|schäft; Kre|dit|in|s|ti|tut; Kre|dit|kar|te; Kre|dit|li|nie (Obergrenze für

einen Kredit); **Kre|dit|we|sen,** das; -s; **kre|dit|wür|dig; Kre|dit|wür|dig|keit**
Kre|do *vgl.* Credo
Krei|de, die; -, -n; **krei|de|bleich; Krei|de|fel|sen; krei|de|weiß**
kre|ie|ren ([er]schaffen)
Kreis, der; -es, -e (*auch für* Verwaltungsgebiet; *Abk.* Kr., Krs.); **Kreis|aus|schnitt**
krei|schen; du kreischst
Kreis|durch|mes|ser
Krei|sel, der; -s, -; **krei|seln**
krei|sen; du kreist; den Becher kreisen lassen
kreis|för|mig; kreis|frei; eine kreisfreie Stadt; **Kreis|klas|se** *(Sport);* **Kreis|lauf; Kreis|li|ga** *(Sport);* **kreis|rund; Kreis|sä|ge**
Kreiß|saal (Entbindungsraum im Krankenhaus)
Kreis|stadt; Kreis|um|fang; Kreis|ver|kehr
Kre|ma|to|ri|um, das; -s, ...ien (Anlage für Feuerbestattungen)
Krem|pe, die; -, -n ([Hut]rand)
Krem|pel, der; -s (*ugs. für* [Trödel]kram)
krem|peln ([nach oben] umschlagen)
kre|pie|ren (bersten, zerspringen [von Sprenggeschossen]; *derb für* verenden)
[1]**Krepp,** der; -s, *Plur.* -s *u.* -e, [1]Crêpe [krɛp], der; -[s], -s (krauses Gewebe)
[2]**Krepp** *vgl.* [2]Crêpe
Krepp|pa|pier, **Krepp-Pa|pier**
Kres|se, die; -, -n (Name für verschiedene Salat- und Gewürzpflanzen)
Kre|thi und Ple|thi *Plur., auch Sing., ohne Artikel* (*abwertend für* alle möglichen Leute)
Kreuz, das; -es, -e; das Rote Kreuz; das Eiserne Kreuz; **Kreuz|band|riss; kreu|zen** (über Kreuz legen; *Biol.* paaren; *Seemannsspr.* im Zickzackkurs fahren)
Kreu|zer (ehem. Münze; Kriegsschiff; größere Segeljacht)
Kreu|zes|tod; Kreu|zes|zei|chen *vgl.* Kreuzzeichen
Kreuz|fah|rer; Kreuz|fahrt; Kreuz|fahrt|schiff; Kreuz|feu|er; kreuz|fi|del *(ugs.);* **Kreuz|gang,** der; **kreu|zi|gen; Kreu|zi|gung; Kreuz|ot|ter,** die; **Kreuz|rit|ter; kreuz und quer** (planlos); **Kreu|zung; Kreuz|ver|hör; kreuz|wei|se; Kreuz|wort|rät|sel; Kreuz|zei|chen,** Kreu|zes|zei|chen; **Kreuz|zug**
Kre|vet|te, Cre|vet|te, die; -, -n (eine Garnelenart)
krib|be|lig, kribb|lig (*ugs. für* ungeduldig, gereizt); **krib|beln** (*ugs. für* prickeln, jucken; wimmeln); **kribb|lig** *vgl.* kribbelig
Kri|cket, das; -s (ein Ballspiel)
krie|chen; kroch, gekrochen
Krie|cher *(abwertend);* **Krie|che|rei; Krie|che|rin; krie|che|risch; Kriech|tier**
Krieg, der; -[e]s, -e; die Krieg führenden *od.* kriegführenden Parteien
krie|gen (*ugs. für* erhalten, bekommen)
Krie|ger; Krie|ge|rin; krie|ge|risch
Krieg füh|rend, **krieg|füh|rend** *vgl.* Krieg; **Krieg|füh|rung,** Kriegs|füh|rung
Kriegs|be|ginn; Kriegs|dienst; Kriegs|dienst|ver|wei|ge|rer; Kriegs|en|de; Kriegs|er|klä|rung; Kriegs|füh|rung *vgl.* Kriegführung; **Kriegs|ge|biet; Kriegs|ge|fan|ge|ne; Kriegs|ge|fan|gen|schaft; Kriegs|geg|ner; Kriegs|geg|ne|rin; Kriegs|op|fer; Kriegs|par|tei; Kriegs|schiff; Kriegs|ver|bre|chen; Kriegs|ver|bre|cher; Kriegs|ver|bre|che|rin**
Kri|mi [*auch* 'kri:...], der; -s, -s (*ugs. für* Kriminalroman, -film); **Kri|mi|nal|be|am|te; Kri|mi|nal|be|am|tin; Kri|mi|nal|fall,** der; **Kri|mi|nal|film; kri|mi|na|li|sie|ren** (als kriminell hinstellen); **Kri|mi|na|list,** der; -en, -en (Kriminalpolizist); **Kri|mi|na|lis|tin; Kri|mi|na|li|tät,** die; -; **Kri|mi|nal|po|li|zei** (*Kurzw.* Kripo); **Kri|mi|nal|ro|man**
kri|mi|nell; Kri|mi|nel|le, der *u.* die; -n, -n (straffällig Gewordene[r])
Krims|krams, der; -[es] (*ugs. für* Plunder)
Krin|gel, der; -s, - ([kleiner] Kreis; *auch für* [Zucker]gebäck); **krin|ge|lig** (sich ringelnd); sich kringelig lachen *(ugs.)*
krin|geln; sich [vor Lachen] kringeln
Kri|po, die; -, -s (*kurz für* Kriminalpolizei)

K

Krip|pe, die; -, -n; **Krip|pen|platz; Krip|pen|spiel** (Weihnachtsspiel)
Kri|se, Kri|sis, die; -, Krisen
kri|seln; er sagt, es kris[e]le
Kri|sen|ge|biet; kri|sen|ge|schüt|telt; Kri|sen|herd; Kri|sen|re|gi|on; Kri|sen|si|tu|a|ti|on; Kri|sen|sit|zung; Kri|sen|stab; Kri|sis *vgl.* Krise
[1]**Kris|tall,** der; -s, -e (regelmäßig geformter, von ebenen Flächen begrenzter Körper)
[2]**Kris|tall,** das; -s (geschliffenes Glas)
kris|tal|len (aus, wie Kristall)
Kris|tall|glas *Plur.* …gläser
kris|tal|lin (aus vielen kleinen Kristallen bestehend)
kris|tal|li|sie|ren (Kristalle bilden)
kris|tall|klar
Kris|tall|leuch|ter, Kris|tall-Leuch|ter
Kri|te|ri|um, das; -s, …ien (unterscheidendes Merkmal)
Kri|tik, die; -, -en (kritische Beurteilung; *nur Sing.:* Gesamtheit der Kritiker[innen]); **Kri|ti|ker** [*auch* 'krı…]; **Kri|ti|ke|rin; kri|tik|fä|hig; Kri|tik|fä|hig|keit,** die; -; **kri|tik|los; Kri|tik|punkt; kri|tik|un|fä|hig; kri|tisch** [*auch* 'krı…] (streng beurteilend, prüfend; *oft für* anspruchsvoll; eine Wende ankündigend; bedenklich); **kri|ti|sie|ren**
Krit|te|lei; krit|teln (mäkelnd urteilen)
Krit|ze|lei *(ugs.);* **krit|zeln** *(ugs.)*
Kro|kant, der; -s (knusprige Masse aus zerkleinerten Mandeln od. Nüssen)
Kro|ket|te, die; -, -n *meist Plur.* (frittiertes Röllchen aus Kartoffelbrei)
Kro|ko|dil, das; -s, -e; **Kro|ko|dils|trä|ne** *meist Plur.* (heuchlerische Träne)
Kro|kus, der; -, *Plur.* - *u.* -se (eine früh blühende Gartenpflanze)
Krön|chen
[1]**Kro|ne,** die; -, -n (Kopfschmuck)
[2]**Kro|ne,** die; -, -n (Währungseinheit in Dänemark, Estland, Island, Norwegen, Schweden, Tschechien u. früher in der Slowakei)
krö|nen
Kron|ko|lo|nie; Kron|leuch|ter; Kron|prinz; Kron|prin|zes|sin
Krö|nung
Kron|zeu|ge (Hauptzeuge); **Kron|zeu|gin**
Kropf, der; -[e]s, Kröpfe
kross (*nordd. für* knusprig); das Fleisch **kross braten** *od.* krossbraten
Krö|sus, der; *Gen.* -, *auch* -ses, *Plur.* -se (sehr reicher Mann)
Krö|te, die; -, -n; **Krö|ten** *Plur.* (*ugs. für* Geld)
Krü|cke, die; -, -n; **Krück|stock** *Plur.* …stöcke
krud, kru|de (grob, roh)
Krug, der; -[e]s, Krüge (ein Gefäß; *landsch., bes. nordd. für* Schenke)
Kru|me, die; -, -n; **Krü|mel,** der; -s, - (kleine Krume); **krü|me|lig,** krüm|lig; **krü|meln**
krumm; krumm dasitzen; etwas **krumm biegen** *od.* krummbiegen; das Knie **krumm machen** *od.* krummmachen; keinen Finger **krumm machen** *od.* krummmachen (nichts tun, nicht helfen); krumm (gekrümmt) gehen; *aber* die Sache darf nicht krummgehen (*ugs. für* misslingen); **krumm|bei|nig**
krumm bie|gen, krumm|bie|gen *vgl.* krumm; **krüm|men;** sich krümmen; **krumm|ge|hen** (*ugs. für* misslingen); *vgl. aber* krumm; **krumm|la|chen,** sich (*ugs. für* sehr lachen); **krumm|le|gen,** sich (*ugs. für* sich abmühen); **krumm ma|chen, krumm|ma|chen** *vgl.* krumm; **krumm|neh|men** (*ugs. für* verübeln)
Krüm|mung
Krüp|pel, der; -s, -; **krüp|pe|lig, krüpp|lig**
Krus|te, die; -, -n; **Krus|ten|tier**
Krux, Crux, die; - (Last, Kummer)
Kru|zi|fix [*auch, österr. nur* …'fıks], das; -es, -e (plastische Darstellung des gekreuzigten Christus)
Kryp|ta, die; -, …ten (unterirdischer Kirchenraum)
kryp|tisch (unklar, schwer zu deuten)
Kryp|ton [*auch* …'to:n], das; -s (chemisches Element, Edelgas; *Zeichen* Kr)
Kü|bel, der; -s, -; **kü|bel|wei|se** (in Kübeln; in großen Mengen)
Ku|ben (*Plur. von* Kubus)

Ku|bik|me|ter (*Zeichen* m³); **Ku|bik|zen|ti|me|ter** (*Zeichen* cm³)
ku|bisch (würfelförmig; *Math.* in der dritten Potenz vorliegend); **Ku|bis|mus,** der; - (Kunststil); **Ku|bus,** der; -, Kuben (Würfel; *Math.* dritte Potenz)
Kü|che, die; -, -n
Ku|chen, der; -s, -; **Ku|chen|blech**
Kü|chen|chef; Kü|chen|che|fin; Kü|chen|dienst; Kü|chen|hil|fe; Kü|chen|la|tein, das; -s (*scherzh. für* schlechtes Latein); **Kü|chen|mes|ser,** das; **Kü|chen|schrank**
Ku|chen|teig
Kü|chen|tisch; Kü|chen|zei|le
Küch|lein (kleiner Kuchen)
ku|cken (*nordd. für* gucken)
Kü|cken *vgl.* Küken
ku|ckuck!; Ku|ckuck, der; -s, -e; **Ku|ckucks|ei; Ku|ckucks|uhr**
Kud|del|mud|del, der *od.* das; -s (*ugs. für* Durcheinander)
Ku|fe, die; -, -n (Gleitschiene)
Kü|fer (*südwestd. u. schweiz. für* Böttcher; *auch svw.* Kellermeister)
Ku|gel, die; -, -n; **Ku|gel|blitz; Kü|gel|chen; ku|ge|lig,** kug|lig; **Ku|gel|la|ger; ku|geln;** sich kugeln; **ku|gel|rund; Ku|gel|schrei|ber; ku|gel|si|cher; Ku|gel|sto|ßen,** das; -s; **kug|lig** *vgl.* kugelig
Kuh, die; -, Kühe; **Kuh|han|del** (*ugs. für* fragwürdiges Tauschgeschäft); **Kuh|haut;** das geht auf keine Kuhhaut (*ugs. für* das ist unerhört)
kühl; den Pudding über Nacht kühl stellen *od.* kühlstellen; **Kühl|an|la|ge**
Kuh|le, die; -, -n (*ugs. für* Grube, Loch)
Küh|le, die; -; **küh|len; Küh|ler; Küh|ler|hau|be; Kühl|schrank; Küh|lung**
Kuh|milch
kühn; eine kühne Tat; **Kühn|heit**
ku|jo|nie|ren (*ugs. abwertend für* verächtlich behandeln; schikanieren)
Kü|ken, *österr.* Kü|cken, das; -s, - (das Junge des Huhnes)
ku|lant (entgegenkommend, großzügig [im Geschäftsverkehr]); **Ku|lanz,** die; -

¹Ku|li, der; -s, -s (Tagelöhner in Südostasien; *abwertend für* rücksichtslos Ausgenutzter)
²Ku|li, der; -s, -s (*ugs.; kurz für* Kugelschreiber)
ku|li|na|risch (auf die Kochkunst bezogen; ausschließlich dem Genuss dienend)
Ku|lis|se, die; -, -n (*Theater* Teil der Bühnendekoration; *übertr. für* Hintergrund)
kul|lern (*ugs. für* rollen); ich kullere
Kul|mi|na|ti|on, die; -, -en (Erreichung des Höhe-, Scheitel-, Gipfelpunktes); **kul|mi|nie|ren** (den Höhepunkt erreichen)
Kult, der; -[e]s, -e, Kul|tus, der; -, Kulte ([übertriebene] Verehrung; Form der Religionsausübung); **Kult|fi|gur; Kult|film** (Film, der von einem bestimmten Publikum bes. verehrt wird); **kul|tig** (*ugs. für* Kultstatus habend); **kul|tisch** (zum Kult gehörend)
kul|ti|vie|ren ([Land] bearbeiten, urbar machen; [aus]bilden; pflegen); **kul|ti|viert** (gesittet; hochgebildet)
Kult|sta|tus
Kul|tur, die; -, -en; **Kul|tur|be|trieb** *(oft abwertend);* **Kul|tur|beu|tel** (Beutel für Toilettensachen); **kul|tu|rell; Kul|tur|er|be,** das; **Kul|tur|ge|schich|te,** die; -; **kul|tur|ge|schicht|lich; Kul|tur|gut**
Kul|tur|haupt|stadt; kul|tur|his|to|risch; Kul|tur|land|schaft; Kul|tur|po|li|tik; kul|tur|po|li|tisch; Kul|tur|pro|gramm
Kul|tur|re|vo|lu|ti|on (*marx.* radikale kulturelle Umgestaltung; politisch-ideologische Kampagne in China 1965–76); **Kul|tur|schock; Kul|tur|sze|ne; Kul|tur|wis|sen|schaft** *meist Plur.;* **Kul|tus** *vgl.* Kult; **Kul|tus|ge|mein|de; Kul|tus|mi|nis|te|ri|um; Kul|tus|mi|nis|ter|kon|fe|renz**
Küm|mel, der; -s, - (Gewürzpflanze; ein Branntwein)
Kum|mer, der; -s; **Kum|mer|kas|ten** (*ugs. für* Briefkasten für Beschwerden o. Ä.)
küm|mer|lich
küm|mern (in der Entwicklung zurückbleiben [von Pflanzen u. Tieren]); sich [um jmdn., etw.] kümmern ([für jmdn., etw.] sorgen)
Kum|pan, der; -s, -e (*ugs. für* Kamerad,

K

Gefährte; *abwertend für* Helfershelfer; Mittäter); **Kum|pa|nei** *(ugs., oft abwertend);* **Kum|pa|nin**

Kum|pel, der; -s, *Plur.* -, *ugs.* -s, *österr. ugs.* -n (Bergmann; *ugs. auch für* [Arbeitskollege u.] Freund)

Ku|mu|la|ti|on, die; -, -en (*fachspr. für* Anhäufung); **ku|mu|lie|ren** (anhäufen)

Ku|mu|lus, der; -, …li (*Meteorol.* Haufenwolke)

kund; kund und zu wissen tun; *vgl.* kundgeben usw.

künd|bar (die Möglichkeit einer Kündigung enthaltend)

[1]**Kun|de,** der; -n, -n (Käufer)

[2]**Kun|de,** die; -, -n *Plur. selten* (Botschaft)

[3]**Kun|de,** die; -, -n (*österr. für* Kundschaft)

kün|den (*geh. für* kundtun)

Kun|den|bin|dung; Kun|den|dienst; kun|den|freund|lich; kun|den|ori|en|tiert; Kun|den|ser|vice, der, *österr. auch* das; **Kun|den|stamm; Kun|den|wunsch**

kund|ge|ben *(geh.);* gab kund, kundgegeben; **Kund|ge|bung**

kun|dig; Kun|di|ge, der *u.* die; -n, -n

kün|di|gen; Kün|di|gung; Kün|di|gungs|frist; Kün|di|gungs|grund; Kün|di|gungs|schutz, der; -es

Kun|din (Käuferin); **Kund|schaft**

Kund|schaf|ter; Kund|schaf|te|rin

kund|tun; tut kund, kundgetan

künf|tig

Kung-Fu, das; -[s] (eine sportliche Methode der Selbstverteidigung)

Kunst, die; -, Künste; **Kunst|aus|stel|lung; Kunst|be|trieb** *(oft abwertend);* **Kunst|denk|mal; Kunst|er|zie|hung; Kunst|fa|ser; Kunst|feh|ler; Kunst|ge|gen|stand; Kunst|ge|schich|te,** die; -; **Kunst|ge|wer|be; Kunst|griff; Kunst|händ|ler; Kunst|händ|le|rin; Kunst|hand|werk; Kunst|his|to|ri|ker; Kunst|his|to|ri|ke|rin; kunst|his|to|risch; Kunst|hoch|schu|le**

Künst|ler; Künst|ler|grup|pe; Künst|le|rin; künst|le|risch; Künst|ler|na|me; Künst|ler|pech *(ugs.)*

künst|lich; künstliche Befruchtung; künstliche Niere; künstliche *od.* Künstliche Intelligenz (*Abk.* KI); **Künst|lich|keit**

Kunst|mu|se|um; Kunst|ob|jekt; Kunst|samm|ler; Kunst|samm|le|rin; Kunst|samm|lung; Kunst|stoff; Kunst|stoff|fo|lie, Kunst|stoff-Fo|lie; Kunst|stück; Kunst|sze|ne; kunst|voll; Kunst|werk

kun|ter|bunt (durcheinander, gemischt)

Kup|fer, das; -s (chemisches Element, Metall; *Zeichen* Cu); **Kup|fer|mün|ze; kup|fern** (aus Kupfer); kupferne *od.* Kupferne Hochzeit (7. Hochzeitstag); **Kup|fer|stich; Kup|fer|stich|ka|bi|nett**

ku|pie|ren ([Ohren, Schwanz bei Hunden od. Pferden] stutzen)

Ku|pon *vgl.* Coupon

Kup|pe, die; -, -n

Kup|pel, die; -, -n

Kup|pe|lei (*veraltend abwertend für* Vermittlung einer Heirat durch unlautere Mittel); **kup|peln** (*veraltend auch für* Kuppelei betreiben)

kup|pen (Zweige o. Ä. stutzen)

Kupp|ler *(abwertend);* **Kupp|le|rin**

Kupp|lung; Kupp|lungs|pe|dal

Kur, die; -, -en (Heilverfahren; [Heil]behandlung, Pflege)

Kür, die; -, -en (Wahl; Wahlübung beim Sport); sie muss noch Kür laufen

Kü|ras|sier, der; -s, -e (*früher für* Panzerreiter; schwerer Reiter)

Ku|ra|tor, der; -s, …oren (Verwalter einer Stiftung; [wissenschaftlicher] Leiter eines Museums, einer Ausstellung o. Ä.; *österr. auch für* Treuhänder; *früher für* Vormund); **Ku|ra|to|rin; ku|ra|to|risch; Ku|ra|to|ri|um,** das; -s, …ien (Aufsichtsbehörde)

Kur|bel, die; -, -n; **kur|beln**

Kür|bis, der; -ses, -se; **Kür|bis|kern**

ku|ren (eine Kur machen)

kü|ren (*geh. für* wählen); kürte, *seltener* kor, gekürt, *seltener* gekoren

Kur|fürst; Kur|fürs|tin; kur|fürst|lich

Kur|gast *Plur.* …gäste; **Kur|haus**

kurz

kür|zer, kür|zes|te

Groß- und Kleinschreibung:

- *kurz und gut; kurz und bündig; kurz und klein; kurz und schmerzlos; über kurz oder lang; am kürzesten*
- *binnen, seit, vor Kurzem* od. *kurzem*
- *den Kürzer[e]n ziehen; etwas des Kürzeren darlegen; etwas Kurzes spielen, vortragen*

Schreibung in Verbindung mit Verben:

- *sie hat hier nur kurz (für kurze Zeit) gearbeitet* (vgl. aber *kurzarbeiten*)
- *kannst du das mal kurz halten?* (vgl. aber *kurzhalten*)
- *zu kurz kommen*
- *es kurz machen* od. *kurzmachen*
- *einen Text kurz fassen* od. *kurzfassen*
- *den Rasen kurz mähen* od. *kurzmähen*
- *sich die Haare kurz schneiden* od. *kurzschneiden lassen*

Vgl. auch *kurzarbeiten, kurzfassen, kurzhalten, kurzschließen, kürzertreten*

In Verbindung mit einem adjektivisch oder substantivisch gebrauchten Partizip kann getrennt oder zusammengeschrieben werden:

- *kurz gebratenes* od. *kurzgebratenes Fleisch; kurz geschnittene* od. *kurzgeschnittene Haare; ein kurz gefasster* od. *kurzgefasster Überblick*
- *Urlaub für Kurzentschlossene* od. *kurz Entschlossene*

Ku|rie, die; -, -n ([Sitz der] päpstl. Zentralbehörde)
Ku|rier, der; -s, -e (Bote); **Ku|rier|dienst**
ku|rie|ren (ärztlich behandeln; heilen)
Ku|rie|rin
ku|ri|os (seltsam, sonderbar); **Ku|ri|o|si|tät,** die; -, -en; **Ku|ri|o|sum,** das; -s, ...sa
Kur|kon|zert
Kür|lauf *(Sport)*
Kur|ort *Plur.* ...orte; **Kur|pfu|scher; Kur|pfu|sche|rin**
Kurs, der; -es, -e; **Kurs|an|stieg; Kurs|buch**
Kürsch|ner (Pelzverarbeiter); **Kürsch|ne|rin**
Kurs|ein|bruch *(Börsenw.);* **Kurs|ent|wick|lung**
kur|sie|ren (umlaufen, im Umlauf sein)
kur|siv (laufend, schräg); **Kur|siv|schrift**
Kurs|kor|rek|tur
kur|so|risch (rasch durchlaufend)
Kurs|schwan|kung
Kurs|teil|neh|mer; Kurs|teil|neh|me|rin;
Kur|sus, der; -, Kurse (Lehrgang; *auch für* Gesamtheit der Lehrgangsteilnehmer)
Kurs|ver|fall *(Börsenw.)*
Kur|ta|xe, die; -, -n
Kur|ti|sa|ne, die; -, -n (*früher für* Geliebte am Fürstenhof)
Kur|ve [...və, *auch* ...fə], die; -, -n; **kur|ven;** gekurvt; **kur|ven|reich; kur|vig**
kurz *s. Kasten*
Kurz|ar|beit, die; -; **kurz|ar|bei|ten** (aus Betriebsgründen eine kürzere Arbeitszeit einhalten); ich arbeite kurz; kurzgearbeitet; kurzzuarbeiten; *vgl. aber* kurz
kurz|är|me|lig, kurz|ärm|lig; kurz|at|mig
Kur|ze, der; -n, -n (*ugs. für* kleines Glas Branntwein; Kurzschluss)
Kür|ze, die; -; in Kürze
Kür|zel, das; -s, - (festgelegtes Abkürzungszeichen); **kür|zen;** du kürzt
Kurz|ent|schlos|se|ne, kurz Ent|schlos|se|ne *vgl.* kurz
kur|zer|hand (umstandslos)
kür|zer|tre|ten (sich schonen; sich einschränken)
kurz|fas|sen, sich (sich zeitsparend äußern)
Kurz|film; Kurz|form; kurz|fris|tig; kurz ge|bra|ten, kurz|ge|bra|ten *vgl.* kurz; **kurz ge|fasst, kurz|ge|fasst** *vgl.* kurz

K

Kurz|ge|schich|te; kurz ge|schnit|ten, kurz|ge|schnit|ten *vgl.* kurz; **kurz|haa|rig; kurz|hal|ten** (wenig Geld geben); sie hat ihre Kinder immer [ziemlich] kurzgehalten; *aber* kannst du das mal kurz (kurze Zeit) halten? *(ugs.)*

kurz lau|fend, kurz|lau|fend *(Bankw., Börsenw.); aber nur* ein kürzer laufender Kredit

kurz|le|big

kürz|lich

Kurz|mel|dung; Kurz|nach|richt

kurz|schlie|ßen; einen Stromkreis kurzschließen; sich kurzschließen (unmittelbaren Kontakt aufnehmen); **Kurz|schluss**

kurz schnei|den, kurz|schnei|den *vgl.* kurz; **Kurz|schrift** (*für* Stenografie)

kurz|sich|tig; Kurz|sich|tig|keit

kurz|um

Kür|zung

Kurz|ur|laub; Kurz|wa|ren *Plur.;* **kurz|wei|lig; Kurz|zeit|ge|dächt|nis,** das; -ses *(Psychol.);* **kurz|zei|tig**

ku|sche|lig, kusch|lig (gut zum Kuscheln); **ku|scheln;** sich kuscheln (sich anschmiegen); **Ku|schel|tier** (weiches Stofftier)

ku|schen (sich lautlos hinlegen [vom Hund]; *ugs. auch für* stillschweigen)

kusch|lig *vgl.* kuschelig

Ku|si|ne *vgl.* Cousine

Kuss, der; -es, Küsse; **Küss|chen; küs|sen;** du küsst; **Kuss|hand**

Küs|te, die; -, -n; **Küs|ten|wa|che**

Küs|ter (Kirchendiener); **Küs|te|rin**

Kutsch|bock; Kut|sche, die; -, -n; **Kut|scher; Kut|sche|rin; kut|schie|ren**

Kut|te, die; -, -n

Kut|tel, die; -, -n *meist Plur.* (essbares Stück vom Magen od. Darm des Rindes)

Kut|ter, der; -s, - (ein Fischereifahrzeug)

Ku|vert [...'ve:ɐ̯, ...'vɛ:ɐ̯], das; -s, -s, *auch* [...'vɛrt], -[e]s [...rtəs, ...rts], -e [...rtə] ([Brief]umschlag; [Tafel]gedeck für eine Person)

Ku|ver|tü|re, die; -, -n (Überzugsmasse für Kuchen, Gebäck u. a.)

Ky|ber|ne|tik, die; - (wissenschaftl. Erforschung der Steuerungs- u. Regelungsvorgänge); **ky|ber|ne|tisch**

Ky|o|to|pro|to|koll, Ky|o|to-Pro|to|koll (*Politik* ein internationales Klimaschutzabkommen)

Ky|rie|elei|son, das; -s, -s (Bittruf); **Ky|rie elei|son!** [...e e'lɛɪ̯..., - e'laɪ̯...], **Ky|ri|eleis!** (Bittformel im gottesdienstlichen Gesang)

KZ, das; -[s], -[s] (*kurz für* Konzentrationslager)

L

L (Buchstabe); das L; des L, die L, *aber* das l in Schale; der Buchstabe L, l

Lab, das; -[e]s (Enzym im [Kälber]magen)

lab|be|rig, labb|rig (*nordd. für* schwach; fade; breiig)

La|bel ['lɛɪ̯...], das; -s, -s (Etikett; Tonträgerproduzent; Markenname)

la|ben; sich laben

la|bern (*ugs. für* schwatzen, unaufhörlich reden); ich labere

la|bil (schwankend; veränderlich, unsicher)

Lab|ma|gen (Teil des Magens der Wiederkäuer)

La|bor [*österr. auch, schweiz. meist* 'la:...], das; -s, *Plur.* -s, *auch* -e (*kurz für* Laboratorium); **La|bo|rant,** der; -en, -en; **La|bo|ran|tin; La|bo|ra|to|ri|um,** das; -s, ...ien

La|bour|par|tei, La|bour-Par|tei ['lɛɪ̯bɐ...], die; - (engl. Arbeiterpartei)

Lab|sal, das; -[e]s, -e, *österr. u. südd. auch* die; -, -e

La|by|rinth, das; -[e]s, -e

[1]**La|che,** die; -, -n (Gelächter)

[2]**La|che** [*auch* 'la:...], die; -, -n (Pfütze)

lä|cheln; ich läch[e]le; **la|chen;** Tränen lachen; sie hat gut lachen; zum Lachen sein; **La|chen,** das; -s; **La|cher**

lä|cher|lich; etwas Lächerliches; ins Lächerliche ziehen

Lach|gas; lach|haft; Lach|num|mer (*ugs. für* lächerliche Angelegenheit)

Lachs, der; -es, -e (ein Fisch); **lachs|far|ben, lachs|far|big**

Lack, der; -[e]s, -e

la|ckie|ren (Lack auftragen); **La|ckie|rung**

La|de, die; -, -n (*landsch. für* Truhe, Schublade); **La|de|flä|che**

La|de|ka|bel

[1]**la|den** (aufladen); du lädst, er/sie lädt; du lud[e]st; du lüdest; geladen; lad[e]!

[2]**la|den** (einladen); du lädst, er/sie lädt (*veraltet, aber noch landsch.* du ladest, er/sie ladet); du ludst; du lüdest; geladen; lad[e]!

La|den, der; -s, *Plur.* Läden, *selten auch* -; **La|den|dieb|stahl; La|den|hü|ter** (schlecht absetzbare Ware); **La|den|öff|nungs|zeit** *meist Plur.;* **La|den|schluss,** der; -es; **La|den|schluss|ge|setz; La|den|tisch**

La|de|raum; La|dung

La|dy ['lɛɪdi], die; -, -s (Titel der engl. adligen Frau; *selten für* Dame); **la|dy|like** [...laɪk] (nach Art einer Lady; vornehm)

La|ge, die; -, -n; in der Lage sein; **La|ge|be|richt**

La|ger, das; -s, *Plur.* - *u.* (*Kaufmannsspr. für* Warenvorräte:) Läger; etwas auf Lager halten; **La|ger|be|stand; La|ger|feu|er; La|ger|hal|le; la|gern;** ich lagere; sich lagern; **La|ger|raum; La|ger|stät|te** (*Geol.* Fundort; *seltener für* Lagerstatt)

La|ge|rung

La|gu|ne, die; -, -n (durch einen Landstreifen vom offenen Meer getrennter Meeresteil)

lahm; ein lahmes Bein; eine lahme Ausrede; **lah|men** (lahm gehen)

läh|men (lahm machen); **läh|mend;** lähmende Stille

lahm|le|gen; eine Demonstration hat den Verkehr lahmgelegt; **Läh|mung**

Laib, der; -[e]s, -e; ein Laib Brot

Laich, der; -[e]s, -e (Eier von Wassertieren); **lai|chen** (Laich absetzen); **Laich|zeit**

Laie, der; -n, -n (Nichtfachmann; Nichtpriester); **lai|en|haft; Lai|en|spiel; Lai|in**

La|i|zis|mus, der; - (weltanschauliche Richtung, die die radikale Trennung von Kirche u. Staat fordert); **la|i|zis|tisch**

La|kai, der; -en, -en (*abwertend für* Kriecher; *früher für* herrschaftl. Diener)

La|ke, die; -, -n (Salzlösung zum Einlegen von Fisch, Fleisch)

La|ken, das; -s, - (Betttuch; Tuch)

la|ko|nisch (kurz u. treffend)

La|k|ritz, der, *auch* das; -es, -e; **La|k|rit|ze,** die; -, -n (eingedickter Süßholzsaft)

Lak|to|se, die; - (Milchzucker); **lak|to|se|in|to|le|rant; Lak|to|se|in|to|le|ranz** *Plur. selten* (*Med.* Milchzuckerunverträglichkeit)

lal|len; lall *od.* lalle nicht so!

[1]**La|ma,** das; -s, -s (eine südamerik. Kamelart)

[2]**La|ma,** der; -[s], -s (buddhist. Priester od. Mönch in Tibet u. der Mongolei)

La|mel|le, die; -, -n (dünnes Blättchen)

la|men|tie|ren (*ugs. für* laut klagen, jammern); **La|men|to,** das; -s, *Plur.* -s *od.* (*für* Klagelieder:) ...ti (*ugs. für* Gejammer)

La|met|ta, das; -s (Metallfäden [als Christbaumschmuck])

La|mi|nat, das; -[e]s, -e (ein Schichtpressstoff [für Bodenbeläge])

Lamm, das; -[e]s, Lämmer; **lam|men** (ein Lamm werfen); **lamm|fromm** (*ugs.*)

Lam|pe, die; -, -n; **Lam|pen|fie|ber,** das; -s

Lam|pi|on [...'pi̯õ:, *österr.* ...'pi̯o:n], der, *seltener* das; -s, -s ([Papier]laterne)

LAN, das; -[s], -s (*EDV* lokales Netzwerk)

lan|cie|ren [lã'si:...] (fördern; gezielt in die Öffentlichkeit dringen lassen); **Lan|cie|rung**

Land, das; -[e]s, Länder *u. geh.* Lande

land|ab *vgl.* landauf; **land|auf;** landauf, landab (überall)

land|aus; landaus, landein (überall)

Land|be|völ|ke|rung

Lan|de|an|flug; Lan|de|bahn

land|ein *vgl.* landaus

land|ein|wärts

lan|den

L

Län|der|fi|nanz|aus|gleich (*Abk.* LFA); **Län|der|kam|mer** (*vgl.* Bundesrat); **Län|der|spiel** *(Sport);* **län|der|über|grei|fend**

Lan|des|amt; Lan|des|bank *Plur.* …banken; **Lan|des|be|hör|de; Lan|des|bi|schof; Lan|des|bi|schö|fin; Lan|des|chef** *(ugs.);* **Lan|des|che|fin; Lan|des|ebe|ne;** auf Landesebene verhandeln; **lan|des|ei|gen; Lan|des|haupt|frau** (*österr. für* Regierungschefin eines Bundeslandes); **Lan|des|haupt|mann** *Plur.* …leute *u.* …männer; *vgl.* Landeshauptfrau; **Lan|des|haupt|stadt; Lan|des|in|ne|re; Lan|des|kir|che; Lan|des|kri|mi|nal|amt** (*Abk.* LKA); **Lan|des|li|ga; Lan|des|lis|te** *(Politik);* **Lan|des|meis|ter** *(Sport);* **Lan|des|par|la|ment; Lan|des|par|tei|tag; Lan|des|po|li|tik; Lan|des|rat** *Plur.* …räte (*österr. für* Mitglied einer Landesregierung); **Lan|des|rä|tin; Lan|des|rech|nungs|hof** (*Abk.* LRH); **Lan|des|re|gie|rung**

Lan|des|spra|che; Lan|des|teil; lan|des|üb|lich; Lan|des|ver|band; Lan|des|wäh|rung; lan|des|weit; Lan|des|zen|t|ral|bank *Plur.* …banken (*Abk.* LZB)

Land|frie|dens|bruch, der; **Land|ge|richt** (*Abk.* LG); **Land|graf** *(früher);* **Land|grä|fin; Land|haus** (*österr. auch für* Sitz des Landtags); **Land|kar|te; Land|kreis**

land|läu|fig (allgemein verbreitet)

Land|le|ben, das; -s

länd|lich; eine ländliche Gegend

Land|luft; Land|mi|ne (verdeckt im Boden verlegter Sprengkörper); **Land|rat** *Plur.* …räte; **Land|rä|tin**

Land|schaft; land|schaft|lich; Land|schafts|ar|chi|tekt; Land|schafts|ar|chi|tek|tin

Lands|frau (*svw.* Landsmännin); **Land|sitz**

Lands|mann *Plur.* …leute (Landes-, Heimatgenosse); **Lands|män|nin**

Land|stra|ße; Land|strei|cher; Land|strei|che|rin; Land|strich

Land|tag; der Hessische Landtag; **Land|tags|frak|ti|on; Land|tags|prä|si|dent; Land|tags|wahl**

Lan|dung

Land|wirt; Land|wir|tin; Land|wirt|schaft; land|wirt|schaft|lich; landwirtschaftliche Produktionsgenossenschaft (*in der DDR; Abk.* LPG),; **Land|wirt|schafts|mi|nis|ter; Land|wirt|schafts|mi|nis|te|rin**

lang *s. Kasten*

lang|är|me|lig, lang|ärm|lig

lang|at|mig; langatmige Reden

lang|bei|nig

lan|ge; es ist lange her; lang, lang ists her; das Ende der langen Weile; aus langer Weile; *vgl.* lang, Langeweile

Län|ge, die; -, -n

lan|gen (*ugs. für* ausreichen; [nach etwas] greifen)

Län|gen|grad; Län|gen|kreis *(Geogr.);* **Län|gen|maß,** das

län|ger|fris|tig

Lan|ge|wei|le [*auch* 'la…], **Lang|wei|le,** die; *Gen.* der Lang[e]weile; *bei Beugung des ersten Bestandteils getrennt geschrieben; vgl.* lange

lang|fris|tig; lang ge|hegt, lang|ge|hegt *vgl.* lang; **lang|ge|hen** (*ugs. für* entlanggehen); wissen, wo es langgeht; **lang ge|zo|gen, lang|ge|zo|gen** *vgl.* lang; **lang|haa|rig; lang|jäh|rig**

Lang|lauf *(Sport)*

lang lau|fend, lang|lau|fend *(Bankw., Börsenw.); aber nur* ein länger laufender Kredit

Lang|läu|fer (*Sport; auch Wirtsch. für* festverzinsliches Wertpapier mit langer Laufzeit); **Lang|läu|fe|rin**

lang|le|big; Lang|le|big|keit, die; -

lang|le|gen, sich (*ugs. für* sich zum Ausruhen hinlegen)

läng|lich; länglich rund

Lang|mut, die; - *(geh.);* **lang|mü|tig**

längs (der Länge nach); etwas längs trennen; *Präp. mit Gen.:* längs des Weges

Längs|ach|se

lang|sam; langsamer Walzer; **Lang|sam|keit,** die; -

Lang|schlä|fer; Lang|schlä|fe|rin

lạng

län|ger, am längs|ten

I. Groß- und Kleinschreibung:

– *über kurz oder lang; seit* Langem od. *langem; seit, vor* Längerem od. *längerem*

II. Großschreibung

a) der Substantivierung:

– *in Lang* (ugs. für *im langen Abendkleid*) *gehen*

– *sich des Langen und Breiten, des Längeren und Breiteren über etwas äußern*

b) in bestimmten namensähnlichen Fügungen:

– *der Lange Marsch (der Marsch der chinesischen Kommunisten quer durch China 1934/35)*

III. Getrennt- und Zusammenschreibung

a) *zu lang, allzu lang*

b) Schreibung in Verbindung mit Verben:

– *lang hinschlagen (der Länge nach)*

– *sich lang ausstrecken*

– *ein Gummi* lang ziehen od. *langziehen*

– *jmdm. die Ohren* lang ziehen od. *langziehen (jmdn. [an den Ohren ziehend] strafen)*

– *der Torwart musste sich langmachen (sich sehr strecken)*

Vgl. aber *langgehen; langlegen*

c) Getrennt- oder Zusammenschreibung in Verbindung mit adjektivisch gebrauchten Partizipien:

– *ein* lang gehegter od. *langgehegter Wunsch*

– *eine* lang gezogene od. *langgezogene Kurve*

d) bei »lang« als zweitem Bestandteil:

– *meterlang* (aber *zehn Meter lang*)

– *tagelang* (aber *drei Tage lang*)

– *jahrelang* (aber *zwei Jahre lang*) *usw.*

Vgl. auch *lange*

längs gestreift, **lạ̈ngs|ge|streift**

Lạng|spiel|plat|te (*Abk.* LP)

Lạ̈ngs|schnitt

lạ̈ngst (schon lange)

lạ̈ngs|tens (*landsch. für* längst; spätestens)

Lạng|stre|cke; Lạng|stre|cken|flug

Lan|gụs|te, die; -, -n (ein Krebs)

Lạng|wei|le *vgl.* Langeweile; **lạng|wei|len;** du langweilst; gelangweilt; zu langweilen; **lạng|wei|lig; lạng|wie|rig**

Lạng|zeit|stu|die; Lạng|zeit|wir|kung

lạng zie|hen, **lạng|zie|hen** *vgl.* lang

LAN-Par|ty (Treffen zu gemeinsamen Computerspielen an vernetzten PCs)

Lạn|ze, die; -, -n

la|pi|da̲r (elementar; kurz u. bündig)

Lap|pa̲|lie, die; -, -n (Nichtigkeit)

Lạp|pen, der; -s, -

lạ̈p|pisch; eine läppische Bemerkung

Lạp|sus, der; -, - ([geringfügiger] Fehler)

Lap|top ['lɛ...], der, *auch* das; -s, -s (kleiner, tragbarer PC)

Lạ̈r|che, die; -, -n (ein Nadelbaum); *vgl. aber* Lerche

[1]**large** [la:ɐ̯dʒ] (Kleidergröße = groß; *Abk.* L)

[2]**large** [la:ɐ̯ʃ] (*bes. schweiz. für* großzügig)

lạr|go (*Musik* breit, langsam); **Lạr|go**, das; -s, *Plur.* -s, *auch* ...ghi [...gi]

la|ri|fa̲|ri (nachlässig); etwas larifari machen; **La|ri|fa̲|ri**, das; -s (*ugs. für* Unsinn)

Lạ̈rm, der; *Gen.* -s, *seltener* -es; **Lạ̈rm|be|läs|ti|gung; lạ̈r|men; Lạ̈rm|pe|gel**

Lạ̈rm|schutz; Lạ̈rm|schutz|wand

Lạr|ve [...fə], die; -, -n (Gespenst, Maske; *Zool.* Jugendstadium bestimmter Tiere)

La|sa|g|ne [...'zanjə], die; -, -n (ein ital. Nudelgericht)

L

lasch (*ugs. für* schlaff, träge; *landsch. für* fade, nicht gewürzt)
La|sche, die; -, -n (ein Verbindungsstück)
La|ser ['lɛɪ̯zɐ, 'le:...], der; -s, - (*Physik* Gerät zur Erzeugung eines scharf gebündelten Lichtstrahles); **La|ser|dru|cker; la|sern** (mit einem Laserstrahl behandeln); ich lasere; gelasertes Metall; **La|ser|strahl**
la|sie|ren (mit Lasur versehen)
las|sen; du lässt; sie lässt; sie ließ; sie hat gelassen; lasse *od.* lass! ich habe es gelassen (unterlassen); ich habe dich rufen lassen; er sollte es bleiben lassen oder bleibenlassen (unterlassen); sie hat ihre Tasche fallen lassen, *seltener* fallen gelassen; *aber* sie wird nicht lockerlassen (*umgangssprachlich für:* nachgeben)
läs|sig; Läs|sig|keit
läss|lich (*bes. Rel.* verzeihlich); lässliche (kleinere) Sünden
Las|so, das, *österr. nur so, seltener* der; -s, -s (Wurfschlinge; Figur im Eiskunstlauf)
Last, die; -, -en; zu meinen Lasten; zulasten *od.* zu Lasten des *od.* von ...; **las|ten**
[1]**Las|ter,** der; -s, - (*ugs. für* Lastkraftwagen)
[2]**Las|ter,** das; -s, -; **las|ter|haft**
läs|tern; ich lästere; **Läs|te|rung**
läs|tig; lästig werden; jmdm. lästig fallen *od.* lästigfallen
Last|kraft|wa|gen (*Abk.* Lkw *od.* LKW)
Last-mi|nute-Reise, Last-Mi|nute-Rei|se
Last|wa|gen (Lastkraftwagen); **Last|wa|gen|fah|rer; Last|wa|gen|fah|re|rin**
La|sur, die; -, -en (durchsichtige Farbschicht)
las|ziv (schlüpfrig; übertrieben sinnlich); **Las|zi|vi|tät,** die; -
La|tein, das; -[s]; **la|tein|ame|ri|ka|nisch; la|tei|nisch;** lateinische Schrift; ein lateinisch-deutsches Wörterbuch
la|tent (vorhanden, aber [noch] nicht in Erscheinung tretend); eine latente Gefahr
La|ter|ne, die; -, -n; **La|ter|nen|pfahl**
La|tex, der; -, Latizes (Kautschukmilch)
La|ti|no, der; -s, -s (in den USA lebender Einwanderer aus den Spanisch sprechenden Ländern Lateinamerikas)

La|ti|num, das; -s (Prüfung im Lateinischen); das kleine, große Latinum
La|t|ri|ne, die; -, -n (Abort, Senkgrube)
Lat|sche, die; -, -n (*ugs. für* Hausschuh, abgetretener Schuh); **lat|schen** (*ugs. für* nachlässig, schleppend gehen); du latschst; **Lat|schen** *vgl.* Latsche
Lat|te, die; -, -n
Lat|te mac|chi|a|to [- ...'ki̯a:...], der *u.* die; -, - -[s] (Kaffeegetränk)
Lat|ten|rost *vgl.* [1]Rost; **Lat|ten|zaun**
Latz, der; -es, Lätze (Kleidungsteil [z. B. Brustlatz]); Brustlatz
lau; ein laues Lüftchen; für lau (*ugs. für* kostenlos)
Laub, das; -[e]s; **Laub|baum; Lau|be,** die; -, -n; **Laub|frosch; Laub|sä|ge; laub|tragend, Laub tra|gend; Laub|wald**
Lauch, der; -[e]s, -e (eine Zwiebelpflanze)
Lau|da|tio, die; -, ...io̱nes (feierl. Würdigung); **Lau|da|tor,** der; -s, ...o̱ren; **Lau|da|to|rin**
[1]**Lau|er,** die; -; auf der Lauer sein, liegen (*ugs.*)
[2]**Lau|er,** der; -s, - (Tresterwein)
lau|ern; ich lau[e]re
Lauf, der; -[e]s, Läufe; im Lauf[e] der Zeit; 100-m-Lauf; **Lauf|bahn; Lauf|band,** das; *Plur.* ...bänder
lau|fen; du läufst, er/sie läuft; du liefst (liefest); du liefest; gelaufen; lauf[e]!; einen Hund nicht auf die Straße laufen lassen; die Dinge einfach laufen lassen *od.* laufenlassen (nicht eingreifen); ich habe sie laufen lassen *od.* laufenlassen, *seltener* laufen gelassen *od.* laufengelassen (*ugs. für* freigegeben, entkommen lassen); Gefahr laufen; Ski laufen; *vgl. aber* eislaufen
lau|fend (*Abk.* lfd.); I laufender Meter *u.* laufenden Meters (*Abk.* lfd. M.) laufende Nummer *u.* laufender Nummer (*Abk.* lfd. Nr.); am laufenden Band arbeiten; auf dem Laufenden sein, bleiben, halten
lau|fen las|sen, lau|fen|las|sen *vgl.* laufen

Läu|fer (*auch für* längerer, schmaler Teppich); **Läu|fe|rin**

Lauf|feu|er

läu|fig (brünstig [von der Hündin])

Lauf|schritt; Lauf|steg; Lauf|werk *(Technik, EDV);* **Lauf|zeit**

Lau|ge, die; -, -n (alkalische Lösung)

Lau|mann (*ugs. für* Mensch ohne eigene Meinung)

Launch [lɔːntʃ], der *u.* das; -[e]s, -[e]s (*Werbespr.* Einführung eines neu entwickelten Produktes auf dem Markt); **laun|chen**

Lau|ne, die; -, -n; **lau|nig** (humorvoll); **launisch** (launenhaft)

Laus, die; -, Läuse; **Laus|bub** *(ugs.)*

Lausch|an|griff (heimliches Anbringen von Abhörgeräten [in einer Privatwohnung]); der Große *od.* große Lauschangriff

lau|schen; du lauschst

lau|schig; ein lauschiges Plätzchen

lau|sen; du laust

lau|sig (*ugs. auch für* erbärmlich); lausig kalt; lausige Zeiten

[1]**laut;** laut reden; etwas laut werden lassen; laut redende *od.* lautredende Nachbarn; muss ich erst laut werden *od.* lautwerden (drohend die Stimme erheben)?

[2]**laut** (gemäß; *Abk.* lt.); *Präp. mit Gen. od. Dat.:* laut [ärztlicher] Anweisung; laut Berichten; laut unseres Schreibens, *auch* unserem Schreiben

Laut, der; -[e]s, -e; Laut geben *(Jägerspr. u. ugs.)*

Lau|te, die; -, -n (ein Saiteninstrument)

lau|ten; die Antwort lautet ...

läu|ten; die Glocken läuten

[1]**lau|ter** (*geh. für* rein; ungetrübt); lautere Gesinnung

[2]**lau|ter** (nur, nichts als); lauter (nur) Jungen

läu|tern (*geh. für* reinigen; von Fehlern befreien); ich läutere

laut|hals (aus voller Kehle); **laut|los; Laut|lo|sig|keit,** die; -; **Laut|schrift; Laut|spre|cher; laut|stark; Laut|stär|ke**

lau|warm

La|va, die; -, Laven (feurig-flüssiger Schmelzfluss aus Vulkanen)

la|ven|del (blauviolett); ein lavendel[farbenes] Kleid; *vgl. auch* beige; **La|ven|del,** der; -s, - (Heil- u. Gewürzpflanze)

la|vie|ren (Schwierigkeiten überwinden)

La|wi|ne, die; -, -n; **la|wi|nen|ar|tig**

La|wi|nen|ge|fahr

lax (schlaff; lau [von Sitten])

Lay|out, Lay-out [lɛɪ̯ˈʔaʊ̯t, ˈlɛɪ̯...], das; -s, -s (*Druckw.* Text- u. Bildgestaltung)

La|za|rett, das; -[e]s, -e (Militärkrankenhaus)

LCD-An|zei|ge [ɛltseːˈdeː...] (Flüssigkristallanzeige)

Lead [liːt], das; -[s] (die Führungsstimme im Jazz); **Lea|der** [ˈliːdɐ], der; -s, - (*kurz für* Bandleader; *Sport österr. u. schweiz.* Tabellenführer); **Lea|de|rin; Lea|der|ship** [...ʃɪp], die; -, *auch* das; -[s] (*Jargon* Führung; Gesamtheit der Führungsqualitäten)

Lear|ning by Do|ing [ˈlœːɐ̯nɪŋ baɪ̯ ˈduːɪŋ], das; - - - (Lernen durch unmittelbares Anwenden); **Lear|ning-by-Do|ing-Me|tho|de**

lea|sen [ˈliː...] (mieten, pachten); er/sie least; hat geleast; ein Auto leasen; **Lea|sing,** das; -s, -s (Vermietung [mit Anrechnung der Mietzahlungen bei späterem Kauf])

Le|be|mann *Plur.* ...männer

le|ben; leben und leben lassen; die in Armut Lebenden; das In-den-Tag-hinein-Leben

Le|ben, das; -s, -

le|bend ge|bä|rend, le|bend|ge|bä|rend

le|ben|dig; lebendig gebärende *od.* lebendiggebärende Tiere; **Le|ben|dig|keit**

Le|bens|abend; Le|bens|ab|schnitt; Le|bens|al|ter; le|bens|be|droh|lich; Le|bens|dau|er; Le|bens|en|de; Le|bens|er|fah|rung; Le|bens|er|war|tung

le|bens|fä|hig; Le|bens|freu|de; le|bens|froh; Le|bens|ge|fahr; le|bens|ge|fähr|lich; Le|bens|ge|fähr|te; Le|bens|ge|fähr|tin; Le|bens|ge|fühl; Le|bens|ge-

L

mein|schaft; le|bens|groß; Le|bens|hal|tungs|kos|ten *Plur.;* **Le|bens|hil|fe; le|bens|lang;** auf lebenslang; **le|bens|läng|lich;** zu »lebenslänglich« verurteilt werden; **Le|bens|lauf; Le|bens|lust; le|bens|lus|tig**

Le|bens|mit|tel, das *meist Plur.*

Le|bens|mit|tel|punkt; le|bens|not|wen|dig; Le|bens|part|ner; Le|bens|part|ne|rin; Le|bens|part|ner|schaft; Le|bens|pha|se; Le|bens|qua|li|tät; le|bens|ret|tend; Le|bens|stan|dard; Le|bens|stil; Le|bens|un|ter|halt; Le|bens|ver|si|che|rung; Le|bens|wan|del; Le|bens|wei|se; Le|bens|welt; Le|bens|werk; le|bens|wert; le|bens|wich|tig; Le|bens|zei|chen; Le|bens|zeit; auf Lebenszeit; **Le|bens|zy|k|lus**

Le|ber, die; -, -n; **Le|ber|tran; Le|ber|wurst**

L

Le|be|we|sen

Le|be|wohl, das; -[e]s, *Plur.* -e *u.* -s; jmdm. Lebewohl sagen; er rief ein herzliches Lebewohl, *aber* er rief: »Leb[e] wohl!«

leb|haft

Leb|ku|chen

leb|los

Leb|zei|ten *Plur.;* zu seinen Lebzeiten

lech|zen; du lechzt

leck (*Seemannsspr.* undicht); das Boot könnte leck sein; ein leckgeschlagener *od.* leck geschlagener Tanker; **Leck,** das; -[e]s, -s (*Seemannsspr.* undichte Stelle [bei Schiffen, an Gefäßen u. a.])

[1]**le|cken** (*Seemannsspr.* leck sein)

[2]**le|cken** (mit der Zunge)

le|cker (wohlschmeckend)

Le|cker|bis|sen; Le|cke|rei (Leckerbissen)

Le|der, das; -s, -; die Leder verarbeitende *od.* lederverarbeitende Industrie

Le|der|ho|se; le|de|rig *vgl.* ledrig; **Le|der|ja|cke; le|dern** (aus Leder; zäh)

le|dig (*Abk.* led.); ledig sein, bleiben

le|dig|lich (nur)

LED-Lam|pe [ɛlʔe:ˈde:...] (Leuchtdiode als [energiesparende] Lichtquelle)

led|rig, le|de|rig (lederartig)

Lee, die; -, *auch (Geogr. nur:)* das; -s (*Seemannsspr., Geogr.* die dem Wind abgekehrte Seite; *Ggs.* Luv); in, nach Lee

leer; Lee|re, die; - (Leerheit); **lee|ren** (leer machen); sich leeren; **leer es|sen, leer|es|sen; Leer|gut** *Plur. selten;* **Leer|lauf; leer|lau|fen; leer ma|chen, leer|ma|chen; Leer|stand** (von Wohnungen, Büros usw.); **leer ste|hend, leer|ste|hend**

Leer|stel|le (nicht besetzte Stelle)

leer trin|ken, leer|trin|ken; Lee|rung

Lef|ze, die; -, -n (Lippe bei Tieren)

le|gal (gesetzlich); **le|ga|li|sie|ren** (gesetzlich machen); **Le|ga|li|sie|rung; Le|ga|li|tät,** die; - (Gesetzlichkeit, Rechtsgültigkeit)

Le|g|as|the|nie, die; -, ...ien (Lese-Rechtschreib-Schwäche); **le|g|as|the|nisch** *(Med., Psychol.)*

le|gen; gelegt; *vgl. aber* gelegen

le|gen|där (legendenhaft; unwahrscheinlich); **Le|gen|de,** die; -, -n ([Heiligen]erzählung; Sage; Umschrift [von Münzen, Siegeln]; Zeichenerklärung [auf Karten])

le|ger [...ˈʒɛ:ɐ̯] (ungezwungen, [nach]lässig); ein legeres Hemd

Leg|gings, Leg|gins *Plur.* (Strumpfhose ohne Füßlinge)

le|gie|ren ([Metalle] verschmelzen; [Suppen, Soßen] mit Eigelb anrühren); **Le|gie|rung**

Le|gi|on, die; -, -en (röm. Heereseinheit; *in der Neuzeit für* Freiwilligentruppe, Söldnerschar; große Menge); **Le|gi|o|när,** der; -s, -e (Soldat einer Legion)

Le|gis|la|ti|ve, die; -, -n (gesetzgebende Gewalt im Staat)

Le|gis|la|tur|pe|ri|o|de (Amtsdauer einer Volksvertretung)

le|gi|tim (gesetzlich; rechtmäßig); **Le|gi|ti|ma|ti|on,** die; -, -en (Beglaubigung; Berechtigungsausweis); **le|gi|ti|mie|ren** (beglaubigen; [Kinder] als ehelich erklären); sich legitimieren (sich ausweisen); **Le|gi|ti|mi|tät,** die; - (Rechtmäßigkeit)

Le|gu|an [*auch* ˈle:...], der; -s, -e (trop. Baumeidechse)

leicht

leich|ter, am leich|tes|ten

Kleinschreibung:

– *leichte Artillerie; leichtes Heizöl; leichte Musik*

Großschreibung der Substantivierung:

– *er isst gern etwas Leichtes*
– *es ist mir ein Leichtes (fällt mir sehr leicht)*

Getrennt- und Zusammenschreibung in Verbindung mit Verben u. Adjektiven:

– *leicht atmen; sie hat leicht geatmet*
– *sich leicht entzünden, leicht verletzen*
– *du musst dich leicht machen* od. *leichtmachen*
– *die Preise sind leicht gefallen*
– *es ist mir [sehr] leichtgefallen (hat mich nicht angestrengt),* aber *allzu leicht gefallen*
– *er hat es sich leicht gemacht* od. *leichtgemacht (hat sich wenig Mühe gemacht)*
– *etwas leichtnehmen (unbekümmert sein)*
– *ich habe mir* od. *mich leichtgetan dabei (es ohne Schwierigkeiten bewältigt)*
– *eine leicht verdauliche* od. *leichtverdauliche Speise;* aber nur *eine sehr leichtverdauliche Speise*
– *eine leicht verständliche* od. *leichtverständliche Sprache*
– *ein leicht bewaffneter* od. *leichtbewaffneter Soldat; die Leichtbewaffneten* od. *leicht Bewaffneten*
– *eine leicht verletzte od. leichtverletzte Sportlerin; die Leichtverletzten od. leicht Verletzten*

L

Le|hen, das; -s, -; **Le|hens|we|sen** *vgl.* Lehnswesen
Lehm, der; -[e]s, -e; **leh|mig**
Leh|ne, die; -, -n; **leh|nen;** sich lehnen; **Lehn|stuhl**
Lehns|we|sen, Le|hens|we|sen, das; -s *(früher)*
Lehn|wort *Plur.* ...wörter
Lehr|amt; Lehr|an|stalt; Lehr|buch
[1]**Leh|re,** die; -, -n (Unterricht, Lehrmeinung)
[2]**Leh|re,** die; -, -n (Messwerkzeug)
leh|ren; Leh|rer; Lehrer-Schüler-Verhältnis; **Leh|rer|aus|bil|dung; Leh|re|rin; Leh|rer|man|gel; Leh|rer|stel|le; Lehr|gang; Lehr|jahr; Lehr|kraft; Lehr|ling** (Auszubildende[r]); **Lehr|meis|ter; Lehr|meis|te|rin; Lehr|plan; lehr|reich; Lehr|stel|le; Lehr|stuhl; Lehr|ver|an|stal|tung**
Leib, der; -[e]s, -er (Körper; *veraltet auch für* Leben); gut bei Leibe (wohlgenährt) sein, *aber* beileibe nicht; jmdm. zu Leibe rücken; Leib und Leben wagen
leib|ei|gen *(früher);* **Leib|ei|gen|schaft; Leib|ge|richt; leib|haf|tig** [*auch* 'laip...]; **leib|lich; Leib|wäch|ter; Leib|wäch|te|rin**
Lei|ca®, die; -, -s (*Kurzw. für* Leitz-Camera [der Firma Ernst Leitz])
Leich, der; -[e]s, -e (eine mhd. Liedform)
Lei|che, die; -, -n; **lei|chen|blass; Leich|nam,** der; -s, -e;
leicht *s. Kasten*
Leicht|ath|let; Leicht|ath|le|tik; Leicht|ath|le|tin
leicht be|waff|net, leicht|be|waff|net
Leich|ter (*Seemannsspr.* Wasserfahrzeug zum Leichtern); **leich|tern** (größere Schiffe entladen); ich leichtere, lichtere
leicht|fal|len (keine Mühe bereiten); *vgl.* leicht; **leicht|fer|tig; leicht|fü|ßig; Leicht|ge|wicht** (Körpergewichtsklasse in der Schwerathletik); **leicht|gläu|big**
Leich|tig|keit
leicht ma|chen, leicht|ma|chen *vgl.* leicht; **Leicht|me|tall; Leicht|sinn; leicht|sin|nig; leicht ver|dau|lich, leicht|ver|dau|lich; leicht ver|letzt, leicht|ver|letzt; Leicht|ver|letz|te, leicht Ver|letz|te** *vgl.* leicht; **leicht ver|ständ|lich, leicht|ver|ständ|lich**

leid; leid sein, leid werden; er ist das Genörgel leid; der Ärger wird mir allmählich leid
Leid, das; -[e]s; sie klagte ihm ihr Leid
Lei|de|form (*für* Passiv); **lei|den;** du littst; du littest; gelitten; leid[e]!; Not leiden
Lei|den, das; -s, - (Krankheit); **lei|dend**
Lei|den|schaft; lei|den|schaft|lich; lei|den|schafts|los
Lei|dens|ge|schich|te; Lei|dens|weg
lei|der; leider Gottes ‹*entstanden aus* (bei dem) Leiden Gottes›
lei|dig (unangenehm); ein leidiges Thema
leid|lich (gerade noch ausreichend)
leid|tra|gend; Leid|tra|gen|de, der *u.* die; -n, -n
leid|tun; sie tut uns leid, hat uns leidgetan; das braucht dir nicht leidzutun; **leid|voll** *(geh.);* **Leid|we|sen,** das; *nur in* zu meinem, seinem usw. Leidwesen (Bedauern)
L
Lei|er, die; -, -n (ein Saiteninstrument; *auch* ein Sternbild); **lei|ern;** ich leiere
Leih|ar|beit; Leih|ar|bei|ter; Leih|ar|bei|te|rin; Leih|bü|che|rei; lei|hen; du leihst; du liehst; du liehest; geliehen; leih[e]!; ich leihe mir einen Frack; **Leih|ga|be; Leih|wa|gen; leih|wei|se**
Leim, der; -[e]s, -e; **lei|men**
Lein, der; -[e]s, *Plur. (Sorten:)* -e (Flachs)
Lei|ne, die; -, -n (Strick)
lei|nen (aus Leinen); leinene Geschirrtücher
Lei|nen, das; -s, -; **Lein|wand** *für* Maler-, Kinoleinwand u. Ä. *Plur.* ...wände
lei|se, leis; nicht im Leises|ten zweifeln
Leis|te, die; -, -n
leis|ten; ich leiste mir ein neues Auto
Leis|ten, der; -s, - (Modell in Fußform)
Leis|ten|bruch
Leis|tung; Leis|tungs|be|reit|schaft; leis|tungs|be|zo|gen; Leis|tungs|bi|lanz *(Wirtsch.);* **Leis|tungs|druck; leis|tungs|fä|hig; Leis|tungs|fä|hig|keit; leis|tungs|ge|recht; Leis|tungs|kurs** *(Schule);* **Leis|tungs|ni|veau; leis|tungs|ori|en|tiert; Leis|tungs|spek|t|rum; Leis|tungs|sport; leis|tungs|stark; Leis|tungs|stei|ge|rung**
Leit|an|trag (*bes. Politik* Antrag, dessen Inhalt für alle weiteren gestellten Anträge als Leitlinie gilt); **Leit|ar|ti|kel** (Stellungnahme der Zeitung zu aktuellen Fragen); **Leit|bild**
lei|ten; eine leitende Angestellte
[1]**Lei|ter,** der
[2]**Lei|ter,** die; -, -n (ein Steiggerät)
Lei|te|rin
Lei|ter|wa|gen
Leit|fa|den *Plur.* ...fäden; **Leit|fi|gur; Leit|ham|mel; Leit|kul|tur; Leit|li|nie; Leit|mo|tiv; Leit|plan|ke; Leit|stel|le**
Lei|tung; Lei|tungs|mast, der; **Lei|tungs|netz; Lei|tungs|was|ser; Leit|werk; Leit|zins** *Plur.* ...zinsen *(Wirtsch.)*
Lek|ti|on, die; -, -en (Unterricht[sstunde]; Lernabschnitt, Aufgabe; Zurechtweisung)
Lek|tor, der; -s, ...oren (Hochschullehrer; Mitarbeiter eines Verlags; *kath. Kirche* jmd., der liturgische Lesungen hält; *ev. Kirche* jmd., der Lesegottesdienste hält); **Lek|to|rin**
Lek|tü|re, die; -, -n (Lesestoff; *nur Sing.:* Lesen)
Lem|ming, der; -s, -e (skand. Wühlmaus)
Len|de, die; -, -n; **Len|den|schurz** *(Völkerkunde);* **Len|den|wir|bel**
lenk|bar; len|ken; Len|ker; Lenk|rad; Len|kung
Lenz, der; -es, -e (Frühling; *Plur. auch für* Jahre); **Len|zing,** der; -s, -e
Le|o|pard, der; -en, -en (asiat. u. afrik. Großkatze)
Le|p|ra, die; - (*Med.* Aussatz)
Ler|che, die; -, -n (eine Vogelart)
lern|be|hin|dert; Lern|ef|fekt; ler|nen; Lern|er|folg; lern|fä|hig; Lern|mit|tel|frei|heit; Lern|pro|gramm; Lern|pro|zess; Lern|soft|ware (Computerprogramm, das Lerninhalte vermittelt)
Les|art; les|bar; Les|bar|keit, die; -
Les|be, die; -, -n *(ugs. u. Selbstbez. für homosexuell veranlagte Frau);* **Les|bi|e|rin** (*seltener für* Lesbe); **les|bisch;** lesbische Liebe (Homosexualität bei Frauen)
Le|se, die; -, -n (Weinernte)

letz|te

Kleinschreibung:

- *die letzte Ruhestätte; der letzte Schrei*
- *letzten Endes*
- *das letzte Mal; zum letzten Mal* (vgl. *Mal*)
- *der* Letzte od. *letzte Wille (das Testament)*
- *die* Letzten od. *letzten Dinge (nach kath. Lehre)*

Großschreibung der Substantivierung:

- *der Letzte, der kam*
- *als Letzter fertig werden*
- *er ist der Letzte, den ich wählen würde*
- *die Letzten werden die Ersten sein*
- *ein Letztes habe ich zu sagen*
- *am, zum Letzten (zuletzt)*
- *sich bis aufs Letzte (völlig) verausgaben*
- *bis ins Letzte (bis in jedes Detail)*
- *bis zum Letzten (Äußersten) gehen*
- *fürs Letzte (zuletzt)*
- *der Letzte des Monats*
- *das ist ja das Letzte* (ugs. für *empörend*)

Großschreibung in bestimmten namensähnlichen Fügungen:

- *das Letzte Gericht; die Letzte Ölung* (kath. Kirche früher für *Krankensalbung*)

Wortstellung:

- *die zwei letzten Tage* od. *die letzten zwei Tage des Urlaubs waren am schönsten*
- *die letzten zwei Tage* od. *die zwei letzten Tage habe ich fast nichts gegessen*

Le|se|buch; Le|se|ecke; Le|se|ge|rät; Le|se-lounge

le|sen; du liest; er liest; du lasest, *seltener* last; du läsest; gelesen; lies! (*Abk.* l.); lesen lernen, *aber* beim Lesenlernen

le|sens|wert

Le|ser; Le|ser|brief; Le|se|rin

le|ser|lich; eine leserliche Schrift

Le|ser|schaft

Le|se|zei|chen; Le|sung

Le|thar|gie, die; - (Schlafsucht; Trägheit, Teilnahmslosigkeit); **le|thar|gisch**

Let|ter, die; -, -n (Druckbuchstabe)

Letzt, die; - (*veraltet für* Abschiedsmahl); zu guter Letzt;

letz|te *s. Kasten*

letzt|end|lich

letz|tens (kürzlich)

letzt|ge|nannt; letzt|lich; letzt|ma|lig; letzt|mals

[1]**Leu,** der; -en, -en (*geh. für* Löwe)

[2]**Leu,** der; -, Lei (rumän. Währungseinheit; *Währungscode* ROL)

Leucht|di|o|de; Leuch|te, die; -, -n

leuch|ten; leuch|tend; leuchtend blaue Augen; **Leuch|ter; Leucht|turm**

leug|nen; Leug|ner; Leug|ne|rin

Leu|k|ä|mie, die; -, ...ien (*Med.* Blutkrebs)

Leu|ko|plast®, das; -[e]s, -e (Heftpflaster)

Leu|mund, der; -[e]s (Ruf); **Leu|munds-zeug|nis**

Leu|te *Plur.*

Leut|nant, der; -s, *Plur.* -s, *seltener* -e (unterster Offiziersgrad; *Abk.* Lt., Ltn.)

leut|se|lig; Leut|se|lig|keit, die; -

Le|vel, das *u.* der; -s, -[s] (Niveau, [Schwierigkeits]stufe)

Le|vit, der; -en, -en (Angehöriger des jüdischen Stammes Levi)

le|xi|ka|lisch (das Lexikon betreffend, in der Art eines Lexikons); **Le|xi|kon,** das; -s, *Plur.* ...ka, *auch* ...ken (alphabetisch geordnetes allgemeines Nachschlagewerk)

Li|ai|son [li̯ɛ'zõ:, *auch, bes. südd., österr.,* ...'zo:n], die; -, *Plur.* -s, *auch, bes. südd., österr.,* ...onen (*veraltend für* Verbindung; Liebesverhältnis)

Li|a|ne, die; -, -n *meist Plur.* (eine Schlingpflanze)

Li|bel|le, die; -, -n (ein Insekt)

li|be|ral (vorurteilslos; freiheitlich; den Liberalismus vertretend); eine liberale Partei; **li|be|ra|li|sie|ren** (von Einschränkungen befreien, freiheitlich gestalten); **Li|be|ra|li-**

lieb

Kleinschreibung:

– *ein liebes Kind; der liebe Gott*
– *am liebsten; es wäre mir am liebsten*

Großschreibung der Substantivierung:

– *etwas, viel, nichts Liebes*
– *mein Lieber; meine Liebe; mein Liebes*
– *sich vom Liebsten trennen*
– *es ist mir das Liebste (sehr lieb), wenn ...*

Großschreibung in Namen:

– *[Kirche] Zu Unsrer Lieben Frau[en]*

Schreibung in Verbindung mit Verben:

– *sich bei jmdm. lieb Kind machen*
– *sie hat ihn immer lieb behalten* od. *liebbehalten*
– *er wird sie lieb gewinnen* od. *liebgewinnen*
– *lieb haben* od. *liebhaben; sie haben sich alle [sehr] lieb gehabt* od. *liebgehabt*
– *eine lieb gewordene* od. *liebgewordene Gewohnheit*

Vgl. aber *liebäugeln, liebkosen*

sie|rung (das Liberalisieren; *Wirtsch.* Aufhebung der staatl. Außenhandelsbeschränkungen)
Li|be|ra|lis|mus, der; - (Denkrichtung, die die freie Entfaltung des Individuums fordert); **li|be|ra|lis|tisch** (freiheitlich im Sinne des Liberalismus; *auch* extrem liberal); **Li|be|ra|li|tät,** die; - (Freiheitlichkeit)
Li|be|ro, der; -[s], -s (*Fußball* freier Verteidiger)
Li|b|ret|to, das; -s, *Plur.* -s *u.* ...tti (Text[buch] von Opern, Operetten usw.)
Li|by|en; li|bysch; *aber* die Libysche Wüste
licht; es wird licht; ein lichter Wald; im Lichten (im Hellen; im Inneren gemessen)
Licht, das; -[e]s, *Plur.* -er, *veraltet u. geh.* Lichte; **Licht|bild** (*für* Passbild; Fotografie; Diapositiv); **Licht|blick; licht|durch|flu|tet; licht|durch|läs|sig; licht|emp|find|lich**
[1]**lich|ten;** das Dunkel lichtet sich
[2]**lich|ten** (*Seemannsspr.* anheben); den Anker lichten
Lich|ter|ket|te
lich|ter|loh; lichterloh brennen
Licht|ge|schwin|dig|keit *Plur. selten;* **Licht|jahr** (astron. Längeneinheit; *Zeichen* ly); **Licht|mess** (kath. Fest); **Licht|quel|le; Licht|schran|ke** *(Elektrot.);* **Licht|schutz|fak|tor** (bei Sonnenschutzmitteln); **Licht|spiel** (*veraltend für* Kinofilm); **Licht|strahl**

Lich|tung
Lid, das; -[e]s, -er (Augendeckel); *vgl. aber* Lied
Li|do, der; -s, *Plur.* -s, *auch* Lidi (Nehrung, bes. die bei Venedig)
Lid|schat|ten; Lid|schlag
lieb *s. Kasten*
Lieb, das; -s (Geliebte[r]); mein Lieb;
lieb|äu|geln; sie hat mit diesem Plan geliebäugelt; **lieb be|hal|ten, lieb|be|hal|ten**
Lie|be, die; -, *Plur.* (*ugs. für* Liebschaften:) -n; Lieb und Lust; mir zuliebe; etwas jmdm. zuliebe tun; *vgl.* zuliebe
lie|ben; sie haben sich lieben gelernt
lie|bens|wert; lie|bens|wür|dig
lie|ber *vgl.* gern
Lie|bes|be|zie|hung; Lie|bes|brief; Lie|bes|er|klä|rung; Lie|bes|film; Lie|bes|kum|mer; Lie|bes|lied; Lie|bes|paar
lie|be|voll
lieb ha|ben, lieb|ha|ben; Lieb|ha|ber; Lieb|ha|be|rin; lieb|ko|sen [*auch* 'li:p...]; er hat liebkost (*auch* geliebkost); **lieb|lich**
Lieb|ling; Lieb|lings|far|be
lieb|los; Lieb|schaft
Lieb|stö|ckel, das *od.* der; -s, - (eine Heil- u. Gewürzpflanze)
Lied, das; -[e]s, -er (Gedicht; Gesang); *vgl. aber* Lid

lie|der|lich (nachlässig; unordentlich)
Lie|der|ma|cher; Lie|der|ma|che|rin; Lied|gut, das; -[e]s
Lie|fe|rant, der; -en, -en (Lieferer); **Lie|fe|ran|tin; lie|fer|bar**
Lie|fer|dienst
lie|fern; ich liefere
Lie|fer|schein; Lie|fe|rung; Lie|fer|ver|trag; Lie|fer|wa|gen; Lie|fer|zeit
Lie|ge, die; -, -n (ein Möbelstück)
lie|gen; du liegst; sie liegt; sie lag; sie hat (*südd. od. österr.* ist) im Bett gelegen; lieg *od.* liege! du sollst den Stein liegen lassen; sie hat den Schlüssel liegen lassen *od.* liegenlassen (vergessen); sie hat ihn links liegen lassen *od.* liegenlassen, *seltener* liegen gelassen *od.* liegengelassen (sie hat ihn nicht beachtet)
lie|gen blei|ben, lie|gen|blei|ben; sie ist im Bett liegen geblieben; *aber* die Arbeit ist liegen geblieben *od.* liegengeblieben (wurde nicht erledigt)
lie|gend; liegendes Gut, liegende Güter
lie|gen las|sen, lie|gen|las|sen *vgl.* liegen
Lie|gen|schaft (Grundbesitz); **Lie|ge|stuhl; Lie|ge|stütz,** der; -es, -e *(Sport)*
Life|style [ˈlaɪ̯fstaɪ̯l], der; -[s], -s (Lebensstil)
[1]**Lift,** der; -[e]s, *Plur.* -e *u.* -s (Fahrstuhl, Aufzug)
[2]**Lift,** der *od.* das; -s, -s (kosmetische Operation zur Straffung der Haut); **lif|ten** (heben, einen [2]Lift durchführen)
Li|ga, die; -, ...gen (Bund, Bündnis; *Sport* Bez. einer Wettkampfklasse)
light [laɪ̯t] (*Werbespr.* von unerwünschten, belastenden Inhaltsstoffen weniger enthaltend); Bier light
Light|show [ˈlaɪ̯t...] (Show mit besonderen Lichteffekten)
li|ie|ren (eng verbinden); die beiden haben sich liiert; er ist jetzt mit ihr liiert
li|ken [ˈlaɪ̯...] ([in einem sozialen Netzwerk] positiv bewerten); du likst, du hast gelikt
Li|kör, der; -s, -e (süßer Branntwein)
li|la (fliederblau; *ugs. für* mittelmäßig); ein lila (*ugs. auch gebeugt* lilanes) Kleid; sich die Haare lila färben *od.* lilafärben; *vgl.* blau; **Li|la,** das; -[s], -[s] (ein fliederblauer Farbton); **li|la|far|ben, li|la|far|big**
Li|lie, die; -, -n (eine [Garten]blume)
Li|li|pu|ta|ner (Bewohner von Liliput; *auch diskriminierend für* Kleinwüchsiger); **Li|li|pu|ta|ne|rin**
Li|mes, der; -, *Plur. (fachsprachlich)* Limites (von den Römern angelegter Grenzwall)
Li|mit, das; -s, *Plur.* -s *u.* -e (Grenze, Begrenzung; *Kaufmannsspr.* Preisgrenze)
li|mi|ted [...tɪt] (*in engl. u. amerik. Firmennamen* »mit beschränkter Haftung«; *Abk.* Ltd., lim., Lim., Ld.); **li|mi|tie|ren** ([den Preis] begrenzen); limitierte Auflage
Li|mo|na|de, die; -, -n
Li|mou|si|ne [...mu...], die; -, -n (Pkw mit festem Verdeck)
lind; ein linder Regen
Lin|de, die; -, -n; **Lin|den|blü|ten|tee**
lin|dern; ich lindere; **Lin|de|rung**
Li|ne|al, das; -s, -e
li|ne|ar (geradlinig)
Lin|gu|is|tik, die; - (Sprachwissenschaft); **lin|gu|is|tisch**
Li|nie [...i̯ə], die; -, -n; **Li|ni|en|bus; Li|ni|en|flug**
li|nie|ren *(österr. nur so),* li|ni|ie|ren (mit Linien versehen; Linien ziehen); **Li|nie|rung** *(österr. nur so),* Li|ni|ie|rung
link; linker Hand (links); linke (fragwürdige) Geschäfte machen
Link, der, *auch* das; -[s], -s (*EDV* feste Kabelverbindung, die zwei Vermittlungsstellen miteinander verbindet; Verknüpfung mit einer anderen Datei *od.* einer anderen Stelle in derselben Datei)
Lin|ke, die; -n, -n (linke Hand; linke Seite; *Politik* die links stehenden Parteien, eine links stehende Gruppe); zur Linken; er traf ihn mit einer Linken *(Boxen)*
[1]**lin|ken** (*ugs. für* täuschen)
[2]**lin|ken** (*EDV* verlinken)
lin|kisch

links; von links nach rechts
Links|au|ßen, der; -, - *(Sport);* er spielt Linksaußen; **links|bün|dig; Links|hän|der; Links|hän|de|rin; links|hän|dig; links|he|r|um;** linksherum drehen, *aber* nach links herumdrehen; **links|li|be|ral** (linksliberale Koalition); **Links|par|tei; links|ra|di|kal; links|sei|tig; links|um** [*auch* 'lɪ...]; linksum machen; linksum kehrt!; *vgl. aber* links; **Links|ver|kehr**
Lin|nen, das; -s, - (*veraltet für* Leinen)
Li|n|o|le|um [*österr. u. schweiz. meist* ...'le:...], das; -s (ein Fußbodenbelag); **Li|n|ol|schnitt** (ein grafisches Verfahren)
Lin|se, die; -, -n
lin|sen (*ugs. für* schauen; scharf blicken)
Lin|sen|sup|pe
Li|nux®, das; - (*EDV* ein freies Betriebssystem)
Lip|gloss, das *od.* der; -[es], -[e] (Kosmetikmittel, das den Lippen Glanz verleiht)
Lip|pe, die; -, -n (Rand der Mundöffnung)
Lip|pen|be|kennt|nis; Lip|pen|stift
li|quid, li|qui|de (flüssig; fällig; verfügbar); liquide Gelder, liquide Forderung; **Li|qui|da|ti|on,** die; -, -en ([Kosten]abrechnung freier Berufe; Tötung [aus polit. Gründen])
li|qui|die|ren ([eine Forderung] in Rechnung stellen; [einen Verein o. Ä.] auflösen; beseitigen, tilgen; [aus polit. Gründen] töten); **Li|qui|die|rung** (*bes. für* Beseitigung [einer Person]; Beilegung eines Konflikts); **Li|qui|di|tät,** die; - (Verhältnis der Verbindlichkeiten eines Unternehmens zu den liquiden Vermögensbestandteilen)
¹**Li|ra,** die; -, Lire (frühere ital. Währungseinheit)
²**Li|ra,** die; -, - (türk. Währungseinheit)
lis|peln; ich lisp[e]le
List, die; -, -en
Lis|te, die; -, -n; die schwarze Liste; **lis|ten** (in Listenform bringen); gelistet; **Lis|ten|platz** *(Politik)*
lis|ten|reich; lis|tig
Lis|ting, das; -s, -s (*Börsenw.* Zulassung von Wertpapieren zum Börsenhandel)
Li|ta|nei, die; -, -en (Wechselgebet; eintöniges Gerede; endlose Aufzählung)
Li|ter [*auch* 'lɪ...], der, *schweiz. nur so, auch* das; -s, - (1 Kubikdezimeter; *Zeichen* l, L); ein halber, *auch* halbes Liter, ein viertel Liter *od.* Viertelliter
li|te|ra|risch (schriftstellerisch, die Literatur betreffend); **Li|te|rat,** der; -en, -en (*oft abwertend für* Schriftsteller); **Li|te|ra|tin**
Li|te|ra|tur, die; -, -en; **Li|te|ra|tur|be|trieb,** der; -[e]s *(oft abwertend);* **Li|te|ra|tur|ge|schich|te; Li|te|ra|tur|kri|tik; Li|te|ra|tur|no|bel|preis; Li|te|ra|tur|wis|sen|schaft**
li|ter|wei|se [*auch* 'lɪ...]
Lit|faß|säu|le (Anschlagsäule)
Li|thi|um|bat|te|rie *(ugs.)*
Li|tho|gra|fie, Li|tho|gra|phie, die; -, ...ien (Steindruck)
Li|tur|gie, die; -, ...ien (amtliche od. gewohnheitsrechtliche Form des kirchl. Gottesdienstes, bes. der am Altar gehaltene Teil); **li|tur|gisch;** liturgische Texte
Lit|ze, die; -, -n
live [laɪf] (*Rundfunk, Fernsehen* direkt, original); live senden
Live|mu|sik, **Live-Mu|sik; Live|sen|dung**, **Live-Sen|dung** (*Rundfunk, Fernsehen* Direktsendung, Originalübertragung)
Live|stream ['laɪfstri:m], der; -s, -s (mittels Streaming übertragene Sendung)
Li|v|re, der *od.* das; -[s], -[s] (alte franz. Münze); 6 Livre
Li|v|ree, die; -, ...een (uniformartige Dienerkleidung); **li|v|riert** (in Livree [gekleidet])
Li|zenz, die; -, -en (Erlaubnis, bes. zur Nutzung eines Patents, eines Softwareprogramms od. zur Herausgabe eines Druckwerks); **li|zen|zie|ren** (Lizenz erteilen); **Li|zen|zie|rung; Li|zenz|spie|ler** *(Fußball);* **Li|zenz|spie|le|rin; Li|zenz|ver|trag**
LKA, das; -, -[s] (Landeskriminalamt)
Lkw, **LKW,** der; -[s], -[s]; **Lkw-Maut**, **LKW-Maut**
Lloyd, der; -[s] (Name von Seeversicherungs-, auch von Schifffahrtsgesellschaf-

ten; Name von Zeitungen [mit Schiffsnachrichten]); Norddeutscher Lloyd, *jetzt* Hapag-Lloyd AG

[1]**Lob**, das; -[e]s, -e *Plur. selten;* Lob spenden

[2]**Lob**, der; -[s], -s (*Tennis* einen hohen Bogen beschreibender Ball)

Lob|by [...bi], die; -, -s (Wandelhalle im [engl. od. amerik.] Parlament; *auch für* Gesamtheit der Lobbyisten); **Lob|by|ar|beit; Lob|by|ing** ['lɔbiɪŋ], das; -s, -s (das Beeinflussen von Abgeordneten durch Interessengruppen); **Lob|by|is|mus,** der; - (Beeinflussung von Abgeordneten durch Interessengruppen); **Lob|by|ist,** der; -en, -en (jmd., der Abgeordnete für seine Interessen zu gewinnen sucht); **Lob|by|is|tin**

lo|ben

lo|bens|wert; eine lobenswerte Entscheidung

Lo|bes|hym|ne; löb|lich; löbliche Absichten

Lob|lied; lob|prei|sen; du lobpreist; du lobpreistest *u.* lobpriesest; gelobpreist *u.* lobgepriesen; zu lobpreisen; lobpreise!

Lo|ca|tion [lo'keɪʃn̩], die; -, -s (Örtlichkeit; *Film* Drehort im Freien)

Loch, das; -[e]s, Löcher; **lo|chen**

lö|chern; ich löchere; **löch|rig,** lö|che|rig

Lo|cke, die; -, -n; [1]**lo|cken** (lockig machen)

[2]**lo|cken** (anlocken)

lo|cker (*auch ugs. für* entspannt, zwanglos); locker bleiben, sein, sitzen, werden; die Schrauben locker machen *od.* lockermachen; die Zügel locker/lockerer lassen

Lo|cker|heit

lo|cker|las|sen (*ugs. für* nachgeben); er hat nicht lockergelassen; *vgl. aber* locker

lo|cker|ma|chen (*ugs. für* hergeben); er hat viel Geld lockergemacht; *vgl. aber* locker

lo|ckern; ich lockere; **Lo|cke|rung**

lo|ckig

Lock|mit|tel, das; **Lock|vo|gel**

Lo|den, der; -s, - (ein Wollgewebe)

lo|dern; ich lodere

Lodge [lɔdʒ], die; -, -s [...ɪs] (Ferienanlage)

Löf|fel, der; -s, -; **löf|feln;** ich löff[e]le; **Löf|fel|stiel; löf|fel|wei|se**

Loft, das, *auch, bes. schweiz.,* der; -[s], -s *od.* die; -, -s (aus der Etage einer Fabrik o. Ä. umgebaute Großraumwohnung)

Log, das; -s, -e (Fahrgeschwindigkeitsmesser eines Schiffes)

lo|g|a|rith|mie|ren (mit Logarithmen rechnen; den Logarithmus berechnen); **lo|g|a|rith|misch; Lo|g|a|rith|mus,** der; -, ...men (math. Größe; *Zeichen* log)

Log|buch (Schiffstagebuch)

Lo|ge [...ʒə], die; -, -n (Pförtnerraum; Theaterraum; [geheime] Gesellschaft)

Log|gia [...dʒ(i̯)a], die; -, ...ien [...dʒn̩, *auch* ...dʒi̯ən] (nach außen offener, überdeckter Raum am Haus)

lo|gie|ren [lo'ʒiː...] ([vorübergehend] wohnen; *veraltend für* beherbergen)

Lo|gik, die; -, -en (Lehre von den Gesetzen, der Struktur, den Formen des Denkens; folgerichtiges Denken)

Log-in, **Log|in,** das, *auch* der; -[s], -s (*EDV* das Einloggen)

Lo|gis [lo'ʒiː], das; - [...ʒiː(s)], - [...ʒiːs] (Wohnung, Bleibe; *veraltend* Mannschaftsraum auf Schiffen)

lo|gisch (folgerichtig; *ugs. für* selbstverständlich, klar); **lo|gi|scher|wei|se**

[1]**Lo|gis|tik,** die; -, -en *Plur. selten* (Behandlung der logischen Gesetze mithilfe von math. Symbolen; math. Logik)

[2]**Lo|gis|tik,** die; -, -en *Plur. selten* (militärisches Nachschubwesen; *Wirtsch.* Aktivitäten, die Beschaffung, Lagerung u. Transport von Produkten betreffen)

[1]**lo|gis|tisch** (die [1]Logistik betreffend)

[2]**lo|gis|tisch** (die [2]Logistik betreffend); logistische Kette

lo|go (*ugs.;* logisch); das ist doch logo

Lo|go, der *od.* das; -s, -s (Firmenzeichen, Signet)

Lo|go|pä|die, die; - (Sprachheilkunde)

Lo|he, die; -, -n (*geh. für* Glut, Flamme)

Lohn, der; -[e]s, Löhne; **Lohn|aus|gleich**

Lohn|dum|ping (Zahlung von Löhnen, die deutlich unter Tarif liegen)

L

lo̲h|nen; es lohnt den Einsatz; es lohnt die, der Mühe nicht; der Einsatz lohnt [sich]
lö̲h|nen (Lohn auszahlen)
lo̲h|nend; eine lohnende Aufgabe; **lo̲h|nens|wert**
Lo̲hn|er|hö|hung; Lo̲hn|for|de|rung; Lo̲hn|kos|ten *Plur.;* **Lo̲hn|ne|ben|kos|ten** *Plur.;* **Lo̲hn|ni|veau; Lo̲hn|stei|ge|rung; Lo̲hn|steu|er,** die; **Lo̲hn|u̲n|ter|gren|ze**
Loi̲|pe, die; -, -n (*Skisport* Skilanglaufspur)
Lo̲k, die; -, -s (*kurz für* Lokomotive)
lo|ka̲l (örtlich; örtlich beschränkt); **Lo|ka̲l,** das; -[e]s, -e (Örtlichkeit; [Gast]wirtschaft)
Lo|ka̲l|an|äs|the|sie (örtl. Betäubung); **Lo|ka̲l|der|by** *(Sport);* **lo|ka|li|sie̲|ren; Lo|ka̲l|ma|ta|dor** (örtliche Berühmtheit); **Lo|ka̲l|po|li|tik; Lo|ka̲l|teil; Lo|ka̲l|zei|tung**
Lo|ko|mo|ti̲|ve, die; -, -n (*Kurzform* Lok); **Lo|ko|mo|ti̲v|füh|rer** (*Kurzform* Lokführer); **Lo|ko|mo|ti̲v|füh|re|rin**
Lo|li̲|ta, die; -, -s (Kindfrau)
Lo̲m|bard [*auch* ...'ba...], der *od.* das; -[e]s, -e (*Bankw.* Kredit gegen Verpfändung beweglicher Sachen)
Lo̲ng|drink, **Lo̲ng Drink** (mit Soda, Eiswasser o. Ä. verlängerter Drink)
Lon|ge ['lõ:ʒə], die; -, -n (*Reiten* Laufleine für Pferde; *Akrobatik* Sicherheitsleine)
Lo̲ng|sel|ler, der; -s, - (lange zu den Bestsellern gehörendes Buch)
Look [lʊk], der; -s, -s (bestimmtes Aussehen; Moderichtung)
Loo|ping ['lu:...], der, *auch* das; -s, -s (*Flugw.* senkrechter Schleifenflug, Überschlagrolle)

Loser
Häufig wird im Englischen der Laut */u:/* durch *u* (*June* »Juni«) oder durch zwei *o* (*moon* »Mond«) wiedergegeben. *Loser* gehört zu den relativ seltenen Fällen, in denen ein einfaches *o* für */u:/* steht.

Lo̲r|beer, der; -s, -en (ein Baum; ein Gewürz); **Lo̲r|beer|baum; Lo̲r|beer|blatt**
Lo̲rd, der; -s, -s (ein englischer Adelstitel)
Lo̲|re, die; -, -n (offener Eisenbahngüterwagen, Feldbahnwagen)
Lo|re|ley [...'laɪ̯, *auch* 'lo:...], die; -, **Lo|re|lei** (Rheinnixe der dt. Sage; Felsen am rechten Rheinufer bei St. Goarshausen)
Lo̲|ri, der; -s, -s (ein Papagei)
lo̲s; los sein; die Schraube wird los sein; er will die Sorgen endlich los sein; sie möchte ihre Probleme endlich los haben *od.* loshaben; *vgl. aber* losbinden, losfahren usw.
Lo̲s, das; -es, -e; das große Los
lö̲s|bar; Lö̲s|bar|keit, die; -
lo̲s|bin|den; er bindet los; losgebunden; loszubinden
Lö̲sch|blatt
[1]**lö̲|schen** (einen Brand ersticken); du löschst, er löscht; du löschtest; gelöscht; lösch[e]!
[2]**lö̲|schen** (*nur noch geh. für* erlöschen); du lischst; er lischt; du loschst; du löschest; geloschen; lisch!
[3]**lö̲|schen** (*Seemannsspr.* ausladen); du löschst; du löschtest; gelöscht; lösch[e]!
Lö̲sch|pa|pier; Lö̲|schung
lo̲|se; das lose Blatt; lose Ware (nicht in Originalpackung, sondern einzeln); eine lose Zunge haben (leichtfertig reden); die Zügel lose, *landsch. auch* los (locker) halten; der Knopf ist lose (locker); *vgl.* los
Lö̲|se|geld
[1]**lo̲|sen** (das Los ziehen); du lost; er/sie los|te; gelost; los[e]!
[2]**lo|sen** ['lu:zn̩] (*ugs. für* erfolglos bleiben); gelost
lö̲|sen (*auch für* befreien); du löst; er/sie löste; gelöst; lös[e]!
Lo|ser ['lu:zɐ], der; -s, - (*ugs. für* Versager)
lo̲s|fah|ren; er ist losgefahren; **lo̲s|ge|hen** (*ugs. auch für* anfangen); der Streit ist losgegangen; **lo̲s|la|chen;** sie musste laut loslachen; **lo̲s|las|sen;** sie hat den Hund [von der Kette] losgelassen; **lo̲s|le|gen** (*ugs. für* ungestüm beginnen); sie hat ordentlich losgelegt
lö̲s|lich; Lo̲s|lö|sung
lo̲s|ma|chen; er hat das Brett losgemacht; mach los! (*ugs. für* beeile dich!)

Los|num|mer
los|rei|ßen; du hast dich losgerissen
los|schla|gen; er hat das Brett losgeschlagen; die Feinde haben losgeschlagen (mit dem Kampf begonnen)
Löss|schicht, Löss-Schicht, Löß|schicht *(Geol.)*
los|tre|ten; eine Lawine lostreten
Lo|sung (Wahlspruch; Erkennungswort)
Lö|sung; Lö|sungs|an|satz; Lö|sungs|menge *(Math.);* **Lö|sungs|mit|tel,** das; **Lösungs|vor|schlag; Lö|sungs|weg**
los|wer|den; etwas loswerden (von etwas befreit werden; *ugs. für* etwas verkaufen); sie ist ihn losgeworden; sie muss sehen, wie sie die Ware loswird
los|zie|hen (*ugs. für* sich zu einer Unternehmung aufmachen); wir sind losgezogen; gegen jmdn. losziehen (*ugs. für* gehässig von ihm reden)
Lot, das; -[e]s, -e (Vorrichtung zum Messen der Wassertiefe u. zur Bestimmung der Senkrechten; *früher* [Münz]gewicht, Hohlmaß); 3 Lot Kaffee; **lo|ten** (senkrechte Richtung, Wassertiefe bestimmen)
lö|ten (durch Lötmetall verbinden)
Lo|ti|on [*auch* 'lo:ʃn̩, *dann nur* Lo|tion], die; -, *Plur.* -en, *bei engl. Aussprache* -s (flüssiges Reinigungs-, Pflegemittel für die Haut)
Löt|kol|ben; Löt|lam|pe
Lo|tos, der; -, - (eine Seerose)
lot|recht (senkrecht)
Lot|se, der; -n, -n; **lot|sen;** du lotst; gelotst; **Lot|sin**
Lot|te|rie, die; -, ...ien (Glücksspiel, Verlosung); **Lot|to,** das; -s, -s (Zahlenlotterie; Gesellschaftsspiel)
Lo|tus, der; -, - (Hornklee; *auch svw.* Lotos)
Lounge [laʊ̯ntʃ], die; -, -s [...dʒɪs] ([Hotel]halle; [Cocktail]bar)
Lou|v|re ['lu:vrə], der; -[s] (ein Museum in Paris)
Love-Pa|rade®, Love|pa|rade ['lafpəreɪ̯t], die; -, -s (Umzug der Raver[innen])
Lo|ver ['lavɐ], der; -s, -[s] (Liebhaber; Liebespartner); **Lo|ve|rin**

Low-Bud|get-Pro|duk|ti|on [lɔʊ̯'badʒɪt...] (Filmproduktion mit geringen finanziellen Mitteln)
Low Carb ['lɔʊ̯...] *ohne Artikel* (*ugs. kurz für* Low-Carb-Diät); **Low-Carb-Di|ät** (kohlenhydratarme Diät)
Lö|we, der; -n, -n
Lö|wen|an|teil (Hauptanteil); **Lö|wen|zahn** *Plur. selten* (eine Wiesenblume)
Lö|win
lo|y|al [loa'ja:l] (redlich, [regierungs]treu)
Lo|ya|li|tät, die; -, -en
LP, die; -, -[s] = Langspielplatte
LSD, das; -[s] (ein Rauschgift)
LTE [ɛlte:'ʔe:] (ein Mobilfunkstandard)
Luchs, der; -es, -e (ein Raubtier)
Lü|cke, die; -, -n; **Lü|cken|bü|ßer** (*ugs. für* Ersatzmann); **Lü|cken|bü|ße|rin; lü|ckenhaft; lü|cken|los**
Lu|der, das; -s, - (*Jägerspr.* Köder, Aas; *auch* Schimpfwort)
Luft, die; -, Lüfte; **Luft|an|griff; Luft|ballon; luft|dicht;** luftdicht verschließen; **Luft|druck** *Plur.* ...drücke, *seltener* ...drucke; **luft|durch|läs|sig**
lüf|ten; Lüf|ter
Luft|fahrt, die; -, *Plur.* (*für* Fahrten durch die Luft:) -en; **Luft|feuch|tig|keit; luf|tig; Luft|krieg; luft|leer; Luft|li|nie; Luftpost; Luft|pum|pe; Luft|raum; Luft|röhre; Luft|schiff|fahrt, Luft|schiff-Fahrt,** die; -, *Plur.* (*für* Fahrten mit dem Luftschiff:) -en; **Luft|schlan|ge** *meist Plur.*
Lüf|tung; Lüf|tungs|an|la|ge
Luft|ver|kehr; Luft|ver|schmut|zung; Luftwaf|fe
Lug, der; -[e]s (Lüge); [mit] Lug und Trug
Lü|ge, die; -, -n; jmdn. Lügen strafen
lu|gen (*landsch. für* spähen)
lü|gen; du logst; du lögest; gelogen; lüg[e]!
Lü|gen|de|tek|tor (Gerät, mit dem unwillkürliche körperliche Reaktionen eines Befragten gemessen werden können)
Lüg|ner; Lüg|ne|rin; lüg|ne|risch

L

Luk, das; -[e]s, -e; *vgl.* Luke; **Lu|ke,** die; -, -n (kleines Dach- od. Kellerfenster; Öffnung im Deck od. in der Wand des Schiffes)
lu|k|ra|tiv (gewinnbringend)
lu|k|rie|ren (*österr. für* Gewinn erzielen)
Lu|latsch, der; -[e]s, -e (*ugs. für* langer, schlaksiger Mann)
Lu|men, das; -s, *Plur. - u.* ...mina (*Physik* Einheit des Lichtstromes [*Zeichen* lm])
Lüm|mel, der; -s, -; **lüm|meln,** sich *(ugs.);* ich lümm[e]le mich
Lump, der; -en, -en (schlechter Mensch)
Lum|pen, der; -s, - (Lappen); **lum|pig**
Lunch [lantʃ], der; *Gen.* -[e]s *od.* -, *Plur.* -[e]s *od.* -e (leichte Mittagsmahlzeit [in angelsächsischen Ländern]); **Lunch|pa|ket**
Lun|ge, die; -, -n; die grüne oder Grüne Lunge (Grünfläche, Park in einer Stadt);; **Lun|gen|ent|zün|dung; Lun|gen|krebs**
lun|gern *(ugs.);* ich lungere
M
Lun|te, die; -, -n (ein Zündmittel; *Jägerspr.* Schwanz des Fuchses); Lunte riechen (*ugs. für* Gefahr wittern)
Lu|pe, die; -, -n (Vergrößerungsglas); **lu|pen|rein** (sehr rein, ganz ohne Mängel [von Edelsteinen]; *übertr. für* einwandfrei)
lup|fen (*südd., schweiz., österr. für* lüpfen)
lüp|fen (anheben, kurz hochheben, lüften)
Lu|pi|ne, die; -, -n (eine Futter- und Zierpflanze)
Lurch, der; -[e]s, -e (Amphibie)
Lust, die; -, Lüste; Lust haben
Lüs|ter, der; -s, - (Kronleuchter); **Lüs|ter|klem|me**
lüs|tern; er hat lüsterne Augen; der Mann ist lüstern; **Lüs|tern|heit**
lus|tig; Schluss mit lustig; **lust|los; Lust|lo|sig|keit; Lust|spiel; lust|voll**
lu|the|risch [*auch* ...'te:...]; eine lutherische Kirche; die lutherische Bibelübersetzung; **lu|thersch;** die luthersche *od.* Luther'sche Bibelübersetzung
lut|schen; du lutschst; **Lut|scher**
Lutz, der; -, - (Sprung beim Eiskunstlauf)

Luv [lu:f], die; -, *auch (Geogr. nur:)* das; -s (*Seemannsspr., Geogr.* die dem Wind zugewandte Seite; Gegensatz: Lee); *meist ohne Artikel* in, von Luv
Lux, das; -, - (Einheit der Beleuchtungsstärke; *Zeichen* lx)
lu|xu|ri|ös; Lu|xus, der; - (Verschwendung, Prunksucht); **Lu|xus|gut; Lu|xus|ho|tel**
Lu|zer|ne, die; -, -n (eine Futterpflanze)
Lym|phe, die; -, -n (*Med.* weißliche Körperflüssigkeit, ein Impfstoff); **Lymph|kno|ten**
lyn|chen [*auch* 'lı...] (ungesetzl. Volksjustiz ausüben); du lynchst; er wurde gelyncht; **Lynch|jus|tiz**
Ly|rik, die; - ([liedmäßige] Dichtung); **Ly|ri|ker; Ly|ri|ke|rin; ly|risch** (der persönlichen Stimmung u. dem Erleben unmittelbaren Ausdruck gebend; gefühlvoll); lyrisches Drama; lyrische Dichtung
Ly|ze|um, das; -s, ...een (*schweiz. regional für* Oberstufe des Gymnasiums)

M *m*

M (Buchstabe); das M; des M, die M, *aber* das m in Wimpel; der Buchstabe M, m
Mä|an|der, der; -s, - (geschlängelter Flusslauf; ein bandförmiges Ornament)
Maar, das; -[e]s, -e (*Geogr.* kraterförmige Senke)
Maat, der; -[e]s, *Plur.* -e *u.* -en (*Seemannsspr.* Schiffsunteroffizier)
Ma|ca|ron [...'rõ:], das; -s, -s (ein Mandelgebäck)
Mach, das; -[s], - (Machzahl)
Mach|art
mach|bar; Mach|bar|keit; Mach|bar|keits|stu|die
Ma|che, die; - (*ugs. für* Vortäuschung)
ma|chen; er/sie hat es gemacht; du hast mich lachen gemacht; nun mach schon!

Ma|chen|schaft *meist Plur.*
Ma|cher (Person, die etwas zustande bringt); **Ma|che|rin**
Ma|che|te [*auch* ...'tʃeː...], die; -, -n (Buschmesser)
Ma|cho ['matʃo], der; -s, -s (sich betont männlich gebender Mann)
Macht, die; -, Mächte; alles in unserer Macht Stehende; **Macht|an|spruch; macht|be|ses|sen; macht|be|wusst; Macht|er|grei|fung; Macht|er|halt; macht|gie|rig; Macht|ha|ber; Macht|ha|be|rin; mäch|tig; Macht|kampf; macht|los; Macht|spiel; Macht|über|nah|me; Macht|ver|lust; macht|voll; Macht|wech|sel; Macht|wort** *Plur.* ...worte; ein Machtwort sprechen; **Macht|zen|t|rum**
Mach|werk (*abwertend für* minderwertiges [geistiges] Produkt)
Ma|cke, die; -, -n (*ugs. für* Tick; Fehler)
Ma|dame [...'dam] (franz. Anrede für eine Frau; *als Anrede ohne Artikel; Abk. [nur in Verbindung mit dem Namen]* Mme); *Plur.* Mesdames [mɛ'dam] (*Abk.* Mmes)
Mäd|chen; mäd|chen|haft; Mäd|chen|schu|le; Mäd|chen|schwarm (von [vielen] Mädchen verehrter Junge)
Ma|de, die; -, -n (Insektenlarve)
made in Ger|ma|ny ['meɪd ɪn 'dʒəːməni] (ein Warenstempel)
Mä|del, das; -s, *Plur.* -[s] *u. bayr., österr.* -n *(ugs., häufig iron.)*
ma|dig|ma|chen; jmdn. madigmachen (*ugs. für* in schlechten Ruf bringen); jmdm. etwas madigmachen (*ugs. für* verleiden)
Ma|don|na, die; -, ...nnen (*nur Sing.:* Mutter Gottes; *bild. Kunst* Mariendarstellung)
Ma|es|t|ro, der; -s, *Plur.* ...stri *od.* -s (großer Musiker, Komponist *[bes. als Anrede]*)
Ma|fia, die; -, -s (erpresserische Geheimorganisation [in Sizilien]); **Ma|fi|o|so,** der; -[s], ...si (Mitglied der Mafia)
Ma|ga|zin, das; -s, -e
Magd, die; -, Mägde
Ma|gen, der; -s, *Plur.* Mägen *od.* -; **ma|gen|krank; Ma|gen|schleim|haut**
ma|ger; Ma|ger|sucht, die; -
Ma|gie, die; - (Zauber-, Geheimkunst); **Ma|gi|er** (Zauberer); **Ma|gi|e|rin; ma|gisch**
[1]Ma|gis|t|rat, der; -[e]s, -e (Stadtverwaltung, -behörde)
[2]Ma|gis|t|rat, der; -en, -en (*schweiz. für* Inhaber eines hohen öffentlichen Amtes)
Mag|ma, das; -s, ...men (*Geol.* Gesteinsschmelzfluss des Erdinnern)
Ma|g|ne|si|um, das; -s (chemisches Element, Metall; *Zeichen* Mg)
Ma|g|net, der; *Gen.* -en *u.* -[e]s, *Plur.* -en *u.* -e; **Ma|g|net|feld** *(Physik);* **ma|g|ne|tisch;** magnetische Feldstärke; magnetischer Pol; **Ma|g|ne|tis|mus,** der; - (Gesamtheit magnetischer Erscheinungen)
Mag|net|re|so|nanz|to|mo|graf, Mag|net|re|so|nanz|to|mo|graph, der; -en, -en *(Med.);* **Ma|gnet|re|so|nanz|to|mo|gra|fie, Ma|gnet|re|so|nanz|to|mo|gra|phie** (*Abk.* MRT); **Ma|g|net|schwe|be|bahn**
Ma|g|num, die; -, ...gna (Wein- od. Sektflasche mit 1,5 l Fassungsvermögen; *Waffentechnik* Patrone mit verstärkter Ladung)
Ma|ha|go|ni, das; -s (ein Edelholz)
Mäh|dre|scher; [1]mä|hen ([Gras] schneiden)
[2]mä|hen; mähende Schafe
Mahl, das; -[e]s, *Plur.* Mähler *u.* -e (Gastmahl)
mah|len (Korn u. a.); gemahlen; wer zuerst kommt, mahlt zuerst
Mahl|zeit; gesegnete Mahlzeit!
Mäh|ma|schi|ne
Mäh|ne, die; -, -n
mah|nen; Mahn|mal *Plur.* ...male, *selten* ...mäler; **Mah|nung; Mahn|wa|che**
Mahr, der; -[e]s, -e (quälendes Nachtgespenst, [1]Alb)
Mäh|re, die; -, -n ([altes] Pferd)
Mai, der; *Gen.* -[e]s *u.* - (*geh. gelegtl. noch* -en), *Plur.* -e; der Erste Mai (Feiertag); **Mai|baum**
Maid, die; -, -en (*scherzh., sonst veraltet für* Mädchen)
Mai|dan, der; -s (ukrainische Protestbewegung)

M

Mai|glöck|chen; Mai|kä|fer
Mail [mɛɪ̯l], die; -, -s, *auch (bes. südd., österr., schweiz.)* das; -s, -s (*kurz für* E-Mail); **Mail|box** ['mɛɪ̯l...], die; -, -en (Speicher für das Hinterlassen von Nachrichten in Computersystemen od. beim Mobilfunk)
mai|len ['mɛɪ̯lən] (als E-Mail senden); gemailt
Mai|ling ['mɛɪ̯...], das; -s, -s (Versenden von Werbematerial per Post od. E-Mail)
Main|board ['mɛɪ̯nbɔ:d], das; -s, -s (*EDV* Motherboard)
Main|stream ['mɛɪ̯nstri:m], der; -s (*oft abwertend für* vorherrschende Richtung)
Mais, der; -es, *Plur. (Sorten:)* -e (eine Getreidepflanze)
Mai|sche, die; -, -n (Gemisch zur Wein-, Bier- od. Spiritusherstellung)
Mais|kol|ben
Mai|so|nette, **Mai|son|nette** [mɛzɔ'nɛt], die; -, *Plur.* -s (zweistöckige Wohnung)
M
Ma|ja, die; - (*ind. Philos.* [als verschleierte Schönheit dargestellte] Erscheinungswelt)
Ma|jes|tät, die; -, *Plur.* (als Titel u. Anrede von Kaisern u. Königen:) -en (Herrlichkeit, Erhabenheit); Seine Majestät (*Abk.* S[e]. M.), Ihre Majestät (*Abk.* I. M.), Euer Majestät *od.* Eure Majestät (*Abk.* Ew. M.); **ma|jes|tä|tisch** (herrlich, erhaben)
[1]**Ma|jor,** der; -s, -e (unterster Stabsoffizier)
[2]**Ma|jor** ['mɛɪ̯dʒɐ], die; -, -s *meist Plur.* (große, den Markt dominierende Firma)
Ma|jo|ran [*auch* ...'ra:n], der; -s, -e *Plur. selten* (eine Gewürzpflanze)
Ma|jo|rin; *zu* [1]Major
Ma|jo|ri|tät, die; -, -en ([Stimmen]mehrheit)
ma|ka|ber (unheimlich; frivol); makab[e]rer, makabers|te; maka|b|res Aussehen
Ma|kel, der; -s, - (*geh. für* Schande; Fleck; Fehler); **ma|kel|los**
mä|keln (*svw.* nörgeln); ich mäk[e]le
Make-up ['mɛɪ̯kʔap], das; -s, -s (kosmet. Verschönerung; kosmet. Präparat)
Mak|ka|ro|ni *Plur.* (röhrenförmige Nudeln)

Mak|ler (Geschäftsvermittler); **Mak|ler|gebühr; Mak|le|rin**
Ma|k|re|le, die; -, -n (ein Fisch)
Ma|k|ro, der *od.* das; -s, -s *(EDV);* **Ma|k|ro|kli|ma** (Großklima)
Ma|k|ro|ne, die; -, -n (ein Gebäck)
ma|k|ro|öko|no|misch
Ma|ku|la|tur, die; -, -en (*Druckw.* schadhaft gewordene od. fehlerhafte Bogen)
mal; acht mal zwei (*mit Ziffern [u. Zeichen]:* 8 mal 2, 8 × 2 *od.* 8 · 2); acht mal zwei ist, macht, gibt (*nicht:* sind, machen, geben) sechzehn; eine Fläche von drei mal fünf Metern (*mit Ziffern [u. Zeichen]:* 3 m × 5 m); *vgl.* achtmal *u.* [1]Mal; (*ugs. für* einmal [[1]Mal], z. B. komm mal her!; das ist nun mal so; öfter mal was Neues; sag das noch mal *od.* nochmal!)
[1]**Mal,** das; -[e]s, -e; das erste, zweite usw. Mal; das and[e]re, einzige, letzte usw. Mal; von Mal zu Mal; jedes Mal; manches, nächstes Mal; diese paar Mal[e]; ein Dutzend Mal, ein paar Dutzend *od.* dutzend Mal; noch einmal, auf einmal; keinmal, manchmal, allemal, ein andermal; einmal (*aber* ein Mal; *hier sind beide Wörter betont*); ein paarmal *(auch, bei besonderer Betonung,* ein paar Mal
[2]**Mal,** das; -[e]s, *Plur.* -e *u.* Mäler (Fleck; Merkmal; *geh. für* Denkmal)
Ma|lai|se [...'lɛ:...], die; -, -n, *schweiz.* das; -s, -s (Misere; Missstimmung)
Ma|la|ria, die; - (eine tropische Infektionskrankheit)
ma|len; gemalt; **Ma|ler; Ma|le|rei; Ma|le|rin; ma|le|risch**
Mal|heur [ma'lø:ɐ̯], das; -s, *Plur.* -e *u.* -s (*ugs. für* [kleines] Missgeschick; Unglück)
Mall [mɔ:l], die; -, -s ([bes. in den USA] Einkaufszentrum)
mal|neh|men (vervielfachen); ich nehme mal; malgenommen; malzunehmen
Mal|te|ser (Bewohner von Malta; Angehöriger des Malteserordens); **Mal|te|se|rin**
mal|t|rä|tie|ren (misshandeln, quälen)
Mal|ve, die; -, -n (eine Zier-, Heilpflanze)

Malz, das; -es, -e; **Malz|bier**
Mal|zei|chen (Multiplikationszeichen; *Zeichen* · *od.* ×)
Mäl|zer; Mäl|ze|rin
Malz|kaf|fee
Ma|ma [*veraltend, geh.* …'ma:], die; -, -s
Mam|ba, die; -, -s (eine Giftschlange)
Mam|bo, der; -[s], -s, *auch* die; -, -s (südamerik. Tanz)
Ma|mi *(Kinderspr.)*
Mam|mo|gra|fie, Mam|mo|gra|phie, die; -, …ien (Röntgenuntersuchung der weiblichen Brust)
Mam|mon, der; -s (*abwertend für* Reichtum; Geld)
Mam|mut, das; -s, *Plur.* -e *u.* -s (Elefant einer ausgestorbenen Art); **Mam|mutbaum; Mam|mut|pro|gramm**
¹man; *Dat.* einem, *Akk.* einen; man kann nicht wissen, was einem zustoßen wird; du siehst einen an, als ob man …
²man (*nordd. ugs. für* nur, mal); das lass man bleiben
Man, der *od.* das; -s, -s (früheres pers. Gewicht); 3 Man
Ma|nage|ment ['mɛnɪtʃmənt], das; -s, -s (Leitung eines Unternehmens); **ma|na|gen** […nɪdʒn̩] (*ugs. für* leiten, unternehmen; zustande bringen); du managst; sie managt; er managte; ihr habt das gut gemanagt; **Ma|na|ger,** der; -s, - (leitende Persönlichkeit in einem Unternehmen, in einer Institution o. Ä.); **Ma|na|ge|rin**
manch; manche, mancher, manches; manche sagen; so mancher, so manches; manch einer; mancher Tag; manche Stunde; manch guter *od.* mancher gute Vorsatz; mit manch gutem *od.* manchem guten Vorsatz; manchmal; manches Mal; manch Schönes *od.* manches Schöne; mit manch Schönem *od.* manchem Schönen; manche nützliche[n] Einrichtungen
man|cher|lei; mancherlei, was
manch|mal *vgl.* manch
Man|dant, der; -en, -en (*Rechtsspr.* Auftraggeber; Vollmachtgeber); **Man|dan|tin**
Man|da|rin, der; -s, -e (europ. Bezeichnung eines hohen chin. Beamten)
Man|da|ri|ne, die; -, -n
Man|dat, das; -[e]s, -e (Auftrag; Vollmacht; Sitz im Parlament); **Man|dats|trä|ger; Man|dats|trä|ge|rin**
Man|del, die; -, -n (Kern einer Steinfrucht; *meist Plur.:* Gaumenmandeln); **Man|delent|zün|dung**
Mandl, das; -s, -[n] (*bayr. u. österr. ugs. für* Männlein; Wegzeichen aus Steinen)
Man|do|li|ne, die; -, -n (ein Saiteninstrument)
Ma|ne|ge […ʒə], die; -, -n (runde Vorführfläche od. Reitbahn im Zirkus)
Man|ga, das *od.* der; -s, -[s] (Comic aus Japan)
¹Man|gel, die; -, -n ([Wäsche]rolle)
²Man|gel, der; -s, Mängel (Fehler, Unvollkommenheit; *nur Sing.:* das Fehlen); **mangel|haft** *vgl.* ausreichend
¹man|geln ([Wäsche] rollen); ich mang[e]le
²man|geln (nicht [ausreichend] vorhanden sein); sie sagt, es mang[e]le an allem
man|gels; *Präp. mit Gen.:* mangels des nötigen Geldes, mangels eindeutiger Beweise; *im Plur. mit Dat., wenn der Gen. nicht erkennbar ist:* mangels Beweisen
Man|gel|wa|re *Plur. selten* ([gefragte, aber] schwer od. nicht erhältliche Ware)
Man|go, die; -, *Plur.* -s, *selten* …onen (eine tropische Frucht)
Man|gold, der; -[e]s, -e *Plur. selten* (ein Blatt- u. Stängelgemüse)
Ma|nie, die; -, …ien (Sucht; Besessenheit)
Ma|nier, die; - (Art u. Weise; Künstelei)
Ma|nie|ren *Plur.* (Umgangsformen, [gutes] Benehmen); **ma|nier|lich** (gesittet; fein)
ma|ni|fest (handgreiflich, deutlich); **Ma|nifest,** das; -[e]s, -e (öffentl. Erklärung, Kundgebung; *Seew.* Verzeichnis der Güter auf einem Schiff); das Kommunistische Manifest
Ma|ni|fes|ta|ti|on, die; -, -en (Offenbarwerden; Offenlegung; *regional u. schweiz. für*

politische Kundgebung); **ma|ni|fes|tie|ren** (offenbaren; bekunden; *regional u. schweiz. für* demonstrieren); sich manifestieren (deutlich werden, sich zu erkennen geben)

Ma|ni|kü|re, die; -, -n (Handpflege, bes. Nagelpflege; Hand-, Nagelpflegerin); **ma|ni|kü|ren;** manikürt

Ma|ni|pu|la|ti|on, die; -, -en (Hand-, Kunstgriff; Verfahren; *meist Plur.:* Machenschaft); **ma|ni|pu|la|tiv; ma|ni|pu|lie|ren;** manipulierte (gesteuerte) Währung

ma|nisch (*Psychol., Med.* an einer Manie erkrankt; abnorm heiter erregt)

Ma|ni|tu, der; -[s] (zauberhafte Macht des indian. Glaubens, oft ohne Artikel personifiziert als »Großer Geist«)

Man|ko, das; -s, -s (Fehlbetrag, Mangel)

Mann, der; -[e]s, *Plur.* Männer *u. (früher für* Lehnsleute, ritterl. Dienstmannen *od. scherzh.:)* Mannen; alle Mann an Bord!; tausend Mann; er ist Manns genug; seinen Mann stehen; Mann, ist das schön! *(ugs.);* **Männ|chen**

Man|ne|quin [...kɛ̃, *auch* ...ˈkɛ̃ː], das, *selten* der; -s, -s (Frau, die Modellkleider u. Ä. vorführt; *veraltet für* Gliederpuppe)

Män|ner|chor, der; **Män|ner|sa|che; Män|ner|welt**

man|nig|fach; man|nig|fal|tig [ˈmanıçfaltıç]

männ|lich; männliches Geschlecht; **Männ|lich|keit,** die; -

Mann|schaft; Mann|schafts|ka|pi|tän; Mann|schafts|ka|pi|tä|nin

manns|hoch

Ma|no|me|ter, das; -s, - (*Physik* ein Druckmessgerät)

Ma|nö|ver, das; -s, - (größere Truppen-, Flottenübung; Winkelzug); **ma|nö|v|rie|ren** (Manöver vornehmen; geschickt handeln)

Man|sar|de, die; -, -n (Dachgeschoss, -zimmer); **Man|sar|den|woh|nung**

Man|schet|te, die; -, -n (Ärmelaufschlag; Papierkrause für Blumentöpfe); Manschetten haben (*ugs. für* Angst haben)

Man|tel, der; -s, Mäntel

Man|t|ra, das; -[s], -s ([im Hinduismus u. a. verwendete] magische Formel)

ma|nu|ell (mit der Hand; Hand...); manuelle Fertigkeit; **Ma|nu|fak|tur,** die; -, -en ([vorindustrieller] gewerbl. Großbetrieb mit Handarbeit); **Ma|nu|skript,** das; -[e]s, -e (hand- od. maschinenschriftl. Ausarbeitung; Urschrift; Satzvorlage; *Abk.* Ms. [*Plur.* Mss.] *od.* Mskr.)

Mao|ist, der; -en, -en (Anhänger des Maoismus); **Mao|is|tin; mao|is|tisch**

Map|pe, die; -, -n

Mär, die; -, Mären (*veraltet, heute noch scherzh. für* Kunde, Nachricht; Sage)

Ma|ra|cu|ja, die; -, -s (essbare Frucht der Passionsblume)

Ma|ra|thon [ˈma...], der; -s, -s (*kurz für* Marathonlauf); **Ma|ra|thon|lauf** (leichtathletischer Wettlauf über 42,195 km); **Ma|ra|thon|läu|fer; Ma|ra|thon|läu|fe|rin**

March, die; -, -en (*schweiz. für* Flurgrenze, Grenzzeichen)

Mär|chen; Mär|chen|buch; mär|chen|haft

Mar|der, der; -s, -

Mar|ga|ri|ne, die; -, *Plur. (Sorten:)* -n

Mar|ge [...ʒə], die; -, -n (Abstand, Spielraum; *Wirtsch.* Spanne zwischen zwei Preisen)

Mar|ge|ri|te, die; -, -n (eine Wiesenblume)

mar|gi|nal (am Rand liegend; *bes. Bot.* randständig; *geh. für* nicht unmittelbar wichtig)

Ma|ri|en|kä|fer

Ma|ri|hu|a|na, das; -s (ein Rauschgift)

ma|rin (zum Meer gehörend, Meer[es]...)

Ma|ri|na|de, die; -, -n (Flüssigkeit mit Essig zum Einlegen von Fleisch, Gurken usw.)

Ma|ri|ne, die; -, -n (Seewesen eines Staates; Flottenwesen; [Kriegs]flotte)

ma|ri|nie|ren (in Marinade einlegen)

Ma|ri|o|net|te, die; -, -n (Gliederpuppe); **Ma|ri|o|net|ten|the|a|ter**

ma|ri|tim (das Meer, das Seewesen betreffend; Meer[es]..., See...); maritimes Klima

[1]**Mark,** die; -, *Plur.* -, *ugs. scherzh.* Märker (frühere dt. Währungseinheit; *Abk. [DDR]* M); Deutsche Mark (*Abk.* DM)

[2]**Mark**, die; -, -en (*früher für* Grenzland); die Mark Brandenburg
[3]**Mark**, das; -[e]s (*Med.* Rückenmark)
mar|kant (stark ausgeprägt)
Mar|ke, die; -, -n (Zeichen; Handels-, Waren-, Wertzeichen)
mar|ken (*Seemannsspr.* mit Markierungen versehen; *Fachspr.* mit einem Firmenabzeichen versehen); **Mar|ken|ar|ti|kel; mar|ken|be|wusst; Mar|ken|na|me; Mar|ken|pro|dukt; Mar|ken|zei|chen**
Mar|ker, der; -s, -[s] (Stift zum Markieren; *fachspr. für* Merkmal)
Mar|ke|ting, das; -[s] (*Wirtsch.* Ausrichtung eines Unternehmens auf die Förderung des Absatzes); **Mar|ke|ting|stra|te|gie**
mar|kie|ren (be-, kennzeichnen; *österr. für* [eine Fahrkarte] entwerten, stempeln; *ugs. für* vortäuschen); **Mar|kie|rung**
mar|kig; markige Sprüche
mär|kisch (aus der Mark stammend, sie betreffend)
Mar|ki|se, die; -, -n (aufrollbares Sonnendach); *vgl. aber* Marquise
Markt, der; -[e]s, Märkte (*bayr., österr. auch für* Titel einer Gemeinde, urspr. mit altem Marktrecht); zu Markte tragen
Markt|ana|ly|se; Markt|an|teil; markt|be|herr|schend; eine marktbeherrschende Stellung; **Markt|chan|ce; markt|fä|hig** (*Wirtsch.* für den [Massen]absatz geeignet); **Markt|for|schung; markt|füh|rend; Markt|füh|rer; Markt|füh|re|rin; markt|ge|recht; Markt|hal|le; Markt|la|ge; Markt|lü|cke; Markt|macht; markt|ori|en|tiert; Markt|platz; Markt|po|si|ti|on; Markt|po|ten|zi|al, Markt|po|ten|ti|al; markt|reif; markt|üb|lich; Markt|wert**
Markt|wirt|schaft *vgl.* frei, sozial; **markt|wirt|schaft|lich**
Mar|me|la|de, die; -, -n
Mar|mor, der; -s, -e (Gesteinsart)
ma|ro|de (heruntergekommen)
Ma|ro|ne, die; -, *Plur.* -n, *landsch. auch* ...ni ([geröstete] essbare Kastanie)
Ma|rot|te, die; -, -n (wunderliche Neigung)
Mar|quis [...'ki:], der; -, - (franz. Titel); **Mar|qui|se**, die; -, -n
Mars, der; - (ein Planet)
[1]**Marsch**, der; -[e]s, Märsche
[2]**Marsch**, die; -, -en (vor Küsten angeschwemmter fruchtbarer Boden)
Mar|schall, der; -s, ...schälle (hoher militär. Dienstgrad; Haushofmeister)
mar|schie|ren; Marsch|rou|te
Mar|seil|lai|se [...sɛ'jɛ:zə], die; - (franz. Revolutionslied, dann Nationalhymne)
Mar|stall, der; -[e]s, ...ställe (Pferdehaltung eines Fürsten u. a.)
Mar|ter, die; -, -n (Qual; Folter); **mar|tern;** ich martere
mar|ti|a|lisch (kriegerisch; grimmig)
Mar|ti|ni, das; - (Martinstag)
Mär|ty|rer (jmd., der wegen seines Glaubens od. seiner Überzeugung Verfolgung od. den Tod erleidet); **Mär|ty|re|rin; Mar|ty|ri|um**, das; -s, ...ien (schweres Leiden [meist um des Glaubens willen])
Mar|xis|mus, der; - (die von Marx u. Engels begründete Theorie des Kommunismus); **mar|xis|tisch**
März, der; *Gen.* -[es], *geh. auch noch* -en, *Plur.* -e
Mar|zi|pan [*auch, österr. nur,* 'ma...], das, *österr., sonst selten,* der; -s, -e (süße Masse aus Mandeln u. Zucker)
Ma|sche, die; -, -n (Schlinge; *österr. u. schweiz. auch für* Schleife; *ugs. für* Lösung; Trick)
Ma|schi|ne, die; -, -n; Maschine schreiben; ich schreibe Maschine; weil er Maschine schreibt; *aber* das Maschine[n]schreiben
ma|schi|nell (maschinenmäßig [hergestellt])
Ma|schi|nen|bau|er *vgl.* [1]Bauer; **Ma|schi|nen|bau|e|rin; ma|schi|nen|ge|schrie|ben; Ma|schi|nen|ge|wehr** (*Abk.* MG)
Ma|schi|ne|rie, die; -, ...ien (maschinelle Einrichtung; Getriebe)
Ma|schi|nist, der; -en, -en (Maschinenmeister); **Ma|schi|nis|tin**

M

M

¹Ma|ser ['mɛɪ̯..., *auch* 'ma:...], der; -s, - (*Physik* Gerät zur Verstärkung od. Erzeugung von Mikrowellen)
²Ma|ser, die; -, -n (Zeichnung [im Holz])
Ma|sern *Plur.* (eine Kinderkrankheit)
Ma|se|rung (Zeichnung des Holzes)
Mas|ke, die; -, -n (künstl. Hohlgesichtsform; Verkleidung; kostümierte Person)
Mas|ken|ball *vgl.* ²Ball; **mas|ken|haft; Mas|ke|ra|de,** die; -, -n (Verkleidung; Maskenfest); **mas|kie|ren** ([mit einer Maske] verkleiden); sich maskieren
Mas|kott|chen (Glück bringender Talisman, Anhänger; Puppe u. a. [als Amulett])
mas|ku|lin [*auch* ...'li:n] (männlich); **Mas|ku|li|num,** das; -s, ...na (*Sprachwiss.* m. Substantiv, z. B. »der Wagen«; *nur Sing.:* m. Geschlecht)
Ma|so|chis|mus, der; - (geschlechtl. Erregung durch Erdulden von Misshandlungen); **Ma|so|chist,** der; -en, -en; **Ma|so|chis|tin**
¹Maß, das; -es, -e; Maß halten *od.* maßhalten; du hältst Maß *od.* maß; er hat Maß gehalten *od.* maßgehalten; halte Maß *od.* maß!; das rechte Maß halten; Maß nehmen; *aber* das Maßnehmen
²Maß, die; -, -[e], **Mass,** die; -, -[en] (*bayr. u. österr.* ein Flüssigkeitsmaß); 2 Maß *od.* Mass Bier
Mas|sa|ge [...ʒə], die; -, -n (Heilbehandlung durch Kneten usw. des Körpergewebes)
Mas|sa|ker, das; -s, - (Gemetzel); **mas|sak|rie|ren** (niedermetzeln)
Maß|ar|beit; Maß|be|zeich|nung
Mas|se, die; -, -n
Maß|ein|heit
Ma|ßen (*Plur. von* Maße); *noch in:* in, mit, ohne Maßen; über die/alle Maßen
Mas|sen|an|drang; Mas|sen|ar|beits|lo|sig|keit; Mas|sen|ent|las|sung; Mas|sen|grab; mas|sen|haft; Mas|sen|me|di|um *meist Plur.;* **Mas|sen|mör|der; Mas|sen|mör|de|rin; Mas|sen|pro|duk|ti|on; Mas|sen|tou|ris|mus; Mas|sen|ver|nich|tungs|waf|fe** *meist Plur.;* **mas|sen|wei|se**
Mas|seur [...'sø:ɐ̯], der; -s, -e (die Massage Ausübender); **Mas|seu|rin** (Berufsbez.)
Maß|ga|be (*Amtsspr.* Bestimmung); nach Maßgabe (entsprechend); **maß|ge|bend; maß|geb|lich; maß|ge|schnei|dert**
maß|hal|ten, Maß hal|ten *vgl.* Maß
mas|sie|ren (durch Massage behandeln)
mas|sig; eine massige (wuchtige) Gestalt; massig (massenhaft) Arbeit
mä|ßig; mä|ßi|gen; sich mäßigen; **Mä|ßig|keit,** die; -; **Mä|ßi|gung**
mas|siv (schwer; voll [nicht hohl]; fest; roh, grob); ich musste erst massiv werden *od.* massivwerden (deutlich drohen)
Mas|siv, das; -s, -e (Gebirgsstock)
maß|los; Maß|nah|me, die; -, -n; **Maß|nah|men|pa|ket; maß|re|geln;** ich maßreg[e]le; gemaßregelt; zu maßregeln; **Maß|stab; maß|stab|ge|treu, maß|stabs|ge|treu; maß|voll**
¹Mast, der; -[e]s, *Plur.* -en, *auch* -e (Mastbaum)
²Mast, die; -, -en (Mästung); **Mast|darm**
mäs|ten
Mas|ter, der; -s, - (Hochschulabschluss); im deutschsprachigen Raum z. B.: Master of Arts, *Abk.* M. A.; Master of Business Administration, *Abk.* MBA; Master of Education, *Abk.* M. Ed.
Mas|ter|plan (umfassender, übergeordneter Plan); **Mas|ter|stu|di|um**
Mast|och|se
Mas|tur|ba|ti|on, die; -, -en (geschlechtliche Selbstbefriedigung); **mas|tur|bie|ren**
Match [mɛtʃ, *schweiz. auch* matʃ], das, *schweiz.* der; -[e]s, *Plur.* -[e]s, *auch* -e (Wettkampf, -spiel)
Ma|tcha [...tʃa], der; -[s], -s (gemahlener grüner Tee)
Match|ball (*Sport* spielentscheidender Ball [Aufschlag])
ma|te|ri|al (stofflich, inhaltlich, sachlich); materiale Ethik
Ma|te|ri|al, das; -s, -ien; **Ma|te|ri|al|feh|ler**
Ma|te|ri|a|lis|mus, der; - (das Streben nach Besitz und Gewinn); **ma|te|ri|a|lis|tisch**

Ma|te|ri|al|kos|ten *Plur.*
Ma|te|rie, die; -, -n (Stoff; Inhalt; Gegenstand [einer Untersuchung])
ma|te|ri|ell (stofflich; finanziell; auf den eigenen Nutzen bedacht)
Ma|the, die; - *meist ohne Artikel* (*Schülerspr.* Mathematik); **Ma|the|ma|tik** [*österr.* ...'ma...], die; - (Wissenschaft von den Raum- u. Zahlengrößen; *Abk.* Math.); **Ma|the|ma|ti|ker; Ma|the|ma|ti|ke|rin; ma|the|ma|tisch** [*österr.* ...'ma...]
Ma|ti|nee [*auch* 'ma...], die; -, ...een (am Vormittag stattfindende künstlerische Veranstaltung)
Mat|jes, der; -, -; **Mat|jes|he|ring** (junger Hering)
Ma|t|rat|ze, die; -, -n (Bettpolster)
Ma|t|rix, die; -, *Plur.* Matrizes, Matrices *u.* Matrizen (*Math.* rechteckiges Schema von Zahlen, für das bestimmte Rechenregeln gelten)
Ma|t|ro|se, der; -n, -n; **Ma|t|ro|sin**
matsch (*ugs. für* erschöpft); matsch sein
[1]**Matsch,** der; -[e]s, -e (gänzlicher Verlust beim Kartenspiel)
[2]**Matsch,** der; -[e]s (*ugs. für* breiiger Schmutz, nasse Erde); **mat|schig** *(ugs.)*
matt (schwach; glanzlos); jmdn. matt setzen *od.* mattsetzen (im Schach; *vgl. aber* mattsetzen); Schach und matt!; mattblau u. a.; ein Auto in Blaumatt *od.* in Blau matt, in Mattblau *od.* in matt Blau; **Matt,** das; -s, -s
[1]**Mat|te,** die; -, -n (Decke, Unterlage)
[2]**Mat|te,** die; - (*md. für* Quark)
mat|tie|ren (matt, glanzlos machen)
Matt|schei|be; [eine] Mattscheibe haben (*übertr. ugs. für* begriffsstutzig sein)
matt|set|zen (als Gegner ausschalten); *vgl. aber* matt
Ma|tur, die; - (*schweiz. für* Reifeprüfung)
Matz, der; -es, *Plur.* -e *u.* Mätze *(scherzh.); meist in Zusammensetzungen,* z. B. Hosenmatz; **Mätz|chen;** Mätzchen machen (*ugs. für* Ausflüchte machen, sich sträuben)

mau (*ugs. für* schlecht; dürftig); die Geschäfte gehen mau; ein maues Gefühl
Mau|er, die; -, -n; **Mau|er|bau,** der; -[e]s (der Bau der Berliner Mauer [1961]); **Mauer|fall,** der; -[e]s (Öffnung u. Abbau der Berliner Mauer); **Mau|er|meis|ter,** Maurer|meis|ter; **mau|ern;** ich mau[e]re
Maul, das; -[e]s, Mäuler; **Maul|af|fen** *Plur.; meist in* Maulaffen feilhalten (*ugs. für* gaffend, untätig herumstehen); **Maulbee|re**
mau|len (*ugs. für* murren, widersprechen)
Maul|esel (Kreuzung aus Pferdehengst u. Eselstute); **maul|faul** *(ugs.);* **Maul|korb; Maul|tier** (Kreuzung aus Eselhengst u. Pferdestute); **Maul|wurf,** der; -[e]s, ...würfe (*auch für* Spion)
Mau|rer; Mau|rer|ge|sel|le; Mau|rer|gesel|lin; Mau|re|rin
Mau|rer|meis|ter, Mau|er|meis|ter; **Maurer|meis|te|rin,** Mauermeisterin
Maus, die; -, Mäuse; **mäus|chen|still; Mäuse|bus|sard; Mau|se|fal|le; mau|sen** (*ugs. scherzh. für* stehlen; *landsch. für* Mäuse fangen); du maust; er maus|te
Mau|ser, die; - (jährlicher Wechsel der Federn bei Vögeln); **mau|sern** (sich zum Vorteil verändern); ich mausere mich
mau|se|tot *(ugs.);* mausetot, *österr. auch* maustot schlagen; **maus|grau**
Maus|klick (*EDV* Betätigen der Maustaste)
Mau|so|le|um, das; -s, ...een (monumentales Grabmal)
Maus|pad [...pɛd], Mouse|pad ['maʊ̯spɛd] (*EDV* Unterlage, auf der die Computermaus bewegt wird); **Maus|tas|te** (*EDV* Taste der Computermaus)
Maut, die; -, -en (Gebühr für Straßen- u. Brückenbenutzung; *veraltet für* Zoll)
ma|xi (*Mode* knöchellang); der Rock ist maxi
ma|xi|mal (sehr groß, größt..., höchst...)
Ma|xi|me, die; -, -n (allgemeiner Grundsatz); **ma|xi|mie|ren** (maximal machen); **Ma|ximum,** das; -s, ...ma (Höchstmaß); barometrisches Maximum (*Meteorol.* Hoch)

M

[1]**Ma|ya,** der; -[s], -[s] (Angehöriger eines indian. Kulturvolkes in Mittelamerika)
[2]**Ma|ya,** die; -, -[s] (w. Form zu [1]Maya)
Ma|yo, die; -, -s (*ugs.; kurz für* Mayonnaise)
Ma|yon|nai|se [majɔˈnɛːzə, majo…, *österr.* majɔˈnɛːs], die; -, -n (kalte, dicke Soße aus Eigelb u. Öl)
Mä|zen, der; -s, -e (Kunstfreund; Gönner)
MC, die; -, -[s] = musicassette (Musikkassette)
MdB, M. d. B. = Mitglied des Bundestages
Me|cha|nik, die; -, -en (*nur Sing.:* Lehre von den Kräften u. Bewegungen; *auch für* Getriebe, Trieb-, Räderwerk); **Me|cha|ni|ker; Me|cha|ni|ke|rin; me|cha|nisch** (den Gesetzen der Mechanik entsprechend; automatisch; unwillkürlich, gewohnheitsmäßig, gedankenlos); **Me|cha|nis|mus,** der; -, …men ([selbsttätiger] Ablauf)
me|ckern; ich meckere *(ugs. abwertend)*
Me|dail|le […ˈdaljə, *österr.* …ˈdai̯ljə], die; -, -n (Plakette zur Erinnerung od. als Auszeichnung)
Me|dail|lon […dalˈjõː], das; -s, -s (Anhänger, kleine runde Fleischschnitte; *Kunstwiss.* rundes od. ovales Relief)
me|di|al (von den Medien ausgehend, zu ihnen gehörend; *Parapsychologie* das spiritistische Medium betreffend)
Me|di|a|ti|on, die; -, -en (Vermittlung zwischen Streitenden); **Me|di|a|tor,** der; -s, …oren (Vermittler); **Me|di|a|to|rin**
Me|di|ci […tʃi], der *u.* die; -, - (Angehörige[r] eines florentin. Geschlechts)
Me|di|en|be|richt; Me|di|en|kon|zern; Me|di|en|land|schaft; Me|di|en|po|li|tik; Me|di|en|prä|senz; Me|di|en|rum|mel *(ugs.);* **me|di|en|wirk|sam**
Me|di|ka|ment, das; -[e]s, -e (Arzneimittel); **me|di|ka|men|tös** *(Med.);* medikamentöse Behandlung
Me|di|na, die; -, -s (Gesamtheit der alten islam. Stadtteile im Ggs. zu den Europäervierteln)
Me|di|ta|ti|on, die; -, -en (Nachdenken; religiöse Versenkung); **me|di|ta|tiv**
me|di|ter|ran (dem Mittelmeerraum angehörend, eigen)
me|di|tie|ren (nachdenken; Meditation üben)
me|di|um [*auch, als Kleidergröße nur,* ˈmiːdi̯əm] (*Gastron.* halb durchgebraten; Kleidergröße: mittel; *Abk.* M)
Me|di|um, das; -s, …ien (Mittel[glied]; Mittler[in], Kommunikationsmittel)
Me|di|zin, die; -, -en (Arznei; *nur Sing.:* Heilkunde); **Me|di|zin|ball** (großer, schwerer, nicht elastischer Lederball); **Me|di|zi|ner** (Arzt); **Me|di|zi|ne|rin; me|di|zi|nisch; Me|di|zin|stu|di|um; Me|di|zin|tech|nik**
Meer, das; -[e]s, -e; **Meer|en|ge**
Mee|res|bo|den; Mee|res|grund, der; -[e]s; **Mee|res|spie|gel,** der; -s; über dem Meeresspiegel (*Abk.* ü. d. M. *od.* ü. M.); unter dem Meeresspiegel (*Abk.* u. d. M. *od.* u. M.)
Meer|jung|frau; Meer|kat|ze (ein Affe)
Meer|ret|tich (Heil- u. Gewürzpflanze)
Meer|schwein|chen; Meer|was|ser, das; -s
Mee|ting [ˈmiː…], das; -s, -s (Zusammenkunft; Treffen; Sportveranstaltung); **meets** [miːts]; Jazz meets (trifft) Klassik
Me|ga|bit [*auch* ˈmɛ…] (*EDV* Einheit von 1 048 576 Bit; *Zeichen* Mbit, MBit); **Me|ga|byte** […bai̯t, *auch* ˈmɛ…], das; -[s], -[s] (2^{20} Byte; *Zeichen* MB, MByte)
me|ga|cool *(bes. Jugendspr.)*
Me|ga|fon, Me|ga|phon, das; -s, -e (Sprachrohr)
me|ga-in; mega-in sein (*ugs. für* äußerst gefragt sein); **me|ga-out** […ʔau̯t]; mega-out sein (*ugs. für* ganz überholt sein)
Me|ga|phon *vgl.* Megafon
Me|ga|pi|xel [*auch* ˈmɛ…] (1 Million Pixel)
Me|ga|star (*ugs.; vgl.* [2]Star)
Me|ga|watt [*auch* ˈmɛ…] (1 Million Watt; *Zeichen* MW)
Mehl, das; -[e]s, *Plur. (Sorten:)* -e; **meh|lig**
Mehl|tau, der (eine Pflanzenkrankheit); *vgl. aber* Meltau
mehr; mehr Freunde; mehr Geld; mit mehr

Hoffnung; mehr oder weniger (minder); umso mehr; vieles mehr; mehr denn je

Mehr, das; -[s] (*auch für* Mehrheit); ein Mehr an Kosten; das Mehr oder Weniger; **Mehr|ar|beit; Mehr|auf|wand; Mehr|ein-nah|me**

meh|ren (*geh. für* zahlreicher werden)

meh|re|re; mehrere behaupten dies

meh|rer|lei *(ugs.);* **mehr|fach**

Mehr|fa|mi|li|en|haus

Mehr|heit; absolute Mehrheit; die schweigende Mehrheit; **mehr|heit|lich; Mehr-heits|ent|schei|dung; mehr|heits|fä|hig;** eine mehrheitsfähige Gesetzesvorlage

mehr|jäh|rig; Mehr|kos|ten *Plur.;* **mehr-ma|lig; mehr|mals; mehr|spra|chig; mehr|stel|lig; mehr|stim|mig; mehr|stu-fig; mehr|tä|gig; Mehr|wert,** der; -[e]s *(Wirtsch.);* **Mehr|wert|steu|er,** die (*Abk.* MwSt. *od.* Mw.-St.); **Mehr|zahl,** die; - (*auch für* Plural); **Mehr|zweck|hal|le**

mei|den; du miedst; du miedest; gemieden; meid[e]!

Mei|le, die; -, -n (ein Längenmaß); **Mei|len-stein; mei|len|weit** [*auch* ˈmaɪ̯lənˈvaɪ̯t]; *aber* zwei Meilen weit

Mei|ler, der; -s, - (*kurz für* Atommeiler)

mein; mein Sohn, meine Tochter, mein Kind; mein Ein u. [mein] Alles; *vgl.* dein *u.* deine

Mein|eid (Falscheid); **mein|ei|dig**

mei|nen; er meint es gut mit ihm

mei|ner|seits; mei|net|we|gen

Mei|nung; Mei|nungs|äu|ße|rung; Mei-nungs|bil|dung; Mei|nungs|for|schung; Mei|nungs|frei|heit, die; -; **Mei|nungs-um|fra|ge; Mei|nungs|ver|schie|den|heit**

Mei|se, die; -, -n (ein Singvogel)

Mei|ßel, der; -s, -; **mei|ßeln;** ich meiß[e]le

Mei|ße|ner, Meiß|ner; Meiß[e]ner Porzellan®, *auch* Meissener Porzellan

meist; meist kommt er viel zu spät; *vgl.* meiste; **meist|bie|tend;** meistbietend verkaufen, *aber* Meistbietender bleiben

meis|te; das meiste Geld; *aber* das meiste *od.* Meiste ist bekannt; die meisten *od.* Meisten glauben, ...

meis|tens; meis|ten|teils

Meis|ter; Meis|ter|brief; meis|ter|haft; Meis|te|rin; Meis|ter|leis|tung; meis|ter-lich; meis|tern; ich meistere; **Meis|ter-prü|fung; Meis|ter|schaft; Meis|ter-schafts|spiel; Meis|ter|stück; Meis|ter-ti|tel** *(Handwerk, Sport);* **Meis|ter|werk**

meist|ge|le|sen; meist|ver|kauft

Mek|ka, das; -s, -s (Zentrum, das viele Besucher anlockt); ein Mekka der Touristen

Me|lan|cho|lie [...laŋko...], die; -, ...ien (Schwermut); **me|lan|cho|lisch**

Me|lan|ge [...ˈlãːʒə, *österr.* ...ˈlãːʃ], die; -, -n (Mischung; *österr. für* Milchkaffee)

Me|la|nom, das; -s, -e (bösartige Geschwulst an der Haut od. den Schleimhäuten)

mel|den; Mel|de|pflicht; polizeiliche Meldepflicht; **Mel|dung**

mel|ken; du melkst *od.* milkst; du melktest *od.* molkst; du melktest *od.* mölkest; gemolken, *auch* gemelkt; melk[e]! *od.* milk!; frisch gemolkene Milch

Me|lo|die, die; -, ...ien (sangbare, in sich geschlossene Folge von Tönen); **me|lo-disch** (wohlklingend)

Me|lo|dram, das; -s, ...men (Musikschauspiel; Schauspiel, Film in pathetischer Inszenierung); **me|lo|dra|ma|tisch**

Me|lo|ne, die; -, -n (großes Kürbisgewächs; *ugs. scherzh. für* runder, steifer Hut)

Mel|tau, der; -[e]s (Honigtau); *vgl. aber* Mehltau

Mem|b|ran, die; -, -en, **Mem|b|ra|ne,** die; -, -n (gespanntes Häutchen; Schwingblatt)

Mem|me, die; -, -n (*ugs. abwertend für* Feigling)

Me|mo, das; -s, -s (*kurz für* Memorandum; Merkzettel)

Me|moire [...ˈmo̯aːɐ̯], das; -s, -s (Memorandum); **Me|moi|ren** [...ˈmo̯aːrən] *Plur.* (Lebenserinnerungen)

Me|mo|ran|dum, das; -s, *Plur.* ...den *u.* ...da (Denkschrift)

[1]**Me|mo|ri|al,** das; -s, *Plur.* -e *u.* -ien (*veraltet für* Tagebuch; [Vor]merkbuch)

M

[2]**Me|mo|ri|al** [mə'mɔ(:)riəl], das; -s, -s (Gedenkveranstaltung; Denkmal)
Me|mo|ry® ['mɛmori], das; -s, -s (ein Gesellschaftsspiel); **Me|mo|ry|stick**® [...stɪk], der; -s, -s (*EDV* ein Datenspeicher)
Me|na|ge|rie, die; -, ...ien (Tierschau)
Me|ne|te|kel, das; -s, - (unheildrohendes Zeichen)
Men|ge, die; -, -n; **men|gen** (mischen); **Men|gen|leh|re** *Plur. selten (Math., Logik)*
Me|nis|kus, der; -, ...ken (*Med.* Zwischenknorpel im Kniegelenk)
Men|sa, die; -, *Plur.* -s *u.* ...sen (restaurantähnliche Einrichtung an Universitäten)
Mensch, der; -en, -en; eine menschenverachtende *od.* Menschen verachtende Ideologie; *aber nur* noch menschenverachtendere Ideologie
Men|schen|bild; Men|schen|han|del *vgl.* Handel; **Men|schen|le|ben; men|schen|leer; Men|schen|mas|se** *meist Plur.;* **Men|schen|men|ge; men|schen|mög|lich;** was menschenmöglich war, wurde getan; *aber* sie hat das Menschenmögliche getan
Men|schen|recht *meist Plur.;* **Men|schen|recht|ler; Men|schen|recht|le|rin; Men|schen|rechts|or|ga|ni|sa|ti|on**
men|schen|un|wür|dig; men|schen|ver|ach|tend, Men|schen ver|ach|tend *vgl.* Mensch; **Men|schen|ver|stand;** der gesunde Menschenverstand; **Men|schen|wür|de,** die; -; **men|schen|wür|dig**
Mensch|heit, die; -; **Mensch|heits|ge|schich|te,** die; -
mensch|lich; menschliche Schwächen; *aber* etwas Menschliches; **Mensch|lich|keit**
Mens|t|ru|a|ti|on, die; -, -en (Monatsblutung, Regel)
men|tal (geistig; gedanklich); **Men|ta|li|tät,** die; -, -en (Denkweise, Sinnesart)
Men|thol, das; -s (Bestandteil des Pfefferminzöls)
Men|tor, der; -s, ...oren (Erzieher; Ratgeber); **Men|to|rin**
Me|nü, das; -s, -s (Speisenfolge; *EDV* Programmauswahl); **Me|nü|punkt**

Me|phis|to (Teufel in Goethes »Faust«)
Mer|chan|di|sing ['mœ:ɐ̯tʃn̩daɪ̯...], das; -[s] (*Wirtsch.* Vermarktung aller mit einem Film, einem Sportereignis o. Ä. in Zusammenhang stehenden Produkte)
mer|ci! [...'si:] (*bes. schweiz. für* danke!)
Mer|ger ['mœ:ɐ̯dʒɐ], der; -s, -[s] (*Wirtsch.* Zusammenschluss von Firmen; Fusion)
Me|ri|di|an, der; -s, -e (*Geogr., Astron.* Mittags-, Längenkreis)
mer|ken; ich merke mir etwas
merk|lich; merkliche Besserung; *aber* um ein Merkliches
Merk|mal *Plur.* ...male
[1]**Mer|kur,** der; -s (ein Planet)
[2]**Mer|kur,** der *od.* das; -s (Quecksilber)
merk|wür|dig; merk|wür|di|ger|wei|se
Mer|lin [*auch* 'mɛ...], der; -s, -e (ein Greifvogel)
Mes|ner, Mess|ner (*landsch. für* Kirchendiener); **Mes|ne|rin,** Mess|ne|rin
Mes|sage [...sɪtʃ], die; -, -s (Nachricht; Information)
mess|bar; Mess|bar|keit, die; -
Mess|die|ner; Mess|die|ne|rin
[1]**Mes|se,** die; -, -n (kath. Gottesdienst mit Eucharistiefeier; Chorwerk); die, eine Messe lesen, *aber* das Messelesen
[2]**Mes|se,** die; -, -n (Großmarkt, Ausstellung)
Mes|se|be|su|cher; Mes|se|be|su|che|rin; Mes|se|ge|län|de; Mes|se|hal|le
mes|sen; du misst, er misst; ich maß, du maßest; du mäßest; gemessen; miss!; sich [mit jmdm.] messen; [1]**Mes|ser,** der (Messender, Messgerät; *fast nur als 2. Teil in Zusammensetzungen,* z. B. Zeitmesser)
[2]**Mes|ser,** das; -s, - (ein Schneidwerkzeug)
Mess|er|geb|nis
mes|ser|scharf; Mes|ser|stich
Mes|se|stadt; Mes|se|stand
Mess|feh|ler; Mess|ge|rät
Mes|si|as, der; -, -se (*nur Sing.:* Beiname Jesu Christi; *A. T.* der verheißene Erlöser)
Mes|sing, das; -s, *Plur. (Sorten:)* -e (Kupfer-Zink-Legierung)

M

Mess|lat|te; Mess|platz (*Elektrot.* ortsfeste Messeinrichtung); **Mes|sung; Mess|wert**

Mes|ti|ze, der; -n, -n (Nachkomme eines weißen u. eines indian. Elternteils *[häufig als diskriminierend empfundene Bez.]*)

Met, der; -[e]s (gegorener Honigsaft)

Me|tal ['mɛtl̩], das; -[s] (*kurz für* Heavy Metal)

Me|tall, das; -[e]s, -e; die Metall verarbeitende *od.* metallverarbeitende Industrie; **me|tal|len** (aus Metall); **Me|tal|ler** (*ugs. für* Metallarbeiter; Angehöriger der IG Metall); **Me|tal|le|rin**

me|tal|lic [...lɪk] (metallisch schimmernd); ein Auto in Blaumetallic *od.* in Blau metallic, in Metallicblau *od.* in metallic Blau

Me|tall|in|dus|t|rie

me|tal|lisch (metallartig)

Me|tall|le|gie|rung, Me|tall-Le|gie|rung; Me|tall ver|ar|bei|tend, me|tall|ver|ar|bei|tend

Me|ta|mor|pho|se, die; -, -n (Verwandlung)

Me|ta|pher, die; -, -n (*Sprachwiss.* Wort mit übertragener Bedeutung, bildliche Wendung, z. B. »Haupt der Familie«); **me|ta|pho|risch** (bildlich, im übertragenen Sinne)

Me|ta|phy|sik, die; -, -en *Plur. selten* (philos. Lehre von den letzten, nicht erfahrbaren Gründen u. Zusammenhängen des Seins); **me|ta|phy|sisch**

Me|te|or, der, *selten* das; -s, -e (Leuchterscheinung beim Eintritt eines Meteoroiden in die Erdatmosphäre); **Me|te|o|rit,** der; *Gen.* -en *u.* -s, *Plur.* -en *u.* -e (auf der Erde aufschlagender kosmischer Körper)

Me|te|o|ro|lo|ge, der; -n, -n; **Me|te|o|ro|lo|gie,** die; - (Lehre von Wetter u. Klima); **Me|te|o|ro|lo|gin; me|te|o|ro|lo|gisch**

Me|ter, der; -s, -; **me|ter|hoch;** der Schnee liegt meterhoch; *aber* drei Meter hoch; **me|ter|lang;** *aber* ein[en] Meter lang

Me|tha|don, das; -s (*Chemie, Med.* synthet. Derivat des Morphins [als Ersatzdroge für Heroinabhängige])

Me|than, das; -s (Gruben-, Sumpfgas)

Me|tho|de, die; -, -n (planmäßiges u. folgerichtiges Verfahren; Vorgehensweise)

Me|tho|dik, die; -, -en (Verfahrenslehre, -weise; Vortrags-, Unterrichtslehre; *nur Sing.:* methodisches Vorgehen); **me|tho|disch** (planmäßig; überlegt, durchdacht)

Me|ti|er [...'ti̯e:], das; -s, -s (Beruf; Aufgabe)

Me|t|rik, die; -, -en (Verslehre, -kunst; *Musik* Lehre vom Takt)

Me|t|ro [*auch* 'mɛ...], die; -, -s (Untergrundbahn, bes. in Paris u. Moskau)

Me|t|ro|nom, das; -s, -e (*Musik* Taktmesser)

Me|t|ro|po|le, die; -, -n (Hauptstadt, Weltstadt); **Me|t|ro|po|lis,** die; -, ...polen (*veraltet für* Metropole)

Metz|ger (*westmd., südd., schweiz. für* Fleischer); **Metz|ge|rei; Metz|ge|rin**

Metz|ler (*rhein. für* Fleischer); **Metz|le|rin**

Meu|chel|mord

Meu|te, die; -, -n (*Jägerspr.* Gruppe von Hunden; *übertr. abwertend für* größere Zahl von Menschen)

Meu|te|rei; Meu|te|rer; Meu|te|rin; meu|tern; ich meutere

Mez|za|nin, das, *auch* der; -s, -e (niedriges Halb-, Zwischengeschoss, bes. in der Baukunst der Renaissance u. des Barocks)

mi|au|en; die Katze hat miaut

mich (*Akk. von* »ich«)

mi|cke|rig, mick|rig (*ugs. für* schwach, zurückgeblieben)

Mi|cky|maus, die; -, ...mäuse (Trickfilm- u. Comicfigur); **Mi|cky|maus|heft**

Mid|life-Cri|sis, Mid|life|cri|sis ['mɪdlai̯f-krai̯sɪs], die; - (Krise in der Mitte des Lebens)

Mie|der, das; -s, -

Mief, der; -[e]s (*ugs. für* schlechte Luft); **mie|fen** *(ugs.);* es mieft

Mie|ne, die; -, -n (Gesichtsausdruck)

mies (*ugs. für* schlecht; gemein; unwohl); miese Laune; *vgl.* miesmachen

Mies, das; -es, -e (*südd. für* Sumpf, Moor)

mies|ma|chen (*ugs. für* schlechtmachen)

Mies|mu|schel (Pfahlmuschel)

M

Mie|te, die; -, -n (Preis, der für das Benutzen von Wohnungen u. a. zu zahlen ist); **Miet|ein|nah|me; mie|ten;** eine Wohnung mieten; **Mie|ter; Miet|er|hö|hung; Mie|te|rin**

Miet|preis; Miet|recht; Miets|haus; Miet|spie|gel (Tabelle ortsüblicher Mieten); **Miet|ver|hält|nis** *(Amtsspr.);* **Miet|ver|trag; Miet|wa|gen; Miet|woh|nung; Miet|zins** *Plur.* …zinse (*südd., österr., schweiz. für* Miete)

Mie|ze, die; -, -n (*fam. für* Katze; *ugs. für* Freundin, Mädchen)

MiG, die; -, -[s] (*Bez. für* Flugzeugtypen der Sowjetunion)

Mi|g|rä|ne, die; -, -n (*Med.* heftiger Kopfschmerz)

Mi|g|rant, der; -en, -en (*Soziol.* Aus- od. Einwanderer); **Mi|g|ran|ten|kind; Mi|g|ran|tin; mi|gran|tisch**

Mi|g|ra|ti|on, die; -, -en (*Biol., Soziol.* Wanderung); **Mi|g|ra|ti|ons|hin|ter|grund**

Mi|k|ro|be, die; -, -n (*svw.* Mikroorganismus)

Mi|k|ro|bio|lo|gie (Wissenschaft von den Mikroorganismen); **Mi|k|ro|chip; Mi|k|ro|elek|t|ro|nik; Mi|k|ro|fiche** (Filmkarte mit stark verkleinerten Kopien); **Mi|k|ro|film; Mi|k|ro|fon**, Mi|k|ro|phon, das; -s, -e (Gerät zur Übertragung von Hörbarem auf Tonträger oder über Lautsprecher)

Mi|k|ro|gramm [*auch* 'mi:…] (ein millionstel Gramm; *Zeichen* µg); **Mi|k|ro|kos|mos** [*auch* 'mi:…], der; - (Welt des Menschen als verkleinertes Abbild des Universums; *Ggs.* Makrokosmos; *Biol.* Welt der Kleinlebewesen); **Mi|k|ron,** das; -s, - (*veraltet für* Mikrometer; *Kurzform* My; *Zeichen* µ)

Mi|k|ro|or|ga|nis|mus (*Biol.* kleinstes Lebewesen); **Mi|k|ro|phon** *vgl.* Mikrofon; **Mi|k|ro|pro|zes|sor** *(EDV)*

Mi|k|ro|s|kop, das; -s, -e (optisches Vergrößerungsgerät); **mi|k|ro|s|ko|pisch** (sehr klein; mithilfe des Mikroskops durchgeführt)

Mi|k|ro|wel|le (elektromagnet. Welle; *auch kurz für* Mikrowellenherd)

Mi|lan [*auch* …'la:n], der; -s, -e (ein Greifvogel)

Mil|be, die; -, -n (ein Spinnentier)

Milch, die; -, *Plur. (fachspr.)* -e[n]; eine Milch gebende *od.* milchgebende Kuh

Milch|bau|er *vgl.* ²Bauer; **Milch|bäu|e|rin**

mil|chig; Milch|pro|dukt; Milch|stra|ße, die; - *(Astron.);* **Milch|zahn**

mild; Mil|de, die; -; **mil|dern;** ich mildere; mildernde Umstände *(Rechtsspr.);* **mild|tä|tig**

Mi|li|eu [mi'li̯ø:], das; -s, -s (Umwelt; *bes. schweiz. auch für* Dirnenwelt)

mi|li|tant (kämpferisch)

¹**Mi|li|tär,** der; -s, -s (höherer Offizier)

²**Mi|li|tär,** das; -s (Soldatenstand; Streitkräfte); **Mi|li|tär|ak|ti|on; Mi|li|tär|dik|ta|tur; Mi|li|tär|ein|satz; mi|li|tä|risch; Mi|li|ta|ris|mus,** der; -, …men (Vorherrschen militär. Denkens); **mi|li|ta|ris|tisch; Mi|li|tär|jun|ta** (von Offizieren [nach einem Putsch] gebildete Regierung); **Mi|li|tär|putsch; Mi|li|tär|re|gime**

Mi|liz, die; -, -en (kurz ausgebildete Truppen, Bürgerwehr; *in einigen [ehemals] sozialistischen Staaten auch für* Polizei); **Mi|li|zi|o|när,** der; -s, -e (Angehöriger der Miliz); **Mi|li|zi|o|nä|rin**

Mil|le, die; -, - (Tausend; *Zeichen* M; *ugs. für* tausend Euro o. Ä.); 5 Mille; *vgl.* pro mille

Mil|l|en|ni|um, das; -s, …ien (Jahrtausend)

Mil|li|ar|där, der; -s, -e (Besitzer eines Vermögens von mindestens einer Milliarde; sehr reicher Mann); **Mil|li|ar|dä|rin; Mil|li|ar|de,** die; -, -n (1 000 Millionen; *Abk.* Md., Mrd. *u.* Mia.); **Mil|li|ar|den|be|trag; mil|li|ar|den|schwer**

Mil|li|gramm ($^1/_{1000}$ g; *Zeichen* mg); 10 Milligramm; **Mil|li|li|ter** [*auch* …'li:…] ($^1/_{1000}$ l; *Zeichen* ml); **Mil|li|me|ter** [*auch* …'me:…], der; -s, - ($^1/_{1000}$ m; *Zeichen* mm); **mil|li|me|ter|ge|nau**

Mil|li|on, die; -, -en (1 000 mal 1 000; *Abk.* Mill. *u.* Mio.); eine Million; ein[und]dreiviertel Millionen; zwei Millionen fünfhundertfünfzigtausend; mit 0,8 Millionen

Mil|li|o|när, der; -s, -e (Besitzer eines Vermögens von mindestens einer Million); **Mil|li|o|nä|rin**

Mil|li|o|nen|be|trag; mil|li|o|nen|fach; mil|li|o|nen|schwer; Mil|li|o|nen|stadt

Mil|li|se|kun|de [*auch* ...ze'kʊndə] ($^1/_{1000}$ Sekunde; *Zeichen* ms)

Milz, die; -, -en (Organ); **Milz|brand,** der; - (eine gefährliche Infektionskrankheit)

Mi|me, der; -n, -n (*veraltend für* Schauspieler); **mi|men** (*veraltend für* als Mime wirken; *ugs. für* so tun, als ob)

Mi|mik, die; - (Gebärden- u. Mienenspiel)

Mi|mi|k|ry [...ri], die; - (*Zool.* Nachahmung wehrhafter Tiere durch nicht wehrhafte; *übertr. für* Anpassung)

Mi|na|rett, das; -s, *Plur.* -e *u.* -s (Moscheeturm)

min|der; minder gut, minder wichtig; von mind[e]rer Qualität; **min|der|be|gabt; min|der|be|mit|telt; Min|der|heit; Min|der|hei|ten|schutz,** der; -es; **Min|der|heits|re|gie|rung; min|der|jäh|rig; Min|der|jäh|ri|ge,** der *u.* die; -n, -n; **min|dern;** ich mindere; **Min|de|rung; min|der|wer|tig; Min|der|wer|tig|keits|ge|fühl**

Min|dest|al|ter; Min|dest|an|for|de|rung

min|des|te; ohne die mindeste Angst; nicht das Mindeste *od.* mindeste (gar nichts); zum Mindesten *od.* mindesten (wenigstens); nicht im Mindesten *od.* mindesten (gar nicht); **min|des|tens**

Min|dest|lohn; Min|dest|maß, das

Mind|map, Mind-Map ['maɪ̯ntmɛp] (grafische Darstellung von Zusammenhängen)

Mi|ne, die; -, -n (unterird. Gang; Bergwerk; Sprengkörper; Kugelschreiber-, Bleistifteinlage); *vgl. aber* Miene; **Mi|nen|feld**

Mi|ne|ral, das; -s, *Plur.* -e *u.* -ien (anorganischer, chem. einheitlicher u. natürlich gebildeter Bestandteil der Erdkruste; *österr. u. schweiz. auch kurz für* Mineralwasser); **mi|ne|ra|lisch; Mi|ne|ral|öl; Mi|ne|ral|öl|steu|er,** die; **Mi|ne|ral|stoff; Mi|ne|ral|was|ser** *Plur.* ...wässer

mi|ni (*Mode* sehr kurz); der Rock ist mini

[1]**Mi|ni,** das; -s, -s (*ugs. für* Minikleid); [2]**Mi|ni,** der; -s, -s (*ugs. für* Minirock)

Mi|ni|a|tur, die; -, -en (kleines Bild; [kleine] Illustration); **Mi|ni|golf,** das; -s (Miniaturgolfanlage; Kleingolfspiel); **Mi|ni|job** (geringfügiges Beschäftigungsverhältnis)

mi|ni|mal (sehr klein, niedrigst, winzig); **Mi|ni|ma|lis|mus** (Minimal Art; Stilrichtung, Haltung, die sich auf das Wesentliche beschränkt); **mi|ni|ma|lis|tisch**

mi|ni|mie|ren (minimal machen)

Mi|ni|mum [*auch* 'mi:ni...], das; -s, ...ma (Mindestpreis, -maß, -wert); **Mi|ni|rock**

Mi|nis|ter, der; -s, - (einen bestimmten Geschäftsbereich leitendes Regierungsmitglied); **mi|nis|te|ri|ell** (von einem Minister od. Ministerium ausgehend); **Mi|nis|te|rin; Mi|nis|te|ri|um,** das; -s, ...ien (höchste [Verwaltungs]behörde des Staates mit bestimmtem Aufgabenbereich); **Mi|nis|ter|prä|si|dent; Mi|nis|ter|prä|si|den|tin; Mi|nis|ter|rat** *Plur.* ...räte

Mi|nis|t|rant, der; -en, -en (kath. Messdiener); **Mi|nis|t|ran|tin**

Mi|ni|van [...vɛn] (kleiner Van)

Mi|no|ri|tät, die; -, -en (Minderheit)

Mi|nu|end, der; -en, -en (Zahl, von der etwas abgezogen werden soll)

mi|nus (weniger; *Zeichen* – [negativ]; *Ggs.* plus); fünf minus drei ist, macht, gibt (*nicht* sind, machen, geben) zwei; minus 15 Grad *od.* 15 Grad minus; **Mi|nus,** das; -, - (Minder-, Fehlbetrag, Verlust); **Mi|nus|pol; Mi|nus|zei|chen** (Subtraktionszeichen)

Mi|nu|te, die; -, -n ($^1/_{60}$ Stunde; *Zeichen* min, *Abk.* Min.; *Geom.* $^1/_{60}$ Grad; *Zeichen* '); **mi|nu|ten|lang;** minutenlanger Beifall; *aber* mehrere Minuten lang; **Mi|nu|ten|zei|ger**

mi|nu|ti|ös, mi|nu|zi|ös

mir (*Dat. des Pronomens* »ich«); mir nichts, dir nichts; mir alten, *selten* alter Frau; mir jungem, *auch* jungen Menschen; mir Geliebten (w.; *selten* Geliebter); mir Geliebtem (m.; *auch* Geliebten)

Mi|ra, die; - (ein Stern)

M

Mi|ra|bel|le, die; -, -n (eine Pflaumenart)
mi|schen; du mischst; sich mischen
Misch|form; Misch|ge|tränk; Misch|kon|zern; Misch|ling; Misch|pult *(Rundfunk, Film);* **Mi|schung; Misch|wald**
mi|se|ra|bel (*ugs. für* erbärmlich [schlecht]; nichtswürdig); ein mi|se|ra|b|ler Kerl
Mi|se|re, die; -, -n (Not[lage], Elend)
Miss, die; -, Misses (*[engl. u. nordamerik.] für* unverheiratete Frau; *in Verbindung mit einem Länder- od. Ortsnamen für* Schönheitskönigin, z. B. Miss Berlin)
miss|ach|ten; ich missachte; ich habe missachtet; zu missachten; *seltener* missachten, gemissachtet, zu missachten; **Miss|ach|tung; Miss|bil|dung; miss|bil|li|gen;** ich missbillige; ich habe missbilligt; zu missbilligen; **Miss|bil|li|gung; Miss|brauch; miss|brau|chen;** ich missbrauche; ich habe missbraucht; zu missbrauchen
mis|sen; du misst; gemisst; misse! *od.* miss!
Miss|er|folg; Miss|ern|te
Mis|se|tat *(veraltend);* **Mis|se|tä|ter; Mis|se|tä|te|rin**
miss|fal|len; ich missfalle, missfiel; ich habe missfallen; zu missfallen; es missfällt mir; **Miss|fal|len,** das; -s; **Miss|ge|schick; miss|glü|cken;** es missglückt; es ist missglückt; zu missglücken; **miss|gön|nen;** ich missgönne; ich habe missgönnt; zu missgönnen; **Miss|griff; Miss|gunst; miss|güns|tig; miss|han|deln;** ich misshand[e]le; ich habe misshandelt; zu misshandeln; **Miss|hand|lung**
Mis|si|on, die; -, -en (Sendung; Auftrag; diplomatische Vertretung im Ausland; *nur Sing.:* Glaubensverkündung [unter Andersgläubigen]); die Innere Mission (Organisation der ev. Kirche; *Abk.* I. M.); **Mis|si|o|nar,** der; -s, -e (Sendbote; in der Mission tätiger Geistlicher); **Mis|si|o|na|rin; mis|si|o|na|risch; Mis|si|ons|sta|ti|on**
Mis|sis|sip|pi, der; -[s] (nordamerik. Strom)
Miss|klang; Miss|kre|dit, der; -[e]s (schlechter Ruf); jmdn. in Misskredit bringen

miss|lich (unangenehm); die Verhältnisse sind misslich; **miss|lie|big** (unbeliebt)
miss|lin|gen; es misslingt; es misslang; es misslänge; es ist misslungen; zu misslingen; **Miss|lin|gen,** das; -s; **miss|lun|gen**
Miss|ma|nage|ment, das; -s (schlechtes Management)
Miss|mut; miss|mu|tig
miss|ra|ten (schlecht geraten); es missrät; der Kuchen ist missraten; zu missraten
Miss|stand, Miss-Stand
Miss|stim|mung, Miss-Stim|mung
miss|trau|en; ich misstraue; ich habe misstraut; zu misstrauen; **Miss|trau|en,** das; -s; Misstrauen gegen jmdn. hegen; **Miss|trau|ens|an|trag; Miss|trau|ens|vo|tum; miss|trau|isch**
Miss|ver|hält|nis
miss|ver|ständ|lich; Miss|ver|ständ|nis
miss|ver|ste|hen; ich missverstehe; ich habe missverstanden; sich missverstehen
Miss|wirt|schaft
Mist, der; -[e]s (*österr. auch für* Kehricht)
Mis|tel, die; -, -n (eine immergrüne Schmarotzerpflanze)
Mis|ter *vgl.* Mr
Mist|kä|fer
mit *s. Kasten*
Mit|ar|beit, die; -; **mit|ar|bei|ten;** sie hat an diesem Werk mitgearbeitet; **Mit|ar|bei|ter; Mit|ar|bei|te|rin**
Mit|be|grün|der; Mit|be|grün|de|rin; mit|be|kom|men; mit|be|rück|sich|ti|gen; mit|be|stim|men; Mit|be|stim|mung
Mit|be|wer|ber; Mit|be|wer|be|rin
Mit|be|woh|ner; Mit|be|woh|ne|rin
mit|bie|ten
mit|brin|gen; Mit|bring|sel, das; -s, -
Mit|bür|ger; Mit|bür|ge|rin
mit|den|ken
Mit|ei|gen|tü|mer; Mit|ei|gen|tü|me|rin
mit|ei|n|an|der; miteinander (einer mit dem andern) auskommen, gehen, leben usw.; *vgl.* aneinander; **Mit|ei|n|an|der** [*auch* 'mɪ...], das; -[s]

M

mit

Präposition mit Dativ:	Mit dem Verb zusammengeschrieben wird »mit«, wenn es eine dauernde Vereinigung oder Teilnahme ausdrückt:
– *mit Kartoffeln* – *mit aufrichtigem Bedauern* – *mit anderen Worten* (Abk. *m. a. W.*)	– vgl. *mitarbeiten, mitbringen, mitfahren, mitreißen, mitteilen usw.*
Als (getrennt geschriebenes) Adverb drückt »mit« die vorübergehende Beteiligung oder den Gedanken des Anschlusses aus (svw. »auch«), z. B.: – *mit nach oben gehen* – *wir wollen alle mit hinübergehen*	Im Zweifelsfall sind beide Schreibweisen zulässig: – *mitberücksichtigen* od. *mit berücksichtigen* – *mitunterzeichnen* od. *mit unterzeichnen*

mit|er|le|ben; mit|fah|ren; Mit|fah|rer; Mit|fah|re|rin; Mit|fahr|ge|le|gen|heit; mit|fi|nan|zie|ren; mit|füh|lend; mit|füh|ren; mit|ge|ben; Mit|ge|fühl, das; -[e]s; **mit|ge|hen**

mit|ge|nom|men; er sah sehr mitgenommen (ermattet) aus

mit|ge|stal|ten

Mit|gift, die; -, -en (*veraltend für* Mitgabe; Aussteuer)

Mit|glied; Mitglied des Bundestages (*Abk.* M. d. B. *od.* MdB); Mitglied des Landtages (*Abk.* M. d. L. *od.* MdL); **Mit|glie|der|ver|samm|lung; Mit|glie|der|zahl; Mit|glieds|aus|weis; Mit|glieds|bei|trag; Mit|glied|schaft,** die; -, -en; **Mit|glieds|land** *Plur.* ...länder; **Mit|glieds|staat, Mit|glied|staat** *Plur.* ...staaten

mit|hal|ten; mit jmdm. mithalten

mit|hel|fen

Mit|he|r|aus|ge|ber; Mit|he|r|aus|ge|be|rin

mit|hil|fe, mit Hil|fe; mithilfe *od.* mit Hilfe einiger Zeugen; **Mit|hil|fe,** die; -

mit|hin (somit)

mit|hö|ren; am Telefon mithören

Mit|in|ha|ber; Mit|in|ha|be|rin

mit|kom|men

mit|krie|gen (*ugs. für* mitbekommen)

mit|lau|fen; Mit|läu|fer; Mit|läu|fe|rin

Mit|laut (*für* Konsonant)

Mit|leid, das; -[e]s; sie waren in einem mitleiderregenden *od.* Mitleid erregenden Zustand; **Mit|lei|den|schaft;** *nur in* etwas *od.* jmdn. in Mitleidenschaft ziehen

mit|lei|dig; mit|leid|los, mit|leids|los; mit|leids|voll, mit|leid|voll

mit|lie|fern

mit|ma|chen (*ugs.*)

Mit|mensch, der; **mit|mensch|lich**

mit|mi|schen (*ugs. für* sich beteiligen)

mit|neh|men; Kaffee zum Mitnehmen

mit|nich|ten (*veraltend für* keineswegs)

Mi|t|ra, die; -, ...tren (Bischofsmütze; *Med.* haubenartiger Kopfverband)

mit|rech|nen

mit|re|den; bei etwas mitreden können

mit|re|gie|ren

mit|rei|ßen; von der Menge mitgerissen werden; der Redner riss alle Zuhörer mit; **mit|rei|ßend;** eine mitreißende Musik

mit|samt (gemeinsam mit); *Präp. mit Dat.:* mitsamt seinem Eigentum

mit|schnei|den (eine Radio- oder Fernsehsendung aufnehmen); **Mit|schnitt**

mit|schrei|ben; *aber* zum Mitschreiben

Mit|schuld, die; -; **mit|schul|dig**

Mit|schü|ler; Mit|schü|le|rin

mit|sin|gen

mit|spie|len; lasst die Kleine mitspielen; **Mit|spie|ler; Mit|spie|le|rin**

Mit|spra|che, die; -; **Mit|spra|che|recht**

Mit|strei|ter; Mit|strei|te|rin

[1]**Mit|tag,** der; -s, -e; über Mittag wegbleiben; [zu] Mittag essen; gestern Mittag; Diens-

M

tagmittag; ²**Mit|tag,** das; -s (*ugs. für* Mittagessen); ein karges Mittag; **mit|tag|essen** (*österr. für* [zu] Mittag essen); wir gehen mittagessen; wir haben schon mittaggegessen; **Mit|tag|es|sen,** das

mit|tags; 12 Uhr mittags; *aber* des Mittags; dienstagmittags; **Mit|tags|pau|se; Mittags|tisch; Mit|tags|zeit**

Mit|tä|ter; Mit|tä|te|rin; Mit|tä|ter|schaft

Mit|te, die; -, -n; in der Mitte; Mitte Januar; Seite 3 [in der] Mitte, Obergeschoss Mitte

mit|tei|len (melden); er hat ihm das Geheimnis mitgeteilt; **Mit|tei|lung; Mit|tei|lungs|be|dürf|nis,** das; -ses

mit|tel (*nur adverbial; ugs. für* mittelmäßig)

Mit|tel, das; -s, -; sich ins Mittel legen

mit|tel|alt; mittelalter Gouda; **Mit|tel|al|ter,** das; -s (*Abk.* MA.); **mit|tel|al|ter|lich** (dem Mittelalter angehörend; *Abk.* ma.)

mit|tel|bar (indirekt)

mit|tel|deutsch *vgl.* deutsch / Deutsch; **Mit|tel|deutsch,** das; -[s] (Sprache); *vgl.* deutsch / Deutsch; **mit|tel|eu|ro|pä|isch;** mitteleuropäische Zeit (*Abk.* MEZ)

Mit|tel|feld *(bes. Sport);* **Mit|tel|feld|spie|ler; Mit|tel|feld|spie|le|rin; Mit|tel|fin|ger; mit|tel|fris|tig; mit|tel|groß; Mit|tel|klas|se; Mit|tel|li|nie; mit|tel|los**

Mit|tel|maß, das; -es; **mit|tel|mä|ßig**

Mit|tel|meer|raum; Mit|tel|punkt

mit|tels; *Präp., meist mit Gen.:* mittels eines Löffels; mittels Drahtes *od.* mittels Draht *(bei allein stehenden, stark gebeugten Substantiven)*

Mit|tel|schicht *(Soziol.);* **mit|tel|schwer;** mittelschwere Verletzungen; **Mit|tels|mann** *Plur.* ...männer *u.* ...leute (Vermittler); **Mit|tel|stand,** der; -[e]s; **mit|tel|stän|disch** (den Mittelstand betreffend); **Mit|tel|ständ|ler; Mit|tel|ständ|le|rin; Mit|tel|stu|fe; Mit|tel|wert; Mit|tel|wort** *Plur.* ...wörter (*für* Partizip)

mit|ten; inmitten; mitten darein, mitten darin, mitten darunter; *aber* mittendrein, mittendrin, mittendrunter; mitten entzweibrechen; mitten hindurchgehen; er will mitten durch den Wald gehen, *aber* mittendurch; **mit|ten|drin** (mitten darin); sie befand sich mittendrin; *vgl. aber* mitten

Mit|ter|nacht, die; -; um Mitternacht; *vgl.* Abend; **mit|ter|nachts;** *aber* des Mitternachts; **Mit|ter|nachts|son|ne** *Plur. selten*

Mit|te|strich (Binde-, Gedankenstrich der Schreibmaschine)

Mitt|ler (*geh. für* Vermittler; *Sing. auch für* Christus); **Mitt|le|rin**

mitt|ler|wei|le (inzwischen, allmählich)

mit|tra|gen; eine Entscheidung mittragen

Mitt|woch, der; -[e]s, -e; *Abk.* Mi.; *vgl.* Dienstag; **Mitt|woch|abend** usw. *vgl.* Dienstagabend usw.; **mitt|wochs**

mit|un|ter (zuweilen)

mit|ver|ant|wort|lich; Mit|ver|ant|wor|tung

mit|ver|fol|gen

Mit|ver|schul|den

mit|wir|ken; Mit|wir|kung

Mit|wis|ser; Mit|wis|se|rin

mit|zäh|len; mit|zie|hen (sich einem Zug von Personen anschließen; *ugs.* mitmachen; *Sport* mithalten)

Mix, der; -[es], -e (Gemisch, spezielle Mischung); **Mixed** [mɪkst], das; -[s], -[s] (*Sport* gemischtes Doppel); **mi|xen** ([Getränke] mischen; *Film, Funk, Fernsehen* verschiedene Tonaufnahmen zu einem Klangbild vereinigen); du mixt; ein bunt gemixtes Programm; **Mi|xer,** der; -s, - (Barmixer; Gerät zum Mixen; *Film, Funk, Fernsehen* Tonmischer); **Mix|ge|tränk**

Mix|tur, die; -, -en (flüssige Arzneimischung; gemischte Stimme der Orgel)

MKS, die; - *auch ohne Artikel* = Maul- und Klauenseuche

MMS®, der; - *meist ohne Artikel* (Mobilfunkdienst zur Übermittlung von Multimediadaten)

Mob, der; -s, -s ([randalierender] Haufen)

mob|ben (Arbeitskolleg[inn]en schikanieren [mit der Absicht, sie von ihrem Arbeitsplatz zu vertreiben]); **Mob|bing,** das; -s

Mö|bel, das; -s, - *meist Plur.;* **Mö|bel|pa|cker; Mö|bel|pa|cke|rin; Mö|bel|stück**
mo|bil (beweglich, munter; *ugs. für* wohlauf; *EDV* auf transportable Endgeräte bezogen)
Mo|bi|le, das; -s, -s (hängend zu befestigendes, durch Luftzug bewegtes Gebilde)
Mo|bile Ban|king, das; - -[s], **Mo|bile|banking,** das; -[s] ['mɔʊ̯baɪ̯l(')bɛŋkɪŋ] (Onlinebanking mithilfe des Smartphones)
Mo|bil|funk (Funk zwischen mobilen od. zwischen mobilen u. festen Stationen); **Mo|bil|funk|netz**
Mo|bi|li|ar, das; -s, -e (bewegliche Habe; Hausrat, Möbel)
mo|bi|li|sie|ren (*Militär* einsatzbereit machen; aktivieren); **Mo|bi|li|sie|rung; Mo|bi|li|tät,** die; - ([geistige] Beweglichkeit; Häufigkeit des Wohnsitzwechsels); **mo|bil|ma|chen**
Mo|bil|te|le|fon (drahtloses Telefon)
mö|b|lie|ren ([mit Hausrat] einrichten)
Moc|ca (*österr. auch für* Mokka)
Mo|da|li|tät, die; -, -en (Art u. Weise, Ausführungsart); **Mo|dal|satz** (*Sprachwiss.* Umstandssatz der Art u. Weise); **Mo|dal|verb** (Verb, das vorwiegend ein anderes Sein od. Geschehen modifiziert, z. B. »wollen« in: »wir wollen warten«)
Mo|de, die; -, -n (etwas, was dem gerade herrschenden Geschmack entspricht); in Mode sein, kommen
Mo|de|ar|ti|kel; mo|de|be|wusst; Mo|de|de|si|g|ner; Mo|de|far|be
Mo|del, das; -s, -s (Fotomodell; Mannequin)
Mo|dell, das; -s, -e (Muster, Vorbild, Typ; Entwurf); Modell stehen; **Mo|dell|flug|zeug; mo|del|lie|ren** (künstlerisch formen; ein Modell herstellen)
Mo|dell|pro|jekt; Mo|dell|ver|such
mo|deln (*selten für* gestalten); ich mod[e]le
mo|deln (als Model arbeiten); ich mod[e]le
Mo|dem, der, *auch* das; -s, -s (Gerät zur Datenübertragung über Fernsprechleitungen)
Mo|den|schau
Mo|der, der; -s (Faulendes, Fäulnisstoff)
mo|de|rat (gemäßigt)
Mo|de|ra|ti|on, die; -, -en (*Rundfunk, Fernsehen* Tätigkeit des Moderators; *veraltet für* Mäßigung); **Mo|de|ra|tor,** der; -s, ...oren (*Rundfunk, Fernsehen* jmd., der eine Sendung moderiert; *Kernphysik* bremsende Substanz in Kernreaktoren); **Mo|de|ra|to|rin; mo|de|rie|ren** (*Rundfunk, Fernsehen* durch eine Sendung führen; *veraltet, aber noch landsch. für* mäßigen)
mo|de|rig, mod|rig
[1]**mo|dern** (faulen); sie sagt, es modere
[2]**mo|dern** (modisch, der Mode entsprechend; neu[zeitlich]; zeitgemäß); moderner Fünfkampf *(Sport);* **Mo|der|ne,** die; - (jüngere Epoche, Richtung in Literatur, Kunst, Musik o. Ä.; moderner Zeitgeist)
mo|der|ni|sie|ren (auf einen neueren [technischen] Stand bringen); **Mo|der|ni|sie|rer; Mo|der|ni|sie|re|rin; Mo|der|ni|sie|rung**
Mo|de|schau (*svw.* Modenschau); **Mo|de|schöp|fer; Mo|de|schöp|fe|rin**
Mo|di|fi|ka|ti|on, die; -, -en; **mo|di|fi|zie|ren** (abwandeln, [ab]ändern)
mo|disch (in od. nach der Mode)
mod|rig *vgl.* moderig
Mo|dul, das; -s, -e (*bes. Elektrot.* Bau- od. Schaltungseinheit); **mo|du|lar** (in der Art eines Moduls)
Mo|du|la|ti|on, die; -, -en (*Musik* das Steigen u. Fallen der Stimme, des Tones; *Technik* Änderung einer Schwingung)
Mo|dus [*auch* 'mɔ...], der; -, Modi (Art u. Weise; *Sprachwiss.* Aussageweise; *mittelalterl. Musik* Melodie, Kirchentonart)
Mo|fa, das; -s, -s
Mo|ge|lei; mo|geln (*ugs. für* betrügen [beim Spiel], nicht ehrlich sein); ich mog[e]le; **Mo|gel|pa|ckung** *(ugs.)*
mö|gen; ich mag, du magst, er mag; du mochtest; du möchtest; du hast es nicht gemocht, *aber* das hätte ich hören mögen
mög|lich; so viel wie / *älter:* als möglich

mög|li|chen|falls *vgl.* Fall; **mög|li|cher|wei|se; Mög|lich|keit;** nach Möglichkeit; **Mög|lich|keits|form** (*für* Konjunktiv)
mög|lichst; möglichst schnell; möglichst viel Geld verdienen
Mohn, der; -[e]s, *Plur. (Sorten:)* -e
Mohr, der; -en, -en (*veraltet für* dunkelhäutiger Afrikaner)
Möh|re, die; -, -n (eine Gemüsepflanze); **Mohr|rü|be** (*svw.* Möhre)
Mo|kas|sin [*auch* ...'si:n], der; -s, *Plur.* -s *u.* -e (lederner Halbschuh [nach der Art] der nordamerik. Indianer)
mo|kie|ren, sich (sich abfällig od. spöttisch äußern); ich mokierte mich über dich
Mok|ka, der; -s, -s (eine Kaffeesorte; sehr starker Kaffee); *vgl.* Mocca
Mol, das; -s, -e (*früher svw.* Grammmolekül; Einheit der Stoffmenge; *Zeichen* mol)
Molch, der; -[e]s, -e (im Wasser lebender Lurch)
Mo|le, die; -, -n (Hafendamm)
Mo|le|kül, das; -s, -e (kleinste Einheit einer chem. Verbindung); **mo|le|ku|lar; Mo|le|ku|lar|bio|lo|gie; Mo|le|ku|lar|ge|wicht**
Mol|ke, die; - (bei der Käseherstellung übrig bleibende Milchflüssigkeit); **Mol|ke|rei; Mol|ke|rei|pro|dukt** *meist Plur.*
Moll, das; -[s] (*Musik* Tongeschlecht mit kleiner Terz); a-Moll; die a-Moll-Arie
mol|lig (*ugs. für* dicklich; behaglich); mollig warm
Mo|loch, der; -s, -e (Macht, die alles verschlingt)
[1]**Mo|ment,** der; -[e]s, -e (Augenblick)
[2]**Mo|ment,** das; -[e]s, -e ([ausschlaggebender] Umstand; Gesichtspunkt)
mo|men|tan (augenblicklich)
Mo|ment|auf|nah|me
Mo|n|arch, der; -en, -en (gekröntes Staatsoberhaupt); **Mo|n|ar|chie,** die; -, ...ien; **Mo|n|ar|chin**
Mo|nat, der; -[e]s, -e; alle zwei Monate; dieses Monats (*Abk.* d. M.); laufenden Monats (*Abk.* lfd. M.); **mo|na|te|lang;** *aber* viele Monate lang; **mo|nat|lich; Mo|nats|an|fang; Mo|nats|en|de; Mo|nats|ers|te; Mo|nats|frist;** innerhalb Monatsfrist; **Mo|nats|ge|halt,** das; **Mo|nats|kar|te**
Mönch, der; -[e]s, -e (Angehöriger eines geistl. Ordens); **mön|chisch**
Mond, der; -[e]s, -e (ein Himmelskörper; *veraltet für* Monat)
mon|dän (betont elegant)
Mond|auf|gang; Mond|fins|ter|nis; mond|hell; Mond|lan|dung; Mond|pha|se; Mond|schein, der; -[e]s
mo|ne|tär (das Geld betreffend, geldlich)
mo|nie|ren (beanstanden)
Mo|ni|tor, der; -s, *Plur.* -e, *auch* ...oren (Bildschirm; Kontrollgerät)
Mo|ni|to|ring ['mɔnɪtərɪŋ], das; -s, -s ([Dauer]beobachtung [eines best. Systems])
mo|no|chrom [...k...] (einfarbig)
Mo|no|gra|fie, Mo|no|gra|phie, die; -, ...ien (wissenschaftl. Untersuchung über einen einzelnen Gegenstand)
Mo|no|gramm, das; -s, -e (Namenszug [aus den Anfangsbuchstaben eines Namens])
Mo|no|gra|phie *vgl.* Monografie
Mo|no|kul|tur [*auch* 'mɔ...] (einseitiger Anbau einer bestimmten Wirtschafts- od. Kulturpflanze)
Mo|no|log, der; -[e]s, -e (Selbstgespräch)
Mo|no|pol, das; -s, -e (das Recht auf Alleinhandel u. -verkauf; alleiniger Anspruch); **Mo|no|po|list,** der; -en, -en (Besitzer eines Monopols); **Mo|no|po|lis|tin; Mo|no|pol|stel|lung**
Mo|no|po|ly® [...li], das; - (ein Gesellschaftsspiel)
mo|no|ton (eintönig; gleichförmig; ermüdend); **Mo|no|to|nie,** die; -, ...ien
Mon|si|eur [mə'si̯ø:], der; -[s], Messieurs [mɛ'si̯ø:] (*franz. Bez. für* Herr; *als Anrede ohne Artikel; Abk.* M., *Plur.* MM.)
Mons|ter, das; -s, - (Ungeheuer)
Mons|t|ranz, die; -, -en (Gefäß zum Tragen u. Zeigen der geweihten Hostie)
mons|t|rös (furchterregend scheußlich; ungeheuer aufwendig)

M

Mons|t|rum, das; -s, *Plur.* ...ren *u.* ...ra (Ungeheuer)
Mon|sun, der; -s, -e (jahreszeitlich wechselnder Wind, bes. im Indischen Ozean)
Mon|tag, der; -[e]s, -e; *Abk.* Mo.; *vgl.* Dienstag; **Mon|tag|abend** usw. *vgl.* Dienstagabend usw.
Mon|ta|ge [mɔn'taːʒə, *auch* mõ...], die; -, -n (Aufstellung [einer Maschine], Auf-, Zusammenbau); **Mon|ta|ge|hal|le**
mon|tags *vgl.* dienstags
Mont|blanc [mõ'blãː], der; -[s] (höchster Gipfel der Alpen u. Europas)
Mon|teur [...'tøːɐ̯, *auch* mõ...], der; -s, -e (Montagefacharbeiter); **Mon|teu|rin; mon|tie|ren** [*auch* mõ...] ([eine Maschine, ein Gerüst u. a.] [auf]bauen, aufstellen, zusammenbauen); **Mon|tur,** die; -, -en (*ugs. für* [Arbeits]kleidung; *österr. auch für* Dienstkleidung, Uniform)
Mo|nu|ment, das; -[e]s, -e (Denkmal); **mo|nu|men|tal** (gewaltig; großartig)
Moor, das; -[e]s, -e; **Moor|bad; moo|rig**
[1]**Moos,** das; -es, *Plur.* -e *u.* (*für* Sumpf usw.:) Möser (eine Pflanze; *bayr., österr., schweiz. auch für* Sumpf, [2]Bruch)
[2]**Moos,** das; -es (*ugs. für* Geld)
moos|be|deckt; moos|grün; moo|sig
Mo|ped, das; -s, -s (leichtes Motorrad)
Mopp, der; -s, -s (Stoffbesen mit langen Fransen); **mop|pen**
Mops, der; -es, Möpse (ein Hund); **mop|sen** (*ugs. für* stehlen); du mopst
Mo|ral, die; -, -en *Plur. selten* (Sittlichkeit; Sittenlehre); **mo|ra|lisch** (der Moral gemäß; sittlich); moralische Maßstäbe; **Mo|ra|list,** der; -en, -en; **Mo|ra|lis|tin**
Mo|ral|pre|digt
Mo|rä|ne, die; -, -n (*Geol.* Gletschergeröll)
Mo|rast, der; -[e]s, *Plur.* -e *u.* Moräste (sumpfige schwarze Erde, Sumpf[land])
Mo|ra|to|ri|um, das; -s, ...ien (befristete Stundung [von Schulden]; Aufschub)
mor|bid (kränklich; im [moral.] Verfall begriffen); **Mor|bi|di|tät,** die; - (*Med.* Krankheitsstand; Erkrankungsziffer)
Mor|bus, der; -, ...bi (Krankheit)
Mor|chel, die; -, -n (ein Pilz)
Mord, der; -[e]s, -e; **Mord|an|schlag; Mord|dro|hung; mor|den; Mör|der; Mör|de|rin; mör|de|risch** (*veraltend für* mordend; *ugs. für* schrecklich, sehr stark); mörderische Kälte; **Mord|fall,** der; **Mord|kom|mis|si|on; Mord|ver|such**
mor|gen; bis morgen; jmdn. auf morgen vertrösten, morgen früh, morgen Abend
[1]**Mor|gen,** der; -s, - (Tageszeit); guten Morgen! (Gruß); jmdm. Guten *od.* guten Morgen sagen; heute, gestern Morgen; morgens; morgens früh
[2]**Mor|gen,** der; -s, - (ein altes Feldmaß); fünf Morgen Land
[3]**Mor|gen,** das; - (die Zukunft); das Heute und das Morgen
mor|gend|lich (am Morgen geschehend); **Mor|gen|grau|en,** das; -; **mor|gens;** *aber* des Morgens, eines Morgens; *vgl.* [1]Morgen; **Mor|gen|stun|de**
mor|gig; der morgige Tag
Mo|ri|tat [*auch* 'moː...], die; -, -en ([zu einer Bildertafel] vorgetragenes Lied über ein schreckliches od. rührendes Ereignis)
Mor|phi|um, das; -s (*allgemeinsprachlich für* Morphin); **mor|phi|um|süch|tig**
morsch; morsche Bäume
Mor|se|al|pha|bet, Mor|se-Al|pha|bet (Alphabet für die Telegrafie); **mor|sen** (den Morseapparat bedienen); du morst
Mör|ser, der; -s, - (schweres Geschütz; schalenförmiges Gefäß zum Zerkleinern)
Mor|se|zei|chen
Mor|ta|del|la, die; -, -s (eine Wurstsorte)
Mör|tel, der; -s, *Plur. (Sorten:)* -; **mör|teln;** ich mört[e]le
Mo|sa|ik, das; -s, *Plur.* -en, *auch* -e; **Mo|sa|ik|stein**
Mo|schee, die; -, ...scheen (islam. Bethaus)
Mos|ki|to, der; -s, -s *meist Plur.* (eine trop. Stechmücke); **Mos|ki|to|netz**
Mos|lem, der; -s, -s (Anhänger des Islams); *vgl.* Muslim; **Mos|le|min,** die; -, -nen; **mos|le|misch** *vgl.* muslimisch

Most, der; -[e]s, -e (unvergorener Fruchtsaft; *südd., österr. u. schweiz. für* Obstwein, -saft; *schweiz. ugs. für* Benzin); **mos|ten**
Most|rich, der; -[e]s (*nordostd. für* Senf)
Mo|tel [*auch* ...'tɛl], das; -s, -s (Hotel an der Autobahn)
Mo|tet|te, die; -, -n (geistl. Chorwerk)
Mo|ther|board ['maðɐbɔːɐ̯t], das; -s, -s (Hauptplatine im Computer)
Mo|ti|on, die; -, -en (*Sprachwiss.* Bildung weiblicher Personenbezeichnungen aus den männlichen, z. B. »Freundin« zu »Freund«; *schweiz. für* gewichtigste Form des Antrags in einem Parlament)
Mo|tiv, das; -s, -e ([Beweg]grund; Thema einer [künstler.] Darstellung)
Mo|ti|va|ti|on, die; -, -en (die Beweggründe, die das Handeln eines Menschen bestimmen); **mo|ti|vie|ren** (begründen; anregen, anspornen); **mo|ti|viert; Mo|ti|vie|rung**
Mo|to|cross, Mo|to-Cross, das; -, -e (Geschwindigkeitsprüfung im Gelände für Motorradsportler)

M

Mo|tor [*auch* mo'toːɐ̯], der; -s, *Plur.* ...to|ren, *auch* ...to|re (Antriebskraft erzeugende Maschine; *übertr. für* vorwärtstreibende Kraft); **Mo|tor|boot; Mo|tor|hau|be**
mo|to|risch; motorisches Gehirnzentrum (Sitz der Bewegungsantriebe)
mo|to|ri|sie|ren (mit Kraftmaschinen, -fahrzeugen ausstatten); **Mo|to|ri|sie|rung**
Mo|tor|rad; Mo|tor|rad|fah|rer; Mo|tor|rad|fah|re|rin; Mo|tor|sport
Mot|te, die; -, -n; **Mot|ten|pul|ver**
Mot|to, das; -s, -s (Leitspruch; Devise)
mot|zen (*ugs. für* nörgelnd schimpfen; *landsch. auch für* schmollen); du motzt
Moun|tain|bike ['maʊ̯ntn̩baɪ̯k], das; -s, -s (Fahrrad für Gelände- bzw. Gebirgsfahrten)
moun|ten ['maʊ̯ntn̩] (*EDV* in einem Betriebssystem verfügbar machen); gemountete Dateisysteme
Mount Eve|rest ['maʊ̯nt 'ɛvərɛst], der; - - (höchster Berg der Erde)
Mo|vie ['muːvi], das, *auch* der; -[s], -s ([Kino]film)
Mö|we, die; -, -n (ein Vogel)
Moz|za|rel|la, der; -s, -s (ein ital. Käse aus Büffel- od. Kuhmilch)
MP, die; -, -s = Maschinenpistole
MP3 (ein Standard der Datenkompression für Musikdateien); **MP3-Play|er**
Mr = Mister (engl. Anrede *[nur mit Eigenn.]*)
Mu|cke, die; -, -n (*ugs. für* Grille, Laune; *südd. für* Mücke)
Mü|cke, die; -, -n; **Mü|cken|stich**
Mucks, der; -es, -e (*ugs. für* leiser, halb unterdrückter Laut); keinen Mucks *od.* Muck *od.* Muckser tun; **muck|sen** (*ugs. für* einen Laut geben); er hat sich nicht gemuckst; **Muck|ser,** der; -s, -
mucks|mäus|chen|still (*ugs. für* ganz still)
mü|de; einer Sache müde (überdrüssig) sein; ich bin es müde; **Mü|dig|keit,** die; -
Mües|li ['myə̯sli] (*schweiz. Form von* Müsli)
[1]**Muff,** der; -[e]s (*nordd. für* [1]Schimmel)
[2]**Muff,** der; -[e]s, -e (Handwärmer)
Muf|fe, die; -, -n (Rohr-, Ansatzstück); Muffe haben (*ugs. für* Angst haben)
Muf|fel, der; -s, - (*Jägerspr.* kurze Schnauze; *ugs. für* mürrischer Mensch); **muf|fe|lig,** muff|lig (*nordd. für* mürrisch)
[1]**muf|fig** (*landsch. für* mürrisch)
[2]**muf|fig** (nach [1]Schimmel riechend)
muff|lig *vgl.* muffelig
muh!; Muh *od.* muh machen
Mü|he, die; -, -n; mit Müh und Not; es kostet mich keine Mühe; sie hat sich Mühe gegeben; **mü|he|los; mü|hen,** sich; ich mühe mich; **mü|he|voll**
Müh|le, die; -, -n; **Mühl|rad; Mühl|stein**
Müh|sal, die; -, -e; **müh|sam; müh|se|lig**
Mu|lat|te, der; -n, -n (*wird häufig als diskriminierend empfunden* Nachkomme eines weißen u. eines schwarzen Elternteils); **Mu|lat|tin**
Mul|de, die; -, -n
Mull, der; -[e]s, -e (ein Baumwollgewebe)
Müll, der; -[e]s (Abfälle); **Müll|ab|fuhr**
Mul|lah, der; -s, -s (Titel von islam. Geistlichen u. Gelehrten)
Mull|bin|de

Müll|ei|mer
Mül|ler; Mül|le|rin
Müll|kip|pe; Müll|mann *Plur.* ...männer *(ugs.);* **Müll|sack; Müll|ton|ne; Müll|tren|nung; Müll|ver|bren|nungs|an|la|ge**
mul|mig (*ugs. auch für* bedenklich; unwohl)
Mul|ti, der; -s, -s (*ugs. Kurzw. für* multinationaler Konzern)
Mul|ti|co|p|ter *vgl.* Multikopter
mul|ti|funk|ti|o|nal (vielen Funktionen gerecht werdend)
Mul|ti|ko|p|ter, Mul|ti|co|p|ter, der; -s, - (ferngesteuertes Fluggerät mit vier od. mehr waagerechten Rotoren)
mul|ti|kul|ti (*ugs. für* multikulturell); **mul|ti|kul|tu|rell** (viele Kulturen, Angehörige mehrerer Kulturen umfassend)
mul|ti|la|te|ral (mehrseitig); multilaterale Verträge
Mul|ti|me|dia, das; -[s] (*EDV* Zusammenwirken verschiedener Medien [Texte, Videoclips u. Ä.]); **mul|ti|me|di|al** (viele Medien betreffend; für viele Medien bestimmt)
Mul|ti|mil|li|o|när; Mul|ti|mil|li|o|nä|rin
mul|ti|na|ti|o|nal (aus vielen Nationen bestehend; in vielen Staaten vertreten)
mul|ti|pel (vielfältig); Multi|p|le *od.* multi|p|le Sklerose (eine Nervenkrankheit; *Abk.* MS)
Mul|ti|p|le-Choice-Test [ˈmaltɪpl̩ˈtʃɔɪs...] (Prüfungsverfahren, bei dem von mehreren vorgegebenen Antworten die richtigen zu kennzeichnen sind)
mul|ti|plex (*veraltet für* vielfältig); **Mul|ti|plex,** das; -[es], -e (großes Kinozentrum)
Mul|ti|pli|kand, der; -en, -en (*Math.* Zahl, die mit einer anderen multipliziert werden soll); **Mul|ti|pli|ka|ti|on,** die; -, -en (Vervielfachung); **Mul|ti|pli|ka|tor,** der; -s, ...oren (Zahl, mit der eine vorgegebene Zahl multipliziert werden soll; jmd., der Wissen, Informationen verbreitet)
mul|ti|pli|zie|ren (malnehmen, vervielfachen); zwei multipliziert mit zwei ist, macht, gibt (*nicht:* sind, machen, geben) vier
Mul|ti|ta|lent (vielseitig begabter Mensch)
Mum [mam], die; -, -s (*engl. ugs. Bezeichnung für* Mutter)
Mu|mie, die; -, -n ([durch Einbalsamieren usw.] vor Verwesung geschützter Leichnam); **mu|mi|en|haft**
mu|mi|fi|zie|ren; Mu|mi|fi|zie|rung
Mumm, der; -s (*ugs. für* Mut, Schneid); keinen Mumm haben
müm|meln (fressen [vom Hasen, Kaninchen]); ich mümm[e]le
Mum|pitz, der; -es (*ugs. für* Unsinn)
Mumps, der, *landsch. auch* die; - (eine Infektionskrankheit)
Mund, der; -[e]s, *Plur.* Münder, *selten auch* Munde *u.* Münde; einen, ein paar Mundvoll *od.* Mund voll nehmen; den Mund [zu] voll nehmen (großsprecherisch sein)
Mund|art (Dialekt)
Mün|del, das, *(BGB für beide Geschlechter:)* der; -s, -, *für eine weibliche Person selten auch* die; -, -n (*Rechtsspr.* unter Vormundschaft stehende Person)
mun|den (*geh. für* schmecken)
mün|den; der Fluss mündet in den See
mund|ge|recht; mundgerechte Stücke; **Mund|ge|ruch; Mund|har|mo|ni|ka**
mün|dig; mündig sein, werden; **Mün|dig|keit,** die; -
münd|lich
M-und-S-Rei|fen [ˈɛmʔʊntˈʔɛs...] = Matsch-und-Schnee-Reifen
mund|tot; jmdn. mundtot machen (zum Schweigen bringen); **Mün|dung; Mund|win|kel; Mund-zu-Mund-Be|at|mung**
Mu|ni|ti|on, die; -, -en
mun|keln (*ugs. für* im Geheimen reden); ich munk[e]le
Müns|ter, das, *selten* der; -s, - (Stiftskirche, Dom)
mun|ter; jmdn. munter machen *od.* muntermachen; **Mun|ter|keit**
Mün|ze, die; -, -n (Geldstück; Geldprägestätte); **mün|zen;** du münzt; das ist auf mich gemünzt (*ugs. für* das zielt auf mich ab); **Münz|fern|spre|cher**

Mu|rä|ne, die; -, -n (ein Fisch)
mürb, mür|be; mürbes Gebäck; Natron kann den Teig mürbe machen *od. vgl. aber* mürbemachen; **Mür|be,** die; -; **mür|be|ma|chen** (*ugs. für* jmds. Widerstand brechen); **Mür|be|teig**
Murks, der; -es (*ugs. für* schlechte Arbeit); **murk|sen;** du murkst
Mur|mel, die; -, -n (*landsch. für* Spielkügelchen)
[1]**mur|meln** (leise u. undeutlich sprechen); ich murm[e]le; vor sich hin murmeln
[2]**mur|meln** (*landsch. für* mit Murmeln spielen); ich murm[e]le
Mur|mel|tier (ein Nagetier)
mur|ren (Unzufriedenheit mit unfreundlichen Worten kundtun); murrst du schon wieder?; **mür|risch**
Mus, das, *landsch.* der; -es, -e
Mu|schel, die; -, -n (*österr. auch für* Becken)
Mu|se, die; -, -n (eine der [neun] griech. Göttinnen der Künste); die zehnte Muse (*scherzh. für* Kleinkunst); *vgl. aber* Muße
mu|se|al (zum, ins Museum gehörend; Museums...); **Mu|se|um,** das; -s, ...een ([der Öffentlichkeit zugängliche] Sammlung von Kunstwerken o. Ä.); **mu|se|ums|reif**
Mu|si|cal ['mju:zikl̩], das; -s, -s (populäres Musiktheater[stück]); **Mu|sic|box** ['mju:zɪk...], die; -, -es (*svw.* Musikbox)
Mu|sik, die; -, -en (*nur Sing.:* Tonkunst; Komposition, Musikstück); [die] Musik lieben; **mu|si|ka|lisch** (tonkünstlerisch; musikbegabt, Musik liebend); **Mu|si|kant,** der; -en, -en (Musiker, der zum Tanz u. dgl. aufspielt); **Mu|si|kan|tin; Mu|sik|box,** die; -, -en (Schallplattenautomat); **Mu|si|ker; Mu|si|ke|rin; Mu|sik|in|dus|t|rie; Mu|sik|in|s|t|ru|ment; Mu|sik|kas|set|te; Mu|sik|schu|le; Mu|sik|stück; Mu|sik|sze|ne; Mu|sik|the|a|ter; Mu|sik|vi|deo** (*ugs.*)
mu|sisch (künstlerisch; die schönen Künste betreffend); musisches Gymnasium
mu|si|zie|ren

Mus|kat [*österr. u. schweiz.* 'mʊs...], der; -[e]s, -e (ein Gewürz); **Mus|kat|nuss**
Mus|kel, der; -s, -n; **Mus|kel|fa|ser|riss; Mus|kel|ka|ter** (*ugs. für* Muskelschmerzen)
Mus|ku|la|tur, die; -, -en (Muskelgefüge, starke Muskeln); **mus|ku|lös** (mit starken Muskeln versehen; äußerst kräftig)
Müs|li, das; -[s], -[s] (ein Rohkostgericht, bes. aus Getreideflocken)
Mus|lim, der; -[s], *Plur.* -e *u.* -s (Anhänger des Islams); **Mus|li|min,** die; -, -nen; **mus|li|misch,** moslemisch (die Muslime betreffend)
Mu|ße, die; - (freie Zeit, [innere] Ruhe); *vgl. aber* Muse
müs|sen; ich muss; du musst; du muss|test; du müss|test; gemusst; müsse!; ich habe gemusst; *aber* was habe ich hören müssen!
mü|ßig; müßig sein; müßig hin und her gehen; *vgl. aber* müßiggehen; **Mü|ßig|gang,** der; -[e]s; **mü|ßig|ge|hen** (nichts tun, faulenzen)
Mus|tang, der; -s, -s (wild lebendes Präriepferd)
Mus|ter, das; -s, -; nach Muster; **Mus|ter|bei|spiel; mus|ter|gül|tig; mus|tern;** ich mustere; **Mus|ter|pro|zess; Mus|te|rung**
Mut, der; -[e]s; jmdm. Mut machen; guten Mut[e]s sein; mir ist traurig zumute *od.* zu Mute
Mu|tant, der; -en, -en (*Biol.* durch Mutation entstandenes Lebewesen; *bes. österr. auch für* Jugendlicher im Stimmwechsel); **Mu|tan|tin; Mu|ta|ti|on,** die; -, -en (*Biol.* spontane od. künstlich erzeugte Veränderung im Erbgefüge; *Med.* Stimmwechsel; *schweiz. auch für* Änderung im Personal- od. Mitgliederbestand)
mu|ten (*Bergmannsspr.*); [wohl] gemutet (*veraltet für* gestimmt, gesinnt) sein, *aber* wohlgemut sein
mu|tie|ren (*Biol.* sich spontan im Erbgefüge ändern; *Med.* die Stimme wechseln)

mu|tig; mut|los; Mut|lo|sig|keit, die; -
mut|ma|ßen (vermuten); du mutmaßt; gemutmaßt; zu mutmaßen; **mut|maß|lich;** der mutmaßliche Täter; **Mut|ma|ßung**
Mut|pro|be
[1]**Mut|ter,** die; -, -n (Schraubenteil)
[2]**Mut|ter,** die; -, Mütter; mutter Natur
Mut|ter|bo|den, der; -s (humusreiche oberste Bodenschicht); **Mut|ter|ge|sell|schaft** *(Wirtsch.);* **Mut|ter|got|tes,** die; -, **Mut|ter Got|tes,** die; - -; **Mut|ter|leib,** der; -[e]s; **müt|ter|lich; Mut|ter|mal** *Plur.* ...male; **Mut|ter|milch; Mut|ter|schaft; mut|ter|see|len|al|lein** (ganz allein); **Mut|ter|spra|che; Mut|ter|tag**
Mut|ti, die; -, -s (*Koseform von* [2]Mutter)
mu|tu|al (wechselseitig)
mut|wil|lig; Mut|wil|lig|keit
Müt|ze, die; -, -n; **Müt|zen|schirm**
[1]**My,** das; -[s], -s (griech. Buchstabe: Μ, μ)
[2]**My** (*kurz für* Mikron)
Myr|rhe, die; -, -n (ein aromat. Harz)
Myr|te, die; -, -n (immergrüner Baum od. Strauch); **Myr|ten|kranz**
mys|te|ri|ös (geheimnisvoll); **Mys|te|ri|um,** das; -s, ...ien (unergründliches Geheimnis)
Mys|te|ry ['mɪstəri], die; -, -s *od.* das; -s, -s *meist ohne Artikel* (Film, Roman o. Ä., in dem es um übernatürliche Ereignisse geht)
Mys|tik, die; - (*urspr.* Geheimlehre; rel. Richtung, die den Menschen zu persönlicher Vereinigung mit Gott zu bringen sucht); **mys|tisch** (geheimnisvoll)
My|the, die; -, -n (*älter für* Mythos); **my|thisch** (sagenhaft, erdichtet)
My|tho|lo|gie, die; -, ...ien (überlieferte Götter-, Helden-, Dämonensagen eines Volkes; wissenschaftl. Behandlung der Mythen); **my|tho|lo|gisch**
My|thos, My|thus, der; -, ...then (Sage u. Dichtung von Göttern, Helden u. Geistern; legendäre, glorifizierte Person od. Sache)

N n

N (Buchstabe); das N; des N, die N, *aber* das n in Wand; der Buchstabe N, n
na!; na, na!; na ja!; na und?; na gut!
Na|be, die; -, -n (Mittelhülse des Rades)
Na|bel, der; -s, *Plur.* -, *selten auch* Näbel
Na|bel|schnur *Plur.* ...schnüre
NABU = Naturschutz, Artenschutz, Biotopschutz, Umweltschutz (dt. Naturschutzbund)
nach; nach und nach; nach wie vor; *Präp. mit Dat.:* nach ihm; nach außen; nach Haus[e] *od.* nachhaus[e]; nach langem, schwerem Leiden
nach|äf|fen (*ugs. für* nachahmen)
nach|ah|men; er hat sie nachgeahmt; **Nach|ah|mer; Nach|ah|me|rin; Nach|ah|mung**
Nach|bar, der; *Gen.* -n, *seltener* -s, *Plur.* -n; **Nach|bar|haus; Nach|ba|rin; Nach|bar|land** *Plur.* ...länder; **nach|bar|lich; Nach|bar|schaft; nach|bar|schaft|lich; Nach|bar|staat** *Plur.* ...staaten; **Nach|bar|stadt**
Nach|bau, der; -[e]s, *Plur.* (*für* etwas Nachgebautes) -ten; **nach|bau|en**
Nach|be|ben (nach einem Erdbeben)
nach|bes|sern; ich bessere *od.* bessre nach; **Nach|bes|se|rung**
nach|be|stel|len; Nach|be|stel|lung
nach|bil|den; Nach|bil|dung
nach|dem; je nachdem[,] ob ... *od.* wie ...
nach|den|ken; nach|denk|lich; Nach|denk|lich|keit, die; -
Nach|druck, der; -[e]s, *Plur. (Druckw.:)* ...drucke; **nach|drück|lich**
nach|ei|fern; er eiferte ihr nach
nach|ei|n|an|der; nacheinander starten; die Schüler wurden nacheinander aufgerufen usw.; *vgl.* aneinander
nach|emp|fin|den
nach|er|zäh|len; Nach|er|zäh|lung
Nach|fah|re, der; -n, -n; **Nach|fah|rin**
Nach|fol|ge; nach|fol|gen; nach|fol|gend;

N

die nachfolgenden Bestimmungen; das Nachfolgende; Nachfolgendes gilt nur mit Einschränkungen; im Nachfolgenden (weiter unten) ist zu lesen; **Nach|fol|ger** (*Abk.* N[a]chf.); **Nach|fol|ge|rin** (*Abk.* N[a]chf.)
nach|for|schen; Nach|for|schung
Nach|fra|ge; nach|fra|gen; Nach|fra|ger *(Wirtsch.);* **Nach|fra|ge|rin**
nach|ge|ben
nach|ge|bo|ren; nachgebor[e]ner Sohn
Nach|ge|bühr (z. B. Strafporto)
Nach|ge|burt
nach|ge|hen
nach|ge|la|gert; nachgelagerte Besteuerung
nach|ge|ord|net
nach|ge|ra|de (*veraltend* allmählich; *geh.* geradezu)
Nach|ge|schmack, der; -[e]s
nach|gie|big; Nach|gie|big|keit
nach|hal|tig (sich für länger stark auswirkend; *Ökologie* nur in dem Maße, wie die Natur es verträgt; *Jargon* nur so groß, viel, dass zukünftige Entwicklungen nicht gefährdet sind); **Nach|hal|tig|keit,** die; -
nach Haus[e], nach|hau|s[e]; Nach|hau|se|weg
nach|hel|fen
nach|her [*auch, österr. nur* 'na:x...]
Nach|hil|fe; Nach|hil|fe|un|ter|richt
Nach|hi|n|ein; *nur in* im Nachhinein (hinterher; nachträglich)
Nach|hol|be|darf; nach|ho|len
Nach|kom|me, der; -n, -n; **nach|kom|men; Nach|kom|men|schaft; Nach|kom|min**
Nach|kömm|ling
Nach|kriegs|jahr; Nach|kriegs|zeit
Nach|lass, der; -es, *Plur.* -e *u.* ...lässe; **nach|las|sen; nach|läs|sig; Nach|läs|sig|keit**
nach|lau|fen
nach|le|gen
Nach|le|se; nach|le|sen
nach|lie|fern; Nach|lie|fe|rung
nach|lö|sen (eine Fahrkarte nach Fahrtantritt lösen)
nach|ma|chen *(ugs.)*
Nach|mit|tag, der; -[e]s, -e; nachmittags; (*Abk.* nachm., *bei Raummangel* nm.); *aber* des Nachmittags; gestern, heute, morgen Nachmittag; Dienstagnachmittag; *vgl.* [1]Mittag; **nach|mit|tags** *vgl.* Nachmittag
Nach|nah|me, die; -, -n; als, per Nachnahme schicken; **Nach|nah|me|ge|bühr**
Nach|na|me (Familienname)
nach|prüf|bar; nach|prü|fen; Nach|prü|fung
nach|ran|gig (*svw.* zweitrangig)
nach|rech|nen
Nach|re|de; üble Nachrede
nach|rei|chen; Unterlagen nachreichen
Nach|richt, die; -, -en; **Nach|rich|ten|agen|tur; Nach|rich|ten|dienst; Nach|rich|ten|ma|ga|zin; Nach|rich|ten|sen|der; Nach|rich|ten|sen|dung**
nach|rü|cken
Nach|ruf, der; -[e]s, -e
nach|rüs|ten (nachträglich mit einem Zusatzgerät versehen); **Nach|rüs|tung**
nach|sa|gen; jmdm. etw. nachsagen
Nach|sai|son
Nach|satz
nach|schau|en *(bes. südd., österr., schweiz.)*
Nach|schlag, der; -[e]s, Nachschläge (*Musik; ugs. für* zusätzliche Essensportion)
nach|schla|gen; er ist seinem Vater nachgeschlagen; sie hat in einem Buch nachgeschlagen; **Nach|schla|ge|werk**
Nach|schlüs|sel
Nach|schub, der; -[e]s, Nachschübe *Plur. selten*
nach|se|hen; jmdm. etwas nachsehen; **Nach|se|hen,** das; -s
nach|sen|den; Nach|sen|dung
Nach|sicht, die; -; **nach|sich|tig**
Nach|sil|be
nach|sit|zen (zur Strafe nach dem Unterricht noch in der Schule bleiben müssen); er hat nachgesessen
Nach|spei|se
Nach|spiel; nach|spie|len; Nach|spiel|zeit
nach|spü|ren
nächst (hinter, gleich nach); *Präp. mit Dat.:* nächst dem Hause, nächst ihm

Nächst|bes|te, der *u.* die *u.* das; -n, -n; das Nächstbeste, was sich uns bietet *aber* der nächste Beste

nächs|te; nächs|ter, nächs|tes; im nächsten Jahr; nächsten Monats; im Mai [des] nächsten Jahres; sie steht mir am nächsten; nächstes Mal, das nächste Mal; das müssen wir als Nächstes tun; *aber* das kommt der Wahrheit am nächsten; der nächste Beste; *aber* das Nächstbeste

Nächs|te, der; -n, -n (Mitmensch); liebe deinen Nächsten; *vgl.* nächst

nach|ste|hen; jmdm. in nichts nachstehen; **nach|ste|hend;** die nachstehende Erläuterung; *aber* ich möchte Ihnen Nachstehendes zur Kenntnis bringen; Einzelheiten werden im Nachstehenden behandelt; das Nachstehende muss geprüft werden

nach|stel|len; Nach|stel|lung

Nächs|ten|lie|be

nächs|tens (bald)

nächst|ge|le|gen

nächst|lie|gend *vgl.* naheliegen

Nächst|lie|gen|de, das; -n

Nacht, die; -, Nächte; bei, über Nacht; die Nacht über; Tag und Nacht; es wird Nacht; des Nachts, eines Nachts; gestern, heute, morgen Nacht; Dienstagnacht; *vgl.* nachts

nacht|ak|tiv; nachtaktive Tiere

Nacht|club, Nacht|klub

Nach|teil, der; **nach|tei|lig**

näch|te|lang; *aber* drei Nächte lang

nach|ten (*schweiz. u. geh. für* Nacht werden); **näch|tens** (nachts)

Nacht|frost; Nacht|hemd; Nacht|him|mel

Nach|ti|gall, die; -, -en (ein Singvogel)

Nach|tisch, der; -[e]s, -e

Nacht|klub, Nacht|club; **Nacht|le|ben**

nächt|lich

Nacht|pro|gramm

Nach|trag, der; -[e]s, ...träge; **nach|tragen; nach|tra|gend; nach|träg|lich** (später, danach); **Nach|trags|haus|halt**

nach|trau|ern

Nacht|ru|he

nachts; *aber* des Nachts, eines Nachts; nachtsüber, *aber* die Nacht über; *vgl.* Abend

Nacht|schat|ten|ge|wächs *meist Plur.* (eine Pflanzenfamilie)

Nacht|schicht

Nacht|schwär|mer (*scherzh. für* jmd., der sich die Nacht über vergnügt); **Nacht-schwär|me|rin**

nachts|über *vgl.* nachts

Nacht|tisch; Nacht|tisch|lam|pe

Nacht|wäch|ter; Nacht|wäch|te|rin

nacht|wan|deln; ich nachtwand[e]le; ich bin *od.* habe genachtwandelt; zu nachtwandeln

nach|voll|zieh|bar; nach|voll|zie|hen

Nach|weis, der; -es, -e; **nach|weis|bar; nach|wei|sen** (beweisen); er hat den Tatbestand nachgewiesen; **nach|weis|lich**

Nach|welt, die; -

nach|wir|ken; Nach|wir|kung

Nach|wort *Plur.* ...worte

Nach|wuchs, der; -es; **Nach|wuchs|för|derung; Nach|wuchs|spie|ler; Nach|wuchs-spie|le|rin; Nach|wuchs|ta|lent**

nach|zah|len

nach|zäh|len

Nach|zah|lung

nach|zeich|nen; du zeichnest die Konturen nach

nach|zie|hen (hinterherziehen; nachzeichnen; festziehen; nachzüchten; dem Beispiel folgen)

Nach|züg|ler; Nach|züg|le|rin

Na|cke|dei, der; -s, -s (*scherzh. für* nacktes Kind; Nackte[r])

Na|cken, der; -s, -; **Na|cken|stüt|ze**

nackt; Nackt|heit, die; -

Na|del, die; -, -n; **Na|del|baum; na|deln** (Nadeln verlieren [von Tannen u. a.]); er sagt, der Baum nad[e]le nicht; **Na|del|öhr; Na|del|wald**

Na|gel, der; -s, Nägel; **Na|gel|lack**

na|geln; ich nag[e]le; **na|gel|neu** *(ugs.)*

Na|gel|pro|be (Prüfstein für etwas)

na|gen; Na|ger; Na|ge|tier

nah *vgl.* [1]nahe; **Nah|auf|nah|me**

N

¹nahe, nah; nä|her, am nächs|ten; aus/von nah und fern; von nahem *od.* Nahem; ein nahe stehendes *od.* nahestehendes Haus; ein nahe liegendes oder naheliegendes (in der Nähe liegendes) Dorf; *aber* ein naheliegender (einleuchtender) Gedanke

²na|he; *Präp. mit Dat.:* nahe dem Ufer

Nä|he, die; -; in der Nähe; **na|he|bei;** er wohnt nahebei, *aber* er wohnt nahe bei der Post

na|he|brin|gen (Interesse für etwas wecken); den Schülerinnen die Klassiker nahebringen

na|he|ge|hen (stark treffen, bewegen); sein schwerer Unfall ist uns allen sehr nahegegangen

na|he ge|le|gen, na|he|ge|le|gen *vgl.* nahe

na|he|kom|men (sich annähern, fast gleichkommen); sie sind einander sehr nahegekommen; der Lösung nahekommen

na|he|le|gen (hinlenken, empfehlen); man hat uns einen Vergleich nahegelegt

na|he|lie|gen (sich anbieten); es liegt nahe, auf den Vorschlag einzugehen; ein naheliegender Vorschlag; die Lösung hat nahegelegen; ein näherliegender *od.* naheliegenderer Gedanke; die am nächsten liegende *od.* naheliegendste *od.* nächstliegende Lösung

N

na|he lie|gend, na|he|lie|gend *vgl.* ¹nahe

na|hen; sich [jmdm.] nahen

nä|hen; nähe das Kleid!

nä|her; nähere Erläuterungen; *aber* Näheres folgt; das Nähere findet sich bei …; jmdm. etw. des Näher[e]n (genauer) erläutern; alles Nähere erfahren Sie später; dem Abgrund immer näher kommen; weil der Termin näher gekommen, näher gerückt ist; Sie dürfen ruhig näher [heran]treten *vgl.* ¹nahe, näherkommen, näherliegen

nä|her|brin|gen (verständlicher machen, mit etw. vertraut machen); sie hat ihren Schülern politische Lyrik nähergebracht

Nah|er|ho|lungs|ge|biet

nä|her|kom|men (in engere Beziehung treten); sie sind sich wieder nähergekommen; *aber* sie sind einander wieder viel näher gekommen; *vgl.* näher

nä|her|lie|gen (sich eher anbieten); es hatte nähergelegen, den Bus zu nehmen; *aber* die näher gelegenen *od.* nähergelegenen Ortschaften

nä|hern, sich nähern; ich nähere mich

nä|her|ste|hen (in engerer Beziehung stehen); sie hatten sich damals nähergestanden; *aber* die näher stehenden *od.* näherstehenden Bäume

Nä|he|rungs|wert *(Math.)*

na|he|ste|hen (vertraut, befreundet sein); eine ihm [besonders] nahestehende Verwandte; sie hat dem Verstorbenen sehr nahegestanden

na|he|zu (fast)

Näh|garn; Näh|ma|schi|ne

Nah|ost (der Nahe Osten); für, in, nach, über Nahost; **Nah|ost|kon|flikt,** der; -[e]s; **nahöst|lich**

Nähr|bo|den; näh|ren; sich nähren; **nahrhaft; Nähr|salz; Nähr|stoff** *meist Plur.*

Nah|rung, die; -, *Plur. (fachspr.:)* -en; **Nahrungs|auf|nah|me,** die; -, -n *Plur. selten;* **Nah|rungs|ket|te** *(Biol.);* **Nah|rungs|mittel** *meist Plur.*

Nähr|wert

Naht, die; -, Nähte; **naht|los; Naht|stel|le**

Nah|ver|kehr

na|iv (natürlich; unbefangen; einfältig); naive Malerei; naive u. sentimentalische Dichtung; **Na|i|vi|tät,** die; -; **Na|iv|ling** (gutgläubiger, törichter Mensch)

na ja!

Na|mas|te, das; -s, -s *meist ohne Artikel, Plur. selten* (bes. in Indien verbreiteter Gruß); Namaste!

Na|me, der; -ns, -n; im Namen; mit Namen

na|men|los; na|mens (im Namen, im Auftrag [von]; mit Namen); *Präp. mit Gen. (Amtsspr.):* namens der Regierung

Na|mens|än|de|rung; Na|mens|pa|t|ron; Na|mens|pa|t|ro|nin; Na|mens|schild *Plur.* …schilder; **Na|mens|tag**

na|ment|lich; namentlich[,] wenn …

nam|haft; jmdn. namhaft machen
näm|lich; nämlich[,] dass/wenn; er ist noch der Nämliche (*veraltend für* derselbe)
Na|no|me|ter (*Zeichen* nm); **Na|no|tech|no|lo|gie,** die; -; ...ien (Forschung u. Fertigung im Nanometerbereich)
Na|palm®, das; -s (Füllstoff für Benzinbrandbomben); **Na|palm|bom|be**
Napf, der; -[e]s, Näpfe; **Napf|ku|chen**
na|po|le|o|nisch; napoleonischer Eroberungsdrang; *aber* die Napoleonischen Kriege (Epochenbezeichnung)
Nap|pa, das; -[s], -s; **Nap|pa|le|der**
Nar|be, die; -, -n; **nar|big**
Nar|ko|se, die; -, -n (*Med.* Betäubung); **nar|ko|tisch; nar|ko|ti|sie|ren** (*Med.* betäuben)
Narr, der; -en, -en
nar|ra|tiv (erzählend)
Nar|ren|frei|heit; nar|ren|si|cher *(ugs.);* **När|rin; när|risch**
Nar|ziss, der; *Gen.* - *u.* Narzisses, *Plur.* Narzisse (jmd., der sich selbst bewundert u. liebt)
Nar|zis|se, die; -, -n (eine Frühjahrsblume)
Nar|ziss|mus, der; - (übersteigerte Selbstliebe); **nar|ziss|tisch**
na|sal (durch die Nase gesprochen; zur Nase gehörend); **na|sa|lie|ren** ([einen Laut] durch die Nase aussprechen, näseln)
na|schen; du naschst; **Na|sche|rei** (wiederholtes Naschen *[nur Sing.]; auch für* Näscherei); **nasch|haft; Nasch|kat|ze** (*ugs. für* jmd., der gerne nascht)
[1]**NASDAQ®** ['nɛsdɛk], die; - (in den USA betriebene elektronische Börse)
[2]**NASDAQ®** ['nɛsdɛk], der; -[s] (Aktienindex der an der [1]NASDAQ gehandelten Aktien)
Na|se, die; -, -n; **nä|seln;** ich näs[e]le
Na|sen|bein; Na|sen|blu|ten, das; -s
na|se|weis; ein naseweiser Junge; **Na|se|weis,** der; -es, -e (*ugs. für* neugieriger Mensch)
nas|füh|ren; ich nasführe; genasführt; zu nasführen
Nas|horn *Plur.* ...hörner

nass; nas|ser *od.* näs|ser, nas|ses|te *od.* näs|ses|te; den Boden nass wischen; *vgl.* nass machen, nass spritzen; **Nass,** das; -es (Wasser); gut Nass! (Gruß der Schwimmer)
Näs|se, die; -; **näs|sen;** du nässt (nässest), sie nässt; du näss|test; genässt; nässe! *u.* näss!
nass|kalt; nass ma|chen, nass|ma|chen; Nass|ra|sur; Nass|schnee, Nass-Schnee; nass sprit|zen, nass|sprit|zen
Na|ti|on, die; -, -en (Staatsvolk); **na|ti|o|nal;** nationale Unabhängigkeit; Nationales Olympisches Komitee (*Abk.* NOK)
Na|ti|o|nal|bank *Plur.* ...banken; **Na|ti|o|nal|be|wusst|sein; Na|ti|o|nal|elf** *vgl.* [2]Elf; **Na|ti|o|nal|fei|er|tag; Na|ti|o|nal|ga|le|rie; Na|ti|o|nal|hym|ne**
Na|ti|o|na|lis|mus, der; -, ...men (übertriebenes Nationalbewusstsein); **Na|ti|o|na|list,** der; -en, -en; **Na|ti|o|na|lis|tin; na|ti|o|na|lis|tisch; Na|ti|o|na|li|tät,** die; -, -en (Staatsangehörigkeit; nationale Minderheit); **na|ti|o|nal|kon|ser|va|tiv**
Na|ti|o|nal|li|ga (*schweiz. für* höchste Spielklasse im Sport); **Na|ti|o|nal|mann|schaft; Na|ti|o|nal|mu|se|um; Na|ti|o|nal|park; Na|ti|o|nal|rat** (Bez. von Volksvertretungen in der Schweiz u. in Österreich; *auch für* deren Mitglied)
Na|ti|o|nal|so|zi|a|lis|mus, der; - (*Abk.* NS); **Na|ti|o|nal|so|zi|a|list; Na|ti|o|nal|so|zi|a|lis|tin; na|ti|o|nal|so|zi|a|lis|tisch**
Na|ti|o|nal|spie|ler *(Sport);* **Na|ti|o|nal|spie|le|rin; Na|ti|o|nal|staat** *Plur.* ...staaten; **na|ti|o|nal|staat|lich; Na|ti|o|nal|stolz; Na|ti|o|nal|the|a|ter; Na|ti|o|nal|trai|ner** *(Sport);* **Na|ti|o|nal|trai|ne|rin; Na|ti|o|nal|ver|samm|lung**
na|tiv (natürlich); natives Olivenöl
NATO-Ein|greif|trup|pe, Na|to-Ein|greif|trup|pe
Na|t|ri|um, das; -s (chemisches Element, Metall; *Zeichen* Na); **Na|t|ri|um|chlo|rid,** das; -[e]s (Kochsalz)
Na|t|ron, das; -s (*ugs. für* doppeltkohlensaures Natrium); **Na|t|ron|lau|ge**

N

Nat|ter, die; -, -n
Na|tur, die; -, -en; in Eiche Natur *od.* natur
Na|tu|ra|li|en *Plur.* (Natur-, Landwirtschaftserzeugnisse)
Na|tu|ra|lis|mus, der; -, ...men (Naturglaube; *nur Sing.:* Wirklichkeitstreue; nach naturgetreuer Darstellung strebende Kunstrichtung); **na|tu|ra|lis|tisch**
na|ture [...'tyːɐ̯]; Schnitzel nature (ohne Panade)
Na|tu|rell, das; -s, -e (Wesensart)
na|tur|ge|mäß; Na|tur|ge|setz; Na|tur|ge|walt; Na|tur|ka|ta|s|t|ro|phe
na|tür|lich; natürliche Geometrie *(Math.);* natürliche Person (*Ggs.* juristische Person); **na|tür|li|cher|wei|se; Na|tür|lich|keit**
Na|tur|park; na|tur|rein; Na|tur|schutz, der; -es; **Na|tur|schutz|bund,** der; **Na|tur|schutz|ge|biet** (*Abk.* NSG); **na|tur|trüb**
Na|tur|wis|sen|schaft *meist Plur.;* **Na|tur|wis|sen|schaft|ler; Na|tur|wis|sen|schaft|le|rin; na|tur|wis|sen|schaft|lich;** der naturwissenschaftliche Zweig

N

Nau|tik, die; - (Schifffahrtskunde)
nau|tisch; nautisches Dreieck
Na|vi|ga|ti|on, die; - (Orts- u. Kursbestimmung von Schiffen u. Flugzeugen); **Na|vi|ga|ti|ons|ge|rät** (*svw.* Navigationssystem); **Na|vi|ga|ti|ons|sys|tem** (zur Positionsbestimmung u. Zielführung von Fahrzeugen)
Na|vi|ga|tor, der; -s, ...oren (*Flugw., Seew.* für die Navigation verantwortliches Besatzungsmitglied); **Na|vi|ga|to|rin; na|vi|gie|ren** (ein Schiff od. Flugzeug führen)
Na|zi, der; -s, -s (*kurz für* Nationalsozialist)
Ne|an|der|ta|ler (vorgeschichtlicher Mensch); **Ne|an|der|ta|le|rin**
Ne|bel, der; -s, -; **ne|bel|haft; Ne|bel|horn** *Plur.* ...hörner *(Seew.);* **ne|be|lig** *vgl.* neblig; **ne|beln;** es nebelt; ich neb[e]le; **Ne|bel|schluss|leuch|te; Ne|bel|schwa|den**
ne|ben; *Präp. mit Dat. u. Akk.:* neben dem Haus stehen, *aber* neben das Haus stellen
ne|ben|an; ne|ben|bei; nebenbei bemerkt
ne|ben|be|ruf|lich
Ne|ben|buh|ler; Ne|ben|buh|le|rin
Ne|ben|ef|fekt
ne|ben|ei|n|an|der; Ne|ben|ei|n|an|der [*auch* 'neː...], das; -s; **ne|ben|ei|n|an|der|le|gen; ne|ben|ei|n|an|der|stel|len**
Ne|ben|fach; Ne|ben|fluss; Ne|ben|frau
ne|ben|her; etwas nebenher erledigen; sich etwas nebenher verdienen
Ne|ben|job; Ne|ben|klä|ger; Ne|ben|klä|ge|rin; Ne|ben|kos|ten *Plur.;* **Ne|ben|pro|dukt; Ne|ben|raum; Ne|ben|rol|le**
Ne|ben|sa|che; ne|ben|säch|lich
Ne|ben|satz *(Sprachwiss.)*
ne|ben|ste|hend; Nebenstehendes, das Nebenstehende bitte vergleichen; im Nebenstehenden (*Amtsspr.* hierneben)
Ne|ben|stra|ße; Ne|ben|tä|tig|keit; Ne|ben|ver|dienst, der; **Ne|ben|wir|kung**
neb|lig, ne|be|lig
nebst; *Präp. mit Dat. (veraltend):* nebst seinem Hunde
ne|bu|los, ne|bu|lös (unklar, verschwommen)
Ne|ces|saire [...sɛ'sɛːɐ̯], das; -s, -s ([Reise]behältnis für Toiletten-, Nähutensilien u. a.)
ne|cken; Ne|cke|rei; ne|ckisch
Nef|fe, der; -n, -n
Ne|ga|ti|on, die; -, -en (Verneinung, Ablehnung; Verneinungswort, z. B. »nicht«)
ne|ga|tiv [*auch* ...'tiːf] (verneinend; ergebnislos; *Math.* kleiner als null; *Elektrot.: Ggs. zu* positiv); **Ne|ga|tiv,** das; -s, -e (*Fotogr.* Gegen-, Kehrbild)
Ne|ger, der; -s, -; **Ne|ge|rin**

Neger
Viele Menschen empfinden die Bezeichnungen *Neger, Negerin* als diskriminierend. Alternative Bezeichnungen sind *Schwarzafrikaner, Schwarzafrikanerin, Afroamerikaner, Afroamerikanerin, Afrodeutscher, Afrodeutsche;* in bestimmten Kontexten auch *Schwarzer, Schwarze.* Vermieden werden sollten auch Zusammensetzungen mit *Neger* wie *Negerkuss,* stattdessen verwendet man besser *Schoko-* od. *Schaumkuss.*

Ne|ger|kuss (*svw.* Schokokuss); *vgl.* Neger
ne|gie|ren (verneinen); **Ne|gie|rung**
Ne|g|li|gé […ˈʒeː], das; -s, -s (Hauskleid; leichter Morgenmantel)
neh|men; du nimmst, er nimmt; ich nahm, du nahmst; du nähmest; genommen; nimm!; ich nehme es an mich; Geben (*od.* geben) ist seliger denn Nehmen (*od.* nehmen); sich etwas nicht nehmen lassen
Neh|rung, die; -, -en (schmale Landzunge)
Neid, der; -[e]s; **nei|den; Nei|der; Nei|de|rin; Neid|ham|mel** (*ugs. für* neidischer Mensch); **nei|disch; neid|los**
Nei|ge, die; -, -n; zur Neige gehen; **nei|gen;** sich neigen; **Nei|gung; Nei|gungs|win|kel**
nein; nein, nein; nein[,] danke; oh nein oder o nein; Nein sagen *od.* nein sagen; **Nein,** das; -[s], -[s]; das Ja und das Nein; mit [einem] Nein antworten
Nein|sa|ger; Nein|sa|ge|rin; Nein|stim|me
Ne|k|ro|log, der; -[e]s, -e (Nachruf)
Nek|tar, der; -s, -e (Blütenabsonderung; *griech. Mythol.* Göttertrank)
Nek|ta|ri|ne, die; -, -n (Pfirsichart mit glatthäutigen Früchten)
Nel|ke, die; -, -n (eine Blume; ein Gewürz)
Nel|son, der; -[s], -s (Ringergriff)
nen|nen; du nanntest; *selten* du nenntest; genannt; nenn[e]!; sie nannte ihn einen Dummkopf; **nen|nens|wert**
Nen|ner *(Math.);* **Nenn|form** (*für* Infinitiv); **Nen|nung; Nenn|wert** (*Wirtsch.* auf Münzen, Banknoten o. Ä. angegebener Wert); **Nenn|wort** *Plur.* …wörter (*für* Nomen)
neo|kon|ser|va|tiv; neo|li|be|ral; Neo|li|be|ra|lis|mus *(Wirtsch.)*
Ne|on, das; -s (chemisches Element, Edelgas; *Zeichen* Ne)
Neo|na|zi; Neo|na|zis|mus; neo|na|zis|tisch
Ne|on|licht *Plur.* …lichter
Neo|pren, das; -s, -e (synthetischer Kautschuk); **Neo|pren|an|zug**
Nepp, der; -s; **nep|pen** (durch überhöhte Preisforderungen übervorteilen)
Nerv, der; *Gen.* -s, *fachspr. auch* -en, *Plur.* -en; **ner|ven** […f…] (*ugs. für* nervlich strapazieren; belästigen); **ner|ven|auf|rei|bend; Ner|ven|kit|zel; ner|ven|schwach; Ner|ven|sys|tem;** vegetatives Nervensystem; **Ner|ven|zu|sam|men|bruch**
ner|vig […f…, *auch* …v…] (sehnig, kräftig; *ugs. für* die Nerven strapazierend, lästig)
nerv|lich (das Nervensystem betreffend)
ner|vös […v…] (nervenschwach; unruhig, gereizt; *Med. svw.* nervlich); jmdn. nervös machen; sich nicht nervös machen lassen
Ner|vo|si|tät, die; -
nerv|tö|tend; nervtötender Lärm
Nerz, der; -es, -e (Pelz[tier])
Nes|sel, die; -, -n; **Nes|sel|sucht**
Nest, das; -[e]s, -er; **Nest|häk|chen** (das jüngste Kind in der Familie); **Nest|ho|cker; Nest|ho|cke|rin; Nest|wär|me**
Net, das; -s (*ugs.; kurz für* Internet)
Net|flix®, -ʼ *ohne Artikel* (ein Streamingdienst für Filme)
Ne|ti|quet|te […ˈkɛtə], die; - (*EDV* Gesamtheit der Kommunikationsregeln im Internet)
nett; net|ter|wei|se *(ugs.)*
net|to (rein, nach Abzug der Verpackung, der Unkosten, der Steuern u. Ä.); mehr Netto vom Brutto; **Net|to|ein|kom|men; Net|to|ge|wicht; Net|to|ge|winn; Net|to|lohn; Net|to|preis; Net|to|zah|ler** (Staat, der in die Kasse eines Bundesstaates mehr einzahlt, als er in Form von Subventionen aus ihr bezieht)
Net|work [ˈnɛtvœːɐ̯k], das; -[s], -s (System miteinander verbundener Rundfunksender od. Computer); **Net|wor|king,** das; -s (Bildung von Netzwerken)
Netz, das; -es, -e; **netz|ar|tig; Netz|au|ge** (bei Insekten); **Netz|be|trei|ber**
net|zen (*geh. für* nass machen, befeuchten); du netzt
Netz|haut; Netz|teil, das
Netz|werk; soziale Netzwerke; **Netz|werk|kar|te**

neu

neu|er, neu|es|te *od.* neus|te; neu|es|tens *od.* neus|tens

I. Kleinschreibung:

– *etwas auf neu herrichten*
– *die neuen Bundesländer*
– *die* *neue* od. *Neue Mitte* (Politik); *die* *neue* od. *Neue Linke (eine philos. u. politische Richtung)*
– *das* *neue* od. *Neue Jahr; ein gutes* *neues* od. *Neues Jahr!*
– *die* *Neuen* od. *neuen Medien*

II. Großschreibung
a) der Substantivierung:

– *etwas, nichts Neues; auf ein Neues*
– *das Alte und das Neue*
– *sie hat es aufs Neue (wieder) versucht*
– *aus* *Alt* *wird* *Neu*, auch *aus alt wird neu*
– *seit* *Neuestem* od. *neuestem*
– *von* *Neuem* od. *neuem*

b) in Namen und bestimmten namenähnlichen Bezeichnungen:

– *das Neue Forum (1989 in der DDR gegründete Bürgerbewegung;* Abk. *NF)*
– *der Neue Markt* (Börsenw. *ehem. Aktienmarkt für junge Unternehmen aus zukunftsorientierten Branchen)*
– *das Neue Testament* (Abk. *N. T.*)
– *die Neue Welt (Amerika)*

III. Getrenntschreibung in Verbindung mit Verben:

– *neu bauen, neu einrichten, neu bearbeiten, neu entwickeln, neu ordnen*
– *das Geschäft wird neu eröffnet*

IV. In Verbindung mit einem adjektivisch gebrauchten Partizip kann getrennt oder zusammengeschrieben werden:

– *das* *neu eröffnete* od. *neueröffnete Zweiggeschäft; das Geschäft ist neu eröffnet*
– *das* *neu bearbeitete* od. *neubearbeitete Werk*

Vgl. aber *neugeboren*

neu *s. Kasten*
Neu|an|fang; Neu|an|kömm|ling; neu|ar|tig; Neu|auf|bau; Neu|auf|la|ge; Neu|bau *Plur.* ...bauten; **Neu|bau|ge|biet; neu be|ar|bei|tet, neu|be|ar|bei|tet** *vgl.* neu; **Neu|be|ginn; Neu|be|set|zung; Neu|bür|ger; Neu|bür|ge|rin**
neu|deutsch *(meist abwertend);* die schicke Bar, neudeutsch »Lounge«
Neu|ein|stel|lung; Neu|ent|wick|lung
neu|er|dings; seit Kurzem; *südd., österr., schweiz. auch für* erneut
neu|er|lich (erneut)
neu|ern (*veraltend für* erneuern); ich neuere
neu er|öff|net, neu|er|öff|net; Neu|er|öff|nung; Neu|er|schei|nung; Neu|e|rung; Neu|fas|sung; neu|ge|bo|ren; die neugeborenen Kinder; sich wie neugeboren fühlen; **Neu|ge|bo|re|ne,** das; -n, -n (Säugling); **Neu|ge|stal|tung**
Neu|gier, Neu|gier|de, die; -; **neu|gie|rig**
Neu|grün|dung; Neu|heit; Neu|ig|keit; Neu|in|sze|nie|rung
Neu|jahr; Neu|jahrs|emp|fang; Neu|jahrs|tag
Neu|kun|de; Neu|land, das; -[e]s
neu|lich (vor Kurzem)
Neu|ling; Neu|mond
neun, *ugs.* neu|ne; alle neun[e]!; wir sind zu neunen *od.* zu neunt; *vgl.* acht; **Neun,** die; -, -en (Ziffer, Zahl); *vgl.* [1]Acht
Neu|ner; einen Neuner schieben (beim Kegeln); *vgl.* Achter
neun|fach; neun|hun|dert; neun|jäh|rig

neun|mal *vgl.* achtmal
neun|mal|klug (*ugs. für* überklug)
neunt *vgl.* neun; **neun|te** *vgl.* achte
Neun|tel, das, *schweiz. meist* der; -s, -; *vgl.* Achtel; **neun|tens; neun|zehn** *vgl.* acht
neun|zig *vgl.* achtzig; **neun|zi|ger** *vgl.* achtziger; **Neun|zi|ger** *vgl.* Achtziger
Neu|ord|nung; Neu|ori|en|tie|rung
Neu|r|al|gie, die; -, ...ien (*Med.* Nervenschmerz); **neu|r|al|gisch**
Neu|re|ge|lung
neu|reich *(abwertend)*
Neu|ro|lo|ge, der; -n, -n; **neu|ro|lo|gisch**
Neu|ron, das; -s, *Plur.* ...one, *auch* ...onen (*Med.* Nervenzelle); **neu|ro|nal**
Neu|ro|se, die; -, -n (*Med., Psychol.* psychische Störung); **neu|ro|tisch**
Neu|schnee; Neu|stadt (im Unterschied zur Altstadt); **Neu|start; Neu|struk|tu|rie|rung**
neu|t|ral (unparteiisch; keine besonderen Merkmale aufweisend); ein neutrales Land
neu|t|ra|li|sie|ren; Neu|t|ra|li|tät, die; -
Neu|t|ron, das; -s, ...onen (*Kernphysik* Elementarteilchen ohne elektr. Ladung als Baustein des Atomkerns; *Zeichen* n); **Neu|t|ro|nen|bom|be**
Neu|t|rum [*österr.* 'ne:u...], das; -s, *Plur.* ...tra, *auch* ...tren (*Sprachwiss.* sächliches Substantiv, z. B. »das Buch«; *nur Sing.:* sächl. Geschlecht)
Neu|ver|schul|dung; Neu|wa|gen; Neu|wahl; Neu|zeit, die; -; **neu|zeit|lich; Neu|zu|gang; Neu|zu|las|sung**
New Age ['nju: 'ɛɪtʃ], das; - - (neues Zeitalter als Inbegriff eines neuen Weltbildes)
New|co|mer ['nju:ka...], der; -s, - (Neuling)
New Eco|no|my ['nju: ɪ'kɔnəmi], die; - - (Wirtschaftsbereich mit Unternehmen aus Zukunftsbranchen)
News [nju:s] *Plur.* (Nachrichten)
News|desk ['nju:sdɛsk], der *od.* das; -[s], -s (Zentrale einer Medienredaktion)
News|group ['nju:sgru:p], die; -, -s (*EDV* öffentliche Diskussionsrunde im Internet zu einem bestimmten Thema)
News|let|ter, der; -s, *Plur.* -s *u.* - (regelmäßig erscheinender Internetbeitrag; regelmäßig zu beziehende elektron. Post)
New|ton, das; -s, - (Einheit der Kraft; *Zeichen* N)
New Yor|ker, **New-Yor|ker; New Yor|ke|rin**, **New-Yor|ke|rin**
NGO [ɛndʒi:'ʔɔʊ̯], die; -, -s = **n**on-**g**overnmental **o**rganization (Nichtregierungsorganisation, nicht staatliche Organisation)
Ni|be|lun|gen|sa|ge;
nicht *s. Kasten Seite 306*
nicht be|rufs|tä|tig, **nicht|be|rufs|tä|tig** *vgl.* nicht
Nich|te, die; -, -n
nicht ehe|lich, **nicht|ehe|lich** *vgl.* nicht
Nicht|er|fül|lung
nich|tig; null u. nichtig; **Nich|tig|keit**
Nicht|me|tall; Nicht|mit|glied; nicht öf|fent|lich, **nicht|öf|fent|lich** *vgl.* nicht; **Nicht|rau|cher; Nicht|rau|che|rin; Nicht|re|gie|rungs|or|ga|ni|sa|ti|on**
nicht ros|tend, **nicht|ros|tend** *vgl.* nicht
nichts; für nichts; zu nichts; gar nichts; um nichts und wieder nichts; nichts ahnend oder nichtsahnend; nichts sagend oder nichtssagend; sich in nichts unterscheiden; er will nichts tun; mir nichts, dir nichts (ohne Weiteres); viel Lärm um nichts; nichts einfacher als das; nichts Genaues; *aber* nichts and[e]res
Nichts, das; -, -e; etwas aus dem Nichts erschaffen; aus dem Nichts auftauchen; wir stehen vor dem Nichts
nichts ah|nend, **nichts|ah|nend** *vgl.* nichts
Nicht|schwim|mer; Nicht|schwim|me|rin
nichts|des|to|trotz *(ugs.);* **nichts|des|to|we|ni|ger**
Nichts|nutz, der; -es, -e; **nichts|nut|zig**
nichts|sa|gend, **nichts sa|gend** *vgl.* nichts
nicht staat|lich, **nicht|staat|lich**
Nichts|tun, das; -s
Nicht|wäh|ler; Nicht|wäh|le|rin
nicht|zu|tref|fend; Nicht|zu|tref|fen|de, **nicht Zu|tref|fen|de,** das; - -n

N

nicht

- *nicht wahr?*
- *gar nicht, nicht [ein]mal*
- *mitnichten*
- *zunichtemachen, zunichtewerden*

Getrennt- od. Zusammenschreibung in Verbindung mit Adjektiven und Partizipien:

- *nicht berufstätige* od. *nichtberufstätige Frauen*
- *die Darstellung ist nicht amtlich* od. *nichtamtlich; dieses Kind ist nicht ehelich* od., Rechtsspr. meist, *nichtehelich*
- *die Sitzung war nicht öffentlich* od. *nichtöffentlich*
- *die nicht Krieg führenden* od. *nichtkriegführenden Parteien*
- *nicht leitende* od. *nichtleitende Stoffe*
- *eine nicht zutreffende* od. *nichtzutreffende Behauptung, Nichtzutreffendes* od. *nicht Zutreffendes streichen*

Nur getrennt schreibt man, wenn sich »nicht« auf größere Textteile, z. B. einen ganzen Satz, bezieht:

- *die Probe kann nicht öffentlich stattfinden*
- *Frauen, die nicht berufstätig sein konnten*

Schreibung substantivierter Infinitive:

- *das Nichtkönnen*
- *das Nichtwissen*
- *das Nichtwollen*

Aber:

- *das Nicht-bekannt-Sein*
- *das Nicht-loslassen-Können*
- *das Nicht-wissen-Wollen*

N

[1]**Ni|ckel,** das; -s (chemisches Element, Metall; *Zeichen* Ni)
[2]**Ni|ckel,** der; -s, - (früheres Geldstück)
ni|cken
Ni|cker|chen (*ugs. für* kurzer Schlaf)
Ni|cki, der; -s, -s (Pullover aus samtartigem Baumwollstoff)
Nick|na|me [*auch* 'nɪkne:m], der; -ns, -n *u. bei engl. Aussprache* -[s], -s (*EDV* Benutzername im Internet)
Ni|co|tin *vgl.* Nikotin
nie; nie mehr; nie und nimmer
nie|der; nieder mit ihm!; auf und nieder
nie|der|bren|nen
nie|der|deutsch (*Abk.* nd.); *vgl.* deutsch / Deutsch; **Nie|der|deutsch,** das; -[s] (Sprache); *vgl.* deutsch / Deutsch
Nie|der|gang, der; **nie|der|ge|hen**
nie|der|ge|las|sen; ein niedergelassener Arzt
nie|der|ge|schla|gen (bedrückt, traurig); **Nie|der|ge|schla|gen|heit**
nie|der|kni|en; niedergekniet
Nie|der|la|ge
nie|der|las|sen; sich auf dem *od.* auf den Stuhl niederlassen; der Vorhang wurde niedergelassen; **Nie|der|las|sung**
nie|der|le|gen; sie hat den Kranz auf der *od.* auf die Platte niedergelegt; sich niederlegen; **nie|der|schie|ßen;** jmdn. niederschießen; der Adler ist auf die Beute niedergeschossen
Nie|der|schlag, der; -[e]s, ...schläge
nie|der|schla|gen; sich niederschlagen; der Prozess wurde dann niedergeschlagen
Nie|der|schla|gung
nie|der|schrei|ben; Nie|der|schrift
nie|der|ste|chen
Nie|der|tracht, die; -; **nie|der|träch|tig**
Nie|de|rung
nied|lich
nied|rig; niedrige Temperaturen; die niedrig stehende *od.* niedrigstehende Sonne
Nied|rig|lohn; Nied|rig|lohn|sek|tor; Nied|rig|preis; Nied|rig|was|ser *Plur.* ...wasser

nie|mals
nie|mand; *Gen.* niemand[e]s; *Dat.* niemandem *od.* niemand; *Akk.* niemanden *od.* niemand; niemand Fremdes usw., *aber* niemand anders; niemand kann es besser wissen als sie
Nie|mand, der; -[e]s; er, sie ist ein Niemand; der böse Niemand (*auch für* Teufel)
Nie|mands|land *Plur.* ...länder (Kampfgebiet zwischen feindlichen Linien; unerforschtes, herrenloses Land)
Nie|re, die; -, -n; eine künstliche Niere (med. Gerät); **nie|ren|krank; Nie|ren|stein**
nie|seln (*ugs. für* leise regnen); es nieselt; **Nie|sel|re|gen**
nie|sen; du niest; sie nies|te; geniest
Nies|pul|ver
Nieß|brauch, der; -[e]s (*Rechtsspr.* Nutzungsrecht)
Niet, der, *auch* das; -[e]s, -e (*fachspr. für* ¹Niete)
¹Nie|te, die; -, -n (Metallbolzen zum Verbinden)
²Nie|te, die; -, -n (Los, das nichts gewonnen hat; Reinfall, Versager)
nie|ten; niet- und na|gel|fest
Night|club ['naɪt...], der; -s, -s (Nachtlokal)
Ni|hi|lis|mus, der; - (Philosophie, die alles Bestehende für nichtig hält); **ni|hi|lis|tisch**
Ni|ko|laus, der; -[es], *Plur.* ...läuse, *selten auch* -e (als hl. Nikolaus verkleidete Person; den hl. Nikolaus darstellende Figur aus Schokolade)
Ni|ko|tin, Ni|co|tin, das; -s (Alkaloid im Tabak); **ni|ko|tin|frei; Ni|ko|tin|ge|halt,** der; **ni|ko|tin|hal|tig**
Nil|pferd
Nim|bus, der; -, -se (besonderes Ansehen)
nim|mer (*landsch. für* niemals; nicht mehr); nie und nimmer
nim|mer|mehr (*landsch. für* niemals); nie und nimmermehr; **nim|mer|mü|de; nim|mer|satt; Nim|mer|satt,** der; *Gen.* - *u.* -[e]s, *Plur.* -e (jmd., der nicht genug bekommen kann)
Nim|mer|wie|der|se|hen, das; -s; auf Nimmerwiedersehen *(ugs.)*
nine to five [naɪn tʊ faɪf] (*oft leicht abwertend für* auf eine [Arbeits]zeit von 9 bis 17 Uhr beschränkt); nine to five im Büro; **Nine-to-five-Job**
Nin|ja, der; -[s], -[s] (*früher in Japan* in Geheimbünden organisierter Krieger)
Nip|pel, der; -s, - (Rohrstück mit Gewinde; *salopp für* w. Brustwarze)
nip|pen; sie hat vom Wein genippt
Nip|pes [*auch* nɪps, nɪp], der; - (kleine Ziergegenstände [aus Porzellan])
nir|gends; nir|gend|wo
Nir|wa|na, das; -[s] (völlige, selige Ruhe als Endzustand des gläubigen Buddhisten)
Ni|sche, die; -, -n
nis|ten; Nist|kas|ten; Nist|platz
Ni|t|rat, das; -[e]s, -e (*Chemie* Salz der Salpetersäure); **Ni|t|rit,** das; -s, -e (Salz der salpetrigen Säure)
Ni|t|ro|gly|ze|rin, *fachsprachlich* **Ni|t|ro|gly|ce|rin** (ein Heilmittel; ein Sprengstoff)
Ni|veau [...'vo:], das; -s, -s (waagerechte Fläche auf einer gewissen Höhenstufe; Höhenlage; [Bildungs]stand, Rang)
ni|veau|los; ni|veau|voll
ni|vel|lie|ren (gleichmachen; ebnen)
nix (*ugs. für* nichts)
Nix, der; -es, -e (germ. Wassergeist)
Ni|xe, die; -, -n (Meerjungfrau)
no|bel (edel; *ugs. für* freigebig); ein no|b|ler Mensch
No|bel, der; -s (Löwe in der Tierfabel)
No|bel|preis; No|bel|preis|trä|ger; No|bel|preis|trä|ge|rin
No|b|les|se [*auch* nɔ'blɛs], die; -, -n (Adel; *nur Sing.: veraltend für* vornehmes Benehmen)
No|bo|dy ['nɔʊbɔdi], der; -[s], -s (jmd., der unbedeutend, ein Niemand ist)
noch; noch nicht; noch immer; noch mehr; noch und noch; noch einmal; noch einmal so viel; **noch mal**, **noch|mal** *(ugs.)*; **noch|ma|lig; noch|mals**

No|cken, der; -s, - (*Technik* Vorsprung an einer Welle od. Scheibe); **No|cken|wel|le**

No-Fu|ture-Ge|ne|ra|ti|on, die; - (junge Generation ohne Zukunftsaussichten)

noir [nọa:ɐ̯] (schwarz); Pinot noir (eine Rotweinrebsorte)

NOK, das; -[s], -s = Nationales Olympisches Komitee

No|ma|de, der; -n, -n (Angehöriger eines Hirten-, Wandervolkes); **No|ma|den|volk; No|ma|din**

No|men, das; -s, *Plur.* ...mina *od.* - (*Sprachwiss.* Nennwort, Substantiv, z. B. »Haus«; *häufig auch für* Adjektiv *u.* andere deklinierbare Wortarten)

no|mi|nal (zum Namen gehörend; *Wirtsch.* zum Nennwert)

no|mi|na|li|sie|ren (*svw.* substantivieren); **No|mi|na|li|sie|rung** (*svw.* Substantivierung); **No|mi|nal|wert**

No|mi|na|tiv, der; -s, -e (*Sprachwiss.* Werfall, 1. Fall; *Abk.* Nom.)

no|mi|nell ([nur] dem Namen nach)

N

no|mi|nie|ren (benennen, bezeichnen; ernennen); **No|mi|nie|rung**

Non, die; -, Nonen (Teil des kath. Stundengebets)

No-Name-Pro|dukt, **No|name|pro|dukt** [ˈnɔʊ̯ˈnɛɪ̯m..., ˈnɔʊ̯nɛɪ̯m...] (Ware ohne Marken- oder Firmenzeichen)

Non|ne, die; -, -n

Non|plus|ul|t|ra, das; - (Unübertreffliches)

Non|sens, der; *Gen.* - *u.* -es (Unsinn)

non|stop [ˈnɔnˈstɔp, ˈnɔnstɔp, *auch* ...ʃt...] (ohne Halt, ohne Pause); nonstop fliegen, spielen; **Non|stop-Flug**, **Non|stop|flug** (Flug ohne Zwischenlandung)

Nord (Himmelsrichtung; *Abk.* N); Menschen aus Nord und Süd; der Wind weht aus, von Nord

nord|af|ri|ka|nisch; nord|ame|ri|ka|nisch; nord|deutsch; die norddeutsche Bevölkerung; *aber* der Norddeutsche Rundfunk

Nor|den, der; -s (*Abk.* N); das Gewitter kommt aus Norden; sie zogen gen Norden

Nor|dic Wal|king [-ˈwɔ:kɪŋ], das; - -[s] (als Sport betriebenes Gehen mit Stöcken)

nor|disch (den Norden betreffend); nordische Kälte; *aber* der Nordische Krieg (1700–21)

nörd|lich; Nord|licht *Plur.* ...lichter (*auch scherzh. für* Norddeutscher)

Nord|ost (Himmelsrichtung; *Abk.* NO); **Nord|os|ten**, der; -s (*Abk.* NO); *vgl.* Nordost; **nord|öst|lich;** in nordöstlicher Richtung; *aber*: die Nordöstliche Durchfahrt

Nord|pol; Nord|see, die; - (Meer); **Nord|sei|te; Nord|wand; nord|wärts**

Nord|west (Himmelsrichtung; *Abk.* NW); **Nord|wes|ten**, der; -s (*Abk.* NW); *vgl.* Nordwest; **nord|west|lich;** in nordwestlicher Richtung; *aber* die Nordwestliche Durchfahrt; **Nord|wind**

Nör|ge|lei; nör|geln; ich nörg[e]le; **Nörg|ler; Nörg|le|rin**

Norm, die; -, -en (Richtschnur, Regel)

nor|mal (der Norm entsprechend, vorschriftsmäßig; gewöhnlich, üblich, durchschnittlich); **Nor|mal**, das; -s, -e (besonders genauer Maßstab; *meist ohne Artikel, nur Sing.: kurz für* Normalbenzin); **Nor|mal|bür|ger; nor|ma|ler|wei|se; Nor|mal|fall**, der

nor|ma|li|sie|ren (wieder normal gestalten); sich normalisieren (wieder normal werden); **Nor|ma|li|sie|rung**

Nor|ma|li|tät, die; - (normaler Zustand)

Nor|mal|ver|brau|cher

Nor|mal|ver|tei|lung *(Math.)*

Nor|man|ne, der; -n, -n (Angehöriger eines nordgerm. Volkes); **Nor|man|nin**

nor|ma|tiv (maßgebend, als Richtschnur dienend); **Nor|ma|tiv**, das; -s, -e (*regional für* Richtschnur, Anweisung)

norm|ge|recht; nor|mie|ren (normgerecht gestalten); **Nor|mie|rung**

Nor|ne, die; -, -n *meist Plur.* (nord. Schicksalsgöttin [Urd, Werdandi, Skuld])

Nos|t|al|gie, die; -, ...ien (Sehnsucht nach vergangenen Zeiten); **nos|t|al|gisch**

Not, die; -, Nöte; sie ist in Not *oder* in

Nöten; *aber* etwas ist not, vonnöten; ohne Not; zur Not; nottun; Not sein; Not leiden; *vgl.* Not leidend, notleidend

no|ta|be|ne (übrigens; *Abk.* NB); **No|ta|be|ne,** das; -[s], -[s] (Merkzeichen, Vermerk)

No|tar, der; -s, -e (Amtsperson zur Beurkundung von Rechtsgeschäften); **No|ta|ri|at,** das; -[e]s, -e (Amt eines Notars); **no|ta|ri|ell** (von einem Notar [ausgefertigt]); notariell beglaubigt; **No|ta|rin**

Not|arzt; Not|ärz|tin; Not|arzt|wa|gen; Not|auf|nah|me; Not|brem|se; Not|dienst; ärztlicher Notdienst; **Not|durft,** die; - (*veraltend für* Drang, den Darm, die Blase zu entleeren; Stuhlgang); **not|dürf|tig**

No|te, die; -, -n; eine ganze, eine halbe Note; die Note »Drei«; *vgl.* drei

Note|book ['noʊ̯tbʊk], das; -s, -s (PC im Buchformat)

No|ten|bank *Plur.* ...banken

No|ten|schlüs|sel; No|ten|stän|der

Note|pad ['noʊ̯tpɛd], das; -s, -s (PC im Notizblockformat)

Not|fall, der; **Not|fall|dienst; not|falls; not|ge|drun|gen; Not|hil|fe**

no|tie|ren (aufzeichnen; vormerken; *Kaufmannsspr.* den Kurs, den Preis festsetzen; einen bestimmten Kurswert, Preis haben); **No|tie|rung**

nö|tig; für nötig halten; etwas nötig haben, machen; das ist am nötigsten; das Nötigste; es fehlt ihnen am Nötigsten

nö|ti|gen; nö|ti|gen|falls; Nö|ti|gung

No|tiz, die; -, -en; von etwas Notiz nehmen; **No|tiz|block** *vgl.* Block; **No|tiz|buch**

Not|la|ge; not|lan|den; ich notlande; notgelandet; notzulanden; **Not|lan|dung**

Not lei|dend, not|lei|dend; die Not leidende *od.* notleidende Bevölkerung; *aber nur* äußerste Not leidend, äußerst notleidend; notleidende Kredite (Bankw.)

Not|lö|sung; Not|ope|ra|ti|on

no|to|risch (offenkundig, allbekannt)

Not|ruf; Not|ruf|zen|t|ra|le; Not|si|g|nal; Not|si|tu|a|ti|on; Not|stand; not|tun; eine Verordnung, die nottut; die Verordnung tat not, hat notgetan; *vgl. auch* Not

Not|tur|no, das; -s, *Plur.* -s *u.* ...ni (lyrisches, stimmungsvolles Klavierstück)

Not|un|ter|kunft; Not|wehr, die; -

not|wen|dig [*auch* ...'vɛn...]; [sich] auf das, aufs Notwendigste beschränken; es fehlt am Notwendigsten; alles Notwendige tun; **not|wen|di|ger|wei|se; Not|wen|dig|keit**

Nou|gat ['nu:...] *vgl.* Nugat

[1]**No|va,** die; -, ...vä *u.* ...ven (neuer Stern)

[2]**No|va** (*Plur. von* Novum; Neuerscheinungen im Buchhandel)

No|vel|le, die; -, -n (Prosaerzählung; Nachtragsgesetz); **No|vel|lie|rung**

No|vem|ber, der; -[s], - (*Abk.* Nov.)

No|vi|tät, die; -, -en (Neuheit [der Mode u. a.]; *veraltet für* Neuigkeit)

No|vi|ze; No|vi|zin

No|vum, das; -s, ...va (absolute Neuheit, noch nie Dagewesenes); *vgl.* [2]Nova

Nu, der *od.* das; -s (sehr kurze Zeitspanne); *meist in* im Nu, in einem Nu

Nu|an|ce ['nỹã:sə, *österr.* ny'ã:s], die; -, -n (feiner Unterschied; Feinheit; Kleinigkeit); **nu|an|cen|reich; nu|an|cie|ren**

nüch|tern; Nüch|tern|heit, die; -

Nu|del, die; -, -n (*in der Schweiz nur für* Bandnudeln); **Nu|del|holz; Nu|del|sup|pe**

Nu|dis|mus, der; - (Freikörperkultur)

Nu|gat, Nou|gat ['nu:...], der *od.* das; -s, -s (süße Masse aus Zucker u. Nüssen)

Nug|get ['nagɪt], das; -[s], -s (natürl. Goldklumpen)

nu|k|le|ar (den Atomkern, Kernwaffen betreffend); nukleare Waffen; **Nu|k|le|ar|waf|fe** *meist Plur.*

null; null Grad; null Uhr; null und nichtig; null Ahnung *(ugs.);* **Null,** die; -, -en (Ziffer; *ugs. für* gänzlich unfähiger Mensch); die Zahl Null; eine Zahl mit fünf Nullen; die Ziffern Null bis Neun

null|acht|fünf|zehn (*ugs. für* wie üblich, Allerwelts...; *in Ziffern* 08/15)

Null|de|fi|zit *(Politik, bes. österr.)*

N

nul|len (mit dem Nullleiter verbinden; *ugs. für* ein neues Jahrzehnt beginnen)

Null|li|nie, **Null-Li|nie; Null|lö|sung**, **Null-Lö|sung; Null|men|ge** *(Mengenlehre);* **Null|me|ri|di|an**, der; -s; **Null|punkt;** die Stimmung sank auf den Nullpunkt *(ugs.);* **Null|run|de** (*ugs. für* Lohnrunde ohne [reale] Lohnerhöhung); **Null|ta|rif** (kostenlose Gewährung üblicherweise nicht unentgeltlicher Leistungen)

Nu|me|ra|le, das; -s, *Plur.* ...lien *u.* ...lia (*Sprachwiss.* Zahlwort, z. B. »eins«)

nu|me|risch (zahlenmäßig, der Zahl nach; mit Ziffern [verschlüsselt])

Nu|me|rus [*auch* 'nʊ...], der; -, ...ri (*Sprachwiss.* Zahlform des Substantivs [Singular, Plural]; *Math.* die zu logarithmierende Zahl); **Nu|me|rus clau|sus**, der; - - (zahlenmäßig beschränkte Zulassung [bes. zum Studium])

Num|mer, die; -, -n (Zahl; *Abk.* Nr., *Plur.* Nrn.); Nummer fünf; etwas ist Gesprächsthema Nummer eins *(ugs.);* auf Nummer sicher gehen (*ugs. für* nichts tun, ohne sich abzusichern)

O

num|me|rie|ren (beziffern, [be]nummern); nummerierte Ausgabe *(Druckw.);* **Num|me|rie|rung; num|me|risch**

Num|mern|schild, das

nun; nun mal; nun wohlan!; nun und nimmer; von nun an; **nun|mehr** *(geh.)*

Nun|ti|us, der; -, ...ien (ständiger Botschafter des Papstes bei weltlichen Regierungen)

nur; nur Gutes empfangen; nur mehr (*landsch. für* nur noch); nur zu!

nu|scheln (*ugs. für* undeutlich sprechen); ich nusch[e]le

Nuss, die; -, Nüsse; **Nuss|baum; Nuss|knacker; Nuss|scha|le**, **Nuss-Scha|le** (*auch für* kleines Boot)

Nüs|ter [*auch* 'ny:...], die; -, -n *meist Plur.*

Nut, die; -, -en *(in der Technik nur so)*, **Nu|te**, die; -, -n (Furche, Fuge)

Nut|te, die; -, -n (*derb für* Prostituierte)

nutz; zu nichts nutz sein (*südd., österr. für* zu nichts nütze sein); **nutz|bar;** nutzbar machen; **nüt|ze;** [zu] nichts nütze

nut|zen; du nutzt; *vgl.* nützen

Nut|zen, der; -s, -; es ist von [großem, geringem] Nutzen

nüt|zen; du nützt; es nützt mir nichts

Nut|zer; Nut|ze|rin

Nutz|fahr|zeug; Nutz|flä|che

nütz|lich; sich nützlich machen; **nutz|los**

Nutz|nie|ßer; Nutz|nie|ße|rin

Nutz|tier

Nut|zung; Nut|zungs|dau|er; Nut|zungs|recht *(Rechtsspr.);* **Nutz|wert**

Ny, das; -[s], -s (griech. Buchstabe; Ν, ν)

Ny|lon ['naɪ...], das; -[s] (haltbare synthet. Textilfaser); **Ny|lon|strumpf**

Nym|phe, die; -, -n (griech. Naturgottheit; *Zool.* Entwicklungsstufe [der Libelle])

O *o*

O (Buchstabe); das O; des O, die O, *aber* das o in Tor; der Buchstabe O, o

Oa|se, die; -, -n (Wasserstelle in der Wüste)

[1]**ob;** das Ob und Wann

[2]**ob;** *Präp. mit Dat.* (*veraltet, noch landsch. für* oberhalb, über; z. B. Rothenburg ob der Tauber); *mit Gen., seltener mit Dat.* (*geh. veraltend für* wegen; z. B. ob des Glückes)

[1]**OB**, der; -[s], -s, *selten* - (Oberbürgermeister)

[2]**OB**, die; -, -s, *selten* - (Oberbürgermeisterin)

Ob|acht, die; -; Obacht geben

Ob|dach, das; -[e]s (*veraltend für* Unterkunft); **ob|dach|los; Ob|dach|lo|se**, der *u.* die; -n, -n; **Ob|dach|lo|sig|keit**, die; -

Ob|duk|ti|on, die; -, -en (*Med.* Leichenöffnung); **ob|du|zie|ren** *(Med.)*

Obe|lisk, der; -en, -en (vierkantiger, nach oben spitz zulaufender Pfeiler)

oben; nach oben hin; von oben her; alles Gute kommt von oben; oben liegen, oben bleiben; die oben genannte *od.* obengenannte Tatsache (*Abk.:* o. g.); die Obengenannten *od.* die oben Genannten

oben|an; obenan stehen, sitzen

oben|auf; obenauf liegen; obenauf (*ugs. für* gesund, guter Laune) sein; obenauf *od.* obenaus schwingen (*schweiz. für* die Oberhand gewinnen, an der Spitze liegen)

oben|drauf; obendrauf stellen; **oben|drein; oben|drü|ber;** obendrüber legen

oben ge|nannt, oben|ge|nannt

oben ste|hend, oben|ste|hend

ober (*österr. für* über); *Präp. mit Dat.,* z. B. das Schild hängt ober der Tür

Ober, der; -s, - ([Ober]kellner; eine Spielkarte); **Ober|arm; Ober|arzt; Ober|be|fehls|ha|ber; Ober|be|fehls|ha|be|rin; Ober|be|griff; Ober|bür|ger|meis|ter** [*auch* 'o:...] (*Abk.* OB, OBM); **Ober|bür|ger|meis|te|rin** (*Abk.* OB, OBM)

obe|re; der obere Stock; die ober[e]n Klassen; *aber* das Obere Eichsfeld

Ober|flä|che; ober|fläch|lich; Ober|fläch|lich|keit

Ober|ge|richt (Kantonsgericht); **Ober|ge|schoss** (*Abk.* OG); **Ober|gren|ze**

ober|halb; *Präp. mit Gen.:* der Neckar oberhalb Heidelbergs (von Heidelberg aus flussaufwärts)

Ober|hand, die; -; **Ober|haupt; Ober|haus** (im Zweikammerparlament); **ober|ir|disch; Ober|kör|per; Ober|lan|des|ge|richt** [*auch* 'o:...] (*Abk.* OLG); **Ober|lei|tung; Ober|li|ga; Ober|li|gist; Ober|lip|pe; Ober|schen|kel; Ober|schicht**

Oberst, der; *Gen.* -en *u.* -s, *Plur.* -en, *seltener* -e; **Ober|staats|an|walt** [*auch* 'o:...]; **Ober|staats|an|wäl|tin**

obers|te; oberstes Stockwerk; dort das Buch, das oberste, hätte ich gern; die obersten Gerichtshöfe; *aber* der Oberste Gerichtshof; das Oberste zuunterst, das Unterste zuoberst kehren (*ugs. für* alles durchwühlen)

Oberst|leut|nant [*auch* ...'lɔi̯t...]

Ober|stu|fe; Ober|teil, das, *auch* der; **Ober|ver|wal|tungs|ge|richt** [*auch* 'o:...]

Ob|frau

ob|gleich (obwohl)

Ob|hut, die; - (*geh. für* Schutz, Aufsicht); jmdn. in Obhut nehmen

Obi, der *od.* das; -[s], -s (Kimonogürtel; *Judo* Gürtel der Kampfbekleidung)

obi|ge; die obigen Paragrafen; der Obige (der oben Genannte; *Abk.* d. O.); Obiges gilt auch weiterhin; im Obigen (*Amtsspr.* weiter oben); *vgl.* folgend

Ob|jekt [*Sprachwiss. auch* 'ɔp...], das; -[e]s, -e (Gegenstand; *österr. Amtsspr. auch für* Gebäude; *Sprachwiss.* Ergänzung)

ob|jek|tiv [*auch* 'ɔp...] (gegenständlich; tatsächlich; sachlich)

Ob|jek|tiv, das; -s, -e (bei optischen Instrumenten die dem Gegenstand zugewandte Linse)

ob|jek|ti|vie|ren (vergegenständlichen; von subjektiven Einflüssen befreien); **Ob|jek|ti|vi|tät,** die; - (Vorurteilslosigkeit)

Ob|la|te [*österr.* 'ɔp...], die; -, -n (ungeweihte Hostie; dünnes, rundes Gebäck)

ob|lie|gen [*auch* 'ɔp...]; es obliegt, oblag mir, es ist mir oblegen; zu obliegen, *veraltend auch* es liegt, lag mir ob; es hat mir obgelegen; obzuliegen

ob|li|gat (unerlässlich, unentbehrlich)

Ob|li|ga|ti|on, die; -, -en (*Rechtsspr.* persönl. Haftung für eine Verbindlichkeit; *Wirtsch.* festverzinsliches Wertpapier); **ob|li|ga|to|risch** (verbindlich; *auch svw.* obligat); obligatorische Stunden (Pflichtstunden)

Ob|mann *Plur.* ...männer *u.* ...leute

Oboe [*österr. auch* 'o:...], die; -, -n (ein Holzblasinstrument); **Obo|ist,** der; -en, -en (Oboebläser); **Obo|is|tin**

Obo|lus, der; -, *Plur.* - *u.* -se (kleine Münze im alten Griechenland; *übertr. für* kleine Geldspende)

Ob|rig|keit (Träger der Macht, der Regierungsgewalt); **Ob|rig|keits|den|ken**

ob|schon (obwohl)

Ob|ser|va|to|ri|um, das; -s, ...ien ([astron., meteorolog., geophysikal.] Beobachtungs-

O

of|fen

– *ein offener Brief, das offene Meer*
– *Tag der offenen Tür*
– *offene Handelsgesellschaft* (Abk. *OHG*)

Schreibung in Verbindung mit Verben:

– *die Tür wird offen sein*
– *das Fenster muss offen bleiben, das Fenster offen lassen, die Tür offen stehen lassen*
– *die Augen offen halten*
– *jmdm. etwas offen sagen*

Aber:

– *sie mussten ihre Vermögensverhältnisse offenlegen*
– Vgl. auch *offenbleiben, offenhalten, offenlassen, offenstehen*

In Verbindung mit einem adjektivisch gebrauchten Partizip kann bei nicht übertragener Bedeutung getrennt oder zusammengeschrieben werden:

– *ein offen gebliebenes* od. *offengebliebenes Fenster*
– *eine offen stehende* od. *offenstehende Tür*

Aber nur:
– *eine noch offenstehende Frage*

Getrennt schreibt man üblicherweise die adverbialen Fügungen *offen gesagt* und *offen gestanden.*

station); **ob|ser|vie|ren** (*auch für* polizeilich überwachen); **Ob|ser|vie|rung**

Ob|ses|si|on, die; -, -en; **ob|ses|siv** (zwanghaft)

ob|sie|gen [*auch* 'ɔp...] (*veraltend für* siegen, siegreich sein); ich obsieg[t]e, habe obsiegt, zu obsiegen *(österr. nur so); auch* ich sieg[t]e ob, habe obgesiegt, obzusiegen

ob|s|kur (verdächtig; fragwürdig); **Ob|s|ku|ri|tät,** die; -, -en (Dunkelheit, Unklarheit)

ob|so|let (nicht mehr üblich; veraltet)

Obst, das; -[e]s; **Obst|baum**

ob|s|zön (unanständig, schamlos, schlüpfrig); **Ob|s|zö|ni|tät,** die; -, -en

ob|wohl; ob|zwar *(veraltend)*

Och|se, der; -n, -n; **och|sen** (*ugs. für* angestrengt arbeiten); du ochst

Ocker, der *od., österr. nur,* das; -s, - (zur Farbenherstellung verwendete Tonerde; gelbbraune Malerfarbe); in Ocker; **ocker|farben, ocker|far|big; ocker|gelb**

Ode, die; -, -n (feierliches Gedicht)

öde, öd; die ödeste Gegend; **Öde,** die; -, -n

Odem, der; -s (*geh. für* Atem)

Ödem, das; -s, -e (*Med.* Gewebewassersucht)

Ode|on, das; -s, -s (*svw.* Odeum)

oder (*Abk.* od.); *vgl.* ähnlich *u.* entweder

Oder-Nei|ße-Gren|ze, die; -

Ode|um, das; -s, Odeen (im Altertum rundes, theaterähnliches Gebäude für Musik- u. Theateraufführungen)

Öd|land, das; -[e]s; **Öd|nis,** die; - *(geh.)*

Odys|see, die; -, ...sseen (*nur Sing.:* griech. Heldengedicht; *übertr. für* Irrfahrt)

OECD, die; - (Organisation für wirtschaftliche Zusammenarbeit u. Entwicklung)

Ofen, der; -s, Öfen; **Ofen|hei|zung**

off (*bes. Film, Fernsehen* nicht sichtbar [von einer/einem Sprechenden]; *Ggs.* on); **Off,** das; -[s]; im, aus dem Off sprechen;

of|fen *s. Kasten*

of|fen|bar [*auch* ...'ba:ɐ̯]

of|fen|ba|ren [*österr. u. schweiz.* 'ɔf...]; du offenbarst, hast offenbart *od.* geoffenbart; zu offenbaren; sich offenbaren

Of|fen|ba|rung; Of|fen|ba|rungs|eid

of|fen|blei|ben; es ist keine Frage offengeblieben; *vgl. aber* offen

of|fen|hal|ten; wir werden uns mehrere Möglichkeiten offenhalten; *vgl. aber* offen

Of|fen|heit, die; -

of|fen|her|zig

of|fen|kun|dig [*auch* ...'kʊn...]

of|fen|las|sen; sie hat sich alle Möglichkeiten offengelassen; wen ich meine, möchte ich noch offenlassen; *vgl.* offen

of|fen|le|gen; seine Vermögensverhältnisse offenlegen; **Of|fen|le|gung**

of|fen|sicht|lich [*auch* ...'zɪçt...]

of|fen|siv (angreifend); **Of|fen|si|ve,** die; -, -n ([militär.] Angriff)

of|fen|ste|hen; Ihnen stehen alle Möglichkeiten offen; noch offenstehende Fragen klären wir später; *vgl. aber* offen

öf|fent|lich; im öffentlichen *od.* Öffentlichen Dienst; öffentliche und Privatmittel, *aber* Privat- und öffentliche Mittel; **Öf|fent|lich|keit; Öf|fent|lich|keits|ar|beit,** die; -; **öf|fent|lich|keits|wirk|sam; öf|fent|lich-recht|lich;** die öffentlich-rechtlichen Rundfunkanstalten

of|fe|rie|ren (anbieten); **Of|fer|te,** die; -, -n

[1]**Of|fice** [...fɪs], das; -[s], -s (*engl. Bez. für* Büro)

[2]**Of|fice** [...fɪs], das; -, -s (*schweiz. für* Anrichteraum im Gasthaus)

of|fi|zi|ell (amtlich; verbürgt; förmlich)

Of|fi|zier [*österr. auch* ...'siːɐ̯], der; -s, -e; **Of|fi|zie|rin; Of|fi|ziers|rang**

off|line [...laɪn] (*EDV* getrennt von der Datenverarbeitungsanlage arbeitend)

öff|nen; sich öffnen; **Öff|nung; Öff|nungs|zeit**

Off|spre|cher, Off-Spre|cher (*Fernsehen, Film, Theater);* **Off|spre|che|rin, Off-Spre|che|rin**

o-för|mig, O-för|mig

oft; öfter (*vgl. d.*); wie oft; so oft, *vgl. aber* sooft; **öf|ter;** öfter als ...; öfter mal was Neues; des Öfter[e]n

öf|ters (*landsch. für* öfter); **oft|mals**

OGH, der; -[s] = Oberster Gerichtshof

oh!; oh, das ist schade; ein überraschtes Oh; (*in Verbindung mit anderen Wörtern oft ohne h geschrieben:*) oh ja! *od.* o ja

Oheim, der; -s, -e (*veraltet für* Onkel)

Ohm, das; -[e]s, -e (früheres Flüssigkeitsmaß); 3 Ohm; **ohmsch;** das ohmsche *od.* Ohm'sche Gesetz

oh|ne; *Präp. mit Akk.:* ohne ihren Willen; ohne dass; ohne Weiteres *od.* weiteres; oben ohne (*ugs. für* busenfrei); zweifelsohne

oh|ne|dies (ohnehin)

oh|ne|ei|n|an|der; ohneeinander auskommen; *aber:* ohne einander zu sehen

oh|ne|glei|chen

oh|ne|hin

Ohn|macht, die; -, -en; **ohn|mäch|tig; Ohn|machts|an|fall**

Ohr, das; -[e]s, -en; zu Ohren kommen

Öhr, das; -[e]s, -e (Nadelloch)

Ohr|clip, Ohr|klipp (Ohrschmuck)

Oh|ren|arzt; Oh|ren|ärz|tin; oh|ren|be|täu|bend

Ohr|fei|ge; ohr|fei|gen; er hat mich geohrfeigt; **Ohr|klipp** *vgl.* Ohrclip; **Ohr|läpp|chen; Ohr|ring; Ohr|wurm** (*ugs. auch für* leicht eingängige Melodie)

Oka|pi, das; -s, -s (eine Giraffenart)

okay [o'keː] (*ugs. für* richtig, in Ordnung; *Abk.* o. k. *od.* O. K.); **Okay,** das; -[s], -s; sein Okay geben

ok|kult (verborgen; heimlich, geheim)

Ok|ku|pa|ti|on, die; -, -en (Besetzung [fremden Gebietes]; Aneignung herrenlosen Gutes); **ok|ku|pie|ren;** sie haben das Land okkupiert

O

öko (*ugs.; kurz für* ökologisch); **Öko,** der; -s, -s (*ugs. scherzhaft für* Anhänger der Ökologiebewegung); **Öko|lo|gie,** die; - (Lehre von den Beziehungen der Lebewesen zur Umwelt); **öko|lo|gisch;** ökologische Nische; ökologisches Gleichgewicht

Öko|nom, der; -en, -en (Wirtschaftswissenschaftler; *veraltend für* [Land]wirt); **Öko|no|mie,** die; -, ...ien (Wirtschaftlichkeit, sparsame Lebensführung *[nur Sing.];* Lehre von der Wirtschaft; *veraltet für* Landwirtschaft[sbetrieb]); **Öko|no|min; öko|no|misch**

Öko|steu|er (*ugs. für* an ökologischen Gesichtspunkten orientierte Steuer, z. B. auf Energie); **Öko|strom,** der; -[e]s (Strom, der nur aus umweltfreundlichen Energiequellen stammt); **Öko|sys|tem** (zwischen Lebewesen u. ihrem Lebensraum bestehende Wechselbeziehung)

Ok|ta|ve, die; -, ...ven (*Musik* achter Ton [vom Grundton an]; ein Intervall)

Ok|to|ber, der; -[s], - (Gilbhard, Weinmonat; *Abk.* Okt.); **Ok|to|ber|fest** (in München)

Ok|to|ber|re|vo|lu|ti|on (1917 in Russland)

Öku|me|ne, die; -, -n (Gesamtheit der Christen); **öku|me|nisch** (allgemein; die ganze bewohnte Erde betreffend, Welt...); ökumenische Bewegung (zwischen- u. überkirchl. Bestrebungen christlicher Kirchen u. Konfessionen)

Ok|zi|dent [*auch* ...ˈdɛnt], der; -s (Abendland; Westen; *vgl.* Orient)

Öl, das; -[e]s, -e; **Öl|baum; Öl|bild**

Ol|die [...di], der; -s, -s (alter, beliebt gebliebener Schlager; *auch scherzh. für* Angehöriger einer älteren Generation)

Old|ti|mer [ˈɔʊ̯lttaɪ̯mɐ], der; -s, - (altes Modell eines Fahrzeugs [bes. Auto]; *auch scherzh. für* langjähriges Mitglied, älterer Mann)

ölen; öl *od.* öle das Rad!

O

Öl|feld; Öl|film (dünne Ölschicht); **Öl|fleck; Öl|för|de|rung; Öl|ge|mäl|de; ölig**

Oli|g|arch, der; -en, -en (Anhänger der Oligarchie)

Öl|in|dus|t|rie

oliv (olivenfarben); ein oliv[farbenes], olives Kleid; *vgl. auch* beige; **Oliv,** das; -[s], -[s]; eine Hose in Oliv

Oli|ve [...və, *österr.* ...fə], die; -, -n (Frucht des Ölbaumes); **Oli|ven|baum; Oli|ven|öl**

Öl|kon|zern

oll (*landsch. für* alt); olle Kamellen (*vgl. d.*)

Öl|pest, die; - (Verschmutzung [von Meeresküsten] durch Rohöl); **Öl|preis; Öl|quel|le**

Olymp, der; -s (Gebirgsstock in Griechenland; Wohnsitz der Götter; *scherzh. für* Galerieplätze im Theater); **Olym|pia,** das; -[s] (*geh. für* Olympische Spiele)

Olym|pi|a|de, die; -, -n (Olympische Spiele; *regional für* Wettbewerb)

Olym|pia|dorf; Olym|pia|hal|le; Olym|pia|sieg; Olym|pia|sie|ger; Olym|pia|sie|ge|rin; Olym|pia|sta|di|on; olym|pisch

Oma, die; -, -s (*fam. für* Großmutter)

Om|buds|frau (Frau, die die Rechte der Bürger[innen] gegenüber den Behörden wahrnimmt); **Om|buds|mann** *Plur.* ...männer, *selten* ...leute

Ome|ga, das; -[s], -s (griech. Buchstabe [langes O]; Ω, ω); *vgl.* Alpha

Ome|lett [ɔm(ə)ˈlɛt], das; -[e]s, *Plur.* -e *u.* -s (Eierkuchen)

Omen, das; -s, *Plur.* - *u.* Omina (Vorzeichen)

omi|nös (unheilvoll; anrüchig)

Om|ni|bus, der; -ses, -se (*Kurzw.* Bus)

om|ni|prä|sent (allgegenwärtig)

on (*bes. Fernsehen* sichtbar [von einer/einem Sprechenden]); **On,** das; -[s] (das Sichtbarsein der/des Sprechenden); im On

Ona|nie, die; - (geschlechtl. Selbstbefriedigung); **ona|nie|ren**

On|kel, der; -s, *Plur.* -, *ugs. auch* -s

On|ko|lo|gie, die; - (*Med.* Lehre von den Geschwülsten)

on|line [...laɪ̯n] (*EDV* ans Datennetz, Internet angeschlossen; im Datennetz, Internet zur Verfügung stehend); **On|line|dienst; On|line|shop; On|line|zei|tung**

[1]**OP** [oˈpeː], der; -[s], -[s] (Operationssaal)

[2]**OP** [oˈpeː], die; -, -s (Operation)

Opa, der; -s, -s (*fam. für* Großvater)

OPEC [ˈoːpɛk], die; - = **O**rganization of the **P**etroleum **E**xporting **C**ountries (Organisation der Erdöl exportierenden Länder)

Open-Air-Fes|ti|val (Musikveranstaltung im Freien)

open end (ohne festgesetztes Ende)

Oper, die; -, -n

Ope|ra|ti|on, die; -, -en (chirurg. Eingriff, *Abk.* OP; [militärische] Unternehmung; Rechenvorgang); **ope|ra|ti|o|nal** (sich durch bestimmte Verfahren vollziehend)

ope|ra|tiv (*Med.* auf chirurgischem Wege, durch Operation); operativer Eingriff

Ope|ra|tor [*auch* ˈɔpəreɪ̯tɐ], der; -s, *Plur.* ...oren, *auch* -s [ˈɔpəreɪ̯tɐs] (jmd., der eine EDV-Anlage überwacht u. bedient)

Ope|ret|te, die; -, -n (heiteres musikal. Bühnenwerk)

ope|rie|ren (eine Operation durchführen; in best. Weise vorgehen; mit etwas arbeiten)

Opern|ball *vgl.* ²Ball; **Opern|haus; Opern|sän|ger; Opern|sän|ge|rin**

Op|fer, das; -s, -; Opfer des Faschismus (*Abk.* OdF); **op|fer|be|reit; Op|fer|be|reit|schaft,** die; -; **Op|fer|ga|be; Op|fer|lamm**

op|fern; ich opfere; sich opfern

Opi|um, das; -s (ein Betäubungsmittel u. Rauschgift); **Opi|um|han|del** *vgl.* Handel

ÖPNV, der; - = öffentlicher Personennahverkehr

op|po|nie|ren (sich widersetzen)

op|por|tun (passend, nützlich, angebracht; zweckmäßig); **Op|por|tu|nis|mus,** der; - (prinzipienloses Anpassen an die jeweilige Lage; Handeln nach Zweckmäßigkeit); **Op|por|tu|nist,** der; -en, -en; **Op|por|tu|nis|tin; op|por|tu|nis|tisch**

Op|po|si|ti|on, die; -, -en; **op|po|si|ti|o|nell** (gegensätzlich; gegnerisch; zum Widerspruch neigend); **Op|po|si|ti|ons|par|tei**

Op|tik, die; -, -en *Plur. selten* (Lehre vom Licht; Linsensystem eines opt. Gerätes; optischer Eindruck, optische Wirkung); **Op|ti|ker** (Hersteller od. Verkäufer von Brillen u. optischen Geräten); **Op|ti|ke|rin**

op|ti|mal (bestmöglich); **op|ti|mie|ren** (optimal gestalten); **Op|ti|mie|rung**

Op|ti|mis|mus, der; - (*Ggs.* Pessimismus); **Op|ti|mist,** der; -en, -en; **Op|ti|mis|tin; op|ti|mis|tisch**

Op|ti|mum, das; -s, ...tima (höchster erreichbarer Wert)

Op|ti|on, die; -, -en ([Wahl]möglichkeit; *Rechtsspr., Wirtsch.* Voranwartschaft auf Erwerb od. zukünftige Lieferung einer Sache); **op|ti|o|nal** (nicht zwingend; nach eigener Wahl); **Op|ti|ons|schein** (*Wirtsch.* Urkunde, die die Option garantiert u. an der Börse gehandelt wird)

op|tisch (die Optik, das Sehen betreffend); optische Täuschung

opu|lent (reich[lich], üppig); **Opu|lenz,** die; -

Opus [*auch* 'ɔ...], das; -, Opera ([musikal.] Werk; *Abk. in der Musik* op.)

Ora|kel, das; -s, - (rätselhafte Weissagung; *auch* Ort, an dem Seherinnen od. Priester Weissagungen verkünden); **ora|keln** (in dunklen Andeutungen sprechen); ich orak[e]le; **Ora|kel|spruch**

oral (*Med.* den Mund betreffend, durch den Mund; mit dem Mund)

oran|ge [o'rã:ʒə, *auch, bes. österr.* o'rã:ʃ] (goldgelb; orangenfarbig); ein orange[farbenes], oranges (*ugs. auch* orangenes) Kleid; *vgl.* beige; ¹**Oran|ge,** die; -, -n (*bes. südd., österr. u. schweiz. für* Apfelsine); ²**Oran|ge,** das; -, *Plur.* -, *ugs.* -s (orange Farbe); in Orange

Oran|geat [...'ʒa:t], das; -s, *Plur. (Sorten:)* -e (eingezuckerte Apfelsinenschalen)

Oran|gen|baum; oran|ge[n]|far|ben, oran|ge[n]|far|big; Oran|gen|saft

Oran|ge|rie [orãʒə'ri:], die; -, ...ien (Gewächshaus zum Überwintern von empfindlichen Pflanzen)

Orang-Utan, der; -s, -s (ein Menschenaffe)

Ora|to|ri|um, das; -s, ...ien (episch-dramat. Komposition für Solostimmen, Chor u. Orchester; *kath. Kirche* Andachtsraum)

Or|bit, der; -s, -s (*Raumfahrt* Umlaufbahn)

Or|ches|ter [...'kɛs..., *österr. auch* ...'çɛs...], das; -s, - (Vereinigung einer größeren Zahl von Instrumentalmusiker[inne]n); **Or|ches|ter|gra|ben**

Or|ches|t|ra [ɔr'çɛs...], die; -, ...stren (Tanzraum des Chors im altgriech. Theater)

or|ches|t|ral [...kɛs..., *österr. auch* ...çɛs...] (zum Orchester gehörend)

Or|chi|dee, die; -, -n (eine Zierpflanze)

Or|den, der; -s, - ([klösterliche] Gemeinschaft mit best. Regeln; Ehrenzeichen)

or|dent|lich; ordentliches (zuständiges) Gericht; ordentliche Professorin, ordentlicher Professor (*Abk.* o. P.)

Or|der, die; -, *Plur.* -n *od.* (*Kaufmannsspr.*

nur:) -s (Befehl; *Kaufmannsspr.* Bestellung, Auftrag); **or|dern** (bestellen); ich ordere
Or|di|nal|zahl (Ordnungszahl, z. B. »zweite«)
or|di|när (gewöhnlich, unfein, unanständig)
Or|di|na|ri|at, das; -[e]s, -e (ordentliche Hochschulprofessur; eine kirchl. Behörde)
Or|di|na|ri|us, der; -, ...ien (Inhaber eines Lehrstuhls an einer Hochschule)
Or|di|na|te, die; -, -n (*Math.* auf der Ordinatenachse abgetragene zweite Koordinate eines Punktes)
ord|nen; Ord|ner; Ord|ne|rin
Ord|nung; Ordnung halten; **Ord|nungs|amt; ord|nungs|ge|mäß**
Ord|nungs|hü|ter (*scherzh. für* Polizist); **Ord|nungs|hü|te|rin; Ord|nungs|kraft** *meist Plur.* (jmd., der für die Wahrung u. Wiederherstellung der öffentlichen Ordnung u. Sicherheit zuständig ist)
ord|nungs|wid|rig; Ord|nungs|wid|rig|keit
Ord|nungs|zahl (*für* Ordinalzahl)
Or|gan, das; -s, -e (Körperteil; Stimme; Beauftragter; Fachblatt, Vereinsblatt); **Or|gan|bank** *Plur.* ...banken *(Med.)*
Or|ga|ni|sa|ti|on, die; -, -en (Aufbau, planmäßige Gestaltung, Einrichtung, Gliederung *[nur Sing.];* Gruppe, Verband mit best. Zielen); **Or|ga|ni|sa|ti|ons|form; Or|ga|ni|sa|ti|ons|ko|mi|tee; Or|ga|ni|sa|ti|ons|struk|tur; Or|ga|ni|sa|ti|ons|ta|lent**
Or|ga|ni|sa|tor, der; -s, ...oren; **Or|ga|ni|sa|to|rin; or|ga|ni|sa|to|risch**
or|ga|nisch (belebt, lebendig; auf ein Organ od. auf den Organismus bezüglich); organische Verbindung *(Chemie)*
or|ga|ni|sie|ren (*auch ugs. für* auf unredliche Weise beschaffen); sich organisieren; **or|ga|ni|siert;** die Arbeiter sind gewerkschaftlich organisiert
Or|ga|nis|mus, der; -, ...men (Gefüge; gegliedertes [lebendiges] Ganzes)
Or|ga|nist, der; -en, -en (Orgelspieler); **Or|ga|nis|tin**
Or|ga|ni|zer ['ɔːgənaɪ̯zɐ], der; -s, - (als Terminkalender u. Ä. nutzbarer Mikrocomputer)
Or|gan|spen|de; Or|gan|spen|der; Or|gan|spen|de[r]|aus|weis; Or|gan|spen|de|rin
Or|gas|mus, der; -, ...men (Höhepunkt der geschlechtl. Erregung)
Or|gel, die; -, -n; **Or|gel|kon|zert**
Or|gie, die; -, -n (ausschweifendes Gelage)
Ori|ent [*auch* o'ri̯ɛnt], der; -s (die vorder- u. mittelasiat. Länder; östl. Welt; *veraltet für* Osten; *vgl.* Okzident); der Vordere Orient; **ori|en|ta|lisch** (den Orient betreffend, östlich); orientalische Sprachen, *aber* das Orientalische Institut (in Rom)
ori|en|tie|ren; sich orientieren; auf etw. orientieren *(regional);* **Ori|en|tie|rung; Ori|en|tie|rungs|hil|fe; ori|en|tie|rungs|los; Ori|en|tie|rungs|lo|sig|keit,** die; -
ori|gi|nal (ursprünglich, echt; urschriftlich); original Lübecker Marzipan
Ori|gi|nal, das; -s, -e (Urschrift; Urtext; eigentümlicher Mensch); **Ori|gi|nal|auf|nah|me; Ori|gi|nal|fas|sung; ori|gi|nal|ge|treu; Ori|gi|na|li|tät,** die; -, -en *Plur. selten* (Echtheit; Besonderheit, wesenhafte Eigentümlichkeit); **Ori|gi|nal|text,** der; **Ori|gi|nal|ti|tel; Ori|gi|nal|ton**
ori|gi|när (grundlegend neu; eigenständig)
ori|gi|nell (in seiner Art neu, schöpferisch; *ugs. auch für* komisch)
Ori|on, der; -[s] (ein Sternbild)
Or|kan, der; -[e]s, -e (stärkster Sturm); **Or|kan|bö, Or|kan|böe** (Sturm, der kurzzeitig Orkanstärke erreicht)
Or|na|ment, das; -[e]s, -e (Verzierung; Verzierungsmotiv); **or|na|men|tal** (schmückend, zierend)
Or|nat, der, *auch* das; -[e]s, -e (feierl. Amtstracht)
Or|phe|um, das; -s, ...een (Konzertsaal)
[1]**Ort,** der; -[e]s, *Plur.* -e, *bes. Seemannsspr. u. Math.* Örter (Ortschaft; Stelle); am angeführten *od.* angegebenen Ort (*Abk.* a. a. O.); allerorten, allerorts
[2]**Ort,** der *od.* das; -[e]s, -e (*schweiz. früher für* Bundesglied, Kanton); die 13 Alten Orte
Ört|chen; das stille Örtchen

or|ten (die Position ermitteln)
or|tho|dox (recht-, strenggläubig); **Or|tho|do|xie**, die; -, ...ien
Or|tho|gra|fie, **Or|tho|gra|phie**, die; -, ...ien (Rechtschreibung); **or|tho|gra|fisch**, **or|tho|gra|phisch** (rechtschreiblich)
Or|tho|pä|de, der; -n, -n; **Or|tho|pä|die**, die; - (Lehre u. Behandlung von Fehlbildungen u. Erkrankungen der Bewegungsorgane); **Or|tho|pä|din; or|tho|pä|disch**
ört|lich
Orts|an|ga|be; orts|an|säs|sig; Orts|bei|rat; Ort|schaft; Orts|ge|spräch; Orts|grup|pe; Orts|kern; orts|kun|dig; Orts|na|me; Orts|netz *(Telefonwesen);* **Orts|teil**, der; **Orts|ter|min** *(Amtsspr., Rechtsspr.);* **orts|üb|lich; Orts|ver|band; Orts|ver|ein; Orts|wech|sel; Orts|zeit**
Os|car, der; -[s], -s (volkstüml. Name der Statuette, die als Academy Award [amerik. Filmpreis] verliehen wird)
os|car|no|mi|niert; oscarnominierte Filme
Öse, die; -, -n
os|ma|nisch; osmanische Literatur, *aber* das Osmanische Reich (das türk. Reich bis 1922)
1**Os|si**, der; -s, -s (*ugs. für* Ostdeutscher); 2**Os|si**, die; -, -s
Ost (Himmelsrichtung; *Abk.* O); Ost und West; *fachspr.* der Wind kommt aus Ost; Autobahnausfahrt Saarbrücken-Ost *od.* Saarbrücken Ost; *vgl.* Osten
ost|asi|a|tisch; Ost|block, der; -[e]s (*früher für* Gesamtheit der Staaten des Warschauer Pakts); **ost|deutsch**
os|ten (*Bauw.* nach Osten [aus]richten)
Os|ten, der; -s (Himmelsrichtung; *Abk.* O); der Ferne, Nahe, Mittlere Osten; *vgl.* Ost
Os|teo|po|ro|se, die; -, -n (*Med.* Knochenschwund)
Os|ter|ei; Os|ter|fe|ri|en *Plur.;* **Os|ter|ha|se; ös|ter|lich; Os|ter|mon|tag**
Os|tern, das; -, -; zu Ostern *(bes. nordd. u. österr.)* an Ostern; Ostern fällt früh; *landschaftlich auch Plural:* die *od.* diese Ostern fallen früh; fröhliche, frohe Ostern!
Ös|ter|rei|cher; Ös|ter|rei|che|rin; ös|ter|rei|chisch; *aber* die Österreichischen Bundesbahnen (*Abk.* ÖBB); **ös|ter|reich|weit**
Os|ter|son|tag
Ost|er|wei|te|rung; Ost|eu|ro|pä|er; ost|eu|ro|pä|isch; osteuropäische Zeit (*Abk.* OEZ); **ost|frie|sisch;** *aber* die Ostfriesischen Inseln; **Ost|küs|te; öst|lich;** östlich des Waldes; **Ost|po|li|tik**
Ös|t|ro|gen, das; -s, -e (*Med.* w. Geschlechtshormon)
Ost|see|in|sel; Ost|teil, der; **ost|wärts**
OSZE, die; - = **O**rganisation für **S**icherheit und **Z**usammenarbeit in **E**uropa
1**Ot|ter**, der; -s, - (eine Marderart)
2**Ot|ter**, die; -, -n (eine Schlange)
out [aʊ̯t] (*österr., schweiz., sonst veraltet für* aus, außerhalb des Spielfeldes; *ugs. für* unzeitgemäß); **Out**, das; -[s], -[s]
ou|ten ['aʊ̯tn̩]; jmdn. outen (jmds. Homosexualität o. Ä. [ohne dessen Zustimmung] öffentlich bekannt machen); sie hat sich geoutet
Out|fit ['aʊ̯t...], das; -s, -s (Kleidung; Ausrüstung)
Out|put ['aʊ̯t...], der, *auch* das; -s, -s (*Wirtsch.* Produktion[smenge]; *EDV* Arbeitsergebnisse einer Rechenanlage)
Out|si|der ['aʊ̯tsaɪ̯...], der; -s, - (Außenseiter); **Out|si|de|rin**
out|sour|cen ['aʊ̯tsɔːɐ̯sn̩] (*Wirtsch.* ausgliedern, nach außen verlegen, fremdvergeben); ich source out; du, er, ihr sourct out; der Vertrieb wird outgesourct; outzusourcen; **Out|sour|cing** [...sɪŋ], das; -s (*Wirtsch.* Übergabe von bestimmten Firmenbereichen an spezialisierte Dienstleistungsunternehmen)
Ou|ver|tü|re [u...], die; -, -n (instrumentales Eröffnungsstück)
oval (eirund, länglich rund); **Oval**, das; -s, -e
Ova|ti|on, die; -, -en (begeisterter Beifall)
Ove|r|all ['oːvərɔːl, *auch* ...ral], der; -s, -s (einteiliger [Schutz]anzug)

Over|head|pro|jek|tor ['ɔʊ̯vəhɛt...] (Projektor, der transparente Vorlagen auf eine Fläche projiziert)

Ọxer, der; -s, - (*Pferdesport* Hindernis beim Springreiten)

Oxid, Oxyd, das; -[e]s, -e (Sauerstoffverbindung); **Oxi|da|ti|on**, Oxy|da|ti|on, die; -, -en; **oxi|die|ren**, oxy|die|ren (*Chemie* sich mit Sauerstoff verbinden; bewirken, dass sich eine Substanz mit Sauerstoff verbindet)

Oze|an, der; -s, -e (Weltmeer); der große (endlose) Ozean, *aber* der Große (Pazifische) Ozean; **Oze|an|damp|fer**

Ozon, der *od. (fachspr. nur:)* das; -s (besondere Form des Sauerstoffs); **Ozon|loch** (Zerstörung der Ozonschicht in der Stratosphäre); **Ozon|schicht,** die; - *(Meteorol.)*

P p

P (Buchstabe); das P; des P, die P, *aber* das p in hupen; der Buchstabe P, p

Paar, das; -[e]s, -e (zwei zusammengehörende Personen oder Dinge); ein glückliches Paar; ein Paar Schuhe, ein Paar Strümpfe; ein Paar neue, *selten* neuer Schuhe; mit einem Paar Schuhe[n]

[1]**paar;** es hatten sich viele angemeldet, aber es kamen nur ein paar (nur wenige); ein paar (einige) Leute; für ein paar Euro; ein paar Dutzend *od.* dutzend Mal[e]; diese paar Mal[e]; ein paar Male; ein paarmal *od. (bei besonderer Betonung)* ein paar Mal

[2]**paar** (*Biol. selten für* paarig); paare Blätter

paa|ren; sich paaren

Paar|hu|fer *(Zool.);* **paa|rig** (paarweise vorhanden)

Paar|lauf *(Sport)*

paar|mal; ein paarmal *od. (bei besonderer Betonung)* paar Mal; *vgl.* paar *u.* Mal

Paa|rung; paar|wei|se

Pace [pe͜ɪs], die; - (Gangart des Pferdes; Renntempo)

Pạcht, die; -, -en; **pạch|ten; Pạ̈ch|ter; Pạ̈ch|te|rin; Pạcht|land,** das; -[e]s; **Pạcht|ver|trag**

[1]**Pạck,** der; -[e]s, *Plur.* -e *u.* -s (Gepacktes)

[2]**Pạck,** das; -[e]s (*abwertend für* Gesindel, Pöbel)

Pa|ckage ['pɛkɪtʃ], das; -s, -s (Paket)

Pạ̈ck|chen; Pạck|eis ([übereinandergeschobenes] Scholleneis); **pa|cken;** sich packen (*ugs. für* sich fortscheren); **Pa|cken,** der; -s, -; **pa|ckend;** ein packender Film; **Pa|cker; Pa|cke|rin; Pa|ckung** (*ugs. auch für* hohe Niederlage im Sport)

Pad [pɛd], das; -s, -s (*kurz für* Mauspad)

Pä|d|a|go|ge, der; -n, -n (Erzieher; Lehrer; Erziehungswissenschaftler); **Pä|d|a|go|gik,** die; -, -en (Erziehungslehre, -wissenschaft); **Pä|d|a|go|gin; pä|d|a|go|gisch** (erzieherisch); pädagogische Fähigkeit; [eine] pädagogische Hochschule, *aber* die Pädagogische Hochschule (*Abk.* PH) Heidelberg

Pạd|del, das; -s, -; **Pạd|del|boot**

pạd|deln; ich padd[e]le

pä|do|phil *(Med., Psychol.);* **Pä|do|phi|lie,** die; - (*Med., Psychol.* auf Kinder gerichteter Sexualtrieb Erwachsener)

Pa|d|re, der; -, ...dri *u.* -s (ital. od. span. Ordenspriester)

pạf|fen (*ugs. für* rauchen)

Pa|ge [...ʒə], der; -n, -n (livrierter junger [Hotel]diener; *früher* Edelknabe)

Pa|go|de, die; -, -n (Tempel in Ostasien)

Pail|let|te [pa'jɛ...], die; -, -n (glitzerndes Metallblättchen zum Aufnähen)

Pa|ket, das; -[e]s, -e; **Pa|ket|kar|te**

Pạkt, der; -[e]s, -e (Vertrag; Bündnis)

pak|tie|ren (einen Vertrag schließen; gemeinsame Sache machen)

Pa|lais [...'lɛː], das; - [pa'lɛː(s)], - [pa'lɛːs] (Palast, Schloss)

Pa|lä|on|to|lo|ge, der; -n, -n; **Pa|lä|on|to|lo|gie,** die; - (Lehre vom Leben vergangener Erdperioden); **Pa|lä|on|to|lo|gin**

Pa|last, der; -[e]s, Paläste (Schloss; Prachtbau)
Pa|läs|ti|nen|ser; Pa|läs|ti|nen|se|rin
Pa|la|ver, das; -s, - (Ratsversammlung afrik. Stämme; *ugs. für* endloses Gerede u. Verhandeln); **pa|la|vern** *(ugs.);* ich palavere; sie haben palavert
Pa|laz|zo, der; -[s], ...zzi (*ital. Bez. für* Palast)
Pa|le, die; -, -n (*nordd. für* Schote, Hülse)
Pa|let|te, die; -, -n (Farbenmischbrett; genormtes Lademittel für Stückgüter; *übertr. für* bunte Mischung)
pa|let|ti; alles paletti (*ugs. für* in Ordnung)
Pa|li|sa|de, die; -, -n (aus Pfählen bestehendes Hindernis)
Pa|li|san|der, der; -s, - (bras. Edelholz)
Pal|la|di|um, das; -s, ...ien (Bild der Pallas; schützendes Heiligtum)
Pal|la|di|um, das; -s (chemisches Element, Metall; *Zeichen* Pd)
Pal|li|a|tiv|me|di|zin (lindernde Behandlung unheilbar Kranker); **Pal|li|a|tiv|ver|sor|gung**
Palm, der; -s, -e (altes Maß zum Messen von Rundhölzern); 10 Palm
Pal|me, die; -, -n
Palm|öl; Palm|sonn|tag [*auch* 'palm...]
Pam|pa, die; -, -s *meist Plur.* (baumlose Grassteppe in Südamerika)
Pam|pel|mu|se [*auch* 'pam...], die; -, -n (eine Zitrusfrucht)
Pam|ph|let, das; -[e]s, -e (Streitschrift)
pam|pig (*nordd., md. für* breiig; *ugs. für* frech, patzig)
Pa|na|de, die; -, -n (Weißbrotbrei zur Bereitung von Füllungen)
Pa|na|ma|ka|nal, **Pa|na|ma-Ka|nal,** der; -s
Pan|da, der; -s, -s (asiat. Bärenart)
Pan|de|mie, die; -, ...ien (*Med.* Epidemie größeren Ausmaßes)
Pa|nel ['pɛnl̩], das; -s, -s (repräsentative Personengruppe für die Meinungsforschung)
pan|eu|ro|pä|isch (gesamteuropäisch)
Pan|flö|te ([antike] Hirtenflöte aus aneinandergereihten Pfeifen)
pa|nie|ren (in Ei u. Semmelbröseln wenden); **Pa|nier|mehl**
Pa|nik, die; -, -en (plötzlich entstehende unkontrollierbare [Massen]angst); **Pa|nik|ma|che; Pa|nik|stim|mung**
pa|nisch (lähmend); panischer Schrecken
Pan|ne, die; -, -n (Schaden, techn. Störung; Missgeschick); **Pan|nen|dienst**
Pa|n|o|ra|ma, das; -s, ...men (Rundblick; Rundgemälde; [fotograf.] Rundbild); **Pa|n|o|ra|ma|fens|ter**
pan|schen, pant|schen (*ugs. für* mischen; verfälschen; [im Wasser] planschen, patschen); du pan[t]schst
Pan|sen, der; -s, - (Magenteil der Wiederkäuer)
Pans|flö|te *vgl.* Panflöte
Pan|ter *vgl.* Panther
Pan|the|on, das; -s, -s (antiker Tempel für alle Götter)
Pan|ther, Pan|ter, der; -s, - (*svw.* Leopard)
Pan|ti|ne, die; -, -n *meist Plur.* (*nordd. für* Holzschuh, -pantoffel)
Pan|tof|fel, der; -s, -n (Hausschuh)
¹Pan|to|mi|me, die; -, -n (Darstellung einer Szene nur mit Gebärden u. Mienenspiel)
²Pan|to|mi|me, der; -n, -n (Darsteller einer Pantomime); **Pan|to|mi|min; pan|to|mi|misch**
pant|schen *vgl.* panschen
Pan|zer (Kampffahrzeug; feste Hülle; *früher* Rüstung); **pan|zern;** ich panzere; **Pan|zer|schrank**
¹Pa|pa [*veraltend, geh.* ...'pa:], der; -s, -s (Vater)
²Pa|pa, der; -s (kirchl. Bez. des Papstes; *Abk.* P.)
Pa|pa|gei [*österr. u. schweiz. auch* 'pa...], der; *Gen.* -en *u.* -s, *Plur.* -en, *seltener* -e
Pa|pa|raz|zo, der; -s, ...zzi
Pa|per, das; -s, -s (Schriftstück; schriftl. Unterlage); **Pa|per|back** [...bɛk], das; -s, -s (kartoniertes [Taschen]buch)
Pa|pi, der; -s, -s (*Koseform von* ¹Papa)
Pa|pier, das; -s, -e; **Pa|pier|fa|b|rik; Pa|pier|geld,** das; -[e]s; **Pa|pier|korb; pa-**

pie|r|los; papierloses Büro; **Pa|pier ver|ar|bei|tend**, **pa|pier|ver|ar|bei|tend**
Papp|be|cher; Papp|de|ckel, Pap|pen|de|ckel; **Pap|pe,** die; -, -n (steifes, papierähnliches Material)
Pap|pel, die; -, -n (ein Laubbaum); **Pap|pel|al|lee**
pap|pen (*ugs. für* kleistern, kleben); der Schnee pappt
Pap|pen|de|ckel, Papp|de|ckel; **Papp|kar|ton; Papp|ma|schee, Papp|ma|ché** [...ʃeː]
[1]**Pa|p|ri|ka,** der; -s, -[s] (ein Gewürz; ein Gemüse); [2]**Pa|p|ri|ka,** der *od.* die; -, -[s]
Papst, der; -[e]s, Päpste (Oberhaupt der kath. Kirche; *auch übertr. für* anerkannte Autorität); **päpst|lich;** *aber* das Päpstliche Bibelinstitut; **Papst|na|me; Papst|wahl**
Pa|py|rus, der; -, ...ri (Papierstaude; Papyrusrolle)
Par, das; -[s], -s (*Golf* festgesetzte Anzahl von Schlägen für ein Loch)
Pa|ra, der; -s, -s (*kurz für* parachutiste = franz. Fallschirmjäger)
Pa|ra|bel, die; -, -n (Gleichnis[rede]; *Math.* Kegelschnittkurve)
Pa|ra|bol|an|ten|ne, die; -, -n (Antenne in der Form eines Parabolspiegels)
Pa|ra|de, die; -, -n (prunkvoller Aufmarsch; *Sport* Abwehrbewegung); **Pa|ra|de|bei|spiel**
Pa|ra|dies, das; -es, -e (*nur Sing.:* der Garten Eden, Himmel; *übertr. für* Ort der Seligkeit; *Archit.* Portalvorbau an mittelalterl. Kirchen); **Pa|ra|dies|ap|fel** (*landsch. für* Tomate; *auch* Zierapfel); **pa|ra|die|sisch** (himmlisch)
Pa|ra|dig|ma, das; -s, *Plur.* ...men, *auch* -ta (Beispiel, Muster); **Pa|ra|dig|men|wech|sel** (Wechsel von einer [wissenschaftlichen] Grundauffassung zur anderen)
pa|ra|dox ([scheinbar] widersinnig; *ugs. für* sonderbar); **Pa|ra|dox,** das; -es, -e (etwas, was einen Widerspruch in sich enthält); **pa|ra|do|xer|wei|se; Pa|ra|do|xie,** die; -, ...ien (Widersinnigkeit)
Pa|r|af|fin, das; -s, -e (wachsähnlicher Stoff; *meist Plur.: Chemie* gesättigter, aliphatischer Kohlenwasserstoff)
Pa|ra|glei|ter, Pa|ra|gli|der [...glaɪ̯də], der; -s, - (Gleitschirm; Gleitschirmflieger)
Pa|ra|graf, Pa|ra|graph, der; -en, -en (fortlaufend nummerierter Absatz, Abschnitt; *Zeichen* §, *Plur.* §§); §5-Schein (*Amtsspr.* Wohnberechtigungsschein)
pa|r|al|lel; [mit etwas] parallel laufen; parallel verlaufen; parallel laufende *od.* parallellaufende Geraden; zwei Systeme parallel schalten; zwei parallel geschaltete *od.* parallelgeschaltete Systeme; **Pa|r|al|le|le,** die; -, -n (Gerade, die zu einer anderen Geraden in stets gleichem Abstand verläuft; vergleichbarer Fall); vier Parallele[n]
Pa|r|al|lel|ge|sell|schaft (größere, nicht integrierte Gruppe innerhalb einer Gesellschaft); **Pa|r|al|le|li|tät,** die; - (Eigenschaft zweier paralleler Geraden); **pa|r|al|lel lau|fend, pa|r|al|lel|lau|fend; Pa|r|al|lel|li|nie; Pa|r|al|le|lo|gramm,** das; -s, -e (*Math.* Viereck mit paarweise parallelen Seiten); **Pa|r|al|lel|schal|tung** (*Elektrot.*)
Pa|ra|lym|pics [*auch* pɛrəˈlɪmpɪks] *Plur.* (*internationale Bez. für* die Weltspiele der Menschen mit Behinderung)
Pa|ra|me|ter, der; -s, - (*Math.* konstante od. unbestimmt gelassene Hilfsvariable; *Technik* die Leistungsfähigkeit einer Maschine charakterisierende Kennziffer)
pa|ra|mi|li|tä|risch (militärähnlich)
Pa|ra|noia, die; - (*Med.* geistig-seelische Funktionsstörung mit Wahnvorstellungen)
pa|ra|no|id (an Paranoia leidend)
Pa|ra|nuss; Nuss des Paranussbaumes
Pa|ra|sit, der; -en, -en (Schmarotzer[pflanze, -tier]); **pa|ra|si|tär** (schmarotzerhaft)
pa|rat (bereit; fertig); etwas parat haben
Pär|chen
Par|cours [...ˈkuːɐ̯], der; -, - (*Reitsport* Hindernisbahn für Springturniere; *Sport schweiz.* Renn-, Laufstrecke)
Par|don [...ˈdõː, *österr. auch* ...ˈdoːn], der, *auch* das; -s (*veraltend für* Verzeihung;

Nachsicht); Pardon geben; um Pardon bitten; Pardon! (*landsch. für* Verzeihung!)

Par|fum [...'fœ̃:], das; -s, -s, **Par|füm**, das; -s, *Plur.* -e *u.* -s (wohlriechender Duft); **Par|fü|me|rie**, die; -, ...ien (Geschäft; Betrieb zur Herstellung von Parfüm)

Par|fum|fla|sche, Par|füm|fla|sche; par|fü|mie|ren; sich parfümieren

[1]**pa|rie|ren** ([einen Hieb] abwehren; *Reiten* [ein Pferd] in eine andere Gangart od. zum Stehen bringen; *Kochkunst* [Fleisch] von Sehnen, Haut, Fett befreien)

[2]**pa|rie|ren** (gehorchen)

[1]**Pa|ri|ser;** Pariser Verträge (von 1954)

[2]**Pa|ri|ser,** der; -s, - (*ugs. für* Einwohner von *vgl.* Paris; *ugs. für* Präservativ)

Pa|ri|tät, die; -, -en (Gleichstellung, -berechtigung; *Wirtsch.* Austauschverhältnis zwischen zwei od. mehreren Währungen)

pa|ri|tä|tisch (gleichgestellt, -berechtigt); paritätisch getragene Kosten; *aber* Deutscher Paritätischer Wohlfahrtsverband

Park, der; -[e]s, *Plur.* -s, *seltener* -e, *schweiz.* Pärke (großer Landschaftsgarten; Depot, z. B. Wagenpark)

Par|ka, der; -s, -s *od.* die; -, -s (knielanger, warmer Anorak mit Kapuze)

Park|an|la|ge; Park|bank *Plur.* ...bänke

par|ken (ein Kraftfahrzeug abstellen)

Par|kett, das; -[e]s, *Plur.* -e *u.* -s (im Theater meist vorderer Raum zu ebener Erde; getäfelter Fußboden); **Par|kett|bo|den**

Par|kett|han|del *(Börsenw.)*

Park|haus

Par|kin|son (*kurz für* Parkinsonkrankheit)

Park|platz; Park|uhr; Park|ver|bot

Par|la|ment, das; -[e]s, -e (gewählte Volksvertretung); **Par|la|men|ta|ri|er,** der; -s, - (Abgeordneter, Mitglied des Parlamentes); **Par|la|men|ta|ri|e|rin; par|la|men|ta|risch** (das Parlament betreffend); die parlamentarische Anfrage; *aber* der Parlamentarische Rat (Versammlung, die 1948/49 das Grundgesetz ausarbeitete)

Par|la|ments|be|schluss; Par|la|ments|ge|bäu|de; Par|la|ments|mit|glied; Par|la|ments|prä|si|dent; Par|la|ments|prä|si|den|tin; Par|la|ments|sitz; Par|la|ments|wahl *meist Plur.*

Par|me|san, der; -[s] (*kurz für* Parmesankäse)

Pa|r|o|die, die; -, ...ien (komische Umbildung ernster Dichtung; scherzh. Nachahmung); **pa|r|o|die|ren** (auf scherzhafte Weise nachahmen); **pa|r|o|dis|tisch**

Pa|ro|le, die; -, -n (Kennwort; Losung; *auch für* Leit-, Wahlspruch)

Pa|ro|li; *nur in* Paroli bieten (Widerstand entgegensetzen)

Part, der; -s, *Plur.* -s, *selten* -e (Anteil; Stimme eines Musikstücks)

Par|tei, die; -, -en; **Par|tei|ba|sis; Par|tei|buch; Par|tei|chef; Par|tei|che|fin; Par|tei|en|ge|setz; Par|tei|füh|rung; Par|tei|gän|ger; Par|tei|gän|ge|rin; par|tei|in|tern; par|tei|isch** (nicht neutral, nicht objektiv; der einen od. der anderen Seite zugeneigt); **par|tei|los; Par|tei|mit|glied; Par|tei|nah|me,** die; -, -n; **Par|tei|po|li|tik; par|tei|po|li|tisch;** parteipolitisch neutral sein; **Par|tei|pro|gramm; Par|tei|spit|ze; Par|tei|tag; par|tei|über|grei|fend; Par|tei|vor|sitz; Par|tei|vor|stand**

par|terre [...'tɛr] (zu ebener Erde; *Abk.* part.); parterre wohnen

Par|ter|re [...'tɛr(ə)], das; -s, -s (Erdgeschoss [*Abk.* Part.]; Saalplatz im Theater; Plätze hinter dem Parkett); **Par|ter|re|woh|nung**

Par|tie, die; -, ...ien (Teil, Abschnitt; Bühnenrolle; *Kaufmannsspr.* Posten, größere Menge einer Ware; *Sport* Durchgang, Spiel; *veraltend für* Ausflug); eine gute Partie machen (reich heiraten)

par|ti|ell (teilweise [vorhanden]); partielle Sonnenfinsternis

[1]**Par|ti|kel** [*auch* ...'tɪ...], die; -, -n (*kath. Kirche* Teilchen der Hostie, Kreuzreliquie; *Sprachwiss.* unflektierbares Wort, z. B. Präposition)

[2]**Par|ti|kel,** das; -s, -, *auch* die; -, -n (*Physik* Elementarteilchen)

Par|ti|kel|fil|ter *(Kfz-Technik)*

P

par|ti|ku|lar, par|ti|ku|lär (einen Teil betreffend, einzeln)
Par|ti|san, der; *Gen.* -s *u.* -en, *Plur.* -en (bewaffneter Widerstandskämpfer); **Par|ti|sa|nen|krieg; Par|ti|sa|nin**
Par|ti|ti|on, die; -, -en (*geh. für* Teilung, Einteilung; *Logik* Zerlegung des Begriffsinhaltes in seine Teile od. Merkmale)
Par|ti|tur, die; -, -en (Zusammenstellung aller zu einem Musikstück gehörenden Stimmen)
Par|ti|zip, das; -s, -ien (*Sprachwiss.* Mittelwort); Partizip I (Partizip Präsens, Mittelwort der Gegenwart, z. B. »sehend«); Partizip II (Partizip Perfekt, Mittelwort der Vergangenheit, z. B. »gesehen«)
Par|ti|zi|pa|ti|on, die; -, -en (das Teilhaben)
par|ti|zi|pie|ren (Anteil haben, teilnehmen)
Part|ner, der; -s, - (Gefährte; Teilhaber; Teilnehmer; Mitspieler); **Part|ne|rin; Part|ner|schaft; part|ner|schaft|lich; Part|ner|stadt; Part|ner|su|che**
par|tout [...'tu:] (*ugs. für* durchaus; um jeden Preis)
Par|ty [...ti], die; -, -s (zwangloses Fest)
Par|ty|ser|vice, der, *österr. auch* das (Unternehmen, das Speisen u. Getränke für Festlichkeiten ins Haus liefert)
Par|zel|le, die; -, -n (vermessenes Stück Land, Baustelle)
Pas [pa], der; -, - ([Tanz]schritt)
Pas|cal, das; -s, - (Einheit des Drucks; *Zeichen* Pa)
Pasch, der; -[e]s, *Plur.* -e *u.* Päsche (Wurf mit gleicher Augenzahl auf mehreren Würfeln; *Domino* Stein mit Doppelzahl)
[1]**Pas|cha** ['pasça] *vgl.* Passah
[2]**Pa|scha,** der; -s, -s (früherer oriental. Titel; *ugs. für* rücksichtsloser Mann, der sich [von Frauen] bedienen lässt)
Pass, der; -es, Pässe (Bergübergang; Ausweis [für Reisende]; gezielte Ballabgabe beim Fußball)
pas|sa|bel (annehmbar; leidlich); eine passa|b|le Note
Pas|sa|ge [...ʒə], die; -, -n (Durchfahrt, -gang; Überfahrt mit Schiff od. Flugzeug; *Musik* schnelle Tonfolge; fortlaufender Teil einer Rede od. eines Textes)
Pas|sa|gier, der; -s, -e (Schiffsreisender, Fahrgast, Fluggast); **Pas|sa|gier|flug|zeug; Pas|sa|gie|rin**
Pas|sah, [1]Pas|cha ['pasça], das; -[s] (jüd. Fest zum Gedenken an den Auszug aus Ägypten; das beim Passahmahl gegessene Lamm); *vgl. auch* Pessach
Pas|sant, der; -en, -en (Fußgänger; Vorübergehender); **Pas|san|tin**
Pas|sat, der; -[e]s, -e (Tropenwind)
pas|sé (*ugs. für* vorbei, abgetan); das ist passé
pas|sen ([auf ein Spiel] verzichten; *bes. Fußball* den Ball zuspielen); du passt; gepasst; passe! *u.* pass!; das passt sich nicht *(ugs.)*
pas|send; etwas Passendes
Passe|par|tout [paspar'tu:], das, *schweiz.* der; -s, -s (Umrahmung aus leichter Pappe für Grafiken o. Ä.; *schweiz. auch für* Dauerkarte; Hauptschlüssel)
Pass|fo|to
pas|sier|bar (überschreitbar)
pas|sie|ren (vorübergehen, -fahren; durchqueren, überqueren; geschehen; *Gastron.* durch ein Sieb drücken); **Pas|sier|schein**
Pas|si|on, die; -, -en (*nur Sing.:* Leidensgeschichte Christi; Leidenschaft); **pas|si|o|niert** (leidenschaftlich)
pas|siv [*auch* ...'si:f] (untätig; duldend); passives Wahlrecht (Recht, gewählt zu werden); **Pas|siv,** das; -s, -e *Plur. selten* (*Sprachwiss.* Leideform); **Pas|si|vi|tät,** die; -
Pass|kon|t|rol|le
Pas|sus, der; -, - (Schriftstelle, Absatz)
Pass|wort *Plur.* ...wörter (*EDV* Kennwort)
[1]**Pas|ta** *vgl.* Paste
[2]**Pas|ta,** die; - (*ital. Bez. für* Teigwaren)
Pas|te, *selten* [1]Pas|ta, die; -, ...sten (streichbare Masse; Teigmasse als Grundlage für Arzneien u. kosmetische Mittel)
Pas|tell, das; -[e]s, -e (mit Pastellfarben gemaltes Bild); **Pas|tell|far|be**

Pas|te|te, die; -, -n (Fleisch-, Fischspeise u. a. [in Teighülle])
pas|teu|ri|sie|ren; pasteurisierte Milch
Pas|til|le, die; -, -n (Kügelchen, Pille)
Pas|tor [*auch* ...ˈtoːɐ̯], der; -s, *Plur.* ...oren, *auch* ...ore, *landsch. auch* ...öre (ev. od. kath. Geistlicher; *Abk.* P.); **pas|to|ral** (seelsorgerisch; feierlich); **Pas|to|rin**
Pa|s|tra|mi, das, auch die; -[s] (gewürztes, gepökeltes u. geräuchertes Rindfleisch)
Patch [pɛtʃ], der; -[es], -es, *selten* das; -[s], -s (*EDV* Software zur Behebung von Programmfehlern)
Pa|te, der; -n, -n (Taufzeuge, *auch für* Patenkind); **Pa|ten|kind; Pa|ten|schaft**
pa|tent (*ugs. für* tüchtig, brauchbar)
Pa|tent, das; -[e]s, -e (Urkunde über die Berechtigung, eine Erfindung allein zu verwerten; *schweiz. auch für* amtliche Bewilligung zum Ausüben einer Tätigkeit, eines Berufes); **Pa|tent|amt; pa|tent|geschützt; pa|ten|tie|ren** (durch ein Patent schützen); **Pa|tent|recht; Pa|tent|re|zept** *(ugs.);* **Pa|tent|schutz,** der; -es
Pa|ter, der; -s, *Plur.* - *u.* Pa|t|res (kath. Ordensgeistlicher; *Abk.* P., *Plur.* PP.)
Pa|the|tik, die; - (übertriebene Feierlichkeit); **pa|the|tisch** ([übertrieben] feierlich)
Pa|tho|lo|ge, der; -n, -n *(Med.);* **Pa|tho|lo|gie,** die; -, ...ien (*nur Sing.*: allgemeine Lehre von den Krankheiten; pathologisches Institut); **Pa|tho|lo|gin; pa|tho|lo|gisch** (die Pathologie betreffend; krankhaft)
Pa|thos, das; - ([übertriebene] Gefühlserregung; feierliche Ergriffenheit)
Pa|ti|ent, der; -en, -en (vom Arzt behandelte od. betreute Person); **Pa|ti|en|ten|ver|fü|gung; Pa|ti|en|tin**
Pa|tin; *zu* Pate
Pa|ti|na, die; - (ein grünlicher Überzug auf Kupfer; Edelrost)
Pa|t|ri|arch, der; -en, -en (Stammvater im A. T.; Ehren-, Amtstitel einiger Bischöfe; Titel hoher orthodoxer Geistlicher); **pa|t|ri|ar|cha|lisch** (ehrwürdig; väterlich-bestimmend; männlich-autoritativ); **Pa|t|ri|ar|chat,** das, *in der Theol. auch* der; -[e]s, -e (Amtsbereich eines Patriarchen; Vaterherrschaft, -recht); **Pa|t|ri|ar|chin**
[1]**Pa|t|ri|ot,** der; -en, -en (jmd., der für sein Vaterland eintritt)
[2]**Pa|t|ri|ot** [ˈpɛtriət], die; -, -s (eine amerik. Flugabwehrrakete)
Pa|t|ri|o|tin; pa|t|ri|o|tisch; Pa|t|ri|o|tis|mus, der; -
Pa|t|ri|zi|er (Angehöriger des Patriziats); **Pa|t|ri|zi|e|rin**
[1]**Pa|t|ron,** der; -s, -e (Schutzherr, -heiliger; Stifter einer Kirche; *ugs. für* übler Kerl)
[2]**Pa|t|ron** [paˈtrõː], der; -s, -s (*schweiz. für* Betriebsinhaber)
Pa|t|ro|ne, die; -, -n (Geschoss u. Treibladung enthaltende [Metall]hülse; Behälter [z. B. für Tinte]); **Pa|t|ro|nen|hül|se**
Pa|t|ro|nin (Schutzherrin, Schutzheilige)
Pa|t|rouil|le [...ˈtrʊljə, *österr.* ...ˈtruːjə], die; -, -n (Spähtrupp; Kontrollgang)
pa|t|rouil|lie|ren [...trʊlˈjiː..., *auch, österr. nur,* ...truˈjiː...] (auf Patrouille gehen; [als Posten] auf u. ab gehen)
[1]**Patsch,** der; -[e]s, -e (klatschendes Geräusch)
[2]**Patsch,** der; -en, -en (*österr. ugs. für* Tollpatsch)
pat|schen *(ugs.);* du patschst
patsch|nass (*ugs. für* klatschnass)
patt (*Schach* nicht mehr in der Lage, einen Zug zu machen, ohne seinen König ins Schach zu bringen); patt sein; den Gegner patt setzen *od.* pattsetzen
Patt, das; -s, -s (*auch für* Situation, in der keine Partei einen Vorteil erringen kann)
Pat|tern [ˈpɛ...], das; -s, -s (*Psychol.* [Verhaltens]muster, [Denk]schema)
pat|zen (*ugs. für* kleinere Fehler machen; *bayr., österr. für* klecksen); du patzt
Pat|zen, der; -s, - (*bayr. u. österr. für* Klecks, Klumpen)
Pat|zer (*ugs. für* jmd., der patzt; Fehler)
pat|zig (*ugs. für* frech, grob; *südd. auch für* klebrig, breiig)

Pau|ke, die; -, -n; auf die Pauke hauen (*ugs. für* ausgelassen sein); **pau|ken** (die Pauke schlagen; *ugs. für* angestrengt lernen); **Pau|ken|schlag; Pau|ker** (*Schülerspr. auch für* Lehrer); **Pau|ke|rin**

paus|ba|ckig, paus|bä|ckig

pau|schal (alles zusammen; rund); **Pau|scha|le,** die; -, -n (geschätzte Summe; Gesamtbetrag); **Pau|schal|preis; Pau|schal|rei|se; Pau|schal|ur|teil**

[1]**Pau|se,** die; -, -n (Ruhezeit; Unterbrechung); die große Pause (in der Schule, im Theater)

[2]**Pau|se,** die; -, -n (Kopie mittels Durchzeichnung); **pau|sen** (durchzeichnen); du paust; er paus|te

Pau|sen|brot (bes. für Schüler); **Pau|sen|hof; pau|sen|los**

pau|sie|ren (innehalten, zeitweilig aufhören)

Pa|vi|an, der; -s, -e (ein Affe)

Pa|vil|lon ['pavɪljõ, *österr.* pavi'jõ:], der; -s, -s (kleiner, frei stehender, meist runder Bau; Ausstellungsgebäude; Festzelt)

Pay|Pal®, **Pay|pal** ['pɛɪ̯pæl, *auch* ...pal] -s *ohne Artikel* (ein elektron. Bezahlsystem); mit, über Paypal bezahlen

pa|zi|fisch; pazifische Inseln; *aber* der Pazifische (Große, Stille) Ozean

Pa|zi|fis|mus, der; - (Ablehnung des Krieges aus religiösen od. ethischen Gründen); **Pa|zi|fist,** der; -en, -en; **Pa|zi|fis|tin; pa|zi|fis|tisch**

[1]**PC,** der; -[s], -s, *selten* - (Personal Computer)

[2]**PC** [*auch* pi:'si:], die; - (Political Correctness)

PCB, das; -[s], -[s] = **p**oly**c**hloriertes **B**iphenyl (bestimmte giftige, krebserregende chem. Verbindung)

PDA [*auch* pi:di:'ʔɛɪ̯], der; -[s], -s = Personal Digital Assistant (*svw.* Organizer)

PDF, das; -s, -s = Portable Document Format (*EDV* ein Dateiformat; in diesem Format erstellte Datei); **PDF-Da|tei**

Pea|nuts ['pi:nats] *Plur.* (*ugs. für* Kleinigkeiten; unbedeutende Geldsumme)

Pech, das; *Gen.* -s, *seltener* -es, *Plur. (Arten:)* -e (*südd. u. österr. auch für* Harz); **pech|schwarz** *(ugs.)*; **Pech|sträh|ne** *(ugs.)*

Pe|dal, das; -s, -e (Fußhebel; Teil an der Fahrradtretkurbel)

Pe|dant, der; -en, -en (ein in übertriebener Weise genauer, kleinlicher Mensch); **Pe|dan|tin; pe|dan|tisch**

Pe|di|kü|re, die; -, -n (*nur Sing.:* Fußpflege; Fußpflegerin)

Peer|group ['pi:ɐ̯gru:p], die; -, -s (*Päd.* Gruppe von gleichaltrigen Kindern od. Jugendlichen)

Pe|ga|sos, Pe|ga|sus, der; - (geflügeltes Ross der griech. Sage; Dichterross)

Pe|gel, der; -s, - (Wasserstandsmesser); **Pe|gel|stand**

pei|len (die Richtung, Entfernung, Wassertiefe bestimmen); **Pei|lung**

Pein, die; - (Schmerz, Qual); **pei|ni|gen; Pei|ni|ger; Pei|ni|ge|rin; Pei|ni|gung**

pein|lich; *(Rechtsspr. veraltet):* peinliches Recht (Strafrecht); **Pein|lich|keit**

Peit|sche, die; -, -n; **peit|schen;** du peitschst; **Peit|schen|hieb**

pe|ku|ni|är (geldlich; in Geld bestehend)

Pe|li|kan [*auch* ...'ka:n], der; -s, -e (ein Vogel)

Pel|le, die; -, -n (*landsch. für* Haut, Schale); jmdm. auf die Pelle rücken (*ugs. für* energisch zusetzen); **pel|len** (*landsch. für* schälen); **Pell|kar|tof|fel**

Pelz, der; -es, -e; jmdm. auf den Pelz rücken (*ugs. für* jmdn. drängen); **pel|zig**

Pe|nal|ty ['pɛnl̩ti], der; -[s], -s (*Sport, bes. Eishockey* Strafstoß; *schweiz. Fußball* Elfmeter)

Pen|dant [pã'dã:], das; -s, -s (Gegenstück)

Pen|del, das; -s, - (um eine Achse od. einen Punkt frei schwingender Körper); **pen|deln;** ich pend[e]le; **Pend|ler; Pend|le|rin; Pend|ler|pau|scha|le** (steuerliche Vergünstigung für Berufspendler)

pe|ne|t|rant (durchdringend; aufdringlich)

Pe|ne|t|ranz, die; -, -en (Aufdringlichkeit)

pe|ni|bel (sehr genau, fast kleinlich; *landsch. für* peinlich); ...i|b|le Lage

Pe|ni|cil|lin *vgl.* Penizillin

Pe|nis, der; -, *Plur.* -se *u.* Penes (m. Glied)

Pe|ni|zil|lin, *fachspr. u. österr.* Pe|ni|cil|lin, das; -s, -e (*Med.* ein Antibiotikum)
Pen|ne, die; -, -n (*ugs. für* behelfsmäßiges Nachtquartier); **pen|nen** (*ugs. für* schlafen)
Pen|ner (*ugs. für* Stadt-, Landstreicher; *auch*: Schimpfwort); **Pen|ne|rin**
Pen|ny [...ni], der; -s, *Plur.* (*für* einige Stücke:) Pennys *u.* (*bei* Wertangabe:) Pence [pɛns] (engl. Münze; Untereinheit des brit. Pfunds; *Abk.* p, *früher* d [= denarius])
Pen|si|on [pã..., *bes. südd., österr., schweiz.* pɛn...], die; -, -en (Ruhestand *[nur Sing.]*; Ruhegehalt für Beamte u. Beamtinnen; kleineres Hotel); **Pen|si|o|när,** der; -s, -e (Ruheständler; *bes. schweiz. für* Kostgänger, Gast einer Pension); **Pen|si|o|nä|rin; pen|si|o|nie|ren** (in den Ruhestand versetzen); **pen|si|o|niert; Pen|si|o|nie|rung; Pen|si|o|nist** [pɛn...], der; -en, -en (*österr. für* Ruheständler); **Pen|si|o|nis|tin**
Pen|sum, das; -s, *Plur.* ...sen *u.* ...sa (zugeteilte Arbeit; Lehrstoff)
[1]**Pen|ta|gon,** das; -s, -e (Fünfeck)
[2]**Pen|ta|gon,** das; -s (amerik. Verteidigungsministerium)
Pen|ti|um®, der; -[s], -s (besonders schneller Mikroprozessor)
Pep, der; -[s] (Elan, Schwung)
Peperone, der; -, ...ni, *häufiger* **Pe|pe|ro|ni,** die; -, - *meist Plur.* (scharfe, kleine [in Essig eingemachte] Paprikaschote)
per (durch, mit, gegen, für); per Gesetz; per Post
Per|cus|sion [pəˈkaʃn̩], die; -, -s (Gruppe von Schlaginstrumenten); *vgl. auch* Perkussion
per|fekt (vollkommen; abgemacht); einen Vertrag, eine Vereinbarung perfekt machen
Per|fekt, das; -s, -e *Plur. selten* (*Sprachwiss.* vollendete Gegenwart)
Per|fek|ti|on, die; - (Vollendung, Vollkommenheit); **per|fek|ti|o|nie|ren**
Per|fek|ti|o|nis|mus, der; - (übertriebenes Streben nach Vervollkommnung); **per|fek|ti|o|nis|tisch**
per|fid *österr. nur so,* **per|fi|de** (niederträchtig, gemein)
Per|fo|ra|ti|on, die; -, -en (Lochung; Reiß-, Trennlinie; Zähnung [bei Briefmarken]); **per|fo|rie|ren**
Per|for|mance [pœːɐ̯ˈfɔːɐ̯məns], die; -, -s [...sɪs] (einem Happening ähnliche künstlerische Aktion; *Finanzw.* Wertentwicklung einer Kapitalanlage; *EDV* Leistungsstärke eines Rechners); **per|for|men** [pœːɐ̯ˈfɔːɐ̯...] (darbieten, vorführen; *Finanzw.* sich wertmäßig entwickeln); **Per|for|mer** [...ˈfɔː..., *auch* ...ˈfɔr...], der; -s, - (Künstler, der Performances zeigt); **Per|for|me|rin**
Per|ga|ment, das; -[e]s, -e (bearbeitete Tierhaut; alte Handschrift)
Pe|ri|o|de, die; -, -n (Zeit[abschnitt]; Menstruation; unendlicher Dezimalbruch)
Pe|ri|o|den|sys|tem (*Chemie*)
pe|ri|o|disch (regelmäßig auftretend, wiederkehrend); in periodischen Abständen
pe|ri|pher (am Rande befindlich, Rand...)
Pe|ri|phe|rie, die; -, ...ien ([Kreis]umfang; Umkreis; Stadtrand, Randgebiet)
Per|kus|si|on, die; -, -en (Zündung durch Stoß od. Schlag; ärztl. Organuntersuchung durch Beklopfen der Körperoberfläche; Anschlagvorrichtung beim Harmonium); *vgl. auch* Percussion
Per|le, die; -, -n
[1]**per|len** (tropfen; Bläschen bilden)
[2]**per|len** (aus Perlen); **Per|len|ket|te**
Perl|mutt [*auch* ...ˈmʊt], das; -s, **Perl|mutter** [*auch* ...ˈmʊt...], die; - *od.* das; -s (glänzende Innenschicht von Perlmuschel- u. Seeschneckenschalen)
Per|lon®, das; -s (eine synthet. Textilfaser)
per|ma|nent (dauernd, ununterbrochen, ständig); **Per|ma|nenz,** die; - (Dauer[haftigkeit]); in Permanenz (dauernd, ständig)
per|plex (*ugs. für* verwirrt, bestürzt)
Per|ser|tep|pich; per|sisch; persischer Teppich; *aber* der Persische Golf
Per|son, die; -, -en (Mensch; Wesen); *vgl.* in persona; **per|so|nal** (persönlich; Persönlichkeits...); im personalen Bereich

P

Per|so|nal, das; -s (Belegschaft, alle Angestellten [eines Betriebes]); **Per|so|nal|ab|tei|lung; Per|so|nal|auf|wand; Per|so|nal|aus|weis; Per|so|nal|be|ra|tung**

Per|so|nal Com|pu|ter ['pœ:ɐ̯sənɛl kɔm'pju:tɐ], der; - -s, - - (*Abk.* PC)

Per|so|na|lie, die; -, -n ([allgemeine] Information, Einzelheit zu einer Person; *nur Plur.:* Ausweispapiere; [bes. behördliche] Angaben über Lebenslauf u. Verhältnisse eines Menschen; Mitteilungen zu Einzelpersonen einer Firma); **Per|so|na|li|en**

Per|so|nal|kos|ten *Plur.;* **Per|so|nal|man|gel; Per|so|nal|po|li|tik; Per|so|nal|pro|no|men** (*Sprachwiss.* persönliches Fürwort, z. B. »er, wir«)

Per|so|nal|rat *Plur.* ...räte; **Per|so|nal|schlüs|sel** (Schema zur Personalaufteilung); **Per|so|nal|we|sen**

per|so|nell (das Personal betreffend)

per|so|nen|be|zo|gen; personenbezogene Daten; **Per|so|nen|ge|sell|schaft** *(Wirtsch.);* **Per|so|nen|kreis; Per|so|nen|nah|ver|kehr;** öffentlicher Personennahverkehr (*Abk.* ÖPNV); **Per|so|nen|zug**

per|sön|lich (in [eigener] Person; eigen; selbst); persönliches Fürwort (*für* Personalpronomen); **Per|sön|lich|keit; Per|sön|lich|keits|recht; Per|sön|lich|keits|stö|rung**

P

Per|s|pek|tiv, das; -s, -e (kleines Fernrohr)

Per|s|pek|ti|ve, die; -, -n (Darstellung von Raumverhältnissen in der ebenen Fläche; Blickwinkel; Aussicht [für die Zukunft]); **per|s|pek|ti|visch** (die Perspektive betreffend); perspektivische Verkürzung

Pe|rü|cke, die; -, -n

per|vers (abartig, widernatürlich); **Per|ver|si|on,** die; -, -en; **Per|ver|si|tät,** die; -, -en

pe|sen (*ugs. für* eilen, rennen); du pest; er/sie pes|te

Pe|so, der; -[s], -[s] (Währungseinheit in Mittel- u. Südamerika u. auf den Philippinen)

Pes|sach, das; -s (*vgl.* Passah)

Pes|si|mis|mus, der; - (seelische Gedrücktheit; Schwarzseherei; *Ggs.* Optimismus)

Pes|si|mist, der; -en, -en; **Pes|si|mis|tin; pes|si|mis|tisch**

Pest, die; - (eine Seuche); **Pest|beu|le**

Pes|ti|zid, das; -s, -e (Schädlingsbekämpfungsmittel)

Pe|ter|si|lie, die; -, -n (ein Küchenkraut)

Pe|ti|ti|on, die; -, -en (Gesuch)

Pe|t|ri *vgl.* Petrus

Pe|t|ro|le|um, das; -s (*auch veraltet für* Erdöl)

Pe|t|rus (Apostel); Petri Heil! (Anglergruß); Petri Kettenfeier (kath. Fest)

Pet|ting, das; -[s], -s (sexuelles Liebesspiel ohne eigentlichen Geschlechtsverkehr)

pet|zen (*Schülerspr. abwertend für* jmdn. verraten); du petzt

Pfad, der; -[e]s, -e; **Pfad|fin|der; Pfad|fin|de|rin**

Pfahl, der; -[e]s, Pfähle; **Pfahl|bau** *Plur.* ...bauten

Pfalz, die; -, -en ([kaiserl.] Palast; Hofburg für kaiserl. Hofgericht; Gebiet, auch Burg des Pfalzgrafen)

Pfand, das; -[e]s, Pfänder; **Pfand|brief** *(Bankw.);* **pfän|den; Pfand|fla|sche; Pfand|geld; Pfand|pflicht; Pfän|dung**

Pfan|ne, die; -, -n; jmdn. in die Pfanne hauen (*ugs. für* jmdn. zurechtweisen, erledigen, ausschalten); **Pfann|ku|chen**

Pfarr|amt; Pfar|rei; Pfar|rer; Pfar|re|rin; Pfarr|ge|mein|de *(kath. Kirche);* **Pfarr|haus; Pfarr|heim; Pfarr|kir|che**

Pfau, der; -[e]s, -e[n], *österr. auch* der; -en, -en (ein Vogel); **Pfau|en|fe|der**

Pfef|fer, der; -s, *Plur. (Sorten:)* - (eine Pflanze; Gewürz); weißer, schwarzer Pfeffer; **Pfef|fer|minz** [*auch* ...'mɪn...], das; -es, -e (Bonbon, Plätzchen mit Pfefferminzgeschmack); **Pfef|fer|min|ze** [*auch* ...'mɪn...] (eine Heil- u. Gewürzpflanze); **Pfef|fer|müh|le; pfef|fern;** ich pfeffere

Pfei|fe, die; -, -n (*ugs. auch für* ängstlicher Mensch; Versager); **pfei|fen;** du pfiffst; du pfiffest; gepfiffen; pfeif[e]!; auf etwas pfeifen (*ugs. für* an etwas nicht interessiert sein); **Pfei|fer; Pfei|fe|rin**

Pfeil, der; -[e]s, -e
Pfei|ler, der; -s, -
pfeil|ge|ra|de; pfeil|schnell
Pfen|nig, der; -s, -e (Untereinheit der Mark; *Abk.* Pf.); 6 Pfennig
Pferch, der; -[e]s, -e (eingezäunte Fläche)
Pferd, das; -[e]s, -e; zu Pferde; **Pfer|de|ge|biss** *(ugs.)*; **Pfer|de|ren|nen; Pfer|de|schwanz** (*auch für* eine Frisur); **Pfer|de|sport; Pfer|de|stär|ke** (frühere techn. Maßeinheit; *Abk.* PS; *vgl.* HP)
pfiff *vgl.* pfeifen; **Pfiff,** der; -[e]s, -e
Pfif|fer|ling (ein Pilz); keinen Pfifferling wert sein *(ugs.)*
pfif|fig; Pfif|fi|kus, der; -[ses], -se (*ugs. für* schlauer Mensch)
Pfings|ten, das; -, -; **Pfingst|fest; Pfingst|mon|tag; Pfingst|ro|se** (Päonie); **Pfingst|sonn|tag**
Pfir|sich, der; -s, -e
Pfis|ter (*veraltet für* [Hof-, Kloster]bäcker)
Pflänz|chen; Pflan|ze, die; -, -n; pflanzenfressende *od.* Pflanzen fressende Tiere
pflan|zen (*österr. ugs. auch für* zum Narren halten); du pflanzt; **Pflan|zen|fres|ser; Pflan|zen|schutz|mit|tel,** das; **Pflan|zer; Pflan|ze|rin; pflanz|lich;** pflanzliche Kost; **Pflan|zung** (*auch für* Plantage)
Pflas|ter, das; -s, - (Heil- od. Schutzverband; Straßenbelag); ein teures Pflaster (*ugs. für* Stadt mit teuren Lebensverhältnissen)
pflas|tern, *landsch. u. schweiz.* **pfläs|tern;** ich pflastere, *landsch. u. schweiz.* pflästere; **Pflas|ter|stein**
Pflau|me, die; -, -n; **Pflau|men|mus**
Pfle|ge, die; -; **pfle|ge|be|dürf|tig; Pfle|ge|dienst; Pfle|ge|fall,** der; **Pfle|ge|fa|mi|lie; Pfle|ge|grad** (*früher:* Pflegestufe); **Pfle|ge|heim; Pfle|ge|kraft**
pfle|ge|leicht; pflegeleichte Kleidung
pfle|gen; du pflegtest; gepflegt; pfleg[e]!; *in der Wendung* »der Ruhe pflegen« *auch* du pflogst; du pflögest; gepflogen
Pfle|ge|per|so|nal; Pfle|ger (*auch für* Vormund); **Pfle|ge|rin; Pfle|ge|ver|si|che|rung; pfleg|lich;** sie geht mit ihren Büchern pfleglich um
Pflicht, die; -, -en; **pflicht|be|wusst; Pflicht|fach; pflicht|ge|mäß; Pflicht|lek|tü|re; Pflicht|ver|let|zung**
Pflock, der; -[e]s, Pflöcke
pflü|cken; Pflü|cker; Pflü|cke|rin
Pflug, der; -[e]s, Pflüge; **pflü|gen; Pflü|ger; Pflü|ge|rin; Pflug|schar,** die; -, -en, *landwirtschaftl. auch* das; -[e]s, -e
Pfor|te, die; -, -n; die Burgundische Pforte
Pfört|ner; Pfört|ne|rin
Pfos|ten, der; -s, -; **Pfos|ten|schuss** *(Sport)*
Pfo|te, die; -, -n
Pfropf|fen, der; -s, - (Kork, Stöpsel)
Pfrün|de, die; -, -n (Einkommen durch ein Kirchenamt; *auch scherzh. für* [fast] müheloses Einkommen)
Pfuhl, der; -[e]s, -e (große Pfütze; Sumpf)
pfui!; pfui Teufel!; **Pfui,** das; -s, -s; Pfui *od.* pfui rufen; ein verächtliches Pfui ertönte
Pfund, das; -[e]s, -e (Gewichtseinheit; *Abk.* Pfd.; *Zeichen:* ℔; Währungseinheit in Großbritannien [*Währungscode* GBP] u. anderen Staaten); 4 Pfund Butter; **pfun|dig** (*ugs. für* großartig, toll)
Pfunds|spaß, *österr. auch* **Pfunds|spass** *(ugs.)*; **pfund|wei|se**
Pfusch, der; -[e]s (Pfuscherei; *österr. auch für* Schwarzarbeit); **pfu|schen** (*ugs. für* liederlich arbeiten; *österr. u. landsch. für* schwarzarbeiten); du pfuschst
Pfu|scher; Pfu|sche|rei; Pfu|sche|rin
Pfüt|ze, die; -, -n
PH, die; -, -s = pädagogische Hochschule; *vgl.* pädagogisch
Pha|lanx, die; -, ...langen (geschlossene Schlachtreihe; *Med.* Finger-, Zehenglied)
phal|lisch (den Phallus betreffend); **Phal|lus,** der; -, *Plur.* ...lli *u.* ...llen, *auch* -se ([erigiertes] m. Glied)
Phä|no|men, das; -s, -e ([Natur]erscheinung; seltenes Ereignis; Wunder[ding]; *übertr. für* Genie); **phä|no|me|nal** (außerordentlich, außergewöhnlich, erstaunlich)
Phan|ta|sie usw. *vgl.* Fantasie usw.

P

Phan|tom, das; -s, -e (Trugbild)
Phan|tom|bild (*Kriminalistik* nach Zeugenaussagen gezeichnetes Porträt)
Pha|rao, der; -[s], ...onen (altägypt. König)
Pha|ri|sä|er (Angehöriger einer altjüd., die religiösen Gesetze streng einhaltenden Partei; *übertr. für* hochmütiger, selbstgerechter Heuchler); **pha|ri|sä|er|haft**
Phar|ma|in|dus|t|rie (Arzneimittelindustrie); **Phar|ma|kon|zern; Phar|ma|un|ter|neh|men; phar|ma|zeu|tisch**
Phar|ma|zie, die; - (Lehre von der Arzneimittelzubereitung, Arzneimittelkunde)
Pha|se, die; -, -n (Abschnitt einer [stetigen] Entwicklung, [Zu]stand; *Physik* Schwingungszustand beim Wechselstrom); **pha|sen|wei|se**
phatt [fɛt], phat (*Jugendspr.* hervorragend); der Film war richtig phatt *od.* phat; *aber nur* phatte Beats
Phi|l|an|th|rop, der; -en, -en (Menschenfreund)
Phil|har|mo|nie, die; -, ...ien (Name von musikalischen Gesellschaften, von Orchestern u. ihren Konzertsälen); **Phil|har|mo|ni|ker** [*österr. auch* 'fɪl...] (Künstler, der in einem philharmonischen Orchester spielt); **Phil|har|mo|ni|ke|rin; phil|har|mo|nisch**
Phi|lo|lo|ge, der; -n, -n (Sprach- u. Literaturforscher); **Phi|lo|lo|gie,** die; -, ...ien (Sprach- u. Literaturwissenschaft); **Phi|lo|lo|gin**
Phi|lo|soph, der; -en, -en (jmd., der sich mit Philosophie beschäftigt); **Phi|lo|so|phie,** die; -, ...ien (Streben nach Erkenntnis des Zusammenhanges der Dinge in der Welt); **phi|lo|so|phie|ren; Phi|lo|so|phin; phi|lo|so|phisch**
Phi|shing ['fɪʃɪŋ], das; -[s] (*EDV* das Erschleichen von persönlichen Daten mit gefälschten E-Mails o. Ä.); **Phi|shing|mail**, **Phi|shing-Mail** ['fɪʃɪŋmɛɪl], die; -, -s, *auch, bes. südd., österr., schweiz.:* das; -s, -s
Phleg|ma, das; -s (Ruhe, [Geistes]trägheit, Schwerfälligkeit); **Phleg|ma|ti|ker** (träger, geistig wenig regsamer Mensch); **Phleg|ma|ti|ke|rin; phleg|ma|tisch**
Pho|bie, die; -, ...ien (*Med.* krankhafte Angst)
Phon, Fon, das; -s, -s (Maßeinheit für die Lautstärke); 50 Phon *od.* Fon
Pho|ne|tik, Fo|ne|tik, die; - (Lehre von der Lautbildung); **pho|ne|tisch**, fo|ne|tisch
Phö|nix, der; -[es], -e (Vogel der altägypt. Sage, der sich im Feuer verjüngt)
Pho|no|thek, Fo|no|thek, die; -, -en (*svw.* Diskothek)
Phos|phat, das; -[e]s, -e (Salz der Phosphorsäure); **phos|phat|hal|tig**
Phos|phor, der; -s (chem. Element; *Zeichen* P); **phos|pho|res|zie|rend;** phosphoreszierende Ziffern
Phot, das; -s, - (alte Leuchtstärkeeinheit; *Zeichen* ph)
Pho|to *alte Schreibung für* Foto; **Pho|to|al|bum** *alte Schreibung für* Fotoalbum; **pho|to|gen** *vgl.* fotogen; **Pho|to|graph** usw. *vgl.* Fotograf usw.; **Pho|to|gra|phie** *vgl.* Fotografie; **pho|to|gra|phie|ren** *alte Schreibung für* fotografieren
Pho|ton, Fo|ton [*auch* fo'to:n], das; -s, ...onen (*Physik* kleinstes Energieteilchen einer elektromagnetischen Strahlung)
Pho|to|syn|the|se [*auch* 'fo:...] *vgl.* Fotosynthese
Pho|to|vol|ta|ik *vgl.* Fotovoltaik
Phra|se, die; -, -n (leere Redensart, nichtssagende Äußerung; Redewendung; *Musik* selbstständige Tonfolge); **phra|sen|haft**
pH-Wert (Maßzahl für die Konzentration der Wasserstoffionen in einer Lösung)
Phy|sik, die; - (Wissenschaft von der Struktur u. der Bewegung der unbelebten Materie); **phy|si|ka|lisch;** physikalische Gesetze; **Phy|si|ker; Phy|si|ke|rin**
Phy|si|o|g|no|mie, die; -, ...ien (äußere Erscheinung eines Lebewesens)
Phy|sio|lo|gie, die; -, -n (Lehre von den Lebensvorgängen); **phy|sio|lo|gisch** (die Physiologie betreffend)
Phy|sio|the|ra|peut (jmd., der die Physio-

P

therapie anwendet; Berufsbez.); **Phy|sio|the|ra|peu|tin; Phy|sio|the|ra|pie** (Heilbehandlung mit Wärme, Wasser, Strom usw. sowie Krankengymnastik u. Massage)

phy|sisch (natürlich; körperlich)

[1]**Pi**, das; -[s], -s (griech. Buchstabe: Π, π)

[2]**Pi**, das; -[s] (*Math.* Zahl, die das Verhältnis von Kreisumfang zu Kreisdurchmesser angibt; $\pi = 3{,}1415...$); der π-fache Durchmesser, *aber* das π-Fache

Pi|a|nist, der; -en, -en (Klavierspieler, -künstler); **Pi|a|nis|tin**

pi|a|no (*Musik* leise; *Abk.* p)

[1]**Pi|a|no**, das; -s, *Plur.* -s *u.* ...ni (leises Spielen, Singen)

[2]**Pi|a|no**, das; -s, -s (*kurz für* Pianoforte)

Pi|az|za, die; -, ...zze ([Markt]platz)

pi|cheln (*ugs. für* trinken); ich pich[e]le

[1]**Pi|ckel**, der; -s, - (Spitzhacke)

[2]**Pi|ckel**, der; -s, - (Hautpustel, Mitesser)

pi|cke|lig, pick|lig

pi|cken (*österr. ugs. auch für* kleben, haften)

Pick|nick, das; -s, *Plur.* -e *u.* -s (Essen im Freien); **pick|ni|cken**; gepicknickt; **Pick|nick|korb**

Pick-up [pɪk'ʔap, *auch* 'pɪkap], der; -s, -s (elektr. Tonabnehmer für Schallplatten; kleinerer Lieferwagen mit Pritsche)

pi|co|bel|lo (*ugs. für* tadellos)

PID = Präimplantationsdiagnostik

Pi|de, das; -[s], -[s] (Fladenbrot)

piek|fein (*ugs. für* besonders fein)

pien|sen, pien|zen (*landsch. für* jammern; quälend bitten)

pie|pe (*ugs. für* gleichgültig); das ist mir piepe *od.* piepegal; **piep|egal**

pie|pen; es ist zum Piepen (*ugs. für* es ist zum Lachen)

piep|sen; du piepst; **piep|sig** (*ugs. für* hoch u. dünn [von der Stimme]; winzig)

Pier, der; -s, *Plur.* -e *od.* -s, *Seemannsspr.* die; -, -s (Hafendamm; Landungsbrücke)

pier|cen (die Haut zur Anbringung von Körperschmuck durchstechen); du piercst; gepiercst; **Pier|cing**, das; -s, -s

pie|sa|cken (*ugs. für* quälen); gepiesackt

Pi|e|tät, die; - (Respekt, Rücksichtnahme); **pi|e|tät|voll**

piet|schen (*landsch. für* ausgiebig Alkohol trinken); du pietschst

Pig|ment, das; -[e]s, -e (Farbstoff, -körper)

[1]**Pik**, der; -s, *Plur.* -e *u.* -s (Bergspitze)

[2]**Pik**, das; -[s], -, *österr. auch* die; -, - (Spielkartenfarbe)

pi|kant (scharf [gewürzt]; schlüpfrig); pikantes Abenteuer; **pi|kan|ter|wei|se**

Pi|ke, die; -, -n (Spieß [des Landsknechts]); von der Pike auf dienen (*ugs. für* im Beruf bei der untersten Stellung anfangen)

pi|ken (*ugs. für* stechen); du pikst

pi|kiert (ein wenig beleidigt, gekränkt)

pik|sen *vgl.* piken

Pil|ger (Wallfahrer; *auch* Wanderer); **Pil|ger|fahrt; Pil|ge|rin; pil|gern**; ich pilgere

Pil|le, die; -, -n ([kugelförmiges] Arzneimittel; *nur Sing., meist mit bestimmtem Artikel: kurz für* Antibabypille)

Pil|ler, Pil|ler|mann *Plur.* ...männer (*ugs. für* Penis)

Pi|lot, der; -en, -en (Flugzeugführer; Rennfahrer; Lotsenfisch; *veraltet für* Lotse, Steuermann); **Pi|lot|film** (Testfilm für eine geplante Fernsehserie); **Pi|lot|fol|ge** *(Fernsehen);* **Pi|lo|tin; Pi|lot|pro|jekt; Pi|lot|ver|such** *vgl.* Pilotstudie

Pils, das; -, -; 3 Pils

Pilz, der; -es, -e; **Pilz|ver|gif|tung**

Pin, der; -s, -s (*fachspr. für* [Verbindungs]stift; Kegel beim Bowling)

PIN, die; -, -s = **p**ersonal **i**dentification **n**umber (persönl. Geheimzahl)

Pi|na|ko|thek, die; -, -en (Bilder-, Gemäldesammlung)

pin|ge|lig (*ugs. für* kleinlich; empfindlich)

Pin|gu|in, der; -s, -e (ein Vogel der Antarktis)

pink (rosa); ein pink Kleid; *vgl. auch* beige

Pink, das; -s, -s (kräftiges Rosa); ein Kleid in Pink

Pin|ke, Pin|ke|pin|ke, die; - (*ugs. für* Geld)

pin|keln (*ugs. für* urinieren); ich pink[e]le

Pin|kel|pau|se *(ugs.)*

P

pink|far|ben (ein pinkfarbenes Kleid)
pin|nen (*bes. nordd. für* mit Pinnen versehen, befestigen)
PIN-Num|mer *vgl.* PIN
Pinn|wand (Tafel zum Anheften von Merkzetteln u. Ä.)
Pin|scher, der; -s, - (eine Hunderasse)
[1]**Pin|sel,** der; -s, - (*ugs. für* Dummkopf)
[2]**Pin|sel,** der; -s, -; **pin|seln;** ich pins[e]le; **Pin|sel|strich**
Pin|zet|te, die; -, -n (kleine Greifzange)
Pi|o|nier, der; -s, -e (Soldat der techn. Truppe; *übertr. für* Wegbereiter; *DDR* Angehöriger einer Kinderorganisation); **Pi|o|nier|geist,** der; -[e]s; **Pi|o|nie|rin**
[1]**Pi|pe,** die; -, -n, Pip|pe (*österr. für* Fass-, Wasserhahn)
[2]**Pipe** [paɪ̯p], das *od.* die; -, -s (engl. u. amerik. Hohlmaß für Wein u. Branntwein)
Pipe|line [ˈpaɪ̯plaɪ̯n], die; -, -s (Rohrleitung [für Gas, Erdöl])
Pi|pet|te, die; -, -n (Saugröhrchen)
Pi|rat, der; -en, -en (Seeräuber); **Pi|ra|te|rie,** die; -, ...ien; **Pi|ra|tin**
Pi|rou|et|te [...ˈru̯...], die; -, -n (*Tanz, Eiskunstlauf* Drehung um die eigene Achse)
Pirsch, die; -, -en (Schleichjagd); auf der Pirsch sein
PISA-Stu|die, **Pi|sa-Stu|die** (Studie, in der Schülerleistungen verglichen werden)
Pis|se, die; - (*derb für* Harn); **pis|sen** *(derb);* du pisst
Pis|soir, das; -s, *Plur.* -e *u.* -s (öffentl. Toilette für Männer)
Pis|ta|zie, die; -, -n (ein Baum mit essbaren Samen; der Samenkern dieses Baumes)
Pis|te, die; -, -n (Ski-, Rad- od. Autorennstrecke; Rollbahn auf Flugplätzen; unbefestigter Verkehrsweg; Rand der Manege)
Pis|ten|row|dy (*abwertend für* rücksichtsloser Skifahrer)
[1]**Pis|to|le,** die; -, -n (alte Goldmünze)
[2]**Pis|to|le,** die; -, -n; jmdm. die Pistole auf die Brust setzen (*ugs. für* jmdn. zu einer Entscheidung zwingen); wie aus der Pistole geschossen (*ugs. für* spontan, sofort)
Pis|ton [...ˈtõː], das; -s, -s (Pumpenkolben; Zündstift bei Perkussionswaffen; Pumpenventil der Blechinstrumente)
Pi|ta, Pit|ta, das; -s, -s *od.* die; -, -s ([gefülltes] Fladenbrot); **Pi|ta|brot**, Pit|ta|brot
pit|to|resk (malerisch)
Pi|xel, das; -s, - (*EDV* kleinstes Element bei der gerasterten, digitalisierten Darstellung eines Bildes; Bildpunkt); mit 20 000 Pixeln
Piz|za, die; -, *Plur.* -s, *auch* Pizzen *od.* Pizze (Hefebackwerk mit pikantem Belag); **Piz|ze|ria,** die; -, *Plur.* ...rien, *auch* -s (Lokal, in dem Pizzas angeboten werden)
Pkw, **PKW,** der; -[s], -[s] = Personenkraftwagen
Pla|ce|bo, das; -s, -s (*Med.* Scheinmedikament ohne Wirkstoffe)
Pla|ce|ment [plasəˈmãː], das; -s, -s (*Wirtsch.* Anlage von Kapitalien; Absatz von Waren)
pla|cken, sich (*ugs. für* sich abmühen)
Pla|cke|rei *(ugs.)*
plä|die|ren; auf schuldig plädieren
Plä|do|yer [...doaˈjeː], das; -s, -s (zusammenfassende Rede des Strafverteidigers od. Staatsanwaltes vor Gericht)
Pla|ge, die; -, -n; **pla|gen;** sich plagen
Pla|gi|at, das; -[e]s, -e (Diebstahl geistigen Eigentums); **Pla|gi|a|tor,** der; -s, ...oren; **Pla|gi|a|to|rin**
Pla|kat, das; -[e]s, -e (großformatiger öffentlicher Aushang od. Anschlag); **pla|ka|tie|ren** (Plakate ankleben; durch Plakate bekannt machen); **pla|ka|tiv** (sehr auffällig); **Pla|kat|säu|le; Pla|kat|wand; Pla|kat|wer|bung**
Pla|ket|te, die; -, -n (kleine Platte mit einer Reliefdarstellung; Abzeichen); Umweltplakette
plan (flach, eben); etwas plan schleifen *od.* planschleifen; eine plan geschliffene *od.* plangeschliffene Fläche
[1]**Plan,** der; -[e]s, Pläne (*veraltet für* Ebene; Kampfplatz); *noch in* auf den Plan rufen (zum Erscheinen veranlassen)
[2]**Plan,** der; -[e]s, Pläne (Grundriss, Entwurf, Karte; Absicht); **plan|bar**

P

Pla|ne, die; -, -n ([Wagen]decke)
pla|nen; Pla|ner; Pla|ne|rin; pla|ne|risch
Pla|net, der; -en, -en (sich um eine Sonne bewegender Himmelskörper); **Pla|ne|ta|ri|um,** das; -s, ...ien ([Gebäude mit einem] Instrument zur Darstellung der Bewegung der Gestirne); **Pla|ne|ten|bahn**
Plan|ke, die; -, -n (starkes Brett, Bohle)
plän|keln (sich streiten); ich plänk[e]le
Plank|ton, das; -s (*Biol.* Gesamtheit der im Wasser schwebenden niederen Lebewesen)
plan|los; plan|mä|ßig
Plansch|be|cken, Plantsch|be|cken; **plan|schen**, plant|schen; du planschst *od.* plantschst
Plan|spiel; Plan|stel|le
Plan|ta|ge [...ʒə], die; -, -n (Pflanzung, landwirtschaftl. Betrieb [in den Tropen])
Plantsch|be|cken, Plansch|be|cken; **plant|schen** *vgl.* planschen
Pla|nung; Pla|nungs|re|fe|rat (Abteilung einer Behörde); **Pla|nungs|si|cher|heit**
Plan|wirt|schaft (zentral geleitete Wirtschaft)
plap|pern (*ugs. für* viel u. gerne reden); ich plappere
plär|ren *(ugs.)*
Plas|ma, das; -s, ...men (Protoplasma; flüssiger Bestandteil des Blutes; leuchtendes, elektr. leitendes Gasgemisch)
Plas|ma|bild|schirm
[1]**Plas|tik,** die; -, -en (*nur Sing.:* Bildwerk; *übertr. für* Körperlichkeit; *Med.* operativer Ersatz von Gewebs- u. Organteilen)
[2]**Plas|tik,** das; -s (Kunststoff); **Plas|tik|be|cher; Plas|tik|beu|tel; Plas|tik|tü|te**
plas|tisch (knetbar; deutlich hervortretend; anschaulich; einprägsam)
Pla|ta|ne, die; -, -n (ein Laubbaum)
Pla|teau [...'to:], das; -s, -s (Hochebene, Hochfläche; Tafelland)
Pla|tin [*österr.* ...'ti:n], das; -s (chemisches Element, Edelmetall; *Zeichen* Pt); **pla|tin|blond** (weißblond)
Pla|ti|ne, die; -, -n (Montageplatte für elektrische Bauteile)
Pla|ti|tude [...'ty:d(ə)] *vgl.* Plattitüde
pla|to|nisch; platonische (geistige) Liebe; die platonischen Schriften
plät|schern; ich plätschere
platt (flach)
Platt, das; -[s] (das Niederdeutsche; Dialekt)
platt|deutsch *vgl.* deutsch / Deutsch
platt drü|cken, **platt|drü|cken**
[1]**Plat|te,** die; -, -n (*österr. ugs. auch für* [Gangster]bande)
[2]**Plat|te,** der; -n, -n (*ugs. für* Reifen ohne Luft)
Plat|ten, der; -s, - (*svw.* [2]Platte)
plät|ten (*landsch. für* bügeln)
Plat|ten|bau *Plur.* ...bauten
Plat|ten|fir|ma; Plat|ten|la|bel; Plat|ten|la|den; Plat|ten|spie|ler
Platt|form
Plat|ti|tü|de, Pla|ti|tude [...'ty:d(ə)], die; -, -n (*geh. für* Plattheit, Seichtheit)
platt|ma|chen (*ugs. für* zerstören, dem Erdboden gleichmachen)
Platz, der; -es, Plätze (*landsch. auch für* Kuchen, Plätzchen); Platz finden, greifen, haben; Platz machen, nehmen; am Platz[e] sein; Platz sparen; *vgl.* platzsparend
Plätz|chen
plat|zen; du platzt; einen Ballon platzen lassen; *aber* eine Veranstaltung platzen lassen *od.* platzenlassen
Platz|hirsch (stärkster Hirsch eines Brunftplatzes)
plat|zie|ren (aufstellen, an einen bestimmten Platz stellen, bringen; *Kaufmannsspr.* [Kapitalien] anlegen); sich platzieren (*Sport* einen vorderen Platz erreichen); **plat|ziert** (*Sport* genau gezielt); ein platzierter Schuss, Schlag; **Plat|zie|rung**
Platz|kar|te
Platz|re|gen
platz|spa|rend, **Platz sparend;** eine platzsparende *od.* Platz sparende Lösung; *aber nur* eine viel Platz sparende Lösung; eine noch platzsparendere Lösung
Platz|ver|weis *(Sport)*
Plau|de|rei; plau|dern; ich plaudere

P

Plausch, der; -[e]s, *Plur.* -e *u.* Pläusche (*bes. südd., österr. für* gemütliche Plauderei; *schweiz. mundartl. für* Vergnügen, Spaß)

plau|si|bel (einleuchtend, begreiflich); plausi|b|le Gründe

Play-back, **Play|back** ['plɛɪ̯bɛk, ...'bɛk], das; -[s], -s (*Film u. Fernsehen* Verfahren der synchronen Bildaufnahme zu einer bereits vorliegenden Tonaufzeichnung; Bandaufzeichnung); **Play-back-Ver|fah|ren**, **Play|back|ver|fah|ren**

Play|boy ['plɛɪ̯...], der; -s, -s (Mann, der vor allem für sein Vergnügen lebt)

Play|er ['plɛɪ̯ɐ], der; -s, - (*Jargon* Gerät zur Wiedergabe von Datenträgern; Programm zum Abspielen von Audio- od. Videodateien)

Play|girl ['plɛɪ̯...], das; -s, -s (leichtlebige, attraktive jüngere Frau)

Play-off, **Play|off** [plɛɪ̯'ʔɔf, *auch* 'plɛɪ̯ʔɔf], das; -[s], -s (*Sport* System von Ausscheidungsspielen); **Play-off-Run|de**, **Play-off|run|de**

Play|sta|tion® ['plɛɪ̯stɛɪ̯ʃn̩], die; -, -s (eine Spielkonsole)

Pla|zen|ta, die; -, *Plur.* -s *u.* ...ten (*Med., Biol.* Mutterkuchen, Nachgeburt)

P

Ple|bis|zit, das; -[e]s, -e (Entscheidung durch Volksabstimmung)

plei|te (*ugs. für* zahlungsunfähig); pleite sein, werden; ich bin pleite; **Plei|te,** die; -, -n; das ist, wird ja eine Pleite (ein Reinfall); Pleite machen, wir machten Pleite; vor der Pleite stehen; **plei|te|ge|hen** (*ugs. für* Bankrott machen); die Firma ging pleite

plem|pern (*landsch. für* spritzen, [ver]schütten; seine Zeit mit nichtigen Dingen vertun); ich plempere

Ple|nar|saal; Ple|nar|ver|samm|lung (Vollversammlung)

Ple|num, das; -s, ...nen (Vollversammlung)

Ple|xi|glas® (ein glasartiger Kunststoff)

Plom|be, die; -, -n (Bleisiegel, -verschluss; [Zahn]füllung); **plom|bie|ren**

Plot, der, *auch* das; -s, -s (*Literaturwiss.* Handlung[sablauf]; *EDV* grafische Darstellung); **Plot|ter** *(EDV)*

plötz|lich

plump; eine plumpe Falle

Plumps, der; -es, -e *(ugs.);* **plump|sen** (*ugs. für* dumpf fallen); du plumpst

Plun|der, der; -s, -n (*nur Sing.: ugs. für* altes Zeug; Backwerk aus Blätterteig)

Plün|de|rer, Plünd|rer; **Plün|de|rin,** Plünd|re|rin; **plün|dern;** ich plündere; **Plün|de|rung**

plu|ral (*bildungsspr. für* pluralistisch)

Plu|ral, der; -s, -e (*Sprachwiss.* Mehrzahl; *Abk.* pl., Pl., Plur.); **Plu|ral|en|dung**

Plu|ra|lis|mus, der; - (philosophische Meinung, dass die Wirklichkeit aus vielen selbstständigen Weltprinzipien besteht; Vielgestaltigkeit gesellschaftlicher u. anderer Phänomene); **plu|ra|lis|tisch**

plus (und; *Zeichen* + [positiv]; *Ggs.* minus); drei plus drei ist, macht, gibt (*nicht:* sind, machen, geben) sechs; plus 15 Grad *od.* 15 Grad plus; mit einer Genauigkeit von plus/minus 5 Prozent; eine Drei plus in Mathe schreiben; die Generation 70 plus (der über 70-Jährigen); **Plus,** das; -, - (Mehr, Gewinn; Vorteil); die Firma hat im letzten Jahr [ein] Plus gemacht

Plüsch [plʏʃ, *auch* ply:ʃ], der; -[e]s, -e (Florgewebe); **Plüsch|tier**

Plus|punkt

Plus|quam|per|fekt, das; -s, -e (*Sprachwiss.* Vorvergangenheit)

Plus|zei|chen (*Zeichen* +)

Plu|to|ni|um, das; -s (chem. Element, Transuran; *Zeichen* Pu)

Po, der; -s, -s (*kurz für* Popo)

Pö|bel, der; -s (Gesindel); **Pö|be|lei; pö|bel|haft; pö|beln** (*ugs. für* durch beleidigende Äußerungen provozieren); ich pöb[e]le

po|chen; poch[e] auf dein Recht!

po|chie|ren [...'ʃi:...] (*Gastron.* Speisen, bes. aufgeschlagene Eier, in kochendem Wasser gar werden lassen)

Po|cken *Plur.* (eine Infektionskrankheit); **Po|cken|imp|fung; po|cken|nar|big**

Pod|cast ['pɔtka:st], der; -s, -s (Reportage, [Radio]beitrag o. Ä. zum Herunterladen als Audiodatei aus dem Internet)
Po|dest, das, *österr. nur so, auch* der; -[e]s, -e ([Treppen]absatz; kleines Podium)
Po|di|um, das; -s, …ien (trittartige Erhöhung [für Redner]); **Po|di|ums|dis|kus|si|on**
Po|e|sie, die; -, …ien (Dichtung; Dichtkunst; dichterischer Stimmungsgehalt, Zauber); **Po|e|sie|al|bum; po|e|sie|los**
Po|et, der; -en, -en (*oft scherzh. für* [lyrischer] Dichter); **Po|e|tik,** die; -, -en ([Lehre von der] Dichtkunst); **Po|e|tin; po|e|tisch**
Po|g|rom, der *od.* das; -s, -e (Ausschreitungen gegen nationale, religiöse, ethnische Minderheiten); **Po|g|rom|op|fer**
Point [po̯ɛ̃:], der; -s, -s (*Würfelspiel* Auge; *Kartenspiel* Stich; *Kaufmannsspr.* Notierungseinheit von Warenpreisen)
Poin|te ['po̯ɛ̃:…], die; -, -n (überraschender Schlusseffekt [bes. eines Witzes]); **pointiert** (betont; zugespitzt)
Po|kal, der; -s, -e (Trinkgefäß mit Fuß; Sportpreis); **Po|kal|sie|ger; Po|kal|spiel**
Pö|kel|fleisch; pö|keln; ich pök[e]le
Po|ker, das; -s (ein Kartenglücksspiel); **po|kern;** ich pokere
Pol, der; -s, -e (Drehpunkt; Endpunkt der Erdachse; *Math.* Bezugspunkt; *Elektrot.* Aus- u. Eintrittspunkt des Stromes); **po|lar** (die Pole betreffend; entgegengesetzt wirkend); polare Luftmassen
po|la|ri|sie|ren (der Polarisation unterwerfen); sich polarisieren (in seiner Gegensätzlichkeit immer stärker hervortreten); **Po|la|ri|sie|rung**
Po|lar|kreis
Po|la|roid|ka|me|ra® […'rɔi̯t…] (Fotoapparat, der kurz nach der Aufnahme das fertige Bild liefert)
Pol|der, der; -s, - (eingedeichtes Land)
Po|le|mik, die; -, -en (wissenschaftliche, literarische Fehde, Auseinandersetzung; [unsachlicher] Angriff); **po|le|misch**
po|len (an einen elektr. Pol anschließen)
Po|len|ta, die; -, *Plur.* -s *u.* …ten (ein Maisgericht)
Po|len|te, die; - (*ugs. für* Polizei)
Pole|po|si|tion, Pole-Po|si|tion ['po:lpəzɪʃn̩], die; -, -s (beste Startposition beim Autorennen; *Jargon für* Marktführerschaft)
Po|li|ce […sə], die; -, -n (Versicherungsschein)
Po|lier, der; -s, -e (Vorarbeiter der Maurer u. Zimmerleute; Bauführer); **po|lie|ren; Po|lie|rer; Po|lie|re|rin; Po|lie|rin**
Po|lio, die; - (*kurz für* Poliomyelitis); **Po|lio|my|e|li|tis,** die; -, …itiden (*Med.* Kinderlähmung)
Po|lit|bü|ro (Führungsorgan von kommunistischen Parteien)
Po|li|tik, die; -, Politiken *Plur. selten* ([Lehre von der] Staatsführung; zielgerichtetes Verhalten); **Po|li|ti|ker; Po|li|ti|ke|rin**
Po|li|ti|kum, das; -s, …ka (Tatsache, Vorgang von politischer Bedeutung)
Po|li|tik|ver|dros|sen|heit; Po|li|tik|wis|sen|schaft
Po|li|tik|wis|sen|schaf|ter
Po|li|tik|wis|sen|schaf|te|rin; Po|li|tik|wis|sen|schaft|ler; Po|li|tik|wis|sen|schaft|le|rin
po|li|tisch (die Politik betreffend); politische Karte (Staatenkarte); politische Ökonomie; sich politisch korrekt äußern; politisch-gesellschaftlich
po|li|ti|sie|ren (von Politik reden; politisch behandeln); **Po|li|ti|sie|rung**
Po|li|to|lo|ge, der; -n, -n; **Po|li|to|lo|gin**
Po|li|tur, die; -, -en (Glätte, Glanz; Poliermittel; *nur Sing.:* äußerer Anstrich, Lebensart)
Po|li|zei, die; -, -en; **Po|li|zei|ak|ti|on; Po|li|zei|au|to; Po|li|zei|be|am|te; Po|li|zei|be|am|tin; Po|li|zei|be|hör|de; Po|li|zei|chef; Po|li|zei|che|fin; Po|li|zei|ein|satz; Po|li|zei|ge|wahr|sam; Po|li|zei|in|s|pek|ti|on; Po|li|zei|kon|t|rol|le**
po|li|zei|lich; polizeiliches Führungszeugnis; der polizeilich Gesuchte
Po|li|zei|prä|si|dent; Po|li|zei|prä|si|den|tin; Po|li|zei|prä|si|di|um; Po|li|zei|re-

P

vier; **Po|li|zei|spre|cher; Po|li|zei|spre|che|rin; Po|li|zei|strei|fe; Po|li|zei|wa|che**

Po|li|zist, der; -en, -en; **Po|li|zis|tin**

Pol|lack, der; -s, -s (eine Schellfischart)

Pol|len, der; -s, - (Blütenstaub); **Pol|len|al|l-er|gie**

Po|lo, das; -s (Ballspiel vom Pferd aus)

Po|lo|hemd (kurzärmeliges Trikothemd)

Po|lo|nai|se […'nɛ:…], **Po|lo|nä|se,** die; -, -n (ein Reihentanz)

Pols|ter, das, *österr.* der; -s, *Plur.* -, *österr.* Pölster (*österr. auch für* Kissen); **pols|tern;** ich polstere; **Pols|ter|ses|sel**

Pol|ter|abend; pol|tern; ich poltere

Po|ly|es|ter, der; -s, - (ein Kunststoff)

po|ly|fon, po|ly|phon (*Musik* mehrstimmig); po|ly|fone *od.* po|ly|pho|ne Klingeltöne

po|ly|gam (mehrehig, vielehig); **Po|ly|ga|mie,** die; - (Mehr-, Vielehe)

po|ly|glott (vielsprachig)

po|ly|mer (*Chemie* aus größeren Molekülen bestehend); **Po|ly|mer,** das; -s, -e, **Po|ly|me|re,** das; -n, -n *meist Plur.* (*Chemie* eine Verbindung aus Riesenmolekülen)

Po|lyp, der; -en, -en (ein Nesseltier mit Fangarmen; *Med.* Nasenwucherung)

po|ly|phon *vgl.* polyfon

P

Po|ma|de, die; -, -n ([Haar]fett); **po|ma|dig** (mit Pomade eingerieben; *ugs. für* blasiert)

Pom|mes *Plur.* (*ugs. für* Pommes frites); **Pommes frites** [pɔm 'frɪt] *Plur.* (in Fett gebackene Kartoffelstäbchen)

Pomp, der; -[e]s (prachtvolle Ausstattung; [übertriebener] Prunk); **pom|pös** ([übertrieben] prächtig; prunkhaft)

Pon|cho […tʃo], der; -s, -s (capeartiger [Indio]mantel)

Pon|te, die; -, -n (*landsch. für* breite Fähre)

Pon|ti|fi|kat, das *od.* der; -[e]s, -e (Amtsdauer u. Würde des Papstes od. eines Bischofs)

Pon|ton [põ'tõ:, *österr.* pɔn'to:n], der; -s, -s (Brückenschiff); **Pon|ton|brü|cke**

¹**Po|ny** […ni, 'po:…], das; -s, -s (Kleinpferd)

²**Po|ny,** der; -s, -s (fransenartig in die Stirn gekämmtes Haar); **Po|ny|fri|sur**

¹**Pool** [pu:l], der; -s, -s (*kurz für* Swimmingpool)

²**Pool** [pu:l], der; -s, -s (*Wirtsch.* Vereinbarung über die Gewinnverteilung)

³**Pool** [pu:l], das; -s (*kurz für* Poolbillard)

Pool|bil|lard (Billard, bei dem die Kugeln in Löcher am Rand des Spieltisches treffen müssen)

Pop, der; -[s] (*kurz für* Popmusik, Pop-Art u. a.); **Pop-Art** […ʔa:ɐ̯t], die; - (eine Kunstrichtung der Moderne)

Pop|corn, das; -s (Puffmais)

Po|pel, der; -s, - (*ugs. für* verhärteter Nasenschleim); **po|pe|lig,** pop|lig (*ugs. für* armselig, schäbig; knauserig); **po|peln** (in der Nase bohren); ich pop[e]le

Pop|kul|tur; Pop|mu|sik

Po|po, der; -s, -s (*fam. für* Gesäß)

pop|pen (*ugs. für* koitieren); wir poppten

Pop|per, der; -s, - (Jugendlicher [bes. in den 80er-Jahren], der sich durch modisches, gepflegtes Äußeres bewusst abheben will)

pop|pig (mit Stilelementen der Pop-Art; auffallend); ein poppiges Plakat; poppige Farben; **Pop|sän|ger; Pop|sän|ge|rin; Popstar** *vgl.* ²Star; **Pop|sze|ne**

po|pu|lär (volkstümlich; beliebt; gemeinverständlich); **Po|pu|la|ri|tät,** die; - (Volkstümlichkeit, Beliebtheit)

Po|pu|la|ti|on, die; -, -en (*Biol.* Gesamtheit der Individuen einer Art in einem eng begrenzten Bereich; *veraltet für* Bevölkerung)

Po|pu|lis|mus, der; - (opportunistische Politik, die die Gunst der Massen zu gewinnen sucht); **Po|pu|list,** der; -en, -en; **Po|pu|lis|tin; po|pu|lis|tisch**

Pop-up-Fens|ter (*EDV* rechteckiges Feld mit Informationen, das sich durch Mausklick auf eine bestimmte Fläche öffnet)

Po|re, die; -, -n (feine [Haut]öffnung)

Por|no, der; -s, -s (*ugs.; kurz für* pornografischer Film, Roman u. Ä.); **Por|no|gra|fie,** Por|no|gra|phie, die; -, …ien (einseitig das Sexuelle darstellende Schriften od. Bilder); **por|no|gra|fisch,** por|no|gra|phisch

po|rös (durchlässig, löchrig)
Por|ree, der; -s, -s (eine Gemüsepflanze)
Port, der; -[e]s, -e (*veraltet für* Hafen, Zufluchtsort)
por|ta|bel; porta|b|le DVD-Player
Por|tal, das; -s, -e ([Haupt]eingang, [prunkvolles] Tor; *auch EDV* Website, die als Einstieg ins Internet dient)
Porte|feuille [...'fœj], das; -s, -s (*veraltet für* Brieftasche; Mappe; *Wirtsch.* Bestand an Wertpapieren)
Porte|mon|naie [pɔrtmɔ'neː, *auch* 'pɔrt...], Port|mo|nee, das; -s, -s (Geldtäschchen)
Por|ter, der, *auch* das; -s, - (starkes Bier)
Port|fo|lio, das; -s, -s (Mappe mit Grafiken; *Wirtsch.* Wertpapierbestand)
Por|ti|er [...'tieː, *österr.* ...'tiːɐ̯], der; -s, *Plur.* -s, *österr.* -e (Pförtner; Hauswart)
Por|ti|e|re, die; -, -n (Türvorhang)
por|tie|ren (*schweiz. für* zur Wahl vorschlagen); **Por|ti|e|rin;** *zu* Portier
Por|ti|on, die; -, -en ([An]teil, abgemessene Menge); er ist nur eine halbe Portion (*ugs. für* er ist sehr klein); **por|ti|ons|wei|se**
Port|mo|nee *vgl.* Portemonnaie
Por|to, das; -s, *Plur.* -s *u.* ...ti (Beförderungsentgelt für Postsendungen); **por|to|frei**
Por|t|rät [...'trɛː], das; -s, -s (Bildnis eines Menschen); **Por|t|rät|auf|nah|me; por|t|rä|tie|ren**
Por|zel|lan, das; -s, -e; Meißner Porzellan
Po|sau|ne, die; -, -n (ein Blechblasinstrument); **Po|sau|nen|chor**
Po|se, die; -, -n (Körperhaltung); **po|sen** (*svw.* posieren); er pos|te; **po|sie|ren** (eine Pose einnehmen, schauspielern)
Po|si|ti|on, die; -, -en ([An]stellung, Lage; Einzelposten [*Abk.* Pos.]; grundsätzliche Auffassung); **po|si|ti|o|nie|ren** (in eine bestimmte Position bringen; ein Produkt auf dem Markt einordnen); **Po|si|ti|o|nie|rung; Po|si|ti|ons|pa|pier** *(bes. Politik)*
po|si|tiv [*auch* ...'tiːf] (zustimmend; günstig; bestimmt, gewiss; *auch kurz für* HIV-positiv); *(Math.:)* positive Zahlen; im Positiven wie im Negativen
¹Po|si|tiv [*auch* ...'tiːf], das; -s, -e (kleine Standorgel ohne Pedal; *Fotogr.* vom Negativ gewonnenes, seitenrichtiges Bild)
²Po|si|tiv [*auch* ...'tiːf], der; -s, -e (*Sprachwiss.* Grundstufe, nicht gesteigerte Form, z. B. »schön«)
Pos|se, die; -, -n (derb-komisches Bühnenstück); **pos|sen|haft**
Pos|ses|siv|pro|no|men (*Sprachwiss.* besitzanzeigendes Fürwort, z. B. »mein«)
pos|sier|lich (spaßhaft, drollig)
Post, die; -, -en *Plur. selten;* **pos|ta|lisch** (die Post betreffend, durch die Post, Post...)
Post|amt *(früher);* **Post|bank** *Plur.* ...banken; **Post|bo|te** *(ugs.);* **Post|bo|tin**
Post|de|mo|kra|tie (*Politik, Soziol.* formal demokratisches System ohne tatsächlichen Einfluss der Bevölkerung)
pos|ten (*EDV* sich mit Fragen, Antworten, Kommentaren an Newsgroups beteiligen)
Pos|ten, der; -s, - (bestimmte Menge einer Ware; Rechnungsbetrag; Amt; Wache); ein Posten Kleider; [auf] Posten stehen
Pos|ter, das, *seltener* der; -s, *Plur.* -, *bei engl. Desspr.* -s (plakatartiges, großformatig gedrucktes Bild)
Post|fach
post|fak|tisch (durch abnehmende Bedeutung von Tatsachen gekennzeichnet)
Post|fi|li|a|le
post|hum, pos|tum (nach jmds. Tod; nachgelassen)
pos|tie|ren (aufstellen); sich postieren
Post|kar|te
post|kom|mu|nis|tisch (nach dem Zusammenbruch eines kommunistischen Regierungssystems)
Post|kut|sche; post|la|gernd; postlagernde Sendungen; **Post|leit|zahl** (*Abk.* PLZ)
post|mo|dern; postmoderne Architektur; **Post|mo|der|ne,** die; - ([umstrittene] Bez. für verschiedene Strömungen der gegenwärtigen Architektur, Kunst u. Kultur)
Pos|tu|lat, das; -[e]s, -e (Forderung); **pos|tu|lie|ren**

P

pos|tum *vgl.* posthum
post|wen|dend (unverzüglich, sofort, umgehend)
[1]**Pot,** das; -s (*ugs. für* Marihuana)
[2]**Pot,** der; -s (*ugs. für* Summe aller Gewinneinsätze)
po|tent (mächtig, einflussreich; zahlungskräftig, vermögend; *Med.* zum Geschlechtsverkehr fähig, zeugungsfähig)
po|ten|ti|al *vgl.* potenzial; **Po|ten|ti|al** *vgl.* Potenzial; **po|ten|ti|ell** *vgl.* potenziell
Po|tenz, die; -, -en (*nur Sing.:* Fähigkeit des Mannes, den Geschlechtsverkehr auszuüben, Zeugungsfähigkeit; Leistungsfähigkeit; *Math.* Produkt aus gleichen Faktoren)
po|ten|zi|al, po|ten|ti|al (möglich; die [bloße] Möglichkeit bezeichnend)
Po|ten|zi|al, Po|ten|ti|al, das; -s, -e (Leistungsfähigkeit)
po|ten|zi|ell, po|ten|ti|ell (möglich [im Gegensatz zu wirklich]; der Anlage nach); ein potenzieller *od.* potentieller Käufer
po|ten|zie|ren (verstärken, erhöhen, steigern; *Math.* zur Potenz erheben, mit sich selbst vervielfältigen)
Pot|pour|ri […puri, *österr.* …'ri:], das; -s, -s (Allerlei; aus populären Melodien zusammengesetztes Musikstück)
Pott, der; -[e]s, Pötte (*bes. nordd. ugs. für* Topf; [altes] Schiff); zu Potte kommen (*ugs. für* zurechtkommen)
pott|häss|lich (*ugs. für* sehr hässlich)
po|wer (*landsch. für* armselig); pow[e]re Leute
Po|w|er ['paʊ̯…], die; - (*ugs. für* Stärke, Leistung, Wucht); **po|w|ern** (große Leistung entfalten; mit großem Einsatz unterstützen); ich powere; **Po|w|er|play,** das; -[s] (*bes. Eishockey* anhaltender gemeinsamer Ansturm auf das gegnerische Tor)
Prä|am|bel, die; -, -n (feierliche Einleitung; Vorrede)
Pracht, die; -; **präch|tig; pracht|voll**
prä|de|s|ti|nie|ren; prä|de|s|ti|niert (vorherbestimmt; wie geschaffen für etw.)
Prä|di|kat, das; -[e]s, -e ([gute] Zensur, Beurteilung; *kurz für* Adelsprädikat; *Sprachwiss.* Satzaussage)
Prä|fekt, der; -en, -en (hoher Beamter im alten Rom; oberster Verwaltungsbeamter eines Departements in Frankreich, einer Provinz in Italien; Leiter des Chors als Vertreter des Kantors); **Prä|fek|tur,** die; -, -en (Amt, Bezirk, Amtsräume eines Präfekten)
Prä|fe|renz, die; -, -en (Vorzug, Vorrang; Bevorzugung); **prä|fe|rie|ren** (den Vorzug geben)
Prä|fix [*auch* …'fɪks], das; -es, -e (*Sprachwiss.* vorn an den Wortstamm angefügtes Wortbildungselement, z. B. »be-« in »beladen«)
prä|gen; Prä|ger; Prä|ge|rin
Prag|ma|ti|ker; Prag|ma|ti|ke|rin; prag|ma|tisch (auf praktisches Handeln gerichtet; sachbezogen); pragmatische Angaben (Gebrauchsangaben im Wörterbuch); **Prag|ma|tis|mus,** der; - (philos. Richtung, die alles Denken u. Handeln vom Standpunkt des prakt. Nutzens aus beurteilt)
prä|g|nant (knapp u. treffend); **Prä|gung**
prä|his|to|risch (vorgeschichtlich)
prah|len; Prah|le|rei; prah|le|risch; Prahl|hans, der; -es, …hänse (*ugs. für* jmd., der gern prahlt)
Prak|tik, die; -, -en (Art der Ausübung von etwas; Handhabung; *meist Plur.:* nicht einwandfreies [unerlaubtes] Vorgehen)
prak|ti|ka|bel (brauchbar; zweckmäßig); eine praktika|b|le Einrichtung
Prak|ti|ka|bel, das; -s, - (*Theater* fest gebauter, begehbarer Teil der Bühnendekoration)
Prak|ti|kant, der; -en, -en (jmd., der ein Praktikum absolviert); **Prak|ti|kan|tin**
Prak|ti|ker (Mensch mit Erfahrung u. Geschick; *Ggs.* Theoretiker); **Prak|ti|ke|rin**
Prak|ti|kum, das; -s, …ka (praktische Übung an der Hochschule; im Rahmen einer Ausbildung außerhalb der [Hoch]schule abzuleistende praktische Tätigkeit); **Prak|ti|kums|platz**
prak|tisch (auf die Praxis bezüglich; zweckmäßig; geschickt; tatsächlich); praktische

P

Ärztin / praktischer Arzt (Ärztin / Arzt für Allgemeinmedizin; *Abk.* prakt. Ärztin / prakt. Arzt); praktisches Jahr (einjähriges Praktikum); etwas Praktisches schenken; sie hat praktisch (*ugs. für* so gut wie) kein Geld

prak|ti|zie|ren (in der Praxis anwenden; als Arzt, Anwalt usw. tätig sein; ein Praktikum machen)

Prä|lat, der; -en, -en (ein geistlicher Würdenträger); **Prä|la|tin**

Pra|li|ne, die; -, -n (mit Schokolade überzogene Süßigkeit); **Pra|li|nen|schach|tel**

prall (voll; stramm); einen Sack prall füllen *od.* prallfüllen

Prall, der; -[e]s, -e (heftiges Auftreffen); **pral|len**

Prä|mie, die; -, -n (Belohnung, Preis; [Zusatz]gewinn; Versicherungsbeitrag)

prä|mie|ren, prä|mi|ie|ren

Prä|mis|se, die; -, -n (Voraussetzung; Vordersatz eines logischen Schlusses)

pran|gen

Pran|ger, der; -s, - (*MA. für* Schandpfahl)

Pran|ke, die; -, -n (Klaue, Tatze; *ugs. für* große, derbe Hand)

Prä|pa|rat, das; -[e]s, -e (zubereitete Substanz, z. B. Arzneimittel; *Biol.* zu Lehrzwecken konservierter Pflanzen- od. Tierkörper); **prä|pa|rie|ren;** sich präparieren (vorbereiten); Körper- od. Pflanzenteile präparieren (haltbar machen)

Prä|po|si|ti|on, die; -, -en (*Sprachwiss.* Verhältniswort, z. B. auf, bei, in, vor)

Prä|rie, die; -, ...ien (Grasebene in Nordamerika); **Prä|rie|wolf**

Prä|sens, das; -, *Plur.* ...sentia *od.* ...senzien (*Sprachwiss.* Gegenwart)

prä|sent (anwesend; gegenwärtig)

Prä|sent, das; -[e]s, -e (Geschenk)

Prä|sen|ta|ti|on, die; -, -en ([öffentliche] Vorstellung, Vorführung); **prä|sen|tie|ren** (vorstellen; vorlegen [bes. einen Wechsel]; militär. Ehrenbezeigung [mit dem Gewehr] machen); sich präsentieren (sich zeigen)

Prä|senz, die; -, -en (Gegenwart, Anwesenheit; Ausstrahlung); **Prä|senz|bi|b|lio|thek** (Bibliothek, deren Bücher nicht nach Hause mitgenommen werden dürfen)

prä|ser|va|tiv (vorbeugend, verhütend); **Prä|ser|va|tiv,** das; -s, -e (Gummischutz für das männliche Glied zur Empfängnisverhütung u. zum Schutz vor Infektionen)

Prä|ses, der *u.* die; -, *Plur.* ...sides *u.* ...siden (*kath. u. ev. Kirche* Vorsitzende[r], Vorstand)

Prä|si|dent, der; -en, -en (Vorsitzender; Staatsoberhaupt in einer Republik); **Prä|si|den|ten|amt; Prä|si|den|ten|wahl; Prä|si|den|tin; Prä|si|dent|schaft; Prä|si|dent|schafts|kan|di|dat; Prä|si|dent|schafts|kan|di|da|tin**

prä|si|di|al (den Präsidenten, das Präsidium betreffend); **prä|si|die|ren** (den Vorsitz führen, leiten); einem (*schweiz.* einen) Ausschuss präsidieren

Prä|si|di|um, das; -s, ...ien (leitendes Gremium; Vorsitz; Amtsgebäude eines [Polizei]präsidenten); **Prä|si|di|ums|mit|glied**

pras|seln; sie sagt, der Regen prass[e]le

pras|sen (schlemmen); du prasst, er/sie prasst; du prasstest; er/sie hat geprasst; prasse! *u.* prass!; **Pras|se|rei**

prä|ten|ti|ös (anspruchsvoll; anmaßend)

Prä|te|r|i|tum, das; -s, ...ta (*Sprachwiss.* Vergangenheit)

Prä|ven|ti|on, die; -, -en (Vorbeugung, Verhütung); **prä|ven|tiv; Prä|ven|tiv|maß|nah|me**

Pra|xis, die; -, ...xen (*nur Sing.:* Tätigkeit, Ausübung, Erfahrung, *Ggs.* Theorie; Räumlichkeiten für die Berufsausübung bestimmter Berufsgruppen); *vgl.* in praxi

pra|xis|be|zo|gen; Pra|xis|be|zug; pra|xis|fern; Pra|xis|ge|bühr, die; - (*früher für* von Kassenpatienten vierteljährlich zu entrichtende Gebühr beim Arztbesuch)

pra|xis|nah; pra|xis|ori|en|tiert

Prä|ze|denz|fall, der

prä|zis *österr., schweiz. meist so, auch* **prä|zi|se** (genau; pünktlich; eindeutig)

prä|zi|sie|ren (genau[er] angeben); **Prä|zi-**

sie|rung; Prä|zi|si|on, die; - (Genauigkeit); Prä|zi|si|ons|ar|beit

pre|di|gen; Pre|di|ger; Pre|di|ge|rin; Pre|digt, die; -, -en

Preis, der; -es, -e (Geldbetrag; Belohnung; *geh. für* Lob); um jeden, keinen Preis; Preis freibleibend *(Kaufmannsspr.)*; **Preis|ab|spra|che; Preis|an|stieg; Preis|aus|schrei|ben**, das; -s, -; **Preis|bin|dung**

Prei|sel|bee|re

prei|sen; du preist, er preist; du priesest, sie pries; gepriesen; preis[e]!

Preis|ent|wick|lung; Preis|er|hö|hung

Preis|ga|be; preis|ge|ben; du gibst preis; preisgegeben; preiszugeben

preis|ge|krönt; Preis|geld; preis|güns|tig; Preis|kampf; Preis|klas|se; Preis-Leis|tungs-Ver|hält|nis; preis|lich; Preis|nach|lass; Preis|ni|veau; Preis|po|li|tik; Preis|sen|kung; Preis|sta|bi|li|tät; Preis|stei|ge|rung; Preis|sys|tem; Preis|trä|ger; Preis|trä|ge|rin; Preis|ver|fall; Preis|ver|gleich; Preis|ver|lei|hung; Preis|vor|teil; preis|wert

pre|kär (misslich, schwierig, bedenklich)

Pre|ka|ri|at, das; -s (*Politik, Soziol.* in Armut lebender Bevölkerungsteil); **Pre|ka|ri|sie|rung**, die; - (Entwicklung zum Prekariat hin)

Prell|bock *(Eisenbahn)*

prel|len; Prel|lung

Pre|mi|er [prəˈmi̯eː, pre...], der; -s, -s (Premierminister)

Pre|mi|e|re [*österr.* ...ˈmi̯ɛːɐ̯], die; -, -n (Erst-, Uraufführung)

Pre|mi|e|rin

Pre|mi|er|mi|nis|ter; Pre|mi|er|mi|nis|te|rin

pre|mi|um (von besonderer, bester Qualität)

Pre|paid|kar|te [ˈpriːpɛɪ̯t...] (wiederaufladbare Guthabenkarte [für Handys])

pre|schen (*ugs. für* eilen); du preschst

Pres|se, die; -, -n (*kurz für* Druck-, Ölpresse usw.; *nur Sing.:* Gesamtheit der periodischen Druckschriften; *nur Sing.:* Zeitungs-, Zeitschriftenwesen); die freie Presse; **Pres|se|agen|tur; Pres|se|be|richt; Pres|se|dienst; Pres|se|er|klä|rung; Pres|se|fo|to; Pres|se|frei|heit**, die; -; **Pres|se|kon|fe|renz; Pres|se|mel|dung**

pres|sen; du presst, er/sie presst; du presstest; gepresst; presse! *u.* press!

Pres|se|rat *Plur. selten;* **Pres|se|re|fe|rent; Pres|se|re|fe|ren|tin; Pres|se|schau; Pres|se|spre|cher; Pres|se|spre|che|rin; Pres|se|stel|le; Pres|se|text**, der

pres|sie|ren (*bes. südd., österr. u. schweiz. für* drängen, eilig sein; sich beeilen); es pressiert

Pres|sing, das; -s (*Fußball* eine Spieltaktik)

Press|luft|ham|mer; Press-Schlag *(Fußball)*

Pres|ti|ge [...ˈtiːʒə, ...ˈtiːʃ], das; -s (Ansehen, Geltung); **Pres|ti|ge|ob|jekt; pres|ti|ge|träch|tig**

Preu|ße, der; -n, -n; **Preu|ßin; preu|ßisch**; preußische Reformen; *aber* der Preußische Höhenrücken

Pre|view [ˈpriːvjuː], die; -, -s, *auch* der *u.* das; -s, -s (Voraufführung [eines Films]; *EDV* Vorschau)

pri|ckeln; sie sagt, es prick[e]le; ein Prickeln auf der Haut empfinden; **pri|ckelnd**; etwas Prickelndes für den Gaumen

Priel, der; -[e]s, -e (schmaler Wasserlauf im Wattenmeer)

Pries|ter, der; -s, -; **Pries|te|rin; Pries|ter|se|mi|nar; Pries|ter|wei|he**

pri|ma (*Kaufmannsspr. veraltend für* vom Besten, erstklassig; *Abk.* Ia; *ugs. für* ausgezeichnet, großartig); prima Essen

Pri|ma, die; -, ...men (*veraltende Bez. für* die beiden oberen Klassen eines Gymnasiums)

Pri|ma|ner (Schüler der Prima); **Pri|ma|ne|rin**

pri|mär (die Grundlage bildend; erst...)

[1]**Pri|mat**, der *od.* das; -[e]s, -e (Vorrang, bevorzugte Stellung; [Vor]herrschaft)

[2]**Pri|mat**, der; -en, -en *meist Plur.* (*Biol.* Angehöriger einer Menschen, Affen u. Halbaffen umfassenden Ordnung der Säugetiere)

Pri|me, die; -, -n (*Musik* Intervall im Einklang)

Pri|mel, die; -, -n (eine Frühjahrsblume)

Prime|time, die; -, -s, **Prime Time**, die; -, - -s ['praɪ̯mtaɪ̯m] (abendliche Hauptsendezeit [beim Fernsehen])
pri|mi|tiv (einfach, dürftig; *abwertend für* von geringem geistig-kulturellem Niveau)
Pri|mus, der; -, *Plur.* ...mi *u.* -se (Klassenbester)
Prim|zahl (nur durch 1 u. durch sich selbst teilbare Zahl)
Print, der; -[s], -s (*Buchw., Fotogr.* Druck; *nur Sing. u. meist ohne Artikel* Printmedien); im Print sein; die Sparten Funk, Fernsehen und Print
Prin|te, die; -, -n (ein Gebäck); Aachener Printen
Prin|ter, der; -s, - (automatisches Kopiergerät; Drucker); **Print|me|di|um** *meist Plur.* (z. B. Zeitung, Zeitschrift, Buch)
Prinz, der; -en, -en; **Prin|zes|sin**
Prin|zip, das; -s, *Plur.* -ien, *selten* -e (Grundlage; Grundsatz); **prin|zi|pi|ell** (grundsätzlich); **prin|zi|pi|en|treu**
Prinz|re|gent (stellvertretend regierendes Mitglied eines Fürstenhauses)
Pri|on, das; -s, ...onen (*Med.* Eiweißpartikel, das Erreger einer Gehirnerkrankung sein könnte)
Pri|or, der; -s, Prioren ([Kloster]oberer, -vorsteher; *auch für* Stellvertreter eines Abtes); **Pri|o|rin** [*auch* 'pri:...]
Pri|o|ri|tät, die; -, -en (Vor[zugs]recht, Erstrecht, Vorrang; *nur Sing.:* zeitliches Vorhergehen); Prioritäten setzen
Pri|se, die; -, -n (kleine Menge, die zwischen Daumen u. Zeigefinger zu greifen ist)
Pris|ma, das; -s, ...men (*Math.* Polyeder; *Optik* lichtbrechender Körper)
Prit|sche, die; -, -n (flaches Schlagholz; hölzerne Liegestatt; Ladefläche eines Lkw)
pri|vat (persönlich; außeramtlich, nicht öffentlich; vertraut); **Pri|vat|ad|res|se; Pri|vat|an|le|ger** *(Finanzw.);* **Pri|vat|an|le|ge|rin; Pri|vat|bank** *Plur.* ...banken; **Pri|vat|be|sitz**, der; -es; **Pri|vat|de|tek|tiv; Pri|vat|de|tek|ti|vin; Pri|vat|do|zent** (Hochschullehrer ohne Beamtenstelle); **Pri|vat|do|zen|tin; Pri|vat|ei|gen|tum; Pri|vat|fern|se|hen; Pri|vat|haus|halt; Pri|vat|heit**, die; -, -en *Plur. selten*
pri|va|ti|sie|ren (staatliches Vermögen in Privatvermögen umwandeln; als Rentner[in] od. als Privatperson vom eigenen Vermögen leben); **Pri|va|ti|sie|rung**
Pri|vat|kli|nik; Pri|vat|kun|de, der; **Pri|vat|kun|din; Pri|vat|le|ben; Pri|vat|pa|ti|ent; Pri|vat|pa|ti|en|tin; Pri|vat|per|son; pri|vat|recht|lich; Pri|vat|sa|che; Pri|vat|schu|le; Pri|vat|sphä|re; Pri|vat|ver|mö|gen; pri|vat ver|si|chert, pri|vat|ver|si|chert; Pri|vat|wirt|schaft; pri|vat|wirt|schaft|lich; Pri|vat|woh|nung**
Pri|vi|leg, das; -[e]s, *Plur.* -ien, *auch* -e (Vor-, Sonderrecht); **pri|vi|le|giert**
Prix [pri:], der; -, - (*franz. Bez. für* Preis)
pro (für, je); pro Stück; pro gefahrenen *od.* gefahrenem Kilometer; pro Angestellten *od.* Angestelltem; **Pro**, das; -s (Für); das Pro und Kontra (das Für und Wider)
Pro|band, der; -en, -en (Testperson); **Pro|ban|din**
pro|bat (bewährt); ein probates Mittel
Pro|be, die; -, -n; **Pro|be|fahrt; Pro|be|lauf; pro|ben; pro|be|wei|se; Pro|be|zeit**
pro|bie|ren (versuchen, kosten, prüfen); probieren *od.* Probieren geht über Studieren *od.* studieren
Pro|b|lem, das; -s, -e (zu lösende Aufgabe; Schwierigkeit); **Pro|b|le|ma|tik**, die; -, -en (Gesamtheit von Problemen; Schwierigkeit [etwas zu klären]); **pro|b|le|ma|tisch**
Pro|b|lem|be|wusst|sein; Pro|b|lem|fall, der; **pro|b|lem|los; Pro|b|lem|lö|sung; Pro|b|lem|stel|lung; Pro|b|lem|zo|ne**
Pro|ce|de|re *vgl.* Prozedere
Pro|du|cer [...'dju:sɐ], der; -s, - (*engl. Bez. für* Hersteller, [Film]produzent, Fabrikant); **Pro|du|ce|rin**
Pro|dukt, das; -[e]s, -e (Erzeugnis; Ertrag; Folge, Ergebnis [*Math.* der Multiplikation])
Pro|duk|ti|on, die; -, -en (Herstellung, Erzeugung); **Pro|duk|ti|ons|ka|pa|zi|tät;**

P

Pro|duk|ti|ons|kos|ten *Plur.;* **Pro|duk|ti|ons|pro|zess; Pro|duk|ti|ons|stät|te**

pro|duk|tiv (ergiebig; fruchtbar, schöpferisch); **Pro|duk|ti|vi|tät,** die; -, -en; **Pro|duk|ti|vi|täts|stei|ge|rung**

Pro|dukt|li|nie *(Wirtsch.);* **Pro|dukt|ma|na|ger; Pro|dukt|ma|na|ge|rin; Pro|dukt|pa|let|te** *(Werbespr.);* **Pro|dukt|pi|ra|te|rie** (rechtswidriges Nachahmen u. Vertreiben von Markenprodukten)

Pro|du|zent, der; -en, -en (Hersteller, Erzeuger); **Pro|du|zen|tin**

pro|du|zie|ren ([Güter] hervorbringen, [er]zeugen, schaffen); sich produzieren (die Aufmerksamkeit auf sich lenken)

pro|fan (unheilig, weltlich; alltäglich)

Pro|fes|si|on, die; -, -en (*veraltet für* Beruf; Gewerbe)

Pro|fes|sio|nal [prəˈfɛʃ(ə)nəl], der; -s, -s (Berufssportler; *Kurzw.* Profi)

Pro|fes|si|o|na|li|sie|rung; Pro|fes|si|o|na|li|tät, die; - (das Professionellsein); **pro|fes|si|o|nell** (fachmännisch)

Pro|fes|sor, der; -s, ...oren (Hochschullehrer; Titel für verdiente Lehrkräfte, Forscher u. Künstler; *österr. auch für* definitiv angestellter Lehrer an höheren Schulen; *Abk.* Prof.); ordentlicher Professor (*Abk.* o. P.)

P

Pro|fes|so|rin [*auch* ...ˈfɛ...] (*im Titel u. in der Anrede auch* Frau Professor)

Pro|fes|sur, die; -, -en (Lehrstuhl, -amt)

Pro|fi, der; -s, -s (jmd., der etwas fachmännisch betreibt); **Pro|fi|fuß|ball**

Pro|fil, das; -s, -e (Seitenansicht; Längs- od. Querschnitt; Riffelung bei Gummireifen; charakteristisches Erscheinungsbild)

Pro|fi|ler [proˈfai̯lɐ, ˈprɔʊ̯...], der; -s, - (Fachmann für die Erstellung eines psychologischen Profils eines gesuchten Täters); **Pro|fi|le|rin**

pro|fi|lie|ren (im Querschnitt darstellen); sich profilieren (sich ausprägen, hervortreten); **pro|fi|liert** (*auch für* gerillt, geformt; scharf umrissen; von ausgeprägter Art)

Pro|fi|li|ga *(Sport)*

Pro|fit [*auch* ...ˈfɪt], der; -[e]s, -e (Nutzen; Gewinn; Vorteil); ein Profit bringendes *od.* profitbringendes Geschäft; *aber nur* ein äußerst profitbringendes Geschäft; ein großen Profit bringendes Geschäft

pro|fi|ta|bel (gewinnbringend); ein pro|fi|ta|b|les Geschäft; **Pro|fi|ta|bi|li|tät,** die; -, -en

Pro|fit brin|gend, pro|fit|brin|gend *vgl.* Profit

Pro|fi|teur [...ˈtøːɐ̯], der; -s, -e; **Pro|fi|teu|rin; pro|fi|tie|ren** (Nutzen ziehen)

pro for|ma (der Form wegen, zum Schein)

pro|fund (tief, gründlich; *Med.* tief liegend)

Pro|g|no|se, die; -, -n (Vorhersage); **pro|g|nos|tisch; pro|g|nos|ti|zie|ren**

Pro|gramm, das; -[e]s, -e (Plan; Darlegung von Grundsätzen; *EDV* Folge von Anweisungen für einen Computer); **Pro|gramm|ab|lauf; Pro|gramm|än|de|rung**

Pro|gram|ma|tik, die; -, -en (Zielsetzung, -vorstellung); **pro|gram|ma|tisch**

Pro|gramm|di|rek|tor *(bes. Fernsehen);* **Pro|gramm|di|rek|to|rin; Pro|gramm|hin|weis; pro|gram|mier|bar; pro|gram|mie|ren** ([im Ablauf] festlegen; ein Programm [für einen Computer] schreiben); **Pro|gram|mie|rer** *(EDV);* **Pro|gram|mie|re|rin; Pro|gram|mier|spra|che; Pro|gram|mie|rung; Pro|gramm|ki|no; Pro|gramm|punkt; Pro|gramm|zeit|schrift**

Pro|gress, der; -es, -e (Fortschritt; Fortgang); **Pro|gres|si|on,** die; -, -en (das Fortschreiten; [Stufen]folge, Steigerung; *Steuerwesen* unverhältnismäßige Zunahme des Steuersatzes bei geringfügig steigendem Einkommen); kalte Progression; **pro|gres|siv** (sich entwickelnd; fortschrittlich)

Pogrom
Das Substantiv stammt aus dem Russischen und ist nicht mit der lateinischen Vorsilbe *Pro-* (wie etwa in *Programm, Produkt, Profit*) gebildet worden.

Pro|hi|bi|ti|on, die; -, -en (Verbot, bes. von Alkoholherstellung u. -abgabe)

Pro|jẹkt, das; -[e]s, -e (Plan[ung], Entwurf, Vorhaben); **Pro|jẹkt|ent|wick|lung; Pro|jẹkt|grup|pe** (Arbeitsgruppe für ein bestimmtes Projekt)
pro|jek|tie|ren (ein Projekt entwerfen)
Pro|jek|til, das; -s, -e (Geschoss)
Pro|jek|ti|on, die; -, -en (Darstellung auf einer Fläche; Vorführung mit dem Bildwerfer); **Pro|jek|ti|ons|flä|che** *(bes. Psychol.)*
Pro|jẹkt|lei|ter, der; **Pro|jẹkt|lei|te|rin; Pro|jẹkt|ma|nage|ment**
Pro|jẹk|tor, der; -s, ...oren (Bildwerfer)
pro|ji|zie|ren (auf einer Fläche darstellen; mit dem Projektor vorführen)
Pro|kla|ma|ti|on, die; -, -en (amtliche Bekanntmachung, Verkündigung; Aufruf); **pro|kla|mie|ren;** eine Idee proklamieren
Pro-Kọpf-Ver|brauch
pro|kras|ti|nie|ren (*geh. für* aufschieben, vertagen)
Pro|ku|ra, die; -, ...ren (Handlungsvollmacht); in Prokura; **Pro|ku|rịst,** der; -en, -en (Inhaber einer Prokura); **Pro|ku|rịs|tin**
Pro|let, der; -en, -en (*abwertend für* ungebildeter, ungehobelter Mensch); **Pro|le|ta|ri|at,** das; -[e]s, -e (Gesamtheit der Proletarier); **Pro|le|ta|ri|er,** der; -s, - (Angehöriger der wirtschaftlich unselbstständigen, besitzlosen Klasse); **pro|le|ta|risch; Pro|le|tin**
Pro|lo, der; -s, -s (*ugs. für* Prolet)
Pro|log, der; -[e]s, -e (Einleitung; Vorwort, -spiel, -rede; *Radsport* Rennen zum Auftakt einer Etappenfahrt)
Pro|me|na|de, die; -, -n (Spazierweg; Spaziergang); **Pro|me|na|den|mi|schung** (*ugs. scherzh. für* nicht reinrassiger Hund)
pro|me|nie|ren (spazieren gehen)
Prọ|mi, der; -s, -s *u.* die; -, -s (*ugs. kurz für* Prominente[r])
pro mil|le (für tausend, für das Tausend, vom Tausend; *Abk.* p. m., v. T.; *Zeichen* ‰); er hat 1,8 pro mille Alkohol im Blut
Pro|mil|le, das; -[s], - (Tausendstel); 2 Promille; **Pro|mil|le|gren|ze**

pro|mi|nẹnt (hervorragend, bedeutend, maßgebend); **Pro|mi|nẹn|te,** der *u.* die; -n, -n (bekannte Persönlichkeit); **Pro|mi|nẹnz,** die; -, -en (Gesamtheit der Prominenten; *veraltet für* [hervorragende] Bedeutung)
pro|mo|ten [...ˈmɔʊ̯..., ...ˈmo:...] (für etwas Werbung machen); er/sie promotet, hat promotet; **Pro|mo|ter** [proˈmɔʊ̯tɐ], der; -s, - (Veranstalter von Berufssportwettkämpfen); **Pro|mo|te|rin**
[1]**Pro|mo|ti|on,** die; -, -en (Erlangung, Verleihung der Doktorwürde)
[2]**Pro|mo|tion** [...ˈmɔʊ̯ʃn̩], die; -, -s (Förderung durch gezielte Werbemaßnahmen)
Pro|mo|tor, der; -s, ...oren (Förderer, Manager)
pro|mo|vie|ren (die Doktorwürde erlangen, verleihen); ich habe promoviert; ich bin promoviert worden
prompt (sofort); prompte Lieferung
Pro|no|men, das; -s, *Plur.* -, *älter* ...mina (*Sprachwiss.* Fürwort, z. B. »ich, mein«); **pro|no|mi|nal** (fürwörtlich)
[1]**Proof** [pru:f], das; -, - (Maß für den Alkoholgehalt von Getränken)
[2]**Proof** [pru:f], der, *auch* das; -s, -s (*Druckw.* Probeabzug)
Pro|pa|gan|da, die; - (Werbung für politische Grundsätze, kulturelle Belange od. wirtschaftliche Zwecke); **Pro|pa|gan|da|ma|te|ri|al; pro|pa|gan|dịs|tisch; pro|pa|gie|ren** (verbreiten, werben für etwas)
Pro|pan, das; -s (ein Brenn-, Treibgas); **Pro|pan|gas,** das; -es
Pro|pẹl|ler, der; -s, -
prọ|per (sauber, ordentlich)
Pro|phet, der; -en, -en (Weissager, Seher; Mahner); die Großen Propheten (z. B. Jesaja), die Kleinen Propheten (z. B. Hosea); **Pro|phe|tin; pro|phe|tisch** (seherisch); **pro|phe|zei|en** (voraussagen); er hat prophezeit; **Pro|phe|zei|ung**
pro|phy|lạk|tisch (vorbeugend, verhütend)
Pro|phy|la|xe, die; -, -n (Maßnahme[n] zur Vorbeugung, [Krankheits]verhütung)
Pro|por|ti|on, die; -, -en ([Größen]verhält-

P

nis; *Math.* Verhältnisgleichung); **pro|por|ti|o|nal** (verhältnismäßig; entsprechend)
Pro|por|ti|o|na|li|tät, die; -, -en (Verhältnismäßigkeit, proportionales Verhältnis)
Pro|porz, der; -es, -e (Sitz- *u.* Amtsverteilung nach dem Stimmenverhältnis; *bes. österr. u. schweiz. für* Verhältniswahlsystem)
pro|p|ri|e|tär (*EDV* nur für ein spezielles herstellereigenes Computermodell verwendbar); **Pro|p|ri|e|tär,** der; -s, -e (*veraltet für* Eigentümer); **Pro|p|ri|e|tä|rin**
Propst, der; -[e]s, Pröpste (Kloster-, Stiftsvorsteher; Superintendent)
Pro|sa, die; - (Rede [Schrift] in ungebundener Form; *übertr. für* Nüchternheit)
pro|sa|isch (in Prosa; *übertr. für* nüchtern)
Pro|sec|co, der; -[s], -s (ein italienischer Schaum-, Perl- od. Weißwein)
pro|sit! (wohl bekomms!); pros[i]t Neujahr!; pros[i]t allerseits!; prost Mahlzeit! *(ugs.)*
Pro|sit, das; -s, -s (Zutrunk); ein Prosit der Gemütlichkeit!
Pro|s|pekt, der, *österr. auch* das; -[e]s, -e (Werbeschrift; Ansicht [von Straßen u. a.]; Bühnenhintergrund)
Pro|s|pe|ri|tät, die; - (Wohlstand, wirtschaftlicher Aufschwung)
Pro|s|ta|ta, die; -, ...tae (Vorsteherdrüse); **Pro|s|ta|ta|krebs**
pros|ten (ein Prost ausbringen); prost!
Pro|s|ti|tu|ier|te, der *u.* die; -n, -n; **Pro|s|ti|tu|ti|on,** die; - (gewerbsmäßige Ausübung sexueller Handlungen)
Pro|t|a|go|nist, der; -en, -en (*altgriech. Theater* erster Schauspieler; zentrale Gestalt; Vorkämpfer); **Pro|t|a|go|nis|tin**
Pro|te|in, das; -s, -e (vorwiegend aus Aminosäuren aufgebauter Eiweißkörper)
Pro|tek|ti|on, die; -, -en (Förderung; Schutz)
Pro|tek|ti|o|nis|mus, der; - (Politik, die z. B. durch Schutzzölle die inländische Wirtschaft begünstigt); **pro|tek|ti|o|nis|tisch**
Pro|tek|tor, der; -s, ...oren (Beschützer; Förderer; Schutz-, Schirmherr); **Pro|tek|to|rat,** das; -[e]s, -e (Schirmherrschaft; Schutzherrschaft; das unter Schutzherrschaft stehende Gebiet); **Pro|tek|to|rin**
Pro|test, der; -[e]s, -e (Einspruch; Missfallensbekundung; *Wirtsch.* Verweigerung der Annahme od. der Zahlung eines Wechsels od. Schecks); zu Protest gehen (von Wechseln); **Pro|test|ak|ti|on**
Pro|tes|tant, der; -en, -en (Angehöriger des Protestantismus); **Pro|tes|tan|tin; pro|tes|tan|tisch** (*Abk.* prot.); **Pro|tes|tan|tis|mus,** der; - (Gesamtheit der auf die Reformation zurückgehenden evangelischen Kirchengemeinschaften)
pro|tes|tie|ren (Einspruch erheben, Verwahrung einlegen); einen Wechsel protestieren (*Wirtsch.* zu Protest gehen lassen); **Pro|test|kund|ge|bung; Pro|test|marsch**
Pro|the|se, die; -, -n (künstlicher Ersatz eines fehlenden Körperteils; Zahnersatz)
Pro|to|koll, das; -s, -e (förmliche Niederschrift, Tagungsbericht; Beurkundung einer Aussage, Verhandlung u. a.; *nur Sing.:* Gesamtheit der im diplomatischen Verkehr gebräuchlichen Formen); zu Protokoll geben; **Pro|to|kol|lant,** der; -en, -en ([Sitzungs]schriftführer); **Pro|to|kol|lan|tin; pro|to|kol|la|risch; pro|to|kol|lie|ren** (ein Protokoll aufnehmen; beurkunden)
Pro|ton, das; -s, ...onen (*Kernphysik* ein Elementarteilchen)
Pro|to|nen|be|schleu|ni|ger
Pro|to|typ [*selten* ...'ty:p], der; -s, -en (Muster; Urbild; Inbegriff); **pro|to|ty|pisch**
Protz, der; *Gen.* -es, *älter* -en, *Plur.* -e, *älter* -en (*ugs. für* Angeber; *landsch. für* Kröte)
prot|zen *(ugs.);* du protzt; **prot|zig**
Pro|ve|ni|enz, die; -, -en (Herkunft)
Pro|vi|ant, der; -s, -e *Plur. selten* ([Mund]vorrat; Wegzehrung; Verpflegung)
Pro|vi|der [pro'vaɪdɐ], der; -s, - (*EDV* Anbieter eines Zugangs zum Internet o. Ä.)
Pro|vinz, die; -, -en (Land[esteil]; das Land im Gegensatz zur Hauptstadt; *abwertend für* [kulturell] rückständige Gegend; *Abk.* Prov); **Pro|vinz|haupt|stadt**

pro|vin|zi|ell (die Provinz betreffend; *abwertend für* hinterwäldlerisch)
Pro|vi|si|on, die; -, -en (Vergütung, [Vermittlungs]gebühr)
pro|vi|so|risch (vorläufig); **Pro|vi|so|ri|um,** das; -s, ...ien (Übergangslösung)
pro|vo|kant (provozierend); **Pro|vo|ka|teur** [...'tøːɐ̯], der; -s, -e (jmd., der provoziert); **Pro|vo|ka|teu|rin; Pro|vo|ka|ti|on,** die; -, -en (Herausforderung; Aufreizung); **pro|vo|ka|tiv** (herausfordernd)
pro|vo|zie|ren (herausfordern; auslösen)
Pro|ze|de|re, Pro|ce|de|re, das; -[s], - (Verfahrensordnung, -weise; Prozedur)
Pro|ze|dur, die; -, -en (Verfahren, [schwierige, unangenehme] Behandlungsweise)
Pro|zent, das; -[e]s, -e ([Zinsen, Gewinn] vom Hundert, Hundertstel; *Abk.* p. c., v. H.; *Zeichen* %); 5 Prozent *od.* 5 %; **Pro|zent|punkt** (Prozent [als Differenz zweier Prozentzahlen]); **Pro|zent|rech|nung; Pro|zent|satz; pro|zen|tu|al** (im Verhältnis zum Hundert, in Prozenten ausgedrückt)
Pro|zess, der; -es, -e (Vorgang, Ablauf; Entwicklung; gerichtliche Durchführung von Rechtsstreitigkeiten); **Pro|zess|be|ginn; pro|zes|sie|ren** (einen Prozess führen)
Pro|zes|si|on, die; -, -en ([feierlicher kirchlicher] Umzug, Bitt- od. Dankgang)
Pro|zess|kos|ten *Plur.;* **Pro|zess|kos|ten|hil|fe** *(Rechtsspr.)*
Pro|zes|sor, der; -s, ...oren (zentraler Teil einer Datenverarbeitungsanlage)
pro|zes|su|al (auf einen Rechtsstreit bezüglich)
prü|de (zimperlich, spröde); **Prü|de|rie,** die; - (Zimperlichkeit, Ziererei)
Prüf|be|richt
prü|fen; Prü|fer; Prü|fe|rin; Prüf|ling; Prüf|stand; Prüf|stein
Prü|fung; Prü|fungs|auf|ga|be
[1]**Prü|gel,** der; -s, - (Stock)
[2]**Prü|gel** *Plur.* (*ugs. für* Schläge); **Prü|ge|lei**
prü|geln; ich prüg[e]le; sich prügeln
Prunk, der; -[e]s; **prun|ken; Prunk|sit|zung** (im Karneval); **Prunk|stück; prunk|voll**
prus|ten (stark schnauben)
PS = Pferdestärke; Postskript[um]
PSA = Personal-Service-Agentur
Psalm, der; -[e]s, -en (geistliches Lied); **Psal|ter,** der; -s, - (Buch der Psalmen im A. T.)
pseu|d|o|nym (unter einem Decknamen [verfasst]); **Pseu|d|o|nym,** das; -s, -e (Deck-, Künstlername)
[1]**Psi,** das; -[s], -s (griech. Buchstabe: Ψ, ψ)
[2]**Psi,** das; -[s] *meist ohne Artikel* (bestimmendes Element parapsychologischer Vorgänge)
Psy|che, die; -, -n (Seele; *österr. veraltend auch für* mit Spiegel versehene Frisiertoilette); **psy|che|de|lisch** (in einem [durch Rauschmittel hervorgerufenen] euphorischen, tranceartigen Gemütszustand befindlich; Glücksgefühle hervorrufend)
Psy|ch|i|a|ter, der; -s, - (Facharzt für Psychiatrie); **Psy|ch|i|a|te|rin**
Psy|ch|i|a|t|rie, die; -, ...ien (*nur Sing.:* Lehre von den seelischen Störungen, von den Geisteskrankheiten; *ugs. für* psychiatrische Klinik); **psy|ch|i|a|t|risch** *(Med.);* **psy|chisch** (seelisch); psychische Krankheiten
Psy|cho, der; -s, -s (*Jargon* psychisch kranke Person)
Psy|cho|ana|ly|se, die; - (*Psychol.* Verfahren zur Untersuchung unbewusster seelischer Vorgänge); **Psy|cho|ana|ly|ti|ker** (die Psychoanalyse vertretender od. anwendender Psychologe, Arzt); **Psy|cho|ana|ly|ti|ke|rin; psy|cho|ana|ly|tisch**
Psy|cho|gramm, das; -s, -e (grafische Darstellung von Fähigkeiten u. Eigenschaften einer Persönlichkeit; psychologische Persönlichkeitsstudie)
Psy|cho|lo|ge, der; -n, -n; **Psy|cho|lo|gie,** die; -, -n (Wissenschaft von den psychischen Vorgängen); **Psy|cho|lo|gin; psy|cho|lo|gisch**
Psy|cho|path, der; -en, -en; **Psy|cho|pa|thin**
Psy|cho|phar|ma|kon, das; -s, ...ka (*Med., Psychol.* auf die Psyche einwirkendes Arzneimittel)

Psy|cho|se, die; -, -n (*Med., Psychol.* krankhafte geistig-seelische Störung)
psy|cho|so|ma|tisch (*Med.* auf psychisch-körperlichen Wechselwirkungen beruhend)
psy|cho|so|zi|al (*Sozialpsychol.* durch psychische u. soziale Gegebenheiten bestimmt); psychosoziale Entwicklung
Psy|cho|the|ra|peut [*auch* ˈpsy:ço…], der; -en, -en (die Psychotherapie anwendender Arzt od. Psychologe); **Psy|cho|the|ra|peu|tin; psy|cho|the|ra|peu|tisch**
Psy|cho|the|ra|pie [*auch* ˈpsy:ço…], die; -, …ien (Heilbehandlung für psychische Störungen)
Psy|cho|thril|ler (mit psychologischen Effekten spannend gemachter Kriminalfilm od. -roman)
psy|cho|tisch (*Med., Psychol.* zu einer Psychose gehörend; an ihr leidend)
Pub [pap], das, *auch* der; -s, -s (Wirtshaus im englischen Stil, Bar)
pu|ber|tär (mit der Geschlechtsreife zusammenhängend); **Pu|ber|tät,** die; - ([Zeit der eintretenden] Geschlechtsreife; Reifezeit); **pu|ber|tie|ren** (in die Pubertät eintreten, sich in ihr befinden)
Pu|b|li|ci|ty [paˈblɪsiti], die; - (Öffentlichkeit; Reklame, [Bemühung um] öffentliches Aufsehen); **pu|b|li|ci|ty|scheu**
Pu|b|lic Re|la|tions [ˈpablɪk riˈlɛɪ̯ʃn̩s] *Plur.* (Öffentlichkeitsarbeit; *Abk.* PR)
pu|b|lik (öffentlich; offenkundig; allgemein bekannt); publik werden
Pu|b|li|ka|ti|on, die; -, -en (Veröffentlichung)
pu|b|lik ma|chen, **pu|b|lik|ma|chen**
Pu|b|li|kum, das; -s; **Pu|b|li|kums|er|folg**
Pu|b|li|kums|lieb|ling; Pu|b|li|kums|ma|g|net; pu|b|li|kums|wirk|sam
pu|b|li|zie|ren (veröffentlichen, herausgeben); **Pu|b|li|zist,** der; -en, -en (polit. Schriftsteller; Tagesschriftsteller; Journalist); **Pu|b|li|zis|tik,** die; -; **Pu|b|li|zis|tin; pu|b|li|zis|tisch; Pu|b|li|zi|tät,** die; - (Öffentlichkeit, Bekanntheit)
Puck, der; -s, -s (Kobold; Hartgummischeibe beim Eishockey)

P

Pud|ding, der; -s, *Plur.* -e *u.* -s (eine Süß-, Mehlspeise); **Pud|ding|pul|ver**
Pu|del, der; -s, - (eine Hunderasse; *ugs. für* Fehlwurf [beim Kegeln])
Pu|del|müt|ze; pu|del|nass *(ugs.)*
pu|del|wohl *(ugs.);* sich pudelwohl fühlen
Pu|der, der, *ugs. auch* das; -s, -; **pu|dern;** ich pudere; **Pu|der|zu|cker,** der; -s
[1]**Puff,** der, *auch* das; -s, -s (*ugs. für* Bordell)
[2]**Puff,** der; -[e]s, *Plur.* Püffe, *seltener* Puffe (*ugs. für* Stoß)
puf|fen (bauschen; *ugs. für* stoßen); er pufft ihn, *auch* ihm in die Seite
Puf|fer (federnde, Druck u. Aufprall abfangende Vorrichtung); **Puf|fer|zo|ne**
Puff|mais; Puff|reis, der; -es
pu|len (*nordd. für* bohren, herausklauben)
Pulk, der; -[e]s, *Plur.* -s, *selten auch* -e (Verband von Kampfflugzeugen od. militär. Kraftfahrzeugen; Anhäufung)
Pul|le, die; -, -n (*ugs. für* Flasche)
Pul|li, der; -s, -s (*ugs. für* leichter Pullover)
Pul|l|o|ver, der; -s, -
Pul|l|un|der, der; -s, - (kurzer, ärmelloser Pullover)
Pulp, der; -s, -en (Fruchtmasse zur Herstellung von Obstsaft od. Konfitüre)
Puls, der; -es, -e (Aderschlag; Pulsader am Handgelenk); **Puls|ader**
pul|sie|ren (rhythmisch schlagen, klopfen; an- u. abschwellen)
Puls|schlag
Pult, das; -[e]s, -e
Pul|ver […v…, …f…], das; -s, -; **Pul|ver|fass; pul|ve|rig,** pulv|rig
pul|ve|ri|sie|ren (zu Pulver zerreiben)
Pu|ma, der; -s, -s (ein Raubtier)
pum|me|lig, pumm|lig (*ugs. für* dicklich)
Pump, der; -s, -e; auf Pump leben (*ugs. für* von Geborgtem leben)
Pum|pe, die; -, -n; **pum|pen** (*ugs. auch für* borgen)
Pum|per|ni|ckel, der, *auch* das; -s, - (ein Schwarzbrot)
Pumps [pœmps], der; -, - (ausgeschnittener Damenschuh mit höherem Absatz)

Punk [paŋk], der; -[s], -s (*nur Sing.:* bewusst primitiv-exaltierte Rockmusik; Punker)
Pun|ker (Jugendlicher, der durch Verhalten u. spezielle Aufmachung seine antibürgerliche Einstellung ausdrückt); **Pun|ke|rin;**
Punk|rock, **Punk-Rock,** der; -[s]
Punkt, der; -[e]s, -e (*Abk.* Pkt.); Punkt 8 Uhr; typografischer Punkt; 2 Punkt Durchschuss (Zeilenabstand); der Punkt auf dem i; **Punkt|ab|zug,** Punk|te|ab|zug
Pünkt|chen
punk|ten; punkt|ge|nau; Punkt|ge|winn *(Sport);* **punkt|gleich** *(Sport)*
punk|tie|ren (mit Punkten versehen, tüpfeln; *Med.* eine Punktion ausführen); punktierte Note *(Musik)*
pünkt|lich; Pünkt|lich|keit, die; -
punkt|schwei|ßen; *nur im Infinitiv u. im Partizip II gebräuchlich;* punktgeschweißt
Punkt|spiel; punk|tu|ell (punktweise; einzelne Punkte betreffend); **Punkt|zahl**
Punsch, der; -[e]s, *Plur.* -e, *auch* Pünsche (ein alkohol. Getränk)
Pup, der; -[e]s, -e (*ugs. für* abgehende Blähung); **pu|pen** (*ugs. für* eine Blähung abgehen lassen); du pupst
Pu|pil|le, die; -, -n (Sehöffnung im Auge)
Pup|pe, die; -, -n; **Pup|pen|spiel; Pup|pen|the|a|ter; Pup|pen|wa|gen**
Pups *vgl.* Pup; **pup|sen** *vgl.* pupen; **Pup|ser** *vgl.* Pup
pur (rein, unverfälscht); Whisky pur
Pü|ree, das; -s, -s (Brei, breiförmige Speise); **pü|rie|ren** (zu Püree machen)
Pu|rist, der; -en, -en; **pu|ris|tisch; Pu|ri|ta|ner** (Anhänger des Puritanismus); **Pu|ri|ta|ne|rin; pu|ri|ta|nisch** (sittenstreng)
Pur|pur, der; -s (hochroter Farbstoff; prächtiges, purpurfarbiges Gewand); **pur|pur|far|ben, pur|pur|far|big; pur|purn; pur|pur|rot**
Pur|zel|baum; pur|zeln; ich purz[e]le
pu|schen; du puschst; *vgl.* pushen
Pu|schen [*auch* 'pu:...], der; -s, - (*nordd.* bequemer Hausschuh)
pu|shen [...ʃ...], pu|schen (mit Rauschgift handeln; *auch für* in Schwung bringen, propagieren); du pushst
Pus|te, die; - *(ugs.);* aus der Puste (außer Atem) sein; [ja,] Puste *od.* Pustekuchen! (*ugs. für* aber nein, gerade das Gegenteil)
Pus|te|blu|me (abgeblühter Löwenzahn)
Pus|tel, die; -, -n (Eiterbläschen, [2]Pickel)
pus|ten (*landsch. für* blasen; heftig atmen)
Pusz|ta ['pʊs...], die; -, ...ten (Grassteppe, Weideland in Ungarn)
Pu|te, die; -, -n (Truthenne); **Pu|ter** (Truthahn); **pu|ter|rot;** puterrot werden
Putsch, der; -[e]s, -e (politischer Handstreich); **put|schen;** du putschst; **Put|schist,** der; -en, -en; **Put|schis|tin; Putsch|ver|such**
Putz, der; -es, -e
put|zen; du putzt; sich putzen; ein Kleid putzen lassen (*österr. für* chemisch reinigen lassen); **Putz|frau**
put|zig (*ugs. für* drollig)
Putz|lap|pen; Putz|mann
putz|mun|ter (*ugs. für* sehr munter)
Putz|sucht, die; -; **putz|süch|tig**
Putz|tuch *Plur.* ...tücher
puz|zeln ['pʊz|n, *auch* 'pa...] (ein Puzzle zusammensetzen); ich puzz[e]le; **Puz|zle** [...z|l], das; -s, -s (ein Geduldsspiel)
PVC, das; -[s] (ein Kunststoff)
Pyg|mäe, der; -n, -n (Angehöriger einer kleinwüchsigen Bevölkerungsgruppe in Afrika); **pyg|mä|en|haft; Pyg|mä|in**
Py|ja|ma [pydʒ..., *österr.* pidʒ...], der, *österr. u. schweiz. auch* das; -s, -s (Schlafanzug)
Py|lon, der; *Gen.* -en, *auch* -s, *Plur.* -en, *auch* -e (Brückenpfeiler; kegelförmige Absperrmarkierung auf Straßen)
Py|ra|mi|de, die; -, -n (ägyptischer Grabbau; geometrischer Körper)
Py|ro|ma|ne, der; -n, -n (an Pyromanie Leidender); **Py|ro|ma|nin**
Py|ro|tech|nik [*auch* 'py:...], die; - (Herstellung u. Gebrauch von Feuerwerkskörpern)
Py|thon, der; -s, -s (eine Riesenschlange)

P

Qq

Q [ku:, *österr., außer Math.,* kve:] (Buchstabe); das Q; des Q, die Q, *aber* das q in verquer; der Buchstabe Q, q

Qi, Chi [tʃi:], das; -[s] (die Lebensenergie in der chin. Philosophie)

qua ([in der Eigenschaft] als; gemäß); qua amtliche, *auch* amtlicher Befugnis

Quack|sal|ber (*svw.* Kurpfuscher); **Quack|sal|be|rin**

Quad|del, die; -, -n (juckende Anschwellung der Haut)

Qua|der, der; -s, - *od.* die; -, -n (*Math.* ein von sechs Rechtecken begrenzter Körper; behauener [viereckiger] Bruchsteinblock)

Qua|d|rat, das; -[e]s, -e (Viereck mit vier rechten Winkeln u. vier gleichen Seiten; zweite Potenz einer Zahl)

qua|d|ra|tisch; quadratische Gleichung (Gleichung zweiten Grades)

Qua|d|rat|ki|lo|me|ter (*Zeichen* km^2); **Qua|d|rat|me|ter** (*Zeichen* m^2); **Qua|d|rat|me|ter|preis**

Qua|d|ra|tur, die; -, -en (Verfahren zur Flächenberechnung)

Q

Qua|d|rat|zahl; qua|d|rie|ren (*Math.* [eine Zahl] in die zweite Potenz erheben)

qua|ken; der Frosch quakt

Quä|ker, der; -s, - (Angehöriger einer christl. Glaubensgemeinschaft); **Quä|ke|rin**

Qual, die; -, -en; **quä|len;** sich quälen; **Quä|le|rei; Quäl|geist** *Plur.* ...geister *(ugs.)*

[1]**Qua|li,** die; -, -s (*ugs. kurz für* Qualifikation)

[2]**Qua|li,** der; -s, -s (*ugs. kurz für* qualifizierter [Schul]abschluss)

Qua|li|fi|ka|ti|on, die; -, -en (Befähigung[snachweis]; Teilnahmeberechtigung für sportliche Wettbewerbe)

qua|li|fi|zie|ren (als etw. bezeichnen, klassifizieren; befähigen); sich qualifizieren (sich eignen; sich als geeignet erweisen; eine Qualifikation erwerben); **qua|li|fi|ziert;** qualifizierte Mehrheit; qualifiziertes Vergehen (*Rechtsspr.* Vergehen unter erschwerenden Umständen); **Qua|li|fi|zie|rung** (*auch für* fachl. Aus- u. Weiterbildung); **Qua|li|fi|zie|rungs|maß|nah|me**

Qua|li|fy|ing ['kvɔlɪfaɪɪŋ], das; -s, -s (*Rennsport* Qualifikation u. Festlegung der Startreihenfolge für ein [Auto]rennen)

Qua|li|tät, die; -, -en (Beschaffenheit, Güte, Wert); erste, zweite, mittlere Qualität

qua|li|ta|tiv [*auch* 'kva...] (dem Wert, der Beschaffenheit nach)

qua|li|täts|be|wusst; Qua|li|täts|ma|nage|ment (*Wirtsch.* Gesamtheit der Maßnahmen zur Absicherung einer Mindestqualität von Produkten u. Dienstleistungen); **Qua|li|täts|si|che|rung; Qua|li|täts|stan|dard**

Qual|le, die; -, -n (ein Nesseltier)

Qualm, der; -[e]s; **qual|men**

qual|voll

Quänt|chen (eine kleine Menge); ein Quäntchen Glück

Quan|ten|sprung (*übertr. auch für* [durch eine Erfindung o. Ä. ermöglichter] entscheidender Fortschritt)

Quan|ti|tät, die; -, -en (Menge, Größe)

quan|ti|ta|tiv [*auch* 'kvan...] (mengenmäßig)

Quan|tum, das; -s, ...ten (Menge, Maß)

Quap|pe, die; -, -n (ein Fisch; Kaulquappe)

Qua|ran|tä|ne [ka...], die; -, -n (vorübergehende Isolierung von Personen od. Tieren, die eine ansteckende Krankheit haben [könnten]); **Qua|ran|tä|ne|sta|ti|on**

[1]**Quark,** der; -[e]s (aus saurer Milch hergestelltes Nahrungsmittel; *ugs. auch für* Wertloses); red nicht solchen Quark!

[2]**Quark** [kvɔ:ɐk], das; -s, -s (*Physik* Elementarteilchen)

Quart, die; -, -en, **Quar|te,** die; -, -n (*Musik* vierter Ton der diatonischen Tonleiter; Intervall im Abstand von 4 Stufen)

Quar|ta, die; -, ...ten (*veraltende Bez. für* die dritte Klasse eines Gymnasiums)

Quar|tal, das; -s, -e (Vierteljahr)

Quar|ta|ner (Schüler der Quarta); **Quar|ta|ne|rin**

Quar|te *vgl.* Quart

Quar|ter ['kvɔːɐ̯...], der; -s, - (altes engl. u. amerik. Hohlmaß u. Gewicht)

Quar|ter|back ['kvɔːɐ̯tɐbɛk], der; -[s], -s (Spielmacher im amerik. Football)

Quar|tett, das; -[e]s, -e (Musikstück für vier Stimmen od. vier Instrumente; *auch für* die vier Ausführenden; ein Kartenspiel)

Quar|tier, das; -s, -e (Unterkunft, bes. von Truppen; *schweiz. auch für* Stadtviertel)

Quarz, der; -es, -e (ein Mineral); **quarz|hal|tig; Quarz|uhr** *(in Werbetexten oft mit der englischen tz-Schreibung)*

qua|si (gewissermaßen, sozusagen)

Quas|se|lei (*ugs. für* [dauerndes] Quasseln); **quas|seln** (*ugs. für* unaufhörlich u. schnell reden, schwatzen); ich quass[e]le

Quas|sel|strip|pe, die; -, -n (*ugs. für* Telefon; *auch für* jmd., der viel redet)

Quast, der; -[e]s, -e (*nordd. für* [Borsten]büschel, breiter Pinsel)

Quas|te, die; -, -n (Troddel, Schleife)

[1]**Quatsch,** der; -[e]s (*landsch. für* Matsch)

[2]**Quatsch,** der; -[e]s (*ugs. für* dummes Gerede, Unsinn; *auch für* Alberei); Quatsch reden; das ist ja Quatsch!; ach Quatsch!

[1]**quat|schen** [*auch* kvaː...] *(landsch.);* der Boden quatscht unter den Füßen

[2]**quat|schen** *(ugs.);* du quatschst

Que|cke, die; -, -n (eine Graspflanze)

Queck|sil|ber (chemisches Element, Metall; *Zeichen* Hg); **queck|silb|rig,** queck|sil|be|rig ([unruhig] wie Quecksilber)

Queen [kviːn], die; -, -s (*nur Sing.:* jeweils regierende englische Königin)

queer [kviːɐ̯] (nicht heterosexuell)

Quell, der; -[e]s, -e *Plur. selten (geh. für* Quelle); **Quell|code** (*EDV* ursprünglicher Programmcode eines Computerprogramms); **Quel|le,** die; -, -n; Nachrichten aus amtlicher, erster Quelle

[1]**quel|len** (schwellen, größer werden; hervordringen); du quillst, du quollst; du quöllest; gequollen; quill!; Wasser quillt

[2]**quel|len** (im Wasser weichen lassen); du quellst; du quelltest; gequellt; quell[e]!; ich quelle Bohnen

Quel|len|an|ga|be; Quel|len|steu|er, die (Steuer, die in dem Staat erhoben wird, wo der Gewinn, die Einnahme erwirtschaftet wurde); **Quell|text** (*svw.* Quellcode); **Quell|was|ser** *Plur.* ...wasser

Quen|ge|lei

quen|ge|lig, queng|lig

quen|geln (*ugs. für* weinerlich nörgelnd immer wieder um etwas bitten, keine Ruhe geben [meist von Kindern]); ich queng[e]le; **queng|lig,** quen|ge|lig

quer; kreuz und quer; quer [über die Straße] gehen; sich quer [ins Bett] legen; ein Ast hatte sich quer gelegt; *aber* sich querlegen, querstellen (*ugs. für* sich widersetzen); ein quer gestreifter oder quergestreifter Rock; **quer|beet** (*ugs. für* ohne festgelegte Richtung)

Quer|den|ker (jmd., der unkonventionell u. originell denkt); **Quer|den|ke|rin**

quer|durch; er ist einfach querdurch gelaufen, *aber* sie läuft quer durch die Felder

Que|re, die; - *(ugs.); meist in* in die Quere kommen; in die Kreuz und [in die] Quer[e]

Quer|ein|stei|ger; Quer|ein|stei|ge|rin

Que|re|le, die; -, -n *meist Plur.* (Streiterei)

que|ren (überschreiten, überschneiden)

quer|feld|ein

Quer|flö|te

quer ge|streift, quer|ge|streift *vgl.* quer

Quer|kopf (*ugs. für* jmd., der sich immer widersetzt); **quer|köp|fig**

quer|le|gen *vgl.* quer

quer|schie|ßen

Quer|schiff (Teil einer Kirche)

Quer|schlä|ger (abprallendes od. quer aufschlagendes Geschoss)

Quer|schnitt; quer|schnitt[s]|ge|lähmt

quer|stel|len *vgl.* quer; **Quer|sum|me**

Que|ru|lant, der; -en, -en (Nörgler, Quengler); **Que|ru|lan|tin**

Quer|ver|weis

Q

que|sen (*nordd. für* quengeln); du quest
quet|schen; du quetschst; **Quet|schung**
Queue [kø:], das, *auch* der; -s, -s (Billardstock)
Quiche [kɪʃ], die; -, -s (Speckkuchen aus Mürbe- od. Blätterteig)
quick (*landsch., bes. nordd. für* rege, schnell); **quick|le|ben|dig**
quie|ken; du quiekst
quiet|schen; du quietschst
quietsch|ver|gnügt (*ugs. für* sehr vergnügt)
quil|len (*veraltet, noch landsch. für* [1]quellen)
Quint, die; -, -en, Quin|te, die; -, -n (*Musik* Intervall im Abstand von 5 Stufen)
Quin|ta, die; -, ...ten (*veraltend für* zweite Klasse eines Gymnasiums)
Quin|te *vgl.* Quint
Quin|ten|zir|kel, der; -s *(Musik)*
Quint|es|senz, die; -, -en ([als Ergebnis] das Wesentliche einer Sache)
Quin|tett, das; -[e]s, -e (Musikstück für fünf Stimmen od. fünf Instrumente; *auch für* die fünf Ausführenden)
Quirl, der; -[e]s, -e; **quir|len; quir|lig** (*ugs. für* lebhaft)
quitt (ausgeglichen, fertig, befreit); wir sind quitt *(ugs.);* mit jmdm. quitt sein
Quit|te, die; -, -n (ein Obstbaum; dessen Frucht); **quit|te|gelb, quit|ten|gelb; Quitten|ge|lee**
quit|tie|ren ([den Empfang] bescheinigen; *veraltend für* [ein Amt] niederlegen)
Quit|tung (Empfangsbescheinigung); **Quittungs|block** *vgl.* Block
Quiz [kvɪs], das; -, *Plur.* -, *ugs. auch* -ze (Frage-und-Antwort-Spiel); **Quiz|mas|ter** (Fragesteller u. Moderator bei einer Quizveranstaltung); **Quiz|mas|te|rin; Quiz|show**
Quo|rum, das; -s, ...ren (*bes. südd., schweiz. für* die zur Beschlussfassung in einer Körperschaft erforderliche Zahl anwesender Mitglieder)
Quo|te, die; -, -n (Anteil [von Personen], der bei Aufteilung eines Ganzen auf den Einzelnen od. eine Einheit entfällt; *auch kurz für* Einschaltquote); **Quo|ten|re|ge|lung** (Festlegung eines angemessenen Anteils von Frauen in [politischen] Gremien)
Quo|ti|ent, der; -en, -en (*Math.* Ergebnis einer Division)

R *r*

R (Buchstabe); das R; des R, die R, *aber* das r in fahren; der Buchstabe R, r
Ra|batt, der; -[e]s, -e (Preisnachlass)
Ra|bat|te, die; -, -n ([Rand]beet)
Ra|batz, der; -es (*ugs. für* Krawall, Unruhe); Rabatz machen
Ra|bau|ke, der; -n, -n (*ugs. für* Rüpel, gewalttätiger Mensch); **Ra|bau|kin**
Rab|bi, der; -[s], *Plur.* -s *u.* ...inen (*nur Sing.:* Ehrentitel jüdischer Gesetzeslehrer u. a.; Träger dieses Titels); **Rab|bi|ner,** der; -s, - (jüdischer Gesetzes-, Religionslehrer, Geistlicher, Prediger); **Rab|bi|ne|rin**
Ra|be, der; -n, -n; **Ra|ben|el|tern** *Plur.* (lieblose Eltern); **ra|ben|schwarz** *(ugs.)*
ra|bi|at (wütend; grob, gewalttätig)
Ra|che, die; -; [an jmdm.] Rache nehmen; **Ra|che|akt**
Ra|chen, der; -s, -
rä|chen; gerächt; sich rächen; **Rä|cher; Räche|rin**
Rach|gier; rach|gie|rig
Ra|cker, der; -s, - (*fam. für* Schlingel)
ra|ckern (*ugs. für* sich abarbeiten); ich rackere
Ra|cket ['rɛ...], das; -s, -s ([Tennis]schläger)
Ra|c|lette [...klɛt, *auch* ...'klɛt], die; -, -s, *auch* das; -s, -s (ein Walliser Käsegericht)
Rad, das; -[e]s, Räder; Rad fahren, ich fahre Rad, um Rad zu fahren, *aber* beim Radfahren, das Radfahren; die Rad fahrenden *od.* radfahrenden Kinder; ein Rad schlagen
Ra|dar [*auch, österr. nur* 'ra:...], das, *nicht fachspr. auch* der; -s, -e (Verfahren zur

Ortung von Gegenständen; Radargerät); **Ra|dar|kon|t|rol|le; Ra|dar|schirm**
Ra|dau, der; -s (*ugs. für* Lärm); Radau machen
ra|de|bre|chen; du radebrechst; du radebrechtest; geradebrecht; zu radebrechen
ra|deln (Rad fahren); ich rad[e]le
Rä|dels|füh|rer; Rä|dels|füh|re|rin
Rad|fah|ren, das; -s; *vgl.* Rad
Rad|fah|rer; Rad|fah|re|rin
ra|di|al (auf den Radius bezogen, strahlenförmig; von einem Mittelpunkt ausgehend)
ra|die|ren; Ra|dier|gum|mi, der, *ugs. auch* das; **Ra|die|rung** (mit einer geätzten Platte gedruckte Grafik)
Ra|dies|chen (eine Pflanze)
ra|di|kal ([ideologisch] extrem; gründlich)
Ra|di|kal, das; -s, -e (*Chemie* Atom, Molekül od. Ion mit einem ungepaarten Elektron); freie Radikale; **Ra|di|ka|li|sie|rung** (Entwicklung zum Radikalen); **Ra|di|ka|lis|mus,** der; -, ...men (rücksichtslos bis zum Äußersten gehende [politische, religiöse usw.] Richtung); **Ra|di|ka|li|tät,** die; -, -en
Ra|dio, das (*südd., österr. ugs., schweiz. für das Gerät auch* der); -s, -s (Rundfunk[gerät])
ra|dio|ak|tiv; radioaktiver Niederschlag; **Ra|dio|ak|ti|vi|tät,** die; -
Ra|dio|ap|pa|rat; Ra|dio|pro|gramm; Ra|dio|sen|der; Ra|dio|sen|dung
Ra|di|um, das; -s (radioaktives chemisches Element, Metall; *Zeichen* Ra)
Ra|di|us, der; -, ...ien (Halbmesser des Kreises; *Abk.* r, R); die Berechnung des Radius
[1]**Rad|ler** (Radfahrer)
[2]**Rad|ler,** das, *auch* der; -s, - (*landsch., bes. südd., für* Getränk aus Bier u. Limonade)
Rad|le|rin; Rad|pro|fi (Profi im Radsport); **Rad|ren|nen; Rad|sport,** der; -[e]s; **Rad|tour; rad|wan|dern** *(selten);* wir radwandern, sind radgewandert; **Rad|weg**
RAF, die; - = Rote-Armee-Fraktion
raf|fen; Raff|gier; raff|gie|rig
Raf|fi|na|de, die; -, -n (gereinigter Zucker)
Raf|fi|ne|rie, die; -, ...ien (Anlage zum Reinigen von Zucker od. zur Verarbeitung von Rohöl)
Raf|fi|nes|se, die; -, -n (Durchtriebenheit, Schlauheit)
raf|fi|nie|ren (Zucker reinigen; Rohöl zu Brenn- od. Treibstoff verarbeiten); **raf|fi|niert** (gereinigt; durchtrieben, schlau); raffinierter Zucker; ein raffinierter Betrüger
Raf|ter; Raf|te|rin; Raf|ting, das; -s (das Wildwasserfahren einer Gruppe im Schlauchboot)
Ra|ge [...ʒə], die; - (*ugs. für* Wut, Raserei); in der Rage; in Rage bringen
ra|gen; ein Eisen ragt aus der Erde
Ra|gout [...ˈguː], das; -s, -s (Gericht aus Fleisch-, Geflügel- od. Fischstückchen in pikanter Soße)
Rah, Ra|he, die; -, Rahen (*Seemannsspr.* Querstange am Mast für das Rahsegel)
Rahm, der; -[e]s (*landsch. für* Sahne)
rah|men; Rah|men, der; -s, -
Rah|men|be|din|gung *meist Plur.*
rah|mig (*landsch. für* sahnig); **Rahm|kä|se**
Rai, der; -[s] (populärer arab. Musikstil)
Raiff|ei|sen|bank *Plur.* ...banken
Rain, der; -[e]s, -e (Ackergrenze; *schweiz. u. südd. für* Abhang)
rä|keln *vgl.* rekeln
Ra|ke|te, die; -, -n (ein Feuerwerkskörper; ein Flugkörper); **Ra|ke|ten|ab|wehr|sys|tem; Ra|ke|ten|an|trieb**
Ral|lye [...li, *auch* ˈrɛli], die; -, -s, *schweiz. auch* das; -s, -s (Autorennen [in einer od. mehreren Etappen] mit Sonderprüfungen)
RAM, das od. der; -[s], -[s] (*EDV* Informationsspeicher mit wahlfreiem Zugriff)
Ra|ma|dan, der; -[s], -e (Fastenmonat der Moslems)
Ram|bo, der; -s, -s (*ugs. für* brutaler Kraftprotz)
Ram|me, die; -, -n (Fallklotz); **ram|men**
Ram|pe, die; -, -n (schiefe Ebene zur Überwindung von Höhenunterschieden; Auffahrt; *Theater* Vorbühne); **Ram|pen|licht**
ram|po|nie|ren (*ugs. für* stark beschädigen); **ram|po|niert** *(ugs.)*

R

Ramsch, der; -[e]s, -e *Plur. selten* (*ugs. für* wertloses Zeug; minderwertige Ware); **ram|schen** (*ugs. für* Ramschware billig aufkaufen); du ramschst; **Ramsch|la|den**
ran (*ugs. für* heran)
Ranch [rɛntʃ], die; -, -[e]s (landwirtschaftlicher Betrieb mit Viehzucht in Nordamerika); **Ran|cher,** der; -s, -[s]; **Ran|che|rin**
[1]**Rand,** der; -[e]s, Ränder; außer Rand und Band sein *(ugs.);* zurande *od.* zu Rande kommen
[2]**Rand** [rɛnt], der; -s, -[s] (Währungseinheit der Republik Südafrika; *Abk.* R; *Währungscode* ZAR); 5 Rand
Ran|da|le, die; -, -n; *meist in der Wendung* Randale machen (*ugs. für* randalieren); **ran|da|lie|ren**
Rand|grup|pe *(bes. Soziol.)*
rand|voll; ein randvolles Glas
rang *vgl.* ringen
Rang, der; -[e]s, Ränge (jmdm. den Rang ablaufen *(jmdn. überflügeln);* der erste, Rang; eine Schauspielerin ersten Ranges, von Rang)
Ran|ge|lei; ran|geln (*für* sich balgen, raufen); ich rang[e]le
Ran|ger ['rɛɪ̯ndʒɐ], der; -s, -[s] (Soldat mit Spezialausbildung; Aufseher in Nationalparks); **Ran|ge|rin**
Rang|fol|ge; rang|hoch; ranghohe, ranghöhere, ranghöchste Militärs
Ran|gier|bahn|hof [raŋ'ʒiːɐ̯, rã..., *österr.* ran...]; **ran|gie|ren** (einen Rang innehaben [vor, hinter jmdm.]; *Eisenbahn* verschieben)
Rang|lis|te; Rang|ord|nung
ran|hal|ten, sich (*ugs. für* sich beeilen)
rank (*geh. für* schlank; geschmeidig); rank und schlank
Rank, der; -[e]s, Ränke (*schweiz. für* Wegbiegung; Kniff, Trick); *vgl.* Ränke
Ran|ke, die; -, -n (Pflanzenteil)
Rän|ke *Plur.* (*veraltend für* Intrigen, Machenschaften); Ränke schmieden; *vgl.* Rank
[1]**ran|ken,** sich ranken
[2]**ranken** ['rɛŋkn̩] (in einem Ranking einen bestimmten Platz belegen); **Ran|king** ['rɛŋkɪŋ], das; -s, -s
ran|las|sen (*ugs. für* jmdm. die Gelegenheit geben, seine Fähigkeiten zu beweisen; sich zum Geschlechtsverkehr bereitfinden)
ran|ma|chen, sich (*ugs. für* sich heranmachen)
Ran|zen, der; -s, - (Schultasche; *ugs. für* dicker Bauch)
ran|zig; ranziges Öl
Rap [rɛp], der; -[s], -s (auf rhythmischem Sprechgesang basierender Musikstil)
ra|pid, ra|pi|de (überaus schnell)
Rap|pe, der; -n, -n (schwarzes Pferd)
Rap|pel, der; -s, - (*ugs. für* plötzlicher Zorn; Verrücktheit); **rap|pe|lig,** rapp|lig *(ugs.)*
rap|peln (*ugs. für* klappern; *österr. für* verrückt sein); ich rapp[e]le
rap|pen ['rɛp...] (einen Rap singen, spielen); ich rappe; gerappt
Rap|pen, der; -s, - (schweiz. Münze; *Abk.* Rp.; 100 Rappen = 1 Schweizer Franken)
Rap|per ['rɛp...], der; -s, - (Rapsänger); **Rap|pe|rin; Rap|ping,** das; -[s] (*svw.* Rap)
rapp|lig *vgl.* rappelig
Rap|port, der; -[e]s, -e (Bericht, dienstl. Meldung)
Raps, der; -es, *Plur. (Sorten:)* -e (eine Ölpflanze)
rar (selten); **Ra|ri|tät,** die; -, -en (seltenes Stück, seltene Erscheinung); **rar|ma|chen,** sich (*ugs. für* sich selten sehen lassen)
Ras, der; -, - (Vorgebirge; Berggipfel)
ra|sant (*ugs. für* sehr schnell; schnittig; schwungvoll); **Ra|sanz,** die; -
rasch; ra|scher; am ra|sches|ten
ra|scheln; ich rasch[e]le
ra|sen (wüten; sehr schnell fahren, rennen); du rast; er ras|te
Ra|sen, der; -s, -; ich muss Rasen mähen
ra|send (wütend; schnell); sie hat mich rasend gemacht; rasend werden
Ra|sen|flä|che; Ra|sen|mä|her
Ra|ser (*ugs. für* unverantwortlich schnell Fahrender); **Ra|se|rei; Ra|se|rin**
Ra|sier|ap|pa|rat; ra|sie|ren; sich rasieren

R

Rä|son [rɛˈzõː], die; - (*veraltend für* Vernunft, Einsicht); jmdn. zur Räson bringen
rä|so|nie|ren (sich wortreich äußern)
Ras|pel, die; -, -n (ein Werkzeug); **ras|peln;** ich rasp[e]le
Ras|se, die; -, -n
Ras|sel, die; -, -n (Knarre, Klapper); **Ras|sel|ban|de,** die; -, -n (*ugs. scherzh. für* übermütige, zu Streichen aufgelegte Kinderschar); **ras|seln;** ich rass[e]le
ras|sig (von ausgeprägter Art)
ras|sisch (der Rasse entsprechend, auf die Rasse bezogen)
Ras|sis|mus, der; - (Rassendenken u. die daraus folgende Diskriminierung von Personen aufgrund bestimmter biologischer Merkmale); **Ras|sist,** der; -en, -en (Vertreter des Rassismus); **Ras|sis|tin; ras|sis|tisch**
Rast, die; -, -en; ohne Rast und Ruh; **ras|ten**
[1]**Ras|ter,** der; -s, - (enges Liniennetz zum Zerlegen eines Bildes)
[2]**Ras|ter,** das; -s, - (Gesamtheit der Lichtpunkte eines Fernsehbildschirms; [Denk]system)
Ras|ter|fahn|dung (Überprüfung vieler Personen mithilfe von Computern)
rast|los; Rast|lo|sig|keit, die; -
Rast|platz; Rast|stät|te
Ra|sur, die; -, -en (das Rasieren)
Rat, der; -[e]s, *Plur. (für Personen und Institutionen)* Räte; sich Rat holen; bei jmdm. Rat suchen; sich Rat suchend *od.* ratsuchend an jmdn. wenden; einen Ratsuchenden *od.* Rat Suchenden nicht abweisen; zurate *od.* zu Rate ziehen; der Große Rat (schweiz. Bez. für Kantonsparlament)
Ra|ta|touille [...ˈtuj], die; -, -s *u.* das; -s, -s (*Gastron.* Gemüse aus Tomaten, Auberginen, Paprika usw.)
Ra|te, die; -, -n (Teilzahlung; Teilbetrag)
[1]**ra|ten;** du rätst, er rät; du rietst; du rietest, er riet; geraten; rat[e]!
[2]**raten** [ˈrɛɪ̯tn̩] (*Wirtsch.* hinsichtlich der Bonität einstufen)
ra|ten|wei|se; Ra|ten|zah|lung
Rat|ge|ber; Rat|ge|be|rin; Rat|haus
Ra|ti|fi|ka|ti|on, die; -, -en (Anerkennung eines völkerrechtlichen Vertrages); **ra|ti|fi|zie|ren; Ra|ti|fi|zie|rung**
Rä|tin (Titel)
Ra|ting [ˈrɛɪ̯tɪŋ], das; -s, -s (*Psychol., Soziol.* Verfahren zur Einschätzung; *auch Bankw.* Einstufung der Zahlungsfähigkeit eines internationalen Schuldners); **Ra|ting|agen|tur** (Agentur, die die Bonität von Unternehmen u. Ä. einschätzt)
Ra|tio, die; - (Vernunft; logischer Verstand); die Ultima Ratio (letztes Mittel)
Ra|ti|on, die; -, -en (zugeteilte Menge); die eiserne Ration
ra|ti|o|nal (vernünftig; begrifflich fassbar); rationale Zahlen *(Math.);* **ra|ti|o|na|li|sie|ren** (zweckmäßiger u. wirtschaftlicher gestalten); **Ra|ti|o|na|li|sie|rung; Ra|ti|o|na|li|tät,** die; -, -en (Vernünftigkeit)
ra|ti|o|nell (zweckmäßig, wirtschaftlich)
ra|ti|o|nie|ren (einteilen); **Ra|ti|o|nie|rung**
rat|los; Rat|lo|sig|keit, die; -; **rat|sam**
Rat|schlag, der; -[e]s, ...schläge
Rät|sel, das; -s, -; Rätsel raten; *aber* das Rätselraten; **rät|sel|haft; rät|seln;** ich räts[e]le
Rats|prä|si|dent; Rats|prä|si|den|tin; Rats|sit|zung
Rat su|chend, rat|su|chend; Rat|su|chen|de, der *u.* die; -n, -n, **Rat Su|chen|de,** der *u.* die; - -n, - -n; *vgl.* Rat
Rat|te, die; -, -n; **Rat|ten|fän|ger; Rat|ten|fän|ge|rin**
rat|tern; ich rattere
rau; ein raues Wesen; ein rauer Ton; ein noch raueres Klima; die rau[e]sten Sitten
Raub, der; -[e]s, -e; **Raub|bau,** der; -[e]s; Raubbau treiben; **rau|ben**
Räu|ber; Räu|be|rin; räu|be|risch; räu|bern; ich räubere; **Raub|ko|pie; Raub|tier; Raub|über|fall; Raub|vo|gel** (*ältere Bez. für* Greifvogel); **Raub|zug**
Rauch, der; -[e]s; **rau|chen; Rau|cher; Rau|cher|ecke; Rau|che|rin; räu|chern;**

ich räuchere; **rauch|frei; rau|chig; Rauch|ver|bot; Rauch|ver|gif|tung; Rauch|wol|ke**

Räu|de, die; - (Krätze, Grind); **räu|dig**

Raue, die; -, -n (*landsch. für* Leichenschmaus)

rau|en (rau machen); gerautes Wolltuch

rauf (*ugs. für* herauf)

Rauf|bold, der; -[e]s, -e (jmd., der gern mit anderen rauft); **rau|fen** (*auch für* mit jmdm. [prügelnd u. ringend] kämpfen)

rauf|ge|hen (*ugs. für* heraufgehen, hinaufgehen)

rauf|lus|tig

Rau|haar|da|ckel; Rau|heit

Raum, der; -[e]s, Räume; *vgl.* raumgreifend; **Raum|an|zug**

räu|men

Raum|fäh|re; Raum|fahrt

raum|grei|fend; raumgreifende Schritte

räum|lich; Räum|lich|keit

Raum|schiff; Raum|sta|ti|on

Räu|mung; Räu|mungs|ver|kauf

rau|nen (dumpf, leise sprechen; flüstern)

Rau|pe, die; -, -n; **Rau|pen|schlep|per**

Rau|reif, der; -[e]s

raus (*ugs. für* heraus)

Rausch, der; -[e]s, Räusche; **rau|schen;** du rauschst; **rau|schend;** ein rauschendes Fest

Rausch|gift, das; **rausch|gift|süch|tig**

raus|flie|gen (*ugs.*)

raus|kom|men (*ugs.*)

räus|pern, sich; ich räuspere mich

raus|rut|schen (*ugs.*)

raus|wer|fen (*ugs.*); **Raus|wurf**

Rau|te, die; -, -n (Rhombus)

Rave [rɛɪ̯f], der *od.* das; -[s], -s (größere Tanzveranstaltung zu Technomusik); **raven** [ˈrɛɪ̯vn̩]; in der Disco wurde geravt; **Ra|ver; Ra|ve|rin**

Ra|vi|o|li *Plur.* (gefüllte kleine Nudelteigtaschen)

Raz|zia, die; -, *Plur.* …ien, *seltener* -s (überraschende Fahndung der Polizei in einem Gebäude od. Gebiet)

Re, das; -s, -s (*Kartenspiele* Erwiderung auf ein Kontra)

Rea|der [ˈriː…], der; -s, - (Buch mit Auszügen aus der [wissenschaftlichen] Literatur; *kurz für* E-Book-Reader)

Re|a|genz|glas *Plur.* …gläser (Prüfglas für [chemische] Versuche); **re|agie|ren** (eine Wirkung zeigen); auf etwas reagieren

Re|ak|ti|on, die; -, -en (Rück-, Gegenwirkung; chemische Umwandlung)

re|ak|ti|o|när (Gegenwirkung erstrebend od. ausführend; *abwertend für* nicht fortschrittlich); **Re|ak|ti|o|när,** der; -s, -e (*abwertend für* jmd., der sich der Entwicklung entgegenstellt); **Re|ak|ti|o|nä|rin**

re|ak|ti|ons|schnell; Re|ak|ti|ons|ver|mö|gen, das; -s; **Re|ak|ti|ons|zeit**

re|ak|ti|vie|ren (wieder in Tätigkeit setzen; wieder anstellen)

Re|ak|tor, der; -s, …oren (Vorrichtung, in der eine chemische od. eine Kernreaktion abläuft); **Re|ak|tor|si|cher|heit,** die; -

re|al (wirklich; dinglich; sachlich)

Re|al, der; -[s], Reais [riˈaɪ̯s] (Währungseinheit in Brasilien); 50 Reais *od.* 50 Real

re|a|li|sier|bar; re|a|li|sie|ren (verwirklichen; erkennen, begreifen; *Wirtsch.* in Geld umwandeln); **Re|a|li|sie|rung**

Re|a|lis|mus, der; - ([nackte] Wirklichkeit; Kunstdarstellung des Wirklichen; Bedachtsein auf die Wirklichkeit, den Nutzen); **Re|a|list,** der; -en, -en; **Re|a|lis|tin; re|a|lis|tisch; Re|a|li|tät,** die; -, -en (Wirklichkeit, Gegebenheit)

Re|a|li|ty-TV [riˈɛlɪtiː…], das; -[s] (Sparte des Fernsehens, in der Realityshows o. Ä. produziert werden)

Re|a|lo, der; -s, -s (*ugs. für* Realpolitiker [bes. bei den Grünen]); **Re|al|po|li|tik** (Politik auf realen Grundlagen)

Re|al|schul|ab|schluss; Re|al|schu|le (Schule, die mit der mittleren Reife abschließt); **Re|al|schü|ler; Re|al|schü|le|rin**

re|ani|mie|ren (wiederbeleben)

Re|be, die; -, -n

rẹcht / Rẹcht

Kleinschreibung:
- *ein rechter Winkel*
- *der rechte Ort; der rechte Zeitpunkt*
- *zur rechten Hand, rechter Hand (rechts)*
- *jetzt erst recht*
- *das ist [mir] recht; das ist nicht recht von dir; das geschieht ihm recht*
- *es ist recht und billig; alles, was recht ist*
- *man kann ihm nichts recht machen*
- *gehe ich recht in der Annahme, dass ...*

Großschreibung:
- *das Recht, des Recht[e]s, die Rechte*
- *bürgerliches Recht, öffentliches Recht*
- *im Recht sein; von Rechts wegen*
- *mit Recht, ohne Recht*
- *etwas für Recht erkennen*
- *nach Recht und Gewissen*
- *Recht finden, Recht sprechen; sein Recht suchen, bekommen*
- *das Recht anwenden, vertreten, verletzen*
- *sein Recht fordern; auf sein Recht pochen; zu seinem Recht kommen*
- *zu Recht; zu Recht bestehen, erkennen; sie ist zu Recht auf den zweiten Platz gekommen,* aber *sie ist allein gut zurechtgekommen, kommt allein gut zurecht*

Vgl. auch *rechtens* u. *zurechtfinden usw.*

Groß- oder Kleinschreibung:
- *du hast recht* od. *Recht daran getan*
- *recht* od. *Recht haben;* aber nur: *wie recht sie hat!*
- *recht* od. *Recht behalten*
- *recht* od. *Recht bekommen*
- *jmdm. recht* od. *Recht geben*

Re|bẹll, der; -en, -en (Aufrührer, Aufständischer); **Re|bẹl|len|füh|rer; Re|bẹl|len|füh|re|rin; re|bel|lie|ren; Re|bẹl|lin; Re|bel|li|on,** die; -, -en; **re|bẹl|lisch**

Reb|huhn [*österr. nur so, sonst auch* ˈrɛp...]

Reb|laus (ein Insekt)

Re|bound [ˈriːbau̯nt, riˈbau̯nt], der; -s, -s (*Basketball* vom Brett od. Korbring abprallender Ball)

Reb|sor|te; Reb|stock *Plur.* ...stöcke

Re|bus, der *od.* das; -, -se (Bilderrätsel)

Re|cei|ver [riˈsiːvɐ], der; -s, - (Hochfrequenzteil für Satellitenempfang; Empfänger u. Verstärker für Hi-Fi-Wiedergabe)

rẹ|chen (*südd., österr., schweiz. für* harken); gerecht; **Rẹ|chen,** der; -s, - (*südd., österr., schweiz. für* Harke)

Rẹ|chen|auf|ga|be; Rẹ|chen|buch; Rẹ|chen|leis|tung *(EDV)*

Rẹ|chen|schaft, die; -; **Rẹ|chen|schafts|be|richt**

Rẹ|chen|schie|ber; Rẹ|chen|zen|t|rum

Re|cher|che [...ˈʃɛrʃə], die; -, -n *meist Plur.* (Nachforschung); **re|cher|chie|ren**

rẹch|nen; gerechnet; **Rẹch|nen,** das; -s; **Rẹch|ner; rẹch|ne|risch**

Rẹch|nung; einer Sache Rechnung tragen

Rẹch|nungs|hof; Rẹch|nungs|le|gung; Rẹch|nungs|we|sen, das; -s

rẹcht / Rẹcht *s. Kasten*

Rẹch|te, die; -n, -n (rechte Hand; rechte Seite; *Politik* die rechts stehenden Parteien); zur Rechten; in, mit meiner Rechten; die gemäßigte Rechte

Rẹcht|eck; rẹcht|eckig

rẹch|tens (rechtmäßig); er wurde rechtens verurteilt; die Kündigung war rechtens

rẹcht|fer|ti|gen; gerechtfertigt; **Rẹcht|fer|ti|gung**

Recht|ha|be|rei; rẹcht|ha|be|risch

rẹcht|lich; rechtliche Fragen; **rẹcht|mä|ßig; Rẹcht|mä|ßig|keit,** die; -, -en *Plur. selten*

rẹchts; (*Abk.* r.) rechts von mir; rechts der Isar; von, gegen, nach rechts; von rechts nach links; mit rechts (mit der rechten Hand) schreiben; Protest gegen rechts; an der Kreuzung gilt rechts vor links, *aber* der Rechtsaußen; politisch rechts stehende *od.* rechtsstehende Parteien

Rechts|ab|tei|lung; Rechts|an|spruch; Rechts|an|walt; Rechts|an|wäl|tin; Rechts|aus|schuss *(Politik)*

Rechts|au|ßen, der; -, -

Rechts|be|helf *(Rechtsspr.);* **Rechts|bei|stand; Rechts|be|ra|tung; Rechts|be|schwer|de; Rechts|bruch,** der

rechts|bün|dig

recht|schaf|fen *(veraltend);* **Recht|schaf|fen|heit,** die; -

recht|schrei|ben *nur im Inf. gebräuchlich;* er kann nicht rechtschreiben, *aber* er kann nicht recht schreiben (er schreibt unbeholfen); **Recht|schreib|feh|ler; Recht|schreib|re|form; Recht|schrei|bung**

Rechts|ex|per|te; Rechts|ex|per|tin

rechts|ex|t|rem; Rechts|ex|t|re|mis|mus, der; -; **Rechts|ex|t|re|mist; Rechts|ex|t|re|mis|tin; rechts|ex|t|re|mis|tisch**

rechts|frei; ein rechtsfreier Raum

rechts|ge|rich|tet

Rechts|grund|la|ge; Rechts|gut|ach|ten

rechts|hän|dig; Rechts|hän|dig|keit, die; -

rechts|he|r|um; rechtsherum drehen, *aber* nach rechts herumdrehen

rechts|kräf|tig; Rechts|la|ge *(Rechtswiss.);* **Rechts|mit|tel,** das; **Rechts|ord|nung; Rechts|pfle|ge,** die; -

rechts|po|li|tisch; Rechts|po|pu|list; Rechts|po|pu|lis|tin; rechts|po|pu|lis|tisch

Recht|spre|chung

rechts|ra|di|kal; Rechts|ra|di|ka|le, der *u.* die; -n, -n; **Rechts|ra|di|ka|lis|mus**

Rechts|schutz, der; -es; **Rechts|si|cher|heit; Rechts|staat** *Plur.* ...staaten; **rechts|staat|lich; Rechts|streit; Rechts|strei|tig|keit; Rechts|sys|tem; rechts|ver|bind|lich; Rechts|weg; rechts|wid|rig; Rechts|wis|sen|schaft**

recht|wink|lig

recht|zei|tig

Reck, das; -[e]s, *Plur.* -e, *auch* -s (ein Turngerät)

Re|cke, der; -n, -n ([Sagen]held)

re|cken; sich recken und strecken

Re|cor|der *vgl.* Rekorder

re|cy|cel|bar, re|cy|c|le|bar [ri'saɪ̯kl̩...]

re|cy|celn, re|cy|c|len (einem Recycling zuführen); das Altglas wird recycelt *od.* recyclet; ich recyc[e]le

Re|cy|c|ling, das; -s (Wiederverwendung bereits benutzter Rohstoffe); **re|cy|c|ling|fä|hig; Re|cy|c|ling|pa|pier**

Re|dak|teur [...'tøːɐ̯], der; -s, -e (jmd., der im Verlagswesen, Rundfunk od. Fernsehen Manuskripte be- u. ausarbeitet); **Re|dak|teu|rin** [...'tøː...]; **Re|dak|ti|on,** die; -, -en (Tätigkeit des Redakteurs; Gesamtheit der Redakteure u. deren Arbeitsraum); **re|dak|ti|o|nell; Re|dak|ti|ons|mit|glied**

Re|de, die; -, -n; Rede und Antwort stehen; zur Rede stellen; **re|de|ge|wandt; Re|de|kunst; re|den;** gut reden haben; von sich reden machen; jmdn. zum Reden bringen; Reden ist Silber, Schweigen ist Gold

Re|dens|art; Re|de|wen|dung

red|lich; Red|lich|keit, die; -

Red|ner; Red|ne|rin; Red|ner|pult

Re|dox|paar (*Chemie* zwei an einer Redoxreaktion beteiligte Verbindungen); **Re|dox|re|ak|ti|on** (auf Elektronenübergang beruhende Reaktion)

red|se|lig; Red|se|lig|keit, die; -

Re|duk|ti|on, die; -, -en

re|d|un|dant (weitschweifig, üppig)

re|du|zie|ren (herabsetzen, einschränken); **Re|du|zie|rung**

Ree|de, die; -, -n (Ankerplatz vor dem Hafen); **Ree|der** (Schiffseigner); **Ree|de|rei** (Schifffahrtsunternehmen); **Ree|de|rin**

re|ell (anständig, ehrlich; wirklich)

Ree|per|bahn (*nordd. für* Seilerbahn; Straße in Hamburgs Vergnügungsviertel)

Re|fe|rat, das; -[e]s, -e (Abhandlung, Vortrag; Sachgebiet eines Referenten); **Re|fe|rats|lei|ter,** der; **Re|fe|rats|lei|te|rin**

Re|fe|ree [refə'riː, *auch* 'rɛfəri], der; -s, -s (*Sport* Schieds-, Ringrichter)

Re|fe|ren|dar, der; -s, -e (Anwärter auf die höhere Beamtenlaufbahn nach der ersten Staatsprüfung); **Re|fe|ren|da|rin**

Re|fe|ren|dum, das; -s, *Plur.* ...den *u.* ...da (Volksabstimmung, -entscheid)
Re|fe|rent, der; -en, -en (Berichterstatter; Sachbearbeiter); *vgl. aber* Reverend; **Re|fe|ren|tin**
Re|fe|renz, die; -, -en (Beziehung, Empfehlung; *auch für* jmd., der eine Referenz erteilt); *vgl. aber* Reverenz
re|fe|rie|ren (berichten, vortragen)
ref|fen (Segel durch Einrollen verkleinern)
re|fi|nan|zie|ren (*Finanzw.* fremde Mittel aufnehmen, um damit selbst Kredit zu geben); **Re|fi|nan|zie|rung**
re|flek|tie|ren (zurückstrahlen, widerspiegeln; nachdenken, bedenken); **Re|flek|tor,** der; -s, ...oren ([Hohl]spiegel; Rückstrahler)
Re|flex, der; -es, -e (Widerschein, unwillkürliches Ansprechen auf einen Reiz); **re|flex|ar|tig; Re|fle|xi|on,** die; -, -en (Rückstrahlung; prüfendes Denken)
re|fle|xiv (durch [Nach]denken u. Erwägen; *Sprachwiss.* rückbezüglich); reflexives Verb (rückbezügliches Verb, z. B. »sich schämen«); **Re|fle|xiv|pro|no|men** (*Sprachwiss.* rückbezügliches Fürwort, z. B. »sich« in »er wäscht sich«)
Re|form, die; -, -en (Umgestaltung; Verbesserung des Bestehenden; Neuordnung)
Re|for|ma|ti|on, die; -, -en (Umgestaltung; *nur Sing.:* Glaubensbewegung des 16. Jh.s, die zur Bildung der ev. Kirchen führte)
Re|for|ma|tor, der; -s, ...oren; **Re|for|ma|to|rin; re|form|be|dürf|tig**
Re|for|mer (Verbesserer, Erneuerer); **Re|for|me|rin**
re|for|mie|ren; re|for|miert (*Abk.* ref., reform.); reformierte Kirche; **Re|form|kurs; Re|form|po|li|tik; Re|form|pro|gramm; Re|form|stau**
Re|f|rain [...'frɛ̃:], der; -s, -s (Kehrreim)
Re|fu|gi|um [...gi̯um], das; -s, ...ien (Zufluchtsort)
Re|gal, das; -s, -e ([Bücher-, Waren]gestell mit Fächern)
²**Re|gal,** das; -s, -e (kleine, nur aus Zungenstimmen bestehende Orgel)
Re|gat|ta, die; -, ...tten (Bootswettfahrt)
re|ge; re|ger, regs|te; rege sein, werden; er ist körperlich und geistig rege
Re|gel, die; -, -n; **Re|gel|fall,** der; -[e]s; **re|gel|los; re|gel|mä|ßig;** regelmäßige Verben *(Sprachwiss.);* **Re|gel|mä|ßig|keit**
re|geln; ich reg[e]le; sich regeln
re|gel|recht; Re|gel|satz (Richtsatz für die Bemessung von Sozialhilfeleistungen); **Re|ge|lung,** Reg|lung; **Re|gel|werk**
re|gel|wid|rig; Re|gel|wid|rig|keit
re|gen; sich regen bringt Segen
Re|gen, der; -s, -; saurer Regen (Niederschlag, der schweflige Säure enthält); **Re|gen|bo|gen**
Re|gen|bo|gen|fa|mi|lie (Familie mit gleichgeschlechtlichem Elternpaar)
Re|gen|cape
Re|ge|ne|ra|ti|on, die; -, -en (Neubildung; Neubelebung; Wiederherstellung); **Re|ge|ne|ra|ti|ons|zeit; re|ge|ne|ra|tiv; re|ge|ne|rie|ren** (erneuern, neu beleben); sich regenerieren
Re|gen|schau|er; Re|gen|schirm
Re|gent, der; -en, -en (Staatsoberhaupt; Herrscher); **Re|gen|tin**
Re|gen|trop|fen
Re|gent|schaft, die; -, -en
Re|gen|wald; der tropische Regenwald
Re|gen|was|ser, das; -s; **Re|gen|zeit**
Reg|gae [...ge], der; -[s] (Stilrichtung der Popmusik)
Re|gie [...'ʒi:], die; - (Spielleitung [bei Theater, Film, Fernsehen usw.)
re|gie|ren (lenken; [be]herrschen; *Sprachwiss.* einen bestimmten Fall fordern); Regierender Bürgermeister (*als Amtsbezeichnung, sonst:* regierender Bürgermeister)
Re|gie|rung; Re|gie|rungs|ar|beit, die; -; **Re|gie|rungs|be|am|te; Re|gie|rungs|be|tei|li|gung; Re|gie|rungs|be|zirk** (*Abk.* Reg.-Bez.); **Re|gie|rungs|chef; Re|gie|rungs|che|fin; Re|gie|rungs|ko|a|li|ti|on;**

R

Re|gie|rungs|la|ger *Plur.* ...lager; **Re|gie|rungs|mit|glied; Re|gie|rungs|par|tei; Re|gie|rungs|prä|si|di|um; Re|gie|rungs|sitz; Re|gie|rungs|spre|cher; Re|gie|rungs|spre|che|rin; Re|gie|rungs|sys|tem; Re|gie|rungs|ver|tre|ter; Re|gie|rungs|ver|tre|te|rin; Re|gie|rungs|vier|tel; Re|gie|rungs|wech|sel**

Re|gime [...ˈʒiːm], das; -s, *Plur.* - [...ˈʒiːmə], *auch* -s [...ˈʒiːms] (*abwertend für* [diktatorische] Regierungsform; Herrschaft); **Re|gime|geg|ner; Re|gime|geg|ne|rin**

Re|gi|ment, das; -[e]s, *Plur.* -e *u.* (*für* Truppeneinheiten:) -er (Regierung; Herrschaft; größere Truppeneinheit)

Re|gime|wech|sel [...ˈʒiːm...]

Re|gi|on, die; -, -en (Gegend; Bereich); **re|gi|o|nal** (gebietsweise; eine Region betreffend); **Re|gi|o|nal|ex|press**® (schneller Zug des Personennahverkehrs; *Abk.* RE)

Re|gi|o|na|li|sie|rung

Re|gi|o|nal|li|ga *(Sport);* **Re|gi|o|nal|li|gist**

Re|gis|seur [...ʒɪˈsøːɐ̯], der; -s, -e; **Re|gis|seu|rin**

Re|gis|ter, das; -s, - (ein Verzeichnis; Gruppe von Orgelpfeifen)

re|gis|tered [...dʒɪstət] (in ein Register eingetragen; patentiert; gesetzlich geschützt; *Abk.* reg.)

re|gis|t|rie|ren ([in ein Register] eintragen; selbsttätig aufzeichnen; einordnen; bewusst wahrnehmen; *bei Orgel u. Harmonium* Register ziehen); **Re|gis|t|rie|rung**

Re|g|le|ment [...ˈmãː, ...ˈmɛnt], das; -s, *Plur.* -s *u.* (bei deutscher Aussprache) -e (Bestimmungen; [Dienst]vorschrift); **re|g|le|men|tie|ren** (durch Vorschriften regeln); **Re|g|le|men|tie|rung**

Reg|ler *(Technik)*

reg|los

Reg|lung, Re|ge|lung

reg|nen; reg|ne|risch

Re|gress, der; -es, -e (*Rechtsspr.* Ersatzanspruch, Rückgriff auf den Hauptschuldner)

Re|gres|si|on, die; -, -en (Rückgang); **re|gres|siv** (rückläufig; rückschrittlich)

re|gu|lär (vorschriftsmäßig, üblich); reguläre Truppen (gemäß dem Wehrgesetz eines Staates aufgestellte Truppen)

Re|gu|la|ti|on, die; -, -en (*Biol., Med.* die Regelung der Organsysteme eines lebendigen Körpers); **re|gu|la|to|risch; re|gu|lie|ren** (regeln, ordnen); **Re|gu|lie|rung**

Re|gung; re|gungs|los

Reh, das; -[e]s, -e

Re|ha, die; -, -s (*kurz für* Rehabilitation)

Re|ha|bi|li|ta|ti|on, die; -, -en (Wiedereingliederung einer behinderten Person in das berufliche u. gesellschaftliche Leben; *auch für* Rehabilitierung); **re|ha|bi|li|tie|ren;** sich rehabilitieren (sein Ansehen wiederherstellen); **Re|ha|bi|li|tie|rung** (Wiedereinsetzung [in die ehemaligen Rechte]; Ehrenrettung)

Reh|bock; Reh|kitz

Rei|be, die; -, -n; **rei|ben;** du riebst; du riebest; gerieben; reib[e]!; durch kräftiges Reiben säubern

Rei|bung; rei|bungs|los

reich; Arm und Reich (*veraltet für* jedermann); jmdn. reich machen *od.* reichmachen

Reich, das; -[e]s, -e; von Reichs wegen; das Deutsche Reich; das Römische Reich

rei|chen (geben; sich erstrecken; genügen)

reich ge|schmückt, reich|ge|schmückt

reich|hal|tig; reich|lich

Reichs|kanz|ler (leitender dt. Reichsminister [1871 bis 1945]); **Reichs|mark** (dt. Währungseinheit [1924 bis 1948]; *Abk.* RM); **Reichs|tag** *(Geschichte)*

Reich|tum, der; -s, ...tümer

reich ver|ziert, reich|ver|ziert

Reich|wei|te

reif (voll entwickelt; geeignet)

[1]**Reif,** der; -[e]s (gefrorener Tau)

[2]**Reif,** der; -[e]s, -e (*geh. für* Ring; Spielzeug)

Rei|fe, die; - (z. B. von Früchten); mittlere Reife (Abschluss der Realschule od. der 10. Klasse der höheren Schule)

[1]**rei|fen** (reif werden); gereift sein; eine gereifte Persönlichkeit

²**rei|fen** (¹Reif ansetzen); es hat gereift
Rei|fen, der; -s, -; **Rei|fen|pan|ne**
Rei|fe|prü|fung; Rei|fe|zeug|nis
reif|lich; nach reiflicher Überlegung
Rei|fung, die; - (das Reifwerden); **Rei-fungs|pro|zess**
Rei|gen, der; -s, - (ein Tanz)
Rei|he, die; -, -n; in, außer der Reihe; der Reihe nach; an der Reihe sein
¹**rei|hen** (in Reihen ordnen); sie reihte, hat gereiht
²**rei|hen** (lose, vorläufig nähen); sie reihte, hat gereiht, *landsch. u. fachspr. auch* rieh, hat geriehen
Rei|hen|fol|ge; rei|hen|wei|se
Rei|her, der; -s, - (ein Vogel)
reih|um; es geht reihum
Rei|hung
Reim, der; -[e]s, -e; ein stumpfer (männlicher) Reim, ein klingender (weiblicher) Reim; **rei|men;** sich reimen
Re|im|port, der; -[e]s, -e (Wiedereinfuhr bereits ausgeführter Güter); **re|im|por|tie-ren**
¹**rein;** reine Luft; jmdm. reinen Wein einschenken (jmdm. die volle Wahrheit sagen); ins Reine bringen, schreiben; mit jmdm. im Reinen sein; die Wäsche rein waschen *od.* reinwaschen; *aber* sich reinwaschen (seine Unschuld beweisen); das Zimmer rein machen *od.* reinmachen (*vgl. aber* reinemachen); ein reingoldener Ring
²**rein** (*ugs. für* herein, hinein); *vgl.* reinfeiern, ¹reinmachen
³**rein** (*ugs. für* durchaus, ganz, gänzlich); er ist rein toll; sie war rein weg (ganz hingerissen)
Rein, die; -, -en (*bayr. u. österr. ugs. für* flacher Kochtopf, Kuchenform)
re|in|dus|t|ri|a|li|sie|ren (erneut industrialisieren); **Re|in|dus|t|ri|a|li|sie|rung**
rei|ne|ma|chen (*landsch. für* putzen)
Rein|fall *(ugs.);* **rein|fal|len** *(ugs.)*
rein|fei|ern (*ugs. für* bis in den kommenden Tag feiern)
Rein|ge|winn; Rein|heit, die; -
rei|ni|gen; Rei|ni|gung; Rei|ni|gungs|mit-tel, das
rein|lich
rein ma|chen, ²**rein|ma|chen** *vgl.* ¹rein
¹**rein|ma|chen;** den Ball reinmachen (*ugs. für* ins Tor schießen)
rein|ras|sig
Rein|schrift
rein|sei|den; ein reinseidener Schal
rein|wa|schen; sich von jeder Schuld reinwaschen wollen; *vgl.* ¹rein
¹**Reis,** das; -es, -er (ein Zweiglein)
²**Reis,** der; -es, *Plur.* (*für* Reisarten:) -e (ein Getreide); **Reis|brei**
Rei|se, die; -, -n; **Rei|se|be|richt; Rei|se|bü-ro; Rei|se|bus; rei|se|fer|tig; Rei|se|füh-rer; Rei|se|grup|pe; Rei|se|kos|ten** *Plur.;* **Rei|se|lei|ter,** der; **Rei|se|lei|te|rin; rei-se|lus|tig; rei|sen;** du reist; du reis|test; gereist; reis[e]!; **Rei|sen|de,** der *u.* die; -n, -n; **Rei|se|pass; Rei|se|ziel**
Rei|sig, das; -s; **Rei|sig|be|sen; Rei|sig-bün|del**
Reiß|aus; *nur in* Reißaus nehmen (*ugs. für* davonlaufen)
Reiß|brett (Zeichenbrett)
rei|ßen; du reißt, er/sie reißt; du rissest, er/sie riss; gerissen; reiß[e]!; reißende (wilde) Tiere; **Rei|ßen,** das; -s (*ugs. auch für* Rheumatismus); **rei|ßend;** reißender Strom; reißender Absatz
Rei|ßer (*ugs. für* besonders spannender, effektvoller Film, Roman u. a.)
rei|ße|risch; reißerische Schlagzeilen
Reiß|na|gel (*svw.* Reißzwecke)
Reiß|ver|schluss; Reiß|ver|schluss|sys-tem, Reiß|ver|schluss-Sys|tem (*Straßenverkehr* Einordnungsverfahren)
Reiß|zwe|cke
rei|ten; du reitest; du rittst (rittest), er/sie ritt; du rittest; geritten; reit[e]!; **Rei|ter,** der; -s, -; **Rei|te|rin; Reit|pferd**
Reiz, der; -es, -e; der Reiz des Neuen
reiz|bar; rei|zen; du reizt
rei|zend; am rei|zends|ten
Reiz|stoff; Reiz|the|ma

reiz|voll; reizvolle Landschaften
Re|ka|pi|tu|la|ti|on, die; -, -en (Wiederholung); **re|ka|pi|tu|lie|ren**
re|keln, rä|keln, sich (sich behaglich recken u. dehnen); ich rek[e]le *od.* räk[e]le mich
Re|kla|ma|ti|on, die; -, -en (Beanstandung)
Re|kla|me, die; -, -n (Werbung; Anpreisung von Waren)
re|kla|mie|ren (beanstanden)
re|kon|s|t|ru|ie|ren ([den ursprünglichen Zustand] wiederherstellen); **Re|kon|s|t|ruk|ti|on,** die; -, -en
Re|kord, der; -[e]s, -e
Re|kor|der, Re|cor|der (Gerät zur elektromagnetischen Speicherung u. Wiedergabe von Bild- u. Tonsignalen)
Re|kord|er|geb|nis; Re|kord|hö|he; Rekord|jahr; Re|kord|mar|ke; Re|kord|umsatz; re|kord|ver|däch|tig; Re|kord|zeit
Re|k|rut, der; -en, -en (Soldat in der ersten Zeit der Ausbildung); **re|k|ru|tie|ren;** sich rekrutieren (sich zusammensetzen, sich bilden); **Re|k|ru|tie|rung; Re|k|ru|tin**
Rek|tor, der; -s, ...oren (Leiter einer [Hoch]schule); **Rek|to|rat,** das; -[e]s, -e (Amt[szimmer], Amtszeit eines Rektors); **Rek|to|rin**
Re|kurs, der; -es, -e (das Zurückgehen, Zuflucht)
Re|lais [rəˈlɛː], das; -, - (*Elektrot.* Schalteinrichtung)
Re|la|ti|on, die; -, -en (Beziehung, Verhältnis)
re|la|tiv (verhältnismäßig; bedingt); relative (einfache) Mehrheit
re|la|ti|vie|ren (zu etw. anderem in Beziehung setzen; einschränken); **Re|la|ti|vierung**
Re|la|ti|vi|tät, die; -, -en (Bezüglichkeit, Bedingtheit; *nur Sing.:* das Relativsein)
Re|la|ti|vi|täts|the|o|rie, die; - (von Einstein begründete physikalische Theorie)
Re|la|tiv|pro|no|men (*Sprachwiss.* bezügliches Fürwort, z. B. »das« in »ein Buch, das ich kenne«); **Re|la|tiv|satz**
Re|launch [ˈriːlɔːntʃ, riˈlɔːntʃ], der *u.* das; -[e]s, -[e]s (Neugestaltung eines [alten] Produkts od. der Werbung dafür)
re|laxed, re|laxt [riˈlɛkst] (*ugs. für* entspannt); relaxed *od.* relaxt sein; *aber nur* ein relaxter Typ; sie war die Relaxteste von allen; **re|la|xen** (*ugs. für* sich entspannen); wir haben relaxt, waren ganz relaxt
Re|lease, das *od.* der; -[s], -s [...sɪs], (*selten:*) die; -, -s (*bes. EDV* [Neu]veröffentlichung)
Re|le|ga|ti|on, die; -, -en (Verweisung von der [Hoch]schule; *Sport* Relegationsspiele)
re|le|vant (wichtig); **Re|le|vanz,** die; -, -en
Re|li|ef, das; -s, *Plur.* -s *u.* -e (über eine Fläche erhaben hervortretendes Bildwerk)
Re|li|gi|on, die; -, -en; **Re|li|gi|ons|frei|heit,** die; -; **Re|li|gi|ons|ge|mein|schaft**
re|li|gi|ös; Re|li|gi|o|si|tät, die; -
Re|likt, das; -[e]s, -e (Rest; Überbleibsel)
Re|ling, die; -, *Plur.* -s, *seltener* -e ([Schiffs]geländer, Brüstung)
Re|li|quie, die; -, -n (Überrest der Gebeine, Kleider o. Ä. eines Heiligen als Gegenstand religiöser Verehrung); **Re|li|qui|en|schrein**
Re|mai|ler [ˈriːmɛɪ̯lɐ], der; -s, - (*EDV* Dienst, der E-Mails anonymisiert weiterleitet)
Re|make [ˈriːmɛɪ̯k], das; -s, -s (Neufassung einer künstlerischen Produktion)
Re|mi|nis|zenz, die; -, -en (Erinnerung; Anklang)
re|mis [rəˈmiː] (unentschieden)
Re|mix [ˈriː...], der; -[es], -e (neu gestaltete Tonaufnahme)
Re|mou|la|de [...mu...], die; -, -n (eine Kräutermayonnaise); **Re|mou|la|den|so|ße, Re|mou|la|den|sau|ce**
Rem|pe|lei *(ugs.);* **rem|peln** (*ugs. für* absichtlich stoßen); ich remp[e]le
Ren [reːn, rɛn], das; -s, *Plur.* Rene *u.* -s [rɛns] (ein nordländ. Hirsch)
Re|nais|sance [rənɛˈsɑ̃ːs], die; -, -n (*nur Sing.:* auf der Antike aufbauende kulturelle Bewegung vom 14. bis 16. Jh.; erneutes Aufleben); **Re|nais|sance|stil,** der; -[e]s
Ren|dez|vous [rɑ̃deˈvuː], das; -, - (Verabredung, Begegnung)

R

Ren|di|te, die; -, -n (*Wirtsch.* Verzinsung, Ertrag)
re|ni|tent (widerspenstig, widersetzlich); **Re|ni|tenz,** die; -
Renn|bahn; ren|nen; du ranntest, *selten:* du renntest; gerannt; renn[e]!; **Ren|nen,** das; -s, -; **Ren|ner** (*ugs. auch für* etwas, was erfolgreich, beliebt ist); **Renn|fah|rer; Renn|fah|re|rin; Renn|rad; Renn|sport,** der; -[e]s; **Renn|stall; Renn|wa|gen**
Re|nom|mee, das; -s, -s ([guter] Ruf); **re-nom|mie|ren** (prahlen); **re|nom|miert** (berühmt, angesehen, namhaft)
re|no|vie|ren (erneuern, instand setzen); **Re-no|vie|rung**
ren|ta|bel (zinstragend; einträglich); ein ...a-b|les Geschäft; **Ren|ta|bi|li|tät,** die; - (*Wirtsch.* Einträglichkeit)
Ren|te, die; -, -n (regelmäßiges Einkommen [aus Vermögen od. rechtl. Ansprüchen])
Ren|ten|al|ter; Ren|ten|bei|trag; Ren|ten-fonds (*Wirtsch.* Investmentfonds für festverzinsliche Wertpapiere); **Ren|ten|kas|se; Ren|ten|re|form; Ren|ten|sys|tem; Ren-ten|ver|si|che|rung**
[1]**Ren|tier** [*auch* 'rɛn...] (*svw.* Ren)
[2]**Ren|ti|er** [...'ti̯e:], der; -s, -s (*veraltend für* Rentner; jmd., der von den Erträgen seines Vermögens lebt)
ren|tie|ren (Gewinn bringen); sich rentieren (sich lohnen)
Rent|ner; Rent|ne|rin
Re|or|ga|ni|sa|ti|on, die; -, -en *Plur. selten* (Neugestaltung)
Rep, der; -s, *Plur.* -s *u. (ugs.)* Repse (*kurz für* Republikaner [Mitglied einer rechtsgerichteten Partei])
re|pa|ra|bel (sich reparieren lassend); repara|b|le Schäden; **Re|pa|ra|ti|on,** die; -, -en (Wiederherstellung; *nur Plur.:* Kriegsentschädigung); **Re|pa|ra|tur,** die; -, -en; **re|pa|ra|tur|be|dürf|tig; re|pa|rie|ren**
Re|per|toire [...'to̯a:ɐ̯], das; -s, -s (Vorrat einstudierter Stücke usw., Spielplan)
re|pe|tie|ren (wiederholen); **Re|pe|ti|ti|on,** die; -, -en (Wiederholung)

Re|plik, die; -, -en (Gegenrede, Erwiderung; Nachbildung eines Originals)
re|po|li|ti|sie|ren (erneut politisieren); **Re-po|li|ti|sie|rung**
Re|port, der; -[e]s, -e u. -s (Bericht, Mitteilung); **Re|por|ta|ge** [...ʒə], die; -, -n (Bericht[erstattung] über ein aktuelles Ereignis); **Re|por|ter,** der; -s, - (Zeitungs-, Fernseh-, Rundfunkberichterstatter); **Re-por|te|rin**
Re|por|ting [*auch* rɪ'pɔ:ɐ̯...], das; -s, -s ([informierendes] Berichten)
Re|prä|sen|tant, der; -en, -en (Vertreter, Abgeordneter); **Re|prä|sen|tan|ten|haus; Re|prä|sen|tan|tin; Re|prä|sen|tanz,** die; -, -en ([geschäftl.] Vertretung)
Re|prä|sen|ta|ti|on, die; -, -en (standesgemäßes Auftreten; gesellschaftlicher Aufwand); **re|prä|sen|ta|tiv** (vertretend; typisch; wirkungsvoll); repräsentative Demokratie; **re|prä|sen|tie|ren** (vertreten; standesgemäß auftreten)
Re|pres|sa|lie, die; -, -n *meist Plur.* (Vergeltungsmaßnahme, Druckmittel)
Re|pres|si|on, die; -, -en (Unterdrückung [von Kritik]); **re|pres|siv** (unterdrückend)
Re|pro|duk|ti|on, die; -, -en (Wiedergabe, Nachbildung; Vervielfältigung; Fortpflanzung); **re|pro|du|zie|ren**
Rep|til, das; -s, *Plur.* -ien, *selten* -e (Kriechtier)
Re|pu|b|lik, die; -, -en; die Berliner Republik; die Erste Republik (in Österreich)
Re|pu|b|li|ka|ner; Re|pu|b|li|ka|ne|rin; re|pu|b|li|ka|nisch
re|pu|b|lik|weit
Re|pu|ta|ti|on, die; - ([guter] Ruf)
Re|qui|em, das; -s, *Plur.* -s, *österr.* ...quien (*kath. Kirche* Totenmesse; *Musik* [1]Messe)
Re|qui|sit, das; -s, -en (Zubehör, besonders bei Bühne und Film)
Re|search [ri'sœ:ɐ̯tʃ], das; -[s], -s, *auch* die; -, -s (Markt-, Meinungsforschung)
Re|ser|vat, das; -[e]s, -e (Freigehege; *auch für* Reservation)

Re|ser|ve, die; -, -n (Vorrat; Ersatz; Zurückhaltung); in Reserve (vorrätig)
re|ser|vie|ren (aufbewahren; vormerken); **re|ser|viert** (*auch für* zurückhaltend, kühl); **Re|ser|viert|heit; Re|ser|vie|rung**
Re|ser|vist, der; -en, -en (Soldat der Reserve); **Re|ser|vis|tin**
Re|ser|voir […'vo̯a:ɐ̯], das; -s, *Plur.* -e *u.* -s (Sammelbecken, Behälter)
Re|si|dent, der; -en, -en (jmd., der seinen [zweiten] Wohnsitz im [südlichen] Ausland hat); **Re|si|denz,** die; -, -en (Wohnsitz des Staatsoberhauptes, eines Fürsten, eines hohen Geistlichen); **Re|si|denz|the|a|ter; re|si|die|ren** (seinen Wohnsitz haben [bes. von regierenden Fürsten])
Re|si|g|na|ti|on, die; -, -en *Plur. selten* (Ergebung in das Schicksal); **re|si|g|nie|ren; re|si|g|niert** (mutlos, niedergeschlagen)
re|sis|tent (widerstandsfähig); **Re|sis|tenz,** die; -, -en (Widerstand[sfähigkeit])
re|so|lut (entschlossen, beherzt, tatkräftig)
Re|so|lu|ti|on, die; -, -en (Beschluss, Entschließung); **Re|so|lu|ti|ons|ent|wurf**
Re|so|nanz, die; -, -en (*Musik, Physik* Mittönen, -schwingen; Widerhall, Zustimmung)
Re|sort [*auch* rɪ'zɔ:ɐ̯t], das; -s, -s
Re|so|zi|a|li|sie|rung (Wiedereingliederung von Straffälligen in die Gesellschaft)
Re|s|pekt, der; -[e]s (Rücksicht, Achtung); Respekt einflößend; **re|s|pek|ta|bel** (ansehnlich; angesehen); re|s|pek|ta|b|le Größe; **re|s|pek|tie|ren** (achten, in Ehren halten)
re|s|pek|ti|ve (beziehungsweise; oder; und; *Abk.* resp.)
re|s|pekt|los; re|s|pekt|voll
Re|s|pons, der; -es, -e (auf eine Initiative o. Ä. hin erfolgende Reaktion)
Res|sen|ti|ment […sãti'mã:], das; -s, -s (gefühlsmäßige Abneigung)
Res|sort […'so:ɐ̯], das; -s, -s (Geschäfts-, Amtsbereich)
Res|sour|ce […'sʊrsə], die; -, -n *meist Plur.* (Rohstoff-, Erwerbsquelle; Geldmittel)
Rest, der; -[e]s, *Plur.* -e *u.* (*Kaufmannsspr., bes. von Schnittwaren:*) -er, *schweiz.* -en
Re|s|tau|rant […to'rã:], das; -s, -s (Gaststätte); **Re|s|tau|rant|be|such**
Re|s|tau|ra|ti|on, die; -, -en (*seltener für* Wiederherstellung; *geh. für* Gastwirtschaft); **Re|s|tau|ra|tor,** der; -s, …oren (Wiederhersteller [von Kunstwerken]); **Re|s|tau|ra|to|rin; re|s|tau|rie|ren** (wieder in den ursprünglichen Zustand bringen, ausbessern); **Re|s|tau|rie|rung**
Re|s|ti|tu|ti|on, die; -, -en (Wiederherstellung, *Rechtsspr.:* Entschädigung)
Rest|lauf|zeit
rest|lich; das restliche Geld; *aber:* alles Restliche erledigen wir später
rest|los; sie war restlos begeistert
Re|s|t|rik|ti|on, die; -, -en (Einschränkung, Vorbehalt); **re|s|t|rik|tiv** (ein-, beschränkend, einengend); restriktive Konjunktion (*Sprachwiss.,* z. B. »insofern«)
Re|struk|tu|rie|rung (Neuordnung)
Re|sul|tat, das; -[e]s, -e (Ergebnis); **re|sul|tie|ren** (sich [als Schlussfolgerung] ergeben; folgen)
Re|sü|mee, das; -s, -s (Zusammenfassung); **re|sü|mie|ren**
Re|tor|te, die; -, -n (Destillationsgefäß)
re|tour [re'tu:ɐ̯] (*landsch., österr., schweiz., sonst veraltet für* zurück)
re|t|ro|s|pek|tiv (rückschauend); **Re|t|ro|s|pek|ti|ve,** die; -, -n (*svw.* Retrospektion; *auch für* Präsentation des [Früh]werks eines Künstlers o. Ä.)
ret|ten; Ret|ter; Ret|te|rin
Ret|tung (*nur Sing.: österr. auch kurz für* Rettungsdienst); **Ret|tungs|ak|ti|on; Ret|tungs|dienst; Ret|tungs|hub|schrau|ber; Ret|tungs|leit|stel|le; ret|tungs|los; Ret|tungs|pa|ket** (*Politikjargon*)*;* **Ret|tungs|wa|gen**
[1]**Re|turn** [ri'tœ:ɐ̯n], der; -s, -s (*Tennis, Tischtennis* nach dem Aufschlag des Gegners zurückgeschlagener Ball)
[2]**Re|turn** *ohne Artikel gebr.* (*kurz für* Returntaste)

R

Re|tu|sche, die; -, -n (Nachbesserung [bes. von Fotografien]); **re|tu|schie|ren**

Reue, die; -; **reu|en;** es reut mich

reue|voll; reu|ig; reu|mü|tig

Reu|se, die; -, -n (Korb zum Fischfang)

re|üs|sie|ren (gelingen; Erfolg, Glück haben); sie reüssierte als Charakterdarstellerin

Re|van|che [re'vã:ʃ(ə)], die; -, -n (Vergeltung; Rache); **re|van|chie|ren,** sich (sich rächen; einen Gegendienst erweisen)

Re|ve|rend, der; -s, -s (*nur Sing.:* Titel der Geistlichen in England u. Amerika)

Re|ve|renz, die; -, -en (Ehrerbietung; Verbeugung); *vgl.* Referenz

[1]**Re|vers** [rə'vɛ:ɐ̯], das, *österr.* der; -, - (Umschlag od. Aufschlag an Kleidungsstücken)

[2]**Re|vers** [re'vɛrs], der; -es, -e (schriftliche Erklärung rechtlichen Inhalts)

re|ver|si|bel (umkehrbar; *Med.* heilbar); re|ver|si|b|le Prozesse; **Re|ver|si|bi|li|tät,** die; -

re|vi|die|ren (durchsehen, überprüfen); sein Urteil revidieren

Re|vier [re'vi:ɐ], das; -s, -e (Bezirk, Gebiet; *kurz für* Forst-, Jagd-, Polizeirevier)

[1]**Re|view** [ri'vju:], die; -, -s (Titel[bestandteil] englischer u. amerikanischer Zeitschriften)

[2]**Re|view,** das *od.* der; -s, -s, *auch* die; -, -s (Besprechung eines Buchs, Films u. a.)

Re|vi|si|on, die; -, -en (Nachprüfung; Änderung); **Re|vi|si|ons|ver|fah|ren; Re|vi|sor,** der; -s, ...oren (Wirtschaftprüfer); **Re|vi|so|rin**

re|vi|ta|li|sie|ren (*Med.* kräftigen, wieder funktionsfähig machen; *österr. auch für* generalsanieren); **Re|vi|ta|li|sie|rung**

Re|vi|val [ri'vaɪvl̩], das; -s, -s (Wiederbelebung); das Revival der Schlaghose

Re|vol|te, die; -, -n (Empörung, Aufruhr); **re|vol|tie|ren**

Re|vo|lu|ti|on, die; -, -en; **re|vo|lu|ti|o|när** ([staats]umwälzend); **Re|vo|lu|ti|o|när,** der; -s, -e; **Re|vo|lu|ti|o|nä|rin; re|vo|lu|ti|o|nie|ren**

Re|vol|ver, der; -s, - (kurze Handfeuerwaffe; drehbarer Ansatz an Werkzeugmaschinen)

Re|vue [rə'vy:], die; -, -n [...'vy:ən] (Zeitschrift mit allgemeinen Überblicken; musikalisches Ausstattungsstück); Revue passieren lassen (sich intensiv erinnern)

Re|zen|sent, der; -en, -en (Verfasser einer Rezension); **Re|zen|sen|tin; re|zen|sie|ren; Re|zen|si|on,** die; -, -en (kritische Besprechung von Büchern u. a.)

Re|zept, das; -[e]s, -e ([Arznei-, Koch]vorschrift, Verordnung); **re|zept|frei**

Re|zep|ti|on, die; -, -en (Aufnahme [eines Textes]; Empfangsbüro im Hotel)

Re|zep|tor, der; -s, ...oren (*Biol., Physiol.* reizaufnehmende Zelle als Bestandteil z. B. der Haut od. eines Sinnesorgans)

Re|zep|tur, die; -, -en (Anfertigung von Rezepten; Arbeitsraum in der Apotheke)

Re|zes|si|on, die; -, -en (*Wirtsch.* Rückgang der Konjunktur)

re|zi|p|rok (wechselseitig, gegenseitig, aufeinander bezüglich); (*Sprachwiss.* wechselbezügliches Fürwort, z. B. »einander«); **Re|zi|p|ro|zi|tät,** die; - (Wechselseitigkeit)

Re|zi|ta|ti|on, die; -, -en (künstlerischer Vortrag einer Dichtung); **Re|zi|ta|tor,** der; -s, ...oren; **Re|zi|ta|to|rin; re|zi|tie|ren**

Rha|bar|ber, der; -s, -

Rhap|so|die, die; -, ...ien (erzählendes Gedicht, Heldenlied; Musikstück)

Rhe|sus|fak|tor (*Med.* erbl. Merkmal der roten Blutkörperchen; *kurz* Rh-Faktor; *Zeichen* Rh = Rhesusfaktor positiv, rh = Rhesusfaktor negativ)

Rhe|to|rik, die; - (Redekunst); **rhe|to|risch;** rhetorische Frage (Frage, auf die keine Antwort erwartet wird)

Rheu|ma, das; -s (*kurz für* Rheumatismus); **rheu|ma|tisch** *(Med.);* **Rheu|ma|tis|mus,** der; -, ...men (schmerzhafte Erkrankung der Gelenke, Muskeln, Nerven, Sehnen)

Rhi|no|ze|ros, das; *Gen.* - *u.* -ses, *Plur.* -se (Nashorn)

Rho|do|den|d|ron, der, *auch* das; -s, ...ren (eine Zierpflanze)

rich|tig

Großschreibung der Substantivierung:

– *das Richtige tun*
– *er wartet noch auf die Richtige*
– *es wäre das Richtigste, wenn ...;* aber *es wäre am richtigsten, wenn ...*

Schreibung in Verbindung mit Verben und Partizipien:

– *eine Uhr, die richtig geht*
– *wenn ich das richtig sehe, gibt es keine größeren Probleme*
– *die Uhrzeiger richtig stellen* od. *richtigstellen;* aber *eine Behauptung richtigstellen*
– *wenn er doch einmal etwas richtig machen würde!;* aber *die Rechnung endlich richtigmachen* (ugs. für *begleichen)*
– *mit einer Annahme richtigliegen* (ugs.)
– *eine richtig gehende* od. *richtiggehende Uhr;* aber nur *es war eine richtiggehende Verschwörung*

Rhom|bus, der; -, ...ben (Raute; *Math.* gleichseitiges Parallelogramm)
Rhyth|mik, die; - (Art des Rhythmus; *auch* Lehre vom Rhythmus); **rhyth|misch** (den Rhythmus betreffend, taktmäßig); rhythmische Sportgymnastik; **Rhyth|mus,** der; -, ...men (regelmäßige Wiederkehr; taktmäßige Gliederung)
rich|ten; sich richten; richt euch! (militärisches Kommando); **Rich|ter; Rich|te|rin; rich|ter|lich; Rich|ter|spruch**
rich|tig s. *Kasten*
rich|ti|ger|wei|se
rich|tig|ge|hend; das war eine richtiggehende (durchaus so zu nennende) Blamage; *vgl.* richtig
Rich|tig|keit, die; -
rich|tig|lie|gen (*ugs. für* sich nicht irren); *vgl.* richtig
rich|tig|stel|len (berichtigen); *vgl.* richtig
Richt|li|nie *meist Plur.;* **Richt|schnur** *Plur.* ...schnüre, *seltener* ...schnuren
Rich|tung; rich|tungs|wei|send
Rick, das; -[e]s, *Plur.* -e, *auch* -s (*landsch. für* Stange; Gestell)
Ri|cke, die; -, -n (weibliches Reh)
Ri|cot|ta, der; -s (ital. Frischkäse)
rie|chen; du rochst; du röchest; gerochen; riech[e]!
1**Ried,** das; -[e]s, -e (Schilf, Röhricht)
2**Ried,** die; -, -en (*österr. für* Nutzfläche in den Weinbergen)
Rie|ge, die; -, -n (Turnerabteilung)
Rie|gel, der; -s, -; **rie|geln** (*veraltet, noch landsch. für* verriegeln); ich rieg[e]le
Rie|men, der; -s, - (Lederstreifen); **Rie|mer** (*landsch. für* Riemenmacher); **Rie|me|rin**
Ries, das; -es, -e (Papiermaß); 4 Ries Papier
Rie|se, der; -n, -n (außergewöhnlich großer Mensch; Märchengestalt)
rie|seln; ich ries[e]le
Rie|sen|er|folg; rie|sen|groß; Rie|sen|rad
rie|sig (gewaltig groß; toll); riesig große Wellen; die Wellen waren riesig groß
Rie|sin
Ries|ling, der; -s, -e (eine Reb- u. Weinsorte)
Ries|ter, der; -s, - (*veraltend für* Lederflicken auf dem Schuh)
Ries|ter-Ren|te, Ries|ter|ren|te (staatl. geförderte private Zusatzrente)
1**Riff,** das; -[e]s, *Plur.* -e *u.* -s (Felsenklippe; Sandbank)
2**Riff,** der; -s, -s (*bes. Jazz, Popmusik* ständig wiederholte, rhythmische Tonfolge)
rif|feln ([Flachs] kämmen; aufrauen; mit Riefen versehen); ich riff[e]le
ri|gid, ri|gi|de (streng; steif, starr)
ri|go|ros ([sehr] streng); **Ri|go|ro|si|tät,** die; -
Rik|scha, die; -, -s (zweirädriger Wagen, der von einem Menschen gezogen wird u. zur Beförderung von Personen dient)
Ril|le, die; -, -n
Rind, das; -[e]s, -er

Rin|de, die; -, -n
Rin|der|seu|che; Rind|fleisch
Ring, der; -[e]s, -e; **Ring|buch**
rin|geln; ich ring[e]le [mich]; **Rin|gel|nat|ter**
rin|gen; du rangst; du rängest; gerungen; ring[e]!; **Rin|ger; Rin|ge|rin**
Ring|fin|ger; ring|för|mig
Ring|rich|ter *(Boxen);* **Ring|rich|te|rin**
rings *vgl.* ringsum; **rings|he|r|um; rings-um;** ringsum (rundherum) läuft ein Geländer; ringsum (überall) stehen Sträucher, *aber* die Kinder standen rings um ihren Lehrer; rings um den See standen Bäume
Rink, der; -en, -en, **Rin|ke,** die; -, -n (*landsch. für* Schnalle)
Rin|ne, die; -, -n; **rin|nen;** es rann; es ränne, *selten* rönne; geronnen; rinn[e]!; **Rinn|sal,** das; -[e]s, -e (*geh. für* kleines fließendes Gewässer); **Rinn|stein**
Rip|pe, die; -, -n; **rip|pen** (mit Rippen versehen; *ugs. für* stehlen; *EDV* Einlesen der Daten einer CD o. Ä. in ein Anwendungsprogramm); gerippt; **Rip|pen|bruch,** der
Ri|si|ko, das; -s, ...ken, *selten* -s; **Ri|si|ko-fak|tor; ri|si|ko|freu|dig; Ri|si|ko|grup|pe** *(Med., Soziol.);* **Ri|si|ko|ka|pi|tal** *(Wirtsch.);* **ri|si|ko|los; Ri|si|ko|ma|nage-ment** (*Wirtsch.* Unternehmensstrategie zur Erkennung, Bewältigung u. Ausschaltung von Risiken); **ri|si|ko|reich**
ris|kant (gewagt)
ris|kie|ren (wagen, aufs Spiel setzen)
Ri|sot|to, der; -[s], -s, *auch, österr. nur* das; -s, -[s] (Reisspeise)
Ris|pe, die; -, -n (Blütenstand)
riss *vgl.* reißen
Riss, der; -es, -e; **riss|fest; ris|sig**
Rist, der; -[e]s, -e (Fuß-, Handrücken)
ritt *vgl.* reiten; **Ritt,** der; -[e]s, -e
Rit|ter; arme *od.* Arme Ritter (eine Süßspeise)
Rit|ter|burg; rit|ter|lich; Rit|ter|or|den
ritt|lings; rittlings auf dem Stuhl sitzen
Ri|tu|al, das; -s, *Plur.* -e *u.* -ien (religiöser Brauch; Zeremoniell)
ri|tu|ell (zum Ritus gehörend; durch den Ritus geboten); **Ri|tus,** der; -, ...ten (gottesdienstlicher [Fest]brauch; Zeremoniell)
Ritz, der; -es, -e (Kerbe, Schramme; *auch für* Ritze); **Rit|ze,** die; -, -n (sehr schmale Spalte od. Vertiefung)
rit|zen; du ritzt; **Rit|zer** (*ugs. für* kleine Schramme; jmd., der sich absichtlich ritzt)
Ri|va|le, der; -n, -n (Mitbewerber); **Ri|va|lin**
ri|va|li|sie|ren (um den Vorrang kämpfen)
Ri|va|li|tät, die; -, -en
Ri|vi|e|ra, die; -, ...ren *Plur. selten* (Küstengebiet am Mittelmeer)
Ri|zi|nus|öl
RNA, die; - (Ribonukleinsäure)
Road|map ['rɔʊ̯tmɛp], die; -, -s (*EDV* Plan für die zukünftige Entwicklung von Technologien u. Produkten)
Road|mo|vie ['rɔʊ̯tmu:vi], das (Spielfilm, dessen Handlung sich unterwegs, bei einer Autofahrt abspielt)
Roads|ter ['rɔʊ̯tstɐ], der; -s, - (offener, zweisitziger Sportwagen)
Road|trip ['rɔʊ̯t...] (weite Reise mit dem Auto)
Roa|ming ['rɔʊ̯mɪŋ], das; -s (*EDV, Telefonie* Verbindungsübergabe zwischen verschiedenen [Mobilfunk]netzen)
Roast|beef ['ro:stbi:f, 'rɔ...], das; -s, -s (Rostbraten)
Rob|be, die; -, -n (Seesäugetier); **rob|ben** (robbenartig kriechen); sie robbt
Ro|be, die; -, -n (Amtstracht, bes. für Richter, Anwälte, Geistliche)
Ro|bo|ter (elektronisch gesteuerter Automat)
ro|bust (stark, widerstandsfähig)
Ro|cha|de [...x..., *auch* ...ʃ...], die; -, -n (*Schach* Doppelzug von König u. Turm; *schweiz. auch für* [Ämter]tausch)
rö|cheln; ich röch[e]le
Ro|chen, der; -s, - (ein Seefisch)
[1]**Rock,** der; -[e]s, Röcke
[2]**Rock,** der; -[s] (Stilrichtung der Popmusik)
Rock|band [...bɛnt], die (*svw.* Rockgruppe); **ro|cken** ([2]Rock spielen)
Ro|cken, der; -s, - (Spinngerät)

R

Ro|cker, der; -s, - (Angehöriger einer [jugendlichen] Motorradbande; Rockmusiker); **Ro|cke|rin; ro|ckig; Rock|kon|zert; Rock|mu|sik; Rock|star** *vgl.* ²Star

¹**Ro|del,** der; -s, - (*bayr. für* Schlitten)

²**Ro|del,** die; -, -n (*österr. für* kleiner Schlitten; *landsch. für* Kinderrassel); **Ro|del|bahn**

ro|deln; ich rod[e]le

ro|den; rode das Waldstück!

Ro|deo, der *od.* das; -s, -s (Reiterschau der Cowboys in den USA)

Ro|dung

Ro|gen, der; -s, - (Fischeier)

Rog|gen, der; -s, *Plur. (Sorten:)* - (ein Getreide); **Rog|gen|brot**

roh; rohe Gewalt; roh behauener *od.* rohbehauener Stein; im Rohen fertig

Roh|bau *Plur.* ...bauten; **Roh|heit; Roh|kost; Roh|ling; Roh|ma|te|ri|al; Roh|öl**

Rohr, das; -[e]s, -e (*österr. auch für* Backofen)

Röh|re, die; -, -n

röh|ren (brüllen [vom Hirsch zur Brunftzeit])

Röh|richt, das; -s, -e (Rohrdickicht)

Rohr|zu|cker

Roh|stoff; Roh|stoff|markt

Ro|ko|ko [*auch* ...'kɔ..., *österr.* ...'ko:], das; *Gen.* -s, *fachspr. auch* - (Stil des 18. Jh.s)

Roll|bahn

Rol|le, die; -, -n; **rol|len;** der Wagen kommt ins Rollen

Rol|len|spiel *(Soziol.);* **Rol|len|ver|tei|lung**

Rol|ler (Motorroller; Kinderfahrzeug; *österr. für* Rollbraten); [mit dem] Roller fahren, *aber* das Rollerfahren

Rol|ler|blade® ['rɔʊ̯lɐbleɪ̯t], der; -s, -s *meist Plur.* (ein Inlineskate); **Rol|ler|skate** ['rɔʊ̯lɐskeɪ̯t], der; -s, -s (Rollschuh)

rol|lig ([von Katzen] brünstig)

Roll|kra|gen|pul|l|o|ver

Roll|la|den, Roll-La|den, der; -s, *Plur.* ...läden, *seltener* ...laden

Roll|mops (gerollter eingelegter Hering)

Rol|lo [*auch, österr. nur,* ...'lo:], das; -s, -s (aufrollbarer Vorhang)

Roll|schuh; Rollschuh laufen; *aber* das Rollschuhlaufen

Rolls-Royce® [rɔls'rɔɪ̯s], der; -, -[s] (britische Kraftfahrzeugmarke)

Roll|stuhl; Roll|stuhl|fah|rer; Roll|stuhl|fah|re|rin

Roll|trep|pe

Rom, der; -, -a (das als diskriminierend empfundene Wort »Zigeuner« ersetzende Bezeichnung; *vgl.* Sinto)

ROM, das; -[s], -[s] (*EDV* Informationsspeicher, dessen Inhalt nur gelesen, aber nicht verändert werden kann)

Ro|ma (*Plur. von* Rom)

Ro|man, der; -s, -e; historische Romane

Ro|man|ci|er [...mã'si̯e:], der; -s, -s (Romanschriftsteller)

Ro|man|fi|gur; ro|man|haft

Ro|ma|nik, die; - (Kunststil vom 11. bis 13. Jh.; Zeit des romanischen Stils)

ro|ma|nisch (zu den Romanen gehörend; im Stil der Romanik, die Romanik betreffend; *schweiz. auch für* rätoromanisch [*vgl.* romantsch]); romanische Sprachen

Ro|man|tik, die; - (Kunst- u. Literaturrichtung von etwa 1800 bis 1830; gefühlsbetonte Stimmung); **Ro|man|ti|ker** (Anhänger, Dichter usw. der Romantik; *abwertend für* Fantast, Schwärmer); **Ro|man|ti|ke|rin; ro|man|tisch** (zur Romantik gehörend; gefühlsbetont, schwärmerisch)

Ro|man|ze, die; -, -n (romantisches Liebeserlebnis)

¹**Rö|mer** (Einwohner Roms)

²**Rö|mer,** der; -s (das alte Rathaus in Frankfurt am Main)

³**Rö|mer** (bauchiges Kelchglas für Wein)

Rö|me|rin; rö|misch; römische Ziffern; *aber* das Römische Reich

rö|misch-ka|tho|lisch (*Abk.* r.-k., röm.-kath.); die römisch-katholische Kirche

Rom|mé, Rom|mee ['rɔme, *auch* ...'me:], das; -s, -s (ein Kartenspiel; *vgl.* Rummy)

Ron|dell, das; -s, -e (Rundteil; Rundbeet)

Ron|do, das; -s, -s (mittelalterliches Tanzlied)

rot

rö|ter, rötes|te, *seltener* ro|ter, rotes|te

I. Kleinschreibung:

– *rote Farbe; der rote Teppich*
– *er wirkt auf sie wie ein rotes Tuch*
– *jetzt ist [es] rot (an der Ampel)*

II. Großschreibung
a) der Substantivierung:

– *die Roten* (ugs. für *die Sozialisten, Kommunisten u. a.*); *Alarmstufe Rot*

b) in Namen und bestimmten namenähnlichen Fügungen, z. B.:

– *der Rote* od. *rote Planet (Mars)*
– *das Rote Meer*
– *die Rote Liste (der vom Aussterben bedrohten Tier- und Pflanzenarten)*
– *das Rote Kreuz; der Rote Halbmond*
– *Rote Be[e]te*
– *die Rote* od. *rote Karte* (bes. Fußball)

III. Schreibung in Verbindung mit Verben und adjektivisch gebrauchten Partizipien:

– *vor Verlegenheit rot werden*
– *sich die Haut rot scheuern* od. *rotscheuern*
– *sich die Augen rot weinen* od. *rotweinen*
– aber *rotsehen* (ugs. für *vor Wut die Kontrolle verlieren) als der Junge frech wurde, hat sie plötzlich rotgesehen*
– *rot glühendes* od. *rotglühendes Eisen*
– *ein rot gestreifter* od. *rotgestreifter Pulli*
– *rot geweinte* od. *rotgeweinte Augen*

Vgl. aber rotbraun *u.* rot-grün, rotgrün

rönt|gen (mit Röntgenstrahlen durchleuchten); du röntgst; sie wurde geröntgt; **Rönt|gen|bild; Rönt|gen|strah|len** *Plur.*

ro|sa (rosenfarbig, blassrot); ein rosa (*ugs. auch* rosa[n]es) Kleid; *vgl.* blau; **Ro|sa,** das; -[s], -[s] (rosa Farbe); *vgl.* Blau

ro|sa|far|ben, ro|sa|far|big; ro|sa|rot

rösch [*auch* rø:ʃ] (*Bergmannsspr.* grob; *bes. südd., auch schweiz. mundartl. für* knusprig)

Ro|se, die; -, -n

ro|sé (zartrosa); rosé Spitze; *vgl.* beige;

Ro|sen|kranz; Ro|sen|mon|tag (Fastnachtsmontag)

Ro|set|te, die; -, -n (Verzierung in Rosenform)

ro|sig; eine rosig weiße Blüte

Ro|si|ne, die; -, -n

Ros|ma|rin [*auch* ...'ri:n], der; -s (eine Gewürzpflanze)

Ross, das; -es, *Plur.* Rosse *u.* Rösser (*südd., österr., schweiz., sonst geh. für* Pferd)

[1]**Rost** [*schweiz., landsch.* ro:st], der; -[e]s, -e ([Heiz]gitter; *landsch. für* Stahlmatratze)

[2]**Rost,** der; -[e]s (Zersetzungsschicht auf Eisen); **ros|ten** (Rost ansetzen)

rös|ten (braten; bräunen [Kaffee, Brot u. a.]); **Rös|te|rei**

rost|far|ben, rost|far|big; rost|frei; rostfreier Stahl; **ros|tig;**

rot *s. Kasten*

Rot, das; -[s], -[s] (rote Farbe); bei Rot ist das Überqueren der Straße verboten; die Ampel steht auf, zeigt Rot; er spielte Rot aus *(Kartenspiel)*

Ro|ta|ti|on, die; -, -en (Drehung, Umlauf)

rot|ba|ckig, rot|bä|ckig

rot|blond; rot|braun

Rö|te, die; -, -n

Ro|te-Au|gen-Ef|fekt *(Fotogr.)*

Rö|teln *Plur.* (eine Infektionskrankheit)

rö|ten; sich röten

rot ge|streift, rot|ge|streift *vgl.* rot

rot-grün, rot|grün; ein rot-grünes *od.* rotgrünes Bündnis (zwischen Sozialdemokraten u. Grünen); die Forderungen von Rot-Grün *od.* Rotgrün

rot|haa|rig

ro|tie|ren (sich drehen)

röt|lich; rötlich braun usw.

Rot|licht, das; -[e]s

R

Ro|tor, der; -s, ...oren (sich drehender Teil von [elektrischen] Maschinen)
rot-rot, **rot|rot;** *vgl.* rot-grün
rot|se|hen (*ugs. für* vor Wut die Beherrschung verlieren; *vgl.* rot)
Rot|stift *vgl.* [1]Stift
Rot|te, die; -, -n (Gruppe von Menschen); **rot|ten** (*veraltet für* eine Rotte bilden)
Rö|tung
Rot|wein; rot-weiß, rot|weiß; ein rot-weißes *od.* rotweißes Band; eine rot-weiß *od.* rotweiß karierte Bluse; sie spielen in Rot-Weiß *od.* Rotweiß; **Rot|wild**
Rotz, der; -es ([Tier]krankheit; *derb für* Nasenschleim)
Rouge [ru:ʃ], das; -s, -s (rote Schminke)
Rou|la|de [ru...], die; -, -n (gerollte u. gebratene Fleischscheibe)
Rou|lette [ru'lɛt], das; -s, -s (ein Glücksspiel)
Rou|te ['ru:tə], die; -, -n (festgelegte Wegstrecke)
rou|ten ['ru:...] (*EDV* Daten zw. Netzwerken weiterleiten)
Rou|ten|pla|ner ['ru:...] (Software zur Bestimmung einer optimalen Wegstrecke)
Rou|ter ['ru:...], der; -s, - (*EDV* Gerät zum Routen)
Rou|ti|ne [ru...], die; -, -n (Übung, Gewandtheit; Erfahrung; gewohnheitsmäßige Ausführung); **rou|ti|ne|mä|ßig**
Rou|ting ['ru:tɪŋ], das; -s, -s (*EDV* das Ermitteln eines geeigneten Wegs für die Übertragung von Daten in einem Netzwerk)
Rou|ti|ni|er [...'nie:], der; -s, -s (jmd., der Routine hat); **Rou|ti|ni|e|rin; rou|ti|niert** (erfahren, gewandt)
Row|dy ['raudi], der; -s, -s ([jüngerer] gewalttätiger Mensch)
ro|y|al (königlich; königstreu); **Ro|y|al** ['rɔɪəl], der; -s, -s *meist Plur.* (*Jargon* Mitglied der [engl.] Königsfamilie)
rub|beln (kräftig reiben); ich rubb[e]le
Rü|be, die; -, -n
Ru|bel, der; -s, - (Währungseinheit in Belarus [*Währungscode* BYR] u. in der Russischen Föderation [RUB]; *Abk.* Rbl)
rü|ber (*ugs. für* herüber, hinüber); **rü|ber|brin|gen** *(ugs.)*
Ru|bin, der; -s, -e (ein Edelstein); **ru|bin|rot**
Ru|b|rik, die; -, -en (Spalte, Kategorie)
ru|b|ri|zie|ren (einordnen, einstufen)
ruch|los [*auch* 'rʊx...] (*geh. für* niedrig, gemein, böse)
ruck!; hau ruck!, ho ruck!; **Ruck,** der; -[e]s, -e; mit einem Ruck; **ruck|ar|tig**
Rück|bank
rück|be|züg|lich; rückbezügliches Fürwort (Reflexivpronomen)
Rück|blen|de *(Film)*
Rück|blick; rück|bli|ckend
ru|ckeln (*ugs. für* leicht, ein wenig rucken); sie sagt, der Wagen ruck[e]le
rü|cken; jmdm. zu Leibe rücken
Rü|cken, der; -s, -; **Rü|cken|mark,** das; **Rü|cken|schmerz** *meist Plur.;* **Rü|cken|schwim|men,** das; -s; **Rü|cken|wind**
Rück|er|stat|tung; Rück|fahrt; Rück|fall, der; **rück|fäl|lig; Rück|flug; Rück|fra|ge; Rück|ga|be; Rück|ga|be|recht; Rück|gang,** der; **rück|gän|gig;** rückgängige Geschäfte; etw. rückgängig machen; **Rück|grat,** das; -[e]s, -e; **rück|halt|los; Rück|hand,** die; - (*bes. Tennis, Tischtennis);* **Rück|kauf; Rück|kehr,** die; -; **Rück|la|ge** (zurückgelegter Betrag); **Rück|lauf; rück|läu|fig;** rückläufige Bewegung; rückläufige Entwicklung; **Rück|licht** *Plur.* ...lichter
rück|lings; er lehnte rücklings am Schrank
Rück|mel|dung; Rück|nah|me, die; -, -n; **Rück|rei|se; Rück|ruf|ak|ti|on**
Ruck|sack; Ruck|sack|tou|ris|mus
Rück|schlag; Rück|schluss; Rück|schritt; Rück|sei|te
Rück|sicht, die; -, -en; ohne, in, mit Rücksicht auf; Rücksicht nehmen; **Rück|sicht|nah|me,** die; -, -n; **rück|sichts|los; Rück|sichts|lo|sig|keit; rück|sichts|voll;** sie ist ihm gegenüber *od.* gegen ihn immer sehr rücksichtsvoll

R

Rück|sitz; Rück|spiel (*Sport; Ggs.* Hinspiel); **Rück|spra|che;** mit jmdm. Rücksprache halten, nehmen; **rück|stän|dig; Rück|stel|lung** *(Wirtsch.);* **Rück|stoß; Rück|tritt; Rück|tritt|brem|se; Rück|ver|si|che|rung; rück|wär|tig;** rückwärtige Verbindungen

rück|wärts; rückwärts einparken, *aber* beim Rückwärtseinparken; *vgl.* abwärts, vorwärts; **Rück|wärts|gang,** der; **rück|wärts|ge|hen;** manche Kinder können heute nicht einmal mehr rückwärtsgehen; mit dem Umsatz ist es immer mehr rückwärtsgegangen (er hat sich verschlechtert); **rück|wärts|ge|rich|tet**

Rück|weg

rück|wir|kend

Rück|zah|lung

Rück|zie|her; einen Rückzieher machen (*ugs. für* zurückweichen; *Fußball* den Ball über den Kopf nach hinten spielen)

ruck, zuck! *(ugs.)*

rü|de (roh, grob, ungesittet)

Rü|de, der; -n, -n (m. Hund)

Ru|del, das; -s, -; **ru|del|wei|se**

Ru|der, das; -s, -; ans Ruder (*ugs. für* in eine leitende Stellung) kommen; **Ru|der|boot**

Ru|de|rer, Rud|rer; **Ru|de|rin,** Rud|re|rin; **ru|dern;** ich rudere

Ru|di|ment, das; -[e]s, -e (Überbleibsel); **ru|di|men|tär** (nicht ausgebildet; verkümmert)

Rud|rer *vgl.* Ruderer; **Rud|re|rin** *vgl.* Ruderin

Ruf, der; -[e]s, -e; **ru|fen;** du rufst; du riefst; du riefest; gerufen; ruf[e]!

Rüf|fel, der; -s, - (*ugs. für* Verweis, Tadel)

Ruf|na|me; Ruf|num|mer

Rug|by ['rakbi], das; -[s] (ein Ballspiel)

Rü|ge, die; -, -n; **rü|gen**

Ru|he, die; -; jmdn. zur [letzten] Ruhe betten (*geh. für* beerdigen); sich zur Ruhe setzen; in Ruhe (*österr. für* im Ruhestand); **ru|he|los; ru|hen; ru|hend;** er ist der ruhende Pol; der ruhende Verkehr

ru|hen las|sen, ru|hen|las|sen

Ru|he|pau|se; Ru|he|stand, der; -[e]s; im Ruhestand (*Abk.* i. R.); **Ru|he|ständ|ler; Ru|he|stö|rung; Ru|he|tag; Ru|he|zeit**

ru|hig; ruhig Blut bewahren; ruhig sein, werden, bleiben; ein Gelenk ruhig stellen *od.* ruhigstellen; **ru|hig|stel|len** (durch Medikamente beruhigen); einen Patienten ruhigstellen; *vgl.* ruhig

Ruhm, der; -[e]s; **rüh|men;** sich seines Wissens rühmen; nicht viel Rühmens machen; **rühm|lich; ruhm|los; ruhm|reich**

Ruhr, die; -, -en *Plur. selten* (Infektionskrankheit des Darmes)

Rühr|ei

rüh|ren; etwas schaumig rühren; den Teig glatt rühren *od.* glattrühren

rüh|rend; eine rührende Szene; am rührends|ten; **rüh|rig; rühr|se|lig**

Ru|in, der; -s (Zusammenbruch)

Ru|i|ne, die; -, -n (zerfallen[d]es Bauwerk); **ru|i|nie|ren** (zerstören, verwüsten); sich ruinieren; **ru|i|nös** (zum Ruin führend)

rülp|sen *(ugs.);* du rülpst; **Rülp|ser**

rum (*ugs. für* herum)

Rum [*südd. u. österr. auch, schweiz. meist* ru:m], der; -s, *Plur.* -s, *österr.* -e (Branntwein [aus Zuckerrohr])

Rum|ba, die; -, -s, *ugs. auch, österr. u. schweiz. nur,* der; -s, -s (ein Tanz)

rum|krie|gen (*ugs. für* zu etwas bewegen; hinter sich bringen)

Rum|mel, der; -s *(ugs.)*

ru|mo|ren; er hat rumort

rum|peln *(ugs.);* ich rump[e]le

Rumpf, der; -[e]s, Rümpfe

rümp|fen; die Nase rümpfen

Rump|steak, das; -s, -s ([gebratene] Rindfleischscheibe)

Run [ran], der; -s, -s (Ansturm [auf etwas Begehrtes])

rund ([*im Sinne von* etwa] *Abk.* rd.); Gespräche am runden *od.* Runden Tisch; rund um die Welt, *aber* rundum; einen Stein rund machen *od.* rundmachen; *vgl.* rundmachen; **Rund,** das; -[e]s, -e

R

Run|de, die; -, -n; die Runde machen; die erste Runde; **run|den;** sich runden
Rund|fahrt
Rund|funk, der; -s; **Rund|funk|ge|bühr**
Rund|gang, der
rund|ge|hen; es geht rund (*ugs. für* es ist viel Betrieb); es ist rundgegangen
rund|he|r|aus; etwas rundheraus sagen
rund|he|r|um; rundherum sind Zäune; er ist rundherum *(völlig)* zufrieden
rund|lich
rund|ma|chen (*ugs. für* tadeln; *seltener für* überarbeiten)
Rund|rei|se; Rund|schau; Rund|schrei|ben
rund|um; Rund|um|schlag
Run|dung
rund|weg; etwas rundweg ablehnen
Ru|ne, die; -, -n (germanisches Schriftzeichen); **Ru|nen|al|pha|bet**
run|ter (*ugs. für* herunter, hinunter); **run|ter|fal|len** *(ugs.)*
Run|zel, die; -, -n; **run|ze|lig,** runz|lig; **run|zeln;** ich runz[e]le
Rü|pel, der; -s, -; **rü|pel|haft**
rup|fen; Gras, Geflügel rupfen
Rup|fen, der; -s, - (Jutegewebe)
Ru|pie, die; -, -n (Währungseinheit in Indien [*Währungscode* INR], Pakistan [PKR], Sri Lanka [LKR] u. anderen Staaten)
rup|pig; ein ruppiger Mensch
Rü|sche, die; -, -n (gefältelter [Stoff]besatz)
S **Rush|hour** [ˈraʃʔaʊ̯ɐ], die; -, -s (Hauptverkehrszeit)
Ruß, der; -es, *Plur. (fachspr.)* -e
Rüs|sel, der; -s, -; **rüs|sel|för|mig**
ru|ßen (*schweiz. auch für* entrußen); du rußt; es rußt; **Ruß|fil|ter; ru|ßig**
rus|sisch-or|tho|dox; russisch-orthodoxe Kirche
rüs|ten; sich rüsten *(geh.);* Gemüse rüsten (*schweiz. für* putzen, vorbereiten)
rüs|tig; eine rüstige alte Dame
rus|ti|kal (ländlich, bäuerlich)
Rüs|tung; Rüs|tungs|in|dus|t|rie; Rüs|tungs|kon|zern; Rüst|zeug

Ru|te, die; -, -n (Gerte; männliches Glied bei Tieren; *Jägerspr.* Schwanz)
Rutsch, der; -[e]s, -e; guten Rutsch [ins neue Jahr]!; **Rut|sche,** die; -, -n; **rut|schen;** du rutschst; **rutsch|fest; rut|schig**
rüt|teln; ich rütt[e]le

Rhythmus
Das Substantiv ist über das Lateinische aus dem Griechischen ins Deutsche entlehnt worden. Wie das Herkunftswort wird es am Wortanfang mit *Rhy-* geschrieben.

S s

S (Buchstabe); das S; des S, die S, *aber* das s in Hase; der Buchstabe S, s
Saal, der; -[e]s, Säle; *aber* Sälchen *(vgl. d.)*
Saat, die; -, -en; **Saat|gut,** das; -[e]s
Sab|bat, der; -s, -e (Samstag, jüdischer Feiertag)
sab|bern (*ugs. für* Speichel ausfließen lassen; schwatzen); ich sabbere
Sä|bel, der; -s, -
Sa|bo|ta|ge [...ʒə], die; -, -n (vorsätzliche Schädigung von wirtschaftl. u. militär. Einrichtungen); **Sa|bo|teur** [...ˈtøːɐ̯], der; -s, -e; **Sa|bo|teu|rin; sa|bo|tie|ren**
Sa|b|ra, die; -, -s (w. Form zu Sabre)
Sa|b|re, der; -[s], -s (in Israel geborener Nachkomme jüdischer Einwanderer)
Sa|cha|rin, Sac|cha|rin, das; -s (ein Süßstoff)
Sach|be|ar|bei|ter; Sach|be|ar|bei|te|rin; Sach|be|schä|di|gung; Sach|buch; sach|dien|lich
Sa|che, die; -, -n; in Sachen Meyer [gegen Müller]; in Sachen (zum Thema) neuer Trainer; zur Sache kommen
Sach|fra|ge; sach|ge|mäß; sach|ge|recht; Sach|kennt|nis; sach|kun|dig; Sach|la|ge; Sach|leis|tung

sạch|lich (zur Sache gehörend; *auch für* objektiv); sachliche Kritik; sachliche Angaben

sạ̈ch|lich; sächliches Geschlecht *(Sprachwiss.)*

Sạch|lich|keit; die Neue Sachlichkeit *(Kunstwiss.);* **Sạch|preis; Sạch|scha|den**

sạcht, sạch|te

Sạch|ver|halt; Sạch|ver|stand; sạch|ver|stän|dig; Sạch|ver|stän|di|ge, der *u.* die; -n, -n; **Sạch|ver|stän|di|gen|rat; Sạch|wal|ter; Sạch|wal|te|rin; Sạch|zwang** *meist Plur.*

Sạck, der; -[e]s, Säcke; 5 Sack Mehl; mit Sack und Pack; **Sạck|bahn|hof**

Sạ̈|ckel, der; -s, - (*landsch. für* Hosentasche; Geldbeutel)

[1]**sạ|cken** (*landsch. für* in Säcke füllen)

[2]**sạ|cken** (sich senken; sinken)

Sạck|gas|se; Sạck|hüp|fen, das; -s

sạck|wei|se

Sa|dị|smus, der; -, *Plur.* (*für* Handlungen:) ...men (Lust am Quälen, an Grausamkeiten); **Sa|dịst,** der; -en, -en; **Sa|dịs|tin; sa|dịs|tisch**

sä̱|en; du säst, er/sie sät; du sätest; gesät; säe!

Sa|fa̱|ri, die; -, -s (Gesellschaftsreise zum Jagen, Fotografieren [in Afrika])

Safe [sɛɪ̯f], der, *auch* das; -s, -s (Geldschrank, Stahlkammer)

Sa|fer Sex ['sɛɪ̯fɐ 'sɛks], der; - -[es] (die Gefahr einer Aidsinfektion minderndes Sexualverhalten)

Sạ|f|ran, der; -s, -e (Krokus; Farbstoff; *nur Sing.:* ein Gewürz); **sạ|f|ran|gelb**

Sạft, der; -[e]s, Säfte (*österr. auch für* Bratensoße); **sạf|tig** (*ugs. auch für* derb)

Sa̱|ge, die; -, -n

Sä̱|ge, die; -, -n

sa̱|gen; es kostet sage und schreibe (tatsächlich) zwanzig Euro; ich habe mir sagen lassen, dass ...; ich will mir von ihm nichts sagen (befehlen) lassen; sie hat das Sagen

sä̱|gen

sa̱|gen|haft (*ugs. auch für* unvorstellbar); **sa̱|gen|um|wo|ben**

Sa̱|ger (*österr. ugs. für* Ausspruch)

Sä̱|ge|spä|ne *Plur.;* **Sä̱|ge|werk**

Sa̱|go, der, *österr. meist* das; -s (gekörntes Stärkemehl)

Sa|ha̱|ra [*auch* 'za:...], die; - (Wüste in Nordafrika)

Sa̱h|ne, die; -; süße, saure Sahne; **Sa̱h|ne|eis; Sa̱h|ne|häub|chen; sa̱h|nig**

Sai|son [zɛ'zõ:, *auch, bes. südd., österr.,* zɛ'zo:n], die; -, *Plur.* -s, *auch, bes. südd., österr.,* ...o̱nen (Hauptbetriebs-, Hauptreise-, Hauptgeschäftszeit, Theaterspielzeit); **sai|so|na̱l; Sai|son|ar|beit; Sai|son|auf|takt; Sai|son|be|ginn,** der; -[e]s; **sai|son|be|rei|nigt** *(Amtsspr.);* **Sai|son|en|de; Sai|son|start; Sai|son|ziel** *(Sport)*

Sai̱|te, die; -, -n (Bespannung von Musikinstrumenten); andere Saiten aufziehen; *vgl. aber* Seite; **Sai̱|ten|in|s|t|ru|ment**

Sạk|ko [*österr.* ...'ko:], das, *österr. nur so, auch* der; -s, -s (Herrenjackett)

sa|k|ra̱l (den Gottesdienst betreffend)

Sa|k|ra|mẹnt, das; -[e]s, -e (eine gottesdienstliche Handlung)

Sa|k|ri|le̱g, das; -s, -e (Vergehen gegen Heiliges)

Sa|k|ris|te̱i (Kirchenraum für den Geistlichen u. die gottesdienstlichen Geräte)

sa|k|ro|sạnkt (unverletzlich)

sä|ku|la̱r (alle hundert Jahre wiederkehrend; weltlich); **Sä|ku|la|ri|sa|ti|o̱n,** die; -, -en (Einziehung geistl. Besitzungen; Verweltlichung); **Sä|ku|la|ri|si̱e|rung** (Lösung der Bindungen an die Kirche)

Sa|la|fịs|mus, der; - (ultrakonservative Strömung des Islams); **Sa|la|fịst,** der; -en, -en; **Sa|la|fịs|tin,** die; -, -nen; **sa|la|fịs|tisch**

Sa|la̱m (arabisches Grußwort); Salam alaikum! (Heil, Friede mit euch!)

Sa|la|mạn|der, der; -s, - (ein Schwanzlurch)

Sa|la̱|mi, die; -, -[s], *schweiz. auch* der; -s, - (eine Dauerwurst)

Sa|lä̱r, das; -s, -e (*schweiz. für* Gehalt, Lohn)

Sa|lat, der; -[e]s, -e; gemischter Salat; **Sa|lat|öl; Sa|lat|so|ße, Sa|lat|sau|ce**
Sal|be, die; -, -n
Sal|bei [*österr. nur so, sonst auch* ...'baj], der; -s, *österr. nur so, sonst auch* die; - (eine Heil- u. Gewürzpflanze); **Sal|bei|tee**
sal|ben; Sal|bung
sal|bungs|voll (übertrieben würdevoll)
Säl|chen (kleiner Saal)
Sal|do, der; -s, *Plur.* ...den, -s *u.* ...di (Unterschied der beiden Seiten eines Kontos)
Sa|li|ne, die; -, -n (ein Salzwerk)
[1]**Salm,** der; -[e]s, -e (ein Fisch)
[2]**Salm,** der; -s, -e (*ugs. für* umständliches Gerede)
Sal|mi|ak [*auch, österr. nur,* 'zal...], der, *auch* das; -s (eine Ammoniakverbindung)
Sal|mo|nel|len *Plur.* (Darmkrankheiten hervorrufende Bakterien)
sa|lo|mo|nisch; salomonische Schriften; salomonisches (weises) Urteil
Sa|lon [za'lõ:, *südd., österr.* za'lo:n], der; -s, -s (Gesellschafts-, Empfangszimmer; Friseur-, Mode-, Kosmetikgeschäft; [Kunst]ausstellung); **sa|lon|fä|hig**
Sa|loon [sə'lu:n], der; -s, -s (Lokal im Stil der Westernfilme)
sa|lopp (ungezwungen; nachlässig)
Sal|pe|ter, der; -s (*Bez. für* einige Salze der Salpetersäure); **Sal|pe|ter|säu|re,** die; -
Sal|sa, die; -, -s, *ugs. auch* der; -[s], -s (Art der lateinamerik. Popmusik; ein Tanz)
Sal|to, der; -s, *Plur.* -s *u.* ...ti (freier Überschlag; Luftrolle); **Sal|to mor|ta|le,** der; - -, *Plur.* - - *u.* ...ti ...li (meist dreifacher Salto in großer Höhe)
Sa|lut, der; -[e]s, -e ([militär.] Ehrengruß); **sa|lu|tie|ren** (militärisch grüßen)
Sal|ve [...və], die; -, -n (gleichzeitiges Schießen von mehreren Feuerwaffen)
Salz, das; -es, -e; **salz|arm**
sal|zen; du salzt; gesalzen (*in übertr. Bedeutung nur so,* z. B. die Preise sind gesalzen), *auch* gesalzt
salz|hal|tig
sal|zig; salziges Wasser
Salz|säu|re; Salz|was|ser
Sä|mann *Plur.* ...männer *(dichterisch)*
Sa|ma|ri|ter (Bewohner von Samaria; Krankenpfleger); barmherziger Samariter; **Sa|ma|ri|ter|dienst; Sa|ma|ri|te|rin**
Sam|ba, die; -, -s, *auch u. österr. nur* der; -s, -s (ein Tanz)
Sa|me, der; -ns, -n (*seltener für* Samen); **Sa|men,** der; -s, -
sä|mig (seimig; dickflüssig)
Sam|mel|band, der; **Sam|mel|kla|ge; sam|meln;** ich samm[e]le; **Sam|mel|stel|le; Sam|mel|su|ri|um,** das; -s, ...ien (*ugs. für* angesammelte Menge verschiedenartigster Dinge); **Samm|ler; Samm|le|rin; Samm|ler|stück; Samm|lung**
Sam|ple ['sɛmpl̩], das; -[s], -s (Stichprobe; Muster); **Sam|p|ler** ['sɛmplɐ, 'zamplɐ] (CD o. Ä. mit einer Auswahl von [bereits früher veröffentlichten] Titeln; Gerät zum Durchführen von Samplings)
Sams|tag, der; -[e]s, -e (*Abk.* Sa.); langer Samstag; *vgl.* Dienstag; **Sams|tag|abend** *vgl.* Dienstagabend; **sams|tags** *vgl.* dienstags
samt; samt und sonders; *Präp. mit Dat.:* samt dem Geld
Samt, der; -[e]s, -e (ein Gewebe); **samt|ar|tig; sam|ten** (aus Samt); **sam|tig** (samtartig); eine samtige Haut
sämt|lich; sie waren sämtlich (vollzählig) gekommen; sämtliche Stimmberechtigten, *auch*: Stimmberechtigte
Sa|mu|rai, der; -[s], -[s] (Angehöriger des jap. Adels)
Sa|na|to|ri|um, das; -s, ...ien (Heilanstalt)
Sand, der; -[e]s, -e
San|da|le, die; -, -n (leichte Fußbekleidung)
San|da|let|te, die; -, -n (sandalenartiger Sommerschuh)
Sand|bank *Plur.* ...bänke
Sand|dorn *Plur.* ...dorne (eine Pflanzengattung)
sand|far|ben, sand|far|big (*für* beige)
san|dig; sandiger Boden

Sand|kas|ten
Sand|ler (*österr. für* Obdachloser); **Sand|le|rin**
Sand|mann (eine Märchengestalt); **Sand|männ|chen**
Sand|pa|pier; Sand|sack; Sand|stein; Sand|strand; Sand|sturm
Sand|wich ['sɛntvɪtʃ], das *od.* der; *Gen.* -[e]s *od.* -, *Plur.* -[e]s, *auch* -e (belegte [Weiß]brotschnitte)
sanft; sanfter Tourismus
Sänf|te, die; -, -n (Tragstuhl)
Sanft|mut, die; -; **sanft|mü|tig**
Sang, der; -[e]s, Sänge *(veraltet);* mit Sang und Klang; **Sän|ger;** fahrender Sänger; **Sän|ger|bund,** der; **Sän|ge|rin**
sang|los; *nur in* sang- u. klanglos (*ugs. für* ohne viel Aufhebens, unbemerkt)
sa|nie|ren (gesund machen; durch Renovierung u. Modernisierung den neuen Lebensverhältnissen anpassen; wieder rentabel machen); sich sanieren (*ugs. für* wirtschaftlich gesunden); **Sa|nie|rung; sa|nie|rungs|be|dürf|tig; Sa|nie|rungs|fall,** der; **Sa|nie|rungs|maß|nah|me; Sa|nie|rungs|plan; Sa|nie|rungs|pro|gramm**
sa|ni|tär (gesundheitlich); sanitäre Anlagen
Sa|ni|tä|ter (Krankenpfleger); **Sa|ni|tä|te|rin; Sa|ni|täts|dienst**
Sank|ti|on, die; -, -en (*geh. für* Billigung; *meist Plur.:* Zwangsmaßnahme); **sank|ti|o|nie|ren** (Sanktionen verhängen)
Sans|k|rit [*auch, österr. u. schweiz. nur,* ...'krɪt], das; -[s] (Literatur- u. Gelehrtensprache des Altindischen)
Sa|phir [*auch, österr. nur,* ...'fiːɐ̯], der; -s, -e (ein Edelstein)
Sar|del|le, die; -, -n (ein Fisch)
Sar|di|ne, die; -, -n (ein Fisch)
Sarg, der; -[e]s, Särge
Sar|kas|mus, der; -, ...men (*nur Sing.:* [beißender] Spott; sarkastische Äußerung); **sar|kas|tisch** (spöttisch)
Sar|ko|phag, der; -[e]s, -e (Steinsarg, [Prunk]sarg)
Sas|se, die; -, -n (*Jägerspr.* Hasenlager)
Sa|tan, der; -s, -e (*nur Sing.:* Teufel; boshafter Mensch); **sa|ta|nisch** (teuflisch)
Sa|tel|lit, der; -en, -en (*Astron.* Mond der Planeten; *kurz für* Satellitenstaat); **Sa|tel|li|ten|bild; Sa|tel|li|ten|schüs|sel** *(ugs.);* **Sa|tel|li|ten|stadt** (Trabantenstadt)
Sa|tin [...'tɛ̃ː], der; -s, -s (ein Gewebe mit glänzender Oberfläche); **Sa|tin|blu|se**
Sa|ti|re, die; -, -n (ironisch-witzige literarische od. künstlerische Darstellung u. Kritik menschlicher Schwächen u. Laster); **Sa|ti|ri|ker** (Verfasser von Satiren); **Sa|ti|ri|ke|rin; sa|ti|risch**
Sa|tis|fak|ti|on, die; -, -en (Genugtuung)
satt; ein sattes Blau; sich satt essen, trinken; satt sein (*ugs. auch für* völlig betrunken sein); weil ich deine Launen satt bin *(ugs.); vgl. aber* satthaben; die hungrigen Kinder satt bekommen; *vgl. aber* sattbekommen; Bier kann richtig satt machen *od.* sattmachen
Sat|tel, der; -s, Sättel; **sat|tel|fest** (*auch für* kenntnissicher, -reich); **sat|teln;** ich satt[e]le; **Sat|tel|schlep|per**
satt|ha|ben (*ugs. für* nicht mehr mögen); weil ich deine Launen satthabe; *vgl.* satt
sät|ti|gen; eine gesättigte Lösung *(Chemie);* **Sät|ti|gung**
satt|sam (hinlänglich)
[1]**Sa|turn,** der; -[s] (ein Planet)
[2]**Sa|turn,** die; -, -s (*kurz für* Saturnrakete)
Sa|tyr, der; *Gen.* -s *u.* -n, *Plur.* -n (Waldgeist u. Begleiter des Dionysos in der griech. Sage); **Sa|tyr|spiel**
Satz, der; -es, Sätze; ein verkürzter, elliptischer Satz; **Satz|aus|sa|ge** (*svw.* Prädikat); **Satz|glied; Satz|teil,** der
Sat|zung; Sat|zungs|än|de|rung
Satz|zei|chen
Sau, die; -, *Plur.* Säue *u.* (*bes. von* Wildschweinen:) -en
sau|ber; saub|rer *od.* sau|be|rer; am sau|bers|ten; sauber halten, das hast du sauber (*ugs., oft ironisch für* sehr gut) gemacht! sauber machen *od.* saubermachen (reini-

S

gen); wir haben das Zimmer sauber gemacht *od.* saubergemacht
Sau|ber|keit, die; -; **säu|ber|lich**
sau|ber ma|chen, sau|ber|ma|chen *vgl.* sauber; **Sau|ber|mann** *Plur.* ...männer (*scherzh.; auch für* jmd., der auf die Wahrung der Moral achtet)
säu|bern; ich säubere; **Säu|be|rung**
Sau|ce ['zo:sə, *österr.* zo:s] *vgl.* Soße
sau|er; saure Gurken; saurer Regen; er ist gleich sauer (*ugs. für* verärgert) geworden; gib ihm Saures! (*ugs. für* prügle ihn!)
Sau|er|amp|fer
Sau|e|rei *(derb)*
Sau|er|kraut, das; -[e]s
säu|er|lich; säu|ern (sauer machen; *auch für* sauer werden); ich säu[e]re; das Brot wird gesäuert
Sau|er|stoff, der; -[e]s (chemisches Element, Gas; *Zeichen* O); **Sau|er|stoff|fla|sche, Sau|er|stoff-Fla|sche**
Sau|er|teig
sau|fen (*derb in Bezug auf Menschen, bes. für* Alkohol trinken); du säufst; du soffst; du söffest; gesoffen; sauf[e]!; **Säu|fer** *(derb);* **Sau|fe|rei** *(derb);* **Säu|fe|rin**
sau|gen; du saugst; du sogst, *auch* saugtest; du sögest; gesogen, *auch* gesaugt (*Technik nur* saugte, gesaugt); saug[e]!
säu|gen; Säu|ge|tier; Säug|ling (Kind im 1. Lebensjahr); **Säug|lings|schwes|ter**
Säu|le, die; -, -n; **säu|len|för|mig**
S
[1]**Saum,** der; -[e]s, Säume (*veraltet für* Last)
[2]**Saum,** der; -[e]s, Säume (Rand; Besatz)
sau|mä|ßig *(derb)*
[1]**säu|men** (mit einem Rand, Besatz versehen)
[2]**säu|men** (*geh. veraltend für* zögern)
säu|mig; Säu|mig|keit
saum|se|lig; Saum|se|lig|keit
Sau|na, die; -, *Plur.* -s *od.* ...nen (Heißluftbad); **Sau|na|gang,** der
Säu|re, die; -, -n; **säu|re|be|stän|dig**
Sau|ri|er, der; -s, - (urweltliche Echse)
Saus; *nur in* in Saus und Braus (prassend)
säu|seln; ich säus[e]le
sau|sen; du saust; er/sie saus|te; sausen lassen *od.* sausenlassen (*ugs. für* aufgeben)
Sau|vi|g|non [sovɪn'jõ:], der; -s, -s (eine Rebsorte); Sauvignon blanc
Sa|van|ne, die; -, -n (Steppe mit einzeln od. gruppenweise stehenden Bäumen)
Sax, das; -, -e (*Kurzw. für* Saxofon)
Sa|xo|fon, Sa|xo|phon, das; -s, -e (ein Blasinstrument); **Sa|xo|fo|nist, Sa|xo|pho|nist,** der; -en, -en (Saxofonbläser); **Sa|xo|fo|nis|tin, Sa|xo|pho|nis|tin**
S-Bahn® ['ɛs...], die; -, -en (Schnellbahn); **S-Bahn|hof; S-Bahn-Wa|gen,** der; -s, -
Sca|la, die; -; Mailänder Scala (Mailänder Opernhaus); *vgl.* Skala
Scan [skɛn], der *od.* das; -s, -s (das Scannen); **scan|nen** ['skɛn...] (mit einem Scanner abtasten); **Scan|ner,** der; -s, - (ein elektronisches Eingabegerät)
Scha|be, die; -, -n (ein Insekt)
scha|ben; schab *od.* schabe die Möhren!
Scha|ber|nack, der; -[e]s, -e (übermütiger Streich, Possen)
schä|big *(abwertend);* **Schä|big|keit**
Scha|b|lo|ne, die; -, -n (ausgeschnittene Vorlage; Muster); **scha|b|lo|nen|haft**
Schach, das; -s, -s; Schach spielen, bieten; in Schach halten (nicht gefährlich werden lassen); Schach und matt!; **Schach|brett**
scha|chern (*abwertend für* feilschend handeln); ich schachere
schach|matt (*ugs. auch für* sehr matt); jmdn. schachmatt setzen; **Schach|spiel; Schach|spie|ler; Schach|spie|le|rin**
Schacht, der; -[e]s, Schächte; Schacht kriegen (*nordd. für* Prügel bekommen)
Schach|tel, die; -, -n
Schäch|ter; Schäch|te|rin
Schach|zug
scha|de (es ist schade um jmdn. *od.* um etwas; schade, dass ...; ich bin mir dafür zu schade; o wie schade!; jammerschade!)
Scha|de, der (*veraltet für* Schaden); *nur noch in* es soll, wird dein Schade nicht sein
Schä|del, der; -s, -; **Schä|del|bruch,** der; *vgl.* [1]Bruch

scha|den; jmdm. schaden; **Scha|den,** der; -s, Schäden; zu Schaden kommen *(Amtsspr.);* **Scha|den|er|satz,** *fachspr. meist* Scha|dens|er|satz; **Scha|den|er|satz|an|spruch; Scha|den|freu|de,** die; -; **scha|den|froh; Scha|dens|be|gren|zung,** Schadenbegrenzung; **Scha|dens|er|satz** *(im BGB für* Schadenersatz); **Scha|dens|fall; schad|haft**

schä|di|gen; Schä|di|ger; Schä|di|gung

schäd|lich

Schäd|ling; Schäd|lings|be|kämp|fung

schad|los; sich schadlos halten

Schad|stoff; schad|stoff|arm; Schad|stoff|aus|stoß; Schad|stoff|pla|ket|te

Schaf, das; -[e]s, -e; **Schäf|chen** (seine Schäfchen ins Trockene bringen (*ugs. auch für* sich großen Gewinn verschaffen)

Schäf|chen|wol|ke *meist Plur.*

Schä|fer; Schä|fer|hund; Schä|fe|rin

Schaf|fen, das; -s

[1]**schaf|fen** (schöpferisch gestalten, hervorbringen); Schiller hat »Wilhelm Tell« geschaffen; sie schuf, *auch* schaffte [endlich] Abhilfe; es muss [endlich] Abhilfe geschaffen, *selten* geschafft werden

[2]**schaf|fen** (vollbringen; *landsch. für* arbeiten; in [reger] Tätigkeit sein; *Seemannsspr.* essen); du schafftest; geschafft; schaff[e]! sie hat den ganzen Tag geschafft (landsch.); sie haben es geschafft; ich möchte damit nichts zu schaffen haben

Schäff|ler (*bayr. für* Böttcher); **Schäff|le|rin**

Schaff|ner (jmd., der in öffentlichen Verkehrsmitteln Fahrscheine kontrolliert; *veraltet für* Verwalter); **Schaff|ne|rin**

Schaf|fung, die; -

Schaf|gar|be (eine Heilpflanze)

Schaf|her|de; Schaf|kopf, der; -[e]s (ein Kartenspiel)

Scha|fott, das; -[e]s, -e (Gerüst für Hinrichtungen)

[1]**Schaft,** der; -[e]s, Schäfte (z. B. Lanzenschaft)

[2]**Schaft,** der; -[e]s, Schäfte (*südd. u. schweiz. für* Gestell[brett], Schrank)

Schah, der; -s, -s (persischer Herrschertitel; *meist kurz für* Schah-in-Schah)

Scha|kal, der; -s, -e (hundeartiges Raubtier)

schä|kern (scherzen); ich schäkere

schal; schales (abgestandenes) Bier

Schal, der; -s, *Plur.* -s, *auch* -e

[1]**Scha|le,** die; -, -n (flaches Gefäß; *österr. auch für* Tasse)

[2]**Scha|le,** die; -, -n (Hülle)

schä|len

Schalk, der; -[e]s, *Plur.* -e *u.* Schälke (Spaßvogel, Schelm); **schalk|haft**

Schall, der; -[e]s, *Plur.* -e *od.* Schälle; **Schall|dämp|fer; schall|dicht**

schal|len; es schallt; es schallte, *seltener* scholl; es schallte, *seltener* schölle; geschallt; schall[e]!; schallendes Gelächter; **Schall|ge|schwin|dig|keit; Schall|mau|er; Schall|plat|te; Schall|schutz**

Schal|mei, die; -, -en (ein Holzblasinstrument)

Scha|lot|te, die; -, -n (eine kleine Zwiebel)

schal|ten; er hat geschaltet (beim Autofahren den Gang gewechselt; *ugs. für* begriffen, verstanden, reagiert); sie hat damit nach Belieben geschaltet; **Schal|ter**

Schalt|flä|che *(EDV);* **Schalt|jahr; Schalt|kreis; Schalt|tag; Schal|tung**

Scha|lup|pe, die; -, -n (Küstenfahrzeug; *auch für* größeres [Bei]boot)

Scham, die; -

Scha|ma|ne, der; -n, -n (Zauberpriester bei [asiat.] Naturvölkern)

schä|men, sich; sie schämte sich ihres Verhaltens, *heute meist* wegen ihres Verhaltens; **scham|haft; scham|los**

scham|po|nie|ren, schampunieren (mit Shampoo einschäumen, waschen)

scham|rot; Scham|rö|te

Schan|de, die; -, -n *Plur. selten;* jmdm. Schande machen; *aber* zuschanden *od.* zu Schanden gehen, machen, werden

schän|den

Schand|fleck

schänd|lich; schändliche Taten

Schand|tat

Schän|dung
Schän|ke *vgl.* Schenke
[1]**Schan|ze,** die (*veraltet für* Glückswurf, -umstand); *nur noch in* in die Schanze schlagen (aufs Spiel setzen)
[2]**Schan|ze,** die; -, -n (*Militär früher für* geschlossene Verteidigungsanlage; *kurz für* Sprungschanze); **schan|zen** (*früher für* an einer [2]Schanze arbeiten); du schanzt
[1]**Schar,** die; -, -en (größere Anzahl, Gruppe)
[2]**Schar,** die; -, -en, *fachspr.* das; -[e]s, -e (Pflugschar)
Scha|ra|de, die; -, -n (Worträtsel, bei dem das zu erratende Wort pantomimisch dargestellt wird)
Schä|re, die; -, -n *meist Plur.* (kleine, der Küste vorgelagerte Felsinsel)
scha|ren; sich scharen; **scha|ren|wei|se**
scharf; schär|fer, am schärfs|ten; scharfes s (*für* Eszett);er ist ein Scharfer (*ugs. für* ein strenger Polizist, Beamter u. Ä.); etwas aufs, auf das Schärfs|te *od.* schärfs|te verurteilen; scharf durchgreifen, sehen usw.; das Objektiv scharf stellen *od.* scharfstellen, *aber nur* das Objektiv scharf einstellen; das Messer, eine Bombe scharf machen *od.* scharfmachen; *vgl. aber* scharfmachen; **Scharf|blick,** der; -[e]s
Schär|fe, die; -, -n; **schär|fen**
scharf|kan|tig; scharfkantige Möbel
scharf|ma|chen (*ugs. für* aufhetzen, sexuell erregen); um den Hund scharfzumachen; ein scharfgemachter Hund; *vgl.* scharf
Scharf|rich|ter (*für* Henker); **Scharf|rich|te|rin; Scharf|schüt|ze; Scharf|schüt|zin**
Scharf|sinn, der; -[e]s; **scharf|sin|nig**
Scha|ria, die; -, Scheria (religiöses Gesetz des Islams)
[1]**Schar|lach,** der, *österr.* das; -s (lebhaftes Rot)
[2]**Schar|lach,** der; -s (eine Infektionskrankheit)
schar|lach|rot
Schar|la|tan, der; -s, -e (Schwindler, Kurpfuscher); **Schar|la|ta|nin**
Schar|müt|zel, das; -s, - (kurzes, kleines Gefecht, Plänkelei)

S

Schar|nier, das; -s, -e (Drehgelenk)
Schär|pe, die; -, -n (um Schulter od. Hüften getragenes breites Band)
schar|ren; scharr *od.* scharre nicht mit den Füßen!
Schar|ren, der; -s, -, Scharn (*landsch. für* Verkaufsstand für Fleisch od. Brot)
Schar|te, die; -, -n (Einschnitt; [Mauer]lücke; schadhafte Stelle); eine Scharte auswetzen (*ugs. für* einen Fehler wiedergutmachen)
schar|tig; eine schartige Klinge
schar|wen|zeln (*ugs. für* sich dienernd hin u. her bewegen; herumscharwenzeln); ich scharwenz[e]le, er hat scharwenzelt
Schasch|lik, der *od.* das; -s, -s (am Spieß gebratene od. gegrillte Fleischstückchen mit Zwiebeln, Paprika u. Speck)
schas|sen (*ugs. für* [von der Schule, der Lehrstätte, aus dem Amt] jagen); du schasst, er/sie schasst; du schasstest; geschasst; schasse! *u.* schass!
schat|ten (*geh. für* Schatten geben); geschattet; **Schat|ten,** der; -s, -; Schatten spenden; ein Schatten spendender *od.* schattenspendender Baum
Schat|ten|da|sein; Schat|ten|sei|te; Schatten|spiel; Schat|ten|wirt|schaft (Gesamtheit der wirtschaftlichen Betätigungen, die nicht amtlich erfasst werden können)
schat|tie|ren ([ab]schatten); **Schat|tie|rung**
schat|tig; ein schattiges Plätzchen
Scha|tul|le, die; -, -n (Geld-, Schmuckkästchen; *früher für* Privatkasse eines Fürsten)
Schatz, der; -es, Schätze; **Schätz|chen**
schät|zen; du schätzt; schätzen lernen; sie haben sich [zu] schätzen gelernt
Schatz|kam|mer; Schatz|kanz|ler (in Großbritannien); **Schatz|kanz|le|rin; Schatz-meis|ter; Schatz|meis|te|rin**
Schät|zung; schät|zungs|wei|se
Schau, die; -, -en (Ausstellung, Überblick; Vorführung); zur Schau stellen, tragen; jmdm. die Schau stehlen (*ugs. für* ihn um die Anerkennung der anderen bringen)
Schaub, der; -[e]s, Schäube (*südd., österr. für* Garbe, Strohbund); 3 Schaub

Schau|bild; Schau|büh|ne
Schau|der, der; -s, -; Schauder erregen; **schau|der|haft; schau|dern;** ich schaudere; mir *od.* mich schaudert
schau|en *(bes. südd., österr.);* schau, sieh dir das an! *aber nur* ich habe dich gestern im Kino gesehen
¹**Schau|er,** der; -s, - (Schreck; Regenschauer)
²**Schau|er,** der *od.* das; -s, - *(landsch. für* Schutzdach; *auch für* offener Schuppen)
Schau|er|ge|schich|te; schau|er|lich
Schau|fel, die; -, -n; **schau|feln;** ich schauf[e]le
Schau|fens|ter
Schau|kel, die; -, -n; **schau|keln;** ich schauk[e]le
Schau|kel|pferd; Schau|kel|stuhl
schau|lau|fen *nur im Infinitiv u. Partizip gebr.*
schau|lus|tig; eine schaulustige Menge; **Schau|lus|ti|ge,** der *u.* die; -n, -n
Schaum, der; -[e]s, Schäume; **schäu|men**
Schaum|gum|mi, der, *auch* das; -s, -[s]
schau|mig; Eiweiß schaumig schlagen
Schaum|stoff
Schau|platz
schau|rig; schaurig-schön
Schau|spiel; Schau|spie|ler; Schau|spie|le|rei; Schau|spie|le|rin; schau|spie|le|risch; schau|spie|lern; ich schauspielere; geschauspielert; zu schauspielern; **Schau|spiel|haus; Schau|spiel|schu|le**
Schau|stel|ler; Schau|stel|le|rin
¹**Scheck,** *schweiz. auch* Check, Cheque [ʃɛk], der; -s, -s (Zahlungsanweisung)
²**Scheck,** der; -en, -en; *vgl.* Schecke
Sche|cke, die; -, -n (scheckige Stute od. Kuh)
sche|ckig; das Pferd ist scheckig braun
Scheck|kar|te
scheel *(ugs. für* missgünstig, geringschätzig); scheel blicken; ein scheel blickender *od.* scheelblickender Mensch
Schef|fel, der; -s, - (ein altes Hohlmaß)
schef|feln *(ugs. für* [geizig] zusammenraffen); ich scheff[e]le
Schei|be, die; -, -n; **schei|ben|för|mig; Schei|ben|wi|scher**
Scheich, der; -s, *Plur.* -e *u.* -s (Oberhaupt in arabischen Ländern); **Scheich|tum**
Schei|de, die; -, -n
schei|den; du schiedst; du schiedest; geschieden; scheid[e]!; **Schei|de|weg**
Schei|dung; Schei|dungs|pro|zess
Schein, der; -[e]s, -e; **schein|bar** (nur dem Scheine nach)
schei|nen; du schienst; du schienest; geschienen; schein[e]!; die Sonne schien, hat geschienen; sie kommt scheints *(ugs. für* anscheinend) erst morgen
schein|hei|lig
Schein|selbst|stän|dig|keit, Schein|selb|stän|dig|keit
Schein|tod; schein|tot
Schein|wer|fer; Schein|wer|fer|licht
Scheiß, der; - *(derb für* unangenehme Sache; Unsinn); **Scheiß|dreck**
schei|ße *(derb);* das sieht scheiße aus; **Schei|ße,** die; - *(derb);* **scheiß|egal** *(derb);* **schei|ßen** *(derb);* ich schiss; du schissest; geschissen; scheiß[e]!
Scheit, das; -[e]s, *Plur.* -e, *bes. österr. u. schweiz.* -er (Holzscheit; *landsch. für* Spaten)
Schei|tel, der; -s, -; **schei|teln;** ich scheit[e]le
Schei|ter|hau|fen
schei|tern; ich scheitere
Schelf, der *od.* das; -s, -e *(Geogr.* Festlandsockel; Flachmeer entlang der Küste)
Schel|le, die; -, -n (Glöckchen; *landsch. für* Ohrfeige); **schel|len**
Schelm, der; -[e]s, -e (Spaßvogel); **Schel|men|streich; Schel|min; schel|misch**
Schel|te, die; -, -n (scharfer Tadel; ernster Vorwurf); **schel|ten** (schimpfen, tadeln); du schiltst, er schilt; du schaltst, er schalt; du schöltest; gescholten; schilt!
Sche|ma, das; -s, *Plur.* -s *u.* -ta, *auch* Schemen (Muster, Aufriss; Konzept); nach Schema F (gedankenlos u. routinemäßig); **sche|ma|tisch;** eine schematische Zeich-

S

nung; **sche|ma|ti|sie|ren** (nach einem Schema behandeln; vereinfachen)

Sche|mel, der; -s, -

Sche|men, der; -s, - (Schatten[bild]; *landsch. für* Maske); **sche|men|haft**

Schenk, der; -en, -en (*veraltet für* Diener; Wirt); **Schen|ke,** Schän|ke, die; -, -n

Schen|kel, der; -s, -

schen|ken (als Geschenk geben; *älter für* einschenken); **Schen|ker** (*veraltet für* Bierwirt; *Rechtsspr.* jmd., der eine Schenkung macht); **Schen|ke|rin; Schen|kung**

schep|pern (*ugs. für* klappern, klirren); ich scheppere

Scher|be, die; -, -n (Bruchstück aus Glas, Ton o. Ä.); **Scher|ben,** der; -s, - (*südd., österr. für* Scherbe; *Keramik* gebrannter, noch nicht glasierter Ton)

Scher|ben|hau|fen

Sche|re, die; -, -n; [1]**sche|ren** (abschneiden); du scherst, er schert die Schafe; du schorst, *selten* schertest; du schörest, *selten* schertest; geschoren, *selten* geschert; scher[e]!

[2]**sche|ren,** sich (*ugs. für* sich fortmachen; sich um etwas kümmern); scher dich zum Teufel!; er hat sich nicht darum geschert

Sche|ren|schnitt (Umrissbild aus Papier)

Sche|re|rei *meist Plur.* (*ugs. für* Unannehmlichkeit)

Scherf|lein (*veraltet für* kleiner Geldbetrag, Spende); sein Scherflein beitragen

Scher|ge, der; -n, -n (Handlanger, Vollstrecker eines Machthabers); **Scher|gin**

Scherz, der; -es, -e; aus, im Scherz; **scherzen;** du scherzt, du scherztest; **scherz|haft**

scheu; scheu sein, werden; **Scheu,** die; - (Angst, banges Gefühl); ohne Scheu

scheu|chen; scheuch *od.* scheuche sie nicht so!

scheu|en; das Pferd hat gescheut; ich habe mich vor dieser Arbeit gescheut

scheu|ern; ich scheu[e]re; **Scheu|er|tuch** *Plur.* …tücher

Scheu|klap|pe *meist Plur.*

scheu ma|chen, **scheu|ma|chen**

Scheu|ne, die; -, -n; **Scheu|nen|tor,** das

Scheu|sal, das; -s, *Plur.* -e, *ugs.* …säler

scheuß|lich; Scheuß|lich|keit

Schi usw. *vgl.* Ski usw.

Schicht, die; -, -en (Gesteinsschicht; Überzug; Arbeitszeit, bes. des Bergmanns; Belegschaft); die führende Schicht; Schicht arbeiten; zur Schicht gehen; **schich|ten; schicht|wei|se,** schich|ten|wei|se

schick (modisch, elegant); ein schicker Mantel; *vgl.* chic; **Schick,** der; -[e]s; *vgl.* Chic

schi|cken; Grüße schicken; es schickt sich nicht; er hat sich schnell in diese Verhältnisse geschickt (sich damit abgefunden)

schi|cker (*ugs. für* leicht betrunken)

schick|lich *(geh.);* ein schickliches Betragen

Schick|sal, das; -s, -e; **schick|sal|haft; Schick|sals|schlag**

schie|ben; du schobst; du schöbest; geschoben; schieb[e]!; **Schie|ber** (Riegel)

Schie|be|tür

Schie|bung (*ugs. für* betrügerischer Handel, Betrug)

Schieds|ge|richt; Schieds|rich|ter; Schieds|rich|te|rin; Schieds|spruch

schief *s. Kasten*

Schie|fer, der; -s, - (ein Gestein; *landsch. auch für* Holzsplitter); **Schie|fer|ta|fel**

schief|ge|hen (*ugs. für* misslingen); *vgl.* schief; **schief|ge|wi|ckelt** *vgl.* schief; **schief|la|chen,** sich (*ugs. für* heftig lachen); *vgl.* schief; **Schief|la|ge; schief|lau|fen** (*ugs. für* misslingen); *vgl.* schief; **schief|liegen** (*ugs. für* einen falschen Standpunkt vertreten; sich irren); *vgl.* schief

schie|len; sie schielt

Schien|bein; Schie|ne, die; -, -n; **schie|nen; Schie|nen|netz; Schie|nen|ver|kehr**

[1]**schier** (fast, gar); das ist schier unmöglich

[2]**schier** (*landsch. für* rein); schieres Fleisch

Schi|er (*Plur. von* Schi)

Schier|ling (eine Giftpflanze)

Schieß|bu|de

schie|ßen (südd., österr. *auch* für verbleichen); du schießt, er schießt; du schossest, er schoss; du schössest; geschossen; schieß[e]!

schief

– *in ein schiefes Licht geraten (falsch beurteilt werden)*
– *die schiefe Ebene; ein schiefer Winkel*
– aber: *der Schiefe Turm von Pisa*

Schreibung in Verbindung mit Verben:

– *schief sein; schief werden; schief sitzen, liegen, stehen, gehen, laufen*
– *schief halten*
– *jmdn. schief ansehen*
– *schief denken*
– *den Mund schief ziehen* od. *schiefziehen*
– *sie hat die Absätze schief getreten* od. *schiefgetreten*
– *ein schief gewickelter* od. *schiefgewickelter Verband*

Aber:

– *da bist du aber schiefgewickelt* (ugs. für *sehr im Irrtum*)
– *die Sache ist [total] schiefgegangen* (ugs. für *misslungen*)
– *wir haben uns schiefgelacht* (ugs. für *heftig gelacht*)

Schie|ßen, das; -s, -; es ist zum Schießen (*ugs. für* es ist zum Lachen); **Schie|ße|rei; Schieß|schar|te; Schieß|stand**

Schiff, das; -[e]s, -e; **schiff|bar;** schiffbar machen; **Schiff|bau** *vgl.* Schiffsbau; **Schiff|bruch,** der; **schiff|brü|chig; Schiff|brü|chi|ge,** der *u.* die; -n, -n

Schif|fer; Schif|fe|rin; Schiff|fahrt, Schiff-Fahrt; Schiffs|bau, Schiff|bau, der; -[e]s; **Schiff|schau|kel,** Schiffs|schau|kel (große Jahrmarktsschaukel); **Schiffs|rei|se**

Schi|it, der; -en, -en (Angehöriger einer der beiden Hauptrichtungen des Islams); **Schi|i|tin; schi|i|tisch**

Schi|ka|ne, die; -, -n (böswillig bereitete Schwierigkeit); **schi|ka|nie|ren; schi|ka|nös;** schikanöse Maßnahmen

Schi|lauf usw. *vgl.* Skilauf usw.

1**Schild,** das; -[e]s, -er (Erkennungszeichen, Aushängeschild)

2**Schild,** der; -[e]s, -e (Schutzwaffe)

Schild|bür|ger|streich (Handlung, deren eigentlicher Zweck in törichter Weise verfehlt wird)

Schild|drü|se

schil|dern; ich schildere; **Schil|de|rung**

Schild|krö|te

Schild|wa|che (*veraltet für* militärischer Wachposten [vor einem Eingang])

Schilf, das; -[e]s, -e; **Schilf|gras**

Schill, der; -[e]s, -e (ein Flussfisch, Zander)

Schil|ler, der; -s, - (Farbenglanz)

schil|lern; das Kleid schillert in vielen Farben; ich schillere; **schil|lernd;** ein schillernder (verschwommener) Begriff

Schil|ling, der; -s, -e (frühere österr. Währungseinheit); 6 Schilling

Schi|mä|re, Chi|mä|re, die; -, -n (Trugbild, Hirngespinst)

1**Schim|mel,** der; -s (weißlicher Pilzüberzug auf organischen Stoffen)

2**Schim|mel,** der; -s, - (weißes Pferd)

schim|me|lig, schimm|lig; **schim|meln;** er sagt, das Brot schimm[e]le

Schim|mel|pilz

Schim|mer; schim|mern; er sagt, ein Licht schimmere

schimm|lig, schim|me|lig

Schim|pan|se, der; -n, -n (ein Menschenaffe)

Schimpf, der; -[e]s; *meist in* mit Schimpf und Schande; **schimp|fen; schimpf|lich** (schändlich, entehrend); **Schimpf|na|me; Schimpf|wort** *Plur.* ...worte *u.* ...wörter

Schin|del, die; -, -n; **Schin|del|dach**

schin|den; du schindetest, *seltener* schund[e]st; du schündest; geschunden; schind[e]!; **Schin|der** (jmd., der andere quält; *veraltet für* Abdecker); **Schin|de|rei; Schin|de|rin; Schind|lu|der;** *nur in* mit jmdm. Schindluder treiben (*ugs. für* jmdn. schmählich behandeln)

Schin|ken, der; -s, -; **Schin|ken|speck**

S

Schip|pe, die; -, -n (*nordd., md. für* Schaufel; *ugs. scherzh. für* unmutig aufgeworfene Unterlippe); **schip|pen**
schip|pern (*ugs. für* mit dem Schiff fahren); ich schippere
Schirm, der; -[e]s, -e; **Schirm|herr; Schirm|her|rin; Schirm|herr|schaft**
Schi|ro|kko, der; -s, -s (ein warmer Mittelmeerwind)
Schi|sprin|gen *vgl.* Skispringen
Schiss, der; -es, -e *Plur. selten* (*derb für* Kot; *nur Sing.: ugs. für* Angst); Schiss haben
schi|zo|phren [*auch* sçi…] (an Schizophrenie erkrankt); **Schi|zo|phre|nie,** die; -, …ien (*Med.* eine schwere Psychose)
schlab|be|rig, schlabb|rig; **schlab|bern** (*ugs. für* schlürfend trinken u. essen; *landsch. für* reden); ich schlabbere
Schlacht, die; -, -en
schlach|ten; Schlach|ter, Schläch|ter (*nordd. für* Fleischer); **Schlach|te|rei, Schläch|te|rei** (*nordd. für* Fleischerei; Gemetzel); **Schlach|te|rin, Schläch|te|rin; Schlacht|feld; Schlacht|hof; Schlacht|ruf; Schlacht|schiff; Schlach|tung**
Schla|cke, die; -, -n (Rückstand beim Verbrennen, besonders von Koks)
schla|ckern (*landsch. für* schlenkern); ich schlackere; mit den Ohren schlackern
Schlaf, der; -[e]s; **Schlaf|an|zug**
Schlä|fe, die; -, -n (Schädelteil)
schla|fen; du schläfst; du schliefst; du schliefest; geschlafen; schlaf[e]!; schlafen gehen; [sich] schlafen legen
Schlä|fer (*auch für* noch nicht aktiver Agent od. Terrorist); **Schlä|fe|rin**
schlaff; ein schlaffes Seil
Schla|fitt|chen; jmdn. am *od.* beim Schlafittchen packen (*ugs. für* jmdn. packen)
schlaf|los; Schlaf|lo|sig|keit, die; -
Schlaf|mit|tel; Schlaf|müt|ze (*auch scherzh. für* Viel-, Langschläfer; träger, schwerfälliger Mensch); **Schlaf|platz**
schläf|rig
Schlaf|sack; Schlaf|stö|rung *meist Plur.;* **schlaf|trun|ken; Schlaf|wa|gen; schlaf|wan|deln;** ich schlafwand[e]le; sie schlafwandelte; er hat (*auch* ist) geschlafwandelt; zu schlafwandeln; **Schlaf|wand|ler; Schlaf|wand|le|rin; Schlaf|zim|mer**
[1]**Schlag,** der; -[e]s, Schläge; Schlag 2 Uhr; Schlag auf Schlag
[2]**Schlag,** der; -[e]s *(österr.);* Kaffee mit Schlag
Schlag|ab|tausch *(Sport, auch übertr.);* **Schlag|ader; Schlag|an|fall; schlag|ar|tig; Schlag|ball; Schlag|baum**
schla|gen (du schlägst; du schlugst; du schlügest; er hat geschlagen; schlag[e]!; er schlägt ihn *(auch ihm)* ins Gesicht; Alarm schlagen; Rad schlagen)
Schla|ger ([Tanz]lied, das in Mode ist; etwas, das großen Erfolg hat)
Schlä|ger (Raufbold; Fechtwaffe; Sportgerät); **Schlä|ge|rei; Schlä|ge|rin**
Schla|ger|sän|ger; Schla|ger|sän|ge|rin
schlag|fer|tig; Schlag|fer|tig|keit
Schlag|ho|se *(Schneiderei, Mode);* **schlag|kräf|tig; Schlag|licht** *Plur.* …lichter; **Schlag|loch; Schlag|sah|ne; Schlag|sei|te; Schlag|stock; Schlag|wort** *Plur.* …worte *u.* (*bes. für* Stichwörter eines Schlagwortkatalogs:) …wörter; **Schlag|zei|le; Schlag|zeug** (Gruppe von Schlaginstrumenten)
schlak|sig
Schla|mas|sel, der, *auch, österr. nur,* das; -s (*ugs. für* Unglück, verfahrene Situation)
Schlamm, der; -[e]s, *Plur.* -e *u.* Schlämme; **schlam|mig; Schlamm|schlacht** (mit herabsetzenden u. unsachlichen Äußerungen geführter Streit)
Schlam|pe, die; -, -n, **Schlam|pen** (*ugs. abwertend für* unordentliche Frau)
schlam|pen (*ugs. für* unordentlich sein); **Schlam|pe|rei** (*ugs. für* Unordentlichkeit)
Schlam|per|mäpp|chen (*ugs. für* Federmäppchen); **schlam|pig** (*ugs. für* unordentlich; schluderig); **Schlam|pig|keit**
Schlan|ge, die; -, -n; Schlange stehen
schlän|geln, sich; ich schläng[e]le mich durch die Menge
Schlan|gen|li|nie; in Schlangenlinien fahren
schlank; auf die schlanke Linie achten; Klei-

S

schlecht	
I. Kleinschreibung: – *schlechtes Wetter* – *schlecht (schlicht) und recht*	– *du hast die Aufgabe schlecht gemacht (schlecht ausgeführt);* aber *sie hat ihn überall schlechtgemacht (herabgesetzt)* – *ich kann in diesen Schuhen schlecht gehen;* aber *es wird ihr sicher [sehr] schlecht gehen* od. *schlechtgehen (sie befindet sich in einer üblen Lage)* – *weil die Chancen schlecht stehen* od. *schlechtstehen* – *der schlecht gelaunte* od. *schlechtgelaunte Besucher* – *eine schlecht bezahlte* od. *schlechtbezahlte Tätigkeit* – *die neue Vereinbarung wird sie nicht schlechterstellen (benachteiligen)*
II. Großschreibung: – *etwas, nichts, viel, wenig Schlechtes* – *im Guten und im Schlechten*	
III. Schreibung in Verbindung mit Verben und Partizipien: – *schlecht sein, schlecht werden, schlecht singen, schlecht spielen usw.* – *auf einem Bein kann man schlecht stehen* – *jmdn. schlecht beraten; schlecht beraten sein (unklug handeln)*	

der, Fitnessprogramme, die schlank machen *od.* schlankmachen; **Schlank|heit,** die; -; **Schlank|heits|kur**

schlapp (*ugs. für* schlaff, müde, abgespannt); die Hitze hat uns schlapp gemacht *od.* schlappgemacht; *vgl.* schlappmachen

Schlap|pe, die; -, -n (Niederlage); **schlapp|ma|chen** (*ugs. für* nicht durchhalten); sie haben schlappgemacht; *vgl.* schlapp

Schla|raf|fen|land, das; -[e]s

schlau; ein schlaues Kerlchen; *vgl.* schlaumachen; **Schlau|ber|ger** (*ugs. für* pfiffiger Mensch); **Schlau|ber|ge|rin**

Schlauch, der; -[e]s, Schläuche; ein Schlauch sein (*ugs. für* sehr anstrengend sein); **Schlauch|boot**

schlau|chen (*ugs. für* sehr anstrengend sein; *landsch. für* auf jmds. Kosten leben)

Schläue, die; - (Schlauheit)

Schlau|fe, die; -, -n (Schleife)

schlau|ma|chen, sich (*ugs. für* sich informieren); **Schlau|mei|er** (*svw.* Schlauberger); **Schlau|mei|e|rin**

Schla|wi|ner (*ugs. für* Nichtsnutz, pfiffiger, durchtriebener Mensch); **Schla|wi|ne|rin**

schlecht *s. Kasten*

schlecht be|zahlt, schlecht|be|zahlt

schlech|ter|dings (geradezu); das ist schlechterdings unmöglich

schlecht ge|hen, schlecht|ge|hen *vgl.* schlecht; **schlecht ge|launt, schlecht|ge|launt** *vgl.* schlecht; **Schlecht|heit**

schlecht|hin (in typischer Ausprägung; an sich; geradezu)

Schlech|tig|keit

schlecht|ma|chen (herabsetzen); *vgl.* schlecht; **schlecht|re|den** (durch überzogene Kritik abwerten); *vgl.* schlecht

schlecht|weg (geradezu, einfach)

schle|cken; Schle|cker (*ugs. für* Schleckermaul; *österr. landsch. für* Lutscher); **Schle|cke|rei; Schle|cke|rin; Schle|cker|maul** (*ugs. für* jmd., der gern nascht)

Schle|gel, der; -s, - (*landsch. u. österr., schweiz. für* [Kalbs-, Reh]keule)

Schleh|dorn *Plur.* ...dorne (ein Strauch)

Schlei *vgl.* Schleie

schlei|chen; du schlichst; du schlichest; geschlichen; schleich[e]!; **schlei|chend** (fast unbemerkt beginnend u. allmählich fortschreitend); schleichende Inflation

S

Schlei|cher (*svw.* Leisetreter); **Schlei|che-rin; Schleich|weg;** auf Schleichwegen; **Schleich|wer|bung**
Schleie, die; -, -n, Schlei, der; -[e]s, -e (ein Fisch)
Schlei|er, der; -s, -; **Schlei|er|eu|le**
schlei|er|haft (*ugs. für* rätselhaft)
Schlei|fe, die; -, -n (Schlinge)
[1]**schlei|fen** (schärfen); du schleifst; er schleift; er schliff; ge|schlif|fen; schlei|f[e]!
[2]**schlei|fen** (über den Boden ziehen); du schleifst; er schleif|te; ge|schleift; schlei|f[e]!
schlei|fen las|sen, schlei|fen|las|sen (*ugs. für* sich nicht mehr kümmern)
Schleif|stein
Schleim, der; -[e]s, -e; **schlei|men**
Schleim|haut
schlei|mig
schleim|lö|send; schleimlösende Mittel
schlem|men (gut essen); **Schlem|mer; Schlem|me|rei; Schlem|me|rin**
schlen|dern; ich schlendere; **Schlen|d|ri|an,** der; -[e]s (*ugs. für* Schlamperei)
Schlen|ker (schlenkernde Bewegung; kurzer Umweg); **schlen|kern;** ich schlenkere die Arme, mit den Armen schlenkern
schlen|zen (*[Eis]hockey u. Fußball* den Ball od. Puck schiebend, schlenkernd spielen); den Ball ins Tor schlenzen
Schlep|pe, die; -, -n; **schlep|pen; schlep-pend**
Schlep|per (*auch für* jmd., der Illegale über die Grenze bringt); **Schlep|pe|rin**
Schlepp|tau, das; -[e]s, -e; im Schlepptau
schle|sisch; der schlesische Dialekt; *aber* der Erste Schlesische Krieg
Schleu|der, die; -, -n; **schleu|dern;** ich schleudere; **Schleu|der|sitz**
schleu|nig (schnell)
schleu|nigst (auf dem schnellsten Wege)
Schleu|se, die; -, -n; **schleu|sen;** du schleust; **Schleu|sen|tor,** das
Schleu|ser (*svw.* Schlepper); **Schleu|se|rin**
schlich *vgl.* schleichen
Schlich, der; -[e]s, -e (feinkörniges Erz; *nur Plur.: ugs. für* List, Trick)
schlicht; schlichte Eleganz
schlich|ten (vermittelnd beilegen; *auch für* mit Schlichte behandeln; *österr., bayr. auch für* stapeln); einen Streit schlichten
Schlich|ter; Schlich|te|rin
Schlicht|heit
Schlich|tung
schlicht|weg; *svw.* schlechtweg
Schlick, der; -[e]s, -e (an organischen Stoffen reicher Schlamm am Boden von Gewässern; Schwemmland)
Schlie|re, die; -, -n (streifige Stelle [im Glas])
schlie|ßen; du schließt, sie schließt (*veraltet* sie schleußt); du schlossest, er schloss; du schlössest; geschlossen; schließ[e]! (*veraltet* schleuß!); **Schließ|fach**
schließ|lich; schließlich und endlich
Schlie|ßung
schliff *vgl.* schleifen; **Schliff,** der; -[e]s, -e (geschliffene Fläche [im Glas]; das Schleifen; *nur Sing.:* das Geschliffensein; *nur Sing.: ugs. für* gute Umgangsformen)
schlimm; schlimms|ten|falls
Schlin|ge, die; -, -n
Schlin|gel, der; -s, - (*scherzh. für* übermütiger Junge; freches Kerlchen)
schlin|gen; du schlangst; du schlängest; sie hat geschlungen; schling[e]!
schlin|gern (um die Längsachse schwanken [von Schiffen]); das Schiff schlingert; ich schlingere; ins Schlingern kommen
Schling|pflan|ze
Schlips, der; -es, -e (Krawatte)
schlit|ten *(landsch. veraltet);* **Schlit|ten,** der; -s, -; Schlitten fahren; ich bin Schlitten gefahren; **Schlit|ten|fah|ren,** das; -s
schlit|tern ([auf Eis] gleiten); ich schlittere
Schlitt|schuh; Schlittschuh laufen; ich bin Schlittschuh gelaufen; **Schlitt|schuh|laufen,** das; -s
Schlitz, der; -es, -e; **Schlitz|ohr** (*ugs. für* gerissene Person)
schloh|weiß (ganz weiß)
schloss *vgl.* schließen
Schloss, das; Schlosses, Schlösser

Schlo|ße, die; -, -n *meist Plur.* (*landsch. für* Hagelkorn)
Schlos|ser; Schlos|se|rei; Schlos|se|rin
Schloss|ge|spenst; Schloss|park
Schlot, der; -[e]s, *Plur.* -e, *seltener* Schlöte (*ugs. auch für* Nichtsnutz)
schlot|te|rig, schlott|rig; **schlot|tern;** ich schlottere
Schlucht, die; -, -en
schluch|zen; du schluchzt; **Schluch|zer**
Schluck, der; -[e]s, *Plur.* -e, *selten* Schlücke
Schluck|auf, der; -s; **schlu|cken; Schlu|cker** (*ugs.*); *meist in* armer Schlucker (mittelloser, bedauernswerter Mensch); **Schlu|cke|rin; Schluck|imp|fung; schluck|wei|se**
schlu|de|rig, schlud|rig (*ugs. für* nachlässig); **schlu|dern** (*ugs. für* nachlässig arbeiten); ich schludere
schlum|mern; ich schlummere
Schlumpf, der; -[e]s, Schlümpfe (zwergenhafte Comicfigur)
Schlund, der; -[e]s, Schlünde
schlup|fen (*südd., österr.*), *häufiger* **schlüp|fen; Schlüp|fer** ([Damen]unterhose); **Schlupf|loch**
schlüpf|rig (*auch für* zweideutig, anstößig)
Schlupf|wes|pe; Schlupf|win|kel
schlur|fen (schleppend gehen); er hat geschlurft; er ist dorthin geschlurft
schlür|fen ([Flüssigkeit] geräuschvoll in den Mund einsaugen; *landsch. für* schlurfen)
Schluss, der; Schlusses, Schlüsse
Schlüs|sel, der; -s, -; **Schlüs|sel|bein; Schlüs|sel|bund,** der, *österr. nur so, od.* das; -[e]s, -e; **schlüs|sel|fer|tig** (bezugsfertig [von Neubauten]); **Schlüs|sel|fi|gur; Schlüs|sel|loch; Schlüs|sel|po|si|ti|on; Schlüs|sel|rol|le; Schlüs|sel|wort** *Plur.* ...wörter *u.* ...worte
schluss|end|lich (*landsch. für* schließlich)
schluss|fol|gern; ich schlussfolgere; du schlussfolgerst; geschlussfolgert; um zu schlussfolgern; **Schluss|fol|ge|rung**
schlüs|sig; schlüssig sein; [sich] schlüssig werden; ich wurde mir darüber schlüssig; ein schlüssiger Beweis

Schluss|kurs (*Börse*); **Schluss|licht; Schluss|mi|nu|te; Schluss|pfiff** (*Sport*); **Schluss|pha|se; Schluss|punkt; Schluss|satz,** Schluss-Satz; **Schluss|strich,** Schluss-Strich; **Schluss|ver|kauf; Schluss|wort** *Plur.* ...worte
Schmach, die; -
schmach|ten (*geh.*)
schmäch|tig
schmach|voll (*geh.*)
schmack|haft
schmä|hen; schmäh|lich; Schmä|hung
schmal; schma|ler *u.* schmä|ler, schmals|te, *auch* schmäls|te
schmä|lern (verringern); ich schmälere
Schmalz, das; -es, -e; **schmal|zig** (*abwertend für* übertrieben gefühlvoll)
Schman|kerl, das; -s, -[n]; *vgl.* Pickerl (*bayr., österr. für* Leckerbissen)
schma|rot|zen (auf Kosten anderer leben); du schmarotzt; du schmarotztest; er hat schmarotzt; **Schma|rot|zer; Schma|rot|ze|rin**
Schmar|ren, Schmarrn, der; -s, - (*bayr. u. österr. für* eine Mehlspeise; *ugs. für* wertloses Zeug; Unsinn)
Schmatz, der; -es, *Plur.* -e, *auch* Schmätze (*ugs. für* Kuss); **schmat|zen;** du schmatzt
Schmaus, der; -es, Schmäuse (*veraltend, noch scherzh. für* reichhaltiges u. gutes Mahl); **schmau|sen** (*scherzh., sonst veraltend für* mit Genuss essen); du schmaust
schme|cken
Schmei|che|lei; schmei|chel|haft; schmei|cheln; ich schmeich[e]le; **Schmeich|ler; Schmeich|le|rin; schmeich|le|risch**
[1]**schmei|ßen** (*ugs. für* werfen; *auch für* aufgeben); du schmeißt; du schmissest, er/sie schmiss; geschmissen; schmeiß[e]!
[2]**schmei|ßen** (*Jägerspr.* Kot auswerfen); der Habicht schmeißt, schmeißte, hat geschmeißt; **Schmeiß|flie|ge**
Schmelz, der; -es, -e
[1]**schmel|zen** (flüssig werden); du schmilzt, es schmilzt; du schmolzest; du schmölzest; geschmolzen; schmilz!
[2]**schmel|zen** (flüssig machen); du schmilzt,

S

veraltend schmelzt; es schmilzt, *veraltend* schmelzt; du schmolzest, *veraltend* schmelztest; du schmölzest, *veraltend* schmelzest; geschmolzen, *veraltend* geschmelzt; schmilz!, *veraltend* schmelze!

Schmelz|ofen; Schmelz|punkt

Schmer|bauch (*ugs. svw.* Fettbauch)

Schmerz, der; -es, -en; schmerzlindernd, *aber* den Schmerz lindernd; schmerzstillend, *aber* den Schmerz stillend

schmerz|emp|find|lich

schmer|zen; du schmerzt; die Füße schmerzten ihr *od.* sie; es schmerzt mich, dass sie nicht geschrieben hat

Schmer|zens|geld

schmerz|frei; der Patient ist heute schmerzfrei; **Schmerz|gren|ze; schmerz|haft;** eine schmerzhafte Operation; **schmerz|lich;** ein schmerzlicher Verlust; **schmerz|lin|dernd;** ein schmerzlinderndes Medikament; *vgl.* Schmerz; **schmerz|los; Schmerz|mit|tel; schmerz|stil|lend;** schmerzstillende Tabletten, *vgl.* Schmerz

Schmet|ter|ball *(Sport)*

Schmet|ter|ling; Schmet|ter|lings|stil, der; -[e]s (Schwimmstil)

schmet|tern; ich schmettere

Schmied, der; -[e]s, -e; **Schmie|de,** die; -, -n; **schmie|de|ei|sern; schmie|den; Schmie|din**

schmie|gen; sich schmiegen; **schmieg|sam**

[1]**Schmie|re,** die; -, -n (*abwertend auch für* schlechtes Theater)

S

[2]**Schmie|re,** die; - (*Gaunerspr.* Wache); Schmiere stehen

schmie|ren (*ugs. auch für* bestechen)

Schmie|re|rei; Schmier|fink, der; *Gen.* -en, *auch* -s, *Plur.* -en *(ugs. abwertend)*

Schmier|geld *meist Plur. (ugs.);* **schmie|rig**

Schmin|ke, die; -, -n; **schmin|ken**

schmir|geln; ich schmirg[e]le; **Schmir|gel|pa|pier**

Schmiss, der; -es, -e

schmis|sig; eine schmissige Musik

Schmitz, der; -es, -e (*landsch. für* [leichter] Hieb, Schlag)

Schmö|ker, der; -s, - (*nordd. für* anspruchsloses, aber fesselndes Buch); **schmö|kern** (*ugs. für* [viel] lesen); ich schmökere

schmol|len; Schmoll|win|kel *(ugs.)*

Schmor|bra|ten; schmo|ren; jmdn. schmoren lassen *od.* schmorenlassen (*ugs. für* im Ungewissen lassen)

Schmu, der; -s (*ugs. für* leichter Betrug); Schmu machen

schmuck; eine schmucke Uniform

Schmuck, der; -[e]s, -e *Plur. selten*

schmü|cken

schmuck|los; Schmuck|stück

Schmud|de|lei (*ugs. für* Sudelei); **schmud|de|lig,** schmuddlig (*ugs. für* unsauber)

Schmud|del|wet|ter (*ugs. für* nasskaltes, regnerisches Wetter)

Schmug|gel, der; -s; **schmug|geln;** ich schmugg[e]le; **Schmug|gel|wa|re; Schmugg|ler; Schmugg|le|rin**

schmun|zeln; ich schmunz[e]le

Schmus, der; -es (*ugs. für* leeres Gerede)

schmu|sen *(ugs.);* du schmust; er schmuste

Schmutz, der; -es (*südwestd. auch für* Fett, Schmalz); ein Schmutz abweisendes *od.* schmutzabweisendes Material, *aber nur* jeden Schmutz abweisend, sehr schmutzabweisend; **schmut|zen;** du schmutzt

Schmutz|fink, der; *Gen.* -en, *auch* -s, *Plur.* -en (*ugs. für* jmd., der schmutzig ist)

schmut|zig; sich schmutzig machen; schmutzig grau usw.

Schna|bel, der; -s, Schnäbel

schnä|beln (*ugs. auch für* küssen); ich schnäb[e]le; sich schnäbeln

schna|bu|lie|ren (*ugs. für* mit Behagen essen)

Schnack, der; -[e]s, *Plur.* -s *u.* Schnäcke (*nordd. ugs. für* Plauderei; Gerede); **schna|cken** (*nordd. für* plaudern)

Schna|ke, die; -, -n (eine langbeinige Mücke; *landsch. für* Stechmücke); **Schna|ken|stich**

Schnal|le, die; -, -n (*österr. auch svw.* Klinke); **schnal|len** (*südd. auch für* schnalzen); etwas schnallen (*ugs. für* verstehen)

schnal|zen; du schnalzt

Schnäpp|chen (*ugs. für* vorteilhafter Kauf)
Schnäpp|chen|jä|ger; Schnäpp|chen|jä|ge|rin
schnap|pen; Schnapp|schuss
Schnaps, der; -es, Schnäpse; **Schnaps|idee** (*ugs. für* verrückte Idee); **Schnaps|zahl** (*scherzh. für* Zahl aus gleichen Ziffern)
schnar|chen; Schnar|cher; Schnar|che|rin
schnar|ren
schnat|tern; ich schnattere
schnau|ben; du schnaubst; du schnaubtest (*veraltend* schnobst); du schnaubtest (*veraltend* schnöbest); geschnaubt (*veraltend* geschnoben); schnaub[e]!
schnau|fen
Schnauz|bart; schnauz|bär|tig
Schnau|ze, die; -, -n (*auch derb für* Mund); **schnau|zen;** du schnauzt
schnäu|zen; du schnäuzt; sich schnäuzen
Schnau|zer, der; -s, - (Hund einer bestimmten Rasse; *ugs. kurz für* Schnauzbart)
Schneck, der; -s, -en (*bes. südd., österr. für* Schnecke); **Schne|cke,** die; -, -n; **Schne|cken|tem|po,** das; -s *(ugs.)*
Schnee, der; -s; im Jahre, anno Schnee (*österr. für* vor langer Zeit)
Schnee|ball; Schnee|ball|prin|zip (best. Art der Verbreitung einer Nachricht)
schnee|be|deckt; Schnee|be|sen (ein Küchengerät); **Schnee|de|cke; Schnee|fall; Schnee|flo|cke; Schnee|ge|stö|ber; schnee|ig;** schneeige Hänge; **Schnee|ket|te** *meist Plur.;* **Schnee|mann** *Plur.* ...männer; **Schnee|pflug; schnee|si|cher;** ein schneesicheres Skigebiet; **Schnee|sturm** *vgl.* Sturm; **Schnee|trei|ben; schnee|weiß; Schnee|witt|chen,** das; -s (dt. Märchengestalt)
Schneid, der; -[e]s, *bayr., österr.* die; - (*ugs. für* Mut; Tatkraft)
Schneid|bren|ner
Schnei|de, die; -, -n; **schnei|den;** du schnittst; du schnittest; ich habe mir, *auch* mich in den Finger geschnitten; schneid[e]!
Schnei|der; Schnei|de|rin; schnei|dern; ich schneidere; **Schnei|der|sitz**
Schnei|de|zahn
schnei|dig (forsch)
schnei|en
Schnei|se, die; -, -n ([gerader] Durchhieb [Weg] im Wald)
schnell; schnells|tens; so schnell wie (*älter* als) möglich; ihr müsst jetzt schnell machen (euch beeilen); ein Fahrzeug schnell machen *od.* schnellmachen; auf die schnelle Tour *(ugs.);* auf die Schnelle (*ugs. für* rasch, schnell); Schneller *od.* schneller Brüter (ein Kernreaktor); Schnelle Medizinische Hilfe; *Abk.* SMH; **Schnell|boot**
[1]**Schnel|le,** die; - (Schnelligkeit)
[2]**Schnel|le,** die; -, -n (Stromschnelle)
schnel|len; Schnel|lig|keit
Schnell|im|biss; schnell|le|big; Schnell|le|big|keit; Schnell|schuss (*ugs. für* schnelle Maßnahme, Reaktion)
schnells|tens; schnellst|mög|lich
Schnell|stra|ße; Schnell|ver|fah|ren; Schnell|zug (*svw.* D-Zug)
Schnep|fe, die; -, -n (ein Vogel)
schnie|fen (*bes. md. für* hörbar durch die Nase einatmen)
schnie|geln (*ugs. für* übertrieben herausputzen); sich schniegeln; ich schnieg[e]le [mich]
Schnipp|chen; *nur noch in* jmdm. ein Schnippchen schlagen (*ugs. für* einen Streich spielen)
schnip|peln; ich schnipp[e]le
schnip|pen; mit den Fingern schnippen
schnip|pisch; eine schnippische Antwort
Schnip|sel, der *od.* das; -s, - (*ugs. für* kleines [abgeschnittenes] Stück)
schnip|sen (*svw.* schnippen); du schnipst
schnitt *vgl.* schneiden; **Schnitt,** der; -[e]s, -e (*ugs. auch für* Durchschnitt, Gewinn); **Schnitt|blu|me**
Schnit|te, die; -, -n ([Brot]scheibe)
schnit|tig (*auch für* rassig); ein schnittiges Auto
Schnitt|lauch, der; -[e]s
Schnitt|men|ge *(Math.);* **Schnitt|mus|ter; Schnitt|punkt; Schnitt|stel|le** (*EDV* Ver-

bindungsstelle zweier Geräte- od. Anlagenteile)
Schnit|zel, das; -s, - (dünne Fleischscheibe zum Braten); Wiener Schnitzel
Schnit|zel|jagd; schnit|zeln (*landsch. auch für* schnitzen); ich schnitz[e]le
schnit|zen; du schnitzt
Schnit|zer (*ugs. auch für* Fehler)
Schnitz|ler (*schweiz. für* jmd., der schnitzt); **Schnitz|le|rin; Schnitz|mes|ser,** das
schnöd (*bes. südd., österr., schweiz. für* schnöde)
schnod|de|rig, schnodd|rig (*ugs. für* unverschämt); schnodd[e]rige Bemerkungen
schnö|de; schnöder Gewinn, Mammon
Schnor|chel, der; -s, - (Luftrohr für das U-Boot; Teil eines Sporttauchgerätes); **schnor|cheln;** ich schnorch[e]le
Schnör|kel, der; -s, -; **schnör|ke|lig,** schnörk|lig; **schnör|kel|los** (schlicht)
schnor|ren (*ugs. für* [er]betteln); **Schnorrer; Schnor|re|rin**
Schnö|sel, der; -s, - (*ugs. für* dummer u. frecher junger Mensch)
schnu|cke|lig, schnuck|lig (*ugs. für* nett, süß; lecker, appetitlich)
Schnüf|fe|lei; schnüf|feln (*auch für* spionieren); ich schnüff[e]le; **Schnüff|ler; Schnüff|le|rin**
Schnul|ler (Gummisauger für Kleinkinder)
Schnul|ze, die; -, -n (*ugs. für* rührseliger Film o. Ä.); **schnul|zig** *(ugs.)*
schnup|fen; Tabak schnupfen
Schnup|fen, der; -s, -; **Schnupf|ta|bak**
schnup|pe (*ugs. für* gleichgültig); es ist mir schnuppe
schnup|pern; ich schnuppere
Schnur, die; -, *Plur.* Schnüre, *seltener* Schnuren (Bindfaden); **schnü|ren**
schnur|ge|ra|de, *ugs.* **schnur|gra|de**
schnur|los; schnurlos telefonieren
Schnurr|bart
[1]**schnur|ren** (ein brummendes Geräusch von sich geben)
[2]**schnur|ren** usw. (*landsch. für* schnorren usw.)
Schnür|schuh; Schnür|sen|kel
schnur|stracks *(ugs.)*
schnurz (*ugs. für* egal); das ist mir schnurz
Schnu|te, die; -, -n (*bes. nordd. für* Mund; *ugs. für* [Schmoll]mund)
Scho|ah, Sho|ah [*auch* ˈʃoː...], die; - (Verfolgung u. Ermordung der Juden zur Zeit des Nationalsozialismus)
Scho|ber, der; -s, - (Scheune; *südd., österr. für* geschichteter Heu-, Getreidehaufen)
[1]**Schock,** das; -[e]s, -e (ein altes Zählmaß = 60 Stück); 3 Schock Eier
[2]**Schock,** der; -[e]s, *Plur.* -s, *veraltet* -e (plötzliche nervliche od. seelische Erschütterung; akutes Kreislaufversagen)
scho|cken (*ugs. für* schockieren); **scho|ckieren** (einen Schock verursachen)
scho|fel, scho|fe|lig (*ugs. für* gemein; geizig); ein schof[e]les *od.* schof[e]liges Verhalten
Schöf|fe, der; -n, -n; **Schöf|fen|ge|richt; Schöf|fin**
Scho|ko|kuss (mit Schokolade überzogenes Schaumgebäck)
Scho|ko|la|de, die; -, -n; **Scho|ko|la|de[n]|fa|b|rik; Scho|ko|la|de[n]|pud|ding; scho|ko|la|dig**
Schol|le, die; -, -n (flacher [Erd-, Eis]klumpen; [Heimat]boden; ein Fisch)
schon; obschon, wennschon; wennschon – dennschon; schon mal *(ugs.)*
schön *s. Kasten*
scho|nen; sich schonen
schö|nen (schöner erscheinen lassen; *fachspr. für* [Färbungen] verschönern, [Flüssigkeiten] künstlich klar machen)
[1]**Scho|ner** (Schutzdeckchen)
[2]**Scho|ner,** der; -s, - (ein mehrmastiges Segelschiff)
schön|fär|ben ([zu] günstig darstellen); ich färbe schön; schöngefärbt; schönzufärben; *aber* das Kleid wurde [besonders] schön gefärbt; *vgl.* schön; **Schön|fär|be|rei**
Schon|frist
Schön|heit; Schön|heits|feh|ler; Schönheits|ide|al; Schön|heits|ope|ra|ti|on
schön|re|den; er hat das Ergebnis schönge-

schön

I. Kleinschreibung:	**III.** Schreibung in Verbindung mit Verben
– *die schöne Literatur* – *das schöne (weibliche) Geschlecht* – *eine schöne Bescherung* (ugs. iron.) – *am schönsten*	**a)** Getrenntschreibung: – *schön sein, schöner sein* – *es kann noch schöner werden* – *das Bild ist schön geworden* – *die Eier schön, schöner färben* – *den Brief [besonders] schön schreiben*
II. Großschreibung **a)** der Substantivierung: – *etwas Schönes; nichts Schöneres* – *der Schönste der Schönen* – *das Gefühl für das Schöne und Gute* – *auf das, aufs Schönste* od. *schönste übereinstimmen* **b)** in Namen: – *Philipp der Schöne*	**b)** Nur in Zusammenschreibung: – *schönfärben (günstig darstellen)* – *schönreden (beschönigen)* – *schönschreiben (Schönschrift schreiben)* – *schöntun (schmeicheln)* **c)** Getrennt- oder Zusammenschreibung: – *sich für das Fest schön machen* od. *schönmachen*

redet; *aber* die Vortragende hat schön geredet; *vgl.* schön

schön|schrei|ben (Schönschrift schreiben); sie haben in der Schule schöngeschrieben; *vgl.* schön; **Schön|schrift**

schön|tun (*ugs. für* schmeicheln); er hat ihr immer schöngetan

Scho|nung (Nachsicht, das Schonen; junger geschützter Baumbestand); **scho|nungs|los; Schon|zeit** *(Jägerspr.)*

Schopf, der; -[e]s, Schöpfe (Haarbüschel; *kurz für* Haarschopf; *landsch. u. schweiz. auch für* Wetterdach; Nebengebäude)

[1]**schöp|fen** (Flüssigkeit entnehmen)

[2]**schöp|fen** (*veraltet für* erschaffen)

[1]**Schöp|fer** (Schöpfgefäß)

[2]**Schöp|fer** (Erschaffer, Urheber; *nur Sing.:* Gott); **Schöp|fe|rin; schöp|fe|risch**

Schöp|fung; Schöp|fungs|ge|schich|te

schop|pen (*bayr., österr. u. schweiz. mundartl. für* hineinstopfen, nudeln, zustecken)

Schop|pen, der; -s, - (altes Flüssigkeitsmaß); **schop|pen|wei|se**

Schorf, der; -[e]s, -e; **schor|fig**

Schor|le (Getränk aus Wein od. Saft u. Mineralwasser)

Schorn|stein|fe|ger; Schorn|stein|fe|ge|rin

[1]**Schoß,** der; -es, Schöße (*geh. für* Mutterleib; Teil der Kleidung)

[2]**Schoß,** die; -, *Plur.* Schoßen *u.* Schöße (*österr. für* Frauenrock)

Schoß|hund

Schöss|ling (Ausläufer, Trieb einer Pflanze)

Scho|te, die; -, -n (Fruchtform)

Schott, das; -[e]s, *Plur.* -en, *auch* -e (*Seemannsspr.* wasserdichte Wand im Schiff)

Schot|ten|rock

Schot|ter, der; -s, - (zerkleinerte Steine); **Schot|ter|stra|ße**

schraf|fie|ren (stricheln); **Schraf|fie|rung, Schraf|fur,** die; -, -en

schräg; schräg halten, laufen, liegen, stehen; den Schrank schräg stellen *od.* schrägstellen; schräg laufende *od.* schräglaufende Linien; schräg gegenüber; schräge Musik (*ugs. bes. für* Jazzmusik)

Schrä|ge, die; -, -n; **schrä|gen** (schräg abkanten); **schräg lau|fend, schräg|lau|fend** *vgl.* schräg; **Schräg|strich**

Schram|me, die; -, -n; **schram|men**

Schrank, der; -[e]s, Schränke

Schran|ke, die; -, -n; **schran|ken|los**

Schrank|wand
Schranz, der; -es, Schränze (*südd., schweiz. mundartl. für* Riss)
Schrat, Schratt, der; -[e]s, -e (zottiger Waldgeist)
Schrau|be, die; -, -n; **schrau|ben**
Schrau|ben|dre|her (*fachspr. für* Schraubenzieher); **Schrau|ben|schlüs|sel; Schrau|ben|zie|her; Schraub|stock** *Plur.* ...stöcke
Schre|ber|gar|ten (Kleingarten in Gartenkolonien)
Schreck, der; -[e]s, -e, **Schre|cken,** der; -s, -; Schrecken erregen
[1]**schre|cken** (in Schrecken [ver]setzen; abschrecken); schreckst; schreckte; schreck[e]! sie hat ihn geschreckt; der Rehbock hat geschreckt
[2]**schre|cken** (in Schrecken geraten); schrickst, schreck|test; schrakst, schecktest; schräkest, schecktest; schrick, schreck[e]! du bist zurückgeschreckt
schre|cken|er|re|gend, Schre|cken er|regend; eine schreckenerregende *od.* Schrecken erregende Nachricht; *aber nur* noch schreckenerregender, besonders schreckenerregend, großen Schrecken erregend
schre|ckens|blass; Schreck|ge|spenst; schreck|haft; schreck|lich
Schrei, der; -[e]s, -e
Schreib|block
Schrei|be, die; - (*ugs. für* Geschriebenes; Schreibgerät; Schreibstil)
schrei|ben; du schriebst; du schriebest; geschrieben; schreib[e]!; er hat mir sage und schreibe (tatsächlich) zwanzig Euro abgenommen; **Schrei|ben,** das; -s, - (Schriftstück); **Schrei|ber; Schrei|be|rin**
schreib|faul; Schreib|feh|ler; Schreib|ma|schi|ne; Schreib|schrift; Schreib|tisch; Schrei|bung; Schreib|wei|se, die
schrei|en; du schriest; geschrien; schrei[e]!; die schreiends|ten Farben; **Schrei|er; Schrei|e|rin; Schrei|hals** *(abwertend)*
Schrein, der; -[e]s, -e ([Reliquien]behältnis)
Schrei|ner (*bes. südd., westd., schweiz. für* Tischler); **Schrei|ne|rin**

S

schrei|nern; ich schreinere
schrei|ten; du schrittst; du schrittest; geschritten; schreit[e]!
Schrift, die; -, -en; die deutsche, gotische, lateinische, griechische, kyrillische Schrift
Schrift|form; Schrift|füh|rer; Schrift|füh|re|rin; Schrift|ge|lehr|te (im N. T.)
schrift|lich; schriftliche Arbeit; schriftliche Prüfung; jmdm. etwas schriftlich geben; jmdm. etwas Schriftliches geben
Schrift|satz; Schrift|spra|che; Schrift|stel|ler; Schrift|stel|le|rin; schrift|stel|le|risch; Schrift|stück; Schrift|tum, das; -s; **Schrift|zei|chen; Schrift|zug**
schrill; schril|len; das Telefon schrillt
Schrimp *vgl.* Shrimp
Schritt, der; -[e]s, -e; 5 Schritt weit; auf Schritt und Tritt; Schritt fahren, halten; **Schritt|ma|cher; Schritt|tem|po, Schritt-Tem|po,** das; -s; **schritt|wei|se**
schroff
Schroff, der; *Gen.* -[e]s *u.* -en, *Plur.* -en, **Schroffen,** der; -s, - (*österr., sonst landsch. für* Felsklippe)
schröp|fen
Schrot, der *od.* das; -[e]s, -e (grob gemahlene Getreidekörner; kleine Bleikügelchen)
schro|ten (grob zerkleinern); geschrotet, *älter* geschroten
Schrot|flin|te
Schrott, der; -[e]s, -e *Plur. selten* (Altmetall)
Schrott|platz; schrott|reif
schrub|ben (mit einer Bürste o. Ä. reinigen); **Schrub|ber** ([Stiel]scheuerbürste)
Schrul|le, die; -, -n (seltsame Laune; *ugs. auch für* eigensinnige alte Frau); **schrul|lig**
schrump|fen; Schrump|fung
schrump|lig, schrum|pe|lig (*landsch. für* faltig u. eingetrocknet)
Schub, der; -[e]s, Schübe; **Schub|kar|re; Schub|kar|ren; Schub|kraft; Schub|la|de**
Schubs, der; -es, -e (*ugs. für* Stoß)
schub|sen (*ugs. für* [an]stoßen); du schubst
schub|wei|se
schüch|tern; Schüch|tern|heit
Schuft, der; -[e]s, -e *(abwertend)*

schuf|ten (*ugs. für* hart arbeiten); **Schuf|te|rei** *(ugs.)*
schuf|tig (niederträchtig, gemein)
Schuh, der; -[e]s, -e; 3 Schuh lang
Schuh|creme, **Schuh|crème; Schuh|grö|ße; Schuh|ma|cher; Schuh|ma|che|rin; Schuh|platt|ler** (ein Volkstanz); **Schuh|soh|le; Schuh|werk,** das; -[e]s
Schul|ab|gän|ger; Schul|ab|gän|ge|rin; Schul|ab|schluss; Schul|amt; Schul|ar|beit (Hausaufgabe; *österr. auch svw.* Klassenarbeit); **Schul|auf|ga|ben** *Plur.;* **Schul|bank** *Plur.* ...bänke; **Schul|be|hör|de; Schul|bil|dung; Schul|buch; Schul|bus**
Schuld, die; -, -en; es ist meine Schuld; [bei jmdm.] Schulden haben, machen; [an etwas] Schuld *od.* die Schuld haben; jmdm. Schuld *od.* die Schuld geben; an etwas Schuld tragen; *aber* schuld sein; du hast dir etwas zuschulden *od.* zu Schulden kommen lassen
schuld|be|la|den *(geh.);* **schuld|be|wusst**
schul|den; er schuldet ihr Geld
Schul|den|berg *(ugs.);* **Schul|den|er|lass; Schul|den|fal|le** *(ugs.);* **schul|den|frei** (ohne Schulden); **Schul|den|last**
Schuld|fä|hig|keit, die; -; **Schuld|fra|ge; Schuld|ge|fühl; schuld|haft**
Schul|dienst, der; -[e]s
schul|dig; auf schuldig plädieren (Schuldigsprechung beantragen); eines Verbrechens schuldig sein; jmdn. für schuldig erklären; jmdn. schuldig sprechen *od.* schuldigsprechen (verurteilen); **Schul|di|ge,** der *u.* die; -n, -n; **schuld|los**
Schuld|ner; Schuld|ner|be|ra|tung; Schuld|ne|rin
Schuld|spruch
Schuld tra|gend, **schuld|tra|gend** *(österr.)*
Schuld|zu|wei|sung
Schu|le, die; -, -n; Schule machen (Nachahmer finden); die Hohe *od.* hohe Schule *(Reitsport);* die höhere Schule; *vgl.* höher
schu|len; Auswendiglernen schult das Gedächtnis
Schü|ler; Schü|le|rin; Schü|ler|lot|se (Schüler, der als Verkehrshelfer eingesetzt ist); **Schü|ler|ver|tre|tung** (*Abk.* SV); **Schü|ler|zahl; Schü|ler|zei|tung**
Schul|fach; Schul|fe|ri|en *Plur.;* **Schul|form; schul|frei** *vgl.* hitzefrei; **Schul|freund; Schul|freun|din; Schul|ge|bäu|de; Schul|geld; Schul|ge|setz; Schul|hof; schu|lisch; Schul|jahr; Schul|ka|me|rad; Schul|ka|me|ra|din; Schul|kind; Schul|klas|se; Schul|lei|ter,** der; **Schul|lei|te|rin; Schul|lei|tung; Schul|me|di|zin,** die; -; **Schul|pflicht; schul|pflich|tig;** schulpflichtiges Alter; **Schul|po|li|tik; Schul|ran|zen; Schul|re|form; Schul|spre|cher; Schul|spre|che|rin; Schul|stun|de; Schul|sys|tem; Schul|tag; Schul|ta|sche**
Schul|ter, die; -, -n; **Schul|ter|blatt; schul|ter|lang;** schulterlanges Haar
schul|tern; ich schultere
Schul|ter|schluss (das Zusammenhalten [von Interessengruppen u. a.])
Schul|tü|te (am ersten Schultag); **Schu|lung; Schul|un|ter|richt; Schul|we|sen**
Schul|ze, der; -n, -n (*veraltet für* Gemeindevorsteher)
Schul|zeit; Schul|zen|t|rum; Schul|zeug|nis
schum|meln (*ugs. für* [leicht] betrügen); ich schumm[e]le
schum|me|rig, schumm|rig (*ugs. für* dämmerig, halbdunkel)
Schund, der; -[e]s (Wertloses)
schun|keln ([sich] hin u. her wiegen; *landsch. für* schaukeln); ich schunk[e]le
Schup|pe, die; -, -n (Haut-, Hornplättchen)
[1]**schup|pen** (*landsch. für* stoßen, schieben)
[2]**schup|pen** (Schuppen entfernen, bilden)
Schup|pen, der; -s, - (Raum für Holz u. a.)
schup|pig
Schur, die; -, -en (Scheren [der Schafe])
schü|ren; schür *od.* schüre das Feuer!
schür|fen; Schür|fung
Schur|ke, der; -n, -n *(abwertend);* **Schur|ken|staat** *(abwertend);* **Schur|kin; schur|kisch**
Schurz, der; -es, -e

Schür|ze, die; -, -n; **schür|zen;** du schürzt
Schuss, der; -es, Schüsse; 2 Schuss Rum; 2 Schuss (*auch* Schüsse) abgeben; in Schuss (*ugs. für* in Ordnung) halten, haben
Schus|sel, der; -s, - *od.* die; -, -n (*ugs. für* unkonzentrierter, vergesslicher Mensch)
Schüs|sel, die; -, -n
schus|se|lig, schuss|lig (*ugs. für* unkonzentriert, vergesslich)
Schuss|waf|fe; Schuss|wech|sel
Schus|ter; Schus|te|rin
Schutt, der; -[e]s; **Schutt|ab|la|de|platz**
Schüt|te, die; -, -n (kleiner Behälter; *landsch. für* Bund); eine Schütte Stroh
Schüt|tel|frost; schüt|teln; ich schütt[e]le
schüt|ten
schüt|ter (spärlich; schwach)
Schutt|hau|fen
Schutz, der; -es, *Plur. (Technik:)* -e; zu Schutz und Trutz
[1]**Schütz,** der; -en, -en (*veraltet für* [1]Schütze)
[2]**Schütz,** das; -es, -e (bewegliches Wehr)
Schutz|an|zug
Schutz|be|dürf|ti|ge, der *u.* die; -n, -n
Schutz|blech
[1]**Schüt|ze,** der; -n, -n (Schießender)
[2]**Schüt|ze,** die; -, -n (*svw.* [2]Schütz)
schüt|zen; du schützt
Schüt|zen|fest
Schutz|en|gel
Schüt|zen|hil|fe *(ugs.)*
schüt|zens|wert
Schüt|zen|ver|ein
Schutz|ge|biet; Schutz|ge|bühr; Schutz|ge|mein|schaft; Schutz|hei|li|ge *(kath. Rel.);* **Schutz|helm; Schutz|imp|fung**
Schüt|zin; Schütz|ling
schutz|los; Schutz|mann *Plur.* ...männer *u.* ...leute (*ugs. für* [Schutz]polizist); **Schutz|mas|ke; Schutz|maß|nah|me; Schutz|pa|t|ron** (*svw.* Schutzheilige); **Schutz|pa|t|ro|nin; Schutz|schild,** der; **Schutz|trup|pe; Schutz|wall; schutz|wür|dig; Schutz|zoll; Schutz|zo|ne**
schwach; eine schwache Hoffnung; das Recht des Schwachen; durch die lange Krankheit ist sie ganz schwach geworden; *aber* schwach werden oder schwachwerden (nachgeben); die schwach bevölkerte oder schwachbevölkerte Gegend;
Schwä|che, die; -, -n; **Schwä|che|an|fall**
schwä|cheln; ich schwäch[e]le
schwä|chen
schwach ent|wi|ckelt, schwach|ent|wi|ckelt
schwäch|lich; Schwäch|ling
Schwach|punkt; Schwach|sinn, der; -[e]s *(Med. veraltet; ugs. abwertend);* **schwach|sin|nig** *(Med. veraltet; ugs. abwertend);* **Schwach|stel|le; Schwach|strom,** der *Plur. selten*
Schwä|chung
schwach wer|den, schwach|wer|den *vgl.* schwach
Schwa|de, die; -, -n, **Schwa|den,** der; -s, - (Dampf, Dunst)
Schwa|d|ron, die; -, -en (kleinste Einheit der Kavallerie); **schwa|d|ro|nie|ren** (wortreich u. prahlerisch schwatzen)
schwa|feln; ich schwaf[e]le *(ugs.)*
Schwa|ger, der; -s, Schwäger (*veraltet auch für* Postkutscher); **Schwä|ge|rin**
Schwal|be, die; -, -n (*ugs. auch für* absichtliches Hinfallen im Fußballspiel)
Schwall, der; -[e]s, -e (Welle, Guss)
schwamm *vgl.* schwimmen
Schwamm, der; -[e]s, Schwämme (*bayr., österr., schweiz. auch für* Pilz); Schwamm drüber! (*ugs. für* vergessen wir das!)
schwam|mig
Schwan, der; -[e]s, Schwäne
schwa|nen *(ugs.);* mir schwant (ich ahne) etwas
schwan|ger; Schwan|ger|schaft; Schwan|ger|schafts|ab|bruch; Schwan|ger|schafts|test (Test zum Nachweis einer bestehenden Schwangerschaft)
schwank (*geh. für* biegsam); schwanke Gestalten; **Schwank,** der; -[e]s, Schwänke
schwan|ken; Schwan|kung
Schwanz, der; -es, Schwänze
schwän|zeln (*ugs. iron. für* geziert gehen); ich schwänz[e]le

schwạrz

schwär|zer, schwär|zes|te

I. Kleinschreibung:

– *schwarz in schwarz; schwarz auf weiß*
– *schwarzer Tee; schwarzer Humor*
– *ein schwarzes (illegales) Konto; der schwarze Markt*
– *die schwarze Liste; das schwarze Gold (Kohle, Erdöl)*
– *ein schwarzer Tag; ein schwarzer Freitag* (vgl. aber *der Schwarze Freitag*)

II. Großschreibung

a) der Substantivierung:

– *ein Schwarzer (dunkelhäutiger, -haariger Mensch); das Schwarze*
– *die Farbe Schwarz; ein Kleid in Schwarz*
– *das kleine Schwarze anziehen*
– *ins Schwarze treffen*

b) in Namen und bestimmten namenähnlichen Fügungen, z. B.:

– *das Schwarze Meer*
– *der Schwarze Erdteil (Afrika)*
– *die Schwarze Hand (ehemaliger serbischer Geheimbund)*
– *Schwarze Witwe (eine Spinne)*
– *der Schwarze Freitag (Name eines Freitags mit großen Börsenstürzen in den USA)*

III. Groß- oder Kleinschreibung bei bestimmten festen Verbindungen mit neuer Gesamtbedeutung und bei einigen fachsprachlichen Verbindungen:

– *das Schwarze* od. *schwarze Brett (Anschlagtafel)*
– *schwarzes* od. *Schwarzes Loch* (Astron.)

IV. Schreibung in Verbindung mit Verben

a) Zusammen- und Getrenntschreibung:

– *sich schwarz kleiden*
– *ihre Hände waren schwarz geworden*
– *sich die Haare schwarz färben* od. *schwarzfärben*
– *sie können warten, bis sie schwarz werden* od. *schwarzwerden* (ugs. für *bis in alle Ewigkeit*)

b) Zusammenschreibung, wenn eine idiomatische Verbindung mit einem einfachen Verb vorliegt:

schwarzarbeiten, schwarzärgern, schwarzbrennen, schwarzfahren, schwarzgehen, schwarzhören, schwarzkopieren, schwarzmalen, schwarzschlachten, schwarzsehen

Aber:

Waren schwarz exportieren, schwarz verkaufen

V. In Verbindung mit adjektivisch gebrauchten Partizipien:

– *ein schwarz gestreifter* od. *schwarzgestreifter Stoff*
– *schwarz gerändertes* od. *schwarzgerändertes Papier*

schwạ̈n|zen (*ugs. für* [am Schulunterricht o. Ä.] nicht teilnehmen); du schwänzt

schwạp|pen (*ugs. für* in schwankender Bewegung sein, klatschend überfließen)

Schwạrm, der; -[e]s, Schwärme

schwạ̈r|men; Schwạ̈r|mer (*auch* ein Feuerwerkskörper; ein Schmetterling); **Schwạ̈r|me|rin; schwạ̈r|me|risch**

Schwạr|te, die; -, -n (dicke Haut [z. B. des Schweins]; *ugs. für* dickes [altes] Buch)

schwạrz *s. Kasten*

Schwạrz, das; -[es], - (Farbe); ein Abendkleid in Schwarz; er spielte Schwarz aus

(Kartenspiel); Schwarz (schwarze Kleidung, Trauerkleidung) tragen; *vgl.* Blau

Schwarz|ar|beit, die; -; **schwarz|ar|bei|ten;** ich arbeite schwarz; schwarzgearbeitet; schwarzzuarbeiten; **Schwarz|ar|bei|ter; Schwarz|ar|bei|te|rin; schwarz|är|gern,** sich (*ugs. für* sich sehr ärgern); **schwarz-braun; Schwarz|buch** (Zusammenstellung von Dokumenten über Gräueltaten)

[1]**Schwar|ze,** der *u.* die; -n, -n (dunkelhäutiger, -haariger Mensch)

[2]**Schwar|ze,** das; -n; ins Schwarze treffen

Schwär|ze, die; -, -n (*nur Sing.:* das Schwarzsein; Farbe zum Schwarzmachen)

schwär|zen (schwarz färben; *südd., österr. veraltend für* schmuggeln); du schwärzt

schwarz|fah|ren (ohne Berechtigung ein [öffentl.] Verkehrsmittel benutzen); sie ist schwarzgefahren; **schwarz fär|ben, schwarz|fär|ben** *vgl.* schwarz

schwarz-gelb, schwarz|gelb; eine schwarz-gelbe *od.* schwarzgelbe Koalition (aus Christdemokraten u. Liberalen); die Politik von Schwarz-Gelb *od.* Schwarzgelb

Schwarz|geld (illegale Einnahme)

schwarz|hö|ren (*Rundfunk* ohne Genehmigung mithören); sie hat schwarzgehört

schwarz|ma|len (pessimistisch darstellen)

Schwarz|markt

schwarz-rot-gol|den, schwarz|rot|gol-den; eine schwarz-rot-gold[e]ne *od.* schwarzrotgold[e]ne Fahne

schwarz|se|hen (*ugs. für* ohne Anmeldung fernsehen; pessimistisch sein); für seine Zukunft hat er [ziemlich] schwarzgesehen; *aber* das sollte man nicht zu schwarz sehen

Schwarz|wald, der; -[e]s (dt. Gebirge)

schwarz-weiß, schwarz|weiß; schwarz-weiß malen *od.* schwarzweiß malen (undifferenziert, einseitig positiv od. negativ darstellen); eine Fotografie in Schwarz-Weiß *od.* Schwarzweiß

Schwarz-Weiß-Film, Schwarz|weiß-film

schwat|zen, *bes. südd.* **schwät|zen;** du schwatzt, *bes. südd.* du schwätzt; **Schwät-zer; Schwät|ze|rin; schwatz|haft**

Schwe|be, die; -; *nur in* in der Schwebe (*auch für* unentschieden, noch offen)

Schwe|be|bahn; schwe|ben

schwe|disch; hinter schwedischen Gardinen (*ugs. für* im Gefängnis)

Schwe|fel, der; -s (chemisches Element, Nichtmetall; *Zeichen* S); **schwe|fe|lig, schwef|lig; Schwe|fel|säu|re,** die; -

Schweif, der; -[e]s, -e; **schwei|fen** (*geh. für* ziellos [durch die Gegend] ziehen)

Schwei|ge|mi|nu|te; schwei|gen (still sein); du schwiegst; du schwiegest; geschwiegen; schweig[e]!; die schweigende Mehrheit; **Schwei|ge|pflicht; schweig|sam**

Schwein, das; -[e]s, -e (*nur Sing.: ugs. auch für* Glück); kein Schwein (*ugs. für* niemand); **Schwei|ne|fleisch; Schwei|ne-hund** *(ugs. abwertend);* der innere Schweinehund (*ugs. für* Feigheit, Bequemlichkeit)

Schwei|ne|rei (*derb für* Schmutz; ärgerliche Sache, Anstößiges); **Schwei|ne|stall**

Schweiß, der; -es, -e *Plur. selten;* **Schweiß-aus|bruch; schweiß|be|deckt**

Schweiß|bren|ner; schwei|ßen (Werkstoffe durch Wärme, Druck fest miteinander verbinden); du schweißt; du schweißtest; geschweißt; **Schwei|ßer** (Facharbeiter für Schweißarbeiten); **Schwei|ße|rin**

schweiß|ge|ba|det; schweiß|trei|bend; schweiß|trie|fend; Schweiß|trop|fen

Schwei|zer (Bewohner der Schweiz; *auch für* Melker; *landsch. für* Küster in kath. Kirchen); Schweizer Käse; **schwei|zer-deutsch** (schweizerisch mundartlich); **Schwei|ze|rin**

schwe|len (langsam flammenlos brennen)

schwel|gen; in Erinnerungen schwelgen; **schwel|ge|risch**

Schwel|le, die; -, -n

[1]**schwel|len** (größer, stärker werden; sich ausdehnen); du schwillst; er/sie schwillt; du schwollst; du schwöllest; geschwollen;

S

schwer

schwe|rer, schwers|te

Kleinschreibung:

– *schweres (großkalibriges) Geschütz*
– *ein schwerer Junge* (ugs. für *Gewaltverbrecher*)
– *ihr Tod war ein schwerer Schlag (großer Verlust)*

Getrennt- und Zusammenschreibung in Verbindung mit Verben, Adjektiven und Partizipien:

– *das lässt sich nur schwer machen*
– *dabei kann man sich schwer verletzen*
– *er ist auf der Treppe sehr schwer gefallen*
– *diese Aufgabe ist ihr schwergefallen,* aber *viel zu schwer gefallen*
– *du darfst den Vorwurf nicht so schwernehmen (ernst nehmen);* aber *das solltest du nicht allzu schwer nehmen*
– *ich habe mich,* seltener *mir damit schwergetan* (ugs.)
– *er hat ihr das Leben schwer gemacht* od. *schwergemacht; sie hat es im Leben schwer gehabt* od. *schwergehabt*
– *ein schwer erziehbares* od. *schwererziehbares Kind; die schwer kranken* od. *schwerkranken Patienten*
– *ein schwer bewaffneter* od. *schwerbewaffneter Polizist*
– *schwer verwundet* od. *schwerverwundet*
– *schwerwiegend* od. *schwer wiegend*
– *schwer verletzte* od. *schwerverletzte Opfer*
– *die Schwerverletzten* od. *schwer Verletzten*

Aber nur:

– *sehr schwer verdauliche Speisen*
– *die äußerst schwer verwundeten Soldaten*

Vgl. auch *schwerbehindert, schwer behindert*

schwill!; ihr Hals ist geschwollen; die Brust schwoll ihm vor Freude

[2]**schwel|len** (größer, stärker machen; ausdehnen); du schwellst; du schwelltest; geschwellt; schwell[e]!; der Wind schwellte die Segel; der Stolz hat seine Brust geschwellt; mit geschwellter Brust

Schwel|len|land *Plur.* ...länder (relativ weit industrialisiertes Entwicklungsland)

Schwel|len|wert *(Psychol.);* **Schwel|lung**

Schwem|me, die; -, -n (flache Stelle eines Gewässers als Badeplatz für das Vieh; überreichl. Warenangebot)

Schwemm|land, das; -[e]s

Schwenk, der; -[e]s, *Plur.* -s, *selten* -e (*Film* durch Schwenken der Kamera erzielte Einstellung); **schwen|ken;** Fahnen schwenken; **Schwenk|grill; Schwen|kung**

schwer *s. Kasten*

Schwer|ath|le|tik

schwer|be|hin|dert, schwer be|hin|dert (durch eine schwere körperliche Behinderung dauernd geschädigt); *aber nur* schwerer, am schwers|ten behindert; der Gipsverband hat ihn schwer behindert; **Schwer|be|hin|der|te,** der *u.* die; -n, -n

schwer be|la|den, schwer|be|la|den; **schwer be|waff|net, schwer|be|waff|net** *vgl.* schwer

Schwe|re, die; - (Gewicht); die Schwere der Schuld; **schwe|re|los; Schwe|re|lo|sig|keit**

Schwe|re|nö|ter (charmanter, durchtriebener Mann)

schwer er|zieh|bar, schwer|er|zieh|bar *vgl.* schwer; **schwer|fal|len** (Schwierigkeiten bereiten, nicht leicht sein); *vgl.* schwer

schwer|fäl|lig

Schwer|ge|wicht (*bes. Sport* eine Körpergewichtsklasse); **schwer|ge|wich|tig**

schwer|hö|rig; Schwer|kraft, die; -

schwer krank, schwer|krank *vgl.* schwer

Schwer|kran|ke, der *u.* die; -n, -n, **schwer Kran|ke,** der *u.* die; - -n, - -n

schwer|lich (kaum)

schwer ma|chen, schwer|ma|chen *vgl.* schwer

S

Schwer|me|tall
Schwer|mut, die; -; **schwer|mü|tig**
schwer|neh|men (als bedrückend empfinden); *vgl.* schwer
Schwer|punkt; schwer|punkt|mä|ßig
schwer|reich (*ugs. für* sehr reich); eine schwerreiche Frau; er ist schwerreich
Schwert, das; -[e]s, -er; **Schwert|fisch**
schwer|tun, sich; *vgl.* schwer; **Schwer|ver|bre|cher; Schwer|ver|bre|che|rin**
schwer ver|letzt, **schwer|ver|letzt** *vgl.* schwer; **Schwer|ver|letz|te**, der *u.* die; -n, -n, **schwer Ver|letz|te,** der *u.* die; - -n, - -n; **schwer ver|ständ|lich**, **schwer|ver|ständ|lich; schwer|wie|gend**; schwerer wiegende *od.* schwerwiegendere Bedenken, am schwers|ten wiegende *od.* schwerwiegends|te Bedenken
Schwes|ter, die; -, -n (*Abk.* Schw.); **schwes|ter|lich; Schwes|ter|par|tei**
Schwie|ger|el|tern *Plur.;* **Schwie|ger|mut|ter** *Plur.* ...mütter; **Schwie|ger|sohn; Schwie|ger|toch|ter; Schwie|ger|va|ter**
Schwie|le, die; -, -n; **schwie|lig**
schwie|rig; Schwie|rig|keit; Schwie|rig|keits|grad
Schwimm|bad; Schwimm|be|cken
schwim|men; du schwammst; du schwömmest, *auch* schwämmest; geschwommen; schwimm[e]!
Schwim|mer; Schwim|me|rin
Schwimm|flos|se; Schwimm|meis|ter, **Schwimm-Meis|ter; Schwimm|meis|te|rin**, **Schwimm-Meis|te|rin; Schwimm|sport; Schwimm|wes|te**
Schwin|del, der; -s (*ugs. auch für* Lüge; Täuschung); **schwin|del|er|re|gend**, **Schwin|del er|re|gend;** in schwindelerregender *od.* Schwindel erregender Höhe; *aber nur* in äußerst schwindelerregender Höhe
schwin|del|frei; schwin|de|lig, schwind|lig
schwin|deln; ich schwind[e]le; es schwindelt mir, *seltener* mich
schwin|den; du schwandst; du schwändest; geschwunden; schwind[e]!
Schwind|ler; Schwind|le|rin
schwind|lig, schwin|de|lig
Schwind|sucht, die; - *(veraltet)*
Schwin|ge, die; -, -n; **schwin|gen** (*schweiz. auch für* in besonderer Weise ringen); hin und her schwingen; du schwangst; du schwängest; geschwungen; schwing[e]!; **Schwin|gen,** das; -s (*schweiz. für* eine Art des Ringens); **Schwin|ger** (Boxschlag mit gestrecktem Arm; *schweiz. für* jmd., der das Schwingen betreibt); **Schwin|gung**
Schwips, der; -es, -e *(ugs.)*
schwir|ren
schwit|zen; du schwitzt; du schwitztest; geschwitzt
schwo|fen (*ugs. für* tanzen)
schwö|ren; du schworst, *veraltet* schwurst; du schwürest; geschworen; schwör[e]!
schwul (*ugs. u. Selbstbez. für* homosexuell)
schwül; schwüles Wetter
Schwu|le, der; -n, -n (*ugs. u. Selbstbez. für* Homosexueller)
Schwü|le, die; -
Schwulst, der; -[e]s, Schwülste; **schwuls|tig** (aufgeschwollen, aufgeworfen; *österr. für* schwülstig); **schwüls|tig** (überladen)
Schwund, der; -[e]s
Schwung, der; -[e]s, Schwünge; **Schwung|kraft; schwung|voll**
Schwur, der; -[e]s, Schwüre; **Schwur|ge|richt**
Sci|ence-Fic|tion, **Sci|ence|fic|tion** ['saɪ̯əns'fɪkʃn̩], die; - (wissenschaftlich-utopische Literatur); **Sci|ence-Fic|tion-Film**, **Sci|ence|fic|tion-Film, Sci|ence|fic|tion|film**
Sci|en|to|lo|ge [saɪ̯ənto...], der; -n, -n (Angehöriger der Scientology); **Sci|en|to|lo|gin; Sci|en|to|lo|gy**® [saɪ̯ən'tɔlədʒi] (eine Religionsgemeinschaft)
Scoo|ter ['sku:tɐ], der; -s, - (Motorroller)
Score [skɔ:ɐ̯, sko:ɐ̯], der; -s, -s (*Sport* Spielstand, Spielergebnis)
Scot|land Yard [...lɛnt 'ja:ɐ̯t], der; - - (Londoner Polizei[gebäude])
Scout [skaʊ̯t], der; -s, -s (Pfadfinder; jmd., der etwas aufspüren soll)

S

Scrat|ching ['skrɛtʃ...], das; -s (das Hervorbringen akustischer Effekte durch Manipulation der laufenden Schallplatte)

Scree|ning ['skri:nɪŋ], das; -s, -s (*Fachspr.* Verfahren zur Reihenuntersuchung)

Screen|shot ['skri:nʃɔt], der; -s, -s (*EDV* Abbildung einer Bildschirmanzeige)

scrol|len ['skro:lən] (*EDV* die Bildschirmdarstellung gleitend verschieben)

Seal [si:l], der *od.* das; -s, -s (Fell der Pelzrobbe; ein Pelz)

Sé|an|ce [ze'ã:s(ə)], die; -, -n ([spiritistische] Sitzung)

Se|ces|si|on, die; - (österr. Form des Jugendstils; Ausstellungsgebäude in Wien)

Sech, das; -[e]s, -e (messerartiges Teil am Pflug)

sechs; wir sind zu sechsen *od.* zu sechst, wir sind sechs; *vgl.* acht; **Sechs**, die; -, -en (Zahl); er hat eine Sechs gewürfelt; sie hat in Latein eine Sechs geschrieben; *vgl.* [1]Acht

sechs|ein|halb; sechs|fach; sechs|jäh|rig *vgl.* achtjährig; **sechs|köp|fig** *vgl.* achtköpfig; **sechs|mal** *vgl.* achtmal; **sechs|mo|na|tig** (sechs Monate dauernd); **sechs|stel|lig**

sechst *vgl.* sechs; **sechs|te;** sie hat den sechsten Sinn (ein Gespür) dafür; *vgl.* achte; **sechs|tel** *vgl.* achtel; **Sechs|tel**, das, *schweiz. meist* der; -s, -; *vgl.* Achtel; **sechs|tens**

sechs|wö|chig (sechs Wochen dauernd)

Sechs|zy|lin|der|mo|tor (*mit Ziffer* 6-Zylinder-Motor)

sech|zig *vgl.* achtzig; **sech|zi|ger** *vgl.* achtziger; **Sech|zi|ger** *vgl.* Achtziger

Se|cond|hand|shop ['sɛkənt'hɛntʃɔp], der; -s, -s (Laden, in dem gebrauchte Kleidung u. a. verkauft wird)

Se|cu|ri|ty [sɪ'kju:riti], die; -, -s (*engl. Bez. für* Sicherheit, Sicherheitsdienst)

SED, die; - = Sozialistische Einheitspartei Deutschlands (Staatspartei der DDR)

Se|di|ment, das; -[e]s, -e (Ablagerung, Schicht)

[1]**See**, der; -s, Se|en (stehendes Binnengewässer)

[2]**See**, die; -, Se|en (*nur Sing.:* Meer; Seegang; *Seemannsspr.* [Sturz]welle)

See|ad|ler; See|bad; See|büh|ne; See-Ele|fant, **See|ele|fant**, der; -en, -en (große Robbe); **See|fah|rer; See|fahrt; See|gang**, der; -[e]s; **See|hund; see|krank**

See|le, die; -, -n (*südd. ugs. auch für* mit Salz u. Kümmel bestreutes kleines Weißbrot); **see|len|los** *(geh.);* **see|len|ru|hig**

See|leu|te (*Plur. von* Seemann)

see|lisch; das seelische Gleichgewicht; die seelischen Kräfte; **Seel|sor|ge**, die; -; **Seel|sor|ger; Seel|sor|ge|rin**

See|mann *Plur.* ...leute; **See|mei|le** (*Zeichen* sm); **See|not**, die; -; **See|pferd|chen; See|räu|ber; See|räu|be|rin; See|rei|se; See|ro|se; See|stern; see|tüch|tig; See|ufer**

Se|gel, das; -s, -; **Se|gel|boot; Se|gel|flug; Se|gel|flug|zeug; Se|gel|jacht**, Se|gel|yacht

se|geln; ich seg[e]le; **Se|gel|re|gat|ta; Se|gel|schiff; Se|gel|yacht**, Se|gel|jacht

Se|gen, der; -s, -; Segen bringen; die Segen bringende *od.* segenbringende Weihnachtszeit; **se|gens|reich**

Seg|ler; Seg|le|rin

Seg|ment, das; -[e]s, -e (Abschnitt)

seg|nen; gesegnete Mahlzeit!; **Seg|nung**

Seg|way® [...vɛɪ̯], der; -s, -s (Stehroller)

seh|be|hin|dert

se|hen; du siehst, er/sie sieht; ich sah, du sahst; du sähest; gesehen; sieh[e]!; sieh[e] da!; ich habe es gesehen, *aber* ich habe es kommen sehen, *selten* gesehen; ich kenne ihn nur vom Sehen; ihm wird Hören u. Sehen *od.* hören u. sehen vergehen *(ugs.);* ihr solltet euch mal wieder zu Hause sehen lassen; ihre Leistungen können sich sehen lassen *od.* sehenlassen (sind beachtlich)

se|hens|wert

Se|hens|wür|dig|keit, die; -, -en

Se|her (*österr. auch für* Fernsehzuschauer); **Se|he|rin**

Seh|ne, die; -, -n

S

²sein

– *ich bin, du bist, er/sie/es ist, wir sind, ihr seid, sie sind*
– *ich sei, du seist, er/sie/es sei, wir seien, ihr seiet, sie seien*
– *ich war, du warst, er/sie/es war, wir waren, ihr wart, sie waren*
– *ich wäre, du wärst, er/sie/es wäre, wir wären, ihr wärt, sie wären*
– *das wars*, auch *war's*
– *seiend; gewesen*
– *sei, seid ruhig!*
– *Seien Sie bitte so freundlich ...*

Verbindungen mit dem Verb »sein« werden getrennt geschrieben:

– *da sein; hier sein; zusammen sein*
– *sie wollte ihn Sieger sein lassen*

Aber:

– *ich möchte das lieber sein lassen* od. *seinlassen* (ugs. für *nicht tun*)
– *das Dasein, das Sosein, das Zusammensein*
– *das So-oder-anders-Sein*

seh|nen, sich; stilles Sehnen; **sehn|lichst**
Sehn|sucht, die; -, ...süchte; **sehn|süch|tig**
sehr; so sehr; zu sehr; gar sehr; sehr fein (*Abk.* ff); sehr viel, sehr vieles; sehr bedauerlich; er hat die Note »sehr gut« erhalten
Seh|ver|mö|gen, das; -s
sei|bern, sei|fern; ich seibere, seifere
seicht; seichtes Wasser
Sei|de, die; -, -n
Sei|del, das; -s, - (Gefäß); 3 Seidel Bier
sei|den (aus Seide); **sei|den|weich; sei|dig**
Sei|fe, die; -, -n (Waschmittel; *Geol.* Ablagerung); grüne Seife; **Sei|fen|bla|se; Sei|fen|oper** (*ugs. für* triviale Rundfunk- od. Fernsehserie); **Sei|fen|spen|der; sei|fig**
sei|hen (*landsch. für* durch ein Sieb gießen)
Seil, das; -[e]s, -e; auf dem Seil laufen, tanzen (*vgl. aber* seiltanzen); über das Seil hüpfen, springen (*vgl. aber* seilspringen); [am] Seil ziehen
Seil|bahn; Sei|ler; Sei|le|rin; Seil|schaft (die durch ein Seil verbundenen Bergsteiger; *übertr. für* Gruppe von Personen, die eng zusammenarbeiten)
seil|sprin|gen *vorwiegend im Infinitiv u. im Partizip II gebräuchlich;* seilgesprungen; *vgl.* Seil
seil|tan|zen *vorwiegend im Infinitiv u. im Partizip II gebräuchlich;* seilgetanzt; *vgl.* Seil; **Seil|tän|zer; Seil|tän|ze|rin**

¹sein; seine Schwester, sein Kind; *aber* Seine (*Abk.* S[e].), Seiner (*Abk.* Sr.) Exzellenz; *vgl.* dein *u.* seine
²sein *s. Kasten*
Sein, das; -s; das Sein und das Nichtsein; das wahre Sein
sei|ne, sei|ni|ge; wir wollen jedem das Seine *od.* das seine zukommen lassen; er muss das Seine *od.* das seine dazu beitragen, tun; sie ist die Seine *od.* die seine; er sorgte für die Seinen *od.* die seinen
sei|ner|seits; sei|ner|zeit (damals, dann; *Abk.* s. Z.); **sei|ner|zei|tig**
sei|nes|glei|chen; Leute seinesgleichen; er hat nicht seinesgleichen; **sei|net|we|gen; sei|net|wil|len;** *nur in* um seinetwillen
sei|ni|ge *vgl.* seine
sein las|sen, sein|las|sen *vgl.* ²sein
seit; *Präp. mit Dat.:* seit dem Zusammenbruch; seit alters; seit heute; seit Kurzem *od.* kurzem; seit Langem *od.* langem; *Konjunktion:* seit ich hier bin

seit
Im Gegensatz zur mit *d* geschriebenen Verbform *seid (ihr seid)* enden die Präposition und die Konjunktion *seit (seit drei Jahren; ihr geht es besser, seit sie Sport treibt)* mit *t.*

Sei|tan, der; -[s], *auch* das; -[s] (*Gastron.* Fleischersatz aus Weizen)

seit|dem; seitdem ist sie gesund; seitdem ich hier bin; *aber* seit dem Tag, an dem ...
Sei|te, die; -, -n; jmdm. zur Seite stehen; aufseiten *od.* auf Seiten; vonseiten *od.* von Seiten; *vgl. aber* Saite; **Sei|ten|blick; Sei|ten|ein|gang; Sei|ten|hieb; sei|ten|lang;** seitenlange Briefe, *aber* ein vier Seiten langer Brief; **Sei|ten|li|nie**
sei|tens; *Präp. mit Gen. (Amtsspr.):* seitens des Angeklagten
Sei|ten|sprung; Sei|ten|ste|chen, das; -s; **sei|ten|ver|kehrt; Sei|ten|wech|sel**
seit|her
seit|lich; seit|wärts *vgl.* abwärts
Se|kan|te, die; -, -n (Gerade, die eine Kurve schneidet)
Se|kret, das; -[e]s, -e (*Med.* Absonderung)
Se|kre|tär, der; -s, -e (Beamter des mittleren Dienstes; Funktionär in einer Partei, Gewerkschaft o. Ä.; Schreibschrank); **Se|kre|ta|ri|at,** das; -[e]s, -e (Kanzlei, Geschäftsstelle); **Se|kre|tä|rin**
Sekt, der; -[e]s, -e
Sek|te, die; -, -n ([kleinere] Glaubensgemeinschaft); **Sek|ten|we|sen,** das; -s
Sek|tie|rer (jmd., der von einer politischen, religiösen o. ä. Richtung abweicht); **Sek|tie|re|rin; sek|tie|re|risch**
Sek|ti|on, die; -, -en (Abteilung, Gruppe, Fachbereich; *Med.* Leichenöffnung)
Sek|tor, der; -s, ...oren ([Sach]gebiet, Bezirk; *Math.* Ausschnitt)
se|kun|där (zweitrangig)
Se|kun|dar|stu|fe (ab dem 5. Schuljahr)
Se|kun|de, die; -, -n ($^1/_{60}$ Minute, *Abk.* Sek. [*Zeichen* s; *veraltet* sec, sek]; *Geom.* $^1/_{60}$ Minute [*Zeichen* ″])
se|kun|den|lang; sekundenlanges Zögern, *aber* ein vierzig Sekunden langer Herzstillstand; **Se|kun|den|schnel|le,** die; -; in Sekundenschnelle; **Se|kun|den|zei|ger**
se|kun|die|ren (beistehen [im Zweikampf]; helfen, schützen); jmdm. sekundieren
Se|lam *vgl.* Salam
sel|ber (*meist ugs. für* selbst)
sel|big *(veraltet);* zu selbiger Stunde

selbst; von selbst; selbst wenn; selbst backen; selbst gebackenes oder selbstgebackenes Brot; **Selbst,** das; -; ein Stück meines Selbst; **Selbst|ach|tung,** die; -
selb|stän|dig usw. *vgl.* selbstständig usw.
Selbst|an|zei|ge; Selbst|aus|lö|ser *(Fotogr.);* **Selbst|be|die|nung** *Plur. selten* (*Abk.* SB); **Selbst|be|frie|di|gung** (Masturbation); **Selbst|be|herr|schung**
selbst|be|stimmt (eigenverantwortlich); **Selbst|be|stim|mungs|recht**
Selbst|be|tei|li|gung *(Versicherungsw.)*
selbst|be|wusst; Selbst|be|wusst|sein
Selbst|bild *(Psychol.);* **Selbst|bild|nis**
Selbst|ein|schät|zung; selbst|ent|zünd|lich; Selbst|er|kennt|nis
selbst er|nannt, selbst|er|nannt
Selbst|fin|dung *(geh.)*
selbst ge|ba|cken, selbst|ge|ba|cken *vgl.* selbst; **selbst|ge|fäl|lig; selbst|ge|recht; Selbst|ge|spräch; selbst|herr|lich; Selbst|hil|fe|grup|pe; Selbst|iro|nie; selbst|kle|bend; selbst|kri|tisch**
Selbst|läu|fer (etw., was wie von selbst Erfolg hat); **Selbst|laut** (Vokal); **selbst|los; Selbst|mit|leid; Selbst|mord; Selbst|mord|at|ten|tat; Selbst|mord|at|ten|tä|ter; Selbst|mord|at|ten|tä|te|rin; Selbst|mör|der; Selbst|mör|de|rin; Selbst|mord|ver|such; Selbst|por|t|rät; selbst|re|dend; selbst|si|cher**
selbst|stän|dig, selb|stän|dig; sich selbstständig *od.* selbständig machen; **Selbst|stän|di|ge,** Selb|stän|dige, der *u.* die; -n, -n; **Selbst|stän|dig|keit,** Selb|stän|dig|keit
Selbst|über|schät|zung; Selbst|ver|ant|wor|tung, die; -
selbst|ver|ges|sen; selbst|ver|liebt
selbst ver|schul|det, selbst|ver|schul|det
selbst|ver|ständ|lich; Selbst|ver|ständ|lich|keit; Selbst|ver|ständ|nis; Selbst|ver|such *(Med.);* **Selbst|ver|tei|di|gung; Selbst|ver|trau|en; Selbst|ver|wal|tung; Selbst|ver|wirk|li|chung; Selbst|wert|ge|fühl** *(Psychol.);* **Selbst|zweck** *Plur. selten;* **Selbst|zwei|fel**

se|lek|tie|ren (auswählen); **Se|lek|ti|on,** die; -, -en (Auswahl; *Biol.* Auslese); **se|lek|tiv** (auswählend; mit Auswahl)
Sel|fie ['sɛlfi], das; -s, -s (digitales Selbstporträt); **Sel|fie|stick,** der; -s, -s (am Smartphone befestigte Stange zur Aufnahme von Selfies)
se|lig (*Abk.* sel.); selige Weihnachtszeit; selig sein; selig werden; jmdn. selig machen *od.* seligmachen (beglücken); *vgl.* seligpreisen, seligsprechen; **Se|lig|keit**
se|lig|prei|sen; wir können uns seligpreisen, noch immer so erfolgreich zu sein
se|lig|spre|chen *(kath. Kirche);* der Mönch wurde vom Papst seliggesprochen
Sel|le|rie [...ri, *österr. auch* ...'riː], der; -s, -[s] *od., österr. auch,* die; -, *Plur.* -, *österr.* ...ien (eine Gemüsepflanze)
sel|ten; sel|te|ner, sel|tens|te; seltene Pflanzen; selten gut (*ugs. für* besonders gut); ein seltener Vogel (*ugs. auch für* sonderbarer Mensch); **Sel|ten|heit**
Sel|ters|was|ser, Sel|ter|was|ser
selt|sam; selt|sa|mer|wei|se
Semantik, die; - (Lehre von der Bedeutung sprachlicher Zeichen); **se|man|tisch**
Se|mes|ter, das; -s, - ([Studien]halbjahr); **Se|mes|ter|fe|ri|en** *Plur.*
Se|mi|fi|na|le *(Sport)*
Se|mi|ko|lon, das; -s, *Plur.* -s *u.* ...la (Strichpunkt)
Se|mi|nar, das; -s, *Plur.* -e, *österr. u. schweiz. auch* -ien (Übungskurs an Hochschulen; kirchl. Institut zur Ausbildung von Geistlichen [z. B. Priestern]; *schweiz. für* Lehrerbildungsanstalt)
Sem|mel, die; -, -n *(bes. österr., bayr.)*
Sen, der; -[s], -[s] (Währungseinheit in Japan, Kambodscha, Indonesien u. Malaysia)
Se|nat, der; -[e]s, -e (Rat [der Alten] im alten Rom; Teil der Volksvertretung, z. B. in den USA; Regierungsbehörde in Hamburg, Bremen u. Berlin; akademische Verwaltungsbehörde; Richterkollegium bei Obergerichten); **Se|na|tor,** der; -s, ...oren (Mitglied des Senats; Ratsherr); **Se|na|to|rin; Se|nats|spre|cher; Se|nats|spre|che|rin**
[1]**sen|den** (schicken); du sendest mir einen Brief; sie sendet mir einen Brief; sie sandte, *auch* sendete mir einen Brief; er hat mir einen Brief gesandt, *auch* gesendet
[2]**sen|den** (übertragen); der Rundfunk sendet; der Rundfunk sendete; der Rundfunk hat Musik gesendet
Sen|de|platz (Zeit, zu der eine Sendung [regelmäßig] ausgestrahlt wird); **Sen|der; Sen|de|ter|min; Sen|de|zeit; Sen|dung**
Senf, der; -[e]s, -e
sen|gen (anbrennen)
se|nil ([geistig] greisenhaft)
Se|ni|li|tät, die; -
se|ni|or (*hinter Namen* der, *selten auch* die Ältere; *Abk.* sen.); Karl Meyer senior; Lisa Müller senior; **Se|ni|or,** der; -s, ...oren (Ältester; Vorsitzender; Sportler etwa zwischen 20 u. 30 Jahren; *meist Plur.:* ältere Menschen); **Se|ni|o|ren|heim; Se|ni|o|ren|treff; Se|ni|o|rin**
Senk|blei, das *(Bauw.)*
Sen|ke, die; -, -n
Sen|kel, der; -s, - (*kurz für* Schnürsenkel; *schweiz. auch für* Senkblei); etwas, jmdn. in den Senkel stellen (*schweiz. für* etwas zurechtrücken, jmdn. zurechtweisen)
sen|ken
senk|recht; senkrecht [herunter]fallen, stehen; das ist das einzig Senkrechte (*ugs. für* Richtige); **Senk|rech|te,** die; -n, -n; zwei -[n]
Sen|kung
Senn, der; -[e]s, -e, *schweiz. auch* der; -en, -en (*bayr., österr., schweiz. für* Bewirtschafter einer Sennhütte); **Sen|ne|rin**
Sen|sa|ti|on, die; -, -en (aufsehenerregendes Ereignis); **sen|sa|ti|o|nell**
Sen|se, die; -, -n; [jetzt ist] Sense! (*ugs. für* jetzt ist es genug!); **Sen|sen|mann** (*veraltet für* Schnitter; *verhüllend für* Tod)
sen|si|bel (reizempfindlich; feinfühlig); sen|si|b|le Nerven; sensible (nicht für die Öffentlichkeit bestimmte) Daten

S

sen|si|bi|li|sie|ren (empfindlich machen); **Sen|si|bi|li|sie|rung; Sen|si|bi|li|tät,** die; -, -en (Empfindsamkeit); **sen|si|tiv** (sehr empfindlich; leicht reizbar; feinnervig)

Sen|sor, der; -s, Sensoren (*Technik* Messfühler); **sen|so|risch** (die Sinne betreffend)

sen|ti|men|tal [zɛntimɛn...] (*oft abwertend für* [übertrieben] empfindsam; rührselig)

Sen|ti|men|ta|li|tät, die; -, -en (*oft abwertend für* Empfindsamkeit, Rührseligkeit)

se|pa|rat (abgesondert; einzeln); **Se|pa|ra|tist,** der; -en, -en; **se|pa|ra|tis|tisch**

Se|pa|ree, Séparée [zepa're:], das; -s, -s (Sonderraum, Nische in einem Lokal)

Sep|tem|ber, der; -[s], - (*Abk.* Sept.)

Sep|ti|me, die; -, -n (*Musik* ein Intervall im Abstand von sieben Stufen)

Se|quenz, die; -, -en (Aufeinanderfolge, Reihe)

Se|re|na|de, die; -, -n (Abendmusik)

Ser|geant [...'ʒant, *engl.* 'sa:ɐ̯dʒənt], der; -en, -en, *bei engl. Ausspr.* der; -[s], -s (Unteroffizier)

Se|rie, die; -, -n; **se|ri|ell** (serienmäßig; in Reihen); serielle Musik

se|ri|en|mä|ßig; Se|ri|en|mör|der; Se|ri|en|mör|de|rin; Se|ri|en|pro|duk|ti|on; Se|ri|en|schal|tung (*Elektrot.* Reihenschaltung); **se|ri|en|wei|se**

se|ri|ös (ernsthaft, [vertrauens]würdig); **Se|ri|o|si|tät**

Ser|pen|ti|ne, die; -, -n (Straßenwindung, Kehrschleife)

Se|rum, das; -s, *Plur.* ...ren *u.* ...ra (*Med.* Bestandteil des Blutes; Impfstoff)

Ser|ve|lat|wurst *vgl.* Zervelatwurst

Ser|ver ['sœ:ɐ̯vɐ], der; -s, - (*EDV* Rechner mit bestimmten Aufgaben in einem Netzwerk)

[1]**Ser|vice** [...'vi:s], das; *Gen.* - *u.* -s, *Plur.* - ([Tafel]geschirr)

[2]**Ser|vice** ['sœ:ɐ̯vɪs], der, *österr. auch* das; -[s], -s [...vɪs(ɪs)] ([Kunden]dienst, Bedienung; *Tennis* Aufschlag[ball]); **Ser|vice-leis|tung**

ser|vie|ren [zɛr...] (bei Tisch bedienen; auftragen; *Tennis* den Ball aufschlagen)

Ser|vi|et|te, die; -, -n

Ser|vo|len|kung

ser|vus! (*bes. bayr. u. österr.* freundschaftlicher Gruß)

Se|sam, der; -s, -s (eine Pflanze mit ölhaltigem Samen); Sesam, öffne dich! (Zauberformel [im Märchen])

Ses|sel, der; -s, - ([gepolsterter] Stuhl mit Armlehnen; *österr. für* Stuhl); **Ses|sel|lift**

sess|haft; Sess|haf|tig|keit

Ses|si|on, die; -, -en (Sitzung[szeit])

[1]**Set** [sɛt], das, *auch* der; -[s], -s (Zusammengehöriges; Platzdeckchen)

[2]**Set,** der; -[s], -s (*Film, Fernsehen* Drehort; Szenenaufbau, Dekoration); am Set

Set-up, Set|up ['sɛtʔap], das; -s, -s (*EDV* Hilfsprogramm, das neue Software auf dem Computer installiert)

set|zen; du setzt; sich setzen; sich ein Denkmal setzen lassen; sie sollten die Kinder sich setzen lassen; wir müssen das Gesagte sich erst einmal setzen lassen *od.* setzenlassen (es erst einmal verarbeiten)

Set|zer (Schriftsetzer); **Set|ze|rei; Set|ze|rin**

Setz|ling (junge Pflanze; Zuchtfisch)

Seu|che, die; -, -n

seuf|zen; du seufzt; **Seuf|zer**

Sex [sɛks, zɛks], der; -[es] (Geschlecht[lichkeit]; Geschlechtsverkehr); **Sex-Ap|peal, Sex|ap|peal** ['sɛks(ʔ)ə...], der; -s (sexuelle Anziehungskraft); **Sex|film**

Se|xis|mus, der; - ([Diskriminierung aufgrund der] Vorstellung, dass eines der beiden Geschlechter dem anderen von Natur aus überlegen sei); **se|xis|tisch**

Sex|tett, das; -[e]s, -e (Musikstück für sechs Stimmen od. sechs Instrumente; *auch für* die sechs Ausführenden)

Se|xu|al|de|likt; Se|xu|a|li|tät, die; - (Geschlechtlichkeit); **Se|xu|al|kun|de,** die; -; **Se|xu|al|trieb; se|xu|ell** (die Sexualität betreffend, geschlechtlich)

se|xy ['sɛksi, 'zɛksi] (*ugs. für* erotisch-attraktiv); sexy Wäsche

<table>
<tr><td colspan="2">si|cher</td></tr>
<tr><td>si|che|rer, si|chers|te
I. Groß- oder Kleinschreibung
a) Kleinschreibung:
– es ist am sichersten, wenn wir hier verschwinden; auf Nummer sicher gehen
b) Großschreibung:
– wir suchen etwas Sicheres
– das Sicherste sind Gürtelreifen
– es ist das Sicherste, sofort zu verschwinden</td><td>– die Polizei will die Straßen auch nachts wieder sicher machen od. sichermachen
– in diesen Schuhen kann man sicher gehen
Aber:
– sie will in dieser Sache [ganz] sichergehen (Gewissheit haben)
– ein Beweisstück sicherstellen</td></tr>
<tr><td>II. Schreibung in Verbindung mit Verben:
– du kannst sicher sein, dass sie dir helfen wird; ein Arzneimittel, das sicher wirkt</td><td>III. In Verbindung mit adjektivisch gebrauchten Partizipien:
– ein sicher wirkendes od. sicherwirkendes Arzneimittel
Aber nur:
– die sichergestellten Beweismittel</td></tr>
</table>

Se|zes|si|on, die; -, -en (Absonderung; Abfall der nordamerikanischen Südstaaten)

se|zie|ren (anatomisch zerlegen)

SFOR, Sfor ['ɛsfɔːɐ̯], die; - (ehem. internationale Truppe unter NATO-Führung in Bosnien u. Herzegowina)

Shake [ʃɛɪ̯k] (ein Mischgetränk)

Sham|poo ['ʃampu, *österr.* ...'poː], **Sham|poon** [ʃɛm'puːn, *auch, österr. nur* ʃam'poːn], das; -s, -s (flüssiges Haarwaschmittel); **shampoonieren** *vgl.* schamponieren

Share [ʃɛːɐ̯], der; -, -s (*engl. Bez. für* Aktie)

Share|ware [...vɛːɐ̯], die; -, -s (*EDV* zu Testzwecken kostengünstig angebotene Software)

She|riff [ʃ...], der; -s, -s (oberster Vollzugsbeamter einer amerikanischen Stadt)

Sher|pa [ʃ...], der; -[s], -s (Angehöriger eines tibetischen Volksstammes)

Sher|ry ['ʃɛri], der; -s, -s (spanischer Wein)

Shirt [ʃœːɐ̯t], das; -s, -s ([kurzärmeliges] Hemd)

Shit|storm ['ʃɪtstɔːɐ̯m], der; -s, -s (Sturm der Entrüstung im Internet)

Sho|ah [*auch* 'ʃoː...] *vgl.* Schoah

Shoo|ting ['ʃuːtɪŋ], das; -s, -s (Aufnahme von Werbefotos o. Ä.); **Shoo|ting|star** ['ʃuː...], der; -s, -s (Person od. Sache, die schnell an die Spitze gelangt)

Shop [ʃ...], der; -s, -s (Laden, Geschäft)

Sho|p|a|ho|lic [ʃɔpə'hɔlɪk], der; -s, -s (jmd., der zwanghaft ständig etwas kauft)

shop|pen (einen Einkaufsbummel machen); **Shop|per,** der; -s, - (jmd., der einkauft; größere [Hand]tasche); **Shop|pe|rin**

Shop|ping, das; -s (Einkaufsbummel)

Shop|ping|cen|ter, Shop|ping-Cen|ter, das; -s, - (Einkaufszentrum)

Shorts [ʃɔːɐ̯ts] *Plur.* (kurze sportl. Hose)

Short Sto|ry, die; - -, - -s, **Short|sto|ry,** die; -, -s ['ʃɔːɐ̯tstɔri, *auch* 'ʃɔːt 'stɔːri] (*angelsächs. Bez. für* Kurzgeschichte)

Show [ʃɔʊ̯], die; -, -s (Schau, Vorführung; buntes, aufwendiges Unterhaltungsprogramm); **Show|busi|ness** ['ʃɔʊ̯bɪznɪs], das; - (Unterhaltungsindustrie)

Show|down, Show-down ['ʃɔʊ̯daʊ̯n], der; -[s], -s (Entscheidungskampf)

Show|ge|schäft; Show|mas|ter, der; -s, - (Unterhaltungskünstler, der eine Show präsentiert); **Show|mas|te|rin**

Shrimp [ʃr...], Schrimp, der; -s, -s *meist Plur.* (kleine Krabbe)

Shut|tle ['ʃatl̩], der *od.* das; -s, -s ([Fahrzeug im] Pendelverkehr; *kurz für* Spaceshuttle)

S

sic! [zi:k, zɪk] (so!, wirklich so!)

sich

Si|chel, die; -, -n; **si|chel|för|mig**

si|cher *s. Kasten*

si|cher|ge|hen (Gewissheit haben)

Si|cher|heit; Si|cher|heits|ab|stand; Si|cher|heits|dienst; Si|cher|heits|gurt; si|cher|heits|hal|ber; Si|cher|heits|lü|cke; Si|cher|heits|man|gel *meist Plur.;* **si|cher|heits|po|li|tisch; Si|cher|heits|rat,** der; -[e]s (UN-Behörde); **Si|cher|heits|stan|dard; Si|cher|heits|vor|keh|rung**

si|cher|lich

si|chern; ich sichere

si|cher|stel|len (sichern; in [polizeilichen] Gewahrsam geben od. nehmen); ein Beweisstück sicherstellen; um sicherzustellen, dass nichts passiert; **Si|cher|stel|lung**

Si|che|rung; Si|che|rungs|ver|wah|rung *(Rechtsspr.)*

si|cher wir|kend, si|cher|wir|kend *vgl.* sicher

Sicht, die; -, -en; auf lange Sicht; in Sicht kommen; in Sicht sein

sicht|bar; etwas sichtbar machen

[1]**sich|ten** (auswählen, durchsehen)

[2]**sich|ten** (erblicken)

sicht|lich (offenkundig)

[1]**Sich|tung** (das Auswählen)

[2]**Sich|tung,** die; - (das Erblicken)

Sicht|wei|se

Sicht|wei|te; auf Sichtweite herankommen

Si|cker|gru|be; si|ckern; er sagt, das Wasser sickere

Side|cut ['saɪtkat], der; -s, -s (Frisur, bei der eine Kopfseite rasiert ist)

sie; sie kommt, sie kommen; Mode für sie und ihn

[1]**Sie;** *(Höflichkeitsanrede an eine Person od. mehrere Personen gleich welchen Geschlechts:)* kommen Sie bitte!; jmdn. mit Sie anreden; das steife Sie; *(veraltete Anrede an eine Person weiblichen Geschlechts:)* höre Sie!

[2]**Sie,** die; -, -[s] (*ugs. für* Mensch od. Tier weiblichen Geschlechts); es ist eine Sie; ein Er u. eine Sie

Sieb, das; -[e]s, -e

[1]**sie|ben;** die sieben Weltwunder; sieben auf einen Streich; wir sind zu sieben *od.* zu siebt (*älter* siebent); wir sind sieben; sie kommt mit sieben[en]

[2]**sie|ben** (durchsieben)

Sie|ben, die; -, *Plur.* -, *auch* -en (Zahl); eine böse Sieben; *vgl.* [1]Acht; **sie|ben|ein|halb; sie|ben|fach** (*mit Ziffer:* 7-fach, 7fach); **sie|ben|jäh|rig;** *aber* der Siebenjährige Krieg; **sie|ben|mal** *vgl.* achtmal

Sie|ben|mei|len|stie|fel *Plur.*

Sie|ben|schlä|fer (Nagetier; *volkstüml. für* 27. Juni als Lostag für eine Wetterregel)

sie|bent (*älter für* siebt); **sie|ben|te,** sieb|te; **Sie|ben|tel** *vgl.* Siebtel; **sie|ben|tens,** sieb|tens; **sieb|te,** sie|ben|te *vgl.* achte; **Sieb|tel,** das, *schweiz. meist* der; -s, -; **sieb|tens,** sie|ben|tens; **sieb|zehn** *vgl.* acht; **sieb|zig** *vgl.* achtzig; **sieb|zi|ger** *vgl.* achtziger; **Sieb|zi|ger** *vgl.* Achtziger

siech (*veraltend für* krank, hinfällig); **sie|chen; Siech|tum,** das; -s

sie|deln; ich sied[e]le

sie|den; du sottest *u.* siedetest; du söttest *u.* siedetest; gesotten *u.* gesiedet; sied[e]!; siedend heiß; gesottenes Fleisch; **Sie|de|punkt**

Sied|ler; Sied|le|rin; Sied|lung

Sieg, der; -[e]s, -e

Sie|gel, das; -s, - (Stempelabdruck; [Brief]verschluss); **Sie|gel|lack**

sie|geln; ich sieg[e]le

sie|gen; Sie|ger; Sie|ger|eh|rung; Sie|ge|rin

sie|ges|ge|wiss; Sie|ges|säu|le; Sie|ges|se|rie *(Sport);* **sie|ges|si|cher; Sie|ges|zug**

sieg|los; Sieg|prä|mie; sieg|reich; Sieg|tref|fer

sie|he; siehe oben (Abk. s. o.); siehe unten (Abk. s. u.)

Siel, der *od.* das; -[e]s, -e (*nordd. u. fachspr. für* Abwasserleitung; kleine Deichschleuse)

Sie|mens, das; -, - (elektrischer Leitwert; *Zeichen* S)

si|e|na (rotbraun); ein siena Muster; *vgl.* blau *u.* beige

Si|er|ra, die; -, *Plur.* ...rren *u.* -s (Gebirgskette)

Si|es|ta, die; -, *Plur.* ...sten *u.* -s ([Mittags]ruhe)

sie|zen (mit »Sie« anreden); du siezt

Si|gel [...gl̩], das; -s, - (festgelegtes Abkürzungszeichen)

Sight|see|ing [ˈsaɪ̯tsiːɪŋ], das; -s, -[s] (Besichtigung von Sehenswürdigkeiten); **Sight|see|ing|tour**, **Sight|see|ing-Tour** (Besichtigungsfahrt)

Si|g|nal, das; -s, -e; **si|g|na|li|sie|ren** (Signal[e] übermitteln); **Si|g|nal|wir|kung**

Si|g|na|tur, die; -, -en (Unterschrift; Buchnummer in einer Bibliothek); **si|g|nie|ren** [...ˈgniː...] (mit einer Signatur versehen)

si|g|ni|fi|kant (bedeutsam, kennzeichnend)

Si|g|num, das; -s, ...na (Zeichen)

Sil|be, die; -, -n

Sil|ben|rät|sel; Sil|ben|tren|nung

Sil|ber, das; -s (chemisches Element, Edelmetall; *Zeichen* Ag); *vgl.* Argentum; **Sil|ber|hoch|zeit; sil|be|rig,** silb|rig; **Sil|ber|me|dail|le**

sil|bern; silbern färben; silberne *od.* Silberne Hochzeit (25. Hochzeitstag), *aber* Silbernes Lorbeerblatt (eine Auszeichnung für besondere Sportleistungen)

silb|rig, sil|be|rig

Sil|hou|et|te [ziluˈɛ...], die; -, -n (Umriss; Schattenriss, Scherenschnitt)

S

Si|li|kon, *fachspr.* Silicon (sehr wärme- u. wasserbeständiger Kunststoff)

Si|li|zi|um, das; -s, *fachspr.* Silicium (chemisches Element, Nichtmetall; *Zeichen* Si)

Si|lo, der *od.* das; -s, -s (Großspeicher [für Getreide, Erz u. a.]; Gärfutterbehälter)

Sil|ves|ter, der, *auch* das; -s, - *meist ohne Artikel* (letzter Tag im Jahr)

Si|ma, das; -[s] (*Geol.* Teil der Erdkruste)

SIM-Kar|te (Speicherchip von Mobiltelefonen)

sim|pel (einfach, einfältig); sim|p|le Frage

Sims, der *od.* das; -es, -e (waagerechter [Wand]vorsprung; Leiste)

sim|sen (*ugs. für* eine SMS versenden); du simst, hast gesimst

Si|mu|lant, der; -en, -en (jmd., der eine Krankheit vortäuscht); **Si|mu|lan|tin**

Si|mu|la|ti|on, die; -, -en (Vortäuschung; Nachahmung im Simulator o. Ä.)

Si|mu|la|tor, der; -s, ...oren (Gerät, in dem bestimmte Bedingungen u. [Lebens]verhältnisse realistisch herstellbar sind)

si|mu|lie|ren (sich verstellen)

si|mul|tan (gleichzeitig)

Si|nai [...nai], der; -[s] (Gebirgsmassiv auf der gleichnamigen ägyptischen Halbinsel)

Sin|fo|nie, Sym|pho|nie, die; -, ...ien (groß angelegtes Orchesterwerk in meist vier Sätzen); **Sin|fo|nie|or|ches|ter,** Sym|pho|nie|or|ches|ter; **sin|fo|nisch,** sym|pho|nisch; sinfonische, symphonische Dichtung

sin|gen; du sangst; du sängest; gesungen; sing[e]!; die Singende *od.* singende Säge (ein Musikinstrument)

sin|gle [ˈsɪŋl̩] (alleinstehend); wir sind alle jung und single

¹Sin|gle, die; -, -s (kleine Schallplatte)

²Sin|gle, der; -[s], -s (alleinstehender Mensch)

Sing|spiel; Sing|stim|me; Sing|stun|de

Sin|gu|lar, der; -s, -e (*Sprachwiss.* Einzahl; *Abk.* Sing.)

sin|gu|lär (vereinzelt; selten)

sin|ken; er/sie/es sinkt; ich sank, du sankst; du sänkest; gesunken; sink[e]!; sinkende Unfallzahlen; **Sink|flug** *(Flugw.)*

Sinn, der; -[e]s, -e; bei, von Sinnen sein

sinn|be|to|nend; *aber* das gegen den Sinn betonende Ablesen von Texten

Sinn|bild (Symbol)

sin|nen; du sannst; du sännest, *veraltet* sönnest; gesonnen; sinn[e]!; *vgl.* gesinnt *u.* gesonnen

Sin|nes|or|gan; Sin|nes|täu|schung; Sin|nes|wan|del

sinn|fäl|lig; sinn|ge|mäß; Sinn|haf|tig|keit, die; -

sin|nie|ren (*ugs. für* in Nachdenken versunken sein); **sin|nig** (*meist iron. für* sinnvoll; *veraltet für* nachdenklich)
sinn|lich; Sinn|lich|keit
sinn|los; Sinn|lo|sig|keit; sinn|ver|wandt; sinn|voll
Sint|flut *(A. T.);* **sint|flut|ar|tig**
Sin|ti und Ro|ma *Plur.;* **Sin|to,** der; -, ...ti (das als diskriminierend empfundene Wort »Zigeuner« ersetzende Selbstbezeichnung für einen in Deutschland lebenden Angehörigen der Gruppe; *vgl.* Rom)
Si|nus, der; -, *Plur.* - *u.* -se (*Math.* eine Winkelfunktion, *Zeichen* sin)
Si|phon [...fõ, *österr.* zi'fo:n], der, *auch* das; -s, -s (Geruchsverschluss bei Wasserausgüssen; Gefäß, bei dem die Flüssigkeit durch Kohlensäure herausgedrückt wird)
Sip|pe, die; -, -n; **Sipp|schaft** (*abwertend für* Verwandtschaft; Gesindel)
Sir [sœ:ɐ̯], der; -s, -s (*engl. Anrede [ohne Namen]* »Herr«; *vor Vorn.* engl. Adelstitel)
Si|re|ne, die; -, -n (Nebelhorn, Warngerät; verführerische Frau; *Zool.* Seekuh)
Si|ri|us, der; - (ein Stern)
Si|rup, der; -s, -e *od.* -s (dickflüssiger Rüben- od. Obstsaft); **Si|rup|glas**
Si|sal, der; -s; **Si|sal|tep|pich**
Si|sy|phus|ar|beit (vergebliche Arbeit)
Sit|com, die; -, -s (Situationskomödie)
Site [saɪ̯t], die; -, -s (*EDV* Website)
Sit-in, **Sit|in** [sɪt'ʔɪn], das; -[s], -s (Sitzstreik)
Sit|te, die; -, -n; **sit|ten|los; sit|ten|wid|rig**
Sit|tich, der; -s, -e (ein Papagei)
sitt|lich; sitt|sam *(veraltend)*
Si|tu|a|ti|on, die; -, -en
Sitz, der; -es, -e; **Sitz|bank** *Plur.* ...bänke
sit|zen; du sitzt, du saßest; ich meinte, du säßest bereits; ich habe (*südd., österr., schweiz.* bin) gesessen; sitz[e]!
sit|zen blei|ben, **sit|zen|blei|ben** (*ugs. für* in der Schule nicht versetzt werden); *aber nur* wir sind auf der Bank sitzen geblieben
sit|zend; sitzende Tätigkeit
sit|zen las|sen, **sit|zen|las|sen;** ich habe ihn sitzen lassen, *seltener* sitzen gelassen *od.* sitzenlassen, *seltener* sitzengelassen (*ugs. für* im Stich gelassen); *aber nur* er hätte das Kind ruhig auf seinem Platz sitzen lassen können
Sitz|ge|le|gen|heit; Sitz|platz; Sitz|rei|he
Sit|zung; Sit|zungs|saal
Six|pack [...pɛk], das *od.* der; -s, -s (*engl. Bez. für* Sechserpackung)
Ska, der; -[s] (jamaikanischer Musikstil)
Ska|la, die; -, *Plur.* ...len, *selten* -s (Maßeinteilung; Stufenfolge); *vgl.* Scala
ska|lie|ren (in eine Skala einstufen)
Skalp, der; -s, -e (*früher* abgezogene behaarte Kopfhaut des Gegners als Siegeszeichen)
Skal|pell, das; -s, -e (chirurgisches Messer)
Skan|dal, der; -s, -e; **skan|da|lös** (unerhört)
skan|die|ren (taktmäßig nach Versfüßen lesen; rhythmisch sprechen, rufen)
Skat, der; -[e]s, *Plur.* -e *u.* -s (ein Kartenspiel)
Skate|board ['skɛɪ̯t...], das; -s, -s (Rollerbrett)
[1]**ska|ten** (*ugs. für* Skat spielen)
[2]**ska|ten** ['skɛɪ̯tn̩] (Rollschuh laufen)
Ska|ter ['skɛɪ̯tɐ] (Rollschuhläufer, Skateboardfahrer); **Ska|te|rin** ['skɛɪ̯tə...]; **Ska|ter|park** ['skɛɪ̯tɐ...] (Anlage für Skater)
Ske|lett, das; -[e]s, -e (Knochengerüst, Gerippe; tragendes Grundgerüst)
Skep|sis, die; - (Zweifel, kritisch prüfende Haltung); **Skep|ti|ker** (Zweifler; Vertreter des Skeptizismus); **Skep|ti|ke|rin**
skep|tisch (misstrauisch; streng prüfend)
Sketch [skɛtʃ], der; -[e]s, -e (kurze, effektvolle Bühnenszene im Kabarett od. Varieté)
Ski [ʃi:], Schi, der; -s, *Plur.* -, *auch* -er; Ski alpin, Ski fahren, Ski laufen; *aber* jmdm. das Skilaufen beibringen; Ski und eislaufen, eis- und Ski laufen; *aber* das Ski- und Eislaufen, das Eis- und Skilaufen
Ski|ge|biet, Schi|ge|biet; **Ski|lauf**, Schi|lauf; **Ski|lau|fen**, Schi|lau|fen, das; -s; **Ski|läu|fer**, Schi|läu|fer; **Ski|läu|fe|rin**, Schi|läu|fe|rin

Skin|head [...hɛt], der; -s, -s ([aggressiver] Jugendlicher mit kahl rasiertem Kopf)
Skip, der; -s, -s (Mannschaftsführer beim Curling)
Skip|per (Kapitän einer Jacht); **Skip|pe|rin**
Ski|sport, Schisport; **Ski|sprin|gen**, Schi-sprin|gen, das; -s, -
Skiz|ze, die; -, -n; **Skiz|zen|block** *vgl.* Block
skiz|zie|ren (entwerfen; andeuten)
Skla|ve, der; -n, -n (unfreier, rechtloser Mensch); **Skla|ve|rei; Skla|vin; skla-visch**
Skle|ro|se, die; -, -n (*Med.* krankhafte Verhärtung von Geweben u. Organen)
Skon|to, der *od.* das; -s, *Plur.* ...ti, *seltener* -s ([Zahlungs]abzug, Preisnachlass)
Skor|pi|on, der; -s, -e (ein Spinnentier)
Skript, das; -[e]s, *Plur.* -e[n] *u.* (*bes. für* Drehbücher:) -s (schriftliche Ausarbeitung; Nachschrift einer Hochschulvorlesung; Drehbuch; *EDV* kleines Programm)
Skru|pel, der; -s, - *meist Plur.* (Bedenken; Gewissensbiss); **skru|pel|los**
Skulp|tur, die; -, -en (plastisches Bildwerk; *nur Sing.:* Bildhauerkunst); **skulp|tu|ral** (in der Art, der Form einer Skulptur)
skur|ril (verschroben, eigenwillig; drollig)
Sky|line ['skai̯lai̯n], die; -, -s (Silhouette einer Stadt)
sky|pen ['skai̯pn̩] (über das Internet telefonieren); ich skype; geskypt
Sla|lom, der; -s, -s (*Ski- u. Kanusport* Torlauf); Slalom fahren, Slalom laufen
Slang [slɛŋ], der; -s, -s (saloppe Umgangssprache; Jargon)
Slap|stick ['slɛpstɪk], der; -s, -s (grotesk-komischer Gag, vor allem im [Stumm]film)
Slip, der; -s, -s (beinlose Unterhose)
Slip|per, der; -s, -[s] (Schlupfschuh mit niedrigem Absatz)
Slo|gan ['slo͜ʊgn̩], der; -s, -s (Schlagwort)
Slot, der; -s, -s (*EDV* Steckplatz; *Flugw.* Zeitfenster für die Starts u. Landungen)
Slum [slam], der; -s, -s *meist Plur.* (Elendsviertel)
small [smɔːl] (Kleidergröße: klein; *Abk.* S)
Small Talk ['smɔːltɔːk], der; - -s, - -s, **Smalltalk,** der, *auch* das; -s, -s (beiläufige Konversation)
Sma|ragd, der; -[e]s, -e (ein Edelstein)
smart (modisch elegant, schneidig; clever)
Smart|card, die; -, -s, **Smart Card,** die; - -, - -s (Plastikkarte als Zahlungsmittel, Datenträger od. Ausweis)
Smart|phone [...fo͜ʊn], das; -s, -s, **Smart Phone,** das; - -s, - -s (Handy, das auch Adressen u. Termine verwalten, Fotos aufnehmen usw. kann)
Smi|ley ['smai̯li], der od. das; -s, -s (*EDV* Emoticon in Form eines lächelnden Gesichts)
Smog, der; -[s], -s (mit Abgasen, Rauch u. a. gemischter Dunst über Industriestädten)
Smo|king, der; -s, -s (Gesellschaftsanzug mit seidenen Revers für Herren)
Smoo|thie ['smuːði], der; -s, -s (Mixgetränk aus Obst und Milchprodukten)
SMS, die; -, - (*ugs. auch* SMSen), *bes. österr. u. schweiz. auch:* das; -, - (Textnachricht); eine SMS erhalten; **SMS-Nach|richt**
Snack [snɛk], der; -s, -s (Imbiss)
Snea|ker ['sniː...], der; -s, *Plur.* -s *u.* - (sportlich wirkender Schuh)
Snob, der; -s, -s (vornehm tuender, eingebildeter Mensch); **sno|bis|tisch**
Snow|board ['sno͜ʊbɔːɐ̯t], das; -s, -s (als Sportgerät dienendes Brett zum Gleiten auf Schnee); **snow|boar|den**
so; so sein, so werden, so bleiben; *vgl.* sobald; sodass; sogenannt; solang; soviel, soweit, sowenig; sowie, sowieso; so was
Soap [so͜ʊp], die; -, -s (Seifenoper)
so|bald; *Konjunktion:* sobald ich komme, *aber (Adverb):* ich komme so bald nicht; kommt so bald wie *od.* als möglich
Soc|cer ['sɔkɐ], das, *auch* der; -s (*amerik. Bez. für* Fußball)
So|cial Me|dia ['so͜ʊʃl̩ 'miːdi̯ə], die *Plur.* (*EDV* Gesamtheit sozialer Netzwerke u. Ä., über die im Internet miteinander kommuniziert wird); **So|cial-Me|dia-Mar|ke|ting** (Werbung in sozialen Netzwerken)

S

So|ci|e|ty [səˈsai̯əti], die; - (*kurz für* High Society)
So|cke, die; -, -n
So|ckel, der; -s, -
So|cken, der; -s, - (*landsch. für* Socke)
So|da, die; - *u.* das; -s (Natriumkarbonat)
so|dann (dann; darauf; danach)
so|dass, so dass; er arbeitete Tag und Nacht, sodass *od.* so dass er krank wurde; *aber* er arbeitete so, dass er krank wurde
Sod|bren|nen, das; -s (brennendes Gefühl im Magen u. in der Speiseröhre)
so|eben; sie kam soeben herein; *aber* sie hat es so eben (gerade) noch geschafft
So|fa, das; -s, -s
so|fern (falls); sofern er seine Pflicht getan hat, ...; *aber* die Sache liegt mir so fern, dass ...
so|fort; er soll sofort kommen; *aber* immer so fort (immer so weiter); **So|fort|hil|fe**
so|for|tig; sofortige Hilfe
So|fort|maß|nah|me; So|fort|pro|gramm
soft [sɔft] (*ugs. für* sanft, zärtlich); ein softer Typ
Soft|drink, der; -s, -s, **Soft Drink,** der; - -s, - -s (alkoholfreies Getränk); **Soft|eis,** das; -es (sahniges, weiches Speiseeis)
Soft|ware [ˈsɔftvɛːɐ̯], die; -, -s (*EDV* die zum Betrieb einer Datenverarbeitungsanlage benötigten Programme); **Soft|ware|fir|ma; Soft|ware|her|stel|ler; Soft|ware|pa|ket** (*EDV* mehrere Programme, die aufeinander abgestimmt sind)
Sog, der; -[e]s, -e (Meeresstrom; saugende Luftströmung)
so|gar; er kam sogar zu mir nach Hause; *aber* sie hat so gar kein Vertrauen zu mir
so|ge|nannt, so ge|nannt (*Abk.* sog.); die sogenannten *od.* so genannten Schwellenländer
so|gleich (sofort); er soll sogleich kommen; *aber* sie sind sich alle so gleich, dass ...
Soh|le, die; -, -n (Fuß-, Talsohle)
soh|len (*landsch. auch für* lügen)
Sohn, der; -[e]s, Söhne
So|ja, die; -, ...jen *od.* das; -s, ...jen (eiweißhaltige Nutzpflanze); **So|ja|boh|ne**
so|lang, so|lan|ge; solang[e] ich krank war, bist du bei mir geblieben; *aber* du hast so lange gefehlt; ich warte so lang[e] wie *od.* als möglich
so|lar (die Sonne betreffend)
So|lar|an|la|ge; So|lar|ener|gie
So|la|ri|um, das; -s, ...ien (Anlage für künstliche Sonnenbäder unter UV-Bestrahlung)
So|lar|kraft, die; -; **So|lar|kraft|werk; So|lar|pa|neel** (*seltener*); **So|lar|pa|nel** [...pɛnl̩] (ein od. mehrere Solarmodule); **So|lar|strom,** der; -[e]s; **So|lar|tech|nik,** die; -; **So|lar|zel|le**
solch; solcher, solche, solches; solch ein Widersinn, ein solcher Widersinn; solch feiner Stoff *od.* solcher feine Stoff; solche Gefangenen, *auch* Gefangene; das Leben solch frommer Leute *od.* solcher frommen, *auch* frommer Leute; **sol|cher|art;** solcherart Dinge; *aber* Dinge solcher Art; **sol|cher|lei**
Sold, der; -[e]s, -e (*Militär*)
Sol|dat, der; -en, -en; **Sol|da|tin**
Söld|ner; Söld|ne|rin
So|le, die; -, -n (kochsalzhaltiges Wasser)
[1]**So|li** (*Plur. von* Solo)
[2]**So|li,** der; -s (*ugs.; kurz für* Solidaritätszuschlag)
so|lid *österr. nur so,* so|li|de (fest; haltbar)
so|li|da|risch (gemeinsam, übereinstimmend, eng verbunden); **so|li|da|ri|sie|ren,** sich (sich solidarisch erklären); **So|li|da|ri|tät,** die; - (Zusammengehörigkeitsgefühl, Gemeinsinn); **So|li|da|ri|täts|zu|schlag; So|li|dar|pakt** (*Politik*)
so|li|de *vgl.* solid; **So|li|di|tät,** die; - (Festigkeit, Haltbarkeit; Zuverlässigkeit)
So|list, der; -en, -en (Einzelsänger, -spieler); **So|lis|tin; so|lis|tisch**
[1]**So|li|tär,** der; -s, -e (einzeln gefasster Edelstein)
[2]**So|li|tär,** das; -s (Brettspiel für eine Person)
[1]**Soll,** das; -s, Sölle (*Geol.* runder See eiszeitlicher Herkunft)

S

[2]**Sọll,** das; -[s], -[s]; das Soll und [das] Haben; das Soll und das Muss

Sọll|be|trag, **Sọll-Be|trag; Sọll|bruch|stel|le, Sọll-Bruch|stel|le** *(Technik)*

sọl|len; ich habe gesollt, *aber* ich hätte das nicht tun sollen

so|lo (*bes. Musik* als Solist; *ugs. für* allein); ganz solo; solo tanzen; **So|lo,** das; -s, *Plur.* -s *u.* …li (Einzelvortrag, -spiel, -tanz); ein Solo singen, spielen, tanzen; **So|lo|al|bum**

So|lu|ti|on, die; -, -en (Arzneimittellösung)

sol|vẹnt (zahlungsfähig); **Sol|vẹnz,** die; -, -en

so|mịt [*auch* ˈzoː…] (also); somit bist du der Aufgabe enthoben; *aber* ich nehme es so (in dieser Form, auf diese Weise) mit

Sọm|mer, der; -s, -; Sommer wie Winter; sommers *(vgl. d.)*; sommersüber *(vgl. d.)*

Sọm|mer|abend; Sọm|mer|an|fang; Sọm|mer|fe|ri|en *Plur.;* **sọm|mer|lich; Sọm|mer|loch** (*ugs. für* Saure-Gurken-Zeit)

Sọm|mer|mär|chen; Sọm|mer|nachts|traum (Komödie von Shakespeare); **Sọm|mer|pau|se; Sọm|mer|sai|son; Sọm|mer|spros|se** *meist Plur.;* **Sọm|mer|tag; Sọm|mer|ur|laub; Sọm|mer|zeit** (Jahreszeit; um meist eine Stunde vorverlegte Zeit)

So|na|te, die; -, -n (aus drei od. vier Sätzen bestehendes Musikstück)

Sọn|de, die; -, -n (*Med.* Instrument zum Einführen in Körper- od. Wundkanäle; *auch kurz für* Raumsonde)

S

Sọn|der|ab|schrei|bung *(Wirtsch.);* **Sọn|der|ak|ti|on** *(bes. Kaufmannsspr.);* **Sọn|der|an|ge|bot; Sọn|der|aus|ga|be**

sọn|der|bar; etwas Sonderbares

Sọn|der|fall, der; **Sọn|der|ge|neh|mi|gung**

sọn|der|glei|chen

Sọn|der|heft; Sọn|der|kom|mis|si|on; Sọn|der|kon|di|ti|on *meist Plur. (bes. Kaufmannsspr.)*

sọn|der|lich; nichts Sonderliches (Ungewöhnliches); **Sọn|der|ling**

Sọn|der|müll (gefährliche Stoffe enthaltender Müll)

[1]**sọn|dern;** *Konjunktion:* nicht nur der Bruder, sondern auch die Schwester

[2]**sọn|dern;** ich sondere

Sọn|der|par|tei|tag; Sọn|der|preis; Sọn|der|pro|gramm; Sọn|der|recht; Sọn|der|re|ge|lung, Sọn|der|reg|lung

sọn|ders; samt und sonders

Sọn|der|schau; Sọn|der|schu|le (Förderschule); **Sọn|der|sit|zung; Sọn|der|stel|lung; Sọn|der|weg; Sọn|der|zug**

son|die|ren ([mit der Sonde] untersuchen; vorfühlen); **Son|die|rungs|ge|spräch**

So|nẹtt, das; -[e]s, -e (eine Gedichtform)

Song [sɔŋ], der; -s, -s (Lied [oft mit sozialkritischem Inhalt]); **Song|wri|ter** […rai̯tɐ], der; -s, - (jmd., der Songs schreibt)

Sọnn|abend, der; -s, -e; *Abk.* Sa.; *vgl.* Dienstag; **sọnn|abends;** *vgl.* dienstags

Sọn|ne, die; -, -n; **sọn|nen;** sich sonnen

Sọn|nen|auf|gang; Sọn|nen|bad; Sọn|nen|blu|me; Sọn|nen|brand; Sọn|nen|bril|le; Sọn|nen|ener|gie; Sọn|nen|fins|ter|nis; Sonnenflecken; sọn|nen|klar *(ugs.);* **Sọn|nen|kö|nig,** der; -s (Beiname Ludwigs XIV. von Frankreich)

Sọn|nen|licht, das; -[e]s; **Sọn|nen|schein,** der; -[e]s; **Sọn|nen|schirm; Sọn|nen|schutz|mit|tel,** das; **Sọn|nen|stich; Sọn|nen|strahl; Sọn|nen|sys|tem; Sọn|nen|uhr; Sọn|nen|un|ter|gang; Sọn|nen|wen|de,** die; **sọn|nig**

Sọnn|tag, der; -[e]s, -e (*Abk.* So.); des Sonntags, *aber* sonntags, sonn- und alltags, sonn- und feiertags, sonn- und festtags, sonn- und werktags; *vgl.* Dienstag

Sonn|tag|abend *vgl.* Dienstagabend; **sonn|täg|lich; Sonn|tag|mor|gen** *vgl.* Dienstagabend; **Sonn|tag|nach|mit|tag** *vgl.* Dienstagabend

sọnn|tags; *vgl.* dienstags; Sonntag; **Sọnn|tags|re|de; Sọnn|tags|zei|tung**

Sonn|tag|vor|mit|tag *vgl.* Dienstagabend

so|nor (klangvoll, volltönend)

sọnst; sonst jemand; sonst etwas; sonst wie; sonst wo; **sọns|tig;** die sonstigen Möglichkeiten; über Sonstiges wurde nicht gesprochen; das, alles Sonstige; Essen, Kleidung und Sonstiges (*vgl.* übrig)

so|oft; sooft du zu mir kommst, immer …; *aber* ich habe es dir so oft gesagt, dass …

So|p|ran, der; -s, -e (höchste Frauen- od. Knabenstimme; Sopransänger[in]); **So|p|ra|nis|tin**

Sor|ge, die; -, -n; Sorge tragen; **sor|gen;** sich sorgen; **Sor|gen|kind; sor|gen|voll**

Sor|ge|recht *(Rechtsspr.);* gemeinsames Sorgerecht; **Sorg|falt,** die; -; **sorg|fäl|tig; Sorg|falts|pflicht; sorg|los; sorg|sam**

sor|ry! (*ugs. für* Entschuldigung!)

Sor|te, die; -, -n (Art, Gattung; Wert, Güte)

sor|tie|ren (sondern, auslesen, sichten)

sor|tiert (*auch für* hochwertig)

Sor|ti|ment, das; -[e]s, -e (Warenangebot, -auswahl eines Kaufmanns)

SOS [ɛsʔoːˈʔɛs] (internationales Seenotzeichen, *gedeutet als* save our ship = rette[t] unser Schiff! *od.* save our souls = rette[t] unsere Seelen!)

so|sehr; sosehr ich diesen Plan auch billige, …; *aber* er lief so sehr, dass …

SOS-Ruf

So|ße [*österr.* zoːs], Sau|ce [ˈzoːsə, *österr.* zoːs], die; -, -n (Brühe, Tunke)

Sou [suː], der; -, -s (frühere französische Münze im Wert von 5 Centimes)

Souf|f|lé, Souf|f|lee [zu…], das; -s, -s (*Gastron.* Eierauflauf)

Souf|f|leur [zuˈfløːɐ̯], der; -s, -e (*Theater* jmd., der souffliert); **Souf|f|leu|se,** die; -, -n; **souf|f|lie|ren** (flüsternd vorsprechen)

Soul [sɔʊ̯l], der; -[s] (Jazz od. Popmusik mit starker Betonung des Expressiven)

Sound [saʊ̯nt], der; -s, -s (*Musik* Klang; musikalische Stilrichtung); **Sound|check** [ˈsaʊ̯nt…]; **Sound|kar|te** *(EDV)*

so|und|so (*ugs. für* unbestimmt wie …); soundso breit, groß, viel usw.; Seite soundso; *aber* etwas so und so (so und wieder anders) erzählen; Herr Soundso

Sound|track [ˈsaʊ̯nttrɛk], der; -s, -s (Tonspur eines Films; Filmmusik)

Sou|ta|ne [zu…, *auch* su…], die; -, -n (Gewand der kath. Geistlichen)

Sou|ter|rain [zutɛˈrɛ̃ː, *auch* ˈzuː…], das; -s, -s (Kellergeschoss)

Sou|ve|nir [zuvə…], das; -s, -s (Andenken, Erinnerungsstück); **Sou|ve|nir|la|den**

sou|ve|rän [zuvə…] (überlegen; uneingeschränkt); **Sou|ve|rän,** der; -s, -e (Herrscher; *bes. schweiz. für* Gesamtheit der Wähler); **Sou|ve|rä|ni|tät,** die; -, -en (Unabhängigkeit; Landes-, Oberhoheit)

so|viel; *Konjunktion:* soviel ich weiß, ist es umgekehrt; sie hat Urlaub, soviel ich weiß; **so viel;** *Getrenntschreibung bei allen anderen Verbindungen:* so viel für heute; er hat doppelt so viel Geld wie (*seltener:* als) du

so was, so|was (*ugs. für* so etwas)

so|weit; *Konjunktion:* soweit ich es beurteilen kann; sie ist gesund, soweit mir bekannt ist; **so weit;** *Getrenntschreibung bei allen anderen Verbindungen:* ich bin [noch nicht] so weit; es geht ihm so weit gut, nur …; so weit, so gut

so|we|nig; *Konjunktion:* sowenig ich mich daran gewöhnen kann, dass …; **so wenig;** *Getrenntschreibung bei allen anderen Verbindungen:* ich kann es so wenig wie du; ich habe so wenig Geld, dass …

so|wie; *Konjunktion:* sowie (sobald) er kommt, soll er anrufen; wissenschaftliche und technische sowie (und, und auch) schöne Literatur; **so wie;** *Getrenntschreibung beim Vergleich:* es kam so, wie ich es erwartet hatte; wir machen es so wie immer

so|wie|so (ohnehin)

So|w|jet [*auch* ˈzɔ…], der; -s, -s (Form der Volksvertretung *[in der Sowjetunion]; nur Plur.:* Sowjetbürger); **so|w|je|tisch**

so|wohl; sowohl die Eltern als [auch] *od.* wie [auch] die Kinder

So|zi, der; -s, -s *u.* Sozen (*abwertend kurz für* Sozialdemokrat)

so|zi|al (die Gemeinschaft betreffend, gesellschaftlich; gemeinnützig, wohltätig); sozial

S

schwach; der *od.* die sozial Schwache; sozialer Wohnungsbau; soziale Netzwerke; *aber* soziale *od.* Soziale Marktwirtschaft

So|zi|al|ab|bau, der; -[e]s; **So|zi|al|amt; So|zi|al|ar|bei|ter; So|zi|al|ar|bei|te|rin**

So|zi|al|de|mo|krat; So|zi|al|de|mo|kra|tie (Sozialdemokratische Partei; Gesamtheit der sozialdemokratischen Parteien); **So|zi|al|de|mo|kra|tin; so|zi|al|de|mo|kra|tisch;** *aber* die Sozialdemokratische Partei Deutschlands (*Abk.* SPD)

So|zi|al|ge|richt; So|zi|al|hil|fe; So|zi|al|hil|fe|emp|fän|ger; So|zi|al|hil|fe|emp|fän|ge|rin

So|zi|a|li|sa|ti|on, die; - (Prozess der Einordnung des Individuums in die Gesellschaft)

So|zi|a|lis|mus, der; -, ...men (Gesamtheit der Theorien, politischen Bewegungen u. Staatsformen, die auf gemeinschaftlichen od. staatlichen Besitz der Produktionsmittel u. eine gerechte Verteilung der Güter hinzielen); **So|zi|a|list,** der; -en, -en; **So|zi|a|lis|tin; so|zi|a|lis|tisch**

so|zi|al|kri|tisch; So|zi|al|kun|de, die; **So|zi|al|leis|tung** *meist Plur.;* **so|zi|al|li|be|ral**, **so|zi|al-li|be|ral**

So|zi|al|pä|d|a|go|ge; So|zi|al|pä|d|a|go|gin; so|zi|al|pä|d|a|go|gisch

So|zi|al|part|ner *(Politik);* **So|zi|al|part|ner|schaft; So|zi|al|plan; So|zi|al|po|li|tik; so|zi|al|po|li|tisch; So|zi|al|pro|dukt** *(Wirtsch.);* **So|zi|al|re|form; So|zi|al|staat** *Plur.* ...staaten; **So|zi|al|sta|ti|on; So|zi|al|sys|tem; So|zi|al|ver|hal|ten; So|zi|al|ver|si|che|rung** (*Abk.* SV)

so|zi|al ver|träg|lich, **so|zi|al|ver|träg|lich**

So|zi|al|we|sen; So|zi|al|woh|nung

So|zi|e|tät, die; -, -en (Gesellschaft; Genossenschaft)

so|zio|kul|tu|rell (die soziale Gruppe u. ihr Wertesystem betreffend)

So|zio|lo|ge, der; -n, -n; **So|zio|lo|gie,** die; -, ...ien (Gesellschaftswissenschaft); **So|zio|lo|gin; so|zio|lo|gisch**

So|zi|us, der; -, *Plur.* ...zien, ...zii, *auch* -se (*Wirtsch.* Teilhaber; Beifahrer[sitz])

so|zu|sa|gen (gewissermaßen); *aber* er versucht, es so zu sagen, dass es verständlich ist

Spa, das, *auch* der; -[s], -s (Wellnessbad)

Space|lab ['speɪslɛp], das; -[s], -s (von ESA u. NASA entwickeltes Raumlabor)

Space|shut|tle [...ʃatl̩], der od. das; -s, -s (Raumfähre)

Spach|tel, der; -s, - *od., österr. nur,* die; -, -n; **Spach|tel|mas|se; spach|teln** (*ugs. auch für* [tüchtig] essen); ich spacht[e]le

Spa|gat, der, *österr. nur so, od.* das; -[e]s, -e (*Gymnastik* Körperhaltung, bei der die Beine so weit gespreizt sind, dass sie eine Gerade bilden)

Spa|ghet|ti [...'gɛ...], die; -, - (ugs. auch -s), Spa|get|ti *meist Plur. bes. fachspr.* **Spa|ghet|to** [...'gɛ...], der; -[s], Spaghetti; Spaghetti bolognese

spä|hen; Spä|her; Spä|he|rin

Späh|trupp (*für* Patrouille)

Spa|lier, das; -s, -e (Gitterwand; Doppelreihe von Personen als Ehrengasse); Spalier stehen; **Spa|lier|obst**

Spalt, der; -[e]s, -e

spalt|breit; eine spaltbreite Öffnung; **Spalt|breit**, der; -, **Spalt breit,** der; - -; die Tür einen Spaltbreit *od.* Spalt breit öffnen

Spal|te, die; -, -n (*auch für* Schnitz, Scheibe; *Abk. [Buchw.]* Sp.)

spal|ten; gespalten *u.* gespaltet; *in adjektivischem Gebrauch fast nur* gespalten; gespaltenes Holz, eine gespaltene Zunge; **Spal|tung**

Spam [spɛm], der *od.* das; -s, -s *od.* die; -, -s (unerwünscht zugesandte E-Mail)

Span, der; -[e]s, Späne

Span|fer|kel (noch nicht entwöhntes Ferkel)

Span|ge, die; -, -n

spa|nisch; das kommt mir spanisch (*ugs. für* seltsam) vor; spanische Wand (*svw.* Paravent); *aber* die Spanische Reitschule (in Wien)

Spann, der; -[e]s, -e (oberer Teil des Fußes)

Span|ne, die; -, -n (ein altes Längenmaß); **span|nen**

S

span|nend; das span|nends|te Buch
Span|ner (*ugs. auch für* Voyeur); **Span|ne|rin**
Span|nung; Span|nungs|bo|gen (Spannung erzeugende Abfolge von Ereignissen); **Span|nungs|feld**
Spann|wei|te
Spar|buch; Spar|büch|se; Spar|ein|la|ge; spa|ren; Spa|rer; Spa|rer|frei|be|trag *(Steuerw.);* **Spa|re|rin**
Spar|gel, der; -s, -, *schweiz. auch* die; -, -n
Spar|kas|se; Spar|kurs
spär|lich; ein spärliches Einkommen
Spar|maß|nah|me *meist Plur.;* **Spar|pa|ket; Spar|plan; Spar|po|li|tik; Spar|pro|gramm; Spar|quo|te**
Spar|ren, der; -s, - (schräger Balken des Daches)
Spar|ring, das; -s (Boxtraining); **Spar|rings|part|ner; Spar|rings|part|ne|rin**
spar|sam; Spar|sam|keit, die; -
spar|ta|nisch; spartanische (strenge) Zucht
Spar|te, die; -, -n (Fachgebiet, Abteilung)
Spaß, der; -es, Späße, *österr. auch* **Spass,** der; -es, Spässe; Spaß (*österr. auch* Spass) machen; **spa|ßen;** du spaßt; **Spaß|ge|sell|schaft; spa|ßig; Spaß|ver|der|ber; Spaß|vo|gel** *(scherzh.)*
Spas|ti|ker [ʃp..., *auch* sp...] (an einer spasmischen Krankheit Leidender); **Spas|ti|ke|rin; spas|tisch** (mit Erhöhung des Muskeltonus einhergehend)
spät; spä|ter, spä|tes|te, spä|tes|tens, am spä|tes|ten; von [morgens] früh bis [abends] spät; spät sein, werden; zu spät kommen; die zu spät Kommenden; das Zuspätkommen *od.* Zu-spät-Kommen; eine spät vollendete *od.* spätvollendete Oper
spät|abends; *aber* eines Spätabends
Spät|aus|sied|ler; Spät|aus|sied|le|rin
Spa|tel, der; -s, - *(österr. nur so) u.* die; -, -n (*svw.* Spachtel)
Spa|ten, der; -s, -
spä|ter; bis später; **spä|tes|tens**
Spät|fol|ge; Spät|herbst; Spät|nach|mit|tag; eines Spätnachmittags; **spät|nach|mit|tags; Spät|nach|rich|ten** *Plur.;* **Spät|som|mer; Spät|werk**
Spatz, der; *Gen.* -en, *auch* -es, *Plur.* -en
Spätz|le *Plur.* (schwäbische Mehlspeise)
spa|zie|ren; spazieren fahren, führen, gehen usw.; spazieren gegangen; spazieren zu fahren; spazieren gehende *od.* spazierengehende Menschen; **Spa|zier|gang,** der; **Spa|zier|gän|ger; Spa|zier|gän|ge|rin**
Specht, der; -[e]s, -e (ein Vogel)
Spe|cial ['spɛʃl̩], das; -s, -s (Sondersendung, Sonderbericht zu einem Thema)
Speck, der; -[e]s, *Plur. (Sorten:)* -e; **spe|ckig**
Spe|di|teur [...'tøːɐ̯], der; -s, -e (Transportunternehmer); **Spe|di|teu|rin; Spe|di|ti|on,** die; -, -en (Transportunternehmen; Versand[abteilung]); **Spe|di|ti|ons|fir|ma**
[1]**Speed** [spiːt], der; -[s], -s (*bes. Sport* Geschwindigkeit)
[2]**Speed,** das; -[s] (*Jargon* Rauschmittel)
Speer, der; -[e]s, -e; den Speer werfen; **Speer|wer|fen,** das; -s
Spei|che, die; -, -n
Spei|chel, der; -s; **Spei|chel|drü|se; Spei|chel|le|cker** *(abwertend);* **Spei|chel|le|cke|rin; Spei|chel|pro|be**
Spei|cher, der; -s, -; **Spei|cher|ka|pa|zi|tät; Spei|cher|kar|te** *(EDV);* **Spei|cher|me|di|um** *(EDV);* **spei|chern;** ich speichere; **Spei|cher|platz** *(bes. EDV);* **Spei|che|rung**
spei|en; du spiest; gespien
[1]**Speis,** der; -es (*landsch. für* Mörtel)
[2]**Speis,** die; -, -en (*bayr. u. österr. für* Speisekammer); **Spei|se,** die; -, -n (*auch für* Mörtel); [mit] Speis und Trank; **Spei|se|eis; Spei|se|kam|mer; Spei|se|kar|te,** *seltener* Spei|sen|kar|te; **spei|sen;** du speist; er/sie speis|te; gespeist (*schweiz. übertr. od. mundartl.* gespiesen); **Spei|sen|kar|te** *vgl.* Speisekarte; **Spei|se|röh|re; Spei|se|saal; Spei|se|wa|gen** (bei der Eisenbahn)
spei|übel
[1]**Spek|ta|kel,** das; -s, - (*veraltet für* Schauspiel)
[2]**Spek|ta|kel** [ʃp...], der; -s, - (*ugs. für* Krach, Lärm)

S

spek|ta|ku|lär (aufsehenerregend)
Spek|t|ral|far|be
Spek|t|rum, das; -s, *Plur.* ...tren *u.* ...tra (durch Lichtzerlegung entstehendes farbiges Band; *übertr. für* Vielfalt)
Spe|ku|lant, der; -en, -en (jmd., der spekuliert); **Spe|ku|lan|tin; Spe|ku|la|ti|on,** die; -, -en (auf Mutmaßungen beruhende Erwartung; auf Gewinne aus Preisveränderungen abzielende Geschäftstätigkeit)
Spe|ku|la|ti|us, der; -, - (ein Gebäck)
spe|ku|la|tiv (auf Mutmaßungen beruhend; auf Gewinne aus Preisveränderungen abzielend; *Philos.* in reinen Begriffen denkend); **spe|ku|lie|ren** (Spekulationsgeschäfte machen; mit etwas rechnen)
Spe|lun|ke, die; -, -n (verrufene Kneipe)
Spel|ze, die; -, -n (Getreidekornhülse; Teil des Gräserblütenstandes)
spen|da|bel (*ugs. für* freigebig); spen|da|b|le Laune
Spen|de, die; -, -n; **spen|den; Spen|den|af|fä|re; Spen|den|ak|ti|on; Spen|den|kon|to; Spen|der; Spen|de|rin**
spen|die|ren (freigebig für jmdn. bezahlen)
Sper|ber, der; -s, - (ein Greifvogel)
Spe|renz|chen, Spe|ren|zi|en *Plur.* (*ugs. für* Umschweife, Schwierigkeiten); [keine] Sperenzchen *od.* Sperenzien machen
Sper|ling, der; -s, -e (Spatz)
Sper|ma [ʃp..., *auch* sp...], das; -s, *Plur.* ...men *u.* -ta (*Biol.* männliche Samenzellen enthaltende Flüssigkeit)
sperr|an|gel|weit *(ugs.)*
Sper|re, die; -, -n; **sper|ren** (*südd., österr. auch für* schließen); sich sperren
Sperr|frist *(Rechtsspr.)*; **Sperr|ge|biet**
Sperr|holz
sper|rig; sperriges Gepäck
Sperr|mi|no|ri|tät *(Wirtsch.)*
Sperr|müll
Sperr|stun|de (Polizeistunde)
Sper|rung; Sperr|zeit (Polizeistunde)
Spe|sen *Plur.* ([Un]kosten; Auslagen)
spe|zi|al (*Werbespr., sonst veraltet für* speziell); **Spe|zi|al,** das; -s, -e; *vgl.* Special
Spe|zi|al|ef|fekt; Spe|zi|al|ein|heit; Spe|zi|al|ge|biet
spe|zi|a|li|sie|ren; sich spezialisieren; **Spe|zi|a|li|sie|rung; Spe|zi|a|list,** der; -en, -en (Fachmann); **Spe|zi|a|lis|tin; Spe|zi|a|li|tät,** die; -, -en (Besonderheit; Fachgebiet)
spe|zi|ell (besonders; eigens; hauptsächlich); im Speziellen (im Einzelnen)
Spe|zi|es [ʃp..., *auch* sp...], die; -, - (besondere Art einer Gattung, Tier-, Pflanzenart)
Spe|zi|fi|ka|ti|on, die; -, -en (Einzelaufstellung, -aufzählung)
spe|zi|fisch ([art]eigen; kennzeichnend, eigentümlich); spezifisches Gewicht
spe|zi|fi|zie|ren (einzeln aufführen)
Sphä|re, die; -, -n ([Gesichts-, Wirkungs]kreis; [Macht]bereich)
[1]**Sphinx,** die; - (geflügelter Löwe mit Frauenkopf in der griechischen Sage)
[2]**Sphinx,** die; -, -e, *in der archäol. Fachspr. meist* der; -, *Plur.* -e *u.* Sphingen (ägyptisches Steinbild in Löwengestalt, meist mit Männerkopf)
[1]**spi|cken** (Fleisch zum Braten mit Speckstreifen durchziehen)
[2]**spi|cken** (*Schülerspr.* in der Schule abschreiben); **Spick|zet|tel** (*Schülerspr.* zum Spicken vorbereiteter Zettel)
Spi|der [ˈspaɪ̯...], der; -s, - (offener Sportwagen; *EDV* Suchmaschine, die selbstständig Websites durchsucht u. diese indiziert)
Spie|gel, der; -s, -; **Spie|gel|bild; Spie|gel|ei; spie|gel|glatt; spie|geln;** ich spieg[e]le; sich spiegeln; **Spie|gel|schrift; Spie|ge|lung; spie|gel|ver|kehrt**
Spiel, das; -[e]s, -e; **Spiel|art; Spiel|ball** *vgl.* [1]Ball; **Spiel|be|ginn; Spiel|bein** (*Sport, bild. Kunst; Ggs.* Standbein); **Spiel|be|trieb; Spiel|dau|er**
spie|len; spielen gehen; Schach spielen; die Kinder spielen Fangen; sich mit etwas spielen (*südd., österr. für* etwas nicht ernsthaft betreiben; etwas leicht bewältigen); die Muskeln spielen lassen *od.* spielenlassen
spie|lend (mühelos)

Spie|len|de; Spie|ler; Spie|le|rei; Spie|le|rin
spie|le|risch
Spiel|feld; Spiel|film; Spiel|flä|che; Spiel|ge|rät; Spiel|hal|le; Spiel|klas|se *(Sport);* **Spiel|kon|so|le** (Gerät für elektronische Spiele); **Spiel|lei|ter,** der; **Spiel|lei|te|rin; Spiel|ma|cher** *(Sport);* **Spiel|ma|che|rin; Spiel|mann** *Plur.* ...leute; **Spiel|ort** *(bes. Theater, Sport);* **Spiel|plan; Spiel|platz; Spiel|raum; Spiel|re|gel; Spiel|sa|chen** *Plur.;* **Spiel|stät|te** (*svw.* Spielort); **Spiel|stra|ße; Spiel|tag; Spiel|trieb; Spiel|ver|der|ber; Spiel|ver|der|be|rin; Spiel|ver|lauf; Spiel|wa|ren|ge|schäft; Spiel|wie|se; Spiel|zeit; Spiel|zeug**
Spieß, der; -es, -e (Kampf-, Jagd-, Bratspieß; *Soldatenspr.* Kompaniefeldwebel)
Spieß|bür|ger, Spie|ßer (*abwertend für* engstirniger Mensch); **Spieß|bür|ge|rin,** Spie|ße|rin; **spieß|bür|ger|lich**
spie|ßen; du spießt; sich spießen (*österr. für* klemmen, nicht vorangehen); die Sache spießt sich
Spie|ßer *vgl.* Spießbürger; **Spie|ße|rin** *vgl.* Spießbürgerin; **Spie|ßer|tum,** das; -s
spie|ßig; Spie|ßig|keit
Spike [ʃpaɪk, spaɪk], der; -s, -s (Dorn für Laufschuhe od. Autoreifen; *nur Plur.:* rutschfester Laufschuh, Spike[s]reifen)
Spin [spɪn], der; -s, -s (*Physik* Drehimpuls der Elementarteilchen im Atom; *Sport* Effet)
Spi|nat, der; -[e]s, *Plur. (Sorten:)* -e (ein Gemüse)
Spind, der *u.* das; -[e]s, -e (einfacher Schrank)
Spin|del, die; -, -n; **spin|del|dürr**
Spin|ne, die; -, -n; **spin|ne|feind** *(ugs.); nur in* jmdm. spinnefeind sein; **spin|nen;** du spinnst; du spannst; du spönnest, *auch* spännest; gesponnen; spinn[e]!; **Spin|nen|netz; Spin|ner; Spin|ne|rei; Spin|ne|rin; Spinn|rad; Spinn|we|be** (Spinnennetz)
Spin-off [sp...], das *od.* der; -[s], -s (*Wirtsch.* Ausgliederung einzelner Geschäftsbereiche; von Universitätsangehörigen gegründete Firma, die auf den an der Universität geleisteten Forschungen aufbaut)
Spi|on, der; -s, -e; **Spi|o|na|ge** [...ʒə], die; - (Auskundschaftung von wirtschaftlichen, politischen u. militärischen Geheimnissen); **Spi|o|na|ge|film; spi|o|nie|ren; Spi|o|nin**
Spi|ra|le, die; -, -n (Schneckenlinie; *ugs. für* spiralförmiges Pessar); **Spi|ral|fe|der**
spi|ral|för|mig, spi|ra|lig
Spi|rit [sp...], der; -s, -s (Geist [eines Verstorbenen]; Geist, Grundhaltung einer bestimmten Sache, Epoche); **spi|ri|tis|tisch**
Spi|ri|tu|al [sp...tjuəl], das, *auch* der; -s, -s (geistl. Lied der Afroamerikaner im Süden der USA)
Spi|ri|tu|a|li|tät, die; - (Geistigkeit)
spi|ri|tu|ell (geistig; geistlich)
Spi|ri|tu|o|se, die; -, -n *meist Plur.* (alkoholisches Getränk); **Spi|ri|tus** [ʃp...], der; -, *Plur. (Sorten:)* -se (Weingeist, Alkohol)
Spi|tal, das, *auch* der; -s, ...täler (*landsch. für* Krankenhaus; *veraltet für* Altenheim)
spitz; eine spitze Zunge haben (gehässig reden); ein Werkzeug spitz schleifen *od.* spitzschleifen
Spitz, der; -es, -e (eine Hunderasse; *landsch. für* leichter Rausch; *bayr., österr., schweiz. für* Spitze); **spitz|be|kom|men** (spitzkriegen *[vgl. d.]*)
Spitz|bu|be, *südd., österr. u. schweiz.* Spitzbub; **Spitz|bü|bin**
spit|ze (*ugs. für* hervorragend); ein spitze Auto; die CD ist spitze; das finde ich spitze
Spit|ze, die; -, -n; an der Spitze stehen
Spit|zel, der; -s, -
spit|zen; du spitzt
Spit|zen|ge|spräch *(bes. Politik);* **Spit|zen|grup|pe; Spit|zen|kan|di|dat; Spit|zen|kan|di|da|tin; Spit|zen|klas|se; Spit|zen|kraft; Spit|zen|platz; Spit|zen|po|li|ti|ker; Spit|zen|po|li|ti|ke|rin; Spit|zen|po|si|ti|on; Spit|zen|rei|ter; Spit|zen|spiel** *(Sport);* **Spit|zen|sport; Spit|zen|sport|ler; Spit|zen|sport|le|rin; Spit|zen|steu|er|satz; Spit|zen|ver|die|ner; Spit|zen-**

ver|die|ne|rin; **Spit|zen|wert; Spit|zen|zeit**

Spit|zer (*kurz für* Bleistiftspitzer)

spitz|fin|dig; Spitz|fin|dig|keit

spitz|krie|gen (*ugs. für* merken, durchschauen); **Spitz|na|me**

spitz|win|ke|lig, spitz|wink|lig

Spleen [ʃpliːn], der; -s, *Plur.* -e *u.* -s (seltsamer Einfall; Schrulle, Marotte)

Split [ʃp..., *auch* sp...], der; -s, -s (*Wirtsch.* Aufteilung von Aktien in neue Aktien mit kleinerem Nennwert)

Split|screen, Split-Screen [ˈsplɪtskriːn], der; -s, -s (*EDV* geteilte Bildschirmansicht)

Splitt, der; -[e]s, -e (zerkleinertes Gestein für den Straßenbau)

Split|ter, der; -s, -; **Split|ter|grup|pe**

split|tern; ich splittere

split|ter|nackt (*ugs.*)

Spoi|ler [ʃp..., *auch* sp...], der; -s, - (Luftleitblech)

spon|sern [ʃp...] (als Sponsor fördern); ich sponsere, habe gesponsert; **Spon|sor** [ʃp..., *auch* ˈspɔnsɐ], der; -s, *Plur.* ...oren [...ˈzoː...] *u.* -s [ˈspɔnsɐs] (Förderer; Geldgeber [im Sport]; Person, Gruppe, die Rundfunk- od. Fernsehsendungen [zu Reklamezwecken] finanziert); **Spon|so|rin**

Spon|so|ring [*auch* ˈspɔnsə...], das; -s, -s (das Sponsern)

spon|tan [ʃp..., *auch* sp...]; **Spon|ta|ne|i|tät,** die; -, -en

Spor, der; -[e]s, -e (*landsch. für* Schimmel)

spo|ra|disch ([nur] gelegentlich)

Spo|re, die; -, -n; eine Sporen bildende *od.* sporenbildende Pflanze

Sporn, der; -[e]s, *Plur.* Sporen *u., bes. fachspr.,* -e; einem Pferd die Sporen geben

sporn|streichs (unverzüglich)

Sport, der; -[e]s, *Plur. (Arten:)* -e; Sport treibend *od.* sporttreibend

Sport|an|la|ge; Sport|art; sport|be|geis|tert; Sport|bund; Sport|er|eig|nis; Sport|fest; Sport|ge|rät; Sport|hal|le

spor|tiv (sportlich)

Sport|klub, Sport|club; **Sport|leh|rer; Sport|leh|re|rin; Sport|ler; Sport|le|rin; sport|lich; Sport|platz; Sport|schu|le; Sport|stät|te; Sport|un|fall; Sport|un|ter|richt; Sport|ver|an|stal|tung; Sport|ver|band; Sport|ver|ein;** *Abk.* SV; Turn- u. Sportverein; *Abk.* TuS; **Sport|wa|gen; Sport|zen|t|rum**

Spot [sp...], der; -s, -s (kurzer Werbetext, -film; *kurz für* Spotlight)

Spo|ti|fy® [ˈspɔtifaɪ] -[s] *ohne Artikel* (ein Streamingdienst für Musik)

Spott, der; -[e]s; **spott|bil|lig** *(ugs.)*

spot|ten; Spöt|ter; Spöt|te|rin; spöt|tisch

Spott|na|me

Spra|che, die; -, -n; **Sprach|er|ken|nung** *(EDV);* **Sprach|feh|ler; Sprach|ge|brauch,** der; -[e]s; **Sprach|kurs; Sprach|la|bor**

sprach|lich; sprach|los; Sprach|lo|sig|keit

Sprach|raum; Sprach|re|ge|lung; Sprach|rohr; Sprach|un|ter|richt

Spray [ʃpreː, *auch* spreː], der *od.* das; -s, -s (Flüssigkeitszerstäuber; in feinsten Tröpfchen versprühte Flüssigkeit); **Spray|do|se**

spray|en; gesprayt; **Spray|er,** der; -s, - (jmd., der [Graffiti an Wände o. Ä.] sprayt); **Spray|e|rin**

Sprech|bla|se (in Comics); **Sprech|chor**

spre|chen; du sprichst; du sprachst; du sprächest; gesprochen; sprich!; vor sich hin sprechen; das Kind lernt sprechen; das lange Sprechen strengt mich an; sie wollten die Gefangenen nicht miteinander sprechen lassen; *aber* die Fakten für sich sprechen lassen *od.* sprechenlassen

Spre|cher; Spre|che|rin; Sprech|er|zie|hung; Sprech|funk|ge|rät; Sprech|stun|de; Sprech|zeit; Sprech|zim|mer

sprei|zen; du spreizt; gespreizt

Spren|gel, der; -s, - (Amtsgebiet eines Bischofs, Pfarrers; *österr. für* Amtsbezirk)

spren|gen; Spreng|kopf; Spreng|kör|per; Spreng|kraft; Spreng|la|dung; Spreng|satz; Spreng|stoff; Spreng|stoff|an|schlag; Spren|gung

Spreu, die; -

Sprich|wort *Plur.* ...wörter; **sprich|wört|lich;** sprichwörtliche Redensart

[1]**sprie|ßen** (*Bauw.* stützen); du sprießt; du sprießtest; gesprießt; sprieß[e]!

[2]**sprie|ßen** (hervorwachsen); es sprießt; es spross; es sprösse; gesprossen; sprieß[e]!

Spring, der; -[e]s, -e (*landsch. für* Quelle)

Spring|brun|nen

sprin|gen; du springst; du sprangst; du sprängest; gesprungen; spring[e]!; ein paar Euro springen lassen *od.* springenlassen *(ugs.);* **Sprin|ger; Sprin|ge|rin**

Spring|flut

Spring|rei|ter; Spring|rei|te|rin

Sprink|ler, der; -s, - (Berieselungsgerät); **Sprink|ler|an|la|ge** (Feuerlöschanlage)

Sprint, der; -s, -s (*Sport* Kurzstreckenlauf)

sprin|ten; Sprin|ter, der; -s, -; **Sprin|te|rin**

Sprit, der; -s, -e *Plur. selten* (*kurz für* Spiritus; *ugs. für* Treibstoff)

Sprit|preis *(ugs.);* **sprit|spa|rend, Sprit spa|rend;** eine spritsparende *od.* Sprit sparende Fahrweise; *aber nur* eine besonders spritsparende, noch spritsparendere Fahrweise; **Sprit|ver|brauch** *(ugs.)*

Sprit|ze, die; -, -n

sprit|zen; du spritzt; **Sprit|zer; sprit|zig**

Spritz|tour *(ugs.)*

spröd, sprö|de

Sprö|de, die; - (*älter für* Sprödigkeit)

Spross, der; -es, -e[n] (Nachkomme; Pflanzentrieb; *Jägerspr.* Teil des Geweihs)

Spros|se, die; -, -n (Querholz der Leiter; Hautfleck; *auch für* Spross [Geweihteil])

spros|sen (sprießen); du sprosst, er/sie/es sprosst; du sprosstest; gesprosst; spross[e]!; **Spros|sen|wand** (ein Turngerät); **Spröss|ling** *(scherzh.)*

Sprot|te, die; -, -n (ein Fisch)

Spruch, der; -[e]s, Sprüche; **Spruch|band,** das; *Plur.* ...bänder; **spruch|reif**

Spru|del, der; -s, -; **spru|deln** (*österr. auch für* quirlen); ich sprud[e]le

Sprüh|do|se; sprü|hen; Sprüh|re|gen

Sprung, der; -[e]s, Sprünge; auf dem Sprung sein; **Sprung|bein; sprung|be|reit; Sprung|brett; Sprung|ge|lenk; sprung|haft; Sprung|schan|ze** *(Skisport);* **Sprung|tuch** *Plur.* ...tücher; **Sprung|turm**

Spu|cke, die; - (*ugs. für* Speichel)

spu|cken (speien); **Spuck|napf**

Spuk, der; -[e]s, -e (Gespenst); **spu|ken** (gespensterhaftes Unwesen treiben); **Spuk|ge|schich|te**

Spül|be|cken

Spu|le, die; -, -n

Spü|le, die; -, -n

spu|len; spul *od.* spule das Garn!

spü|len; Spül|ma|schi|ne; Spül|mit|tel, das; **Spü|lung**

[1]**Spund,** der; -[e]s, *Plur.* Spünde *u.* -e (Fassverschluss; *Tischlerei* Feder)

[2]**Spund,** der; -[e]s, -e (junger Mann)

Spur, die; -, -en

spür|bar

spu|ren (*ugs. für* gefügig sein)

spü|ren

Spu|ren|ele|ment *meist Plur.* (für den Organismus unentbehrliches, aber nur in sehr geringen Mengen benötigtes Element)

Spu|ren|si|che|rung; Spu|ren|su|che *Plur. selten*

Spür|hund

spur|los

Spür|sinn, der; -[e]s

Spurt, der; -[e]s, *Plur.* -s, *selten* -e; **spur|ten**

Spur|wech|sel

spu|ten, sich (sich beeilen)

Sput|nik [ʃp..., *auch* sp...], der; -s, -s (Bez. für die ersten sowjetischen Erdsatelliten)

Square [skwɛːɐ̯], der *od.* das; -[s], -s (*engl. Bez. für* Quadrat; Platz)

Squash [skvɔʃ], das; -[s] (Fruchtsaft mit Fruchtfleisch; ein Ballspiel)

[1]**Staat,** der; -[e]s, -en; Staaten bildende *od.* staatenbildende Insekten

[2]**Staat,** der; -[e]s (*ugs. für* Prunk); Staat machen (prunken)

Staa|ten|ge|mein|schaft; staa|ten|los

staat|lich; Staats|amt; Staats|an|ge|hö|rig|keit, die; -, -en; **Staats|an|lei|he**

Staats|an|walt; Staats|an|wäl|tin; Staats-

S

an|walt|schaft; staats|an|walt|schaft|lich; Staats|ap|pa|rat; Staats|ar|chiv; Staats|aus|ga|be *meist Plur.;* **Staats|bank** *Plur.* ...banken; **Staats|be|such; Staats|be|trieb; Staats|bi|b|lio|thek**

Staats|bür|ger; Staats|bür|ge|rin; staats|bür|ger|lich; Staats|bür|ger|schaft

Staats|chef; Staats|die|ner; Staats|die|ne|rin; Staats|ex|a|men; Staats|feind; Staats|fein|din; staats|feind|lich

Staats|fi|nan|zen *Plur.;* **Staats|füh|rung; Staats|gast; Staats|ge|biet; Staats|ge|heim|nis; Staats|ge|walt; Staats|gren|ze; Staats|haus|halt; Staats|kanz|lei; Staats|kas|se; Staats|macht; Staats|mann** *Plur.* ...männer; **staats|män|nisch**

Staats|mi|nis|ter; Staats|mi|nis|te|rin; Staats|mi|nis|te|ri|um; Staats|ober|haupt; Staats|oper; staats|po|li|tisch; Staats|prä|si|dent; Staats|prä|si|den|tin

Staats|rä|son; Staats|rat *Plur.* ...räte; **Staatsregierung; Staats|schul|den** *Plur.;* **Staats|schutz,** der; -es; **Staats|se|kre|tär; Staats|se|kre|tä|rin; Staats|si|cher|heit; Staats|streich; Staats|the|a|ter; Staats|ver|schul|dung; Staats|ver|trag**

Stab, der; -[e]s, Stäbe; 25 Stab Roheisen

Stäb|chen

Stab|hoch|sprung

sta|bil (haltbar; fest); stabil machen (stabilisieren); **sta|bi|li|sie|ren** (stabil machen); **Sta|bi|li|sie|rung**

Sta|bi|li|tät, die; -, -en; **Sta|bi|li|täts|pakt**

Stabs|chef; Stabs|che|fin

Sta|chel, der; -s, -n; **Sta|chel|bee|re**

Sta|chel|draht; Sta|chel|draht|zaun

sta|che|lig, stach|lig; **Sta|chel|schwein**

Stack, das; -[e]s, *Plur.* -e *u.* -s (*Seew.* Buhne)

Sta|di|on, das; -s, ...ien (*auch* altgriechisches Wegmaß); **Sta|di|on|spre|cher; Sta|di|on|spre|che|rin**

Sta|di|um, das; -s, ...ien ([Zu]stand, Entwicklungsstufe, Abschnitt)

Stadt, die; -, Städte [*auch* 'ʃtɛ...]; **Stadt|ar|chiv; stadt|aus|wärts; Stadt|bahn; Stadt|bau|rat; Stadt|bau|rä|tin; stadt|be|kannt; Stadt|be|zirk; Stadt|bi|b|lio|thek; Stadt|bild; Stadt|bü|che|rei**

Städt|chen [*auch* 'ʃtɛ...]; **Städ|te|bau** [*auch* 'ʃtɛ...], der; -[e]s; **städ|te|bau|lich; stadt|ein|wärts; Stadt|ent|wick|lung** *(Politik)*

Städ|te|part|ner|schaft [*auch* 'ʃtɛ...]

Städ|ter [*auch* 'ʃtɛ...]; **Städ|te|rin**

Stadt|fest; Stadt|füh|rung; Stadt|ge|biet; Stadt|ge|schich|te; Stadt|gren|ze; Stadt|hal|le; Stadt|haus

städ|tisch [*auch* 'ʃtɛ...]

Stadt|käm|me|rer; Stadt|käm|me|rin

Stadt|kas|se; Stadt|kern; Stadt|mar|ke|ting; Stadt|mau|er; Stadt|mit|te; Stadt|mu|se|um; Stadt|park; Stadt|par|la|ment; Stadt|plan; Stadt|pla|ner; Stadt|pla|ne|rin; Stadt|pla|nung

Stadt|rand; Stadt|rat *Plur.* ...räte; **Stadt|rä|tin; Stadt|rund|fahrt; Stadt|staat; Stadt|teil; Stadt|the|a|ter; Stadt|tor; Stadt|ver|wal|tung; Stadt|vier|tel; Stadt|wer|ke** *Plur.;* **Stadt|zen|t|rum**

Sta|fet|te, die; -, -n (Staffellauf, -läufer)

Staf|fel, die; -, -n; 4 × 100-m-Staffel *od.* 4-mal-100-Meter-Staffel

Staf|fe|lei (beim Malen verwendetes Gestell)

Staf|fel|lauf *(Sport);* **staf|feln;** ich staff[e]le

Stag, das; -[e]s, -e[n] (*Seemannsspr.* [Stahl]tau zum Verspannen eines Mastes)

Sta|g|na|ti|on [ʃt..., *auch* st...], die; -, -en (Stillstand); **sta|g|nie|ren**

stahl *vgl.* stehlen

Stahl, der; -[e]s, *Plur.* Stähle, *selten* Stahle; **Stahl|be|ton; stäh|len; stäh|lern** (aus Stahl); **stahl|hart; Stahl|in|dus|t|rie; Stahl|plat|te; Stahl|werk**

Stake|hol|der ['steɪkhoʊldɐ], der; -s, - (*Wirtsch.* Person, für die es von Belang ist, wie ein bestimmtes Unternehmen sich verhält [z. B. Aktionär, Lieferant])

stak|sen (*ugs. für* mit steifen Schritten gehen); du stakst

Sta|lag|mit [ʃt..., *auch* st...], der; *Gen.* -s *u.* -en, *Plur.* -e[n] (Tropfstein vom Boden her)

Sta|lak|tit, der; *Gen.* -s *u.* -en, *Plur.* -e[n] (nach unten wachsender Tropfstein)

S

Sta|li|nis|mus, der; - (von Stalin geprägte Interpretation des Marxismus u. die von ihm danach geprägte Herrschaftsform); **sta|li|nis|tisch**

stal|ken ['stɔːkn̩] (jmdn. durch fortwährende Nachstellungen terrorisieren); **Stal|ker** ['stɔːkɐ], der; -s, - (jmd., der eine andere Person fortgesetzt beleidigt, verfolgt od. ihr auflauert); **Stal|ke|rin**

Stall, der; -[e]s, Ställe; **Stal|lung**

Stamm, der; -[e]s, Stämme

Stamm|ak|tie; Stamm|baum; Stamm|buch

stam|meln; ich stamm[e]le

stam|men; Stamm|form

Stamm|gast *Plur.* ...gäste; **Stamm|haus**

stäm|mig; stämmige Beine

Stamm|ka|pi|tal; Stamm|kun|de, der; **Stamm|kun|din; Stamm|kund|schaft; Stamm|platz; Stamm|sil|be; Stamm|sitz; Stamm|spie|ler** *(Sport);* **Stamm|spie|le|rin; Stamm|tisch; Stamm|va|ter**

Stamm|zel|le (*Med.* undifferenzierte, d. h. keinem endgültigen Zelltyp angehörende Zelle); **Stamm|zel|len|for|schung, Stamm|zell|for|schung**

stamp|fen; Stamp|fer

stand *vgl.* stehen

Stand; der; -[e]s, Stände; einen schweren Stand haben; außerstande *od.* außer Stande sein; imstande *od.* im Stande sein; instand *od.* in Stand halten; zustande *od.* zu Stande kommen

Stan|dard [ʃt..., *auch* st...], der; -s, -s (Maßstab, Norm; Qualitäts- *od.* Leistungsniveau)

Stan|dard|deutsch, Stan|dard|deut|sche, das

stan|dar|di|sie|ren (normen); **Stan|dar|di|sie|rung**

stan|dard|mä|ßig; Stan|dard|si|tu|a|ti|on (z. B. Freistoß, Eckstoß im Fußball); **Stan|dard|soft|ware; Stan|dard|werk** (mustergültiges Sach- od. Fachbuch)

Stan|dar|te, die; -, -n (kleine [quadratische] Fahne [als Hoheitszeichen]; *Jägerspr.* Schwanz des Fuchses u. des Wolfes)

Stand|bein (*Sport, bild. Kunst; Ggs.* Spielbein); **Stand|bild**

Stand-by, Stand|by ['stɛntbaɪ̯], das; -[s], -s (Form der Flugreise ohne feste Platzbuchung; *Elektronik* Bereitschaftsschaltung)

Ständ|chen; jmdm. ein Ständchen bringen

Stän|der, der; -s, -

Stän|de|rat, der; -[e]s, ...räte (*in der Schweiz* Vertretung der Kantone in der Bundesversammlung u. deren Mitglied)

Stan|des|amt; stan|des|amt|lich; standesamtliche Eheschließung; **Stan|des|be|am|te; Stan|des|be|am|tin**

stan|des|ge|mäß

stand|fest; Stand|fes|tig|keit, die; -

stand|haft

stand|hal|ten; er hält stand; sie hat standgehalten; standzuhalten

stän|dig (dauernd); ständiges Mitglied, ständige Vertretung, *aber* Ständige Konferenz der Kultusminister der Länder

Stan|ding ['stɛndɪŋ], das; -s (Ansehen)

Stand|ort, der; -[e]s, -e (*Militär auch svw.* Garnison); **Stand|ort|be|stim|mung; Stand|ort|fak|tor** *(Wirtsch.);* **Stand|ort|vor|teil**

Stand|punkt

Stand|spur

Stan|ge, die; -, -n; von der Stange kaufen (Konfektionsware kaufen)

Stän|gel, der; -s, - (Teil der Pflanze)

stän|kern (*ugs. für* Gestank verbreiten; für Ärger, Unruhe sorgen); ich stänkere

Stan|ni|ol, das; -s, -e (eine silberglänzende Zinnfolie, *ugs. auch für* Aluminiumfolie)

stan|zen; du stanzt; **Stanz|ma|schi|ne**

Sta|pel, der; -s, -; vom Stapel gehen, lassen, laufen; **Sta|pel|lauf**

sta|peln; ich stap[e]le

Stap|fe, die; -, -n, **Stap|fen,** der; -s, - (Fußspur); **stap|fen**

[1]**Star,** der; -[e]s, -e (Augenkrankheit); der graue, grüne, schwarze Star

[2]**Star** [ʃt..., *auch* st...], der; -s, -s (berühmte Persönlichkeit [beim Theater, Film])

[3]**Star,** der; -[e]s, -e (ein Vogel)

stark; stär|ker, stärks|te; starke Nerven; das Recht des Starken; August II., der Starke; stark sein, werden; sie hat sich für den Plan starkgemacht (*ugs. für* sehr eingesetzt); taktische Fehler hatten den Gegner stark gemacht *od.* starkgemacht; eine stark behaarte *od.* starkbehaarte Brust
Stär|ke, die; -, -n; **stär|ken**
Stark|strom *Plur. selten*
Stär|kung
starr; ein starres Prinzip; **Star|re,** die; -
star|ren; von *od.* vor Schmutz starren
Starr|kopf (*abwertend für* eigensinniger Mensch); **Starr|sinn,** der; -[e]s
Start, der; -[e]s, *Plur.* -s, *selten* -e; fliegender Start; stehender Start; **Start|bahn**
Start|block *Plur.* ...blöcke *(Sport)*
star|ten; Star|ter (*Sport* Person, die das Zeichen zum Start gibt; jmd., der startet; Anlasser eines Motors); **Star|te|rin**
Start|gut|ha|ben; Start|hil|fe; Start|ka|pi|tal; start|klar; Start|loch; Start|num|mer; Start|platz; Start|schuss; Start|sei|te (*EDV* Homepage)
Start-up ['sta:ɐ̯tʔap], das, selten: der; -s, -s (neu gegründetes Wirtschaftsunternehmen)
Sta|si, die, *selten* der; - (*ugs. kurz für* Staatssicherheitsdienst der DDR); **Sta|si|ak|te**
State|ment ['steɪ̯tmənt], das; -s, -s (Verlautbarung)
Sta|tik [ʃt..., *auch* st...], die; -, -en (Lehre von den Kräften im Gleichgewicht); **Sta|ti|ker** (Bauingenieur mit speziellen Kenntnissen in der Statik); **Sta|ti|ke|rin**
Sta|ti|on, die; -, -en; **sta|ti|o|när** (an einen festen Standort gebunden; die Behandlung, den Aufenthalt in einem Krankenhaus betreffend); stationäre Behandlung
sta|ti|o|nie|ren (an bestimmte Plätze stellen; aufstellen); **Sta|ti|o|nie|rung**
Sta|ti|ons|arzt; Sta|ti|ons|ärz|tin
sta|tisch [ʃt..., *auch* st...] (die Statik betreffend; stillstehend, ruhend)
Sta|tist, der; -en, -en (*Theater u. übertr.* stumme Person; Nebenfigur)
Sta|tis|tik, die; -, -en (zahlenmäßige Analyse u. Darstellung von Massenerscheinungen); **Sta|tis|ti|ker; Sta|tis|ti|ke|rin**
Sta|tis|tin; *zu* Statist
sta|tis|tisch (zahlenmäßig); das Statistische Bundesamt (in Wiesbaden)
Sta|tiv, das; -s, -e ([dreibeiniges] Gestell für Apparate)
statt; *Präp. mit Gen.:* statt eines Rates; an meiner statt; an Eides statt; *veraltet od. ugs. mit Dat.:* statt dem Vater *od. wenn der Gen. nicht erkennbar wird:* mit Worten statt mit Taten; *Konjunktion:* statt mit Drohungen versucht er es mit Ermahnungen; statt dass ...; statt zu ...
statt|des|sen; die Kanzlerin konnte nicht kommen, stattdessen (dafür) schickte sie einen Minister
Stät|te, die; -, -n
statt|fin|den; es findet statt; es hat stattgefunden; stattzufinden
statt|ge|ben; *zur Beugung vgl.* stattfinden
Statt|hal|ter (*früher für* Stellvertreter); **Statt|hal|te|rin**
statt|lich (ansehnlich)
Sta|tue [...tuə], die; -, -n (Standbild, Bildsäule); **sta|tu|ie|ren** (aufstellen; festsetzen; bestimmen); ein Exempel statuieren (ein warnendes Beispiel geben)
Sta|tur [ʃt...], die; -, -en (Gestalt; Wuchs)
Sta|tus [ʃt..., *auch* st...], der; -, - (Zustand, Stand; Lage, Stellung); die Beschreibung des Status; die wirtschaftlichen Status verschiedener Länder; **Sta|tus quo,** der; - - (gegenwärtiger Zustand)
Sta|tus|sym|bol [ʃt..., *auch* st...]
Sta|tut [ʃt...], das; -[e]s, -en (Gesetz)
Stau, der; -[e]s, *Plur.* -s *od.* -e
Staub, der; -[e]s, *Plur. (Technik:)* -e *u.* Stäube; Staub saugen *od.* staubsaugen; ein Staub abweisendes *od.* staubabweisendes Gewebe; *aber nur* ein noch staubabweisenderes Gewebe; **staub|be|deckt;** ein staubbedecktes Regal; **Staub|beu|tel; stau|ben;** es staubt; **Staub|fa|den** *(Bot.);* **staub|frei; Staub|ge|fäß** *(Bot.)*

S

stau|big
staub|sau|gen, Staub sau|gen; er staubsaugte *od.* saugte Staub; er hat [den Teppich] gestaubsaugt; er hat Staub gesaugt; um zu staubsaugen *od.* Staub zu saugen
Staub|sau|ger; Staub|tuch *Plur.* ...tücher
stau|chen; Stau|chung
Stau|de, die; -, -n
stau|en (hemmen; *Seemannsspr.* [Ladung auf Schiffen] unterbringen); sich stauen
stau|nen; Stau|nen, das; -s; Staunen erregen; **stau|nens|wert**
Stau|raum; Stau|see; Stau|ung
Steak [steɪ̯k], das; -s, -s (kurz gebratene Fleischschnitte)
Ste|a|rin [ʃt..., *auch* st...], das; -s, -e (Rohstoff für Kerzen)
ste|chen; du stichst; du stachst; du stächest; gestochen; stich!; er sticht ihn/sie, *auch* ihm/ihr ins Bein
Ste|chen, das; -s, - *(Sport)*
ste|chend; ein stechender Geruch
Stech|mü|cke
Steck|brief; steck|brief|lich
Steck|do|se
[1]**ste|cken** (sich irgendwo, in etwas befinden, dort festsitzen, befestigt sein); du steckst; du stecktest; *älter u. geh.* stakst; du stecktest, *älter u. geh.* stäkest; der Nagel ist stecken geblieben; *aber* sie ist während des Vortrags stecken geblieben *od.* steckengeblieben
[2]**ste|cken** (etwas in etwas einfügen, hineinbringen, etwas festheften); du stecktest; gesteckt; steck[e]!
Ste|cken, der; -s, - ([1]Stock)
ste|cken blei|ben, ste|cken|blei|ben *vgl.* stecken; **ste|cken las|sen, ste|cken|las|sen** *vgl.* stecken
Ste|cken|pferd
Ste|cker
Steck|ling (abgeschnittener Pflanzenteil, der neue Wurzeln bildet)
Steck|na|del
Steg, der; -[e]s, -e
Steg|reif; aus dem Stegreif (unvorbereitet)
Steh|auf|männ|chen; Steh|ca|fé
ste|hen; du stehst; du stand[e]st; du stündest *od.* ständest; gestanden; steh[e]! das wird dich, *auch* dir teuer zu stehen kommen; das Auto zum Stehen bringen; man hat die Angeklagten stehen lassen (sie durften sich nicht hinsetzen); *aber* man hat ihn einfach am Bahnhof stehen lassen *od.* stehenlassen, *seltener* stehen gelassen *od.* stehengelassen; *vgl. auch* stehen bleiben
ste|hen blei|ben, ste|hen|blei|ben
ste|hend; stehenden Fußes; das stehende Heer (Miliz); alles in ihrer Macht Stehende
ste|hen las|sen, ste|hen|las|sen *vgl.* stehen
Steh|lam|pe; Steh|lei|ter, die
steh|len; du stiehlst, er stiehlt; du stahlst; du stählest, *selten* stöhlest; gestohlen; stiehl!
Steh|platz
steif; ein steifer Hals; steif sein, werden; du musst das Bein steif halten, *aber* die Ohren steifhalten; Sahne steif schlagen *od.* steifschlagen; **Steif|heit**
steif schla|gen, steif|schla|gen *vgl.* steif
Steig, der; -[e]s, -e (steiler, schmaler Weg)
Steig|bü|gel; Steig|ei|sen
stei|gen; du stiegst; du stiegest; gestiegen; steig[e]!; das Steigen der Kurse; einen Drachen steigen lassen; eine Party steigen lassen *od.* steigenlassen *(ugs.)*
stei|gern; ich steigere; du steigerst dich
Stei|ge|rung (*auch für* Komparation; *schweiz. auch für* Versteigerung); **Stei|ge|rungs|ra|te** *(Wirtsch.)*
Stei|gung
steil; Steil|hang; Steil|küs|te
Stein, der; -[e]s, -e; eine zwei Stein starke Mauer *(Bauw.)*; **stein|alt** (sehr alt)
Stein|bock; Stein|bruch
stei|nern (aus Stein); ein steinernes Kreuz
Stein|gut, das; -[e]s, *Plur. (Sorten:)* -e
stein|hart; Stein|haus
stei|nig; stei|ni|gen
Stein|koh|le; Stein|metz, der; -en, -e[n]; **Stein|met|zin; Stein|obst; Stein|pilz**

stein|reich; steinreiche Familien
Stein|schlag; Stein|wurf; Stein|zeit
Steiß, der; -es, -e; **Steiß|bein**
Ste|le [st…, *auch* ʃt…], die; -, -n (Grabsäule od. -tafel)
Stell|dich|ein, das; -[s], -[s] (*veraltend für* Verabredung)
Stel|le, die; -, -n; zur Stelle sein; er kam an Stelle *od.* anstelle seines Bruders
stel|len
Stel|len|ab|bau, der; -[e]s; **Stel|len|an|ge|bot; Stel|len|ge|such; Stel|len|markt** (*svw.* Arbeitsmarkt)
stel|len|wei|se; Stel|len|wert
Stell|platz
Stel|lung (*österr. auch für* Musterung); Stellung nehmen; **Stel|lung|nah|me,** die; -, -n
stell|ver|tre|tend; die stellvertretende Vorsitzende; **Stell|ver|tre|ter; Stell|ver|tre|te|rin**
Stell|werk *(Eisenbahn)*
Stel|ze, die; -, -n; Stelzen laufen
stel|zen *(meist iron.);* du stelzt
Stemm|ei|sen; stem|men
Stem|pel, der; -s, -; **stem|peln;** ich stemp[e]le; stempeln gehen (*ugs. für* Arbeitslosenunterstützung beziehen)
Ste|no|gra|fie, Ste|no|gra|phie, die; -, …ien (Kurzschrift); **ste|no|gra|fie|ren**, ste|no|gra|phie|ren; **Ste|no|ty|pist,** der; -en, -en; **Ste|no|ty|pis|tin**
Stent [st…], der; -s, -s (*Med.* eine Gefäßprothese, die in verengte Gefäße eingebracht wird, um diese zu dehnen)
Step [ʃt…, *auch* st…] *alte Schreibung für* Stepp
Stepp|de|cke
Step|pe, die; -, -n (wasserarme Ebene)
[1]**step|pen** (nähen)
[2]**step|pen** [st…, ʃt…] (Stepp tanzen)
Ster|be|hil|fe; ster|ben; du stirbst; du starbst, du stürbest; gestorben *(vgl. d.);* stirb!; jmdn. in Würde sterben lassen; ein Projekt sterben lassen *od.* sterbenlassen *(ugs.)*
Ster|ben, das; -s; im Sterben liegen; das große Sterben (die Pest); es ist zum Sterben langweilig (*ugs. für* sehr langweilig)
ster|bens|krank; sterb|lich; Sterb|lich|keit
ste|reo [ʃt…, *auch* st…] (*kurz für* stereofon); das Lied wurde stereo aufgenommen; **Ste|reo,** das; -s, -s (*kurz für* Stereofonie); **Ste|reo|an|la|ge**
ste|reo|fon, ste|reo|phon; **Ste|reo|fo|nie**, **Ste|reo|pho|nie,** die; - (Technik der räumlich wirkenden Tonübertragung); **Ste|reo|ton** *Plur.* …töne (räumlich wirkender [2]Ton)
ste|reo|typ ([fest]stehend, unveränderlich; *übertr. für* ständig [wiederkehrend], leer, abgedroschen); **Ste|reo|typ,** das; -s, -e (*Psychol.* stereotypes Urteil)
ste|ril [ʃt…, *auch* st…] (unfruchtbar; keimfrei); **ste|ri|li|sie|ren** (keimfrei machen; zeugungsunfähig machen)
Ster|ling [ˈstɛr…, ˈstœːɐ̯…], der; -s, -e (*vgl.* Pfund Sterling)
[1]**Stern,** der; -s, -e (*Seemannsspr.* Heck des Schiffes)
[2]**Stern,** der; -[e]s, -e (Himmelskörper)
Stern|bild; Ster|ne|koch (mit einem od. mehreren Sternen ausgezeichneter Koch); **Ster|nen|him|mel; ster|nen|klar, stern|klar; Stern|him|mel; Stern|schnup|pe; Stern|stun|de** (glückliche Schicksalsstunde); **Stern|war|te; Stern|zei|chen**
Ste|ro|id, das; -[e]s, -e *meist Plur.* (*Biochemie* eine organische Verbindung)
stet *(veraltet);* stete Vorsicht
Ste|tho|s|kop [ʃt…, *auch* st…], das; -s, -e (*Med.* Hörrohr)
ste|tig (fortwährend); **Ste|tig|keit**
stets
[1]**Steu|er,** das; -s, - (Lenkvorrichtung)
[2]**Steu|er,** die; -, -n (Abgabe); direkte, indirekte Steuer; **Steu|er|auf|kom|men; Steu|er|aus|fall** *meist Plur.*
[1]**steu|er|bar** (*Amtsspr.* steuerpflichtig)
[2]**steu|er|bar** (sich steuern lassend)
Steu|er|be|frei|ung; Steu|er|be|ra|ter; Steu|er|be|ra|te|rin; Steu|er|be|scheid

S

Steu|er|bord, das; -[e]s, -e (rechte Schiffsseite)

Steu|er|ein|nah|me *meist Plur.;* **Steu|er|er|hö|hung; Steu|er|er|klä|rung; Steu|er|er|leich|te|rung; Steu|er|ex|per|te; Steu|er|ex|per|tin; Steu|er|fahn|der; Steu|er|fahn|de|rin; Steu|er|fahn|dung; steu|er|frei; Steu|er|frei|heit; Steu|er|fuß** (*schweiz. für* jährlich festgelegter Steuersatz); **Steu|er|geld; Steu|er|ge|setz; Steu|er|hin|ter|zie|hung; Steu|er|klas|se**

Steu|er|knüp|pel (im Flugzeug)

Steu|er|last; steu|er|lich

Steu|er|mann *Plur.* ...leute, *auch* ...männer

steu|ern; ich steu[e]re; ein Boot steuern

Steu|er|oa|se (Land mit bes. günstigen steuerlichen Verhältnissen); **Steu|er|pa|ra|dies** *(ugs.);* **Steu|er|pflicht; steu|er|pflich|tig; Steu|er|po|li|tik; Steu|er|recht; steu|er|recht|lich; Steu|er|re|form**

Steu|er|ru|der

Steu|er|satz; Steu|er|schuld; Steu|er|sen|kung; Steu|er|sün|der *(ugs.);* **Steu|er|sün|de|rin; Steu|er|sys|tem**

Steu|e|rung

Steu|er|ver|güns|ti|gung; Steu|er|vor|teil; Steu|er|zah|ler; Steu|er|zah|le|rin

Ste|via ['st..., *seltener* 'ʃt...], das; -[s] *meist ohne Artikel* (aus der gleichnamigen Pflanze gewonnenes Süßungsmittel)

Ste|ward ['stju:ɐt], der; -s, -s (Betreuer an Bord von Flugzeugen, Schiffen); **Ste|war|dess** ['stju:ɐ..., *auch* ...'dɛs], die; -, -en

sti|bit|zen (*ugs. für* sich listig aneignen); du stibitzt

Stich, der; -[e]s, -e; im Stich lassen; etwas hält Stich (erweist sich als einwandfrei)

Sti|chel, der; -s, - (ein Werkzeug)

Sti|che|lei (*auch für* Neckerei; Boshaftigkeiten); **sti|cheln** (*auch für* boshafte Bemerkungen machen); ich stich[e]le; er kann das Sticheln nicht lassen

Stich|flam|me

stich|hal|tig

Stich|pro|be; stich|pro|ben|ar|tig

Stich|tag; Stich|wahl; Stich|wort *Plur.* (*für* Wort, das in einem Wörterbuch, Lexikon o. Ä. behandelt wird:) ...wörter *u.* (*für* Einsatzwort für Schauspieler *od. für* kurze Aufzeichnung aus einzelnen wichtigen Wörtern:) ...worte; **stich|wort|ar|tig**

Stick [stɪk], der; -s, -s (*kurz für* Joystick, USB-Stick u. a.)

sti|cken

Sti|cker [*auch* st...], der; -s, - (Aufkleber); **Sti|cker|al|bum**

Sti|cke|rei

sti|ckig

Stick|oxid, Stick|oxyd; Stick|stoff, der; -[e]s (chemisches Element, Gas; *Zeichen* N; *vgl.* Nitrogenium); **stick|stoff|hal|tig**

Stief|bru|der

Stie|fel, der; -s, - (Fußbekleidung; Trinkglas in Stiefelform); **stie|feln** (*ugs. für* gehen, stapfen, trotten); ich stief[e]le

Stief|el|tern *Plur.;* **Stief|kind; Stief|mut|ter** *Plur.* ...mütter; **Stief|müt|ter|chen** (Zierpflanze); **stief|müt|ter|lich; Stief|schwes|ter; Stief|va|ter**

Stie|ge, die; -, -n (Verschlag; Zählmaß [20 Stück]; enge Holztreppe)

Stiel, der; -[e]s, -e (Griff; Stängel); **stiel|los;** ein stielloses Glas; *vgl. aber* stillos

stier (starr; *österr., schweiz. mundartl. auch für* ohne Geld)

Stier, der; -[e]s, -e

stie|ren (starr blicken)

Stier|kampf

¹Stift, der; -[e]s, -e (Bleistift; Nagel)

²Stift, der; -[e]s, -e (*ugs. für* Junge, Lehrling)

³Stift, das; -[e]s, -e, *selten* -er (fromme Stiftung; *veraltet für* Altenheim)

¹stif|ten (spenden; gründen; bewirken)

²stif|ten; *nur in* stiften gehen (*ugs. für* ausreißen, fliehen)

Stif|ter; Stif|te|rin; Stif|ter|ver|band; Stifterverband für die Deutsche Wissenschaft

Stif|tung; Stif|tungs|rat *Plur.* ...räte *(kath. Kirche)*

Stig|ma [ʃt..., *auch* st...], das; -s, *Plur.* ...men *u.* -ta ([Wund-, Brand]mal; *Bot.*

S

still	
Kleinschreibung: – *stiller Teilhaber, stille Reserven* (Kaufmannsspr.), *das stille Örtchen* (ugs. scherzh. für *Toilette*) Großschreibung: – *im Stillen (unbemerkt)* – *der Stille Ozean* – *der Stille Freitag (Karfreitag)*	Schreibung in Verbindung mit Verben: – *still sein, still werden, still bleiben* – *wir sollen ganz still (ruhig) sitzen* – *die Kinder sollten lernen, still zu sitzen* od. *stillzusitzen (sich zu konzentrieren)* – *du musst den Kopf ganz still (ruhig) halten* Vgl. aber *stillhalten, stilllegen, stillschweigen*

Narbe der Blütenpflanzen; *Zool.* äußere Öffnung der Tracheen; *Biol.* Augenfleck); **stig|ma|ti|sie|ren** (brandmarken, zeichnen); **Stig|ma|ti|sie|rung**

Stil [st..., ʃt...], der; -[e]s, -e (Einheit der Ausdrucksformen [eines Kunstwerkes, eines Menschen, einer Zeit]; Darstellungsweise, Art [Bau-, Schreibart usw.]); alten Stils (*Abk.* a. St.), neuen Stils (*Abk.* n. St.)

Stil|blü|te

sti|li|sie|ren (nur in den wesentlichen Grundstrukturen darstellen); **sti|li|siert**

sti|lis|tisch

still *s. Kasten*

Still [st...], das; -s, -s ([Video]standfoto)

stil|le (*ugs. für* still); **Stil|le,** die; -; in aller Stille

stil|len

still|ge|legt *vgl.* stilllegen

still|hal|ten (alles geduldig ertragen; nichts tun); du musst stillhalten; wir haben lange genug stillgehalten; *vgl. aber* still

Still|le|ben, **Still-Le|ben,** das; -s, - (*Malerei* bildl. Darstellung von Gegenständen in künstl. Anordnung)

still|le|gen (außer Betrieb setzen); ich lege still; stillgelegt; stillzulegen; eine stillgelegte Fabrik; **Still|le|gung**, **Still-Le|gung**

still|lie|gen (außer Betrieb sein); die Fabrik hat stillgelegen; *aber* das Kind hat ganz still (ruhig) gelegen

stil|los; ein stilloses Verhalten; *vgl. aber* stiellos

still|schwei|gen (schweigen, nichts verraten); er hat lange stillgeschwiegen; **Still|schwei|gen;** jmdm. Stillschweigen auferlegen; **still|schwei|gend**

Still|stand; still|ste|hen (in der Bewegung aufhören); sein Herz hat stillgestanden; die Zeit schien stillzustehen; stillgestanden! *(Militär); aber* das Kind hat lange ganz still (ruhig) gestanden

still|ver|gnügt

Stil|mit|tel, das

Stil|rich|tung; stil|si|cher; stil|voll

Stimm|ab|ga|be; Stimm|band, das; *Plur.* ...bänder; **stimm|be|rech|tigt; Stimm|bruch,** der; -[e]s; **Stim|me,** die; -, -n

stim|men; diese Rechnung stimmt; er stimmte die Geige; das hat ihn froh gestimmt; stimme für den Kandidaten!

Stim|men|an|teil

Stimm|ga|bel; stimm|haft (*Sprachwiss.* weich auszusprechen)

stim|mig ([überein]stimmend)

Stimm|la|ge; stimm|lich; stimm|los (*Sprachwiss.* hart auszusprechen)

Stimm|recht

Stim|mung; stim|mungs|voll

Stimm|zet|tel

sti|mu|lie|ren; Sti|mu|lus, der; -, ...li (Reiz, Antrieb)

Stin|ke|fin|ger (*ugs. für* eine obszöne Geste)

stin|ken; du stankst; du stänkest; gestunken; stink[e]!; **stink|faul** *(ugs.);* **stin|kig; stink|lang|wei|lig** *(ugs.);* **Stink|tier**

Sti|pen|di|at, der; -en, -en (jmd., der ein Stipendium erhält); **Sti|pen|di|a|tin**

Sti|pen|di|um, das; -s, …ien (Geldbeihilfe für Schüler[innen], Studierende, Gelehrte)
stip|pen (*ugs. für* tupfen, tunken)
Stipp|vi|si|te (*ugs. für* kurzer Besuch)
Stirn, die; -, -en
stö|bern (*ugs. für* suchen, [wühlend] herumsuchen; *Jägerspr.* aufjagen; flockenartig umherfliegen; *landsch. auch für* sauber machen); ich stöbere
sto|chern; ich stochere
[1]**Stock,** der; -[e]s, Stöcke (Stab u. Ä., Baumstumpf); über Stock und Stein
[2]**Stock,** der; -[e]s, - (Stockwerk); das Haus hat zwei Stock; es ist drei Stock hoch
[3]**Stock** [st…], der; -s, -s (*Wirtsch.* Vorrat, Warenlager; Grundkapital)
stock|dun|kel *(ugs.)*
stö|ckeln (*ugs. für* auf Stöckeln laufen); ich stöck[e]le
sto|cken (nicht vorangehen; *bayr. u. österr. auch für* gerinnen); ins Stocken geraten, kommen; gestockte Milch (*bayr. u. österr. für* Dickmilch)
stock|fins|ter (*ugs. für* völlig finster)
Sto|ckung; Stock|werk
Stoff, der; -[e]s, -e; **Stoff|far|be**, **Stoff-Far|be; stoff|lich** (materiell)
Stoff|wech|sel; Stoff|wech|sel|krank|heit
stöh|nen; leises Stöhnen
sto|isch (unerschütterlich, gleichmütig)
Sto|la [ʃt…, *auch* st…], die; -, …len (Gewand, Umhang)
Stol|le, die; -, -n, [1]**Stollen,** der; -s, - (ein Weihnachtsgebäck)
[2]**Stol|len,** der; -s, - (Zapfen am Hufeisen, an [Fußball]schuhen; *Bergmannsspr.* waagerechter Grubenbau)
stol|pern; ich stolpere
Stol|per|stein (Schwierigkeit, an der etwas, jmd. scheitern kann)
stolz; Stolz, der; -es
stol|zie|ren (stolz einherschreiten)
stop! [ʃt…, st…] (*auf Verkehrsschildern* halt!); *vgl.* stopp!
stop|fen; Stop|fen, der; -s, - (*landsch. für* Stöpsel, Kork); **Stopf|garn**
stopp! (halt!); *vgl.* stop!; **Stopp,** der; -s, -s (Unterbrechung; *bes. Tennis* Stoppball)
Stop|pel, die; -, -n; **stop|pe|lig,** stopp|lig
stop|pen (anhalten; mit der Stoppuhr messen); **Stopp|licht** *Plur.* …lichter
stopp|lig *vgl.* stoppelig
Stopp|schild; Stopp|stra|ße; Stopp|uhr
Stöp|sel, der; -s, -
Stör, der; -[e]s, -e (ein Fisch)
Storch, der; -[e]s, Störche; **Stor|chen|nest, Storch|nest; Storch|schna|bel** (eine Pflanze; Gerät zum mechanischen Verkleinern od. Vergrößern von Zeichnungen)
[1]**Store** [ʃtoːɐ̯, *auch* st…, *schweiz.* ˈʃtoːrə], der; -s, -s, *schweiz. meist* die; -, -n (Fenstervorhang; *schweiz. für* Markise)
[2]**Store** [stɔːɐ̯], der; -s, -s (*engl. Bez. für* Vorrat, Lager; Laden)
stö|ren (*südd. u. österr. für* auf der Stör arbeiten); **stö|rend**
Stö|ren|fried, der; -[e]s, -e *(abwertend);* **Stö|rer** (jmd., der stört); **Stö|re|rin**
Stör|fak|tor; Stör|fall (bes. in einem Kernkraftwerk)
stor|nie|ren [ʃt…, *auch* st…] (*Kaufmannsspr.* rückgängig machen; Buchungsfehler berichtigen); **Stor|nie|rung**
Stor|no, der *u.* das; -s, …ni (Berichtigung; Rückbuchung, Löschung)
stör|rig (*seltener für* störrisch); **stör|risch**
Stö|rung; stö|rungs|frei *(bes. Technik)*
Sto|ry [ˈstɔri], die; -, -s (Geschichte, Bericht)
Stoß, der; -es, Stöße (*Bergmannsspr. auch für* seitliche Begrenzung eines Grubenbaus); **sto|ßen;** du stößt, er/sie/es stößt; du stießest; gestoßen; stoß[e]!; er stößt ihr, *auch* sie in die Seite
stoß|fest; Stoß|rich|tung; Stoß|seuf|zer; stoß|si|cher; Stoß|stan|ge; stoß|wei|se; Stoß|zahn; Stoß|zeit *(Verkehrsw.)*
Stot|te|rer; Stot|te|rin; stot|tern; ich stottere; ins Stottern geraten; etwas auf Stottern (*ugs. für* auf Ratenzahlung) kaufen
Strac|cia|tel|la [stratʃa…], das; -[s] (eine Speiseeissorte)

strack (*landsch. für* gerade, straff, steif; faul, träge; *auch für* völlig betrunken)
stracks (geradeaus; sofort)
Straf|an|stalt; Straf|an|trag; Straf|an|zeige; Straf|ar|beit; straf|bar; Straf|befehl; Stra|fe, die; -, -n; **stra|fen**
straff (glatt; fest gespannt)
straf|fäl|lig
straf|fen (straff machen)
straf|frei; Straf|frei|heit, die; -
Straf|fung
Straf|ge|fan|ge|ne; Straf|ge|richt; Straf|ge|setz|buch (*Abk.* StGB); **Straf|kammer**
sträf|lich; sträflicher Leichtsinn; **Sträf|ling**
Straf|maß, das; **Straf|maß|nah|me; Straf|mi|nu|te** *(Sport);* **Straf|pro|zess|ord|nung** (*Abk.* StPO); **Straf|raum** *(Sport);* **Straf|recht; straf|recht|lich; Straf|sa|che; Straf|stoß** *(Sport);* **Straf|tat; Straf|tä|ter; Straf|tä|te|rin; Straf|ver|fah|ren; Straf|ver|fol|ger** (Mitarbeiter einer Strafverfolgungsbehörde); **Straf|ver|fol|ge|rin; Straf|ver|tei|di|ger; Straf|ver|tei|di|ge|rin; Straf|voll|zug; Straf|zet|tel**
Strahl, der; -[e]s, -en; **strah|len**
Strah|len|be|las|tung
strah|lend; ihr strah|lends|tes Lächeln
Strah|len|schutz, der; -es
Strahl|kraft, die; **Strah|lung**
Strähn|chen *Plur.* (getönte od. gefärbte Haarsträhnen)
Sträh|ne, die; -, -n; **sträh|nig**
straight [strɛɪ̯t] (*Jargon* heterosexuell)
stramm; ein strammer Junge; strammer *od.* Strammer Max (Spiegelei u. Schinken auf Brot); **stramm|ste|hen;** ich stehe stramm; strammgestanden; strammzustehen
stramm zie|hen, stramm|zie|hen; jmdm. den Hosenboden stramm ziehen *od.* strammziehen; ein Seil stramm ziehen *od.* strammziehen
stram|peln; ich stramp[e]le
Strand, der; -[e]s, Strände; **Strand|bad; stran|den; Strand|pro|me|na|de**

Strang, der; -[e]s, Stränge; über die Stränge schlagen *(ugs.);* **Stran|ge,** die; -, -n (*schweiz. neben* Strang); eine Strange Garn, Wolle
Stra|pa|ze, die; -, -n ([große] Anstrengung)
stra|pa|zie|ren (übermäßig anstrengen, beanspruchen); **stra|pa|zier|fä|hig**
Stra|ße, die; -, -n (*Abk.* Str.); **Stra|ßen|bahn; Stra|ßen|bau** *Plur.* -ten; **Stra|ßen|bild; Stra|ßen|ecke; Stra|ßen|fest; Stra|ßen|kampf; Stra|ßen|lärm; Stra|ßen|la|ter|ne; Stra|ßen|schild,** das; **Stra|ßen|sei|te; Stra|ßen|sper|re; Stra|ßen|ver|kehr,** der; -s; **Stra|ßen|ver|kehrs|ord|nung** (*Abk.* StVO); **Stra|ßen|zug**
Stra|te|ge [ʃt..., st...], der; -n, -n (jmd., der strategisch vorgeht); **Stra|te|gie,** die; -, ...ien (Kriegskunst; genau geplantes Vorgehen); **Stra|te|gie|pa|pier; Stra|te|gin**
stra|te|gisch; strategische Verteidigung
sträu|ben; sich sträuben
Strauch, der; -[e]s, Sträucher
strau|cheln; ich strauch[e]le
[1]**Strauß,** der; -es, -e (ein Vogel); Vogel Strauß
[2]**Strauß,** der; -es, Sträuße (Blumenstrauß; *geh. veraltend für* Kampf)
strea|men [ˈstriː...]; gestreamt; **Strea|ming,** das; -[s] (*EDV* Verfahren zur Übertragung von Bild u. Ton an Endgeräte in Echtzeit); **Strea|ming|dienst**
Stre|be, die; -, -n (schräge Stütze)
stre|ben; das Streben nach Geld; **Stre|ber; stre|ber|haft; Stre|be|rin; streb|sam**
Stre|cke, die; -, -n; zur Strecke bringen
stre|cken; jmdn. zu Boden strecken
Stre|cken|ab|schnitt; Stre|cken|füh|rung; Stre|cken|netz; stre|cken|wei|se
Streck|mus|kel
Street|food [ˈstriːtfuːt], das; -[s], -s *Plur. selten* (*Gastron.* Speisen, die im Gehen verzehrt werden)
Street|work [ˈstriːtvœːɐ̯k], die; - (Hilfe u. Beratung für Drogenabhängige u. a. innerhalb ihres Wohnbereichs); **Street|wor|ker,** der; -s, -; **Street|wor|ke|rin**

S

Streich, der; -[e]s, -e
strei|cheln; ich streich[e]le
strei|chen; du strichst; du strichest; gestrichen; streich[e]!; **Strei|cher** (Spieler eines Streichinstrumentes); **Strei|che|rin**
Streich|holz (Zündholz); **Streich|holzschach|tel**
Streich|in|s|t|ru|ment; Streich|quar|tett
Strei|chung
Strei|fe, die; -, -n (Kontrolle eingesetzte Militär- od. Polizeieinheit, *auch für* Fahrt, Gang einer solchen Einheit); auf Streife gehen
strei|fen; Strei|fen, der; -s, -
Strei|fen|wa|gen
Streif|licht *Plur.* ...lichter; **Streif|schuss; Streif|zug**
Streik, der; -[e]s, -s (Arbeitsniederlegung)
strei|ken; Strei|ken|de, der *u.* die; -n, -n
Streik|recht
Streit, der; -[e]s, -e; **streit|bar; strei|ten;** du strittst; du strittest; gestritten; streit[e]!; **Strei|te|rei; Streit|fall; Streitfra|ge; Streit|ge|spräch; Streit|hahn** (*ugs. für* streitsüchtiger Mensch)
strei|tig; die Sache ist streitig *(Rechtsspr. nur so) od.* strittig; *aber nur* jmdm. etwas streitig machen; **Strei|tig|keit** *meist Plur.*
Streit|kräf|te *Plur.* (der mögliche Singular »Streitkraft« wird nur selten gebraucht)
Streit|punkt; Streit|sa|che; Streit|sucht; streit|süch|tig; Streit|wert
streng am strengs|ten; strengs|tens; auf das, aufs Strengste *od.* auf das, aufs strengste; streng sein; streng riechen; streng urteilen; eine streng genommene *od.* strenggenommene Wertung; streng genommen[,] ist das nicht ganz zutreffend; **Stren|ge**, die; -; *vgl. aber* Strang
stren|gen (*veraltet für* straff anziehen)
strengs|tens
Stress, der; -es, -e (*Med.* starke körperliche u. seelische Belastung; *ugs. auch für* Ärger); Stress auslösende *od.* stressauslösende Faktoren; **Stress|ab|bau**, der; -[e]s
stres|sen (*ugs. für* als Stress wirken; überbeanspruchen); der Lärm stresst; ich bin gestresst; **stres|sig** (*ugs. für* anstrengend)
Stret|ching ['strɛtʃɪŋ], das; -s (Gymnastik in Form von Dehnungsübungen)
Streu, die; -, -en *Plur. selten*
Streu|be|sitz, der; -es
streu|en; Streu|er (Streubüchse)
streu|nen (sich herumtreiben)
Streu|sel, der *od.* das; -s, - *meist Plur.;* **Streu|sel|ku|chen**
Streu|ung
strich *vgl.* streichen
Strich, der; -[e]s, -e (*südd. u. schweiz. mundartl. auch für* Zitze; *ugs. auch für* Straßenprostitution); **stri|cheln;** ich strich[e]le; **Strich|punkt** (Semikolon)
Strick, der; -[e]s, -e
stri|cken; Strick|ja|cke; Strick|lei|ter, die; **Strick|na|del**
Strie|gel, der; -s, - (Gerät mit Zacken; harte Bürste); **strie|geln;** ich strieg[e]le
Strie|men, der; -s, -
Strike [straɪ̯k], der; -s, -s (das Abräumen mit dem ersten Wurf beim Bowling)
strikt [ʃt..., *auch* st...] (streng; genau)
String [st...], der; -s, -s (*EDV* Zeichenkette; *auch kurz für* Stringtanga)
strin|gent [ʃt..., *auch* st...] (bündig, zwingend); **Strin|genz**, die; -
String|tan|ga ['st...] (Tanga[slip], dessen rückwärtiger Teil nur aus einem schnurförmigen Stück Stoff besteht)
Strip [ʃt..., *auch* st...], der; -s, -s (*kurz für* Striptease; [Wundpflaster]streifen)
Strip|pe, die; -, -n (*landsch. für* Bindfaden; Band; *ugs. scherzh. für* Fernsprechleitung)
Strip|pen|zie|her (*ugs. für* Drahtzieher)
Strip|tease ['ʃtrɪptiːs, *auch* 'st...], der, *auch* das; -, -s [...tiːzəs] (Entkleidungsvorführung [in Nachtlokalen])
strit|tig *vgl.* streitig
Stro|bel, der; -s, - (*landsch. für* struppiger Haarschopf)

Stroh, das; -[e]s; **Stroh|dach; stroh|dumm** (sehr dumm); **Stroh|feu|er; Stroh|halm; Stroh|hut,** der

stro|hig (*auch für* wie Stroh; trocken)

Stroh|mann *Plur.* …männer *u.* …leute (vorgeschobene Person); **Stroh|wit|we** (*ugs. für* Ehefrau, die vorübergehend ohne ihren Mann lebt); **Stroh|wit|wer** *(ugs.)*

Strolch, der; -[e]s, -e; **strol|chen**

Strom, der; -[e]s, Ströme; es regnet in Strömen; ein Strom führendes *od.* stromführendes Kabel; ein stromsparendes *od.* Strom sparendes Gerät

strom|ab|wärts; strom|auf|wärts

Strom|aus|fall

strö|men

Stro|mer (*ugs. für* Herumtreiber, Landstreicher; *meist Plur.: Wirtsch.* Stromerzeuger); **Stro|me|rin; stro|mern;** ich stromere

Strom|er|zeu|ger; Strom|er|zeu|gung; Strom füh|rend, strom|füh|rend; *vgl.* Strom; **Strom|kon|zern; Strom|kos|ten; Strom|lei|tung; strom|li|ni|en|för|mig; Strom|markt; Strom|netz; Strom|preis; Strom|rech|nung; Strom|schnel|le**

strom|spa|rend, Strom spa|rend

Strom|tras|se *(Technik)*

Strö|mung

Strom|ver|brauch; Strom|ver|sor|ger; Strom|ver|sor|gung; Strom|wirt|schaft

Stro|phe, die; -, -n

strot|zen; du strotzt; das Kind strotzt vor *od.* von Energie

strub|be|lig, strubb|lig *(ugs.)*

Stru|del, der; -s, - ([Wasser]wirbel; *landsch., bes. südd. u. österr. für* ein Gebäck)

stru|deln; ich strud[e]le

Struk|tur [ʃt…, *auch* st…], die; -, -en ([Sinn]gefüge; Gliederung); **struk|tu|rell**

struk|tu|rie|ren (mit einer Struktur versehen); **Struk|tu|rie|rung**

Struk|tur|po|li|tik; Struk|tur|re|form; struk|tur|schwach (industriell nicht entwickelt); **Struk|tur|wan|del**

Strumpf, der; -[e]s, Strümpfe; **Strumpf|hal|ter; Strumpf|ho|se**

Strunk, der; -[e]s, Strünke (als Rest übrig gebliebener Pflanzenstiel od. Baumstumpf)

strun|zen (*landsch., bes. westd.* angeben, prahlen); du strunzt

strup|pig

Struw|wel|pe|ter, der; -s, - (*fam. für* Gestalt aus einem Kinderbuch)

Stu|be, die; -, -n; **Stu|ben|ar|rest; Stu|ben|flie|ge; Stu|ben|ho|cker** *(ugs.);* **Stu|ben|ho|cke|rin; stu|ben|rein**

Stuck, der; -[e]s (aus Gips hergestellte Ornamentik)

Stück, das; -[e]s, -e (*Abk.* St.); 5 Stück Zucker; ein Stück weit

Stu|cka|teur […ˈtøːɐ̯], der; -s, -e (Stuckarbeiter, -künstler); **Stu|cka|teu|rin**

Stuck|de|cke

stü|ckeln; ich stück[e]le

Stück|preis; stück|wei|se; Stück|zahl

Stu|dent, der; -en, -en (Hochschüler); **Stu|den|ten|be|we|gung; Stu|den|ten|werk; Stu|den|tin; stu|den|tisch; Stu|di,** der; -s, -s *u.* die; -, -s (*ugs. für* Student[in])

Stu|die, die; -, -n (Entwurf, kurze [skizzenhafte] Darstellung; Vorarbeit); **Stu|di|en|ab|schluss; Stu|di|en|an|fän|ger; Stu|di|en|an|fän|ge|rin; Stu|di|en|fach; Stu|di|en|gang,** der; **Stu|di|en|ge|bühr; Stu|di|en|jahr; Stu|di|en|platz; stu|die|ren;** eine studierte Kollegin; Probieren *od.* probieren geht über Studieren *od.* studieren

Stu|dio, das; -s, -s (Atelier; *Film- u. Rundfunk* Aufnahmeraum; Versuchsbühne); **Stu|dio|büh|ne; Stu|dio|gast**

Stu|di|um, das; -s, …ien (wissenschaftl. [Er]forschung; Hochschulbesuch, -ausbildung; [kritisches] Durchlesen, -arbeiten)

Stu|fe, die; -, -n; **stu|fen; Stu|fen|bar|ren** *(Turnen);* **Stu|fen|heck; stu|fen|wei|se**

Stuhl, der; -[e]s, Stühle (*auch kurz für* Stuhlgang); elektrischer Stuhl; der Heilige Stuhl; **Stuhl|bein; Stuhl|gang,** der; -[e]s

Stul|le, die; -, -n (*nordd., bes. berlin. für* Brotschnitte)

Stul|pe, die; -, -n (Aufschlag an Ärmeln u. a.)

stül|pen; Stul|pen|stie|fel

stumm; stumm sein; stumm werden
Stum|me, der *u.* die; -n, -n
Stum|mel, der; -s, -
Stumm|film
Stüm|per (*abwertend für* Nichtskönner); **Stüm|pe|rei; stüm|per|haft; Stüm|pe|rin**
stumpf; Stumpf, der; -[e]s, Stümpfe; mit Stumpf und Stiel (restlos); **stumpf|sin|nig**
stumpf|win|ke|lig, stumpf|wink|lig
Stun|de, die; -, -n; *Abkürzung* Std., St.; *Zeichen* h; eine viertel Stunde *od.* eine Viertelstunde; ich habe zwei Stunden lang telefoniert; *aber* ich habe stundenlang telefoniert
stun|den (Frist zur Zahlung geben)
Stun|den|ki|lo|me|ter (*ugs. für* Kilometer je Stunde); **stun|den|lang;** ich habe stundenlang gewartet; *aber* sie lag eine Stunde lang, ganze Stunden lang wach; **Stun|den|lohn; Stun|den|plan**
stünd|lich (jede Stunde)
Stunk, der; -s (*ugs. für* Zank, Unfrieden)
Stunt [stant], der; -s, -s (gefährliches, akrobatisches Kunststück [als Filmszene]); **Stunt|frau; Stunt|man** [...mɛn], der; -s, ...men [...mən] (*Film* Double für Stunts)
stu|pid [*auch* st..., ʃtu...], **stu|pi|de** (dumm, stumpfsinnig)
stup|sen (*ugs. für* stoßen); du stupst; **Stups|na|se** *(ugs.)*
stur (*ugs. für* unbeweglich, hartnäckig); auf stur schalten; **Stur|heit** *(ugs.)*
sturm (*südwestd. u. schweiz. mundartl. für* verworren, schwindelig); mir ist sturm
Sturm, der; -[e]s, Stürme; Sturm laufen; Sturm läuten; **stür|men; Stür|mer; Stür|me|rin; Sturm|flut; stür|misch**
Sturz, der; -es, *Plur.* Stürze, *auch* (*für* Träger:) Sturze (jäher Fall)
stür|zen; du stürzt; **Sturz|flug; Sturz|helm**
Stuss, der; -es (*ugs. für* Unsinn); Stuss reden
Stu|te, die; -, -n
Stu|ten, der; -s, - (*landsch. für* Rosinenbrot)
Stütz, der; -es, -e; **Stüt|ze,** die; -, -n
stut|zen; du stutzt
Stut|zen, der; -s, - (kurzes Gewehr; Wadenstrumpf; Ansatzrohrstück; *bayr., österr. auch für* Kniestrumpf)
stüt|zen; du stützt
stut|zig; stutzig werden
Stütz|pfei|ler; Stütz|punkt; Stüt|zung
Style [staɪl], der; -s, -s (*engl. Bez. für* Stil); **sty|len** ['staɪ...] (entwerfen, gestalten); gestylt; **Sty|ling,** das; -s, -s (Formgebung; äußere Gestaltung; Aufmachung eines Menschen)
Sty|ro|por® [ʃt..., *auch* st...], das; -s (ein Kunststoff)
Sub|jekt, das; -[e]s, -e (*Sprachwiss.* Satzgegenstand; *Philos.* wahrnehmendes, denkendes Wesen); **sub|jek|tiv** [*auch* 'zʊ...] (dem Subjekt angehörend, in ihm begründet; persönlich; einseitig, parteiisch, unsachlich); **Sub|jek|ti|vi|tät,** die; - (persönl. Auffassung; Einseitigkeit)
Sub|kon|ti|nent (geografisch geschlossener, relativ eigenständiger Teil eines Kontinents); der indische Subkontinent
Sub|kul|tur (bes. Kulturgruppierung innerhalb eines übergeordneten Kulturbereichs)
Sub|skrip|ti|on, die; -, -en (Vorausbestellung von später erscheinenden Büchern)
sub|s|tan|ti|ell *vgl.* substanziell
Sub|s|tan|tiv, das; -s, -e (*Sprachwiss.* Hauptwort, Dingwort, Nomen, z. B. »Haus, Wald, Ehre«); **sub|s|tan|ti|viert; Sub|s|tan|ti|vie|rung** (z. B. »das Schöne, das Laufen«)
Sub|s|tanz, die; -, -en ([körperl.] Masse, Stoff, Bestand[teil]; *nur Sing.: Philos.* das Dauernde, das Wesentliche; *auch für* Materie); **sub|s|tan|zi|ell,** sub|s|tan|ti|ell (wesentlich; stofflich; materiell)
Sub|s|ti|tu|ti|on, die; -, -en (*fachspr. für* Stellvertretung, Ersetzung)
Sub|s|t|rat, das; -[e]s, -e (*fachspr. für* [materielle] Grundlage; Substanz; *Landwirtsch.* Nährboden)
sub|su|mie|ren (ein-, unterordnen; unter einem Thema zusammenfassen)
sub|til (zart, fein, sorgsam; spitzfindig)
Sub|tra|hend, der; -en, -en (abzuziehende

Zahl); **sub|tra|hie|ren** (*Math.* abziehen); **Sub|trak|ti|on,** die; -, -en (das Abziehen)

Sub|tro|pen *Plur.* (*Geogr.* Gebiete des Übergangs von den Tropen zur gemäßigten Klimazone)

Sub|un|ter|neh|mer *(Wirtsch.);* **Sub|un|ter|neh|me|rin**

Sub|ven|ti|on, die; -, -en *meist Plur.* (*Wirtsch.* zweckgebundene Unterstützung aus öffentl. Mitteln); **sub|ven|ti|o|nie|ren; Sub|ven|ti|o|nie|rung**

Sub|ver|si|on, die; -, -en (Umsturz); **sub|ver|siv** (zerstörend, umstürzlerisch)

Such|ak|ti|on; Such|dienst

Su|che, die; -, -n; **su|chen; Su|cher**

Such|funk|ti|on *(EDV);* **Such|ma|schi|ne** (*EDV* Programmsystem zur Informationsrecherche im Internet)

Sucht, die; -, *Plur.* Süchte *od.* Suchten

Sucht|ge|fahr; sucht|ge|fähr|det

süch|tig

Sud, der; -[e]s, -e (Flüssigkeit, in der etwas gekocht wurde)

Süd (Himmelsrichtung; *Abk.* S); Nord und Süd; *fachspr.* der Wind kommt aus Süd; Autobahnausfahrt Frankfurt-Süd *od.* Frankfurt Süd; *vgl.* Süden

süd|af|ri|ka|nisch; die Südafrikanische Union (*ehem. Bez. für* Republik Südafrika)

süd|deutsch *vgl.* deutsch / Deutsch

Su|de|lei *(ugs.);* **su|deln** (*ugs. für* Schmutz verursachen; schmieren); ich sud[e]le

Sü|den, der; -s (Himmelsrichtung; *Abk.* S); der Wind kommt aus Süden; sie zogen gen Süden; *vgl.* Süd

su|de|ten|deutsch *vgl.* deutsch / Deutsch

Süd|küs|te; süd|län|disch

süd|lich; südlicher Breite (*Abk.* s[üdl]. B.); südlich des Meeres; südlich von Köln, *selten:* südlich Kölns

Su|do|ku [*auch* zu'do:ku], das; -[s], -s (ein Rätselspiel mit Zahlenquadraten)

Süd|ost (Himmelsrichtung; *Abk.* SO); **Süd|os|ten,** der; -s (*Abk.* SO); gen Südosten; *vgl.* Südost; **süd|öst|lich**

Süd|pol; Süd|see, die; - (Pazifischer Ozean, bes. der südl. Teil); **süd|wärts**

Süd|west (Himmelsrichtung; *Abk.* SW); **Süd|wes|ten,** der; -s (*Abk.* SW); gen Südwesten; **süd|west|lich**

Suff, der; -[e]s (*ugs. für* das Betrunkensein)

süf|fig (*ugs. für* gut trinkbar)

süf|fi|sant

Suf|fix [*auch* ...'fɪks], das; -es, -e (*Sprachwiss.* hinten an den Wortstamm angefügtes Wortbildungselement)

sug|ge|rie|ren (seelisch beeinflussen; einreden); **Sug|ges|ti|on,** die; -, -en (seelische Beeinflussung); **sug|ges|tiv** (seelisch beeinflussend; verfänglich)

Suh|le, die; -, -n (feuchte Bodenstelle); **suh|len,** sich; das Schwein suhlt sich im Dreck

Süh|ne, die; -, -n; **süh|nen**

Sui|te ['svi:t(ə)], die; -, -n (zusammengehörende Zimmer in einem [luxuriösen] Hotel; *Musik* Folge von [Tanz]sätzen)

Su|i|zid, der, *auch* das; -[e]s, -e (Selbstmord)

Su|jet [zy'ʒe:], das; -s, -s (Gegenstand künstlerischer Darstellung; Stoff)

suk|zes|siv (allmählich [eintretend]); ein sukzessiver Abwärtstrend

Sul|fat, das; -[e]s, -e (Salz der Schwefelsäure)

Sul|fid, das; -[e]s, -e (Salz der Schwefelwasserstoffsäure)

Sul|fit, das; -s, -e (Salz der schwefligen Säure)

Sul|ky [...ki, *auch* 'sal...], der, *auch* das; -s, -s (zweirädriger Wagen für Trabrennen)

Sul|tan, der; -s, -e (Titel islam. Herrscher)

Sul|ta|ni|ne, die; -, -n (große Rosine)

Sül|ze, die; -, -n (Fleisch, Fisch u. a. in Gallert); **sül|zen** (zu Sülze verarbeiten; *ugs. auch für* [dummes Zeug] reden, quatschen); du sülzt; gesülzt

sum|ma cum lau|de (höchstes Prädikat bei Doktorprüfungen)

Sum|mand, der; -en, -en (*Math.* hinzuzuzählende Zahl); **sum|ma|risch** (kurz zusam-

mengefasst); **sum|ma sum|ma|rum** (alles in allem); **Sum|me,** die; -, -n; in Summe (*österr. für* insgesamt)
sum|men; eine Melodie summen; **Sum|mer** (Vorrichtung, die Summtöne erzeugt)
sum|mie|ren (zusammenzählen); sich summieren (anwachsen); **Sum|mie|rung**
Sumpf, der; -[e]s, Sümpfe; **Sumpf|fie|ber** (Malaria); **sump|fig**
Sun|blo|cker ['san...], der; -s, - (Sonnenschutzmittel mit hohem Lichtschutzfaktor)
Sund, der; -[e]s, -e (Meerenge [zwischen Ostsee u. Kattegat])
Sün|de, die; -, -n
Sün|den|bock *(ugs.);* **Sün|den|fall,** der
Sün|der; Sün|de|rin
sünd|haft; sündhaft teuer *(ugs.);* **sün|dig**
sün|di|gen
Sun|nit, der; -en, -en (Angehöriger der orthodoxen Hauptrichtung des Islams); **Sun|ni|tin; sun|ni|tisch**
su|per (*ugs. für* hervorragend, großartig); das war super, eine super Schau; er hat super gespielt; **Su|per,** das; -s *meist ohne Artikel* (*kurz für* Superbenzin)
Su|per|food [...fu:t, *auch* 's(j)u:...], das; -[s], -s *meist ohne Artikel* (bes. gesunde[s], nährstoffreiche[s] Nahrungsmittel)
Su|per-G [...dʒi:], der; -[s], -[s] (ein Skiwettbewerb)
Su|per|held
Su|pe|ri|or, der; -s, ...oren (Oberer, Vorgesetzter, bes. in Klöstern)
Su|per|la|tiv, der; -s, -e (*Sprachwiss.* 2. Steigerungsstufe, z. B. »schönste«)
Su|per|macht; Su|per|markt; Su|per|mo|del, das (*ugs. für* bes. berühmtes Fotomodell); **Su|per|star** (*ugs. für* bes. großer, berühmter Star); *vgl.* [2]Star
Sup|pe, die; -, -n; **Sup|pen|löf|fel**
sup|plie|ren (*veraltet, österr. noch für* Schulstunden vertretungsweise halten)
Sup|port [sʊpɔrt], der; -[e]s, -e (*EDV* Unterstützung)
Surf|brett ['sœ:ɐ̯f...]; **sur|fen** ['sœ:ɐ̯fn̩] (auf dem Surfbrett fahren; im Internet nach Informationen suchen); **Sur|fer; Sur|fe|rin; Sur|fing,** das; -s (Wellenreiten, Brandungsreiten; Windsurfen)
sur|re|al [*auch* 'zʏ...] (unwirklich)
Sur|re|a|lis|mus [*auch* zʏre...], der; - (Kunst- u. Literaturrichtung, die das Traumhaft-Unbewusste künstlerisch darstellen will); **Sur|re|a|list,** der; -en, -en; **sur|re|a|lis|tisch**
sur|ren; das Rad surrt
Sur|ro|gat, das; -[e]s, -e (Ersatz, Behelf)
Su|shi ['zu:ʃi], das; -[s], -[s] (japanisches Gericht in Form kleiner Häppchen aus essigsaurem Reis u. verschiedenen Zutaten, bes. rohem Fisch u. a. Meerestieren)
su|s|pekt (verdächtig)
sus|pen|die|ren (zeitweilig entlassen, aufheben); **Sus|pen|die|rung**
süß; am sü|ßes|ten; **Sü|ße,** die; -; **sü|ßen;** du süßt
Sü|ßig|keit
süß|lich; süß|sau|er
Süß|spei|se; Süß|stoff; Süß|was|ser
SUV [*auch* zʊf, ɛsju:'vi:], das *od.* der; -[s], -[s] = sport utility vehicle (Geländewagen)
Swap [svɔp], der; -s, -s (*Bankw., Börse* Austausch bestimmter Rechte o. Ä; Differenz zwischen Kassakurs u. Terminkurs)
Sweat|shirt ['svɛ...] (weit geschnittener Pullover)
Swim|ming|pool, der; -s, -s (Schwimmbecken)
Swing, der; -[s] (ein Stil des Jazz; *Wirtsch.* Kreditgrenze bei bilateralen Handelsverträgen); **swin|gen;** swingte; geswingt
Sym|bi|o|se, die; -, -n (»Zusammenleben« ungleicher Lebewesen zu gegenseitigem Nutzen); **sym|bi|o|tisch** (in Symbiose lebend)
Sym|bol, das; -s, -e (Wahrzeichen; Sinnbild; Zeichen); **Sym|bol|fi|gur; sym|bol|haft**
Sym|bo|lik, die; - (sinnbildliche Bedeutung od. Darstellung; Bildersprache)
sym|bo|lisch; sym|bo|li|sie|ren (sinnbildlich darstellen); **sym|bol|träch|tig**
Sym|me|t|rie, die; -, ...ien (spiegelbildliche

Übereinstimmung); **Sym|me|t|rie|ach|se** (*Math.* Spiegelachse); **sym|me|t|risch**

Sym|pa|thie, die; -, ...ien ([Zu]neigung; Wohlgefallen); **Sym|pa|thie|trä|ger** (jmd., der die Sympathie anderer auf sich zieht)

Sym|pa|thi|sant, der; -en, -en (jmd., der einer Gruppe od. einer Anschauung wohlwollend gegenübersteht)

sym|pa|thisch (anziehend; ansprechend)

sym|pa|thi|sie|ren (gleiche Anschauungen haben); mit jmdm. sympathisieren

Sym|pho|nie *vgl.* Sinfonie

Sym|po|si|on, Sym|po|si|um, das; -s, ...ien (wissenschaftl. Tagung; Trinkgelage im alten Griechenland)

Sym|p|tom, das; -s, -e (Anzeichen; Merkmal; Krankheitszeichen); **sym|p|to|ma|tisch** (anzeigend, warnend; bezeichnend)

Sy|n|a|go|ge, die; -, -n (gottesdienstl. Versammlungsort der jüd. Gemeinde)

Sy|n|ap|se, die; -, -n (*Biol.* Verbindung zwischen Zellen zur Reizübertragung)

syn|chron [...k...] (gleichzeitig, zeitgleich, gleichlaufend; *auch für* synchronisch)

Syn|chro|ni|sa|ti|on, die; -, -en *u.* Syn|chro|ni|sie|rung (Zusammenstimmung von Bild, Sprechton u. Musik im Film; bild- u. bewegungsechte Übertragung fremdsprachiger Partien eines Films); **syn|chro|ni|sie|ren**

Syn|di|kat, das; -[e]s, -e (*Wirtsch.* Verkaufskartell; *Bez. für* geschäftlich getarnte Verbrecherorganisation in den USA)

S

Syn|drom, das; -s, -e (*Med.* Krankheitsbild); depressives Syndrom

Sy|n|er|gie, die; -, ...ien (Zusammenwirken); **Sy|n|er|gie|ef|fekt** (positive Wirkung, die sich aus einer Zusammenarbeit ergibt)

Syn|ko|pe ['zʏnkope, *Musik nur* ...'ko:pə], die; -, ...open (*Sprachwiss.* Ausfall eines unbetonten Vokals zwischen zwei Konsonanten im Wortinnern; *Musik* Betonung eines unbetonten Taktwertes)

Sy|n|o|de, die; -, -n (Kirchenversammlung, bes. die evangelische)

sy|n|o|nym (*Sprachwiss.* sinnverwandt); synonyme Wörter; **Sy|n|o|nym,** das; -s, *Plur.* -e, *auch* Synonyma (*Sprachwiss.* sinnverwandtes Wort)

Sy|n|op|se, Sy|n|op|sis, die; -, ...opsen (knappe Zusammenfassung; vergleichende Übersicht); **sy|n|op|tisch** ([übersichtlich] zusammengestellt, nebeneinandergereiht); synoptische Evangelien

syn|tak|tisch (die Syntax betreffend); syntaktische Fügung; **Syn|tax,** die; -, -en (*Sprachwiss.* Lehre vom Satzbau; Satzlehre)

Syn|the|se, die; -, -n (Zusammenfügung [einzelner Teile zu einem Ganzen])

Syn|the|si|zer [*engl.* 'sɪnθɪsai̯zə, 'sʏntəsai̯zɐ], der; -s, - (*Musik* Gerät zur elektron. Klangerzeugung)

Syn|the|tics [zʏn'te:tɪks] *Plur.* (*Sammelbez. für* synthet. erzeugte Kunstfasern u. Produkte daraus); **Syn|the|tik,** das; -s *meist ohne Artikel;* **syn|the|tisch** (zusammensetzend; *Chemie* künstlich hergestellt); synthetisches Urteil *(Philos.);* synthetische Edelsteine; **syn|the|ti|sie|ren** (*Chemie* aus einfacheren Stoffen herstellen)

Sy|phi|lis, die; - (*Med.* eine Geschlechtskrankheit)

Sy|ri|en (Staat im Vorderen Orient)

Sys|tem, das; -s, -e; **Sys|te|ma|tik,** die; -, -en (planmäßige Darstellung, einheitl. Gestaltung); **sys|te|ma|tisch** (das System betreffend; in ein System gebracht; planmäßig); **sys|te|ma|ti|sie|ren** (in ein System bringen); **Sys|tem|feh|ler** *(EDV)*

sys|te|misch (*Biol., Med.* den gesamten Organismus betreffend; *auch übertr. für* ein Gesamtsystem beeinflussend)

Sze|na|rio, das; -s, -s, *auch* ...ien (Entwurf eines Films; Modell möglicher Ereignisse)

Sze|na|ri|um, das; -s, ...ien (Übersicht über Szenenfolge u. a. eines Theaterstücks)

Sze|ne, die; -, -n (Schauplatz; Auftritt als Unterabteilung des Aktes; Vorgang, Anblick; Zank, Vorhaltungen; charakteristischer Bereich für bestimmte Aktivitäten); **Sze|nen|wech|sel; Sze|ne|rie,** die; -, ...ien (Bühnen-, Landschaftsbild); **Sze|ne|treff** *(ugs.);* **sze|nisch** (bühnenmäßig)

T t

T (Buchstabe); das T; des T, die T, *aber* das t in Rate; der Buchstabe T, t

[1]**Tab** [tɛp], der; -s, -s (*EDV* Dialogfeld)

[2]**Tab,** der; -s, -s (*kurz für* Tabulator)

Ta|bak [*auch* 'ta:... *u., bes. österr.,* ...'bak], der; -s, *Plur. (Sorten:)* -e; **Ta|bak|in|dus|t|rie; Ta|baks|pfei|fe; Ta|bak|steu|er,** die

ta|bel|la|risch (in der Anordnung einer Tabelle); **Ta|bel|le,** die; -, -n

Ta|bel|len|füh|rer; Ta|bel|len|füh|re|rin; Ta|bel|len|füh|rung; Ta|bel|len|kal|ku|la|ti|on *(EDV);* **Ta|bel|len|platz**

Ta|ber|na|kel, das, *auch, bes. in der kath. Kirche,* der; -s, - (*kath. Kirche* Aufbewahrungsort der Eucharistie [auf dem Altar]; Ziergehäuse in der gotischen Baukunst)

Ta|b|leau [...'blo:], das; -s, -s (wirkungsvoll gruppiertes Bild, bes. im Schauspiel; *veraltet für* Gemälde)

Ta|b|let ['tɛblət], das; -s, -s (*EDV* durch Berühren des Bildschirms mit dem Finger bedienbarer, kleiner u. flacher Computer)

Ta|b|lett, das; -[e]s, *Plur.* -s, *auch* -e (Servierbrett)

Ta|b|let|te, die; -, -n

ta|bu (unantastbar); *nur prädikativ:* das ist tabu; **Ta|bu,** das; -s, -s (*Völkerkunde* Gebot bei [Natur]völkern, bes. geheiligte Personen, Tiere, Pflanzen, Gegenstände zu meiden; *allg. für* etwas, das man nicht tun darf); es ist ein Tabu; **Ta|bu|bruch; ta|bu|i|sie|ren,** ta|bu|ie|ren (für tabu erklären, als ein Tabu behandeln); **Ta|bu|the|ma**

Ta|che|les; nur in Tacheles reden *(ugs. für* offen miteinander reden

Ta|cho, der; -s, -s (*ugs.; kurz für* Tachometer); **Ta|cho|me|ter,** der, *auch* das; -s, - ([Fahr]geschwindigkeitsmesser)

Tack|ling ['tɛk...], das; -s, -s (*Fußball* Verteidigungstechnik, bei der der Verteidigende in die Füße des Gegners hineinrutscht)

Ta|del, der; -s, -; **ta|del|los**

ta|deln; ich tad[e]le

Tae|k|won|do [tɛ...], das; -[s] (koreanisches System der Selbstverteidigung)

Ta|fel, die; -, -n; *Abk.* Taf.

ta|feln (*geh. für* speisen); ich taf[e]le

tä|feln (mit Steinplatten, Holztafeln verkleiden); ich täf[e]le

Ta|fel|sil|ber, das; -s (Tafelbesteck aus Silber)

taff *vgl.* tough

Tag, der; -[e]s, -e; am, bei Tage; Tag für Tag; Tag und Nacht; von Tag zu Tag; eines [schönen] Tags oder Tages; den ganzen Tag; unter Tags (den Tag über); über Tag, unter Tage *(Bergmannssprache);* wir wollen nur Guten oder guten Tag sagen; zu Tage *od.* zutage bringen, kommen; *aber nur*: tags; tags darauf; tags zuvor; tagsüber; tagtäglich; tagelang; heutzutage

tag|aus, tag|ein

Ta|ge|bau *Plur.* ...baue

Ta|ge|buch; ta|ge|lang; *aber* ganze, mehrere, zwei Tage lang

ta|gen (eine Tagung, Sitzung abhalten)

Ta|ges|ab|lauf; ta|ges|ak|tu|ell; Ta|ges|aus|flug; Ta|ges|geld *(Bankw.);* **Ta|ges|ge|schäft; Ta|ges|ge|spräch; Ta|ges|kar|te; Ta|ges|licht,** das; -[e]s; **Ta|ges|licht|pro|jek|tor** (*für* Overheadprojektor); **Ta|ges|mut|ter** *Plur.* ...mütter; **Ta|ges|ord|nung; Ta|ges|ord|nungs|punkt** (*Abk.* TOP); **Ta|ges|satz; Ta|ges|stät|te; Ta|ges|zeit; Ta|ges|zei|tung**

täg|lich (alle Tage)

tags; tags darauf, tags zuvor; *vgl.* Tag

tags|über

tag|täg|lich

Tag|traum; Tag|und|nacht|glei|che, Tag-und-Nacht-Glei|che, die; - (*selten* -n), -n; Frühjahrs-Tagundnachtgleiche

Ta|gung; Ta|gungs|ort *Plur.* ...orte

Tai *vgl.* Thai

Tai|fun, der; -s, -e (trop. Wirbelsturm)

Tai|ga, die; -, -s *Plur. selten* (sibirischer Waldgürtel)

Tail|le ['taljə, *österr.* 'tai̯ljə], die; -, -n (schmalste Stelle des Rumpfes); **tail|liert**
Take [tɛi̯k], der *od.* das; -s, -s (*Film, Fernsehen* einzelne Szenenaufnahme)
Take-away, **Take|away** ['tɛi̯kʔəvɛi̯], der *u.* das; -s, -s (Imbisslokal, in dem Speisen u. Getränke vor allem zum Mitnehmen verkauft werden)
Ta|ke|la|ge [...ʒə], die; -, -n (Segelausrüstung eines Schiffes)
Take-off, **Take|off** ['tɛi̯kʔɔf], das *od.* der; -[s], -s (Start eines Flugzeugs o. Ä.; Beginn)
[1]**Takt**, der; -[e]s, -e (*nur Sing.:* Zeit-, Tonmaß; Zeiteinheit in einem Musikstück); Takt halten
[2]**Takt**, der; -[e]s (Feingefühl; Zurückhaltung)
Takt|fre|quenz *(EDV)*
Takt|ge|fühl, das; -[e]s
[1]**tak|tie|ren** (den [1]Takt angeben)
[2]**tak|tie|ren** (taktisch vorgehen)
Tak|tik, die; -, -en (geschicktes Vorgehen, planmäßige Ausnutzung einer Lage); **Tak|ti|ker; Tak|ti|ke|rin; tak|tisch**
takt|los; Takt|lo|sig|keit
Takt|stock *Plur.* ...stöcke; **Takt|strich** *(Musik)*
takt|voll
Tal, das; -[e]s, Täler; zu Tal[e] fahren
Ta|lar, der; -s, -e (langes Amtskleid)
Ta|lent, das; -[e]s, -e (Begabung; jmd., der [auf einem bestimmten Gebiet] besonders begabt ist); **ta|len|tiert** (begabt)
Ta|ler, der; -s, - (frühere Münze)
Talg, der; -[e]s, -e ([Rinder-, Hammel]fett); **Talg|drü|se**
Ta|li|ban, der; -[s], - *meist Plur.* (Angehöriger einer radikalen islamischen Miliz in Afghanistan)
Ta|lis|man, der; -s, -e (Glücksbringer)
[1]**Talk**, der; -[e]s (ein Mineral)
[2]**Talk** [tɔːk], der; -s, -s (*ugs. für* Unterhaltung, Plauderei, [öffentliches] Gespräch)
tal|ken ['tɔːkn̩] (*ugs. für* sich in einer Talkshow unterhalten)
Talk|mas|ter ['tɔːk...] (Moderator einer Talkshow); **Talk|mas|te|rin; Talk|show** ['tɔːkʃɔu̯], die; -, -s (Fernsehsendung, in der ein Moderator od. eine Moderatorin u. geladene Gäste miteinander sprechen)
Tal|soh|le; Tal|sper|re
tal|wärts; talwärts fahren
Tam|bu|rin [*auch* ...'riːn], das; -s, -e (kleine Hand-, Schellentrommel; Stickrahmen)
Tam|pon [...pɔŋ, ...pɔn, *österr. nur* ...'poːn], der; -s, -s (*Med.* [Watte-, Mull]bausch)
Tand, der; -[e]s (wertloses Zeug)
Tän|de|lei; tän|deln; ich tänd[e]le
Tan|dem, das; -s, -s (zweisitziges Fahrrad)
Tang, der; -[e]s, -e (Bezeichnung mehrerer größerer Arten der Braunalgen)
Tan|ga, der; -s, -s (sehr knapper Bikini od. Slip)
Tan|gens ['taŋgɛns], der; -, - (*Math.* eine Winkelfunktion im Dreieck; *Zeichen* tan)
Tan|gen|te, die; -, -n (Gerade, die eine gekrümmte Linie in einem Punkt berührt)
tan|gie|ren (berühren)
Tan|go, der; -s, -s (ein Tanz)
Tank, der; -s, *Plur.* -s, *seltener* -e; **tan|ken; Tan|ker**
Tan|ki|ni, der; -s, -s (Bikini mit einem ärmellosen T-Shirt als Oberteil)
Tank|stel|le; Tank|wart; Tank|war|tin
Tan|ne, die; -, -n; **Tan|nen|baum; Tan|nen|zap|fen**
Tan|te, die; -, -n
Tan|ti|e|me [*auch* tã...], die; -, -n (*Kaufmannsspr.* Gewinnbeteiligung an einem Unternehmen)
Tanz, der; -es, Tänze; **Tanz|bar**, die
tän|zeln; ich tänz[e]le
tan|zen; du tanzt; die Puppen tanzen lassen
Tän|zer; Tän|ze|rin; tän|ze|risch
Tanz|flä|che; Tanz|grup|pe; Tanz|the|a|ter
Tao [*auch* tau̯], das; - (das absolute, vollkommene Sein in der chin. Philosophie)
Ta|pa, die; -, -s *od.* der; -s, -s *meist Plur.* (in Bars o. Ä. angebotener Appetithappen)
Tape [teːp], das, *auch* der; -[s], -s (Band, Tonband); **Tape|deck**, das; -s, -s (Tonbandgerät ohne Verstärker u. Lautsprecher)

T

ta|pen ['teɪpn̩] (*ugs. für* einen Tapeverband anlegen)
Ta|pet, das; *nur noch in* etwas aufs Tapet (*ugs. für* zur Sprache) bringen
Ta|pe|te, die; -, -n
ta|pe|zie|ren; Ta|pe|zier|tisch
tap|fer; Tap|fer|keit
Ta|pir [*österr.* ...'pi:ɐ̯], der; -s, -e (südamerik. u. asiat. Tier mit dichtem Fell u. kurzem Rüssel)
tap|pen
täp|pisch (ungeschickt, unbeholfen)
tap|sen *(ugs.);* du tapst
Ta|ran|tel, die; -, -n (südeurop. Wolfsspinne)
Ta|rif, der; -[e]s, -e (Lohn-, Preisstaffel; Gebührenordnung)
Ta|rif|ab|schluss; Ta|rif|au|to|no|mie; Ta|rif|er|hö|hung; Ta|rif|kom|mis|si|on; Ta|rif|kon|flikt; ta|rif|lich; Ta|rif|lohn; Ta|rif|par|tei *meist Plur.;* **Ta|rif|part|ner; Ta|rif|po|li|tik; Ta|rif|streit; Ta|rif|ver|hand|lung; Ta|rif|ver|trag;** Tarifvertrag für den öffentlichen Dienst (*Abk.* TVöD)
tar|nen; sich tarnen; **Tar|nung**
Ta|rock, das, *österr. nur so, od.* der; -s, -s (ein Kartenspiel)
Tar|tu|fo, das; -s, -s (mit Schokolade überzogene Halbkugel aus Speiseeis)
Tar|zan, der; -[s], -e
Ta|sche, die; -, -n; **Ta|schen|buch; Ta|schen|dieb; Ta|schen|die|bin; Ta|schen|geld; Ta|schen|lam|pe; Ta|schen|rech|ner; Ta|schen|tuch** *Plur.* ...tücher
Tas|se, die; -, -n
Tas|ta|tur, die; -, -en
Tas|te, die; -, -n; **tas|ten** (*Druckw. auch für* den Taster bedienen); **Tast|sinn,** der; -[e]s
tat *vgl.* tun; **Tat,** die; -, -en; in der Tat
Tat|be|stand; Tat|ein|heit, die; -; in Tateinheit mit ... *(Rechtsspr.)*
Ta|ten|drang, der; -[e]s; **ta|ten|los**
Tä|ter; Tä|te|rin; Tä|ter|schaft
Tat|her|gang
tä|tig; tä|ti|gen *(Kaufmannsspr.);* ein Geschäft, einen Kauf tätigen (*dafür besser:* abschließen); **Tä|tig|keit; Tä|tig|keits|feld**
Tat|kraft, die; -; **tat|kräf|tig**
tät|lich; tätlich werden; tätlicher Angriff; **Tät|lich|keit** *meist Plur.*
Tat|ort, der; -[e]s, ...orte
tä|to|wie|ren (Zeichnungen mit Farbstoffen in die Haut einritzen); **Tä|to|wie|rung** (Hautzeichnung)
Tat|sa|che; tat|säch|lich [*auch* ...'zɛ...]
tät|scheln; ich tätsch[e]le
Tat|ter|greis *(ugs.);* **Tat|ter|grei|sin**
tat|te|rig, tatt|rig *(ugs.)*
Tat|too [tɛ'tu:], das, seltener: der; -s, -s (*engl. Bez. für* Tätowierung)
tatt|rig *vgl.* tatterig
Tat|ver|dacht; tat|ver|däch|tig
Tat|waf|fe
Tat|ze, die; -, -n (Pfote, Fuß der Raubtiere)
Tat|zeit
[1]**Tau,** der; -[e]s (Niederschlag)
[2]**Tau,** das; -[e]s, -e (starkes [Schiffs]seil)
[3]**Tau,** das; -[s], -s (griech. Buchstabe: Τ, τ)
taub; sich taub stellen; taube (leere) Nuss
[1]**Tau|be,** die; -, -n
[2]**Tau|be,** der *u.* die; -n, -n
Tau|ben|schlag
Tau|be|rich, Täu|be|rich, der; -s, -e
Taub|heit, die; -
Taub|nes|sel (eine Pflanze)
taub|stumm *(veraltend; bes. von Gehörlosen oft als diskriminierend empfunden)*
tau|chen; Tau|cher; Tau|che|rin
Tauch|sie|der
[1]**tau|en;** es taut
[2]**tau|en** (*nordd. für* mit einem Tau vorwärtsziehen; schleppen)
Tau|fe, die; -, -n; **tau|fen; Täu|fer**
Tauf|kir|che; Tauf|kleid
Tauf|pa|te; Tauf|pa|tin
tau|frisch
tau|gen; das taugt nichts; das taugt mir (*österr. für* gefällt mir)
Tau|ge|nichts, der; *Gen.* - *u.* -es, *Plur.* -e
taug|lich; Taug|lich|keit
Tau|mel, der; -s; **tau|meln;** ich taum[e]le
Tausch, der; -[e]s, *Plur.* -e *u.* Täusche; **Tausch|bör|se; tau|schen;** du tauschst

täu|schen; du täuschst; täuschend ähnlich
Täu|schung
tau|send; [acht] von tausend; bis tausend zählen; tausend Dank; ein paar tausend oder Tausend [Menschen]; einige, mehrere, viele tausende oder Tausende [von Reisenden]; die Besucher kamen zu tausenden oder Tausenden; tausend und abertausend oder Tausend und Abertausend Sterne; tausende und abertausende oder Tausende und Abertausende bunter Laternen; [ein]tausend[und]ein Euro
[1]**Tau|send,** der (*veraltet für* Teufel); *nur noch in* ei der Tausend!, potztausend!
[2]**Tau|send,** die; -, -en (Zahl); *vgl.* [1]Acht
[3]**Tau|send,** das; -s, -e (Maßeinheit; *Abk.* Tsd.); das ist ein Tausend Zigarren (eine Kiste mit einem Tausend Zigarren); [fünf] vom Tausend (*Abk.* v. T., p. m.; *Zeichen* ‰); in Tausend oder tausend (in Listen, Tabellen u. Ä.); *vgl.* tausend
tau|send|ein, tau|send|und|ein *(vgl. d.);* **tau|send|eins,** tau|send|und|eins
Tau|sen|der *vgl.* Achter; **tau|sen|der|lei**
tau|send|fach; Tau|send|fü|ßer, Tau|send|füß|ler; tau|send|jäh|rig; eine tausendjährige Tradition; *aber* das Tausendjährige Reich *(biblisch)*
tau|send|mal *vgl.* achtmal, hundertmal
tau|sends|te *vgl.* achte, hundertste; **Tau|sends|tel,** das, *schweiz. meist* der; -s, -; *vgl.* Achtel
tau|send|und|ein; *vgl.* hundert[und]ein; ein Märchen aus Tausendundeiner Nacht; **tau|send|und|eins** *vgl.* tausendeins
Tau|trop|fen; Tau|wet|ter
Tau|zie|hen, das; -s (*übertr. auch für* Hin u. Her)
Ta|ver|ne, die; -, -n (italienisches Wirtshaus)
[1]**Ta|xe,** die; -, -n ([Wert]schätzung; [amtlich] festgesetzter Preis; Gebühr)
[2]**Ta|xe,** die; -, -n (*svw.* Taxi)
Ta|xi, das, *schweiz. auch* der; -s, -s
ta|xie|ren (schätzen, den Wert ermitteln)
Ta|xi|fah|rer; Ta|xi|fah|re|rin

T

Tb, Tbc *od.* **Tbk** = Tuberkulose
Teak [ti:k], das; -s (Holz des Teakbaums)
Team [ti:m], das; -s, -s (Arbeitsgruppe; *Sport* Mannschaft, *österr. auch für* Nationalmannschaft); **Team|ar|beit; Team|chef; Team|che|fin; team|fä|hig; Team|fä|hig|keit; Team|geist,** der; -[e]s; **Team|ma|na|ger; Team|ma|na|ge|rin; Team|work** [...vœ:ɐ̯k], das; -s, -s (Gemeinschaftsarbeit)
TecDAX® (Aktienindex, der die 30 größten an der Frankfurter Wertpapierbörse notierten Technologieunternehmen umfasst)
Tech|nik, die; -, -en; **Tech|ni|ker; Tech|ni|ke|rin; tech|nisch;** technischer *od.* Technischer Zeichner (als Berufs- *od.* Funktionsbezeichnung); *aber* Technisches Hilfswerk; Technischer Überwachungs-Verein (*Abk.:* TÜV)
Tech|no ['tɛk...], das *od.* der; -[s] (elektronische, von bes. schnellem Rhythmus bestimmte Tanzmusik)
Tech|no|krat, der; -en, -en; **Tech|no|kra|tie,** die; -, ...ien (vorherrschende Stellung der Technik in Wirtschaft u. Politik); **Tech|no|kra|tin**
Tech|no|lo|gie, die; -, ...ien (Gesamtheit der techn. Prozesse in einem Fertigungsbereich; techn. Verfahren)
Tech|no|lo|gie|park (Gelände, auf dem Firmen moderne Technologien entwickeln)
Tech|no|lo|gie|trans|fer (Weitergabe technologischer Forschungsergebnisse); **Tech|no|lo|gie|zen|t|rum; tech|no|lo|gisch**
Tech|tel|mech|tel [*auch* 'tɛ...], das; -s, - (*ugs. für* Liebelei, Flirt)
Te|ckel, der; -s, - (*fachspr. für* Dackel)
TED [tɛt], der; -s (Computer, der telefonische Stimmabgaben annimmt u. hochrechnet)
Ted|dy [...di], der; -s, -s (Stoffbär als Kinderspielzeug); **Ted|dy|bär,** der; -en, -en
[1]**Tee,** der; -s, -s; schwarzer, grüner, russischer Tee
[2]**Tee** [ti:], das; -s, -s (*Golf* kleiner Stift, der in den Boden gedrückt u. auf den der Golfball vor dem Abschlag aufgesetzt wird)

Tee-Ei, **Tee|ei; Tee|kan|ne; Tee|löf|fel**
Teen [ti:n], der; -s, -s *meist Plur.* (*ugs. für* Junge od. Mädchen im Alter zwischen 13 u. 19 Jahren); **Teen|ager** ['ti:nʔɛɪ̯dʒɐ] *vgl.* Teen; **Tee|nie**, **Tee|ny** ['ti:ni], der; -s, -s ([jüngerer, bes. w.] Teen)
Teer, der; -[e]s, -e; **tee|ren;** teeren und federn (früher als Strafe); **tee|rig**
Te|gel, der; -s (kalkreicher Ton)
Teich, der; -[e]s, -e (Gewässer)
teig (*landsch. für* überreif, weich)
Teig, der; -[e]s, -e; den Teig gehen lassen; **tei|gig; Teig|wa|ren** *Plur.*
Teil, der *od.* das; -[e]s, -e; zum Teil; ein großer Teil des Gebietes; sie prüfte jedes Teil (Stück); ein gut Teil; sein[en] Teil dazu beitragen; ich für mein[en] Teil; *aber* teils; einesteils; größtenteils; *vgl. auch* teilhaben; teilnehmen; zuteilwerden
teil|bar; eine durch drei teilbare Zahl
Teil|be|reich
Teil|chen
tei|len; geteilt; zehn geteilt durch fünf ist, macht, gibt (*nicht:* sind, machen, geben) zwei; **Tei|ler;** größter gemeinsamer Teiler (*Abk.* g. g. T., ggT)
Teil|er|folg
Teil|ha|be, die; -; **teil|ha|ben;** du hast teil *aber* du hast keinen Teil; teilgehabt; teilzuhaben; **Teil|ha|ber; Teil|ha|be|rin**
teil|haf|tig [*auch* ...'ha...]; einer Sache teilhaftig sein, werden
Teil|men|ge *(Math.)*
Teil|nah|me, die; -; **Teil|nah|me|ge|bühr; teil|nahms|los**
teil|neh|men; du nimmst teil; teilgenommen; teilzunehmen; **teil|neh|mend**
Teil|neh|mer; Teil|neh|me|rin
teils; es lief teils gut, teils schlecht
Teil|stück
Tei|lung
teil|wei|se
Teil|zah|lung
Teil|zeit, die; -; Teilzeit arbeiten; ich arbeite Teilzeit; weil sie Teilzeit arbeitet; du hast Teilzeit gearbeitet; Teilzeit zu arbeiten; Teilzeit arbeitende *od.* teilzeitarbeitende Frauen; in Teilzeit arbeiten
Teil|zeit|ar|beit; Teil|zeit|stel|le
Teint [tɛ̃:], der; -s, -s (Gesichtsfarbe; Beschaffenheit der Gesichtshaut)
Te|le, das; -[s], -[s] *Plur. selten* (*Jargon* Teleobjektiv)
Te|le|fax, das; -, -e (Fernkopie; Fernkopierer); **te|le|fa|xen** (fernkopieren); du telefaxt, hast getelefaxt
Te|le|fon [*auch* telə'fo:n], das; -s, -e
Te|le|fon|an|la|ge; Te|le|fon|an|ruf; Te|le|fon|an|schluss; Te|le|fo|nat, das; -[e]s, -e (Telefongespräch, Anruf); **Te|le|fon|buch; Te|le|fon|ge|sell|schaft; Te|le|fon|ge|spräch; Te|le|fon|hö|rer**
Te|le|fo|nie, die; - (Sprechfunk; Fernmeldewesen); **te|le|fo|nie|ren; te|le|fo|nisch**
Te|le|fo|nist, der; -en, -en (Angestellter im Fernsprechverkehr); **Te|le|fo|nis|tin**
Te|le|fon|kar|te; Te|le|fon|kon|fe|renz; Te|le|fon|lei|tung; Te|le|fon|netz; Te|le|fon|num|mer; Te|le|fon|rech|nung; Te|le|fon|über|wa|chung; Te|le|fon|zel|le
te|le|gen (für Fernsehaufnahmen geeignet)
Te|le|graf, Te|le|graph, der; -en, -en (Apparat zur Übermittlung von Nachrichten durch vereinbarte Zeichen); **Te|le|gra|fie**, Te|le|gra|phie, die; - (elektrische Fernübertragung von Nachrichten mit vereinbarten Zeichen); **te|le|gra|fie|ren**, te|le|gra|phie|ren; **te|le|gra|fisch**, te|le|gra|phisch
Te|le|gramm, das; -s, -e
Te|le|graph usw. *vgl.* Telegraf usw.
Te|le|kol|leg (unterrichtende Sendereihe im Fernsehen); **Te|le|kom|mu|ni|ka|ti|on** (Kommunikation mithilfe elektronischer Medien); **Te|le|lear|ning** [...lə:nɪŋ], das; -s (Unterricht mithilfe der Telekommunikation); **Te|le|ma|tik**, die; - (auf die Verbindung von Datenverarbeitung u. Telekommunikation gerichteter Forschungsbereich); **Te|le|no|ve|la**, die; -, -s (Fernsehfilm in vielen, fast täglichen Fortsetzungen); **Te|le|ob|jek|tiv** (Linsenkombination für Fernaufnahmen)

Te|le|pa|thie, die; - (Fernfühlen ohne körperliche Vermittlung); **te|le|pa|thisch** *(Parapsychol.)*
Te|le|shop|ping [...ʃɔpɪŋ], das; -s (Bestellung von Waren, die in elektronischen Medien angeboten werden)
Te|le|s|kop, das; -s, -e (Fernrohr)
Te|le|text, der; -[e]s (System zur elektron. Übermittlung von Texten auf dem Bildschirm eines Fernsehgeräts)
Te|le|tub|bies® [...tabi:s] *Plur.* (Figuren einer Fernsehserie für kleine Kinder)
Te|le|vi|si|on, die; - (Fernsehen; *Abk.* TV)
Te|lex, das, *schweiz.* der; -, -e (Fernschreiben, Fernschreiber)
Tel|ler, der; -s, -; **Tel|ler|rand**
Tem|pel, der; -s, -; **Tem|pel|rit|ter**
Tem|pe|ra|ment, das; -[e]s, -e (Wesens-, Gemütsart; *nur Sing.:* lebhafte Wesensart, Feuer); **tem|pe|ra|ment|voll**
Tem|pe|ra|tur, die; -, -en (Wärme[grad, -zustand]; [leichtes] Fieber)
tem|pe|rie|ren (die Temperatur regeln)
Tem|p|late [...lɛɪt] (*EDV* [Dokument]vorlage)
Tem|po, das; -s, *Plur.* -s *u.* ...pi; **Tem|po|li|mit** (Geschwindigkeitsbegrenzung)
Tem|po|ral|satz (*Sprachwiss.* Umstandssatz der Zeit)
tem|po|rär (zeitweilig, vorübergehend)
tem|po|reich; eine temporeiche Komödie
Tem|po-30-Zo|ne
Tem|pus, das; -, ...pora (*Sprachwiss.* Zeitform [des Verbs])
T
Ten|denz, die; -, -en (Hang, Neigung; Entwicklungsrichtung); **ten|den|zi|ell** (der Tendenz nach, entwicklungsmäßig)
ten|den|zi|ös (etwas bezweckend, beabsichtigend; parteilich gefärbt)
Ten|der, der; -s, - (Vorratsbehälter od. -wagen der Dampflokomotive; *Seew.* Begleitschiff)
ten|die|ren ([zu etwas] hinneigen)
Ten|ne, die; -, -n
Ten|nis, das; - (ein Ballspiel); Tennis spielen; **Ten|nis|ball** *vgl.* [1]Ball; **Ten|nis|klub**, Ten|nis|club; **Ten|nis|platz; Ten|nis|pro|fi; Ten|nis|schlä|ger; Ten|nis|spie|ler; Ten|nis|spie|le|rin; Ten|nis|tur|nier**
[1]**Te|nor,** der; -s (Haltung; Sinn, Wortlaut)
[2]**Te|nor,** der; -s, ...nöre (hohe Männerstimme; Tenorsänger)
Tep|pan|ya|ki [...j...], das; -, - *meist Plur.* (auf einer Stahlplatte am Tisch zubereitetes jap. Gericht)
Tep|pich, der; -s, -e; **Tep|pich|bo|den**
Te|ra|byte [...bait] (*EDV* Einheit für sehr große Speicherkapazitäten)
Term, der; -s, -e (*Math.* Glied einer Formel)
Ter|min, der; -[e]s, -e (festgesetzter Tag, Zeitpunkt)
ter|mi|nal (*veraltet für* die Grenze, das Ende betreffend; *Math.* am Ende stehend)
Ter|mi|nal ['tœ:ɐminl̩], der, *auch, EDV nur,* das; -s, -s (Abfertigungshalle für Fluggäste; Zielbahnhof für Containerzüge; *EDV* Datenendstation, Abfragestation)
Ter|min|bör|se *(Börsenw.);* **ter|min|ge|recht; Ter|min|ge|schäft** (*Kaufmannsspr.* Lieferungsgeschäft)
ter|mi|nie|ren (befristen; zeitlich festlegen)
Ter|min|ka|len|der; ter|min|lich; Ter|min|markt *(Börsenw.)*
Ter|mi|no|lo|gie, die; -, ...ien (Gesamtheit, Systematik eines Fachwortschatzes)
Ter|min|plan
Ter|mi|nus, der; -, ...ni (Fachausdruck)
Ter|mi|te, die; -, -n (ein Insekt)
Ter|pen|tin, das, *österr. meist* der; -s, -e (ein Harz)
Ter|rain [...'rɛ̃:], das; -s, -s ([Bau]gelände, Grundstück)
Ter|ra|ri|um, das; -s, ...ien (Behälter für die Haltung kleiner Lurche u. Ä.)
Ter|ras|se, die; -, -n; **Ter|ras|sen|tür**
ter|res|t|risch (die Erde betreffend; Erd...; *Fernsehen* nicht über Kabel od. Satellit)
Ter|ri|er, der; -s, - (kleiner bis mittelgroßer engl. Jagdhund)
Ter|ri|ne, die; -, -n ([Suppen]schüssel)
ter|ri|to|ri|al (zu einem Gebiet gehörend, ein Gebiet betreffend); **Ter|ri|to|ri|um,** das; -s,

...ien (Grund; Bezirk; [Staats-, Hoheits]gebiet)

Ter|ror, der; -s (Gewaltherrschaft, Gewaltaktionen); **Ter|ror|akt; Ter|ror|an|griff; Ter|ror|an|schlag; Ter|ror|be|kämp|fung; Ter|ror|grup|pe; ter|ro|ri|sie|ren** (Terror ausüben; unter Druck setzen)

Ter|ro|ris|mus, der; - (Ausübung von [polit. motivierten] Gewaltakten); **Ter|ro|rist,** der; -en, -en; **Ter|ro|ris|tin; ter|ro|ris|tisch**

Ter|ror|netz|werk; Ter|ror|or|ga|ni|sa|ti|on; ter|ror|ver|däch|tig; Ter|ror|zel|le

Terz, die; -, -en (ein Fechthieb; *Musik* Intervall im Abstand von 3 Stufen); Terz machen (*ugs. für* sich lautstark beschweren)

Ter|zett, das; -[e]s, -e (dreistimmiges Gesangstück; *auch für* Gruppe von drei Personen; dreizeilige Strophe des Sonetts)

Te|sa|film® (ein Klebeband)

Tes|sin, das; -s (schweiz. Kanton)

Test, der; -[e]s, *Plur.* -s, *auch* -e (Probe; Prüfung)

Tes|ta|ment, das; -[e]s, -e (letztwillige Verfügung; Bund Gottes mit den Menschen); Altes Testament (*Abk.* A. T.), Neues Testament (*Abk.* N. T.); **tes|ta|men|ta|risch** (durch letztwillige Verfügung)

tes|ten; Tes|ter (jmd., der testet)

Test|er|geb|nis; Tes|te|rin; Test|fahrt; Test|fall, der; **Test|feld; Test|kan|di|dat; Test|kan|di|da|tin; Test|lauf**

Tes|to|s|te|ron, das; -s (*Med.* m. Keimdrüsenhormon)

Test|per|son; Test|pha|se; Test|sie|ger; Test|sie|ge|rin; Test|ver|fah|ren

Te|ta|nus [*auch* 'tɛ...], der; - (*Med.* Wundstarrkrampf); **Te|ta|nus|imp|fung**

Tête-à-Tête, **Tete-a-Tete** [tɛta'tɛːt], das; -[s], -s (zärtliches Beisammensein)

teu|er; teu|rer, teu|ers|te; ein teures Kleid; das kommt mir *od.* mich teuer zu stehen

Teu|e|rung; Teu|e|rungs|ra|te

Teu|fel, der; -s, -; zum Teufel jagen *(ugs.);* auf Teufel komm raus (*ugs. für* ohne Vorsicht, bedenkenlos); **Teu|fe|lin; Teu|fels|kreis; teuf|lisch;** ein teuflischer Plan

Text, der; -[e]s, -e (Wortlaut; [Buch]stelle)

tex|ten (einen [Schlager-, Werbe]text gestalten); **Tex|ter; Tex|te|rin**

tex|til (die Textiltechnik, die Textilindustrie betreffend; Gewebe...)

Tex|ti|li|en *Plur.* (Gewebe, Faserstofferzeugnisse [außer Papier]); **Tex|til|in|dus|t|rie**

Tex|tur, die; -, -en (*Chemie, Technik* Gewebe, Verbindung; Struktur)

Text|ver|ar|bei|tung *(EDV)*

Te|zett [...'tsɛt], das; -, - (Buchstabenverbindung »tz«)

TGV [teʒe've:], der; -[s], -[s] = train à grande vitesse (franz. Hochgeschwindigkeitszug)

Thai, **Tai,** der; -[s], -[s] (Bewohner Thailands)

The|a|ter, das; -s, - (*ugs. auch für* Aufregung; Vortäuschung); **The|a|ter|abend; The|a|ter|auf|füh|rung; The|a|ter|grup|pe; The|a|ter|ma|cher** *(ugs.);* **The|a|ter|ma|che|rin; The|a|ter|pro|gramm; The|a|ter|saal; The|a|ter|stück; the|a|t|ra|lisch** (bühnenmäßig; gespreizt, pathetisch)

The|ke, die; -, -n (Schanktisch; Ladentisch)

The|ma, das; -s, *Plur.* ...men, *auch* -ta (Gegenstand; Gesprächsstoff; Leitgedanke)

The|ma|tik, die; -, -en (Themenstellung; Ausführung eines Themas); **the|ma|tisch**

the|ma|ti|sie|ren (zum Thema machen)

The|men|be|reich, der; **The|men|kom|plex**

Theo|lo|ge, der; -n, -n (jmd., der Theologie studiert hat, auf dem Gebiet der Theologie beruflich tätig ist); **Theo|lo|gie,** die; -, ...ien (systematische Auslegung u. Erforschung einer Religion); **Theo|lo|gin; theo|lo|gisch**

The|o|re|ti|ker (*Ggs.* Praktiker); **The|o|re|ti|ke|rin; the|o|re|tisch;** die theoretische Physik; **The|o|rie,** die; -, ...ien

The|ra|peut, der; -en, -en (behandelnder Arzt, Heilkundiger); **The|ra|peu|tin; the|ra|peu|tisch**

tief

– *zutiefst*
– *tiefblau, tiefrot, tiefschwarz*
– *tiefernst, tieftraurig, tiefgründig*

Groß- und Kleinschreibung:

– *etwas Tiefes, alles Hohe und Tiefe*
– *etwas auf das, aufs Tiefste* od. *auf das, aufs tiefste beklagen*

Schreibung in Verbindung mit Verben und adjektivisch gebrauchten Partizipien:

– *tief sein, tief atmen, tief graben, tief liegen*
– *wenn die Schwalben tief fliegen, tieffliegen*
– *mit tief bewegter* od. *tiefbewegter Stimme*
– *tiefgehende* od. *tief gehende, tiefer gehende* od. *tiefergehende Untersuchungen;* aber nur zusammen: *tiefgehendere Untersuchungen*
– *tief greifende, tiefer greifende* od. *tiefgreifende, tiefgreifendere Veränderungen*
– *tief liegende* od. *tiefliegende Augen;* aber nur *tiefer liegende Augen*

Vgl. auch

– *tieferlegen, tiefgekühlt*

The|ra|pie, die; -, ...ien (Heilbehandlung); **the|ra|pie|ren** (einer Therapie unterziehen)

Ther|mal|bad; Ther|me, die; -, -n (warme Quelle; Thermalbad)

Ther|mik, die; -, -en (*Meteorol.* aufwärtsgerichtete Warmluftbewegung); **ther|misch** (die Wärme betreffend, Wärme...)

Ther|mo|me|ter, das; -s, - (ein Temperaturmessgerät)

Ther|mos|fla|sche® (Warmhaltegefäß)

Ther|mo|s|tat, der; *Gen.* -[e]s *u.* -en, *Plur.* -e[n] *u.* das; *Gen.* -[e]s, *Plur.* -e (automat. Temperaturregler)

The|se, die; -, -n (aufgestellter [Leit]satz, Behauptung)

Thing, das; -[e]s, -e (germ. Volks-, Gerichts- u. Heeresversammlung); *vgl.* Ding

Thon, der; -s, *Plur.* -s *u.* -e (*schweiz. für* Thunfisch)

Thread [θrɛt], der; -[s], -s (Folge von Beiträgen in einem Internetforum)

Thril|ler [ˈθrɪlɐ], der; -s, - (Film, Roman o. Ä., der Spannung u. Nervenkitzel erzeugt)

Throm|bo|se, die; -, -n (*Med.* Verstopfung von Blutgefäßen durch Blutgerinnsel)

Thron, der; -[e]s, -e; **thro|nen**

Thron|fol|ger; Thron|fol|ge|rin

Thun|fisch, Tun|fisch

Thy|mi|an, der; -s, -e (eine Gewürz- u. Heilpflanze)

[1]**Ti|bet,** der; -[e]s, -e (ein Wollgewebe)

[2]**Ti|bet** [...ˈbeːt] (Hochland in Zentralasien)

Tick, der; -s, -s (wunderliche Eigenart); **ti|cken;** du tickst wohl nicht ganz richtig *(ugs.)*

Ti|cket, das; -s, -s (Fahrkarte, Flugkarte, Eintrittskarte; *ugs. auch für* Strafmandat)

Ti|de, die; -, -n (*nordd. für* regelmäßig wechselnde Bewegung der See; Flut)

Tie|break, Tie-Break [ˈtaɪ̯...], der *od.* das; -s, -s (*Tennis* Satzverkürzung [beim Stand von 6 : 6]);

tief *s. Kasten*

Tief, das; -s, -s (Fahrrinne; *Meteorol.* Gebiet tiefen Luftdrucks); **Tief|bau**

tief be|wegt, tief|be|wegt *vgl.* tief

tief|blau

Tie|fe, die; -, -n

Tief|ebe|ne

Tie|fen|mes|sung

tie|fer|le|gen; ein tiefergelegtes Auto

tief er|schüt|tert, tief|er|schüt|tert

Tief|gang, der *(Schiffbau);* **Tief|ga|ra|ge; tief|ge|kühlt;** das Obst ist tiefgekühlt; **tief grei|fend, tief|grei|fend** *vgl.* tief; **tief|grün|dig; Tief|punkt; tief|rot; Tief|schlaf; Tief|schlag** (Hieb unterhalb der Gürtellinie); **tief|schwarz; Tief|see,** die; -; **tief|sin|nig; Tief|stand; Tiefst|stand**

Tie|gel, der; -s, -

Tier, das; -[e]s, -e; **Tier|art; Tier|arzt; Tier-**

ärz|tin; **tier|ärzt|lich; Tier|freund; Tier|fut|ter** *vgl.* [1]Futter; **Tier|gar|ten; Tier|hal|tung; Tier|heim**
tie|risch (*ugs. auch für* sehr)
Tier|kli|nik; Tier|mehl; Tier|park; Tier|quä|le|rei; Tier|reich; Tier|schutz, der; -es; **Tier|schüt|zer; Tier|schüt|ze|rin; Tier|schutz|ver|ein; Tier|ver|such; Tier|welt**
Ti|ger, der; -s, -; **ti|gern** (streifig machen; *ugs. für* irgendwohin gehen); ich tigere
til|gen; Til|gung
Tim|b|re ['tɛ̃:brə], das; -s, -s (Klangfarbe der Gesangsstimme)
ti|men ['taɪ̯...] (*Sport* zeitlich abstimmen); ein gut getimter Ball
Time-out ['taɪ̯m'ʔaʊ̯t], das; -[s], -s (*Basketball, Volleyball* Auszeit)
Ti|mer ['taɪ̯mɐ], der; -s, - (Zeitschaltuhr; Terminkalender)
Times [taɪ̯ms], die; - (engl. Zeitung)
Time|sha|ring ['taɪ̯mʃɛ:...], das; -[s] (gekauftes Wohnrecht an einer Ferienwohnung während einer bestimmten Zeit)
Ti|ming ['taɪ̯...], das; -s, -s (zeitl. Abstimmen von Abläufen)
Tin|der®, das; -[s] *meist ohne Artikel* (eine Dating-App); **tin|dern** *(ugs.)*
tin|geln (*ugs. für* [mal hier, mal dort] im Tingeltangel auftreten); ich ting[e]le
Tink|tur, die; -, -en ([Arznei]auszug)
Tin|nef, der; -s (*ugs. für* Schund)
Tin|te, die; -, -n
Tin|ten|fass; Tin|ten|fisch; Tin|ten|klecks; Tin|ten|ku|li
Tipp, der; -s, -s (nützlicher Hinweis)
Tip|pel|bru|der (*ugs. für* Landstreicher)
tip|peln (*ugs. für* zu Fuß gehen, wandern); ich tipp[e]le
[1]**tip|pen** (leicht berühren; *ugs. für* auf einer Tastatur schreiben); er hat ihm, *auch* ihn auf die Schulter getippt
[2]**tip|pen** (wetten)
Tip|pen, das; -s (ein Kartenspiel)
Tipp|feh|ler (*ugs. für* Fehler beim [1]Tippen)
Tipp|schein
tipp|topp (*ugs. für* hochfein; tadellos)

Ti|ra|de, die; -, -n (Wortschwall)
Ti|ra|mi|su, das; -[s], -s (Süßspeise aus Mascarpone u. in Kaffee getränkten Biskuits)
Tisch, der; -[e]s, -e; bei Tisch (beim Essen) sein; zu Tisch gehen; Gespräch am runden Tisch; **Tisch|de|cke**
ti|schen (*schweiz. für* den Tisch decken); du tischst
Tisch|fuß|ball|spiel
Tisch|ler; Tisch|le|rei; Tisch|le|rin; tisch|lern; ich tischlere
Tisch|plat|te; Tisch|ten|nis
[1]**Ti|tan,** Ti|ta|ne, der; ...nen, ...nen (einer der riesenhaften Götter der griech. Sage)
[2]**Ti|tan,** das; -s (chem. Element, Metall; *Zeichen* Ti)
Ti|ta|ne *vgl.* [1]Titan
Ti|ta|nic [...ɪk], die; - (engl. Passagierschiff, das 1912 unterging)
Ti|tel [*auch* 'tɪ...], der; -s, - (*Abk.* Tit.)
Ti|tel|bild; Ti|tel|blatt; Ti|tel|ge|schich|te; Ti|tel|ge|winn *(bes. Sport);* **Ti|tel|kampf** *(Sport);* **ti|teln** (mit Titel versehen); ich tit[e]le; **Ti|tel|rol|le; Ti|tel|sei|te; Ti|tel|song; Ti|tel|trä|ger; Ti|tel|trä|ge|rin; Ti|tel|ver|tei|di|ger; Ti|tel|ver|tei|di|ge|rin**
ti|tu|lie|ren (Titel geben, benennen)
Ti|vo|li, das; -[s], -s (Vergnügungsort; Gartentheater; italienisches Kugelspiel)
Toast [to:st], der; -[e]s, *Plur.* -e *u.* -s (geröstete Weißbrotschnitte; Trinkspruch)
toas|ten; Toas|ter (elektr. Gerät zum Rösten von [Weiß]brot)
to|ben; Tob|sucht, die; -; **tob|süch|tig**
Toc|ca|ta, Tok|ka|ta, die; -, ...ten (ein Musikstück)
Toch|ter, die; -, Töchter; **Töch|ter|chen**
Toch|ter|fir|ma; Toch|ter|ge|sell|schaft *(Wirtsch.);* **Toch|ter|un|ter|neh|men** *(Wirtsch.)*
Tod, der; -[e]s, -e; zu Tode erschrecken
tod|blass *vgl.* totenblass; **tod|brin|gend;** eine todbringende Seuche; *aber* eine den Tod bringende Seuche; **tod|elend** (*ugs. für* sehr elend); **tod|ernst** (*ugs. für* sehr ernst)

To|des|angst; To|des|an|zei|ge; To|des|fall, der; **To|des|fol|ge** *Plur. selten (Rechtsspr.);* **to|des|mu|tig; To|des|op|fer; To|des|stra|fe; To|des|tag; To|des|ur|teil**

Tod|feind; Tod|fein|din; tod|krank; tod|lang|wei|lig *(ugs.)*

töd|lich

tod|mü|de *(ugs.);* **tod|si|cher** *(ugs.);* **tod|still** *vgl.* totenstill; **Tod|sün|de; tod|trau|rig; tod|un|glück|lich**

Tof|fee [...fi, ...fe], das; -s, -s (eine Weichkaramelle)

To|fu, der; -[s] (eiweißreiches Produkt aus Sojabohnen)

To|hu|wa|bo|hu, das; -[s], -s (Wirrwarr)

To|i|let|te [toa...], die; -, -n (Frisiertisch; [feine] Kleidung; Klosett)

toi, toi, toi! ['tɔy 'tɔy 'tɔy] (*ugs. für* unberufen!)

Tok|ka|ta *vgl.* Toccata

to|le|rant (duldsam; nachsichtig; weitherzig)

To|le|ranz, die; -, *Plur. (Technik:)* -en (Duldsamkeit; *Technik* zulässige Abweichung vom vorgegebenen Maß); **to|le|rie|ren** (dulden, gewähren lassen)

toll; die tollen Tage (Fastnacht)

Tol|le, die; -, -n (*ugs. für* Büschel; Haarschopf)

tol|len

Toll|heit; Toll|kir|sche; toll|kühn; Toll|kühn|heit

Toll|patsch, der; -[e]s, -e (*ugs. für* ungeschickter Mensch); **toll|pat|schig** *(ugs.)*

Toll|wut; toll|wü|tig

Töl|pel, der; -s, - (einfältiger, ungeschickter Mensch; ein großer Meeresvogel); **töl|pel|haft**

To|ma|te, die; -, -n

Tom|bo|la, die; -, *Plur.* -s, *selten* ...bolen (Verlosung)

Tom|my [...mi], der; -[s], -s (m. Vorn.; Spitzname des engl. Soldaten)

To|mo|gra|fie, To|mo|gra|phie, die; -, ...ien (schichtweises Röntgen)

[1]**Ton,** der; -[e]s, *Plur. (Sorten:)* -e (Bodenart)

[2]**Ton,** der; -[e]s, Töne (Laut usw.); Ton in Ton gemustert; **ton|an|ge|bend**

Ton|art *(Musik);* **Ton|band,** das; *Plur.* ...bänder; **Ton|band|ge|rät**

[1]**tö|nen** (färben)

[2]**tö|nen** (klingen)

tö|nern (aus [1]Ton); tönernes Geschirr

Ton|fall, der; **Ton|film; Ton|ge|schlecht** (Dur oder Moll); **Ton|hö|he**

To|ni, der; -s, -s (*DDR ugs. für* Funkstreifenwagen der Volkspolizei)

To|ni|ka, die; -, ...ken (*Musik* Grundton eines Tonstücks; der darauf aufgebaute Dreiklang)

To|ni|kum, das; -s, ...ka (*Pharm.* stärkendes Mittel)

Ton|la|ge; Ton|lei|ter, die

Ton|na|ge [...ʒə, *österr.* ...ʃ], die; -, -n (Rauminhalt eines Schiffes)

Ton|ne, die; -, -n (*auch* Maßeinheit für Masse = 1 000 kg; *Abk.* t)

ton|nen|schwer (sehr schwer); *aber* fünf Tonnen schwer; **ton|nen|wei|se**

Ton|spur *(Film);* **Ton|stu|dio**

Ton|sur, die; -, -en (*früher für* kahl geschorene Stelle auf dem Kopf kath. Geistlicher)

Ton|trä|ger

Tö|nung (Art der Farbgebung)

Tool [tu:l], das; -s, -s (*EDV* Programm von geringem Umfang)

top (von höchster Güte; hochmodern); er ist immer top gekleidet

Top, das; -s, -s ([ärmelloses] Oberteil)

TOP, der; -[s], -[s] *mit Zahlen meist ohne Artikel u. ungebeugt* = Tagesordnungspunkt

To|pas [*österr. meist* 'to:...], der; -es, -e (ein Schmuckstein)

Topf, der; -[e]s, Töpfe; **Topf|blu|me**

Töp|fer; Töp|fe|rei; Töp|fe|rin

töp|fern (Töpferwaren machen); ich töpfere

top|fit (in bester [körperlicher] Verfassung)

Top|ma|na|ger; Top|ma|na|ge|rin; Top|mo|del *vgl.* Model

To|po|gra|fie, **To|po|gra|phie**, die; -, ...ien (Orts-, Lagebeschreibung, -darstellung); **to|po|gra|fisch**, **to|po|gra|phisch**

To|pos, der; -, ...poi (*Sprachwiss.* feste Wendung, immer wieder gebrauchte Formulierung, z. B. »wenn ich nicht irre«)

top|pen (übertreffen); ich toppe, du toppst, er/sie toppt, getoppt

Top|spiel *(Sport);* **Top|star** (Spitzenstar; *vgl.* ²Star); **Top Ten** *Plur. od.* die; - -, - -s (Hitparade [mit zehn Titeln, Werken u. a.])

¹**Tor**, das; -[e]s, -e (große Tür; *Sport* Angriffsziel)

²**Tor**, der; -en, -en (törichter Mensch)

Tor|chan|ce *(Sport)*

To|re|ro, der; -[s], -s (Stierkämpfer)

Torf, der; -[e]s, *Plur. (Arten:)* -e; Torf stechen; **Torf|moor**

Tor|fol|ge (*Sport* Reihenfolge der erzielten Tore); **Tor|frau** *(Sport)*

Tor|heit

Tor|hü|ter *(bes. Sport);* **Tor|hü|te|rin**

tö|richt

Tor|jä|ger *(Sport);* **Tor|jä|ge|rin**

tor|keln (*ugs. für* taumeln); ich tork[e]le

tor|los; torloses Unentschieden

Tor|mann *Plur.* ...männer, *auch* ...leute (*svw.* Torwart, -hüter)

Törn, der; -s, -s (Fahrt mit einem Segelboot)

Tor|na|do, der; -s, -s (kleinräumiger Wirbelsturm)

Tor|nis|ter, der; -s, - ([Fell-, Segeltuch]ranzen, bes. des Soldaten)

tor|pe|die|ren (mit Torpedo[s] beschießen, versenken; *übertr. für* stören, verhindern)

Tor|pe|do, der; -s, -s (Unterwassergeschoss)

Tor|schluss|pa|nik

Tor|schuss *(Sport);* **Tor|schüt|ze** *(Sport);* **Tor|schüt|zin**

Tor|so, der; -s, *Plur.* -s *u.* ...si (unvollständig erhaltene Statue; Bruchstück)

Tört|chen; Tor|te, die; -, -n

Tor|ten|bo|den; Tor|ten|he|ber

Tor|tur, die; -, -en (Folter, Qual)

Tor|wart *(Sport);* der Verein hat zwei Torwarte; **Tor|war|tin**

To|ry [...ri], der; -s, -s *u.* ...ies (Vertreter der konservativen Politik in Großbritannien)

to|sen; der Bach tos|te

Tos|ka|na, die; - (ital. Landschaft)

tot; tot sein; tot scheinen; sich tot stellen; das Opfer hat sich tot gestellt; ein **tot geborenes** *od.* totgeborenes Kind

to|tal (gänzlich, völlig; Gesamt...); **To|tal**, das; -s, -e (*schweiz. für* Gesamt, Summe)

to|ta|li|tär (diktatorisch, sich alles unterwerfend [vom Staat]; *selten für* ganzheitlich); **To|ta|li|ta|ris|mus**, der; -

To|ta|li|tät, die; -, -en (Gesamtheit)

To|tal|scha|den

tot|ar|bei|ten, sich *(ugs.);* ich arbeite mich tot; totgearbeitet; totzuarbeiten

To|te, der *u.* die; -n, -n

To|tem, das; -s, -s (*Völkerkunde* bei Naturvölkern Ahnentier u. Stammeszeichen der Sippe); **To|tem|pfahl**

tö|ten

To|ten|bah|re; to|ten|blass; To|ten|grä|ber; To|ten|grä|be|rin; To|ten|kopf; to|ten|still; To|ten|stil|le; To|ten|tanz

tot|fah|ren; er hat ihn totgefahren

tot ge|bo|ren, **tot|ge|bo|ren** *vgl.* tot

tot|la|chen, sich (*ugs. für* heftig lachen); ich habe mich [fast, halb] totgelacht; das ist zum Totlachen

To|to, das, *auch* der; -s, -s (*Kurzw. für* Totalisator; Sport-, Fußballtoto); **To|to|schein**

Tot|schlag, der; -[e]s; **tot|schla|gen;** er wurde totgeschlagen; er hat seine Zeit totgeschlagen (*ugs. für* nutzlos verbracht)

tot|schwei|gen; sie hat den Vorfall totgeschwiegen

Tö|tung; fahrlässige Tötung; **Tö|tungs|delikt**

Touch [tatʃ], der; -s, -s (Anstrich; Anflug, Hauch)

Touch|dis|play ['tatʃ...] (*EDV* Display, das auf Berührung reagiert); **Touch|screen** ['tatʃskri:n], der; -s, -s (Computerbildschirm, der auf Berührung reagiert)

tough [taf], **taff** (*ugs. für* robust, durchset-

T

zungsfähig); eine toughe *od.* taffe Frau, ein tougher *od.* taffer Typ

Tou|pet [tu'pe:], das; -s, -s (Haarersatz)

tou|pie|ren (dem Haar durch Auflockern ein volleres Aussehen geben)

Tour [tu:ɐ̯], die; -, -en; in einer Tour (*ugs. für* ohne Unterbrechung); auf Touren kommen (eine hohe Geschwindigkeit erreichen; *übertr. für* in Schwung kommen)

tou|ren ['tu:...]; wir sind durch Asien getourt; **Tou|ren|zäh|ler** (Drehzahlmesser)

Tou|ris|mus, der; - (Fremdenverkehr); **Tou|ris|mus|bran|che; Tou|rist,** der; -en, -en (Urlaubsreisender); **Tou|ris|ten|at|trak|ti|on; Tou|ris|tik,** die; - (Gesamtheit der touristischen Einrichtungen u. Veranstaltungen); **Tou|ris|tin; tou|ris|tisch**

Tour|nee, die; -, *Plur.* -s *u.* ...neen (Gastspielreise von Künstlern)

To|w|er ['taʊ̯...], der; -s, - (ehemalige Königsburg in London; Flughafenkontrollturm)

Town|ship ['taʊ̯nʃɪp], die; -, -s (von Farbigen bewohnte städtische Siedlung [in Südafrika])

to|xisch (giftig; durch Gift verursacht)

Trab, der; -[e]s; Trab laufen, rennen, reiten; jmdn. in Trab halten *(ugs.)*

[1]**Tra|bant,** der; -en, -en (*Astron.* Mond; *Technik* künstl. Erdmond, Satellit)

[2]**Tra|bant**®**,** der; -s, -s (Kraftfahrzeug aus der DDR); **Trab|bi,** der; -s, -s (*kurz für* [2]Trabant)

tra|ben; Trab|renn|bahn; Trab|ren|nen

T

Tracht, die; -, -en; Tracht tragen; eine Tracht Prügel *(ugs.)*

trach|ten; nach etwas trachten

träch|tig

Track [trɛk], der; -s, -s (*Schifffahrt* Schiffsroute; *EDV* abgegrenzter Bereich auf einem Datenträger; Musikstück, Nummer [bes. auf einer CD])

tra|cken ['trɛ...] (*bes. EDV* [jmds. Aufenthaltsort] verfolgen); eine getrackte Position; **Track|list,** die; -, -s, **Track|lis|te** [trɛk...] *(EDV)*

Trade|mark ['trɛɪ̯t...], die; -, -s (*engl. Bez. für* Warenzeichen; *Abk.* TM); **tra|den** ['trɛɪ̯dn̩] (*Wirtsch., Börsenw.* handeln)

tra|die|ren (überliefern)

Tra|ding ['trɛɪ̯...], das; -s (*Wirtsch., Börsenw.* Handel)

Tra|di|ti|on, die; -, -en (Überlieferung; Herkommen; Brauch); **Tra|di|ti|o|na|list,** der; -en, -en; **Tra|di|ti|o|na|lis|tin**

tra|di|ti|o|nell (überliefert, herkömmlich)

tra|di|ti|ons|ge|mäß; tra|di|ti|ons|reich

Tra|di|ti|ons|ver|ein

Tra|fo, der; -[s], -s (*kurz für* Transformator)

träg, trä|ge

Trag|bah|re; trag|bar; Tra|ge, die; -, -n

trä|ge, träg

tra|gen; du trägst, er trägt; du trugst; du trügest; getragen; trag[e]!; zum Tragen kommen; **tra|gend;** eine tragende (grundlegende) Rolle spielen

Trä|ger; Trä|ge|rin; Trä|ger|schaft

Tra|ge|ta|sche; trag|fä|hig; Trag|flä|che; Trag|flü|gel|boot

Träg|heit, die; -, -en

Tra|gik, die; - (Kunst des Trauerspiels; schweres, schicksalhaftes Leid); **tra|gi|komisch** (halb tragisch, halb komisch); **Tragi|ko|mö|die** (Schauspiel, in dem Tragisches u. Komisches miteinander verbunden sind); **tra|gisch; Tra|gö|die,** die; -, -n (Trauerspiel; [großes] Unglück)

Trag|wei|te

Trail [trɛɪ̯l], der; -s, -s (*engl. Bez. für* Wanderpfad)

Trai|ler ['trɛɪ̯...], der; -s, - (Anhänger [zum Transport von Booten, Containern u. a.]; als Werbung für einen Film gezeigte Ausschnitte)

Train [trɛ̃:, *auch, österr. nur* trɛ:n], der; -s, -s (*früher für* Tross, Heeresfuhrwesen)

Trai|nee [trɛɪ̯'ni:, trɛ...], der; -s, -s (jmd., der für eine bestimmte Aufgabe vorbereitet wird)

Trai|ner ['trɛ:..., 'tre:..., 'trɛɪ̯...], der; -s, - (jemand, der Sportler systematisch auf Wettkämpfe vorbereitet); **Trai|ner|bank**

Plur. ...bänke; **Trai|ne|rin; Trai|ner|wech|sel**

trai|nie|ren; Trai|ning, das; -s, -s; **Trai|nings|an|zug; Trai|nings|ein|heit; Trai|nings|la|ger** *Plur.* ...lager; **Trai|nings|plan; Trai|nings|pro|gramm**

Trakt, der; -[e]s, -e (Gebäudeteil; *bes. Med.* Längsausdehnung, z. B. Darmtrakt)

Trak|tat, das *od.* der; -[e]s, -e ([wissenschaftl.] Abhandlung; religiöse Schrift)

trak|tie|ren (schlecht behandeln, quälen)

Trak|tor, der; -s, ...oren (Zugmaschine, Schlepper)

träl|lern; ich trällere

Tram, die; -, -s, *schweiz.* das; -s, -s (Straßenbahn); **Tram|bahn** (*südd. für* Straßenbahn)

tram|peln; ich tramp[e]le

Tram|pel|tier (zweihöckeriges Kamel; *ugs. für* plumper Mensch)

tram|pen ['trɛ...] (per Anhalter reisen); **Tram|per; Tram|pe|rin**

Tram|po|lin [*auch* ...'li:n], das; -s, -e (ein Sprunggerät)

Tran, der; -[e]s, *Plur. (Sorten:)* -e (flüssiges Fett von Seesäugetieren, Fischen)

Tran|ce ['trã:s(ə)], die; -, -n (schlafähnlicher Zustand [in Hypnose])

Tran|che ['trã:ʃ(ə)], die; -, -n (fingerdicke Fleisch- od. Fischschnitte; *Wirtsch.* Teilbetrag einer Wertpapieremission)

tran|chie|ren [trã'ʃi:...] ([Fleisch, Geflügel, Braten] zerlegen)

Trä|ne, die; -, -n; **trä|nen**

Trä|nen|gas, das; -es

tra|nig (voller Tran; wie Tran; *ugs. für* langweilig, langsam)

trank *vgl.* trinken

Trank, der; -[e]s, Tränke

Trän|ke, die; -, -n (Tränkplatz für Tiere); **trän|ken**

Trans|ak|ti|on, die; -, -en (größeres finanzielles Unternehmen)

trans|at|lan|tisch (überseeisch)

Trans|fer, der; -s, -s (*Wirtsch. Psychol., Päd.* Übertragung erlernter Vorgänge auf eine andere Aufgabe; *Sport* Wechsel eines Berufsspielers zu einem anderen Verein)

trans|fe|rie|ren (Geld in eine fremde Währung umwechseln)

Trans|fer|leis|tung (*svw.* Transfer)

Trans|for|ma|ti|on, die; -, -en (Umwandlung)

Trans|for|ma|tor, der; -s, ...oren (elektr. Umspanner; *Kurzw.* Trafo); **trans|for|mie|ren** (umformen, umwandeln; umspannen)

Trans|fu|si|on, die; -, -en

trans|gen (*Biol.* ein zusätzliches, eingeschleustes Gen von einer anderen Art in sich tragend)

Tran|sis|tor, der; -s, ...oren (*Elektronik* ein Halbleiterbauelement)

Tran|sit [*auch* ...'zɪt, 'tran...], der; -s, -e (*Wirtsch.* Durchfuhr von Waren; Durchreise von Personen)

tran|si|tiv (*Sprachwiss.* ein Akkusativobjekt fordernd; zielend); transitives Verb

Tran|sit|ver|kehr, der; -[e]s

Tran|skrip|ti|on, die; -, -en

Trans|la|ti|on, die; -, -en (*Fachspr.* Übertragung, Übersetzung)

trans|na|ti|o|nal (*Wirtsch.* übernational)

trans|pa|rent (durchscheinend; durchsichtig; durchschaubar); **Trans|pa|rent,** das; -[e]s, -e (Spruchband; durchscheinendes Bild); **Trans|pa|rent|pa|pier** (Pauspapier)

Trans|pa|renz, die; -, -en (Durchsichtigkeit; Durchschaubarkeit)

Tran|s|pi|ra|ti|on, die; - (Schweißbildung; Hautausdünstung); **tran|s|pi|rie|ren**

Trans|plan|ta|ti|on, die; -, -en (*Med.* Überpflanzung von Organen, Gewebeteilen od. lebenden Zellen; *Bot.* Pfropfung); **trans|plan|tie|ren** *(Med.)*

Trans|port, der; -[e]s, -e (Beförderung); **trans|por|ta|bel** (beförderbar); ...a|b|ler Ofen; **Trans|por|ter,** der; -s, - (Transportauto, -flugzeug, -schiff)

trans|port|fä|hig; Trans|port|flug|zeug

trans|por|tie|ren (befördern)

Trans|port|kos|ten *Plur.*; **Trans|port|mit|tel,** das; **Trans|port|un|ter|neh|men**

Trans|ra|pid®, der; -[s] (eine Magnetschwebebahn)
trans|se|xu|ell
Trans|ves|tit, der; -en, -en; **Trans|ves|ti|tin**
Tra|pez, das; -es, -e (Viereck mit zwei parallelen, aber ungleich langen Seiten; quer an zwei Seilen hängende Stange für akrobatische Übungen); **tra|pez|för|mig**
Trapp, der; -[e]s, -e (*Geol.* großflächiger, in mehreren Lagen treppenartig übereinanderliegender Basalt)
Trap|per, der; -s, - (nordamerik. Pelzjäger); **Trap|pe|rin**
Trash [trɛʃ], der; -[s] (Schund, Ramsch)
Tras|se, die; -, -n (Verlauf eines Verkehrsweges; Bahnkörper; Straßendamm)
Tratsch, der; -[e]s (*ugs. für* Geschwätz, Klatsch); **trat|schen;** du tratschst
Trau|be, die; -, -n; **Trau|ben|zu|cker,** der; -s
trau|en; der Pfarrer traut das Paar; jmdm. trauen (vertrauen); sich trauen; ich traue mich nicht (*selten* mir nicht), das zu tun
Trau|er, die; -; **Trau|er|fei|er; Trau|er|marsch,** der; **trau|ern;** ich trau[e]re; **Trau|er|spiel; Trau|er|wei|de**
Trau|fe, die; -, -n
träu|feln; ich träuf[e]le
Traum, der; -[e]s, Träume
Trau|ma, das; -s, *Plur.* ...men *u.* -ta (starke seelische Erschütterung; *Med.* Wunde); **trau|ma|tisch; trau|ma|ti|sie|ren** ([seelisch] verletzen); **Trau|ma|ti|sie|rung**
Traum|be|ruf; Traum|deu|tung
träu|men; ich träumte von meinem Bruder; mir träumte von ihm; es träumte mir *(geh.);* das hätte ich mir nicht träumen lassen (*ugs. für* hätte ich nie geglaubt)
Träu|mer; Träu|me|rei; Träu|me|rin; träu|me|risch
Traum|frau; traum|haft; Traum|job; Traum|mann *Plur.* ...männer; **Traum|paar; Traum|welt**
trau|rig; Trau|rig|keit
Trau|ring; Trau|schein
traut; trautes Heim; trauter Freund
Trau|ung

T

Tra|vel|ler|scheck ['trɛ...] (Reisescheck)
Tra|ves|tie, die; -, ...ien ([scherzhafte] Umgestaltung [eines Gedichtes])
Treat|ment ['triːtmənt], das; -s, -s (*Film, Fernsehen* Vorstufe des Drehbuchs)
Treck, der; -s, -s (Zug von Menschen, Flüchtenden [mit Fuhrwerken])
Tre|cker (Traktor)
Tre|cking *vgl.* Trekking
[1]**Treff,** das; -s, -s (Kreuz, Eichel [im Kartenspiel])
[2]**Treff,** der; -s, -s (*ugs. für* Zusammenkunft); **tref|fen;** du triffst; du trafst; du träfest; getroffen; triff!; **Tref|fen,** das; -s, -
tref|fend (vollkommen passend)
Tref|fer; Tref|fer|quo|te
treff|lich; ein trefflicher Wein
Treff|punkt; treff|si|cher; Treff|si|cher|heit
Treib|eis
trei|ben; du triebst; du triebest; getrieben; treib[e]!; zu Paaren treiben; sich vom Wind treiben lassen; *aber* man darf sich im Leben nicht einfach treiben lassen *od.* treibenlassen; **Trei|ben,** das; -s, *Plur.* (*für* Treibjagden:) -; **Trei|ber; Trei|be|rin**
Treib|haus; Treib|haus|ef|fekt, der; -[e]s (Einfluss der Erdatmosphäre auf den Wärmehaushalt der Erde); **Treib|haus|gas** (Gas, das zum Treibhauseffekt beiträgt, z. B. Kohlendioxid)
Treib|stoff; Treib|stoff|preis
Trek|king, Tre|cking, das; -s, -s (mehrtägige Wanderung od. Fahrt [durch ein unwegsames Gebiet])
Trench|coat ['trɛntʃ...], der; -[s], -s (ein Wettermantel)
Trend, der; -s, -s (Grundrichtung einer Entwicklung); **tren|dig** (*svw.* trendy)
Trend|scout [...skaʊt] (jmd., der Trends nachspürt); **Trend|set|ter,** der; -s, - (jmd., der den Trend bestimmt; etwas, was einen Trend auslöst); **Trend|set|te|rin; Trend|wen|de; tren|dy** (*ugs. für* modisch)
trenn|bar; tren|nen; sich trennen
Trenn|kost (Trenndiät); **Trenn|li|nie**

Tren|nung; Tren|nungs|strich
Tren|se, die; -, -n (leichter Pferdezaum)
trepp|ab; trepp|auf; treppauf laufen
Trepp|chen; Trep|pe, die; -, -n; Treppen steigen; **Trep|pen|haus; Trep|pen|stu|fe**
Tre|sen, der; -s, - (*nordd. u. md. für* Laden-, Schanktisch)
Tre|sor, der; -s, -e (Panzerschrank; Stahlkammer)
Tres|se, die; -, -n (Borte)
tre|ten; du trittst; du tratst (tratest); du trätest; getreten; tritt!; er tritt ihn (*auch* ihm) auf den Fuß; **Tret|rol|ler**
treu; treu|er, am treus|ten; treu sein, bleiben; ein treu sorgender oder treusorgender Vater
Treue, die; -; in guten Treuen (*schweiz. für* im guten Glauben); auf Treu und Glauben; meiner Treu!
treu er|ge|ben, treu|er|ge|ben *vgl.* treu
Treu|hand, die; - (*Rechtsspr.* Treuhandgesellschaft); **Treu|hän|der** (jmd., dem etwas »zu treuen Händen« übertragen wird); **Treu|hän|de|rin; treu|hän|de|risch**
treu|her|zig; treu|los
treu sor|gend, treu|sor|gend *vgl.* treu
Tri|al ['traɪ̯əl], das; -s, -s (Geschicklichkeitsprüfung von Motorradfahrern)
Tri|an|gel [*österr.* ...'a...], der; -s, - *od.* die; -, -n, *österr.* das; -s, - (*Musik* ein Schlaggerät)
Tri|ath|let (jmd., der Triathlon betreibt); **Tri|ath|le|tin; Tri|ath|lon,** der *u.* das; -s, -s (Mehrkampf aus Schwimmen, Radfahren u. Laufen an einem Tag)
Tri|bun, der; *Gen.* -s *u.* -en, *Plur.* -e[n] ([altröm.] Volksführer)
Tri|bu|nal, das; -s, -e ([hoher] Gerichtshof)
Tri|bü|ne, die; -, -n
Tri|but, der; -[e]s, -e (Abgabe, Steuer); einer Sache Tribut zollen
Tri|chi|ne, die; -, -n (schmarotzender Fadenwurm); **tri|chi|nös** (mit Trichinen behaftet)
Trich|ter, der; -s, -
Trick, der; -s, -s (Kunstgriff; Kniff; List)
Trick|film; trick|reich
trick|sen (*ugs. für* mit Tricks arbeiten, bewerkstelligen); **Trick|se|rei** *(ugs.)*
trieb *vgl.* treiben; **Trieb,** der; -[e]s, -e; **Trieb|fe|der; trieb|haft; Trieb|tä|ter; Trieb|tä|te|rin; Trieb|wa|gen; Trieb-werk**
trie|fen; du triefst; du trieftest, *geh.* troffst; du trieftest, *geh.* tröffest; getrieft, *selten noch* getroffen; trief[e]!
trie|zen (*ugs. für* quälen, plagen); du triezt
Trift, die; -, -en (Weide; Holzflößung; *auch svw.* Drift)
trif|tig ([zu]treffend); triftiger Grund
Tri|go|no|me|t|rie, die; - (Dreiecksmessung, -berechnung); **tri|go|no|me|t|risch;** trigonometrischer Punkt (*Zeichen* TP)
Tri|ko|lo|re, die; -, -n (dreifarbige [franz.] Fahne)
[1]**Tri|kot** [...'ko:, *auch* 'trɪ...], der, *selten* das; -s, -s (eine Gewebeart)
[2]**Tri|kot,** das; -s, -s (Kleidungsstück)
Tril|ler; tril|lern; ich trillere; **Tril|ler|pfei|fe**
Tril|li|ar|de, die; -, -n (tausend Trillionen)
Tril|li|on, die; -, -en (eine Million Billionen)
Tri|lo|gie, die; -, ...ien (Folge von drei [zusammengehörenden] Dichtwerken, Kompositionen u. a.)
Trimm-dich-Pfad
trim|men (*bes. Seemannsspr.* in einen gewünschten Zustand bringen); ein auf alt getrimmter Schrank
Tri|ni|tät, die; - (*christl. Rel.* Dreieinigkeit, Dreifaltigkeit)
trink|bar
trin|ken; du trankst; du tränkest; getrunken; trink[e]!; **Trin|ker; Trin|ke|rin**
Trink|geld
Trink|was|ser *Plur. meist* ...wässer
Trio, das; -s, -s (Musikstück für drei Instrumente, *auch für* die drei Ausführenden; Gruppe von drei Personen)
Tri|o|le, die; -, -n (*Musik* Figur von 3 Tönen im Taktwert von 2 od. 4 Tönen)
Trip, der; -s, -s (Ausflug, Reise; Rauschzustand durch Drogeneinwirkung)
trip|peln; ich tripp[e]le; **Trip|pel|schritt**

tro|cken

Kleinschreibung:
- *trockene Wäsche*
- *ein trockener Wein*
- *dieser Wein ist am trockensten*

Großschreibung:
- *auf dem Trockenen (auf trockenem Boden) stehen*
- *auf dem Trockenen sein/sitzen* (ugs. für *festsitzen, nicht weiterkommen; [aus finanziellen Gründen] in Verlegenheit sein; nichts mehr zu trinken haben*)
- *sein Schäfchen ins Trockene bringen, im Trockenen haben* (ugs. für *sich wirtschaftlich sichern, gesichert haben*)

Schreibung in Verbindung mit Verben:
- *die Haare trocken schneiden*
- *die Wäsche wird bald ganz trocken sein*
- *wir wollen trocken (im Trockenen) sitzen;* aber *sie ließen uns bei dieser Einladung trockensitzen (ohne Getränke sitzen)*
- *der Anzug darf nur trocken (in trockenem Zustand) gereinigt werden*
- *sich trocken rasieren*
- *die Wäsche trocken schleudern* od. *trockenschleudern (durch Schleudern trocknen)*
- *das Hemd trocken bügeln* od. *trockenbügeln (durch Bügeln trocknen);* aber nur *trocken (in trockenem Zustand) bügeln*
- *den Fußboden trocken wischen* od. *trockenwischen (durch Wischen trocknen);* aber nur *den Fußboden trocken (mit einem trockenen Tuch) wischen*
- *der Sumpf wird trockengelegt (ausgetrocknet, entwässert)*

T

Trip|per, der; -s, - (eine Geschlechtskrankheit)

trist (traurig, öde)

Tris|tesse [...'tɛs], die; -, -n (Traurigkeit)

tritt *vgl.* treten; **Tritt,** der; -[e]s, -e; Tritt halten; **Tritt|brett; Tritt|brett|fah|rer** (*ugs. für* jmd., der von einer Sache zu profitieren versucht, ohne selbst etwas dafür zu tun)

tritt|fest; trittfeste Leitern

Tri|umph, der; -[e]s, -e (großer Sieg, Erfolg; *nur Sing.:* Siegesfreude, -jubel); **tri|um|phal; tri|um|phie|ren** (siegen; jubeln)

Tri|um|vi|rat, das; -[e]s, -e (Dreimännerherrschaft [im alten Rom])

tri|vi|al (platt, abgedroschen); **Tri|vi|a|li|tät,** die; -, -en; **Tri|vi|al|li|te|ra|tur** *Plur. selten*

tro|cken *s. Kasten*

Tro|cken|heit

tro|cken|le|gen (entwässern; mit frischen Windeln versehen); **tro|cken rei|ben, tro|cken|rei|ben** (durch Reiben trocknen); *vgl.* trocken; **tro|cken schleu|dern, tro|cken|schleu|dern** (durch Schleudern trocknen); *vgl.* trocken; **tro|cken|sit|zen** (ohne Getränk sitzen); *vgl.* trocken

Tro|cken|zeit

trock|nen

Trod|del, die; -, -n (kleine Quaste)

Trö|del, der; -s (*ugs. für* alte, wertlose Gegenstände; Kram); **trö|deln** (*ugs. für* beim Arbeiten u. Ä. langsam sein; schlendern); ich tröd[e]le; **Tröd|ler; Tröd|le|rin**

Trog, der; -[e]s, Tröge

Tro|ja|ner (Bewohner von Troja; *EDV auch für* trojanisches Pferd [Computervirus]); **tro|ja|nisch, tro|ia|nisch;** das **Trojanische** *od.* Troianische Pferd (bei Homer); ein **trojanisches** *od.* troianisches Pferd (*EDV* ein besonderes Computervirus)

Troll, der; -[e]s, -e (Kobold; *Jargon* Internetprovokateur)

trol|len, sich *(ugs.)*

Trom|mel, die; -, -n; **Trom|mel|fell; trom|meln;** ich tromm[e]le; **Trom|mel|re|vol|ver; Tromm|ler; Tromm|le|rin**

Trom|pe|te, die; -, -n; **trom|pe|ten;** er hat trompetet; **Trom|pe|ter; Trom|pe|te|rin**

Tro|pe, die; -, -n (Vertauschung des eigentlichen Ausdrucks mit einem bildlichen, z. B. »Bacchus« für »Wein«)
Tro|pen *Plur.* (heiße Zone zwischen den Wendekreisen); **Tro|pen|fie|ber,** das; -s
[1]**Tropf,** der; -[e]s, Tröpfe (*ugs. für* einfältiger Mensch)
[2]**Tropf,** der; -[e]s, -e (*Med.* Vorrichtung für die Tropfinfusion)
tröp|feln; ich tröpf[e]le
trop|fen; Trop|fen, der; -s, -; **trop|fen|wei|se; tropf|nass**
Tropf|stein; Tropf|stein|höh|le
Tro|phäe, die; -, -n (Jagdbeute)
tro|pisch (zu den Tropen gehörend; heiß; *Rhet.* bildlich)
Tro|po|sphä|re, die; - (*Meteorol.* unterste Schicht der Erdatmosphäre)
Tross, der; -es, -e (*Militär früher für* die Truppe mit Verpflegung u. Munition versorgender Wagenpark)
Tros|se, die; -, -n (starkes Tau; Drahtseil)
Trost, der; -[e]s; ein Trost bringender *od.* trostbringender Brief
trös|ten; sich trösten; **Trös|ter; Trös|te|rin**
tröst|lich
trost|los; eine trostlose Gegend
Trost|preis
Trott, der; -[e]s, -e *Plur. selten* (lässige Gangart; *ugs. für* langweiliger, routinemäßiger Gang; eingewurzelte Gewohnheit)
Trot|tel, der; -s, - (*ugs. für* einfältiger Mensch, Dummkopf); **trot|te|lig**
trot|ten (*ugs. für* schwerfällig gehen)
Trot|toir [...'toa:ɐ̯], das; -s, *Plur.* -e *u.* -s (*schweiz. für* Bürgersteig)
trotz; trotz all[e]dem, trotz allem; trotz des Regens; *bes. südd., österr. und schweiz. auch* trotz dem Regen
Trotz, der; -es; aus Trotz; dir zum Trotz; Trotz bieten
trotz|dem; trotzdem ist es falsch; *auch als Konjunktion:* trotzdem (*älter* trotzdem dass) du nicht rechtzeitig eingegriffen hast
trot|zen; du trotzt; **trot|zig; Trotz|kopf**
Trou|ble ['trabl̩], der; -s (*ugs. für* Ärger, Unannehmlichkeiten)
trüb, trü|be; im Trüben fischen (*ugs.* unklare Zustände zum eigenen Vorteil ausnutzen)
Tru|bel, der; -s
trü|ben
Trüb|sal, die; -, -e; **trüb|se|lig**
Trüb|sinn, der; -[e]s; **trüb|sin|nig**
Truck [trak], der; -s, -s (*amerik. u. internat. Bez. für* Lastkraftwagen); **Tru|cker,** der; -s, - (Lastwagenfahrer); **Tru|cke|rin**
tru|deln (*Fliegerspr.* drehend niedergehen); ich trud[e]le
Trüf|fel, die; -, -n, *ugs. meist* der; -s, - (ein Pilz; eine kugelförmige Praline)
Trug, der; -[e]s; Lug und Trug; **Trug|bild**
trü|gen; du trogst; du trögest; getrogen; trüg[e]!; **trü|ge|risch; Trug|schluss**
Tru|he, die; -, -n
Trul|lo, der; -s, Trulli (für Apulien typisches rundes Haus mit konischem Dach)
Trüm|mer *Plur.* ([Bruch]stücke); etwas in Trümmer schlagen; **Trüm|mer|hau|fen**
Trumpf, der; -[e]s, Trümpfe (eine der [wahlweise] höchsten Karten beim Kartenspielen, mit denen Karten anderer Farben gestochen werden können); **trump|fen** (mit einer Trumpfkarte stechen)
Trunk, der -[e]s, Trünke *Plur. selten (geh.);* **trun|ken;** sie ist trunken vor Freude
Trun|ken|heit, die; -
Trupp, der; -s, -s; **Trup|pe,** die; -, -n
Trup|pen|ab|zug; Trup|pen|übungs|platz; Trup|pen|ver|pfle|gung
Trust [trast], der; -[e]s, *Plur.* -e *u.* -s (Konzern)
Trut|hahn; Trut|hen|ne
Tsa|t|si|ki *vgl.* Zaziki
tschau!, ciao! [tʃau̯] (*ugs.* [Abschieds]gruß)
tschüs!, tschüss! (*ugs. für* auf Wiedersehen!); wir wollen dir tschüs *od.* Tschüs, tschüss *od.* Tschüss sagen
Tse|t|se|flie|ge (Stechfliege, die bes. die Schlafkrankheit überträgt)
T-Shirt ['ti:ʃœ:ɐ̯t] ([kurzärmliges] Oberteil aus Trikot)

Tsu|na|mi [*auch* 'tsu:...], der; -s, -[s] *od.* die; -, -[s] ([durch Seebeben ausgelöste] Flutwelle)
TTIP ['ti:tɪp] - *ohne Artikel* (geplantes Freihandelsabkommen zw. EU u. USA)
TU, die; - = technische Universität
[1]**Tu|ba,** die; -, *Plur.* ...ben *u.* -s (Blechblasinstrument)
[2]**Tu|ba,** die; -, ...ben (*Med.* Eileiter, Ohrtrompete); **Tu|be,** die; -, -n (röhrenförmiger Behälter; *Med. auch für* Tuba)
Tu|ber|ku|lo|se, die; -, -n (eine Infektionskrankheit; *Abk.* Tb, Tbc, Tbk)
Tuch, das; -[e]s, *Plur.* Tücher *u. (Arten:)* -e
Tuch|fa|b|rik
Tuch|füh|lung, die; -; *nur in Wendungen wie* [mit jmdm.] Tuchfühlung haben; [mit jmdm.] auf Tuchfühlung sein, sitzen
tüch|tig; Tüch|tig|keit
Tü|cke, die; -, -n
tu|ckern; sie sagt, der Motor tuckere
tü|ckisch; eine tückische Krankheit
Tuff, der; -[e]s, -e (ein Gestein); **Tuff|stein**
tüf|teln (*ugs. für* eine knifflige Aufgabe mit Ausdauer zu lösen suchen); ich tüft[e]le; **Tüft|ler; Tüft|le|rin; tüft|lig**
Tu|gend, die; -, -en; **tu|gend|haft**
Tüll, der; -s, *Plur. (Arten:)* -e (netzartiges Gewebe)
Tul|pe, die; -, -n
tumb (*altertümelnd scherzh. für* einfältig)
tum|meln (bewegen); sich tummeln ([sich be]eilen; *auch für* herumtollen); ich tumm[e]le [mich]; **Tum|mel|platz**
Tümm|ler (Delfin; eine Taube)
Tu|mor, der; -s, *Plur.* ...oren, *nicht fachspr. auch* ...ore (*Med.* Geschwulst)
Tüm|pel, der; -s, -
Tu|mult, der; -[e]s, -e (Lärm; Aufruhr)
tun; ich tue *od.* tu, du tust, er/sie tut, wir tun, ihr tut, sie tun; du tatst (tatest), er/sie tat; du tätest; tuend; getan; tu[e]!, tut!; *vgl.* dick[e]tun, guttun, schöntun, wohltun
Tun, das; -s; das Tun und Treiben
Tün|che, die; -, -n; **tün|chen**
Tun|d|ra, die; -, ...ren (baumlose Kältesteppe jenseits der arktischen Waldgrenze)
tu|nen ['tju:...] (die Leistung [eines Kfz-Motors] nachträglich steigern); ein getunter Motor, Wagen
Tun|fisch *vgl.* Thunfisch
Tu|nicht|gut, der; *Gen.* - *u.* -[e]s, *Plur.* -e
Tun|ke, die; -, -n; **tun|ken**
tun|lich (*veraltend für* ratsam, angebracht); **tun|lichst** (*svw.* möglichst)
Tun|nel, der; -s, *Plur.* - *u.* -s; **Tun|nel|bau; Tun|nel|blick**
Tüp|fel|chen; das Tüpfelchen auf dem i; das i-Tüpfelchen; **tup|fen; Tup|fen,** der; -s, - (Punkt; [kreisrunder] Fleck)
Tür, die; -, -en; von Tür zu Tür; du kriegst die Tür nicht zu! (*ugs. für* das ist nicht zu fassen!)
Tur|ban, der; -s, -e (Kopfbedeckung)
Tur|bi|ne, die; -, -n (*Technik* eine Kraftmaschine); **Tur|bi|nen|an|trieb**
Tur|bo, der; -s, -s *(Kfz-Technik)*
tur|bu|lent (stürmisch, ungestüm)
Tur|bu|lenz, die; -, -en (turbulentes Geschehen; *Physik* Auftreten von Wirbeln in einem Luft-, Gas- od. Flüssigkeitsstrom)
tür|ken (*ugs., oft als diskriminierend empfunden, für* vortäuschen, fälschen)
Tür|ken, der; -s (*österr. landsch. für* Mais)
tür|kis (türkisfarben); ein türkis[farbenes], türkises Kleid
[1]**Tür|kis,** der; -es, -e (ein Schmuckstein)
[2]**Tür|kis,** das; - (türkisfarbener Ton); in Türkis; **tür|kis|far|ben, tür|kis|far|big**
Tür|klin|ke
Turm, der; -[e]s, Türme
[1]**tür|men** (aufeinanderhäufen)
[2]**tür|men** (*ugs. für* weglaufen, ausreißen)
Turm|sprin|gen, das; -s *(Sport)*
Turn [tœ:ɐ̯n], der; -s, -s (Kehre im Kunstfliegen); *vgl. aber* Törn
Tur|n|a|round ['tə:nəraʊ̯nd], der; -[s], -s (*bes. Wirtsch.* Umschwung in der wirtschaftlichen Situation eines Unternehmens)
tur|nen; Tur|nen, das; -s; **Tur|ner; Tur|ne|rin; Turn|hal|le; Turn|ho|se**

T

Tur|nier, das; -s, -e (*früher für* ritterliches, *jetzt* sportliches Kampfspiel; Wettkampf); **Tur|nier|sieg**

Turn|schuh; fit wie ein Turnschuh (*ugs. für* sehr fit); **Turn|übung; Turn|un|ter|richt**

Tur|nus, der; - *u.* -ses, - *u.* -se (Reihenfolge; Wechsel; Umlauf; *österr. auch für* Arbeitsschicht); im Turnus

tur|nus|ge|mäß; tur|nus|mä|ßig

Turn|ver|ein (*Abk.* TV)

Tür|öff|ner; Tür|rah|men; Tür|schloss

Tür|ste|her; Tür|ste|he|rin

tur|teln (girren); ich turt[e]le; **Tur|tel|tau|be**

Tusch, der; -[e]s, *Plur.* -e *u.* -s (Musikbegleitung bei einem Hochruf)

Tu|sche, die; -, -n

Tu|sche|lei; tu|scheln (heimlich [zu]flüstern); ich tusch[e]le

tu|schen (mit Tusche zeichnen); du tuschst; **Tusch|zeich|nung**

Tü|te, die; -, -n

tu|ten; von Tuten und Blasen keine Ahnung haben *(ugs.)*

Tü|ten|sup|pe (*ugs. für* Instantsuppe)

Tu|tor, der; -s, ...oren (jmd., der Studienanfänger betreut; *im röm. Recht für* Vormund)

Tu|to|ri|al [t(j)u'tɔːriəl, tu'toː...], das; -[s], -s (*bes. EDV* Anleitung, Übung)

Tu|to|rin; Tu|to|ri|um, das; -s, ...rien (Übung an einer Hochschule)

Tut|si, der; -[s], -[s] *u.* die; -, -[s] (Angehörige[r] eines afrik. Volkes)

Tu|tu [ty'tyː], das; -[s], -s (Ballettröckchen)

TÜV® [tʏf], der; -[s] = Technischer Überwachungs-Verein; **TÜV-ge|prüft; TÜV-Pla|ket|te**

TV [teː'fau̯, *auch* tiː'viː], das; -[s], -s = Television

Tweed [tviːt], der; -s, *Plur.* -s *u.* -e (ein Gewebe)

Twen, der; -[s], -s (junger Mann, junge Frau in den Zwanzigern)

[1]**Twist,** der; -[e]s, -e (mehrfädiges Baumwoll[stopf]garn)

[2]**Twist,** der; -s, -s (ein Tanz)

Twit|ter®, das; -[s] *meist ohne Artikel* (System zur Versendung von Kurznachrichten über das Internet); **twit|tern;** ich twittere, habe getwittert

[1]**Typ,** der; -s, -en (Urbild; Modell, Bauart; *Psychol.* best. psycholog. Ausprägung)

[2]**Typ,** der; *Gen.* -s, *auch* -en, *Plur.* -en (*ugs. für* Person)

Ty|pe, die; -, -n (gegossener Druckbuchstabe, Letter; *ugs. für* komische Figur; *bes. österr. svw.* [1]Typ *[Technik]*)

ty|pen ([industrielle Artikel] nur in bestimmten notwendigen Größen herstellen)

Ty|phus, der; - (eine Infektionskrankheit)

ty|pisch; ty|pi|scher|wei|se

Ty|po|gra|fie, Ty|po|gra|phie, die; -, ...ien (Buchdruckerkunst; typografische Gestaltung); **ty|po|gra|fisch, ty|po|gra|phisch**

Ty|pus, der; -, Typen (*svw.* [1]Typ *[Philos., Psychol.]*)

Ty|rann, der; -en, -en (Gewaltherrscher; *auch* herrschsüchtiger Mensch); **Ty|ran|nei,** die; -, -en (Willkür[herrschaft]); **Ty|ran|nin; ty|ran|nisch** (gewaltsam, willkürlich); **ty|ran|ni|sie|ren** (gewaltsam, willkürlich behandeln; unterdrücken)

Ty|ran|no|sau|rus, der; -, ...rier (ein Dinosaurier); **Ty|ran|no|sau|rus Rex,** der; - -

Tz *vgl.* Tezett

U *u*

U (Buchstabe); das U; des U, die U, *aber* das u in Mut; der Buchstabe U, u

U-Bahn; U-Bahn|hof; U-Bahn-Netz; U-Bahn-Sta|ti|on; U-Bahn-Wa|gen

übel; üb|ler, am übels|ten; üble Nachrede; wir wurden übelst beschimpft; er hatte nichts Übles getan; übel sein, riechen; ein übel beratener *od.* übelberatener Kunde; sie wird es uns nicht übel nehmen *od.* übelnehmen; *aber* jmdm. übelwollen

Übel, das; -s, -; das ist von, *geh.* vom Übel
übel ge|launt, **übel|ge|launt** *vgl.* übel
Übel|keit
übel neh|men, **übel|neh|men** *vgl.* übel
Übel|tä|ter; Übel|tä|te|rin
[1]**üben;** ein Klavierstück üben
[2]**üben** (*landsch. für* drüben)
über; *Präp. mit Dat. zur Angabe einer Position:* das Bild hängt über dem Sofa; mit *Akk. bei Richtungsangaben:* er hängt das Bild über das Sofa; *Adverb:* über kurz oder lang; über und über; die ganze Zeit über; die über Siebzigjährigen; Kinder über 8 Jahre;
über|all [*auch* ...'ʔal]; **über|all|hin**
über|al|tert; Über|al|te|rung *Plur. selten (bes. Statistik)*
Über|an|ge|bot
über|ant|wor|ten (*geh. für* übergeben, überlassen); die Gelder wurden ihr überantwortet
über|ar|bei|ten; sich überarbeiten; du hast dich überarbeitet; sie hat den Aufsatz überarbeitet; **über|ar|bei|ten** *(landsch.);* sie hat einige Stunden übergearbeitet
Über|ar|bei|tung
über|aus
[1]**Über|bau,** der; -[e]s, *Plur.* -e *u.* -ten (vorragender Oberbau, Schutzdach)
[2]**Über|bau,** der; -[e]s, -e (nach Marx die auf den wirtschaftl. u. sozialen Grundlagen basierenden Anschauungen einer Gesellschaft u. die entsprechenden Institutionen)
über|be|legt
über|be|wer|ten; er überbewertet diese Vorgänge; er hat sie überbewertet; überzubewerten
über|bie|ten; sich überbieten; der Rekord wurde überboten
über|blei|ben (*landsch. für* übrig bleiben)
Über|bleib|sel, das; -s, -
Über|blick; über|bli|cken; sie hat den Vorgang überblickt
über|bor|dend (übersteigert); eine überbordende Fantasie

U

über|brin|gen; er hat die Nachricht überbracht; **über|brü|cken;** sie hat den Gegensatz klug überbrückt; **über|da|chen;** der Bahnsteig wurde überdacht; **über|dau|ern;** die Altertümer haben Jahrhunderte überdauert
über|de|cken; mit Eis überdeckt; **über|de|cken** *(ugs.);* ich habe das Tischtuch übergedeckt
über|den|ken; sie hat es lange überdacht
über|deut|lich
über|dies [*auch* 'y:...]
über|di|men|si|o|nal (übermäßig groß)
Über|do|sis; eine Überdosis Schlaftabletten
Über|druss, der; -es; **über|drüs|sig;** *mit Gen.:* des Lebens, des Freundes überdrüssig sein; seiner überdrüssig sein, *selten auch mit Akk.:* ich bin ihn überdrüssig
über|durch|schnitt|lich
über|eif|rig
über|ei|len; sich übereilen; du hast dich übereilt; **über|eilt** (verfrüht); ein übereilter Schritt
über|ei|n|an|der; über|ei|n|an|der|le|gen; über|ei|n|an|der|schla|gen; über|ei|n|an|der|stel|len
über|ein|kom|men; ich komme überein; übereingekommen; um übereinzukommen; **Über|ein|kom|men,** das; -s, - (Abmachung, Einigung); **Über|ein|kunft,** die; -, ...künfte (Übereinkommen)
über|ein|stim|men; wir stimmen überein, haben übereingestimmt; übereinzustimmen; **Über|ein|stim|mung**
über|fah|ren; das Kind ist überfahren worden; er hätte mich bei den Verhandlungen fast überfahren (*ugs. für* überrumpelt)
über|fah|ren; ich bin übergefahren (über den Fluss); **Über|fahrt**
Über|fall, der; **über|fal|len;** man hat sie überfallen
über|fäl|lig (zur erwarteten Zeit noch nicht eingetroffen); ein überfälliger (verfallener) Wechsel
über|flie|gen (*ugs. für* nach der anderen Seite fliegen); die Hühner sind übergeflo-

gen; **über|flie|gen;** er hat die Alpen überflogen; ich habe das Buch überflogen

Über|flie|ger (jmd., der begabter, tüchtiger u. schneller erfolgreich ist als der Durchschnitt); **Über|flie|ge|rin**

über|flie|ßen; das Wasser ist übergeflossen; sie floss über vor Dankbarkeit

über|flü|geln; er hat alle überflügelt

Über|fluss, der; -es; **Über|fluss|ge|sell|schaft; über|flüs|sig**

über|flu|ten; das Wasser ist übergeflutet

über|flu|ten; der Strom hat die Dämme überflutet; **Über|flu|tung**

über|for|dern; er hat mich überfordert; **Über|for|de|rung**

über|fra|gen (Fragen stellen, auf die man nicht antworten kann)

über|füh|ren (einer Schuld); der Mörder wurde überführt; **über|füh|ren** (an einen anderen Ort bringen); man überführte ihn in eine Spezialklinik *od.* führte ihn in eine Spezialklinik über; die Leiche wurde nach ... übergeführt *od.* überführt

Über|füh|rung; Überführung einer Straße; Überführung eines Verbrechers

über|fül|len; über|füllt; überfüllte Züge

Über|ga|be

Über|gang, der; **Über|gangs|frist; über|gangs|los; Über|gangs|lö|sung; Über|gangs|pha|se; Über|gangs|re|ge|lung; Über|gangs|re|gie|rung; Über|gangs|zeit**

über|ge|ben; er hat die Festung übergeben; ich habe mich übergeben (erbrochen); **über|ge|ben;** ich habe ihm eins übergegeben (*ugs. für* einen Schlag, Hieb versetzt)

über|ge|hen (unbeachtet lassen); sie überging ihn; sie hat den Einwand übergangen; **über|ge|hen;** wir gingen zum nächsten Thema über; das Grundstück ist in andere Hände übergegangen; die Augen gingen ihr über (sie war überwältigt; *geh. auch für* sie hat geweint)

über|ge|ord|net

Über|ge|wicht, das; -[e]s; **über|ge|wich|tig**

über|gie|ßen; sie hat die Milch übergegossen; **über|gie|ßen** (oberflächlich gießen; oben begießen); sie hat die Blumen nur übergossen; mit etw. übergossen sein

über|glück|lich

über|grei|fen; die Seuche hat übergegriffen; **über|grei|fend**

Über|griff

über|groß; Über|grö|ße

über|hand|neh|men; etwas nimmt überhand; es hat überhandgenommen; überhandzunehmen

Über|hang

über|häu|fen; sie war mit Arbeit überhäuft; der Tisch ist mit Papieren überhäuft

über|haupt

über|heb|lich (anmaßend); **Über|heb|lich|keit**

über|hitzt; Über|hit|zung

über|höht (zu hoch); überhöhte Preise; **Über|hö|hung**

über|ho|len; er hat ihn überholt; die Maschine ist überholt worden; **über|ho|len** *(Seemannsspr.);* die Segel wurden übergeholt; das Schiff hat übergeholt (sich auf die Seite gelegt)

Über|hol|ma|nö|ver; Über|hol|spur

über|holt (nicht mehr aktuell, nicht mehr zeitgemäß); überholte Ansichten

Über|hol|ver|bot

über|hö|ren; das möchte ich überhört haben!; **über|hö|ren** *(ugs.);* ich habe mir den Schlager übergehört

über|ir|disch

Über|ka|pa|zi|tät *(Wirtsch.)*

über|kom|men (*Seemannsspr.* über das Deck spülen, spritzen; *landsch. für* etwas endlich geben od. sagen); die Brecher kommen über; er ist damit übergekommen; **über|kom|men;** Ekel überkam sie, hat sie überkommen; überkommene Bräuche

über Kreuz; über|kreu|zen; sich überkreuzen; mit überkreuzten Beinen dasitzen

[1]**über|la|den;** der Anhänger wurde überladen; *vgl.* [1]laden

[2]**über|la|den;** überladener Stil

über|la|gern; überlagert; sich überlagern

über|lang

über|las|sen (*landsch. für* übrig lassen); sie hat ihm etwas übergelassen
über|las|sen (abtreten; anvertrauen); sie hat mir das Haus überlassen; **Über|las|sung**
über|las|ten; über|las|tet; Über|las|tung
über|lau|fen; die Ärztin wird von Kranken überlaufen; es hat mich kalt überlaufen
über|lau|fen; das Wasser läuft über; er ist zum Feind übergelaufen; die Galle ist ihm übergelaufen; **Über|läu|fer** (Soldat, der zum Gegner überläuft; *Jägerspr.* Wildschwein im zweiten Jahr); **Über|läu|fe|rin**
über|le|ben; diese Vorstellungen sind überlebt; **Über|le|bens|chan|ce; über|le|bens|fä|hig; über|le|bens|groß;** eine überlebensgroße Abbildung; **Über|le|bens|kampf; über|le|bens|wich|tig**
über|le|gen (*ugs. für* darüberlegen); sie legte eine Decke über
[1]**über|le|gen** (bedenken, nachdenken); er überlegte lange; nach reiflichem Überlegen
[2]**über|le|gen;** sie ist mir überlegen; **Über|le|gen|heit**
über|legt (*auch für* sorgsam); **Über|le|gung;** mit Überlegung
über|lie|fern; überlieferte Bräuche; **Über|lie|fe|rung**
über|lis|ten; er wurde überlistet
Über|macht, die; -, ...mächte; **über|mäch|tig**
Über|maß, das; -es; im Übermaß; **über|mä|ßig**
über|mit|teln; ich übermitt[e]le; er hat diese freudige Nachricht übermittelt; **Über|mit|te|lung, Über|mitt|lung**
über|mor|gen; übermorgen Abend
Über|mut; über|mü|tig
über|nächs|te; am übernächsten Tag
über|nach|ten; er hat hier übernachtet
über|näch|tigt
Über|nach|tung
Über|nah|me, die; -, -n; feindliche Übernahme *(Wirtsch.);* **Über|nah|me|an|ge|bot; Über|nah|me|kan|di|dat; Über|nah|me|schlacht** *(emotional)*
über|na|tür|lich
über|neh|men; sie hat die Tasche übergenommen *(ugs.);* **über|neh|men;** sie hat das Geschäft übernommen; ich habe mich übernommen
über|par|tei|lich
über|pro|por|ti|o|nal
über|prüf|bar; über|prü|fen; Über|prü|fung
über|que|ren
über|ra|gen (größer sein); sie hat alle überragt; **über|ra|gen** (hervorstehen); der Balken hat übergeragt
über|ra|gend (andere, anderes weit übertreffend); eine überragende Leistung
über|ra|schen; du überraschst; er wurde überrascht; **über|ra|schend; über|ra|schen|der|wei|se; Über|ra|schung**
über|re|den; sie hat mich dazu überredet; **Über|re|dung; Über|re|dungs|kunst**
über|re|gi|o|nal
über|reich (üppig)
über|rei|chen; überreicht
über|reif
über|ren|nen; sie wurde überrannt
Über|rest
über|rol|len; er wurde überrollt
über|rum|peln; der Feind wurde überrumpelt
über|run|den (im Sport)
übers (*ugs. für* über das)
über|sä|en (besäen); übersät (dicht bedeckt); der Himmel ist mit Sternen übersät
Über|schall|flug|zeug
Über|schall|ge|schwin|dig|keit
über|schät|zen; überschätzt
über|schau|bar; über|schau|en; überschaut
Über|schlag, der; -[e]s, ...schläge
über|schla|gen; die Stimme ist übergeschlagen
[1]**über|schla|gen;** ich habe die Kosten überschlagen; er hat sich überschlagen
[2]**über|schla|gen;** das Wasser ist überschlagen (*landsch. für* lauwarm)
über|schnei|den, sich; **Über|schnei|dung**

U

über|schrei|ben; das Haus ist auf ihn überschrieben

über|schrei|ten; du hast die Grenze überschritten; das Überschreiten der Gleise ist verboten; **Über|schrei|tung**

Über|schrift

über|schul|det; Über|schul|dung

Über|schuss; über|schüs|sig

über|schüt|ten; sie hat etwas übergeschüttet; **über|schüt|ten;** sie hat mich mit Vorwürfen überschüttet

Über|schwang, der; -[e]s; im Überschwang der Gefühle; **über|schwäng|lich; Über|schwäng|lich|keit**

über|schwem|men; Über|schwem|mung

Über|see *ohne Artikel;* Waren von Übersee, aus Übersee; **über|see|isch;** überseeischer Handel

über|se|hen; ich habe den Fehler übersehen

über|se|hen *(ugs.);* du hast dir dieses Kleid übergesehen

über|sen|den; der Brief wurde ihr übersandt

über|set|zen (ans andere Ufer bringen od. gelangen); wir setzen über; er hat den Wanderer übergesetzt

über|set|zen (in eine andere Sprache übertragen); ich habe den Satz ins Englische übersetzt; **Über|set|zer; Über|set|ze|rin**

über|setzt (*schweiz. für* überhöht); übersetzte Preise, übersetzte Geschwindigkeit

Über|set|zung

Über|sicht, die; -, -en; **über|sicht|lich** (leicht zu überschauen); **Über|sicht|lich|keit**

über|sie|deln, über|sie|deln (den Wohnort wechseln); ich sied[e]le über *od.* ich übersied[e]le; ich bin damals übergesiedelt *od.* übersiedelt

über|sinn|lich; übersinnliche Kräfte

über|span|nen; ich habe den Bogen überspannt

über|spie|len; sie überspielte die peinliche Situation; er hat die Musik überspielt

über|spitzt (übermäßig)

über|sprin|gen; ich habe eine Klasse übersprungen; **über|sprin|gen;** der Funke ist übergesprungen

über|ste|hen; der Balken steht über

über|ste|hen; sie überstand die Operation; die Gefahr ist überstanden

über|stei|gen; sie hat den Grat überstiegen; das übersteigt meinen Verstand

über|stei|gen; sie ist übergestiegen

über|stel|len (*Amtsspr.* jmdn. einer anderen Stelle übergeben); er wurde überstellt

über|stim|men

über|strah|len

über|strei|fen

Über|stun|de; Überstunden machen

über|stür|zen (übereilen); er hat die Angelegenheit überstürzt; die Ereignisse überstürzten sich

über|tö|nen

Über|trag, der; -[e]s, ...träge; **über|trag|bar**

[1]**über|tra|gen;** ich habe ihm das Amt übertragen; die Krankheit hat sich auf mich übertragen

[2]**über|tra|gen;** eine übertragene Bedeutung; übertragene (*österr. für* gebrauchte, abgetragene) Kleidung; **Über|tra|gung**

über|tref|fen; ihre Leistungen haben alles übertroffen

über|trei|ben; Über|trei|bung

über|tre|ten; er ist zur evangelischen Kirche übergetreten; sie hat, ist beim Weitsprung übergetreten *(Sport);* **über|tre|ten;** ich habe das Gesetz übertreten; ich habe mir den Fuß übertreten (*landsch. für* vertreten)

über|trie|ben

Über|tritt

über|trump|fen (überbieten, ausstechen); übertrumpft

über|tün|chen

Über|va|ter (Respekt einflößende, beherrschende Figur)

über|voll

über|vor|sich|tig

über|wach

über|wa|chen (beaufsichtigen); er wurde überwacht; **Über|wa|chung; Über|wa-**

U

üb|rig

- *übriges Verlorenes*
- *übrige kostbare Gegenstände*

Großschreibung der Substantivierung:

- *ein Übriges tun (mehr tun, als nötig ist)*
- *im Übrigen (sonst, ferner)*
- *das, alles Übrige*
- *die, alle Übrigen*

Schreibung in Verbindung mit Verben und adjektivisch gebrauchten Partizipien:

- *von dem Kuchen wird nichts übrig bleiben*
- *ihr wolltet mir doch ein Stück Kuchen übrig lassen!*
- *solange wir etwas Geld übrig haben ...*
- *der* ***übrig gebliebene*** od. *übriggebliebene Kuchen*

Bei übertragener Bedeutung:

- *etwas für jmdn. übrighaben (jmdn. mögen)*
- *uns wird nichts anderes* ***übrig bleiben*** od. *übrigbleiben, als nachzugeben*

chungs|ka|me|ra; Über|wa|chungs|vi|deo

über|wäl|ti|gen; er wurde überwältigt; **über|wäl|ti|gend**

über|wei|sen; sie hat das Geld überwiesen

Über|wei|sung; Über|wei|sungs|auf|trag

über|wer|fen, sich; wir haben uns überworfen (verfeindet); **über|wer|fen;** sie hat den Mantel übergeworfen

über|wie|gen ([an Zahl od. Einfluss] stärker sein); die Mittelmäßigen haben überwogen; **über|wie|gend** [*auch* 'y:...]

über|win|den; die Schwierigkeiten wurden überwunden; **Über|win|dung**

über|win|tern; ich überwintere; das Getreide hat gut überwintert

Über|zahl, die; -; in der Überzahl sein; **über|zäh|lig**

über|zeich|nen (*ugs. für* über den vorgesehenen Rand zeichnen)

über|zeich|nen; die Anleihe ist überzeichnet; **Über|zeich|nung**

U

über|zeu|gen; sie hat ihn überzeugt; sich überzeugen; **über|zeu|gend;** das überzeugends|te Argument; **über|zeugt;** eine überzeugte Demokratin; **Über|zeu|gung; Über|zeu|gungs|ar|beit,** die; -; **Über|zeu|gungs|kraft,** die; -

über|zie|hen; er zieht eine Jacke über, hat eine Jacke übergezogen; **über|zie|hen;** sie überzieht den Kuchen mit einem Zuckerguss; er hat sein Konto überzogen; das Bett überziehen (*österr. für* beziehen)

über|zo|gen (übertrieben)

Über|zug

üb|lich; das Übliche; **üb|li|cher|wei|se**

U-Boot, *bundeswehramtlich* **Uboot** (Unterseeboot; *Abk.* U); **U-Boot-Krieg**

üb|rig *s. Kasten*

üb|rig blei|ben, üb|rig|blei|ben *vgl.* übrig

üb|ri|gens; üb|rig|ha|ben; *in der Wendung* etwas für jmdn. übrighaben (jmdn. mögen); *vgl.* übrig

üb|rig las|sen, üb|rig|las|sen *vgl.* übrig

Übung; Übungs|lei|ter, der

UEFA, die; - = Union of European Football Associations (Europäischer Fußballverband)

Ufer, das; -s, -; **Ufer|bö|schung; ufer|los;** seine Pläne gingen ins Uferlose

Ufo, UFO, das; -[s], -s (unbekanntes Flugobjekt)

U-Haft (*kurz für* Untersuchungshaft)

Uhr, die; -, -en; Schlag acht Uhr; es ist ein Uhr; *aber* es ist eins; um fünf [Uhr] aufstehen; **Uhr|ma|cher; Uhr|ma|che|rin; Uhrwerk; Uhr|zei|ger|sinn;** *nur in* im *u.* entgegen dem Uhrzeigersinn; **Uhr|zeit**

Uhu, der; -s, -s (ein Vogel)

UKW-Sen|der

Ulk, der; *Gen.* -s, *seltener* -es, *Plur.* -e (Spaß; Unfug); **ul|ken; ul|kig** *(ugs.)*

Ulm, [1]Ul|me, die; -, ...men (*Bergmannsspr.* seitliche Fläche im Bergwerksgang)

[2]Ul|me, die; -, -n (ein Laubbaum)

Uls|ter [*auch* 'al...], der; -s, - (weiter [Herren]mantel; schwerer Mantelstoff)

ul|ti|ma|tiv (in Form eines Ultimatums; nachdrücklich); **Ul|ti|ma|tum,** das; -s, ...ten (letzte, äußerste Aufforderung)

Ul|t|ra, der; -s, -s (polit. Fanatiker, [Rechts]extremist; [rechtsradikaler] fanatischer Fußballanhänger)

ul|t|ra|kon|ser|va|tiv

Ul|t|ra|kurz|wel|le (*Physik, Rundfunk* elektromagnetische Welle unter 10 m Länge; *Abk.* UKW)

Ul|t|ra|schall, der; -[e]s (mit dem menschlichen Gehör nicht mehr wahrnehmbarer Schall); **Ul|t|ra|schall|be|hand|lung**

ul|t|ra|vi|o|lett ([im Sonnenspektrum] über dem violetten Licht; *Abk.* UV); ultraviolette Strahlen (*kurz* UV-Strahlen)

um; um vieles größer; um alles in der Welt; um Rat fragen; er kommt, um zu helfen; um sein, die Zeit ist um (*ugs. für* vorüber sein); *vgl. auch* umso

um|än|dern

um|ar|men; er hat sie umarmt; sie umarmten sich; **Um|ar|mung**

Um|bau, der; -[e]s, *Plur.* -e *u.* -ten; **Um|bau|ar|beit** *meist Plur.;* **um|bau|en** (anders bauen); das Theater wurde völlig umgebaut

um|bau|en (mit Bauten umschließen); er hat seinen Hof mit Ställen umbaut

um|be|nen|nen; Um|be|nen|nung

um|brin|gen; umgebracht

Um|bruch, der; -[e]s, ...brüche (grundlegende [polit.] Änderung, Umwandlung)

um|den|ken

um|deu|ten

um|dis|po|nie|ren (seine Pläne ändern)

um|dre|hen; sich umdrehen; er dreht jeden Pfennig, Cent um (ist sehr sparsam); sie hat den Spieß umgedreht (ist ihrerseits [mit denselben Mitteln] zum Angriff übergegangen); du hast dich umgedreht

Um|dre|hung

um|ei|n|an|der; sich umeinander kümmern; umeinander herumtanzen

um|fah|ren (fahrend umwerfen; *landsch. für* fahrend einen Umweg machen); er hat das Verkehrsschild umgefahren; ich bin [beinahe eine Stunde] umgefahren

um|fah|ren (um etwas herumfahren); er umfuhr das Hindernis; er hat die Insel umfahren; **Um|fah|rung** (*österr. u. schweiz. auch svw.* Umgehungsstraße)

um|fal|len; sie ist tot umgefallen; bei der Abstimmung ist er doch noch umgefallen *(ugs.);* sie war zum Umfallen müde *(ugs.)*

Um|fang

um|fan|gen *(geh.);* die Nacht umfing uns; ich halte ihn umfangen; **um|fäng|lich; um|fang|reich**

um|fas|sen (umschließen; in sich begreifen); ich habe ihn umfasst; die Sammlung umfasst alles Wesentliche; **um|fas|sen** (anders fassen; *landsch. auch für* den Arm um jmdn. legen); der Schmuck wird umgefasst; er fasste die Frau um

um|fas|send

Um|feld; das soziale Umfeld

um|for|men; er formt den Satz um

Um|fra|ge; Umfrage halten; **Um|fra|ge|er|geb|nis**

um|funk|ti|o|nie|ren (die Funktion von etwas ändern; zweckentfremdet einsetzen); die Veranstaltung wurde zu einer Protestversammlung umfunktioniert

Um|gang; um|gäng|lich (freundlich, erträglich); **Um|gangs|form** *meist Plur.*

Um|gangs|spra|che; um|gangs|sprach|lich

um|gar|nen; sie hat ihn umgarnt

um|ge|ben; er umgab das Haus mit einer Hecke; sie war von Kindern umgeben; sich umgeben mit ...; **um|ge|ben** *(landsch.);* er gab mir den Mantel um, hat mir den Mantel umgegeben (umgehängt)

Um|ge|bung

um|ge|hen; sie umgeht alle Fragen; er hat das Gesetz umgangen; **um|ge|hen;** ein

Gespenst geht dort um; er ist umgegangen (*landsch. für* hat einen Umweg gemacht)
um|ge|hend; umgehend antworten
Um|ge|hung; Um|ge|hungs|stra|ße
um|ge|kehrt; es verhält sich umgekehrt, als du denkst
um|ge|stal|ten; Um|ge|stal|tung
um|gra|ben
um|gu|cken, um|ku|cken, sich (*ugs. für* sich umsehen)
Um|hang
um|hän|gen (hängend umgeben); das Bild war mit Flor umhängt *od.* umhangen; *vgl.* [2]hängen; **um|hän|gen;** ich hängte mir den Mantel um; ich habe die Bilder umgehängt (anders gehängt); *vgl.* [2]hängen
um|her (im Umkreis); **um|her|ge|hen**
um|hin|kön|nen; *nur verneint:* ich kann nicht umhin[,] es zu tun; ich habe nicht umhingekonnt; nicht umhinzukönnen
um|hül|len; umhüllt mit ...
um|kämp|fen *meist im 2. Part. gebr.;* die Festung war hart umkämpft
Um|kehr, die; -; **um|keh|ren;** sich umkehren; sie ist umgekehrt; sie hat die Tasche umgekehrt; **Um|kehr|schluss; Um|keh|rung**
um|kip|pen (der Stuhl kippte um; sie ist plötzlich umgekippt (*ugs. für* ohnmächtig geworden); der See ist umgekippt (biologisch abgestorben); **Um|kip|pen,** das; -s
um|klam|mern
Um|klei|de|ka|bi|ne
um|klei|den, sich; ich habe mich umgekleidet (anders gekleidet)
um|kom|men; er ist im Krieg umgekommen; die Hitze ist ja zum Umkommen *(ugs.)*
Um|kreis, der; -es *Plur. (Geom.:)* -e
um|krei|sen; der Storch hat das Nest umkreist
um|krem|peln (*ugs. auch für* völlig ändern)
Um|la|ge (Steuer; Beitrag)
Um|land, das; -[e]s (ländliches Gebiet um eine [Groß]stadt)
Um|lauf (*auch für* Fruchtfolge; *Med.* eitrige Entzündung an Finger od. Hand); in Umlauf geben, sein (von Zahlungsmitteln)
Um|lauf|bahn; Um|lauf|ren|di|te *Plur. selten* (*Wirtsch.* Rendite festverzinslicher, im Umlauf befindlicher Wertpapiere)
Um|laut (ä, ö, ü)
um|le|gen; ein Braten, umlegt mit Gemüse
um|le|gen (*derb auch für* erschießen); er legte den Mantel um; er hat die Karten umgelegt (gewendet od. anders gelegt)
um|lei|ten (anders leiten); der Verkehr wurde umgeleitet; **Um|lei|tung**
um|lie|gend; umliegende Häuser
um|mün|zen; die Niederlage wurde in einen Sieg umgemünzt (umgedeutet)
um|rah|men (mit Rahmen versehen, einrahmen); die Vorträge wurden von musikalischen Darbietungen umrahmt
um|rech|nen; sie hat Euro in Schweizer Franken umgerechnet; **Um|rech|nung**
um|rei|ßen (einreißen; zerstören); er hat den Zaun umgerissen
um|rei|ßen (im Umriss zeichnen; andeuten); sie hat die Situation kurz umrissen
um|rin|gen; von Kindern umringt
Um|riss
um|run|den
um|rüs|ten (für bestimmte Aufgaben technisch verändern); die Maschine wurde umgerüstet; **Um|rüs|tung**
ums (um das); es geht ums Ganze; ein Jahr ums *od.* um das andere
um|sat|teln (*ugs. übertr. auch für* einen anderen Beruf ergreifen)
Um|satz; Um|satz|an|stieg; Um|satz|ein|bu|ße; Um|satz|plus, das; -; **Um|satz|rück|gang; um|satz|stark; Um|satz|stei|ge|rung; Um|satz|steu|er,** die; **Um|satz|ziel**
um|schal|ten; die Ampel schaltet auf Rot um
Um|schau, die; -; Umschau halten; **um|schau|en,** sich *(landsch.)*
um|schich|ten; das Heu wurde umgeschichtet; **Um|schich|tung**
um|schif|fen (in ein anderes Schiff bringen); die Waren, die Passagiere wurden umgeschifft; **um|schif|fen;** er hat die Klippe umschifft (die Schwierigkeit umgangen)

Um|schlag (*auch für* Umladung)
um|schla|gen (umsetzen; umladen); die Güter wurden umgeschlagen; das Wetter ist, *auch* hat umgeschlagen; **Um|schlagplatz**
um|schlie|ßen; von einer Mauer umschlossen
um|schlin|gen; sie hielt ihn fest umschlungen; **um|schlin|gen;** ich habe mir das Tuch umgeschlungen
um|schrei|ben (neu, anders schreiben; übertragen); er hat den Aufsatz umgeschrieben; die Hypothek wurde umgeschrieben
um|schrei|ben (mit anderen Worten ausdrücken); sie hat unsere Aufgabe mit wenigen Worten umschrieben
Um|schrei|bung (Neuschreibung)
Um|schrei|bung (andere Form des Ausdrucks)
Um|schul|dung
um|schu|len; Um|schü|ler; Um|schü|le|rin; Um|schu|lung
Um|schwei|fe *Plur.;* ohne Umschweife (geradeheraus)
um|schwen|ken; er ist plötzlich umgeschwenkt
Um|schwung, der; -[e]s, ...schwünge (*nur Sing.: schweiz. auch für* Umgebung des Hauses)
um|se|hen, sich
um sein *vgl.* um
um|setz|bar
um|set|zen; sie setzte die Pflanzen um; er hat seinen Plan in die Tat umgesetzt; ich habe mich umgesetzt; **Um|set|zung**
Um|sicht, die; -; **um|sich|tig**
um|sie|deln; ich sied[e]le um; umgesiedelt; **Um|sied|lung**
um|so; umso besser; umso größer; umso schöner
um|sonst
um|sor|gen; der Kranke wurde umsorgt
um|sprin|gen; der Wind sprang um; er ist übel mit dir umgesprungen
um|sprin|gen; die Hunde umsprangen sie
Um|stand; unter Umständen (*Abk.* u. U.); in anderen Umständen (*verhüllend für* schwanger) sein; mildernde Umstände *(Rechtsspr.);* keine Umstände machen; gewisser Umstände halber, eines gewissen Umstandes halber, *aber* umständehalber, umstandshalber
um|stän|de|hal|ber *vgl.* Umstand
um|ständ|lich
Um|stands|wort *Plur.* ...wörter (Adverb)
um|ste|hend; im Umstehenden finden sich die näheren Erläuterungen; er soll Umstehendes beachten; die Umstehenden (die Zuschauer)
um|stei|gen; sie ist umgestiegen
um|stel|len; er stellte die Mannschaft um; der Schrank wurde umgestellt; sich umstellen
um|stel|len (umgeben); die Polizei hat das Haus umstellt; **Um|stel|lung**
Um|stel|lung (Anpassung)
Um|stieg, der; -[e]s, -e
um|stim|men; er hat sie umgestimmt
um|strit|ten
um|struk|tu|rie|ren; umstrukturiert; **Umstruk|tu|rie|rung**
Um|sturz *Plur.* ...stürze; **um|stür|zen;** das Gerüst ist umgestürzt
um|tau|fen; er wurde umgetauft
Um|tausch; um|tau|schen; sie hat das Kleid umgetauscht
um|trei|ben (planlos herumtreiben); er wurde von Angst umgetrieben
Um|trieb (*Landwirtsch.* Zeit vom Pflanzen eines Baumbestandes bis zum Fällen; *meist Plur.: schweiz. für* Aufwand [z. B. an Zeit, Arbeit, Geld])
um|trie|big (rege, rührig)
UMTS = **u**niversal **m**obile **t**elecommunication **s**ystem (Mobilfunkstandard mit direktem Zugang zum Internet u. vielen multimedialen Funktionen); **UMTS-Han|dy**
U-Mu|sik, die; -; *Ggs.* E-Musik
Um|ver|pa|ckung (für Verkauf od. Transport einer Ware entbehrliche Verpackung)
um|ver|tei|len; Um|ver|tei|lung
um|wäl|zend; Um|wäl|zung

um|wan|deln (ändern); ich wand[e]le um; sie war wie umgewandelt
um|wan|deln (*geh. für* um etwas herumwandeln); sie hat den Platz umwandelt
Um|wand|lung, *seltener* Um|wan|de|lung (Änderung)
Um|weg
Um|welt; Um|welt|be|hör|de; Um|welt|be|las|tung
um|welt|be|wusst; Um|welt|be|wusst|sein
Um|welt|bun|des|amt; um|welt|freund|lich; um|welt|ge|recht; Um|welt|ka|ta|s|t|ro|phe; Um|welt|mi|nis|ter; Um|welt|mi|nis|te|rin; Um|welt|mi|nis|te|ri|um
Um|welt|or|ga|ni|sa|ti|on; Um|welt|pla|ket|te (*svw.* Feinstaubplakette); **Um|welt|po|li|tik; um|welt|po|li|tisch; um|welt|scho|nend**
Um|welt|schutz, der; -es; **Um|welt|schüt|zer; Um|welt|schüt|ze|rin; Um|welt|schutz|or|ga|ni|sa|ti|on**
Um|welt|tech|nik *Plur. selten;* **Um|welt|ver|schmut|zung; um|welt|ver|träg|lich; Um|welt|ver|träg|lich|keit; Um|welt|zer|stö|rung; Um|welt|zo|ne** (Gebiet, in dem [bis auf bestimmte Ausnahmen] nur Kfz mit Feinstaubplakette fahren dürfen)
um|wer|ben; eine viel umworbene *od.* vielumworbene Sängerin
um|wer|fen; er warf den Tisch um; diese Nachricht hat ihn umgeworfen (*ugs. für* aus der Fassung gebracht); **um|wer|fend;** umwerfende Komik
um|wid|men (*Amtsspr.* für einen anderen Zweck bestimmen); in Industriegelände umgewidmetes Agrarland

um|zie|hen; der Himmel hat sich umzogen; umzogen mit …; **um|zie|hen,** sich umziehen; ich habe mich umgezogen; wir sind [nach Frankfurt] umgezogen
um|zin|geln; ich umzing[e]le; das Lager wurde umzingelt
Um|zug
un|ab|än|der|lich [*auch* 'ʊ…]
un|ab|ding|bar [*auch* 'ʊ…]
un|ab|hän|gig; Un|ab|hän|gig|keit; Un|ab|hän|gig|keits|er|klä|rung
un|ab|läs|sig [*auch* 'ʊ…]
un|ab|seh|bar [*auch* 'ʊ…]; unabsehbare Folgen
un|ab|sicht|lich
un|acht|sam; Un|acht|sam|keit
un|ähn|lich
un|ak|zep|ta|bel
un|an|fecht|bar [*auch* …'fɛ…]
un|an|ge|bracht
un|an|ge|foch|ten
un|an|ge|mel|det
un|an|ge|mes|sen; Un|an|ge|mes|sen|heit
un|an|ge|nehm
un|an|ge|passt; Un|an|ge|passt|heit
un|an|greif|bar [*auch* …'gra͜i…]
un|an|nehm|bar [*auch* …'ne:…]; **Un|an|nehm|lich|keit** *meist Plur.*
un|an|sehn|lich
un|an|stän|dig; Un|an|stän|dig|keit
un|an|tast|bar [*auch* 'ʊ…]
un|ap|pe|tit|lich
un|ar|tig; Un|ar|tig|keit
un|äs|the|tisch (unschön)
un|at|trak|tiv
un|auf|dring|lich
un|auf|fäl|lig; Un|auf|fäl|lig|keit, die; -
un|auf|find|bar [*auch* 'ʊ…]
un|auf|ge|for|dert
un|auf|ge|regt
un|auf|halt|bar; un|auf|halt|sam
un|auf|hör|lich [*auch* 'ʊ…]
un|auf|merk|sam; Un|auf|merk|sam|keit
un|aus|ge|go|ren
un|aus|ge|schla|fen
un|aus|ge|spro|chen
un|aus|steh|lich [*auch* 'ʊ…]
un|aus|weich|lich [*auch* 'ʊ…]
un|bän|dig; unbändige Wut
un|barm|her|zig; Un|barm|her|zig|keit
un|be|ab|sich|tigt
un|be|ach|tet
un|be|ant|wor|tet
un|be|dacht (unüberlegt, vorschnell); eine unbedachte Äußerung

un|be|darft (unerfahren; naiv)
un|be|denk|lich
un|be|deu|tend
un|be|dingt [*auch* ...ˈdɪ...]; *aber nur* unbedingte Reflexe
un|be|ein|druckt
un|be|fan|gen
un|be|frie|di|gend
un|be|fris|tet; unbefristetes Darlehen
un|be|fugt; Un|be|fug|te, der *u.* die; -n, -n
un|be|greif|lich [*auch* ˈʊ...]
un|be|grenzt; unbegrenztes Vertrauen
un|be|grün|det
Un|be|ha|gen; un|be|hag|lich
un|be|han|delt; unbehandeltes Obst
un|be|hel|ligt [*auch* ...ˈhɛ...]
un|be|hol|fen
un|be|irr|bar [*auch* ˈʊ...]; **un|be|irrt** [*auch* ˈʊ...]
un|be|kannt; Un|be|kann|te
un|be|küm|mert [*auch* ...ˈkʏ...]
un|be|las|tet
un|be|lehr|bar [*auch* ...ˈleːɐ̯...]
un|be|liebt; Un|be|liebt|heit, die; -
un|be|mannt
un|be|merkt
un|be|ob|ach|tet
un|be|quem
un|be|re|chen|bar [*auch* ˈʊ...]; **Un|be|re|chen|bar|keit**
un|be|rech|tigt
un|be|rück|sich|tigt [*auch* ...ˈrʏ...]
un|be|rühr|bar; un|be|rührt
un|be|scha|det; unbeschadet seines Rechtes *od.* seines Rechtes unbeschadet
un|be|schä|digt
un|be|schränkt [*auch* ...ˈʃrɛ...] (nicht eingeschränkt)
un|be|schreib|lich [*auch* ˈʊ...]; unbeschreiblich schön
un|be|schrie|ben; ein unbeschriebenes Blatt sein *(ugs.)*
un|be|schwert
un|be|setzt
un|be|sieg|bar [*auch* ˈʊ...]; **un|be|siegt**
un|be|sorgt
un|be|stän|dig; Un|be|stän|dig|keit
un|be|stä|tigt [*auch* ...ˈʃtɛː...]
un|be|stech|lich [*auch* ...ˈʃtɛ...]
un|be|stimmt; unbestimmtes Fürwort (*für* Indefinitpronomen)
un|be|streit|bar [*auch* ˈʊ...]; **un|be|strit|ten** [*auch* ...ˈʃtrɪ...]
un|be|tei|ligt [*auch* ...ˈtaɪ̯...]
un|beug|sam; unbeugsamer Wille
un|be|waff|net
un|be|weg|lich; un|be|wegt
un|be|wohnt
un|be|wusst; Un|be|wuss|te, das; -n
un|be|zahl|bar [*auch* ˈʊ...]; **un|be|zahlt**
Un|bill, die; - (*geh. für* Unrecht); **un|bil|lig** *(geh.);* unbillige (nicht angemessene) Härte
un|blu|tig
un|brauch|bar
un|bü|ro|kra|tisch
un|cool *(Jugendspr.)*
und (*Abk.* u., *bei Firmen auch* &); und and[e]re, and[e]res (*Abk.* u. a.); und and[e]re mehr, und and[e]res mehr (*Abk.* u. a. m.); und Ähnliche[s] (*Abk.* u. Ä.); ... und, und, und (*ugs. für* und dergleichen mehr)
Un|dank; un|dank|bar; eine undankbare Aufgabe; **Un|dank|bar|keit**
un|de|mo|kra|tisch
un|denk|bar; man hielt es für undenkbar
un|der|co|ver [ˈandɐkavɐ]; undercover (verdeckt) ermitteln
Un|der|cut [ˈandɐkat], der; -s, -s (Frisur, bei der der untere Kopfbereich rasiert ist)
Un|der|dog [ˈandɐdɔk], der; -s, -s ([sozial] Benachteiligter, Schwächerer)
Un|der|ground [ˈandɐgraʊ̯nt], der; -[s]
Un|der|state|ment [andɐˈsteɪ̯tmənt], das; -s, -s (Untertreibung)
un|deut|lich
un|dicht
un|dif|fe|ren|ziert
Un|ding, das; -[e]s, -e (Unmögliches; Unsinniges)
un|durch|dring|lich [*auch* ˈʊ...]
un|durch|schau|bar [*auch* ˈʊ...]

U

un|durch|sich|tig
un|echt; unechte Brüche *(Math.)*
un|ehe|lich; ein uneheliches Kind
un|ei|gen|nüt|zig
un|ein|ge|schränkt
un|ein|heit|lich
un|ei|nig; Un|ei|nig|keit
un|eins; uneins sein
un|ein|sich|tig
un|end|lich; von eins bis unendlich (*Math.; Zeichen* ∞); bis ins Unendliche (unaufhörlich, immerfort); der Weg scheint bis ins Unendliche zu führen; im, aus dem Unendlichen; unendliche Mal, unendliche Male; *aber* unendlichmal
Un|end|lich|keit, die; -
un|ent|behr|lich [*auch* ...'beːɐ̯...]
un|ent|deckt [*auch* ...'dɛ...]
un|ent|gelt|lich [*auch* ...'gɛlt...] (kostenlos)
un|ent|schie|den; Un|ent|schie|den, das; -s, - *(Sport u. Spiel)*
un|ent|schlos|sen
un|ent|wegt [*auch* 'ʊ...]
un|er|bitt|lich [*auch* 'ʊ...]
un|er|fah|ren
un|er|find|lich [*auch* 'ʊ...]; aus unerfindlichen Gründen
un|er|freu|lich
un|er|füllt
un|er|gründ|lich [*auch* 'ʊ...] (geheimnisvoll, rätselhaft)
un|er|heb|lich (bedeutungslos)
[1]**un|er|hört** (unglaublich); sein Verhalten war unerhört
[2]**un|er|hört;** ihre Bitte blieb unerhört
un|er|kannt
un|er|klär|lich [*auch* 'ʊ...]
un|er|läss|lich [*auch* 'ʊ...]
un|er|laubt; unerlaubte Handlung
un|er|mess|lich [*auch* 'ʊ...]; ins Unermessliche steigen
un|er|müd|lich [*auch* 'ʊ...]
un|er|reich|bar [*auch* 'ʊ...]; **un|er|reicht**
un|er|sätt|lich [*auch* 'ʊ...]
un|er|schöpf|lich [*auch* 'ʊ...]
un|er|schro|cken
un|er|schüt|ter|lich [*auch* 'ʊ...]
un|er|schwing|lich [*auch* 'ʊ...]; ein unerschwingliches Auto
un|er|setz|lich
un|er|träg|lich [*auch* 'ʊ...]
un|er|wähnt; nicht unerwähnt bleiben
un|er|war|tet [*auch* ...'va...]
un|er|wünscht
UNESCO, die; - (Organisation der Vereinten Nationen für Erziehung, Wissenschaft u. Kultur)
un|fä|hig; Un|fä|hig|keit
un|fair (regelwidrig, unerlaubt; unfein; ohne sportl. Anstand)
Un|fall, der; **Un|fall|arzt; Un|fall|ärz|tin; Un|fall|flucht** *vgl.* [2]Flucht; **Un|fall|op|fer; Un|fall|ort; Un|fall|stel|le; Un|fall|tod; Un|fall|ur|sa|che; Un|fall|ver|si|che|rung; Un|fall|wa|gen** (Wagen, der einen Unfall hatte; Rettungswagen)
un|fass|bar [*auch* 'ʊ...]
un|fehl|bar [*auch* 'ʊ...]; **Un|fehl|bar|keit,** die; -
un|fer|tig
un|flä|tig; unflätige Beschimpfungen
un|fle|xi|bel; ein unflexibler Mensch
un|för|mig (ohne schöne Form; sehr groß)
un|frei|wil|lig
un|freund|lich; er war unfreundlich zu ihm, *selten* gegen ihn; **Un|freund|lich|keit**
Un|frie|de, der; -ns, **Un|frie|den,** der; -s
un|frucht|bar; Un|frucht|bar|keit, die; -
Un|fug, der; -[e]s
un|ge|ach|tet; *Präp. mit Gen.:* ungeachtet wiederholter Bitten *od.* wiederholter Bitten ungeachtet; dessen ungeachtet *od.* des ungeachtet; ungeachtet [dessen], dass ...
un|ge|ahnt [*auch* ...'ʔaː...]
un|ge|bär|dig (*geh. für* ungezügelt)
un|ge|be|ten; ungebetener Gast
un|ge|bo|ren; ungeborenes Leben
un|ge|bremst
un|ge|bro|chen; ungebrochener Mut
un|ge|bühr|lich; ungebührliches Verhalten
un|ge|deckt; ungedeckter Scheck
Un|ge|duld; un|ge|dul|dig

un|ge|eig|net
un|ge|fähr [*auch* ...'fɛːɐ̯]; von ungefähr (zufällig); **Un|ge|fähr,** das; -s (*veraltend für* Zufall)
un|ge|fähr|det [*auch* ...'fɛːɐ̯...]
un|ge|fähr|lich
un|ge|fragt
un|ge|hal|ten (ärgerlich); **un|ge|hemmt**
un|ge|heu|er [*auch* ...'hɔɪ̯...]; un|ge|heu|rer, un|ge|heu|ers|te; ungeheure Verschwendung; die Kosten steigen ins Ungeheure; **Un|ge|heu|er,** das; -s, -; **un|ge|heu|er|lich** [*auch* 'ʊ...]
un|ge|hin|dert
un|ge|ho|belt [*auch* ...'hoː...] (*auch für* grob)
un|ge|hö|rig
un|ge|hor|sam; Un|ge|hor|sam
un|ge|hört
un|ge|klärt; ungeklärte Fragen
un|ge|le|gen; ihr Besuch kam mir ungelegen
un|ge|lenk, un|ge|len|kig
un|ge|lernt; ein ungelernter Arbeiter
un|ge|liebt
un|ge|löst; ungelöste Aufgaben
Un|ge|mach, das; -[e]s (*geh.*)
un|ge|mein [*auch* ...'maɪ̯n] (außerordentlich)
un|ge|müt|lich
un|ge|nannt
un|ge|nau; Un|ge|nau|ig|keit
un|ge|niert [...ʒe...] (zwanglos)
un|ge|nieß|bar [*auch* ...'niː...]
un|ge|nü|gend *vgl.* ausreichend
un|ge|nutzt
un|ge|ord|net
un|ge|prüft
un|ge|ra|de; ungerade Zahl
un|ge|recht; un|ge|recht|fer|tigt; Un|ge|rech|tig|keit
Un|ge|reimt|heit
un|gern
un|ge|rührt (unbeteiligt, gleichgültig)
Un|ge|schick; un|ge|schickt
un|ge|schla|gen (unbesiegt)
un|ge|schminkt
un|ge|scho|ren
un|ge|schrie|ben; ein ungeschriebenes Gesetz
un|ge|schützt
un|ge|si|chert
un|ge|stört
un|ge|straft; ungestraft davonkommen
un|ge|stüm (*geh. für* schnell, heftig); **Un|ge|stüm,** das; -[e]s
un|ge|sund
un|ge|teilt
un|ge|trübt; ungetrübte Freude
Un|ge|tüm, das; -[e]s, -e
un|ge|übt
un|ge|wiss; im Ungewissen bleiben, lassen, sein; eine Fahrt ins Ungewisse; **Un|ge|wiss|heit**
un|ge|wöhn|lich
un|ge|wohnt
un|ge|wollt; eine ungewollte Schwangerschaft
un|ge|zählt (*auch für* unzählig)
Un|ge|zie|fer, das; -s
un|ge|zo|gen; Un|ge|zo|gen|heit
un|ge|zü|gelt; ungezügelter Hass
un|ge|zwun|gen
un|gläu|big; ein ungläubiger Thomas (*ugs. für* jmd., der an allem zweifelt)
un|glaub|lich; es geht ins, grenzt ans Unglaubliche; **un|glaub|wür|dig**
un|gleich; Un|gleich|be|hand|lung; Un|gleich|ge|wicht; Un|gleich|heit
Un|glei|chung (*Math.*)
Un|glück, das; -[e]s, -e
un|glück|lich; un|glück|li|cher|wei|se
Un|glücks|fall, der; **Un|glücks|ort**
Un|gna|de, die; -; [bei jmdm.] in Ungnade fallen
un|gül|tig
un|güns|tig
un|gut; nichts für ungut (es war nicht böse gemeint)
un|halt|bar [*auch* ...'ha...]; unhaltbare Zustände
Un|heil; ein Unheil kündendes *od.* unheilkündendes Zeichen; ein Unheil verkündendes *od.* unheilverkündendes Zeichen; *aber*

U

nur: großes Unheil bringend, kündend, verkündend; äußerst unheilbringend, unheilkündend, unheilverkündend
un|heil|bar [*auch* ...'haɪ̯...]
Un|heil brin|gend, **un|heil|brin|gend** *vgl.* Unheil
un|hei|lig
Un|heil ver|kün|dend, **un|heil|ver|kün|dend** *vgl.* Unheil; **un|heil|voll**
un|heim|lich [*auch* 'ʊ...] (*ugs. auch für* sehr)
un|höf|lich
Un|hold, der; -[e]s, -e (böser Geist; Wüstling, Sittlichkeitsverbrecher); **Un|hol|din**
un|hy|gi|e|nisch
uni ['ʏni, *auch* y'ni:] (einfarbig); ein uni Kleid; uni gefärbte *od.* unigefärbte Stoffe
[1]**Uni**, das; -s, -s (einheitliche Farbe); in verschiedenen Unis
[2]**Uni**, die; -, -s (*ugs.; kurz für* Universität)
uni|form (gleich-, einförmig)
Uni|form [*auch* 'ʊ..., *südd., österr.* 'u:ni...], die; -, -en (einheitl. Dienstkleidung); **uni|for|miert**
Uni|kat, das; -[e]s, -e (einzige Ausfertigung); **Uni|kum**, das; -s, *Plur.* (*für* [in seiner Art] Einziges:) ...ka, (*für* Sonderling:) -s, *österr.* ...ka
un|in|te|r|es|sant (langweilig, reizlos)
Uni|on, die; -, -en (Bund, Vereinigung); Europäische Union (*Abk.* EU)
Uni|o|nist, der; -en, -en (Anhänger einer Union, z. B. der amerikanischen im Unabhängigkeitskrieg 1776/83); **Uni|o|nis|tin**
Uni|ons|po|li|ti|ker; Uni|ons|po|li|ti|ke|rin; uni|ons|re|giert
uni|sex (geschlechtsneutral); das T-Shirt ist unisex
uni|so|no (*Musik* auf demselben Ton od. in der Oktave [zu spielen]); **Uni|so|no**, das; -s, *Plur.* -s *u.* ...ni *(Musik)*
uni|ver|sal, uni|ver|sell (allgemein, gesamt; umfassend)
uni|ver|si|tär (die Universität betreffend)
Uni|ver|si|tät, die; -, -en; **Uni|ver|si|täts|bi|b|lio|thek; Uni|ver|si|täts|kli|nik; Uni|ver|si|täts|pro|fes|sor; Uni|ver|si|täts|stadt**
Uni|ver|sum, das; -s, ...sen
UNIX® ['ju:nɪks], das; - (*EDV* ein Betriebssystem für vernetzte Computer)
un|kal|ku|lier|bar
Un|ke, die; -, -n (ein Froschlurch); **un|ken** (*ugs. für* Unglück prophezeien)
un|kennt|lich; Un|kennt|lich|keit, die; -
Un|kennt|nis, die; -
Un|ken|ruf (*auch für* pessimistische Voraussage)
un|klar; im Unklaren bleiben, lassen, sein; **Un|klar|heit**
un|klug
un|kom|p|li|ziert
un|kon|t|rol|lier|bar [*auch* ...'li:ɐ̯...]; **un|kon|t|rol|liert**
un|kon|ven|ti|o|nell
un|kor|rekt
Un|kos|ten *Plur.;* sich in Unkosten stürzen *(ugs.);* **Un|kos|ten|bei|trag**
Un|kraut
un|kri|tisch
un|längst (vor Kurzem)
un|lau|ter; unlauterer Wettbewerb
un|lieb|sam; unliebsame Folgen
un|lo|gisch
un|lös|bar [*auch* ...'lø:...]
Un|mas|se (sehr große Menge)
Un|men|ge
Un|mensch, der; -en, -en (grausamer Mensch); **un|mensch|lich** [*auch* ...'mɛ...]; **Un|mensch|lich|keit**
un|merk|lich [*auch* 'ʊ...]
un|miss|ver|ständ|lich [*auch* ...'ʃtɛ...]
un|mit|tel|bar; Un|mit|tel|bar|keit
un|mög|lich [*auch* ...'mø:...]; nichts Unmögliches verlangen; **Un|mög|lich|keit**
un|mo|ra|lisch
un|mün|dig; Un|mün|dig|keit
Un|mut, der; -[e]s
un|nach|ahm|lich [*auch* ...'a:...]
un|nach|gie|big
un|nah|bar [*auch* 'ʊ...]; **Un|nah|bar|keit**, die; -

U

un|recht / Un|recht

Kleinschreibung:

- *in unrechte Hände gelangen*
- *unrecht sein*
- *ihr habt unrecht* od. *Unrecht daran getan*
- *unrecht* od. *Unrecht bekommen, haben*
- *jmdm. unrecht* od. *Unrecht geben, tun*

Großschreibung:

- *das Unrecht*
- *des Unrecht[e]s*
- *an den Unrechten kommen*
- *besser Unrecht leiden als Unrecht tun*
- *es geschieht ihm [ein] Unrecht*
- *ein Unrecht begehen*
- *im Unrecht sein*
- *jmdm. ein Unrecht [an]tun*
- *zu Unrecht bestehen*

Vgl. *recht / Recht*

un|na|tür|lich
un|nö|tig
un|nütz
UNO, **Uno**, die; - = United Nations Organization (Organisation der Vereinten Nationen)
un|or|dent|lich; Un|ord|nung, die; -
un|or|tho|dox (*bildungsspr. für* ungewöhnlich, eigenwillig); unorthodoxe Maßnahmen
un|par|tei|isch (neutral, nicht parteiisch); ein unparteiisches Urteil
un|pas|send
un|päss|lich ([leicht] krank; unwohl); **Un|päss|lich|keit**
un|per|sön|lich; unpersönliches Fürwort (*für* Indefinitpronomen)
un|plugged ['anplakt] (*Jargon* ohne elektron. Verstärkung gespielt od. gesungen)
un|po|li|tisch
un|po|pu|lär
un|prak|tisch
un|prä|ten|ti|ös (bescheiden)
un|pro|b|le|ma|tisch
un|pro|duk|tiv; unproduktive Arbeit
un|pro|fes|si|o|nell
un|pünkt|lich; Un|pünkt|lich|keit
un|qua|li|fi|ziert (*auch für* unangemessen, ohne Sachkenntnis); unqualifizierte Bemerkungen
Un|rat, der; -[e]s (*geh. für* Schmutz); Unrat wittern (Schlimmes ahnen)
un|re|a|lis|tisch; unrealistische Vorstellungen haben
un|recht / Un|recht *s. Kasten*
un|recht|mä|ßig; unrechtmäßiger Besitz
un|re|gel|mä|ßig; unregelmäßige Verben (*Sprachwiss.*); **Un|re|gel|mä|ßig|keit**
un|reif; Un|rei|fe
un|rein; ins Unreine schreiben; **un|rein|lich**
un|ren|ta|bel; ...a|b|ler Betrieb
un|rich|tig
Un|ruh, die; -, -en (Teil der Uhr, des Barometers usw.)
Un|ru|he (fehlende Ruhe; *ugs. auch für* Unruh); **un|ru|hig**
un|rühm|lich
uns
un|sag|bar [*auch* 'ʊ...]
un|säg|lich [*auch* 'ʊ...] (unsagbar)
un|sanft; jmdn. unsanft wecken
un|sau|ber
un|schäd|lich; ein unschädliches Mittel
un|scharf; un|schär|fer, un|schärfs|te; **Un|schär|fe**
un|schätz|bar [*auch* 'ʊ...]
un|schein|bar
un|schlag|bar [*auch* 'ʊ...]
un|schlüs|sig; ich bin mir noch unschlüssig
un|schön
Un|schuld, die; -; **un|schul|dig;** ein unschuldiges Mädchen; *aber* Unschuldige Kinder (kath. Fest); **Un|schul|di|ge**
Un|schulds|ver|mu|tung (*Rechtsspr.*)
un|schwer (leicht)
un|selbst|stän|dig, **un|selb|stän|dig; Un|selbst|stän|dig|keit**, **Un|selb|stän|dig|keit**

un|se|lig; unseliges Geschick
un|sen|ti|men|tal
[1]**un|ser;** unsere, unsre Freundin; unser Freund; unserm, unserem, unsrem Freund; unser von allen unterschriebener Brief; unseres Wissens (*Abk.* u. W.); Unsere Liebe Frau (Maria, Mutter Jesu); Uns[e]rer Lieben Frau[en] Kirche
[2]**un|ser** (*Genitiv von* »wir«); unser sind drei; gedenke, erbarme dich unser (*nicht* unserer)
un|se|re, uns|re, uns|ri|ge; die Unser[e]n, Unsren, Unsrigen *od.* unser[e]n, unsren, unsrigen; das Uns[e]re, Unsrige *od.* uns[e]re, unsrige; *vgl.* seine
un|ser|ei|ner, un|ser|eins
un|se|rer|seits, un|ser|seits, uns|rer|seits
un|se|ret|we|gen, *selten* un|sert|we|gen, uns|ret|we|gen
un|se|ri|ös; unseriöses Angebot
un|ser|seits *vgl.* unsererseits
un|sert|we|gen *vgl.* unseretwegen
un|si|cher; im Unsichern; **Un|si|cher|heit; Un|si|cher|heits|fak|tor**
un|sicht|bar
Un|sinn, der; -[e]s; **un|sin|nig**
un|so|zi|al; unsoziales Verhalten
un|spek|ta|ku|lär
un|sport|lich; Un|sport|lich|keit
uns|re *vgl.* unsere
uns|rer|seits *vgl.* unsererseits
uns|ret|we|gen *vgl.* unseretwegen
uns|ri|ge *vgl.* unsere
un|sterb|lich [*auch* 'ʊn...]; **Un|sterb|lich|keit,** die; -
un|stet; unstetes Leben
un|stim|mig; Un|stim|mig|keit
un|strei|tig [*auch* ...'ʃtraɪ̯...] (sicher, bestimmt); **un|strit|tig** [*auch* ...'ʃtrɪ...]
Un|sum|me (sehr große Summe)
un|sym|pa|thisch
un|sys|te|ma|tisch
un|ta|de|lig [*auch* ...'ta:...], **un|tad|lig** [*auch* ...'ta:t...]; ein untadeliges, untadliges Leben
Un|tat (Verbrechen)
un|tä|tig; Un|tä|tig|keit
un|taug|lich
un|teil|bar [*auch* 'ʊ...]
un|ten; nach unten, weiter unten, von unten her; man wusste kaum noch, was unten und was oben war; unten sein, bleiben; Untenstehendes *od.* unten Stehendes ist zu beachten; die unten liegenden *od.* untenliegenden Schichten
un|ten ge|nannt, un|ten|ge|nannt
un|ten ste|hend, un|ten|ste|hend *vgl.* unten
un|ter; *Präp. mit Akk. und Dat.:* unter dem Tisch stehen, unter den Tisch stellen; unter anderem, unter Tage; *Adverb:* unter (noch nicht) zwölf Jahre alte Kinder; die unter Zwölfjährigen
Un|ter, der; -s, - (Spielkarte); **Un|ter|arm; Un|ter|aus|schuss; Un|ter|bau** *Plur.* ...bauten
un|ter|be|wer|ten; er unterbewertet diese Leistung; er hat sie unterbewertet
un|ter|be|wusst; Un|ter|be|wusst|sein
un|ter|bie|ten
un|ter|bin|den (*ugs.);* sie hat ein Tuch untergebunden; **un|ter|bin|den;** der Handelsverkehr ist unterbunden
un|ter|blei|ben
un|ter|bre|chen; Un|ter|bre|chung
un|ter|brei|ten (darlegen; vorschlagen); er hat ihm einen Plan unterbreitet
un|ter|brin|gen; Un|ter|brin|gung
un|ter|des|sen
un|ter|drü|cken; sie hat ihren Unwillen unterdrückt; **Un|ter|drü|ckung**
un|ter|durch|schnitt|lich
un|ter|ei|n|an|der; un|ter|ei|n|an|der-schrei|ben; un|ter|ei|n|an|der|ste|hen
Un|ter|ein|heit
un|ter|ent|wi|ckelt; unterentwickelte Länder
un|ter|er|nährt; Un|ter|er|näh|rung
un|ter|fan|gen; du hast dich unterfangen[,] einen Roman zu schreiben; die Mauer wird unterfangen (*Bauw.* abgestützt); **Un|ter-fan|gen,** das; -s, - (Vorhaben; Wagnis)

U

Un|ter|füh|rung
Un|ter|gang, der; -[e]s, ...gänge
un|ter|ge|ben
un|ter|ge|hen; die Sonne ist untergegangen; sein Stern ist im Untergehen [begriffen]
un|ter|ge|ord|net
Un|ter|ge|schoss
un|ter|gra|ben; sie hat den Dünger untergegraben; **un|ter|gra|ben;** das hat ihre Gesundheit untergraben
Un|ter|gren|ze
Un|ter|grund; Un|ter|grund|be|we|gung; Un|ter|grund|or|ga|ni|sa|ti|on
Un|ter|grup|pe
un|ter|halb; *als Präp. mit Gen.:* der Neckar unterhalb Heidelbergs (von Heidelberg aus flussabwärts)
Un|ter|halt, der; -[e]s
un|ter|hal|ten; ich habe mich gut unterhalten; er wird vom Staat unterhalten; **un|ter|hal|ten** *(ugs.);* er hat die Hand untergehalten, z. B. unter den Wasserhahn
un|ter|halt|sam (fesselnd)
Un|ter|halts|an|spruch; Un|ter|halts|pflicht
Un|ter|hal|tung; Un|ter|hal|tungs|elek|t|ro|nik; Un|ter|hal|tungs|in|dus|t|rie; Un|ter|hal|tungs|pro|gramm; Un|ter|hal|tungs|wert
Un|ter|händ|ler; Un|ter|händ|le|rin
Un|ter|haus (im Zweikammerparlament); das britische Unterhaus
Un|ter|hemd
Un|ter|holz (niedriges Gehölz im Wald)
Un|ter|ho|se
un|ter|ir|disch
un|ter|kom|men; sie ist gut untergekommen; das ist mir noch nie untergekommen (*landsch., bes. südd., österr. für* vorgekommen); **Un|ter|kom|men,** das; -s, -
un|ter|kühlt; Un|ter|küh|lung
Un|ter|kunft, die; -, ...künfte
Un|ter|la|ge
Un|ter|land, das; -[e]s (tiefer gelegenes Land; Ebene)
Un|ter|lass, der; ohne Unterlass
un|ter|las|sen; sie hat es unterlassen; **Un|ter|las|sung; Un|ter|las|sungs|kla|ge**
un|ter|lau|fen; er hat ihn unterlaufen *(Ringen);* es sind einige Fehler unterlaufen, *seltener* untergelaufen
un|ter|le|gen; untergelegter Stoff; diese Absicht hat man mir untergelegt
[1]**un|ter|le|gen;** der Musik wurde ein anderer Text unterlegt
[2]**un|ter|le|gen** (*Partizip II zu* unterliegen *[vgl. d.]*); **Un|ter|le|gen|heit,** die; -
Un|ter|leib
un|ter|lie|gen; sie ist ihrer Gegnerin unterlegen; **un|ter|lie|gen** *(ugs.);* das Badetuch hat, *südd.* ist untergelegen
Un|ter|lip|pe
un|term (*ugs. für* unter dem); unterm Dach
un|ter|ma|len; die Szene wurde durch Musik untermalt
un|ter|mau|ern
Un|ter|mie|te; zur Untermiete wohnen; **Un|ter|mie|ter; Un|ter|mie|te|rin**
un|ter|mi|nie|ren
un|ter|neh|men; sie hat nichts unternommen; **un|ter|neh|men** (*ugs. für* unter den Arm nehmen); er hat den Sack untergenommen
Un|ter|neh|men, das; -s, -; **Un|ter|neh|mens|be|ra|ter; Un|ter|neh|mens|be|ra|te|rin; Un|ter|neh|mens|be|ra|tung; Un|ter|neh|mens|be|reich; Un|ter|neh|mens|füh|rung; Un|ter|neh|mens|grün|der; Un|ter|neh|mens|grün|de|rin; Un|ter|neh|mens|grün|dung; Un|ter|neh|mens|kul|tur; Un|ter|neh|mens|lei|tung; Un|ter|neh|mens|steu|er,** die; **Un|ter|neh|mens|stra|te|gie; Un|ter|neh|mens|ziel**
Un|ter|neh|mer; Un|ter|neh|me|rin; un|ter|neh|me|risch; Un|ter|neh|mer|tum, das; -s; **Un|ter|neh|mer|ver|band**
Un|ter|neh|mung; Un|ter|neh|mungs|geist, der; -[e]s; **un|ter|neh|mungs|lus|tig**
Un|ter|of|fi|zier (*Abk.* Uffz., *in der Schweiz* Uof)
un|ter|ord|nen; er ist ihr untergeordnet; **Un|ter|ord|nung**

un|ter|pri|vi|le|giert; unterprivilegierte Schichten
un|ter|re|den, sich; du hast dich mit ihm unterredet; **Un|ter|re|dung**
Un|ter|richt, der; -[e]s, -e *Plur. selten;* **un|ter|rich|ten;** er ist gut unterrichtet
Un|ter|richts|aus|fall; Un|ter|richts|be|ginn, der; -[e]s; **un|ter|richts|frei** *vgl.* hitzefrei; **Un|ter|richts|stun|de**
Un|ter|rich|tung
Un|ter|rock *vgl.* [1]Rock
un|ters (*ugs. für* unter das); unters Bett
un|ter|sa|gen; das Rauchen ist untersagt
Un|ter|satz; fahrbarer Untersatz (*ugs. scherzh. für* Auto)
un|ter|schät|zen; unterschätzt
un|ter|schei|den; die Bedeutungen müssen unterschieden werden; **Un|ter|schei|dung**
Un|ter|schen|kel
Un|ter|schicht
[1]**un|ter|schie|ben** (darunter schieben); er hat ihr ein Kissen untergeschoben
[2]**un|ter|schie|ben** [*auch* ...ˈʃiː...]; er hat ihm eine schlechte Absicht untergeschoben, *auch* unterschoben; ein untergeschobenes Kind
Un|ter|schied, der; -[e]s, -e; zum Unterschied von; im Unterschied zu; **un|ter|schied|lich**
un|ter|schla|gen; mit untergeschlagenen Beinen
un|ter|schla|gen (veruntreuen); sie hat [Gelder] unterschlagen; **Un|ter|schla|gung**
Un|ter|schlupf *Plur. selten*
un|ter|schrei|ben
un|ter|schrei|ten; die Einnahmen haben den Voranschlag unterschritten
Un|ter|schrift; Un|ter|schrif|ten|ak|ti|on; Un|ter|schrif|ten|samm|lung
un|ter|schwel|lig (unterhalb der Bewusstseinsschwelle)
Un|ter|sei|te
un|ter|set|zen; ich habe den Eimer untergesetzt; **Un|ter|set|zer** (Schale für Blumentöpfe u. a.)
un|ter|setzt (von gedrungener Gestalt)
un|ter|ste|hen (unter einem schützenden Dach stehen); sie hat beim Regen untergestanden; **un|ter|ste|hen;** er unterstand einem strengen Lehrmeister; es hat keinem Zweifel unterstanden (es gab keinen Zweifel); du hast dich unterstanden (gewagt); untersteh dich [nicht][,] uns zu verraten!
un|ter|stel|len; ich habe den Wagen untergestellt; ich habe mich während des Regens untergestellt
un|ter|stel|len; er ist meinem Befehl unterstellt; man hat ihr etwas unterstellt ([Falsches] über sie behauptet, [Unbewiesenes] als wahr angenommen); **Un|ter|stel|lung** (befehlsmäßige Unterordnung; [falsche] Behauptung)
un|ter|strei|chen; etwas durch Unterstreichen hervorheben
Un|ter|stu|fe
un|ter|stüt|zen; ich habe ihn mit Geld unterstützt; die zu Unterstützende; **un|ter|stüt|zen;** er hat den Arm untergestützt
Un|ter|stüt|zer; Un|ter|stüt|ze|rin; Un|ter|stüt|zung
un|ter|su|chen
Un|ter|su|chung; Un|ter|su|chungs|aus|schuss; Un|ter|su|chungs|be|richt; Un|ter|su|chungs|er|geb|nis; Un|ter|su|chungs|haft, die (*kurz* U-Haft); **Un|ter|su|chungs|kom|mis|si|on; Un|ter|su|chungs|rich|ter; Un|ter|su|chungs|rich|te|rin**
Un|ter|ta|ge|bau *Plur.* ...baue
un|ter|tan (*veraltend für* untergeben); **Un|ter|tan,** der; *Gen.* -s, *älter* -en, *Plur.* -en; **un|ter|tä|nig** (ergeben); Ihr untertänigster Diener *(veraltet);* **Un|ter|ta|nin**
Un|ter|tas|se; fliegende Untertasse
un|ter|tau|chen; die Robbe hat das Schleppnetz untertaucht; **un|ter|tau|chen;** der Schwimmer ist untergetaucht; der Verbrecher war schnell untergetaucht (verschwunden)
un|ter|tei|len; die Skala ist in 10 Teile unterteilt
Un|ter|ti|tel; Un|ter|ton *Plur.* ...töne

un|ter|wan|dern; die Partei wurde unterwandert
Un|ter|wä|sche, die; -
un|ter|wegs (auf dem Wege)
Un|ter|welt
un|ter|wer|fen; Un|ter|wer|fung
un|ter|wür|fig [*auch* 'ʊ...]
Un|ter|zahl, die; - *(bes. Sport)*
un|ter|zeich|nen; Un|ter|zeich|ner; Un|ter|zeich|ne|rin; Un|ter|zeich|nung; un|ter|zie|hen; du hast dich diesem Verhör unterzogen
un|ter|zie|hen; ich habe eine wollene Jacke untergezogen
un|ter|zu|ckert (*Med.* an zu niedrigem Blutzuckerspiegel leidend); **Un|ter|zu|cke|rung**
un|tief (seicht); **Un|tie|fe** (große Tiefe; *auch für* seichte Stelle)
Un|tier (Ungeheuer)
un|trag|bar [*auch* 'ʊ...]
un|trenn|bar [*auch* 'ʊ...]
un|treu; Un|treue
un|tröst|lich [*auch* 'ʊ...]
un|trüg|lich [*auch* 'ʊ...]; ein untrügliches Zeichen
un|ty|pisch
un|über|brück|bar [*auch* 'ʊ...]; **un|über|hör|bar** [*auch* 'ʊ...]; **un|über|legt; un|über|schau|bar** [*auch* 'ʊ...]; **un|über|seh|bar** [*auch* 'ʊ...]
un|über|sicht|lich; Un|über|sicht|lich|keit
un|über|trof|fen [*auch* 'ʊ...]
un|über|wind|bar [*auch* 'ʊ...]; **un|über|wind|lich** [*auch* 'ʊ...]
un|üb|lich
un|um|gäng|lich [*auch* 'ʊ...]
un|um|kehr|bar [*auch* 'ʊ...]
un|um|stöß|lich [*auch* 'ʊ...]
un|um|strit|ten [*auch* 'ʊ...]
un|um|wun|den [*auch* ...'vʊ...] (freiheraus)
un|un|ter|bro|chen [*auch* ...'brɔ...]
un|ver|än|dert [*auch* ...'ʔɛ...]
un|ver|ant|wort|lich [*auch* 'ʊ...]
un|ver|bes|ser|lich [*auch* 'ʊ...]
un|ver|bind|lich [*auch* ...'bɪ...]
un|ver|blümt [*auch* 'ʊ...]
un|ver|braucht
un|ver|däch|tig [*auch* ...'dɛ...]
un|ver|dient [*auch* ...'di:...]
un|ver|dros|sen [*auch* ...'drɔ...]
un|ver|ein|bar [*auch* 'ʊ...]; **Un|ver|ein|bar|keit**
un|ver|fälscht [*auch* ...'fɛ...]
un|ver|fro|ren [*auch* ...'fro:...] (keck; frech); **Un|ver|fro|ren|heit**
un|ver|ges|sen; un|ver|gess|lich [*auch* 'ʊ...]
un|ver|gleich|lich [*auch* 'ʊ...]
un|ver|hält|nis|mä|ßig [*auch* ...'hɛ...]; **un|ver|hei|ra|tet**
un|ver|hofft [*auch* ...'hɔ...]
un|ver|hoh|len [*auch* ...'ho:...]
un|ver|käuf|lich [*auch* ...'kɔ̯ɪ...]
un|ver|kenn|bar [*auch* 'ʊ...]
un|ver|krampft
un|ver|langt; unverlangt eingesandte Manuskripte
un|ver|letzt
un|ver|meid|bar [*auch* 'ʊ...]; **un|ver|meid|lich** [*auch* 'ʊ...]
un|ver|min|dert
un|ver|mit|telt
Un|ver|mö|gen, das; -s (Mangel an Kraft, Fähigkeit)
un|ver|mu|tet
un|ver|nünf|tig
un|ver|öf|fent|licht
un|ver|rück|bar [*auch* 'ʊ...]
un|ver|schämt; Un|ver|schämt|heit
un|ver|schlüs|selt
un|ver|schul|det [*auch* ...'ʃʊ...]
un|ver|se|hens [*auch* ...'ze:...]
un|ver|sehrt; Un|ver|sehrt|heit, die; -
un|ver|söhn|lich [*auch* ...'zø:...]
un|ver|ständ|lich (undeutlich; unbegreiflich); **Un|ver|ständ|nis**
un|ver|wech|sel|bar [*auch* 'ʊ...]
un|ver|wüst|lich [*auch* 'ʊ...]
un|ver|zagt
un|ver|zeih|lich [*auch* 'ʊ...]
un|ver|zicht|bar [*auch* 'ʊ...]

un|ver|züg|lich [*auch* 'ʊ...]
un|voll|en|det [*auch* ...'ʔɛ...]
un|voll|kom|men [*auch* ...'kɔ...]
un|voll|stän|dig [*auch* ...'ʃtɛ...]
un|vor|be|rei|tet
un|vor|ein|ge|nom|men
un|vor|her|ge|se|hen; un|vor|her|seh|bar
un|vor|sich|tig
un|vor|stell|bar [*auch* 'ʊ...]
Un|wäg|bar|keit, die; -, -en
un|wahr; Un|wahr|heit
un|wahr|schein|lich
un|weg|sam; unwegsames Gebiet
un|wei|ger|lich [*auch* 'ʊ...]
un|weit; *als Präposition mit Gen.:* unweit des Flusses
Un|we|sen, das; -s; er trieb sein Unwesen
un|we|sent|lich
Un|wet|ter
un|wich|tig
un|wi|der|ruf|lich [*auch* 'ʊ...]; zum unwiderruflich letzten Mal
un|wi|der|spro|chen [*auch* 'ʊ...]
un|wi|der|steh|lich [*auch* 'ʊ...]
un|wie|der|bring|lich [*auch* 'ʊ...]
un|wil|lig
un|will|kür|lich [*auch* ...'ky:ɐ̯...]
un|wirk|lich
un|wirk|sam; ein unwirksames Mittel; **Un|wirk|sam|keit,** die; -
un|wirsch (unfreundlich)
un|wirt|lich (unbewohnt, einsam; unfruchtbar); eine unwirtliche Gegend
un|wirt|schaft|lich
un|wis|send; Un|wis|sen|heit; un|wis|sent|lich
un|wohl; mir ist unwohl; unwohl sein; **Un|wohl|sein,** das; -s; wegen Unwohlseins
Un|wort *Plur.* ...wörter *u.* ...worte (unschönes, unerwünschtes Wort)
un|wür|dig
Un|zahl, die; - (sehr große Zahl)
un|zäh|lig; unzählige Kranke; unzählige Male hatte sie ihm geholfen; ich habe es unzählige Mal versucht; *aber* es haben sich Unzählige beteiligt

Un|ze, die; -, -n (Gewicht)
un|zeit|ge|mäß
un|zer|trenn|lich ['ʊ...]
Un|zucht, die; -; **un|züch|tig**
un|zu|frie|den; Un|zu|frie|den|heit
un|zu|gäng|lich
un|zu|läng|lich; Un|zu|läng|lich|keit
un|zu|läs|sig
un|zu|mut|bar
un|zu|rei|chend
un|zu|tref|fend; Unzutreffendes bitte streichen!
un|zu|ver|läs|sig; Un|zu|ver|läs|sig|keit
un|zwei|fel|haft [*auch* ...'tsvai̯...]
Up|date ['apdɛi̯t], das; -s, -s (*EDV* Aktualisierung; aktualisierte [u. verbesserte] Version eines Programms o. Ä.); **up|da|ten** (aktualisieren); er updatet, sie hat upgedatet; upzudaten
Up|grade ['apgrɛi̯t], das; -s, -s (*svw.* Update; *Touristik* verbesserte Leistung); **up|gra|den** (ein Upgrade vornehmen); sie upgradet, er hat upgegradet; upzugraden
üp|pig; Üp|pig|keit, die; -
up to date ['ap tʊ 'dɛi̯t] (zeitgemäß, auf der Höhe)
Ur, der; -[e]s, -e (Auerochse)
Ur|ab|stim|mung (Abstimmung aller Mitglieder, bes. einer Gewerkschaft über die Ausrufung eines Streiks)
Ur|ahn; Ur|ah|ne, die *u.* der (Urgroßmutter, Urgroßvater)
ur|alt
Uran, das; -s (radioaktives chem. Element, Metall; *Zeichen* U); **Uran|an|rei|che|rung**
ur|auf|füh|ren; die Oper wurde uraufgeführt; **Ur|auf|füh|rung**
ur|ban (städtisch; gebildet; weltmännisch)
Ur|ba|ni|tät, die; - (Bildung, weltmännische Art; städtische Atmosphäre)
ur|bar; urbar machen; urbares Land
Ur|be|völ|ke|rung
ur|ei|gen; ein ureigenes Interesse
Ur|ein|woh|ner; Ur|ein|woh|ne|rin
Ur|en|kel; Ur|en|ke|lin
Ur|ge|mein|de (urchristliche Gemeinde)

ur|ge|müt|lich
Ur|ge|stein
Ur|groß|el|tern *Plur.;* **Ur|groß|mut|ter; Ur|groß|va|ter**
Ur|he|ber; Ur|he|be|rin; Ur|he|ber|recht; ur|he|ber|recht|lich
urig (urtümlich; originell)
Urin, der; -s, -e *Plur. selten* (*Med.* Harn); **uri|nie|ren**
Ur|knall, der; -[e]s (Explodieren der Materie bei der Entstehung des Weltalls)
Ur|kun|de, die; -, -n; **Ur|kun|den|fäl|schung; ur|kund|lich**
URL, die; -, -s, *selten* der; -s, -s = **U**niform **R**esource **L**ocator (Internetadresse)
Ur|laub, der; -[e]s, -e; in *od.* im Urlaub sein; **Ur|lau|ber; Ur|lau|be|rin; Ur|laubs|fo|to; Ur|laubs|geld; Ur|laubs|ort,** der; -[e]s, ...orte; **Ur|laubs|rei|se; Ur|laubs|tag; Ur|laubs|zeit**
Ur|ne, die; -, -n; **Ur|nen|gang,** der
Uro|lo|ge, der; -n, -n (Arzt für Krankheiten der Harnorgane); **Uro|lo|gie,** die; - *(Med.);* **Uro|lo|gin**
ur|plötz|lich
Ur|sa|che; Ur|sa|chen|for|schung
ur|säch|lich
Ur|schrift; ur|schrift|lich
Ur|sprung *Plur.* ...sprünge
ur|sprüng|lich (*Abk.* urspr.)
Ur|teil, das; -s, -e; **ur|tei|len**
Ur|teils|be|grün|dung; Ur|teils|spruch; Ur|teils|ver|kün|dung
Ur|tier|chen *meist Plur.* (einzelliges tierisches Lebewesen)
ur|tüm|lich; eine urtümliche (unverfälschte) Landschaft; urtümliche (urzeitliche) Tiere
Uru|gu|ay [...'gu̯aɪ̯, *auch* 'u:...] (Staat in Südamerika)
Ur|ver|trau|en
Ur|wald
ur|wüch|sig; eine urwüchsige Landschaft
Ur|zeit; seit Urzeiten
US-ame|ri|ka|nisch [u:'ʔɛs...]
USB, der; -[s], -s (universeller Anschluss beim PC)
US-Dol|lar [u:'ʔɛs...] *vgl.* Dollar
User ['ju:...], der; -s, - (*EDV* Benutzer, Anwender; *Jargon* Drogenkonsument); **Use|rin**
Usur|pa|ti|on, die; -, -en (widerrechtliche Besitz-, Machtergreifung); **usur|pie|ren**
Usus, der; - (Brauch, Gewohnheit, Sitte)
Uten|sil, das; -s, -ien *meist Plur.* ([notwendiges] Gerät, Gebrauchsgegenstand)
Ute|rus, der; -, ...ri (Gebärmutter)
Uto|pie, die; -, ...i̲en (als unausführbar geltender Plan; Zukunftstraum); **uto|pisch** (unerfüllbar)
UV-Strah|len *Plur.* (*Abk. für* ultraviolette Strahlen)
uzen (*ugs. für* necken); du uzt

V *v*

vag, va|ge (unbestimmt)
Va|ga|bund, der; -en, -en (Landstreicher); **Va|ga|bun|din**
va|ge, vag (unbestimmt)
Va|gi|na [*auch* 'va:...], die; -, ...nen (*Med.* w. Scheide)
va|kant [v...] (leer; unbesetzt, frei)
Va|ku|um, das; -s, *Plur.* ...kua *od.* ...kuen (luftleerer Raum)
Vak|zi|ne, die; -, -n (Impfstoff aus Krankheitserregern)
Va|len|tins|tag (14. Febr.)
Va|lu|ta, die; -, ...ten (Geld in ausländischer Währung; [Gegen]wert; *nur Plur.:* Zinsscheine ausländ. Wertpapiere)
Vamp [vɛ...], der; -s, -s (verführerische, kalt berechnende Frau)
Vam|pir [*auch* 'vam...], der; -s, -e (eine Fledermausart; *Volksglauben* Blut saugendes Nachtgespenst)
Van [vɛn], der; -s, -s (geräumiges Auto, Transporter)
Van|da|lis|mus, der; - (Zerstörungswut)

Va|nil|le [...'nɪl(j)ə, 'vanil], die; - (eine trop. Orchidee; Gewürz); **Va|nil|le|eis**

va|ri|a|bel (veränderlich, [ab]wandelbar); ...a|b|le Kosten; **Va|ri|a|b|le,** die; -n, *Plur.* -n, *ohne Artikel fachspr. auch* - (*Math.* veränderliche Größe; *Ggs.* Konstante); zwei Variable[n]

Va|ri|an|te, die; -, -n (Abwandlung; verschiedene Lesart; Spielart)

Va|ri|a|ti|on, die; -, -en (Abwechslung; Abänderung; Abwandlung)

Va|ri|e|té, das; -s, -s (Theater mit wechselndem, unterhaltsamem Programm)

va|ri|ie|ren (verschieden sein; abweichen; [ab]wandeln)

Va|sall, der; -en, -en (Lehnsmann im MA.)

Va|se, die; -, -n

Va|se|li|ne, die; -

Va|ter, der; -s, Väter; **Va|ter|haus**

Va|ter|land *Plur.* ...länder; **va|ter|län|disch**

vä|ter|lich; Vä|ter|mo|nat *meist Plur.* (Monat, in dem ein Vater Elternzeit in Anspruch nimmt)

Va|ter|schaft, die; -, -en

Va|ter|un|ser, das; -s, -; *aber im Gebet:* Vater unser im Himmel

Va|ti, der; -s, -s (*Koseform von* Vater)

Va|ti|kan [v...], der; -s (Residenz des Papstes in Rom; oberste Behörde der kath. Kirche); **va|ti|ka|nisch;** *aber* die Vatikanische Bibliothek, das Vatikanische Konzil

ve|gan; vegan leben; **Ve|ga|ner; Ve|ga|ne|rin**

Ve|ge|ta|ri|er (jmd., der sich vorwiegend von pflanzl. Kost ernährt); **Ve|ge|ta|ri|e|rin; ve|ge|ta|risch** (pflanzlich, Pflanzen...)

Ve|ge|ta|ti|on, die; -, -en (Pflanzenwelt, -wuchs); **Ve|ge|ta|ti|ons|zo|ne**

ve|ge|ta|tiv (zur Vegetation gehörend, pflanzlich; *Biol.* ungeschlechtlich; *Med.* unbewusst); vegetatives Nervensystem (dem Einfluss des Bewusstseins entzogenes Nervensystem)

ve|ge|tie|ren (kümmerlich [dahin]leben)

veg|gie ['vɛdʒi, ...gi] (*ugs. für* vegetarisch); **Veg|gie,** der; -s, -s (*ugs. für* jmd., der sich vegetarisch ernährt)

Veg|gie|bur|ger [...bœ:ɐ̯gɐ] (vegetarischer Hamburger)

ve|he|ment (heftig); **Ve|he|menz,** die; -

Ve|hi|kel, das; -s, - (schlechtes, altmodisches Fahrzeug; Hilfsmittel)

Veil|chen

Vek|tor, der; -s, ...oren (physikal. od. math. Größe, die durch Pfeil dargestellt wird u. durch Richtung u. Betrag festgelegt ist)

Ve|lo [*auch* 'vɛ...], das; -s, -s (*schweiz. für* Fahrrad); Velo fahren (Rad fahren)

Vel|vet, der *od.* das; -s, -s (Baumwollsamt)

Ven|det|ta, die; -, ...tten ([Blut]rache)

Ve|ne, die; -, -n (Blutgefäß, das zum Herzen führt); **Ve|nen|ent|zün|dung**

Ven|til, das; -s, -e

Ven|ti|la|ti|on, die; -, -en ([Be]lüftung, Luftwechsel); **Ven|ti|la|tor,** der; -s, ...oren

Ve|nus, die; - (ein Planet)

ver|ab|re|den; Ver|ab|re|dung

ver|ab|rei|chen; Ver|ab|rei|chung

ver|ab|scheu|en

ver|ab|schie|den; sich verabschieden; **Ver|ab|schie|dung**

ver|ach|ten; das ist nicht zu verachten (*ugs. für* das ist gut, schön); **ver|ächt|lich; Ver|ach|tung,** die; -

ver|all|ge|mei|nern; ich verallgemeinere; **Ver|all|ge|mei|ne|rung**

ver|al|ten; veraltend; veraltet

Ve|ran|da, die; -, ...den, *ugs. auch:* ...das

ver|än|der|lich; das Barometer steht auf »veränderlich«; **ver|än|dern;** sich verändern; unter veränderten Bedingungen; **Ver|än|de|rung**

ver|ängs|ti|gen; ver|ängs|tigt

ver|an|kern; Ver|an|ke|rung

ver|an|la|gen (die Steuerschuld festsetzen)

ver|an|lagt; künstlerisch veranlagt sein; **Ver|an|la|gung**

ver|an|las|sen; du veranlasst, er/sie veranlasst; du veranlasstest; veranlasst; veranlasse!; sich veranlasst sehen; **Ver|an|las-**

V

sung; zur weiteren Veranlassung (*Amtsspr.; Abk.* z. w. V.)
ver|an|schau|li|chen
ver|an|schla|gen (ansetzen); du veranschlagtest; er hat die Kosten viel zu niedrig veranschlagt
ver|an|stal|ten; Ver|an|stal|ter; Ver|an-stal|te|rin; Ver|an|stal|tung; Ver|an|stal-tungs|ka|len|der; Ver|an|stal|tungs|ort; Ver|an|stal|tungs|rei|he
ver|ant|wor|ten
ver|ant|wort|lich; Ver|ant|wort|lich|keit
Ver|ant|wor|tung; Ver|ant|wor|tungs|be-reich; ver|ant|wor|tungs|be|wusst; Ver-ant|wor|tungs|be|wusst|sein; ver|ant-wor|tungs|los; ver|ant|wor|tungs|voll
ver|ar|bei|ten; Ver|ar|bei|tung
ver|är|gern; Kunden verärgern; verärgert sein; **Ver|är|ge|rung**
ver|ar|men; Ver|ar|mung
ver|ar|schen (*derb für* zum Narren halten)
ver|äu|ßern (verkaufen); **Ver|äu|ße|rung**
Verb, das; -s, -en (*Sprachwiss.* Zeitwort, Tätigkeitswort, z. B. »laufen, bauen«); **ver-bal** (als Verb gebraucht; mündlich)
Ver|band, der; -[e]s, ...bände; **Ver|band-kas|ten, Ver|bands|kas|ten; Ver|bands-li|ga** *(Sport);* **Ver|bands|prä|si|dent**
ver|ban|nen; Ver|ban|nung
ver|bar|ri|ka|die|ren; er verbarrikadierte sich im Keller; verbarrikadierte Tore
ver|bau|en
ver|bei|ßen; die Hunde hatten sich ineinander verbissen; sich den Schmerz verbeißen (nicht anmerken lassen); sich in eine Sache verbeißen (*ugs. für* hartnäckig daran festhalten)
ver|ber|gen; *vgl. auch* verborgen
ver|bes|sern; Ver|bes|se|rung, Ver|bess-rung; **Ver|bes|se|rungs|vor|schlag; Ver-bess|rung** *vgl.* Verbesserung
ver|beu|gen, sich; **Ver|beu|gung**
ver|beu|len
ver|bie|gen
ver|bie|ten; Betreten verboten!
ver|bil|li|gen
ver|bin|den
ver|bind|lich (höflich, zuvorkommend; bindend, verpflichtend); eine verbindliche Zusage; **Ver|bind|lich|keit**
Ver|bin|dung; in Verbindung setzen
ver|bis|sen; ein verbissener Gegner; ein verbissenes Gesicht
ver|bit|ten; ich habe mir eine solche Antwort verbeten
ver|bit|tern; ich verbittere; **ver|bit|tert; Ver|bit|te|rung**
ver|blas|sen; die Farbe verblasst; verblasste Kindheitserinnerungen
ver|bläu|en (*ugs. für* verprügeln)
Ver|bleib, der; -[e]s; **ver|blei|ben**
Ver|blei|ben, das; -s; dabei muss es sein Verbleiben haben *(Amtsspr.)*
ver|bli|chen; verblichenes Bild
ver|blüf|fen; verblüfft sein; **ver|blüf|fend; Ver|blüf|fung**
ver|blü|hen
ver|blu|ten
[1]**ver|bor|gen** (ausleihen)
[2]**verborgen;** ein verborgenes Talent; im Verborgenen bleiben
Ver|bot, das; -[e]s, -e; **ver|bo|ten**
Ver|bots|schild, das
Ver|brauch, der; -[e]s, *Plur. (fachspr.)* ...bräuche; **ver|brau|chen**
Ver|brau|cher; Ver|brau|che|rin; Ver|brau-cher|markt; Ver|brau|cher|preis; Ver-brau|cher|schutz, der; -es; **Ver|brau-cher|zen|t|ra|le**®
ver|bre|chen; Ver|bre|chen, das; -s, -; **Ver-bre|chens|be|kämp|fung; Ver|bre|cher; Ver|bre|che|rin; ver|bre|che|risch**
ver|brei|ten; er hat diese Nachricht verbreitet; sich verbreiten (etwas ausführlich darstellen); die verbreitets|te Meinung *(ugs.)*
ver|brei|tern (breiter machen); ich verbreitere; **Ver|brei|te|rung**
Ver|brei|tung, die; -
ver|bren|nen; das Holz ist verbrannt; du hast dir den Mund verbrannt (*ugs. für* dir durch Reden geschadet)
Ver|bren|nung; Ver|bren|nungs|mo|tor

ver|brin|gen (*Amtsspr. auch für* irgendwohin schaffen); jmdn. in Sicherheitsverwahrung verbringen
ver|brü|hen; Ver|brü|hung
ver|bu|chen; Ver|bu|chung
Ver|bund, der; -[e]s, *Plur.* -e *u.* Verbünde (Verbindung)
ver|bun|den; jmdm. sehr verbunden (*geh. für* dankbar) sein
ver|bün|den, sich; die [mit uns, miteinander] verbündeten Staaten
Ver|bun|den|heit, die; -
Ver|bün|de|te, der *u.* die; -n, -n
ver|bür|gen; sich verbürgen
ver|bü|ßen; eine Strafe verbüßen
Ver|dacht, der; -[e]s, *Plur.* -e *u.* Verdächte; **ver|däch|tig; ver|däch|ti|gen; Ver|däch|ti|gung; Ver|dachts|mo|ment,** das
ver|dam|men; Ver|damm|nis, die; -, -se *Plur. selten (Rel.);* **ver|dammt** (*ugs. auch für* sehr)
ver|damp|fen
ver|dan|ken (*schweiz. auch für* für etwas Dank abstatten)
ver|dat|tert (*ugs. für* verwirrt)
ver|dau|en; ver|dau|lich; leicht verdauliche od. leichtverdauliche Nahrungsmittel; ein schwer verdauliches od. schwerverdauliches Essen; **Ver|dau|ung**
Ver|deck, das; -[e]s, -e
ver|de|cken; verdeckte Ermittler
ver|den|ken; jmdm. etwas verdenken
Ver|derb, der; -[e]s; auf Gedeih und Verderb
ver|der|ben; du verdirbst; du verdarbst; du verdürbest; verdorben; verdirb!; das Fleisch ist verdorben; er hat mir den Ausflug verdorben; **Ver|der|ben,** das; -s
ver|derb|lich; verderbliche Esswaren
ver|deut|li|chen; Ver|deut|li|chung
ver|dich|ten; Ver|dich|tung
ver|die|nen; das Verdienen (der Gelderwerb) wird schwerer
[1]**Ver|dienst,** der; -[e]s, -e (Lohn, Gewinn)
[2]**Ver|dienst,** das; -[e]s, -e (Anspruch auf Anerkennung); **ver|dienst|voll**
ver|dient; ein verdienter Sieg
Ver|dikt, das; -[e]s, -e (Urteil)
ver|din|gen; du verdingst; du verdingtest; verdungen, *auch* verdingt; verding[e]!; sich als Gehilfe verdingen
ver|don|nern (*ugs. für* verurteilen)
ver|dop|peln; Ver|dop|pe|lung, Ver|dopp|lung
ver|dor|ben *vgl.* verderben
ver|dor|ren; verdorrt
ver|drän|gen; Ver|drän|gung; Ver|drän|gungs|wett|be|werb
ver|dre|hen; ver|dreht (*ugs. für* verwirrt; verschroben)
ver|drei|fa|chen; Ver|drei|fa|chung
ver|drie|ßen (missmutig machen); du verdrießt, er verdrießt; du verdrossest, er verdross; du verdrössest; verdrossen; verdrieß[e]!; es verdrießt mich; ich lasse es mich nicht verdrießen; **ver|drieß|lich**
ver|drü|cken (*ugs. auch für* essen); sich verdrücken (*ugs. für* sich heimlich entfernen)
Ver|druss, der; -es, -e
ver|dun|keln; ich verdunk[e]le
ver|dün|nen; Ver|dün|nung
ver|duns|ten (langsam verdampfen); **Ver|duns|tung; Ver|duns|tungs|käl|te** *(Physik)*
ver|durs|ten
ver|dutzt (verwirrt)
ver|edeln; ich vered[e]le
ver|eh|ren; Ver|eh|rer; Ver|eh|re|rin; Ver|eh|rung
ver|ei|di|gen; vereidigte Sachverständige; **Ver|ei|di|gung**
Ver|ein, der; -[e]s, -e; im Verein mit ...; eingetragener Verein (*Abk.* e. V.)
ver|ein|bar; ver|ein|ba|ren; die vereinbarten Ziele; **Ver|ein|bar|keit; Ver|ein|ba|rung; ver|ei|nen;** vereint *(vgl. d.)*
ver|ein|fa|chen; Ver|ein|fa|chung
ver|ein|heit|li|chen; Ver|ein|heit|li|chung
ver|ei|ni|gen; Ver|ei|ni|gung; Ver|ei|ni|gungs|men|ge
ver|ein|nah|men (einnehmen); **Ver|ein|nah|mung**
Ver|eins|ge|schich|te; Ver|eins|haus; Ver-

eins|heim; Ver|eins|lo|kal; Ver|eins|mit|glied; Ver|eins|recht

ver|eint; mit vereinten Kräften, *aber* die Vereinten Nationen (*Abk.* UN, VN)

ver|ein|zeln; ich vereinz[e]le; **ver|ein|zelt;** vereinzelte Niederschläge; Vereinzelte saßen im Freien

ver|ei|sen (von Eis bedeckt werden); die Tragflächen ver|eis|ten; **ver|eist**

ver|ei|teln; ich vereit[e]le; **Ver|ei|te|lung,** Ver|eit|lung

ver|en|den

ver|en|gen; Ver|en|gung

ver|er|ben; Ver|er|bung

ver|ewi|gen

[1]**ver|fah|ren** (vorgehen, handeln); ich bin so verfahren, dass …; so darfst du nicht mit ihr verfahren (umgehen); ich habe mich verfahren (bin einen falschen Weg gefahren)

[2]**ver|fah|ren** (ausweglos scheinend); verfahrene Situation

Ver|fah|ren, das; -s, -; ein neues Verfahren; **Ver|fah|rens|wei|se**

Ver|fall, der; -[e]s; in Verfall geraten; **ver|fal|len;** das Haus ist verfallen; er ist dem Alkohol verfallen; **Ver|fall[s]|da|tum**

ver|fäl|schen

ver|fan|gen; sich verfangen; du hast dich in Widersprüchen verfangen

ver|fäng|lich; eine verfängliche Situation

ver|fär|ben; Ver|fär|bung

ver|fas|sen; sie hat den Brief verfasst; **Ver|fas|ser; Ver|fas|se|rin**

Ver|fas|sung; ver|fas|sung|ge|bend, *nicht amtlich auch* ver|fas|sungs|ge|bend; **Ver|fas|sungs|än|de|rung; Ver|fas|sungs|be|schwer|de; ver|fas|sungs|feind|lich; ver|fas|sungs|ge|mäß; Ver|fas|sungs|ge|richt; Ver|fas|sungs|ge|richts|hof; Ver|fas|sungs|kla|ge; ver|fas|sungs|kon|form; Ver|fas|sungs|mä|ßig|keit,** die; -; **Ver|fas|sungs|recht; ver|fas|sungs|recht|lich; Ver|fas|sungs|rich|ter; Ver|fas|sungs|rich|te|rin; Ver|fas|sungs|schutz,** der; -es; **ver|fas|sungs|wid|rig**

ver|fech|ten (verteidigen); er hat sein Recht tatkräftig verfochten; **Ver|fech|ter; Ver|fech|te|rin**

ver|feh|len (nicht erreichen, nicht treffen); sich verfehlen (*veraltend für* eine Verfehlung begehen); **ver|fehlt; Ver|feh|lung**

ver|fei|nern; ich verfeinere; **Ver|fei|ne|rung**

ver|fes|ti|gen; Ver|fes|ti|gung

ver|fil|men; Ver|fil|mung

ver|fins|tern; ich verfinstere

ver|flech|ten; Ver|flech|tung

ver|flie|gen (verschwinden); der Zorn ist verflogen; sich verfliegen (mit dem Flugzeug vom Kurs abkommen)

ver|flixt (*ugs. für* verflucht; *auch für* unangenehm, ärgerlich)

ver|flos|sen; verflossene *od.* verflossne Tage

ver|flu|chen; ver|flucht (verdammt; sehr); so ein verfluchter Idiot; es ist verflucht heiß; verflucht u. zugenäht!

ver|flüch|ti|gen; sich verflüchtigen (*auch ugs. scherzh. für* sich heimlich entfernen)

ver|flüs|si|gen; verflüssigte Gase

ver|fol|gen; die lange verfolgten (angestrebten) Ziele; **Ver|fol|ger; Ver|fol|ge|rin; Ver|folg|te,** der *u.* die; -n, -n

Ver|fol|gung; Ver|fol|gungs|jagd

ver|frach|ten

ver|frem|den; Ver|frem|dung

ver|frü|hen, sich; **ver|früht;** sein Dank kam verfrüht

ver|füg|bar; verfügbares Kapital; **Ver|füg|bar|keit; ver|fü|gen** (bestimmen, anordnen; besitzen)

Ver|fü|gung; zur Verfügung u. bereithalten, *aber* bereit- u. zur Verfügung halten

ver|füh|ren; Ver|füh|rer; Ver|füh|re|rin; ver|füh|re|risch; Ver|füh|rung

ver|füt|tern (als [1]Futter geben)

Ver|ga|be, die; -, -n; Vergabe von Arbeiten

ver|gäl|len (verbittern; *Chemie* ungenießbar machen); er hat ihm die Freude vergällt; vergällter Alkohol

ver|gam|meln (*ugs. für* verderben; verwahrlosen); die Zeit vergammeln (*ugs. für* vertrödeln)

ver|gan|gen *vgl.* vergehen; **Ver|gan|genheit; Ver|gan|gen|heits|be|wäl|tigung; Ver|gan|gen|heits|form** *(Sprachwiss.)*

ver|gäng|lich; Ver|gäng|lich|keit

Ver|ga|ser (Vorrichtung zur Erzeugung des Luft-Kraftstoff-Gemisches für Verbrennungskraftmaschinen)

ver|ge|ben; eine Chance vergeben; er hat diesen Auftrag vergeben; seine Sünden sind ihm vergeben worden; ich vergebe mir nichts, wenn ...

ver|ge|bens; ver|geb|lich

Ver|ge|bung *(geh.)*

ver|ge|gen|wär|ti|gen [*auch* ...'vɛ...], sich

ver|ge|hen; die Jahre sind vergangen; vergangene Zeiten; sich vergehen; er hat sich an ihr vergangen; **Ver|ge|hen,** das; -s, -

ver|gel|ten; sie hat immer Böses mit Gutem vergolten; vergilt!; jmdm. ein »Vergelts Gott!« zurufen; **Ver|gel|tung**

ver|ges|sen; du vergisst, er vergisst; du vergaßest; du vergäßest; vergessen; vergiss!; etwas vergessen; die Arbeit über dem Vergnügen vergessen; **Ver|ges|sen|heit,** die; -; **ver|gess|lich; Ver|gess|lich|keit**

ver|geu|den; Ver|geu|dung

ver|ge|wal|ti|gen; Ver|ge|wal|ti|ger; Verge|wal|ti|gung

ver|ge|wis|sern, sich; ich vergewissere mich ihrer Sympathie; **Ver|ge|wis|se|rung**

ver|gie|ßen

ver|gif|ten; Ver|gif|tung

Ver|giss|mein|nicht, das; -[e]s, -[e] (eine Blume)

Ver|gleich, der; -[e]s, -e; im Vergleich mit, zu ...; ein gütlicher Vergleich

ver|gleich|bar; Ver|gleich|bar|keit

ver|glei|chen; sie hat beide Bilder verglichen; sich vergleichen; die Parteien haben sich verglichen; vergleich[e]! (*Abk.* vgl.)

Ver|gleichs|form (Steigerungsform des Adjektivs); **Ver|gleichs|test; ver|gleichswei|se; Ver|gleichs|wert** *(bes. Statistik);* **Ver|gleichs|zeit|raum**

ver|glü|hen

ver|gnü|gen; sich vergnügen; **Ver|gnü|gen,** das; -s, -; viel Vergnügen!; **ver|gnüg|lich; ver|gnügt; Ver|gnü|gungs|park**

ver|gol|den

ver|gön|nen ([aus Gunst] gewähren); es ist mir vergönnt

ver|gra|ben

ver|grau|len (*ugs. für* verärgern [u. dadurch vertreiben])

ver|grei|fen; sich an jmdm., an einer Sache vergreifen; du hast dich im Ton vergriffen

ver|grif|fen; das Buch ist vergriffen (nicht mehr lieferbar)

ver|grö|ßern; ich vergrößere; **Ver|grö|ßerung**

ver|güns|ti|gen; Ver|güns|ti|gung

ver|gü|ten (*auch für* veredeln); **Ver|gü|tung**

ver|haf|ten; ver|haf|tet (*auch für* eng verbunden); einer Sache verhaftet sein; **Verhaf|tung**

ver|ha|geln; ich verhag[e]le

ver|hal|len; sein Ruf verhallte

Ver|halt, der; -[e]s, -e (*veraltet für* Verhalten; Sachverhalt)

[1]**ver|hal|ten** (stehen bleiben; zurückhalten; *österr. u. schweiz. Amtsspr.* zu etwas verpflichten); sie verhielt auf der Treppe; er verhält den Harn; ich habe mich abwartend verhalten; *(österr., schweiz.:)* die Behörde verhielt ihn zur Zahlung einer Geldbuße

[2]**ver|hal|ten;** verhaltener (gedämpfter, unterdrückter) Zorn; verhaltene (verzögerte) Schritte; verhaltener (gezügelter) Trab

Ver|hal|ten, das; -s; **ver|hal|tens|auf|fäl|lig** *(Psychol.);* **Ver|hal|tens|for|schung; Verhal|tens|ko|dex,** Ver|hal|tens|co|dex; **Verhal|tens|mus|ter** *(Psychol.);* **Ver|hal|tensre|gel; Ver|hal|tens|the|ra|pie; Ver|haltens|wei|se**

Ver|hält|nis, das; -ses, -se; geordnete Verhältnisse; **ver|hält|nis|mä|ßig; Ver|hältnis|mä|ßig|keit** *Plur. selten;* **Ver|hält|niswort** *Plur.* ...wörter (*für* Präposition)

ver|han|del|bar; ver|han|deln; über, *selten* um etwas verhandeln; **Ver|hand|ler; Verhand|le|rin; Ver|hand|lung**

V

Ver|hand|lungs|er|geb|nis; Ver|hand|lungs|füh|rer; Ver|hand|lungs|füh|re|rin; Ver|hand|lungs|part|ner; Ver|hand|lungs|part|ne|rin; Ver|hand|lungs|tag *(bes. Rechtsspr.);* **Ver|hand|lungs|tisch**

ver|hän|gen; mit verhängten (locker gelassenen) Zügeln; *vgl.* ²hängen

Ver|häng|nis, das; -ses, -se; **ver|häng|nis|voll**

Ver|hän|gung; die Verhängung einer Strafe

ver|harm|lo|sen; du verharmlost; er verharmlos|te; **Ver|harm|lo|sung**

ver|härmt

ver|har|ren *(geh.)*

ver|här|ten

ver|hasst

ver|hät|scheln (*ugs. für* verzärteln)

ver|hed|dern (*ugs. für* verwirren); ich verheddere [mich]

ver|hee|rend; das ist verheerend (furchtbar); verheerende Folgen haben

ver|heh|len *(geh.);* er hat uns die Wahrheit verhehlt

ver|hei|len

ver|heim|li|chen

ver|hei|ra|ten; sich verheiraten; **ver|hei|ra|tet** (*Abk.* verh.; *Zeichen* ⚭)

ver|hei|ßen; sie hat mir das verheißen; *vgl.* heißen; **Ver|hei|ßung; ver|hei|ßungs|voll**

ver|hei|zen; jmdn. verheizen (*ugs. für* jmdn. rücksichtslos einsetzen)

ver|hel|fen; sie hat mir dazu verholfen

ver|herr|li|chen

ver|he|xen; das ist wie verhext!

ver|hin|dern; Ver|hin|de|rung

ver|höh|nen; Ver|höh|nung

ver|hö|kern (*ugs. für* [billig] verkaufen)

ver|hol|zen; verholzende mehrjährige Pflanzen; verholzte Triebe

Ver|hör, das; -[e]s, -e; **ver|hö|ren**

ver|hül|len; ver|hüllt; verhüllte Drohungen

ver|hun|gern; vor dem Verhungern retten

ver|hü|ten (verhindern)

Ver|hü|tung; Ver|hü|tungs|mit|tel

ve|ri|fi|zie|ren (durch Überprüfen die Richtigkeit bestätigen)

ver|in|ner|li|chen

ver|ir|ren, sich; **Ver|ir|rung**

ve|ri|ta|bel (wahrhaft; echt); ...a|b|le Größe

ver|ja|gen

ver|jäh|ren; Ver|jäh|rung; Ver|jäh|rungs|frist

ver|jün|gen; Ver|jün|gung

ver|ka|beln (mit Kabeln anschließen); **Ver|ka|be|lung**

ver|kal|ken (*ugs. auch für* alt werden, die geistige Frische verlieren); **Ver|kal|kung**

ver|kannt; ein verkanntes Genie

ver|kappt; ein verkappter Spion, Betrüger

Ver|kauf, der; -[e]s, ...käufe; der Verkauf von Textilien, *in der Kaufmannsspr. gelegtl. auch* der Verkauf in Textilien; An- und Verkauf; **ver|kau|fen;** du verkaufst; er verkauft, verkaufte, hat verkauft (*nicht:* du verkäufst; er verkäuft); viele verkaufte Exemplare

Ver|käu|fer; Ver|käu|fe|rin; ver|käuf|lich

Ver|kaufs|er|folg; Ver|kaufs|er|lös; Ver|kaufs|flä|che; ver|kaufs|of|fen; verkaufsoffener Sonntag; **Ver|kaufs|preis; Ver|kaufs|raum; Ver|kaufs|schla|ger; Ver|kaufs|stand; Ver|kaufs|stel|le**

Ver|kehr, der; *Gen.* -s, *seltener* -es, *Plur. (fachspr.)* -e; **ver|keh|ren; Ver|kehrs|am|pel; Ver|kehrs|an|bin|dung; Ver|kehrs|auf|kom|men; Ver|kehrs|be|hin|de|rung; ver|kehrs|be|ru|higt; Ver|kehrs|cha|os; Ver|kehrs|kon|t|rol|le; Ver|kehrs|mi|nis|ter; Ver|kehrs|mi|nis|te|rin; Ver|kehrs|mi|nis|te|ri|um; Ver|kehrs|mit|tel; Ver|kehrs|po|li|zist; Ver|kehrs|po|li|zis|tin; Ver|kehrs|re|gel** *meist Plur.;* **Ver|kehrs|schild,** das; **Ver|kehrs|si|cher|heit,** die; -; **Ver|kehrs|teil|neh|mer; Ver|kehrs|teil|neh|me|rin; Ver|kehrs|un|fall; Ver|kehrs|ver|bund; Ver|kehrs|ver|ein; Ver|kehrs|weg; Ver|kehrs|wert** *(Wirtsch.);* **Ver|kehrs|zei|chen**

ver|kehrt; verkehrt herum

ver|ken|nen; er wurde von allen verkannt

ver|ket|ten; Ver|ket|tung

ver|kla|gen

ver|klä|ren (ins Überirdische erhöhen); **Ver|klä|rung**
ver|kle|ben
ver|klei|den; Ver|klei|dung
ver|klei|nern; ich verkleinere
Ver|klei|ne|rung; Ver|klei|ne|rungs|form
ver|klin|gen
ver|knal|len (*ugs. für* [sinnlos] verschießen); sich verknallen (*ugs. für* sich heftig verlieben); du hast dich, bist in sie verknallt
ver|knap|pen; Ver|knap|pung
ver|knei|fen; das Lachen verkneifen; sich etwas verkneifen (auf etwas verzichten)
ver|kne|ten (durch Kneten vermischen)
ver|knif|fen (verbittert)
ver|knüp|fen; Ver|knüp|fung
ver|knu|sen; jmdn. nicht verknusen (*ugs. für* nicht ausstehen) können
ver|kom|men; er verkam im Schmutz; ein verkommener Mensch
ver|kör|pern; ich verkörpere; **Ver|kör|pe|rung**
ver|kraf|ten (ertragen [können])
ver|kramp|fen, sich; **ver|krampft**
ver|krie|chen, sich
ver|küm|mern
ver|kün|den *(geh.)*
ver|kün|di|gen *(geh.)*; **Ver|kün|di|gung;** das kath. Fest Mariä Verkündigung, *ugs.* Maria Verkündigung; **Ver|kün|dung**
ver|kür|zen; verkürzte Arbeitszeit; **Ver|kür|zung**
ver|la|den *vgl.* [1]laden
Ver|lag, der; -[e]s, -e
ver|la|gern; Ver|la|ge|rung
Ver|lags|haus; Ver|lags|lei|ter, der; **Ver|lags|lei|te|rin**
ver|lan|gen; Ver|lan|gen, das; -s, -; auf Verlangen
ver|län|gern; ich verlängere; **ver|län|gert;** verlängerter Rücken (*ugs. scherzh. für* Gesäß); **Ver|län|ge|rung**
ver|lang|sa|men; Ver|lang|sa|mung
Ver|lass, der; -es; es ist kein Verlass auf ihn
[1]**ver|las|sen;** sich auf eine Sache, einen Menschen verlassen; sie verließ das Lokal
[2]**ver|las|sen** (vereinsamt); das Dorf lag verlassen da
ver|läss|lich (zuverlässig); **Ver|läss|lich|keit,** die; -
Ver|lauf, der; -[e]s, Verläufe; im Verlauf; **ver|lau|fen;** die Sache ist gut verlaufen; sich verlaufen; er hat sich verlaufen
Ver|laut|ba|rung; ver|lau|ten; wie verlautet
[1]**ver|le|gen** (an einen anderen Platz legen; auf einen anderen Zeitpunkt festlegen; im Verlag herausgeben; *Technik* [Rohre u. a.] legen); [das] Verlegen von Rohren
[2]**ver|le|gen** (befangen, unsicher); sie war verlegen; **Ver|le|gen|heit**
Ver|le|ger; Ver|le|ge|rin; ver|le|ge|risch
Ver|le|gung
ver|lei|den; es ist mir alles verleidet
Ver|leih, der; -[e]s, -e; **ver|lei|hen;** sie hat das Buch verliehen; [das] Verleihen von Geld; **Ver|lei|her; Ver|lei|he|rin; Ver|lei|hung**
ver|lei|ten (verführen)
ver|ler|nen
ver|le|sen
ver|let|zen; er ist verletzt; **ver|let|zend; ver|letz|lich; Ver|letz|lich|keit; ver|letzt; Ver|letz|te,** der *u.* die; -n, -n
Ver|let|zung; ver|let|zungs|be|dingt; Ver|let|zungs|ge|fahr; Ver|let|zungs|pau|se
ver|leug|nen; Ver|leug|nung
ver|leum|den; Ver|leum|der; Ver|leum|de|rin; Ver|leum|dung
ver|lie|ben, sich; **ver|liebt;** ein verliebtes Paar; **Ver|liebt|heit**
ver|lie|ren; du verlorst; du verlörest; verloren *(vgl. d.)*; verlier[e]!; sich verlieren; **Ver|lie|rer; Ver|lie|re|rin**
Ver|lies, das; -es, -e (Kerker)
ver|lo|ben; sich verloben; **Ver|lob|te,** der *u.* die; -n, -n; **Ver|lo|bung**
ver|lo|cken; ein verlockendes Angebot; **Ver|lo|ckung**
ver|lo|gen; Ver|lo|gen|heit
ver|lo|ren; der verlorene Sohn; **ver|lo|ren**

ge|hen, **ver|lo|ren|ge|hen;** der Ring ist verloren gegangen oder verlorengegangen
ver|lo|sen *vgl.* [1]losen; **Ver|lo|sung**
Ver|lust, der; -[e]s, -e; **Ver|lust|angst; ver|lust|reich; Ver|lust|zo|ne** *(Wirtsch.)*
ver|ma|chen (vererben; *ugs. für* überlassen)
Ver|mächt|nis, das; -ses, -se
ver|mäh|len; sich vermählen; **Ver|mäh|lung**
ver|mark|ten (*Wirtsch.* auf den Markt bringen); **Ver|mark|tung**
ver|mas|seln (*ugs. für* zunichtemachen); ich vermass[e]le
ver|meh|ren; vermehrte Anstrengungen; **Ver|meh|rung**
ver|meid|bar; ver|mei|den; sie hat diesen Fehler vermieden; **Ver|mei|dung**
ver|meint|lich
ver|mel|den (mitteilen)
ver|men|gen
Ver|merk, der; -[e]s, -e; **ver|mer|ken;** am Rande vermerken
[1]**ver|mes|sen;** Land vermessen; er hat sich vermessen, alles zu verraten *(geh.)*
[2]**ver|mes|sen;** ein vermessenes (tollkühnes) Unternehmen
Ver|mes|sung
ver|mie|sen (*ugs. für* verleiden); du vermiest; er vermies|te
ver|mie|ten; Ver|mie|ter; Ver|mie|te|rin; Ver|mie|tung
ver|min|dern; Ver|min|de|rung
ver|mi|schen; Ver|mi|schung
ver|mis|sen; als vermisst gemeldet; die vermissten (fehlenden) Dokumente; jegliches Taktgefühl vermissen lassen *od.* vermissenlassen; **Ver|miss|te,** der *u.* die; -n, -n
ver|mit|tel|bar; ver|mit|teln; ich vermitt[e]le; **Ver|mitt|ler; Ver|mitt|le|rin**
Ver|mitt|lung; Ver|mitt|lungs|aus|schuss
ver|mö|gen
Ver|mö|gen, das; -s, -; **ver|mö|gend**
Ver|mö|gens|steu|er, Ver|mö|gen|steu|er, die; **Ver|mö|gens|ver|wal|ter; Ver|mö|gens|ver|wal|te|rin; Ver|mö|gens|ver|wal|tung; Ver|mö|gens|wert**
ver|mum|men (fest einhüllen); sich vermummen; **Ver|mum|mungs|ver|bot**
ver|mu|ten; ver|mut|lich; Ver|mu|tung
ver|nach|läs|si|gen; Ver|nach|läs|si|gung
ver|ne|beln; ich verneb[e]le
ver|neh|men; er hat das Geräusch vernommen; der Angeklagte wurde vernommen; **Ver|neh|men,** das; -s; dem Vernehmen nach; **Ver|nehm|las|sung** (*schweiz. für* [Verfahren der] Stellungnahme zu einer öffentlichen Frage)
Ver|neh|mung ([gerichtl.] Befragung)
ver|nei|gen, sich
ver|nei|nen; Ver|nei|nung
ver|net|zen; Ver|net|zung
ver|nich|ten; eine vernichtende Kritik; **Ver|nich|tung; Ver|nich|tungs|krieg; Ver|nich|tungs|la|ger**
Ver|nis|sa|ge [...ʒə], die; -, -n (Ausstellungseröffnung [in kleinerem Rahmen])
Ver|nunft, die; -; **ver|nünf|tig**
ver|öf|fent|li|chen; Ver|öf|fent|li|chung
ver|ord|nen; Ver|ord|nung
ver|or|ten (einen festen Platz in einem Bezugssystem zuweisen)
ver|pach|ten; Ver|pach|tung
ver|pa|cken; Ver|pa|ckung
[1]**ver|pas|sen** (versäumen); sie hat den Zug verpasst
[2]**ver|pas|sen** (*ugs. für* geben; schlagen); die Uniform wurde ihm verpasst; jmdm. eins verpassen
ver|pet|zen (*ugs. für* verraten)
ver|pflan|zen; Ver|pflan|zung
ver|pfle|gen; Ver|pfle|gung
ver|pflich|ten, sich verpflichten; sie ist mir verpflichtet; **Ver|pflich|tung**
ver|pla|nen
ver|pö|nen (*veraltend für* missbilligen; [bei Strafe] verbieten); **ver|pönt** (unerwünscht)
ver|prel|len (verwirren, verärgern)
ver|prü|geln
ver|puf|fen ([schwach] explodieren; *auch für* ohne Wirkung bleiben)
ver|pup|pen, sich

ver|put|zen; [schnell] aufessen; das Verputzen der Wände

ver|quer; eine verquere Welt

ver|qui|cken (vermischen); **Ver|qui|ckung**

ver|ram|meln; er hat die Tür verrammelt

Ver|rat, der; -[e]s; **ver|ra|ten; Ver|rä|ter; Ver|rä|te|rin; ver|rä|te|risch**

ver|rech|nen (*österr. auch für* in Rechnung stellen); sich verrechnen (*auch für* sich täuschen); **Ver|rech|nung**

ver|re|cken (*derb für* verenden; elend umkommen)

ver|rei|sen; sie ist verreist

ver|ren|ken; sich verrenken; ich habe mir den Fuß verrenkt; **Ver|ren|kung**

ver|rich|ten; Ver|rich|tung

ver|rie|geln; ich verrieg[e]le

ver|rin|gern; ich verringere; **Ver|rin|ge|rung; ver|rin|nen**

Ver|riss, der; -es, -e (vernichtende Kritik); *vgl.* verreißen

ver|ros|ten

ver|rot|ten (verfaulen, modern; zerfallen)

ver|rucht; ein verruchter Kerl

ver|rü|cken

ver|rückt; verrückt werden; sich verrückt stellen; sich nicht verrückt machen lassen *(ugs.);* **Ver|rück|te,** der *u.* die; -n, -n; **Ver|rückt|heit; Ver|rückt|wer|den,** das; -s; das ist zum Verrücktwerden *(ugs.)*

Ver|ruf, der (schlechter Ruf); in Verruf bringen, geraten, kommen; **ver|ru|fen** (übel beleumdet); die Gegend ist verrufen

ver|rüh|ren; zwei Eier verrühren

Vers [*österr. auch* v...], der; -es, -e (Zeile, Strophe eines Gedichtes; *Abk.* V.)

ver|sa|gen; er hat ihr keinen Wunsch versagt; ich versagte mir diesen Genuss; das Unglück ist auf menschliches Versagen zurückzuführen; **Ver|sa|ger; Ver|sa|ge|rin**

ver|sal|zen (*fachspr. für* von Salzen durchsetzt werden, sich mit Salzen bedecken; *ugs. auch für* verderben, die Freude an etwas nehmen); versalzt *u. (übertr. nur:)* versalzen; die Suppe versalzen

ver|sam|meln; Ver|samm|lung; Ver|samm|lungs|recht

Ver|sand, der; -[e]s (Versendung); **Ver|sand|han|del; Ver|sand|haus; Ver|sand|kos|ten** *Plur.*

Ver|satz|stück (bewegliche Bühnendekoration; *österr. auch für* Pfandstück)

ver|sau|en *(derb)*

ver|sau|ern (sauer werden; *ugs. auch für* geistig verkümmern); ich versau[e]re

ver|säu|men; Ver|säum|nis, das; -ses, -se, *veraltet* die; -, -se; **Ver|säum|nis|ur|teil** *(Rechtswiss.)*

ver|schach|telt

ver|schaf|fen; du hast dir Genugtuung verschafft

ver|schan|zen; das Lager wurde verschanzt; sich hinter Ausreden verschanzen

ver|schär|fen; Ver|schär|fung

ver|schar|ren

ver|schei|den (*geh. für* sterben); er ist verschieden

ver|schen|ken

ver|scher|beln (*ugs. für* [billig] verkaufen)

ver|scheu|chen

ver|schi|cken

ver|schie|ben; Ver|schie|bung

[1]**ver|schie|den** (*geh. für* gestorben)

[2]**ver|schie|den;** verschieden lang; verschiedene Mal *od.* Male; Verschiedenes blieb unklar; **ver|schie|den|ar|tig; Ver|schie|den|heit; ver|schie|dent|lich**

ver|schie|ßen (*auch für* ausbleichen); *vgl.* verschossen

ver|schif|fen; Truppen, Erze verschiffen (mit dem Schiff [ab]transportieren); *salopp* verschifft euch (verschwindet)

[1]**ver|schla|fen;** ich habe [mich] verschlafen

[2]**ver|schla|fen;** er sieht verschlafen aus

Ver|schlag, der; -[e]s, Verschläge

[1]**ver|schla|gen;** es verschlägt mir die Sprache

[2]**ver|schla|gen** ([hinter]listig); **Ver|schla|gen|heit**

ver|schlech|tern; ich verschlechtere; **Ver|schlech|te|rung**

ver|schlei|ern; ich verschleiere; **Ver|schlei|e|rung**
Ver|schleiß, der; -es, -e (Abnutzung; *österr. Amtsspr. auch für* Kleinverkauf, Vertrieb)
ver|schlei|ßen; etwas verschleißen (etwas [stark] abnutzen); du verschlisst, *österr. auch* verschleißtest; verschlissen, *österr. auch* verschleißt
ver|schlep|pen; einen Prozess verschleppen; **Ver|schlep|pung**
ver|schleu|dern
ver|schlie|ßen *vgl.* verschlossen
ver|schlimm|bes|sern
ver|schlim|mern; ich verschlimmere; **Ver|schlim|me|rung**
ver|schlin|gen
ver|schlos|sen
ver|schlu|cken; sich verschlucken
Ver|schluss
ver|schlüs|seln; Ver|schlüs|se|lung
ver|schmä|hen
[1]**ver|schmel|zen** *vgl.* [1]schmelzen
[2]**ver|schmel|zen** (zusammenfließen lassen; ineinander übergehen lassen); *vgl.* [2]schmelzen; **Ver|schmel|zung**
ver|schmer|zen
ver|schmitzt (schlau, verschlagen)
ver|schmut|zen; ver|schmutzt; Ver|schmut|zung
ver|schnau|fen; Ver|schnauf|pau|se
ver|schneit; verschneite Wälder
ver|schol|len
ver|scho|nen; jmdn. verschonen
ver|schö|nern; ich verschönere; **Ver|schö|ne|rung**
ver|schrän|ken; mit verschränkten Armen
ver|schre|cken (ängstigen, verstört machen); *vgl.* schrecken
ver|schrei|ben; ver|schrei|bungs|pflich|tig
ver|schrei|en (*veraltend für* verleumden, beschimpfen); *vgl.* verschrien
ver|schro|ben (seltsam; wunderlich)
ver|schul|den; Ver|schul|den, das; -s; ohne [sein] Verschulden; **ver|schul|det; Ver|schul|dung**
ver|schüt|ten
ver|schwei|gen
ver|schwen|den; Ver|schwen|der; Ver|schwen|de|rin; ver|schwen|de|risch; Ver|schwen|dung
ver|schwie|gen; Ver|schwie|gen|heit
ver|schwim|men; es verschwimmt [mir] vor den Augen
ver|schwin|den; du verschwandst; du verschwändest; verschwunden; verschwind[e]!; **Ver|schwin|den,** das; -s; niemand bemerkte sein Verschwinden
ver|schwit|zen (*ugs. auch für* vergessen); **ver|schwitzt**
ver|schwom|men; verschwommene Vorstellungen
Ver|schwö|rer; Ver|schwö|re|rin; Ver|schwö|rung; Ver|schwö|rungs|the|o|rie
ver|schwun|den *vgl.* verschwinden
ver|se|hen; er hat seinen Posten treu versehen; ich habe mich mit Nahrungsmitteln versehen; ich habe mich versehen (geirrt); ehe man sichs versieht (*veraltend für* schneller, als man erwartet)
Ver|se|hen, das; -s, - (Irrtum); aus Versehen; **ver|se|hent|lich** (aus Versehen)
Ver|sehr|te, der *u.* die; -n, -n
ver|selbst|stän|di|gen, ver|selb|stän|di|gen, sich
ver|sen|den; versandt *u.* versendet; *vgl.* senden; **Ver|sen|dung**
ver|sen|gen; die Hitze hat den Rasen versengt
ver|sen|ken (zum Sinken bringen); sich in ein Buch versenken (vertiefen); **Ver|sen|kung**
ver|ses|sen (begierig, erpicht); auf etwas versessen sein; **Ver|ses|sen|heit,** die; -
ver|set|zen; der Schüler wurde versetzt; sich in jmds. Lage versetzen; sie hat ihn versetzt (*ugs. für* vergeblich warten lassen); **Ver|set|zung**
ver|seu|chen; ver|seucht
Ver|si|che|rer; Ver|si|che|rin
ver|si|chern; die Versicherung versichert dich gegen Unfall; ich versichere dich meines Vertrauens *(geh.), auch* ich versichere

dir mein Vertrauen; ich versichere dir, dass ...; **Ver|si|cher|te,** der *u.* die; -n, -n
Ver|si|cher|ten|kar|te (von den Krankenkassen); **Ver|si|che|rung; Ver|si|che|rungs|fall,** der; **Ver|si|che|rungs|ge|sell|schaft; Ver|si|che|rungs|kon|zern; Ver|si|che|rungs|leis|tung; Ver|si|che|rungs|neh|mer; Ver|si|che|rungs|neh|me|rin; Ver|si|che|rungs|pflicht,** die; -; **Ver|si|che|rungs|schutz,** der; -es; **Ver|si|che|rungs|sum|me; Ver|si|che|rungs|ver|trag**
ver|si|ckern; der Regen, das Geld versickert
ver|sie|geln; ich versieg[e]le
ver|sie|gen (austrocknen)
ver|siert; in etwas versiert (erfahren, bewandert) sein
ver|sifft (*ugs. für* verschmutzt)
ver|sil|bern (*ugs. auch für* verkaufen); ich versilbere
ver|sin|ken; versunken
Ver|si|on, die; -, -en (Fassung; Lesart)
ver|söh|nen; sich versöhnen; **ver|söhn|lich; Ver|söh|nung**
ver|sor|gen; Ver|sor|ger; Ver|sor|ge|rin; Ver|sor|gung, die; -; **Ver|sor|gungs|aus|gleich; Ver|sor|gungs|si|cher|heit; Ver|sor|gungs|un|ter|neh|men**
ver|spach|teln (*ugs. auch für* aufessen)
ver|spä|ten, sich; **ver|spä|tet; Ver|spä|tung**
ver|spei|sen *(geh.)*
ver|sper|ren
ver|spie|len; ver|spielt; ein verspielter Junge; bei jmdm. verspielt haben
ver|spot|ten; Ver|spot|tung
ver|spre|chen; die versprochene Belohnung; **Ver|spre|chen,** das; -s, -; **Ver|spre|chung**
ver|spro|chen *vgl.* versprechen
ver|sprü|hen (zerstäuben)
ver|spü|ren
ver|staat|li|chen; Ver|staat|li|chung
Ver|stand, der; -[e]s
ver|stän|dig (besonnen)
ver|stän|di|gen, sich mit jmdm. verständigen; **Ver|stän|di|gung**
ver|ständ|lich; ver|ständ|li|cher|wei|se
Ver|ständ|nis, das; -ses, -se *Plur. selten;* **ver|ständ|nis|los; ver|ständ|nis|voll**
ver|stär|ken; in verstärktem Maße; **Ver|stär|ker; Ver|stär|kung**
ver|stau|ben; ver|staubt (*auch für* altmodisch, überholt)
ver|stau|chen; ich habe mir den Fuß verstaucht; **Ver|stau|chung**
ver|stau|en ([auf relativ engem Raum] unterbringen)
Ver|steck, das; -[e]s, -e; Versteck spielen
ver|ste|cken; sie hatte die Ostereier gut versteckt; sich verstecken; *vgl.* [2]stecken; **Ver|ste|cken,** das; -s; er will Verstecken spielen; **Ver|steck|spiel**
ver|ste|hen; verstanden; jmdm. etwas zu verstehen geben; **Ver|ste|hen,** das; -s
ver|stei|gen, sich; er hatte sich in den Bergen verstiegen; du verstiegst dich zu übertriebenen Forderungen *(geh.)*
ver|stei|gern; ich versteigere; **Ver|stei|ge|rung**
ver|stei|nern (zu Stein machen, werden); ich versteinere; **Ver|stei|ne|rung**
ver|stell|bar; ver|stel|len
ver|ster|ben; *meist im Präteritum u. im Partizip II gebr.:* verstarb, verstorben *(vgl. d.)*
ver|steu|ern
ver|stim|men (*auch für* verärgern); **verstimmt; Ver|stim|mung**
ver|stockt (uneinsichtig, störrisch)
ver|stoh|len (heimlich)
ver|stop|fen; Ver|stop|fung
ver|stor|ben (*Zeichen* †); **Ver|stor|be|ne,** der *u.* die; -n, -n
ver|stö|ren (verwirren); es verstört mich, dass ...; **ver|stört**
Ver|stoß, der; -es, ...stöße; **ver|sto|ßen**
ver|strah|len (ausstrahlen; durch Radioaktivität verseuchen); **Ver|strah|lung**
ver|strei|chen (*auch für* vorübergehen; vergehen); verstrichen
ver|streu|en; verstreut

V

ver|stri|cken; sich [in Widersprüche] verstricken; **Ver|stri|ckung**
ver|strö|men; einen Duft verströmen
ver|stüm|meln; verstümmelt
ver|stum|men
Ver|such, der; -[e]s, -e; **ver|su|chen; Ver|suchs|an|ord|nung; Ver|suchs|per|son** (Vp., VP); **ver|suchs|wei|se; Ver|su|chung**
ver|sun|ken; in etwas versunken sein
ver|sus *Präp. mit Akk.* (gegen; *Abk.* vs.)
ver|sü|ßen
ver|ta|gen; Ver|ta|gung
ver|tau|schen
ver|tei|di|gen *(auch Sport);* **Ver|tei|di|ger; Ver|tei|di|ge|rin; Ver|tei|di|gung; Ver|tei|di|gungs|mi|nis|ter; Ver|tei|di|gungs|mi|nis|te|ri|um; Ver|tei|di|gungs|po|li|tik; ver|tei|di|gungs|po|li|tisch**
ver|tei|len; Ver|tei|ler; Ver|tei|lung; Ver|tei|lungs|kampf
ver|teu|ern; sich verteuern; ich verteu[e]re; **Ver|teu|e|rung**
ver|teu|feln (als böse, schlecht hinstellen); ich verteuf[e]le
ver|ti|cken (*ugs. für* verkaufen)
ver|tie|fen; sich in eine Sache vertiefen; **Ver|tie|fung**
ver|ti|kal (senkrecht, lotrecht); **Ver|ti|ka|le,** die; -, -n; vier -[n]
ver|to|nen; das Gedicht wurde vertont
Ver|to|nung (das Vertonen)
ver|trackt (*ugs. für* verwickelt; ärgerlich)
Ver|trag, der; -[e]s, ...träge
ver|tra|gen; sich vertragen; die Kinder haben sich vertragen
ver|trag|lich (durch Vertrag)
ver|träg|lich; die Speise ist gut verträglich; **Ver|träg|lich|keit**
Ver|trags|ab|schluss; ver|trags|ge|mäß; Ver|trags|par|tei; Ver|trags|part|ner; Ver|trags|part|ne|rin; Ver|trags|schluss; Ver|trags|stra|fe; Ver|trags|werk
ver|trau|en; Ver|trau|en, das; -s
ver|trau|en|er|we|ckend, Ver|trau|en er|we|ckend; ein vertrauenerweckender *od.* Vertrauen erweckender Verkäufer; *aber nur* ein großes Vertrauen erweckender Verkäufer; ein noch vertrauenerweckenderer Verkäufer
Ver|trau|ens|be|weis; ver|trau|ens|bil|dend; vertrauensbildende Maßnahmen; **Ver|trau|ens|fra|ge; Ver|trau|ens|leh|rer; Ver|trau|ens|leh|re|rin; Ver|trau|ens|schü|ler; Ver|trau|ens|schü|le|rin; Ver|trau|ens|ver|hält|nis; Ver|trau|ens|ver|lust; ver|trau|ens|voll; ver|trau|ens|wür|dig**
ver|trau|lich; Ver|trau|lich|keit
ver|träu|men; ver|träumt
ver|traut; jmdn., sich mit etwas vertraut machen; **Ver|traut|heit**
ver|trei|ben; Ver|trei|bung
ver|tret|bar; vertretbare Sache *(BGB)*
ver|tre|ten; Ver|tre|ter; Ver|tre|te|rin; Ver|tre|tung; in Vertretung (*Abk.* i. V., I. V. *[vgl. d.]*)
Ver|trieb, der; -[e]s, -e (Verkauf)
Ver|trie|be|ne, der *u.* die; -n, -n
Ver|triebs|ge|sell|schaft; Ver|triebs|ka|nal; Ver|triebs|lei|ter, der; **Ver|triebs|lei|te|rin; Ver|triebs|netz; Ver|triebs|weg**
ver|trock|nen
ver|trö|deln (*ugs. für* [seine Zeit] unnütz hinbringen)
ver|trös|ten
ver|tun (verschwenden); vertan; sich vertun (*ugs. für* sich irren)
ver|tu|schen *(ugs.);* du vertuschst; **Ver|tu|schung**
ver|übeln (übel nehmen); ich verüb[e]le; jmdm. etwas verübeln
ver|üben; ein Verbrechen verüben
ver|un|glimp|fen (schmähen, beleidigen); **Ver|un|glimp|fung**
ver|un|glü|cken
ver|un|mög|li|chen (*bes. schweiz. für* verhindern, vereiteln)
ver|un|rei|ni|gen; Ver|un|rei|ni|gung
ver|un|si|chern; ich verunsichere; **Ver|un|si|che|rung**
ver|un|stal|ten (entstellen); **Ver|un|stal|tung**

ver|un|treu|en (unterschlagen); **Ver|un|treu|ung**
ver|ur|sa|chen; Ver|ur|sa|cher; Ver|ur|sa|che|rin
ver|ur|tei|len; Ver|ur|teil|te, der *u.* die; -n, -n; **Ver|ur|tei|lung**
Ver|ve, die; - (Schwung)
ver|viel|fa|chen; Ver|viel|fa|chung
ver|viel|fäl|ti|gen; Ver|viel|fäl|ti|gung
ver|voll|stän|di|gen
[1]**ver|wach|sen;** die Narbe ist verwachsen; mit etwas verwachsen (innig verbunden) sein; sich verwachsen ([beim Wachsen] verschwinden)
[2]**ver|wach|sen** (schief gewachsen)
ver|wah|ren (*veraltet auch für* in Haft nehmen, unterbringen); es ist alles gut verwahrt (aufbewahrt); sich gegen etwas verwahren (etwas energisch zurückweisen)
ver|wahr|lo|sen; du verwahrlost; **Ver|wahr|lo|sung**
Ver|wah|rung
ver|wai|sen (elternlos werden; einsam werden); du verwaist; er/sie verwais|te; **verwaist;** ein verwais|tes Haus
ver|wal|ten; Ver|wal|ter; Ver|wal|te|rin; Ver|wal|tung
Ver|wal|tungs|akt; Ver|wal|tungs|auf|wand; Ver|wal|tungs|be|hör|de; Ver|wal|tungs|chef *(ugs.);* **Ver|wal|tungs|che|fin** *(ugs.);* **Ver|wal|tungs|di|rek|tor; Ver|wal|tungs|di|rek|to|rin; Ver|wal|tungs|ge|bäu|de; Ver|wal|tungs|ge|bühr; Ver|wal|tungs|ge|richt; Ver|wal|tungs|kos|ten** *Plur.;* **Ver|wal|tungs|rat** *Plur.* ...räte; **Ver|wal|tungs|re|form**

V

ver|wan|deln; ich verwand[e]le; **Ver|wand|lung**
ver|wandt (zur gleichen Familie, Art gehörend); **Ver|wand|te,** der *u.* die; -n, -n
Ver|wandt|schaft; ver|wandt|schaft|lich
ver|war|nen; Ver|war|nung
ver|wa|schen
ver|wäs|sern; ich verwässere
ver|we|ben; bei dieser Matte wurden Garne unterschiedlicher Stärke verwebt; *aber bei übertragener Bedeutung meist stark gebeugt:* zwei Melodien sind miteinander verwoben
ver|wech|seln; zum Verwechseln ähnlich; **Ver|wech|se|lung, Ver|wechs|lung**
ver|we|gen
ver|we|hen; vom Winde verweht
ver|weh|ren; jmdm. etwas verwehren
ver|wei|gern; Ver|wei|ge|rung
Ver|weil|dau|er *(Fachspr.)*
ver|wei|len; sich verweilen
Ver|weis, der; -es, -e (ernste Zurechtweisung; Hinweis); **ver|wei|sen;** der Verbrecher wurde des Landes verwiesen; **Ver|wei|sung**
ver|wel|ken
ver|wend|bar
ver|wen|den; ich verwandte *od.* verwendete, habe verwandt *od.* verwendet
Ver|wen|dung; zur besonderen Verwendung (*Abk.* z. b. V.); **Ver|wen|dungs|zweck**
ver|wer|fen; der Plan wurde verworfen; die Arme verwerfen (*schweiz.* heftig gestikulieren); **ver|werf|lich; Ver|wer|fung** (*auch für* geol. Schichtenstörung)
ver|wert|bar; ver|wer|ten; Ver|wer|tung
ver|we|sen (sich zersetzen, in Fäulnis übergehen); **Ver|we|sung**
ver|wi|ckeln; ver|wi|ckelt
Ver|wi|cke|lung, Ver|wick|lung
ver|win|den (über etwas hinwegkommen)
ver|win|kelt (winklig)
ver|wirk|li|chen; sich [selbst] verwirklichen; **Ver|wirk|li|chung**
ver|wir|ren; ein verwirrendes Durcheinander; *vgl.* verworren; **Ver|wirr|spiel; verwirrt** (*auch für* geistig verwirrt); **Ver|wir|rung**
ver|wi|schen
ver|wit|tern; das Gestein ist verwittert; ich verwittere; **Ver|wit|te|rung**
ver|wöh|nen; ver|wöhnt
ver|wor|ren; das hört sich ziemlich verworren an; *vgl.* verwirren

ver|wund|bar; Ver|wund|bar|keit
[1]**ver|wun|den** (verletzen)
[2]**ver|wun|den** *vgl.* verwinden
ver|wun|der|lich; ver|wun|dern; ich verwundere mich; **Ver|wun|de|rung,** die; -
ver|wun|det; Ver|wun|de|te, der *u.* die; -n, -n; **Ver|wun|dung**
ver|wun|schen (verzaubert); ein verwunschenes Schloss
ver|wün|schen (verfluchen; verzaubern); sie hat ihr Schicksal oft verwünscht
ver|wur|zeln
ver|wüs|ten; Ver|wüs|tung
ver|za|gen (mutlos werden); **ver|zagt**
ver|zah|nen (an-, ineinanderfügen); **Ver|zah|nung**
ver|zau|bern; ich verzaubere
ver|zehn|fa|chen
Ver|zehr, der; -[e]s; **ver|zeh|ren**
ver|zeich|nen; Ver|zeich|nis, das; -ses, -se (*Abk.* Verz.)
ver|zei|hen; sie hat ihm verziehen
ver|zeih|lich; Ver|zei|hung, die; -
ver|zer|ren; Ver|zer|rung
[1]**ver|zet|teln** (für eine Kartei auf Zettel schreiben); ich verzett[e]le
[2]**ver|zet|teln** (vergeuden); sich verzetteln (sich mit zu vielen Dingen beschäftigen)
Ver|zicht, der; -[e]s, -e; Verzicht leisten; **ver|zicht|bar; ver|zich|ten**
[1]**ver|zie|hen;** sie verzog das Gesicht; die Eltern verziehen ihr Kind; er ist nach Frankfurt verzogen; sich verziehen (*ugs. für* verschwinden)
[2]**ver|zie|hen** *vgl.* verzeihen
ver|zie|ren; Ver|zie|rung
ver|zin|sen; Ver|zin|sung
ver|zo|cken (*ugs. für* verspielen)
ver|zö|gern; Ver|zö|ge|rung
ver|zol|len
ver|zü|cken
Ver|zug, der; -[e]s, *Plur. (fachspr.)* ...züge; Gefahr ist im Verzug (Gefahr droht); im Verzug sein (im Rückstand sein); in Verzug geraten, kommen
ver|zwei|feln; ich verzweif[e]le; es ist zum Verzweifeln; **ver|zwei|felt; Ver|zweif|lung; Ver|zweif|lungs|tat**
ver|zwickt (*ugs. für* verwickelt, schwierig); eine verzwickte Geschichte
[1]**Ves|per** [f...], die; -, -n (Zeit gegen Abend; Abendandacht; Stundengebet)
[2]**Ves|per** [f...], die; -, -n, *südd. auch* das; -s, - (*bes. südd. für* Zwischenmahlzeit [am Nachmittag]); **ves|pern** (*bes. südd. für* einen [Nachmittags]imbiss einnehmen); ich vespere
Ve|te|ran, der; -en, -en (altgedienter Soldat; ehem. langjähriger Mitarbeiter; altes [Auto]modell); **Ve|te|ra|nin**
ve|te|ri|när (tierärztlich); **Ve|te|ri|när,** der; -s, -e (Tierarzt); **Ve|te|ri|nä|rin**
Ve|to, das; -s, -s (Einspruch[srecht]); **Ve|torecht**
Vet|tel [f...], die; -, -n (*veraltend für* unordentliche, ungepflegte [alte] Frau)
Vet|ter, der; -s, -n; **Vet|tern|wirt|schaft,** die; - *(abwertend)*
via ([auf dem Wege] über); via Köln
Via|dukt, der, *auch* das; -[e]s, -e (Talbrücke, Überführung)
Vi|a|g|ra®, das; -[s] (Medikament zur Behandlung von Potenzstörungen)
Vi|b|ra|ti|on, die; -, -en (Schwingung, Beben)
vi|b|rie|ren (schwingen; beben, zittern)
Vi|deo, das; -s, -s (*ugs.; kurz für* Videoband, -clip, -film; *nur Sing.:* Videotechnik)
Vi|deo|band *vgl.* [1]Band; **Vi|deo|clip,** der; -s, -s (kurzer Videofilm zu einem Popmusikstück); **Vi|deo|film; Vi|deo|ka|me|ra; Vi|deo|kas|set|te; Vi|deo|kon|fe|renz; Vi|deo|re|kor|der, Vi|deo|re|cor|der** (Speichergerät für Fernsehsendungen); **Vi|deo|re|por|ta|ge; Vi|deo|re|por|ter; Vi|deo|re|por|te|rin; Vi|deo|spiel** (elektronisches Spiel, das auf einem Fernsehbildschirm od. Monitor abläuft); **Vi|deo|text** ([geschriebene] Informationen, die über den Fernsehbildschirm abgerufen werden); **Vi|deo|thek,** die; -, -en (Sammlung von Videofilmen od. Fernsehaufzeichnungen); **Vi|deo|über|wa|chung**

viel

I. Kleinschreibung	III. Getrennt- oder Zusammenschreibung
a) Im Allgemeinen wird »viel« kleingeschrieben: – *die vielen; viele sagen …* – *in vielem, mit vielem, um vieles* – *ich habe viel[es] erlebt* – *es gab noch vieles, was* (nicht *das* od. *welches*) *besprochen werden sollte* **b)** Bei Betonung des substantivischen Gebrauchs ist auch Großschreibung möglich: – *die* vielen od. *Vielen* – viele od. *Viele sagen …* – *in* vielem od. *Vielem, mit* vielem od. *Vielem* – *um* vieles od. *Vieles usw.*	**a)** Zusammenschreibung bei »viel« als Konjunktion: – *soviel ich weiß, steht noch nichts fest* **b)** Getrenntschreibung: – *ich muss so viel arbeiten, dass …* – *iss nicht so viel!* – *zu viel, zu viele Menschen; viel zu viel; allzu viel* – *viel zu wenig; viel zu gering, zu spät usw.* – *soundso viel; am soundsovielten Mai* – *wir haben gleich viel;* aber *gleichviel[,] ob du kommst oder nicht* **c)** In Verbindung mit einem adjektivisch gebrauchten Partizip kann getrennt oder zusammengeschrieben werden: – *eine viel befahrene* od. *vielbefahrene Straße* – *ein viel gefragtes, viel gekauftes* od. *vielgefragtes, vielgekauftes Produkt* – *eine viel gereiste* od. *vielgereiste Frau* – *eine viel zitierte* od. *vielzitierte Äußerung* – *ein vielsagender* od. *viel sagender Blick,* aber nur *ein noch vielsagenderer Blick* – *ein vielversprechendes* od. *viel versprechendes Projekt,* aber nur *ein noch vielversprechenderes Projekt* Vgl. auch *vielmals, vielmehr*
II. Beugung: – *viel[e] Menschen; die vielen Menschen* – *vieler schöner Schnee; mit vielem kalten Wasser; trotz vielen Schlafes* – *viel[e] gute Nachbildungen* – *die Preise vieler guter,* seltener *guten Nachbildungen* – *viele Begabte; die Ausbildung vieler Begabter,* seltener *Begabten* – *viel Gutes* od. *vieles Gute; mit viel Gutem* od. *mit vielem Guten*	

Viech, das; -[e]s, -er (*ugs. für* Tier; *abwertend für* roher Mensch)
Vieh, das; -[e]s; **vie|hisch; Vieh|zucht,** die; -
viel *s. Kasten*
Viel, das; -s; viele Wenig machen ein Viel
viel|deu|tig
viel dis|ku|tiert, viel|dis|ku|tiert
vie|ler|lei; vie|ler|orts
viel|fach; um ein Vielfaches klüger; **Viel|fa|che,** das; -n; das kleinste gemeinsame Vielfache (*Abk.* k. g. V., kgV)
Viel|falt, die; -; **viel|fäl|tig**
viel|ge|stal|tig
viel|leicht
viel|mals
viel|mehr [*auch* …ˈmeːɐ̯]; er ist nicht dumm, weiß vielmehr gut Bescheid, *aber* sie weiß viel mehr als du
viel|sa|gend, viel sa|gend *vgl.* viel
viel|schich|tig; viel|sei|tig; Viel|sei|tig|keit, die; -; **viel|stim|mig**
viel|ver|spre|chend, viel ver|spre|chend *vgl.* viel
Viel|zahl, die; -
vier; die vier Jahreszeiten; unter vier Augen; das Mädchen wird bald vier; alle viere von

V

sich strecken; wir sind zu vieren *oder* zu viert; **Vier,** die; -, -en (Zahl); eine Vier würfeln; sie hat in Latein eine Vier geschrieben; *vgl.* [1]Acht *u.* Eins

Vier|bei|ner; vier|bei|nig; Vier|eck; vier|eckig; vier|ein|halb

Vie|rer *vgl.* Achter; **Vie|rer|ket|te** (*Sport* aus vier Personen bestehende Abwehr)

vier|fach; Vier|fa|che *vgl.* Achtfache

vier|hun|dert; vier|jäh|rig *vgl.* achtjährig; **vier|köp|fig** *vgl.* achtköpfig

vier|mal *vgl.* achtmal; **vier|ma|lig**

Vier|schan|zen|tour|nee *(Skispringen)*

vier|spu|rig; vier|stel|lig; vier|stün|dig (vier Stunden dauernd)

viert *vgl.* vier

vier|tä|gig

vier|te; die vierte Dimension; der vierte *od.* Vierte Stand (*früher für* Arbeiterschaft); *vgl.* achte

vier|tei|lig

vier|tel ['fɪ...]; eine viertel Million; *vgl.* achtel; um viertel acht (Viertel nach sieben); in drei viertel Stunden (*od.* drei Viertelstunden), *vgl.* Viertel; **Vier|tel,** das, schweiz. meist: der; -s, -; drei Viertel der Bevölkerung; [ein] Viertel vor eins;

Vier|tel|fi|na|le *(Sport)*

Vier|tel|jahr; Vier|tel|jahr|hun|dert

vier|tel|jäh|rig ['fɪ...] (ein Vierteljahr alt, dauernd); vierteljährige Kündigung (mit einer ein Vierteljahr dauernden Frist)

vier|tel|jähr|lich (alle Vierteljahre wiederkehrend); vierteljährliche Kündigung (alle Vierteljahre mögliche Kündigung)

Vier|tel|li|ter *vgl.* achtel

vier|teln; ich viert[e]le

Vier|tel|no|te

Vier|tel|stun|de; eine Viertelstunde, *auch* eine viertel Stunde; *vgl.* drei *u.* achtel

vier|tens

vier|und|zwan|zig *vgl.* acht; **vier|wö|chig; vier|zehn** ['fɪ...] *vgl.* acht

vier|zig ['fɪ...] *vgl.* achtzig; **vier|zi|ger** *vgl.* achtziger; **Vier|zi|ger** *vgl.* Achtziger; **vier|zig|jäh|rig** *vgl.* achtjährig

Vier|zy|lin|der|mo|tor (*mit Ziffer* 4-Zylinder-Motor)

Vi|et|nam|krieg

Vi|g|net|te [vɪn'jɛ...], die; -, -n (Gebührenmarke für die Autobahnbenutzung)

Vi|kar, der; -s, -e (*kath. Kirche* Amtsvertreter; *ev. Kirche* Theologe nach dem ersten Examen; *schweiz. auch für* Stellvertreter eines Lehrers); **Vi|ka|rin** (ev. w. Vikar)

Vik|to|ria (Sieg [als Ausruf]); Viktoria rufen

vik|to|ri|a|nisch; viktorianische Sitten, *aber* die Viktorianische Zeit (der engl. Königin Viktoria)

Vik|tu|a|li|en|markt

Vil|la, die; -, Villen (vornehmes Wohnhaus)

Vi|n|ai|g|ret|te [...nɛ'grɛt(ə)], die; -, -n (mit Essig bereitete Soße)

Vi|nyl, das; -s (ein Kunststoff)

[1]**Vi|o|la,** die; -, Violen (*Bot.* Veilchen)

[2]**Vi|o|la,** die; -, ...len (Bratsche)

vi|o|lett [v..., *schweiz. auch* f...] (veilchenfarbig); einen Stoff violett färben; *vgl.* blau; **Vi|o|lett,** das; -[s], -[s] (violette Farbe); *vgl.* Blau

Vi|o|li|ne, die; -, -n (Geige); **Vi|o|lin|konzert; Vi|o|lin|schlüs|sel; Vi|o|lon|cel|lo,** das; -s, *Plur.* -s *u.* ...celli (Kniegeige)

VIP [vɪp], **V. I. P.** [vi:ʔaɪ̯'pi:], der; -[s], -s *u.* die; -, -s = very important person (sehr wichtige Person, Persönlichkeit)

Vi|per [v..., *schweiz. auch* f...], die; -, -n (Giftschlange)

vi|ral (*Med.* durch einen Virus verursacht; *EDV* schnell weite Verbreitung im Internet findend)

Vi|ren (*Plur. von* Virus)

vir|tu|a|li|sie|ren (etw. virtuell machen; *EDV* etw. nur simulieren); virtualisierte Server; **Vir|tu|a|li|sie|rung**

vir|tu|ell (der Möglichkeit nach vorhanden, scheinbar); virtuelle Realität (vom Computer simulierte Wirklichkeit)

vir|tu|os (meisterhaft, technisch vollkommen); **Vir|tu|o|se,** der; -n, -n (hervorragender Meister, bes. Musiker); **Vir|tu|o|sin**

Vir|tu|o|si|tät, die; - (Kunstfertigkeit; Meisterschaft, bes. als Musiker)
vi|ru|lent (ansteckend [von Krankheitserregern])
Vi|rus, das, *außerhalb der Fachspr. auch* der; -, ...ren (kleinster Krankheitserreger; zerstörendes, unbemerkt eingeschleustes Computerprogramm); **Vi|rus|in|fek|ti|on**
Vi|sa (*Plur. von* Visum); **vi|sa|frei; Vi|sa|freiheit**
Vi|sa|ge [...ʒə, *österr.* ...ʃ], die; -, -n (*ugs. abwertend für* Gesicht)
Vi|sier, das; -s, -e (beweglicher, das Gesicht deckender Teil des Helmes; Zielvorrichtung)
Vi|si|on, die; -, -en (Erscheinung; Traumbild; Zukunftsentwurf); **vi|si|o|när** (traumhaft; seherisch); **Vi|si|o|när,** der; -s, -e (visionär begabter Mensch); **Vi|si|o|nä|rin**
Vi|si|te, die; -, -n (Krankenbesuch des Arztes im Krankenhaus; *veraltet, noch scherzh. für* Besuch); **Vi|si|ten|kar|te**
Vis|ko|se, die; - (*Chemie* Zelluloseverbindung)
Vis|ta, die; - (*Bankw.* Sicht, Vorzeigen eines Wechsels)
vi|su|a|li|sie|ren (optisch darstellen); **Vi|sua|li|sie|rung; vi|su|ell** (das Sehen betreffend); visueller Typ (jmd., der Gesehenes besonders leicht in Erinnerung behält)
Vi|sum, das; -s, *Plur.* ...sa *u.* ...sen; Ein- od. Ausreiseerlaubnis; Sichtvermerk im Pass; *schweiz. auch für* Abzeichnung
vi|tal (lebenskräftig, -wichtig; frisch, munter); **Vi|ta|li|tät,** die; - (Lebendigkeit, Lebensfülle, -kraft)
Vi|t|a|min, das; -s, -e; Vitamin C; des Vitamin[s] C; Vitamin B_{12}; **Vi|t|a|min-B-hal|tig** [...ˈbeː...]; **Vi|t|a|min-B-Man|gel,** der; -s; **vi|t|a|min|reich**
Vi|t|ri|ne, die; -, -n (gläserner Schaukasten, Schauschrank)
Vi|ze [f..., v...], der; -[s], -s (*ugs. für* Stellvertreter); **Vi|ze|bür|ger|meis|ter; Vi|ze|bürger|meis|te|rin; Vi|ze|kanz|ler; Vi|zekanz|le|rin; Vi|ze|meis|ter** *(Sport);* **Vi|zemeis|te|rin; Vi|ze|prä|si|dent; Vi|ze|präsi|den|tin**

V

Vo|gel, der; -s, Vögel; **Vo|gel|art; vo|gelfrei** (rechtlos); **Vo|gel|grip|pe,** die; - (eine Infektionskrankheit); **Vo|gel|häus|chen**
vö|geln (*derb für* Geschlechtsverkehr ausüben); ich vög[e]le
Vo|gel|nest; Vo|gel|scheu|che; Vo|gelschutz, der; -es; **Vo|gel|schutz|ge|biet**
Vogt, der; -[e]s, Vögte (*früher für* Schirmherr; Richter; Verwalter)
Voice|over, Voice-over [ˈvɔɪsʔɔʊvɐ], das; -s, -s (Überlagerung einer Tonaufnahme mit einer Sprechstimme)
Vo|ka|bel, die; -, -n, *österr. auch* das; -s, - ([einzelnes] Wort einer Fremdsprache); **Voka|bu|lar,** das; -s, -e (Wortschatz)
vo|kal (*Musik* die Singstimme betreffend)
Vo|kal, der; -s, -e (*Sprachwiss.* Selbstlaut, z. B. a, e)
vo|la|til (*Chemie* flüchtig; *Finanzw.* unbeständig); **Vo|la|ti|li|tät,** die; -, -en
Volk, das; -[e]s, Völker
Völ|ker|ball, der; -[e]s (Ballspiel); **Völ|kerkun|de,** die; -; **Völ|ker|kun|de|mu|se|um; Völ|ker|mord; Völ|ker|recht; völ|kerrecht|lich; völ|ker|rechts|wid|rig; Völker|ver|stän|di|gung; Völ|ker|wan|derung**
völ|kisch *(bes. nationalsoz.)*
Volks|ab|stim|mung; Volks|ar|mee, die; - *(DDR);* **Volks|auf|stand; Volks|bank** *Plur.* ...banken; **Volks|be|fra|gung; Volks|be|geh|ren; Volks|ent|scheid; Volks|fest; Volks|held; Volks|hel|din; Volks|hoch|schu|le** (*Abk.* VHS); **Volksini|ti|a|ti|ve** (*schweiz. für* Volksbegehren); **Volks|kon|gress** (Parlament in China u. Libyen); **Volks|krank|heit; Volks|lied; Volks|mund,** der; -[e]s; **Volks|mu|sik; Volks|par|tei; Volks|re|pu|b|lik** (*Abk.* VR); **Volks|schu|le; Volks|sport,** der; -[e]s; **Volks|tanz; Volks|the|a|ter; volks|tüm|lich; Volks|ver|het|zung; Volks|ver|tre|ter; Volks|ver|tre|te|rin; Volks|wirt; Volks|wir|tin; Volks|wirtschaft; volks|wirt|schaft|lich; Volkszäh|lung**

voll

I. Beugung:
- *voll Wein[es], voll [des] süßen Weines*
- *voll heiligem Ernst; voll[er] Angst*
- *der Saal war voll[er] Menschen, voll von Menschen*

II. Klein- od. Großschreibung
a) Kleinschreibung:
- *mit vollem Einsatz*
- *voll verantwortlich sein*
- *zehn Minuten nach voll* (ugs. für *nach der vollen Stunde)*

b) Großschreibung:
- *aus dem Vollen schöpfen; ins Volle greifen*
- *ein Wurf in die Vollen (auf 9 Kegel)*

III. Getrennt- od. Zusammenschreibung
a) In Verbindung mit Verben:
- *voll sein, werden*
- *etwas voll (ganz) begreifen*
- *sich voll einbringen* (ugs.)
- *jmdn. nicht für voll nehmen* (ugs.)
- *die Nase voll [von etwas] haben* (ugs.)
- *den Mund recht voll nehmen* (ugs. für *prahlen*)
- *vollfüllen, vollgießen, vollladen, volllaufen, vollmachen, vollpacken, volltanken usw.,* aber *zu voll füllen, gießen usw.*
- *sich vollessen, vollfressen, vollsaufen; sich den Bauch vollschlagen*
- *jmdm. die Hucke vollhauen, volllügen* (ugs. für *jmdn. verprügeln, belügen*)
- Vgl. auch *vollbringen, vollenden, vollstrecken, vollziehen*

b) In Verbindung mit Partizipien:
- *ein voll besetzter* od. *vollbesetzter Bus*
- *voll entwickelte* od. *vollentwickelte Muskulatur*
- *voll klimatisierte* od. *vollklimatisierte Räume*
- *vollgefüllt, vollgeladen, vollgelaufen, vollgetankt usw.*

voll *s. Kasten*
voll|auf [*auch* ...ˈʔau̯f]; vollauf genug
voll|au|to|ma|tisch; voll au|to|ma|ti|siert, voll|au|to|ma|ti|siert *vgl.* voll
Voll|bad
Voll|bart
Voll|be|schäf|ti|gung, die; -
voll be|setzt, voll|be|setzt *vgl.* voll
Voll|brem|sung
voll|brin|gen; ich vollbringe; vollbracht
voll|en|den; ich vollende; vollendet; zu vollenden; **voll|ends; Voll|en|dung**
vol|ley [...li]; einen Ball volley (aus der Luft) nehmen; **Vol|ley,** der; -s, -s (*Tennis* Flugball); **Vol|ley|ball,** der; -[e]s (ein Ballspiel); **Vol|ley|bal|ler; Vol|ley|bal|le|rin**
voll|füh|ren; ich vollführe; vollführt
Voll|gas, das; -es; Vollgas geben
Voll|idi|ot *(ugs.)*
völ|lig
voll|jäh|rig; Voll|jäh|rig|keit, die; -
voll|kom|men [*auch* ˈfɔ...]
Voll|korn|brot; Voll|korn|keks
voll|la|den
voll|lau|fen; der Eimer ist vollgelaufen
voll|ma|chen; das Glas vollmachen
Voll|macht, die; -, -en
Voll|milch
Voll|mond
voll|mun|dig (voll im Geschmack; *auch für* großsprecherisch)
voll|stän|dig; Voll|stän|dig|keit, die; -
voll|stop|fen *(ugs.)*
voll|streck|bar *(Rechtswiss.);* **voll|stre|cken;** ich vollstrecke; vollstreckt; zu vollstrecken; **Voll|stre|cker; Voll|stre|cke|rin; Voll|stre|ckung**
Voll|tref|fer
voll|um|fäng|lich (*bes. schweiz. für* in vollem Umfang)

V

Voll|verb *(Sprachwiss.)*
Voll|ver|samm|lung
Voll|ver|si|on (*EDV* Programmversion ohne Funktionsbeschränkungen)
voll|wer|tig; Voll|wert|kost, die; -
voll|zäh|lig
Voll|zeit, die; -; [in] Vollzeit arbeiten; ich arbeite Vollzeit; **Voll|zeit|stel|le**
voll|zie|hen; ich vollziehe; vollzogen; zu vollziehen; **Voll|zie|hung**
[1]**Voll|zug,** der; -[e]s (Vollziehung)
[2]**Voll|zug** *(bes. Eisenbahn)*
Vo|lon|tär [...lõ...], der; -s, -e (ohne od. gegen geringe Vergütung zur berufl. Ausbildung Arbeitender); **Vo|lon|tä|rin**
Volt, das; *Gen.* - *u.* -[e]s, *Plur.* - (Einheit der elektr. Spannung; *Zeichen* V); 220 Volt
Vo|lu|men, das; -s, *Plur.* - *u.* ...mina (Rauminhalt [*Zeichen* V]; Band [eines Werkes; *nur in der Abk.* vol.]; Gesamtmenge von etwas)
vo|lu|mi|nös (umfangreich, massig)
vom (von dem; *Abk.* v.)
von; *Präp. mit Dat.:* von ganzem Herzen; von wegen! (*ugs. für:* auf keinen Fall!); von Grund auf; von Neuem *od.* neuem; von Weitem *od.* weitem
von|ei|n|an|der; etwas voneinander haben, lernen, wissen; sich voneinander wegbewegen; *aber* voneinandergehen; *vgl.* aneinander; aufeinander
von|nö|ten ([dringend] nötig); vonnöten sein
von|sei|ten, von Sei|ten; vonseiten *od.* von Seiten seines Vaters
von|stat|ten|ge|hen; es ging gut vonstatten; vonstattengegangen; vonstattenzugehen
vor (*Abk.* v.); *Präp. mit Dat. u. Akk.:* vor dem Zaun stehen, *aber* sich vor den Zaun stellen; vor allem; vor diesem; vor alters; vor Kurzem *od.* kurzem; vor der Zeit; vor Ort; Gnade vor Recht ergehen lassen; vor sich gehen; vor sich hin brummen usw.; vor Christo *od.* Christus (*Abk.* v. Chr.)
vor|ab (zunächst, zuerst)
Vor|abend; Vor|abend|mes|se *(kath. Kirche)*

V

Vor|ah|nung
vo|r|an; der Sohn voran, der Vater hinterdrein; **vo|r|an|brin|gen; vo|r|an|ge|hen; vo|r|an|ge|hend; vo|r|an|kom|men**
Vor|an|mel|dung
Vor|an|schlag (*Wirtsch.* Kalkulation)
vo|r|an|schrei|ten; vo|r|an|stel|len; vo|r|an|trei|ben
Vor|ar|beit; vor|ar|bei|ten; Vor|ar|bei|ter; Vor|ar|bei|te|rin
Vor|auf|füh|rung (Aufführung eines Films vor dem eigentlichen Kinostart)
vo|r|aus; sie war allen voraus; *aber* im (*landsch.* zum) Voraus ['fo:..., *auch* ...'raus]
Vo|r|aus, der; - (*Rechtsspr.* besonderer Erbanspruch eines überlebenden Ehegatten)
vo|r|aus|ge|hen; vo|r|aus|ge|hend; im vorausgehenden Kapitel; *aber* im Vorausgehenden (weiter oben)
Vo|r|aus|sa|ge; vo|r|aus|sa|gen
vo|r|aus|se|hen
vo|r|aus|set|zen; Vo|r|aus|set|zung
Vo|r|aus|sicht, die; -; aller Voraussicht nach; **vo|r|aus|sicht|lich**
Vor|aus|wahl (vorläufige Auswahl)
Vo|r|aus|zah|lung
Vor|be|din|gung
Vor|be|halt, der; -[e]s, -e; mit, unter, ohne Vorbehalt; **vor|be|hal|ten;** ich behalte es mir vor; ich habe es mir vorbehalten; vorzubehalten; **vor|be|halt|lich** *(Amtsspr.); Präp. mit Gen.:* vorbehaltlich, *schweiz.* vorbehältlich unserer Rechte; **vor|be|halt|los**
vor|bei; vorbei (vorüber) sein; als sie kam, war bereits alles vorbei
vor|bei|fah|ren; vor|bei|füh|ren; vor|bei|ge|hen; vor|bei|kom|men; bei jmdm. vorbeikommen (*ugs. für* jmdn. kurz besuchen); **vor|bei|re|den;** am Thema vorbeireden; **vor|bei|schau|en; vor|bei|zie|hen**
vor|be|rei|ten; Vor|be|rei|tung; Vor|be|rei|tungs|spiel *(Sport);* **Vor|be|rei|tungs|zeit**
vor|be|straft
vor|beu|gen; Vorbeugen *od.* vorbeugen ist besser als Heilen *od.* heilen

Vor|beu|gung

Vor|bild; Vor|bild|funk|ti|on; vor|bild|lich

Vor|bo|te

vor|brin|gen

Vor|den|ker *(bes. Politik);* **Vor|den|ke|rin**

vor|de|re; der vordere Eingang; *aber* der Vordere Orient

Vor|der|grund; vor|der|grün|dig

vor|der|hand [*auch* ...'hant] (einstweilen); **Vor|der|hand,** die; -

Vor|der|mann *Plur.* ...männer, *auch* ...leute

Vor|der|rad; Vor|der|sei|te; Vor|der|teil, das *od.* der

vor|drän|gen; sich vordrängen

vor|drin|gen; die Feuerwhr drang vor

vor|dring|lich (besonders dringlich)

vor|ei|lig

vor|ei|n|an|der; sich voreinander hinstellen; *vgl.* aneinander

vor|ent|hal|ten; ich enthalte vor; ich habe vorenthalten; vorzuenthalten

Vor|ent|schei|dung

vor|erst

Vor|fahr, der; -en, -en, **Vor|fah|re,** der; -n, -n

vor|fah|ren

Vor|fah|rin

Vor|fahrt; [die] Vorfahrt haben, beachten

Vor|fall, der

Vor|feld; im Vorfeld der Wahlen

vor|fin|den

Vor|freu|de

vor|füh|ren; Vor|füh|rung

Vor|ga|be (Richtlinie; *Sport* Vergünstigung für Schwächere)

Vor|gang; Vor|gän|ger; Vor|gän|ge|rin; Vor|gän|ger|mo|dell

Vor|gangs|wei|se, die (*österr. für* Vorgehensweise)

Vor|gar|ten

vor|gau|keln; ich gauk[e]le vor

vor|ge|ben; vorgegeben; **vor|geb|lich** (angeblich)

vor|ge|fer|tigt

vor|ge|hen; Vor|ge|hen, das; -s; **Vor|ge-hens|wei|se,** die

vor|ge|la|gert; vorgelagerte Inseln

vor|ge|nannt *(Amtsspr.)*

Vor|ge|schich|te

Vor|ge|schmack, der; -[e]s

vor|ge|schrie|ben *vgl.* vorschreiben

vor|ge|se|hen *vgl.* vorsehen

Vor|ge|setz|te, der *u.* die; -n, -n

Vor|ge|spräch

vor|ges|tern; vorgestern Abend; *vgl.* gestern

vor|ge|zo|gen *vgl.* vorziehen

vor|grei|fen; Vor|griff

vor|ha|ben; Vor|ha|ben, das; -s, -

vor|hal|ten; Vor|hal|tung *meist Plur.* (ernste Ermahnung)

Vor|hand, die; - (*bes. Tennis, Tischtennis* bestimmter Schlag)

vor|han|den; vorhanden sein; **Vor|han|den-sein,** das; -s

Vor|hang, der; -[e]s, ...hänge

Vor|haut

vor|her; vorher (früher) gehen; etwas vorher tun

vor|her|ge|hen (voraus-, vorangehen); es geht vorher; vorhergegangen; vorherzugehen; *vgl. aber* vorher; **vor|her|ge|hend;** die vorhergehenden Ereignisse; *aber* Vorhergehendes; im Vorhergehenden (weiter oben); der, die, das Vorhergehende

vor|he|rig [*auch* 'fo:ɐ̯...]

Vor|herr|schaft; vor|herr|schen

Vor|her|sa|ge, die; -, -n; **vor|her|sa|gen** (voraussagen); ich sage vorher; vorhergesagt; vorherzusagen; das Vorhergesagte, *aber* das vorher Gesagte; *vgl.* vorher

vor|her|seh|bar; vor|her|se|hen (im Voraus erkennen); ich sehe vorher; vorhergesehen; vorherzusehen

vor|hin [*auch* ...'hɪn]; **Vor|hi|n|ein;** *nur in der Fügung* im Vorhinein (im Voraus)

Vor|hut, die; -, -en

vo|ri|ge; vorigen Jahres (*Abk.* v. J.); vorigen Monats (*Abk.* v. M.); der, die, das Vorige; im Vorigen; die Vorigen; *vgl.* folgend

Vor|in|s|tanz *(Rechtsspr.)*

Vor|jahr; Vor|jah|res|er|geb|nis; Vor|jah-res|mo|nat; Vor|jah|res|ni|veau; Vor|jah-

res|sie|ger; **Vor|jah|res|zeit|raum; vor|jäh|rig**

Vor|kämp|fer; Vor|kämp|fe|rin

Vor|kaufs|recht

Vor|keh|rung; Vorkehrungen treffen

Vor|kennt|nis *meist Plur.*

vor|kom|men; Vor|kom|men, das; -s, -; **Vor|komm|nis,** das; -ses, -se

vor|la|den *vgl.* [2]laden; **Vor|la|dung**

Vor|la|ge

Vor|lauf (zeitl. Vorsprung; *Chemie* erstes Destillat; *Sport* Ausscheidungslauf)

Vor|läu|fer; Vor|läu|fe|rin

vor|läu|fig; vorläufige Regelungen

vor|laut

vor|le|ben; der Jugend Toleranz vorleben

Vor|le|ben, das; -s (früheres Leben)

vor|le|gen

Vor|leis|tung

vor|le|sen; Vor|le|ser; Vor|le|se|rin; Vor|le|sung

vor|letzt; zu vorletzt; der vorletzte Mann, *aber* er ist der Vorletzte [der Klasse]

Vor|lie|be, die; -, -n

vor|lieb|neh|men; ich nehme vorlieb; vorliebgenommen; vorliebzunehmen

vor|lie|gen; das Dokument hat (*südd., österr., schweiz.* ist) vorgelegen

vor|lie|gend; vorliegender Fall; Vorliegendes; im Vorliegenden *(Amtsspr.);* das Vorliegende; *vgl.* folgend

vorm (*ugs. für* vor dem); vorm Haus[e]

vor|ma|chen *(ugs.);* jmdm. etwas vormachen (jmdn. täuschen)

Vor|macht|stel|lung

vor|ma|lig (ehemalig); der vormalige Besitzer; **vor|mals** (einst, früher; *Abk.* vorm.); vormals war hier ein Park

Vor|marsch, der

vor|mer|ken

Vor|mit|tag, der; -[e]s, -e; heute Vormittag; des Vormittags, *aber* vormittags; **vor|mit|tags** *vgl.* mittags

Vor|mo|nat

Vor|mund, der; -[e]s, *Plur.* -e *u.* ...münder; **Vor|mun|din; Vor|mund|schaft**

[1]**vorn,** vor|ne; noch einmal von vorn, *ugs.* vorne beginnen; vorn, *ugs.* vorne sitzen, stehen, liegen

[2]**vorn** (*ugs. für* vor den)

Vor|na|me

vor|ne *vgl.* [1]vorn

vor|nehm; vornehm tun

vor|neh|men

vor|nehm|lich (*geh. für* vor allem, besonders)

vor|ne|weg [*auch* ...əˈvɛk], vorn|weg

vorn|he|r|ein [*auch* ...ˈrai̯n]; von vornherein

vorn|weg *vgl.* vorneweg

Vor|ort, der; -[e]s, Vororte; *vgl. aber* vor Ort

vor Ort (am Ort des Geschehens); vor Ort sein; **Vor-Ort-Ser|vice,** der

Vor|platz

Vor|pre|mi|e|re (Voraufführung)

vor|pre|schen

Vor|pro|gramm

vor|pro|gram|mie|ren

Vor|quar|tal *(bes. Wirtsch.)*

Vor|rang, der; -[e]s (*österr. auch für* Vorfahrt); **vor|ran|gig**

Vor|rat, der; -[e]s, ...räte; **vor|rä|tig;** etwas vorrätig haben; **Vor|rats|da|ten|spei|che|rung**

Vor|raum

vor|rech|nen

Vor|recht (besonderes Recht, Privileg)

Vor|rei|ter; Vor|rei|ter|rol|le

Vor|rich|tung

vor|rü|cken (*österr. Amtsspr. auch für* in die nächste Gehaltsstufe kommen)

Vor|ru|he|stand (freiwilliger vorzeitiger Ruhestand)

Vor|run|de *(Sport);* **Vor|run|den|spiel**

Vor|sai|son

Vor|satz, der, *Druckw.* das; -es, Vorsätze; **vor|sätz|lich**

Vor|schau

Vor|schein; *nur noch in* zum Vorschein kommen, bringen

vor|schie|ben

Vor|schlag; auf Vorschlag von ...; **vor|schla|gen**

vor|schnell; vorschnell urteilen
vor|schrei|ben; sich an das vorgeschriebene Verfahren halten; **Vor|schrift;** Dienst nach Vorschrift; **vor|schrifts|mä|ßig**
Vor|schub (*Technik* Vorwärtsbewegung eines Werkzeugs; *veraltet für* Begünstigung, Förderung); jmdm. *od.* einer Sache Vorschub leisten
Vor|schul|al|ter; Vor|schu|le
Vor|schuss; Vor|schuss|lor|beer *meist Plur.* (im Vorhinein erteiltes Lob)
vor|schwe|ben (im Sinn haben); mir schwebt etwas Neues vor
vor|se|hen; sieh dich vor!; die vorgesehene Menge abwiegen
vor|set|zen
Vor|sicht, die; -; **vor|sich|tig; vor|sichts|hal|ber; Vor|sichts|maß|nah|me**
Vor|sil|be
Vor|sitz, der; -es, -e; **Vor|sit|zen|de,** der *u.* die; -n, -n (*Abk.* Vors.)
Vor|sor|ge, die; -; Vorsorge treffen; **vor|sor|gen; Vor|sor|ge|un|ter|su|chung; vor|sorg|lich**
Vor|spann, der; -[e]s, -e *u.* Vorspänne; *vgl.* Nachspann
Vor|spei|se
Vor|spiel; vor|spie|len
vor|spre|chen
Vor|sprung
Vor|stadt; vor|städ|tisch
Vor|stand, der; -[e]s, Vorstände (*österr. auch svw.* Vorsteher); **Vor|stän|din**
Vor|stands|chef; Vor|stands|che|fin; Vor|stands|eta|ge; Vor|stands|mit|glied; Vor|stands|sit|zung; Vor|stands|spre|cher; Vor|stands|spre|che|rin
vor|ste|hen; vor|ste|hend; Vorstehendes; im Vorstehenden *(Amtsspr.);* das Vorstehende; *vgl.* folgend
Vor|ste|her; Vor|ste|he|rin
vor|stell|bar; vor|stel|len; sich etwas vorstellen
vor|stel|lig; vorstellig werden
Vor|stel|lung; Vor|stel|lungs|ge|spräch
Vor|stel|lungs|kraft
Vor|stoß; vor|sto|ßen
Vor|stra|fe
Vor|stu|fe
Vor|tag
vor|täu|schen
Vor|teil, der; -[e]s, -e; von Vorteil; im Vorteil sein; **vor|teil|haft**
Vor|trag, der; -[e]s, ...träge; **vor|tra|gen; Vor|trags|rei|he; Vor|trags|saal**
vor|treff|lich; Vor|treff|lich|keit
Vor|tritt, der; -[e]s (*schweiz. auch für* Vorfahrt); jmdm. den Vortritt lassen
vo|r|ü|ber; es ist alles vorüber
vo|r|ü|ber|ge|hen; ich gehe vorüber; vorübergegangen; vorüberzugehen; im Vorübergehen; **vo|r|ü|ber|ge|hend**
Vor|ur|teil; vor|ur|teils|los; Vor|ur|teils|lo|sig|keit, die; -
vor|ver|gan|gen; Vor|ver|gan|gen|heit, die; - (Plusquamperfekt)
Vor|ver|kauf; Vor|ver|kaufs|stel|le
vor|ver|le|gen
Vor|ver|trag
Vor|ver|ur|tei|lung
Vor|wahl
Vor|wand, der; -[e]s, ...wände
vor|war|nen; Vor|war|nung
vor|wärts; vor- und rückwärts; vorwärtskommen, vorwärtsgehen; *aber* worwärts einparken, vorwärts hineingehen
vor|wärts|ge|hen *vgl.* vorwärts
vor|weg; etwas vorweg (zuvor) klären
Vor|weg; *nur in der Fügung* im Vorweg[e] (vorsorglich)
vor|weg|neh|men; ich nehme vorweg; vorweggenommen; vorwegzunehmen
vor|weih|nacht|lich
Vor|weih|nachts|zeit, die; -
vor|wei|sen
vor|wer|fen
vor|wie|gend (vor allem, meist)
vor|wit|zig
[1]**Vor|wort,** das; -[e]s, -e (Vorrede in einem Buch)
[2]**Vor|wort,** das; *Plur.* ...wörter (*österr. für* Verhältniswort)

Vor|wurf; vor|wurfs|voll
Vor|zei|chen
vor|zeich|nen
vor|zeig|bar; vor|zei|gen
Vor|zeit; vor|zei|tig; vor|zeit|lich (der Vorzeit angehörend)
vor|zie|hen; vorgezogene Neuwahlen
Vor|zim|mer (*österr. auch für* Hausflur)
Vor|zug
vor|züg|lich [*auch* 'fo:ɐ̯...] (ausgezeichnet)
Vor|zugs|ak|tie; vor|zugs|wei|se
vo|ten ['vɔʊ̯tn̩] (*ugs. für* abstimmen); gevotet
vo|tie|ren (stimmen für)
Vo|ting ['vɔʊ̯tɪŋ], das; -s, -s (Abstimmung)
Vo|tum, das; -s, *Plur.* ...ten *u.* ...ta (Gelübde; Urteil; Stimme; Entscheid[ung])
Vo|yeur [vo̯a'jø:ɐ̯], der; -s, -e (jmd., der als Zuschauer bei sexuellen Betätigungen anderer Befriedigung erfährt); **Vo|yeu|ris|mus,** der; -; **vo|yeu|ris|tisch**
vul|gär (gewöhnlich; gemein; niedrig)
vul|go (gemeinhin [so genannt])
Vul|kan, der; -s, -e (Feuer speiender Berg); **Vul|kan|aus|bruch; vul|ka|nisch** (von Vulkanen herrührend); **vul|ka|ni|sie|ren** (Rohkautschuk zu Gummi verarbeiten)

W *w*

W (Buchstabe); das W; des W, die W, *aber* das w in Löwe; der Buchstabe W, w
Waa|ge, die; -, -n
waa|ge|recht, waag|recht; Waa|ge|rech|te, Waag|rech|te, die; -n, -n; vier Waagerechte[n]; **Waag|scha|le**
wab|be|lig, wabb|lig (*ugs. für* gallertartig wackelnd; unangenehm weich)
Wa|be, die; -, -n
wa|bern (*landsch. für* sich hin u. her bewegen, flackern)
wach; die ganze Nacht wach sein, wach bleiben; morgens schon früh wach werden; *aber* wenn alte Gefühle wach werden *od.* wachwerden (*wieder auftreten);* jmdn. wach machen *od.* wachmachen (aufwecken); jmdn. wach rütteln *od.* wachrütteln (wecken); *vgl. aber* wachhalten, wachrufen, wachrütteln
Wa|che, die; -, -n; Wache halten, stehen; ein Wache stehender *od.* wachestehender Soldat; **wa|chen;** über jmdn. wachen
wach|hal|ten; die Erinnerungen an etwas wachhalten; *vgl. aber* wach
Wach|hund
wach küs|sen, wach|küs|sen
Wach|mann *Plur.* ...männer *u.* ...leute
Wa|chol|der, der; -s, -
Wach|pos|ten, Wacht|pos|ten
wach|ru|fen (hervorrufen; wecken)
wach|rüt|teln (aufrütteln); diese Nachricht hat ihn wachgerüttelt; *vgl. aber* wach
Wachs, das; -es, -e
wach|sam; Wach|sam|keit, die; -
[1]**wach|sen** (größer werden); du wächst, er wächst; du wuchsest, er wuchs; du wüchsest; gewachsen; wachs[e]!
[2]**wach|sen** (mit Wachs glätten); du wachst, er wachst; du wachs|test; gewachst; wachs[e]!
Wachs|tum, das; -s; **Wachs|tums|bran|che** (*Wirtsch.); **wachs|tums|för|dernd; Wachs|tums|hor|mon; Wachs|tums|po|ten|zi|al**, Wachs|tums|po|ten|ti|al (*Wirtsch.); **Wachs|tums|ra|te** (*Wirtsch.);* **Wachs|tums|schub** (*bes. Med.)*
Wäch|ter; Wäch|te|rin
Wacht|meis|ter; Wacht|meis|te|rin; Wacht|pos|ten *vgl.* Wachposten; **Wacht|turm, Wach|turm**
wach wer|den, wach|wer|den *vgl.* wach
wa|cke|lig, wack|lig
Wa|ckel|kon|takt; wa|ckeln; ich wack[e]le
wa|cker (*veraltend für* redlich; tapfer)
Wa|de, die; -, -n; **Wa|den|bein**
Wa|fer ['vɛɪ̯...], der; -s, -[s] (dünne Scheibe aus Halbleitermaterial für die Herstellung von Mikrochips)

Waf|fe, die; -, -n; atomare, biologische, chemische Waffen
Waf|fel, die; -, -n (ein Gebäck)
Waf|fen|be|sitz, der; -es; **Waf|fen|em|bar|go; Waf|fen|ge|setz; Waf|fen|ge|walt,** die; -; **Waf|fen|han|del** *vgl.* Handel; **Waf|fen|la|ger; Waf|fen|ru|he,** die; -, -n; **Waf|fen|still|stand; Waf|fen|sys|tem**
wa|ge|hal|sig *vgl.* waghalsig; **wa|ge|mu|tig**
wa|gen; du wagtest; gewagt; sich wagen
Wa|gen, der; -s, *Plur.* -, *südd. auch* Wägen; **Wa|gen|he|ber**
Wag|gon, Wa|gon [va'gɔŋ, ...'gõ:, *auch, bes. südd., österr.* ...'go:n], der; -s, *Plur.* -s, *südd., österr. auch* -e ([Eisenbahn]wagen)
wag|hal|sig, wa|ge|hal|sig
Wag|nis, das; -ses, -se
Wahl, die; -, -en; **Wahl|abend; Wahl|al|ter; Wahl|aus|gang; wähl|bar; wahl|be|rech|tigt; Wahl|be|tei|li|gung; Wahl|be|zirk; Wahl|bünd|nis**
wäh|len
wahl|ent|schei|dend; Wäh|ler; Wahl|er|folg; Wahl|er|geb|nis; Wäh|ler|gunst; Wäh|le|rin; wäh|le|risch; Wahl|fach; Wahl|frei|heit; Wahl|gang, der; **Wahl|ge|heim|nis; Wahl|ge|setz; Wahl|hei|mat; Wahl|hel|fer; Wahl|hel|fe|rin; Wahl|jahr; Wahl|kam|pa|g|ne; Wahl|kampf; Wahl|kampf|the|ma; Wahl|kreis; Wahl|lo|kal; wahl|los; Wahl|mög|lich|keit; Wahl|nacht; Wahl|nie|der|la|ge; Wahl|pro|gramm; Wahl|recht; Wahl|sieg; Wahl|sie|ger; Wahl|sie|ge|rin; Wahl|sys|tem; Wahl|tag; wahl|tak|tisch; Wahl|ur|ne; Wahl|ver|spre|chen; wahl|wei|se; Wahl|zet|tel**
Wahn, der; -[e]s
wäh|nen (fälschlich glauben)
Wahn|sinn, der; -[e]s; **wahn|sin|nig**
Wahn|sinns|ar|beit *(ugs.)*; **wahn|wit|zig**
wahr; nicht wahr?; sein wahres Gesicht zeigen; wahr sein, bleiben, werden; etwas für wahr halten; seine Drohungen wahr machen *od.* wahrmachen; *vgl.* wahrhaben, wahrnehmen, wahrsagen
wah|ren; den Anschein wahren
wäh|ren (*geh. für* dauern)
wäh|rend; wäh|rend|des|sen (unterdessen); er kochte sich währenddessen einen Tee
wahr|ha|ben; *nur in:* etwas nicht wahrhaben wollen; sie will es nicht wahrhaben
wahr|haft (wirklich); **wahr|haf|tig; Wahr|haf|tig|keit,** die; -
Wahr|heit
wahr|lich (*veraltend für* wirklich)
wahr ma|chen, **wahr|ma|chen** *vgl.* wahr
wahr|nehm|bar; wahr|neh|men; ich nehme wahr; wahrgenommen; wahrzunehmen; **Wahr|neh|mung**
wahr|sa|gen (prophezeien); du sagtest wahr *od.* du wahrsagtest; sie hat wahrgesagt *od.* gewahrsagt; **Wahr|sa|ger; Wahr|sa|ge|rin**
wahr|schein|lich [*auch* 'va:ɐ̯...]; **Wahr|schein|lich|keit**
Wah|rung, die; - (Aufrechterhaltung)
Wäh|rung (gesetzl. Zahlungsmittel); **Wäh|rungs|ein|heit; Wäh|rungs|fonds** [...fõ:] (*svw.* Währungsausgleichsfonds); **Wäh|rungs|re|form; Wäh|rungs|sys|tem;** Europäisches Währungssystem (*Abk.* EWS); **Wäh|rungs|uni|on;** Währungs-, Wirtschafts- und Sozialunion
Wahr|zei|chen
waid|män|nisch
Wai|se, die; -, -n; **Wai|sen|haus**
Wal, der; -[e]s, -e (ein Meeressäugetier)
Wald, der; -[e]s, Wälder; **Wald|brand; Wald|ge|biet; Wald|lauf; Wald|meis|ter,** der; -s (eine Pflanze)
Wal|dorf|schu|le (Privatschule, in der nach den Prinzipien anthroposophischer Pädagogik unterrichtet wird)
Wald|rand; Wald|ster|ben, das; -s; **Wald|stück; Wald|weg**
Wal|fang; die Walfang treibenden *od.* walfangtreibenden Nationen
[1]**wal|ken** (*Textiltechnik* verfilzen; *ugs. für* kneten; prügeln)
[2]**wal|ken** ['wɔ:kn̩] (Walking betreiben); gewalkt; **Wal|ker** ['wɔ:kɐ]; **Wal|ke|rin**
Wal|kie-Tal|kie ['wɔ:ki'tɔ:ki], das; -[s], -s (tragbares Funksprechgerät)

W

Walk|man® ['wɔ:kmən], der; -s, *Plur.* -s *u.* ...men [...mən] (kleiner Kassettenrekorder mit Kopfhörern)

Wal|kü|re [*auch* 'val...], die; -, -n (*germ. Mythol.* eine der Botinnen Odins, die die Gefallenen nach Walhall geleiten)

Wall, der; -[e]s, Wälle (Erdaufschüttung, Mauerwerk usw.)

Wal|lach, der; -[e]s, -e (kastrierter Hengst)

wal|len (sprudeln, bewegt fließen; sich [wogend] bewegen)

wall|fah|ren; du wallfahrst; du wallfahrtest; gewallfahrt; zu wallfahren; *vgl.* wallfahrten; **Wall|fah|rer; Wall|fah|re|rin; Wallfahrt; Wall|fahrts|kir|che; Wall|fahrts-ort**

Wal|lung; in Wallung geraten

Wal|nuss

Wal|ross, das; -es, -e

wal|ten *(geh.);* Gnade walten lassen; das Walten der Naturgesetze

Wal|ze, die; -, -n (*veraltet auch für* Wanderschaft eines Handwerksburschen); **walzen;** du walzt

wäl|zen; du wälzt; sich wälzen

Wal|zer; Walzer tanzen; sie schwebten Walzer tanzend *od.* walzertanzend durch den Raum

Wams, das; -es, Wämser (*früher für* Jacke)

wand *vgl.* [1]winden

Wand, die; -, Wände

Wan|del, der; -s; demografischer Wandel

Wan|del|an|lei|he *(Bankw.);* **wan|deln;** ich wand[e]le; **Wan|de|lung,** Wand|lung

Wan|der|aus|stel|lung; Wan|der|dü|ne

Wan|de|rer, Wand|rer; **Wan|de|rin,** Wandre|rin

wan|dern; ich wandere; das Wandern ist des Müllers Lust; **Wan|der|schaft**

Wan|de|rung; Wan|der|weg

Wand|ler *(Technik);* **Wand|lung** *vgl.* Wandelung

Wand|ma|le|rei

Wand|rer usw. *vgl.* Wanderer usw.

Wand|ta|fel; Wand|tep|pich; Wand|zeitung

Wan|ge, die; -, -n

Wan|kel|mut; wan|kel|mü|tig

wan|ken; ins Wanken geraten

wann; dann und wann

Wan|ne, die; -, -n; **Wan|nen|bad**

Wanst, der; -[e]s, Wänste (Tierbauch; *ugs. für* dicker Bauch)

Wan|ze, die; -, -n (*auch übertr. für* Abhörgerät)

WAP [*auch* wɔp], das; - *meist ohne Artikel* = **W**ireless **A**pplication **P**rotocol (Verfahren zur Verbindung von Handy u. Internet); **WAP-Han|dy; wap|pen** [*auch* 'wɔpn̩]

Wap|pen, das; -s, -; **Wap|pen|schild,** der *od.* das

wapp|nen *(geh.);* ich wappne mich

war *vgl.* [2]sein

Wa|re, die; -, -n; **Wa|ren|haus; Wa|ren-test; Wa|ren|ver|kehr; Wa|ren|zei|chen**

War|lord ['wɔ:lɔ:d], der; -s, -s (militär. Machthaber in bürgerkriegsähnlichen Konflikten)

warm

wär|mer, wärms|te

– *das Zimmer kostet warm (einschließlich Heizkosten) 200 Euro [Miete]*
– *auf kalt und warm reagieren*

Schreibung in Verbindung mit Verben:

– *den Tee warm halten*
– *sich warm anziehen*
– *im Zimmer ist es (zu) warm geworden*
– *den Motor warm laufen lassen (auf günstige Betriebstemperatur bringen)*
– *das Essen warm machen* od. *warmmachen, warm stellen* od. *warmstellen*
– *mit dem neuen Nachbarn warm werden* od. *warmwerden (vertraut werden)*
– *sich einen Freund warmhalten* (ugs. für *die guten Beziehungen zu ihm erhalten)*
– *die Diskussionsteilnehmer hatten sich allmählich warmgelaufen (die Diskussion war lebhaft geworden)*

W

Wär|me, die; -; **Wär|me|däm|mung; Wär|me|ener|gie; Wär|me|leh|re; wär|men;** sich wärmen; **Wärm|fla|sche**

warm|hal|ten (sich jmds. Gunst erhalten)

warm|her|zig

warm stel|len, **warm|stel|len** *vgl.* warm

Warm-up ['wɔːɐ̯mʔap], das; -s, -s (das Sichaufwärmen; das Einstimmen von Zuschauern, Zuhörern auf ein Thema)

warm wer|den, **warm|wer|den** *vgl.* warm

Warn|drei|eck; war|nen; War|ner; War|ne|rin; Warn|hin|weis; Warn|schild, das; **Warn|schuss; Warn|si|g|nal; Warn|streik; War|nung**

War|rant [*auch* 'vɔrənt], der; -s, -s (*Wirtsch.* Lagerschein)

wart (*2. Pers. Plur. Indikativ Prät. von* [2]sein); ihr wart

Wart, der; -[e]s, -e (*meist in Zusammensetzungen, z. B.* Platzwart)

Wart|burg, die; -

War|te, die; -, -n (Beobachtungsort); von meiner Warte (meinem Standpunkt) aus

War|te|lis|te; war|ten; auf sich warten lassen; das Warten auf ihn hat ein Ende

Wär|ter; Wär|te|rin

War|te|saal; War|te|schlan|ge; War|te|schlei|fe *(auch übertr.);* **War|te|zeit; War|te|zim|mer**

War|tung; die Wartung des Autos

wa|r|um; nach dem Warum fragen

War|ze, die; -, -n

was; was für ein Mittel; was für einer; das ist das Schönste, was ich erlebt habe; *aber* das Werkzeug, das ich in der Hand habe

Wasch|bär; Wasch|be|cken

Wä|sche, die; -, -n

wasch|echt; waschechte Farben

wa|schen; du wäschst, sie wäscht; du wuschest; du wüschest; gewaschen; wasch[e]!; sich waschen

Wä|sche|rei

Wasch|lap|pen (*ugs. auch für* Feigling, Schwächling); **Wasch|ma|schi|ne; Wasch|mit|tel,** das; **Wasch|pul|ver**

Was|ser, das; -s, *Plur.* - *u.* (*für* Mineral-, Spül-, Abwasser u. a. meist:) Wässer; zu Wasser und zu Land[e]; ein Wasser abstoßendes, Wasser abweisendes *od.* wasserabstoßendes, wasserabweisendes Material, *aber nur* dieses Gewebe ist besonders wasserabweisend, dieser Stoff ist noch wasserabweisender als jener

Was|ser|ball (*vgl.* [1]Ball); **Was|ser|burg; Was|ser|dampf; was|ser|dicht;** wasserdichte Uhren; **Was|ser|fall,** der; **Was|ser|far|be; Was|ser|flä|che; Was|ser|glas** *Plur.* ...gläser (Trinkglas); **Was|ser|hahn**

wäs|se|rig *vgl.* wässrig

Was|ser|klo|sett (*Abk.* WC); **Was|ser|kraft,** die; **Was|ser|kraft|werk; Was|ser|lei|tung; was|ser|lös|lich;** wasserlösliche Farbe

wäs|sern (in Wasser legen; mit Wasser versorgen; Wasser absondern); ich wässere

Was|ser|ober|flä|che; Was|ser|qua|li|tät; Was|ser|schei|de *(Geogr.);* **was|ser|scheu; Was|ser|schutz|ge|biet; Was|ser|ski**, Was|ser|schi, der; -[s], *Plur.* -er *od.* -, *als Sportart* das; -[s]; **Was|ser|spie|gel; Was|ser|stoff,** der; -[e]s (chemisches Element, Gas; *Zeichen* H); **Was|ser|stoff|bom|be** (H-Bombe); **Was|ser|ver|schmut|zung; Was|ser|ver|sor|gung; Was|ser|waa|ge; Was|ser|wer|fer; Was|ser|werk**

wäss|rig, wäs|se|rig

Watch|list ['vɔtʃ...], die; -, -s (Liste von zu beobachtenden Personen, Firmen o. Ä.)

wa|ten; gewatet

Wa|ter|loo (Ort in Belgien)

wat|scheln [*auch* 'vat...]; ich watsch[e]le

[1]**Watt,** das; -s, - (Einheit der physikal. Leistung; *Zeichen* W); 40 Watt

[2]**Watt,** das; -[e]s, -en (seichter Streifen der Nordsee zwischen Küste u. Inseln)

Wat|te, die; -, -n

Wat|ten|meer

wat|tie|ren (mit Watte füttern)

WC [veː'tseː], das; -[s], -[s] = water closet (Wasserklosett, Toilette)

Web, das; -[s] (*kurz für* World Wide Web); **web|ba|siert** *(EDV);* eine webbasierte Lösung; **Web|brow|ser; Web|cam** [...kɛm], die; -, -s (Kamera, deren Aufnahmen ins Internet eingespeist werden); **Web|cast** [...ka:st], der; -s, -s (im Internet abrufbare Sendung); **Web|de|sign** [...dizai̯n], das; -s, -s

we|ben; du webtest, *schweiz., sonst geh. u. übertr.* wobst; du webtest, *geh. u. übertr.* wöbest; gewebt, *schweiz., sonst geh. u. übertr.* gewoben; web[e]!; **We|be|rei**

Web|hos|ting (*EDV* Bereitstellung von Speicherplatz auf einem Server)

Web|log, das, *auch* der; -s, -s (tagebuchartig geführte, öffentlich zugängliche Webseite); **Web|mas|ter,** der; -s, - (Betreuer von Websites); **Web|mas|te|rin; Web|radio; Web|site** ['vɛpsai̯t], die; -, -s (sämtliche hinter einer Internetadresse stehenden Seiten)

Web|stuhl

Web 2.0, das; des Web[s] 2.0 (*EDV* durch die Mitwirkung der Benutzer[innen] geprägte Internetangebote)

Wech|sel, der; -s, -; **Wech|sel|bad; wech|sel|haft; Wech|sel|kurs**

wech|seln; ich wechs[e]le; wechselnde Mehrheiten *(Politik);* Wäsche zum Wechseln

wech|sel|sei|tig; Wech|sel|spiel; Wech|sel|strom; wech|sel|voll; Wech|sel|wir|kung

Weck, der; -[e]s, -e, **We|cke,** die; -, -n, [1]**We|cken,** der; -s, - (*südd., österr. für* Weizenbrötchen; Brot in länglicher Form)

we|cken; [2]**We|cken,** das; -s; Urlaub bis zum Wecken *(Militär);* **We|cker**

We|del, der; -s, -; **we|deln;** ich wed[e]le

we|der; weder er noch sie haben *od.* hat davon gewusst; das Weder-noch

weg; weg da! (fort!); sie ist ganz weg (*ugs. für* begeistert, verliebt); frisch von der Leber weg (*ugs. für* ganz offen) reden; sie ist längst darüber weg (hinweg); sie wird schon weg sein, wenn ...

Weg, der; -[e]s, -e; **Weg|be|rei|ter; Weg|be|rei|te|rin**

weg|blei|ben *(ugs.);* sie ist auf einmal weggeblieben

weg|bre|chen

weg|den|ken; etw. ist nicht wegzudenken

we|gen (*Abk.* wg.); *Präp. mit Gen.:* wegen des Kindes; *ugs. auch mit Dat.:* wegen dem Kind; *bei allein stehenden Substantiven im Singular auch standardspr. mit Dat.:* wegen Umbau geschlossen; von Berufs wegen, meinetwegen, deswegen, von wegen!

weg|fah|ren

Weg|fall, der; -[e]s; in Wegfall kommen (*dafür besser:* wegfallen); **weg|fal|len**

Weg|ga|be|lung, Weg|gab|lung

Weg|gang, der; -[e]s; **weg|ge|hen; weg|kom|men** *(ugs.);* gut dabei wegkommen; **weg|las|sen; weg|lau|fen;** er ist weggelaufen; **weg|neh|men;** weggenommen; **weg|räu|men; weg|schau|en; weg|ste|cken** (*ugs. auch für* verkraften)

Weg|stre|cke; weg|wei|send; Weg|wei|ser

weg|wer|fen; Weg|werf|ge|sell|schaft

weg|zie|hen; Weg|zug

[1]**weh;** sie hat einen wehen Finger; es war ihm weh ums Herz; das hat wehgetan *od.* weh getan; **Weh,** das; -[e]s, -e; mit Ach und Weh; Ach und Weh schreien

we|he, [2]weh; weh[e] dir!; o weh!

[1]**We|he,** die; -, -n *meist Plur.* (das Zusammenziehen der Gebärmutter bei der Geburt)

[2]**We|he,** das; -s (*selten für* Weh)

[3]**We|he,** die; -, -n (zusammengewehte Anhäufung von Schnee od. Sand); **we|hen**

weh|lei|dig; Weh|mut, die; -; **weh|mü|tig**

[1]**Wehr,** die; -, -en (Befestigung, Verteidigung; *kurz für* Feuerwehr); sich zur Wehr setzen

[2]**Wehr,** das; -[e]s, -e (Stauwerk)

Wehr|dienst; Wehr|dienst|ver|wei|ge|rer

weh|ren; sich wehren; **wehr|haft; wehr|los**

Wehr|macht, die; - (*früher für* Gesamtheit der [deutschen] Streitkräfte)

Wehr|pflicht, die; -; **Wehr|pflich|ti|ge,** der; -n, -n

weh|tun, weh tun; ich habe mir wehgetan *od.* weh getan; das braucht nicht wehzutun *od.* weh zu tun

Weib, das; -[e]s, -er; **Weib|chen**

weib|lich; Weib|lich|keit, die; -

weich; wei|cher; am weichs|ten; weich sein; die Butter ist weich geworden; die Kinder bettelten, bis die Mutter weich wurde *od.* weichwurde (*ugs. für* nachgab); ein Steak weich klopfen *od.* weichklopfen; jmdn. weichklopfen (*ugs. für* zum Nachgeben bewegen)

Wei|che, die; -, -n (Umstellvorrichtung bei Gleisen)

[1]**wei|chen** (einweichen, weich machen, weich werden); du weichtest; geweicht; weich[e]!

[2]**wei|chen** (zurückgehen; nachgeben); du wichst; du wichest; gewichen; weich[e]!

Wei|chen|stel|lung (Maßnahme, die eine zukünftige Entwicklung vorbereitet)

weich ge|kocht, weich|ge|kocht *vgl.* weich; **weich|her|zig; Weich|kä|se; weich|klop|fen** (*ugs. für* zum Nachgeben bewegen); *vgl. aber* weich; **weich|lich; weich|ma|chen** (*ugs. für* zum Nachgeben bewegen); *vgl. aber* weich; **Weich|ma|cher** *(Chemie);* **Weich|tei|le** *Plur.*

[1]**Wei|de,** die; -, -n (ein Baum)

[2]**Wei|de,** die; -, -n (Grasland)

wei|den; sich an etwas weiden

weid|lich (gehörig, tüchtig)

Weid|mann, *bes. fachspr.* Waid|mann *Plur.* ...männer (Jäger)

wei|gern, sich; ich weigere mich; **Wei|ge|rung**

Weih|bi|schof

Wei|he, die; -, -n (*Rel.* Weihung; *nur Sing.: geh. für* feierl. Stimmung); **wei|hen**

Wei|her, der; -s, - (Teich)

Weih|nacht, die; -; **weih|nach|ten;** geweihnachtet; **Weih|nach|ten,** das; -, - (Weihnachtsfest); zu Weihnachten *(bes. nordd. u. österr.);* an Weihnachten *(bes. südd.);* Weihnachten war sehr kalt; fröhliche Weihachten!; **weih|nacht|lich; Weih|nachts|abend; Weih|nachts|baum; Weih|nachts|fei|er; Weih|nachts|fei|er|tag;** der erste, zweite Weihnachtsfeiertag; **Weih|nachts|fe|ri|en** *Plur.;* **Weih|nachts|ge|schenk; Weih|nachts|ge|schich|te; Weih|nachts|lied; Weih|nachts|mann** *Plur.* ...männer; **Weih|nachts|markt**

Weih|rauch, der; -[e]s, -e (duftendes Harz)

Weih|was|ser *Plur.* ...wasser

weil; sie tut es, weil sie es will

wei|land (*veraltet für* vormals)

Weil|chen, das; -s; warte ein Weilchen!

Wei|le, die; -; es dauerte eine gute Weile; aus langer Weile; *vgl.* Langeweile

wei|len (*geh. für* sich aufhalten)

Wei|ler, der; -s, - (mehrere beieinanderliegende Gehöfte; kleine Gemeinde)

Wein, der; -[e]s, -e; **Wein|bau,** der; -[e]s

Wein|berg; Wein|berg|schne|cke; Wein|brand, der; -s, ...brände (ein Branntwein)

wei|nen; in Weinen ausbrechen; ihr war das Weinen näher als das Lachen; das ist zum Weinen!; **wei|ner|lich**

Wein|gar|ten (*landsch. für* Weinberg); **Wein|gut; Wein|kel|ler; Wein|pro|be; Wein|stock** *Plur.* ...stöcke; **Wein|stra|ße;** die Deutsche Weinstraße; **Wein|trau|be**

wei|se (klug)

[1]**Wei|se,** der *u.* die; -n, -n (kluger Mensch)

[2]**Wei|se,** die; -, -n (Art; Melodie [eines Liedes]); auf diese Weise

wei|sen (zeigen; anordnen); du weist, er weist; du wiesest, er wies; gewiesen; weis[e]!

Weis|heit

weis|ma|chen (*ugs. für* vormachen, einreden usw.); ich mache weis; weisgemacht; weiszumachen;

weiß

(Farbe); vgl. auch *blau, Weiß*

I. Kleinschreibung:

– *die weiße Fahne hissen (als Zeichen des Sichergebens)*
– *ein weißer Fleck auf der Landkarte (unerforschtes Gebiet)*
– *eine weiße Weste haben* (ugs. für *unschuldig sein*)
– *weiße Mäuse sehen* (ugs. für *[im Rausch] Wahnvorstellungen haben*)
– *weiße* od. *Weiße Nächte (Nächte, in denen die Sonne nur kurzzeitig untergeht)*

II. Großschreibung

a) der Substantivierung:

– *die Weißen (hellhäutige Menschen)*
– *eine Weiße (Berliner Bier)*
– *das Weiße*
– *etwas Weißes*
– *die Farbe Weiß, aus Schwarz Weiß, aus Weiß Schwarz machen*

b) in Namen und bestimmten namensähnlichen Fügungen:

– *das Weiße Haus (Amtssitz des Präsidenten der USA in Washington)*
– *die Weiße Rose (Name einer Widerstandsgruppe während der Zeit des Nationalsozialismus)*
– *der Weiße* od. *weiße Tod (Erfrieren)*

III. Schreibung in Verbindung mit Verben und Partizipien:

– *weiß werden; sich weiß kleiden*
– *weiß einfärben, weiß übertünchen*
– *weiß färben* od. *weißfärben*
– *weiß machen* od. *weißmachen;* vgl. aber *weismachen*
– *die Wäsche weiß waschen* od. *weißwaschen; die weiß glühende* od. *weißglühende Sonne*
– *weiß gekleidete* od. *weißgekleidete Kinder* (aber *in Weiß gekleidete Kinder*)

Vgl. aber *weißnähen*

weiß *s. Kasten*

Weiß, das; -[es], - (weiße Farbe); in Weiß [gekleidet]; mit Weiß [bemalt]; Stoffe in Weiß

weis|sa|gen; ich weissage; geweissagt; zu weissagen; **Weis|sa|ger; Weis|sa|ge|rin; Weis|sa|gung**

Weiß|bier; Weiß|blech; Weiß|brot; Weiß|buch (Dokumentensammlung der dt. Regierung zu einer bestimmten Frage)

wei|ßen (weiß färben; tünchen); du weißt, er weißt; du weißtest; geweißt; weiß[e]!

weiß ge|klei|det, **weiß|ge|klei|det** *vgl.* weiß; **weiß glü|hend**, **weiß|glü|hend** *vgl.* weiß; **weiß|haa|rig**

Weiß|kohl, der; -[e]s

weiß|nä|hen (Wäsche nähen); ich nähe weiß; weißgenäht; weißzunähen

Weiß|wein; Weiß|wurst

Wei|sung (Auftrag, Befehl);

weit *s. Kasten Seite 495*

Weit, das; -[e]s, -e (*fachspr. für* größte Weite [eines Schiffes])

weit|ab

weit|aus; weitaus größer

Weit|blick, der; -[e]s

Wei|te, die; -, -n; **wei|ten** (erweitern);

wei|ter *s. Kasten Seite 496*

wei|ter|ar|bei|ten *vgl.* weiter; **wei|ter|bil|den** (fortbilden); **Wei|ter|bil|dung; wei|ter|brin|gen;** der Streit wird uns nicht weiterbringen; **wei|ter|ent|wi|ckeln; Wei|ter|ent|wick|lung; wei|ter|fah|ren; Wei|ter|fahrt; wei|ter|füh|ren; wei|ter|füh|rend;** die weiterführenden Schulen; weiterführende Literatur; **Wei|ter|füh|rung** *Plur. selten;* **Wei|ter|ga|be; wei|ter|ge|ben; wei|ter|ge|hen** (vorangehen); die Arbeiten sind gut weitergegangen; bitte weitergehen!;

W

weit

Vgl. auch *weiter*

I. Groß- und Kleinschreibung:

- *am weitesten*
- *weit und breit; so weit, so gut*
- *das Weite suchen (sich [rasch] fortbegeben); sich ins Weite verlieren*
- *bei Weitem* od. *weitem*
- *von Weitem* od. *weitem*

II. Getrennt- und Zusammenschreibung

a) in Verbindung mit Verben:

- *weit bringen; sie hat es weit gebracht*
- *weit gehen; zu weit gehen; ..., was entschieden zu weit geht*
- *weit springen; er kann sehr weit springen;* vgl. aber *weitspringen*

b) in Verbindung mit Partizipien:

- *das ist weit hergeholt*
- *eine weit gereiste* od. *weitgereiste Forscherin*
- *weit öffnende* od. *weitöffnende Türen*
- *weitblickend, weitblickender, am weitblickendsten* od. *weit blickend, weiter blickend, am weitesten blickend*
- *er stellte weitgehende* od. *weit gehende, weiter gehende* od. *weitergehende Forderungen;* aber nur zusammen: *weitestgehende, weitgehendere Forderungen; der Fall ist weitgehend gelöst*
- *weitreichende* od. *weit reichende, weiter reichende oder weiterreichende Vollmachten;* aber nur zusammen: *weitreichendere Vollmachten*
- *ein weitverzweigtes, weitverzweigteres* od. *weit verzweigtes, weiter verzweigtes Unternehmen*

III. Zusammensetzungen:

- *insoweit; inwieweit*
- *meilenweit*
- *soweit*
- *weither; weithin*

aber ich kann weiter gehen als du; *vgl.* weiter; *vgl. auch* weit; **wei|ter|hel|fen**

wei|ter|hin

wei|ter|kom|men; wei|ter|lau|fen *vgl.* weitergehen; **wei|ter|le|ben;** ich kann so nicht weiterleben; **wei|ter|lei|ten;** weiterzuleiten; **Wei|ter|lei|tung; wei|ter|ma|chen** (*schweiz. militär. auch für* sich zur Beförderung weiter ausbilden lassen); immer so weitermachen; *aber* er lässt seine Schuhe weiter machen

wei|tern (*selten für* erweitern); ich weitere

wei|ter|rei|chen; den Kelch, die Frage weiterreichen; *aber* Waffen, die weiter reichen als 150 km; *vgl.* weiter; *vgl. auch* weit; **wei|ter|sa|gen;** er hat es weitergesagt; *aber* ich werde weiter (weiterhin) sagen, was ich denke; **wei|ter|spie|len** *vgl.* weiter; **wei|ter|ver|ar|bei|ten; Wei|ter|ver|ar|bei|tung; wei|ter|ver|fol|gen;** sein Ziel unbeirrt weiterverfolgen; **wei|ter|ver|kau|fen; wei|ter|zie|hen**

wei|test|ge|hend

weit|ge|hend, weit ge|hend; eine weitgehende *od.* weit gehende Forderung; *aber nur* ein weitgehend geklärter Fall; *vgl.* weit

weit ge|reist, weit|ge|reist *vgl.* weit

weit|her (aus großer Ferne); *aber* von weit her; damit ist es nicht weit her (das ist unbedeutend)

weit|hin; weithin zu hören sein

weit|läu|fig; weit|räu|mig

weit|rei|chend, weit rei|chend; weitreichende *od.* weit reichende Konsequenzen; *vgl.* weit

weit|schwei|fend, weit schwei|fend; ein weitschweifender *od.* weit schweifender Gedanke; *aber nur* [viel] weiter schweifende Gedanken; eine weitschweifend fabulierende Erzählung; *vgl.* weit

wei|ter

– *weitere neue Bücher, weiteres Wichtiges*

I. Groß- und Kleinschreibung
a) Groß- oder Kleinschreibung:

– *bis auf* *Weiteres* od. *weiteres*
– *ohne* *Weiteres* od. *weiteres* (österr. auch *ohneweiters*)

b) Großschreibung:

– *das Weitere hierüber folgt alsbald*
– *[ein] Weiteres findet sich im nächsten Abschnitt; als Weiteres erhalten Sie ...*
– *des Weiteren wurde berichtet ...*
– *alles, einiges Weitere demnächst*
– *wie im Weiteren dargestellt ...*

II. Schreibung in Verbindung mit Verben
a) Getrenntschreibung, wenn »weiter« im Sinne von »weiter als« gebraucht wird:

– *weiter gehen, er kann weiter gehen als ich*

b) Zusammenschreibung, wenn »weiter« in der Bedeutung von »vorwärts«, »voran« (auch im übertragenen Sinne) gebraucht wird:

– *weiterbefördern; weiterhelfen usw.*

c) Wird die Fortdauer eines Geschehens ausgedrückt, schreibt man im Allgemeinen zusammen, wenn »weiter« die Hauptbetonung trägt, und getrennt, wenn das Verb gleich stark betont wird:

– *weitermachen; weiterspielen usw.*
– *sie hat dir weiter (weiterhin) geholfen*
– *die Probleme werden* *weiter bestehen* od. *weiterbestehen*

weit|schwei|fig; ein weitschweifiger Vortrag
Weit|sicht, die; -; **weit|sich|tig**
weit|sprin|gen *nur im Infinitiv gebr. (Sport); vgl.* weit; **Weit|sprung** *(Sport)*
weit|ver|brei|tet, weit ver|brei|tet *vgl.* weit
Wei|zen, der; -s, *Plur. (Sorten:)* -; **Wei|zen|mehl**
welch; welcher, welche, welches; welch ein Kind; welch Wunder; welch reizendes Kerlchen, welches reizende Kerlchen; die politischen Verhältnisse welchen, *seltener* welches Staates?
wel|cher|art; wir wissen nicht, welcherart (was für ein) Interesse sie veranlasst ...; *aber* wir wissen nicht, welcher Art (Sorte) diese Bücher sind
wel|cher|ge|stalt; wel|cher|lei
welk; welke Blätter; **wel|ken**
Well|blech; Wel|le, die; -, -n; grüne Welle
wel|len; gewelltes Blech, Haar; **Wel|len|bad; Wel|len|gang,** der; -[e]s; **Wel|len|län|ge; Wel|len|sit|tich** (ein Vogel)
Wel|ler, der; -s, - (mit Stroh vermischter Lehm zur Ausfüllung von Fachwerk)
wel|lig; welliges Haar
Well|ness, die; - (Wohlbefinden)
Wel|pe, der; -n, -n (das Junge von Hund, Fuchs, Wolf)
Wels, der; -es, -e (ein Fisch)
welsch (*urspr. für* keltisch, *später für* romanisch, französisch, italienisch; *veraltet für* fremdländisch; *schweiz. svw.* welschschweizerisch)
Welt, die; -, -en; die Dritte Welt (die Entwicklungsländer); die Vierte Welt (die ärmsten Entwicklungsländer)
Welt|all; Welt|an|schau|ung; Welt|aus|stel|lung; Welt|bank, die; -; **welt|be|kannt; welt|be|rühmt; Welt|be|völ|ke|rung,** die; -; **Welt|bild; Welt|cup** *(Sport);* **welt|fremd; Welt|ge|schich|te**
Welt|ge|sund|heits|or|ga|ni|sa|ti|on, die; -; **Welt|han|del; Welt|han|dels|or|ga|ni|sa|ti|on,** die; - (*vgl.* WTO)
Welt|kar|te; Welt|kon|zern; Welt|krieg;

der Erste Weltkrieg (1914–1918); der Zweite Weltkrieg (1939–1945)
Welt|kul|tur (weltweit verbreitete Kultur); **Welt|kul|tur|er|be,** das; -s; **welt|lich; Welt|macht; Welt|markt; Welt|meer**
Welt|meis|ter; Welt|meis|te|rin; welt|meis|ter|lich; Welt|meis|ter|schaft (*Abk.* WM); **Welt|meis|ter|ti|tel; Welt|mu|sik**
welt|of|fen; Welt|of|fen|heit, die; -; **Welt|ord|nung; Welt|po|li|tik; Welt|pre|mi|e|re; Welt|rang|lis|te** *(Sport)*
Welt|raum, der; -[e]s; **Welt|raum|fahrt; Welt|raum|for|schung; Welt|rei|se; Welt|re|kord; Welt|re|li|gi|on; Welt|ruhm; Welt|si|cher|heits|rat,** der; -[e]s; **Welt|sicht; Welt|stadt; Welt|star** *vgl.* ²Star; **Welt|un|ter|gang; Welt|ver|band** *(bes. Sport);* **Welt|wäh|rungs|fonds,** der; - (eine Organisation der Vereinten Nationen)
welt|weit; Welt|wirt|schaft; Welt|wirt|schafts|gip|fel
wem; Wem|fall, der (*für* Dativ)
wen
Wen|de, die; -, -n (einschneidende Veränderung; Drehung, Wendung; eine Turnübung)
Wen|de|kreis
Wen|del, die; -, -n (schraubenförmige Wicklung); **Wen|del|trep|pe**
wen|den; ich wandte *od.* wendete; gewandt *od.* gewendet; wend[e]!; sie wendete mit dem Auto; er wandte sich ihr zu
Wen|de|punkt
wen|dig; ein wendiges Auto
Wen|dung
Wen|fall, der (*für* Akkusativ)
we|nig; ein [klein] wenig; ein weniges; zu wenig Geld; die wenigen; am wenigsten; eine wenig befahrene *od.* wenigbefahrene Straße
we|nigs|tens
wenn; wenn auch; wenngleich (doch; *auch durch ein Wort getrennt,* z. B. wenn ich gleich Hans heiße); wennschon; wennschon – dennschon; *aber* wenn schon das nicht geht; wenns *od.* wenn's weiter nichts ist; komm doch[,] wenn möglich[,] schon um 17 Uhr; **Wenn,** das; -s, -; ohne Wenn und Aber; **wenn|gleich** *vgl.* wenn; **wenn|schon** *vgl.* wenn
wer *fragendes, bezügliches u. (ugs.) unbestimmtes Pronomen;* Halt! Wer da?; wer (derjenige, welcher) das tut, [der] ...; ist wer (*ugs. für* jemand) gekommen?; wer alles; irgendwer (*vgl.* irgend)
Wer|be|agen|tur; Wer|be|ak|ti|on; Wer|be|block *Plur.* ...blöcke; **Wer|be|bran|che; Wer|be|film; Wer|be|flä|che; Wer|be|kam|pa|g|ne; Wer|be|mit|tel,** das
wer|ben; du wirbst; du warbst; du würbest; geworben; wirb!
Wer|be|pla|kat; Wer|ber (*österr. auch für* Bewerber); **Wer|be|rin; Wer|be|slo|gan; Wer|be|spot; Wer|be|trä|ger; Wer|be|trom|mel;** die Werbetrommel rühren; **Wer|be|ver|trag; wer|be|wirk|sam**
Wer|bung; Wer|bungs|kos|ten *Plur.*
Wer|de|gang, der
wer|den; du wirst, er wird; du wurdest, *geh. noch* wardst; er wurde, *geh. noch* ward; wir wurden; du würdest; ich werd verrückt! *(ugs.); als Vollverb:* geworden; er ist groß geworden; *als Hilfsverb:* worden; er ist gelobt worden; werd[e]!
wer|dend; eine werdende Mutter
wer|fen (*von Tieren auch für* gebären); du wirfst; du warfst; du würfest; geworfen; wirf!; sich werfen; **Wer|fer; Wer|fe|rin**
Werft, die; -, -en (Anlage zum Bauen u. Ausbessern von Schiffen)
Werk, das; -[e]s, -e; ans Werk!; ans Werk, zu Werke gehen; ins Werk setzen
Werk|bank *Plur.* ...bänke
wer|keln (*landsch. für* werken); ich werk[e]le
wer|ken (tätig sein; [be]arbeiten)
Werk|ge|län|de; Werk|schau (Kunstwiss.); **Werks|ge|län|de; Werk|statt,** die; -, ...stätten; **Werk|stät|te,** die; -, ...stätten (*österr., schweiz., sonst geh. für* Werkstatt); **Werk|stoff; Werk|tag** (Arbeitstag); des Werktags, *aber* werktags; **werk|tags**

vgl. Werktag; **werk|tä|tig; Werk|un|ter|richt; Werk|zeug**

Wer|mut, der; -[e]s, -s (eine Pflanze; Wermutwein)

wert; wert sein; Berlin ist eine Reise wert; das ist nicht der Rede wert; *vgl.* wertschätzen; **Wert,** der; -[e]s, -e; auf etwas Wert legen; von Wert sein; **Wert|be|rich|ti|gung** *(Wirtsch.)*

wer|ten; Wer|te|sys|tem

Wert|ge|gen|stand; wert|los; wert|mä|ßig; Wert|min|de|rung; Wert|pa|pier; Wert|pa|pier|bör|se; Wert|pa|pier|ge|schäft; Wert|sa|chen *Plur.*

wert|schät|zen *(veraltend);* du schätzt wert *od.* wertschätzt; wertgeschätzt; wertzuschätzen; **Wert|schät|zung**

Wert|schöp|fung *(Wirtsch.);* **Wert|schöp|fungs|ket|te; Wert|stei|ge|rung; Wert|stoff; Wert|stoff|hof; Wert|stoff|ton|ne**

Wer|tung

Wert|ver|lust; wert|voll; Wert|vor|stel|lung *meist Plur.;* **Wert|zu|wachs**

wes (*ältere Form von* wessen); wes das Herz voll ist, des geht der Mund über

we|sen (*veraltet für* als lebende Kraft vorhanden sein); **We|sen,** das; -s, -; viel Wesen[s] machen; sein Wesen treiben

we|sent|lich; das Wesentliche; etwas, nichts Wesentliches; im Wesentlichen

wes|halb [*auch* 'vɛs...]

Wes|pe, die; -, -n; **Wes|pen|nest**

wes|sen

[1]**Wes|si,** der; -s, -s (*ugs. für* Einwohner der alten Bundesländer; Westdeutscher); [2]**Wes|si,** die; -, -s *(ugs.)*

West (Himmelsrichtung; *Abk.* W); Ost und West; *fachspr.* der Wind kommt aus West

W

west|af|ri|ka|nisch; west|deutsch

Wes|te, die; -, -n

Wes|ten, der; -s (Himmelsrichtung; *Abk.* W); gen Westen; *vgl.* West; Wilder Westen

Wes|tern, der; -[s], - (Film, der im Wilden Westen spielt)

west|eu|ro|pä|isch; westeuropäische Zeit (*Abk.* WEZ); *aber* die Westeuropäische Union (*Abk.* WEU); **West|küs|te**

West|ler (*in der DDR ugs. für* Bewohner der Bundesrepublik); **West|le|rin**

west|lich; westlicher Länge; (*Abk.* w[est]. L.); westlich des Waldes oder westlich vom Walde; westlich von Berlin, *seltener* westlich Berlins; **West|teil,** der; **west|wärts**

wes|we|gen

wett (*selten für* quitt); wett sein; *vgl. aber* wetteifern, wettlaufen, wettmachen, wettrennen, wettstreiten

Wett|be|werb, der; -[e]s, -e; **Wett|be|wer|ber; Wett|be|wer|be|rin; Wett|be|werbs|be|din|gung** *meist Plur.;* **wett|be|werbs|fä|hig; Wett|be|werbs|nach|teil; Wett|be|werbs|ver|zer|rung; Wett|be|werbs|vor|teil; wett|be|werbs|wid|rig**

Wett|bü|ro

Wet|te, die; -, -n; um die Wette laufen

Wett|ei|fer; wett|ei|fern; ich wetteifere; gewetteifert; zu wetteifern

wet|ten; wetten, dass sie gewinnt?

Wet|ter, das; -s, -; kaltes, regnerisches Wetter; **Wet|ter|be|richt; Wet|ter|dienst; wet|ter|emp|find|lich; wet|ter|fest; Wet|ter|kar|te; Wet|ter|la|ge; Wet|ter|leuch|ten,** das; -s

wet|tern (*veraltend für* gewittern; *ugs. für* laut schelten); ich wettere; es wettert

Wet|ter|sta|ti|on; Wet|ter|vor|her|sa|ge

Wett|kampf; Wett|kämp|fer; Wett|kämp|fe|rin; wett|lau|fen

wett|ma|chen; ich mache wett; wettgemacht; wettzumachen

wett|ren|nen *vgl.* wettlaufen; **Wett|ren|nen,** das; -s, -; **Wett|streit**

wet|zen; du wetzt; **Wetz|stein**

WG, die; -, *Plur.* -s, *selten* - = Wohngemeinschaft

[1]**Whats|App®,** [1]**Whats|app,** das; -[s] *(meist ohne Artikel)* ['vɔts(ʔ)ɛp] (ein Sofortnachrichtendienst für Smartphones)

[2]**Whats|App®,** [2]**Whats|app,** die; -, -s (mit [1]WhatsApp verschickte Nachricht)

Whirl|pool® ['vœːɐ̯lpuːl], der; -s, -s (Bassin mit sprudelndem Wasser)

Whis|key ['vɪski], der; -s, -s (amerikanischer od. irischer Whisky); **Whis|ky** ['vɪski], der; -s, -s ([schottischer] Branntwein aus Getreide, insbesondere Gerste); Whisky pur

Wịch|se, die; -, -n (Schuhwichse; *nur Sing.:* Prügel); **wịch|sen** (*auch derb für* onanieren); du wichst

Wịcht, der; -[e]s, -e ([kleines] Kind; Kobold)

Wịch|tel|männ|chen

wịch|ten (*seltener für* gewichten)

wịch|tig; am wich|tigs|ten; alles Wichtige, etwas, nichts Wichtiges, Wichtigeres; das Wichtigste sagen; etwas, sich wichtig nehmen; **Wịch|tig|keit**

wịch|tig|ma|chen, sich

Wịch|tig|tu|er; Wịch|tig|tu|e|rin; wịch|tig|tun, sich (sich wichtigmachen)

Wị|cke, die; -, -n (eine Pflanze)

Wị|ckel, der; -s, -; **wị|ckeln;** ich wick[e]le

Wịd|der, der; -s, - (m. Zuchtschaf)

wi̱|der (*meist geh. für* [ent]gegen); *Präp. mit Akk.:* das war wider meinen ausdrücklichen Wunsch; wider [alles] Erwarten; wider alle Vernunft; wider besseres Wissen; wider Willen; *vgl. aber* wieder; das Für und [das] Wider

wi|der|fa̱h|ren; mir ist ein großes Unglück widerfahren

Wi̱|der|ha|ken

Wi̱|der|hall, der; -[e]s, -e

wi|der|le̱|gen; diese These ist widerle̱gt

wi̱|der|lich

wi̱|der|recht|lich; Wi̱|der|re|de; keine Widerrede!; **Wi̱|der|ruf;** bis auf Widerruf; **wi|der|ru̱|fen** (zurücknehmen); er hat sein Geständnis widerru̱fen; **Wi̱|der|sa|cher,** der; -s, -; **Wi̱|der|sa|che|rin; Wi̱|der|schein** (Gegenschein); **wi|der|sẹt|zen,** sich; ich habe mich dem Plan widersẹtzt; **wi|der|sẹtz|lich; wi̱|der|sin|nig; wi̱|der|spens|tig; wi̱|der|spie|geln;** der Mond hat sich im Wasser wi̱dergespiegelt; **wi|der|sprẹ|chen;** sich widersprẹchen; du widersprichst dir; **Wi̱|der|spruch; wi̱|der|sprüch|lich; wi̱|der|spruchs|los**

Wi̱|der|stand; wi̱|der|stands|fä|hig; Wi̱|der|stands|kämp|fer; Wi̱|der|stands|kämp|fe|rin; Wi̱|der|stands|kraft; wi̱|der|stands|los

wi|der|ste̱|hen; sie hat der Versuchung widerstạnden

wi|der|stre̱|ben (entgegenwirken); es hat ihm widerstre̱bt; **wi|der|stre̱|bend**

wi̱|der|wär|tig

Wi̱|der|wil|le, Wi̱|der|wil|len; wi̱|der|wil|lig

wịd|men; sie hat ihm ihr letztes Buch gewidmet; **Wịd|mung**

wi̱d|rig; widrige Umstände; **Wi̱d|rig|keit**

wi̲e̲; wie geht es dir?; sie ist so schön wie ihre Freundin, *aber (bei Ungleichheit):* sie ist schöner als ihre Freundin; so schnell wie, *älter* als möglich; wie [auch] immer; es kommt auf das Wie an; wieso; wiewohl; wie sehr; wie lange; wie oft; wie viel;

wi̲e̲|der *s. Kasten Seite 500*

Wie|der|a̲u̲f|bau, der; -[e]s

Wie|der|a̲u̲f|be|rei|tungs|an|la|ge

Wie|der|a̲u̲f|er|ste|hung

Wie|der|a̲u̲f|nah|me; wi̲e̲|der a̲u̲f|neh|men, wie|der|a̲u̲f|neh|men

wie|der|a̲u̲f|tau|chen (sich wiederfinden); *aber* das U-Boot ist wi̲e̲der a̲u̲fgetaucht

wi̲e̲|der|be|le|ben; einen Verunglückten wi̲e̲derbeleben; *aber* die Wirtschaft durch Konsumanreize wi̲e̲der bele̱ben

wi̲e̲|der|brin|gen (zurückbringen); sie hat das Buch wi̲e̲dergebracht; *aber* wenn er das Argument schon wi̲e̲der brịngt ...

Wie|der|e̲i̲n|füh|rung [*auch* 'viː...]; **Wie|der|e̲i̲n|glie|de|rung; Wi̲e̲|der|ein|stieg**

wi̲e̲|der|ent|de|cken

wi̲e̲|der|er|ken|nen; hast du sie gleich wi̲e̲dererkannt?; *aber* ich musste wi̲e̲der erkẹnnen, dass ich mich geirrt hatte

wi̲e̲|der|er|öff|nen; Wi̲e̲|der|er|öff|nung

wi̲e̲|der|fin|den

Wi̲e̲|der|ga|be; die Wiedergabe eines Konzertes auf DVD

W

wie|der

(nochmals, erneut; zurück)
– *um, für nichts und wieder nichts; hin und wieder (zuweilen); wieder einmal*
Vgl. aber *wider*

I. Zusammenschreibung in Verbindung mit Verben und Adjektiven vor allem dann, wenn »wieder« im Sinne von »zurück« verstanden wird:
– *ich kann dir das Geld erst morgen wiedergeben*
– *der Restbetrag wurde ihr wiedererstattet*

II. Zusammenschreibung auch in folgenden Fällen:
– *wiederkäuen ([von bestimmten Tieren:] nochmals kauen;* auch übertr. für *ständig wiederholen); sie hat den Text wörtlich wiedergegeben (wiederholt)*
– *er wollte den Vorfall wahrheitsgetreu wiedergeben (schildern, darstellen)*
– *würden Sie den Satz bitte wiederholen*
– *die Kranke ist noch nicht ganz wiederhergestellt (gesundet)*
– *das Material ist wiederverwertbar*

III. Getrenntschreibung vor allem dann, wenn »wieder« im Sinne von »nochmals, erneut« verstanden wird:
– *wieder abdrucken, wieder anfangen, das Spiel wieder anpfeifen*
– *dieses Modell wird jetzt wieder hergestellt (erneut produziert)*
– *ich werde das nicht wieder tun*

IV. In vielen Fällen ist Getrennt- oder Zusammenschreibung möglich, vor allem dann, wenn der gemeinsame Hauptakzent entweder nur auf »wieder« [oder nur auf dem Verb] oder sowohl auf »wieder« als auch auf dem Verb [oder Adjektiv] liegen kann:
– *ein Theaterstück wieder aufführen* od. *wiederaufführen*
– *wir haben uns auf dem Kongress wiedergesehen (haben ein Wiedersehen gefeiert)* od. *wieder gesehen (sind uns erneut begegnet);* aber nur *der Blinde konnte nach der Operation wieder sehen*

Wie|der|gän|ger (Geist eines Toten)
wie|der|ge|ben (zurückgeben; darbieten); ich gebe wieder; die Freiheit wurde ihm wiedergegeben; sie hat das Gedicht vollendet wiedergegeben; *aber* sie hat ihm die Schlüssel schon wieder (nochmals) gegeben
Wie|der|ge|burt
wie|der|ge|win|nen (zurückgewinnen); er hat sein verlorenes Geld wiedergewonnen; *aber* wieder gewinnen (nochmals gewinnen)
wie|der|gut|ma|chen (einen Schaden ausgleichen); **Wie|der|gut|ma|chung**
wie|der|her|stel|len (in den alten Zustand bringen; gesund machen); *aber* solche Produkte werden neuerdings auch bei uns wieder hergestellt; **Wie|der|her|stel|lung**
wie|der|ho|len (zurückholen); ich hole wieder; er hat seine Bücher wiedergeholt; *aber* wieder holen (nochmals holen)
wie|der|ho|len; ich wiederhole; sie hat ihre Forderungen wiederholt; **wie|der|holt** (mehrmals); **Wie|der|ho|lung; Wie|der|ho|lungs|tä|ter** *(Rechtswiss.);* **Wie|der|ho|lungs|tä|te|rin**
Wie|der|käu|er
Wie|der|kehr, die; -; **wie|der|keh|ren** (zurückkehren; sich wiederholen)
wie|der|kom|men (zurückkommen); ich komme wieder; sie ist heute wiedergekommen; *aber* wieder kommen (nochmals kommen)
wie|der|se|hen; *aber* der Blinde konnte nach der Operation wieder sehen; *vgl.* wieder;

W

Wie|der|se|hen, das; -s, -; auf Wiedersehen!; Auf *od.* auf Wiedersehen sagen
wie|de|r|um
wie|der|ver|eint
Wie|der|wahl; wie|der|wäh|len (im Amt bestätigen); *aber* wieder (erneut) wählen
Wie|ge, die; -, -n; **wie|geln** (*landsch. für* leise wiegen); ich wieg[e]le
[1]**wie|gen** (das Gewicht feststellen; *fachspr. nur für* Gewicht haben); du wiegst; du wogst; du wögest; gewogen; wieg[e]!; ich wiege das Brot; das Brot wiegt (hat ein Gewicht von) zwei Kilo; *vgl.* wägen
[2]**wie|gen** (schaukeln; zerkleinern); du wiegst; du wiegtest; gewiegt; sich wiegen
wie|hern; ich wiehere
wie|nern (*ugs. für* blank putzen); ich wienere
Wie|se, die; -, -n
Wie|sel, das; -s, -; **wie|sel|flink**
wie|so
wie viel; wie viel[e] Personen; *vgl.* wievielmal, *aber* wie viele Male (*vgl.* Mal); ich weiß nicht, wie viel er hat; wenn du wüsstest, wie viel ich verloren habe; [um] wie viel mehr; **wie|viel|mal** [*auch* 'vi:...]; *aber* wie viel[e] Mal[e]; *vgl.* Mal *u.* wie viel; **wie|viel|te** [*auch* 'vi:...]; zum wievielten Male ich das schon gesagt habe; der Wievielte ist heute?
wie|weit (inwieweit); ich bin im Zweifel, wieweit ich mich darauf verlassen kann, *aber* wie weit ist es von hier bis ...?
wie|wohl; die einzige, wiewohl wertvolle Belohnung
Wi-Fi ®, **Wi|Fi** [*oder* 'waɪ̯faɪ̯], das; -[s], -s (WLAN-Standard)
Wi|ki, das; -s, -s (*EDV* von Internetnutzern zusammengetragene Informationen zu einem bestimmten Thema)
Wi|ki|leaks, Wi|ki|Leaks [...'li:ks], das, - *meist ohne Artikel* (Enthüllungsplattform im Internet)
Wi|kin|ger; Wi|kin|ge|rin
wild; wilde Ehe; Wilder Kaiser (österr. Skigebiet); sich wie ein Wilder gebären *(ugs.)*; wild wachsen; wild leben; jmdn. wild machen *od.* wildmachen (in Wut versetzen); wild wachsende *od.* wildwachsende Pflanzen
Wild, das; -[e]s; **Wild|bret,** das; -s (Fleisch des erlegten Wildes); **Wild|dieb; Wild|die|bin**
Wil|de, der *u.* die; -n, -n; **Wil|de|rer** (Wilddieb); **Wil|de|rin; wil|dern;** ich wildere
wild|fremd (*ugs. für* völlig fremd); **Wild|gans; Wild|kat|ze; wild le|bend, wild|le|bend** *vgl.* wild; **Wild|nis,** die; -, -se; **Wild|park; Wild|schwein; Wild|tier**
wild wach|send, wild|wach|send *vgl.* wild
Wild|wech|sel; Wild|west|film; Wild|wuchs
wil|hel|mi|nisch; *aber* das Wilhelminische Zeitalter (Kaiser Wilhelms II.)
Wil|le, der; -ns, -n *Plur. selten;* der Letzte *od.* letzte Wille (Testament) wider Willen; *vgl.* willens; **wil|len;** um ... willen, um Gottes willen, um seiner selbst willen, um meinet-, deinet-, dessent-, derent-, seinet-, ihret-, unsert-, euretwillen
Wil|len, der; -s, - (*selten für* Wille)
wil|lens; willens sein (beabsichtigen[,] etwas zu tun); **Wil|lens|bil|dung; wil|lens|schwach; wil|lens|stark**
will|fäh|rig
wil|lig (bereit, folgsam); **wil|li|gen** *(geh.);* sie willigte in die Heirat
will|kom|men; Will|kom|men, das; -s, -

willkommen
In Fügungen wie *Herzlich willkommen!* oder *Seien Sie willkommen!* schreibt man *willkommen* klein, da es hier als Adjektiv verwendet wird. Großgeschrieben wird *willkommen* nur, wenn es als Substantiv gebraucht wird: *Sie hatten ihm ein herzliches Willkommen bereitet.*

Will|kür, die; -; **will|kür|lich**
wim|meln; sie sagt, es wimm[e]le von Ameisen
wim|mern

Wim|pel, der; -s, - ([kleine] dreieckige Flagge)

Wim|per, die; -, -n

wind *(veraltet); nur noch in* wind u. weh (*südwestd. u. schweiz. für* höchst unbehaglich, elend); **Wind,** der; -[e]s, -e; von etwas Wind bekommen (*ugs. für* etwas heimlich, zufällig erfahren)

Win|de, die; -, -n (eine Hebevorrichtung)

Win|del, die; -, -n

[1]**win|den** (drehen); du wandest; du wändest; gewunden; wind[e]!; sich winden

[2]**win|den** (windig sein; *Jägerspr.* wittern); es windet; das Wild windet

Wind|ener|gie; Wind|fang; Wind|geschwin|dig|keit; win|dig (*auch für* nicht solide); **Wind|ja|cke; Wind|kraft; Windkraft|an|la|ge; Wind|müh|le**

Win|dows®, das; - *meist ohne Artikel* (*EDV* Betriebssystem der Softwarefirma Microsoft)

Wind|park

Wind|po|cken *Plur.* (eine Kinderkrankheit)

Wind|rad; Wind|schat|ten, der; -s (windgeschützte Seite); **wind|schief** (*ugs. für* krumm); **Wind|schutz|schei|be; Windstär|ke; Wind|stil|le; Wind|sur|fing,** das; -s (Segeln auf einem Surfbrett)

Win|dung

Wink, der; -[e]s, -e

Win|kel, der; -s, -; im toten Winkel; **win|kelig** *vgl.* winklig; **Win|kel|mes|ser; Winkel|zug** *meist Plur.*

win|ken; gewinkt (*häufig auch* gewunken)

wink|lig, win|ke|lig

win|seln; ich wins[e]le

Win|ter, der; -s, -; Sommer wie Winter; winters *(vgl. d.)*; wintersüber *(vgl. d.)*

Win|ter|ein|bruch; Win|ter|gar|ten; win|terhart; winterharte Pflanzen; **win|ter|lich; Win|ter|pau|se; Win|ter|rei|se; Win|tersai|son; Win|ter|schlaf** *(Zool.);* **Win|ter|semes|ter; Win|ter|sport; Win|ter|sport|ler; Win|ter|sport|le|rin; Win|ter|sport|ort**

Win|zer, der; -s, -; **Win|zer|ge|nos|senschaft; Win|ze|rin**

win|zig; winzig klein; **Winz|ling**

Wip|fel, der; -s, -

Wip|pe, die; -, -n (Schaukel); **wip|pen**

wir (*früher von Herrschern:* Wir); wir alle, wir beide; wir bescheidenen Leute; wir Armen; wir Deutschen *od.* wir Deutsche

Wir|bel, der; -s, -; **wir|beln;** ich wirb[e]le

Wir|bel|säu|le

Wir|bel|sturm *vgl.* Sturm

Wir|bel|tier *(Zool.)*

wir|ken; schnell wirkende Mittel; sein segensreiches Wirken

wirk|lich; Wirk|lich|keit

wirk|sam; Wirk|sam|keit, die; -

Wirk|stoff

Wir|kung; wir|kungs|los; Wir|kungs|stätte; wir|kungs|voll

wirr; Wir|ren *Plur.;* **Wir|rung;** Irrungen u. Wirrungen; **Wirr|warr,** der *od.* das; -s

Wir|sing, der; -s, **Wir|sing|kohl,** der; -[e]s

Wirt, der; -[e]s, -e; **Wir|tin**

Wirt|schaft; wirt|schaf|ten; gewirtschaftet

wirt|schaft|lich; Wirt|schaft|lich|keit, die; -; **Wirt|schafts|auf|schwung; Wirtschafts|aus|schuss; Wirt|schafts|da|ten** *Plur.;* **Wirt|schafts|fak|tor; Wirt|schaftsför|de|rung; Wirt|schafts|ge|schich|te; Wirt|schafts|in|for|ma|tik,** die; -; **Wirtschafts|jour|na|list; Wirt|schafts|journa|lis|tin; Wirt|schafts|kri|mi|na|li|tät; Wirt|schafts|kri|se; Wirt|schafts|la|ge; wirt|schafts|li|be|ral; Wirt|schafts|minis|ter; Wirt|schafts|mi|nis|te|rin; Wirtschafts|po|li|tik; wirt|schafts|po|li|tisch; Wirt|schafts|prü|fung; Wirt|schaftsstand|ort; Wirt|schafts|teil** (der Zeitung); **Wirt|schafts|wachs|tum; Wirt|schaftswei|se,** der *u.* die (Mitglied des Sachverständigenrats zur Begutachtung der gesamtwirtschaftlichen Entwicklung)

Wirt|schafts|wis|sen|schaft

Wirt|schafts|wis|sen|schaf|ter; Wirtschafts|wis|sen|schaf|te|rin; Wirtschafts|wis|sen|schaft|ler; Wirt|schaftswis|sen|schaft|le|rin; Wirt|schafts|wunder *(ugs.);* **Wirt|schafts|zei|tung**

Wirts|haus
Wisch, der; -[e]s, -e; **wi|schen;** du wischst; **Wi|scher** (*ugs. auch für* Tadel)
Wisch|ges|te (beim Touchscreen)
Wi|sent, der; -s, -e (ein Wildrind)
wis|pern (flüstern); ich wispere
Wiss|be|gier, Wiss|be|gier|de, die; -; **wiss|be|gie|rig**
wis|sen; du weißt, er weiß, ihr wisst; du wusstest; du wüsstest; gewusst; wisse!; wer weiß!; weißt du, was? (Einleitung zu einem Vorschlag); *aber* weißt du was? (= weißt du etwas?); jmdn. etwas wis|sen lassen *od.* wissenlassen (in Kenntnis setzen)
Wis|sen, das; -s; meines Wissens (*Abk.* m. W.) ist es so; wider besseres Wissen
Wis|sen|schaft; Wis|sen|schaf|ter (*schweiz., österr. auch für* Wissenschaftler); **Wis|sen|schaf|te|rin; Wis|sen|schaft|ler; Wis|sen|schaft|le|rin; wis|sen|schaft|lich;** Wissenschaftlicher Rat (Titel);
Wis|sens|ge|biet; Wis|sens|ge|sell|schaft; Wis|sens|stand; Wis|sens|ver|mitt|lung; wis|sens|wert; wis|sent|lich
wit|schen (*ugs. für* schlüpfen, huschen); du witschst
wit|tern; ich wittere
Wit|te|rung (*auch Jägerspr.* das Wittern u. der vom Wild wahrzunehmende Geruch)
Wit|we, die; -, -n (*Abk.* Wwe.); **Wit|wer** (*Abk.* Wwr.)
Witz, der; -es, -e; **Witz|bold,** der; -[e]s, -e; **wit|zeln;** ich witz[e]le; **wit|zig; witz|los**
WLAN ['veːlaːn], das; -[s], -s (Computernetzwerk mit Funktechnik)
wo; wo ist sie?; wo immer sie auch sein mag; er geht wieder hin, wo er hergekommen ist; der Moment, wo (in dem) er sie das erste Mal sah; das Wo spielt keine Rolle; *vgl.* woanders, woher, wohin
wo|an|ders; ich werde ihn woanders suchen, *aber* wo anders (wo sonst) als hier sollte ich ihn suchen?; **wo|bei**
Wo|che, die; -, -n; **Wo|chen|ar|beits|zeit; Wo|chen|be|ginn; Wo|chen|bett** (Zeitraum von 6 bis 8 Wochen nach der Entbindung); **Wo|chen|blatt; Wo|chen|en|de; Wo|chen|end|haus; Wo|chen|end|ti|cket; Wo|chen|kar|te; wo|chen|lang;** *aber* drei Wochen lang; **Wo|chen|markt; Wo|chen|stun|de; Wo|chen|tag; wo|chen|tags;** wochentags geht sie arbeiten; *aber* das ist eine Frage des Wochentags; **wö|chent|lich** (jede Woche); **Wo|chen|zei|tung**
Wöch|ne|rin (Frau während des Wochenbetts)
Wod|ka, der; -s, -s (ein Branntwein)
wo|durch
wo|für
Wo|ge, die; -, -n
wo|ge|gen
wo|gen
wo|her; woher es kommt, weiß ich nicht; er geht wieder hin, woher er gekommen ist, *aber* er geht wieder hin, wo er hergekommen ist
wo|hin; ich weiß nicht, wohin sie geht; sieh, wohin sie geht, *aber* sieh, wo sie hingeht; **wo|hi|n|aus;** ich weiß nicht, wohinaus du willst, *aber* ich weiß nicht, wo du hinauswillst; **wo|hin|ge|gen**
wohl; besser, bes|te *u.* wohler, am wohs|ten; wohl ihm! wohl oder übel; wohl sein; lass es dir wohl sein; du sollst dich bei uns wohlfühlen *od.* wohl fühlen; wohlerzo|gene *od.* wohl erzogene Kinder, *aber nur* noch wohlerzogenere Kinder; *vgl. aber* wohlbehalten; wohltuend
Wohl, das; -[e]s; zum Wohl!; **wohl|auf** *(geh.);* wohlauf sein; **Wohl|be|fin|den**
wohl|be|hal|ten; er kam wohlbehalten an
wohl|be|hü|tet, wohl be|hü|tet
wohl|be|kannt, wohl be|kannt
wohl|er|ge|hen, wohl er|ge|hen
Wohl|er|ge|hen, das; -s
wohl|er|zo|gen, wohl er|zo|gen; *aber nur* noch wohlerzogenere Kinder; *vgl.* wohl
Wohl|fahrt, die; -; **Wohl|fahrts|staat; Wohl|fahrts|ver|band;** die freien Wohlfahrtsverbände; [Deutscher] Paritätischer Wohlfahrtsverband

wohl|feil (*veraltend für* preiswert; abgedroschen); wohlfeile Ware; wohlfeile Reden

wohl|füh|len, **wohl füh|len**, sich; *vgl.* wohl

Wohl|ge|fal|len, das; -s; **wohl|ge|merkt; wohl|ha|bend;** wohlhabendere Bürger

woh|lig

wohl|klin|gend, **wohl klin|gend;** *aber nur* wohlklingendere Töne

wohl|mei|nend; die wohlmeinenden, wohlmeinenderen Freunde

Wohl|stand, der; -[e]s; im Wohlstand leben; **Wohl|stands|ge|sell|schaft**

Wohl|tat; Wohl|tä|ter; Wohl|tä|te|rin; wohl|tä|tig; wohl|tä|ti|ger, wohl|tä-tigs|te

wohl|tu|end (angenehm); die Ruhe ist wohltuend, noch wohltuender; **wohl|tun**

wohl|ver|dient; ein wohlverdienter Urlaub

wohl|weis|lich; sie hat sich wohlweislich gehütet

wohl|wol|len *vgl.* wohl; **Wohl|wol|len,** das; -s; **wohl|wol|lend;** ein wohlwollenderes Urteil

Wohn|an|la|ge; Wohn|bau *Plur.* …bauten (*nur Sing. österr. auch für* Wohnungsbau); **Wohn|block** *vgl.* Block; **Wohn|ei|gen|tum; Wohn|ein|heit**

woh|nen

Wohn|flä|che; Wohn|ge|bäu|de; Wohn|ge|biet; Wohn|geld; Wohn|ge|mein|schaft (*Abk.* WG); **wohn|haft** (*Amtsspr.* wohnend); **Wohn|haus; Wohn|heim; wohn|lich; Wohn|mo|bil; Wohn|ort** *Plur.* …orte; **Wohn|raum; Wohn|sied|lung; Wohn|sitz**

Woh|nung; Woh|nungs|bau *Plur.* -ten; **Woh|nungs|bau|ge|sell|schaft; Woh|nungs|markt; Woh|nungs|not; Woh|nungs|tür; Wohn|vier|tel; Wohn|wa|gen; Wohn|zim|mer**

Wok, der; -, -s (Kochtopf mit kugelförmig gerundetem Boden)

wöl|ben; sich wölben; **Wöl|bung**

Wolf, der; -[e]s, Wölfe (ein Raubtier); **Wöl|fin; Wolfs|milch** (eine Pflanze)

Wol|ke, die; -, -n; **Wol|ken|bruch; Wol|ken|krat|zer** (Hochhaus); **wol|ken|los; wol|kig**

Woll|de|cke; Wol|le, die; -, *Plur. (Arten:)* -n

[1]**wol|len** (aus Wolle)

[2]**wol|len;** ich will, du willst; du wolltest *(Indikativ);* du wolltest *(Konjunktiv);* gewollt; wolle!; ich habe das nicht gewollt, *aber* ich habe helfen wollen

wol|lig; Woll|lap|pen, **Woll-Lap|pen**

Wol|lust, die; -, Wollüste; **wol|lüs|tig**

wo|mit

wo|mög|lich; womöglich (vielleicht) kommt sie; *aber* wir sollten uns, wo möglich (*kurz für* wenn es möglich ist), selbst darum kümmern

wo|nach; wo|ne|ben *(selten)*

Won|ne, die; -, -n; **won|nig**

wo|r|an; wo|r|auf; wo|r|auf|hin; wo|r|aus; wo|r|in

Wor|k|a|ho|lic [vœ:ɐ̯kəˈhɔlɪk], der; -s, -s (*Psychol.* jmd., der zwanghaft ständig arbeitet)

Work|flow [ˈvœ:ɐ̯kflɔʊ̯], der; -s, -s (Ablauf arbeitsteiliger Prozesse in Unternehmen; Arbeitsablauf bei Computerprogrammen)

Work-Life-Ba|lance [ˈvœ:ɐ̯kˈlaɪ̯fbɛləns], die; -, -s […sɪs] *Plur. selten* (Harmonie von Berufs- u. Privatleben)

Work-out, **Work|out** [ˈvœ:ɐ̯kʔaʊ̯t], das *od.* der; -s, -s (Fitnesstraining)

Work|shop [ˈvœ:ɐ̯k…] (Seminar)

Work|sta|tion [ˈvœ:ɐ̯kstɛɪ̯ʃn̩], die; -, -s (Arbeitsplatzrechner)

World|cup [ˈvœ:ɐ̯ltkap], der; -s, -s (Weltmeisterschaft [in verschiedenen Sportarten]; Siegestrophäe bei einer Weltmeisterschaft)

World Wide Web [ˈvœ:ɐ̯lt ˈvaɪ̯t ˈvɛp], das; - - -[s] (*EDV* weltweites Informationssystem im Internet; *Abk.* WWW)

Wort, das; -[e]s, Wörter u. Worte; Wort für Wort; Wort halten; jmdn. beim Wort nehmen; sie ließ mich nicht zu Wort oder Worte kommen; mit anderen Worten; sag mir drei Wörter, die mit »ex-« anfangen; **Wort|art** *(Sprachwiss.)*

Wort|bil|dung *(Sprachwiss.)*; **Wort|bruch; Wört|chen; Wör|ter|buch; Wort|fa|mi|lie** *(Sprachwiss.)*; **Wort|füh|rer; Wort|füh|re|rin; Wort|ge|fecht; wort|ge|wal|tig; wort|ge|wandt; wort|karg; Wort|laut,** der; -[e]s, -e; **wört|lich;** wörtliche Rede; **wort|los; Wort|mel|dung; wort|reich; Wort|schatz** *Plur.* ...schätze; **Wort|sinn; Wort|spiel; Wort|wahl,** die; -; **Wort|wech|sel; wort|wört|lich**

wo|r|ü|ber; wo|r|um; ich weiß nicht, worum es geht; **wo|r|un|ter**

wo|von; wo|vor

wow! [vaʊ̯] (Ausruf des Erstaunens)

wo|zu

wrack (*Seemannsspr.* völlig defekt)

Wrack, das; -[e]s, *Plur.* -s, *selten* -e (stark beschädigtes Fahrzeug)

wrin|gen (nasse Wäsche auswinden); du wrangst; du wrängest; gewrungen; wring[e]!

WTO = World Trade Organization (Welthandelsorganisation)

Wu|cher, der; -s; **wu|chern;** ich wuchere; **Wu|cher|preis; Wu|che|rung**

Wuchs, der; -es, *Plur. (fachspr.)* Wüchse

Wucht, die; -; **wuch|ten** *(ugs.)*; **wuch|tig**

wüh|len; Wühl|maus

Wulst, der; -[e]s, *Plur.* Wülste, *fachspr. auch* -e *od.* die; -, Wülste; **wuls|tig**

wund; wund sein, werden; sich den Mund wund reden *od.* wundreden; sich die Finger wund schreiben *od.* wundschreiben

Wun|de, die; -, -n

Wun|der, das; -s, -; Wunder tun, wirken; er glaubt, Wunder *oder* wunders wie geschickt er sei *(ugs.)*; **wun|der|bar; Wun|der|ker|ze; Wun|der|kind; Wun|der|land; wun|der|lich** (eigenartig); **Wun|der|mit|tel,** das

wun|dern; es wundert mich, dass ...; mich wundert, dass ...; ich wundere mich

wun|der|neh|men; es nimmt mich wunder (*schweiz. auch für* ich möchte wissen); es braucht dich nicht wunderzunehmen

wun|der|sam *(geh.)*; **wun|der|schön**

wun|der|voll; Wun|der|waf|fe; Wun|der|welt; die Wunderwelt der Technik

wund lau|fen, wund|lau|fen

wund lie|gen, wund|lie|gen

Wund|sal|be; Wund|starr|krampf, der; -[e]s (*für* Tetanus)

Wunsch, der; -[e]s, Wünsche; **Wunsch|den|ken,** das; -s; **Wün|schel|ru|te** (zum Aufspüren von Wasseradern o. Ä.); **wün|schen;** du wünschst; **wün|schens|wert; Wunsch|kan|di|dat; Wunsch|kan|di|da|tin; Wunsch|lis|te; wunsch|los;** wunschlos glücklich; **Wunsch|traum; Wunsch|zet|tel**

Wür|de, die; -, -n; **wür|de|los; Wür|den|trä|ger; Wür|den|trä|ge|rin; wür|de|voll**

wür|dig; wür|di|gen; Wür|di|gung

Wurf, der; -[e]s, Würfe

Wür|fel, der; -s, -; **wür|feln;** ich würf[e]le

Wurf|speer; Wurf|spieß

Wür|ge|griff; wür|gen; mit Hängen und Würgen (*ugs. für* mit großer Mühe)

Wür|ger (Würgender; ein Vogel)

Wurm, der (*für* »hilfloses Kind« *ugs. auch* das); -[e]s, Würmer

wur|men *(ugs.)*; es wurmt (ärgert) mich

Wurm|fort|satz (am Blinddarm)

wurm|sti|chig

wurscht *vgl.* Wurst

Wurst, die; -, Würste; *aber* das ist mir wurst *od.* wurscht (*ugs.* ganz gleichgültig); es geht um die Wurst (*ugs.* um die Entscheidung); **Würst|chen**

wurs|teln (*ugs. für* ohne Überlegung u. Ziel arbeiten); ich wurst[e]le

Wurs|ter (*landsch. für* Fleischer, der bes. Wurst herstellt); **Wurs|te|rin; wurs|tig** (*ugs. für* gleichgültig); **Wurs|tig|keit** *(ugs.)*

Wür|ze, die; -, -n

Wur|zel, die; -, -n (*Math. auch* Grundzahl einer Potenz); **wur|zeln;** ich wurz[e]le

Wur|zel|werk, das; -[e]s

wür|zen; du würzt; **wür|zig**

Wu|schel|haar (*ugs. für* lockiges od. unordentliches Haar); **wu|sche|lig** *(ugs.)*

wu|seln (*landsch. für* sich schnell bewegen; geschäftig hin u. her eilen; wimmeln); ich wus[e]le
Wust, der; -[e]s (Durcheinander)
wüst; Wüs|te, die; -, -n
Wüst|ling (zügelloser Mensch)
Wut, die; -; **Wut|an|fall; Wut|aus|bruch**
wü|ten
wü|tend; wut|ent|brannt
Wü|te|rich, der; -s, -e
wut|schäu|mend; *aber* vor Wut schäumend
WWW, das; -[s] = World Wide Web

Xx

X [ɪks] (Buchstabe); das X; des X, die X, *aber* das x in Fax; der Buchstabe X, x; jmdm. ein X für ein U vormachen
x-Ach|se [ˈɪ…] (*Math.* Abszissenachse im [rechtwinkligen] Koordinatensystem)
Xan|thip|pe, die; -, -n (*ugs. für* zanksüchtige Frau)
X-Bei|ne [ˈɪ…] *Plur.*; **x-bei|nig**, **X-bei|nig**
x-be|lie|big [ˈɪ…]; jeder x-Beliebige; *vgl.* beliebig
X-Chro|mo|som [ˈɪ…] (*Biol.* eines der beiden Geschlechtschromosomen)
Xe|t|ra®, das; -[s] (*Börsenw.* elektronisches Handelssystem für Wertpapiere)
x-fach [ˈɪ…] (*Math.* x-mal so viel); **x-Fa|che**, das; -n; *vgl.* Achtfache
x-för|mig, **X-för|mig** [ˈɪ…]
Xi, das; -[s], -s (griech. Buchstabe: Ξ, ξ)
x-mal [ˈɪ…]
XML, die *od.* das; - *meist ohne Artikel* = Extensible Markup Language (*EDV* Sprache, mit der die Struktur von Dokumenten beschrieben wird)
x-te [ˈɪ…]; die x-te Potenz; zum x-ten Mal; zum x-ten Male
Xy|lo|fon, **Xy|lo|phon**, das; -s, -e (ein Musikinstrument)

Yy

Y [ˈʏpsilɔn, *österr. oft* ʏˈpsiː…] (Buchstabe); das Y; des Y, die Y, *aber* das y in Doyen; der Buchstabe Y, y
y-Ach|se [ˈʏpsilɔn…] (*Math.* Ordinatenachse im [rechtwinkligen] Koordinatensystem)
Yacht [j…] *vgl.* Jacht; **Yacht|ha|fen**, Jacht|ha|fen
Yang [j…], das; -[s] (männliches Prinzip in der chinesischen Philosophie)
Yan|kee [ˈjɛŋki], der; -s, -s (Spitzname für den US-Amerikaner)
Yard [j…], das; -s, -s (angelsächsisches Längenmaß; *Abk.* yd, *Plur.* yds); 5 Yard[s]
Y-Chro|mo|som [ˈʏpsilɔn…] (*Biol.* eines der beiden Geschlechtschromosomen)
Yen [j…], der; -[s], -[s], Jen (Währungseinheit in Japan; *Währungscode* JPY, *Zeichen* ¥); 5 Yen
Ye|ti [j…], der; -[s], -s (legendärer Schneemensch im Himalajagebiet)
Yin [j…], das; -[s] (weibliches Prinzip in der chinesischen Philosophie)
Yo|ga [j…], das, *auch* der; -[s] (indisches philos. System [mit körperlichen u. geistigen Übungen]); **Yo|gi, Yo|gin**, der; -[s], -s (Anhänger des Yoga)
Youngs|ter [ˈja…], der; -s, -[s] (junger Sportler)
Yo-Yo [joˈjoː, *auch* ˈjoːjo] *vgl.* Jo-Jo
Yo-Yo-Ef|fekt *vgl.* Jo-Jo-Effekt
Yp|si|lon, das; -[s], -s (griechischer Buchstabe: Υ, υ)
Yuc|ca [j…], die; -, -s (Palmlilie)
Yup|pie [ˈjʊpi, *auch* ˈja…], der; -s, -s (junger karrierebewusster, großstädtischer Mensch)

Z z

Z (Buchstabe); das Z; des Z, die Z, *aber* das z in Gazelle; der Buchstabe Z, z; von A bis Z
zach (*landsch. für* geizig; zäh)
Zack, der; auf Zack sein *(ugs.)*
Za|cke, die; -, -n (Spitze); **Za|cken,** der; -s, - (*bes. südd., österr. Nebenform von* Zacke)
za|ckig (*ugs. auch für* schneidig)
za|gen *(geh.)*; **zag|haft**
zäh; zäher, am zäh[e]s|ten
zäh|flüs|sig; Zäh|flüs|sig|keit, die; -
Zäh|heit, die; -; **Zä|hig|keit**
Zahl, die; -, -en (*Abk.* Z.); natürliche Zahlen *(Math.)*; **Zahl|ad|jek|tiv** *(Sprachwiss.)*
zahl|bar (zu [be]zahlen)
zähl|bar (sich zählen lassend)
zah|len; er hat pünktlich gezahlt
zäh|len
Zah|len|lot|to; zah|len|mä|ßig
Zäh|ler
zahl|los; sie gehört zu den Zahllosen, die nichts sahen; **zahl|reich** *vgl.* zahllos
Zahl|tag
Zah|lung; Zahlung leisten
Zäh|lung
zah|lungs|kräf|tig *(ugs.)*; **Zah|lungs|mit|tel; Zah|lungs|mo|ral; zah|lungs|un|fä|hig; Zah|lungs|un|fä|hig|keit; Zah|lungs|ver|kehr; Zah|lungs|ver|pflich|tung**
Zahl|wort *Plur.* ...wörter
zahm; ein zahmes Tier; **zäh|men; Zäh|mung**
Zahn, der; -[e]s, Zähne; sich die Zähne putzen, *aber* das Zähneputzen nicht vergessen!
Zahn|arzt; Zahn|ärz|tin; zahn|ärzt|lich; Zahn|bürs|te; Zahn|creme, Zahn|crème; zäh|ne|knir|schend; Zahn|er|satz; Zahn|fleisch; zahn|los; Zahn|lü|cke; Zahn|pas|ta, Zahn|pas|te; Zahn|rei|ni|gung; Zahn|schmerz; Zahn|sto|cher; Zahn|weh, das; -s

Zan|der, der; -s, - (ein Fisch)
Zan|ge, die; -, -n
Zank, der; -[e]s; **Zank|ap|fel** (Streitgegenstand); **zan|ken;** sich zanken; **zän|kisch**
Zapf, der; -[e]s, Zäpfe (*selten für* Zapfen; Ausschank); **Zäpf|chen**
zap|fen
Zap|fen, der; -s, -; **Zap|fen|streich** (*Militär* Abendsignal zur Rückkehr in die Unterkunft); der Große Zapfenstreich
Zapf|säu|le (bei Tankstellen)
zap|pe|lig, zapp|lig; **zap|peln;** ich zapp[e]le
zap|pen [*auch* 'zɛ...] (*ugs. für* mit der Fernbedienung in rascher Folge von einem Programm ins andere schalten)
zapp|lig *vgl.* zappelig
Zar, der; -en, -en (ehemaliger Herrschertitel bei Russen, Serben, Bulgaren)
Zar|ge, die; -, -n (*fachspr. für* Einfassung; Seitenwand)
Za|rin; *zu* Zar
zart; zart streichen, lächeln; eine Salbe, die die Hände zart macht *od.* zartmacht
zart|be|sai|tet, zart be|sai|tet
zart|bit|ter; zartbittere Schokolade
Zart|heit
zärt|lich; Zärt|lich|keit
Zas|ter, der; -s (*ugs. für* Geld)
Zä|sur, die; -, -en (Einschnitt)
Zau|ber, der; -s, -; **Zau|be|rei; Zau|be|rer**
Zau|ber|flö|te; Zau|ber|for|mel; zau|ber|haft; Zau|be|rin; Zau|ber|künst|ler; Zau|ber|künst|le|rin; Zau|ber|lehr|ling
zau|bern; ich zaubere
Zau|ber|stab; Zau|ber|wort *Plur.* ...worte, *auch* ...wörter; **Zau|ber|wür|fel**
zau|dern; ich zaudere
Zaum, der; -[e]s, Zäume (über den Kopf und ins Maul von Pferden gelegte Vorrichtung [zum Lenken]); im Zaum halten
zäu|men; Zaum|zeug
Zaun, der; -[e]s, Zäune; **Zaun|gast** *Plur.* ...gäste; **Zaun|kö|nig** (ein Vogel); **Zaun-**

pfahl; ein Wink mit dem Zaunpfahl (*ugs. für* deutlicher Hinweis)

zau|sen; du zaust; er zaus|te

Za|zi|ki, Tsa|t|si|ki, der *u.* das; -s, -s (Joghurt mit Knoblauch u. Gurkenstückchen)

Ze|b|ra, das; -s, -s; **Ze|b|ra|strei|fen** (Kennzeichen von Fußgängerüberwegen)

Ze|che, die; -, -n (Rechnung für genossene Speisen u. Getränke; Bergwerk); die Zeche prellen; **ze|chen** (viel Alkohol trinken)

Ze|cher; Ze|che|rin; Zech|prel|ler; Zech|prel|le|rei; Zech|prel|le|rin

Zeck, der; -[e]s, -e (*südd. u. österr. neben* Zecke); **Ze|cke,** die; -, -n (eine parasitisch lebende Milbe)

Ze|der, die; -, -n (immergrüner Nadelbaum)

Zeh, der; -s, -en, **Ze|he,** die; -, -n; der kleine, große Zeh; die kleine, große Zehe

Ze|hen|spit|ze; auf Zehenspitzen gehen

zehn; wir sind zu zehnen oder zu zehnt; alle zehn Finger; *aber* die Zehn Gebote

Zehn, die; -, -en (Zahl); *vgl.* [1]Acht

Zehn|cent|stück (*mit Ziffern* 10-Cent-Stück)

Zeh|ner, der; -s, - (*ugs. auch für* Münze od. Schein mit dem Wert 10); *vgl.* Achter

Zehn|eu|ro|schein (*mit Ziffern* 10-Euro-Schein); **zehn|fach** *vgl.* achtfach; **Zehn|fa|che,** das; -n; *vgl.* Achtfache; **Zehn|fin|ger|sys|tem,** das; -s; **zehn|jäh|rig** *vgl.* achtjährig; **Zehn|kampf** *(Sport);* **zehn|köp|fig; zehn|mal** *vgl.* achtmal; **Zehn|me|ter|brett** (*mit Ziffern* 10-Meter-Brett *od.* 10-m-Brett)

zehnt *vgl.* zehn; **Zehnt,** Zehn|te, der; ...ten, ...ten (*früher für* [Steuer]abgabe)

zehn|tä|gig (zehn Tage dauernd)

zehn|tau|send; die oberen Zehntausend *od.* zehntausend

zehn|te *vgl.* achte

zehn|tel *vgl.* achtel; **Zehn|tel,** das, *schweiz. meist* der; -s, -; *vgl.* Achtel; **zehn|tens**

zeh|ren

Zei|chen, das; -s, -; Zeichen setzen; **Zei|chen|block** *vgl.* Block; **Zei|chen|set|zung** (*für* Interpunktion); **Zei|chen|trick|film**

zeich|nen; für etw. verantwortlich zeichnen; **Zeich|nen,** das; -s; **Zeich|ner; Zeich|ne|rin; zeich|ne|risch; Zeich|nung**

Zei|ge|fin|ger, Zeig|fin|ger; **zei|gen;** etwas zeigen; sich [großzügig] zeigen; **Zei|ger; Zei|ge|stock** *Plur.* ...stöcke; **Zeig|fin|ger** *vgl.* Zeigefinger

zei|hen (*geh. für* bezichtigen); sie zieh ihn der Lüge, hat ihn der Lüge geziehen

Zei|le, die; -, -n (*Abk.* Z.); **zei|len|wei|se**

zeit; *Präp. mit Gen.:* zeit meines Lebens

Zeit, die; -, -en; zu aller Zeit; *aber* all[e]zeit

Zeit|al|ter; Zeit|ar|beit; Zeit|ar|beits|fir|ma; Zeit|auf|wand; zeit|auf|wen|dig, zeit|auf|wän|dig; Zeit|bom|be; Zeit|druck, der; -[e]s; **Zei|ten|wen|de; Zeit|fah|ren,** das; -s *(Radsport);* **Zeit|fens|ter** (eingeschobener Zeitraum); **Zeit|form** (*für* Tempus); **Zeit|geist,** der; -[e]s; **zeit|ge|mäß;** zeitgemäße Technik; **Zeit|ge|nos|se; Zeit|ge|nos|sin; zeit|ge|nös|sisch; Zeit|ge|schich|te; zeit|ge|schicht|lich; zeit|gleich;** zeitgleich ankommen; **zei|tig; zei|ti|gen** (hervorbringen); Erfolge zeitigen; **Zeit|kar|te**

Zeit lang, Zeit|lang; eine Zeit lang *od.* Zeitlang warten; *aber nur* eine kurze Zeit lang; **zeit|le|bens;** *aber* zeit seines Lebens; **zeit|lich;** das Zeitliche segnen (*veraltend für* sterben); **zeit|los**

Zeit|lu|pe, die; **Zeit|ma|schi|ne; zeit|nah, zeit|na|he; Zeit|plan; Zeit|punkt; Zeit|raf|fer** *(Film);* **Zeit|rah|men**

zeit|rau|bend, Zeit rau|bend; *aber nur* viel Zeit raubend; noch zeitraubender, sehr zeitraubend; das zeitraubends|te Verfahren; **Zeit|raum; Zeit|rech|nung; Zeit|rei|se; Zeit|schrift** (*Abk.* Zs., Zschr.); **Zeit|span|ne**

zeit|spa|rend, Zeit spa|rend; *aber nur* viel Zeit sparende Verfahren, [noch] zeitsparendere Verfahren, sehr zeitsparende Verfahren, das zeitsparends|te Verfahren

Zei|tung; Zei|tungs|an|zei|ge; Zei|tungs|ar|ti|kel; Zei|tungs|be|richt; Zei|tungs-

re|dak|ti|on; **Zei|tungs|ver|lag; zeit|ver|setzt;** eine zeitversetzte Fernsehübertragung; **Zeit|ver|treib,** der; -[e]s, -e; **Zeit|ver|zö|ge|rung; zeit|wei|lig; zeit|wei|se; Zeit|wort** *Plur.* ...wörter; **Zeit|zeu|ge; Zeit|zeu|gin; Zeit|zo|ne**

ze|le|b|rie|ren (feierlich begehen; die Messe lesen)

Zel|le, die; -, -n

Zel|ler, der; -s (*österr. ugs. für* Sellerie)

Zell|kern

Zel|lo|phan, das; -s (glasklare Folie); *vgl.* Cellophan

Zell|stoff (Produkt aus Zellulose); **Zell|tei|lung**

Zel|lu|li|tis *vgl.* Cellulitis; **Zel|lu|loid,** das; -[e]s, Cel|lu|loid (Kunststoff, Zellhorn)

Zelt, das; -[e]s, -e; **zel|ten;** gezeltet

Zelt|la|ger *Plur.* ...lager; **Zelt|pla|ne**

Ze|ment, der, (*für* Zahnbestandteil:) das; -[e]s, -e (Baustoff; Bestandteil der Zähne; Kunststoff zur Befestigung von Endoprothesen)

ze|men|tie|ren (mit Zement ausfüllen, verputzen; *übertr. auch für* [einen Zustand, Standpunkt] unverrückbar festlegen)

Zen [z..., *auch* ts...], das; -[s] (japanische Richtung des Buddhismus)

Ze|nit, der; -[e]s (Scheitelpunkt)

zen|sie|ren (benoten; [auf unerlaubte Inhalte] prüfen); **Zen|sur,** die; -, -en (*nur Sing.:* behördl. Prüfung [u. Verbot] von Druckschriften u. a.; [Schul]note)

Zen|taur, Ken|taur, der; -en, -en (Wesen der griechischen Sage mit menschlichem Oberkörper u. Pferdeleib)

Zen|ti|me|ter [*auch* ...'me:...], der; -s, - ($^1/_{100}$ m; *Zeichen* cm); **zen|ti|me|ter|dick; Zen|ti|me|ter|maß,** das

Zent|ner, der; -s, - (100 Pfund od. 50 kg; *Abk.* Ztr.; *Österreich u. Schweiz* 100 kg [Meterzentner], *Zeichen* q); **zent|ner|wei|se**

zen|t|ral (in der Mitte; im Mittelpunkt befindlich, von ihm ausgehend; Mittel..., Haupt...); **Zen|t|ral|ab|i|tur** *(Schule)*

zen|t|ral|af|ri|ka|nisch; *aber* die Zentralafrikanische Republik; **zen|t|ral|asi|a|tisch**

Zen|t|ral|bank *Plur.* ...banken; **Zen|t|ral|bank|chef; Zen|t|ral|bank|che|fin**

Zen|t|ra|le, die; -, -n (*auch Geom.* Mittelpunktslinie)

Zen|t|ra|li|sie|rung; Zen|t|ra|lis|mus, der; - (Streben nach Zusammenziehung [der Verwaltung u. a.]); **zen|t|ra|lis|tisch**

Zen|t|ral|ner|ven|sys|tem; Zen|t|ral|rat; Zen|t|ral|stel|le; Zen|t|ral|ver|band

zen|t|rie|ren (auf die Mitte einstellen)

Zen|t|ri|fu|gal|kraft; Zen|t|ri|fu|ge, die; -, -n (Schleudergerät zur Trennung von Flüssigkeiten)

Zen|t|ri|pe|tal|kraft

Zen|t|rum, das; -s, ...tren (Mittelpunkt)

Zep|pe|lin, der; -s, -e (Luftschiff)

Zep|ter, das, *seltener* der; -s, - (Herrscherstab)

Zer|be|rus, Cer|be|rus, der; -, -se (*griech. Sage* der den Eingang der Unterwelt bewachende Hund)

zer|bre|chen; zer|brech|lich

zer|brö|seln (zerbröckeln)

Ze|re|mo|nie [*auch, österr. nur,* ...'mo:ni̯ə], die; -, ...ien [*auch* ...'mo:ni̯ən] (feierliche Handlung); **ze|re|mo|ni|ell** (feierlich; förmlich; steif); **Ze|re|mo|ni|ell,** das; -s, -e ([Regeln für] feierliche Handlungen)

zer|fah|ren (verwirrt, gedankenlos)

Zer|fall, der; -[e]s, ...fälle (Zusammenbruch, Zerstörung); **zer|fal|len**

zer|fet|zen

zer|fled|dern *vgl.* zerfledern

zer|fle|dern (*ugs. für* durch häufigen Gebrauch abnutzen, zerfetzen); zerfledderte Bücher, Zeitungen

zer|flei|schen (zerreißen); du zerfleischst

zer|fres|sen; mottenzerfressen

zer|klei|nern; ich zerkleinere

zer|klüf|tet

zer|knirscht (schuldbewusst)

zer|knit|tern; er hat sein Heft zerknittert

zer|knül|len

zer|krat|zen

zer|le|gen
zer|lumpt *(ugs.)*
zer|mal|men
zer|mür|ben (mürbe machen)
Ze|ro [z...], die; -, -s *od.* das; -s, -s (Null, Nichts; *im Roulett* Gewinnfeld des Bankhalters)
zer|plat|zen
zer|quet|schen
Zerr|bild
zer|rei|ben
zer|rei|ßen; sich zerreißen; **Zer|reiß|probe**
zer|ren
zer|rin|nen
zer|ris|sen; Zer|ris|sen|heit
Zer|rung
zer|rüt|ten (zerstören); **zer|rüt|tet;** zerrüttete Ehen
zer|schel|len; zerschellt
zer|schla|gen; Zer|schla|gung
zer|schmet|tern; zerschmetterte Glieder
zer|schnei|den
zer|set|zen; Zer|set|zung
zer|split|tern; Zer|split|te|rung
zer|stäu|ben
zer|stö|ren; Zer|stö|rer; zer|stö|re|risch; Zer|stö|rung
zer|strei|ten, sich
zer|streu|en; zer|streut; Zer|streut|heit, die; -; **Zer|streu|ung**
zer|stü|ckeln; eine zerstückelte Leiche
zer|tei|len
Zer|ti|fi|kat, das; -[e]s, -e ([amtl.] Bescheinigung, Zeugnis); **zer|ti|fi|zie|ren;** zertifiziert; **Zer|ti|fi|zie|rung**
zer|trüm|mern; ich zertrümmere
Zer|ve|lat|wurst [z..., *auch* ts...], Ser|velat|wurst (eine Dauerwurst)
Zer|würf|nis, das; -ses, -se
zer|zau|sen; zerzauste Haare
ze|tern *(ugs.);* ich zetere
Zet|tel, der; -s, - (kleines Blatt Papier)
Zeug, das; -[e]s, -e; jmdm. etwas am Zeug flicken (*ugs. für* an jmdm. kleinliche Kritik üben)
Zeu|ge, der; -n, -n
[1]**zeu|gen** (erzeugen)
[2]**zeu|gen** (bezeugen); es zeugt von Fleiß
Zeu|gen|aus|sa|ge; Zeu|gen|schutz, der; -[e]s; **Zeu|gen|schutz|pro|gramm; Zeugen|stand,** der; -[e]s
Zeug|haus (*Militär früher für* Lager für Waffen u. Vorräte)
Zeu|gin; Zeug|nis, das; -ses, -se
Zeu|gung; zeu|gungs|fä|hig
Zi|cke, die; -, -n (weibliche Ziege); *vgl.* Zicken; **zi|cken** (*ugs. für* überspannt, launisch sein); **Zi|cken** *Plur.* (*ugs. für* Dummheiten); mach keine Zicken!; **zi|ckig** (*ugs. für* überspannt, eigensinnig)
Zick|zack, der; -[e]s, -e; im Zickzack laufen
Zie|ge, die; -, -n
Zie|gel, der; -s, -; **Zie|ge|lei**
zie|gel|rot; Zie|gel|stein
Zie|gen|bock; Zie|gen|pe|ter, der; -s, - (*ugs. für* Mumps)
Zieg|ler (*veraltet für* Ziegelbrenner); **Zieg|le|rin**
zie|hen; du zogst; du zögest; gezogen; zieh[e]!; nach sich ziehen; Tee ziehen lassen; **Zieh|har|mo|ni|ka; Zie|hung; Ziehva|ter** *(landsch.)*
Ziel, das; -[e]s, -e; **ziel|be|wusst; zie|len**
ziel|füh|rend; ziel|ge|nau; Ziel|ge|ra|de (*Sport* letztes gerades Bahnstück vor dem Ziel); **ziel|ge|rich|tet; Ziel|grup|pe; Ziel|li|nie; ziel|los; Ziel|schei|be; Ziel|set|zung; ziel|si|cher; ziel|stre|big; Ziel|vorga|be**
zie|men *(geh. veraltend);* es ziemt sich, es ziemt mir; **ziem|lich** (fast, annähernd)
Zier, die; -; **Zier|de,** die; -, -n
zie|ren; sich zieren
zier|lich; Zier|rat, der; -[e]s, -e
Zif|fer, die; -, -n (Zahlzeichen; *Abk.* Ziff.); arabische, römische Ziffern; **Zif|fer|blatt, Zif|fern|blatt**
zig *(ugs.);* zig Euro; er fuhr mit zig Sachen in die Kurve; zigfach; zigmal; das Zigfache; Zighundert *od.* zighundert Menschen

Zi|ga|ret|te, die; -, -n; **Zi|ga|ret|ten|kip|pe**

Zi|ga|ril|lo [*selten auch* ...'rɪljo], der, *auch* das; -s, -s, *ugs. auch* die; -, -s (kleine Zigarre); **Zi|gar|re,** die; -, -n

Zi|geu|ner, der; -s, -; **Zi|geu|ne|rin**

Zigeuner
Die Bezeichnungen *Zigeuner, Zigeunerin* werden vom Zentralrat Deutscher Sinti und Roma als diskriminierend abgelehnt. Deshalb sollte die Menschengruppe lieber als *Sinti und Roma* bezeichnet werden.

zig|fach, zig|hun|dert, zig|mal, zigste, zig|tau|send *vgl.* zig

Zi|ka|de, die; -, -n (ein Insekt)

Zim|mer, das; -s, -; **Zim|me|rer; Zim|me|rin** (*westösterr. auch für* Zimmermädchen); **Zim|mer|mann** *Plur.* ...leute; **zim|mern;** ich zimmere; **Zim|mer|the|a|ter**

zim|per|lich; Zim|per|lie|se, die; -, -n (*ugs. für* zimperliches Mädchen)

Zimt, der; -[e]s, *Plur. (Sorten:)* -e (ein Gewürz)

Zink, das; -[e]s (chemisches Element, Metall; *Zeichen* Zn); **Zink|blech**

Zin|ke, die; -, -n (Zacke); **zin|ken** (mit Zinken versehen); **Zin|ken,** der; -s, - ([Gauner]zeichen; *ugs. für* große Nase)

Zinn, das; -[e]s (chemisches Element, Metall; *Zeichen* Sn); **Zinn|be|cher**

Zin|ne, die; -, -n (zahnartiger Mauerabschluss)

Zin|no|ber (ein Mineral; eine rote Farbe; auch umgangssprachlich für: Blödsinn, wertloses Zeug); **zin|no|ber|rot**

Zins, der; -es, -en (Ertrag); **Zins|er|hö|hung; Zins|er|trag; Zin|ses|zins** *Plur.* ...zinsen; **Zins|fuß** *Plur.* ...füße; **zins|güns|tig; zins|los; Zins|ni|veau** *(Wirtsch.);* **Zins|po|li|tik; Zins|rech|nung; Zins|satz; Zins|sen|kung**

Zi|o|nis|mus, der; - (Bewegung zur Gründung u. Sicherung eines nationalen jüdischen Staates); **Zi|o|nist,** der; -en, -en; **Zi|o|nis|tin; zi|o|nis|tisch**

Zip|fel, der; -s, -; **Zip|fel|müt|ze**

zir|ka *vgl.* circa

Zir|kel, der; -s, -; **zir|keln** (Kreis ziehen; [ab]messen); ich zirk[e]le

Zir|ku|la|ti|on, die; -, -en (Kreislauf); **zir|ku|lie|ren**

Zir|kus, Cir|cus, der; -[ses], -se (großes Zelt od. Gebäude, in dem Artistik, Tierdressuren u. a. gezeigt werden); **Zir|kus|pferd**, Cir|cus|pferd

zir|pen

Zir|rho|se, die; -, -n (*Med.* chron. Wucherung von Bindegewebe mit nachfolgender Verhärtung u. Schrumpfung)

Zir|rus|wol|ke (Federwolke)

zi|schen; du zischst; **Zisch|laut**

Zis|ter|ne, die; -, -n (Behälter für Regenwasser)

Zi|ta|del|le, die; -, -n (Befestigungsanlage innerhalb einer Stadt od. einer Festung)

Zi|tat, das; -[e]s, -e

Zi|ther, die; -, -n (ein Saiteninstrument)

zi|tie|ren ([eine Textstelle] wörtlich anführen; vorladen)

Zi|t|ro|nat, das; -[e]s, -e (kandierte Fruchtschale einer Zitronenart)

Zi|t|ro|ne, die; -, -n; **Zi|t|ro|nen|saft; Zi|t|ro|nen|säu|re,** die; -

Zi|t|rus|frucht (Zitrone, Apfelsine u. a.)

zit|te|rig, zitt|rig; **zit|tern;** ich zittere; sie hat das Zittern *(ugs.);* **Zit|ter|par|tie** (Spiel, bei dem eine Mannschaft bis zuletzt um den Sieg fürchten muss)

Zit|ze, die; -, -n (Organ zum Säugen bei w. Säugetieren)

Zi|vi, der; -s, -s *u.* die; -, -s (*kurz für* Zivildienstleistende[r])

zi|vil (bürgerlich); zivile (niedrige) Preise; ziviler Bevölkerungsschutz, Ersatzdienst

Zi|vil, das; -s (bürgerl. Kleidung)

Zi|vil|be|völ|ke|rung; Zi|vil|cou|ra|ge; Zi|vil|dienst, der; -[e]s; **Zi|vil|ge|sell|schaft** *(Politik, Soziol.);* **Zi|vi|li|sa|ti|on,**

die; -, -en (durch Fortschritt von Wissenschaft u. Technik verbesserte Lebensbedingungen)
zi|vi|li|sa|to|risch; zi|vi|li|siert; Zi|vi|list, der; -en, -en (Nichtsoldat); **Zi|vi|lis|tin**
Zi|vil|pro|zess (Gerichtsverfahren, dem die Bestimmungen des Privatrechts zugrunde liegen); **Zi|vil|recht; zi|vil|recht|lich; Zi|vil|schutz,** der; -es
Zlo|ty ['zlɔti], **Złoty** ['zuɔ...], der; -[s], -s (polnische Währungseinheit; *Währungscode* PLN); 5 Zloty
Zo|bel, der; -s, - (Marder; Pelz)
zo|cken (*ugs. für* Glücksspiele machen; *Jugendspr. auch für* ein [Computer]spiel spielen); **Zo|cker,** der; -s, -; **Zo|cke|rin**
Zo|fe, die; -, -n
Zoff, der; -s (*ugs. für* Ärger, Streit, Unfrieden); **zof|fen,** sich (*ugs. für* sich streiten)
zö|ger|lich (zögernd); **zö|gern;** ich zögere; nach anfänglichem Zögern; ohne Zögern einspringen
Zög|ling
Zö|li|bat, das, *Theol.* der; -[e]s (pflichtmäßige Ehelosigkeit aus religiösen Gründen, bes. bei kath. Geistlichen)
[1]**Zoll,** der; -[e]s, Zölle (Abgabe)
[2]**Zoll,** der; -[e]s, - (altes Längenmaß; *Zeichen* "); 3 Zoll breit
Zoll|be|am|te; Zoll|be|am|tin
zol|len; jmdm. Respekt zollen
zoll|frei; Zoll|kon|t|rol|le
Zöll|ner (*früher für* Zoll-, Steuereinnehmer; *veraltend* Zollbeamter); **Zöll|ne|rin**
Zoll|stock *Plur.* ...stöcke
Zom|bie [...bi], der; -[s], -s (wiedererweckter Toter)
Zo|ne, die; -, -n (abgegrenztes Gebiet)
Zo|nen|gren|ze (*nach dem 2. Weltkrieg für* Grenze zwischen den Besatzungszonen)
Zoo, der; -s, -s; **Zoo|lo|gie** [tsoo...], die; - (Tierkunde); **zoo|lo|gisch**
Zoom [zu:m], das *u.* der; -s, -s (Objektiv mit veränderlicher Brennweite); **zoo|men;** gezoomt

Zopf, der; -[e]s, Zöpfe; ein alter Zopf (*ugs. für* überlebter Brauch)
Zorn, der; -[e]s; **zor|nig**
Zo|te, die; -, -n (unanständiger Witz); **zo|tig**
zot|te|lig, zott|lig; **zot|tig**
zu; zu zweien, zu zweit; zu viel, zu wenig, zu weit, zu spät; zu sein (*ugs. für* geschlossen sein); zuletzt, *aber* zu guter Letzt; zu Ende gehen; **zu|al|ler|erst; zu|al|ler|letzt; zu|al|ler|meist; zu|äu|ßerst**
Zu|be|hör, das, *seltener* der; -[e]s, *Plur.* -e, *schweiz. auch* -den
Zu|ber, der; -s, - (*landsch. für* [Holz]bottich)
zu|be|rei|ten; Zu|be|rei|tung
zu|be|we|gen; sich aufeinander zubewegen; *aber* sie war nicht dazu zu bewegen
zu|bil|li|gen
Zu|brin|ger; Zu|brin|ger|stra|ße
Zuc|chi|ni [...'ki:ni], die; -, -, *bes. fachspr.* **Zuc|chi|no,** der; -s, ...ni *meist Plur.* (ein gurkenähnliches Gemüse)
Zucht, die; -, -en; **züch|ten**
Züch|ter; Züch|te|rin; Zucht|haus
züch|ti|gen *(geh.);* **Züch|ti|gung** *(geh.)*
Zucht|tier; Züch|tung
zu|ckeln (*ugs. für* gemächlich gehen, fahren); ich zuck[e]le
zu|cken; der Blitz zuckt
zü|cken; den Geldbeutel zücken
Zu|cker, der; -s, *Plur. (Sorten:)* -; **zu|cker|frei;** zuckerfreie Bonbons; **Zu|cker|gla|sur; zu|cker|krank; zu|ckern;** ich zuckere; **Zu|cker|rü|be; zu|cker|süß**
zu|de|cken
zu|dem (außerdem)
zu|dre|hen
zu|dring|lich; Zu|dring|lich|keit
zu|drü|cken
zu ei|gen; sich etwas zu eigen machen
zu|ei|n|an|der; er fragte, wie wir uns zueinander verhalten würden
zu|ei|n|an|der|fin|den, zu|ei|n|an|der fin|den; zu|ei|n|an|der|hal|ten, zu|ei|n|an|der hal|ten; zu|ei|n|an|der|pas|sen, zu|ei|n|an|der pas|sen

Z

zu|er|ken|nen
zu|erst; der zuerst genannte Verfasser ist nicht mit dem zuletzt genannten zu verwechseln; zuerst einmal; *aber* zu zweit
Zu|fahrt; Zu|fahrts|stra|ße
Zu|fall, der
zu|fal|len; die Tür fiel zu
zu|fäl|lig
zu|fas|sen
zu|flie|ßen
Zu|flucht, die; -; **Zu|fluchts|ort,** der; -[e]s, -e
Zu|fluss
zu|fol|ge; *Präp., bei Nachstellung mit Dat.:* dem Gerücht zufolge, demzufolge *(vgl. d.)*; *bei Voranstellung mit Gen.:* zufolge des Gerüchtes
zu|frie|den; zufrieden mit dem Ergebnis; zufrieden machen, sein, werden; **zu|frie|den|ge|ben,** sich; **Zu|frie|den|heit; zu|frie|den|las|sen**
zu|frie|den|stel|len, zu|frie|den stel|len
zu|frie|den|stel|lend, zu|frie|den stel|lend; ein zufriedenstellendes *od.* zufrieden stellendes Ende; *aber nur* ein [noch] zufriedenstellenderes Ende
zu|fü|gen; er fügte ihm Schaden zu
Zug, der; -[e]s, Züge; Zug um Zug; Dreiuhrzug (*mit Ziffer* 3-Uhr-Zug); im Zuge (in Verbindung mit) dieser Entwicklung
Zu|ga|be
Zu|gang; zu|gäng|lich
Zug|bin|dung (Gültigkeit eines Tickets nur für best. Züge)
zu|ge|ben
zu|ge|ge|ben; zugegeben, dass dein Freund recht hat; **zu|ge|ge|be|ner|ma|ßen**
zu|ge|gen (*geh. für* anwesend, dabei)
zu|ge|hen; auf jmdn. zugehen; auf dem Fest ist es lustig zugegangen; die Tür geht nicht zu *(ugs.)*
zu|ge|hö|rig; Zu|ge|hö|rig|keit
Zü|gel, der; -s, -; **zü|gel|los; zü|geln** (*schweiz. auch für* umziehen); ich züg[e]le
Zu|ge|ständ|nis; zu|ge|ste|hen
Zu|ge|winn
Zu|ge|zo|ge|ne, der *u.* die; -n, -n
Zug|fahrt; Zug|füh|rer; *vgl. auch* Zugsführer; **Zug|füh|re|rin**
zug|ge|bun|den
zu|gig (windig)
zü|gig (in einem Zuge; *schweiz. auch für* zugkräftig)
Zug|kraft, die; **zug|kräf|tig**
zu|gleich
Zug|pferd
zu|grei|fen; greifen Sie zu!
Zu|griff, der; -[e]s, -e; **Zu|griffs|recht**
zu|grun|de, zu Grun|de; zugrunde *od.* zu Grunde gehen, legen, liegen, richten; es scheint etwas anderes zugrunde *od.* zu Grunde zu liegen; zugrunde liegend *od.* zu Grunde liegend *od.* zugrundeliegend
Zugs|füh|rer *(österr.)*
Zug|spit|ze, die; - (höchster Berg Deutschlands); **Zug|un|glück**
zu|guns|ten, zu Guns|ten; *bei Voranstellung mit Gen.:* zugunsten *od.* zu Gunsten bedürftiger Kinder, *bei Nachstellung mit Dat. (seltener):* dem Freund zugunsten *od.* zu Gunsten
zu|gu|te|hal|ten; zu|gu|te|kom|men
Zug|ver|kehr; Zug|vo|gel; Zug|zwang; unter Zugzwang stehen
Zu|häl|ter
zu|hauf (*geh. für* in großer Anzahl); es gab Kartoffeln zuhauf; kommet zuhauf!

zu Hau|se, zu|hau|se

– *ich bin in Berlin* ***zu Haus[e]*** od. *zuhaus[e]*
– *sich wie* ***zu Haus[e]*** od. *zuhaus[e] fühlen*
– *etwas für* ***zu Haus[e]*** od. *zuhaus[e] mitnehmen*
– *ich freue mich auf* ***zu Haus[e]*** od. *zuhaus[e]*

Vgl. auch *Haus*

Zu|hau|se, das; -[s]; sie hat kein Zuhause
zu|hin|terst
zu|hö|ren

Zu|hö|rer; Zu|hö|re|rin; Zu|hö|rer|schaft
Zu|kauf *(bes. Finanzw.);* **zu|kau|fen**
zu|knöp|fen
zu|kom|men; er ist auf mich zugekommen; sie hat ihm das Geschenk zukommen lassen, *seltener* gelassen
Zu|kunft, die; -, Zukünfte; **zu|künf|tig**
Zu|kunfts|angst; Zu|kunfts|aus|sich|ten *Plur.;* **zu|kunfts|fä|hig; Zu|kunfts|fä|hig|keit,** die; -; **zu|kunfts|ge|rich|tet; Zu|kunfts|mu|sik** *(ugs.);* **zu|kunfts|ori|en|tiert; Zu|kunfts|tech|no|lo|gie; zu|kunfts|träch|tig; Zu|kunfts|vi|si|on**
Zu|la|ge
zu|lan|gen; zu|läng|lich (hinreichend)
zu|las|sen; sofern die Regel es zulässt
zu|läs|sig (erlaubt); **Zu|läs|sig|keit**
Zu|las|sung; Zu|las|sungs|ver|fah|ren
zu|las|ten, zu Las|ten; zulasten *od.* zu Lasten des ... *od.* von ...
Zu|lauf; zu|lau|fen
zu|le|gen; zugelegt
zu|leid, zu|lei|de, zu Leid, zu Lei|de; *nur in* jmdm. etwas zuleid[e] *od.* zu Leid[e] tun
zu|lei|ten; Zu|lei|tung
zu|letzt; *aber* zu guter Letzt
zu|lie|be; *Präp. mit vorangestelltem Dat.:* mir, dir usw. zuliebe
Zu|lie|fe|rer *(Wirtsch.)*
zum (zu dem); zum einen ..., zum anderen ...; zum Ersten, zum Zweiten; zum Höchsten, Mindesten; zum ersten Mal[e]; zum Teil (*Abk.* z. T.); zum Beispiel (*Abk.* z. B.)
zu|ma|chen *(ugs.);* zugemacht; auf- und zumachen
zu|mal (besonders); zumal [da, wenn]
zu|meist
zu|min|dest; *aber* zum Mindesten
zu|mut|bar; im Rahmen des Zumutbaren
zu|mu|te, zu Mu|te; mir ist gut, schlecht zumute *od.* zu Mute
zu|mu|ten; Zu|mu|tung
zu|nächst; zunächst ging er nach Hause; zunächst dem Hause *od.* dem Hause zunächst
Zu|nah|me, die; -, -n (Vermehrung)
Zu|na|me, der; -ns, -n (Familienname)
zün|deln (*bes. südd., österr. für* mit Feuer spielen); ich zünd[e]le
zün|den; zün|dend; zündende Ideen
Zün|der ([Gas-, Feuer]anzünder; Zündvorrichtung in Sprengkörpern; *österr. auch svw.* Zündhölzer); **Zünd|ker|ze; Zünd|schlüs|sel; Zünd|stoff; Zün|dung**
zu|neh|men; zu|neh|mend
zu|nei|gen; Zu|nei|gung
Zunft, die; -, Zünfte
zünf|tig (*ugs. auch für* ordentlich)
Zun|ge, die; -, -n; **zün|geln;** ich züng[e]le
zu|nich|te; zunichte sein; **zu|nich|te|ma|chen** (zerstören); **zu|nich|te|wer|den**
zu|nut|ze, zu Nut|ze; sich etwas zunutze *od.* zu Nutze machen
zu|oberst; die Hemden lagen im Koffer zuoberst
zu|ord|nen; Zu|ord|nung
zu|pa|cken
zup|fen; Zupf|in|s|t|ru|ment
zur (zu der); zur Folge haben; zur Zeit (*Abk.* z. Z., z. Zt.) Karls des Großen, *aber* sie ist zurzeit krank; »Zur alten Post«
zu|ran|de, zu Ran|de; mit etwas zurande *od.* zu Rande kommen; *vgl.* [1]Rand
zu|ra|te, zu Ra|te; jmdn. zurate *od.* zu Rate ziehen
zu|rech|nungs|fä|hig
zu|recht|fin|den, sich; **zu|recht|kom|men; zu|recht|le|gen; zu|recht|ma|chen** *(ugs.);* **zu|recht|rü|cken; zu|recht|wei|sen; Zu|recht|wei|sung**
zu|re|den; jmdm. gut zureden
zür|nen (*geh. für* zornig sein); zürne ihr nicht!
zu|rück; zurück sein; einen Blick auf den Weg zurück (auf den Rückweg) werfen, *aber* einen Blick auf den [hinter einem liegenden] Weg zurückwerfen; es gibt kein Zurück mehr
zu|rück|be|kom|men; zu|rück|blei|ben;

zu|rụ̈ck|bli|cken; zu|rụ̈ck|brin|gen; zurückzubringen; **zu|rụ̈ck|den|ken; zu|rụ̈ck|drän|gen; zu|rụ̈ck|er|hal|ten; zu|rụ̈ck|fah|ren; zu|rụ̈ck|fal|len; zu|rụ̈ck|fin|den; zu|rụ̈ck|flie|ßen; zu|rụ̈ck|for|dern; zu|rụ̈ck|füh|ren; zu|rụ̈ck|ge|ben**

zu|rụ̈ck|ge|blie|ben *(oft abwertend)*

zu|rụ̈ck|ge|hen; zurückzugehen; **zu|rụ̈ck|grei|fen; zu|rụ̈ck|hal|ten;** sich zurückhalten

zu|rụ̈ck|hal|tend; die zurückhaltends|te Äußerung; **Zu|rụ̈ck|hal|tung**

zu|rụ̈ck|ho|len; zu|rụ̈ck|keh|ren; zu|rụ̈ck|kom|men; zu|rụ̈ck|las|sen; zu|rụ̈ck|le|gen (*österr. auch für* [ein Amt] niederlegen); **zu|rụ̈ck|leh|nen,** sich; **zu|rụ̈ck|lie|gen; zu|rụ̈ck|mel|den; zu|rụ̈ck|neh|men; zu|rụ̈ck|rei|chen;** bis in vergangene Jahrhunderte zurückreichend

zu|rụ̈ck|ru|fen; zu|rụ̈ck|schi|cken; zu|rụ̈ck|schla|gen; zu|rụ̈ck|schrau|ben; du musst deine Ansprüche zurückschrauben

¹**zu|rụ̈ck|schre|cken;** er schrak zurück; sie ist zurückgeschreckt, *selten* sie ist zurückgeschrocken; *vgl.* ¹schrecken; *aber übertr.* vor etwas zurückschrecken (etwas nicht wagen); sie schreckten davor zurück, sind davor zurückgeschreckt

²**zu|rụ̈ck|schre|cken;** das schreckte ihn zurück; *vgl.* schrecken

zu|rụ̈ck|set|zen; sich zurückgesetzt fühlen; **zu|rụ̈ck|ste|hen;** zurückzustehen; **zu|rụ̈ck|stel|len** (*österr. auch für* zurücksenden); **zu|rụ̈ck|stu|fen; zu|rụ̈ck|tre|ten; zu|rụ̈ck|ver|fol|gen; zu|rụ̈ck|ver|set|zen;** sich zurückversetzen; **zu|rụ̈ck|ver|wei|sen; zu|rụ̈ck|wei|chen; zu|rụ̈ck|wei|sen; Zu|rụ̈ck|wei|sung; zu|rụ̈ck|wer|fen; zu|rụ̈ck|zah|len; zu|rụ̈ck|zie|hen;** zurückgezogen leben; sich zurückziehen

Zu̲|ruf; auf Zuruf; **zu̲|ru|fen**

zur|ze̲it (*Abk.* zz., zzt.); sie ist zurzeit krank, *aber* sie lebte zur Zeit Karls des Großen

Zu̲|sa|ge, die; -, -n; **zu̲|sa|gen**

zu|sạm|men *s. Kasten Seite 516*

Zu|sạm|men|ar|beit, die; -; **zu|sạm|men|ar|bei|ten** (Tätigkeiten auf ein Ziel hin vereinigen); die beiden Firmen haben beschlossen[,] zusammenzuarbeiten

zu|sạm|men|bau|en; er hat das Modellschiff zusammengebaut; *aber* sie wollen zusammen (gemeinsam) bauen

zu|sạm|men|bre|chen

Zu|sạm|men|bruch, der; -[e]s, ...brüche

zu|sạm|men|fah|ren; die Radfahrer sind zusammengefahren; sie ist bei dem Knall zusammengefahren; *aber* sie sind zusammen (gemeinsam) gefahren

zu|sạm|men|fal|len (einstürzen; gleichzeitig erfolgen); das Haus ist zusammengefallen; Sonn- und Feiertag sind zusammengefallen

zu|sạm|men|fas|sen; er hat den Inhalt der Rede zusammengefasst; **Zu|sạm|men|fas|sung; zu|sạm|men|fin|den,** sich (sich treffen, sich zusammentun); **zu|sạm|men|füh|ren** (zueinander hinführen); die Flüchtlinge wurden zusammengeführt; *aber* wir werden den Blinden zusammen (gemeinsam) führen; **Zu|sạm|men|füh|rung**

zu|sạm|men|ge|hen *vgl.* zusammen

zu|sạm|men|ge|hö|ren (eng verbunden sein); wir haben immer zusammengehört; *aber* das Auto wird uns zusammen (gemeinsam) gehören; **zu|sạm|men|ge|setzt;** zusammengesetztes Wort (Kompositum); **zu|sạm|men|ge|wür|felt**

Zu|sạm|men|halt, der; -[e]s; **zu|sạm|men|hal|ten;** die beiden haben immer zusammengehalten; sie hat die beiden Stoffe [vergleichend] zusammengehalten

Zu|sạm|men|hang; im *od.* in Zusammenhang stehen; ¹**zu|sạm|men|hän|gen;** sie weiß, dass Ursache und Wirkung zusammenhängen; *vgl.* ¹hängen

²**zu|sạm|men|hän|gen;** er wollte die beiden Bilder zusammenhängen; *vgl.* ²hängen

zu|sạm|men|hän|gend

zu|sạm|men|hang|los

zu|sạm|men	
– *zusammen mit ihr* – *zusammenarbeiten, zusammenballen, zusammenbinden: ich binde zusammen, habe zusammengebunden, um zusammenzubinden* Von einem folgenden Verb oder Partizip wird getrennt geschrieben, wenn »zusammen« svw. »gemeinsam, gleichzeitig« bedeutet (das Verb wird in diesen Fällen meist deutlich stärker betont):	– *sie können nicht zusạmmen [in einem Raum] ạrbeiten* – *wir sind zusạmmen ạngekommen* – *jetzt sollen alle zusạmmen sịngen* Nur getrennt: – *zusammen sein,* aber *das Zusammensein*

zu|sạm|men|kom|men (sich begegnen); alle Teams sind zusammengekommen; *aber* wenn möglich, wollen wir zusammen (gemeinsam) kommen; **Zu|sạm|men|kunft,** die; -, …künfte; **zu|sạm|men|lau|fen** (sich treffen; ineinanderfließen); um zusammenzulaufen; die Farben sind zusammengelaufen; *aber* wir wollen ein Stück zusammen (gemeinsam) laufen

zu|sạm|men|le|ben; sie haben lange zusammengelebt (einen gemeinsamen Haushalt geführt); **Zu|sạm|men|le|ben,** das; -s

zu|sạm|men|le|gen (vereinigen; falten); **Zu|sạm|men|le|gung**

zu|sạm|men|neh|men (sich beherrschen); sich zusammennehmen; **zu|sạm|men|pas|sen;** das hat gut zusammengepasst

zu|sạm|men|pral|len; zwei Autos sind auf der Kreuzung zusammengeprallt

zu|sạm|men|rech|nen; er hat die Kosten zusammengerechnet; **zu|sạm|men|rü|cken** *vgl.* zusammen; **zu|sạm|men|schla|gen** (*ugs. für* schwer verprügeln)

zu|sạm|men|schlie|ßen, sich (sich vereinigen); um sich zusammenzuschließen

Zu|sạm|men|schluss

zu|sạm|men|schrei|ben; die beiden Wörter werden zusammengeschrieben; dieses Buch ist aus anderen Büchern zusammengeschrieben; *aber* wir wollen dieses Buch zusammen (gemeinsam) schreiben

zu|sạm|men|schwei|ßen (durch Schweißen verbinden; eng vereinigen)

Zu|sạm|men|sein, das; -s

zu|sạm|men|set|zen (nebeneinandersetzen, zueinanderfügen); **Zu|sạm|men|set|zung** (*auch für* Kompositum); **zu|sạm|men|sit|zen;** sie haben den ganzen Tag zusammengesessen; **Zu|sạm|men|spiel,** das; -[e]s; **zu|sạm|men|spie|len;** die Elf hat gut zusammengespielt; *aber* die Kinder haben schön zusammen (gemeinsam) gespielt

zu|sạm|men|ste|cken *vgl.* zusammen

zu|sạm|men|stel|len (nebeneinanderstellen; zueinanderfügen); die Kinder haben sich zusammengestellt

Zu|sạm|men|stoß; zu|sạm|men|sto|ßen; zwei Autos sind zusammengestoßen

zu|sạm|men|tra|gen (sammeln); sie haben das Holz zusammengetragen; *aber* ihr sollt den Sack zusammen (gemeinsam) tragen

zu|sạm|men|tref|fen (begegnen); sie sind im Theater zusammengetroffen; **Zu|sạm|men|tref|fen,** das; -s, -

zu|sạm|men|tre|ten; man hat ihn brutal zusammengetreten; das Parlament ist zusammengetreten (hat sich versammelt)

zu|sạm|men|tun (*ugs. für* vereinigen); sie haben sich zusammengetan; *aber* wir wollen das zusammen (gemeinsam) tun

zu|sam|men|wach|sen (in eins wachsen); der Knochen ist wieder zusammengewachsen; **zu|sam|men|zäh|len** (addieren); sie hat die Zahlen zusammengezählt; *aber* lasst uns zusammen (gemeinsam) zählen!

zu|sam|men|zie|hen; die Truppen wurden zusammengezogen; sich zusammenziehen; sie zogen schon nach acht Wochen zusammen (in eine gemeinsame Wohnung); *aber* sie haben den Wagen zusammen (gemeinsam) gezogen; **zu|sam|men|zu|cken** (eine zuckende Bewegung machen); ich bin bei dem Knall zusammengezuckt

Zu|satz; zu|sätz|lich; Zu|satz|ver|si|che|rung; Zu|satz|zahl (beim Lotto)

zu|schal|ten; wir haben uns zugeschaltet

zu|schan|den, **zu Schan|den;** zuschanden *od.* zu Schanden machen, werden

zu|schau|en; Zu|schau|er; Zu|schau|e|rin; Zu|schau|er|raum; Zu|schau|er|zahl

zu|schi|cken

zu|schie|ben (*ugs. auch für* [heimlich] zukommen lassen)

zu|schie|ßen (beisteuern); sie hat schon viel Geld zugeschossen

Zu|schlag; zu|schla|gen

zu|schlie|ßen

zu|schnei|den; Zu|schnitt

zu|schrei|ben; die Schuld an diesem Unglück wird ihm zugeschrieben; **Zu|schrei|bung**

Zu|schrift

zu|schul|den, **zu Schul|den;** du hast dir etwas zuschulden *od.* zu Schulden kommen lassen

Zu|schuss

zu|schüt|ten

zu|se|hen; bei genauerem Zusehen

zu|se|hends (rasch; offenkundig)

Zu|se|her (*österr. neben* Zuschauer)

zu|sen|den *vgl.* senden

zu|set|zen

zu|si|chern; Zu|si|che|rung

zu|sper|ren (*südd., österr. für* abschließen)

Zu|spiel, das; -[e]s *(Sport);* **zu|spie|len**

zu|spit|zen; Zu|spit|zung

zu|spre|chen; Zu|spruch, der; -[e]s (Trost; Zulauf); Zuspruch finden

Zu|stand; zu|stan|de, **zu Stan|de;** zustande *od.* zu Stande bringen, kommen

Zu|stan|de|kom|men, das; -s

zu|stän|dig; zuständig sein nach (*österr. für* ansässig sein in); **Zu|stän|dig|keit**

zu|stat|ten|kom|men

zu|ste|cken

zu|ste|hen; dieses Recht stand ihm zu

zu|stei|gen ([als Mitfahrer] einsteigen)

zu|stel|len; Zu|stell|ge|bühr *(Postw. früher);* **Zu|stel|lung**

zu|steu|ern; sie steuert auf uns zu; er steuerte dem nächsten Hafen, der nächsten Kneipe zu

zu|stim|men; Zu|stim|mung

zu|sto|ßen; ihr ist ein Unglück zugestoßen

Zu|strom

zu|ta|ge, **zu Ta|ge;** zutage *od.* zu Tage bringen, fördern, kommen, treten

Zu|tat *meist Plur.*

zu|tei|len; Zu|tei|lung

zu|teil|wer|den *(geh.);* ein großes Glück wurde uns zuteil, ist uns zuteilgeworden

zu|tiefst (völlig; im Innersten)

zu|tra|gen (heimlich berichten); sich zutragen (geschehen)

zu|träg|lich (*geh. veraltend für* günstig, hilfreich); der Gesundheit wenig zuträglich

zu|trau|en; das ist ihm zuzutrauen; **Zu|trau|en**, das; -s; **zu|trau|lich**

zu|tref|fen; zu|tref|fend; die zutreffends|te Beschreibung; **Zu|tref|fen|de**, das; -n; Zutreffendes ankreuzen

Zu|tritt; Zutritt verboten!

zu|tun (*ugs. für* hinzufügen; schließen); ich habe kein Auge zugetan; **Zu|tun**, das; -s (Hilfe, Unterstützung); ohne mein Zutun

zu|un|guns|ten, **zu Un|guns|ten** (zum Nachteil); zuungunsten *od.* zu Ungunsten vieler Antragsteller, *bei (seltener) Nachstel-*

lung mit Dat.: dem Antragsteller zuungunsten *od.* zu Ungunsten; *vgl.* Gunst
zu|un|terst; das Oberste zuunterst kehren
zu|ver|läs|sig; Zu|ver|läs|sig|keit
Zu|ver|sicht, die; -; **zu|ver|sicht|lich**
zu viel; zu viel des Guten; es sind zu viele Menschen; er weiß [viel] zu viel; besser zu viel als zu wenig; **Zu|viel,** das; -[s]; ein Zuviel ist besser als ein Zuwenig
zu|vor (*geh. für* vorher); **zu|vor|kom|men** (schneller sein); ich komme ihm zuvor; zuvorgekommen; zuvorzukommen; *aber* alles, was zuvor (vorher) gekommen war
zu|vor|kom|mend (liebenswürdig); der zuvorkommends|te Gastgeber
Zu|wachs, der; -es, Zuwächse (Vermehrung); **Zu|wachs|ra|te**
Zu|wan|de|rer, Zuwandrer; **Zu|wan|de|rin,** Zuwandrerin; **Zu|wan|de|rung; Zu|wan|de|rungs|ge|setz**
zu|war|ten (untätig warten)
zu|we|ge, zu We|ge; *nur in Wendungen wie* zuwege *od.* zu Wege bringen; [gut] zuwege *od.* zu Wege sein (*ugs. für* wohlauf sein)
zu|wei|len (manchmal)
zu|wei|sen; Zu|wei|sung
zu|wen|den; ich wandte *od.* wendete mich ihr zu; er hat sich ihr zugewandt *od.* zugewendet; **Zu|wen|dung; Zu|we|nig,** das; -[s]; ein Zuviel ist besser als ein Zuwenig
zu we|nig; du weißt [viel] zu wenig; es gab zu wenig[e] Parkplätze
zu|wer|fen
zu|wi|der; zuwider sein, werden; dem Gebot zuwider; das, er ist mir zuwider; **zu|wi|der|han|deln** (Verbotenes tun); ich hand[e]le zuwider; zuwidergehandelt; **Zu|wi|der|hand|lung; zu|wi|der|lau|fen;** sein Verhalten läuft meinen Absichten zuwider; zuwiderzulaufen
zu|zah|len; Zu|zah|lung
zu|zei|ten (bisweilen); *aber* zu Zeiten Karls des Großen
zu|zie|hen; ich habe mir die Grippe zugezogen; **Zu|zug;** der Zuzug der Aussiedler
zu|züg|lich (*Kaufmannsspr.* unter Hinzurechnung); zuzüglich der Versandkosten
zwang *vgl.* zwingen
Zwang, der; -[e]s, Zwänge
zwän|gen (bedrängen; klemmen; einpressen); sich zwängen
zwang|haft; zwang|los
Zwangs|ar|beit; Zwangs|ar|bei|ter; Zwangs|ar|bei|te|rin
Zwangs|hei|rat
zwangs|läu|fig (automatisch, anders nicht möglich); **Zwangs|maß|nah|me; Zwangs|pau|se**
zwangs|ver|hei|ra|ten; zwangsverheiratet; *nur im Infinitiv u. Partizip II gebr.;* **Zwangs|ver|stei|ge|rung; Zwangs|voll|stre|ckung; zwangs|wei|se**
zwan|zig *vgl.* achtzig
zwan|zi|ger; die Zwanzigerjahre *od.* zwanziger Jahre; die Goldenen Zwanziger; die Goldenen Zwanzigerjahre; **Zwan|zi|ger,** der; -s, - (*ugs. auch für* Münze od. Schein mit dem Wert 20); *vgl.* Achter
zwan|zig|jäh|rig *vgl.* achtjährig
zwan|zigs|te; Zwanzigster Juli (20. Juli 1944, der Tag des Attentats auf Hitler); *vgl.* achte; **Zwan|zigs|tel** *vgl.* Achtel
zwar; er ist zwar alt, aber rüstig; viele Sorten, und zwar …
Zweck, der; -[e]s, -e; zwecks *(vgl. d.);* zum Zweck[e]; **zweck|dien|lich; zweck|ent|spre|chend; zweck|ge|bun|den; zweck|los; zweck|mä|ßig; Zweck|mä|ßig|keit**
zwecks (*Amtsspr.* zum Zweck von); *Präp. mit Gen.:* zwecks eines Handels
zwei; wir sind zu zweien *oder* zu zweit; zweier guter, *selten* guten Menschen; zweier Liebenden, *seltener* Liebender; *vgl.* acht; **Zwei,** die; -, -en (Zahl); eine Zwei würfeln; er schreibt in Latein nur Zweien; *vgl.* [1]Acht *u.* Eins

zwei|deu|tig; zwei|di|men|si|o|nal
Zwei|drit|tel|mehr|heit; zwei|ei|ig; zweieiige Zwillinge; **zwei|ein|halb**
Zwei|er *vgl.* Achter; **Zwei|er|bob; zwei|er|lei; Zwei|eu|ro|stück** (*mit Ziffer* 2-Euro-Stück); **zwei|fach** *vgl.* zwiefach
Zwei|fel, der; -s, -; **zwei|fel|haft; zwei|fel|los; zwei|feln;** ich zweif[e]le
Zwei|fels|fall; im Zweifelsfall[e]
zwei|fels|frei; Zweif|ler; Zweif|le|rin
Zweig, der; -[e]s, -e
zwei|ge|schos|sig (*mit Ziffer* 2-geschossig); **zwei|ge|teilt; zwei|glei|sig; zwei|glie|de|rig, zwei|glied|rig**
Zweig|stel|le
zwei|hun|dert; Zwei|hun|dert|eu|ro|schein (*mit Ziffern* 200-Euro-Schein)
zwei|jäh|rig; zwei|jähr|lich
Zwei|kampf; zwei|mal; ein- bis zweimal (1- bis 2-mal); *vgl.* achtmal; **zwei|ma|lig**
zwei|mo|na|tig (zwei Monate dauernd)
Zwei|rad; zwei|rä|de|rig, zwei|räd|rig
zwei|sam; Zwei|sam|keit
zwei|spra|chig; zwei|spu|rig; zwei|stel|lig; zweistellige Zahlen; **zwei|stim|mig; zwei|stö|ckig**
Zwei|strom|land
zwei|stu|fig; zwei|stün|dig (zwei Stunden dauernd); zweistündige Fahrt
zweit *vgl.* zwei
zwei|tä|gig (*mit Ziffer* 2-tägig); **zwei|täg|lich** (*mit Ziffer* 2-täglich)
zwei|tau|send
zweit|bes|te; sie ist die zweitbeste Schülerin; *aber* sie ist die Zweitbeste in der Klasse; **zwei|te**
Zwei|tei|ler; zwei|tei|lig
zwei|tens
zweit|klas|sig
Zweit|li|gist, der; -en, -en *(Sport)*
zweit|ran|gig
Zweit|stim|me
zwei|wö|chig (zwei Wochen dauernd)
Zwei|zim|mer|woh|nung (*mit Ziffer* 2-Zimmer-Wohnung)
Zwei|zy|lin|der|mo|tor (*mit Ziffer* 2-Zylinder-Motor)
Zwerch|fell
Zwerg, der; -[e]s, -e; **Zwerg|pla|net** (kleinerer Himmelskörper im Sonnensystem mit eigener Umlaufbahn um die Sonne)
Zwet|sche, die; -, -n (*regional, bes. nordd. für* Zwetschge); **Zwetsch|ge** *(bes. südd., schweiz. u. fachspr.);* **Zwetsch|ke** (*bes. österr. für* Zwetschge)
Zwi|ckel, der; -s, - (keilförmiger Einsatz)
zwi|cken; er zwickt ihn, *auch* ihm ins Bein
Zwick|müh|le (Stellung im Mühlespiel); in der Zwickmühle (*ugs. für* in einer misslichen Lage)
Zwie|back, der; -[e]s, *Plur.* ...bäcke *u.* -e
Zwie|bel, die; -, -n; **zwie|beln** (*ugs. für* schikanieren); ich zwieb[e]le
Zwie|ge|spräch; Zwie|licht, das; -[e]s; **zwie|lich|tig;** eine zwielichtige Gestalt; **Zwie|spalt,** der; -[e]s, *Plur.* -e *u.* ...spälte; **zwie|späl|tig; Zwie|tracht,** die; - *(geh.)*
Zwil|ling, der; -s, -e; siamesische Zwillinge; **Zwil|lings|bru|der; Zwil|lings|paar; Zwil|lings|schwes|ter**
Zwin|ge, die; -, -n (ein Werkzeug)
zwin|gen; du zwangst; du zwängest; gezwungen; zwing[e]!; **zwin|gend**
Zwin|ger (fester Turm; Käfig); Dresdener Zwinger (Barockbauwerk in Dresden)
zwin|kern; ich zwinkere
zwir|beln; ich zwirb[e]le
Zwirn, der; -[e]s, *Plur. (Sorten:)* -e
zwi|schen; *Präp. mit Akk. od. Dat.:* zwischen den Tischen stehen *aber* etw. zwischen die Tische stellen
zwi|schen|drin (*ugs.; Frage* wo?); zwischendrin liegen; **zwi|schen|durch** *(ugs.);* zwischendurch fallen
Zwi|schen|er|geb|nis; Zwi|schen|fall, der; **Zwi|schen|händ|ler; Zwi|schen|händ|le|rin; Zwi|schen|la|ger; zwi|schen|mensch|lich;** zwischenmenschliche Beziehungen; **Zwi|schen|raum; Zwi|schen|ruf; zwi|schen|staat|lich; Zwi|schen-**

sta|ti|on; Zwi|schen|stopp; Zwi|schen|ton; Zwi|schen|zeit; zwi|schen|zeit|lich

Zwist, der; -[e]s, -e; **Zwis|tig|keit**

zwit|schern; ich zwitschere

Zwit|ter, der; -s, - (Wesen mit männlichen u. weiblichen Geschlechtsmerkmalen)

zwölf; wir sind zu zwöl|fen *oder* zu zwölft; es ist fünf [Minuten] vor zwölf; die zwölf Apostel; *vgl.* acht; zwei

Zwölf, die; -, -en (Zahl); er hat eine Zwölf geschossen; *vgl.* [1]Acht

zwölf|jäh|rig *vgl.* achtjährig; **zwölf|mal** *vgl.* achtmal

zwölft *vgl.* zwölf

zwölf|te *vgl.* achte; **Zwölf|tel,** das, *schweiz. meist* der; -s, -; *vgl.* Achtel; **zwölf|tens**

Zwölf|zy|lin|der|mo|tor (*mit Ziffer* 12-Zylinder-Motor)

Zy|an|ka|li, das; -s (stark giftiges Kaliumsalz der Blausäure)

zy|k|lisch, cy|c|lisch (kreisläufig, -förmig; regelmäßig wiederkehrend)

Zy|k|lon, der; -s, -e (Wirbelsturm; *als* ®: Fliehkraftabscheider [für Staub])

Zy|k|lop, der; -en, -en (einäugiger Riese der griech. Sage)

Zy|k|lus, der; -, Zyklen (Kreis[lauf]; Reihe)

Zy|lin|der [tsi..., tsy...], der; -s, -; **Zy|lin|der|hut; zy|lin|d|risch** (walzenförmig)

Zy|ni|ker (zynischer Mensch); *vgl. aber* Kyniker; **Zy|ni|ke|rin; zy|nisch** (auf grausame Weise spöttisch; mitleidlos)

Zy|nis|mus, der; -, ...men (*nur Sing.:* philosophische Richtung der Kyniker)

Zy|p|res|se, die; -, -n (bes. im Mittelmeerraum wachsender Nadelbaum)

Zys|te, die; -, -n (Geschwulst)

3-D-Film, 3D-Film [...'de:...] *(Film, Fernsehen)*

Z

Die wichtigsten Regeln zur Kommasetzung

Das Komma bei der Aufzählung

Das Komma trennt die Teile einer **Aufzählung**.	Das Jahr hat vier Jahreszeiten: Frühling, Sommer, Herbst, Winter.
Kein Komma steht, wenn die Teile einer **Aufzählung** durch	
■ **und,**	Sie hat Fleisch *und* Wurst eingekauft.
■ **oder,**	Es wurde darüber verhandelt, ob Bonn *oder* Berlin die Hauptstadt werden sollte.
■ **sowie,**	An der Veranstaltung nahmen Kinder *sowie* Jugendliche teil.
■ **entweder – oder,**	Heute gehe ich *entweder* in die Stadt *oder* in das Schwimmbad.
■ **sowohl – als auch,**	Wir verbrachten den Urlaub *sowohl* in Frankreich *als auch* in Spanien.
■ **weder – noch**	Er wird *weder* heute *noch* morgen kommen.
verbunden sind.	

Das Komma bei Infinitivgruppen

Bei **Infinitivgruppen** (Wortgruppen mit einer Grundform) **muss** in drei Fällen ein Komma stehen:	
■ Die Infinitivgruppe wird mit **als, [an]statt, außer, ohne, um** eingeleitet.	Er konnte nichts Besseres tun, *als* zu reiten. Sie spielte, *[an]statt* zu arbeiten. Wir tun alles, *um* euch zu helfen.
■ Die Infinitivgruppe hängt von einem **Substantiv** (Hauptwort) ab.	Er fasste den *Gedanken,* den Arbeitsplatz zu wechseln. Sie hat den *Wunsch,* ihre kreativen Talente besser zu nutzen.
■ Die Infinitivgruppe wird durch ein **hinweisendes Wort angekündigt** oder **wieder aufgenommen.**	Hier bin ich *dafür,* nicht abzustimmen. Wichtig ist *es,* sich mit den Regeln auseinanderzusetzen.
Neben den dargestellten Fällen **kann** bei **Infinitivgruppen** (Wortgruppen mit einer Grundform) ein Komma stehen, um die **Gliederung** des Satzes zu verdeutlichen oder etwaigen **Missverständnissen** vorzubeugen.	Wir empfehlen(,) ihm zu folgen. Wir empfehlen ihm(,) zu folgen.